Hans-Peter Schwarz

VON ADENAUER ZU MERKEL

Herausgegeben von
Hanns Jürgen Küsters

Hans-Peter Schwarz

VON ADENAUER ZU MERKEL

LEBENSERINNERUNGEN EINES KRITISCHEN ZEITZEUGEN

Herausgegeben von Hanns Jürgen Küsters

Deutsche Verlags-Anstalt

Bildnachweis
Umschlagmotiv: © Schafgans Archiv / Hans Schafgans.
Umschlaginnenklappe U3: Konrad-Adenauer-Stiftung e.V., Archiv für Christlich-Demokratische Politik, Bildarchiv, Sankt Augustin / Sabine Widmaier.

Konrad-Adenauer-Stiftung e.V., Archiv für Christlich-Demokratische Politik, Bildarchiv, Sankt Augustin: 8, 230, 462 li. (Harald Odehnal); 462 re., 611, 668 (Marie Lisa Noltenius).
Nicole Burrus / Dr. Benno Schwarz, Privatarchiv: 24, 54, 165, 311.
Stadtarchiv Bonn: 380 (Fotonachlass Heinz Franz Engels).
Werek Pressebildagentur: 207.

FSC www.fsc.org MIX Papier aus verantwortungsvollen Quellen FSC® C014496

Verlagsgruppe Random House FSC® N001967

2. Auflage

Neumarkter Straße 28, 81673 München
Umschlaggestaltung: Büro Jorge Schmidt, München
Satz, Druck und Bindung: GGP Media GmbH, Pößneck
Printed in Germany
ISBN 978-3-421-04838-7
www.dva.de

Geleitwort

Eigentlich geziemt es sich nicht, dem autobiographischen Werk eines so herausragenden deutschen Politikwissenschaftlers und Zeithistorikers wie Professor Dr. phil. Dr. h. c. Hans-Peter Schwarz irgendeine weitere Bemerkung voranzustellen. Kein anderer Hochschullehrer hat die Geschichtsschreibung der Bundesrepublik Deutschland so maßgeblich geprägt und bahnbrechende Biographien zu den Bundeskanzlern Konrad Adenauer und Helmut Kohl vorgelegt. Wenn dies hier dennoch geschieht, so hat es einen berechtigten, gleichwohl traurigen Grund. Am 14. Juni 2017 verstarb Hans-Peter Schwarz, für seine Ehefrau Annemie, die Tochter, Nicole Burrus, und den Sohn, Dr. Benno Schwarz, mit ihren Familien sowie für alle Verwandten, Freunde und Bekannten vollkommen unerwartet.

Den Lesern hat er ein prächtiges Geschenk zum Abschied hinterlassen: die Darstellung seines Werdegangs, gespickt mit vielen Erinnerungen, genauen Beobachtungen, reflektierenden Passagen, kritisch-ironischen Bemerkungen zum Zeitgeschehen und gelegentlichen Seitenhieben auf manche Torheit der Regierenden. Am ersten Weihnachtstag 2012, als viele besinnlich feiern, empfindet Hans-Peter Schwarz, »es ist an der Zeit, die Bilder der frühen Jahre festzuhalten«. Er setzt sich hin und beginnt mit der Niederschrift dessen, was er so alles in seinem abwechslungsreichen Erdendasein erlebt hat: im Kindesalter, als wissensdurstiger Schüler und Gymnasiast, quirliger Studiosus, begabter Doktorand und karierrebewußter Habilitand, der seinerzeit jüngster Professor Deutschlands wird und alsbald zum angesehenen Wissenschaftler, Biographen und Publizisten avanciert. Es ist der Auftakt zu seiner Autobiographie. Einmal auf den Geschmack gekommen, findet Hans-Peter Schwarz großen Gefallen daran, Erlebtes und seine Sicht der Geschehnisse nicht nur für die Nachkommen festzuhalten. Ursprünglich ist für jedes Lebensjahr ein Kapitel vorgesehen gewesen. An 80 Arbeitstagen, verteilt über die nächsten zwölf Monate, schließt er an Neujahr 2014 das Manuskript ab. Alles in allem sind stattliche 1012 Seiten zusammengekommen. Das Werk, mit zahlreichen Anmerkungen versehen – wie könnte es bei diesem Wissenschaftler auch anders sein –, umfaßt somit 80 Kapitel und erhält den Titel »Arbeitstage. Meine Lebenserinnerungen«.

Zu seinem 80. Geburtstag am 13. Mai 2014 lassen seine Kinder dreißig Exemplare in Buchform als Eigendruck binden und bereiten ihrem Vater damit eine ganz besondere Freude. Der so Beschenkte überlegt in der Folge, große Teile dieses persönlichen Konvoluts unter dem Titel »Von Adenauer zu Merkel. Beobachtungen eines Zeitgenossen« zu veröffentlichen. Dafür stellt er im Frühjahr 2015 entsprechende Passagen zusammen, verfaßt dazu ein Vorwort, in dem er ausführlich seine Beweggründe für den neuen Titel darlegt, unter dem nun seine Autobiographie erscheinen soll. Gleichzeitig liest er, wie es seine Art ist, den Text nochmals sorgfältig durch, korrigiert kleinere Dinge, ergänzt und streicht handschriftlich hier und dort den einen Satz, manchmal auch einen ganzen Absatz, damit ein formvollendetes Produkt erscheinen kann. Daneben lässt er die aktuellen politischen Entwicklungen nie aus dem Blick. In der sich zuspitzenden Flüchtlingskrise im Sommer und Herbst des Jahres sieht er eine neue Völkerwanderung nach Europa mit unabsehbaren Folgen, die ihm keine Ruhe lassen. Mit gewohnter wissenschaftlicher Akribie kniet er sich in die Thematik hinein, geht deren Ursachen auf den Grund und sucht die Komplexität der daraus für Deutschland und Europa resultierenden Probleme in den Griff zu bekommen. Der in seinem Urteil stets Unbestechliche weist auf zurückliegende Fehler der Europapolitik hin, beklagt, dass die Regierenden politische Kontrolle und moralische Gewissheiten verloren haben, spart dabei nicht an scharfer Kritik und entwickelt Anhaltspunkte, dem Dilemma zu begegnen. Mitte März 2017 kommt das Buch auf den Markt – es soll sein letztes sein, dessen Erscheinen er erlebt.

Am 25. Mai 2017 – drei Wochen vor seinem Tod – schreibt er auf, was ihm seit 2014 wichtig erscheint und fasst alles in einem weiteren Kapitel zusammen, das er intuitiv, vielleicht auch abschließend gedacht, mit den Worten seines Lieblingsdichters Theodor Fontane überschreibt: »Ja, das möcht' ich noch erleben …« Ahnt er doch mehr?

Zu Lebzeiten wäre es bestimmt richtig gewesen, den Band mit dem Untertitel »Beobachtungen eines Zeitzeugen« zu veröffentlichen. Denn das Empirische – die Betrachtung, Beurteilung, Meinungsbildung – ist Leitmotiv seines wissenschaftlichen Handelns und für ihn wichtiger gewesen als allein das Meditative. Nunmehr schien es seinen Kindern und dem Herausgeber angebracht, im Untertitel den Charakter des Bandes deutlich zu machen, nämlich »Lebenserinnerungen eines kritischen Zeitzeugen«, der sein Leben lang die Welt um ihn herum kritisch beobachtet hat. Diese Akzentuierung wird der Intention des Autors noch mehr gerecht.

Gewiss werden jene Leser, die ihn persönlich gekannt und mit ihm teils jahrelang zu tun hatten, mit Spannung zur Kenntnis nehmen, wie Hans-Peter Schwarz den einen oder anderen Zeitgenossen beurteilt, ob die eine oder andere akademische Fehde und politische Kontroverse Erwähnung findet oder allein aus Courtoisie übergangen worden ist. Doch war Hans-Peter Schwarz bekanntermaßen kein Voyeurist, der sich mit Banalitäten und Nebensächlichkeiten über Politiker und Kollegen aufhielt. Ihm ging es darum, die Komplexität der Realität zu erfassen, zu ordnen, in einen systematischen Zusammenhang zu stellen und somit Politik im

Zeitenlauf zu erklären. Natürlich haben wir es hier mit seiner subjektiven Sicht zu tun, bei der es jedem überlassen bleibt, Vorgänge oder Begebenheiten anders zu bewerten. Er selbst hatte in seiner alemannisch-liberalen Art Verständnis dafür, Dinge anders zu sehen.

Der Herausgeber war fast vierzig Jahre mit Hans-Peter Schwarz und seiner nur wenige Wochen später ebenfalls verstorbenen Gattin Annemie sowie den Kindern eng verbunden. Deshalb war es für ihn eine große Freude und Selbstverständlichkeit, ihrer Bitte zu entsprechen und die ehrenvolle Aufgabe zu übernehmen, das vorliegende Opus magnum zur Veröffentlichung zu bringen. Es entspricht bis auf übliche Lektoren- und Korrekturarbeiten – bekanntlich war der hier Memorierende ein überzeugter Verfechter der alten deutschen Rechtschreibung – seiner letzten durchgesehenen Manuskriptfassung. Weitere Annotationen hinzuzufügen war weder erforderlich noch geboten. Allein sein von ihm so erstelltes und geordnetes Publikationsverzeichnis, das den Zugriff auf das umfangreiche Œuvre erlaubt, ist im Anhang zusätzlich aufgenommen und um wenige Angaben komplettiert worden. Schon im Jahr 2015 hat er große Teile seiner Unterlagen dem Archiv für Christlich-Demokratische Politik der Konrad-Adenauer-Stiftung e.V. anvertraut, das sich nun glücklich schätzt, den gesamten Nachlass aufzubewahren.

Windhagen, 22. März 2018 Hanns Jürgen Küsters

Inhalt

Vorwort

Selbstbespiegelung à la Jean-Jacques Rousseau ist nie mein Ding gewesen. Im Fokus meines Forschungsinteresses stand zeitlebens die zeitgenössische Umwelt, politisches Großwild mit inbegriffen. Zum Rückblick auf den eigenen Lebensweg oder gar zum Graben in meinem Innern war weder Zeit, noch hatte ich Lust dazu.

Doch erfahrungsgemäß geraten Angehörige der schreibenden Zunft, wenn die Jahre sich runden, in kontemplative Stimmung. So hat mich in einem von drückenden Arbeiten unbeschwerten Jahr urplötzlich die Lust gepackt, den Schreibcomputer mit den eigenen Lebenserinnerungen zu füttern. Zuerst wollte ich nur ein paar flüchtige Jugenderinnerungen zu Papier bringen. Schließlich ist es Mode geworden, daß die Kriegskinder der Jahre 1939 bis 1945 vor den Fernsehkameras oder in Sammelbänden ein letztes Mal die Bilder jener Jahre aufrufen, die heute so weit in der Vergangenheit liegen wie für meinen Großvater väterlicherseits vom Jahrgang 1871 die Napoleonischen Kriege.

Danach kamen mir doch auch die Beobachtungen aus meiner Studienzeit in den fünfziger Jahren berichtenswert vor. Die heutigen Studierenden der Geisteswissenschaften seufzen unter den verschulten Studiengängen an der Universität à la Bolognese, die wir kleinkarierten Wissenschaftsministern verdanken, und lesen vielleicht ungläubig, wie es einstmals eine Lust war, zu studieren. Lernbereit, nachdenklich, oft auch spöttisch, hat sich mein nie ganz fertiges Weltbild in den Kollegs und Seminaren höchst verschiedenartiger Professoren zu formen begonnen. Wer hat schon das Glück, in kurzen Studienjahren bei einem Dutzend und mehr höchst heterogener Koryphäen hören zu können? Damals ahnte ich nicht, welches Privileg mir zuteil wurde: ein geisteswissenschaftliches Studium an den von Anregungen sprühenden Universitäten Basel und Freiburg, kurz vor dem Umkippen.

Darauf folgten die Anfänge meiner Professorenschaft. Auch sie, so sagte ich mir, verdienen Erwähnung. Es waren die heute von Mythen umrankten 68-Jahre. Auch sie liegen nun schon fast ein halbes Jahrhundert zurück. Ich kann sagen: »Ich bin dabeigewesen«, allerdings auf seiten derer, die nicht jedes Sozialexperiment mitmachen wollten. Inzwischen haben sich die Rebellen längst mit dem kapitalistischen System arrangiert und verzehren vergnügt ihre Lehrer- oder Ministerpension. Doch auch über meinen und meiner Kollegen Widerstand gegen die Politisierung der deutschen Universitäten ist die gnadenlose Zeit hinweggegangen. Auf die

Politisierung ist die Bürokratisierung gefolgt. Heute sind die Professoren vieler Fächer nur noch fremdbestimmte Dienstleister in Ausbildungsfabriken, die fünfzig Prozent oder mehr eines jeweiligen Altersjahrgangs mit Ausbildungspatenten versehen sollen.

In munterem Tempo ist es dann weitergegangen, Erregung folgte auf Erregung: Kontroversen um die »neue Ostpolitik«, Psychodramen bei der Nachrüstung, erneute Psychodramen, gefolgt von Hochstimmung, und erneute Psychodramen bei der Wiedervereinigung, und ich selbst am Umtrieb mit beteiligt. Professoren der Politischen Wissenschaft und Zeitgeschichte sind engagierte Beobachter, und außerdem sind sie privilegiert. Tag für Tag bewegen sie sich unter Studenten, die kritische Fragen stellen, nach substantiellen Antworten verlangen und sich mit Blabla nicht zufriedengeben wollen. Hat man in meiner Zunft etwas zu sagen, dann eröffnet sich auch der Zugang zum politischen Spitzenpersonal. So sind zeitlebens viele Größen aus Politik und Gesellschaft an mir vorbeigezogen. Sollte ich das alles unerwähnt lassen? Sind die Tore der Erinnerung erst einmal aufgestoßen, kann und will man sie nicht mehr schließen. So habe ich weiter- und weitergeschrieben und bin zu guter Letzt in der Ära Merkel angelangt.

Das erklärt auch den Titel. Mein Leben hat im Frühjahr 1934 begonnen und momentan das Jahr 2017 erreicht. Es ist ein Lebensweg, der sich mehr als achtzig Jahre hindurch im Schatten meist eminent wirkungsmächtiger deutscher Kanzler vollzogen hat. Seltsamerweise hat es mich auch immer wieder gereizt, diese Gestalten in ausgewachsenen Biographien oder Porträtstudien zu erfassen. Wäre mir an grellen Effekten gelegen, könnte ich das Buch über meinen Lebenslauf »Von Hitler zu Merkel« nennen. Aber der aus Österreich entlaufene Desperado, der zum Reichskanzler und Führer Großdeutschlands avancierte, ist mir zuwider und hat im Titel meiner Lebenserinnerungen nichts verloren. Auch methodologisch gibt es gute Argumente, die ersten zehn oder zwölf Lebensjahre als Vorspiele auszugrenzen. Dazu rät beispielsweise Edward Gibbon, einer der renommiertesten britischen Historiker, der sich auch als kluger Memoirenschreiber versucht hat.[1] Gerade in meinem Fall spricht somit viel für den Titel »Von Adenauer zu Merkel«. Mein eigener schlichter Lebensweg und der Lebenslauf der Bundesrepublik sind in vielem aufeinander bezogen.

Mein schlichter Lebensweg … Ich bin kein Staatsmann gewesen, kein Schauspieler, Dirigent oder Fußballstar, der Millionen fasziniert hat. Ein politischer Professor verfolgt den Wirrwarr seiner Lebenszeit aus einer Randzone: er analysiert, sucht ein Gesamtbild der Entwicklungsbedingungen zu erarbeiten, möchte die Trends, die Entscheidungsprozesse und das Spitzenpersonal verstehen. Ihm steht es auch zu, die Ergebnisse zu kommentieren: geglückte Regierungssysteme, Friedenserhaltung, stabile Entwicklungen, aber ebenso die Dummheiten und Schlimmeres, von denen meine Lebenszeit voll war. Wenn der politische Professor seine Aufgabe richtig versteht, ist er ein engagierter Beobachter.

Der Untertitel dieses Buches lautet deshalb: »Beobachtungen eines Zeitgenossen«. Beobachtung und Zeitgenossenschaft – auf beides kommt es mir an. Bei Schilderung meiner Studien in Basel wird auch der Kollegs von Edgar Salin zu gedenken sein. An einem schönen Morgen hat dieser erfahrene, auch theoretisch versierte Ökonom sein Auditorium gefragt, welche Art von Bäumen sich vor der Universität befänden: Platanen, Kastanien, Buchen oder Linden? Als keine sicher belastbaren Antworten kamen, beendete er das Verhör mit den unvergeßlichen Worten: »Merken Sie sich das, meine Damen und Herren, für Ihr ganzes Studium: Sie müssen sehen lernen, sehen lernen!«

Sehen lernen, beobachten, das ist gewiß nicht die einzige Zugriffsweise der Wissenschaft, aber eine unverzichtbare. Auf die Beobachtung folgt das Sammeln, die Kategorienbildung, der Vergleich, das Urteil. Was Goethe gelegentlich in bezug auf die Geologie festgestellt hat, gilt auch für das Objekt meiner eigenen Forschungen: die Politik und die Zeitgeschichte. Sie geben »Stoff und Gelegenheit zu Beobachtung, Betrachtung, Urteil und Meinung«.[2]

Beobachten, betrachten, urteilen, meinen – von diesen Worten habe ich mich auch bei der Konzipierung meiner Lebenserinnerungen leiten lassen. Der folgende Bericht enthält Beobachtungen des akademischen und politischen Milieus, in dem ich mich bewegt habe, Werkstattberichte eines Politikwissenschaftlers und Historikers über die Arbeiten und Erfahrungen bei der Herstellung der eigenen Bücher, der Editionen, der vielen Vorlesungen, bei deren Ausarbeitung ich erst mir selbst und alsdann den Studierenden mehr Klarheit über die Vorgänge des 20. Jahrhunderts verschaffen wollte, Persönlichkeitsporträts, aber auch zeitkritische Feststellungen. Da ein Professor kein Roboter ist, durfte auch das Private nicht ganz ausgespart werden: Reiseimpressionen, Stimmungen bei Ortsveränderungen, politische Hoffnungen und Enttäuschungen, kurz: das ganze Programm.

Eine alte chinesische Verwünschung lautet: »Mögest du in interessanten Zeiten leben!« Sie ist auch an meiner Generation in Erfüllung gegangen. Lange Zeit glaubte ich gar nicht, mitreden zu dürfen, wenn von den schlimmen Jahrzehnten des 20. Jahrhunderts die Rede war. Schließlich sind es die existentiellen Krisen und Leiden, die vielen Memoiren aus dem 20. Jahrhundert eine starke Authentizität verleihen. Das gilt auch für die Lebenserinnerungen der Fachkollegen: Walter Laqueur (Jahrgang 1921), der am 8. November 1938 den Zug nach Triest besteigt, um zu Schiff nach Palästina zu gelangen ... Oder für Iring Fetscher, der den Zweiten Weltkrieg in oft aussichtloser Lage als Frontoffizier bestanden und erst danach den Weg zur Politischen Wissenschaft gefunden hat.[3] Inzwischen bin ich gelassener geworden. Die Höllen des Ersten und des Zweiten Weltkriegs, das üble Schicksal der Emigranten, das Leiden unter den Diktaturen und bei den Vertreibungen – das alles ist berichtenswert, es bewegt uns, und die entsprechenden Memoiren gehen in die Hunderte. Aber auch meine Generation, die nur in früher Jugend vom Krieg gestreift wurde, hat ihre Geschichte zu erzählen.

In dem fürchterlichen Zweiten Weltkrieg gehörte ich, wie eben erwähnt, zu den Altersjahrgängen der Kriegskinder, doch war ich zugleich ein Glückskind. Stimmung und Bilder der Epoche vor 1945 sind mir aber noch voll gegenwärtig. Die Besatzungsjahre wurden etwas härter. Sie gingen aber rascher vorbei als befürchtet. Danach kam die im Westen Deutschlands im Vergleich mit dem Vorhergegangenen vergleichsweise ruhige zweite Halbzeit des 20. Jahrhunderts. Künftige Historiker werden wahrscheinlich feststellen, daß die Bundesrepublik und das westliche Europa damals eine einmalig prosperierende und friedliche Epoche durchlebt haben, viel glücklicher als zuvor oder danach.

In den vier Jahrzehnten des Kalten Krieges lebte ich aber stets in Sorge, daß auch die selbstgefällige Bundesrepublik aufgrund von Schwäche und Fehlern in den Zugriffsbereich der Moskowiter geraten könnte. Und auch mich hat der Gedanke an die drohende atomare Vernichtung nie verlassen, wenngleich ich diese Sorge nicht, wie so viele andere, herausgeschrien habe. Ob die Demokratie und die stets labile Gemeinschaft der freien Welt wirklich allen Gefährdungen widerstehen würden, hat mich ständig beunruhigt. *Die ausgebliebene Katastrophe*[4] habe ich die vielgepriesene Erfolgsgeschichte der Bundesrepublik gelegentlich etikettiert. Vom Ernstfall her denken war und ist eine meiner politischen Maximen.

Nach dem glücklichen Ende des Kalten Krieges hat sich die Unruhe bekanntlich fortgesetzt. Wir leben in einer *runaway world* und befinden uns bereits in der kritischen zweiten Dekade des 21. Jahrhunderts. Wie es mit Deutschland, mit der Europäischen Union und mit der Gemeinschaft der atlantischen Demokratien weitergehen wird, ist gegenwärtig so ungewiß wie in den Jahrzehnten des Kalten Krieges. Der Zweifel, ob die alles in allem doch epigonale politische Klasse der Bundesrepublik und bei den europäischen Nachbarn den Herausforderungen gewachsen sein wird und ob deren Vorgänger wirklich alles richtig gemacht haben, hat auch in meinen Erinnerungen einige Spuren hinterlassen. Vielleicht verspüren aufmerksame Leser auch den Kummer darüber, daß etwas Kostbares zu Ende geht: der demokratische, selbstbestimmte deutsche Nationalstaat und die Identität des tüchtigen, wenngleich seiner selbst unsicheren deutschen Volkes, das Besseres verdient hätte. Daß unsere in Sachen demokratische Selbstbestimmung, Würde, Nation und kulturelle Identität herzlose politische Klasse dafür kein Organ mehr besitzt, gereicht ihr nicht zur Ehre. Manchmal kommt mir eine bittere Feststellung Machiavellis in den Sinn: »Wird man in einem Land geboren, in dem die Zeit des Verfalls angebrochen ist, dann täuscht man sich nicht …«[5]

So ist der vorliegende Lebensbericht wie zuvor schon manche meiner vorangegangenen Monographien, Essays oder Kolumnen ein Versuch, auch diese zwischen Sorge und Leichtsinn oszillierende Zeitstimmung einzufangen: Ära Adenauer, Ära Brandt und Schmidt, Ära Kohl, Ära Schröder, Ära Merkel. Es ist eine unendliche Geschichte mit vielen widersprüchlichen Narrativen.

Deshalb wird es mich nicht groß stören, wenn der oder jener Leser auch mein eigenes Narrativ als subjektiv empfindet. Ich war und bin ein engagierter Beobachter. Wenn Wissenschaftler sich selbst und anderen das Vergnügen bereiten, über einen langen Lebensweg durch aufgewühlte Zeiten zu berichten, und darin auch einige Reflexionen einbauen, ist von ihnen keine Objektivität im Max Weberschen Sinne, wohl aber Authentizität zu verlangen. Ich habe versucht, dem gerecht zu werden.

Seit frühen Jahren gibt es aber nur einen einzigen Menschen, dem ich immer wieder einmal ein Buch gewidmet habe, so auch dieses: der besten aller Frauen, wie ich sie gern nach dem Vorbild des unvergeßlichen Ephraim Kishon zu nennen pflege. Also wohl ein letztes Mal: für Annemie, der treuen Gefährtin von inzwischen 56 langen Jahren.

Eine Kindheit im Dritten Reich

»Ich bin ich!«

Mit den Anfängen eines Lebenslaufs verhält es sich seltsam. Das Baby entwickelt eine ganz beispiellose Dynamik, lernt lachen, zornig schreien, sitzen, stehen, laufen, sprechen und auf alle Umweltreize reagieren. Fähigkeiten zur Selbstbehauptung, zur menschlichen Zuwendung, Weltvertrauen oder Unsicherheit, die oft das ganze spätere Leben bestimmen, werden wohl in dem ersten und zweiten Jahr ausgebildet. Das bleibt aber nur im Unterbewusstsein gespeichert. Noch fehlt das eigene Erinnerungsvermögen.

Unsere Umwelt tut jedoch ihr Bestes, auch diese Phase genauestens zu dokumentieren. So auch in meinem Fall. Einige Photos zeigen mich am Tag meiner Geburt im Wöchnerinnenheim Lörrach. Es ist der 13. Mai 1934, ein Sonntag. Schon früh kokettiere ich deshalb damit, daß ich ein Sonntagskind sei. Ich zögere auch nie, die böse 13 als meine Glückszahl zu bezeichnen. Erst aus langer, langer zeitlicher Distanz ist mir dann auch klargeworden, daß wohl in meiner Kindheit eine Glücksfee unerkannt auf der Wacht war. Wer in den Jahren 1934 bis 1945, ein paar Kilometer nur vom Westwall entfernt, im nationalsozialistischen Deutschland, das aus heutiger Sicht wie die Hölle erscheint und das vielfach auch war, unversehrt in einem Jugendparadies aufwächst, der ist wohl ein Glückskind. Und wer dann noch frohgemut, tätig, gesund und ohne persönliche Tragödien acht Dekaden des 20. und des frühen 21. Jahrhunderts durchschreitet, wie anders soll man den nennen? Doch zurück zur Dokumentation meiner ersten Stunden. Das Photo zeigt meine glückliche und erschöpfte Mutter, mich selbst aber als mürrisch schlafendes Baby – eine Szene, an die ich natürlich keine bewußte Erinnerung habe.

Auch das erste Jahr ist nur aus etwa hundert Schwarz-Weiß-Fotos rekonstruierbar. Sie zeigen das Dörfchen Langensee, tief versteckt im Kleinen Wiesental an einem Sträßchen, das von Tegernau nach Neuenweg zum Belchen führt, wo mein Vater als Lehrer amtiert. Das Tal ist ziemlich eng. Auf beiden Seiten gehen die waldbestandenen Hügel steil empor, nach Hohenegg und nach dem viel größeren Elbenschwand. Im Sommer und erst recht im Winter liegt Langensee fast immer im Schatten – ein Nest, von dem der Name das Schönste ist. Wenn man den Photos glauben darf, sind es nicht mehr als ein Dutzend Bauernhäuser, meist zweistöckig, spitzgieblig – keine Spur von den breit gelagerten, Wohlhabenheit bekundenden Schwarzwaldhäusern, die sich in den höher gelegenen Dörfern Raich oder Bürchau finden. Das an der

Straße gelegene Schulhaus paßt sich dem an. Im Parterre liegen die beiden Schulstuben, im ersten Stock die Lehrerwohnung mit ihren kleinen Zimmerchen, vier Fenster an der Langseite, drei an der Breitseite.

Noch befindet man sich im Zeitalter der Mini-Zwergschulen, zu denen die Schüler im Winter vor Tagesanbruch oft lange Wege durch hohen Schnee zurücklegen müssen. Ein paar der Photos zeigen denn auch meinen Vater zusammen mit zwei Dutzend dick vermummelten Jungen und Mädchen im Schnee. Auf einem anderen der Schnappschüsse meiner Mutter, die auch beim Photographieren eine Künstlerin war, ist die Schülerschar im Kreis um einen Maibaum geschart. Die Schule begeht offenbar den 1. Mai, und der Vater spricht einige aufmunternde Worte.

Es gibt auch die Familienphotos: Vater und Mutter, die Großeltern, von denen gleich die Rede sein wird, und am prominentesten ich selbst. Diese Schnappschüsse lassen erkennen, wie aus dem Baby sichtlich ein vorzeigbarer Mensch wird. Zudem ist hier dokumentiert, daß ich in Langensee von Eltern und Großeltern offensichtlich so verwöhnt worden bin, wie dies nach den hohen Ratschlüssen der Natur ein Privileg der Erstgeborenen zu sein scheint, das von ihnen als schöne Selbstverständlichkeit gewertet wird. Die schönste dieser Aufnahmen zeigt mich zufrieden posierend vor einer Biskuittorte, auf der mit Schokolade eine 1 gespritzt ist, daneben prangt ein Margeritenstrauß. An dieser Tradition der mit Zucker glasierten, dann mit Spritzschokolade verzierten, Jahr für Jahr liebevoll verfertigten Geburtstagstorten hat meine Mutter übrigens festgehalten, bis ich das Haus verließ.

Soviel zu den frühen Photodokumenten. Tatsächlich aber ist mir selbst an diese Vorspiele des Lebens im Kleinen Wiesental doch eine einzige eigene Erinnerung geblieben. Aus der Tiefe meines Bewußtseins, wohl kurz vor der Schwelle zum Unterbewußtsein, taucht ein Bild auf: sonnenbeglänzte, über Kiesel und Wasserpflanzen rasch dahinlaufende Wellen – das ist meine früheste, sehr angenehme Erinnerung. Die Lehrerwohnung in Langensee liegt in der ersten Etage und besitzt einen Balkon, der auf die Kleine Wiese herausgeht. Ob ich stundenlang durch eine Ritze auf das Flüßchen hinuntergeblickt habe, ob man mich emporhob, um hinunterzuschauen – ich weiß es nicht. Das Bild hat sich jedenfalls unauslöschlich eingeprägt.

Und noch eine Beobachtung ist aus dieser frühesten Kindheit zu berichten, die mein Vater in seinem Tagebuch anerkennend vermerkt. Es ist ein Ausspruch von geradezu Descartesscher Klarheit, den ich gedankenvoll formuliert habe: »Ich bin ich!«

Mein Jugendparadies: Gresgen

Worte wie »Jugendparadies« oder »heile Welt« sind bekanntlich abgegriffen und stehen unter Verdikt. Doch weshalb leugnen, daß ich die Zeit in Gresgen, wo ich von 1936 bis 1942 weitgehend unbeschwerte Kinderjahre verbracht habe, genau so empfinde? So will ich die frühesten Bilder dieses Schwarzwalddorfes aufrufen, die vor dem inneren Auge stehen und bekunden, welcher der vielen Reize sich anscheinend besonders tief im kindlichen Erinnerungsvermögen eingesenkt hat. Es ist vor allem das Sehvermögen, das uns die Umwelt erschließt, und ich selbst bin und bleibe ein Augenmensch.

Wo soll ich anfangen, wo und wann aufhören? Ich wähle erst die Vogelperspektive, genauer gesagt den Blick vom Rümmelisbühl (775 m über dem Meer), einem Hügel, auf dessen höchster Stelle sich bis heute ein spitzgiebliges, wetterfestes, properes Steinhäuschen erhebt – geeignet zum Unterstehen bei Wolkenbrüchen oder bei starkem Schneefall. In jenen frühen Jahren, doch dann die Jahrzehnte hindurch immer wieder, bin ich häufig zum Rümmelisbühl hochgewandert, so daß sich das Panorama mir ganz unvergeßlich eingeprägt hat.

Zu Füßen breitet sich Gresgen aus, damals ein recht wohlhabendes Dorf mit an die 400 Einwohnern, meist Landwirte, von denen aber ein kleinerer Teil schon in den Fabriken des Wiesentals arbeitet. Dieses breitgelagerte Straßendorf liegt auf einem unbewaldeten Hochplateau zwischen dem Großen und dem Kleinen Wiesental. Nach Westen hin, in Richtung der bewaldeten Bergkuppen um Sallneck, führt ein damals noch nicht asphaltiertes Sträßchen in engen Serpentinen steil nach Tegernau hinunter und von dort nach Langensee, das wir glücklich hinter uns gelassen haben.

Am schönsten ist der Blick nach Süden. Tief im Tal führt ein Fußweg am Hörnle entlang direkt nach Hausen im Großen Wiesental, dem Geburtsort Johann Peter Hebels. Es spricht für meine Eltern, daß sie mich ungeachtet ihrer nationalen Begeisterung im Mai 1934 nicht mit germanischen Vornamen wie Hermann, Otto oder Heinrich bedacht haben, auch nicht mit Adolf, sondern mit dem Namen Hanspeter, den ich später in »Hans-Peter« etwas modernisieren werde. Diese Namengebung war naheliegend. Johann Peter Hebels Geburtstag, der im Markgräflerland lange wie der eines Regionalheiligen gefeiert wurde, ist der 10. Mai, drei Tage vor dem meinen. Je älter ich werde, um so sympathischer wird mir übrigens das offene, praktisch orientierte, deistisch grundierte, vernünftigerweise die metaphysischen Geheimnisse undiskutiert lassende Christentum dieses Zöglings der Spätaufklärung und der Physiokraten, dazu sein wissender Blick auf die auch damals recht chaotischen Weltläufe. Man hätte mir keinen schöneren Namen geben können.

Aber bleiben wir noch einen Moment beim Ausblick nach dem Süden. Von Gresgen aus ist das eben erwähnte Hausen überhaupt nicht zu sehen. Wohl aber erblickt man ganz in der Ferne den weitgestreckten Dinkelberg und von dort aus rechter Hand den Südwestzipfel des Markgräflerlands bis hin nach Lörrach und zum Röttlerwald. Hat man Glück und steht man bei Föhnlage auf dem Rümmelisbühl, schweift der Blick bis zum Bilderbuchpanorama der Schweizer Alpen.

»Ich bin ich« im Markgräflerland

Eine der stärksten Erinnerungen an diesen Aussichtsplatz stammt aus meinem vierten oder fünften Lebensjahr. An und für sich hat die Fastnacht im evangelischen Markgräflerland meiner Jugendzeit keine Rolle gespielt, doch dies mit einer Ausnahme. Jeweils im Februar wird bei tiefer Nacht auf halber Höhe des Rümmelisbühls das »Schiibeschlage« veranstaltet, zusammen mit dem Verbrennen einer Stoffhexe, die hoch auf einem Pfahl auf ein Rad gebunden ist. Das ganze Dorf sammelt sich um ein riesiges Feuer, in dem quadratisch zugeschnittene Holzscheiben glühend gemacht, auf eine lange Haselrute gesteckt und dann von schräg aufgestellten Waschbrettern aus kräftig ins Tal geschlagen werden. Die Funken sprühen, manchmal sausen zehn oder zwölf glühende Scheiben gleichzeitig ins verschneite Tal – ein ungeheurer, ursprünglich wohl heidnischer Spaß, der allerdings letztmalig zur Fastnachtzeit des Jahres 1939 veranstaltet werden darf, denn seit Kriegsbeginn im September 1939 herrschen auch auf dem Dorf strenge Verdunkelungsvorschriften.

Ein anderes großes Erlebnis, das sich Jahr für Jahr im Monat Mai gleichfalls auf dem Rümmelisbühl vollzieht, ist der Hebel-Tag. Jeweils am 10. Mai pilgern alle Schulklassen, dirigiert von meinem Vater, dorthin hoch, um Hebel-Gedichte vorzutragen und, sofern diese vertont sind, zu singen.

Je älter man wird, um so stärker wird aus den Einzelbildern ein Film, den man betiteln könnte: »Ich habe noch das vormoderne Dorf erlebt.« Vor jedem der Bauernhäuser liegt ein hoher Misthaufen, auf dem morgens und abends der Unrat aus den Ställen entsorgt wird. Neben der Größe von Haus und Stallungen ist das geradezu ein Indikator des Wohlstandes. Je reicher der Bauer an Ochsen und Kühen, um so höher der Misthaufen. Die Pritschenwagen oder die Heuwagen werden von Ochsengespannen über die Dorfstraßen und Mattenwege gezogen. Nur wenige reiche Landwirte verfügen schon über Traktoren.

Die Wiesen werden mit der Sense gemäht. Das erfordert eine nicht ganz leicht zu erlernende Technik, außerdem kräftige Arme. Im Frühjahr und im Sommer mähen die Bauern meistens Felder, die nicht weit von ihren Ställen entfernt sind, um das Vieh mit frischem Futter zu versorgen. Im Hochsommer ist »Heuet«. Man wartet sonnige Tage ab, um die weiter entfernten Wiesen zu mähen. Die Mahd bleibt erst zum Trocknen liegen, wird alsdann zu großen »Heuschöchli« zusammengerecht und abends in die Scheune gefahren. Der »Heuet« ist fast so kurzweilig wie später die Apfel- oder Zwetschgenernte. Von frühmorgens bis spätabends ist die ganze Familie beteiligt, zwischendurch wird mit Brot, Speck und Most kräftig gevespert. Auch von der Lehrerfamilie wird erwartet, daß sie bei diesem oder jenem Bauer mit Hand anlegt. Ich weiß noch, wie stolz ich mich auf dem hochgetürmten Heuwagen, dessen Last mit einem längsgelegten Heubalken gesichert wird, bis zur jeweiligen Scheune fahren lasse, wo man das Heu entweder mit Gabeln auf den Heuboden hinaufwirft oder durch große, mechanisch bewegte Rechen emporzieht. Der Spaß muß dann leider häufig mit Asthmaanfällen bezahlt werden, die auf das Einatmen des Heustaubs zurückgehen.

Die älteren Bauersfrauen tragen bei diesen Arbeiten weiße oder schwarze Kopftücher wie 40 oder 50 Jahre später die aus Ostanatolien nach Deutschland eingewanderten Türkinnen. Sie müssen schonungslos ran, vor allem im Krieg, als die Söhne und Männer eingezogen sind. Am mühsamsten ist das »Heuen« an den steilen Hängen am Ortsausgang Richtung Zell oder zum Rümmelisbühl empor. Wer damals zugesehen hat, wie sich selbst alte, abgearbeitete Frauen so geduldig wie ihre Ochsen ins Zeug legen, weiß ein für allemal, daß das Landleben der Romantik völlig entbehrt und eine üble Plagerei ist.

»Der Herr Lehrer« – mein Vater

In jenen längst vergangenen Zeiten war der Dorflehrer noch die große Respektsperson. Einen Pfarrer hatte das ohnehin nicht besonders religiöse Gresgen nicht. Bringt ein Lehrer entsprechende Bildung mit, erzählen die Schüler zu Hause von seiner Fachautorität und Begeisterungsfähigkeit, versteht er etwas von Naturkunde, Geographie, Sprache, Geschichte und Brauchtum, ist er sportlich und hat Freude am Wandern mit seinen Klassen, spricht er das Alemannisch der Dörfler, geht er auf die Leute zu und hat er eine natürliche und herzhafte Frau, die jeder mag, dann wird er zur Autorität.

Erst aus größerem Abstand, bei späteren Besuchen im Dorf, auch bei gelegentlichen Gesprächen mit den Eltern, ist mir allerdings klargeworden, daß eine kleine

Gemeinde von an die 400 Menschen alles andere als ein harmonischer sozialer Mikrokosmos ist. Unterschwellige Feindschaften und Rivalitäten reichen vielfach sehr weit zurück, und es gibt Unstimmigkeiten jeder Art, resultierend aus dem Vermögensgefälle zwischen »Großbure« und Kleinbauern, aus Streitigkeiten über Grundstücke, Waldstücke, Wegerechte, nicht zuletzt auch um hübsche oder wohlhabende Mädchen oder die entsprechenden Mannsbilder. In derartigen Konstellationen wird der Lehrerfamilie ein beträchtliches Maß an Diplomatie abverlangt. Sie soll freundlich, ja herzlich, teilhaben, darf sich aber in den dörflichen Kleinkrieg nicht hineinziehen lassen. Ob sie's in gewisser Hinsicht doch getan hat, wer weiß?

Akzeptanz in einem Bauerndorf hat ihren Preis. Erwartet wird nicht die Trennung von Beruf und Freizeit, ganz im Gegenteil. Der Dorflehrer ist gewissermaßen immer im Dienst, empfindet das aber auch, so er Verstand und guten Willen hat, als ganz selbstverständlich. Im Dorf erwartet man oder sieht es jedenfalls gern, daß die Lehrerfamilie, wie eben berichtet, im Sommer beim »Heuen« mit anpackt, aber auch Feste wie die Konfirmationen mitfeiert und keine Beerdigung versäumt.

In den dreißiger Jahren spielt natürlich auch die Politik mit hinein. Gresgen war, so habe ich rückblickend festgestellt, in den letzten Jahrzehnten des 19. Jahrhunderts bis in die Jahre des Ersten Weltkriegs ursprünglich ein weitgehend nationalliberales Dorf. In den Jahren der Weimarer Republik votierte etwa ein Drittel der Wähler sozialdemokratisch, vermutlich diejenigen, die in den Betrieben des Großen Wiesentals arbeiteten, und die Kleinbauern. Seit Anfang der dreißiger Jahre wählte man auch in Gresgen wie in vielen evangelischen Dörfern des Markgräflerlands, desgleich aber auch in Städtchen mit starkem Arbeiteranteil, nationalsozialistisch. Gleichschaltung, Propaganda der Partei, großzügige Entschuldungsmaßnahmen, Vergünstigungen für Erbhofbauern, die anfänglichen innen- und außenpolitischen Erfolge des Regimes, nicht zuletzt auch die durchaus freiwillige Mitwirkung der in bemerkenswert großer Zahl nationalsozialistischen Lehrer im besten Mannesalter konsolidierten dann seit 1933 das Regime auf dem Land.

Als Kind nimmt man naturgemäß nur ganz unreflektiert Stimmungen wahr. Die Durchsicht der dichten Korrespondenz zwischen meinen Eltern in den Jahren 1939/40, als mein Vater am Westwall lag, bestätigt den eben geschilderten Sachverhalt. Gresgen war damals trotz da und dort wohl noch vorhandener Vorbehalte ein ganz im Geist der Partei funktionierendes Dorf, und mein Vater, den man, ohne ihm zu nahe zu treten, als stark national grundierten, naiv idealistischen Nationalsozialisten bezeichnen kann, war damals der richtige Mann am richtigen Ort.

Die Erinnerungen verdichten sich, als die Schule beginnt. Für ein Lehrerkind, das auf der ersten Etage über dem Klassenzimmer wohnt, ist das freilich überhaupt keine Zäsur. Als ich im Frühherbst 1940 eingeschult werde, mache ich Erfahrungen, die ich nicht missen möchte. Deren erste war es, den eigenen Vater in einer der schönsten Phasen seiner Berufsausübung zu erleben. Er stand kurz vor seinem 40. Geburtstag, befand sich also, wie man so sagt, im besten Mannesalter. Da er 1918 bereits gedient hatte, wurde sein Jahrgang nach dem Frankreichfeldzug entlassen. Die Monate als Soldat am Westwall hatten ihm gutgetan. Daß es am Oberrhein ziemlich ruhig bleiben würde, war nicht vorherzusehen. Zu guter Letzt hatte sein Regiment den Rhein überschritten und war in das unverteidigte Straßburg einmarschiert. So kam er wohlgemut zurück und stürzte sich in dem bereits bestens bekannten Gresgen erneut in den Beruf, der ihn offensichtlich erfüllt hat. Mit Ausnahme eines meiner Lehrer am Gymnasium habe ich in meiner ganzen Schulzeit keinen derart souveränen, kundigen Schulmann erlebt.

Heute macht man sich keine Vorstellung mehr davon, wie eine Schule auf dem Land damals organisiert war. Der Unterricht für acht Klassen mit an die 50 Schülern wurde in demselben Klassenzimmer abgehalten. Seitens des Lehrers bedurfte es genauer Planung und Erfahrung, zur gleichen Zeit die Erstklässler, die Zweitklässler, bis hin zu den Siebt- und Achtklässlern zur konzentrierten Arbeit zu veranlassen. Das ging übrigens nur, indem auf der Hauptschulstufe in den meisten Fächern die fünfte mit der sechsten sowie die siebte mit der achten Klasse zusammengefaßt wurden.

Seit den sechziger Jahren pflegen sich die Schuldidaktiker über den Frontalunterricht, die gestrenge Disziplin oder die starren Schulbänke zu mokieren. Doch anders wäre unter den Bedingungen, wie sie damals auf dem Dorf herrschten, ein nachhaltiger Unterricht überhaupt nicht vorstellbar gewesen. Der Vater dirigierte dieses komplexe Unterrichtssystem wie ein Dirigent sein Orchester, gab die Einsätze, kontrollierte die Hausaufgaben, rief einzelne Solisten auf, ließ Stücke, die nicht richtig saßen, wiederholen, ermunterte, tadelte und sorgte in den Klassen 45 Minuten hindurch bis zur jeweiligen Pause für gesammelte Aufmerksamkeit. Diese Art des Unterrichtens setzt allerdings seitens des Lehrers eine völlige Beherrschung der heterogenen Unterrichtsstoffe voraus, und dass zusammen mit genauer Vorbereitung jedes Tagesplans.

Mit der Erfahrung, daß Vater in der Tat ein, so würde man heute sagen, charismatischer Pädagoge war, verbindet sich also bei mir großer, bis heute andauernder Respekt für die überkommene deutsche Volksschule. Die Absolventen dieses Schultyps konnten fehlerfrei schreiben, wußten sich – trotz ihrer alemannischen Mundart – in hochdeutscher Sprache flüssig auszudrücken, vermochten Gelesenes selbständig wiederzugeben, die Rechenfähigkeit reichte für die bäuerlichen und handwerklichen Berufe aus, zudem gewannen die Kinder Freude am Lesen. Stets, wenn ich später auf ehemalige Schüler des Vaters traf, bestätigten sie mir dies. Allem Anschein nach verstand es mein Alter Herr auch deshalb so gut, den schwierigen Parallelunterricht professionell durchzuführen, weil ihm die Ausbildung durch Schulpraktiker in den einstmaligen Lehrerseminaren ein brauchbares didaktisches Rüstzeug vermittelt hatte.

Als ich später in die Jahre kam, wurde ich erst an der Pädagogischen Hochschule Osnabrück, dann in den Fakultäten meiner Universitäten, gleichzeitig auch beim Blick auf die entsprechende Berufstätigkeit von Annemie im Gymnasium und schließlich beim Blick auf die Schulen meiner Kinder ständig zum Nachdenken über die Institution Schule und die Qualität ihrer Lehrer veranlaßt. Bei der Erinnerung an die Gresgener Volksschule und das breite Wissen meines Vaters kamen mir, ich gestehe das, häufig Zweifel, ob die moderne Lehrerausbildung an den Universitäten wirklich auf gutem Weg ist.

Eine weitere, unschätzbare Erfahrung des ersten Schuljahrs, dem sich wegen der Schuljahrsumstellung im Frühjahr 1941 bereits das zweite anschloß, war die Freude am Lesen und am Schreiben, die mich nie mehr verlassen hat. Es war wie eine Offenbarung, nach einem halben Jahr Unterricht im Schulbuch einen ganzen Text lesen zu können. Ich glaube, daß sich meine unstillbare, neugierige Leselust schon damals, in den ersten beiden Schuljahren, ausgebildet hat.

Die Großeltern in Lörrach

Erst aus einigem Abstand wird mir klar, daß unsere Kleinfamilie, zu der sich 1936 Bruder Dieter hinzugesellt, wie eine Ellipse zwei Pole hat, der eine in Gresgen, der andere in der Kreishauptstadt Lörrach. Sowohl mein Vater (Jahrgang 1900) wie meine Mutter (Jahrgang 1898) sind in Lörrach geboren und streben natürlich nach Lörrach zurück, wo sich das dichte Netzwerk ihrer Verwandten und Freunde befindet. Auch in Lörrach selbst hat ihr familiäres Leben zwei Pole: die Herrenstraße, wo sich die alte »Schmiede« befindet, aus der sich seit den zwanziger Jahren ein stattlicher Fahrzeugbau entwickelt hat, und die Griengasse in Lörrach-Stetten, wo die Großeltern Schwarz ihren Wohnsitz haben.

Großvater Greiner ist schon früh verstorben. Er hat einen traditionellen Schmiedebetrieb geführt, dessen Hauptgeschäft die Bereifung von Leiterwagen und Kutschen sowie das Beschlagen von Pferdehufen war. Meine Mutter, eine wohlproportionierte Frau, die aber auffällig kräftige Arme hat, erzählt später gern, sie habe ihre Muskeln ausgebildet, als sie die schweren Pferdehufe halten mußte, die in der »Schmiede« beschlagen wurden. Das ging wohl so bis in die Jahre des Ersten Weltkriegs. Danach hat der Bruder meiner Mutter, anfangs im Aufbegehren gegen den stark widerstrebenden Vater, den Betrieb auf Fahrzeugbau und die Reparatur von Lastwagen umgestellt. Er hatte als Fahrer an der Westfront erlebt, daß die Zukunft dem Automobil gehört.

Die dominierende Persönlichkeit in der Herrenstraße ist die »Großmame« Greiner. Sie kommt von der Schweigmatt, einem Dörfchen am Fuß der Hohen Möhr, hat »in die Stadt«, nach Lörrach, geheiratet, tritt aber immer noch, stets in die Markgräfler Tracht gekleidet, am Sonntag zusätzlich mit der »Hörnerkappe«, respektgebietend wie eine Schwarzwaldbäuerin, auf. Sie ist eine massive Gestalt, stark konturierte, aber freundliche Gesichtszüge, an Selbstbewußtsein, Güte und herrischer Souveränität nicht zu übertreffen. Immer, so stellt sich die Lage mir dar, wenn ich mit meiner Mutter für ein paar Tage oder Wochen nach Lörrach komme, erscheint mir die Seniorchefin als der Mittelpunkt dieses kleinen Unternehmens, wo grob zugelangt wird.

Ich verspüre genau, daß die alte Dame mit meiner Mutter ein Herz und eine Seele ist. Weshalb diese ihr ganzer Stolz war, ist mir erst viel später klargeworden. In einer Eisenschatulle aus dem Nachlaß hat sich ein kleiner Notizkalender der jungen Dame aus dem Jahr 1914 erhalten, hergestellt in der Papeterie Riggenbach, Basel. Dort finden sich Dutzende mit leichter Hand entworfene Porträtskizzen, manche leicht karikierend, dazu kleine Vignetten von Dörfchen, Waldstücken, Baumgruppen, Kirchen, die allesamt eine bemerkenswerte Begabung bezeugen. Die eigentliche Explosion von Talent fand dann auf der Basler Kunstgewerbeschule statt, in die sie zwei Jahre nach dem Tod ihres Vaters eingetreten ist. Erhalten haben sich zwei große Mappen mit Skizzen, Holzstichen, ausgeführten Zeichnungen, preisgekrönten Plakaten, Grafiken, Dessins für moderne Tapeten, Briefmarken, die erst nach dem Tod von Mutter ans Licht kommen. Zu Hause war nur gelegentlich die Rede von den Studien auf der Basler Kunsthochschule in den Jahren 1924, 1925 und 1926. Jetzt erst sehe ich einige der Photos aus den zwanziger Jahren mit anderen Augen an. Sie zeigen eine aparte junge Frau mit langen blonden Haaren, modisch gekleidet, hoffnungsvoll, offen und selbstsicher lächelnd – eine alemannische Schönheit inmitten einer derben, herzhaft zupackenden, aber unkünstlerischen Familie. Weshalb diese Entwicklung, die zur modernen Plakatkunst, zum Industriedesign oder zur Landschaftsmalerei hätte führen können, bereits Ende der zwanziger Jahre abrupt zu Ende ging, läßt sich nicht mehr eruieren. Das Leben auf dem Dorf, die Kriegsjahre und die schwere Nachkriegszeit haben einen ursprünglich für ganz andere Aufgaben angelegten Lebenslauf definitiv verändert.

Von diesen Hintergründen ahne ich nichts, als ich mit drei, vier oder fünf Jahren periodisch zur Herrenstraße komme und es mir wohl sein lasse. Dort lerne ich einen Handwerkerbetrieb im Stil des späten 19. und frühen 20. Jahrhunderts kennen. Zu Lebzeiten der »Großmame« (Weihnachten 1939 verstorben) und noch lange danach liegt an einem kleinen, kopfsteinbepflasterten Hof hinter dem dreistöckigen, inzwischen längst abgerissenen Haupthaus in der Herrenstraße die alte, kaum vom Tageslicht erhellte »Schmiedi« mit ihrer von Briketts genährten Esse, den Schraubstöcken, großen Zangen, Hämmern und Kästen voller Nägel. Darüber, im ersten Stock, haben die Gesellen und Lehrjungen ihre Verschläge. Zum Mittagessen versammelt sich der ganze Betrieb, an die vier oder fünf Mann hoch, die »Großmame« Greiner, »Götti« Rudolf, meine Mutter und ich selbst sowie Bruder Dieter als jüngster Sprößling um den großen, mit Bänken und massiven Stühlen ausgestatteten Mittagstisch. Daneben steht eine riesige, stark verrammelte Ledercouch, die kräftig riecht, der Lieblingsplatz des Dackels Waldi, aber auch von mir. Ist die Essenszeit gekommen, stellte die »Großmame« eine große, emaillierte Blechschüssel voller Mehl- oder Gemüsesuppe mitten auf den Tisch und schöpfte jedem aus. Dazu gibt es Brot. Ob und wann in der Woche die Schmiede auch Wurst oder Fleisch erhielten, weiß ich nicht mehr. Jedenfalls haben sie bis weit in die Jahre des Zweiten Weltkriegs hinein ihren Mittagstisch zusammen mit der Schmied-Familie eingenommen.

Die »Schmiede« ist mir somit in lebhafter Erinnerung geblieben: die steinerne »Kunst« in der Wohnstube, die aus der Küche wohlig gewärmt wird, das Kurbeltelefon im düsteren Vorraum zu den Wohngemächern, damals noch eine vielbegehrte Neuheit, oder der Kühlschrank aus den Zeiten, da die elektrischen Kühltruhen noch nicht verfügbar waren. Woche für Woche, so sehe ich es noch vor mir, kommt der pferdegezogene Eiswagen der Brauerei Lasser vorgefahren und bringt eine große Stange Eis, die dann mit dem Eispickel zerkleinert und in den Eisschrank eingefüllt werden muß.

An das Haus an der Herrenstraße grenzt ein gleichfalls mit Kopfsteinpflaster belegter Hof, der meist voller Fahrzeuge steht. Gegenüber dem Hauseingang war eine moderne, verglaste Fahrzeughalle errichtet worden, in der mit Acetylenflammen gearbeitet, gefräst, geschraubt und gehämmert wird. Hauseingang und Hof sind mir nicht zuletzt deshalb in Erinnerung, weil ich dort zum ersten und letzten Mal in meinem Leben einen der berühmten Zeppeline gesehen habe. Alles war herausgerannt, um das Luftschiff zu bestaunen, das graufarben, irgendwie majestätisch, die Seitenruder am Heck mit einer leuchtend roten Hakenkreuzkokarde gekennzeichnet, über Lörrach hinwegglitt.

Inmitten der reparaturbedürftigen Fahrzeuge steht noch ein weiteres Gefährt auf dem Hof, das meine jugendliche Phantasie stark beschäftigt: das viertürige Mercedes-Automobil von »Götti« Rudolf. Am meisten bewundere ich, daß sich vorn hinter dem Lenkrad eine kleine Vase zur Aufnahme von Blumen befindet. Ich kenne das Wort noch nicht, weiß aber schon: Das ist Luxus pur. Leider riecht es jedoch in dem Auto so kräftig wie auf der Ledercouch.

Dieses Fahrzeug dient neben manchem anderem einem sehr wichtigen Zweck. Häufiger an den Wochenenden erhält der durchaus gutmütige und gehorsame »Götti« von der »Großmame« die Weisung, sie zu kutschieren, um das »Elisli« (meine Mutter führt den schönen Namen Elisabet) in Langensee oder später in Gresgen aufzusuchen und dabei, wenn irgendein Fest zu feiern ist (Ostern, Weihnachten, Geburtstage), anständigerweise auch das Großelternpaar aus der Lörracher Griengasse mitzunehmen. Ist Not am Mann – Hans-Peter krank, Elisli in anderen Umständen oder gar in höchsten Kindsnöten –, dann sind Extrafuhren fällig. Auf diese

Weise ist wohl das Leben auf dem Dorf für meine Mutter halbwegs erträglich geworden.

Offenbar spielen die Großeltern der Schwarz-Linie eine ähnlich herzhafte Rolle wie die »Großmame« Greiner, wenngleich etwas weniger dominierend ins Bild tretend. Dieser Großelternzweig wohnt gleichfalls in Lörrach, genauer gesagt: in Lörrach-Stetten in der Griengasse. Nicht weit von der Tabakfabrik entfernt und nur ein paar Schritte bis zur feinen Konditorei Wiesendanger, am Fuße des Leuselharts, auf dem die wohlhabenderen Lörracher residieren, steht ihr hellgelb gestrichenes, zweistöckiges Haus im modernen Würfelhaus-Stil der späten zwanziger Jahre, umgeben von einem Garten mit Spalierbäumen voller köstlicher Pfirsiche und eingerahmt von einem weißen Holzzaun, der gediegene Kleinbürgerlichkeit signalisiert. Im Parterre wohnen die Großeltern, im ersten Stock die Schaubs. Tante Eisa, die Schwester meines Vaters, hatte einen in Lörrach aufgewachsenen Schweizer, Onkel Ernst, geheiratet, der bei der Tuchfabrik Sarrasin Prokurist war.

Der kräftig gebaute Großvater Schwarz ist eine stattliche Erscheinung. Seit seiner Soldatenzeit bei den großherzoglichen Pionieren trägt er einen eindrucksvollen Schnurrbart à la Kaiser Wilhelm I. Dazu kommen starke Brillengläser, die ihm eine Air von Distanz verleihen. In Wirklichkeit ist er eine Seele von Mensch, der mir und Bruder Dieter Spielzeuge schnitzt, ein Wägelchen baut, das ich ständig hinter mir herziehe, uns schließlich auch seine geliebte Hobelbank überläßt, auf der ich in den Kriegsjahren und danach meine Holzwaffen herstelle.

1871 im mittelbadischen Lichtenau als Sohn eines Landwirts geboren, wurde er zuerst Berufssoldat beim Badischen Pionierbataillon Nr. 14, hatte dann als »Zwölfender« seinen Abschied genommen und war in den Postdienst gegangen. So kam er mit seiner aus Lahr-Dinglingen stammenden Frau nach Lörrach, nahm nochmals in der Position eines Feldwebel-Leutnants bei den Pionieren am Ersten Weltkrieg im Elsaß teil und war danach lange Jahre auf der Lörracher Hauptpost in der Wallbrunnstraße tätig, wo er schließlich 1937 als Postinspektor pensioniert wurde. Die Familie wohnte lange Zeit nicht weit vom Arbeitsplatz entfernt gleichfalls in der Wallbrunnstraße. Seiner Laufbahn entsprechend, war er ein ruhiger, konservativer Mann. Wann immer wir ihn aufsuchten, beeindruckte mich die eingerahmt an der Wand prangende große Verdiensturkunde zu einem x-ten, wahrscheinlich dem 40. Dienstjubiläum, groß und schwungvoll unterschrieben vom Reichspräsidenten von Hindenburg.

Neben ihrem stattlichen Mann wirkte die zierliche Schwarz-»Großmame« wie eine Zwergin. Wie eben berichtet, stammte sie gleichfalls aus der Lahrer Region, ihr alemannischer Dialekt klang in Intonation und Wortschatz wie das Elsässische. Sie hatte einen Schneidermeister zum Vater und war, so habe ich später aus den hinterlassenen Papieren erfahren, etwas mehr als ein Jahr älter als ihr Mann. Die beiden heirateten 1899 in Lahr, 1900 kam mein Vater zur Welt.

Politisch hat die Großmama wohl etwas anders getickt als ihr Mann. In den Jahren, als Straßburg dem Deutschen Reich angehörte, kam sie öfters dorthin und pflegte sichtlich zustimmend zu erzählen, wie eine ihrer Elsässer Freundinnen kurz vor einem Besuch Kaiser Wilhelms II. ausrief: »Nüspeitschle sollte me ne, dene Guilleaume, nüspeitschle!« Mein Bruder Dieter, der eine Nase für alles hatte, was in der Familiengeschichte aus dem national-konservativen Rahmen fiel, hat mir gelegentlich erzählt, die Schwarz-Großmama habe immer sozialdemokratisch gewählt. Warum auch nicht?

Nach meinem Eindruck war sie die lebhafteste von den drei Großeltern, »wuselig« nennt man das im Badischen. Unablässig war sie mit irgendetwas im Haushalt beschäftigt. Zeitweilig war sie uns eine große Hilfe. In den Hungerwintern nach dem Krieg, als wir uns frierend, manchmal halbkrank und abgerissen um das einzige geheizte Öfchen im Haus am Tüllinger Berg drängten, stieg die alte Dame, die es gesundheitlich bereits schwer hatte, unablässig aus Stetten zu uns empor, um meiner einsamen und überarbeiteten Mutter zu helfen. Dann kamen wieder ruhigere Zeiten, in denen wir sie periodisch in der Griengasse besuchten, wo immer etwas Feines serviert wurde. Am beliebtesten waren die selbstgemachten, von dicken Zuckerkrusten überzogenen Pfirsich- und Erdbeermarmeladen. Und nie hat die alte Dame, die nicht eben mit einer üppigen Pension ausgestattet war, vergessen, mir heimlich zum Geburtstag ein in Seidenpapier gewickeltes Fünf-D-Mark-Stück zuzustecken.

Im kindlichen Leben gehören liebevolle Großeltern wahrscheinlich zu den wichtigsten Bezugspersonen, die uns Daseinssicherheit vermitteln und den Glauben, daß die Umwelt aus wohlmeinenden Menschen besteht. Diese Illusion verfliegt zwar bald, doch mit viel Glück bleibt das Vertrauen auf die Geborgenheit in der Großfamilie erhalten. Bei mir war es jedenfalls so.

In einer glücklichen Kindheit wird anscheinend alles mit unerschütterlichem Weltvertrauen registriert, auch Krankheit und Tod. So ist selbst ein sehr trauriger Vorgang wie der Tod der Greiner-»Großmame« in der Erinnerung eigenartig schmerzlos geblieben. Kurz vor Weihnachten 1939, in den ersten Monaten des Krieges, war sie zu uns nach Gresgen gekommen. Lörrach hat damals in ständiger Sorge vor Artilleriebeschuß aus dem Elsaß gelebt. Ich sehe die alte Dame noch vor mir, wie sie, sichtlich krank, aber doch guter Dinge, im großen Bett des Gastzimmers liegt. Sie glaubte, eine harmlose Herbstgrippe mitgeschleppt zu haben, doch es war eine Lungenentzündung mit tödlichem Ausgang. Auch an meine fassungslos weinende Mutter erinnere ich mich. Danach ist auf der »Festplatte« offenbar alles gelöscht. Anscheinend hat man den Kindern den Anblick der toten Großmutter nicht zumuten wollen.

Auch an den Umtrieb bei der Überführung zur Beisetzung im Lörracher Familiengrab ist mir keine Erinnerung verblieben. In der Korrespondenz zwischen meinen Eltern findet sich vermerkt, daß sie ihr Bestes getan haben, den beiden Buben die Illusion eines unbeschwerten Weihnachtsfestes zu vermitteln. Zwei Jahre später verstarb auch der Großvater in Lörrach. Seine Witwe hat ihn zehn Jahre überlebt und ist am 8. Mai 1950 verstorben, wenige Tage vor meinem 16. Geburtstag.

Ein Kriegskind auf dem Dorf

Während der Kinderjahre war ich nicht allein ein Dorfkind. Aus mir wurde auch ein Kriegskind. Es sind bemerkenswert viele Impressionen, die mir noch lebhaft vor Augen stehen. So ganz erstaunlich ist das zwar nicht. Viel Dramatisches pflegt sich auf einem Schwarzwalddorf in der tiefsten badischen Provinz schließlich nicht zu ereignen. Doch beim Vergleich mit heutigen Kindern oder auch schon mit den Jahrgängen, deren erste Kindheitserinnerungen in die fünfziger und sechziger Jahre fallen, war ich bereits – wie soll ich es nennen? – leicht anpolitisiert, bevor ich zur Schule kam.

Eine erste einschlägige Erinnerung verbindet sich mit dem Anschluß Österreichs. Am 12. März 1938 (das Datum läßt sich rückblickend leicht rekonstruieren) hat meine begeisterte Mutter am Radio vernommen, daß die Wehrmacht in Österreich einmarschiert sei, um das Land »heim ins Reich zu holen«. Sie instruiert mich, in der Schulstube im Parterre, wo mein Vater seine rund 50 Schüler von der ersten bis zur achten Klasse unterrichtete, die frohe Botschaft zu verkünden. So klopfe ich an, Vater öffnet, und ich rufe zum großen Jubel auftragsgemäß ins Klassenzimmer hinein: »Österreich ist deutsch!« Ich selbst bin bei diesem Ereignis noch keine vier Jahre alt.

Von nun an sind es in erster Linie politisch aufgeladene Vorgänge, die sich mir in den folgenden Monaten und Jahren eingeprägt haben. Gut in Erinnerung ist auch der August 1938. Mein Vater, der zuvor schon einige Wehrübungen absolviert hatte, wird während der »Tschechenkrise« eingezogen. Er kampiert mit seinen Kameraden im Schulhaus des ziemlich verachteten Dorfes Langenau am unteren Verlauf des Kleinen Wiesentals. An einem Sonntagnachmittag können wir ihn besuchen (wie wir dorthin gekommen sind, weiß ich auch nicht). Im Gedächtnis geblieben ist mir die Turnhalle des Schulhauses, wo die Soldaten auf Strohschütten kampieren, Gewehrpyramiden daneben (wieder der nun schon gefürchtete Staub, der mir auch prompt wieder zu schaffen macht). Nicht allein meine eigene Stimmung ist mau; ich habe den Eindruck, daß überhaupt keine Kriegsbegeisterung herrscht, nur lähmende, staubige Sonntagnachmittagshitze.

Eigenartigerweise habe ich auch eine Zeitung aus dem kritischen Juli 1939 vor Augen. Es war wohl die *Berliner Illustrirte*, in der von dem Hitler-Stalin-Pakt berichtet wurde. Ich konnte noch nicht lesen, habe das aber als einen offensichtlich auf die Eltern stark wirkenden Vorgang im Gedächtnis behalten.

Der Kriegsausbruch Anfang September 1939 ist mir gleichfalls unvergeßlich. Wieder einmal leide ich nachts unter einem schrecklichen Asthmaanfall. Inhalieren hilft nichts, und so läßt mich meine Mutter bei sich ins Bett kriechen, um mich zu beruhigen. Gegen Morgen um zwei oder drei, es ist noch nicht Tag, lärmt der Dorfpolizist mit seiner Glocke und ruft zu dem schwach beleuchteten Schlafzimmer hinauf: »Herr Lehrer, stön Sie uf, Sie müen irucke, 's git Chrieg.« Ich befinde mich jetzt im fünften Lebensjahr.

Der Vater zieht also wieder die Uniform an und bezieht mit seinem Zug am Westwall Quartier. Das Weindörfchen Kirchhafen, wo er stationiert ist, liegt übrigens nicht weit von dem durch die Dichterin Marie Luise Kaschnitz literarisch unsterblich gemachten Bollschweil. Wenige Wochen später, gegen Ende September 1939, fährt meine Mutter mit mir über den exterritorialen Badischen Bahnhof zum Besuch bei den Kriegern in Kirchhafen. Am Isteiner Klotz verläuft die Bahnlinie hoch oben am Abhang mit Blick auf den Rhein, und ich sehe auf der gegenüberliegenden Dammkrone einen oben abgerundeten Betonbunker, daneben, friedlich dasitzend oder umherlaufend, vier oder fünf französische Soldaten. Ich bin völlig perplex, daß nicht geschossen wird, und meine, »'s isch doch Chrieg«. Meine gute Mutter findet das nicht besonders erstaunlich. So wird mir im Alter von fünf Jahren noch ein Zipfel vom *drôle de guerre* vor Augen geführt. In den zahlreichen Feldpostbriefen, die zwischen meinen Eltern hin- und hergingen, deutete mein Vater an, daß kurz danach ein Trupp deutscher Soldaten über den Rhein gepaddelt ist, von den dort stationierten Franzosen mit Händedruck begrüßt. Höheren Orts wird jetzt die Fraternisierung mit scharfen Strafen bedroht. Doch so war die Stimmung am Westwall im Frühherbst 1939.

Spätestens von nun an befinde ich mich in einer militaristischen Grundstimmung. Soldat spielen mit den üblichen Spielzeuggewehren und Spielen mit Spielzeugsoldaten, Spielzeugpanzern, Flugzeugen, Kanonen, von denen ich nicht genug kriegen kann, gehört zu meinen Lieblingsbeschäftigungen.

Von 1940 an wird der Krieg zu einem Dauerzustand, der sich von den Kindheitserfahrungen überhaupt nicht mehr ablösen läßt. Auch die Dorfjugend ist begeistert. Unlängst, während des Luftkriegs der westlichen *coalition of the willing* gegen Gaddafis Libyen, ist mir die Geographie der Cyrenaika wieder ins Bewußtsein getreten. Dabei war auch viel von Bengasi die Rede. Erstmals hat sich mir der Name dieser Stadt im März und April 1941 eingeprägt, als Rommels Afrikakorps in die dortigen Kämpfe eingriff. Zusammen mit den Zwillingen Tscheulin aus der achten Klasse, die in ganz Gresgen für ihre lustigen Streiche berühmt sind, rollen wir damals in großem Tempo auf einem Leiterwagen das steile, mit Geröll und Sand geschotterte Sträßchen in Richtung Tegernau herunter und schreien wie die Wilden: »Auf Bengasi!« Einer der Tscheulin-Buben ist wenige Jahre später gefallen.

Genau erinnere ich mich auch noch an die betroffene, irgendwie unheimliche und sehr gespannte Stimmung im Juni 1941, als das Radio den Angriff auf die Sowjetunion bekanntgibt. Dann ist einige Tage Stille, bis danach fast Tag für Tag Siegesmeldungen ausgestrahlt werden, stets angekündigt von den »Rußland-Fanfaren«. Jetzt wird mit Reißnägeln eine große Landkarte an die Wand des Wohnzimmers geheftet und Tag für Tag mit Hilfe kleiner Wimpel und rotem Wollfaden der Frontverlauf festgelegt. Ich kann schließlich schon gut lesen und halte mich dabei an die Wehrmachtsberichte.

Desgleichen ist mir die Stimmung Anfang Dezember 1941 noch gut in Erinnerung, als mein Vater sorgenvoll die Zeitungen studierte, in denen berichtet wird, daß die Offensive der Wehrmacht vor Moskau im Schnee steckengeblieben ist, während es der Führer für weitsichtig erachtet hat, den USA den Krieg zu erklären. Dem Alten Herrn war das sichtlich nicht geheuer, und ich verspürte Ratlosigkeit. Wie allen, die den Ersten Weltkrieg erlebt hatten, saß auch ihm das Trauma des Zweifrontenkriegs in den Knochen. Seine Generation wußte auch, daß die USA 1918 den Krieg gegen Deutschland entschieden hatten. Von da an war die Stimmung auch bei mir zu Hause nicht mehr von Siegeuphorie gekennzeichnet, sondern nur noch von zusehends perspektivloser Durchhaltestimmung.

Ganz offensichtlich bin ich also in kindlichem Alter – 1941 war ich erst sieben Jahre alt – von der Propaganda militarisiert und nationalistisch aufgeputscht worden. Das Hauptinstrument dazu war wohl der Rundfunk. Das Radio wurde regelmäßig morgens und abends zum Hören der Nachrichten eingeschaltet, dazu dann, wenn Sondermeldungen angekündigt waren, in denen von gewonnenen Schlachten die Rede war. Die Begleitmusik der Sondermeldungen wirkte elektrisierend. Bei Sondermeldungen über maritime Heldentaten erklang das »Engeland-Lied« (»Denn wir fahren, denn wir fahren, denn wir fahren gegen Engeland, Engeland«). 1941 und 1942, bis alles in Stalingrad umkippte, ertönten die »Rußland-Fanfaren«.

An gedruckten Informationen fehlte es nicht. Neben dem Lokalblatt *Der Alemanne* lag bei uns der ziemlich langweilig aufgemachte *Völkische Beobachter* aus, dazu die Wochenzeitung *Das Reich*, in der sich die interessantesten Artikel fanden. Außerdem kam regelmäßig die Luftwaffenzeitschrift *Der Adler*, seit 1943, als mein Vater auf irgendwelchen Kursen sein Englisch aufmöbelte, auch die Ausgabe in englischer Sprache. Der propagandistischen Gesamtanlage der Zeitungen war ich mir natürlich noch nicht bewußt. Immerhin habe ich seither die Gewohnheit beibehalten, täglich mehrere Zeitungen und mindestens eine Wochenzeitung zu studieren. Wahrscheinlich habe ich mich aber in den Jahren auf dem Dorf vor allem von den suggestiven Photos beeindrucken lassen.

Selbst die sehr lebhaften und schönen Erinnerungen an den Winter in dem Schwarzwalddorf Gresgen sind mit gewissen politischen Reminiszenzen versetzt. Der strenge Winter 1941/42 brachte auch in Gresgen Unmengen von Schnee. Die großen und kleinen Schüler errichteten auf dem Platz vor dem Hotel »Löwen«, wo meterhohe Schneeberge zusammengekarrt wurden, vereiste Höhlen und lange

Kriechgänge. Soweit ich mich erinnern kann, hat Gresgen übrigens während unseres dortigen Aufenthalts eine Abfolge schneereicher Winter erlebt mit Schneehöhen von 60 oder 80 Zentimetern und so um die 1,20 oder 1,50 Metern dort, wo sich Schneeverwehungen bildeten.

In den schneereichen Wintern zuvor war auch ich auf Skier gestellt worden. Es ist noch das Zeitalter, in denen man mit normalen, nur am Absatz eingekerbten Stiefeln und lockeren Bindungen fährt, die nur Telemarkschwünge erlauben. Rings ums Dorf befinden sich ziemlich steile Hügel, die sich für schwungvolle Abfahrten gut eignen. Ich werde zwar nicht zum Skistar, überwinde aber doch bald meine Furcht und kann mithalten. Im Winter 1941/42 ist die Herrlichkeit zu Ende. Die Regierung, die den Rußlandfeldzug als Blitzkrieg konzipiert und den Winter ziemlich dilettantisch außer Betracht gelassen hat, ruft zu einer Sammlung von Skiern auf, und meine Eltern gehen mit gutem Beispiel voran. Mir ist aber noch in Erinnerung, wie mein Vater wenige Monate später leicht desillusioniert erzählt hat, einer seiner guten Bekannten habe im kommenden Frühjahr Hunderte von gespendeten Skiern auf irgendeinem Werkhof lagern sehen (den Ort kann ich nicht mehr erinnern), wo jeder sich bedienen konnte. Doch im Frühjahr 1942 war die Gresgener Herrlichkeit ohnehin zu Ende, und wir zogen nach Lörrach.

Soviel zum Thema Kriegskind auf dem Dorf. Nachdem der Krampf des Krieges vorbei war, habe ich auf die mentale Militarisierung meiner Kindheit bald mit milder Ironie zurückgeblickt. Genierlich habe ich diesen kindlichen Patriotismus aber auch später nicht gefunden. Kriegskinder in patriotischen Familien sind so oder waren jedenfalls so, seit es mit Medienpropaganda verstärkte Nationalkriege gibt, und das überall in Europa. Das stolze Großdeutsche Reich war damals für mich eine emotional stark besetzte, mythische Größe, konkretisiert in der Wehrmacht. Ich täusche mich aber wohl nicht, daß ich mit der Gestalt des Führers nichts anfangen konnte. Erst recht konnte ich mit »der Partei« keine realen Vorstellungen verbinden. Schließlich kam ich erst im Herbst 1944 ins Deutsche Jungvolk, als es mit dem Regime schon steil bergabging. Von Einflüssen der NS-Ideologie blieb ich also weitgehend verschont, sieht man einmal von dem alles durchdringenden Nationalismus und Militarismus ab.

Die Eltern haben auch nicht versucht, mich im Sinne einer NS-Ideologie zu beeinflussen, dies deshalb, weil sie keine ganz einfach in der Wolle gewaschenen Nationalsozialisten waren. Mein Vater war im Frühjahr 1933 der NSDAP beigetreten. »Märzgefallene« nannte man diese Parteimitglieder. Allein zwischen dem 30. Januar und der Aufnahmesperre am 1. Mai 1933 suchten rund zwei Millionen Menschen auf den Bandwagon zu springen, wo die Marschmusik spielte. Er wurde aufgenommen und war dann bis 1945 ein normales Parteimitglied ohne hervorgehobene Funktionen. Ich vermute, daß beim Parteibeitritt Einflüsse aus der Herrenstraße eine Rolle gespielt haben. Der Bruder meiner Mutter, der auf allen Feldern überschäumend aktive »Götti« Rudolf, war schon in der »Kampfzeit« ein begeisterter Nationalsozialist, und auch meine idealistische Mutter war wahrscheinlich stärker von der Führer-Bewegung überzeugt als mein Vater. Wenn es aber eine Weltanschauung gab, in der mich beide Eltern während der ganzen NS-Zeit zu erziehen suchten, so war dies ein biblizistisches Christentum. Allsonntäglicher Gottesdienstbesuch, gefolgt von dem abendlichen Besuch in der Bibelstunde, Tischgebet und Bibellektüre waren selbstverständlich. Dabei gingen Gottesglaube, Nationalismus, Militarismus und gut lutherischer Obrigkeitsgehorsam eine aus heutiger Sicht seltsame, aber im damaligen Deutschland nicht ganz seltene Verbindung ein. Nach den mir später zugänglichen Unterlagen hatte besonders mein Vater Mühe, diese durchgehende Widersprüchlichkeit von religiöser Grundeinstellung und politischer Orientierung auf die Rolle zu bringen. Wie er das schaffte, ist mir immer noch rätselhaft. Ende der vierziger Jahre wurde er als »Mitläufer ohne Sühnemaßnahmen« entnazifiziert. Über die Vergeltung für politischen Irrtum (zwei Jahre Berufsverbot bis zum endgültigen Entnazifizierungsbescheid) hat er sich nie beklagt, der verächtliche Begriff »Mitläufer« hat ihn aber geärgert. Daß das NS-Regime auch deshalb so lange Bestand hatte, weil es sich auf Millionen idealistischer oder opportunistischer Mitläufer stützte, hat sich indessen seit langem herumgesprochen.

Als nach dem Ende des Dritten Reiches das ganze Ausmaß ihrer Fehlsteuerung erkennbar war, nahmen beide Eltern stillschweigend eine Kurskorrektur vor, zuerst mein Vater, später und eher zögernd meine Mutter, die aus hartem alemannischem Holz geschnitzt war. Ich selbst fand den politischen Irrtum der geliebten Eltern genauso genierlich wie sie selbst. Deshalb haben wir vernünftigerweise später nie darüber geredet. Ich hätte es für ungehörig erachtet, die Eltern von mir aus auf das sensible Thema anzusprechen, obschon es mich gereizt hätte, über ihre Motive und die gewiß nicht unkomplizierte Entwicklung ihrer Einstellung sowie die damalige innere Rechtfertigung ihrer Haltung Genaueres zu erfahren. Sie selbst wünschten aber augenscheinlich nicht, an diese Wunde zu rühren, wohlwissend, daß sich ihre Urteilsfähigkeit und ihr gesunder Menschenverstand in den fatalen zwölf Jahren nicht im besten Licht gezeigt hatten. Dies war das später vielberedete »Beschweigen«. Im übrigen war mein Vater jetzt sichtlich bemüht, den demokratischen Verfassungsstaat zu verstehen und die neuen Überzeugungen in seiner Eigenschaft als Lehrer zu kommunizieren. Meine Mutter blieb nach guter Schwarzwälder Art verschlossen.

Frühjahr 1942: Umzug nach Lörrach

Ich habe wieder einmal vorgegriffen. Zurück also ins Frühjahr 1942. Es gibt gute Gründe für den Umzug nach Lörrach. Die Eltern sind hier zu Hause. Langensee und Gresgen wurden immer als Außenposten betrachtet, Zwischenstationen, auf denen man seiner Arbeit nachging und sich wohl fühlte, die aber nicht auf Dauer bestimmt waren. Doch Lörrach ist die Heimat, bald auch für mich selbst. Ich werde dort den Rest der Kindheit, danach die Jugendjahre verbringen und das Elternhaus erst im Herbst 1955 zum Studium in Freiburg verlassen, doch immer wieder zurückkehren. Wie so viele, die in der Kleinstadt aufgewachsen sind, werde zwar auch ich gern über deren philiströse Behäbigkeit lästern und mich in den großen Städten, wohin es mich zieht, durchaus am Platze fühlen. Doch ein gewisses Heimweh bleibt. Wer die bildsamsten Jahre in einem altmodisch-behaglichen Elternhaus in den Ausläufern der badischen Toskana am »Tüllinger« verbracht hat, kommt vom Dreiländereck nicht mehr los.

Wandert man zum Lindenplatz hoch auf dem Tüllinger Berg empor, so ist ringsumher die ganze Herrlichkeit der Welt aufgestellt. Nach Westen hin fließt tief unten in der Ebene der Rhein, hinter dem sich das südliche Elsaß bis zur Burgundischen Pforte mit den Vogesen im Hintergrund ausbreitet. Im Süden, zu Füßen der Jura-Berge, liegt Basel. Im Osten liegt die Chrischona und dann der Lörracher Salzert, wo sich später Annemies Eltern ihre Heimstätte erbauen werden, während sich nach Norden hin das von Johann Peter Hebel einstmals als bukolische Landschaft besungene Wiesental erstreckt, das auch die Ansiedlung der Textilindustrie im 19. und frühen 20. Jahrhundert halbwegs unzerstört überstanden hat. Erst in der zweiten Hälfte des 20. Jahrhunderts werden Zersiedelung, der Bau von Schnellstraßen, schließlich der Autobahnbau das Tal der Wiese, »des Feldbergs liebliche Tochter« (so Johann Peter Hebel), verunstalten. Doch sei dem, wie ihm sei. Meine Eltern werden an die vierzig Jahre in der Tüllinger Straße 17 verbringen und auf dem Dorffriedhof in Obertüllingen, von wo der Blick über das Röttler Schloß bis zur blauen Kette der Schwarzwaldberge reicht, ihre letzte Ruhe finden.

Am Umzug nach Lörrach im Frühjahr 1942 hat auch die hohe Politik ihren Anteil. Seit dem gloriosen Sommer 1940 ist das Elsaß wieder mit dem Reich verbunden. Deutschland muß nun darauf bedacht sein, die älteren Leute an die neuen Verhältnisse zu gewöhnen und aus den jungen Elsässern echte Deutsche zu machen. So schickt man jene badischen Lehrer, die schon etwas zu alt sind, um noch den Heldentod zu sterben, aber noch jung genug für die nationale Aufbauarbeit, nach Saint-Louis (kurzzeitig von 1940 bis 1944 in Sankt Ludwig umbenannt), nach Huningue (jetzt wieder Hüningen), nach Rosenau, Otmarsheim und Mulhouse (letztmalig Mülhausen genannt) oder wie die linksrheinischen Nester sonst noch alle heißen. Mein Vater kommt in Saint-Louis zum Einsatz. Ob er sich freiwillig dorthin gemeldet hat oder ob er umstandslos versetzt wurde, läßt sich nicht mehr eruieren.

Als das kurze Zwischenspiel des deutschen Elsaß 1944 zu Ende geht, reißen die Verbindungen nicht ab. Der erste Brief, den wir im Herbst 1945 von dem in französische Gefangenschaft geratenen Vater erhalten, geht uns über einen Elsässer zu, der inzwischen wieder Frankreich angehört und – im September 1945! – meiner Mutter versichert, wie gern er sich an meinen Vater erinnere. In den fünfziger Jahren, als sich die Verhältnisse wieder normalisiert haben, schauen die Eltern öfters bei altbekannten Familien im Elsaß vorbei. Doch höre ich auch: Am liebsten sei es den Elsässer Kindern doch schon damals gewesen, wenn sie nach dem Unterricht wieder französisch reden konnten. Der schulische Einsatz im Elsaß ist somit ein Hauptgrund für den Umzug nach Lörrach im Frühjahr 1942.

Zu den Gründen für den Umzug gehört aber auch, daß das Haus Tüllinger Straße 8 (später Nummer 17), das meiner Mutter gehört, damals frei gemacht werden kann. Unsere neue Bleibe liegt an dem noch weitgehend unbebauten Berghang, etwa fünf Minuten zu Fuß von der Wiesenbrücke, mit Blick über die ganze Stadt bis hoch zum Hünerberg und Leuselhart. Oberhalb führt die bereits asphaltierte Straße nach Tüllingen vorbei, die aber glücklicherweise in der Kriegszeit und in den Besatzungsjahren kaum befahren ist, so daß sie sich zum Fußballspielen eignet. Die heute in dem guten alten Lörrach so penetrant auftretenden Grünen hätten noch immer ihre Freude an den damaligen Verkehrsbedingungen der Kriegszeit und der Besatzungsjahre: so gut wie kein Autoverkehr, nur Pferdefuhrwerke. Alte Fahrräder sind begehrte, mangels Ersatzteilen aber doch eher seltene Verkehrsmittel, wobei sich die Kinder zumeist mit Holzsandalen auf den Weg machen müssen.

Haus und Garten machen auf mich einen stattlichen Eindruck. Das 1914 im damals beliebten Baustil würfelförmig gestaltete Haus ist zweistöckig. Auf dem quadratischen Baukörper mit angebauter Küche und Terrasse sitzt ein entsprechendes Spitzdach, gekrönt vom Kamin. Es paßt in die Landschaft. Vielleicht war es damals in der Architektenzunft Mode, sich die ähnlich gestalteten, wenngleich kleineren Markgräfler Rebhäuschen zum Vorbild zu nehmen.

Der Wohnkomfort ist allerdings noch derjenige des Jahres 1914. 1942 und 1943 sind begrenzte Baumaßnahmen aber eben noch möglich, und so wird einiges modernisiert. Verglichen mit den heutigen Wohnverhältnissen, geht es jedoch bis weit in die fünfziger Jahre hinein recht spartanisch zu. Wenn ich hier einige Details schildere, so in erster Linie, weil es von kulturgeschichtlichem Interesse ist, wie einfach man in meinen Jugendjahren noch gelebt hat. Doch so lebten Mitte des 20. Jahrhunderts Millionen Menschen. Dabei gehörten wir noch zu den Glücklichen, die weder ausgebombt noch vertrieben, noch anderswie vom Krieg und von der Besatzungszeit betroffen waren.

Beim Modernisierungsschub 1942 werden in das mit vielem Gerümpel vollgestopfte Dachgeschoß zwei Mansardenzimmer eingebaut. Im vorderen dieser Zimmerchen, in Richtung Wiese und Stadt, bin ich selbst untergebracht, in dem rückwärtigen Zimmer mein Bruder Dieter. Das Haus besitzt keinerlei Zentralheizung, selbstverständlich auch kein warmes Wasser. Das ist jedoch kein Einzelfall. Bis in die fünfziger Jahre hinein verfügen in Lörrach nur die neu erbauten Häuser wohlhabenderer Familien über eine Zentralheizung. Bei uns muß jeder Raum unter Verwendung von Holz und Briketts durch einen Ofen geheizt werden – für meine Mutter, bald aber auch für mich, ein tägliches Vergnügen.

Natürlich existiert noch keine Garage. Das Haus ist auch nicht an die Kanalisation angeschlossen. Unter dem so gut wie nicht isolierten Dach über meinem geliebten *buen retiro* befindet sich überhaupt kein Ofen. In den Wintermonaten, wenn ich ins Bett krieche, herrscht dort buchstäblich die Temperatur einer Tiefkühltruhe. Immerhin wird in einem der Kellerräume ein recht provisorisches Bad eingerichtet. In den ersten Nachkriegsjahren, als wir stramm hungern und im Winter unlustig frieren, erinnert uns meine Mutter oft daran, wie privilegiert wir sind, weil wir noch ein Dach über dem Kopf haben und außerdem einen großen Garten.

Das gelbgestrichene, mit roten Fensterläden gesicherte Haus wäre in der Tat nur halb so schön ohne den Garten. An der Sonnenseite ziehen sich Blumenbeete an den Mauern entlang, an den Hausecken stehen zwei Spalierbäume, der eine mit holzigen Äpfeln, der andere mit delikaten Birnen. Rings um das Haus sind kiesbestreute und mit Steinen aus Muschelkalk gesäumte Gartenwege angelegt, aus denen Woche für Woche Unkraut und Gräser entfernt werden müssen, meine beliebte Samstagnachmittagsbeschäftigung. Fast die gesamte Ostseite des Hauses ist von einer üppigen Hausrebe bedeckt, daneben windet sich eine im Frühjahr schönstens blühende Glyzinie zur Terrasse empor. Eine gleichfalls nach Südosten gelegene Bank mit Blick über die umzäunten Gemüsebeete des Hausgartens verstärkt den bukolischen Charakter. Wann immer mich in der Freiburger Zeit Freunde und Kollegen hier aufsuchen, äußern sie sich entzückt.

Ein Hauptreiz des Anwesens sind die drei angrenzenden Grundstücke. In den kommenden Jahren werden sie unsere Speisekammer sein: Dort sind fast zwei Dutzend Zwetschgen-, Apfel-, Nuß- und Birnbäume, dazu Johannisbeer-, Stachelbeer- und Brombeerhecken. Dort werden Maisfelder, Bohnen- und Erbsenplantagen sowie Gemüsebeete und Kartoffelstauden angelegt. Die im Keller eingelagerten Äpfel reichen dann bis jeweils Mai oder Juni des darauffolgenden Jahres. Der gewaltige Zwetschgensegen wird getrocknet, in Säcke verpackt und bringt uns über den Winter. Den Maiskörnern ist eine besondere Verwendung zugedacht: Abend für Abend werden sie in einer alten Kaffeemühle zerschrotet und mit minimen Beigaben von Fett und Zwiebeln zur Suppe verkocht. Jahrelang leiben wir uns regelmäßig drei oder vier Teller Maissuppe ein. Seltsam, daß uns diese Speise nie über wird. Ist der Hunger einfach zu groß? Oder sind Maissuppen vielleicht eine jener Mahlzeiten, die in der späteren deutschen Eßkultur ganz zu Unrecht vergessen worden sind?

Die Herrschaft über diese Minilandwirtschaft wird meine gute Mutter ausüben. Und als der Vater erst zum Volkssturm einrückt, alsdann in Gefangenschaft gerät, amtiere ich willig und seufzend erst als ihr Oberassistent und zusehends als Vaterersatz. Teil unserer Landwirtschaft in den Kriegs- und Nachkriegsjahren werden auch die Stallhasen und Hühner sein. Schon im Jahr 1943 beginnt auch die eigene Metzgerei. Bald zeigt sich, daß ich in der Lage bin, die monatelang für den Verzehr gefütterten Hasen zu schlachten – ein Geschäft, das meine tierliebende Mutter nicht übers Herz brächte. Ich selbst mag diese allzeit aufgeregten, ängstlichen und kuscheligen Tiere zwar auch, doch jemand muß schließlich die notwendige Drecksarbeit machen.

Wenn ich solches eigentlich nur für den eigenen Erinnerungshaushalt erwähnenswerte Detail des Lörracher Anwesens erwähne, so auch das aus einem kulturgeschichtlichen Grund. Offenbar reichten meine Jugendjahre noch in jene Phasen des frühen 20. und des 19. Jahrhunderts zurück, in denen ein größerer Teil der Deutschen (in anderen Ländern war es genauso) einen nicht unerheblichen Teil ihrer Nahrungsmittel auf eigenem Feld und in eigenem Garten produziert haben, was doch noch einen Rest an persönlicher Unabhängigkeit gewährleistet hat. Daraus ergab sich auch eine starke Verhaftung in die natürlichen Abläufe von Frühling, Sommer, Herbst und Winter. Trotz damals schon weitverbreiteter Verstädterung haben die beiden Weltkriege diese aus heutiger Sicht anachronistische Ernährungsweise zwangsläufig nochmals verstärkt. Was sich heute jedoch im Verlangen nach Bioprodukten äußert oder zum Hausen in aufgelassenen Höfen mit Bauerngärten lockt, ist nur eine skurrile Nostalgiebewegung von kompensatorischer Motivation. In meiner Jugend war das jedoch noch überlebensnotwendig. Ohnehin lag die Verwurzelung auf dem Land vielfach nur eine einzige Generation zurück, so daß man an praktische Erfahrungen und Techniken anknüpfen konnte. Schon in den frühen fünfziger Jahren mit ihrem Überfluß an haltbar gemachten Milchprodukten, Fertiggerichten, Tiefkühlkost und importierten Früchten oder Fleisch aus Übersee begann sich endgültig jene künstliche Ernährungsform durchzusetzen, die völlig abhängig macht. Auch die kalte Jahreszeit wäre heute bei der perfekten Abhängigkeit von Heizöl, Erdgas und Elektrizität kaum mehr zu überstehen.

Ein Leben fast wie im Frieden

Über den beiden letzten Jahren in der Grundschule liegt nicht mehr der Zauber der Gresgener Anfänge. Wie die Stammeltern des Menschengeschlechts bin ich aus dem Paradies geschieden und muß mich unter Dornen und Disteln zurechtfinden. Die Hebelschule, in der ich jetzt einchecke, ist rund zwanzig Minuten entfernt. Tag für Tag trotte ich mit dem Schulranzen über die Wiesenbrücke, am Schlachthaus entlang durch die sogenannte »Bulgarie«, ein Arbeiterviertel, wo mir gelegentlich ein paar Jungen auflauern, denen alle, die am Tüllinger Berg wohnen, aus welchen Gründen auch immer, verhaßt sind. Dann geht's den Abhang der Teichstraße hoch, »Diechrai« genannt, zur Linken die Tuchfabrik Sarrasin, wo mein Schweizer »Götti« Ernst Prokurist ist, weiter die Teichstraße hinauf, über die Adolf-Hitler-Straße hinweg und am Hotel »Hirschen« mit seinem schönen alten Markgräfler Brunnen vorbei. Eigentlich verdient dieser Schulweg nur wegen des »Hirschen« Erwähnung, denn dort haben angeblich um die Jahreswende 1813/14 der Zar von Rußland, der Kaiser von Österreich und der König von Preußen genächtigt. Auch Jacob Burckhardt, so erfahre ich später, ist dort häufig bei seinem Freund, dem Gastwirt Markus Pflüger, eingekehrt und hat mit dem Stadtdirektor Friedrich von Preen und dem Arzt Eduard Kaiser bei ein paar Schoppen »Markgräfler« die bedenklichen Weltläufe erörtert. Daß dieses einmalige Gasthaus aufgrund von Dummheit und Gier der Lörracher Stadtväter in den barbarischen frühen sechziger Jahren einem gesichtslosen Hertie-Kaufhaus Platz machen muß, ist 1943 und 1944 noch nicht vorhersehbar.

Die Turmstraße ist der gemütliche Abschluß des Schulwegs, bis es rechts zur Hebelschule abgeht. Das durchaus vorzeigbare Schulgebäude aus der Vorweltkriegszeit mit hohen Fenstern und entsprechend großen Schulzimmern ist am Rande des baumbestandenen Hebelparks errichtet, in dem sich das Standbild des Lörracher Lokalheiligen Johann Peter Hebel erhebt. Hinter dem Schulhof, nur durch eine hohe Mauer von diesem getrennt, erhebt sich das in rotem Sandstein gemauerte Lörracher Gefängnis mit vielen vergitterten Fenstern. Wir werden zuerst von einem grauhaarigen, wohlmeinenden, aber nicht besonders inspirierenden Elsässer Lehrer unterrichtet. Die Planer der NS-Schulbehörde haben sich für die Schulen im Elsaß und in Baden ein Bäumchen-wechsle-dich-Spiel ausgedacht, dessen politische Logik irgendwie einleuchtet. Die deutschen Schulmeister werden im Elsaß eingesetzt, während Elsässer Lehrer (von uns »Waggis« genannt), sofern sie der deutschen Sprache mächtig sind, im Badischen unterrichten.

Wer wie ich selbst einigermaßen behütet aufgewachsen ist, erinnert sich besonders der Prügelszenen. Im Unterricht sind sie damals noch gang und gäbe, vergleichbar der Bastonade im Osmanischen Reich. Niemand denkt sich viel dabei, weder die Täter noch die Opfer. Prügeln ist ein integraler Bestandteil der Erziehung. Dennoch erschreckt hier das Übermaß und hält sich deshalb im Gedächtnis. Eine dieser

Szenen hat sich mir tief eingeprägt. Man betritt oder verläßt das Schulgebäude auf der Vorderseite über eine breite Freitreppe, deren Betreten in der großen Pause aber verboten ist. Bekanntlich gehören jedoch Schüler zu jener Gattung von Menschen, die Vorschriften absichtlich oder unabsichtlich zu übertreten pflegen. So kommt es immer wieder vor, daß ganze Trauben von Kindern auch dort hinausdrängen. Hausmeister in der Hebelschule ist ein gedrungener SS-Mann, der gerne in Uniform einherstolziert. Einmal, vielleicht auch öfters, befinde auch ich mich inmitten dieses Schülerrudels. Das eine Mal aber hat sich dauerhaft im Gedächtnis eingegraben. Am Fuß der steilen Treppe steht der Hausmeister mit einem Gummiknüppel und versetzt jedem der Schülerchen, gleich ob Junge oder Mädchen, die, von rückwärts vorangestoßen, wohl oder übel die Treppe hinabspringen, fröhlich grinsend ein oder zwei kräftige Hiebe mit dem Gummiknüppel – so auch mir.

Als ich einige Jahre später erfahre, was sich die SS alles an Untaten geleistet hat, muß ich oft an diesen Hausmeister denken. Kennzeichnend ist auch, daß die Schulleitung diesen Sadisten gewähren läßt, mir ist jedenfalls nichts Gegenteiliges bekannt geworden, und daß die Eltern das hinnehmen. Wahrscheinlich aber haben wir Schüler die auch ansonsten übliche Schulprügelei für so natürlich gehalten, daß wir davon nicht einmal zu Hause erzählt haben, zumal wir gegen ein Verbot verstoßen hatten.

Auch einer unserer damaligen Lehrer, es ist nicht der Elsässer, hat offenbar Freude am Prügeln. Die dritte Klasse umfaßt an die 30, zumeist acht Jahre alte Schüler. Zwei der Jungen sind Zwillinge mit dem für badische Verhältnisse eigenartig klingenden Namen Demeusy. Sie kommen aus den »Baracken«, einem ursprünglich behelfsmäßigen, inzwischen dauerhaften Wohnquartier, das von der Kreuzstraße abgeht und den Ruf hat, Asoziale und Kommunisten zu beherbergen. Die Demeusys passen in dieses Cliché. Sie sind leistungsschwach, sie kommen in der ersten Schulstunde regelmäßig zu spät, und sie haben nur zwei Standardentschuldigungen: Die Mutter habe sie zu spät geweckt, oder die Bahnschranken seien zu lange geschlossen gewesen. Von Interesse sind nicht diese beiden, sondern das Verhalten des Lehrers. Er lauert geradezu darauf, bis sie zwanzig oder fünfundzwanzig Minuten nach dem Unterrichtsbeginn ängstlich anklopfen, wartet meist überhaupt nicht ab, bis sie den Grund für ihre Verspätung angeben, prügelt sie vielmehr, kaum daß sie eingetreten sind, mit heftigen Stockhieben auf den Rücken, den Hintern oder die Arme, hin zu ihren Plätzen. Kein Wunder, daß die beiden im sicheren Wissen, was ihnen blühen wird, immer später eintreffen.

Alles in allem sind die zwei Jahre im Etablissement Hebelschule eher freudlos. Ergötzlicher sind jedoch die drei letzten Monate im Jahr 1943, die ich nicht in Lörrach, sondern in Königsfeld und in Villingen verbringe. Mein Kinderasthma hat sich nach dem Umzug eher verschlimmert. So soll im Herbst dieses Jahres eine sechswöchige Kur im Kinderheim »Luisenruhe« der damals renommierten Frieda-Klimmt-Stiftung in Königsfeld im Schwarzwald nachhaltige Besserung bringen.

Solche Hoffnungen erweisen sich zwar als verfrüht. Aber dieser erste Aufenthalt, fern von dem vertrauten heimischen Milieu, wird zum unvergeßlichen Erlebnis.

Das nur für Jungen bestimmte Kinderheim ist von Wäldern umgeben. Von einer gestrengen Direktorin geleitet, wirkt es auf mich modern und gut durchorganisiert. In der ersten Woche des Aufenthalts verzehre ich mich vor Heimweh. Dann wird am Sonntagnachmittag eine Wanderung durch Dörfer, Wiesen und Wäldchen zur Burgruine Waldau veranstaltet. Allgemeines Herumtoben. Die Jungen sind alle so nett und hilfreich und die Schwestern reizend. Von einer Stunde auf die andere fühle ich mich urplötzlich glücklich und möchte von jetzt an überhaupt nicht mehr nach Hause.

Bei einem dieser Spaziergänge lerne ich auch Königsfeld kennen, damals eine Lazarettstadt mit vielen verwundeten Soldaten. Es ist ein adrettes Städtchen mit stattlichen Hotels, eindrucksvollen Alleen und schloßartigen Gebäuden, eine Herrnhuter Gründung, was neben der medizinischen Reputation wohl auch für meine Eltern ein Grund war, mich diesem Kinderheim anzuvertrauen. Jahrelang halte ich an der Erinnerung fest, mich damals in einer paradiesischen Region befunden zu haben. Fast zehn Jahre später komme ich dann auf einer pfingstlichen Fahrradtour mit meiner Klasse wieder dorthin. Es regnet ganz abscheulich, wir alle sind tropfnaß und machen uns das Wutachtal hinunter nach der Jugendherberge Küssaburg rasch davon, wo die Sonne tatsächlich wieder hervorkommt. Auch ein späterer Besuch im Auto zusammen mit Annemie kann den alten Zauber nicht wiederbeleben. Das ist eine Erfahrung, die ich wieder und wieder gemacht habe: Man soll Jugendparadiese, die in der Erinnerung leuchten, nicht ein zweites Mal aufsuchen.

Ich könnte über die Typen, die aus mir nur dem Namen nach bekannten Teilen des Reiches in der »Luisenruhe« zusammenkommen, ganze Seiten schreiben. Doch wozu? Einer der Jungen ist in Ostpreußen beheimatet. Sein guter Großvater hat ihm ein riesiges Paket übersandt. Als wir es öffnen, ist es mit lauter Holzmehl gefüllt, in denen Dutzende von Birnen stecken, die aber alle verfault sind. Erstmals treffe ich auch auf Jungen aus dem Ruhrgebiet, die von schrecklichen Bombennächten erzählen. Ein anderer stammt aus Schlesien, wo offenbar, so wie in Lörrach, der stille Friede herrscht. Was ist aus ihnen allen geworden?

Im Haus wird strenge Disziplin gehalten. Mittägliche Ruhe auf dem Balkon zum Einatmen der heilklimatisch berühmten milden Waldluft ist ein wesentlicher Teil des Kurprogramms. Erst später, bei Lektüre des *Zauberbergs*, wird mir klar, daß wohl auch die »Luisenruhe« zu Königsfeld einen Touch von Zauberberg für Kinder abbekommen hat.

Das Königsfelder Idyll endet dramatisch. In der letzten Woche bekomme ich Mumps und muß tagelang auf die Quarantänestation, wo es nur labbrigen Tee und Bouillon in Tassen gibt. Noch schlimmer: Das Fieber geht nicht zurück. Schließlich werde ich im Sanitätswagen ins Katholische Krankenhaus nach Villingen gebracht.

Beim Schreiben dieser Zeilen sehe ich immer noch, wie sich einige Ärzte in weißen Kitteln, mit Brillen ausgerüstet, die Ferngläsern gleichen, über mich beugen und sich an meinen Augen zu schaffen machen. Später erfahre ich, daß sich bereits hinter der Augenhöhle ein gefährlicher eitriger Abszeß gebildet hatte, der eine sofortige Operation veranlaßt. Mein Retter, der Chefarzt des Krankenhauses, der ohne Wissen meiner Eltern umgehend operiert hat, hieß Dr. Tuschei. Ohne ihn hätte meine Laufbahn in Königsfeld oder Villingen wahrscheinlich ein frühes Ende genommen. Deshalb hat sich mir sein Name für alle Zeiten eingeprägt.

Die Vollnarkose erfolgte mit Äther. Nie zuvor und danach habe ich einen so himmlischen Traum geträumt: Ich spaziere auf einer hellgrünen Wiese, schwebe dann schwerelos drüber hinweg, Schmetterlinge umflattern mich, ich glaube, auch Engel zu sehen, und empfinde ein tiefes Glücksgefühl. Entsprechend häßlich ist dann jedoch das Erwachen. Ich rieche nach Äther, fühlte mich sehr unwohl und finde nun, es wäre an der Zeit, daß Vater oder Mutter nach ihrem kranken Kind sehen.

Erneut fand ich mich nun wieder im Paradies, aus dem ich möglichst spät wieder nach Hause wollte. Der kleine, fern von der Heimat operierte Junge, der einige Zeit brauchte, um zu genesen, wurde zum Hätschelkind auf der Station. Ich verliebte mich prompt in eine der feschen Rotkreuzschwestern. Als einer der damals bereits üblichen Luftalarme einsetzte, wobei alle Patienten in den Luftschutzkeller gebracht wurden und die Angebetete, ganz in Weiß und mit dem Stahlhelm angetan, sich meiner annahm, fühlte ich mich herrlich. So endet das Jahr 1943.

Warum erzähle ich dies alles? Wohl deshalb, weil viele Hunderttausende aus meinen Altersjahrgängen zur gleichen Zeit schon im Bombenkrieg oder anderswo in Europa Gräßliches zu erdulden hatten. So absurd und völlig ungerecht erging es den jungen Leuten im Krieg, an den heute nur noch die Schauergeschichten erinnern. Ich selbst jedenfalls habe unverdienterweise noch ein Leben fast wie im Frieden geführt.

Das Jahr 1944

Im folgenden ist zu schildern, wie sich die immer deutlicher herannahende Katastrophe des »Großdeutschen Reiches«, so lautete die seinerzeitige Bezeichnung, meinem immer noch kindlichen Bewußtsein eingeprägt hat. Bei der Erinnerung an jene Jahre steigen mehr und mehr Szenen vor meinem inneren Auge auf, die mit dem Kriegsverlauf zu tun haben. Ein heutiger Schüler würde es nicht glauben wollen, daß ich seit 1942 täglich aus den zwei oder drei verfügbaren Zeitungen Nachrichten herauspickte, besonders den Wehrmachtsbericht und die Landkarten, die den Frontverlauf zeigten. Was der Generation des zweiten Jahrzehnts des 21. Jahrhunderts das Internet ist, war für mich und meinesgleichen die Zeitung.

Viel von dem, was damals für Erregung sorgte, war mir präsent: die Landung der Amerikaner in Nordafrika, das Debakel des deutschen Afrikakorps in Tunesien, die Landung der Amerikaner in Sizilien, der Abfall Italiens, das Warten auf die Invasion im Westen. Nachdem es dort kontinuierlich zurückging, interessierte mich die unübersichtliche Lage an der weit entfernten Ostfront weniger. Auch die entsetzlichen Luftangriffe der Alliierten auf Köln und Hamburg sind mir nicht voll bewußt geworden, erst recht nicht die von den Deutschen verübten Bestialitäten im besetzten Europa. Selbstverständlich wurde auch in Lörrach ständig vor »Terrorangriffen« gewarnt, so hieß das nicht ganz zu Unrecht. Der Speicher wurde weitgehend entrümpelt, ein paar Eimer voller Wasser sowie die Brandspritze hinaufgetragen und Brandpatschen bereitgestellt. Verheerende Luftangriffe auf Lörrach hat man aber nicht eigentlich befürchtet. Die hier konzentrierte Textilindustrie und die Schokoladenfabrik Suchard waren keine lohnenden Ziele. In den meisten Betrieben, das wußte man, steckte Schweizer Kapital, und man vertraute auch darauf, daß die Nähe zur Schweizer Großstadt Basel Amerikaner und Briten von Bombardierungen abhalten würde. Immerhin heulten auch in diesem, vom Krieg weitgehend ausgesparten Zipfel des Reichs nachts häufig die Sirenen, und wir begaben uns pflichtgemäß in den Keller, von dem bei einem Treffer natürlich nicht der mindeste Schutz zu erwarten gewesen wäre.

Bei einem dieser Alarme, es war eine helle Mondnacht, blickten wir lange aus dem Fenster, bevor wir uns in den Keller begaben. Mit unheimlichem Dröhnen zogen in großer Höhe hundert oder mehr »Fliegende Festungen« über die Stadt, und ich wußte, daß sie in einer halben, einer oder zwei Stunden ihre Bombenlast abladen würden. Keine Flak und keine Nachtjäger störten sie bei diesem Flug über das nächtliche Lörrach. An den folgenden Tagen las ich besonders genau die Zeitung und meine mich noch zu erinnern, daß die Angriffe entweder Friedrichshafen oder München gegolten hatten.

Ohne daß in der Familie irgendwie davon gesprochen wurde, kamen mir schon 1943 die Zweifel, ob der Krieg gewonnen würde. Da in der Presse von dieser Möglichkeit keine Rede war, konnte ich mir überhaupt nicht vorstellen, was dies konkret bedeuten würde. Auch ich las jedoch immer von den »neuen Waffen«, von denen ich mir aber ebenso wenig etwas Konkretes vorzustellen vermochte, bis im Sommer 1944 die V1 und die V2 zum Einsatz kamen. Doch gab es einen Ingenieur aus der Mannheimer Verwandtschaft, der damals für den Rüstungsbetrieb Askania arbeitete. Als er einmal zu uns nach Lörrach kam, gab er geheimnisvoll zu erkennen, daß mit Hochdruck an den neuen Waffen gearbeitet würde. Im Grunde plagte mich aber täglich das dumpfe Gefühl, daß alles schiefgehen würde. Heute klingen derartige Reminiszenzen eines zu jener Zeit achtjährigen und neunjährigen Schülers aus der deutschen Provinz recht seltsam, ja wenig glaubwürdig. Doch genau so war es.

Daß Anfang Juni in der Normandie die Invasion der Alliierten an dem angeblich unüberwindlichen, zudem noch von Rommel befehligten Atlantikwall gelang, verstärkte die Zweifel. Mein Vater, der sich im allgemeinen wegen der befürchteten Schwatzhaftigkeit seines Nachwuchses in Schweigen hüllte, äußerte jetzt offene Besorgnis.

Im Juli, zum Schuljahrsende 1944, stand die Aufnahmeprüfung fürs Hebel-Gymnasium an. Trotz der verschiedenen durch das Asthma bedingten Absenzen waren meine Zeugnisse gut. Die bereits im humanistischen Hebel-Gymnasium, dem sogenannten »Schiff«, durchgeführten, nicht ganz einfachen Klausuren im Rechtschreiben nach Diktat, im Rechnen und in Heimatkunde sowie die mündlichen Prüfungen verliefen bestens.

Irgendwann in diesen Wochen muß es gewesen sein, als eine Kommission im »Schiff« auftauchte, um geeignete Schüler für die »Napola«, die Nationalpolitische Lehranstalt, auszusuchen. Meine Mutter, so verspürte ich, war sehr zurückhaltend, wahrscheinlich, weil sie den Kriegsverlauf nun geboten skeptisch beurteilte und mich zu Hause behalten wollte, doch vor allem auch aufgrund meines labilen Gesundheitszustandes. Ich selbst war jedoch, nicht zuletzt dank der guten Zeugnisse, durchaus bereit, die Aufnahmeprüfung zu versuchen. Die Begeisterung verflog jedoch, als die Bewerber aufgefordert wurden, sich in den dritten Stock des Schulhauses zu verfügen, um von hoch oben in die Tiefe auf ein von den älteren Schülern gehaltenes Sprungtuch zu springen. Ich verdrückte mich und finde im nachhinein, daß dies einer der Momente gewesen ist, in dem sich bei mir erste Regungen des gesunden Menschenverstands bemerkbar gemacht haben.

Auf einen verregneten Juni folgte ein sehr schöner, heißer Sommer. Die Lörracher Wiese war damals noch ein fast romantischer Fluß. An und für sich betrug die Wassertiefe nicht mehr als 30 oder 40 Zentimeter. Doch unterhalb der Brücke nach Tüllingen befand sich die sogenannte »Wuhr«, eine Steinbarriere, vor der das Wasser eine an die zwei Meter tiefe und zehn oder fünfzehn Meter breite Vertiefung ausgehöhlt hatte. Ich habe dort ganz natürlich schwimmen gelernt und es genossen, an den tiefen Stellen zu tauchen. Dann und wann huschte eine Forelle vorbei, die sich natürlich nicht erwischen ließ. Hatte man genug vom Baden, so ließ man sich auf dem dort aus massigen Granitquadern gemauerten Steindamm braten oder aber auf den noch heißeren Eisenbögen, die sich auf beiden Seiten der Fahrbahn ziemlich hoch über die Brücke wölbten. Es war ein bemerkenswert schöner Badestrand, der jedoch durch ein Hochwasser im folgenden Herbst, das große Stücke aus dem Damm riß, völlig verdorben wurde. Jetzt hielt es die Wasserbaudirektion für geboten, das beliebte Badeparadies mit großen Steinbrocken zuzuschütten.

An einem dieser herrlichen Tage verbreitet sich nachmittags das Gerücht von einem Attentat auf den Führer. Ich weiß noch, daß ich annahm, einige der zahlreichen Fremdarbeiter, wie sie auch in Lörrach tätig waren, hätten das Attentat verübt.

Erst abends beim Nachhausekommen erfahre ich, die Attentäter seien deutsche Offiziere. An die Reaktion oder Kommentare meiner Eltern erinnere ich mich nicht. Wahrscheinlich waren sie mit ihren Äußerungen vor den Kindern mit ihren Plappermäulern vorsichtig.

Inzwischen machte mein Vater, der sich während der großen Ferien zu Haus befand, kein Hehl mehr daraus, daß er die Lage an der Invasionsfront für verzweifelt hielt. Als im Wehrmachtsbericht der Durchbruch im Raum von Falaise bekanntgegeben wurde, dämmerte es ihm und auch mir, daß nun die alliierten Panzerkeile genauso rasch und unwiderstehlich durch Frankreich fegen würden wie 1940 die der Wehrmacht. Überhaupt nicht im klaren bin ich mir damals über die unwiderstehliche alliierte Luftüberlegenheit, die den Zusammenbruch der Invasionsfront bewirkt hat. Als ich von einem meiner Schulkameraden hörte, Hunderte amerikanischer Flugzeuge hätten in der Normandie einen kilometerbreiten »Bombenteppich« abgeworfen, kann ich mir nichts darunter vorstellen. Wenige Tage später ruft der Kreisleiter Männer und Frauen zum Schanzen in der Rheinebene auf, um Stacheldrahtsperren zu errichten und tiefe Panzergräben auszuheben. Der eingemottete, von Artillerie weitgehend entblößte Westwall wird unter Einsatz aller Kräfte, auch von Hunderten von Frauen, wieder instand gesetzt.

Mein Vater ist anfangs auch beim Schanzen dabei, von wo er eine Sammlung von prächtig gemusterten Rheinkieseln mitbringt. Bald wird er zum Volkssturm einberufen, ist von jetzt an nur noch in Uniform zu sehen, liegt jedoch in den nahegelegenen Dörfern des Reblands im Quartier und kommt immer noch häufig zu Kurzurlauben nach Hause. Viel später entnahm ich den Feldpostbriefen jener Wochen und Monate, daß er damals als Zugführer mit den jetzt häufig zu sehenden Panzerfäusten und »Ofenrohren«, die Raketen abschießen konnten, in Panzerbekämpfung ausgebildet worden ist.

Für mich beginnt in diesen Wochen die Sexta. Die Klasse umfaßt an die 30 Jungen und Mädchen. Einerseits erinnere ich mich noch an das Glücksgefühl, jetzt Latein, später Griechisch und Geschichte, lernen zu können. Andererseits lasten die Nachrichten von der Front schwer auf mir. Ich ahne, genauer gesagt, ich halte es für wahrscheinlich, daß die ersehnte Gymnasialzeit im »Schiff«, wo dem Vernehmen nach Johann Peter Hebel unterrichtet und in dem mein Vater 1918 Abitur gemacht hat, bald zu Ende sein wird.

Zugleich beginnt in diesen Wochen der Dienst beim Deutschen Jungvolk. Einmal in der Woche werden wir auf den Schulhof des Hans-Thoma-Gymnasiums versammelt, um unter dem Kommando eines älteren Schülers mit Jungtruppführer-Abzeichen und »Affenschaukel«, der bereits der HJ angehört, exerzieren zu lernen. Am Sonntagmorgen werden wir gelegentlich ins Kino geführt, um Filme von den U-Boot-Helden oder über die Luftwaffe anzusehen. Ein- oder zweimal werden in einem Waldstück des Leuselhart Geländespiele angesetzt, die in den üblichen Raufereien ihren Abschluß finden. Im Oktober schon ist das Exerzieren beim Jungvolk zu Ende. Jetzt werden wir beauftragt, staubige Säcke voller Stroh in die Schulräume hochzuschleppen, wo für alle Fälle ein Lazarett eingerichtet werden soll. Dabei meldet sich das Asthma wieder. An direkte ideologische Schulung beim Jungvolk kann ich mich nicht erinnern. Dafür ist gar keine Zeit mehr.

An einem Sonntagabend Anfang November, der Vater ist wieder kurz im Lande, besuchen wir einen guten Freund meiner Eltern, der in Belgrad stationiert und momentan in Lörrach auf Urlaub ist. Schon auf dem Hinweg ist in der Ferne dumpfer Kanonendonner zu vernehmen. Meine Mutter spielt die Sache herunter und erwähnt, das hätte sie im Ersten Weltkrieg, als im Elsaß ständig gekämpft wurde, vier Jahre lang Tag für Tag gehört. Als wir um zehn Uhr nach Hause gehen, fährt von Turnringen her eine endlose Kolonne von Sankas, in denen verwundete Soldaten liegen, begleitet von Feldpolizei auf Motorrädern, die Gewehre auf dem Rücken, mit abgeblendeten Lichtern durch die nächtliche Stadt. Am folgenden Morgen wird bekannt, daß französische Truppen an der Burgundischen Pforte durchgebrochen sind und wieder, wie vor vier Jahren schon einmal, auf der linken Rheinseite stehen.

In den kommenden Tagen wird Lörrach zur Verteidigung vorbereitet. An den Durchgangsstraßen sind Betonpfähle, Sandsäcke und Eisenschienen zum Bau von Panzersperren aufgehäuft. Die zuständigen Instanzen halten es auch für zweckmäßig, an den Straßenkreuzungen mitten in der Stadt über den Öffnungen zur Kanalisation aus kreisförmig geformten Betonteilen Maschinengewehrnester zu errichten, wohl mit der Überlegung, daß sich die Verteidiger bei heftigem Beschuß dorthin zurückziehen können. Angesichts der Materialüberlegenheit des Gegners erscheint das alles, so gestehen mir die Eltern viel später, wie ein Exerzitium des Dilettantismus und als Aufforderung, im Ernstfall das Städtchen durch Panzerbeschuß und Jabo-Angriffe zu zerstören. Die Wiesenbrücke wird durch zwei gut sichtbar angebrachte Fliegerbomben sowie Dynamitladungen zur Sprengung vorbereitet und von Volkssturmsoldaten bewacht.

Irgendeine Dienststelle kommt auch auf die Idee, an der Tüllinger Straße, vielleicht 20 oder 30 Meter von unserem Wohnhaus entfernt, eine betonierte Stellung für eine Flakbatterie anzulegen. Eine tiefe Grube wird von russischen Kriegsgefangenen ausgehoben und dann von einem Bautrupp ausbetoniert. Meine mitleidige Mutter kocht Kartoffeln, um den armen Kerlen, die in der Tiefe schuften, etwas zu essen zu geben, was eigentlich verboten ist, und schickt vorsichtshalber mich damit zur Baustelle. Noch heute finde ich es genierlich, daß ich mich damals nicht bis zu den armen Teufeln, die bittend emporschauen, energisch durchgeschwatzt habe, sondern mir von einem italienischen Aufseher die Kartoffeln abnehmen ließ. Glücklicherweise stockt der Bau. Wäre die Flakbatterie installiert worden, hätte unser Haus die Besetzung wohl nicht überlebt.

Der Schulunterricht ist jetzt fast völlig eingestellt. Nach Einberufung des Volkssturms ist der Lehrkörper ziemlich ausgekämmt. Nur der alte, vielverspottete »Nöck«, er geht wohl schon auf die Siebzig zu, unterrichtet mich zusammen mit einem halben Dutzend Sextanern in deutscher Grammatik. Er ist eine stadtbekannte Figur, weil er bei Wind und Wetter unten an der Wiese steht und angelt, daher sein Spitzname: »Es steht der Nöck am Wasserfall ...« Nachdem die Front wieder an den Rhein gerückt ist, werden auch ein paar Granaten auf Lörrach abgefeuert. Allenthalben große Besorgnis.

Ich erinnere mich heute noch an einen meiner neuen Schulfreunde, dessen Eltern weiter oben am Berg, kurz vor Tüllingen, ein hübsches Haus haben. Der Vater, immerhin Wehrmachtsoffizier, kommt in diesen Tagen von irgendwoher auf Urlaub und schätzt die Frontnähe für so bedenklich ein, daß er kurzerhand die gesamte Familie ins sichere Schlesien umziehen läßt. Man hat nie mehr von ihnen gehört.

So scheint es auch meiner Mutter an der Zeit, uns nochmals bei einer befreundeten Familie in Gresgen zu installieren, bis sich absehen läßt, wie schlimm die Beschießungen werden. In jenen Wochen ist noch nicht bekannt, daß der alliierte Oberkommandierende Dwight D. Eisenhower der Armee des Freien Frankreich vorsorglich den Besitz schwerer Artillerie untersagt oder doch erschwert hat. Das hat Lörrach wahrscheinlich vor der Zerstörung bewahrt.

In Gresgen kommen wir bei den befreundeten Familien Seiter und Räuber unter. Vater Seiter ist in Rußland verschollen und wird nie mehr zurückkommen. Seine Frau und mein liebster Freund Eugen haben in jenen Monaten die Hoffnung noch nicht aufgegeben. Großvater Räuber ist der vielgefragte Schuhmacher, bei dem das ganze Dorf arbeiten läßt. Ich weiß noch gut, wie fasziniert ich seine Werkbank, vollgestellt mit Lederwaren, Hämmern, Pfriemen, Büchsen voller Leim, den gußeisernen Amboß zum Modellieren oder Besohlen der Schuhe und die lärmige Elektromaschine zum Abschmirgeln bestaunt habe. Wenn mich später beim Germanistikstudium die Texte von Hans Sachs oder Jakob Böhme beschäftigen, wird mir ständig der Schuhmacher Räuber in seiner Werkstatt vor Augen stehen, wo es so angenehm nach Leder und Leim gerochen hat.

Meine stärkste Erinnerung an diesen Aufenthalt ist die Nacht vom 22. November 1944. Nachbarn machen uns darauf aufmerksam, daß sich der Himmel über den Bergen nach Norden hin rötlich verfärbt hat, so als ob weit weg im Schwarzwald ein riesiges Feuer brennt. Lange stehen wir und sehen dem zu. Tags darauf wird gerüchteweise bekannt, daß ein schrecklicher Terrorangriff auf Freiburg erfolgt ist, der, so erfahren wir nach dem Krieg, große Teile der Innenstadt verbrannt und rund 2000 Menschen das Leben gekostet hat.

Kriegsende

Anfang Januar 1945 sind wir wieder nach Lörrach zurückgekehrt. Ich selbst bin, meinen bleistiftgeschriebenen Briefen an den Vater zufolge, guter Dinge und bitte ihn, er möge mir doch das nächste Mal eine Browning oder einen Stahlhelm oder Patronen mitbringen.

Mitte April taucht der Vater, zeitweilig »Kampfkommandant« des Dorfes Eimeldingen jenseits des Tüllinger Bergs, ein letztes Mal auf. Die 4. Volkssturm-Kompanie muß nach Freiburg abrücken. Der Auftrag seines Zugs lautet: »Panzerbekämpfung«, wie wir lange danach hören. An einem jener prachtvollen, bald in dem deutschen Kollektivgedächtnis eingebrannten Frühjahrstage, in denen noch Hunderttausende einen elenden Tod sterben werden, begleiten wir den sehr nachdenklichen Krieger mit dem vollbepackten Tornister und der umgeschnallten Walther P-8 den Tüllinger Berg hoch, durchs Käferholz hindurch bis zu einer Bank oberhalb von Ötlingen, von wo aus man weit über die Rheinebene sieht – von Basel übers Elsaß bis zum Isteiner Klotz. Ohne dies zu sagen, befürchten die Eltern wohl, daß es ein Abschied für lange Zeit wird, wenn nicht für immer.

Der Kriegseinsatz der Panzerjägerabteilung des Markgräfler Volkssturms endet als eine Art Farce mit allerdings einschneidenden Folgen für die Beteiligten. Irgendwelche Narren höheren Orts haben der Kompanie den Befehl erteilt, nördlich von Freiburg den Vormarsch der Panzerkolonnen aufzuhalten, die auf der Reichsstraße, von Offenburg kommend, heranrollen. Die letzten Fahrzeuge der Wehrmacht, so weiß mein Vater später zu berichten, fahren Richtung Freiburg an den Volkssturmleuten vorbei, und die Soldaten rufen ihnen zu, sie sollten schleunigst verschwinden. Die in Panzerbekämpfung völlig unerfahrene Kompanie geht aber in Stellung. Mein Alter Herr verharrt mit seinen Panzerjägern, meist biederen Landwirten aus den Städten und Dörfern des Großen und Kleinen Wiesentals, auf seinem Posten, bis ein Panzer mit gesenkter Kanone heranrollt, gefolgt von einigen Jeeps voll französischer Soldaten. Im letzten Moment setzt sich der gesunde Menschenverstand durch, und die Truppe ergibt sich.

Aus den Tagen der Gefangennahme haben sich zwei auf Feldpostpapier geschriebene Mitteilungen erhalten. Der erste, teils selbstironische, teils gefaßte Brief vom 22. April 1945, noch mit einer 12-Pfennig-Hitler-Briefmarke beklebt, verdient es, wörtlich zitiert zu werden: »Meine Lieben, Die ›Schlacht‹ um Freiburg ist geschlagen, wie, werdet Ihr ja gehört haben. Ich will lieber nichts darüber schreiben. Für mich endete die Sache mit Gefangennahme, weil ich bis zuletzt an Ort u. Stelle blieb. Freilich sind auch manche Kameraden dabei … Nun soll's erst recht heißen: ›Wohin wir ziehn durch Land und Meer, wölbt sich *ein* Himmel drüber her, *dein* Himmel voller Gnaden.‹ Ein herrliches Lied! Ich sende Euch die herzlichsten Grüße u. Küsse Euer Vati.«

Der zweite Brief vom gleichen Tag ist sozusagen dienstlich. Er nennt Namen und Adressen von 29 »Volkssturmmännern, die mit mir in Gefangenschaft geraten sind« – die meisten aus Lörrach, Weil, Haltingen –, und bittet meine Mutter, »ihre Angehörigen auf irgendeine Art zu benachrichtigen«. Alle seien wohlauf und unverwundet. Diese beiden Briefe erreichen uns jedoch als offizielle Kriegsgefangenenpost erst im Herbst 1945. Vierzehn Wochen nach der Gefangennahme erfahren wir endlich, daß der Vater unverletzt in Gefangenschaft geraten ist und sich gegenwärtig im Lager 152 Aubagne (Bouches du Rhône) befindet.

Auch in Lörrach rückt nun das Kriegsende rasch heran. Niemand weiß genau, wie weit die alliierten Panzer auf dem Marsch über Karlsruhe rheinaufwärts nach Süden gelangt sind. Uns ist auch noch unbekannt, daß es sich um französische Truppen handelt. Am 23. April komme ich nach Erledigung irgendeines Auftrags aus dem fast menschenleeren Lörrach zurück und treffe unterwegs den Direktor des Hebel-Gymnasiums, einen großen, immer etwas gebeugt gehenden, im Junggesellenstand lebenden Altphilologen. Jetzt begrüßt er mich fast feierlich, immer noch mit dem Parteiabzeichen geschmückt, und spricht die bedeutungsvollen Worte: »Hanspeter, bald ist der Feind bei uns in Lörrach.« Wahrscheinlich war auch er einer von denen, die heimlich Radio Beromünster mit seiner akkuraten Berichterstattung hörten.

Tatsächlich hatte er recht. Während ich am nächsten Morgen oben in meinem Dachzimmer sitze, ertönt ein scharfer Kanonenknall, sofort gefolgt von einem Einschlag ganz in der Nähe. Als alles vorbei ist, stelle ich fest, daß ein Granatsplitter durchs geöffnete Fenster gesaust ist und sich in der Decke meines Dachzimmerchens eingebohrt hat. Alle treffen wir uns im Keller, und nun erhält die Stadt Lörrach und auch ich selbst eine kleine, im Grunde harmlose Kostprobe vom Krieg. Unaufhörlich hört man das Heulen der Jabos, die aus ihren Bordwaffen feuern, dazwischen immer wieder Kanonenfeuer und den Lärm von Maschinengewehren. Meine aufgesetzt heldische Pose der letzten Wochen und Monate wird nun von Todesangst abgelöst. Nur die Mutter behält den Kopf und sucht uns Kinder zu beruhigen. In einer Feuerpause beschließt sie, unser alleinstehendes Haus zu verlassen und mit uns den Hang empor zu dem ein paar hundert Meter entfernt liegenden Nachbarhaus zu rennen, um unter Leuten und in einem sicheren Keller zu sein. Der Entschluß ist vernünftig und auch deshalb lobenswert, weil er mir eine schöne Anekdote beschert, die ich immer gerne erzähle, wenn vom Vogel Wendehals die Rede ist, der sich seit dem Ende des Zweiten Weltkriegs viel besser zum deutschen Wappentier eignet als der gründlich gerupfte Reichsadler.

Der sympathische Nachbar ist uns ganz gut bekannt. Er besitzt eine nicht allzu große, aber doch wohl gutgehende Getränkefabrik, daneben steht, von einem kleinen Park umgeben, sein ganz ansehnliches Wohnhaus. Nie sieht man ihn anders als mit dem Parteiabzeichen angetan. Weshalb man diesen guten Bürger am Tüllinger

Berg zum Kassierer der NSDAP gemacht hat, weiß ich nicht. Seitdem wir in Lörrach domiziliert sind, schaut er jedenfalls regelmäßig bei uns herein, um freundlich und gesprächig den Parteibeitrag einzuziehen.

Atemlos erreichen wir das offene Portal. Auch hier ist man von den plötzlich ausgebrochenen Kampfhandlungen überrascht worden, und wir finden die ganze Familie in dem tatsächlich sehr viel tiefer gelegenen, bestens möblierten, nach allen Regeln der Kunst ausgestatteten, mit Koffern und Wertsachen vollgestopften Luftschutzkeller, wo man uns freundlich aufnimmt. Nach etwa einer halben Stunde großer Lärm auf der Treppe. Zwei Soldaten betreten mit schußbereiten Gewehren den Keller, ein Franzose und ein dunkelhäutiger Marokkaner. Der erste entpuppt sich als lebhafter Elsässer, der alemannisch spricht wie wir. Er nimmt seinen Helm ab, während sein Gefährte wachsam und finster daneben steht.

Jetzt geht mit dem bisherigen Parteigenossen, unserem guten Nachbarn, eine überraschende Verwandlung vor. Hocherfreut begrüßt er die beiden, setzt dem Elsässer auseinander, wie lange er und seine Familie schon auf die Befreiung gewartet haben, holt eine Flasche Wein heran, entkorkt sie kundig und schenkt vergnügt ein paar Gläser ein. Der kräftig schwitzende Elsässer läßt sich das Getränk bestens munden, der Marokkaner weist es zurück, sei es, weil der Prophet das Weintrinken verboten hat, sei es, weil er fürchtet, vergiftet zu werden. Der Hausherr erzählt nun mit kaum zu stoppender Suada, die großen Koffer, welche sich vor allen Augen im Luftschutzkeller befänden, gehörten einem befreundeten Pfarrer in Mulhouse (ich habe seinen Namen vergessen, aber er wurde genannt), und sein ganzes Haus sei immer mit Frankreich befreundet gewesen.

Damals habe ich diese ziemlich burleske Aufführung unseres Nachbarn als empörende Anbiederung empfunden; heute ergötze ich mich nachträglich an der Chuzpe dieses gewieften Geschäftsmanns, der eine Situation, die kritisch hätte werden können, so geschickt gemeistert hat. Aber auch der Elsässer von den Forces Françaises Libres bleibt mir sympathisch.

Meine Mutter hält es aber nicht lange im sicheren Keller. Sie sorgt sich um ihr Haus, auch um die dort verbliebenen Hasen und Hühner. So verabschieden wir uns schleunigst, treffen oben auf dem Flur ein gutes Dutzend von müden Kriegern, die ihre Bazookas an die Wand lehnen und schon beginnen, es sich gemütlich zu machen. Als wir zurückrennen, steht über Lörrach eine dicke Rauchwolke, eine Sägerei ist bei der Beschießung in Brand geraten. Unser Haus ist aber noch unversehrt.

Das Städtchen ist wohl nur knapp einer Katastrophe entgangen. Der Bürgermeister Boos, gleichfalls beim Volkssturm aktiviert, war mit einem kleinen Trupp, dem auch sein Sohn angehört hat, zur Lucke oberhalb von Lörrach gezogen, von wo an die Straße zur Rheinebene hinunterführt, um die Stadt zu verteidigen. In der Tat wurden dort zwei französische Panzer abgeschossen, wahrscheinlich von der Flak einer SS-Einheit, die sich im Röttler Wald, gut gedeckt, bereithielt. Würde es sich

Die Eltern, Dieter und Hans-Peter Schwarz

statt um französische Truppen um Amerikaner gehandelt haben, so hätten die Angreifer ihre Panzerspitzen zurückgezogen und binnen einer halben Stunde die Stadt durch einen Bombenangriff dem Erdboden gleichgemacht. Das ist unterblieben. Lörrach wird rasch besetzt, und bald ziehen die Panzer des Generals Philippe Leclerc weiter, um ins Hochrheintal auf Rheinfelden, Säckingen und Waldshut vorzustoßen. Vater erzählt übrigens später, der Sohn Boos' sei kurz nach dem Gefecht auf der Lucke in das Gefangenenlager von Freiburg eingeliefert worden. Er war noch jung und kräftig, und so habe man ihn, wie auch viele andere, sofort zur Arbeit ins Bergwerk geschickt.

Der nächste Akt nach der Besetzung ist der Befehl, unverzüglich alle Waffen in der Stadt abzuliefern. Die Sprengladungen auf der Wiesenbrücke sind noch rechtzeitig von den zum Brückenschutz eingeteilten Volkssturmleuten entschärft worden. Als ich zusammen mit meiner Mutter das geliebte Luftgewehr und zwei Fahrtendolche zur Sammelstelle bringe, kann ich die martialischen Szenen im Stadtzentrum betrachten. Ein paar Panzer und Lkws stehen herum, auf den runden Schießständen über den Kanalisationen sind Maschinengewehre aufgebaut, da und dort weht eine Trikolore. Auffällig sind die Marokkaner, die jetzt, da der Kampf vorerst vorbei ist, ihre Stahlhelme abgesetzt haben und weiße Turbane tragen. Wir kommen mit dem Eindruck zurück, daß Ordnung herrscht.

Bereits am folgenden Tag macht sich aber erneut Verängstigung breit. Beim Einmarsch einer Kolonne von Kampftruppen die Tüllinger Straße hinunter hat sich eine uns gut bekannte, hübsche Nachbarsfrau zusammen mit einem fünfzehn Jahre alten Nachbarmädchen unvorsichtigerweise am Fenster gezeigt, und die beiden sind nachts von Marokkanern vergewaltigt worden.

Auch die Bewegungsfreiheit wird drastisch eingeschränkt – aus Übermut der Sieger, aus Angst vor deutschen »Werwölfen«, wer weiß? Meine Mutter hat in ihren Papieren einen »Laisser-Passer« (Passierschein) aufbewahrt, am 5. Mai 1945 unterzeichnet vom Commandant d'armes, der sich auf dem Rathaus installiert hat. Darin wird Elisabeth Schwarz (»avec 2 enfants«) ermächtigt, vorerst bis zum 31. Mai die von Posten bewachte Wiesenbrücke zu überschreiten, um Einkäufe zu machen.

Unvergeßlich ist mir schließlich die Nacht des 8. Mai, dem Tag der Kapitulation. Über der Stadt wird von den neuen Herren ein gewaltiges Feuerwerk abgebrannt, wie ich das bisher noch nie gesehen habe. Ich selbst liege todunglücklich im Bett, schaue ab und zu hinaus, wie Hunderte von Raketen in den Nachthimmel steigen, und bin ganz außer mir vor Kummer und vor Zorn, weil Deutschland den Krieg verloren hat. Meine unbeschwerte Kindheit, so ahne ich, ist an jenem 8. Mai 1945 zu Ende gegangen, und nicht nur sie.

Zu neuen Ufern

Unter französischer Besatzung

Ich habe die Besatzung nicht als Befreiung empfunden, sondern genauso wie die meisten der damaligen Deutschen als Jahre der Unfreiheit und der Not. Das differenzierende Nachdenken kam später. In meinem kindischen Fanatismus der Kriegsjahre war mir verborgen geblieben, wie unsere deutschen Besatzer in der vielgerühmten »Festung Europa« gehaust haben. Doch vor diesen Vorgängen hatten auch viele der Älteren die Augen verschlossen, die nun die alliierte Besatzung gleichfalls als Willkürherrschaft und kollektive Bestrafung erfuhren. Erst der Kalte Krieg hat die repressive Phase der Besatzungspolitik 1945 bis 1947 zum Abschluß gebracht. Realistisch gesehen, hat sich Frankreich im damaligen Südbaden ebenso ungeniert verhalten, wie das bei der Besatzung okkupierter Gebiete üblicherweise der Brauch ist. Kein Grund zum Moralisieren, doch auch nicht für verständnisvolles Gedenken.

Viele Details haben sich lebhaft eingeprägt. Der Bewegungsspielraum war in den ersten Monaten beschränkt. Erst im Herbst 1945 mußte kein »Laisser-Passer« mehr beantragt werden, um nach den benachbarten Dörfern zu laufen. Reisen über die Zonengrenzen hinaus waren noch auf längere Zeit völlig ausgeschlossen. Rings um uns herum am Tüllinger Berg wurden die moderneren, ansehnlicheren Häuser für die Unterbringung von Besatzungstruppen beschlagnahmt. Immerhin durften die Eigentümer oft ein Zimmer unterm Dach oder eine Kellerwohnung behalten. Gelegentlich war die Einquartierung auch mit Vorteilen verbunden. In den Werkräumen der »Schmiede« in der Herrenstraße hatte sich beispielsweise eine größere Gruppe marokkanischer Soldaten mit einem französischen Sergeanten einquartiert. Von morgens bis abends mußte die gute Tante Adele in der Küche stehen, um kräftige Suppen zu kochen und Hühner zu braten. Regelmäßig fand ich mich dort ein, um eine Milchkanne voller Suppe oder einen halben Laib Brot mitzunehmen, die stillschweigend abgezweigt wurden.

Wir selbst blieben von Einquartierung verschont, vielleicht weil das Haus doch zu wenig Komfort bot. Der Versuch eines französischen Offiziers, seine aus Zell stammende Beischläferin im Arbeitszimmer einzuquartieren, wurde von meiner Mutter, die dabei zu großer Form auflief, mit erbittertem Schimpfen abgeschlagen. Hingegen war ein Raubzug französischer Soldaten auf unsere Hühner von Erfolg gekrönt. Derlei ist aber kaum erwähnenswert, schließlich ist das Federvieh seit

Urzeiten für die Bäuche der Sieger bestimmt. Psychologisch gravierender war, daß viele Frauen zum Großputz für die Besatzer befohlen wurden. Einige Wochen nach der Besetzung mußte auch meine Mutter zum Reinemachen in einem requirierten Haus der Nachbarschaft und danach in den Lörracher Schulen antreten, wo Besatzungssoldaten kampierten. Sie fühlte sich zutiefst erniedrigt. Selten zuvor und danach habe ich sie so empört gesehen. Drei der entsprechenden Dokumente hat sie bis zum Lebensende aufbewahrt. »Mitzubringen sind«, hieß es auf dem Vordruck, »Strupfer, Eimer, Besen, Scheuerlappen«. Dick unterstrichen war die Drohung: »Bei Nichterscheinen ist strengste Strafe zu erwarten und außerdem mit einem Dauereinsatz zu rechnen.« Die spätere Aufforderung zum Einsatz in der Hebelschule enthielt noch den rot unterstrichenen Zusatz: »Bei Nichterscheinen werden Sie von der Polizei geholt.«

Gerüchteweise hörte man von Verhaftungen von NS-Funktionären, die in einem Lager in Brombach oder fern in Freiburg eingesperrt wurden. Offenbar war auch die gefürchtete Sûreté erfolgreich damit beschäftigt, die »Werwolf«-Netzwerke ehemaliger HJler auszuheben. Zu den Nachbarn, mit denen wir damals in enger Verbindung standen, gehörte auch eine typische NS-Familie. Ich schätzte sie vor allem, weil sie mich aus ihrer umfangreichen Bibliothek mit Lesefutter versorgte. Nachdem ich den Lesestoff aus der väterlichen Bibliothek weitgehend verschlungen hatte, stellte ich mich regelmäßig dort ein, um Bücher auszuleihen. Der Hausherr, Lehrer wie mein Vater, war an der Ostfront vermißt und kam nicht mehr zurück. Die beiden ansehnlichen Töchter, deren eine von mir sehr verehrt wurde, waren beim BDM aktiv gewesen. Der Sohn war schwerverwundet nach Hause zurückgekommen; er hatte vor Leningrad ein Bein verloren und lebte damals als Kriegsinvalider zu Hause.

Eines Morgens an einem regnerischen Herbsttag im Jahr 1945 kommt diese Nachbarin aufgeregt zu meiner Mutter. Ihr Sohn war verhaftet worden. Die entsetzten Damen beauftragen mich nun, ich solle – getarnt mit meiner Indianerausrüstung, so als sei ich beim Spielen unterwegs – einmal zu einem etwa einen Kilometer entfernten Wäldchen mit vielen dichten Haselnußbüschen schleichen, um zu rekognoszieren, was dort zu beobachten sei. So geschieht's, und ich kann tatsächlich berichten, daß dort zwei tiefe, frisch ausgegrabene Gruben zu erkennen sind, in denen schon knietief das Regenwasser steht. Man tut sehr geheimnisvoll, aber so viel bekam ich doch mit, daß in dem Haselnußwäldchen wohl von einer Lörracher »Werwolf«-Gruppe Waffen und Munitionskisten versteckt worden waren, welche die Sûreté ausgegraben hatte. Natürlich wird mir eingeschärft, von der Sache zu niemandem zu reden. Wie alles weitergegangen ist, weiß ich nicht. Der verhaftete Sohn war nach einiger Zeit ziemlich schweigsam zurückgekommen. Ich sehe ihn noch vor mir, wie er danach in einer Runde stadtbekannter HJ-Häuptlinge regelmäßig im Schwimmbad saß.

Im Grunde spielte jedoch damals die Politisierung der letzten NS-Jahre keine große Rolle mehr. Alle Gedanken drehten sich jetzt um die Ernährung. Zum Glück hatte meine Mutter noch im Frühjahr 1945 einen älteren Nachbarn für das mühsame Umgraben des Gartens gefunden, so daß der Anbau von Mais, Kartoffeln, Bohnen und Gemüse möglich war. In Abwesenheit des Vaters wurde ich nun noch stärker als bisher zum Einbringen der Zwetschgen- und Apfelernte sowie zur Pflege der Stallhasen und der wenigen verbliebenen Hühner herangezogen. In einer Gruppe von Nachbarkindern ging's im Herbst auf die abgeräumten Weizenfelder, um tagelang, von frühmorgens bis abends, liegengebliebene Ähren aufzulesen. Desgleichen waren wir immer wieder unterwegs, um im Käferholz auf dem Tüllinger Berg Bucheckern zu sammeln, die zu Speiseöl verarbeitet wurden. Mir hat sich auch noch ein langer Fußmarsch von Lörrach durchs Kleine Wiesental nach Gresgen im Gedächtnis festgebissen, immerhin mehr als 20 Kilometer, zusammen mit einem nur wenig älteren Schulfreund aus Turnringen und seiner Mutter. Wir zogen einen »Rolli« hinter uns her, damals das unentbehrliche Requisit für Hamstertouren auf dem Land, um in Gresgen Kartoffeln und sonstwie Eßbares einzusammeln. Noch heute wundere ich mich über den Gleichmut, mit dem meine Mutter ihr elfjähriges Söhnchen in derart unsicheren Zeiten auf solche Expeditionen entsandte. Als die Eisenbahn wieder regelmäßig verkehrte, wurde ich Woche für Woche über Schopfheim und von dort aus zu Fuß nach Eichen in Marsch gesetzt, um eine Kanne voller Milch und Bauernbrot einzuholen.

Eine weitere Hauptbeschäftigung war die Organisation von Brennholz. Meiner Mutter gehörte ein Waldstück an der Hohen Möhr. Schließlich gelang es ihr, im Herbst 1946 eine Fuhre Holz in die Tüllinger Straße zu bekommen. Ein hilfreicher Nachbar kam zum Zersägen und Spalten. Zu dem mir und Bruder Dieter zugewiesenen Aufgabenkreis gehörte nun auch das Wegtragen und Aufschichten der Holzmengen. So kamen wir über die wochenlange, scharfe Kälteperiode des Winters 1946/47 hinweg. Ich sehe uns noch, wie wir im Arbeitszimmer eng um den einzigen Ofen geschart saßen.

Bis zum Herbst 1945 waren die Schulen geschlossen. Bemerkenswert ist, wie sich alsbald nach der Besetzung die Kirchen bemühten. Die Seele des Betriebs war die Gemeindeschwester Anni von Wildenstein. Sie organisierte Theateraufführungen, Liederabende, Bibelstunden und half so, das ideologische und organisatorische Vakuum zu füllen, das das Deutsche Jungvolk und BDM hinterlassen hatten. Auch ich fand dort Anschluß, bin aber, kaum hatte der Unterricht begonnen, ziemlich schwer erkrankt.

Es hat sich ein langer Brief an meinen Vater im Lager Nummer 159, Nice (A.-M.) vom 14. März 1946 erhalten, der erste, den ich schreiben durfte, nachdem die reguläre Post wieder halbwegs funktionierte: »Von der Schule kann ich Dir leider nichts berichten, denn ich war überhaupt noch nicht darin. Am 14. Oktober 1945 habe ich im Gemeindehaus bei der Aufführung ›Das Kirchenlied in Wort und Bild‹ mitgespielt. Voraus gingen stundenlange Proben, Singen im ungeheizten Zimmer usw. Am Montag half ich noch, die Kartoffeln zu holen, dort fror es mich schon, und am Dienstag lag ich im Bett.« In aufgesetzt lustiger Tonlage berichtete ich die lange Geschichte der vier Monate dauernden Erkrankung, die mich lange ans Bett gefesselt hatte und von der erst jetzt, nachdem es wieder besser ging, berichtet werden durfte. Der ohnehin geplagte Vater sollte nicht noch mehr beunruhigt werden. Von Leberschwellung, Nierenentzündung, aufgeschwollenem Körper, einem Rückfall um die Weihnachtszeit und ähnlichem ist dort die Rede, auch davon, wie ich über diese Zeit hinwegkam: »So lag ich bis Ende Januar im Bett. Ich habe gelesen, gelesen. Über 100 Bücher. Sodann stand ich auf, und jetzt, Anfang März, bin ich wieder kerngesund. Nächste Woche, so Gott will, gehe ich wieder zur Schule.«

Diese Erkrankung markierte offensichtlich eine gewisse Zäsur in meiner intellektuellen Entwicklung. Wenn ich mich recht erinnere, ist in diesen Monaten mein Heißhunger auf Bücher erwacht, der bis heute anhält. Wie ein Vielfraß habe ich damals alles verschlungen, was mir im väterlichen Bücherschrank in die Hände fiel oder von außen her zugetragen wurde – *Ein Kampf um Rom* von Felix Dahn, *Brehms Tierleben*, Friedrich Schillers Dramen, die Gedichte und Novellen Joseph von Eichendorffs, die Historienromane Conrad Ferdinand Meyers.

In diesen trüben Wintermonaten im aufgewühlten, von Büchermassen bedeckten Bett habe ich auch Ernst Jüngers *Stahlgewitter* entdeckt. Von jetzt an gehörte er zu den Autoren, von dem ich alles, was er publizierte, zu lesen suchte. Daß ich mich bereits zehn Jahre später an eine Doktorarbeit über die Jüngersche Zeitkritik machen würde, erahnte ich genauso wenig wie eine leicht surrealistische Szene im September 1984, als Kohl und Mitterrand auf den Gräberfeldern von Verdun eine überzogene, nicht ganz geschmackssichere Versöhnungszeremonie inszenierten, zu welcher der Bundeskanzler auch mich eingeladen hatte. Dort werde ich unter den Hunderten von Gästen, die unter einem heftigen Regenschauer über ein aufgeweichtes Feld zu dem düsteren *Ossuaire* emporsteigen, plötzlich zehn Schritte vor mir Ernst Jünger entdecken, jetzt ein Greis von 89 Jahren mit schneeweißem Haar, eher klein und zierlich gebaut, der sich immer noch kerzengerade hält. Neben ihm schreitet seine Frau, »das Stierlein«, und hat einen Knirps aufgespannt, um diesen Kriegshelden, der die Stahlgewitter überlebt hat, vor den Regenfluten zu schützen. Kaum aber ist das Händehalten der beiden Spitzenpolitiker vorbei, mischt er sich unter die im Schmuck ihrer Orden angetretenen französischen Veteranen. Inzwischen ist aus dem Verfasser der *Stahlgewitter* und der *Totalen Mobilmachung* ein leidenschaftlicher Rufer deutsch-französischer Versöhnung und Waffenbrüderschaft geworden.

Nicht nur das Jünger-Thema spinnt sich in diesen Monaten der Krankheit an, sondern auch meine Verbindung zum CVJM, dem Christlichen Verein Junger Männer. Während ich darniederliege, besucht mich getreulich ein Schulfreund schon aus der Volksschulzeit, Reinhard Walter. Er wohnt in der Kreuzstraße, hat einen einstigen Missionar der Basler Missionsgesellschaft zum Vater, ist selbst im fernen Borneo geboren, worauf er mächtig stolz ist, versorgt mich mit Schulaufgaben und bringt mich dann zum CVJM, bei dem er selbst nach in Lörrach absolvierter kaufmännischer Ausbildung später lange Jahrzehnte als Bundesschatzmeister tätig sein wird.

Das kurzfristige Ergebnis dieser wahrscheinlich von Unterernährung und Überarbeitung hervorgerufenen Nierenentzündung ist jedoch eher unerquicklich. Fast zugleich mit meiner Erkrankung ist die Schule wiedereröffnet worden. Ich habe fast ein halbes Jahr verpasst und einige Mühe, den Anschluß zu finden. Diese ersten Gymnasialjahre sind noch nicht besonders anregend. In meinen eigenen Briefen und in denen meines Bruders an den fernen Vater, die er sorgsam gebündelt mit nach Hause gebracht hat, ist gelegentlich davon die Rede, diese oder jene Lehrkraft sei »entgiftet« worden, so nennen wir die Entnazifizierung. Aber die Entgiftung braucht Zeit, und so sind es meist die langweiligen Lehrer, die uns jetzt mangels Büchern mit Diktaten den Stoff der Sexta und der Quinta zu vermitteln suchen.

1946 beginnen jene Versuche zur Umerziehung der jungen Deutschen, die, so glauben die französischen Deutschlandkenner, seit alters her von germanischem Irrationalismus, von Kriegergesinnung und von antifranzösischen Vorurteilen verformt sind, neuerdings auch noch durch die nationalsozialistische Propaganda. Das Buch, aus dem wir von einer eigens eingesetzten französischen Lehrerin unterrichtet werden, lautet *Beiträge zur Völkerverständigung*. Es enthält Texte edler Franzosen und Deutscher – der Republikaner Victor Hugo ist mir noch erinnerlich. Doch in der gesamten Klasse ist die Stimmung gegen die Besatzungsmacht aufgeladen. Die blonde, eigentlich recht attraktive junge Frau, die irgendwo Deutsch gelernt hat, macht zudem den Fehler, vor uns Quintanern in unseren abgerissenen Jacken und Hosen, deren Mütter gleichfalls nur noch schäbig gekleidet sind, in schönem schwarzem Kleid mit knallrot geschminkten Lippen und in High heels aufzutreten. Wir gebärden uns so renitent, daß sie weinend auf Nimmerwiedersehen die Klasse verläßt. Annemie, die seinerzeit in Säckingen das Gymnasium besucht hat, erzählt mir viel später, als ich ihr diesen Vorgang berichte, dieselbe Dame sei auch bei ihr mit den *Beiträgen zur Völkerverständigung* aufgetaucht, ebenfalls mit sichtlich kontraproduktiver politischer Wirkung. Für die deutsch-französiche Verständigung ist in jenen schlimmen Jahren, als in der französischen Zone stramm gehungert und gefroren wird, die Zeit noch nicht gekommen.

Die Heldin der schlimmen Jahre – meine Mutter

Die eigentliche Heldin dieser schlimmen Jahre ist meine liebe Mutter. Damals genauso wie später ist sie eine Persönlichkeit von großer Selbstdisziplin, fürsorglich, buchstäblich Tag und Nacht an der Arbeit, aber ganz und gar nicht dazu disponiert, zu den Kindern über ihre eigene Befindlichkeit zu sprechen. Ich verspüre nicht, wie sie stillschweigend leidet. Junge Leute sind bekanntlich unwissend und unaufmerksam. Erst nach ihrem Tod bekomme ich ihre damaligen Briefe an den in Gefangenschaft befindlichen Vater zu lesen. Sie zeigen mir eine Frau, die ihre Kinder mit letzter Kraft über die Runden bringt, ihren Mann und sich selbst aber unablässig zu trösten sucht.

Statt allgemeiner Ausführungen hier ein paar Auszüge aus ihren Briefen, alle in gepflegter Sütterlinschrift. »Lörrach, 1.12.1946, 1. Advent … Gestern nacht hab ich den Adventskranz gewunden u. geschmückt. Meine Gedanken waren bei Dir, mein Herz voll Wehmut u. Trauer. Wieder darfst Du in dieser seligsten Zeit des Jahres nicht bei uns sein. Das ist für uns alle u. erst recht für Euch, Ihr armen Gefangenen, bitter u. schwer. Warum hält man Euch immer noch fest? Sie reden immer von Völkerverständigung u. Menschlichkeit u. tun das Gegenteil! Die Heimat denkt an Euch u. bittet für Euch. Zum 1. Advent gedachte die Kirche durch Unterschriftsammlung eine große Bitte zu tun an die Völker d. Welt für unsere Kriegsgefangenen. Alles hat sich eingefunden, wollte mithelfen. In letzter Stunde hat's die Militärregierung verboten!!«

Acht Tage später, am 2. Advent, schreibt sie in ihrem Weihnachtsbrief: »Gesundheitlich geht's uns gut. Hanspeters Asthmazeit ist für dieses Jahr wohl überwunden; er hat Spritzen bekommen, die sichtlich gutgetan haben. Dieter war in letzter Zeit zweimal mit Bronchialkatarrh im Bett. Sie sind halt durch die schlechte Ernährung doch geschwächt u. besonders empfindlich … Mit der Ernährung bei uns ist's halt eine üble Sache. Kartoffeln haben wir noch keine. Da kannst Du Dir denken, daß ich oft Sorgen u. Not habe, was koch ich nur. Brot auch nur 200 g, keine Nährmittel, keine Hülsenfrüchte zu Suppen. Und doch essen wir uns jeden Tag satt, wenn auch nur an Weißrüben, Gemüse u. vor allem Äpfeln und Birnen. Wir sind froh, daß wir alles diesjahr so reichlich ernten durften. Wie schlimm sind doch jene daran, die keinen Garten haben, die unbedingt sich aufs Hamstern verlegen müssen, wenn sie nicht verhungern wollen … Es gibt gewiß Gegenden, wo die Not noch größer ist. Von der Flüchtlingsnot wissen wir hier in der franz. Zone noch nichts. Aber es wird auch kommen. In der Stadt mußten Hunderte von Wohnungen verlassen werden für frz. Familien. Da kann man nur froh sein, wenn man bis jetzt verschont wurde. Viele pol. Gefangene befinden sich noch in Freiburg im K.Z., von wo sie nur entlassen werden, wenn sie krank sind. Geld habe ich immer noch. Ich darf monatlich 300 MK abheben, solang was da ist. Das Vermögen ist eben gesperrt, weil Du als Lehrer im Elsaß warst; Haus und Grundstück ausgenommen, weil die auf meinen Namen sind …«

Der Winter 1946/47 bringt im Januar Temperaturen von -15° bis -25°. Ein Stimmungsbericht vom 16. Februar 1947 liest sich wie folgt: »Ich schreibe Dir immer noch aus einem kalten, winterlichen Land. Der Schnee ist weg, aber die Kälte hält an. O wie sehnt man sich nach Wärme, Wärme, Sonne! Alles Heizen kann nicht viel ausrichten … Die Schulen sind geschlossen; das Gymnasium gibt nur Betreuungsunterricht, täglich eine Stunde im kalten Schulhaus …«

Als ich rund 15 Jahre später über die Neuorientierung der Deutschen in den Besatzungsjahren arbeite, stelle ich fest, daß der gestrenge Winter 1946/47 das ganze westliche Europa an den Rand des Abgrunds geführt hat. Beim Blick auf die ziemlich hoffnungslose Lage in England, Frankreich, Italien, auch in den deutschen Westzonen, bildet sich auf den Entscheidungsebenen in Washington und im Hauptquartier General Clays im Frankfurter IG-Farben-Hochhaus das Konzept heraus, die entkräfteten Volkswirtschaften im westlichen Europa einschließlich der Westzonen Deutschlands mit einem massiven Hilfsprogramm zu unterstützen, für das sich der Name Marshall-Plan einbürgern wird. Im hintersten Winkel der französischen Zone ist das nicht einmal zu erahnen.

Ein Heimkehrer mit positiven Erfahrungen

Im Mai 1947 ist mein Vater aus französischer Gefangenschaft zurückgekehrt. Kaum einer der beiderseits gewechselten Briefe, in denen diese Rückkehr nicht herbeigesehnt wurde. In Kenntnis dieser Korrespondenz und dessen, was er später häufig erzählt hat, ist die Vermutung begründet, daß ihm im Vergleich mit dem seelisch und physisch ruinösen Leben meiner Mutter zwischen 1945 bis 1947 vielleicht das bessere Teil zugefallen ist.

Wie er zu berichten weiß, waren die ersten Wochen in der Gefangenschaft auf dem Betonboden der einstmaligen Zeppelinhalle zu Nizza ziemlich grenzwertig. Schmale Rationen und das Frieren in ungeheizten Unterkünften machten vielen zu schaffen. Jüngere Gefangene wurden zur Zwangsarbeit in den Bergwerken aussortiert. Danach aber besserte sich wohl die Lage.

Wie es in den vergleichsweise guten Monaten der Gefangenschaft im einzelnen zuging, hat er in einem langen Brief vom 14. Januar 1947 geschildert. Für die vorhergehende *correspondance des prisonniers de guerre* stand immer nur eine Briefkarte oder eine einzige Seite mit 21 Linien für die mit Bleistift geschriebenen Mitteilungen zur Verfügung. Jetzt war ein in Lindau stationierter französischer Soldat bereit, einen sechzehnseitigen Brief mit umfassender Berichterstattung an uns zu expedieren.

Die Behandlung durch die Franzosen, so wird dort berichtet, sei »einwandfrei«. Das Hauptproblem sei eben die Gefangenschaft als solche, fern von den eigenen Lieben. Auch die Unterkunft sei für Gefangenenverhältnisse »nicht schlecht«. Jeder habe ein Bett mit Strohsack. Die Räume seien geheizt und gut beleuchtet. Die Ernährung habe sich gebessert und sei auskömmlich. Seit längerem würden die Gefangenen aus dem Camp 159 in dem Töpferstädtchen Vallauris als sogenanntes Rekonstruktionskommando für Aufräumungsarbeiten eingesetzt. Das Wetter sei unter wolkenlosem Himmel fast sommerlich warm.

Diese Mitteilungen lassen uns große Augen machen und noch mehr das, was der Vater detailliert über die Ernährungslage zu berichten weiß. Täglich gibt's eine Brotration von 425 g pro Mann, an Donnerstagen auch Fett (50 g), an Samstagen Zucker (100–125 g), manchmal Marmelade oder Käse, mittags dicke Kohl- oder Linsensuppen, abends Pellkartoffeln mit Sauce sowie morgens und abends Kaffee. Vom Arbeitsgeld, 5 Franken pro Tag, können die Gefangenen zusätzliche Lebensmittel kaufen – Kartoffeln, Haferflocken, Mehl oder Brot. Am Sonntag, so ist zu vernehmen, wird gekocht: z.B. Knödel, Pflaumenkuchen, Kartoffelpuffer usw. Von einem solchen Speisezettel können wir im Winter 1946/47 nur träumen. Wohlmeinend, aber im Grunde peinigend, schreibt der gute Vater: »Wie gerne würde ich Euch von meinem Zuviel manchmal ein Paket schicken, Ihr könntet es sicher gut brauchen.« Berichtet wird auch von der kleinen Lagerkapelle – eine Geige, zwei Mandolinen und Gitarre (»die ich spiele«) und von einem vierstimmigen Chor, der zu Weihnachten übt. Er selbst sei Führer eines Kommandos von ursprünglich an die 50, jetzt 37 Mann, und gleichzeitig, so schildert er in einem Brief, Vertrauensmann, Sekretär und Dolmetscher. Es sei ganz und gar nicht einfach, einen solchen »Haufen« zu führen. Man habe keinerlei Mittel, sich durchzusetzen, als seine eigene Persönlichkeit.

Allem Anschein nach hat die Gefangenschaft bei dem Alten Herrn zu einer gewissen Horizonterweiterung geführt. Am Westwall 1939/40 und erneut 1944/45 befand er sich in badischen Kompanien. Jetzt stammen die Kameraden aus allen Teilen Deutschlands, einige von ihnen aus der Ostzone. Mit diesen wird er bis zu seinem Tod in Verbindung bleiben. Gut dreißig Jahre hindurch und noch länger werden sie Weihnacht für Weihnacht mit Paketen und Briefen bedacht, während sie sich ihrerseits mit Photobändchen oder Kalendern oder mit Dresdner Christstollen revanchieren. Die Teilung Deutschlands wird so am Tüllinger Berg, im äußersten Zipfel der westlichen Bundesrepublik, ständig empfunden. Ich erinnere mich nicht mehr daran, was ich in den folgenden Jahrzehnten mit den Eltern über die Teilungsprobleme so alles gesprochen habe. Nach den nationalistischen Verirrungen der Jahre 1933 bis 1945 ist auch mein Vater völlig ernüchtert und scheut alles, was mit nationalem Überschwang zu tun hat, Hymnen, Fahnen und patriotische Rituale mit inbegriffen. Ein diesbezüglicher Ausspruch von ihm ist mir jedoch unvergeßlich geblieben. Erst am Tag der Wiedervereinigung, sagt er mir bei irgendeinem Anlaß, werde er wieder einen Fahnenmast errichten, eine schwarz-rot-goldene Fahne kaufen und das Haus beflaggen. Diesen Tag wird er aber nicht mehr erleben.

Ich habe vorgegriffen. Im Mai 1947, so war zu berichten, wird er entlassen. Seine Rückkehr über das Entlassungslager in Tuttlingen wird täglich erwartet. Als es aber an einem Morgen klingelt und ein großer, vergleichsweise wohlgenährter Mann in Uniform und Feldmütze in der Tür steht, kann ich im ersten Moment nicht erkennen, daß es mein Vater ist. Die Wiedersehensfreude wird alsbald psychologisch verhagelt. Nach der ersten Begrüßung geht er zum Schreibtisch und findet dort das wenige Tage zuvor eingegangene Schreiben der Schulbehörde vor, in dem ihm mitgeteilt wird, daß er nach Überprüfung seines Dossiers nicht mehr im Schuldienst tätig sein darf. Fast zwei Jahre lang muß er künftig einen geisttötenden, schlecht bezahlten Schreibtischjob auf dem Lörracher Landratsamt verrichten und überall »Persilscheine« erbetteln, bis er schließlich im Entnazifizierungsverfahren als »Mitläufer ohne Sühnemaßnahmen« eingestuft wird. Erst jetzt wird das Berufsverbot aufgehoben, und er kann in die Lörracher Hebel-Schule einchecken, wo er sich entschieden wohler fühlt als ich in den letzten Kriegsjahren.

Neuorientierung

Seit dem Sommer 1947 beginnt sich die Lage zu stabilisieren. Auch ich selbst, jetzt bereits im stolzen Alter von dreizehn Jahren, so glaube ich mich zu erinnern, bin politisch zusehends zu Verstand gekommen. Die Rückkehr des Vaters hat eine spürbare Verbesserung gebracht. Die strenge Bewirtschaftung der Nahrungsmittel, der Bekleidung und des Brennmaterials dauert zwar weiter an und wird erst im Sommer 1948 zu Ende gehen, als die Währungsreform erfolgt und die zuvor hermetisch abgeriegelte französische Zone mit der Bizone fusioniert wird. Doch jetzt läuft der eigene Produktionsbetrieb im Garten auf vollen Touren. Es ist eine Art Nebenerwerbslandwirtschaft, intensiviert durch die Arbeitskraft des endlich heimgekehrten Vaters. Im Unterschied zum Winter 1946/47 habe ich an den folgenden Winter keine Erinnerung mehr. Daraus läßt sich entnehmen, daß jetzt das Schlimmste überstanden ist.

Der Vater ist immer noch vom Berufsverbot betroffen, leidet wohl auch darunter, ohne vor den Kindern darüber zu reden. Betrachtet er es als eine vielleicht nicht ganz ungerechte Strafe für die Naivität, mit der er dem Regime gedient hat? Haben ihm die Erzählungen seiner Kameraden in der Gefangenschaft die Augen geöffnet? Hat er erst spät ernsthaft darüber nachzudenken begonnen, was die Deutschen während der Kriegsjahre im Ausland und Inland verbrochen haben? Wahrscheinlich, denn Selbstkritik ist ihm nicht fremd.

Offensichtlich hat er aus der Gefangenschaft eine rundum positive Grundeinstellung zu Frankreich und den Franzosen mit zurückgebracht. Die verständliche, aber widerborstig-sterile Feindschaft, die wir bisher der Besatzung entgegengebracht haben, ist nicht seine Sache.

Auffällig ist, wie er bei erster Gelegenheit im Jahr 1948 zwei Blätter abonniert, die damals in der amerikanischen und der britischen Zone erscheinen: die *Neue Zeitung* und das *Deutsche Allgemeine Sonntagsblatt*. Das von der amerikanischen Militärregierung herausgegebene Blatt *Die Neue Zeitung. Eine amerikanische Zeitung für die deutsche Bevölkerung* anstelle des *Völkischen Beobachters* (beide bekanntlich in München auf denselben Druckmaschinen hergestellt), das von dem lutherischen Landesbischof Lilje herausgegebene *Sonntagsblatt* anstelle der Wochenzeitschrift *Das Reich*, herausgegeben vom Propagandaminister Goebbels – es gibt kein besseres Indiz für die Neuorientierung, die sich jetzt an der Tüllinger Straße 17 vollzogen hat. Ich selbst bin nach wie vor ein besessener Zeitungsleser, und so ist der nun täglich und wöchentlich erscheinende Lesestoff für die Umprägung meiner durchaus noch unfertigen politischen Meinungen von beträchtlicher Bedeutung.

Bis 1948 war auch das Informationswesen der französischen Zone hermetisch abgeschlossen. Entsprechend klaustrophobisch war das Bewußtsein in provinziellen Städten wie Lörrach. Die einzigen Stimmen aus dem Ausland, die wir regelmäßig hörten, waren die Analysen des Professors Jean Rudolf von Salis sowie die wöchentlichen Berichte des Korrespondenten Heiner Gautschy aus New York, beide ausgestrahlt von Radio Beromünster. In Universitätsstädten wie Freiburg, Tübingen oder in dem zur Universitätsstadt gemachten Mainz hat Frankreich, wie ich später erfahre, eine interessante, dialogbereite Kulturpolitik betrieben, die auf mittlere Sicht beträchtliche Wirkung entfaltete. Die Öffnung nach Westen führte ausschließlich nach Paris. Französische Filme und Theaterstücke, französische Professoren und Autoren, französische bildende Künstler und die Nachrichten der AFP-Presse schufen dort ein intellektuelles Klima, das sich spürbar von dem an den Universitäten in der amerikanischen oder britischen Zone unterschied.

In dieser Lage war die Lektüre der *Neuen Zeitung* in vielerlei Hinsicht eine Öffnung zu den Vorgängen im Gesamtbereich der Westzonen und in Berlin bzw. seit Sommer 1949 in der nun ins Leben tretenden Bundesrepublik, zur internationalen Politik, vor allem aber auch zur westlichen Literatur, Emigrationsliteratur mit inbegriffen, zum Theater, zur Architektur, überhaupt zu den intellektuellen Diskursen in den USA und in England. Als in der Untertertia ein zweistündiger Englischunterricht eingeführt wurde, studierte ich bald mit größtem Vergnügen die von Robert Lemke originell verfaßte Kolumne »Englisch, wie es nicht im Wörterbuch steht«. Unbewußt lernte ich in den folgenden drei Jahren, bis *Die Neue Zeitung* geschlossen wurde, die Nachkriegswelt mit amerikanischen Augen sehen. Das galt ganz besonders für meine Einschätzung des jetzt einsetzenden Kalten Krieges. Genausowenig wie zuvor bei der Lektüre der NS-Presse habe ich mir anfangs klargemacht, daß auch diese Informationspolitik propagandistisch aufgemacht war.

So bin ich – im Wendejahr 1948 14 Jahre alt – während der Berliner Blockade von der Stimmung des Kalten Krieges imprägniert worden. Zweifellos hatte daran die regelmäßige Lektüre der politisch reichhaltigen, aber selbstverständlich parteiischen *Neuen Zeitung* ihren Anteil. Umgekehrt geht mein lange Zeit uneingeschränkt positives Amerikabild gleichfalls auf diese Jahre zurück. Gelegentlich waren mir zwar negative Äußerungen über die amerikanischen Besatzungssoldaten zu Ohren gekommen. »Sie sind ganz schrecklich kulturlos, die Amerikaner«, habe ich noch einen Ausspruch der Tante Otti im Ohr, die im amerikanisch besetzten Mannheim entsprechende Erfahrungen gemacht hatte. Ich selbst hatte bis zum Jahre 1953 keinen einzigen Amerikaner getroffen, entdeckte erst beim Studium in Freiburg das dortige Amerika-Haus als eine rundum positive Institution, und es dauerte noch länger, bis ich erstmals in die USA reiste. Das ungetrübte Amerikabild ergab sich somit allein aus der Zeitungslektüre und aus Memoiren oder sonstigen Büchern über die USA und die amerikanische Außenpolitik seit Franklin D. Roosevelt, die mir früh in die Hand fielen. Sechs Jahre lang, von 1949 bis 1953, als die Ausgabe für Westdeutschland eingestellt wurde, schuf somit die Lektüre der *Neuen Zeitung* die emotionale und informative Grundausstattung meines Amerikabildes. Beim Studium in Freiburg wurde aus mir auch ein regelmäßiger Leser des *Monats*.

Genauso neugierig wie die *Neue Zeitung* habe ich das *Sonntagsblatt* gelesen. Chefredakteur war Hans Zehrer, der sich damals in seiner abendländischen Phase befand. Während meiner ganzen Jahre auf dem Gymnasium war er aus meiner Sicht eine Art autoritativer Leitartikler. Seine weitgespannten, mit dem Gestus der Unfehlbarkeit formulierten Analysen beeindruckten. Daß dieser konservative Guru – mit Adorno zu sprechen – zu den großen Wolkenstemmern gehörte, blieb mir nicht ganz unverborgen, vor allem dann, als ich, angeregt von den Leitartikeln, Zehrers Monographie *Der Mensch in seiner Zeit* käuflich erwarb – einen breit ausgewalzten, zeitdiagnostischen Essay, so an die zweihundert großformatige, ungeheftete Zeitungsseiten, auf denen Rowohlt damals Bücher unters Volk brachte. Die nie ganz faßbaren, weit ausgreifenden Überlegungen kamen aber meinem Orientierungsbedürfnis entgegen, und die abendländische Sichtweise entsprach meinen damaligen christlichen Überzeugungen. Jedenfalls war mir Zehrer seither ein Begriff, und ich versäumte es auch später nicht, hin und wieder seine Leitartikel zu studieren.

Als Zehrer jedoch seit 1953 bis in die sechziger Jahre hinein als Chefredakteur der *Welt* ein großes Rad dreht, positiv aus der nachstalinistischen Sowjetunion zu berichten beginnt, für Entspannungspolitik mit den Moskowitern plädiert und 1957/58 die Anti-Atomtod-Kampagne hochzuziehen versuchte, wird er für mich gestorben sein. Dann werde ich auch die Sowjetunion unter Chruschtschow so feindselig einschätzen, wie in den Jahren kurz vor dem Zweiten Weltkrieg skeptische Beobachter im Westen auf das nationalsozialistische Deutschland geblickt haben. Mein damaliger Professor Arnold Bergstraesser ist mir mit dem Ausspruch in Erinnerung geblieben:

»Wie einstmals Hitler redet auch Chruschtschow vom Frieden und hat den Krieg im Herzen.« So werde auch ich diesen Spießgesellen und Erben Stalins bewerten. Dann erst wird mir am Beispiel Zehrers zu dämmern beginnen, daß man bei Intellektuellen seines Schlags mit abrupten Kurswechseln zu rechnen hat.

Doch für den Gymnasiasten, der Ende der vierziger Jahre den Publizisten Hans Zehrer erstmals entdeckt, liegt dessen Vorleben genauso im Dunkel wie seine künftige Entwicklung. Unkundig und unkritisch, wie ich damals noch bin, ist mir nicht bewußt, daß Zehrer einstmals der Häuptling des »Tat«-Kreises war und mit Ferdinand Fried sowie weiteren Redakteuren gute alte Freunde aus der Spätzeit von Weimar im *Sonntagsblatt* mit ins Boot genommen hat. Erst als Kurt Sontheimer, moralisierend, wie das seine Art ist, aber faktisch doch zutreffend, die personelle Zusammensetzung des »Tat«-Kreises in den frühen sechziger Jahren aufdeckt, wird mir das bewußt. Das wird einer der Gründe sein, weshalb ich von da an bei allen Journalisten, die mich faszinieren, voller Neugier zu recherchieren suche: Wo kommt der Mann her? Und wer gehört zu seinen Netzwerken? Überhaupt nicht ahnen kann ich, daß ich mich mehr als ein halbes Jahrhundert später aus einer plötzlichen Laune heraus entschließen werde, eine Biographie über Axel Springer zu schreiben, wobei nun auch Zehrer erneut in mein Blickfeld tritt. Anders als seinen Nachfolger als Chefredakteur des *Sonntagsblatts*, den persönlich angenehmen, aus dem Baltikum stammenden Geostrategen Axel Seeberg, habe ich Zehrer aber nie persönlich kennengelernt.

Es waren aber doch wohl in erster Linie die innenpolitischen Zusammenhänge, die ich mir aus der *Neuen Zeitung* und aus dem *Sonntagblatt* klarzumachen suchte. Die Regierungszentralen im damaligen Freiburg, Stuttgart, Bonn oder Berlin sowie die Entscheidungszentren der Alliierten waren vom damaligen Lörrach fast so weit entfernt wie der Mond. Das Fernsehzeitalter war noch nicht angebrochen. Persönliche Kontakte mit Akteuren aus dem politischen Milieu oder aus der Wirtschaft bestanden nicht. Im Schulunterricht oder bei den Erörterungen mit meinen Schulfreunden kamen Fragen der aktuellen Politik nicht zur Sprache, genausowenig wie im CVJM, wo ich damals einen großen Teil meiner Freizeit verbrachte. Ein an den Vorgängen interessierter Heranwachsender konnte sich nur aus der Presse über den damaligen Föderalismus, den Parteienstreit, die Rolle der Besatzungsmächte, die Wirtschaftspolitik, die Probleme des Wiederaufbaus oder die Vertriebenenproblematik ein Bild machen, das natürlich noch ganz unscharf war. Im übrigen bildeten die Zeitungen aber nicht nur die Fenster, durch die ich die politische Welt und die Vorgänge in der Wirtschaft beobachtete. Von genauso großem Interesse waren die Fortsetzungsromane und sonstigen Vorabdrucke, in jenen Jahren noch ein fester Bestandteil jeder Tages- und Wochenzeitung.

Zweifellos hat das christlich-protestantische Milieu bei meiner politischen Neuorientierung eine wichtige Rolle gespielt. Seit dem Zusammenbruch drängte die kirchliche und religiöse Erziehung ganz eindeutig alle nazistischen Einflüsse beiseite, obschon die Ressentiments gegen die Besatzung ein oder zwei Jahre lang deren sozusagen unterirdisches Fortleben ermöglichten. Aber die in meinem Milieu allein maßgebliche Weltanschauung war jetzt ein biblizistisches Christentum, das auf verschiedenen Ebenen zur Geltung kam. Zu Hause brachte der endlich zurückgekehrte Vater mit freundlicher Bestimmtheit Ordnung in den religiösen Alltag. Vor und nach jeder Mahlzeit wurde das kurze Tischgebet gesprochen, beim Frühstück verstärkt durch Verlesung der täglichen »Losungen der Brüdergemeinde«.

Ich selbst verband das mit meinem eigenen Rhythmus: nach dem Aufstehen bereits Lesung einer Passage aus der Bibel. Die in den Wintermonaten lausige Kälte wurde dabei in Kauf genommen. Ich gestehe, daß mir die dramatischen Bücher des Alten Testaments und die Lektüre der großen und kleinen Propheten sowie der Psalmen weit besser mundeten als die weltfremde Bergpredigt oder die eifernden Sendschreiben des Apostels Paulus. Die Wundergeschichten im Neuen Testament las ich so, wie man schöne Märchen wieder und wieder zur Kenntnis nimmt. Die Vorstellung eines persönlichen Gottes, der das auserwählte Volk durch die schrecklichsten Prüfungen von Ägypten über die Philisterkriege bis zur Knechtschaft in Babylon und wieder zurückgeführt hatte, beeindruckte ungemein und ließ sich auch auf das individuelle Leben übertragen. Die Gestalt des Wanderpredigers, der vom Teufel versucht wird, Jünger um sich schart und menschenfreundliche Wunder tut, gefiel mir auch. Aber die Lehre eines Gottessohns, der am Kreuz für die Sünden der Menschheit gestorben sei, ging schon damals über meinen Horizont. Auch die Rufe zum bußfertigen Leben und die Höllenandrohungen ließen mich eher kalt, obschon ich die Bildwelten der Apokalypse großartig fand.

Das dauerte eine ganze Reihe von Jahren hindurch bis weit in die Zeit des Studiums hinein. Der Eifer ließ zwar langsam nach. Doch auch als ich die Luther-Bibel nicht mehr regelmäßig aufschlug, blieb sie so etwas wie mein liebstes Buch. Noch heute betrachte ich es als Vorzug, jahrelang den dort angesammelten Reichtum an Geschichte und Geschichten, an Sprachkraft und Weltkenntnis in mich aufgenommen zu haben. Das war nicht nur ein reicher Humus, auf dem das Literaturstudium und das Verständnis für die Epochen abendländischer Geschichte aufbauen konnten. Es vermittelte auch einen Qualitätsmaßstab. Und ich blicke auf diese von geistlich-biblischer Ernsthaftigkeit getragene Lebensphase so respektvoll zurück, wie ich heute, wann immer es sich gibt, irgendwo in der Schweiz, rund um den Bodensee oder in Südtirol in uralte romanische oder gotische Kirchen voll Ehrerbietung eintrete.

Der zu Hause vorherrschenden religiösen Orientierung entsprachen die Institutionen und Bezugsgruppen, in denen ich mich damals bewegte. Vom CVJM war schon die Rede. Bibelstunden bildeten dort einen Kernbestandteil der Heimabende oder auch bei den sogenannten Freizeiten, zu denen wir in Gruppen von 10, 12 oder

15 Kameraden mindestens einmal oder zweimal monatlich an den Wochenenden auf unseren schwerbeladenen Rädern über Steinen, Fahrnau und Tegernau bis zu einem von uns mit einiger Mühe wohnlich gemachten alten Bauernhaus auf den Belchenhöfen oberhalb von Elbenschwand am Belchen hochstrampelten.

Beim CVJM jener Jahre hatte sich noch viel gehalten, was den einstigen Wandervogel so attraktiv gemacht hatte: Fahrten zu irgendwelchen Heimen, die primitiv eingerichtet waren (ebendas machte den Reiz der Sache aus), Heimabende, Abkochen deftiger Mahlzeiten, Lagerfeuer, Nachtmärsche, Landsknechtlieder, Volkslieder, überhaupt große Freude am Singen, angereichert im Fall des CVJM oder Bibelkurses durch geistliches Liedgut. Ich lasse es dahingestellt, ob hier jugendlicher Herdentrieb oder religiöse Motive dominierten. Beides verband sich bruchlos miteinander.

Etwas weniger amüsant ging es im kirchlichen Bereich zu. Während der Untertertia, also 1947/48, mußte ein zweistündiger Konfirmandenunterricht besucht werden, in dem auf das Eintrichtern buchstäblich Hunderter von Versen aus dem Gesangbuch, auf das Auswendiglernen verschiedener Glaubensbekenntnisse, auf Kirchengeschichte und die Exegese zentraler Glaubenswahrheiten Wert gelegt wurde. Bei der Konfirmation in der nüchtern klassizistischen, im Weinbrenner-Stil des frühen 19. Jahrhunderts erbauten Stadtkirche wurde vor versammelter Gemeinde durch den Dekan eine unbarmherzige Prüfung abgehalten, bei denen jeder der Konfirmanden aufgerufen und abgefragt wurde, wobei mancher glänzte und mancher sich blamierte. Das war der gestrenge Aspekt des Protestantismus.

Soviel zu den religiösen Impulsen, die mein zweites Lebensjahrzehnt stark bestimmt haben. Diese Grundorientierung erst im häuslichen Bereich, dann in der Jugendgruppe und in der Kirche hat, so sehe ich das aus dem Rückblick, nicht allein bei mir ein weltanschauliches Vakuum ausgefüllt, das entstanden war, als sich der kindliche Glaube an Deutschland und alles, was sich damit verband, verflüchtigt hatte. Bekanntlich hat damals in den Westzonen und in der frühen Bundesrepublik die Renaissance christlich-abendländischer Überzeugungen ein letztes Mal wenigstens Teile der Öffentlichkeit erfaßt. Sehr lange hat es aber nicht gedauert, bis der Treibstoff ausgebrannt war. Es stimmt also schon, daß die Evolution meiner Weltanschauung von dem im Süden und im Westen Deutschlands vorherrschenden Zeitgeist stark beeinflußt worden ist.

Zum Schluß dieser Skizze meiner Umprogrammierung in den späten vierziger Jahren ist eines Vorgangs zu gedenken, der vielleicht mehr als alles andere befreiend gewirkt hat. Wie geschildert, haben mich langdauernde Asthmaanfälle seit dem dritten Lebensjahr kontinuierlich geplagt und besonders die mit Nebel und einbrechender Kälte einhergehenden letzten Monate jedes Jahres zur echten Prüfung gemacht. Diese Plage verschwand in den Herbstwochen 1948 vollständig und kehrte nie wieder. Bald meinte die Ärztin, das sei ein ganz natürlicher Vorgang. Kinderasthma verflüchtige sich beim Eintreten der Pubertät. Für mich aber war es ein wahres Wunder.

Kuraufenthalte, Massagen, Spritzen und die nur kurzfristig Erleichterung verschaffenden Inhalationsapparate – nichts hatte gewirkt. Eigentlich war alles von Jahr zu Jahr schlimmer geworden. Eine verdrießliche Folge war, daß ich nicht so viel Sport treiben konnte, wie ich das eigentlich wünschte. Das häufige Fehlen beeinträchtigte auch die schulischen Leistungen. Welchen Einfluß die klaustrophobischen, lang andauernden Asthmaanfälle auf die Ausbildung meines Charakters hatten, läßt sich nur spekulativ beantworten. Beim späteren Nachdenken darüber glaubte ich, sie hätten ein gewisses stoisches Verhalten zur Folge gehabt, vielleicht auch eine gewisse Verschlossenheit. Immer wieder ertappe ich mich bei der Neigung, über das, was mir innerlich zu schaffen macht, mit niemandem zu reden.

Sei dem, wie es wolle, jedenfalls packte mich im September 1948, kaum hatte die Untertertia mit dem Caesar-Studium begonnen, erneut ein heftiger Asthmaanfall. Nichts half, weder Spritzen noch Massagen. So beschlossen die Eltern, mich auf den damals in Lörrach beliebten Luftkurort Schweigmatt zu entsenden, dessen Kurhäuser und Pensionen in etwas mehr als 700 m Höhe auf einem Sonnenbalkon zu Füßen der Hohen Möhr liegen. Dort besaßen entfernte Verwandte aus dem Greiner-Clan eine Pension von beträchtlichem Charme. Alles vermittelte einen Eindruck gepflegter Wohlhabenheit – ein eleganter, in den Vorkriegsjahren mit Bleistiftradierungen geschmückter Saal, daneben eine gemütliche Gaststube im bäuerlichen Stil und der von Kastanien eingerahmte, mit weißen Tischen und weißem Gestühl ausgestattete Wirtsgarten. Ich selbst bewohnte ein Gastzimmer im ersten Stock, dem eine Terrasse vorgelagert war mit weitem Blick über das Land. Die Saison war zu Ende. Vielleicht war aber in diesen Monaten nach der Währungsreform, wo jeder seine D-Mark zusammenhalten mußte, überhaupt noch nicht viel gelaufen.

Auch die Wirtsleute waren interessant. Der Hausherr war schwer krank mit beschädigter Wirbelsäule aus russischer Gefangenschaft zurückgekehrt und hatte monatelang in einem Gipsbett gelegen. Jetzt ging es wieder besser, und er wußte viel zu erzählen. Seine Frau war eine Seele von Mensch. In dieser angenehmen Umgebung bei reichlichem ländlichem Essen, viel Schlaf und zahllosen Wanderungen auf den Waldwegen zur Hohen Möhr empor verschwanden geradezu schlagartig alle Beschwerden auf Nimmerwiedersehen. Selten habe ich lange Wochen erlebt, in denen ich mich so rundum glücklich fühlte. Ein strahlender Spätherbst war übers Land gekommen. Von der Terrasse aus, wo ich emsig den *Bellum Gallicum* studierte, überblickte ich das traumhaft schöne Panorama, wie es mir schon aus den Jahren in Gresgen bekannt war. Das ferne Rheintal war von einem dicken weißen Nebelmeer bedeckt, über dem sich die lange, da und dort schon von Schneefeldern geschmückte Kette der Berner Alpen erhob. Ich selbst lebte in einer Stimmung dauerhaften Hochgefühls. Fleißig und, so glaubte ich nicht zu Unrecht, mit Verständnis für den Reiz dieser Lektüre, übersetzte ich den *Bellum Gallicum* und schrieb übermütige Briefe nach Hause. Daß inzwischen, so berichteten das Radio und die Zeitungen, die Blockade über Berlin verhängt war mit entsprechender Sorge vor einem Dritten Weltkrieg, während in Bonn der Parlamentarische Rat an die Arbeit ging – das alles kümmerte mich nicht. Ich war gesund, ich war glücklich und voller Tatendrang, fest entschlossen, bei der Rückkehr ins »Schiff« tüchtig loszulegen.

»Das Schiff« und »die Schiffer«

Was ist von der Schulzeit in meinem alten Gymnasium zu berichten? Gemeinhin wird es nur »das Schiff« genannt, und die dort unterrichtenden Lehrkräfte sind »die Schiffer«. Das dreistöckige, in durchaus vorzeigbarem Barockstil erbaute Schulgebäude liegt an der Südspitze des einstigen Burghofs und ist einer der ältesten Bauten in Lörrach. Nur der daneben aufragende, mächtige Kirchturm der evangelischen Stadtkirche ist älter und wohl bereits im 16. Jahrhundert hochgemauert worden. »Das Schiff« war ursprünglich eine Tabakmanufaktur. 1761 wurde dort die Lateinschule installiert, das sogenannte Pädagogium. Johann Peter Hebel hat hier als Präzeptoratsvikar von 1783 bis 1791 unterrichtet, so daß der Name Hebel-Gymnasium zu Recht verliehen wurde.

Jahrhunderte hindurch wurde an der Fassade des Gymnasiums nichts geändert. Wie manches öffentliche Gebäude aus der sogenannten guten alten Zeit ist sie gelb gestrichen. Die Fenster sind dekorativ von Sandstein eingerahmt und sämtlich mit Fensterläden bewehrt. Hinter dem Eingang zum Schulhof erhebt sich ein riesiger Götterbaum. Viel Platz nehmen zu meiner Zeit die Turnhalle, die Toiletten und ein Mehrzweckgebäude ein, in dem – die Hungerjahre sind zu Ende, doch endlich sind die karitativen Bürokratien aufgewacht – jahrelang ein durch irgendwelche medizinische Zutaten ungenießbar gemachter Grießbrei kostenlos ausgeschenkt wird. Man ißt ihn nur wegen der darin enthaltenen Rosinen. Im Innern des Gebäudes führen breite Holztreppen in die Obergeschosse.

Die Schulzimmer selbst sind geräumig und während meiner ganzen Schuljahre mit fest am Boden verschraubten Holzbänken eingerichtet. Das erlaubt den noch ganz selbstverständlichen Frontalunterricht, gestattet dem Lehrer eine mühelose Kontrolle der Klasse und verhindert jene unruhige Lauferei und den Dauerlärm, wie sie heute in den mit Tischen und Stühlen versehenen Schulräumen unvermeidlich sind.

Seit dem 19. Jahrhundert hat sich hier somit nicht viel geändert mit Ausnahme des Verkehrs auf der damals noch mit Kopfsteinpflaster belegten Durchgangsstraße, die in meinem ersten Gymnasialjahr noch Adolf-Hitler-Straße hieß und inzwischen wieder den Namen Basler Straße führt. In den frühen fünfziger Jahren wird der Verkehrslärm zusehends unerträglich. Die kreischende Tram und der von Jahr zu Jahr zunehmende Autoverkehr erlauben es während der Schulstunden nicht mehr, die großen Fenster zu öffnen, um frische Luft einzulassen.

Das ist neun Jahre hindurch meine Welt. Der humanistische Charakter des Gymnasiums hat sich bis in meine Schulzeit erhalten. Fünf Stunden Latein und ab Obertertia vier Stunden Griechisch ist gewissermaßen das Alleinstellungsmerkmal des Hebel-Gymnasiums. Doch auch Mathematik mit Biologie, Chemie und Physik gehören in meiner Zeit zu den Kernfächern und werden zweistündig unterrichtet. Seit der Kaiserzeit ist Französisch die erste moderne Fremdsprache. Englisch wird eher beiläufig behandelt und auf der Mittelstufe zweistündig unterrichtet.

Längst hat jedoch das humanistische Gymnasium kein Monopol mehr auf die höhere Bildung. Seit Jahrzehnten schon besitzt Lörrach eine weitere Schule, die gleichfalls zum Abitur führt: das moderner ausgerichtete Hans-Thoma-Gymnasium. Statt Latein ist dort ein fünfstündiger Englischunterricht Pflichtfach, und Naturwissenschaften dominieren. Auf diese moderne Schule geht im Vergleich mit dem Hebel-Gymnasium bereits etwa die dreifache Zahl von Schülern. Dieses konkurrierende Gymnasium wird später für mich von lebensgeschichtlicher Bedeutung, weil dort im Jahr 1949 eine gewisse Annemie Keller, von Säckingen kommend, eincheckt. Die bemerkenswerte junge Dame wird von mir allerdings erst beim Abitur 1953 zufällig entdeckt werden.

Erwähnt werden muß in diesem Zusammenhang, daß seit 1945 das französische Schulsystem maßgebend ist. Schon bei der Aufnahme ins Gymnasium unter der NS-Regie im Jahre 1944 war, wie gesagt, eine ziemlich anspruchsvolle Aufnahmeprüfung zu absolvieren. Die ursprünglich großen Klassen lichteten sich dann erstmals nach der Versetzungsschwelle am Ende der Untertertia. Zwei Jahre danach, am Ende der Untersekunda, stand eine spezielle Aufnahmeprüfung in die Oberstufe mit Klausuren und allem Drum und Dran an. Im Fall meiner Klasse hatte das zur Folge, daß bis auf dreizehn Schüler alle freiwillig abgingen oder widerwillig ausgesiebt wurden. Zumindest in den Kernfächern sahen die Lehrpläne eine Unmenge von Stoff vor, der gestreng vermittelt worden ist und entsprechend gelernt werden mußte, denn das dicke Ende kam spätestens beim Abitur. Dieses war nach französischem Vorbild als Zentralabitur eingerichtet. Die Abiturfragen für die einzelnen Fächer wurden unter größter Geheimhaltung zentral festgelegt und mußten im ganzen Land zu derselben Klausurstunde bekanntgegeben werden. Anonymisiert wurden die Klausuren dann von irgendwelchen Korrektoren im Land zensiert. Auch die mündliche Abiturprüfung lag nicht in Händen der eigenen Lehrer. Die erste Frage durfte zwar von den eigenen Fachlehrern der jeweiligen Abiturklasse gestellt werden, dann aber mischten sich die Prüfer einer externen Kommission ein, die letztlich auch über die Benotung entschied. Eine differenzierte Notenskala von 1–20 sollte gleichfalls für ein Höchstmaß an präziser Leistungsbewertung sorgen. Das System war somit ausgesprochen anspruchsvoll und erzwang auch bei den Lehrkräften einen durchgehenden Einsatz, wollten sie sich bei der Eingangsprüfung in die Oberstufe und erst recht beim Abitur nicht peinlich blamieren.

Der Zufall wollte es, daß bei uns einige Hochbegabte das Niveau bestimmten. Ausgerechnet aus dieser Klasse des humanistischen Gymnasiums gingen einige talentierte Naturwissenschaftler und Mathematiker hervor. Der unbestrittene Primus war mein Freund Peter Laeuger. Sein Vater, der mit meinem Alten Herrn zur Schule gegangen war, führte in der Teichstraße ein Geschäft, in dem einerseits Nähmaschinen, andererseits, nach dem Ende der Verbotsperiode, Jagdwaffen verkauft wurden. Der Großonkel war der berühmte Professor Max Laeuger, ein bahnbrechender Künstler des Jugendstils. Seine hinreißend schönen Vasen und Elefanten haben mich bei Besuchen im Hause Läuger immer wieder entzückt. Ich lernte auch den hochbetagten alten Herrn noch kennen, der ein geräumiges, mit Kunstwerken reich bestücktes Haus am Tüllinger Berg bewohnte. Freund Peter exzellierte in Mathematik, Naturwissenschaften, aber auch in Literatur. Beim Studium wählte er ein Grenzgebiet zwischen Physik und Chemie. Er wurde rasch auf ein Ordinariat berufen. Eine seiner Leidenschaften war das Bergwandern. Er ist in jungen Jahren unter ungeklärten Umständen in den Anden tödlich abgestürzt.

Ein anderer wurde Ordinarius für Chemie und war als Forscher lange erfolgreich in den USA tätig. Der Dritte in dieser Gruppe war eine Art Mathematik-Genie, das in die Wirtschaft ging. Ich selbst war ziemlich einseitig an Geschichte und Literatur interessiert, konnte bei den mathematischen Koryphäen nicht mithalten und mußte mich auf der Oberstufe mit dem zweiten Platz begnügen. Das einzige Mädchen in dieser Jungenklasse, auch sie in der Spitzengruppe, paßte sich burschikos an, hat später auch durch häufige Wanderungen im Himalaya-Gebiet ihre Kondition unter Beweis gestellt. Fast alle von uns haben jedenfalls studiert und fanden zu den klassischen Berufen. Einer wurde Bauingenieur, einer ein selbständiger, international tätiger Forstwirt, zwei gingen als Manager in die Wirtschaft, einer wurde Gewerbeschullehrer und der einzige, der bereits beim Abitur falliert hat, ist verschollen.

Interessanter als dieser Klassenverband von noch unfertigen jungen Leuten, in dem sich nicht wenige für Genies hielten, waren die Lehrer. In fortgeschrittenen Jahren ist man zwar naturgemäß zur Verklärung der Verhältnisse in den Jugendjahren disponiert oder aber zur Formulierung scharfer Verdammungsurteile. Ich glaube mich aber nicht zu täuschen, daß wir fast durchweg recht anständige Grundlagen erhalten haben.

Es sei darauf verzichtet, die Originale und teilweise verkrachten Existenzen zu schildern, die auf der Unterstufe, teilweise auch noch auf der Mittelstufe, tätig gewesen sind. Wer mit den literarischen Schilderungen vertraut ist, in denen besonders im ersten Jahrzehnt des 20. Jahrhunderts die nicht selten sadistischen oder sonstwie verqueren Verursacher von traumatischem Schulleid oder aber grandiose Faulpelze geschildert worden sind, wäre auch im Hebel-Gymnasium der späten vierziger und frühen fünfziger Jahre fündig geworden. Es überwogen aber die Lehrkräfte, die wir ausnahmslos als Fachautoritäten respektierten. Erwähnt seien nur diejenigen, die als Typen und durch ihren Unterricht von allgemeinem Interesse für den Unterricht in den ersten Jahren der Bundesrepublik waren und denen auch ich viel verdanke.

Da ist beispielsweise der Direktor des Gymnasiums, ein gewissenhafter, stets bestens präparierter Altphilologe von großer Korrektheit. Er hat mir recht solide Lateinkenntnisse beigebracht, dazu ein lebenslanges Interesse für die Alte Geschichte. Nie werde ich es zwar wagen können, über diese Epochen auch nur eine wissenschaftliche Zeile zu schreiben. Aber die Lektüre der entsprechenden Quellen und der jeweils aktuellsten Monographien wird bei mir zu einem verschwiegenen Hobby. Je länger ich mich mit Alter Geschichte beschäftige, um so mehr wird sich übrigens meine Überzeugung von der grausamen Absurdität historischer Abläufe befestigen. Der Fortschrittsglaube ist mir schon früh abhandengekommen, desgleichen die moralisierende Geschichtsbetrachtung.

Erwähnenswert ist auch unser Deutschlehrer auf der Mittelstufe. In dem Lehrkörper spielt er die Rolle eines Doyens, der seit den zwanziger Jahren über alle Systembrüche hinweg unterrichtet hatte. Mit randloser Brille und Spitznase schreitet der immer in feines Tuch gekleidete Studienprofessor wie ein Kranich einher. Er hätte hervorragend in den Paukerfilm *Die Feuerzangenbowle* gepaßt. Auf uns wirkt er wie aus der Zeit gefallen. Tatsächlich verkörpert er wie kein anderer die Jahrzehnte der Goethe-Verehrung. »Man müsste nur Goethe lesen«, ist einer seiner Aussprüche, die mir im Gedächtnis geblieben sind. Immerhin brachte er auch mich dazu, längere Partien des *Faust* auswendig zu lernen, wofür ich ihm dankbar bin. Bis zu seiner Pensionierung amtierte dieser ungemein würdige, aber von Skurrilität nicht ganz freie Mann als Regisseur von Theateraufführungen.

Großen Eindruck macht mir in den Jahren auf dem Gymnasium unser Mathematikprofessor. Er habe, so hört man, in Peenemünde dem Team um Wernher von Braun angehört und sei dort bei einer Explosion verletzt worden. Mitarbeit an der Produktion von V1 und V2, das gilt im Deutschland der fünfziger Jahre noch als Empfehlung. Wir sind stolz darauf, ein derartiges As zum Lehrer zu haben. Zweifellos ist er ein Mathematiker von hohen Graden, der das naturwissenschaftliche Spitzenteam zu immer neuen Hochleistungen inspiriert. Er zeigte sich auch bemüht, die weniger Talentierten geduldig voranzubringen. Daß meine eigene Begabung in diesem Fach nur befriedigend war, aber nicht besser, hatte er nicht zu verantworten.

Bezeichnenderweise kommt für ihn kein Spitzname auf, er redet auch nie über seine Tätigkeit in den Kriegsjahren, überhaupt hielt diese Lehrergeneration größtenteils auf Distanz zu ihren Schülern, was wir richtig fanden. Privates hatte in der Schule noch nichts verloren. Die seit den frühen siebziger Jahren bei Gymnasiallehrern zunehmend eingerissene Duzerei mit Schülerinnen und Schülern wäre völlig undenkbar gewesen. Ich kann mich auch nicht erinnern, daß irgendeiner dieser Lehrer anders als in korrektem Anzug und mit Krawatte zum Unterricht kam.

Der modernste unserer Gymnasiallehrer im heutigen Sinn ist ein noch jüngerer Studienrat. Von Hause aus ist er Altphilologe, doch das präzise Übersetzen griechischer Texte interessiert ihn wenig. Sein Herz schlägt in jenen Jahren für den zeitgenössischen Film. Im Jahr 1947 hat er den Lörracher Filmclub ins Leben gerufen. Diesem gehört eine größere Zahl von Gymnasiasten an. Wenig hat auf mich selbst und viele andere in den Lörracher Gymnasien so nachhaltig gewirkt und uns aus der Nachkriegsprovinzialität herausgeführt wie die dort gezeigten älteren oder zeitgenössischen Filme. Noch heute stehen mir einprägsame Szenen aus vielen der Filme vor Augen, die damals in dem baufälligen Stadttheater gezeigt wurden, das bei den gegenwärtigen Sicherheitsstandards höchstwahrscheinlich von der Feuerpolizei geschlossen würde. *Kinder des Olymp*, *Panzerkreuzer Potemkin*, *Der blaue Engel*, *On the Waterfront* von Elia Kazan, Rossellinis neoveristische Filme *Bitterer Reis*, *Roma, Città Aperta* oder *Stromboli*, *Das Himmelspiel* von Ingmar Bergman, der im Frühjahr 1945 spielende amerikanische Kriegsfilm *Entscheidung im Morgengrauen*, Staudtes *Die Mörder sind unter uns*, Käutners *Des Teufels General* – jedes dieser Filmwerke und viele andere haben uns begeistert, um anschließend heftig diskutiert und unter jeder denkbaren Perspektive analysiert zu werden – darstellerisch, bezüglich Regie und Kameraführung, auch politisch.

Geschichte, Politik, Literatur

In diesen aufnahmebereiten Jahren der Mittelstufe und Oberstufe sind es aber vor allem zwei Personen, die auf meine spätere Entwicklung eingewirkt haben. Die erste ist eine stets adrett gekleidete Dame, so um die vierzig, gute Figur, randlose Brillengläser, dezentes Make-up, stets bestens präpariert, kühl bis ans Herz hinan und mit nur mühsam verhüllter, aber doch spürbarer Verachtung für die Unkenntnis ihrer Schüler. Ob sie wirklich allein für ihren Beruf gelebt hat, weiß ich nicht. Uns erscheint das wenigstens so. Sie ist der hoffentlich unsterbliche Typ der Studienprofessorin, der mir später noch verschiedentlich begegnet, heute aber leider seltener wird. Ohne diese Damen würden Gymnasien und zusehends auch die Hochschulen notleidend. Sie sind wie fronterfahrene Oberleutnante, ohne die weder Bildungsoffensiven zu gewinnen sind noch zähe Defensivkämpfe gegen Schludrigkeit und Unbildung junger Barbaren im Klassenzimmer und auf den Schulhöfen.

Wie intensiv ihr Unterricht war, ist mir erst neuerdings wieder aufgegangen, als ich an die 15 Schulhefte durchgesehen habe (fast alle 30 oder 40 dicht beschriebene Seiten stark), die viele Umzüge überstanden haben. Auf der Mittelstufe war sie damals für den ersten Durchgang in Geschichte zuständig. Mit Erstaunen stelle ich fest, wie vergleichsweise viel uns schon in der Untertertia – ich bin damals 14 – vermittelt worden ist.

Der grundsätzlich chronologische Durchgang in jeweils zwei Wochenstunden begann mit einer differenzierten Behandlung der Vorgeschichte, in der offenbar von den Bodenfunden, den Bestattungsformen, dem Klimaumschwung circa 800 v. Chr., der Viehzucht, dem Landbau, den Waffensystemen, den Kulten und vielem anderem die Rede war, was heute im Fernsehen in der Serie *Terra X* visuell verdeutlicht wird, allerdings oberflächlicher und weniger detailliert. Dann folgte die Geschichte des Altertums, beginnend mit den Babyloniern und Ägyptern, natürlich mit dem Hauptgewicht auf dem Griechenland der klassischen Zeit, dem Hellenismus, der römischen Geschichte, dem Übergang zu den germanischen Reichen und das Mittelalter bis an die Schwelle der Neuzeit. Politische Geschichte, Gesellschaftsgeschichte, Kunstgeschichte, Philosophiegeschichte, Religionsgeschichte – alles ist offenbar traktiert worden, und ich hatte das übersichtlich aufzuzeichnen, zumal die Hefte regelmäßig überprüft wurden. In der Obertertia standen das Spätmittelalter und die frühe Neuzeit auf dem Programm. Eines dieser Hefte trägt die Aufschrift »Karl IV. bis Ludwig XIV.«, das nächste »Cromwell, Washington«. Die großen geistigen Strömungen (Humanismus, Reformation, Gegenreformation, Aufklärung) sind offenbar damals ebenso im Aufriß vorgestellt worden wie die Kriege und der Kolonialismus, die Entwicklung der Baustile, die Verfassungssysteme und die Religionskriege. Das letzte Heft dieses ersten Durchgangs durch die Weltgeschichte ist beschriftet: »1861–1914«. Es enthält lange Passagen zur deutschen Frage, zu den Kriegen 1866 und 1870/71, zur Reichsverfassung des Kaiserreichs und zu den scharfen Gegensätzen im neu errichteten Deutschen Reich (1. Die konfessionelle Spaltung, 2. Die sozialen Spannungen, wobei die Wirtschaftstheorie des Kapitalismus ebenso skizziert ist wie die sozialen Mißstände, die Klassengegensätze, die Lehre des Marxismus und die Bismarcksche Sozialgesetzgebung). Auch die internationalen Beziehungen zwischen dem Berliner Kongreß und dem Ausbruch des Ersten Weltkrieges sind vergleichsweise präzise aufgezeichnet, Kolonialpolitik der Großmächte, Spannungen auf dem Balkan und Flottenbaupolitik mit inbegriffen. Meine Aufzeichnungen über diesen ersten Durchgang in Untertertia und Obertertia enden mit einer Schilderung des Kriegsausbruchs 1914. Die beiden Schlußsätze lauten: »Der deutsche Durchmarsch durch Belgien (Schlieffen-Plan) führt zur Kriegserklärung Englands. Deutschland erscheint allgemein als Angreifer und Rechtsbrecher.«

Mir ist also offensichtlich bereits in der Mittelstufe ein vorbildlicher Geschichtsunterricht zuteil geworden: durchweg universelle Perspektive unter Einbeziehung der USA und der Unabhängigkeitsbewegung in Südamerika (von der Geschichte Chinas und Indiens ist allerdings nur am Rande die Rede); im Fokus liegen Griechenland, Rom, die Evolution über Frühmittelalter, Hochmittelalter, frühe Neuzeit bis ins frühe 20. Jahrhundert; keinerlei nationalistische Verengung, vielmehr gleichmäßige Behandlung der großen Länder Europas (nur Italien kommt etwas zu kurz); keine Dominanz der politischen Geschichte, vielmehr bemerkenswert gleichwertige Behandlung dessen, was Jacob Burckhardt »die drei Potenzen« genannt hat, also Staat, Religion und Kultur in ihrer Wechselwirkung, wozu aber hier auch die Wirtschaft tritt; Abwesenheit jeder bewertenden oder gar moralisierenden Akzentuierung, vielmehr perfekte, distanzierte Sachlichkeit.

Ich habe das etwas ausführlicher geschildert, weil es doch anschaulich macht, wie objektiv, aber auch mit wie umfassender Perspektive Untertertianer und Obertertianer der Jahre 1949 und 1950 in die Geschichte eingeführt wurden. Das Lörracher Hebel-Gymnasium war wohl kaum ein Einzelfall, denn dem Unterricht lagen detaillierte Lehrpläne zugrunde. Wie sich am Beispiel meiner Aufzeichnungen der Diktate feststellen läßt, war deren Umsetzung aber auch eine bemerkenswerte didaktische Leistung. Zugleich charakterisiert das die bemerkenswert sachliche Ausrichtung des gymnasialen Unterrichtswesens fünf knappe Jahre nach dem Dritten Reich.

Auch die Aufzeichnungen zum zweiten Durchgang in den drei Jahren der Oberstufe haben sich erhalten. Der jetzt zuständige Studienrat ist damals so um die fünfzig Jahre alt. Über seine politische Vorgeschichte ist man in Lörrach einigermaßen gut unterrichtet. Im Dritten Reich war er ein bekannter, sehr beredter, anscheinend voll überzeugter Nationalsozialist, im Krieg allerdings nicht bei der Wehrmacht – für uns keine Empfehlung. Er saß lange im französischen Internierungslager fest, wo er keine gute Zeit hatte. Nach erfolgter Entnazifizierung hielt es das Oberschulamt für richtig, diesen begabten, aber politisch belasteten Lehrer weit weg vom Bodensee in Lörrach einzusetzen, wo er sich übrigens wie alle, die hierherkamen, rasch akklimatisiert hat.

Er war für den zweiten Geschichtsdurchgang ab dem Mittelalter zuständig. Auch dazu haben sich dicke Hefte erhalten, die erkennen lassen, daß dieser Geschichtsunterricht, heute würde ich meinen, durchaus Universitätsniveau hatte. Der vermittelte Stoff und die Akzentsetzungen unterschieden sich nicht grundsätzlich vom ersten Durchgang. Selbstverständlich wurden alle wichtigen Fragen nun viel ausführlicher behandelt. In die wiederum chronologische Behandlung der europäischen Geschichte fanden sich systematische Erörterungen eingeblendet. Ich habe beispielsweise Exkurse zur vor- und frühromanischen Architektur, zur Scholastik, zu den Wirtschafts- und Kulturformen des Hochmittelalters, zur mittelalterlichen Stadt, zur Genese der Aufklärung, zum Merkantilismus oder zur vergleichenden Verfassungsgeschichte in Europa skizziert. Intensiv behandelt wurden die Große Revolution in England, britische Kolonialpolitik, politische Ideengeschichte (Hobbes, Locke), die schottische Aufklärung und die Industrialisierung in England. Genauso intensiv war nach dem Zeugnis meiner Mitschriften die Darstellung der Französischen

Revolution, des Napoleonischen Zeitalters und der preußischen Reformen. Dies alles eindrucksvoll, alles faszinierend vorgetragen und offensichtlich wieder in gesamteuropäischer Perspektive!

Mit besonderem Interesse lese ich heute, wie dieser gewendete Nationalsozialist (er ist 1967 an einem schweren Krebsleiden verstorben) uns in der Oberprima 1952/53 die damals neueste Zeitgeschichte der Epoche zwischen dem Ersten und dem Zweiten Weltkrieg vermittelt hat. Er begann mit Darstellungen der außereuropäischen Nationen und der Innenpolitik im seinerzeitigen Europa: der Nahe Osten von 1918 bis zur Gründung des Staates Israel und bis zum Wiedergutmachungsabkommen; Ostasien von der chinesischen Revolution 1911 bis zum Zweiten Weltkrieg; die USA in den Jahren des Imperialismus; britische Innenpolitik, das Commenwealth of Nations und die Irland-Frage. Sehr intensiv und materialreich, so ist es mir in Erinnerung geblieben und wird durch die Mitschriften bestätigt, wurden alsdann die Weimarer Republik und der Nationalsozialismus bis zum Kriegsausbruch behandelt. Bei Schilderung des Aufstiegs Hitlers, der Weltwirtschaftskrise und der frühen Wirtschaftspolitik des NS-Regimes wurde an den geeigneten Stellen einerseits der italienische Faschismus und die Politik Mussolinis vorgestellt, andererseits der *New Deal* Roosevelts.

Zum Nationalsozialismus selbst greife ich aus meinen Heften einige Sätze heraus, die erkennen lassen, was mir damals wesentlich erschien: »Ziele der NSDAP. National-Sozialistisch (das ist dreimal dick unterstrichen). Diese Tendenz war von Anfang an da. – Betrug (gleichfalls dreimal dick unterstrichen). – Alle Ideen Mittel zur Erreichung der Macht. – Klassenkampf verlor an Schärfe. – Im letzten tat man es nicht fürs Volk. Als man die Macht verlor, zog man ganzes Volk in den Abgrund.« Zur »Rassenlehre« der NSDAP finde ich vermerkt: »Verschiedene Rassen in Deutschland derart durchkreuzt, daß Dtschl. Gemisch ist. Witz! Krampfhafte Identifizierung: Dtsch. Volk – richtige Rasse. Herauswahl durch Rassenamt der NSDAP. Nöte: 1. Nichtanerkennung der eigenen Grenzen. 2. Werte in anderen Völkern nicht mehr zu erkennen. Terror gegen Juden (unterstrichen). 1933 Boykott, Nürnberger Gesetzgebung, Kristallnacht ›aus spontaner Erregung‹. – 8. Nov. – Vergasung. – Judentum mobilisierte Weltgewissen gegen System und dtsch. Volk (zweimal dick unterstrichen). Identifizierung v. NSDAP u. dtsch. Volk!«

Die unscharfen, allem Anschein nach rasch hingehauenen Notizen zu diesem Kernpunkt zeigen: Die Themen Antisemitismus und Judenvernichtung wurden kritisch angesprochen, doch nur in den umfassenderen Kontexten und ohne jene zahllosen Details, auch ohne Selbstanklage und Hervorhebung eines Menschheitsverbrechens, wie dies seit den achtziger Jahren ganz selbstverständlich ist. Immerhin: Die Abiturienten im Lörracher Hebel-Gymnasium erhielten schon 1952/53 sehr detaillierte, grundsätzlich kritische, und im Fall dieses Lehrers offenkundig selbstkritisch reflektierte Informationen über das Dritte Reich. Die negative Beurteilung des Nationalsozialismus und des NS-Regimes war eindeutig, auch glaubhaft. Moralisierende Betrachtungen fehlten indessen völlig, und über die eigenen Verwicklungen wurde kein Wort verloren. Nicht von sich selbst zu sprechen war jedoch, wie erwähnt, bei den Lehrern dieser Generation selbstverständlich. Eigene Bewertungen flossen jeweils in die Darstellung der Vorgänge ein.

Die später von der 68er-Bewegung verbreitete Behauptung, daß die Verbrechen und Fehlleistungen des Dritten Reiches in der frühen Adenauerzeit »beschwiegen« worden seien, kann ich jedenfalls nach meinen eigenen Erfahrungen mit dem damaligen Geschichtsunterricht nicht bestätigen, dem entsprechende amtliche Vorgaben zugrunde lagen. Ich selbst wurde übrigens bei der mündlichen Abiturprüfung zum Thema Nationalsozialismus befragt und habe nach dermaßen intensiver Unterrichtung offenbar zur Befriedigung der Kommission mit »sehr gut« bestanden.

Mit dem Geschichtsunterricht war auch bereits eine Einführung in die Themenbereiche Verfassungsgeschichte, Parlamentarismus, Friedenssicherung durch kollektive Sicherheitssysteme, europäische Einigung, Geschichte des europäischen Sozialismus usw. verbunden, die später dem Gemeinschaftskundeunterricht zugewiesen wurden. Auch bei diesen Aufzeichnungen fällt mir auf, mit welcher Intensität neben den deutschen Entwicklungen die britische und französische Verfassungsgeschichte behandelt worden sind. Provinzieller, allein auf Deutschland fixierter Geschichtsunterricht war allem Anschein nach in den frühen fünfziger Jahren völlig aus der Mode gekommen. Eine europäische Perspektive mit häufigen Ausblicken auf die amerikanische Geschichte war selbstverständlich.

Die hier geschilderten Erfahrungen haben meine eigenen Vorstellungen von einem guten Geschichtsunterricht stark beeinflußt. Ein chronologisch angelegter, universalgeschichtlicher Durchgang in einer Art Vorlesungsstil ist offenbar möglich, und dies ohne Komplexitätsreduktion. Mir selbst wurde ein solides, perspektivenreiches Überblickswissen vermittelt, auf dem zum Beginn des jeweiligen Fachstudiums ein methodensicherer Umgang mit Quellen aufbauen konnte. Was spräche eigentlich gegen eine Rückkehr zu diesem einstmals bewährten, heute fast vergessenen Konzept? Auch künftige Journalisten, Juristen, Ökonomen und andere Akademiker könnten davon profitieren. Ein breit gelagerter historischer Horizont wäre ein Beitrag, gegen die aufgetakelten Geschichtsmythen zu immunisieren, die zielbewußt über die Medienwelt lanciert werden und periodisch über die Gesellschaften hinweggehen. Im Unterschied zu meiner eigenen Schulzeit, in der es weitgehend an guten Lehrbüchern fehlte, könnten heutzutage gute Lehrbücher ein solches didaktisches Konzept erleichtern.

Ein derartiger Geschichtsunterricht setzt allerdings breit ausgebildete Lehrkräfte voraus, die aufgrund der viel zu spezialisierten Ausbildung in den historischen Seminaren heute Mangelware sind. Die seit den sechziger Jahren dominierenden Konzepte eines stark durch Quelleninterpretation gekennzeichneten, sogenannten exemplarischen Lernens haben demgegenüber zur Folge, daß Abiturienten der geisteswissenschaftlichen Fächer ihre Studien nur mit punktuellem Geschichtswissen beginnen, sich dann häufig unwissend auf Spezialstudien kaprizieren oder theoretisches Wassertreten betreiben.

Ein autoritativ vermittelter, materialgesättigter Durchgang hat sicherlich auch Probleme. Er läßt die Frage beiseite, wie eigentlich sichere historische Erkenntnisse gewonnen werden können. Er vermittelt wenig Gespür für die quellenbedingten Lücken unserer Kenntnis über die Alte oder die Mittelalterliche Geschichte. Er muß nicht, kann jedoch das Wissen vorzeitig verschütten, daß historische Deutungen strittig und vielfach auch von ideologischen Fixierungen gesteuert sind. Das alles und manches mehr ist zuzugeben. Doch diese und andere Defizite ließen sich durch gut ausgewählte Beispiele auch bei einem grundlegenden Durchgang ausgleichen. Ohnehin möchte nur ein Bruchteil der Gymnasiasten ein historisches Studium ergreifen, bei dem dann die eben angesprochenen Methodenfragen der Geschichtswissenschaft in den Mittelpunkt treten mögen.

Auch in den Sprachfächern wurde uns in meinen Gymnasialjahren ein chronologischer Durchgang durch die Epochen vermittelt. Im Fach Deutsch hieß das also Präsentation der wichtigsten Stilformen, Werke und Autoren vom Nibelungenlied über Aufklärung, Klassik, Romantik und Realismus bis zu Rilke und Thomas Mann. Eine vertiefte Diskussion einzelner Autoren und deren wichtigster Werke verband sich auch in diesem Fach mit einem recht anspruchsvollen Gesamtüberblick. Genauso war der Französischunterricht angelegt. Auf Unterhaltungen in Alltagsfranzösisch wurden wir jedoch schlecht vorbereitet. Ein vertieftes Verständnis von Politik, Wirtschaft und Gesellschaft des modernen Frankreich ist gleichfalls nicht vermittelt worden. Für eine objektive Frankreichkunde waren damals weder die politischen Voraussetzungen gegeben, noch standen entsprechend ausgebildete Lehrkräfte zur Verfügung. Stattdessen hat man uns mit einer Vielzahl von erstklassigen Autoren, Dramen, Romanen oder berühmten Gedichten bekannt gemacht, vom Rolandslied über Corneille, Racine, Molière, Voltaire und Rousseau bis zu Sartre und Camus. So erhielten wir in Deutsch und Französisch einen wahren Geschenkkarton vielfältiger, paradoxer, schöner oder gräßlicher und schon deshalb interessanter Romane, Novellen, Theaterstücke, Gedichte und Autoren, mit denen wir uns ohne eine solche Anregung nie beschäftigt hätten. Wir einstmaligen Gymnasiasten im Hebel-Gymnasium, die wir immerhin sechs Jahre Unterricht im Krieg und im Dritten Reich hinter uns hatten, gefolgt von Jahren, in denen gute Bücher nur aus dem väterlichen Bücherschrank oder aus der Schulbibliothek zu bekommen waren, sind wenigstens keine Halbbarbaren gewesen, als man uns das Zeugnis der Reife aushändigte.

Daß junge Leute gefräßig alles in sich hineinschlingen, was jeweils als modern gilt oder ihnen zufällig in die Hände fällt, hat sich auch in meinem Fall bestätigt. Die

Schatzkammer, aus der ich damals meine Lektüre bezogen habe, war die Lehrerbibliothek. Deren Leiter verfügte anscheinend über gewisse Mittel für Neuanschaffungen und lieh diese großzügig aus. So entdeckte ich beispielsweise den *Doktor Faustus* von Thomas Mann, über den ich auch ein Referat verfertigt habe. Leider ist es irgendwann verlorengegangen, doch die Interpretation stieß auf Beifall. Dabei hatte mich die Figur des Serenus Zeitblom besonders beeindruckt, der seine düsteren Kommentare angesichts des Höllensturzes des Dritten Reiches formulierte. Für andere Autoren, deren Bücher damals in aller Munde waren, hatte ich weniger Verständnis. Romano Guardinis *Das Ende der Neuzeit* exzerpierte ich zwar eifrig wie so vieles, ohne daß seine prophetisch warnende Attitüde mich in meinem jugendlichen Optimismus beeindruckt hätte. Auch Saint-Exupéry war damals in aller Munde. Die Verbindung von Naturschilderung und Technikromantik in *Wind, Sand und Sterne* begeisterte mich. Mit den hochgestochenen Sentenzen des *Flug nach Arras* konnte ich aber weniger anfangen.

Hingehen ist mir noch die erste Begegnung mit Camus in Erinnerung. Ein paar von unserer Klasse hatten sich in der Faschingswoche mit den Skiern auf eine am Waldrand gelegene Berghütte im düstersten Schwarzwald, irgendwo bei Sankt Antöni, eingenistet. Kein Strom, keine Heizung außer einem Herd, der während der Nacht unablässig von wechselnden Feuerwachen genährt und gleichzeitig wegen der Brandgefahr beobachtet werden mußte. In dem Heulager unter dem Dach fror ich wie ein Schloßhund, konnte schlecht schlafen und las beim trüben Schein der Taschenlampe mit angehaltenem Atem das Rororo-Taschenbuch *Die Pest.* Daß Camus dort in symbolischer Form die *condition humaine* und zugleich das Katastrophenbewußtsein seiner Jahrzehnte gestaltet hat, ist mir erst später aufgegangen. Eine andere Lektüre dieser schlaflosen Nächte in der tief eingeschneiten Hütte war *Die Sonne Satans* von Bernanos. Linkskatholische Autoren waren bei den literarischen Vielfraßen meiner Klasse damals der letzte Schrei, so auch *Das Herz aller Dinge* von Graham Greene. Doch erinnere ich mich wohl richtig, daß mich die verquere Verbindung von Freude am Sündigen bei gleichzeitigem Sündenbewußtsein schon damals eher zum Spott veranlaßt hat.

Tatsache ist jedenfalls, daß uns die damals billig zu erstehenden Rowohlts Rotationsromane, gefolgt von den ersten Taschenbüchern, in denen auch Seiten mit Zigaretten- und Spirituosenwerbung eingeblendet waren, stark beeindruckt haben. Diese Serien transportierten vieles, vor allem aber ein von saurem Weltschmerz oder von heroischem Individualismus getragenes Zeitgefühl, etikettiert mit dem damaligen Allerweltsbegriff Existentialismus.

Rückblickend ist zu konstatieren, daß von der Lektüre in den Jahren der Oberstufe des Lörracher Gymnasiums doch einige Impulse ausgegangen sind, die für mein künftiges Geschichts- und Politikverständnis nicht unwichtig waren. Aufgrund des ganz hervorragenden Unterrichts stand für mich jedenfalls fest, daß ich

Geschichte und Literatur studieren wollte, vielleicht mit dem Ziel, einmal selbst Gymnasiallehrer zu werden. Da es ungeachtet unseres Respekts für diesen oder jenen Lehrer unter uns jungen Leuten auch damals schon genierlich gewesen wäre, sich dazu zu bekennen, eines Tages »Pauker« zu werden, verbrämte ich dies mit der Feststellung, ich wolle Journalist oder vielleicht etwas anderes werden und mir erst an der Universität Klarheit verschaffen.

Die politische Streitfrage Nummer eins: der Südweststaat

Während ich im Lörracher Gymnasium vergnügt und recht unaufgeregt Klasse für Klasse durchschreite, erlebt das besetzte Deutschland eine der dramatischsten Perioden der Nachkriegszeit, in der für Jahrzehnte die Weichen gestellt werden. Es wäre überflüssig, in diesem Lebensbericht die Parallelität zwischen der großen Politik und meinen Gymnasialjahren zu erwähnen, würde ich nicht zehn und zwanzig Jahre danach in verschiedenen Monographien die seinerzeitigen Vorgänge aufgreifen, um darzustellen, »wie es eigentlich gewesen ist«. Doch zwischen dem, was ein Wissenschaftler aus gehörigem zeitlichem Abstand unter Heranziehung aller erreichbaren Quellen erschließt, und dem, was er zehn oder zwanzig Jahre zuvor als sehr junger, sehr neugieriger und sehr unreifer Gymnasiast mitbekommen hat, liegen natürlich Welten. Eben deshalb ist es für mich jetzt von Interesse, was von den eben angetippten politischen Vorgängen, die sich weit entfernt abgespielt haben, auf der Festplatte meines Gedächtnisses gespeichert wurde. Um bei der Wahrheit zu bleiben: nicht allzuviel.

Es sind nicht so sehr die Dramen der hohen Bonner Politik, die sich mir eingeprägt haben, vielmehr das Topthema, das damals den ganzen deutschen Südwesten in Atem hält – das Ringen zwischen den Altbadenern, die dieses Traditionsland wiederherstellen möchten, und den Befürwortern eines Südweststaates, der schließlich im Frühjahr 1952 unter dem Namen Baden-Württemberg etabliert wird.

Die Entwicklung der Jahre seit 1945, so glaube ich mich zu erinnern, hatte damals auch mein eigenes, ohnehin noch kindlich unreifes Deutschlandbild verändert. Die einprägsamste politische Realität jener Jahre ist nicht mehr das Deutsche Reich (es ist 1945 auch nach meiner Empfindung schrecklich untergegangen), es ist aber auch noch nicht die improvisiert ins Leben gerufene Bundesrepublik. Die dominierende Realität ist vielmehr die französische Zone und in dieser Zone das neu errichtete Ländchen Baden, das sich nach Süden von dem Murgtal zwischen Baden-Baden und Karlsruhe bis Lörrach erstreckt und nach Osten hin über den Schwarzwald hinweg bis zur Baar und weiter südlich bis zum Bodensee reicht. Die Hauptstadt des Landes Baden ist Freiburg, wo der Staatspräsident Leo Wohleb im Colombi-Schlößchen residiert. Das maßgebliche administrative Zentrum befindet sich jedoch, wie jedermann weiß, in den Hotels von Baden-Baden, von denen aus die Militärregierung ihre Weisungen erläßt.

Die französische Zone umfaßt auch zwei andere Kleinstaaten: das Ländchen Württemberg-Hohenzollern mit der Hauptstadt Tübingen, das gleichfalls einen Staatspräsidenten besitzt, und das auf beiden Seiten des Rheins liegende Rheinland-Pfalz. Nördlich von Andernach, so hören wir, beginnt kurz vor Bonn die britische Zone. Diese beinhaltet auch das Ruhrgebiet, einstmals die Waffenschmiede des Deutschen Reiches, jetzt aber ein vielfach zerbombtes, von Demontagen und Reparationslieferungen zusätzlich ruiniertes Notstandsgebiet. In Frankfurt, Stuttgart und München, alles ferne Großstädte, die wir nur dem Namen nach kennen, haben die Amerikaner das Sagen. Die Viermächte-Stadt Berlin, einstmals die Reichshauptstadt, wo der Alliierte Kontrollrat seinen Sitz hat, liegt ganz unerreichbar fern, und was sich dort abspielt, ist schwer verständlich.

Die sehr willkürliche Grenzziehung dieser Besatzungsjahre hat sich mir unauslöschlich eingeprägt. Unendlich oft, wenn ich später auf der A 3 oder danach auf der neu erbauten Autobahn von Baden-Baden in Richtung Karlsruhe fahre, sagte eine Stimme in meinem Innern: »Jetzt verläßt du die französische Zone.« Das ist übrigens dieselbe Empfindung, die ich heute noch habe, wenn ich im Zug oder im Auto die einstmalige Zonengrenze hinter Hof überquere oder wenn ich den Bahnhof Friedrichstraße in Berlin verlasse. Absurde Demarkationslinien, wie sie in Deutschland nach 1945 gezogen worden sind, haben sich in der Landkarte unseres Gedächtnisses tief eingegraben (*mental map* nennen das die amerikanischen Kollegen).

Vor Errichtung der Trizone Mitte 1948 durfte man nur unter größten bürokratischen Schwierigkeiten in andere Zonen reisen. Ich selbst kam im Sommer 1952 erstmals in die amerikanische Zone, nach Stuttgart. Damals waren im deutschen Westen die Zonengrenzen schon irrelevant geworden. Bis Anfang der fünfziger Jahre haben sie aber die politische Wirklichkeit und das entsprechende Bewußtsein noch maßgeblich bestimmt, auch das der Heranwachsenden. Innerhalb der französischen Zone bildete, wie erwähnt, das Land Baden den politischen Rahmen.

Für einen in Lörrach aufwachsenden Gymnasiasten schienen somit die politischen Vorgänge in Baden faßbarer und entsprechend wichtiger als das, was sich in den anderen Zonen des geteilten Deutschland oder auch in den Anfängen der Bundesrepublik abspielte. Interessiert sein und einigermaßen fundierte Kenntnisse besitzen, ist jedoch nicht dasselbe. Auch in die Auseinandersetzungen im damaligen badischen Parteiensystem und in die französische Besatzungspolitik hatte ich noch keinerlei Einblick. Erst seitdem ich mich erstmals zehn Jahre später und weiterhin bis heute mit den verwickelten Manövern der damaligen Machthaber beschäftigte, ist mir das ganze Ausmaß der Unwissenheit aufgegangen, aus dem das politische Weltbild eines Heranwachsenden erwächst.

Bis in die späten vierziger Jahre hinein ist die Abneigung gegen die französische Besatzungsmacht nach wie vor beträchtlich. Sie überträgt sich auf die Freiburger Regierung. Manche verachten sie genauso wie patriotische Franzosen wenige Jahre zuvor im besetzten Frankreich die Regierung in Vichy. Leo Wohleb und seine Minister erscheinen vielen als nachgiebige Erfüllungsgehilfen der harten Besatzungsmacht. Ob diese Einschätzung gerecht oder ungerecht ist, spielt fast keine Rolle. Man nimmt kaum zur Kenntnis, daß die bis 1948 durch gestrenge Erlasse zum öffentlichen Stillschweigen verurteilte deutsche Administration, der Landtag mit inbegriffen, den neuen Herren da und dort einige Konzessionen abzuringen sucht, konstatiert nur empört, daß die deutschen Instanzen ihnen letztlich stets zu Willen sein müssen.

Baden, so die allgemeine Klage, werde wie eine Kolonie ausgebeutet. Ein beträchtlicher Teil der hier produzierten Nahrungsmittel gehe an die Besatzung. An die 100 000 Soldaten und Verwaltungsangehörige mitsamt ihren Familien seien es, so hört man gerüchteweise, die es sich in dem Ländchen Baden (also in Südbaden und in Mittelbaden) mit seinen etwas mehr als einer Million Einwohnern in Zehntausenden von beschlagnahmten Häusern wohl sein lassen. Besonders ressentiert wird der Kahlschlag im Schwarzwald.

Wer hat dich, du stolzer Wald, abgeholzt und dann verschoben, persiflieren wir das schöne Volkslied. Beschlagnahmungen, Entnahmen großer Mengen von Nahrungsmitteln und Rohstoffen, Reparationen, hohe Besatzungskosten, Verbot jeder Kritik an der Besatzungsmacht – diese Grundstimmung ist in der Bevölkerung allgegenwärtig, strahlt selbst auf die Gymnasiasten am Lörracher Hebel-Gymnasium aus und überträgt sich auf die Einstellung zur Freiburger Regierung. Daß Frankreich seine harte Politik durch Verweis auf die deutsche Besatzung in den Jahren 1940 bis 1944 legitimiert, wird nicht zur Kenntnis genommen.

Im weitgehend protestantischen Markgräflerland spielen bei der Abneigung gegen Freiburg auch konfessionelle Vorbehalte eine Rolle. Die Badische Christlich-Soziale Volkspartei (BCSV), die Ende 1947 den Namen Christlich Demokratische Union Baden annimmt, wird hier als eine weitgehend katholische Partei betrachtet. Bezeichnenderweise ist der Vorsitzende der CDU in dem überwiegend evangelischen Lörrach bis weit in die fünfziger Jahre hinein ein katholischer Gymnasiallehrer.

Ich selbst hatte einen unangenehmen Eindruck von Wohleb gewonnen. Zu einem der am 10. Mai groß gefeierten Hebel-Tage, an dem zur großen Begeisterung in dem von der Außenwelt abgeschnittenen Lörrach erstmals auch Gäste aus Basel teilnehmen durften, stellte sich auch Staatspräsident Wohleb ein und hielt eine leidenschaftliche Ansprache. Ich stand ganz nahe am Rednerpodium und konnte ihn genau beobachten: ein kleingewachsener Mann mit bebrillten Gesichtszügen, einer unschön großen Nase und deutlich sichtbaren Schläfenadern, die bei der Rede stark angeschwollen waren. Heute sage ich mir natürlich, daß es sehr ungerecht ist, sich bei Politikern von äußeren Eindrücken bestimmen zu lassen, zumal dann, wenn sie wie ein Redner unter Streß stehen. Doch so sind eben unerfahrene junge Leute! Wohleb, dem ich wie manche in meinem Umfeld ohnehin eher Schlechtes als Gutes zutraute, war bei mir jedenfalls unten durch, obschon mein wie stets durch Objektivität ausgezeichneter Vater zu berichten wußte, der Altphilologe Wohleb habe als Gymnasialdirektor in Donaueschingen und Baden-Baden einen ausgezeichneten Ruf gehabt.

Seit Sommer 1948 verbindet sich im Kreis Lörrach die subkutan stets besonders kritische Einstellung gegenüber der französischen Besatzung und der Regierung in Freiburg mit der Frage der territorialen Neuordnung im deutschen Südwesten. Wie auch in anderen Regionen des zerbrochenen Deutschen Reiches war die Einteilung der Besatzungszonen und der von den Besatzungsmächten errichteten Länder sehr willkürlich vonstatten gegangen. Vor Festlegung der Demarkationslinien im Jahr 1945 hatten die Amerikaner Wert darauf gelegt, die stark industrialisierten Teile Nordbadens mit Mannheim und Karlsruhe sowie Nordwürttembergs mit Stuttgart bei ihrer Zone zu behalten. Der Verlauf der Autobahn, die damals von Karlsruhe nach Stuttgart und von dort weiter nach München führte, war gleichfalls ein gewichtiger Faktor. Als 1948 nach den Londoner Empfehlungen eine Neugliederung der willkürlich zusammengesetzten Länder ermöglicht wurde, war in dem industriell stark verflochtenen Nordbaden und Nordwürttemberg die Neigung gering, das einstmalige Baden und das einstmalige Württemberg wiederherzustellen. Wäre ein großer Südweststaat nicht die viel modernere Lösung? Dabei wurde vor allem auf die wirtschaftlichen Vorteile hingewiesen. Doch spielte bei den Befürwortern des Südweststaates auch die Überlegung eine gewichtige Rolle, die von Frankreich dominierten Ländchen Baden und Württemberg-Hohenzollern auf diese Weise aus dem französischen Einflußbereich herauszulösen. Daß Frankreich hinter und vor den Kulissen seine Präferenz für die Wiederherstellung des alten demokratischen »Musterländles« Baden signalisierte, verstärkte das Frankreich-kritische Motiv bei den Südweststaat-Sympathisanten.

In dieser Entscheidungssituation plädierte Staatspräsident Wohleb zusammen mit dem Freiburger Kabinett für die Wiederherstellung der alten Länder Baden und Württemberg, während die Regierungen in Stuttgart und Tübingen für den Südweststaat agitierten. Mehr als drei Jahre lang wurden nun die komplizierten Interessenlagen, Verhandlungen, Verfahrensregeln und Abstimmungskampagnen zum Festessen für die politischen Profis und Juristen, aber auch zum emotionalen Dauerbrenner bei den Bürgern. Während sich in Nordbaden, in Nordwürttemberg und auch in Württemberg-Hohenzollern Mehrheiten für die Errichtung eines Südweststaats aussprachen, der zu guter Letzt den Namen Baden-Württemberg erhielt, votierten im September 1950 bei einer noch unverbindlichen Volksbefragung im

Land Baden (also in Südbaden) rund 60 Prozent für die Wiederherstellung des traditionellen Landes Baden. Zusammen mit den an das einstige Württemberg angrenzenden Bodensee-Kreisen und den Landkreisen Donaueschingen und Villingen tanzte jedoch auch der Kreis Lörrach aus der Reihe und wies eine Mehrheit für den Südweststaat auf. Schließlich erbrachte die entscheidende Volksabstimmung im gesamten Abstimmungsgebiet im Monat Dezember 1951 die erforderliche Mehrheit für den Südweststaat. Doch im bisherigen Land Baden (also in Südbaden) sprachen sich weiterhin 62,2 Prozent für die Wiederherstellung Badens aus.

Auch in meinem Freundeskreis ist die Südweststaat-Frage ein Thema. Ich selbst bin in erster Linie deshalb ein heftiger Südweststaat-Anhänger, weil, so bin ich überzeugt, ein großer Südweststaat den Einfluß Frankreichs beschränken wird. Und es geht auch gegen Wohleb, den ich, wie so viele in Lörrach, für eine französische Marionette halte. Die Thematik ist anschaulich, faßbar und emotionsbefrachtet. So beschäftige ich mich bei dieser Gelegenheit erstmals gründlicher mit allen Aspekten einer politischen Kontroversfrage. Ich bin engagiert, gewiß, will aber zugleich auch die Zusammenhänge verstehen. Angesichts jener trickreichen Manöver, die schließlich zur Errichtung des Südweststaats führen, empfinde ich auch erstmals das intellektuelle Vergnügen bei der Beobachtung politischer Entscheidungsprozesse. Zu studieren, wie die mit allen Wassern gewaschenen Spitzenpolitiker unter Einsatz von Propagandamitteln aller Art für ihre Projekte Mehrheiten zu organisieren suchen, dabei mit Versprechungen, Täuschung und Verleumdungen arbeiten, wie sie ihr Vorhaben trickreich um alle verfassungsrechtlichen Klippen herumsteuern, während bei den Bürgern Hoffnung und Besorgnisse hin- und herwogen – das zu analysieren, wird mich auch später immer wieder begeistern. Entsprechende Vorgänge werde ich in meinen künftigen Vorlesungen zur amerikanischen, britischen oder deutschen Geschichte gerne realistisch und mit einem Touch von Zynismus schildern, ebenso in den Monographien über die Ära Adenauer, auch in den Biographien über die Bundeskanzler Konrad Adenauer und Helmut Kohl. Seitdem ich über Jahre hinweg beim Blick auf die *cause celèbre* des Ringens um den Südweststaat das politische Spiel emotional engagiert und doch auch gut beobachtend studiert habe, frage ich viel lieber danach, wie Politik abläuft, und weniger danach, wie sie sein sollte. Die Fähigkeit des *animal politicum*, die jeweiligen Ziele entsprechend den Möglichkeiten gewissermaßen unter der Hand zu verändern, ist mir damals erstmalig aufgegangen.

Ich will nicht ins Detail gehen, frage mich heute aber schon, wie stark wohl die Diskussionen und Emotionen der Südweststaat-Frage auf meine späteren Auffassungen eingewirkt haben. Im Mittelpunkt steht nicht zuletzt die Frage nach den Modalitäten und nach der Legitimität von Volksabstimmungen. Kein Wunder also, daß sich in diesem Kontext auch meine Einstellung zu Volksentscheiden herausbildet. Geblieben ist mir in der Tat eine dauerhafte Sympathie für die direkte Demokratie.

Diese Neigung wird übrigens durch die Anschauung der schweizerischen Referendumsdemokratie verstärkt, die ich bald an Ort und Stelle studieren kann und die in Basel durch ein Kolleg des enthusiastischen Theoretikers der Gemeindedemokratie, Adolf Gasser, noch verstärkt wird.

Natürlich werden mir später beim Studium der Regierungslehre viele Argumente durchaus einleuchten, die für das Modell der repräsentativen Demokratie sprechen. Ich werde diese danach auch selbst mit gutem Gewissen in meinen Vorlesungen und Seminaren zu Gehör bringen. Aber es bleibt doch die Überzeugung, daß sich damit jene komplizierten Verfahren der direkten Demokratie verbinden sollten, die es den Bürgern erlauben, ihre Präferenzen unvermittelt zur Geltung zu bringen, dies ganz besonders dann, wenn die Überzeugungen hart aufeinanderprallen. Wenn die Profis in den Kabinetten und Fraktionen jeweils mit guten oder weniger guten Gründen von der Richtigkeit ihrer Sache und der Unrichtigkeit der Sache ihrer Gegner felsenfest überzeugt sind, weshalb eigentlich sollten dann die von den verfeindeten politischen Lagern umworbenen Stimmbürger nicht genauso kompetent urteilen wie die politische Klasse! Daß es bei Referenden zu törichten Entscheidungen kommen kann, wird niemand ernsthaft bezweifeln können. Doch auch Entscheidungen bei Bundestagswahlen und des Bundestages zeitigen nicht selten genauso törichte Ergebnisse. Gegen politische Fehlentscheidungen ist letztlich kein Kraut gewachsen.

Allerdings ertappe ich mich selbstkritisch immer wieder dabei, daß ich trotz starker Sympathie für eine Verstärkung der direkten Demokratie auf allen Ebenen meist in jenen Fällen skeptisch werde, in denen direkte Volksentscheide wohl meine eigenen Präferenzen durchkreuzt hätten. Demgegenüber wünsche ich mir immer dann, wenn ich mit den parlamentarischen Mehrheiten nicht einverstanden bin, Volksbegehren und Volksentscheide herbei. Nicht allein bei mir selbst besteht eben eine enge Verbindung zwischen der Vorliebe für bestimmte Entscheidungsmechanismen und den dadurch erwünschten Ergebnissen.

Im Spätsommer 1951, auf dem Höhepunkt der Auseinandersetzungen, fällt mir eine Enthüllungsbroschüre in die Hand, betitelt *Baden von 1945 bis 1951 – was nicht in der Zeitung steht*. Diese 80 Seiten starke, aufsehenerregende, raffiniert geschriebene Darstellung eines anonymen Insiders, von den Gegnern als Pamphlet abqualifiziert, verschlinge ich genauso unkritisch und naiv wie später beim Studium die Enthüllungsstories des *Spiegel* (das inzwischen vergilbte Heft steht immer noch in meiner Bibliothek).

Wohleb sowie sein Konkurrent und Mitstreiter, der bei den Südweststaat-Anhängern besonders verhaßte Paul Zürcher, so lese ich dort und glaube es auch, hätten wohl ursprünglich dazu tendiert, aus Südbaden und Südwürttemberg eine Art Südstaat zu bilden. Beide seien erst danach auf die Forderung nach Wiederherstellung des traditionellen Landes Baden eingeschwenkt. Ob das nun gestimmt hat oder nicht, sei dahingestellt. Ich glaube es jedenfalls und verspüre erstmals, daß gewissen Politikern jede Art von Hintertreppenpolitik zuzutrauen ist, auch jede Art opportunistischer Kehrtwendung.

Verfasser der Studie, so erfahre ich erst später, soll ein gewisser Theodor Eschenburg aus Tübingen sein. Der Name dieses *mastermind* der Südweststaat-Befürworter, dessen raffinierter, aus vielen Beobachtungen, einigen Vermutungen und berechnender Bosheit gemixter Propaganda-Traktat mich noch mehr als zuvor schon für die Sache des Südweststaats und gegen Wohleb eingenommen hat, wird mir damals nicht bekannt. Ein Jahr später erst werde ich Eschenburg erstmals *in persona* hören und stark von ihm beeindruckt sein. Mit großer Befriedigung nehme ich jedenfalls im Frühjahr 1952 die Errichtung des Landes Baden-Württemberg zur Kenntnis. Baden verschwindet auf Nimmerwiedersehen von der Landkarte.

Erstmals komme ich auf einer Fahrradtour im Sommer 1952 nach Stuttgart. Wir sind damals, mein Vater und mein Bruder Dieter, zum Evangelischen Kirchentag in Stuttgart gefahren. Wahrscheinlich war es das letzte Jahr vor dem Einbruch des Autozeitalters, zu dem man auf den Bundesstraßen noch ohne Gefahr für Leib und Leben eine Radtour unternehmen konnte. Es ist auch das erste und letzte Mal, daß ich zusammen mit dem Vater gut zwei Wochen lang mit dem Rad unterwegs bin.

Die Hauptstadt des neuen Bundeslandes beeindruckt mich stark. Stuttgart weist immer noch zahlreiche zerstörte Straßenzeilen auf. Doch die Stadt ist von Baukränen übersät. Der Wiederaufbau ist in vollem Gange. Es ist gewissermaßen Liebe auf den ersten Blick. Eben bricht die Nacht herein, als ich die Weinsteige herunterfahre mit Blick die hellerleuchtete Großstadt tief unten im Talkessel. Immer, wenn später von Stuttgart die Rede ist oder wenn ich selbst wieder dort zu tun habe, steigt die Erinnerung daran auf. In diesem Alter dringen unerwartete Bilder, gemischt mit Glückgefühl, offenbar tief ins Gedächtnis ein. Ähnlich ist es mir ergangen, als ich ein paar Jahre zuvor auf einer Klassenfahrt mit dem Fahrrad vom Feldberg ins Bärental hinabgefahren bin und urplötzlich das blaue Auge des Titisees erblickt habe.

Der Kirchentag findet größtenteils auf dem anläßlich der Deutschen Gartenschau 1950 in einen Freizeitpark verwandelten Killesberg statt. Dort sind auch Tausende junger Leute in großen Zelten untergebracht. Diese erste religiöse Massenveranstaltung, an der ich teilnehme, macht mir mächtigen Eindruck: die Posaunenchöre, die vielen Fahnen anstelle der heutzutage unsäglichen, den Kollektivismus verstärkenden violetten, orangefarbenen oder gelben Halstücher, die Bibelstunden, die heftigen politischen Diskussionen im Arbeitskreis 6, wo über die Wiederbewaffnung und die Wiedervereinigung gestritten wird, ein großer Auftritt des Professors Helmut Thielicke, damals schon und noch zwei Jahrzehnte später ein sehr eindrucksvoller Kanzelredner, der vor der hellerleuchteten Fassade des Neuen Schlosses predigt und Tausende mit seinem Bekenntnis zu rühren versteht: »Ich liebe Jesus.«

Später werde ich große Vorbehalte gegen suggestive Massenveranstaltungen im allgemeinen und die Evangelischen Kirchentage im besonderen entwickeln. Doch da ich dies im eindrucksfähigsten Alter erlebt habe, kann ich es gut nachempfinden, wie die Kirchentage der siebziger und der achtziger Jahre mit ihren pazifistischen und ökologischen Botschaften auf die nunmehr junge Generation wirken. Es gibt wenige Instrumente, die sich so hervorragend zur Massenmanipulation und zur mentalen Programmierung junger Leute eignen.

Von Stuttgart aus geht's auf Umwegen nach Lindau, das ich gleichfalls als eine Art Gunstort entdecke und wo ich mich bis heute zusammen mit Annemie immer wieder einfinde. (Fast hätten wir uns dort von Bonn aus ein Appartement auf Dauer gemietet.) Hier findet an einem strahlenden Sommertag gewissermaßen mein Abschied von der französischen Besatzung statt. In den inzwischen sehr fern gerückten Jahren der Besatzung war das ursprünglich bayerische, später nach längeren Verhandlungen wieder an den Freistaat zurückgegebene Lindau eine der Perlen der französischen Präsenz am Lac de Constance. Als wir gerade eintreffen, veranstaltet die französische Garnison ein Platzkonzert, ich weiß nicht mehr, aus welchem Anlaß, doch es gibt immer etwas zu feiern. Die stattliche, blau uniformierte Truppe in weißen Gamaschen unter blau-weiß-rotem Fahnengepränge und mit ihren hellklingenden Clairons vor der Kulisse des Bodensees mit Blick auf die fernen Schweizer Alpen und nach dem gleichfalls noch französisch besetzten Bregenz hinüber ist mir unvergeßlich geblieben.

Damals blicke ich auf die ausklingenden Besatzungsjahre schon sehr entspannt zurück. Heute empfinde ich fast so etwas wie Nostalgie beim Gedanken daran, in der französischen Zone aufgewachsen zu sein. Es gibt nur wenige Filme oder Romane, wie etwa Otto Flakes *Schloß Ortenau*, in denen die eigenartige Stimmung jener kargen Nachkriegsepoche im Land Baden festgehalten worden ist. Weshalb denke ich jetzt gern daran zurück? Weil die damalige Welt noch überschaubar schien? Weil ich noch jung und voller Hoffnung war? Weil die Besatzungszeit so bruchlos in jene Jahre überging, in denen ich Frankreich entdeckte?

Spärliche Erinnerungen an die Anfänge der Ära Adenauer

Und wann ist Adenauer erstmals in meinen Gesichtskreis getreten? Das war im Oktober 1946. Ich war damals zwölf Jahre alt. Deutlich steht mir noch ein Pressephoto aus einer der damals recht dünnen Zeitungen vor Augen, die in der Frühzeit der Besatzung erscheinen. Auf dem Photo war ein älterer, korrekt gekleideter Herr am Krankenbett einer gewissen Maria Sevenich zu sehen. Die Unterschrift besagte, Dr. Adenauer, Parteivorsitzender der CDU in der britischen Zone, habe Frau Sevenich mit der Bitte aufgesucht, ihren Hungerstreik zu beenden.

Auch die Dame selbst war mir kein Begriff. Sie war, so finde ich später heraus, eine kantige Persönlichkeit, die ihre jeweiligen Überzeugungen schrill und kompromißlos vertrat. Auf ihren Wegen durch die politische Landschaft, auf denen sie kaum eine linke Partei oder Gruppierung ausließ, ist sie nach Konversion zur katholischen Kirche und Befreiung aus der Gestapo-Haft bei der hessischen CDU gelandet. In der durchaus zutreffenden Erwartung eines strengen Hungerwinters 1946/47 suchte sie im Oktober 1946 nach dem Vorbild Mahatma Gandhis durch einen 30-tägigen Hungerstreik die öffentliche Meinung in England aufzurütteln. Mehr als dreißig Jahre später bei Herausgabe des Adenauer-Briefwechsels ließ sich erkennen, daß Adenauer sie zeitweilig als eine geschätzte Verbündete bei der Auseinandersetzung mit den christlichen Sozialisten in der eigenen Partei betrachtet hat. Doch so wie sich die willensstarke Dame zuvor mit ihren jeweiligen Freunden bei den stalinistischen Kommunisten, den Trotzkisten oder der SPD überworfen hatte, verstieß sie bald auch gegen die Fraktionsdisziplin der CDU. Als Adenauers lange Mahnschreiben nichts nutzten, schloß er Ende 1948 mit einem Stoßseufzer die Akten über dem Fall Meyer-Sevenich: »Die Person wird allmählich langweilig. Man sollte ihr möglichst wenig Aufmerksamkeit widmen und gar nicht von ihr sprechen.«

Warum erwähne ich dies überhaupt? Nun, es gehört zu den immer wieder spannenden Entdeckungen beim Erforschen der Zeitgeschichte, wenn man beim Auffinden zuvor unzugänglicher Quellen auf unerwartet interessante Lebensläufe stößt und die Beziehungsmuster zwischen Personen studieren kann, die man vor langer Zeit persönlich kennengelernt hat oder, wie bei der Zusammenkunft zwischen Adenauer und Frau Sevenich, nur aus einprägsamen Pressephotos.

Tatsache ist, daß Adenauer danach jahrelang aus meinem Gesichtsfeld verschwunden ist. Keinerlei Erinnerung an den Präsidenten des Parlamentarischen Rats, an die Bundeskanzlerwahl im September 1949 oder an die berühmte Pressekonferenz vom 9. Mai 1950 zum Schuman-Plan! Ich werde wohl erst wieder auf den Namen aufmerksam bei Gelegenheit einer sogenannten Freizeit, die irgendwann im Spätherbst 1950 oder 1951 in einem Jugendheim des CVJM auf einem der Vorberge des Schwarzwalds, nicht weit vom Mummelsee entfernt, stattfand.

Dreierlei ist mir von dieser Zusammenkunft in Erinnerung geblieben. Da war, erstens, beim Abstieg zu dem Freizeitheim abends, in der blauen Stunde, der panoramische Blick über die schon verschneite Rheinebene hinweg, in der ganz fern am Horizont aus dem Dunst das Straßburger Münster auftauchte. Das zweite war der Auftritt des Landesbischofs Lilje, einer der Größen in unserem damaligen CVJM-Milieu und – so ist mir später deutlich geworden – auch einer der wichtigen Persönlichkeiten in der Frühgeschichte der Bundesrepublik. Lilje verstand es routiniert, die Gruppe von 40 oder 50 jungen Leuten zu fesseln, die seiner Ansprache zuhörten. Es war keine Predigt, sondern eher eine Art Analyse der politischen Lage. Was er alles zu sagen hatte, ist mir nicht mehr erinnerlich bis auf eine seiner Äußerungen. Er kam auf einen Besuch im Palais Schaumburg beim Bundeskanzler Adenauer zu sprechen und wunderte sich darüber, daß dieser – so meinte er sinngemäß – in der heutigen Lage so ganz unersetzbare Mann so gut wie ungeschützt sei. Nur ein paar Polizisten des Bundesgrenzschutzes am Eingang! Adenauer – ganz unersetzbar, das war mir völlig neu.

Beim Rückblick auf diese Tagung mache ich mir auch im nachhinein klar, daß der an und für sich ganz unpolitische CVJM, ohne daß dies uns jungen Leuten bewußt war, zumindest in Baden unter dem politischen Einfluß des Adenauer-Flügels in der CDU stand. Im Hintergrund haben dabei wohl verschiedene Persönlichkeiten mitgewirkt, wahrscheinlich auch Eugen Gerstenmaier. Er war mir aus der Lektüre des *Sonntagsblatts* und aus der modern aufgemachten Mitgliederzeitschrift des CVJM unter dem Namen *Jungenwacht* ein Begriff. 1952 hörte ich ihn erstmals auf dem Stuttgarter Kirchentag.

Generalsekretär des CVJM war von 1945 bis 1952 Gustav-Adolf Gedat, der auch dem World Council der YMCA in Genf angehörte. Ich hatte Gedats journalistischen Bericht über eine Weltreise in der Vorkriegszeit unter dem Titel *Ein Christ erlebt die Probleme der Welt* gelesen, der nach dem Krieg wiederaufgelegt worden war, und nahm bis Mitte der fünfziger Jahre an verschiedenen Tagungen auf der Burg Liebenzell in Nordbaden teil, wo die Gesellschaft zur Förderung überkonfessioneller, überparteilicher und internationaler Zusammenarbeit ihr Zentrum hatte. 1953 trat Gedat der CDU bei und war bis 1965 Bundestagsabgeordneter für Reutlingen. Zweifellos hat er eine Schlüsselrolle bei der politischen Orientierung des CVJM gespielt und indirekt wohl auch bei der Verfestigung meiner persönlichen Präferenzen für die Außenpolitik der Adenauer-CDU.

Im Jahr 1952, inzwischen bin ich in der Unterprima, nehme ich an einer Tagung in einem sehr anständigen Hotel in Hirsau statt. Mir fällt auf, daß das schwere silberne Besteck aus einem Hotel in Danzig stammt. Viel später erst vermutete ich, wie es dorthin kam. Der eben erwähnte Gedat war nach anfänglicher Sympathie für das Dritte Reich 1938 mit Redeverbot belegt worden und war bis zum Heranrücken der Roten Armee als Hoteldirektor in Danzig tätig. Wahrscheinlich hatte er das Besteck rechtzeitig nach Westen verlagert. Die Tagung selbst wurde von der Arbeitsgemeinschaft Demokratischer Kreise veranstaltet, einer Propagandaorganisation der Regierung Adenauer. Gedat hat wohl auch dabei die Strippen gezogen. Ich selbst machte mir über die Veranstalter damals keinerlei Gedanken, fand vielmehr die Vorträge hochinteressant.

Zwei davon sind mir im Gedächtnis geblieben. Ein Redakteur von *Christ und Welt*, der Wochenzeitung, in der Eugen Gerstenmaier den maßgeblichen Einfluß ausübte, argumentierte, die USA hätten schließlich die Option, bei einer Ablehnung der in jenen Monaten unterzeichneten Europäischen Verteidigungsgemeinschaft

(EVG) sich zurückzuziehen und im Kriegsfall ganz Deutschland in Schutt und Asche zu bomben. Besser also, sich mit Amerika zu versöhnen ... Dieses realistische Argument für einen deutschen Verteidigungsbeitrag im Bündnis mit den USA hat mir eingeleuchtet.

Der andere Vortragende, der mir großen Eindruck machte, war Theodor Eschenburg, ein großgewachsener Herr mit einem Mittelscheitel, wie man diesen nicht oft zu Gesicht bekommt, mit schwarzumrandeter Brille, kräftig entwickeltem Gebiß, grinsenden Gesichtszügen und einer hohen, fistelnden Stimme. Er wirkte irgendwie seltsam. Doch sein Vortrag über die Saarfrage war hervorragend – ganz offensichtlich ein Sachkenner mit intimen Hintergrundkenntnissen! Noch wußte ich nicht, daß derselbe Eschenburg auch der anonyme Verfasser der Broschüre war *Baden 1945 bis 1951 – wie es nicht in der Zeitung steht*, die mich im Jahr zuvor während des Abstimmungskampfs stark beeindruckt hatte.

Soweit meine Erinnerungen an die Bundespolitik in meiner Gymnasialzeit. Doch, wie schon ausgeführt, die innen- und außenpolitischen Kontroversen in den Bonner Anfängen lagen mir offenbar noch fern und haben keinen Eindruck hinterlassen. An die Währungsreform erinnere ich mich vor allem deshalb, weil sich meine gute Mutter, aus welchen Gründen auch immer, einen Herzenswunsch erfüllen wollte und auch meinen Vater dazu bestimmt hat, einen Teil des berühmten Kopfgeldes von 40 DM auf den Kauf einer Gruppe niedlicher Gänse zu verwenden (vielleicht, um die Ernährung der Familie aufzubessern), die jedoch elendiglich starben, weil das passende Futter noch fehlte.

Die nach der Währungsreform einsetzende wirtschaftliche Aufwärtsentwicklung machte sich allerdings in unserem Beamtenhaushalt noch lange Jahre nicht bemerkbar. Es ging weiterhin außerordentlich sparsam zu, obschon Vater es vermied, uns gegenüber von seinen eingeschränkten Möglichkeiten zu sprechen. Doch sie lagen offen zutage. In den Lörracher Schaufenstern war jedoch zusehends zu erkennen, daß wieder alles zu haben war, sofern man nur über D-Mark verfügte. Verschiedentlich habe ich meine Mutter mit der Frage genervt: »Ist es jetzt schon wieder wie in der Friedenszeit vor dem Krieg?« Eines Tages räumte sie schließlich ein: »Ja, es ist wieder wie im Frieden.« Ob dies im Jahr 1949 oder 1950 oder gar erst 1951 war, weiß ich nicht mehr.

Ein Vorgang aus den Anfängen der Wirtschaftswunderzeit ist mir aber gut im Gedächtnis geblieben. Einem Gymnasiasten wie mir eröffnete sich die Möglichkeit, Geld, ja sogar viel Geld zu verdienen. Jahr für Jahr fand damals in der Nordstadt von Lörrach ein Motorradrennen statt, bei dem Dutzende von Maschinen in verrücktem Tempo dröhnend um den Sieg kämpften. Tausende von Motorsportbegeisterten aus Lörrach und Umgebung strömten zusammen. Aus heutiger Sicht ist es unbegreiflich, wie die Behörden es zuließen, daß das Rennen entlang der nur mit Seilen abgesperrten Straßen durchgeführt werden durfte, an denen sich die Zuschauermassen drängten. Damals müssen ganze Legionen von Engeln über der Stadt Wache gehalten haben.

Für uns Schüler war das erste dieser Rennen eine Gelegenheit, ordentlich Geld zu machen. Als eine zweite Reihe von Kontrolleuren waren wir hinter den Eingangsschleusen aufgestellt, um diejenigen abzukassieren, die bei dem Massenandrang durchgeschlüpft waren. Die Fangprämie belief sich auf 10 Prozent des Eintritts. Wie sich leicht vorstellen läßt, entdeckten wir rasch, daß es viel profitabler war, sich vor den Eingängen unter die Hunderte zu mischen, die herandrängten, um schon hier die Anstecker zum vollen Preis zu verkaufen. Ich habe so in einer kurzen Stunde ohne große Gewissenbisse an die 160 DM eingenommen, damals eine riesige Summe. Im folgenden Jahr haben die Rennveranstalter aufgrund des im Vorjahr aufgetretenen Chaos für ein verbessertes Absperrungssystem Sorge getragen. Die Einnahmequelle versiegte.

Hingegen zeigte sich nun, daß bei den Lörracher Speditionen ein großer Bedarf an Hilfsarbeitern bestand, welche die Kisten auf die Lastwagen zu verladen oder Umzugsmöbel zwei oder drei Stockwerke hoch zu transportieren hatten. In den beiden letzten Gymnasialjahren arbeitete ich im Schweiße meines Angesichts bei der Spedition Mutter. Woche für Woche konnte ich auf dem Büro die Lohntüten abholen, auf denen auch die Steuerabzüge bis auf den Pfennig genau vermerkt waren. Kein Wunder, daß ich von nun an zu jenen Millionen gehörte, die auf die Marktwirtschaft schworen. Offenbar, so verspürte ich, brummt in der Wirtschaft eine Art Geldmaschine, an die man sich bloß anzuschließen hat, um seinen Bedarf zu befriedigen. Das ist mit Knochenarbeit verbunden, doch die Mühe wird reich belohnt. Da ich jedoch weiterhin tief in den humanistischen Studien steckte und aus einer Beamtenfamilie stammte, kam ich gar nicht auf die Idee, ein wirtschaftswissenschaftliches Studium mit anschließender Tätigkeit in einem Unternehmen ins Auge zu fassen. Mir reichte das für jene Zeit recht üppige Zubrot, das man als ungelernter Gelegenheitsarbeiter verdienen konnte.

Im Frühjahr 1953 ging die Schulzeit zu Ende. Von den Modalitäten des Zentralabiturs nach dem nach wie vor in Kraft befindlichen französischen Modell war schon die Rede. Da ich bei Prüfungen zur Gattung der Kaltblüter gehöre, gelingt es, die Noten zu halten, die sich auf der Oberstufe eingespielt haben, und ich belege in meiner Klasse der Hochbegabten einen guten zweiten Platz.

Die größte Fernwirkung der Abiturprüfungen wird aber von einer Wahlfachklausur ausgehen. Aus praktischen Gründen finden die Klausuren für die wenigen Wahlfächer der zwei Lörracher Gymnasien im gleichen Schulzimmer statt. Dort treffe ich nach getanem Werk eine äußerst reizvolle junge Dame, die eine Klausur für das Große Latinum geschrieben hat und die ich bisher nicht kennengelernt hatte. Den Grund dafür erfahre ich rasch: Die Schöne stammt überhaupt nicht aus Lörrach, sondern sie ist eine Fahrschülerin und wohnt jenseits des Tüllinger Bergs in Weil am

Rhein. Wir kommen ins Gespräch, schlendern zusammen die Wallbrunnstraße hinab, unterhalten uns gut und stellen fest, daß wir beide das Studium in Basel beginnen wollen. Es ist nicht Liebe auf den ersten Blick, wohl aber schon eine ganze Menge Sympathie. Als wir uns vor dem altberühmten Lörracher Rathaus trennen, von dessen Fenster aus einstmals im September 1848 der Revolutionär Gustav Struve die deutsche Republik ausgerufen und dabei den Kopf an dem Fensterrahmen angeschlagen hat, habe ich eine seltsam kribblige Empfindung. In Basel und später lange Zeit in Freiburg kommt es zwar zu keiner vertieften Beziehung. Wir begegnen uns wie gut vertraute Schulkameraden, tauschen uns kürzer oder länger aus und gehen dann wieder unsere eigenen Wege. Erst spät, im Jahr 1959, nach einer durchtanzten Nacht auf dem »Jägerhäusle«, hoch über Freiburg, wird es zum *coup de foudre* kommen. Doch ohne diese zufällige Begegnung beim Wahlfach-Abitur im März 1953 wäre ich möglicherweise mit Annemie überhaupt nicht zusammengetroffen. Heute, aus dem Abstand von mehr als sechzig Jahren, kann ich sagen: Auch mein Abitur stand ganz offensichtlich, ohne daß ich dies damals ahnte, unter einem veritablen Glücksstern.

Studium in den fünfziger Jahren

Der Beginn einer langen Freundschaft: Basel und die Schweiz

Im Frühjahr 1953 steht es für mich außer Frage, das Studium nicht etwa in Freiburg oder Heidelberg zu beginnen, sondern in Basel. Vordergründig ist das durch die Tatsache bestimmt, daß dies die nach Lage der Dinge am wenigsten kostspielige Lösung ist, und die vordergründigen Bewegründe sind bekanntlich oft die entscheidenden. Aber ein maßgeblicher Faktor ist doch auch darin zu sehen, daß meine Heimatstadt Lörrach, wie schon so oft in den vorhergehenden Jahrhunderten, erneut in die belebende Ausstrahlung von Basel geraten ist und daraus großen Nutzen zieht.

Seit dem Jahr 1949, als die Schweiz zögernd die Grenzen öffnet, ist viel geschehen. Lörrach ist zu einer Art Vorstadt der Metropole Basel geworden. Kaufhäuser, Kleidergeschäfte, Bijouterien, Papierwarenhandlungen halten dort ein überwältigendes Warenangebot bereit. Für viele ist es zwar immer noch unerschwinglich, verbreitet beim Flanieren aber doch eine angenehme Stimmung der Nachkriegs-Wohlhabenheit. Beim Schlußverkauf können selbst zur Sparsamkeit verurteilte Deutsche gelegentlich zuschlagen. Inzwischen arbeiten auch zahllose Grenzgänger in Basel, wo Vollbeschäftigung herrscht, und profitieren von den hohen Löhnen sowie dem günstigen Frankenkurs. Die grüngestrichene Tram fährt vom Lörracher Bahnhof bis zur Basler Schifflände und von dort nach Allschwil. Kurz: Das vom Krieg völlig verschonte Basel ist ein Arbeits- und Kaufparadies. Basel insbesondere und die Schweiz im allgemeinen sind das bewunderte Vorbild, wenn man sich im Lörrach der frühen Wirtschaftswunderjahre Gedanken über die wünschenswerte Zukunft macht.

Aus meiner Sicht ist über die Einstellung der Basler zum benachbarten Markgräflerland nur Günstiges zu berichten. Daß der von Deutschland angezettelte Zweite Weltkrieg zur Existenzgefährdung der Schweiz führte, ist dort noch nicht ganz vergessen. (Erst viel später wird die auch in der Schweiz in Gang kommende Vergangenheitsbewältigung deren Bedeutung für die deutsche Kriegswirtschaft und die Judenverfolgung und die Verstrickung in die NS-Raubzüge zutage fördern.) In den ersten Jahren der Besatzungsherrschaft ist jedoch die von christlich-humanitären Motiven getragene Hilfe der Schweizer Kirchen, des Roten Kreuzes und der Universitäten für die notleidenden Nachbarn ganz erstaunlich. Als sich danach der deutsche Wirtschaftsgigant wieder zurückmeldet, wird das doch weithin in der Schweiz als erwünschte Normalisierung gewertet. Wie ich selbst feststellen kann, bringen die Deutsch-Schweizer den Cousins nördlich des Rheins ungeachtet eines gewissen

Hochmuts doch eine erfreuliche Sympathie entgegen, dies besonders gegenüber Badenern aus der unmittelbaren Nachbarschaft, die damals noch denselben alemannischen Dialekt sprechen.

Ich selbst habe mich in den langen Sommerferien von 1952 erstmals länger in der Schweiz aufgehalten, und zwar als Helfer auf einem Ferienlager. Ein Basler Stadtmissionar hatte mich eingeladen. (Die Bezeichnung klingt für heutige Ohren befremdlich, nicht aber im damaligen Basel mit seiner Tradition eines sozial engagierten Pietismus.) Eine der Aktivitäten der Stadtmission war die Durchführung von Ferienlagern für ausschließlich männliche Schüler im Alter von 10 bis 14 Jahren. Diese kamen zumeist aus einfachen Verhältnissen im Stadtviertel Sankt Johann. Für die etwa 40 oder 50 Teilnehmer an den Ferienlagern wurden drei oder vier ältere Helfer gesucht, in der Regel junge Kaufleute aus dem Basler CVJM oder eben ein Oberprimaner und danach Student wie ich selbst, das alles *notabene* völlig unbezahlt, doch mit freier Kost und Logis. Diese »Freizeiten«, so der seinerzeitige Terminus, wurden zumeist in ehemaligen Kasernen durchgeführt, die im Zweiten Weltkrieg als Teil des Réduit Truppen beherbergt hatten und für welche die Armee nun keine Verwendung mehr hatte. Die Camps, die ich kennenlernte, waren entsprechend ihrer seinerzeitigen Zweckbestimmung gut getarnt in einsamen Flußtälern des Tessins versteckt.

Das erste Camp, an dem ich teilnahm, lag in dem ziemlich abgelegenen Bleniotal mit dem Brenno, einem Nebenfluß des Tessins mit ausgeprägter Macchiavegetation. Von den Unterkünften in Aquarossa aus stiegen wir häufig in stundenlangen Fußmärschen in die Höhe empor, um auf mehr oder weniger steilen Bergpfaden durch Wälder oder an offenen Berghängen entlangzuwandern. So lernte ich erstmals einen vom Tourismus unberührten, recht urtümlichen Teil des Tessins kennen.

Das schönste Erlebnis war eine anschließende Fahrradtour. Die Route führte über den uralten, einsamen und stimmungsvollen Lukmanierpaß nach Disentis, dann zum Oberalbpaß, zum Furkapaß mit Blick auf den Rhonegletscher, zum Grimselpaß und von da an in Schußfahrt das obere Rhonetal hinunter nach Sierre und Sion. Ich war stolz, an einem einzigen Tag drei hohe, damals von Autos noch wenig befahrene Alpenpässe bewältigt zu haben. Weiter ging es dann über Martigny und Vevey nach Montreux. Übernachtet wurde jeweils in den alles andere als komfortablen, vor allem von reiselustigen, doch nicht allzu ansehnlichen Engländerinnen überschwemmten Schweizer Jugendherbergen.

Am Genfer See, den ich genauso hinreißend fand wie einstmals Goethe oder Lord Byron, war leider kein langes Bleiben. Der Wechselkurs der D-Mark zum Schweizer Franken lag damals bei 1:3, eine Gegebenheit, von der man sich heute keine Vorstellung mehr machen kann. So machte ich mich auf den Weg über Fribourg und Bern in Richtung Basel. In einem einsamen Dorf nördlich von Solothurn war das Tretlager meines Fahrrads den Anstrengungen nicht mehr gewachsen. Das aus schwerem Gußeisen gefertigte Gefährt, Marke Wanderer, war von meinem Vater in den zwanziger Jahren erstanden worden, und es hatte sich bisher erstaunlich gehalten. Zum Glück befanden sich damals in vielen Schweizer und deutschen Dörfern noch Schmiede, die sich mit Reparaturen aller Art auskannten. Nach langem Warten wurde das Fahrrad wieder betriebsfähig gemacht, doch schrumpfte meine ohnehin recht spärliche Reisekasse durch die unerwartete Ausgabe auf zwei oder drei Franken.

Die Freizeit im folgenden Sommer, das erste Basler Semester lag bereits hinter mir, fand im Maggiatal statt, nicht weit von Locarno. Ein anderer Stadtmissionar, der dort sein eigenes Lager führte, lud mich ein, zusammen mit seinen beiden Söhnen in einem roten Morris-Cabrio ins Tessin zu fahren. Es war das erste Mal, daß ich den Vierwaldstättersee erblickte und den Gotthard überquerte. Die Fahrt auf der Axenstraße, dem See entlang, über Altdorf zur Teufelsbrücke hoch und die serpentinenreiche Straße ins Tessin hinab, die noch nicht so breit ausgebaut und gesichert war wie später, das alles im offenen Wagen, war hinreißend. Auch das Feriencamp im Unteren Tessin war günstiger gelegen als die Kasernen von Aquarossa. Als ich vom Monte Bre auf den Lago Maggiore hinabsah, war ich überwältigt.

Weshalb das alles erwähnen? Nun deshalb, weil seither eine tiefsitzende Swissophilie von mir Besitz ergriffen hat. Darin werde ich bald mit der besten aller Frauen übereinstimmen. Ich weiß nicht, wie viele Male wir schon die Schweiz kreuz und quer im Auto erkundet haben. Sie ist und bleibt das ideale Ferienland, in dem alles dicht beieinanderliegt: abwechslungsreiche Alpen und Seeufer, Paßstraßen, die selbst für einen nicht ganz schwindelfreien Fahrer, wie ich das bin, noch zu bewältigen sind, romanische und gotische Kirchen, die mich immer wieder begeistern, sowie Städtchen, von denen viele noch den Charme des 17. und 18. Jahrhunderts bewahrt haben. Basel, Zürich und selbst Bern nehmen heute zwar leider mehr und mehr das Profil der von Jahrzehnt zu Jahrzehnt stärker verhunzten deutschen Großstädte an, durch deren Zentren man erst grausam betonierte Schluchten zwecks ungebremster Motorisierung geschlagen hat, um anschließend dem genauso großen Unfug der Einrichtung verkehrsfreier, stagnierender Fußgänger-Biotope zu huldigen. Auf diesen und anderen Feldern ist auch die Schweiz schon seit langem von den in Deutschland vorherrschenden Torheiten erfaßt worden, doch wenigstens zeitverschoben und abgebremst durch die Autonomie der Kantone, durch Volksabstimmungen, durch das in den Sektoren der Gesellschaft besser verankerte Vielparteiensystem und dank der Klugheit, sich dem alles applanierenden Moloch EU nicht besinnungslos auszuliefern. In den fünfziger Jahren jedoch, als ich die Schweiz entdeckte, waren auch die Großstädte noch Vorbilder an Lebensqualität.

Doch kehren wir nach diesem Exkurs zu den Anfängen meines Studiums in Basel zurück. Die morgendliche Fahrradfahrt der Wiese entlang, an den stets brummigen Zöllnern vorbei durch die mit zartgrünem Blätterwerk geschmückten Langen Erlen ist ein einziges Frühlingsvergnügen. Für die ganze Fahrt von der Tüllinger Straße bis dorthin brauche ich nicht mehr als 35 oder 40 Minuten.

Das schneeweiße Kollegiengebäude ist eine wahre Oase der Gelehrsamkeit, der Geselligkeit und des Wohlbehagens. Es ist kurz vor dem Zweiten Weltkrieg errichtet worden. Der im Deutschland Adolf Hitlers geschätzte neoklassizistische Diktatorenstil, dem ich später auch am Bahnhof Termini in Rom und anderswo in Italien begegne, hat die Basler Architekten der dreißiger Jahre nicht ganz unbeeindruckt gelassen. Auf mich wirkt diese erste Universität, an der ich zu studieren gewürdigt bin, modern, lichterfüllt und in jeder Beziehung vorbildlich. Die großen Glasfenster mit Räumen, in denen mittelgroße Kollegs stattfinden, öffnen sich zum Petersplatz mit seinen schönen alten Kastanienbäumen. Darüber hinweg geht der Blick auf die stillvollen Barock- und Rokokogebäude aus dem 18. Jahrhundert. Dem Eingang zum Kollegiengebäude schräg gegenüber liegt die Peterskirche. Auf dem Platz davor steht das Denkmal meines Namenspatrons Johann Peter Hebel, der hier in Basel einen genauso hohen Klang hat wie in Lörrach.

Ein architektonisches Labsal ist auch der Innenhof des Kollegiengebäudes, zu dem hohe Schiebetüren aus den mit grauen Granitplatten belegten Fluren hinausführen oder auf den man von den rückseitig gelegenen Hörsälen hinunterblickt. Auch hier ist alles großzügig verglast. Links vom Haupteingang hängen die handschriftlich unterzeichneten Vorlesungsankündigungen. Privatdozenten, Extraordinarien oder Honorarprofessoren beginnen ihre Lehrveranstaltungen zumeist in der ersten Semesterwoche, die Ordinarien fast grundsätzlich erst in der zweiten, manche auch erst in der dritten Woche. Geht man weiter, so liegen rechts die Büros der Verwaltung, in denen man sich nach genauer Überprüfung der Unterlagen einzuschreiben und in der Quästur das Kolleggeld zu entrichten hat. Wenn ich mich recht entsinne, haben sich damals die Grundgebühren pro Semester auf 120 oder 150 Schweizer Franken belaufen. Bei einem Wechselkurs 1 Schweizer Franken für 3 D-Mark sind das Summen, die durchaus ins Gewicht fallen. Für jede Kollegstunde werden zusätzlich zwei Franken berechnet (oder waren es drei?), die an den jeweiligen Dozenten gehen. Das übliche vierstündige Hauptkolleg erbringt dem Ordinarius somit acht (oder zwölf?) Schweizer Franken. Bei einer Vorlesung mit 150, 200 oder noch mehr Hörern ist das eine hübsche Summe. Die letzte Stunde, in denen die Ordinarien den großen Hörerscharen schriftlich das Abtestat erteilen, ist für sie mit angenehmen Empfindungen verbunden. Die Nichtordinarien könnten jedoch nicht von den Kolleggeldern leben. Selbst renommierte Gelehrte haben oft nur 30, manche nur 20 oder auch nur 10 Hörer, denn die gesamte Studentenschaft zählt erst an die 4 000 Studierende. Die Massenschwemme hat noch nicht eingesetzt. Zu meinen unvergeßlichen Erinnerungen gehört beispielsweise ein Privatissimum bei dem als Kenner frühmittelalterlicher Lyrik berühmten Wolfram von den Steinen, der sich jeweils am Samstagmorgen gütig bereit findet, eine Studentin, die Kunstgeschichte studiert, und mich selbst in der Übersetzung von mittellateinischen Texten zu trainieren, ohne von dem alt verbrieften Recht, *tres faciunt collegium*, Gebrauch zu machen.

Linksseitig am Ende des langen Flurs liegen zwei stark in Anspruch genommene Räume: der Lesesaal, in dem auch mehrere Arbeitstische stehen, und die Cafeteria. Kaum ein Tag, an dem ich nicht zwischen den Kollegs oder über die Mittagszeit insgesamt eine gute Stunde im Lesesaal verbringe. Hier hängen nämlich die wichtigsten aus- und inländischen Zeitungen: *Le Monde*, die Londoner *Times*, bei der damals die Obituaries noch auf Seite 1 stehen, der *Corriere della Sera* und die *Frankfurter Allgemeine*. Aus der Schweiz stehen die beiden konkurrierenden Basler Blätter zur Verfügung: die liberale *Nationalzeitung* (von den spöttischen Studenten Nazi-Zeitung genannt) und die konservativen *Basler Nachrichten*. Hinzu kommen die *Neue Zürcher Zeitung*, der Berner *Bund* und, damals von Studenten gern gelesen, die linksliberale *Weltwoche*.

In der Cafeteria stehen etwa acht Tische, die jedoch ausreichen. Man kann hier Kaffee, Tee, nichtalkoholische Getränke, belegte Brote, Croissants oder Salate kaufen. Wenig bemittelt, wie ich nun einmal bin, erspare ich mir das. Tag für Tag verzehre ich hier, ich gebe zu, etwas geniert, die bestrichenen Brote, die mir meine Mutter mitgegeben hat. Diese Andeutung einer Mensa genügt den Bedürfnissen, weil die meisten der Studierenden aus Basel kommen und zu Hause oder in einem der zahlreichen Cafés unten in der Stadt lunchen, andere auf den Häusern ihrer jeweiligen Verbindung.

Vom Lesesaal und der Cafeteria aus öffnen sich Schiebetüren auf den besonders schönen Innenhof. In den warmen Monaten sitzt man dort über die Mittagszeit gern an vier oder sechs blau gestrichenen Tischen, diskutiert und liest oder schreibt an irgendwelchen Arbeiten. Der Innenhof ist ein Atout des Kollegiengebäudes. Er ist von hohen Platanen, einem Götterbaum und anderen wertvollen Bäumen beschattet. Der Boden ist dem Gebäude entlang mit grauen Granitplatten belegt, doch größtenteils mit Rasen bedeckt und besitzt auch ein großes, schön in Stein eingelassenes Bassin, in dem zwei Dutzend träge Goldfische umherschwimmen. Im dritten Semester, als mir der ruhige Basler Studienbetrieb allmählich auf den Geist geht, scheinen sie mir symbolisch.

Am Ende des Parterres liegt die große Aula. Sie ist mir durch zwei Auftritte in Erinnerung geblieben. Zum ersten durch die feierliche Immatrikulation, die dort Semester für Semester stattfindet, bei welcher der Rektor eine erbauliche Ansprache hält, um anschließend jeden Studierenden nach Namensaufruf durch den Pedell mit Handschlag auf die Satzung der Universität Basel zu verpflichten. Für Erstsemester ist die Teilnahme verbindlich. Ein Nachtermin aus zwingendem Grund ist gestattet. Versäumt ein Erstsemester auch den zweiten Nachtermin, erfolgt die Exmatrikulation.

Der zweite Auftritt in der Aula, an den ich mich noch lebhaft erinnere, ist eine Lesung von Max Frisch. Frisch ist zwar kein Basler, sondern einer der in Basel prinzipiell nicht geschätzten Zürcher. Doch sein Ruhm hat auch Basel erreicht. Eben ist sein Roman *Stiller* erschienen, dessen Held auf dem Elsässerbahnhof arretiert und dann in das Stadtgefängnis, den Lohnhof, verbracht wird. Frisch gibt in einem der damals angesagten dunkelgrünen Regenmäntel im GI-Stil seinen Auftritt, wirft das den Intellektuellen kennzeichnende Kleidungsstück lässig über einen Stuhl und muß bei der Lesung über die eigenen Groteskszenen immer wieder selbst laut lachen. Er imponiert uns mächtig. Vergleichsweise lange werden mich seine Dramen, seine Romane und das *Tagebuch 1946–1949* beschäftigen, bis auch dieser kluge Kopf dem Schicksal erliegt, nur noch redundant zu schreiben. Sein leicht befremdlicher Selbsthaß auf das eigene Land läßt mich vermuten, daß die analogen Erscheinungen eines deutschen Masochismus doch wohl transnationalen Zeitströmungen entspringen, auf die linke Intellektuelle selbst in der vom Schicksal so bevorzugten Schweiz seismographisch reagieren. Damals stört sein Schmäh weder mich selbst noch die Basler Kommilitonen. Selbstkritik und Verspottung der Obrigkeit stecken jedem echten Basler in den Genen.

In Basel beglückt nicht nur die wohltuende Atmosphäre des Kollegiengebäudes. Noch bekömmlicher für gelehrte Studien ist das Klima in der Universitätsbibliothek. An langen Arbeitstischen, die wegen der auch tagsüber meist herrschenden Dämmerung von grünbeschirmten Lampen erhellt werden, können dort schon Erstsemester, von Bücherstößen umgeben, ihre Seminararbeiten verfertigen. In einem besonderen Zeitschriften-Lesesaal mit breiter internationaler Palette läßt sich studieren, welches die jeweils aktuellen Hauptthemen in den einzelnen Disziplinen sind und welche Autoren etwas zu sagen haben.

Die Seminare der Historiker und der Germanisten liegen zehn Minuten entfernt an einem Gäßchen, das von der Freien Straße aus steil zum Münsterberg emporführt. Dort stehen die sehr geräumigen Häuser, die, im Innern wieder und wieder umgebaut, zweihundert oder dreihundert Jahre alt sein mögen und nun der Wissenschaft dienen. Wer dem Seminar angehört, findet hier gut assortierte Freihand-Bibliotheken. Auch dort läßt sich gut lesen und studieren. Bei den Historikern bin ich manchmal neben dem aufsichtführenden Assistenten der einzige Student, der hier seiner Leselust frönt oder ein Referat zu Papier bringt.

Das Studium in Basel würde mir nicht auf Anhieb so gut gefallen, wären da nicht die sehr angenehmen, durchweg freundschaftlichen Mitstudenten, korrekter gesagt: Mitstudentinnen und Mitstudenten. Viele von ihnen stammen aus Basel und haben dort die Gymnasien besucht. Somit ist der Umgangston generell kameradschaftlich, humorvoll und, man stammt schließlich aus Basel, von launiger Spottsucht gekennzeichnet. Da ich von Hause aus den alemannischen Dialekt spreche, werde ich ohne weiteres, wie man heute sagt, »integriert«. Bekanntlich sind die Schweizer Dialekte vielfach verschieden, so daß ich bei Unbekannten leicht für einen Schweizer durchgehe, obschon ich Wert darauf lege, als Deutscher identifiziert und anerkannt zu werden. Basler, die während der ganzen Schulzeit nur mit Schweizern zu tun haben, wollen voller Neugier und Sympathie erfahren, was einer der damals noch nicht allzu häufig auftretenden deutschen Kommilitonen so alles zu fragen und zu sagen hat.

Wenn ich hier anerkennend von dem menschlichen Klima an der Universität spreche, verdienen auch die Monate »auf dem Bau«, also als Hilfsarbeiter bei einem großen Bauunternehmen, gleichfalls eine Erwähnung. Drei Sommer lang, auch als ich schon in Freiburg studiere, verdiene ich dort schönes Geld. Wer sich für diese meist recht schwere Arbeit nicht zu gut ist, kann im Monat rund 500 Franken verdienen, also umgerechnet rund 1500 DM. Zufällig hat sich das Kontobuch meines Vaters erhalten. Seine monatlichen Einkünfte nach Steuern, doch vor den laufenden Abzügen für Versicherungen, Strom, Gas usw., belaufen sich auf rund 550 DM. Die verfügbare Summe verringert sich aber um die Monat für Monat fälligen, laufenden Abzüge für Versicherungen, Strom, Gas usw. Der Staat hat seine Lehrer in den fünfziger Jahren noch sehr knappgehalten. Der Alte Herr hat mir in seine damals noch angespannte Lage nie Einblick gegeben, doch es bedarf keiner Worte, daß ich für einen Teil meiner Studienkosten und alles, was so nebenher läuft, selbst aufzukommen habe.

Nach den Transportarbeitern bei der Lörracher Firma Mutter begegne ich nun den Basler Bauarbeitern. Dort geht es naturgemäß grob zu, und ich lerne bei dieser Gelegenheit auch jede Menge schmutziger Flüche und schmutziger Geschichten kennen. Doch auch hier kann ich mich über die Aufnahme nicht beklagen. Daß ich aus Deutschland komme, spielt überhaupt keine Rolle. Bei uns arbeiten auch Elsässer und Italiener. Hingegen verspüre ich doch manchmal, daß mir in meiner Eigenschaft als Student Vorbehalte entgegengebracht werden, vor allem dann, wenn ich selbst die eine oder andere unpassende Bemerkung mache, die Verdruß erregen muß. Der Bauarbeiter weiß, daß er selbst zeitlebens zur schweren Drecksarbeit verurteilt ist, während der Student eher früher als später in einem angenehmen Intelligenzberuf ankommen wird. Wenn ich mit dem Handwerkszeug nicht richtig umgehe oder einen der Arbeitskollegen unabsichtlich mit der Schaufel anstoße, nehme ich daher das Schimpfwort »du Schofseggelstudent« nicht übel.

Bei diesen Arbeiten lerne ich die verschiedenen Stadtviertel Basels und die Innereien der Basler Baulichkeiten viel besser kennen als meine Studienkollegen an der Universität, die von meiner Tätigkeit als verachteter Hilfsarbeiter auf dem Bau keine Ahnung haben. Wochenlang ist unsere Truppe mit dem Umbau feiner Kaufhäuser oder Einzelhandelsgeschäfte in der Freien Straße beschäftigt. Betonmauern und Betonböden werden mit Presslufthammern zertrümmert (ich melde mich einmal vorwitzig für diese schwere Arbeit und muß den gutmütigen Polier nach der

Erfahrung dieses einen Tages darum bitten, den untrainierten »Schofseggelstudenten« künftig damit zu verschonen), dann müssen die Brocken auf Handkarren geschaufelt, abgefahren und auf bereitstehende Lastwagen gekippt werden. Niemand denkt in jenen Tagen schon daran, den ganz unerträglichen Staub durch Berieselungsanlagen zu binden. Genauso unschön ist es, auf dem Bruderholz, wo wohlhabendere Basler wohnen, bei Regen auf dem schlammigen Gelände um irgendwelche Neubauten tiefe Gräben auszuschachten, die für Kanalisationsrohre bestimmt sind. Jene eleganten kleinen Bagger, die heutzutage diese Arbeiten erledigen, befinden sich damals noch nicht einmal im Reißbrettstadium. Selbst wenn nur einzelne Gebäude umgebaut oder erweitert werden, wie etwa der »Thiersteiner Hof« im Gundeli-Quartier, entdeckt man, wieviel scheußlicher Schmutz sich unter Böden und in Decken ansammelt. Immerhin ist dort der Wirt so großzügig, dem Bautrupp ein richtiges Mittagessen zu spendieren.

Nie werde ich künftig vergessen, wie leichtsinnig Bauarbeiter auf den Gerüsten hoch über belebten Straßen hantieren. Hämmer fallen in die Tiefe, Kübel voller Mörtel kippen um. Eine Szene steht mir bis heute vor Augen. Einem von unserem Bautrupp rutscht in der Freien Straße voller Menschen eine lange Eisenstange aus und saust in die Tiefe. Zum Glück kommt niemand zu Schaden. Doch seit diesem Erlebnis mache ich bis heute selbst um gut abgesicherte Baustellen einen großen Bogen. Wer im »blauen Anton« und mit schmutziger Kopfbedeckung angetan ist, entwickelt proletarischen Stolz. Man verachtet die Bürger, die in anständiger Gewandung vorbeigehen, und ist fest davon überzeugt, daß nur schwere Handarbeit rechte Arbeit ist.

Beim späteren Nachdenken über diese Monate »auf dem Bau« wundere ich mich aber schon, wie wenig zu meiner Zeit selbst im fortschrittlichen Basel mit seinen gut organisierten Gewerkschaften für den Schutz der Arbeiter getan worden ist. An gelbe Stahlhelme, wie sie inzwischen seit langem Vorschrift sind, denkt damals noch niemand.

Meine Basler Professoren

Seit ihrer Gründung im Jahr 1459 unter dem Patronat des großen Basel-Fans Pius II., des legendären Humanisten Eneo Silvia Piccolomini, rühmt sich die Universität Basel einer langen Reihe von Gelehrten, die weit über die Stadtmauern und Landesgrenzen hinweg Aufmerksamkeit fanden. Auch die frühen fünfziger Jahre des 20. Jahrhunderts sind wohl wieder eine der Sternstunden der *Universitas Basiliensis.* Natürlich findet sich auch in Basel Durchschnitt. Guter Durchschnitt? Sehr guter Durchschnitt? Lassen wir dies dahingestellt. Wir Studenten sind jedenfalls davon überzeugt, an einer Spitzenuniversität im deutschen Sprachraum zu studieren. Heute kann ich dies besser beurteilen als damals und finde, diese Einschätzung war zutreffend.

Wie es sich gehört, höre ich fleißig die Hauptvorlesungen in den Studienfächern Deutsch, Französisch und Geschichte. Der Star unter den Germanisten ist Walter Muschg, Ordinarius für deutsche Literaturwissenschaft. Er liest ein gut gegliedertes, Satz für Satz schriftlich ausgearbeitetes vierstündiges Kolleg über die Spätromantik – Lenau, Grillparzer, Nestroy, Platen, Mörike, Heine –, trägt eindrucksvoll vor und zeigt sich manchmal beim Vortrag eines Gedichts oder bei Schilderung der Lebenskrise einer dieser Größen selbst tief ergriffen. Ich fühle mich angespornt, die wichtigsten der von ihm behandelten Texte im Germanistischen Seminar zu studieren. Erst als ich in Freiburg tiefer in die Materie eindringe, wird mir bewußt, daß ich ganz zu Beginn meiner Studien auf einen der originellsten Köpfe in der damaligen Germanistik gestoßen bin. Im Jahr 1948 hatte er sein *Opus magnum* publiziert, dem er den kryptischen Titel *Tragische Literaturgeschichte* gab und das ihn berühmt machte. Nicht vielen Monographien aus den vierziger Jahren widerfährt es übrigens, daß sie im Jahr 2006 posthum eine Neuauflage erleben.[6] Ich selbst habe in den Basler Anfängen versucht, mich in dem eigenwillig konzipierten Werk einzulesen, war aber noch zu unreif, um es voll zu verstehen.

In der seinerzeitigen Germanistenzunft galt dieser physisch eindrucksvolle Mann eher als Außenseiter, fast als Querdenker. Auch seine leidenschaftliche Zeitkritik war damals eher noch unüblich. Den materialistischen Kapitalismus haßte er genauso wie die politischen Irrwege und Narreteien nationalistischer deutscher Literaten. Ich schätzte in ihm einen Meister der Interpretation, dem Tausende von Texten präsent waren. Zugleich war er ein Professor von atemberaubender Subjektivität. Autoren, die er liebte – Gotthelf, Stifter, Kafka, Barlach, Döblin oder Sigmund Freud –, verstand er nach allen Regeln der Kunst zu illuminieren. Doch alle, die er ablehnte oder deren Wirkung er für verhängnisvoll erachtete, und ihrer waren viele – von Richard Wagner über Nietzsche und Gerhart Hauptmann bis zu Gottfried Benn –, entsandte er nach präziser Urteilsbegründung, die auch einige mildernde Umstände erwähnte, aber nicht gelten ließ, wie ein schweizerischer Saint-Just unter die Guillotine. *Die Zerstörung der deutschen Literatur*[7] ist seine streitbarste Aufsatzsammlung betitelt. Wäre ich länger bei ihm geblieben, hätte ich lernen können, wie man einerseits mit bestem Gewissen mausetote Klassiker oder zeitgenössische Theoretiker zur Freude der Studenten beredt aufs Postament hebt und wie man andererseits die hohe Kunst literarischer Hinrichtung ausübt.

In meinen eigenen Vorlesungen habe ich später personalisierte Schauprozesse vermieden und – vielleicht allzu oft – die Melodie des »Einerseits-Andererseits« gespielt. Jeder folgt eben seinem eigenen Temperament. Beeindruckt hat es mich aber schon, wie dieser Germanist aus dem linken Spektrum, der während des Krieges auch dem Schweizer Nationalrat als Abgeordneter angehörte, bei den jeweils traktierten Schriftstellern oder Strömungen die politische Essenz herauszuarbeiten verstand, ohne dabei die genuin dichterischen Aspekte zu vernachlässigen. Muschg war gleichzeitig ein Gelehrter und ein engagierter Intellektueller. Daß er gern auch den Propheten spielte, habe ich jedoch eher spöttisch zur Kenntnis genommen.

Während der drei Semester meines Studiums in Basel habe ich übrigens auch ein Kolleg bei dem Berner Literaturwissenschaftler Fritz Strich gehört. Er war schon emeritiert und nahm in Basel als Lehrstuhlvertreter eine Gastprofessur wahr. Sein weitgespanntes Kolleg, das vom Jungen Deutschland bis Wilhelm Busch und Paul Heyse reichte, hatte Hand und Fuß. Doch ist er mir damals wie eine Art Kontrastfigur zu Muschg vorgekommen – vollendet objektiv und vollendet uninspirierend. Erst Jahrzehnte später, als ich zeitweilig alles in mich aufsog, was über die Schriftsteller-Cliquen der ersten Jahrzehnte des 20. Jahrhunderts geschrieben worden ist, zumal über die zahlreichen Deutschen, die im Ersten Weltkrieg und während des Dritten Reichs in die Schweiz emigrierten, werde ich entdecken, welch bedeutende Rolle der jetzt so abgeklärt wirkende Fritz Strich in der zeitgenössischen Literaturszene vom Kaiserreich bis zum Zweiten Weltkrieg gespielt hat.

Meine Grundausbildung im Verfertigen von Referaten habe ich im Proseminar des sympathischen Privatdozenten Louis Wiesmann abzuleisten. Ein Referat über Mörikes *Maler Nolten* gab auch Gelegenheit, meine freilich mehr als oberflächlichen Vorstellungen über Ödipuskomplexe und andere Psychosen einfließen zu lassen. Psychoanalyse war damals in Basel die große Mode. Natürlich hatte auch ich als ein an die Universität entlassener Bücher-Vielfraß nichts Besseres zu tun, als mich schleunigst in Freuds *Psychopathologie des Alltagslebens* und seine *Vorlesungen zur Einführung in die Psychoanalyse* zu versenken. Ich ließ es mir auch nicht nehmen, zwei Kollegs bei dem Psychoanalytiker Heinrich Meng zu hören. Eindrucksvoll war dort nicht zuletzt das Publikum: eine ganze Reihe scharf intellektueller Damen, die lässig von ihren Lehranalysen zu berichten wußten und so ganz anders waren als die ansehnlichen, unkomplizierten Mädchen bei den Germanisten. Meng kam übrigens, so erfuhr ich, aus dem berühmten Frankfurter Sigmund-Freud-Institut, war in die Schweiz emigriert und hatte schließlich in Basel ein Extraordinariat für »Psychohygiene« erhalten. Die entsprechende Standard-Vorlesung habe ich mir noch angehört, kam danach aber zum Schluß, daß die beste Psychohygiene darin besteht, um Psychoanalytiker und Psychoanalytikerinnen einen großen Bogen zu machen.

Die große Autorität der Basler Romanistik war der schon in vorgerückten Jahren stehende Walther von Wartburg, ein in ganz Europa berühmter Gelehrter, Gründer und immer noch tätiger Herausgeber des *Französischen Etymologischen Wörterbuchs* (FEW). Ich hörte auch bei ihm. Als ich aber zwei seiner Kollegs sozusagen inhaliert hatte, habe ich erkannt, daß Studierende meines Schlages mit ausschließlich literaturwissenschaftlichen Interessen gut daran tun, sich die diffizile Materie der Philologie erst kurz vor dem Staatsexamen einzuverleiben, um sie dann schleunigst wieder zu vergessen. Bei Wartburgs Sohn, damals ein Privatdozent für Neuere Geschichte, hörte ich übrigens mit Gewinn mein erstes Kolleg zur Geschichte der Vereinigten Staaten. Wartburg junior war einer jener Dozenten, bei denen sich selten mehr als ein Dutzend Studenten einfanden. Die gleichzeitige Präsenz der beiden Wartburgs war ein Indiz dafür, daß auch an der Universität Basel eine leichte Tendenz zum Familienbetrieb verspürbar war, fakultätsübergreifend und seit altersher. So hatte beispielsweise der Bruder des damals weltberühmten Theologen Karl Barth eine Professur für Philosophie. Weshalb ich bei diesem eine Vorlesung über Anaximander, Parmenides und Heraklit belegt habe, weiß ich nicht mehr. Vielleicht war ich der Meinung, man müsse die Philosophiegeschichte wie ein schönes Diner mit den Vorsokratikern als Vorspeise beginnen.

Tatsächlich hat sich in Basel der Familienbetrieb aber doch in engen Grenzen gehalten. Viel auffälliger war bei genauerem Zusehen, daß vergleichsweise viele Professoren damals doch aus Deutschland stammten. Wie schon zu den Zeiten Jacob Burckhardts lief in dieser sehr selbstbewußten Universität, an der auch die Kulturpolitiker im Rathaus bei Berufungen mitwirkten, offenbar beides nebeneinander her: Einerseits fand sich eine freudige Bereitschaft, es immer wieder mit interessanten Persönlichkeiten »aus dem großen Kanton« zu versuchen, andererseits hielt sich die nachvollziehbare Entschlossenheit, gescheiten Abkömmlingen aus schweizerischen Professoren- oder Pfarrersfamilien eine Wirkungsstätte zu sichern.

Viel mehr als von Wartburg interessierte mich der Literaturwissenschaftler Georges Blin, der französische Literaturwissenschaft vertrat und grundsätzlich nur auf Französisch dozierte, was meinen eigenen Sprachkenntnissen zugute kam. Er war noch vergleichsweise jung. Es hieß, er habe der Résistance angehört und sei im Oktober 1944 in Belfort zum Schein vor ein deutsches Exekutionskommando geführt worden, um Geständnisse zu erpressen. Über Blins politisches Vorleben war von ihm selbst jedoch nichts zu hören. Er war geradezu das Musterbild eines Professors aus den akademischen Kaderschmieden von Paris, trug magistral, brillant, mit großer Kälte vor, und auch bei ihm war jeder Satz des Kollegs schriftlich fixiert. Sein scharfes Urteil über jeden Autor, jedes Werk und jede Strömung, die er behandelte, ließ keinen Widerspruch zu. Nie mehr später, auch nicht an der Science Po, habe ich einen Dozenten erlebt, der sein Kolleg in solchem Tempo vorgetragen hat, gewissermaßen mit der Feuergeschwindigkeit eines Maschinengewehrs. In einem einzigen Kolleg schaffte er es, Stendhal, Flaubert, Hippolyte Taine, Sainte-Beuve, Baudelaire, Verlaine, Rimbaud und zwei Dutzend andere zu analysieren. Obschon in Basel mehr Zeit für die begleitende Lektüre zum Kolleg war als später, konnte ich naturgemäß nur einen Teil dieser heterogenen Gestalten mit ihren Hauptwerken kennenlernen, die er vorgestellt hat. Doch als ich danach in Freiburg in den Bannkreis Hugo Friedrichs geriet, war ich dank Blin kein blutjunger Anfänger mehr. Die Faszination durch das bunte Geistesleben der Restaurationszeit, des Second Empire und der Dritten Republik ist mir übrigens geblieben.

Am stärksten engagierte ich mich bei den Historikern. Zwei Ordinarien beherrschten in Mittlerer und Neuerer Geschichte das Feld: Edgar Bonjour und Werner Kaegi. Zwischen den beiden bestand eine klare Arbeitsteilung. Bonjour deckte die gesamte Schweizer Geschichte und die internationalen Beziehungen im 19. und 20. Jahrhundert ab. Kaegis unter uns Studenten berühmter Sechs-Semester-Zyklus, durchweg vierstündig vorgetragen, erfaßte demgegenüber die gesamte europäische Geschichte vom Frühmittelalter bis zur Spätaufklärung.

Kaegis Kollegs waren prinzipiell gesamteuropäisch angelegt. Sie vermittelten ein nuanciertes Panorama europäischer Geschichte von Irland und England bis in den Ostseeraum mit Schweden und Rußland. Die italienische und die deutsche Staatenwelt wurden ebenso gründlich behandelt wie Frankreich und die Niederlande. Ganz selbstverständlich verknüpfte er die politische Geschichte mit Geistesgeschichte, Kunstgeschichte, Verfassungsgeschichte, Militärgeschichte und Wirtschaftsgeschichte. Für mich war das prinzipiell nichts Neues. Mein Gymnasialunterricht war ähnlich vielschichtig und gesamteuropäisch angelegt gewesen. Aber nach der grundlegenden Unterrichtung durch meine Gymnasiallehrer hatte ich jetzt die Empfindung, bei einem Großmeister angelangt zu sein. Gleich, ob er über die Ottonen las oder über die von Religionsstreitigkeiten und Machtpolitik erschütterte Staatenwelt des 16. und 17. Jahrhunderts – stets überzeugte er in ruhigem Vortrag durch eine souveräne Kombination von breitgespannter Analyse mit nimmermüder Beleuchtung des Details. Kaegi bestärkte mich in der Überzeugung, daß ältere, neuere und neueste Geschichte nur im europäischen Gesamtkontext und seit dem Zeitalter der Entdeckungen nur in globaler Perspektive zu behandeln sind. Als ich mich später der Zeitgeschichte verschrieb, war mir die gesamteuropäische und globale Blickweise schon in Fleisch und Blut übergegangen.

Weshalb mich Kaegi schon als Zweitsemester in sein Hauptseminar aufnahm, weiß ich nicht mehr, vielleicht, weil ich mich in lateinischen und griechischen Quellen zurechtfand. Unvergessen ist mir das Seminar über den Bischof Liutprand von Cremona, der im 10. Jahrhundert im Auftrag der Ottonen verschiedentlich nach Byzanz gereist war. Bei der Lektüre seiner *Historia Ottonis* und der *Relationes de legatione Constantinopolitana* ist den Seminarteilnehmern oder jedenfalls mir selbst vieles klargeworden, ganz besonders das Kulturgefälle zwischen Byzanz und den noch in halbbarbarischen Verhältnissen lebenden Ottonen. Ich lernte, wie spannend es ist, wenn man die frühmittelalterliche Welt aus der noch unvertrauten, doch überragend wichtigen norditalienischen Perspektive betrachtet und nicht allein unter Rückgriff auf Quellen, deren Verfasser diesseits der Alpen ihren Sitz hatten. Kaegi, offensichtlich auch ein pädagogisch begabter akademischer Lehrer, verstand es mit großem Geschick, uns herausfinden zu lassen, wie Bischof Liutprand, ein Kleriker und Diplomat des 10. Jahrhunderts, bereits einem weltkundigen, leicht zynisch grundierten historiographischen Kulturrelativismus huldigte, den man üblicherweise erst in den Anfängen der Renaissance vermutet.

Genauso spannend war Kaegis Seminar über die Alemannen in der Übergangsepoche von der Spätantike bis ins 13. Jahrhundert. Bei dieser Gelegenheit sahen wir uns veranlaßt, die führenden älteren und jüngeren Forscher sowie die wichtigen Quellensammlungen heranzuziehen. Unaufdringlich brachte er uns auch bezüglich dieser Jahrhunderte bei, wie einerseits allein die transnationale Sichtweise und andererseits fachübergreifende Forschungen (historiographische Quellenanalyse, Heranziehung archäologischer Befunde, philologische Untersuchungen) die verworrenen Gegebenheiten aufzuhellen vermögen. Nie machte er jedoch einen Hehl daraus, daß er die Vorgänge im damaligen Mitteleuropa aus einer spezifisch Basler Perspektive erfaßte.

Kaegi war stolz darauf, im »Haus auf Burg« zu residieren, also auf dem Münsterhügel, wo Kelten, Römer und dann die ersten Bischöfe ihre Spuren hinterlassen hatten. Wer seinem Hauptseminar angehörte, wurde periodisch in das Studio dieses schönen Hauses an der Ecke des Münsterplatzes gebeten, in dem Kaegi inmitten seiner berühmten Bibliothek mit Blick über den Rhein auf den Schwarzwald und ins Elsaß seine Sprechstunde abzuhalten pflegte. Ein mit Noten bepackter Stuhl, ein Notenständer und eine Violine (oder war es ein Cello?) schufen eine musikalische Atmosphäre. Mit dem Hausmädchen, das die Studenten einließ, parlierte Kaegi italienisch.

Anders als die sonstigen Koryphäen in den damaligen Basler Geisteswissenschaften – etwa Karl Jaspers oder Walter Muschg – war Kaegi keine imponierende physische Erscheinung, hätte vielmehr auch ein Bankbeamter, Studienrat oder Kaufmann sein können. Der Wohnsitz, in dem er sich natürlich, ganz ungravitätisch bewegte, beeindruckte aber stark. Damals waren bereits die beiden ersten Bände seiner Biographie über Jacob Burckhardt erschienen. Neugierig habe ich sie in der Universitätsbibliothek angeblättert, ohne daß sie mich aber, so muß ich zu meiner Schande gestehen, in ihren Bann geschlagen hätten. Erst in den achtziger Jahren hat sich mir dieses inzwischen auf acht Bände angewachsene, gewaltige Werk erschlossen. Noch heute bekümmert es mich, daß Kaegi 1979 über den Arbeiten am letzten Band der Burckhardt-Biographie verstorben ist und das Kapitel über den Lörracher Freundeskreis um Eduard Kaiser, Marcus Pflüger und Friedrich von Preen sowie seine Schilderung des politischen Lebens im damaligen Großherzogtum Baden nicht mehr schreiben konnte.

Eigentlich ist mir auch erst durch die Biographie Kaegis das Werk Jacob Burckhardts erschlossen worden. Sollte ich die Historiker nennen, von denen ich am meisten gelernt habe und immer noch lerne, würde ich neben Jacob Burckhardt, Henry Adams, Fernand Braudel und Jean-Baptiste Duroselle auch Werner Kaegi erwähnen.

Von den akademischen Basler Lehrern, die mich damals beeindruckten, ohne so recht zu erkennen, daß ich mich inmitten von intellektuellen Kraftfeldern befand, ist von Kaegi die stärkste Langzeitwirkung ausgegangen.

Selbstverständlich zögerte ich auch nicht, mich unter die Massen zu mischen, die sich in den Kollegs von Karl Barth, Karl Jaspers und Edgar Salin einfanden. Karl Barth habe ich mir allerdings nur zwei- oder dreimal angehört. Von seinem Ruhm hatte ich schon in den vorhergehenden Jahren vernommen. Daß er in dem voll in Gang befindlichen Ost-West-Konflikt zu den protestantischen *Fellow travellers* Kontakt hielt, im Grunde sogar ein Anführer dieser Strömung war und dabei Sympathien für gewisse Aspekte des Kommunismus erkennen ließ, mag mich von vornherein allergisch gemacht haben. Nun stieß mich auch seine Persönlichkeit ab: sein gutturales, »berndütsch« eingefärbtes Hochdeutsch, eine selbstgefällige, sichtlich auf Effekt bei den Zuhörern abgestellte Polemik gegen Professoren, die er ablehnte (etwa gegen Karl Jaspers, der teilweise zu den gleichen Stunden las wie er selbst) und die gläubige Verehrung der zu seinen Füßen sitzenden Theologen, die aus aller Herren Länder kamen, um ihn zu hören – das alles mißfiel mir. Einige dieser jungen Herrschaften kannte ich persönlich und hatte an ihnen die verdummende Wirkung eines professoralen Gurus festgestellt. Nachdem ich zuerst in Basel die unkritischen Barthianer kennengelernt hatte, reizte kurz danach die noch sehr viel zahlreichere Sekte der Heideggerianer in Freiburg erneut meine Spottlust.

Demgegenüber erweckte der hochgewachsene Karl Jaspers Ehrfurcht. Seine Vorlesung galt in Basel als »Pelzmantel-Kolleg«. In den ersten drei Reihen des größten Hörsaals, in dem er las, saßen Damen aus der bildungsbürgerlichen Gesellschaft von bereits leicht vorgerücktem Lebensalter, mitten zwischen ihnen die schlicht gekleidete Frau Gertrud Jaspers. Jaspers las damals über »Die großen Philosophen«. Im Wintersemester 1952/53 hatte er diesen Zyklus begonnen, in dem er »Die großen Menschen« – Sokrates, Buddha, Konfuzius, Jesus – sowie »Die fortzeugenden Gründer des Philosophierens« – Plato und Augustinus – vorgestellt hatte. Im Wintersemester 1953/54 kam ich gerade noch zurecht, den zweiten Teil dieser einzigartigen Vorlesung zu hören. Zuerst skizzierte er für Nachzügler wie mich selbst nochmals den Aufriß des Zyklus, um dann in lichtvoller Gliederung über Kant, die Vorsokratiker, Plato und Spinoza zu lesen. Ich versäumte keine Stunde dieses dreistündigen Kollegs, das ausgezeichnet gegliedert war und von Jaspers sehr eindrucksvoll vorgetragen wurde. Als ich nach Freiburg kam und mich in der Bibliothek des Seminars für Politische Wissenschaft jeweils über alle spannenden Neuerscheinungen informierte, stellte ich fest, daß große Teile des 1957 erscheinenden Bandes 1 *Die großen Philosophen*[8] identisch war mit dem Kolleg, das ich drei Jahre zuvor angehört hatte. Erst als Hans Saner 1981 bei Piper die bereits ausgeführten oder fragmentarischen Stücke der von Jaspers angekündigten Folgebände publizierte,[9] erfuhr ich, daß es sich bei den »großen Philosophen« nicht um einen bereits ausgeführten, regelmäßig zu

Gehör gebrachten Zyklus handelte, vielmehr um ein völlig neues Werk, das der damals bereits 70 Jahre alte Jaspers angepackt hatte.

Für ernsthaft die Philosophie Studierende, von denen manche eigens nach Basel kamen, um ihn zu hören, war er bereits ein Monument seines eigenen Ruhms. Da ich als blutjunges Erstsemester auf ihn traf und zudem nie die Berufung zum Philosophen in mir verspürt hatte, war mir sein umfassendes Œuvre unbekannt. Mangels gründlicher philosophischer Schulung hätte ich es wohl auch nicht verstanden. Immerhin war mir so viel klar, daß er sich mit den jeweils vorgestellten Philosophen im Licht seines eigenen Philosophierens auseinandersetzte.

Parallel zu seinem Kolleg hielt Jaspers auch ein Seminar ab, wobei er nicht zwischen Proseminar und Hauptseminar unterschied. Für einen Studenten wie mich selbst, der ich mich nicht getraute, bei dem berühmten Mann eine schriftliche Hausarbeit zu verfertigen, war die Veranstaltung eine Vorlesung wie andere auch, wenngleich in einem kleineren Hörsaal und mit Diskussion. Ich habe später niemals mehr eine ähnliche Seminardiskussion erlebt. Sie begann, indem Jaspers einige Fragen verlas, die ihm schriftlich zugegangen waren oder am Ende des vorhergehenden Seminars von einem reifen Seminarteilnehmer gestellt wurden, häufig von seinem Assistenten. Nach Verlesung dieser Fragen griff er ein weiteres Blatt auf und verlas zehn oder fünfzehn Minuten lang seine wörtlich ausformulierten Antworten. Darauf hielt er eine weiterführende dreiviertelstündige Vorlesung im Rahmen des Seminarthemas, um schließlich mit der Frage zu enden, wer dazu etwas bemerken wolle. Mir kam das recht eigenartig vor: So sah ein Seminar bei einem Philosophen aus, der dem Dialog so hohe Bedeutung zuerkannte!

Kolleg und Seminar waren quasi hohepriesterliche Veranstaltungen, die Jaspers mit hoher Würde und in größter Distanz zu den Hörern absolviert hat. Ich war aber sehr davon angetan, denn er war sichtlich ein rühmenswert fleißiger Mann, der zahlreiche Philosophen und philosophiegeschichtliche Strömungen bestens aufbereitet und kritisch analysiert vorstellte. Obschon ich ihn regelmäßig hörte, ist mir keinerlei politische Äußerung in Erinnerung geblieben. Anscheinend hat er sich diesbezüglich während dieser Basler Jahre, als ich bei ihm hörte, völlige öffentliche Abstinenz in politischen Angelegenheiten auferlegt. Verehrer aus der Heidelberger Zeit, die später über ihn schrieben, haben vermutet, daß er in dem ruhigen Basel doch jene Hunderte von Studierenden aus der Kriegsgeneration vermißte, die in den Jahren nach 1945 an seinen Lippen hingen.

Daß ich bei einem Gelehrten hörte, von dem ein paar Jahre später nochmals stärkste Einflüsse auf die Bundesrepublik ausgehen würden, habe weder ich selbst vorhergesehen noch seine Hörerscharen. Ich bin damals weder auf seine Studie *Die geistige Situation der Zeit* aus dem Jahr 1931 noch auf die in den ersten Nachkriegsjahren in Heidelberg und weit darüber hinaus vieldiskutierten Überlegungen zur Schuldfrage aufmerksam geworden. So war ich völlig überrascht, als seit 1957 Schlag auf Schlag seine zeitkritischen, politisch brisanten Monographien, Aufsätze und Interviews erschienen, die ihn zu dem am stärksten wahrgenommenen und zugleich umstrittensten politischen Publizisten der damaligen Bundesrepublik gemacht haben.

Ich selbst hatte inzwischen im Freiburger Bergstraesser-Seminar angedockt, einem stark politisierten Umfeld. Alles, was Jaspers jetzt an Stellungnahmen herausbrachte, wurde entsprechend gierig von uns verschlungen und diskutiert. In den Basler Semestern war mir der würdige, schon in den Anfängen des Greisenalters stehende Jaspers als unpolitischer Philosoph erschienen, der sich in der Schweiz von dem Umtrieb in Deutschland ausruhte. Jetzt entdeckte ich urplötzlich, daß ich in den Basler Jahren einen nur scheinbar erloschenen Vulkan beobachtet hatte, ohne zu ahnen, daß unter der beruhigten Oberfläche ein heißes Magma glühte, die seit der Atomtod-Kampagne von 1957/58 in einer Abfolge von Eruptionen explodierte. Viel später erst las ich in den eben erwähnten, 1981 erscheinenden *Fragmenten* unter Verweis auf Max Weber das Bekenntnis: »Philosophie, die nicht politisch wird, ist keine echte Philosophie.«[10]

Kein Wunder, daß mich dann die politische Publizistik von Jaspers zwischen 1958 bis zu seinem Tod 1969 stark beschäftigt hat. Von den zahlreichen Analysen zu den Gefahren des Atomzeitalters hat mich keine einzige so nachdenklich gemacht wie die mit verschiedensten Überlegungen vollgestopfte Monographie *Die Atombombe und die Zukunft des Menschen*[11] aus dem Frühjahr 1958. Daß ein Dritter Weltkrieg beim Einsatz sogenannter konventioneller Kampfmittel (Bombenteppiche Hunderter von Flugzeugen oder Feuerwalzen von Artillerie und Stalin-Orgeln) zu fürchterlichen Zerstörungen führen würde, war mir schon damals geläufig. So hatte auch ich mich anfangs damit beruhigt, bei Atomartillerie und Atombomben des Hiroshima-Typs handle es sich um eine sicher schreckliche, aber letztlich doch kontrollierbare Waffe, die wohl auch keine größeren Zerstörungen anrichten würde als der Zweite Weltkrieg in Deutschland. Daß eine Regierung so närrisch sein könnte, Wasserstoffbomben einzusetzen, konnte ich mir nicht vorstellen. Amerika und die Sowjetunion würden einander gegenseitig vernichten. So glaubte ich schon damals an die Wirksamkeit der atomaren Abschreckung, wie sich zeigen sollte, nicht ganz zu Unrecht.

Die differenziert vorgetragenen Argumente von Jaspers weckten aber Zweifel an der Kontrollierbarkeit atomarer Einsätze. Sie beunruhigten jedoch vor allem deshalb, weil er in recht zwingender Beweisführung vor Augen führte, es könne eine Lage eintreten, in der sich die westlichen Regierungen vor die Alternative gestellt sehen würden: Kapitulation vor der Sowjetunion mit der Folge »asiatischer« Versklavung des Abendlands oder weitgehende Auslöschung der Menschheit. Mit großem Ernst arbeitete Jaspers diese Grenzsituation heraus, vermied es jedoch, explizite auszuführen, wie sich die maßgeblichen Staatsmänner zu entscheiden hätten. Doch allein indem er die Vernichtung der Menschheit zur Verteidigung der Freiheit als eine denkbare Option herausarbeitete, über die nachzudenken sei, schien er sich implizite gegen die faktische Kapitulationsstimmung zu wenden, die sich 1958 in Teilen der bundesdeutschen Öffentlichkeit ausbreitete. Sein Plädoyer zur inneren Umkehr im Zeichen der Vernunft kam mir allerdings damals schon genauso utopisch vor wie heute beim nochmaligen Lesen. Die Menschheit ist ein selbstzerstörerisches Experiment der Evolution. Doch im Jahr 1958 schien Jaspers deutlich zur riskanten Selbstbehauptung des Westens aufzurufen, so daß ich seinen in Aporien mündenden Überlegungen doch manches abgewinnen konnte.

Heute denke ich, daß bei ihm bereits eine Art Altersradikalität eingesetzt hatte. Wer am Rande des Grabes steht und kinderlos ist, mag es zumindest für denkbar halten, auch die ganze Menschheit mit sich in die Grube fahren zu lassen. Wahrscheinlich wußte Jaspers selbst nicht, wie er sich als Spitzenpolitiker je nach den jeweils im Krisen- und Kriegsfall gegebenen Bedingungen verhalten würde. Von wie widersprüchlichen Gedanken der Verfasser des »Atombombenbuchs« damals hin- und hergerissen wurde, zeugt sein Briefwechsel mit Hannah Arendt, der 1987 publiziert wurde. Dort schrieb er am 1. Mai 1958, als das Buch im Druck war: »Ich habe viele Sorgen, denn ich habe etwas riskiert, für das die Voraussetzungen und meine Kenntnisse nicht ausreichen. Der Sinn ist, das Problem in allen seinen gesamten Perspektiven zu zeigen ...«, und er schloß diesen Brief mit den Worten: »Mein Versuch kann nur Geltung haben als Versuch, grundsätzlich aufs Ganze zu gehen.«[12]

Nachdem Jaspers unerschrocken und zugleich verkrampft gewissermaßen vors Höllentor getreten war, hatte es durchaus seine Logik, daß er Überlegungen anstellte, ob und wie die Bundesrepublik beides gleichzeitig erstreben könne: die Selbstbehauptung in Freiheit und einen diplomatischen Beitrag zum Abbau der Spannungen. Das Ergebnis war das am 10. August 1960 ausgestrahlte Fernsehinterview mit Thilo Koch, das in der Bundesrepublik wie eine Bombe einschlug, gefolgt von der Schrift *Freiheit und Wiedervereinigung*[13].

Jaspers Absage an die Wiedervereinigungspolitik, die er als deutschen Beitrag zur Vermeidung eines Krieges verstand, hat mir stark zu denken gegeben und mich verunsichert. Daß ein Nebeneinander zweier deutscher Staaten legitim wäre, falls die DDR ein freiheitliches System wäre ähnlich wie Österreich, vielleicht sogar mit Anschlußverbot, ist mir damals, übrigens nach einigem Zögern schließlich auch führenden Politikern in der CDU, als der Weisheit letzter Schluß zur Lösung der »deutschen Frage« plausibel erschienen. Erst im Winter 1989/90 haben ich selbst und große Teile der deutschen Öffentlichkeit die Denkfehler in seinem Konzept entdeckt, das er unter dem verführerischen Titel »Freiheit vor Einheit« präsentiert hatte. Jetzt erst wurden die Pferdefüße dieser Illusion klar erkennbar. Einer DDR mit offenen Grenzen, die sich liberalisierte, würden die Bewohner zu Hunderttausenden weglaufen. Zudem waren SED und Stasi so tief eingegraben, daß ohne rasche

Wiedervereinigung eine echte Demokratisierung der DDR schwer möglich gewesen wäre. Schließlich ließ sich auch erkennen, wie aus den einstmaligen wirtschaftlich leistungsfähigen Regionen in Sachsen und Sachsen-Anhalt oder aus den Werften an der Ostsee ein Faß ohne Boden geworden war, das – so wissen wir heute – gut zwei Billionen Euro erforderte, um die Landschaften wieder zum Blühen zu bringen. 1960 jedoch schien dies vor allem den Intellektuellen in den Medien und in den Universitäten ein taufrisches Konzept, um mittelfristig die sonst unlösbare Berlin-Frage zu entschärfen.

Jaspers war damals nicht der einzige Intellektuelle, der Zweifel an der Richtigkeit bundesdeutscher Wiedervereinigungspolitik in unsere Köpfe säte. Auch Theodor Eschenburg und Golo Mann hielten schon in jenen Jahren die Wiedervereinigungspolitik für obsolet, wenn auch mit teilweise anderen Begründungen als Jaspers. Die kritischen Jahre der Berlin-Krise von 1958 bis 1963, in denen sich für die Bundesrepublik erstmals und letztmals die Frage des existentiellen Überlebens gestellt hat, brachten somit auch bei mir einige meiner früher gern übernommenen Überzeugungen ins Wanken. Zur »Anerkennungspartei«, wie es einige Jahre später hieß, wollte ich zwar noch nicht gehören. Kapitulation vor den Russen, die im Herbst 1956 Ungarn unterjocht hatten, oder auch nur Sympathie für neutralistische Überlegungen kamen für mich weder damals noch später in Frage. Hingegen begann ich auch unter dem Eindruck der Argumente von Jaspers daran zu zweifeln, ob unter den Bedingungen des nuklearen Patts die Wiedervereinigung überhaupt noch eine realistische Option war. Jaspers war jetzt jedoch derart umstritten, er formulierte seine Überlegungen auch derart überzogen, daß ich ihn nicht mehr als Autorität betrachtete, sondern nur noch als eine interessante Stimme unter anderen. Ich hörte in jenen Jahren auf verschiedenste Propheten.

Wie hoffnungslos sich dieser einstmals verehrte Mann mit seinen Befürchtungen verstiegen hatte, ist mir erst 1966 bei Lektüre seiner Streitschrift *Wohin treibt die Bundesrepublik?*[14] voll deutlich geworden. Nach der Emeritierung war für ihn offenbar der Zwang weggefallen, die genuin philosophischen Themen mit originalen Fragestellungen entsagungsvoll darzustellen. Deshalb sind von dem einmaligen Projekt der *Großen Philosophen*, das er schon weit vorangetrieben hatte, neben dem voll ausgereiften Band 1 nur zwei unfertige Nachlaßbände übriggeblieben – eine verlassene Baustelle. Statt dessen kreisten seine Gedanken jetzt unablässig um die traumatischen Erinnerungen an die Jahre 1930 bis 1933 mit den damaligen gleitenden Übergängen zur Diktatur, dies verstärkt durch die Nachwirkungen der Ängste während des Dritten Reiches, in dem sich die Judenverfolgung ständig verschärfte, wobei er die Verhaftung und Ermordung seiner jüdischen Frau befürchten mußte und für beide den gemeinsamen Freitod vorbereitete. Das alles ließ ihn die politischen Entwicklungen in der Bundesrepublik und in den USA überscharf sehen und begann diesen an und für sich nüchternen Mann zu verwirren. Mir selbst sind die durchaus verständlichen psychologischen Gründe seiner Befürchtungen erst klargeworden, als mir 1987 oder 1988 der Briefwechsel zwischen ihm und der genialischen, aber gleichfalls überdrehten Hannah Arendt zu Gesicht kam. Die beiden haben ihre beiderseitigen Phobien zur Entwicklung der Bundesrepublik kontinuierlich verstärkt. »Der ist der Untergang an der Stirn geschrieben«, prophezeite Hannah Arendt in einem ihrer hektischen Briefe an Jaspers im Juni 1965.[15]

Mitte der sechziger Jahre verwandelte sich jedenfalls meine ursprüngliche Bewunderung für den imponierenden Philosophen in Mitleid mit einem ganz erstaunlichen alten Herrn, der sich allem Anschein nach verrannt hatte. Ich las weiterhin alles, war von ihm und über ihn zu erfahren war, so auch den eben erwähnten Briefwechsel mit Hannah Arendt. In den fünfziger Jahren lebte Jaspers wohl in einer einzigen Angst vor den bolschewistischen Russen und zugleich vor der in der Tat während der Berlin-Krise von 1958 bis 1963 tödlichen Gefahr, ähnlich wie 1914 unüberlegt in die Katastrophe zu schlittern. Nach Art so mancher von denen, die das Ende von Weimar und das Dritte Reich erlebt hatten, hatte er kein Vertrauen in die Urteilsfähigkeit und in die demokratische Gesinnung der Deutschen in der frühen Bundesrepublik.

Von heute aus betrachtet, ist von dem einsamen, an den Deutschen verzweifelnden, fast ganz auf sich selbst zurückgeworfenen, von Krankheit geschlagenen Jaspers in den sechziger Jahren allein durch einige Rundfunkinterviews und die Bücher eine ganz erstaunliche Langzeitwirkung auf das deutsche Selbstbewußtsein ausgegangen. Das, was wir heute als Erinnerungskultur bezeichnen, ist Geist vom Geiste von Karl Jaspers: keine Verjährung für NS-Verbrechen, vielmehr mitleidlose Verfolgung aller untergetauchten NS-Kriminellen ... traumatische Dauerreflexion über das Dritte Reich und die verhängnisvollen Tendenzen, die im Nationalsozialismus kulminierten ... Fixierung des historischen Bewußtseins auf den Judenmord, auf das Überleben Israels, auf die gebrochenen Gestalten des deutschen Widerstands und Erhöhung der Märtyrer der »Weißen Rose« zur Ehre der Altäre ... Letztlich war es nicht der Philosoph Karl Jaspers, der die Intellektuellen der Bundesrepublik auf seine Wertetafel verpflichtet hat, sondern der politische Publizist, der nach dem Abschluß seiner »Antwort« an die Kritiker im Jahr 1967 erschöpft seufzte: »Die Politik habe ich gründlich satt.«[16] Das alles und manches mehr geht mir durch den Kopf bei der Rückerinnerung an die Basler Jahre 1953/54, in denen mir Jaspers als unpolitischer Philosoph erschienen war.

Und noch ein Professor kommt mir beim Rückblick auf die Basler Jahre in Erinnerung: Edgar Salin. Seit dem ersten Semester hörte ich seine Einführungsvorlesungen zur Volkswirtschaftslehre und zur Dogmengeschichte. Im Sommersemester begann er sein Kolleg stets um acht Uhr morgens, im Winter um neun Uhr. Freundlich-zynisch wie Mephisto gegenüber dem Bakkalaureus behandelte dieser stattlich gewachsene, weltläufige ältere Herr sein großes Kolleg wie eine unreife Schulklasse.

Er hantierte unablässig mit einem langen Zeigestock, pickte ständig irgendwelche Studenten in der sechsten oder siebten Reihe heraus, meistens die jungen, hübschen Damen, und stellte Fragen zum zuvor durchgenommenen Stoff oder auch zu entfernten Dingen, bei deren Beantwortung man sich meist blamierte. Eine dieser Fragen, die er in den ersten Stunden stellte, ist mir noch in Erinnerung geblieben. Mit Blick auf die in vollem Blätterschmuck prangenden Bäume auf dem Petersplatz fragte er: »Was sind das für Bäume? Niemand von den ironisch Verhörten konnte präzise antworten. Waren es Kastanienbäume? Waren es Buchen? Waren es Platanen?« Schließlich beendete er das Verhör mit den Sätzen: »Merken Sie sich das, meine Damen und Herren, für Ihr ganzes Studium: Sie müssen sehen lernen, sehen lernen!«

Im Unterschied zu den Kollegs der meisten Basler Professoren waren Salins Vorlesungen ziemlich unstrukturiert. Wir hielten ihn für unterhaltsam, sogar genial, zugleich aber für faul. Immerhin war er ein Frühaufsteher, kam kurz vor acht in seinem bewunderten BMW-Cabrio vor dem Kollegiengebäude vorgefahren und pflegte die unüblich frühe Hauptvorlesung mit den Worten zu legitimieren, er widme die kostbarsten Vormittagsstunden seinen Studenten. In Wirklichkeit wollte er sich nach Absolvierung des Kollegs den ganzen Tag für die wichtigeren Geschäfte freihalten. Ich selbst bin später genauso verfahren und höre seither häufig von meinen ehemaligen Studenten, ich hätte sie so zu Frühaufstehern gemacht, und sie hätten sich nach einiger Zeit in dieser Eigenschaft doch leicht elitär gefühlt.

In meinen Basler Jahren gab es noch keine Wirtschaftswissenschaftliche Fakultät. Salin war Mitglied der Philosophischen Fakultät und sein Lehrauftrag bezog sich auf die gesamten Gesellschaftswissenschaften, was er als Freibrief betrachtete, über alles zu lesen sowie seine Doktoranden über das promovieren zu lassen, was diese an Spannendem vorzuschlagen hatten oder was ihn selbst gerade eben interessierte, sei das aus Wirtschaftsgeschichte und Volkswirtschaftslehre, aus Soziologie, Politökonomie oder Gesellschaftstheorie.

Immerhin habe ich als dauernden Besitz eine ganz passable Kenntnis der volkswirtschaftlichen Dogmengeschichte von ihm mitgenommen, zu der er ein gutes Lehrbuch verfaßt hatte. Das war mir nicht allein in den WiSo-Fakultäten von Nutzen, von denen ich später berufen wurde. Ich nahm von Salin auch die Überzeugung mit, daß die Trennung des Studiums der Ökonomie und der Politik sinnwidrig ist. Er war ein Politökonom, der uns auf seine undogmatische, ich würde meinen, eklektizistische Art und Weise John Maynard Keynes und Joseph Schumpeter, Walter Eucken, der damals hoch im Kurs war, und den Amerikaner Paul A. Samuelson nahebrachte. Als die Neomarxisten der 68er-Generation und einige meiner gleichaltrigen Kollegen Ende der sechziger Jahre zum Studium einer marxistisch verstandenen Polit-Ökonomie aufriefen, konnte mir keiner, dank der Impfung durch den alten Salin, ein X für ein U vormachen.

Von den Basler Studierenden war zwar schon damals zu erfahren, dieser aus den Heidelberger Schulen stammende »Papierli-Schwizer« (so meine scharfzüngigen Basler Kommilitonen über den naturalisierten Schweizer) sei nicht nur ein Befürworter des Frauenstimmrechts, sondern auch ein Jünger Georges. Als ein solcher hatte er sich Ende der vierziger Jahre in einer Monographie über den George-Kreis geoutet. In der Tat prahlte er mit seiner Bildung. Bevor er zum frühen Kolleg herfahre, so ist mir noch einer seiner Sprüche in Erinnerung, lese er vor dem Frühstück eine Passage aus Plato im Urtext. Zu seinen Hobbies gehörte in der Tat die Übersetzung ausgewählter Dialoge Platos, die bei Klostermann erschienen. Erst ein halbes Jahrhundert später ist in der Monographie Ulrich Raulffs über den George-Kreis auch Salins Vorleben im Umkreis Georges bestätigt worden. Wie der ansonsten findige Raulff allerdings dazu kommt, Salin als »Emigrant in der Schweiz«[17] zu bezeichnen, ist mir schleierhaft, denn dieser war schon 1927 nach Basel berufen worden, dort offenbar auch politisch gut vernetzt und galt bald als eine der markantesten Persönlichkeiten der Basler Universität.

Salin war ein Beispiel für die Offenheit der Basler Universität. Er hatte 1913 bei Alfred Weber in Heidelberg promoviert, dann als Kriegsfreiwilliger vier Jahre lang am Ersten Weltkrieg teilgenommen und war 1918 schwer verwundet worden. Nach kurzem Stint im Auswärtigen Amt hatte er seine akademische Karriere fortgesetzt und danach schon in jungen Jahren in Heidelberg eine Professur wahrgenommen, bevor er das Ordinariat in Basel erhielt. Wie stark Salin auch in den dreißiger Jahren weiterhin auf die deutsche Szenerie fixiert war, ist in Klaus Harpprechts Biographie über Marion Gräfin Dönhoff zu lesen,[18] der ihre Studien in Basel bei Salin ausführlich schildert. Wir Studierende in den frühen fünfziger Jahren wußten es zu schätzen, daß Salin häufig Ökonomen aus Deutschland zu Vorträgen in seine Hauptvorlesung einlud, womit er uns mit interessanten Gästen bekannt machte und diesem zugleich ein volles Haus gesichert war. Inmitten der ansonsten sehr ernsthaften Basler Gelehrten wirkte er wie ein bunter Vogel und hat diese Rolle sichtlich genossen. Wie im Falle von Jaspers ist mir auch bei Salin erst später aufgegangen, daß dieser anregende Gelehrte zugleich eine interessante Persönlichkeit der deutschen Zeitgeschichte gewesen ist.

Ich bin eben auf die an und für sich kurze Studienzeit in Basel relativ ausführlich eingegangen, und dies nicht nur, weil die ersten Semester allgemein die köstlichsten von allen sind. Tatsächlich war ich aus Zufall auf eine damals besonders hervorragende Universität gestoßen. Hier in Basel hatten sich während des ersten Jahrzehnts nach dem Zweiten Weltkrieg, vielleicht auch noch ein paar Jahre länger, ein Studierstil und eindrucksvolle Professoren erhalten, wie einstmals an renommierten mittelgroßen Universitäten Deutschlands des Typs Heidelberg, Freiburg, Marburg, Bonn, Jena in der Wilhelminischen Zeit oder in der Weimarer Republik.

Zum Centennial der YMCA in Paris

Von Ulrich von Hutten ist der Ausspruch überliefert: »Es ist eine Lust zu leben.« So ließe sich auch jene Grundstimmung benennen, die mich in diesen Jahren bewegte. Es war nicht nur das Studium in Basel, das mich damals berauscht hat. Weitere Erlebnisse kamen hinzu. Sie lassen sich mit den Stichworten YMCA und Frankreich beschreiben.

Als die Westzonen Ende der vierziger Jahre aus ihrer Isolation heraustreten durften, war auch der deutsche CVJM, ein paar Jahre schon meine geistige Heimat, wieder in die weltweite Großorganisation der Young Men's Christian Association, abgekürzt YMCA, aufgenommen worden. Die Gründer der YMCA kamen aus der pietistischen Erweckungsbewegung in England und in den USA. Doch hatte auch der fromme Schweizer Philanthrop Henri Dunant, der spätere Gründer des Internationalen Komitees des Roten Kreuzes, in den Anfängen eine maßgebliche Rolle gespielt. Die erste Weltkonferenz der YMCA war unter Dunants maßgeblicher Beteiligung am 20. August 1855 in Paris abgehalten worden.

Seither war der YMCA besonders in den englischsprachigen Ländern zu einer riesigen Organisation erwachsen mit Zehntausenden von Vereinen, mit preisgünstigen, gut geführten Hotels, vielseitigem Freizeitangebot an Sportveranstaltungen und Weiterbildungskursen, mit Sommercamps, mit internationalen Austauschprogrammen, auch – in England und in den USA – während der beiden Weltkriege mit umfassenden Hilfsmaßnahmen zur Truppenbetreuung und zugleich auch mit einer ausgedehnten Gefangenenfürsorge. Vielen deutschen Kriegsgefangenen ist der YMCA vor allem dadurch in positiver Erinnerung geblieben.

Nun sollte im August 1955, genau hundert Jahre später, wiederum in Paris, ein riesiges internationales Centennial stattfinden. Um junge Leute herauszufinden, die bei der Organisation in verschiedensten Funktionen helfen könnten, wurde im Sommer zuvor ein internationales Vorbereitungslager abgehalten. Über hundert muntere YMCA-Mitglieder meines Alters aus allen westlichen Ländern – Studenten, Oberschüler, Kaufleute, Junglehrer – kamen hier zusammen. Heute würde man das eine Young-leaders-Konferenz nennen, damals hieß es »Message committee«. Neben einer größeren Zahl von Amerikanern, Engländern und Schweizern war ich einer der wenigen Deutschen.

Das Camp lag in der Nähe von Melun an der Seine, etwa 50 Kilometer südöstlich von Paris. Ähnlich wie bei den Ferienlagern in der Schweiz waren es auch hier ehemalige Militärbaracken, diesmal von der US-Army eingerichtet, in denen wir untergebracht waren. Die Mahlzeiten wurden in großen Militärzelten eingenommen. Dort oder im Freien fanden auch die stundenlangen Diskussionen statt.

Die Eröffnung steht mir noch vor Augen. Schwüler Sommerabend, ein geräumiges, sandfarbenes, staubiges Zelt, die langen Tische und Bänke stehen direkt auf dem Sandboden, darin eine kompaniestarke Truppe junger Leute, die sich bei einer frugalen Mahlzeit mit viel Wasser und Songs in einem Dutzend Sprachen miteinander bekannt machen. Zufällig komme ich neben einen Amerikaner zu sitzen, Roger Louis mit Namen, aus dem Staat Oklahoma – ein »Oakie«. Wir haben uns seither immer wieder getroffen. Aus ihm ist wie aus mir ein Historiker geworden, eine der großen Autoritäten für die Commonwealth-Geschichte im 20. Jahrhundert, der jährlich zwischen der Universität Austin in Texas und dem St Antony's College in Oxford hin- und herpendelt.

Es folgen 14 Tage mit intensivem Programm. Für mich ist dieses Lager eine Art Immersionskurs ins Englische und Französische. Am nächtlichen Lagerfeuer geben einzelne Teilnehmer oder ganze nationale Delegationen musikalische und sportliche Darbietungen zum besten. Der verrückteste Song wird von einem Engländer mit langer blonder Mähne vorgetragen. Er heißt Alan Spencer, studiert damals in Oxford, heuert danach bei Ford an, wird zu guter Letzt Vicepresident von Ford im Headquarter zu Detroit und bleibt zusammen mit seiner aus Deutschland kommenden Frau Helga einer der ältesten Freunde unserer Familie.

Zum Programm gehört auch eine Busfahrt nach Paris mit Übernachtung in dem dortigen YMCA-Hotel, dessen verstaubte Räumlichkeiten das ehrwürdige Alter der Organisation deutlich erkennen lassen, und von dort weiter über Chartres ins Loire-Tal. Das Highlight der Rundreise zu den Loire-Schlössern ist eine *son et lumière* genannte Darbietung mit einer Apotheose des Königs François I. vor dem nächtlich angestrahlten Schloß Chambord. Das Spektakel schließt mit einem großen Feuerwerk. Somit ist das Camp in Melun nicht nur die erste internationale Konferenz, an der ich teilnehme, sondern zugleich die erste Begegnung mit Frankreich.

Im darauffolgenden Jahr steigt in Paris das gut organisierte, sehr eindrucksvolle Centennial. Die meisten Teilnehmer, die so wie ich nachgeordnete Kommunikations- oder Leitungsfunktionen bei der Older Boys Conference wahrnehmen, sind in der während des Sommers von Studenten weitgehend verlassenen Cité Universitaire untergebracht. Aus dem starken »Westbund« des CVJM sind an die 2000 junge Deutsche nach Paris gekommen, die in Zelten untergebracht sind. Doch das angelsächsische Element dominiert. Die meisten der Häuptlinge, vielfach hauptamtliche YMCA-Sekretäre aus den USA oder Kanada, sprechen weder Französisch noch Deutsch, so daß ich mit meinem Schulenglisch, aus dem jetzt gesprochenes Englisch wird, unablässig mit der oder jener Gruppe oder bei dieser oder jener Besprechung zum organisatorischen Ablauf wohl oder übel den Dolmetscher spielen muß.

Ein Höhepunkt ist die Eröffnung genau am 100. Jahrestag der Gründung in einem der großen Auditorien der Cité Universitaire. Orchester, Chöre, kurze Ansprachen erwecken feierliche Empfindungen. Viel irdischer ist eine Manifestation im berühmten Vel d'Hiv, das damals der Abbruchbirne noch nicht zum Opfer gefallen ist. Diese riesige Veranstaltung ist mir aus zwei Gründen in Erinnerung geblieben. Zum ersten deshalb, weil die Häuptlinge meinen, ich solle selbst neben den Big Shots als Vertreter der Jugend eine kurze Ansprache halten. Sie ermutigen mich freundlichst, dies in englischer Sprache zu tun. Ich skizziere mir also einen Text. Bei der Fahrt in der Metro von der Cité Universitaire zum Vel d'Hiv, als ich alles nochmals durchgehe, stelle ich jedoch fest, daß sich der englische Text nicht hundertprozentig eignet, und entschließe mich, ohne irgendeine Rücksprache mit dem Leiter dieser Großveranstaltung, vor 5 000 jungen Leuten die Ansprache in Deutsch zu halten. Dabei denke ich auch an die 2 000 CVJMler vom »Westbund«, die getreulich nach Paris gekommen sind und schließlich auch vernehmen sollen, daß der deutsche CVJM ein gleichberechtigter Teil der YMCA-Familie ist. So bringe ich meine *message* zur großen Begeisterung aller deutschen Teilnehmer auf gut Deutsch über die Rampe. Die Bosse vom deutschen CVJM sind höchlich erfreut, daß einer der Redner beim Centennial ganz unerwartet auch deutsch spricht, die Häuptlinge aus den USA und aus Kanada nehmen diese so nicht abgesprochene Einlage mit angelsächsischer Höflichkeit freundlich, ohne ein Wort der Kritik, zur Kenntnis.

Wenn mir diese Ansprache heute noch so lebhaft in Erinnerung geblieben ist, so jedoch aus einem zweiten Grund. Damals und noch lange Jahre danach ist mir ein Teil der Geschichte des Vel d'Hiv völlig unbekannt. Nach einer umfassenden Razzia hatten die Polizisten von Vichy, die letztlich auf deutsche Weisung handelten, im Jahr 1942 dort Tausende von Juden, vielfach Greise, Frauen und Kinder, zusammengepfercht, bevor diese in die Vernichtungslager im Osten abtransportiert wurden. An einem solchen Ort war eine deutsche Ansprache völlig deplaziert. Jedenfalls würde man das heute so sehen. Offensichtlich hatte aber keiner aus der Leitung der YMCA irgendetwas von der Vorgeschichte gehört, und ich bin auch sonst von niemandem darauf angesprochen worden. Erst als seit den späten siebziger Jahren jedes Detail der Judenvernichtung untersucht wird, hat das längst abgerissene Vel d'Hiv eine makabre Berühmtheit erlangt.

Nach Abschluß der Konferenz unternehme ich eine Fahrt in die Bretagne. Für Studenten ist es in jenen Jahren noch üblich, mit sogenanntem Autostopp zu reisen. Auch Fernfahrer und Pkw-Fahrer in Frankreich sind damals noch darauf eingestellt. Man muß dabei natürlich in Kauf nehmen, manchmal stundenlang in einem verlassenen Dorf zu stehen oder, noch schlimmer, an einer vielbefahrenen Route nationale, über die eben ein nicht enden wollender Landregen herunterrauscht. Denn eine Grundtatsache des Autostopps findet man rasch heraus: Kein Fahrer eines schönen Citroën oder einer klapprigen Ente ist bereit, einen tropfnassen Autostopper ins Auto zu nehmen. Unter solchen Witterungsbedingungen hat man allenfalls bei Lastwagenfahrern eine Chance. Es ist denn auch ein Lkw, der mich auf der Fahrt in die Bretagne auf dem Marktplatz von Le Mans absetzt, wo ich in einer der dortigen

Fernfahrerkneipen erstmals *tripes* bestelle, die mir ganz gut munden. Genau fünf Jahre später, als ich Annemie besuche, die dort an einem Lycée unterrichtet, werde ich an dem immer noch von Lastwagen verstellten Platz das Hotel und Restaurant »Le Saumon« entdecken, wo vortrefflich gekocht wird und in dessen riesigem Himmelbett man schläft wie Gott in Frankreich.

Die Begegnung mit der Bretagne ist eine tagelange Abfolge vergnüglicher Momente. Regengüsse und Sonnenschein wechseln unablässig miteinander ab. Bald bestaune ich die alten Menhire, bald entzücken mich die Städtchen am Golfe de Morbihan, und bald liege ich, von leichtem Schwindel gepackt, auf einer Klippe der Pointe du Raz hoch über dem Atlantik, während in der Tiefe Hunderte von Möwen kreisen. Auch das im Krieg zerbombte, inzwischen wieder völlig aufgebaute Saint-Malo lerne ich erstmals kennen. Übernachtet wird zumeist in den *Auberges de Jeunesse*, deren Zustand meist jeder Beschreibung spottet oder in kleinen Hotels. Frankreich ebenso wie ich selbst steckt damals noch in den Anfängen der *trente glorieuses.*

Meine leichten Bedenken, beim Autostopp Stirnrunzeln zu erregen, wenn die Automobilisten oder Camionisten erfahren, daß ich ein deutscher Student bin, erweisen sich als unbegründet. Ich bin mit Dutzenden unbekannter Franzosen gefahren, aber sie alle waren von großer Freundlichkeit. Ein kräftiger jüngerer Mann, der mich durch die schönsten Regionen der Bretagne kutschiert, erzählt mir stolz, er habe sich in der Division Leclerc in Vorarlberg ganz am Ende des Krieges mit der Waffen-SS *corps à corps* herumgeschlagen. Doch nun sei das schon lange vorbei: »Il faut marcher vers l'avenir, n'est-ce pas?« Leider muß ich die Bretagne bald verlassen. Das Geld wird knapp, und es ist höchste Zeit, endlich in Basel wieder auf dem Bau anzutreten.

Innerdeutsche Beziehungen

Im Spätsommer 1954 ist noch eine weitere internationale Freizeit fällig, diesmal auf der Insel Mainau im Bodensee. Graf Bernadotte hat einen Teil seines Schlosses für Tagungen zur Verfügung gestellt, diesmal der YMCA. Dort finden sich an die 40 oder 50 junge Leute zusammen, zumeist Deutsche, Schweizer, Österreicher, dazu einige Deutsch sprechende Franzosen und Italiener. Man hört sich viele Vorträge von Gastrednern an und diskutiert sie (die Themen sind mir völlig entfallen), trifft täglich zu den sogenannten Bibelarbeiten zusammen und erfreut sich in der barocken Schloßkirche beim Gesang von Chorliedern und Volksliedern aus aller Herren Länder: deutsche oder Schweizer Volkslieder (»Lueget vo Bergen und Tal ...«), englische Soldatenlieder (»It's a long way to Tipperary«) und amerikanische Gospelsongs. An den Nachmittagen werden die Sehenswürdigkeiten des Bodensees besichtigt: die Pfahlbauten in Unteruhldingen, die Rokokokirche in Birnau, die merowingische Meersburg, der Pavillon der Dichterin Droste-Hülshoff, Überlingen mit seiner langen Seepromenade und natürlich die karolingischen Kirchen auf der Reichenau.

Den Teilnehmern steht auch eine stark frequentierte Badebucht zur Verfügung. Es ist ein heißer, erfreulich regenloser Sommer. Seitdem ich damals viele Stunden auf den See hinausgeschwommen bin, kenne ich nichts Schöneres als einen Badeurlaub am Bodensee. Mitte der fünfziger Jahre muß man sich allerdings vor den Schlingpflanzen in acht nehmen, die meterlang aus der Tiefe emporwachsen und überall große Flächen bedecken. Die Verschmutzung des Bodensees durch ungereinigte Abwässer wird bereits als Plage empfunden. Daß die Experten damals sogar ein baldiges Umkippen des Sees befürchtet haben, erfahre ich jedoch erst später. Ökologische Probleme sind in jenen Jahren noch kein Thema von großem öffentlichem Interesse.

Der Massentourismus auf die Mainau hat bereits eingesetzt. Graf Bernadotte ist ein cleverer Geschäftsmann und ein Gartenfan, der überall an vielen geeigneten Stellen der mit herrlichen alten Bäumen bestandenen Insel Blumenfelder, Kaskaden, Spazierwege und lauschige Sitzplätze dem Wasser entlang anlegt. Häufig sieht man den Schloßherrn mit der Leica unterwegs, um die schönsten Blumenrabatten zu photographieren. Seine Photoausbeute wird er hernach in Gestalt von Ansichtskarten absetzen. Aber noch hält sich der Zustrom auf die Mainau in Grenzen. Die Schweden-Schenke, heute eine schreckliche Anlage zur gleichzeitigen Abfütterung Hunderter von Touristen, hat ihren ländlichen Charme bewahrt. Am schönsten sind die Abendstunden, wenn beim Schwedenkreuz die Brücke zum Festland gesperrt ist. Dann gehört uns die Insel ganz allein für abendliche Schwimmfreuden oder Spaziergänge, bei denen unablässig diskutiert wird.

Ich selbst bin in einer geräumigen Mansarde wie ein Prinz untergebracht. Der Blick durch das Rundfenster erfaßt das Panorama von der Birnau bis zu den sanft geschwungenen Hügeln, über die es von Meersburg aus nach Friedrichshafen geht. Kurz, es ist ein Ferienkurs de luxe. Unter den jungen Damen, die in erfreulich großer Zahl teilnehmen, befinden sich auch vier oder fünf recht muntere Studentinnen aus der Ostzone, genauer gesagt, aus Potsdam. Sie gehören der Jungen Gemeinde an. Weshalb ausgerechnet diese Gruppe hierher eingeladen wurde, habe ich vielleicht damals gehört, doch es ist mir entfallen. Reisen junger Leute aus der Ostzone in den Westen sind Mitte der fünfziger Jahre nichts Sensationelles. Das SED-Regime befindet sich damals noch auf dem gesamtdeutschen Trip und legt Wert darauf, in der Pfingstpause oder zur Sommerzeit ganze Scharen von ostdeutschen FDJ-Mitgliedern irgendwo im Bundesgebiet mit westdeutschen FDJlern zusammenzubringen, was bei den bundesdeutschen Behörden einige Bedenken erweckt. So muß die SED es wohl oder übel gestatten, auch einige Grüppchen aus der Jungen Gemeinde für zwei oder drei Wochen ausreisen zu lassen.

In einer mondbeschienenen Sommernacht, als an die fünfzehn oder zwanzig von uns von einer urigen Schänke auf romantischen Waldwegen wieder zum See hinabsteigen, finden sich die Pärchen zusammen. Meine Gefährtin, in die ich mich unsterblich verliebe, heißt Gisela, ist großgewachsen, blond, stupsnasig, sehr vergnügt und studiert an der Ost-Berliner Humboldt-Universität Russisch, um sich zur Dolmetscherin ausbilden zu lassen. Von nun an nimmt mein Interesse am offiziellen Programm ab, doch bin ich nicht der einzige, dem die jungen Damen auf der subtropischen Insel Mainau den Kopf verdreht haben.

In meinem Fall wird die Sommerliebe prolongiert. Zweimal treffen wir im Westen zusammen. Das erste Mal am Bodensee, um die bereits vertrauten Orte nochmals in Zweisamkeit aufzusuchen und uns an den Felchen zu laben. Einige Monate danach ist Stuttgart das Ziel mit einem Ausflug zum Hohen Bopser, auf dem einer der noch neuartigen Fernsehtürme mit Drehrestaurant errichtet wurde. Von dort geht es nach Heidelberg, das mir damals erstmals zu Gesicht kommt. Stadt und Schloß gefallen. Auch der in der Rheinebene am Rande der Stadt neu erbaute moderne Bahnhof beeindruckt. Wir betreiben also verliebten Studenten-Tourismus, dies allerdings noch ohne eigenes Fahrzeug und ohne üppige Geldmittel. Ich selbst begebe mich mit Autostopp zu diesen Treffen. Noch befindet sich die Bundesrepublik in den Anfängen der Motorisierung, und so sind genügend Autofahrer bereit, mich freundlich mitzunehmen.

Im Sommer 1956 fahre ich nach Potsdam. Die Kontrollen durch die Volkspolizei bei der Einreise sind noch lässig und beschränken sich darauf, die Einfuhr von West-Zeitungen zu unterbinden sowie mittels Stichproben zu überprüfen, ob der Besucher keine Ost-Mark mit sich führt, die in den West-Berliner Wechselstuben zum Umtauschkurs 4,20 : 1 zu erhalten ist. Die gastgebende Familie hat den Besucher polizeilich anzumelden, der eine Bescheinigung erhält, die seine Bewegungsfreiheit auf den jeweiligen Wohnbezirk und auf Ost-Berlin einschränkt.

Freundin Gisela kommt aus einer gutbürgerlichen Familie. Der im Ruhestand lebende Vater war ein hoher Reichsbeamter im Finanzministerium. Ihre Mutter ist jünger, eine kluge und sympathische Frau. Die geräumige Altbauwohnung liegt an der früheren Berliner Straße, die in den fünfziger Jahren den Namen Stalinallee erhalten hat. Der etwas verwilderte Garten hat Seeanstoß. In besseren Zeiten war das eine bevorzugte Wohnlage. Ich werde freundlich aufgenommen und behalte den Aufenthalt in bester Erinnerung. In der Clique, die im Vorjahr am Bodensee war, oder auch zu zweit werden die meist schilfbewachsenen schönen Badestrände rings um Potsdam aufgesucht. Auch ein Abendessen im Fährhaus Capputh ist mir in Erinnerung, wo es Krabben und Seebarsch zu speisen gibt. Noch lange danach, als das Verhältnis schon längst zu Ende ist, bin ich davon überzeugt, daß es keine schönere Hauptstadt gibt als Berlin, von wo aus die malerische Potsdamer Seenlandschaft per S-Bahn oder Auto so leicht zu erreichen ist. In den fünfziger Jahren hatte das teilweise von Bomben stark getroffene Potsdam seinen ursprünglichen Charakter noch bewahrt. Die schlimmsten Barbareien der SED fallen in die sechziger Jahre. Jetzt ist man damit beschäftigt, die ausgebrannte Garnisonskirche wiederherzurichten. Erst 1968 wird die Sprengung erfolgen. Auch die Kanäle sind noch nicht zugeschüttet, und es fehlen auch die riesigen Plattenbauten, die heute große Teile des Stadtbilds verschandeln. Wie zu erwarten, machen Sanssouci und die dort zu besichtigenden Anlagen auf mich einen starken Eindruck, vielleicht gerade deshalb, weil ein Touch von Verfall darüber liegt.

Als ich mich damals in Potsdam herumtreibe, erinnert der Lebensstandard an denjenigen in Lörrach ein oder zwei Jahre nach der Währungsreform. Der Verdruß über fehlende Waren von besserer Qualität ist hier besonders groß, weil man noch frei nach West-Berlin fahren kann, wo es alles, was das Herz begehrt, zu kaufen gibt. Von brutaler Unterdrückung bemerke ich nichts. Davon wird auch nicht allzu viel gesprochen. Nur von der Drangsalierung der Jungen Gemeinde ist die Rede, doch sie hat nach dem Aufstand am 17. Juni 1953 nachgelassen. Die Stadtbevölkerung in der DDR befindet sich momentan in einer ruhigeren Periode. Nur auf dem Land, so hört man, sind schikanöse Kampagnen im Gang, um die Landwirte in die LPGs zu zwingen. Von Hoffnungen auf eine nahe oder fernere Wiedervereinigung ist nichts mehr zu verspüren. Doch bei den Studierenden wird offen davon gesprochen, nach dem Abschluß des Studiums in den Westen zu gehen. In einer dieser Runden, zu denen die mir bekannten Studentinnen auch ihre Freunde mitbringen, wird vermutet, die SED werde wohl die Übergänge nach West-Berlin abriegeln, sobald die im Bau befindliche Umgehungsbahn rings um Berlin fertiggestellt sei.

In Potsdam wimmelt es von russischen Soldaten. In Gesellschaft von Gisela, die sich dort auskennt, kann ich auch einmal den Offiziersklub mit ordenbehängten Generalen und Obristen besuchen. Und bei einem der vielen Spaziergänge führt sie mich zu einer orthodoxen Kapelle, in der sich ein abgerissener Pope mit wirrem schwarzem Bart befindet. Allem Anschein nach toleriert ihn die Rote Armee, doch muß er sich weit von den Kasernen entfernt aufhalten.

Ein- oder zweimal fahren wir nach Berlin. In der S-Bahn erreicht man wie heute in einer knappen Dreiviertelstunde ohne Umsteigen den Bahnhof Friedrichstraße. Ost-Berlin macht auf mich einen verödeten Eindruck. Lange Straßenzeilen liegen noch in Trümmern. Auf der Friedrichstraße gegenüber dem Eingang zum Bahnhof beiderseits der Überführung gibt es nur ein einziges Geschäft mit teurer Garderobe und Pelzmänteln. Besonders trostlos wirkt der riesige Marx-Engels-Platz, wo bis 1950 das ausgebrannte Stadtschloß stand. An den Festtagen des Regimes finden hier die Großdemonstrationen der SED statt. Etwas mehr Betrieb herrscht an der Humboldt-Universität. Der Eingang wird jedoch streng kontrolliert. Da ich keinen entsprechenden Studentenausweis habe, darf ich keinen Blick ins Innere werfen.

Voller Eindrücke, aber etwas ratlos kehre ich in den Westen zurück. Einer Verstetigung der bereits etwas schal gewordenen Beziehung steht vieles entgegen. Meine Freundin Gisela möchte an der Humboldt-Universität ihren Abschluß in Russisch machen, ich selbst strebe einen baldigen Abschluß in Freiburg an. So kommt es zur Trennung, und wir verlieren uns aus den Augen. Was aus Gisela und ihren Freundinnen aus dem Sommeridyll auf der Mainau geworden ist, weiß ich nicht.

Nach Freiburg: Kulturschock an der Massenuniversität

Am Ende des dritten Semesters in Basel konnte ich mich der Erkenntnis nicht verschließen: »It's time for a change.« Wahrscheinlich war auch die praktische Überlegung maßgeblich, daß in den von mir gewählten Fächern nur ein Staatsexamen in Deutschland in Frage kommt. Irgendwie hatte ich aber auch das dumpfe Gefühl, alles mitbekommen zu haben, was Basel zu bieten hatte. Oder war es mir vielleicht auch politisch in dem schönen Basel etwas allzu ruhig? Im Rückblick kam mir das bald so vor. Doch noch kein Gedanke daran, ich könne mich einem politiknahen Studium zuwenden.

Daß nur die Universität Freiburg als Studienort in Frage kommen könne, stand für mich außer Zweifel. Ich kannte die Stadt kaum. Mitte der fünfziger Jahre war der Wiederaufbau schon weit fortgeschritten. Im Zentrum rings um den Bertoldsbrunnen und in der Kaiser-Joseph-Straße stand eine ununterbrochene Reihe brandneuer Geschäfte: die Universitätsbuchhandlung Albert, die Bijouterie Trenkle, Cafés, das Restaurant Fahnenberg. Doch überall klafften noch Baulücken. Ging man vom Bertoldsbrunnen ein paar Schritte die Salzstraße hinauf in Richtung Schwabentor, an einer schrägen Bar vorbei, in die man, so hieß es, nur mit Gummihandschuhen hineingehen solle, so stieß man auf viele Trümmergrundstücke. Auch der Münsterplatz erinnerte noch an den furchtbaren Angriff. Das Kornhaus, in dem einstmals der Landtag von Baden getagt hatte, das Restaurant Oberkirch, wo man speiste, wenn etwas zu feiern war, und die Krebs-Bank zeugten von neuem Wohlstand, doch die Nordseite des Münsters in Richtung Karlsplatz war noch weitgehend Brachland. Vielleicht machte das Münster mit dem schönen Marktplatz deshalb auf mich einen so unbeschreiblichen Eindruck. Nie mehr später und nirgendwo habe ich auch einen so reich beschickten Marktplatz und so freundliche Bäuerinnen und Bauern angetroffen. Auch der rote Sandsteinbau der Universität, die Alte Universität, das Rathaus, davor das Denkmal meines Namensvetters, des Franziskanermönchs Berthold Schwarz, der angeblich das Schwarzpulver erfunden hatte, die Rathausgasse mit der Weinstube Falken, das Colombi-Schlößchen, das Stadttheater – alles aufs schönste erneuert, doch dazwischen noch jede Menge von Gestrüpp überwachsener Trümmergrundstücke.

Ich täusche mich wohl nicht, daß mir das alles ganz selbstverständlich vorkam: die wiederaufgebauten Gebäude, aber auch die überall noch sichtbaren Ruinen und Trümmergrundstücke. In den folgenden Jahren war Gelegenheit, mit vielen originären Freiburgern zu sprechen (wir nannten sie herablassend »die Bobbele«). Ich glaube mich nicht zu täuschen, daß in der zweiten Hälfte der fünfziger Jahre auch bei diesen weder viel vom Wunder des Wiederaufbaus noch von der Zerstörung im Dezember 1944 gesprochen wurde. Wahrscheinlich wurden manche von ihnen noch von Phantomschmerzen geplagt, wenn sie an das einstmalige Freiburg zurückdachten. Doch von der schrecklichen Bombennacht und der Besatzung war nicht mehr die Rede. Auch der erstaunliche Wiederaufbau, der immer noch im Gang war, schien bereits abgehakt.

Wie dem auch sei: Für mich, und ich denke auch, für viele meiner jüngeren Mitstudenten, lagen der Zweite Weltkrieg und auch schon die Besatzungsjahre eine Ewigkeit zurück. Wir waren voll in der Gegenwart angekommen und konnten es kaum glauben, als eine der schon ganz schön alten Ursulinerinnen, die in der Mensa im Einsatz waren, einigen von uns gelegentlich erzählte, sie erinnere sich gut an den jungen Dr. Goebbels, der damals noch unpromoviert und recht höflich in Freiburg ein paar Semester Germanistik absolviert hatte. Daß die Weimarer Jahre und die Vorkriegszeit bis in unsere Gegenwart der fünfziger Jahre hineinreichten, mußte mühsam mental nachvollzogen werden. Der Zeitbruch der Jahre 1945 bis 1950 war doch immens.

Lästig war in diesen ersten Freiburger Jahren mein dauernder Zimmerwechsel, bedingt durch die Notwendigkeit, das Studium so sparsam wie irgend möglich zu organisieren. So habe ich vergleichsweise lange die Strategie verfolgt, jeweils nur für die Semestermonate eine »Bude«, so sagte man damals, bei einer der vielen Beamtenwitwen oder sonstigen Vermieterinnen zu erhaschen. Das war durchgängig ein Zimmer ohne Bad mit der obligatorischen Waschschüssel und bei Benutzung der hauseigenen Toilette. Am gewöhnungsbedürftigsten war die erste »Bude« in einer Arbeiterwohnung in der Wiehre, vermittelt durch einen sehr netten, weitläufig verwandten Bäckermeister aus dem Clan der Schaubhuts in Eichen. Das Zimmerchen hatte gerade noch Platz für ein Bett, einen kleinen, wackligen Blechschrank sowie einen nicht mehr als 100 cm auf 60 cm im Geviert großen Wackeltisch und einen Stuhl. Um abends zur Toilette zu gelangen, mußte man durch die Küche, in welcher der Hausherr im Netzhemd vor dem Bier saß und sein Abendbrot verspeiste.

Nach verschiedenen weiteren Experimenten entschloß ich mich endlich, das Zimmerhüpfen von Semester zu Semester aufzugeben und wie jeder halbwegs vernünftige Student das Zimmer auf ein Jahr mit Verlängerungsmöglichkeit zu mieten. Ohnehin war es dringend geboten, einen Raum zu finden, wo ich mit meinen Büchern, Zettelkästen, Kollegheften und Manuskripten zu Hause arbeiten konnte.

Ich hatte mir vorgenommen, möglichst bald mit einer Promotion zum Studienabschluß zu kommen. Von den nun einmal bei der Budenwirtschaft unvermeidlichen hygienischen Verhältnissen abgesehen, war es diesmal ein ruhiges Zimmer in der Emil-Gött-Straße in Littenweiler, unweit der Dreisam. Jeden Morgen, so um sechs Uhr im Sommer und um sieben im Winter, rannte ich noch vor dem Frühstück eine halbe Stunde im Dauerlauf und zum Schluß hechelnd wie ein Hund ein paar Kilometer weit auf dem Dammsträßchen der Dreisam entlang auf und nieder. Heute nennt man das Joggen. Überhaupt schien mir damals die schöne Lage an Fluß und Wald ein Hauptreiz von Freiburg, das als Stadt natürlich mit Basel nicht mithalten konnte.

Die Universität und der Studierbetrieb wirkten anfangs sehr befremdlich. Meine Empfindungen sind mit dem Begriff Kulturschock doch wohl am besten zu bezeichnen. Die Universität Basel war so etwas wie eine akademische Oase gewesen. In Freiburg kam ich an die deutsche Massenuniversität. Hatten sich in Basel um die Mittagszeit nur an die 20 oder 30 Studierende in der Cafeteria mit leichten Speisen gestärkt, so strömten hier viele Hunderte von Studenten zur Mensa in den riesigen Kellerräumen des Kollegien-Hauptgebäudes zusammen, in der es durchdringend nach Fisch roch und wo Ursulinerinnen unter dem weißen Spitzdach ihrer riesigen Hauben die Mahlzeiten ausschenkten, die durchweg gräßlich schmeckten, was immer man auch wählte.

Ähnlich überfüllt waren die Seminare. Erstmals lernte ich hier die strengen Seminarkontrollen kennen. Die Seminarkarte wurde kontrolliert und einbehalten. Alle Taschen mußten in einem offenen Stauschrank vor der Eingangskontrolle abgegeben werden. Das Kontrollsystem konnte jedoch nicht verhindern, daß wichtige Bücher entwendet oder – was bei der Vorbereitung auf Seminare genauso lästig war – irgendwo im Seminar absichtlich verstellt wurden. Nicht selten waren ganze Aufsätze mit scharfem Messer oder mit Scheren herausgeschnitten. Man befand sich noch nicht in der Phase, in der überall Kopierautomaten aufgestellt sind. Unnötig zu sagen, daß die Seminarbibliotheken in den großen Seminaren der Germanistik, der Geschichte oder der Romanistik in den Hauptstoßzeiten überfüllt waren.

Die Professoren taten sich schwer, die Namen der fünfzig, sechzig oder mehr Seminarteilnehmer zu kennen, die bei ihnen ausgewachsene Referate oder jene sehr ausführlichen Sitzungsprotokolle erstellten, auf die damals großer Wert gelegt wurde. Rasch war zu erkennen, daß sich zwischen die Professoren der Massenfächer, die nach wie vor wie Halbgötter ihre Hauptseminare oder Oberseminare leiteten, eine Zwischengruppe mächtiger Assistenten geschoben hatte, denen zumeist die Vor- und Nachbesprechung von Hausarbeiten oblag und von denen man wußte, daß sie die Referate, die Zulassungsarbeiten, die Examensklausuren, ja auch in vielen Fällen die Doktorarbeiten vorkorrigieren und knappe oder lange gutachtliche Bewertungen verfassen würden.

Immerhin gab es noch die Freihandbibliotheken. Übers Wochenende konnten in der Seminarbibliothek auch noch Bücher entliehen werden, jedoch mit strengsten Bedrohungen jener, die den Büchersegen frühmorgens am Montag nicht wieder pünktlich zurückbringen würden. Auch die Ausleihe in der Universitätsbibliothek war umständlicher als in Basel. Ich selbst behalf mir in den Semesterpausen, bei der Arbeit an wichtigen Referaten, notfalls auch während des Semesters, damit, meinen großen Buchbedarf bei gelegentlichen Besuchen in der Universitätsbibliothek Basel zu decken, wo viel entspanntere Bedingungen herrschten und wo man mich noch kannte.

Diese Schilderungen klingen negativ, aber die Studienbedingungen waren in der Tat, wie man heute sagt, suboptimal. Doch der Mensch ist ein Gewohnheitstier, und Studenten sind noch anpassungswillig und anpassungsfähig. Nach einem Semester hatte ich mich an die Zustände halbwegs gewöhnt, hielt allerdings doch Ausschau nach Seminaren, in denen jene überschaubaren Verhältnisse herrschten, wie ich sie in Basel so geschätzt hatte.

Der Aufbau einer Gruppe von guten Bekannten war auch in Freiburg unproblematisch. Rasch entdeckte ich in den zahlreichen Übungen oder Hauptseminaren neue Gesichter, die einen klugen, sympathischen Eindruck machten. Seminarfeste im Sommer und um die Faschingszeit erweiterten das Netzwerk. Das Korporationswesen war in Freiburg noch stärker ausgebaut als in Basel. Ich ließ mich aber nicht »keilen«, zumal vor allem Juristen und Mediziner in den Korporationen aktiv waren. Die meisten Studierenden in der Philosophischen Fakultät hielten Korporationen für altmodisch, ja reaktionär, wohl auch deshalb, weil diese doch stark berufsgruppenorientiert waren. Eine Ausnahme von der Aversion gegen die Verbindungen machten allerdings attraktive Romanistinnen oder Germanistinnen, die sich gerne zu Stiftungsfesten einladen ließen.

Für nicht korporierte Studierende boten der World University Service (WUS) oder die Evangelischen und Katholischen Studentengemeinden einen Ersatz. Von irgendwem dort eingeführt, habe ich in diesen Freiburger Anfängen bei den wöchentlich stattfindenden Gemeindeabenden der ESG und der KSG hineingeschaut. In beiden Gemeinden herrschte noch ein recht konservativer Geist, kein Gedanke an die paramarxistische Ideologisierung, die seit Mitte der sechziger Jahre viele Studentengemeinden zu Pflanzschulen der Außerparlamentarischen Opposition gemacht hat. Beide Studentenpfarrer machten gern darauf aufmerksam, daß sie Frontoffiziere gewesen seien und dann zum Glauben gefunden hätten, was bei uns Nachkriegsstudenten bewundert und als besonderer Ausweis ihrer Authentizität gewertet wurde – der Hauptmann von Kapernaum, der dem Ruf des Erlösers Folge leistet! Nach einigen Besuchen bin ich aber weggeblieben. Auch die Studentengemeinden mit an ihren an die 70 oder 80 Studenten, die sich zu den Abenden einfanden, waren eben doch wieder Teil der Massenuniversität.

Außerdem war ich durch meine langjährige Tätigkeit im CVJM hinlänglich abgesättigt.

Der WUS führte ausländische und deutsche Studierende zusammen, veranstaltete einen intensiven Ball- und Vortragsbetrieb, lud aber auch zu gehaltvollen Wochenendseminaren ein. Auch dort habe ich hineingeschnuppert. Das Publikum und der lockere akademische Stil gefielen mir. Einigen der Studenten, die ich dort traf und sympathisch fand, bin ich später im Bergstraesser-Seminar wieder begegnet. Die spannendste Exkursion des WUS, an die ich mich erinnern kann, führte ins Hotel »Schloß Montfort« am Bodensee. Einen der dort auftretenden Referenten fand ich dort recht bemerkenswert, es war Winfried Martini, der kurz zuvor sein Buch *Das Ende aller Sicherheit*[19] herausgebracht hatte. Darin vertrat er die These, daß die Demokratie in der Bundesrepublik, damit verbunden aber auch der Widerstandswille gegen den Kommunismus, weitgehend von dem Schutz der Westalliierten abhänge. Würde die Bundesrepublik eines Tages gezwungen, gewissermaßen auf eigenen Beinen zu stehen, wäre wohl das Ende aller Sicherheit gekommen. Das klang ganz plausibel. Bereits auf diesem Seminar und dann in der späteren Publizistik hat sich Martini als skeptischer Konservativer geoutet, der seine Darlegungen mit gut ausgewählten Zitaten von Donoso Cortes, Jacob Burckhardt oder Nietzsche zu garnieren wußte und ganz leise eine gewisse Sympathie für die streng antikommunistische Ordnungsdiktatur Salazars in Portugal anklingen ließ. Das WUS-Seminar auf »Schloß Montfort« endete mit einem großen nächtlichen Tanzvergnügen auf dem Balkon über dem Bodensee. Ich habe Schloß Montfort nie mehr später so stimmungsvoll erlebt. Doch auch der WUS vermochte mich nicht dauerhaft zu fesseln.

Die schon recht aktiven Hochschulgruppen der politischen Parteien – RCDS, SDS, damals noch nicht so scharf marxistisch ausgerichtet wie später, oder die Liberalen – sind mir in diesen frühen Freiburger Jahren nicht aufgefallen. Erst später lernte ich sie mitsamt ihren Matadoren ausgiebig kennen.

Freiburger Mandarine: Walter Rehm, Hugo Friedrich, Martin Heidegger, Gerhard Ritter

Dringlicher als in Basel sah ich mich nun in Freiburg angehalten, die von der schon ausgeprägten Ausbildungsbürokratie verlangten »Scheine« zu erbringen und mir ernsthafte Gedanken über den Studienabschluß zu machen, dabei die gebotenen Fächerkombinationen zu überlegen, einen Vorlesungs- und Seminarplan zu konzipieren und nach dem Erwerb der erforderlichen Scheine zu trachten. Ein Semester lang sah ich mir den ungewohnten Betrieb an, hörte viel zu viele Kollegs vom Anfang bis zum Ende, wie man ein Diner nicht halb gegessen stehenläßt, machte bei noch viel mehr Professoren oder angesagten Dozenten Stippvisiten und sog von meinen

Studienkollegen gute und schlechte Ratschläge ein. Immer noch war ich unentschieden, ob ich Geschichte oder Germanistik zum Hauptfach wählen solle. Schließlich entschied mich mit dem Ziel Staatsexamen, vorerst meine Schwerpunkte auf die neuere deutsche Literaturwissenschaft, auf die neuere Geschichte und auf französische Literatur zu legen, wohl wissend, daß bei der späteren Entscheidung für Germanistik als Hauptfach ein intensives Paukstudium mittelhochdeutscher, althochdeutscher und gotischer Texte geboten sein würde, während mir in Geschichte ein längerer Ausflug ins Mittelalter oder ins klassische Altertum bevorstünde. Wie in Basel ließ ich mich von den renommierten Ordinarien locken – auch sie, mit Fritz Ringer zu sprechen, ähnlich wie Salin oder Jaspers in Basel letzte eindrucksvolle Exemplare der zum Aussterben verurteilten Gattung der deutschen Mandarine.

Walter Rehm war ein in der Wolle gefärbter Humanist. Im Vortrag ließ er sich von der Leidenschaft nicht so hinreißen wie Muschg, er gehörte eher zu den Stillen im Lande, die sich als Diener einer humanistischen Weltanschauung verstanden. 1936, also in einer Zeit, die nicht eben durch Verehrung für den Humanismus glänzte, war seine Monographie *Griechentum und Goethezeit* erschienen. *Geschichte eines Glaubens*[20]. Als ich im Wintersemester 1954/55 Rehms berühmte Hauptvorlesung über die Deutsche Klassik hörte, war es für alle, die sich voll auf ihn einließen, bereits zum Kultbuch geworden. Der Leser konnte unschwer verspüren, daß Rehm darin seinen eigenen Glauben bekannte. Strenge, systematische Gliederung der Bücher, Aufsätze und Kollegs, wie ich das von Jaspers oder Kaegi her schätzte, war aber seine Sache nicht. Rehms Darbietungen erinnerten eher an einen Pianisten, der schöne Melodien stundenlang kunstvoll variiert und miteinander verknüpft. Für die Dichter und die Dichtungen, die ihn bewegten, fand er häufig einprägsame Titel. Eine Aufsatzsammlung aus den frühen fünfziger Jahren betitelte er *Götterstille und Göttertrauer*[21]. Seinen Studenten war Rehm ein vornehmer Professor. Ich habe später auch nie bereut, daß ich mich auf ihn als Prüfer eingelassen habe.

Schon vom Temperament her ein ganz anderes Kaliber war der Humanist Hugo Friedrich – herrisch, selbstgefällig, sadistische Ader, ein Showman und Schwarm der vielen Damen, die sich um diesen schönen Mann drängten und die er im Seminar gerne demütigte. Auch er war Humanist durch und durch, doch nicht beseelt wie Rehm, sondern rationalistisch, von kühler Distanz zu den zahllosen von ihm behandelten Themen und Autoren. Seine Hauptvorlesungen zu ausgewählten Epochen der französischen Literatur von den *Chansons de gestes* bis zum Ende des Aufklärungszeitalters waren brillant. Hunderte von Hörern, auch Nichtromanisten, strömten in seine berühmtesten Kollegs. Auch ich versäumte, wenn irgend möglich, keines von ihnen. Er verfügte über eine imponierende Kenntnis der französischen, der spanischen und der italienischen Literaturen. Die beiden letzteren behandelte er jedoch nur in den Haupt- und Oberseminaren, für die natürlich eine Aufnahmeprüfung in Spanisch oder Italienisch erforderlich war. Nach dem Tod von Ernst Robert Curtius und Karl Vossler war er der Papst unter den deutschen Romanisten, allerdings ein ungläubiger, sinnlicher Papst wie die des Renaissance-Zeitalters. Den politischen Gehalt der von ihm behandelten Autoren ließ er nicht völlig beiseite, doch die gattungsgeschichtlichen und die ideengeschichtlichen Aspekte waren ihm wichtiger.

In den Semestern, als ich eben in Freiburg eincheckte, hatte Friedrich eines seiner erstaunlichsten Kollegs gehalten: *Die Struktur der modernen Lyrik*[22]. 1956 brachte er das Kolleg als Taschenbuch heraus. Wie ein alterfahrener, kalter Professor der Anatomie hat Friedrich dort Autoren und Gedichte nach allen Regeln der Kunst zerlegt. Seine Methode der Analyse hermeneutischer Lyrik von Baudelaire bis Kaschnitz leuchtete mir ein. Er entschlüsselte die Obsessionen von Künstlern, deren Zerrissenheit mir jedoch stets recht fremd war. Ich verstehe sie nun besser, doch hat mich das nicht zum regelmäßigen Konsumenten von Gedichten der Mallarmé, Paul Valéry, Ungaretti, T. S. Eliot und wie sie alle heißen, gemacht. Nur Gottfried Benn und Ezra Pound konnten bei mir dauerhaftes Interesse erwecken, und dies wohl deshalb, weil sie als verrucht bewertete politische Botschaften ausstrahlten. Mir ergeht es mit den hermeneutischen Lyrikern wie mit vielen der zeitgenössischen Maler: Auch bei ihnen befremden mich Enthumanisierung, Häßlichkeit und ein verklemmter Wille zur Zerstörung. Nur die aufscheinende Sprach- und Bildmagie dieser Kunstformen fesseln immer wieder, wenn ich mir, was selten genug ist, die Zeit dafür nehme.

Friedrichs unter uns vieldiskutierte Vorlesung zur modernen Lyrik war übrigens in Rowohlts *Deutscher Enzyklopädie* erschienen, jener von Ernesto Grassi herausgegebenen Taschenbuchreihe, deren Einfluß auf die damaligen Studierenden der Geistes- und Sozialwissenschaften gar nicht überschätzt werden kann. Wer auf sich hielt, hatte zwei Dutzend dieser anregenden, erschwinglichen Bändchen auf dem Regal stehen. Was für die revolutionäre Generation der 68er die *Reihe Suhrkamp* sein wird, ist für die ruhigeren, liberalen oder konservativen Alterskohorten meiner eigenen Studentengeneration die von Ernesto Grassi dirigierte *Deutsche Enzyklopädie*. Will ich mich rückblickend der Gelehrten vergewissern, die damals auf mich gewirkt haben, muß diese Reihe erwähnt werden.

Nur zu Heidegger drängen sich noch größere Massen als zu Friedrich. Als er »Der Satz vom Grund« liest, muß diese Vorlesung in einen zweiten großen Hörsaal übertragen werden. Nachdem ich die klaren, hervorragend gegliederten, weitgespannten, materialreichen und philosophisch gehaltvollen Vorlesungen von Jaspers erlebt habe, wirkt dieser unscheinbare Mann, der seine dunklen, wenngleich sprachlich kunstvoll gedrechselten Theoreme unter Verzicht auf alle rhetorischen Kunstmittel vorträgt, auf mich wie ein Schamane. Mir ist völlig unverständlich, wie viele Hunderte ihm angespannt lauschen, obschon nur die philosophisch Ausgebildeten ihm folgen können. Aber er macht Eindruck. In den Freiburger Seminaren gilt bis in die frühen sechziger Jahre hinein ein Sprachstil und eine arrogante Zeitkritik als chic, für die Spötter wie ich die Bezeichnung »Heideggerei« gebrauchen. So ganz leicht habe ich es mir mit meiner Kritik am Irrationalismus dieser Philosophie jedoch nicht gemacht. Ich habe *Sein und Zeit* mit vielen Exzerpten und Zusammenfassungen redlich durchgearbeitet, bin aber dann zum Schluß gekommen, es handle sich weitgehend um hochgestochene Trivialitäten. Daß mir das von seiten der Heideggerianer in meinem Bekanntenkreis als Banausentum angekreidet wird, versteht sich von selbst. So höre ich mit Vergnügen, wie Arnold Gehlen bei einem seiner Vorträge im Bergstraesser-Seminar von einem im Heideggerschen Denken versponnenen Doktoranden kritisch angegangen wird und das nur kühl mit einem einzigen Satz quittiert: »Mir fehlen leider die metaphysischen Gehirnwindungen.« Das trifft wohl auch auf mich zu.

Eigenartigerweise war das politische Vorleben Heideggers unter uns Studenten kein Thema. Wir wußten, daß er im Dritten Reich ein Irrläufer war. Dem Uni-Tratsch zufolge war vor allem Frau Heidegger die große »Nazisse«. Aber denen, die so wie ich in Heidegger ohnehin einen weltfremden Philosophen sahen, gereichte sein blamables Verhalten bei dem Ausflug in die Politik eher zum Spott. Kein Gedanke daran, diesen 1933 völlig von der Rolle geratenen Rektor der Albert-Ludwigs-Universität nun mit moralischen Vorwürfen zu überziehen. Völlig unbekannt war damals und noch lange später die Intensität seines verqueren Antisemitismus. Der einzige aus dem Bergstraesser-Seminar, den das Thema der politischen Vergangenheitsbewältigung sichtlich umtrieb, war der stark philosophisch orientierte Alexander Schwan. Ansonsten Desinteresse an diesen längst vergangenen Torheiten. Heideggers Kollegen ließen dessen Vergangenheit gleichfalls auf sich beruhen. Ich kannte später den Phänomenologen Eugen Fink ganz gut, der über das skandalöse Verhalten Heideggers gegenüber seinem Lehrer Husserl bestens Bescheid wußte. Auch Fink hütete sich, das in der Öffentlichkeit zu thematisieren. Die Mandarine dachten sich ihr Teil und schwiegen. Manche von ihnen waren ohnehin froh, daß niemand sie auf ihre eigenen Fehltritte in den zwölf Jahren ansprach.

Von den Freiburger Historikern hat mich von Anfang an Gerhard Ritter am stärksten interessiert. Ich hatte schon einiges von ihm gelesen, teils auf der Oberstufe des Gymnasiums, teils in Basel, so *Die Dämonie der Macht*[23] und seine Darstellung *Die Neugestaltung Deutschlands und Europas im 16. Jahrhundert*[24]. Eben, als ich in Freiburg ankam, erschien seine Monographie *Carl Friedrich Goerdeler und die deutsche Widerstandsbewegung*[25]. Da mein eigenes, noch wenig geklärtes Geschichtsverständnis protestantisch, national-liberal und auch bereits durch die antinazistische Neuorientierung bestimmt war, habe ich mir von ihm viel versprochen. So wie in Basel Karl Jaspers oder Karl Barth und in Freiburg Hugo Friedrich, Walther Rehm und Heidegger befand er sich damals im Zenit seines Ansehens.

Als ich seiner zuerst im Kolleg ansichtig wurde, wirkte der europaweit bekannte Gelehrte, der immerhin schon die Schwelle des 65. Lebensjahrs überschritten hatte, auf mich wie ein etwas in die Jahre gekommener Schulmeister: Embonpoint, randlose Brille, trippelnder Gang, doch kräftiges Organ und ein durch nichts zu erschütterndes Selbstbewußtsein von der Richtigkeit seiner Ansichten. Es war unschwer zu erkennen, daß er nur noch einen Zyklus von Vorlesungen recycelte, die er seit den zwanziger Jahren schon öfters, immer wieder überarbeitet, vorgetragen hatte. Wie stark er auf »Konserven«, so nannten wir das, zurückgriff, zeigte sich, als er – mit dem Politikwissenschaftler Arnold Bergstraesser tief zerfallen – ein Kolleg zur vergleichenden Regierungslehre las, betitelt: »Geschichtliche Staatenkunde des neuzeitlichen Europa«. Wahrscheinlich wollte er damit unter Beweis stellen, daß die Geschichtswissenschaft auch politische Phänomene fundierter behandelt als die von ihm für oberflächlich erklärte Politische Wissenschaft. Diese Vorlesung stammte noch aus den zwanziger Jahren, als die Privatdozenten und jungen Professoren in Neuerer Geschichte eine »Politik« zu lesen hatten. Für die Entstehungsjahre mag dieses Kolleg in der Tat solide und aktuell zugleich gewesen sein. Thematisch lief es aber in den frühen dreißiger Jahren aus, ohne die neueren Entwicklungen und das neuere Schrifttum angemessen zu berücksichtigen.

Aber auch die genuin historischen Kollegs zum 16. und zum 19. Jahrhundert und zu den beiden ersten Jahrzehnten des 20. Jahrhunderts, wo die Felder seiner Stärke lagen, wirkten doch ein wenig wie *vieux jeu*. Diesen Eindruck machte auch das mit an die sechzig Studierenden völlig überbesetzte Oberseminar zur Thematik »Bismarck und die deutsche Frage 1864 bis 1866«. Ich selbst schlug mich dort ganz tüchtig, hatte aber danach nicht den Eindruck, viel gelernt zu haben. Auch Ritter war damals schon ein Opfer der Massenuniversität, aber auch seines eigenen Ruhms.

Später erst wurde mir klar, was alles damals auf diesem Mann lastete: Dissertationen und Staatsexamen ohne Ende, die Fakultätsaufgaben, zeitraubende Funktionen in den Fachverbänden der deutschen und europäischen Historiker sowie weiteren Wissenschaftsorganisationen, Herausgeberschaften, Berge von Gutachten, denen sich kein arrivierter Professor entziehen kann, wobei in seinem Fall auch noch der Ehrgeiz hinzukam, die Lehrstuhlbesetzungen bundesweit in seinem Sinn zu beeinflussen. Zu allem hin ließ er sich nur zu gern auf polemisch gewürzte öffentliche Stellungnahmen zu dieser oder jener brennenden Kontroversfrage, aber auch zur aktuellen Politik ein und hielt querbeet durchs Land jede Menge an Vorträgen. Dieser überlastete Mann hatte jedoch weiterhin den Ehrgeiz, wie ein Ordinarius im besten Mannesalter durch quellengestützte Bücher an der Spitze der Forschung zu bleiben. 1954 war nicht nur seine aufsehenerregende Goerdeler-Monographie erschienen, sondern ebenso der weit ins 18. und frühe 19. Jahrhundert zurückgreifende, bestens dokumentierte erste Band zur Frage *Staatskunst und Kriegshandwerk*, dem er den Untertitel *Das Problem des »Militarismus« in Deutschland*[26] gegeben hatte (drei weitere Bände sollten bis zu seinem Tod im Jahr 1967 folgen). Zugleich arbeitete er auch an einer Studie über den Schlieffen-Plan, die 1956 erschien.[27]

Zufällig oder auch nicht zufällig lernte ich ihn aber im kleinen Kreis kennen. Weshalb es dieser ruhelos tätige Mann auf sich nahm, im Sommersemester 1955 im

Rahmen des *Studium Generale* eine Arbeitsgemeinschaft zur Außenpolitik der Großmächte in der jüngsten Nachkriegszeit abzuhalten, weiß ich nicht. Wahrscheinlich gehörte er zu jenen geplagten und sich selbst plagenden Menschen, die nicht nein sagen können. Hier lernte ich einen ganz anderen Gerhard Ritter kennen – einen Professor, der mit den vielleicht nur 15 oder 20 Studenten, die teilnahmen, intensiv diskutierte, der die Arbeiten ernst nahm, die wir vorlegten, und der bezüglich aller aktuellen Streitfragen so politisch war, wie sich das aufgeweckte Studenten nur wünschen können.

In dieser Arbeitsgemeinschaft hatten sich, das sei doch erwähnt, auch zwei Kommilitonen eingefunden, die meinen Lebenslauf später noch verschiedentlich kreuzten. Der eine war der schon in diesem Wintersemester 1954/55 einen arrogant-zynischen Charme entfaltende spätere *Spiegel*-Redakteur für das Ressort Außenpolitik Dieter Wild (er wurde in Hamburg unser Nachbar) und der angehende Osthistoriker Gerhard Wettig, der in den späten siebziger und den achtziger Jahren zu den völlig zuverlässigen antisowjetischen Mitstreitern gehörte.

Ich selbst übernahm in dieser Arbeitsgemeinschaft Ritters ein ausführliches Referat über die Ost-West-Beziehungen von der Berliner Blockade bis zur Sowjetnote vom 10. März 1952. Dabei analysierte ich erstmals die verfügbaren Quellen, zog Zeitschriften wie *Außenpolitik*, *Osteuropa* und *Foreign Affairs* heran und machte auch mit den Arbeiten von Boris Meissner Bekanntschaft, in dem ich zwanzig Jahre später an der Kölner Universität einen sehr erfreulichen Kollegen fand. Die 19 eng getippten Seiten des Referats haben sich noch erhalten und zeigen mir, wie vergleichsweise tief ich im vierten Semester bereits in Zusammenhänge eingedrungen war, die ich zehn Jahre später erstmals wieder aufgriff, als ich nach einem Habilitationsthema suchte. Aus dem letzten, im Manuskript durchgestrichenen Satz zur Stalin-Note vom 10. März 1952 läßt sich auch meine damalige politische Einstellung erkennen. Ich schrieb: »Für harmlose Gemüter ist dies Datum der Beginn einer neuen Ära der sowjetischen Außenpolitik.«

Der Einstieg bei Ritter war jedenfalls geglückt. Er war mir nun auch ganz sympathisch, zumal er uns durch eine gewisse Sportlichkeit imponierte. Tag für Tag kam dieser berühmte Mann auf einem Moped, bei Regen mit Kleppermantel und Hut angetan, in die Universität gefahren. Und die Assistenten wußten zu berichten, zum Historikertag in Venedig sei er sogar auf dem Moped zusammen mit seiner Frau über die Alpen nach Venedig gereist.

Irgendwie war ich bei Ritter recht angesehen, wurde auch – hohe Ehre – zusammen mit den Doktoranden zu ihm nach Hause eingeladen. Ein Abschluß bei ihm, vielleicht sogar eine Promotion, sei vielleicht möglich, signalisierte man mir. Ich hätte mich jedoch beeilen müssen. Ritters Emeritierung stand kurz bevor, und wer nicht zuvor als Doktorand angenommen war, wurde nicht mehr berücksichtigt. Doch dann kam alles anders. Ich entdeckte das Bergstraesser-Seminar.

Das Bergstraesser-Seminar

Durch wen ich meinen Weg dorthin gefunden habe, weiß ich nicht mehr genau. Wahrscheinlich hat mich der Germanist Friedmar Lüke darauf aufmerksam gemacht. Lüke, einer der angenehmsten Freiburger Studienkollegen, volontierte schon früh beim Südwestfunk und hat dort nach der Promotion Karriere gemacht. Der Hörfunk war und blieb seine Leidenschaft, und er wurde schließlich Hörfunkdirektor beim SDR. Als wir uns Mitte der fünfziger Jahre im Germanistischen Seminar trafen, war die Literatursoziologie der letzte Schrei. Walter Rehm hielt zwar wenig davon, um so interessanter erschienen solche Ansätze den unkonventionelleren Studenten. Arnold Hausers jüngst erschienene *Sozialgeschichte der Kunst und Literatur* machte unter uns Germanisten ebenso Furore wie der in orthodox marxistischem Geist verfaßte, eben erschienene Wälzer von Georg Lukacs *Die Zerstörung der Vernunft*, in dem er über den größten Teil der deutschen Schriftsteller des 19. und frühen 20. Jahrhunderts das Irrationalismus-Verdikt aussprach. So interessierten die Seminare von Arnold Bergstraesser, der dort gerne auch bedeutende Schriftsteller mit originellen Fragestellungen analysieren ließ.

Im Sommersemester 1955 bot Bergstraesser ein Seminar zum Thema »Politisches Bewußtsein bei Dichtern« an – für mich, auch für Freund Lüke, ein wahres Reizfutter. Dort wurde ein bunter Strauß von Autoren behandelt. Wenn ich mich recht erinnere, begann das Seminar mit einem Referat über Novalis, dargeboten von dem aus dem seinerzeitigen Frankfurter Forschungsinstitut der Deutschen Gesellschaft für Auswärtige Politik (DGAP) kommenden Hans-Wolfgang Kuhn, mit dem ich mich bald angefreundet habe. Seine Dissertation wurde später in derselben Reihe wie mein *Jünger*-Buch unter dem Titel *Der Apokalyptiker und die Politik* veröffentlicht. Auch Theo Stammen, der hier über Goethes verschlüsseltes zeitkritisches Drama *Die natürliche Tochter* vortrug, stieß damals zum Doktorandenkreis Bergstraessers. Er war später lange Jahre Professor für Politische Wissenschaft an der Universität Augsburg.

In dem 1967 posthum erschienenen Sammelband, betitelt *Staat und Dichtung*[28], habe ich später manche der Themen und Autoren wiederentdeckt, auf die uns Bergstraesser in diesem Seminar ansetzte: Goethe, Schiller, auch Schelling. Manches stammte noch aus den Heidelberger Anfängen oder war in den Jahren verfaßt, als er sich in den USA mühevoll durchschlagen mußte. In der Gegenwartsliteratur spürte er gleichfalls Autoren nach, die in ihren Romanen das technologische Zeitalter symbolisch zu gestalten suchten.

In diesem ersten Seminar, das mich auf die Spur meiner Dissertation setzte, wurde natürlich auch Bertolt Brecht behandelt. Man macht sich heute keine rechte Vorstellung mehr davon, wie stark, auch wie kritiklos meine Studentengeneration Brecht bewundert hat, mich selbst mit inbegriffen. Über ihn referierte Peter Hanke, der im

Sommer 1966, Bergstraesser war schon verstorben, bei Oberndörfer über »Gesellschaft und Moral im Werk Bertolt Brechts« promovierte und danach lange Jahre als Referent an der Akademie für Politische Bildung in Tutzing tätig gewesen ist. Irma Tjaden, die spätere Frau Hanke, nahm sich Robert Musil vor. Auch sie fand den Weg nach München, wo sie an der Technischen Universität lange als Professorin für Politische Wissenschaft gelehrt hat.

Als Kontrast zu Brecht trug ich anschließend zu den neuesten Arbeiten von Ernst Jünger vor. Nach längerer, durchaus nicht unverdienter Verfemung als Militarist und Nationalist hatte Jünger 1949 mit den *Strahlungen* sein Comeback vollzogen. Mit dem Roman *Heliopolis* hatte er sich zwar eine Reihe nicht unverdienter Verrisse eingehandelt, doch auch dieser symbolistische, teilweise verkitschte Versuch paßte gut zu dem Thema »Politisches Bewußtsein bei Dichtern«. Das Referat fand Anklang. Bei der Nachbesprechung in der Sprechstunde deutete Bergstraesser die Idee einer Dissertation über Ernst Jünger entlang der von mir skizzierten Fragestellungen an. Ich solle mir ein Konzept überlegen und bald darüber Vortrag halten. So hat er seine Doktoranden eingefangen. Es würde sich schon zeigen, ob sie sich durchbeißen würden.

Im folgenden Sommersemester fand sich dieselbe Mannschaft, erweitert um einige Neue, in dem Seminar »Gegenwartsdeutungen« wieder zusammen. Der Durchgang wurde begonnen mit der Untersuchung von Zeitdiagnostikern aus den Jahrzehnten nach der Französischen Revolution. Bergstraesser schätzte es generell, einen großen Bogen vom späten 18. Jahrhundert bis zur unmittelbaren Gegenwart zu schlagen. Wie Goethe sah er in der Französischen Revolution und in der Industrialisierung die stärksten Antriebskräfte der Moderne. Friedmar Lüke beispielsweise stellte hier sein Dissertationsthema »Die Zeitdiagnose von Henrik Steffens« vor. Steffens war ein aus Dänemark stammender Naturphilosoph und politischer Schriftsteller, 1804 Professor für Naturgeschichte in Halle, danach 1811 bis 1832 in Breslau, zuletzt in Berlin. Er nahm am Befreiungskrieg teil, hat 1817 eine Studie veröffentlicht des Titels *Die gegenwärtige Zeit und wie sie geworden, mit besonderer Rücksicht auf Deutschland* und sich auch danach als politischer Publizist, aber ebenso durch Novellen einen Namen gemacht. Auch Goethe wurde wieder traktiert, diesmal unter der Fragestellung *Zeitdiagnose und Zeitkritik*. So ging es weiter über Saint-Simon und Tocqueville bis zu den spekulativen zeitdiagnostischen Monographien von Robert Michels und Walter Rathenau aus den Anfängen des 20. Jahrhunderts.

Auch die auf einer Auswertung statistischer Quellen beruhenden empirischen Studien des Soziologen Theodor Geiger zur sozialen Schichtung im Deutschland der Weimarer Republik wurden hier vorgestellt. Es folgten die neuesten Arbeiten Arnold Gehlens und Hans Freyers. Freyer, der damals von Dieter Oberndörfer gnadenlos zersäbelt wurde, hat mich nicht dauerhaft interessieren können, wohl aber Gehlen. Seine Monographien *Urmensch und Spätkultur*, *Die Seele im technischen Zeitalter* oder *Moral und Hypermoral* gehören neben den zeitdiagnostischen Publikationen von Raymond Aron zu den hellsichtigsten Analysen der universalgeschichtlichen Lage in den Jahrzehnten nach dem Zweiten Weltkrieg. Jetzt bekam ich selbst Gelegenheit, mein Dissertationsprojekt über Ernst Jünger vorzustellen. Es gefiel, und Bergstraesser gab grünes Licht. Damit war ich – gerade eben im siebten Semester – in den Doktorandenkreis Bergstraessers aufgenommen. Natürlich wurden von mir und anderen aber auch weitere Referate in den kommenden Seminaren erwartet.

Wie zügig, auch wie unbedenklich ich danach im Zeitraum von rund einundeinhalb Jahren die Dissertation verfaßt, mich intensiv in die Politische Wissenschaft und die Soziologie eingearbeitet, daneben auch die Nebenfächer Geschichte und Deutsche Literaturwissenschaft vorbereitet habe, bleibt mir im Rückblick immer noch erstaunlich. Bereits am 28. Februar 1958, dieser Termin ist aktenkundig, fand das Rigorosum statt. Ich befand mich damals am Ende meines 10. Semesters und war stolze 23 Jahre alt. So schnell ging es damals, doch fand ich das durchaus in Ordnung. Wie die meisten in unserem Seminar hielt auch ich mich für ein halbes Genie. Tatsächlich aber war wohl das einzige Genie Arnold Bergstraesser.

Er war damals um die sechzig. Imponierende, großgewachsene Gestalt, das mächtige, kahle Gelehrtenhaupt nur noch von einem silbernen Haarkranz umgeben und Gesichtszüge, wie ich sie weder zuvor noch danach mehr angetroffen habe: die kräftige Nase offenbar von einem Militärarzt zusammengeflickt, die rechte Wangenpartie eingedrückt, tief versenkt in der Augenhöhle lag ein Glasauge, das er bei Seminarsitzungen gelegentlich halb herauszog und dann wieder zurückrutschen ließ. Es hieß, er sei im Ersten Weltkrieg bei der schweren Artillerie im Einsatz gewesen, und ein Teil des Gesichts mit dem Auge sei von einer Granatexplosion weggerissen worden. Manche verglichen ihn mit dem mächtigen und gleichfalls einäugigen Göttervater Odin aus der germanischen Heldensage. Wie dieser konnte er auch in heftigen Zorn geraten. Dann brüllte er los und schlug mit der rechten Hand auf den Schreibtisch. Er war gepflegt und zumeist in hechtgraue Anzüge gekleidet. In Erinnerung geblieben sind mir zwei Ringe, von denen er sich nie trennte: ein blauer Siegelring, auf dem sein Monogramm eingeschnitten war, und ein helleuchtender roter Ring, wohl ein Granat. Auffällig war sein Zigarettenkonsum. In den Seminaren wurde damals ohnehin kräftig geraucht, aber wie so viele hatte wohl auch ihn der Krieg zum Kettenraucher gemacht. War bei einer Seminarsitzung sein eigener Zigarettenvorrat aufgebraucht, pflegte er seine Hand mit leicht geöffnetem Zeigefinger und Mittelfinger, ohne hinzuschauen oder seine Darlegungen zu unterbrechen, nach links oder nach rechts halbhoch auszustrecken, wo die Assistenten Kurt Sontheimer und Dieter Oberndörfer saßen, in der Erwartung, von ihnen eine Zigarette zugesteckt zu bekommen, die er alsbald mit einem goldenen Feuerzeug entzündete. Oberndörfer sagte mir, er selbst sei nach einiger Zeit wegen dieses hoheitsvollen Zigarettenschnorrens zum Pfeifenraucher geworden.

Bergstraesser war ein souveräner Seminarleiter. Er konnte zuhören, unterbrach nur selten bei Referaten, warf dann einige knappe Fragen auf, ließ die Seminarteilnehmer diskutieren, alsdann den Referenten antworten und entwickelte schließlich in längeren Ausführungen die eigene Sicht der Dinge. Er kannte übrigens rasch die 25, höchstens 30 Studierenden des jeweiligen Seminars mit Namen, ließ sich auf die Meinungen der einzelnen Referenten ein, sofern sie gut begründet waren, freute sich über gedankliche Eigenständigkeit und hütete sich, seine eigenen fachlichen oder weltanschaulichen Überzeugungen aufzudrängen. Nicht selten waren die Urteile der älteren Doktoranden harsch und von oben herab formuliert, dies manchmal sicher zu Recht. Wo die Kritik übers Ziel hinausschoß, sah Bergstraesser in den abschließenden Bemerkungen seine Aufgabe eher darin, den zerzausten Referenten wieder zu ermutigen.

Die offizielle Bezeichnung des Hauptseminars lautete: »Soziologisches Hauptseminar«. Bergstraesser verstand sich in dieser Phase primär als Kultursoziologe. Seine theoretischen Ansätze aus der zweiten Hälfte der fünfziger Jahre veröffentlichte er in dem Sammelband *Politik in Wissenschaft und Bildung*[29]. Während so gut wie alles verblüht ist, was sein einstmals sehr ernst genommener Lehrer Alfred Weber publiziert hat, sind manche dieser Aufsätze und Reden frisch geblieben. In den sechziger Jahren vollzog Bergstraesser in der Lehre eine gewisse Schwerpunktverlagerung zur Internationalen Politik hin, aber auch das mit stark kultursoziologischer Akzentuierung. Er war der erste unter den führenden deutschen Politologen, der die Bedeutung der dekolonisierten Staatenwelt voll begriffen hatte, die damals unter dem Begriff »Dritte Welt« subsumiert wurde. Heute wissen wir, daß die Dekolonisierung ein noch wichtigerer Vorgang war als der Kalte Krieg. Bergstraesser hat dies schon vor mehr als fünfzig Jahren erkannt und die weltpolitischen Konsequenzen vorhergesehen. Dabei hat er viel stärker als die meisten zeitgenössischen Publizisten und wissenschaftlichen Analytiker auf die fundamentalen Unterschiedlichkeiten der kulturellen Prägung der jeweiligen Staaten und Regionen aufmerksam gemacht. Konsequent plädierte er in dieser Hinsicht weniger für eine geostrategische, als für eine kulturpolitische Weltpolitik der westlichen Welt. Doch damals als ich sein Hauptseminar entdeckte, lag der Akzent wenigstens in der Lehre noch ganz eindeutig auf einer geschichtlich und zeitdiagnostisch begriffenen Kultursoziologie.

Der Hauptreiz der Hauptseminare mit ihren meist 30 oder 40 Teilnehmern war deren thematische Vielseitigkeit. Bergstraesser machte vollen Gebrauch von den Möglichkeiten, die sich aus seiner Lehrstuhlbezeichnung »Soziologie und Politische Wissenschaft« ergaben. Da anfangs die Lehrgebiete dieser Fächer ebenso wenig festlagen wie die Studiengänge, konnte er nach freiem Belieben lehren, was er für angebracht hielt: Internationale Politik (er gebrauchte noch den altertümlichen Terminus »Weltpolitik«), Kultursoziologie, darunter sein Lieblingsfach Literatursoziologie, Ideengeschichte, Politische Philosophie, Zeitdiagnosen, Zeitgeschichte und, dies am sparsamsten, Regierungslehre. Er besaß sowohl in der Philosophischen Fakultät als auch in der Rechts- und Staatswissenschaftlichen Fakultät Promotions- und Habilitationsrecht. Das Staatsexamensfach »Politische Wissenschaft« für das Lehramt an Gymnasien befand sich in diesen Jahren im Aufbau, was es ihm auch in dieser Hinsicht erlaubte, sozusagen *ad libitum* seine eigenen Akzente zu setzen. Die Studierenden kamen somit durchweg aus Fächern, in denen bereits ein erhebliches Maß an Reglementierung der Studiengänge und zugleich an Spezialisierung bestand. Sie schätzten es, auf einen Professor zu treffen, der ein Sensorium für fachübergreifende Fragestellungen hatte (interdisziplinär nennt man das heute) und der politische oder gesellschaftspolitische Themen behandelte, für die in den etablierten Disziplinen wenig Interesse bestand. Umgekehrt profitierte Bergstraesser von Studenten, die in den etablierten Fächern schon mehr oder weniger gründlich ausgebildet worden waren. Er konnte ernten, wo andere gesät hatten. Daß es nicht alle Ordinarien der Philosophie, der Germanistik, der Geschichte oder des Öffentlichen Rechts zu schätzen wußten, daß er auf ihren Gartenstücken über den Zaun fraß, versteht sich von selbst.

Somit hielt Bergstraesser, ohne das als solches zu propagieren, durchgehend interdisziplinäre Seminare mit Studierenden ab, die aus allen Richtungen der Windrose kamen und meist Kenntnisse aus zwei oder drei Disziplinen mitbrachten. Der alte Herr war ein Doktorandenfischer. Da waren neben vielen anderen Literaturwissenschaftlern und Historiker wie ich selbst oder Hans Maier, Friedmar Lüke, die gescheite Irma Tjaden, Ekkehart Krippendorff und Theo Stammen oder Doktoranden, die von der Philosophie herkamen, wie Alexander Schwan und Mathias Schmitz, oder Volkswirte wie beispielsweise Peter Jochen Winters, einer meiner besten Freunde aus jenen Jahren, der zugleich auch intensiv bei dem Rechtshistoriker Erik Wolf studiert hatte und dann bei Bergstraesser mit einer bis heute nicht überholten Dissertation über die Politik von Johannes Althusius promovierte. Eine Grundausbildung in Politischer Wissenschaft brachten Bergstraessers Assistenten Kurt Sontheimer und Dieter Oberndörfer mit. Sie hatten das Fach Political Science in den USA kennengelernt, Sontheimer zudem an der Pariser Science Po. Über die gründlichste politikwissenschaftliche Ausbildung verfügte Gottfried-Karl Kindermann, der nach einem Jurastudium in Wien ein Vollstudium in Political Science in Stanford und Chicago absolviert hatte, wo Bergstraesser auf ihn aufmerksam wurde.

Fast alle stammten wir aus der Nachkriegsgeneration mit Ausnahme von Manfred Hättich. Dieser war an der Normandie-Front in Gefangenschaft geraten, hatte dann Theologie und Volkswirtschaftslehre studiert und war Anfang der fünfziger Jahre jener ASTA-Vorsitzende in Freiburg, der seinerzeit eine legendäre Protestdemonstration gegen einen neuen Film von Veit Harlan inszeniert hatte. Ausländische Kommilitonen waren eine kleine Minderheit. Aus den USA kamen der

Historiker George Romoser, der kluge Arabist Muhsin Mahdi, auch er ein Schüler Bergstraessers aus der Zeit in Chicago, und der hochgelehrte, aber zugleich mehr als nur leicht groteske, weit herumgekommene Armenier Emanuel Sarkisyanz, ursprünglich ein Historiker und Südostasienforscher mit legendären Sprachkenntnissen. Von den deutschen Studienkollegen gingen einige zur Zeitung, zum Rundfunk oder in die Wirtschaft. Doch aus vielen derer, die sich in der zweiten Hälfte der fünfziger Jahre als Doktoranden in Bergstraessers Seminar einfanden, waren zehn Jahre später Professoren der Politischen Wissenschaft geworden. Sie gehörten zur zweiten Generation deutscher Politikwissenschaftler nach der Gründergeneration der Bergstraesser, Eschenburg, Sternberger, Carl Joachim Friedrich, Fraenkel, von der Gablentz oder Landshut.

Erst nach einiger Zeit ist mir klargeworden, daß Arnold Bergstraesser, der in den zwanziger Jahren auf Empfehlung Alfred Webers in Heidelberg habilitiert worden war und dort seine erste Professur erhalten hatte, hier in Freiburg nochmals die Kultursoziologie nach dem Heidelberger Vorbild wiederbeleben wollte. Gelegentlich hat er nachdrücklich darauf aufmerksam gemacht. Seiner eben erwähnten Aufsatzsammlung *Politik in Wissenschaft und Bildung* war die Widmung vorangestellt: »Den Freunden aus dem Heidelberger Seminar der Jahre 1929–1935 in dankbarem Gedenken zugeeignet«. Auch Bergstraessers interdisziplinärer Seminarstil mit elitärem Touch und nach allen Richtungen ausschweifender geisteswissenschaftlicher Neugier ließ die Herkunft aus Heidelberg erkennen. Ohne mir dessen bewußt zu sein, bin ich somit bei Salin, Jaspers und Bergstraesser von quicklebendigen älteren Herren beeinflußt worden, die allesamt die Heidelberger Prägung mitbrachten – natürlich sie alle dann belehrt und erschüttert durch ihre recht unterschiedlichen Erfahrungen mit dem Dritten Reich.

Bergstraessers soziologische Hauptseminare für die bereits fortgeschritteneren Doktoranden, für Neulinge wie mich selbst oder für interessierte Zaungäste fanden stets am Dienstagabend von 20 bis 22 Uhr statt. Die Diskussionen wurden in der nahegelegenen »Lieben Hand« oder auch im »Fahnenberg« am Bertoldsbrunnen bis gegen Mitternacht fortgesetzt. Man trennte sich erst, wenn die Kellnerinnen um halb zwölf damit begannen, die Stühle auf die Tische zu stellen. Erst dann stieg Bergstraesser, der wegen seiner Einäugigkeit nie Autofahren gelernt hatte, in ein herbeigerufenes Taxi. Die Verbindung des spätabends stattfindenden Hauptseminars mit anschließendem Beisammensein in den Stammkneipen rings um die Universität war ein besonders reizvolles Charakteristikum des Studierstils bei Bergstraesser.

Nach Art der Großordinarien jener Jahre pflegte auch Bergstraesser seine Assistenten und ausgewählte Doktoranden gelegentlich, aber nicht allzu häufig, in sein schönes Haus an der Sonnhalde einzuladen, um besonders würdige Gäste durch Anwesenheit seiner Schülerschar zu ehren. An einem dieser Abende hat er auch Martin Heidegger eingeladen. Die Konversation der beiden und die Beiträge aus dem Doktorandenkreis waren recht gezwungen. Heidegger selbst ließ sich nicht aus der Reserve locken. Jedenfalls war Gelegenheit, den weltberühmten Mann aus der Nähe genau zu betrachten. Im Unterschied zu dem stattlichen, irgendwie charismatischen Bergstraesser, auch im Unterschied zu Jaspers war Heidegger keine imposante Erscheinung und besaß auch keine tragende Stimme. Eindrucksvoll waren nur seine hellen Mausäuglein, die aufmerksam und listig umhergingen. Er hätte ein schlichter alemannischer Rechtsanwalt, Gymnasiallehrer oder Dorfwirt sein können. Mich selbst beeindruckte bei dieser und bei anderen Einladungen zweierlei: zum einen die ruhige Freundlichkeit von Frau Bergstraesser, die am Ergehen der Mitarbeiter ihres Mannes echt Anteil nahm, zum anderen die schöne Bibliothek mit prachtvollen Editionen der Klassiker und der großen Philosophen.

Für mich selbst war das Freiburger Intellektuellen-Seminar für Politische Wissenschaft die große Entdeckung. Der Übungsraum mit der Bibliothek im 4. Stock des Hauptgebäudes war von nun an mein Zuhause. Dort standen alle wichtigen Neuerscheinungen und Zeitschriften zur Soziologie, zur Politischen Wissenschaft und zur Zeitgeschichte. Dazu kam ein gut ausgesuchtes Sortiment deutscher und internationaler Zeitungen (so auch das *Neue Deutschland*, für dessen Bezug es nach dem KPD-Verbot einer besonderen Genehmigung bedurfte). Hier saß ich von morgens bis abends, las, exzerpierte und wühlte mich in die neuen Fächer hinein. Viel Platz war noch nicht. Zusätzlich zum großen Übungsraum mit Blick über die Freiburger Dächer gab es noch einen kleinen Übungsraum. Das einigermaßen geräumige Dienstzimmer Bergstraessers war vollgestopft mit Büchern, überall auf dem Boden, auf einer Couch oder den Stühlen türmten sich Berge von Manuskripten und Briefen. Neben dem Direktorenzimmer lag das Kabüffchen für eine studentische Hilfskraft, später eine Vollsekretärin. Dann gab es noch ein weiteres Zimmerchen für die Assistenten und den Privatdozenten Heinrich Popitz. Das war die ganze Herrlichkeit. Angenehm war die Nachbarschaft zum gegenüberliegenden Romanistischen Seminar mit seinem Reichtum an schönen Studentinnen. Auch bei der noch fast ausschließlich von Männern dominierten Politischen Wissenschaft setzten einige Lebedamen aus Düsseldorf und Hamburg, die für ein Nebenfach studierten, erfreuliche Akzente.

Die politische Meinungspalette im Bergstraesser-Seminar war breit. Kommunisten waren allerdings nicht dabei, und nur ein einziger beredter Linkssozialist ist mir im Gedächtnis geblieben. Ich traf ihn einige Jahre später auf dem Frankfurter Hauptbahnhof wieder – feines Tuch, schönes Attaché-Case, eleganter Borsalino. Er war inzwischen auf der Direktionsetage von Thyssen gelandet und breitete auf die Frage, was er dort genau täte, die Arme weit aus und sagte nur: »Wir konzentrieren, wir konzentrieren ...« Linksliberal oder sozialdemokratisch Orientierte waren zahlreicher vertreten, der markanteste von ihnen war Kurt Sontheimer, der erste Assistent Bergstraessers. Es gab auch CDU-Sympathisanten. Der fundierteste unter ihnen war

Dieter Oberndörfer, Bergstraessers zweiter Assistent, damals noch ein in der Wolle gefärbter Konservativer, ausgezeichnet durch Genußfreude, Selbstironie und Weltläufigkeit. Ein veritables CDU-Mitglied war Kurt Gebauer. Nach der Promotion wurde er Direktor der maßgeblich von Bergstraesser initiierten CDU-Bildungsstätte Schloß Eichholz. Er hat mich seit 1961 häufiger zu Vorträgen dorthin eingeladen, bei denen mir aber keinerlei Vorgaben irgendeiner Art gemacht wurden. Es sollte noch lange dauern, bis ich im Herbst 1980, nach der Wahlniederlage der Unionsparteien, der CDU beitrat. Doch aus den vergleichsweise häufigen Vorträgen in Schloß Eichholz unweit von Bonn entstand doch früh ein lockeres Netzwerk in den CDU-Bereich hinein. Daß Bergstraesser selbst CDU-Mitglied oder jedenfalls Sympathisant war, wußte man, aber er hat von der CDU-Nähe nie irgendwelches Aufheben gemacht. Mit dem linken Flügel der CDU sympathisierte damals Alexander Schwan. Ich erinnere mich, wie er einmal mit strahlenden Augen erzählte, er sei zusammen mit seinen Freunden als Schüler im Düsseldorfer Landtag auf der Zuschauertribüne gesessen, als SPD und große Teile der von Karl Arnold geführten CDU die Einführung der paritätischen Mitbestimmung in der Montanindustrie beschlossen. Einer meiner engeren Freunde mit einem echt schwäbischen Namen kam aus Württemberg. Er lebte in der Gedankenwelt des schwäbischen Liberalismus à la Theodor Heuss.

Wohl am weitesten rechts stand Ekkehart Krippendorff, damals Bundesführer des Wandervogels. Er ist mir auch durch seine große Begeisterung für Goethe aufgefallen, ging aber bald nach Tübingen zu Eschenburg, bei dem er über die Anfänge der Liberal-Demokratischen Partei in der Ostzone promovierte. Zehn Jahre später traf ich ihn auf einer Tagung in Tutzing wieder, es muß wohl 1966 gewesen sein. Er kam eben von einem mehrjährigen Aufenthalt in den USA zurück, voll des antirassistischen Enthusiasmus der Bürgerrechtsbewegung, ein heftiger Kritiker auch schon des von Präsident Johnson forcierten Vietnamkriegs, zugleich aber in düsterer Stimmung, weil er den Triumph der amerikanischen Kriegsmaschine für wahrscheinlich hielt. Kurze Zeit später ist aus ihm in Berlin einer der Wortführer der APO geworden. Doch er hat sich weiterentwickelt, ist auch produktiv geblieben, und man tut ihm wohl kein Unrecht, wenn man ihn einen konservativen Linksradikalen nennt. So wie ich selbst verehrt auch er in Bergstraesser den großen Anreger, der ihn auf die Bahn der Politischen Wissenschaft gesetzt hat.[30]

Wir alle jedoch, ob links, Mitte oder moderat rechts, stürzten uns jeden Montagmorgen auf den *Spiegel*, an dessen prinzipiell kritischen Artikeln im spöttischen *Spiegel*-Slang wir uns delektierten. Der Einfluß dieses Magazins und des Herausgebers Rudolf Augstein auf die Meinungsbildung vieler von uns im Bergstraesser-Seminar kann schwerlich überschätzt werden.

Eine Besonderheit des Seminars für Politische Wissenschaft und Soziologie waren auch die regelmäßigen Wochenendseminare, die Bergstraesser abhielt. Sie fanden auf dem der Universität gehörenden Fachschaftshaus auf dem Schauinsland statt oder im Mathematiker-Zentrum von Oberwolfach. Bei diesen Gelegenheiten wurden Vorträge Freiburger oder auswärtiger Professoren diskutiert, mit denen Bergstraesser harmonierte, manchmal auch die Dissertationen von Seminarmitgliedern. Bei einem dieser Seminare habe ich die leise, selbstbewußt und mit großer Überzeugungskraft vortragende Elisabeth Noelle-Neumann erstmals getroffen. In jenen Jahren überließ sie noch ihrem Ehemann Erich Peter Neumann die große öffentliche Schau. Sie selbst hielt sich im Hintergrund und trat lieber auf geschlossenen Veranstaltungen nach Art unserer Wochenendseminare auf.

Hier traf ich auch wieder auf Theodor Eschenburg, der meist in Begleitung seiner Assistenten und einiger Doktoranden auftrat. Er hatte mich, wie erwähnt, als Gymnasiast stark beeindruckt und erwies sich jetzt, da ich ihn aus der Nähe kennenlernte, als standhafter Zecher und als ein Professor, der seine Meinung sozusagen *ex cathedra* verkündete. Gern gab er Anekdoten aus seiner Zeit als Geschäftsführer bei der Deutschen Druckknopf- und Miederindustrie zum besten und erwies sich auch einmal fröhlich bereit, die einschlägigen Kenntnisse an einer unserer Damen, die darum gebeten hatte, praktisch vorzuführen. Bergstraesser und Eschenburg waren damals Kampfgefährten bei Einführung und politischer Durchsetzung des Schulfachs Gemeinschaftskunde. Beide ließen sich dabei von dem Gedanken leiten, daß eine Demokratie politisch gebildeter Bürger bedarf. Sie vergaßen dabei aber auch nicht, an die eigenen Studierenden zu denken, die den Fachunterricht als Gymnasiallehrer zu bestreiten haben würden.

Bei der Auseinandersetzung um das neue Schulfach gehörte übrigens Gerhard Ritter zu den ganz entschiedenen Gegnern Bergstraessers. Er hielt die Politische Wissenschaft für ein Überbleibsel der amerikanischen Reedukationspolitik und verband das mit tiefen Zweifeln an der wissenschaftlichen Seriosität des Fachs. 1954, als Bergstraesser nach Freiburg kam, war er Dekan. Beim Antrittsbesuch erklärte er ihm unumwunden, daß er sich gegen seine Berufung ausgesprochen habe. Für die Doktoranden Ritters und Bergstraessers hatte das betrübliche Folgen. Zufällig oder auch nicht zufällig hielten die beiden Herren jeweils an den Dienstagabenden ihre Oberseminare ab und zogen alsdann oft mit den Teilnehmern in die »Liebe Hand«. Verschiedene Studenten, so auch ich selbst, studierten sowohl bei Ritter als auch bei Bergstraesser. Doch jeder wußte, daß Ritter es für ganz ungehörig erachtet hätte, wäre ein Student vom Tisch Bergstraessers zu ihm herübergekommen. Die Assistenten der beiden, ganz besonders Klaus Schwabe und Oberndörfer, taten ihr Bestes, daß die wechselseitige Animosität, die jedoch vor allem von Ritter genährt wurde, den Doktoranden keinen Schaden brachte.

Bergstraesser war auch groß in der Veranstaltung von Reisen. Wir konnten dabei feststellen, wie viele Leute er überall kannte. Die erste Exkursion, an der ich 1956 teilnahm, führte mit der Fähre von Ostende nach London. Die Stadt hat mich mächtig beeindruckt. Ich glaube auch, damals einen allerletzten Blick auf das alte England getan zu haben. Wir waren zu einer Jahreszeit eingetroffen, in der spätabends der Smog kaum die gegenüberliegenden Häuserzeilen erkennen ließ. Die Mahlzeiten in den Speiselokalen waren so gräßlich, wie man sich englisches Essen vorstellte: zähes, mit einer undefinierbaren Soße übergossenes Lamm und zerkochtes Gemüse. Überall in der City bewegten sich dunkel gekleidete Herren mit Bowler-Hüten und den obligatorischen Regenschirmen. Nicht erwartet hatten wir, daß vielerorts im Zentrum der Stadt Hunderte von aufreizend bekleideten Damen zu nächtlicher Stunde ihre Dienste anbieten würden. Als wir auf der Rückkehr spätabends wieder in Belgien ankamen, wirkte Ostende auf mich dröge und leer.

Natürlich besuchten wir das wiederaufgebaute House of Commons in Westminster und die üblichen Sehenswürdigkeiten, dazu verschiedene Ministerien. Am imperialsten wirkte das Colonial Office. Damals gebot Großbritannien noch über große Teile Afrikas und größere oder kleinere Krümel des Empire in der Karibik, am Persischen Golf, auf Zypern, in Aden und auf Borneo. Der Unterstaatssekretär der uns zum Gespräch empfing, gab uns eine Lehre über britisches gutes Benehmen. Er ließ es sich nicht nehmen, uns über die weitläufigen Korridore und die mächtigen Treppen bis auf den Hof zum Bus zu begleiten. Ich habe mir das gemerkt.

In der deutschen Botschaft residierte Hans-Heinrich Herwarth von Bittenfeld als Botschafter. Auch er ließ uns im Vorzimmer keine Minute über die vereinbarte Zeit hinaus warten. Eingeprägt hat sich mir ein gutes Kohleporträt Adenauers, das sein Dienstzimmer zierte. Popitz, der auf der Reise dabei war, kommentierte das mit den Worten: »Der Alte ist gut getroffen und wirkt wie eine Mischung von Staatsmann und Hoteldieb.« Zumeist entfernte er sich jedoch in Gesellschaft der reizenden Sekretärin Bergstraessers, Maria von Handel, der wir damals alle aus der Hand fraßen. Die beiden haben bald danach geheiratet.

Eine weitere Exkursion, es war wohl gegen Semesterende im Februar 1957, führte nach Berlin. Im Bus war bei der langsamen Fahrt über die holprige DDR-Autobahn die Heizung ausgefallen, die Scheiben waren dick vereist, und alle schlotterten wir wie die Schloßhunde. Die Professoren in der Freien Universität, die wir damals besuchten, von der Gablentz und von Eynern, vermochten uns nicht stark zu beeindrucken. Wir Freiburger hielten uns damals für Halbgötter und sahen auf das Berliner Politologiestudium sowie die wenig inspirierenden, recht langweiligen Bücher der dortigen Professoren verächtlich herab. Imponiert hat uns jedoch Willy Brandt. Er war vor kurzem aus dem Bundestag ausgeschieden und zum Präsidenten des Abgeordnetenhauses von Berlin gewählt worden. Brandt war lebhaft, hatte offensichtlich Spaß an der Diskussion und verstand es schon damals ganz hervorragend, Studenten für sich einzunehmen. Wir schieden mit der Überzeugung von ihm, es wäre gut, wenn er den Funktionär Erich Ollenhauer, der damals der SPD vorstand, möglichst bald ablösen würde, was denn auch geschah.

Ein paarmal trieben wir uns, ausgestattet mit billig einzutauschender Ost-Mark, im Ostsektor herum, wenngleich immer etwas in Sorge, von den Vopos bei der verbotenen Einfuhr der DDR-Währung erwischt zu werden. Wir speisten stilvoll in dem am Eingang zur Stalin-Allee erbauten Restaurant »Bukarest«, ließen uns von Helene Weigel, die im Theater am Schiffbauerdamm die »Mutter Courage« spielte, gebührend beeindrucken und machten auch einen Besuch bei dem Sowjet-Ehrenmal in Treptow. Dort standen zwei NVA-Soldaten Wache, mit denen wir zu plaudern begannen. Einer von uns machte sich lustig, die NVA habe ja nicht einmal Knobelbecher. Über die schlagfertige Antwort des Muschkoten: »Aber det ballert jenauso« haben wir viel gelacht. Am wohlsten war uns aber doch im Westen, nicht zuletzt in dem bei Studenten angesagten Kellerlokal »Tabu«.

Wir haben uns damals keine Gedanken darüber gemacht, wie Bergstraesser die Zuschüsse für die vergleichsweise aufwendigen Exkursionen mobilisierte. Erst als ich zum Mitglied seines Stabes wurde, ging mir auf, daß ich bei einem der talentiertesten Netzwerker in den damaligen Geistes- und Sozialwissenschaften gelandet war. Immerhin ließ die 500-Jahr-Feier der Albert-Ludwigs-Universität im Sommer 1957 die hervorgehobene Rolle erahnen, die er in den Spitzengremien der Universität damals gespielt hat. In Kenntnis seiner bundesweiten Konnexionen und seiner internationalen Erfahrung hatte ihn die Philosophische Fakultät zum Dekan gewählt. Zugleich war er vom Senat mit der Organisation dieses riesigen Events beauftragt. Als Rektor amtierte damals der angesehene Mediävist Gerd Tellenbach. Er war eine der maßgeblichen, reformerischen Persönlichkeiten der Rektorenkonferenz. Allem Anschein nach spielten sich die beiden Herren die Bälle zu. Bei den glänzenden Feiern, die eine ganze Juniwoche in Anspruch nahmen, haben sich natürlich alle Fakultäten gleichberechtigt präsentiert und stellten jeweils ihre angesehensten Gelehrten an die Rampe. Doch da Tellenbach und Bergstraesser Regie führten, war es den Geisteswissenschaften in der Philosophischen Fakultät gelungen, am hellsten zu strahlen. Die Staatswissenschaftliche Fakultät war wohl nicht allzu glücklich darüber, daß Bergstraesser bei dieser Gelegenheit sein Gewicht so sichtlich in die Philosophische Fakultät verlegte. Das spielte bei den künftigen Habilitationen eine gewisse Rolle.

Wie stark die Philosophische Fakultät bei dieser Gelegenheit herauskam, zeigte sich auch in dem nachträglich erscheinenden Band mit den Festvorträgen zur Jubiläumsfeier. Unter den zehn, die aufgenommen wurden, stammten fünf von Mitgliedern der Philosophischen Fakultät: Gerd Tellenbach, Martin Heidegger, Hugo Friedrich, Clemens Bauer und Arnold Bergstraesser. Bergstraessers Thema war *Die Aufgabe der Universität in Gesellschaft und Staat*[31]. Bei keiner anderen Gelegenheit hat er sein Verständnis der Kultur, der Wissensvermittlung in der technologisch-industriellen Gesellschaft, der Universitätsbildung und davon, was er von seinen Studenten erwartete, so breit entfaltet und mich so stark beeindruckt.

Die Eigenschaft des Menschen sei es, führte er aus, wissen zu dürfen, wissen zu können und um der Bewältigung des Daseins willen wissen zu müssen. Er versäumte nicht, auch die Bedeutung anderer Quellen der Erkenntnis zu erwähnen, die dem sichernden Zugriff des Wissens vorausgehen: Offenbarung, Prophetie und Kunst, sprach aber auch die Erfahrung der Arbeit und die Beobachtung der Sinne an. Die Universität habe den Auftrag, die Kontinuität im Fortgang des Wissens zu erhalten durch Überlieferung und kritische Sichtung des Erworbenen und durch Erziehung zur Freiheit des lernenden Fragens. Nachdrücklich unterstrich er drei Eigenschaften des Wissens: Es sei unvollkommen, es sei geschichtlich, und es sei gesellschaftlich.

Von diesem Grundverständnis ausgehend, diskutierte er die Aufgaben der modernen Universität. Sie war für ihn eine Institution der europäisch-abendländischen Kultur im Rahmen des modernen Staates, der heutigen Wirtschaftsform und der modernen Gesellschaft. Er sprach durchaus den Widerstreit zwischen den soziologischen Anforderungen der Epoche und, so formulierte er, »den währenden Normen des Geistes« an. Doch seine gesamte, sozusagen im Stenogrammstil formulierte Ansprache war optimistisch gehalten. Alle Gegensätze und Spannungen hielt er für lösbar. Er wies auch auf das Vorrecht der Studierenden in der modernen Arbeitsgesellschaft hin und sprach aus, was er von ihnen erwartete, also auch von den Teilnehmern an seinen Seminaren: »Zurückgenommen aus dem tätigen Leben, kann er Zeit und Möglichkeit zur Steigerung der eigenen Potenzen im Sinne seiner künftigen beruflichen, staatsbürgerlichen und menschlichen Daseinsführung in eigener Verantwortung nutzen.«

Das alles ging über die Köpfe der Zuhörer hinweg, vermittelte aber doch den Eindruck, daß sich hier ein Gelehrter äußerte, der die Komplexität des Wissenschaftsbetriebs erfaßt hatte und von der Lösbarkeit der Probleme überzeugt war. Heute ist mir klar, daß ich in ihm einem der letzten Vertreter des Idealismus begegnete, der seiner Sache völlig sicher zu sein schien, wenn er ungeachtet des auch von ihm deutlich registrierten Ungenügens des modernen Menschen dem Wissen gegenüber zur geistbestimmten Führung des Daseins aufrief.

Was ist mir sonst noch von dieser in einer strahlenden Frühlingswoche durchgeführten Jubiläumsfeier in Erinnerung geblieben? Die Albert-Ludwigs-Universität feierte sich nochmals in ihrer ganzen Pracht und Herrlichkeit. Kein Gedanke daran, daß bereits die Abendröte der alten deutschen Universität angebrochen war. Als sich die Fakultäten jeweils im Schmuck ihrer verschiedenfarbigen Talare nach dem Festzug durch die Schützenallee in der Stadthalle farbenprächtig aufbauten, um die eigens von Wolfgang Fortner komponierte, für mein Gefühl ziemlich mißtönende Musik für Bläser zu hören, gefolgt von zahlreichen Grußbotschaften, der Ansprache des Bundespräsidenten Theodor Heuss und dann des Rektors, ahnte auch ich nicht, daß ich sozusagen einer feierlichen Abschiedsveranstaltung beiwohnte. Hingegen sinnierte ich während der nicht aufhören wollenden Ansprachen ständig über meine bei dieser Gelegenheit gemachte Entdeckung, daß jeder dieser wie riesige Käfer in unterschiedlichen Farben verkleideten Professoren ein gefährliches Tier sei. Anscheinend habe ich damals zuviel Kafka gelesen.

In Erinnerung geblieben ist mir auch Theodor Heuss. Arnold Bergstraesser, genauer gesagt, die Philosophische Fakultät, hatte mit vollen Händen und zugleich politisch unvoreingenommen Ehrendoktorhüte ausgeteilt. Der berühmte Stadtplaner Ernst May mit seinen ausgeprägt linksradikalen politischen Präferenzen wurde ebenso freundlich bedacht wie der Dichter Friedrich Georg Jünger mit seiner rechtsradikalen Vergangenheit. Natürlich erhielt auch der Bundespräsident Theodor Heuss einen voll verdienten Ehrendoktor. Er hielt eine witzige, kurze Festrede über die politische Bedeutung der Universität Freiburg in der ersten Hälfte des 19. Jahrhunderts, die er mit Blick auf die Gestalten des Vormärz als »Laboratorium für deutsche Möglichkeiten« bezeichnete. An die Ehrenden und Lernenden richtete er die Ermahnung, »das Staatliche und Politische, das Religiöse und Kirchliche, das Gesellschaftliche und Wirtschaftliche unter das Gesetz des geistigen Anspruchs und der ethischen Bewährung zu rücken«.

Der Doktorschmaus fand in der »Traube« statt. Leider war ich in der Assistenten- und Doktoranden-Hierarchie noch nicht weit genug aufgerückt, so daß ich die folgende Anekdote nicht aus eigenem Erleben berichten kann. Aber verschiedene Teilnehmer haben mir den Vorgang bestätigt. Als nach Verzehr des Mahls die Stunde für das Entzünden der Zigarren und das Servieren des Kaffees gekommen war, faßte sich Alexander Schwan ein Herz, erwähnte das betroffene Sich-Fragen in der Studentenschaft und fragte schließlich den Bundespräsidenten ins Gesicht hinein, wie es eigentlich dazu gekommen sei, daß er für das Ermächtigungsgesetz gestimmt habe. Nach einigem Hin und Her habe Heuss, so wurde mir berichtet, das Rotweinglas nachdenklich hin und her gedreht und schließlich gesagt: »Jo, mir hont halt denkt, 's goht gege die Rote.« Soviel zur ethischen Bewährung.

In den Jahren, als ich in das Kraftfeld Bergstraessers geriet, das mag aus diesen Beobachtungen deutlich geworden sein, hatte dieser bedeutende Gelehrte das Haupt weit über den Wolken und erfreute sich hohen akademischen Ansehens, befand sich aber zugleich schon in einem Lebensabschnitt, in dem jede Stunde verplant war.

Bergstraesser bemühte sich zwar, wie erwähnt, um eine Wiederbelebung der Heidelberger Kultursoziologie, war aber doch selbstkritisch genug zu erkennen, daß sich in der Soziologie seit den Jahren, die er im Umkreis von Alfred Weber verbracht hatte, viel ereignet hatte. In seinen Hauptvorlesungen spielte er zwar »die alten Heidelberger Platten« weiter ab, so nannten wir das unehrfürchtig. Mir selbst schien diese Soziologie bereits weit aus der Zeit gefallen. Es sollte noch einige Zeit dauern, bis ich ein Organ dafür entwickelte. Außerdem war der alte Herr durch seine zahlreichen Aktivitäten *intra muros* und *extra muros* schon so überbürdet, daß er keine Zeit mehr fand für die gründliche Ausarbeitung umfassender Hauptvorlesungen.

Zudem hatte er seine besten Mannesjahre an zweitrangigen kalifornischen Colleges und danach an der Universität Chicago verbracht. In Amerika herrschte damals schon ein aufgelockerter Vorlesungsstil, so daß er nicht wie die meisten unserer Professoren in anderen Fächern auf einen stets aktualisierten Vorlesungszyklus zurückgreifen konnte.

Zur erforderlichen Ergänzung tat er einen guten Griff. Im Jahr 1957, als sein Nimbus in allen Fakultäten im Zenit stand, brachte er Heinrich Popitz in der Rechts- und Staatswissenschaftlichen Fakultät zur Habilitation und schlug damit gewissermaßen zwei Fliegen mit einer Klappe. Einerseits hatte er in Popitz einen *rising star* in der Nachkriegssoziologie mit besten Kenntnissen der zeitgenössischen Ansätze in Deutschland, in den USA und in Frankreich an Land gezogen. Andererseits kam mit diesem ein Sozialwissenschaftler nach Freiburg, der seinen Ehrgeiz dareinsetzte, einen bestens ausgearbeiteten, systematischen Vorlesungszyklus auszuarbeiten.

Popitz war der einzige Sohn des schon legendären preußischen Finanzministers und Reichsfinanzministers Johannes Popitz, der im konservativen Widerstand eine zentrale Rolle gespielt hatte und im Frühjahr 1945 hingerichtet worden war. 1949 hatte Popitz bei Karl Jaspers mit einer ideengeschichtlichen Arbeit promoviert. Sie war 1953 unter dem Titel *Der entfremdete Mensch. Zeitkritik und Geschichtsphilosophie des jungen Marx* erschienen und machte ihn im Fach auf einen Schlag berühmt. Dieser Denkstil entsprach auch ganz dem Wissenschaftsverständnis Bergstraessers. Popitz hatte sich dann an der Arbeitsstelle für empirische Sozialforschung in Münster betätigt, die zeitweilig von Helmut Schelsky geleitet wurde, der in den fünfziger Jahren weithin als Papst der Soziologie betrachtet worden ist. (Nur René König und dessen Schüler in Köln sahen das anders.) Die 1957 von einem Team junger Soziologen publizierten Untersuchungen *Technik und Industriearbeit* und *Das Gesellschaftsbild des Arbeiters*, von denen Popitz maßgebliche Teile verfaßt hatte, wiesen ihn auch als Industriesoziologen aus.

Die Vorlesungen und Seminare von Popitz begeisterten manche von denen, die bei Bergstraesser promovierten, ganz besonders mich selbst, dies auch deshalb, weil er völlig unpompös, freundlich und humorvoll war, aber doch stets höflich blieb und auf Distanz hielt. Wie einstmals die Professoren in Basel gab er bei mir den Anstoß, die wichtigsten der von ihm behandelten Autoren gründlich zu lesen, vieles zu exzerpieren und mich auf den aktuellen Stand der Forschung zu bringen. In seinen Kollegs habe ich zudem gelernt, wie man sozialwissenschaftliche Vorlesungen am besten konzipiert, ohne daß ich aber später seine Meisterschaft erreicht hätte, vielleicht auch deshalb, weil ich wie Bergstraesser durch zahlreiche Aufgaben überbeansprucht war, vielleicht aber auch, weil ich anders als er den Ehrgeiz hatte, große Darstellungen zu verfassen. Popitz verstand sich auf eine subtile, objektive Darstellung des Œuvres einzelner Soziologen, die ihm als Repräsentanten bestimmter Strömungen wichtig erschienen, um diese dann nach gründlicher Präsentation ihrer Ansätze und ihrer

Verdienste mit spitzem Skalpell auseinanderzunehmen. Die Vorlesungen waren hervorragend gegliedert, materialreich, nie im Niveau nachlassend und Satz für Satz ausgearbeitet. Als ich ihn später einmal darauf ansprach, meinte er, das habe er bei Nicolai Hartman und Karl Jaspers gelernt.

So hat er uns in die Wirtschaftssoziologie, die politische Soziologie, die Wissenssoziologie und die allgemeine Soziologie eingeführt und uns mit dem neuesten, so gut wie ausschließlich in den USA erreichten Forschungsstand zur Stratifikation und zur sozialen Mobilität vertraut gemacht. Besonders glanzvoll war sein Kolleg zur Sozialanthropologie, in dem er sich mit den in den USA vieldiskutierten Arbeiten von Ruth Benedict und ihrer Schule auseinandersetzte. Schon die Lektüre Nietzsches hatte mich zu einem Relativisten werden lassen. Hugo Friedrich, der mit Nachdruck auf Montaigne und die französischen Moralisten aufmerksam machte, hatte diese Einstellung verstärkt. Das konsolidierte sich nun auf Dauer. Seitdem kann ich nur müde lächeln, wenn ich in deutschen Parteiprogrammen, in Politikerreden oder bei oberflächlichen Journalisten das Bekenntnis zu universellen Menschenrechten vernehme, ohne daß deren anthropologische Prämissen kritisch reflektiert würden. Daß sich manche Professoren, die es eigentlich besser wissen müßten, heute in einen dezisionistisch grundierten Konstruktivismus flüchten, macht die Sache nicht besser.

In diesem Punkt bestanden deutliche, von Popitz aber taktvoll und vorsichtig verhüllte Gegensätze zu Bergstraesser. Der alte Herr vermied es zwar im allgemeinen, seine recht festgemauerten eigenen Überzeugungen ungefragt zu artikulieren, wenn man ihn jedoch reizte, hat er die überragenden Werte abendländischen Staats- und Gesellschaftsverständnisses mit großer Unbedingtheit gegen alle Kulturrelativisten verteidigt. Die Meinungsverschiedenheiten kamen aber auch deshalb nicht zum Ausbruch, weil Popitz im Wintersemester 1959/60 zu seiner Freude, aber zu meinem großen Bedauern, den Ruf auf ein Ordinariat für Soziologie in Basel erhielt. Das Thema möglicher universeller Normen hat ihn nie losgelassen. Wie spöttisch er die Naturrechtstheoretiker betrachtete, berichtet Dahrendorf, der in der Popitz-Festschrift dessen Widmungsreime zu der Studie *Die normative Konstruktion von Gesellschaft* zum besten gab: »In der Erkenntnis weitem Zelt / durchforschest du die Zeitenwelt / und suchest nach dem Immer-Gleichen, / willst auch den kleinsten Glimmer eichen / und find'st doch nur die Fabelnorm / in deiner eignen Nabelform.«[32]

Für meine eigene Entwicklung war es wahrscheinlich von Nutzen, daß Popitz relativ bald Freiburg verließ. Zunehmend meinte ich damals, mich auf eine Soziologie nach dem Vorbild Max Webers und auch von Popitz hinbewegen zu sollen. Ein Zeugnis davon ist mein Aufsatz »Probleme der Kooperation von Politikwissenschaft und Soziologie in Westdeutschland«[33], den ich dem 1962 von Dieter Oberndörfer herausgegebenen Sammelband *Wissenschaftliche Politik. Eine Einführung in*

Grundfragen ihrer Tradition und Theorie beisteuerte, in dem die sogenannte »Freiburger Schule« gewissermaßen ihre akademische Visitenkarte abgegeben hat. Dort wollte ich – mit durchaus nicht uneleganten Argumenten – so etwas wie den Vermittlungstheologen spielen zwischen den beiden noch in voller Entwicklung begriffenen Disziplinen. Doch Vermittlungstheologen sollten gestandene Professoren sein und in allen Lagern, auf die es ankommt, Achtung genießen. Das war noch keineswegs der Fall. Hätte ich versucht, in den bereits dicht verfugten und politisch zumeist recht einseitig orientierten Cliquen der jüngeren Soziologen Eingang zu finden, würde ich wohl bald frustriert erkannt haben, daß meine Bestimmung auf anderen Feldern lag. Mitbekommen habe ich jedoch viel von Popitz, nicht zuletzt die Gepflogenheit, alle interessanten Neuerscheinungen in den USA und in England sofort so gründlich zu studieren, wie er das zu tun pflegte. Die Erkenntnis, daß die Politische Wissenschaft einer tragfähigen Basis der empirischen Soziologie bedarf, ist mir in seinen Kollegs und Seminaren in Fleisch und Blut übergegangen.

Das ganze Jahr 1957 hindurch trieb ich nun meine Dissertation voran. Das Endprodukt reichte ich zum Jahresende ein. Im Grund war es eine literaturwissenschaftliche Dissertation mit – für die damalige Zeit – origineller Fragestellung. Natürlich war darauf zu achten, die Arbeit, die den Germanisten Rehm zum Koreferenten haben würde, als soziologische Untersuchung auszuweisen. Sein Gutachten ist mir nie bekannt geworden. Doch offenbar hat er die Grenzüberschreitung gnädig akzeptiert. Auch Bergstraesser selbst konnte sein Verständnis von literaturbezogener Kultursoziologie wiedererkennen. Damit sage ich nicht, daß ich bei meiner Darstellung viele Gedanken darauf verwandt habe, wie sie bei den Prüfern aufgenommen würde. Es war eher umgekehrt. Ich hatte bei beiden gelernt und mir ihr Verständnis von Literatur und ihren Sprachstil zu eigen gemacht. Bergstraesser selbst hat mir sein sehr positives Dissertations-Gutachten gezeigt, es aber nicht aus der Hand gegeben. Die einzige Charakteristik meiner Person aus den Jahren vor der Promotion, die sich in meinen alten Papieren findet, ist der handschriftliche Satz auf einer Bescheinigung von Ende 1957 über eine Prüfung für ein Stipendium im Rahmen des damaligen »Honnefer Modells«: »Vorzüglicher Student mit Selbständigkeit der Fragestellung und des Urteils und ungewöhnlicher Energie des Denkens.« Zum Schluß erlebte ich dann noch das Schicksal, das vor mir und nach mir Tausenden von Doktoranden zuteil wurde. Ich hatte rechtzeitig eingereicht, doch der eigene Doktorvater, der immer noch Dekan war, hatte Wichtigeres zu tun, als meine Dissertation zu lesen und zu begutachten. Mit viel Glück konnte ich am 10. Januar 1958 im Soziologischen Hauptseminar nochmals Vortrag halten und den alten Herrn zur Lektüre anspornen.

Im Februar war das Rigorosum. Bergstraesser prüfte mich in Politischer Wissenschaft und Soziologie, Rehm in Germanistik und, da Gerhard Ritter bereits emeritiert war, der Frühneuzeitler und Osteuropahistoriker Erich Hassinger in Geschichte.

Eigentlich war es russisches Roulette, denn keiner der hohen Herren ließ sich zur Verabredung eingegrenzter Prüfungsgebiete herab. Ein Doktorand, so die Erwartung, hatte alles zu wissen. Im Grunde war es von mir eine Frechheit, bereits im neunten Semester anzutreten. Ich weiß nur noch, daß Bergstraesser mir recht intensiv zu den Vorläufern der Soziologie und Ökonomie in der schottischen Aufklärung auf den Zahn fühlte, bevor er sich den Methodenfragen und den Theoretikern des frühen 20. Jahrhunderts und Themen der Außenpolitik zuwandte. Hassinger ließ sich unter anderem genüßlich und im Detail die Politik des kaiserlichen Deutschland, der USA und Großbritanniens in den Venezuela-Krisen 1899 und 1902 schildern und staunte, daß ich nicht passen mußte. Der einzige, der das prüfte, was er in seinen Büchern und Kollegs ausgebreitet hatte, war Walter Rehm. Diese Prüfungen sind mir jedenfalls als eine Schußfahrt durch eine Abfolge von Stromschnellen in Erinnerung geblieben. Ich wußte nun, weshalb diese Exerzitien die Bezeichnung Rigorosum erhalten hatten. Als Gesamtnote wurde schließlich auf »magna cum laude« erkannt – für mein Dafürhalten eine gerechte Bewertung. Stolz machte ich mich nun auf eine gloriose Doktorreise, so nannte man das damals, die mich auf den Spuren Goethes nach Rom und bis nach Sizilien führte. Das Studium der deutschen Klassik und Romantik bei Rehm hatte mir offenbar Appetit gemacht.

Heute ist die Promotion sozusagen die Endstation im Bologna-Prozeß, einem meist schmalspurigen, weitgehend verschulten Studium, das über den Bachelor, den Master und ein gleichfalls mit Pflichtveranstaltungen gepflastertes Promotionsstudium zu den höchsten akademischen Weihen führt. Aus dieser Sicht mag sich gegen das frühe Promovieren nach einem freihändig zusammengesetzten Studium natürlich manches einwenden lassen. Aber für diejenigen, die kein Staatsexamen anstrebten, war die Promotion damals der Regelabschluß in der Philosophischen Fakultät. Immerhin brachten wir vom Gymnasium her schon etwas mehr mit als die heutigen geistes- oder sozialwissenschaftlichen Studenten. Wir hatten uns auch durchweg in drei anspruchsvollen Fächern mit einer Vielzahl von Seminaren und eigenwilligen Prüfern herumzuschlagen, und wir mußten fleißig sein, sehr fleißig sogar: sozusagen ununterbrochene Werktags- und Sonntagsarbeit, kein Urlaub, keine Ferienreisen, auch keine Bafög-finanzierte Kleinfamilie bzw. Kohabitation mit Baby und Beziehungskrisen. Noch waren es auch nur fünf oder sechs Prozent eines Altersjahrgangs, die studierten, und natürlich nicht die Dümmsten. Mancher ist dennoch gescheitert oder zum ewigen Studenten geworden – auch dafür gab es im Bergstraesser-Seminar Beispiele. Die meisten Doktorarbeiten derer, die sich mit mir 1955 und 1956 bei Bergstraesser auf den Weg machten, sind erst nach seinem Tod unter Oberndörfer abgeschlossen worden.

Tutor für das Colloquium Politicum

Oft spielt der Zufall Schicksal. Ein wahrhafter Lebensbericht darf auch solche Weichenstellungen nicht aussparen. Bergstraesser war schon auf bestem Weg, sein Imperium bundesweit auszudehnen und auch das Freiburger Personal durch allerlei Projektmittel zu verstärken. Die personelle Ausstattung des Lehrstuhls war aber kläglich und immer noch dieselbe wie in den Anfängen 1954: eine Assistentenstelle, die von Kurt Sontheimer wahrgenommen wurde, und eine Tutorenstelle für das von Bergstraesser geleitete Colloquium Politicum. So sparsam war die Personalausstattung selbst von angesehenen Ordinarien in den sogenannten »Goldenen fünfziger Jahren«!

Doch genau in den Wochen, als ich promovierte, wurde das lange Zeit bewährte Dioskurenpaar Sontheimer/Oberndörfer auseinandergerissen. Die beiden, die ihrem Doktorvater von Erlangen nach Freiburg gefolgt waren, sind von Anfang an die Hauptstützen Bergstraessers gewesen. Wie immer bei Trennungen kam so manches zusammen. Die Chemie stimmte nicht mehr, weder politisch noch menschlich. Bergstraesser wollte Sontheimer nicht mehr länger als Assistent um sich haben, brachte ihn jedoch durchaus anständig zur Habilitation. Anstelle von Sontheimer rückte Oberndörfer auf die freigewordene Assistentenstelle ein. Momentan war ich der einzige Promovierte, der verfügbar war und von dem sich der alte Herr einiges versprach. So fand ich mich, ohne eigentlich darauf reflektiert zu haben, urplötzlich im Bergstraesserschen Imperium relativ hoch angesiedelt. Wie der alte Herr meine Tätigkeit auf diesem Posten einschätzte, habe ich erst vor kurzem aus einem Gutachten erfahren, das er 1962 für mich erstattet hat: »Er hat dabei ein außerordentliches Geschick der Ordnung, eine besonders lobenswerte Menschenbehandlung und einen ausgesprochenen Sinn für die Unterscheidung von Wesentlichem und Unwesentlichem erwiesen.«[34] Allem Anschein nach habe ich mich also nicht allzu ungeschickt aufgeführt.

Daß ich nun binnen kurzem auf die akademische Laufbahn einschwenken würde, war mir anfangs noch nicht bewußt. Mit gesundem Menschenverstand ausgestattet, wie ich damals wohl gewesen bin, war ich fest entschlossen, der Promotion möglichst zügig ein Staatsexamen in Germanistik, französischer Literatur und Politischer Wissenschaft folgen zu lassen mit dem Berufsziel Gymnasiallehrer. Das würde kein Honigschlecken sein; zwei Jahre waren dafür zu veranschlagen. Da das Salär eines Tutors von gerade nur 310 DM nicht besonders üppig war, übernahm ich zeitweilig noch eine Tätigkeit als Referent des Deutschen Studentenwerks für das Hochschulsanatorium in Sankt Blasien. Tuberkulose war in jenen Jahren immer noch eine vergleichsweise stark verbreitete Erkrankung, unter der besonders ältere Studenten litten. In verschiedenen Sanatorien Sankt Blasiens wurden zwischen 70 und 100 Studierende behandelt, für die das Freiburger *Studium Generale* ein relativ breit gefächertes, aufwendiges Seminar- und Vorlesungsprogramm durchführte. Meine Aufgabe bestand in der Planung und Koordination dieses Programms. Einmal in der Woche fuhr ich ganztägig per Bus oder im Auto des Studentenwerks nach Sankt Blasien, um alle entsprechenden Aufgaben zu regeln. Daß eine vergleichsweise große Zahl von Studenten auf dem Zauberberg Sankt Blasien unter einer heimtückischen, langjährigen Erkrankung litten, war bedrückend, und so habe ich diese an und für sich gut honorierte Tätigkeit nach einiger Zeit aufgegeben, zumal die Vorbereitung auf das Staatsexamen alle Kräfte erforderte.

Dies war aber nicht die einzige Nebentätigkeit. Hinzu kam noch die Herstellung einer Neufassung meiner Arbeit über Ernst Jünger, die auf dem Markt wissenschaftlicher Sachbücher reüssieren sollte. Viel Arbeit, das alles, und auch eine gute Übung. Ohne rigorose Zeitplanung ist jede anspruchsvollere akademische Laufbahn zum Scheitern verurteilt. Dazu gehört natürlich auch der Verzicht auf arbeitsfreie Wochenenden oder ausgedehnten Urlaub.

Weitaus am lehrreichsten wurde die Tätigkeit im Colloquium Politicum. Diese Institution ist auch aus heutiger Sicht von einem gewissen historischen Interesse. 1958 bis 1963, das waren schließlich nur wenige Jahre vor der Studentenbewegung. Welches Klima herrschte damals unter den politisch aktiven Studierenden? Überhaupt: Stimmt es wirklich, daß die Universitäten in der Ära Adenauer politisch verschlafen waren, wenn nicht offen restaurativ? Ich kann hier nur von meinen Beobachtungen an der Universität Freiburg berichten. Seit dem Umbruch Mitte der vierziger Jahre waren hier reformerische Professoren und Rektoren tonangebend gewesen, aber genauso recht muntere politische Hochschulgruppen. Das in den vierziger Jahren gegründete *Studium Generale* sollte das Humboldtsche Universitätskonzept weiterführen, selbst unter den Bedingungen der Massenuniversität.

Der Impuls zur interdisziplinären Allgemeinbildung, das hatte ich alsbald nach der Übersiedlung von Basel nach Freiburg konstatiert, war immer noch lebendig. Professoren aus allen Fakultäten hielten in diesem Rahmen Arbeitsgemeinschaften ab oder wirkten an Ringvorlesungen mit. Ein vom Senat eingesetzter Ordinarius, zu meiner Zeit der Philosoph Eugen Fink, stand an der Spitze. Zwei oder drei Tutoren assistierten. Das große Büro des *Studium Generale*, wo es wie in einem Taubenschlag zuging, war ein beliebter Treffpunkt. Eine wohlproportionierte Sekretärin mit kupferrotem Haar, so ließ sich jetzt rasch erkennen, war die Seele des Betriebs und sorgte dafür, daß nichts anbrannte.

Das Colloquium Politicum war Teil dieser interfakultativen Bildungseinrichtung, unterstand jedoch einem eigenen Leiter, seit 1954 Arnold Bergstraesser, und verfügte über einen von ihm eingesetzten und dirigierten Tutor. Der erste von diesen war Manfred Hättich, gefolgt von Dieter Oberndörfer. Ich selbst wurde der dritte in dieser Reihe. Auch die späteren Tutoren für das Colloquium Politicum waren fast durchgehend promovierte Politikwissenschaftler. In der zweiten Hälfte der sechziger

Jahre hat der nunmehrige Leiter, Dieter Oberndörfer, aber auch einmal einen Juristen eingestellt, der als einziger aus der langen Reihe der Tutoren in die Politik gegangen ist, Wolfgang Schäuble mit Namen.

In dem Bergstraesserschen Imperium spielte der jeweilige Tutor für das Colloquium Politicum die Rolle eines Verbindungsoffiziers zur Studentenschaft und zur Institution des *Studium Generale*. Meine Aufgabe war grundsätzlich dieselbe wie die der dortigen Kollegen. Ein vergleichsweise großes, von mir und letztlich von Bergstraesser zu verantwortendes Programm zur politischen Bildung war zu initiieren, zu implementieren, auch zu koordinieren. Im Verlauf eines Semesters werden vom Colloquium Politicum wöchentlich zwischen sechs und zehn Arbeitsgemeinschaften abgehalten. Die Teilnehmerzahl dieser von Wissenschaftlern oder von Praktikern aus Politik, Medien und Verwaltung geleiteten Veranstaltungen schwankte zwischen ein oder zwei Dutzend und mehr Teilnehmern. In der Universität standen jedoch nicht genügend kundige Dozenten zur Verfügung. Auch die eigenen Finanzmittel waren zu gering. Daher hatte sich eine enge Zusammenarbeit mit der Arbeitsgemeinschaft »Der Bürger im Staat« des Landes Baden-Württemberg sowie mit dem Amerika-Haus, dem Institut Français, dem Ortskuratorium »Unteilbares Deutschland«, aber auch mit den vom AStA organisierten Programmen eingespielt.

Ein Schwerpunkt meiner Tätigkeit lag auf der Veranstaltung von Abendvorträgen und Diskussionsveranstaltungen, für die bundesweit bekannte Publizisten, Journalisten und Politiker gewonnen wurden, die meisten aus Bonn. Über die Semester hinweg wurden zwei Vortragsreihen abgehalten: »Politik aus erster Hand« und »Deutsche Politik von außen gesehen«. Das Colloquium Politicum unterstützte auch den regelmäßigen Diskussionskreis »Die Debatte«, der vom AStA zusammen mit den politischen Hochschulgruppen durchgeführt wurde. Daneben hatte ich die bereits erwähnten Wochenendseminare mit interessanten Gastrednern zu organisieren, an denen Bergstraesser stets persönlich teilnahm und seine großen Auftritte gab.

Dem Tutor für das Colloquium Politicum oblag aber noch eine weitere Aufgabe. Er sollte im Auftrag der Universität, doch wiederum unter der diskret wahrgenommenen Oberaufsicht Bergstraessers, zu den politischen Hochschulgruppen Verbindung halten und sie als Kontrastprogramm zu den nach wie vor einflußreichen Korporationen unterstützen. Diese Aufgabe war delikat. Einerseits legten die jeweiligen Hochschulgruppen – Christlich-Demokratischer Hochschulbund (CDH), Sozialistischer Deutscher Studentenbund (SDS), Liberale Studentengruppe Deutschland (LSD) – größten Wert auf ihre Unabhängigkeit. Andererseits beobachteten die Rektoren die Tätigkeit dieser im Ring demokratischer Hochschulgruppen locker verbundenen Polit-Cliquen, die meistens auch den AStA-Vorsitzenden stellten, schon in den noch ziemlich ruhigen fünfziger und frühen sechziger Jahren durchaus wachsam und wünschten Trouble jeder Art zu vermeiden.

Daß ein meist im gleichen Alter wie die politischen Hochschulgruppen stehender Tutor durchgehend für deren Wünsche aufgeschlossen war und sich nicht als Wachhund des Rektors verstand, ist evident. Die Aufgabe wurde dadurch erleichtert, daß manche der maßgeblichen Aktivisten bei den Hochschulgruppen zugleich dem Bergstraesser-Seminar angehörten. Auch Bergstraesser selbst, der einstmals eine führende Rolle in der »Deutschen Studentenschaft« gespielt hat, wusste genau, wie kontraproduktiv jeder Versuch wäre, irgendwie gängelnd auf die politischen Hochschulgruppen einzuwirken. In kritischen Fällen, wenn sich auf dem Rektorat Ängstlichkeit breitmachte, hat er mir durchgehend die Stange gehalten.

Verschiedenste interessante Persönlichkeiten habe ich so kennengelernt, etwa Golo Mann, die Meinungsforscherin Noelle-Neumann von Allensbach und Erich Reigrotzki von EMNID, die Journalisten Günther Gillessen und Theo Sommer oder den mächtigen Innenminister des Landes Baden-Württemberg, Hans Filbinger, auch Kurt Birrenbach von der CDU. Am aufschlußreichsten waren natürlich die Gespräche in kleinem Kreis, die nach Schluß der Veranstaltung meist im Weinrestaurant »Falken« stattfanden. Im Gedächtnis geblieben ist mir unter anderem eine dortige Erörterung mit Golo Mann im Jahr 1960 oder 1961. Er hatte sich eben öffentlich für eine Anerkennung der DDR ausgesprochen. Als wir ihm mit Bedenken auf den Leib rückten, meinte er, auch er würde am liebsten das SED-Regime »mit Kanonen«, so seine Formulierung, hinwegfegen. Doch leider sei das im Atomzeitalter nicht mehr möglich.

Zu meinen vergnüglichsten Erlebnissen aus jenen Jahren gehört ein Auftritt des seinerzeitigen Bonner Korrespondenten für die *Trybuna Ludu*, Marian Podgowinski. Eine seiner Hauptaufgaben bestand wohl darin, als Einflußagent für die polnische Regierung zu wirken. Dessen bin ich mir heute besser bewußt als damals. Ich selbst hatte mir bereits die Meinung gebildet, es sei sinnlos und eigentlich unvertretbar, an dem Rechtsanspruch auf die Ostgebiete festzuhalten. Allerdings gehörte ich nicht zu denen, die das mit moralischen Argumenten rechtfertigten. Das Argument, daß die Forderung nach wenigstens teilweiser Rückgabe der von Polen okkupierten Gebiete moralisch illegitim sei aufgrund der deutschen Untaten gegen das polnische Volk in den Jahren 1939 bis 1944, hat mich nie so recht überzeugen können. Ich habe mich vielmehr von realpolitischen Überlegungen bestimmen lassen, die in unserem damaligen Seminar einen beredten Verfechter hatten, Georg Bluhm mit Namen.

Bluhm war unter uns einer der wenigen antikommunistischen Rechtsaußen, ein Preuße, der mit scharfer Stimme die durchaus plausible These vertrat, Stalin habe die Wegnahme der deutschen Ostgebiete vor allem deshalb durchgesetzt, um Polen dauerhaft an die Sowjetunion zu schmieden. Nur unter dem Schutz Moskaus könne Warschau hoffen, die brutale Landnahme gegen den deutschen Revisionismus zu behaupten. Wolle man also – so das Argument Bluhms – die an und für sich antirussischen, katholischen und westlich orientierten Polen aus dem Ostblock lösen und vielleicht so eine Wiedervereinigung mit der Ostzone erreichen, müsse die Bundesrepublik sozusagen blutenden Herzens auf die annektierten Ostgebiete verzichten. Bekanntlich hat sich dieser Kalkül als zielführend erwiesen. In den Jahren 1957 folgende, als Bluhm dieses propagierte, war er der Zeit weit voraus. Bergstraesser hatte ihn über diese Thematik promoviert und nahm die Dissertation in die »Freiburger Studien« auf. Daraus konnte man schließen, daß auch er diese Auffassung teilte. (Bluhm ist übrigens später in die USA gegangen. Er hat mich dann nochmals in Köln aufgesucht. Inzwischen hatte er sich von der internationalen Politik verabschiedet und arbeitete für die Western Kentucky University an einem Forschungsprojekt über die weltberühmten Renaturalisierungsmaßnahmen von Rheinbraun.)

Bluhms Argumentation leuchtete jedenfalls manchem im Seminar ein, so auch mir. Da alle Welt in Ost und West die Abtrennung der deutschen Gebiete offen oder versteckt akzeptierte, hielt ich das Drängen der Parteien und besonders der Vertriebenenverbände auf vollständige oder teilweise Rückgabe der Ostgebiete für unklug. Erst viel später, im Zustand größerer Reife, habe ich die Herzlosigkeit meiner damaligen Einstellung eingesehen. Heute bin ich zwar weiterhin wie bereits damals der Meinung, daß das *Fait accompli* der Wegnahme eines Drittels des Reichsgebiets, verbunden mit einer Austreibung der meisten Deutschen, akzeptiert werden mußte. Aber es schmerzt mich. Wenn ich in Städte wie Breslau oder Danzig komme, die von Polen bewundernswürdig wiederaufgebaut sind, oder auch nur die Namen Gdansk oder Wrocław höre, empfinde ich noch jetzt, in vorgerücktem Alter, so etwas wie psychische Phantomschmerzen.

Doch zurück zu dem Freiburger Auftritt von Marian Podgowinski. Ich ging, wie gesagt, unterstützt von den politischen Hochschulgruppen, naßforsch an das Problem der verlorenen deutschen Ostgebiete heran. Anderer Meinung waren jedoch der damalige Rektor Hans Thieme, die Behörden in Freiburg und ganz besonders die Vertriebenenverbände. Sie mißbilligten die Einladung des Propagandisten Podgowinski. Bergstraesser war zurückhaltender, wollte sich aber nicht öffentlich exponieren und ließ mich machen. Der Rektor, der mich ein paarmal zu sich bat, wollte erst die ganze Veranstaltung abblasen lassen. Als er damit nicht durchdrang (wahrscheinlich, weil auch Bergstraesser einer Ausladung nicht zustimmte), wollte er den Auftritt Podgowinskis unter Polizeischutz stellen, denn seitens der Vertriebenen war mit heftigen Störungen gedroht worden. Ich lehnte das ab mit dem Hinweis auf das für die Universität dann sehr negative Presseecho. Schließlich war er damit einverstanden, die Polizei, versteckt in der Alten Uni, bereitzuhalten, und teilte der Polizeiführung mit, ein Polizeieinsatz dürfe erst erfolgen, wenn Vortrag und Diskussion in einen Tumult ausarteten und ich in meiner Eigenschaft als Diskussionsleiter um polizeiliches Eingreifen bäte.

So versteckten sich zwei Dutzend Polizisten hinter dem Theatervorhang des Vortragssaals, eine größere Truppe stand in einer Seitenstraße bereit. Das Haus war rappelvoll. Podgowinski hielt seinen Vortrag, wurde häufig von Zwischenrufen unterbrochen, und bei der Diskussion ging es hoch her. Doch die Veranstaltung ging ohne Eklat über die Bühne. Weder der Gast und erstaunlicherweise auch nicht die Studenten entdeckten den Eingreiftrupp der Polizei, der zwei Meter hinter dem Vortragspult, nur von dem braunen Vorhang verborgen, bereitstand. Wenige Jahre später wäre das undenkbar gewesen.

Interessant waren auch die Einblicke in das Meinungsbild der einzelnen politischen Hochschulgruppen, die sich wenige Jahre später radikalisierten. Am denkwürdigsten waren die Veränderungen beim SDS. In den Monaten der Anti-Atomtod-Kampagne im Frühjahr 1958, ich hatte mein Amt als Tutor noch nicht angetreten, veranstaltete der AStA, stark unterstützt vom SDS, eine überfüllte Diskussionsveranstaltung im Hörsaal 1. Die Kontrahenten waren Alex Möller, der mächtige Parteiboß der baden-württembergischen SPD, und Rüdiger Altmann, Leiter der CDU-Bildungsstätte Schloß Eichholz. Möller brachte den großen Hörsaal zum Kochen und verfocht mit Verve die damalige Forderung der SPD, darüber einen Volksentscheid durchzuführen. Den zutreffenden Einwand, diese Forderung sei schlicht verfassungswidrig, wischte er unter großem Beifall mit der unsinnigen Feststellung hinweg, schließlich sei das Grundgesetz eine provisorische Verfassung. Altmann stand auf verlorenem Posten. Die Studenten waren ganz aus dem Häuschen. Wie mir Oberndörfer erzählte, hat Bergstraesser, der mit zugegen war, ihn danach am Arm gepackt und empört ausgerufen: »Das sind alles Nazis! Das sind alles Nazis!« Erst als wir später von Bergstraessers altem Freund Carl Rothe hörten, daß der seinerzeitige NS-Studentenbund ihn einstmals in Heidelberg mit Vorlesungsstörungen bedrängt hatte (später, in den 68er-Jahren nannte man das *go-in*) wurde verständlich, weshalb ihn schon vier- oder fünfhundert leicht von der Rolle geratene Studenten an die Frühzeit des Dritten Reiches erinnerte.

1958, 1959 und noch 1960, also auch noch in den Anfängen des rabiaten Berlin-Ultimatums Chruschtschows, lagen die an und für sich persönlich harmlosen Mitglieder des SDS jedenfalls ganz auf der Linie Anti-Atomtod, Anti-Adenauer, Anti-NATO und Anti-Eisenhower. Als John Foster Dulles verstarb, galt Eisenhower als Inkarnation des amerikanischen Imperialismus. Subkutan mag auch der Altersunterschied zu den seinerzeitigen Staatschefs eine Rolle gespielt haben. Adenauer, Eisenhower, auch de Gaulle – lauter alte Herrschaften, deren Zeit abgelaufen war!

Das änderte sich schlagartig mit dem Amtsantritt des jugendlichen Kennedy, der als fortschrittlich eingeschätzt wurde. Wahrscheinlich haben auch der innerparteiliche Aufstieg Willy Brandts und der außenpolitische Kurswechsel, signalisiert durch die Grundsatzrede Herbert Wehners vom 30. Juni 1960, dazu beigetragen. Der Mauerbau vom 13. August 1961 wirkte sich gleichfalls aus. Die Einstellung im SDS gegenüber Amerika war nun völlig verändert, man konnte schon sagen: Sie war konservativer geworden. Wenigstens in Freiburg, so schloß ich daraus, tanzte die akademische Parteijungend nach der Pfeife der Partei.

Typisch für die Entwicklung war beispielsweise der im SDS recht aktive Rolf Böhme. Er war ein anfangs unverhüllt radikaler Student aus gutbürgerlichem Haus in Konstanz, doch seine Verwandlung in einen gemäßigten Sozialdemokraten begann schon in diesen Jahren. Auch er gehörte zeitweilig dem Bergstraesser-Seminar an. Später wurde aus ihm der langjährige, politisch moderate Oberbürgermeister von Freiburg, der sich mit den Grünen fetzte und ihnen zu guter Letzt unterlag. Böhme war nur einer von vielen. Von marxistischem Denken war beim SDS so gut wie noch nichts zu verspüren. Nicht nur für die SDS-Angehörigen in Freiburg, sondern für die meisten unter uns waren Karl Marx und die marxistischen Strömungen lediglich tote Objekte ideengeschichtlicher Seminare der Politischen Wissenschaft.

Ähnlich tote Geschichte war für viele unter uns, jedenfalls für mich selbst, übrigens auch der Nationalsozialismus und die Geschichte des Dritten Reiches. Immerhin machte sich Anfang der sechziger Jahre schon ein gesteigertes Interesse an der jüngsten Vergangenheit bemerkbar. Der AStA veranstaltete aus eigener Initiative eine Vortragsreihe »Der Nationalsozialismus«, zu der in der Regel um die 500 Teilnehmer kamen. Doch die beim SDS systematisch organisierte Jagd nach versteckten nazistischen Schreibtischtätern in den Ministerien, bei der Justiz, an den Universitäten und in der Wirtschaft war noch nicht so recht in Fahrt gekommen. Nur der Fall Oberländer wurde schon heftig diskutiert, ohne aber heftige Erregung auszulösen. In der Spätzeit der Ära Adenauer ließ sich die politische Grundstimmung beim Freiburger SDS in den Worten zusammenfassen: »It's time for a change!« Dabei spielten das hohe Alter Adenauers und die Ungeschicklichkeiten des CDU-Bundespräsidenten Lübke eine erhebliche Rolle. Im übrigen orientierten sich die sozialdemokratischen und linksliberalen Studierenden größtenteils am *Spiegel.*

Jedenfalls war Anfang der sechziger Jahre in der politisch bewußten Studentenschaft ein gewisser Stimmungswechsel hin zur SPD deutlich verspürbar. Als der Kanzlerkandidat Willy Brandt im Juli 1961 bei strahlendem Sonnenschein braungebrannt und im offenen Cabrio durch Freiburg fuhr, drängten sich beiderseits der Kaiser-Joseph-Straße dichte Zuschauermengen, die ihm zujubelten, viele von ihnen Studenten. Bereits ein Jahr darauf setzte sich in dem gutkatholischen Freiburg, das einstmals fest in CDU-Hand war, der gemäßigte Sozialdemokrat Eugen Keidel bei der Oberbürgermeisterwahl durch.

Wenn ich hier etwas stärker auf den SDS eingegangen bin, so deshalb, weil wenig später von dort die sehr weitreichenden Impulse zur Radikalisierung in marxistischem und trotzkistischem Geist ausgegangen sind. In Kenntnis der Verhältnisse bei dem durchaus munteren, aber zugleich unideologischen Freiburger SDS war für mich der 1966 schlagartig hereinbrechende Wetterumschlag eine große Überraschung.

Gewiß besaß auch der CDU-orientierte CDH zahlreiche, recht aktive Mitglieder. Manchen von ihnen bin ich später in Spitzenpositionen der Verwaltung, der Universitäten, bei der Presse oder im Verlagswesen wiederbegegnet. Zeitweilig stellte der CDH in Gestalt von Werner Sender, später Präsident der Universität Kaiserslautern, auch den AStA-Vorsitzenden. Eine der markantesten Gestalten unter den damals aktiven Studenten war der zeitweilige CDH-Vorsitzende Hans von Sandrart, wegen seines fröhlichen Naturells allgemein »Hänschen von Sandrart« genannt. Während wir alle »weiße Jahrgänge« waren und es für selbstverständlich hielten, nicht zur Bundeswehr eingezogen zu werden, entschied er sich für die Laufbahn des Berufsoffiziers und hatte in meinen Bonner Jahren den Rang eines Inspekteurs des Heeres erreicht.

Bundesweit sichtbare Spitzenpolitiker sind aus den damaligen Hochschulgruppen nicht hervorgegangen. Das sollte sich erst ändern, als Dieter Oberndörfer ein Parallelordinariat in Politischer Wissenschaft erhielt, nach dem Tod Arnold Bergstraessers zum Leiter des Colloquium Politicum wurde und sich zeitweilig sehr viel sichtbarer als dieser für die CDU engagierte. Jetzt gingen Wolfgang Schäuble und später Volker Kauder aus den politischen Hochschulgruppen sowie dem damit osmotisch verbundenen Seminar für Politische Wissenschaft hervor, aber auch der SPD-Abgeordnete Klaus-Dieter Oswald und der Realo-Grüne Dieter Salomon, der Rolf Böhme aus dem Sattel warf und zum ersten grünen Oberbürgermeister in der Bundesrepublik wurde.

»Den Doktor kann jeder machen ...«

Vordringlich war seit Frühjahr 1958 die Vorbereitung des Staatsexamens. Noch dachte ich nicht an eine akademische Laufbahn. Die Prüfungsordnung, so interpretierte ich sie, sah zwei Hauptfächer und ein Nebenfach vor. Selbstverständlich optierte ich jetzt für Politische Wissenschaft als Hauptfach, dies auch deshalb, weil hier keine halbjährige Staatsarbeit mehr fällig war. Diese war mit der Doktorarbeit abgegolten. Beim Hauptfach Deutsch mußte ich nun in den sauren Apfel beißen, den ich bisher beiseite geschoben hatte – Germanische Philologie, Althochdeutsch und Mittelhochdeutsch mit der ja durchaus lesenswerten Literatur der Stauferzeit. Auch das Nebenfach Französisch erforderte erhebliche Investitionen an Zeit. Hugo Friedrich war nicht nur der strahlendste Literaturwissenschaftler, den Freiburg damals besaß, sondern auch der strengste Prüfer. Zu allem hin mußte auch noch das Philosophicum absolviert werden, in jener guten alten Zeit der fünfziger Jahre gleichfalls eine recht arbeitsintensive Sonderprüfung.

Der stolze Hans-Peter Schwarz, Dorna Lörrach, dem unter dem Datum A. D. Kal. Mart. Anni MCMLVIII der von Arnold Bergstraesser, Decanus, unterzeichnete, und von Tellenbach, rector, attestierte Doctoris Philosophiae Gradus verliehen worden war, mußte sich nun nochmals zweiundeinhalb Jahre lang vom Frühjahr 1958 bis Herbst 1960 auf die Hosen setzen und jetzt in Germanistik und Romanistik alle jene schwierigen Bereiche studieren, um die er bisher einen großen Bogen gemacht hatte. Annemie, die in dieser Phase in mein Leben eingetreten ist, sagte mir damals ins Gesicht, den Doktor könne jeder machen, der eigentliche Härtetest sei das Staatsexamen. Sie selbst hat bereits 1959, im heißesten Sommer seit Menschengedenken, dieses Fegefeuer mit Romanistik als Hauptfach, Anglistik und Geschichte als Nebenfächer, hinter sich gebracht. Neben den vielen klassischen Feldern der Romanistik war sie auch an der zeitgenössischen Literatur interessiert und hatte als Staatsarbeit bei dem Meister Friedrich eine kritische Analyse der überschätzten Romane von Françoise Sagan vorgenommen, deren Aktien damals auf der Pariser Literaturbörse haussierten. Für mich war es also auch eine Frage der Ehre, das Purgatorium Staatsexamen gleichfalls zu durchschreiten.

In Politischer Wissenschaft hatte ich schon genug investiert. Aber ich nutzte diese Phase des Paukstudiums, in den Kollegs und Seminaren von Popitz die zeitgenössische Soziologie zu studieren. Neben dem Brotstudium in Romanistik und Germanistik war das gewissermaßen das Luststudium, von dem ich künftig noch lange gezehrt habe.

Den Abschluß im Fach Französisch fest im Blick, habe ich mich in den Semesterferien des Frühjahrs 1959 und noch ein paar Wochen ins Sommersemester hinein nach Paris begeben. Vorangegangen war eine Exkursion im Gefolge von Bergstraesser an die Science Po, damals und noch für lange Zeit das führende europäische Lehr- und Forschungszentrum in Politischer Wissenschaft und zugleich eine Kaderschmiede für Staat und Wirtschaft in Frankreich. Wie bereits in Basel bei Georges Blin beeindruckte mich auch diesmal die Vortragskunst französischer Professoren, mit der sie gut gegliedert und völlig zweifelsfrei den Studenten ihre Erkenntnisse zu servieren verstanden. Kein Hin-und-her-Irren zwischen divergierenden Interpretationen, kein langes Eingehen auf die Lehrmeinungen anderer Kollegen, vielmehr selbstsichere, mit rationaler Überzeugungskraft dargebotene Darlegung der einzig richtigen Meinung, nämlich der eigenen!

Einige der Stars jener Jahre, die mir in Erinnerung blieben, sind Maurice Duverger, Jean Touchard und der Ethnologe Georges Balandier. Nachdem de Gaulles im Mai 1958 an die Macht kam, stand Frankreich in den Anfängen der Fünften Republik und Duvergers kritisches Kolleg »Le système politique français« war ein politologisches Festessen. Genauso spannend fand ich die Vorlesung von Jean Touchard. In der Bundesrepublik, hatte ich den Eindruck, konnte außer dem Rechtshistoriker Eric Wolf kein Professor für politische Ideengeschichte diesem vielseitigen Mann das

Im Studium und Annemie

Wasser reichen. Seine hervorragend gegliederte, zusammen mit jüngeren Forschern verfaßte und mit einer wertvollen Bibliographie *raisonnée* ausgestattete zweibändige *Histoire des idées politiques* in der *Collection Thémis* gehörte zu meinen wichtigsten Erwerbungen, die ich in einem mit Büchern vollbepackten Koffer nach Freiburg zurückschleppte. Als ich später selbst entsprechende Kollegs zu halten habe, werde ich mit der Methodik Duvergers arbeiten, die politischen Ideen nicht hermeneutisch isoliert darzustellen, vielmehr historisch als Antwort auf die ökonomischen, technologischen, religiösen und ideologischen Bedingungen einer Epoche und deren Gesellschaft.

Auch der Sozialanthropologe Balandier war eine Art Augenöffner. Frankreich, England und Belgien befanden sich damals mitten in den Stürmen der Dekolonisierung. So faszinierte mich seine kühle Analyse der Entwicklungsphasen, der Religionen, der Klassenstruktur und der Konflikte der bunt zusammengewürfelten ethnischen Gesellschaften, die in Afrika nach Unabhängigkeit strebten und geradeeben mit Scheindemokratien bedacht wurden. Mein eigener Chef Arnold Bergstraesser und die in der Bundesrepublik vorherrschende öffentliche Meinung ließen sich in bezug auf die Dekolonisierung gern von dem Prinzip Hoffnung leiten. Balandier selbst ging zwar mit einer ausgeprägt antikolonialistischen Perspektive an die afrikanischen Gesellschaften heran, vermittelte aber doch ein Gespür für die schwierige Problematik. In Paris fand man damals viel genauere Kenntnisse der sogenannten »Dritten Welt« und eine entsprechend größere Skepsis als bei uns.

Zugleich konstatierte ich bei diesem Aufenthalt, wie polarisiert damals die Studentenschaft in der Algerienfrage war. Studierende der Geistes- und Sozialwissenschaften demonstrierten periodisch gegen die Folter durch die »Paras« in Algerien und prügelten sich mit der Polizei herum, während Studierende aus der Juristischen Fakultät mit dem Schlachtruf »Algérie française« durch die Straßen zogen. Auch die Presse war völlig polarisiert.

Auf Anraten eines Studienkollegen, der selbst dort wohnte, hatte ich mich im »Hôtel de Bourgogne« eingenistet, mitten auf der Île Saint-Louis. Dort wohnten gut ein Dutzend Studenten. Das verwitterte Hotel ist wohl im 17. Jahrhundert erbaut worden. Die schmutzstarrenden Tapeten in der Dachkammer, die mir zu einem zivilen Preis angeboten wurde, stammten aus der Belle Époque. Zu den Eigenarten dieses Logis gehörte auch der gewaltige Lärm, der bei Nacht jedesmal erdröhnte, wenn jemand auf einer der unteren Etagen den Wasserhahn des Lavabos öffnete, oder das nervtötende Schimpfen der Wirtin, wenn einer der Studenten nachts um eins oder zwei seine *copine* mitbrachte. Die gute Laune ließ sich dadurch aber niemand verderben.

Auf der Île Saint-Louis habe ich erfahren, was es Ende der fünfziger Jahre mit dem Spruch »Leben wie Gott in Frankreich« auf sich hatte. Die erst seit dem Hochmittelalter dicht bebaute Insel, ursprünglich »Île des vaches« genannt, war noch nicht von Touristen verseucht. Zwei Klassen des Bürgertums lebten indifferent nebeneinander her. In den *immeubles* entlang der Seine-Quais residierten großbürgerliche Familien, da und dort auch schon *poules de luxe*, die Hauptstraße und die Querstraße gehörte dem Kleinbürgertum. Hygiene war dort eher kleingeschrieben. Ich sehe noch die *charcuterie* vor mir, in der halbe Ochsen an Eisenhaken aushingen, von Fliegenschwärmen umsummt und bekrabbelt.

Bei der Rückkehr hatte ich bleibende Anregungen für mein Verständnis der Politikwissenschaft erhalten und fühlte mich vor allem dem Examen in französischer Literatur- und Geistesgeschichte bei Hugo Friedrich einigermaßen gewachsen. Viel Arbeit machten aber weiterhin die Kollegs, Seminare und Übungen zur Gotik und noch viel mehr zur althochdeutschen und mittelhochdeutschen Literatur.

So habe ich neben meinen anderen Jobs das Staatsexamen systematisch vorbereitet. Die erste Etappe, das Philosophicum, wird im Juli 1959 genommen. Genau besehen ist das Philosophicum ein viertes Fach im Dreifächersystem der Prüfungen für das Höhere Lehramt. Auf eine Klausur wird dort zwar verzichtet, doch die einstündige Prüfung in Philosophie und, so lautet die Vorschrift, in Pädagogik ist auch nicht ganz ohne.

Das Staatsexamen selbst im Jahr 1960 führt beinahe zu einem selbstverschuldeten Beinbruch. Vollgesogen mit Wissen über das kaum überschaubare Gestrüpp althochdeutscher Literatur, erwartete ich an einem schönen Spätsommermorgen zusammen mit hundert oder mehr Kandidaten meine Klausurtexte und muß zu meinem Erschrecken entdecken, daß ich nur in der Schar jener Minderbemittelten aufgeführt bin, denen die für Nebenfächler bestimmten Fragen zur mittelhochdeutschen Klausur gestellt werden. Ich protestiere beim aufsichtführenden Assistenten und erhalte nach längeren Verhandlungen die Klausurfragen für die Hauptfachstudierenden ausgehändigt, dies mit dem Ersuchen, die Sache alsbald beim Prüfungsamt zu klären. Damit ist das schlachtentscheidende *Fait accompli* geschaffen.

Das Gespräch mit dem Vorsitzenden des Prüfungsamts erweist sich als langwierig und zäh. Sein Argument lautete: Die Prüfungsordnung sehe nur ein einziges

Hauptfach und zwei Nebenfächer vor oder aber zwei Hauptfächer. Allerdings kann er mir in der Prüfungsordnung keinen einzigen Satz zeigen, in dem die von mir gewählte Fächerkombination geboten oder verboten war. Erst nach längerem Paragraphenstudium findet er heraus: Die Vorschriften übers Durchfallen würden nicht stimmen, wenn man nicht von dem Modell »ein Hauptfach, zwei Nebenfächer« ausginge. Meine Antwort: »Die Paragraphen übers Durchfallen habe ich mir noch nie angesehen.«

Schließlich schiebt er mir das zu, was man auf französisch als *planche de salut* bezeichnet. Vielleicht sei ein Ausweg möglich, aber es würde mich etwas kosten. Der Ausweg bestehe darin, tatsächlich zwei Hauptfächer zu absolvieren, dazu jedoch zum gleichen Herbsttermin auch noch eine Ergänzungsprüfung in »Französisch« abzulegen. So geschieht's, und die Umstellung hat mich 30 DM gekostet. Damit bin ich der einzige Kandidat im Bereich des Regierungspräsidiums Südbaden, dem ein doppeltes Kunststück gelingt: Zum einen lege ich zum gleichen Termin das Staatsexamen in zwei Hauptfächern und mit einem Zusatzfach ab, und da in beiden Hauptfächern auf »sehr gut« erkannt wird (auch von Friedrich Maurer in Althochdeutsch und Mittelhochdeutsch), bin ich die Nummer 1 aller Prüflinge im Bereich des Regierungspräsidiums. Daß dazu noch ein »gut« bei Hugo Friedrich hinzukommt, hat alle Kenner mit Ehrfurcht erfüllt.

Annemie

Die breitgefächerte Vorbereitung verdanke ich nicht zuletzt den sorgfältig geführten Skripten und den Examenstips der schon erwähnten schönen Dame mit dem Hauptfach Romanistik. Nachdem ich nun unter Beweis gestellt hatte, daß ein Doktor auch dem Staatsexamen gewachsen sein kann, sind ihre letzten Zweifel an meiner Intelligenz ausgeräumt. Auch ihre mir bald ans Herz gewachsene gutkatholische Familie überzeugt sich, daß selbst ein Politikwissenschaftler evangelischer Konfession nicht unbedingt ein Hallodri ist. Jetzt bleibt noch zu prüfen, ob eine längere Trennung bei Annemies einjährigem Auslandspraktikum an einem Lycée in Le Mans die Leidenschaft nicht erkalten läßt. Dieser Test wird gleichfalls bestanden. Wir haben uns an einem strahlenden Wochenende in Paris verlobt, und um die Weihnachtszeit 1960 wird im Landgasthof »Riehen« bei Basel in allen Formen die Verlobung gefeiert. Es waren dies noch jene längst versunkenen Zeiten, in denen es gutbürgerlich zuging und man sich nicht wie die Karnickel zusammengetan hat.

Wann tatsächlich die Hochzeit stattfinden wird, liegt aber noch in den Nebeln der Zukunft. Wir beide haben zu tun. Annemie absolviert ihren Referendardienst zeitweilig in Lörrach. Ich selbst werde in Freiburg von Bergstraesser, wie man das in den Zeiten des Feudalismus nannte, für unterschiedliche Hand- und Spanndienste herangezogen. Zufällig hat sich bei mir ein in Kalifornien geschriebener Brief Oberndörfers erhalten, in dem er bemerkt, ich sei »der Meistausgebeutete in der Jüngerschar unseres Meisters«.

Mir ist schon klar, daß eine selbstbewußte junge Dame erst ans Heiraten denkt, wenn eine gut gelegene Wohnung, die auch stilvoll sein soll, gefunden ist, im Freiburg des Jahres 1961 keine ganz leichte Aufgabe. So muß ich auch meine praktischen Talente unter Beweis stellen. Unser erstes Ehedomizil findet sich in der idyllischen Unterwiehre kurz vor der Auffahrt zum Lorettoberg. Jetzt endlich kann die Hochzeit steigen. Das Timing ist perfekt: Annemies Referendarzeit geht im Sommer 1961 mit der Assessorenprüfung zu Ende. Demnächst wird sie die Großverdienerin in unserem Intellektuellenhaushalt sein.

Als Hochzeitstermin wird der 17. August bestimmt. Bekanntlich gehört der Sommer 1961 zu den politisch sehr unruhigen Jahreszeiten. Als ich mich Ende Juli von Professor Eugen Fink, dem Chef des *Studium Generale* verabschiede, der die Auslösung des Zweiten Weltkriegs als Emigrant in Belgien erlebt hatte, meint er: »Jetzt machen wir noch einmal einen richtig tollen Urlaub. Ich habe dasselbe üble Gefühl wie im Sommer 1939.« Am 13. August läßt die Abriegelung des Ostsektors in Berlin, zuerst nur mit Stacheldraht, dann mit der Mauer, alle Alarmglocken erklingen. Ich selbst aber habe kaum Zeit, mich groß um die Dramen in Berlin zu kümmern. Auch bei mir und Annemie, die wir von jetzt an bereits 56 Jahre hindurch unser Leben gemeinsam führen werden, läuft ein Countdown.

Der 17. August auf der Luisenhöhe hoch über Freiburg ist ein strahlender Tag, Annemie eine strahlende Braut. Ich habe den Eindruck, daß alles wie ein Film vorbeirauscht. Tatsächlich können wir es kaum erwarten, früh am Abend schnell das Weite zu suchen, um unten in Freiburg den TEE nach Italien zu besteigen. Das Ziel der Hochzeitsreise ist Elba. Später haben wir noch oft in Italien Urlaub gemacht. Doch wenn man es richtig getroffen hat, unternimmt man nur einmal im Leben die Hochzeitsreise nach Italien. Entsprechend tief im Gedächtnis verankert sind die Eindrücke. Am Nachmittag nach der Abreise befinden wir uns bereits im Fährhafen von Piombino. Als Elba wie ein urtümliches Felsenungeheuer aus den Nebeln der Abenddämmerung auftaucht, ist das Romantik pur.

Auf die Universitätslaufbahn

Das glänzende Staatsexamen hatte ein paradoxes Resultat. Eigentlich war es dazu bestimmt, den Weg zum Lehramt an einem badischen Gymnasium zu eröffnen. Stattdessen setzte es mich, wie sich zeigen sollte, unumkehrbar auf den Weg zur Universitätslaufbahn. Ich hatte mein Potential getestet und fühlte mich als Gipfelstürmer. Nicht allein ich selbst, auch Bergstraesser hatte sich beeindruckt gezeigt, mich jetzt zur Habilitation ermutigt und die nächste verfügbare Assistentenstelle in Aussicht gestellt.

Die Phase Parzivalscher Naivität liegt allerdings schon hinter mir. Ich weiß, wie viele in unserem Genieschuppen der alte Herr bereits mit der Habilitation und Habilitationsstellen gelockt hatte. Aber ich lasse mich gerne verlocken. An meinen Aufgaben im Colloquium Politicum ändert sich vorerst nichts, und mir ist schon klar, daß ich mich wohl auf einen steinigen und wahrscheinlich langen Weg begeben werde.

Inzwischen überschaue ich die Gefechtslage auf der Chefetage des Imperiums genau. Nachdem Bergstraesser Popitz, Oberndörfer und Sontheimer zur Habilitation gebracht hat, scharrt ein halbes Dutzend weiterer Freunde und Konkurrenten mit den Hufen: Alexander Schwan und Hans Maier, Manfred Hättich und Gottfried-Karl Kindermann sowie weitere Talente aus dem Jahr für Jahr stärker anschwellenden Doktorandenkreis, die er durchaus wohlmeinend, aber wohl auch durchaus berechnend mit der Habilitation lockt, um sie vorerst an sich zu binden.

Bergstraessers Habilitationspotential ist jedoch weiterhin beträchtlich. 1960 haben die Hakenkreuzschmierereien bundesweit dazu geführt, zum Zweck der Immunisierung gegen den Rechtsradikalismus die Sozial- bzw. Gemeinschaftskunde an den Höheren Schulen zu verstärken und somit auch das Fach Politische Wissenschaft an den Universitäten weiter auszubauen. Mit diesem Argument können renommierte Ordinarien der Politischen Wissenschaft, und Bergstraesser ist zweifellos einer der renommiertesten unter diesen, in ihren Fakultäten mehr Habilitanden in Vorschlag bringen, als dies den Ordinarien anderer Fächer möglich wäre. Doch auch sein Einfluß in der Philosophischen Fakultät stößt auf Grenzen, und natürlich wächst dort die Zahl der Neider.

Auch der Blick auf die Außenstellen des Bergstraesser-Imperiums erweckt nicht nur Entzücken. Schon in den Anfängen seiner Freiburger Zeit hatte er im Frankfurter Forschungsinstitut der DGAP, das inzwischen nach Bonn übersiedelt ist, maßgeblichen Einfluß ausgeübt. Wir hören von homerischen Schlachten, die dort zwischen ihm und Wilhelm Cornides stattgefunden haben. Cornides hat jedoch obsiegt, und jetzt bemühen sich frühere Mitarbeiter – so der bestens ausgewiesene Gottfried-Karl Kindermann und Hans Wolfgang Kuhn – um Stellen in Freiburg.

Danach hat der vom Gründungsrausch besessene Bergstraesser eine andere Großbaustelle in Angriff genommen, die aus Mitteln des Ministeriums Krone finanzierte Stiftung Wissenschaft und Politik (SWP), damals noch in Ebenhausen, südlich von München. Es gibt Vermutungen, daß er sich dorthin nach der Emeritierung zurückziehen möchte. Welche Genies dort tätig sind und auf eine Habilitation reflektieren, ist nicht genau zu ermitteln. Doch nach den Erfahrungen mit dem einstmals in Frankfurt domizilierten Forschungsinstitut der DGAP muß man sich auf manches gefaßt machen.

Zu den Bergstraesserschen Latifundien, die er in Verbindung mit der CDU bewirtschaftet, gehört auch seit längerem schon die unweit von Bonn in der Nähe von Schloß Brühl gelegene Bildungsstätte Schloß Eichholz. Zeitweilig spielt Bergstraesser im dortigen Kuratorium eine maßgebliche Rolle und kann eigene Leute unterbringen, man weiß aber gleichfalls nicht, wem er dort eine Universitätskarriere in Aussicht gestellt hat.

In Freiburg selbst ist dieser unermüdliche Mann mit großer Energie bemüht, eine »Arbeitsstelle für Kulturwissenschaftliche Forschung« aufzubauen. Wie erwähnt, hat er schärfer als viele andere Politologen die Aufgabe erkannt, in Feldforschung erfahrene junge Wissenschaftler für einen breiten Fächer entwicklungspolitischer Aktivitäten auszubilden. Dabei schwebt ihm in erster Linie vor, die pädagogische Lehre und Forschung in den dekolonisierten Ländern auszubauen, die als Demokratien ins Leben getreten sind. Mit Theodor Hanf, Hans Weiler und anderen versammelt er ein Team auslandskundiger junger Talente um sich, die diese neue Pflanzstätte außeruniversitärer, aber personell mit der Universität verbundener Forschung hochbringen sollen.

Dazu kommen die traditionellen Außenposten zur Vermittlung politischer Bildung, bei deren Kursen und Vorlesungsreihen er seine inzwischen stark angewachsene Mannschaft einsetzt: die Arbeitsgemeinschaft Bürger im Staat, das Lehrerbildungsseminar Waldhof in den Außenbezirken von Freiburg und später Haus Buchenbach, eine vom Land finanzierte Bildungsstätte an einem idyllischen Nebenflüßchen des Dreisamtals.

Das Imperium läßt ihn keine Stunde zur Ruhe kommen. Unablässig reist er nach Bonn, nach Stuttgart oder zu irgendwelchen Stiftungen, um seine zahllosen, meist mit einem Vorsitz verbundenen Funktionen in den Gremien wahrzunehmen, Geld zu beschaffen, Personalpolitik zu betreiben oder richtungweisende Vorträge zu halten. Ohne es zu wissen, aber vielleicht treibt ihn doch eine Ahnung, befindet er sich bereits im letzten Lebensabschnitt. Immerhin steht er in den Jahren 1961 und 1962 schon im Alter von 66 und 67 Jahren, die Emeritierung vor Augen. Die Fülle von Aufgaben, Ämtern und Erwartungen, die auf ihm lasten, zerhacken sein Zeitbudget in kleine Stücke. Immer wieder geschieht es, daß man dringende Angelegenheiten mit ihm nur auf dem Weg vom Seminar zum Bahnhof erörtern kann. Der Streß macht ihn entsprechend ungeduldig.

So sehen seine engeren Mitarbeiter stets eine doppelte Gefahr: Zum einen tauchen öfters ganz unbekannte Leute auf, die sich rasch als Konkurrenten entpuppen, zum anderen muß man stets dessen gewärtig sein, wie eine Dame im Harem eines allmächtigen Sultans von ihm abgeschoben zu werden. Zum Glück, so sagen diejenigen, die ihn genauer kennen, habe er ein christliches Gewissen, Sündenbewußtsein also, an das man appellieren könne. Aber zugleich nehmen seine Reizbarkeit und seine Zornesausbrüche zu.

Wer Pech hat, wie beispielsweise der damals linksliberale Kurt Sontheimer, verkracht sich zeitweilig mit ihm aus politischen Gründen, genauer gesagt, aus Gründen, die stark mit Bergstraessers eigener Vergangenheit zu tun haben. Denn auch er gehörte in den frühen dreißiger Jahren zu denen, die dem Sog der herrschenden Meinung nachgaben und sich aus der politischen Mitte halb wollend, halb getrieben nach rechts bewegten.

Soviel zur psychologischen Konstellation des Sultanats Bergstraesser in den Jahren 1960, 1961 und 1962. Immer noch wird er bewundert und respektiert, doch als akademischer Lehrer und väterlicher Freund so wie einstmals geliebt kaum mehr, und bei denen, die von ihm abhängen, ist die Furcht meist schon größer als die Verehrung.

Ich selbst habe jedoch in dieser Lage ganz gute Karten, denn die Option Gymnasiallehrer steht mir jetzt offen. Allerdings kann die Aussicht, dann erst einmal ein zweijähriges Referendariat absolvieren zu müssen und danach der Willkür der Schulbehörde preisgegeben zu sein, keine uneingeschränkte Begeisterung wecken. Wie das so gehen kann, läßt sich am Beispiel Annemies studieren. Sie ist nun beamtete Assessorin mit den Fächern Englisch, Französisch und Geschichte. Doch kaum sind wir von der Hochzeitsreise zurück, da beginnt auch schon der Verdruß. Sie hatte auf eine Stelle am Goethe-Gymnasium gehofft, stattdessen wird sie an Gymnasien im altvertrauen Wiesental versetzt – Schopfheim, Lörrach, Weil am Rhein. Für uns Jungvermählte ist eine Wochenendehe nicht eben der Gipfel des Glücks.

Inzwischen ist das Seminar in den stolzen Neubau des Kollegiengebäudes II umgezogen. Wie der Zufall oder eine gute Fee es so will, teile ich jetzt eines der wenigen Assistentenzimmer mit Dieter Oberndörfer. Temperamentsmäßig, auch politisch liegen wir auf der gleichen Wellenlänge. Oberndörfer gehört zur alten Garde des Bergstraesser-Seminars. Wehmütig denkt er noch an die guten alten Zeiten in Erlangen und in den Freiburger Anfängen zurück. Zu Beginn der fünfziger Jahre war er als Austauschstudent in den USA, am Davidson College in South Carolina, und hat zwischenzeitlich seine Amerika-Kenntnis durch kürzere Aufenthalte periodisch aufgefrischt. 1955 hat er als einer der Ersten bei Bergstraesser promoviert. Seine Dissertation ist im Jahr 1958 als Eröffnungsband der von Bergstraesser und Popitz herausgegebenen Reihe *Freiburger Studien zur Politik und Soziologie* erschienen. Der Titel klingt etwas lyrisch: *Von der Einsamkeit des Menschen in der modernen Gesellschaft*[35]. Das Buch ist eine originelle Analyse der amerikanischen Gesellschaft, in der er so etwas wie »die« moderne Gesellschaft schlechthin porträtiert. Die Kombination von soziologischer und sozialanthropologischer Methodik, von Analyse der Trends in Wissenschaft und Literatur beeindruckt mich. Auffällig ist die in der ganzen Arbeit durchgehaltene Perspektive des Pfarrersohns Oberndörfer von stark wertenden Positionen lutherischer Theologie aus, wobei er zum Schluß seiner durchgehend skeptischen Bestandsaufnahme der Säkularisierungstendenzen in den USA einen Kopfsprung in die theologische Anthropologie Reinhold Niebuhrs und Paul Tillichs vollführt.

Nach der Promotion hatte Oberndörfer wie geboten ein ganz neues Feld ausgesucht und sich 1960 mit einer breit angelegten Habilitationsschrift über die Denkschulen der amerikanischen Außen- und Sicherheitspolitik seit dem Zweiten Weltkrieg habilitiert. Sein Leitfaden war dabei deren Verständnis ost-westlicher Koexistenzpolitik.

Tag für Tag, manchmal auch am Abend im Restaurant »Greiffenegg«, unweit vom Stadttheater, wo es die besten sauren Lebern in ganz Freiburg gibt, diskutieren wir das große Thema Amerika. Für mich selbst ist Oberndörfer in diesen Jahren der wichtigste Anreger. Kaum einer der von ihm in der Dissertation analysierten Autoren, den ich nicht selbst kursorisch oder genau studiere. Als ich mich 1961 und 1962 dafür entscheide, die außenpolitischen Denkschulen in Deutschland nach 1945 zum Thema meiner Habilitationsarbeit zu machen, kommt ein wesentlicher Impuls von Oberndörfer.

Ein anderes Hauptthema, das uns dauernd beschäftigt, ist die zunehmend gespannte Konstellation im Seminar. Der habilitierte Oberndörfer steht bereits im Wettbewerb um Rufe auf den oder jenen freiwerdenden Lehrstuhl. Außerdem besteht in Freiburg die Aussicht auf Einrichtung eines Parallelordinariats in Politischer Wissenschaft, auf das sich verschiedene aus der Garde um Bergstraesser Hoffnungen machen, vorausgesetzt, sie haben schon einen Ruf auf einen auswärtigen Lehrstuhl erhalten, denn Hausberufungen ohne vorangegangene Rufe nach auswärts sind damals streng und aus gutem Grund verpönt.

Oberndörfer ist es in erster Linie, der mich in die Geheimnisse der Berufungsverfahren, der Berufungskartelle und aller dabei drohenden Risiken einweiht. In der Bundesrepublik wird es noch Jahrzehnte dauern, bis das System der Bewerbung auf eine öffentlich ausgeschriebene Stelle eingeführt ist. Für Privatdozenten ist jedoch das »Vorsingen« auf Einladung einer Fakultät schon gang und gäbe. Ob einer überhaupt eingeladen wird, hängt allein von der jeweiligen Fakultät ab. Dem Privatdozenten bleibt nur die indirekte Einflußnahme. Von vorrangiger Wichtigkeit ist es in diesem System, die eigenen Arbeiten möglichst bald zu publizieren. Selbstverständlich müssen Verbindungen hierhin und dorthin gepflegt werden. Viel hängt aber auch von der Schubkraft des eigenen Ordinarius ab, der natürlich gern Schicksal spielt, den einen seiner Schüler empfiehlt, den anderen vernachlässigt, und das oft im Zusammenspiel mit Kollegen an anderen Universitäten.

Ich lerne von ihm, daß eine Universitätskarriere einem Marsch durch den Dschungel gleicht, bei dem man in Sümpfen versinken, von Tigern zerrissen oder von Giftschlangen zum Tode gebracht werden kann. Selbstverständlich gibt es bei den Dschungelmärschen auch die getreuen Gefährten oder wenigstens Helfer, die zeitweilig dieselben Ziele ansteuern, doch unbedingt vertrauen kann man niemandem. Diese sozialdarwinistische Sicht der Fakultäten und der akademischen Cliquen wird sich im übrigen in meiner gesamten Universitätszeit als richtig erweisen.

Oberndörfer selbst gehört zu den getreuen Gefährten. Wenn ich in diesen kritischen Jahren nicht in den Sumpf geraten bin, dann nicht zuletzt dank seiner Ratschläge und hilfreichen Interventionen. Wichtig ist dabei, wie sich bald zeigen wird, daß er mich in die Bergstraesser-Festschrift aufnimmt, in der sich die »Freiburger Schule« vorstellt. Ein jeder schreibt einen Essay zu Grundsatzfragen der neuen Disziplin. In diesem von Oberndörfer allein konzipierten, herausgegebenen und mit einem Grundsatzbeitrag eingeleiteten Band figurieren Hans Maier, Muhsin Mahdi, Kurt Sontheimer, Manfred Hättich, Gottfried-Karl Kindermann, Emanuel Sarkisyanz, Friedrich Tenbruck, Hans-Wolfgang Kuhn und auch ich selbst. Die dort Versammelten werden allesamt rasch ihren Weg machen, Muhsin Mahdi in den USA. Nur Hans Wolfgang Kuhn wird schon wenige Jahre später einem tückischen Leiden erliegen.

Bei genauem Zusehen läßt sich jedoch deutlich erkennen, daß diejenigen, die hier gemeinsam auftreten, keine Schule im strengen Sinne sind, sondern eher, so hat Oberndörfer sie später zutreffend charakterisiert, »Individualisten mit unterschiedlichen Positionen«, emporgetragen dank der Liberalität Bergstraessers. Besonders unsinnig ist das den Freiburgern später aufgeklebte Etikett eines »normativ-ontologischen« Politikverständnisses. Es trifft allenfalls auf Alexander Schwan zu. Immerhin bekennen sich verschiedene der hier Auftretenden damals und auch später zu einem Verständnis des Fachs, das in Lehre und Forschung auch bestimmte normative Elemente mit einbringt, wie immer diese auch begründet sein mögen. Richtiger wäre, die übergreifende Gemeinsamkeit in dem Verständnis der Politischen Wissenschaft als »Demokratiewissenschaft« zu sehen, womit sich auch die Bejahung der Einbindung der Bundesrepublik in die Gemeinschaft der westlichen Demokratien verbindet. Mein recht pointierter eigener Beitrag zu der erwähnten Programmschrift der »Freiburger Schule« deutet in diese Richtung.

Der von Oberndörfer konzipierte Sammelband hat übrigens eine groteske, für die damaligen Gegebenheiten im Umkreis von Bergstraesser bezeichnende Vorgeschichte. Der stattliche Band war als Festschrift zum 65. Geburtstag Bergstraessers am 14. Juli 1961 gedacht. Daß verschiedene aus der Schülerschar verdrossen sind, die aus Umfanggründen nicht aufgenommen wurden, ist ein bei Festschriften häufiger Vorgang. Ungewöhnlich ist jedoch der Wunsch Bergstraessers, die zu seinen Ehren vorbereitete Festschrift unter dem eigenen Namen herauszugeben. Dieter Oberndörfer läßt sich aber die Butter nicht vom Brot nehmen, das Klima zwischen ihm und Bergstraesser sinkt auf den Nullpunkt (wird sich aber dann bald wieder erwärmen), und so erscheint das Buch mit dem anspruchsvollen Haupttitel *Wissenschaftliche Politik* erst im Frühjahr 1962 mit einem gewundenen Vorwort Oberndörfers[36].

Auf dem Fußmarsch über die Geröllstrecke im Umfeld von Bergstraesser gibt mir auch Heinrich Popitz einen guten Tipp. Wer sich wissenschaftlich durchsetzen will, so meint er, muß zuallererst ein gutes Buch publizieren, das positiv einschlägt, am besten die Dissertation, und danach möglichst bald eine gescheite Habilitationsschrift.

Das ist für mich der Anstoß, meine inzwischen fast vergessene Doktorarbeit aus dem Jahr 1958 nochmals vorzunehmen. Rasch wird mir klar, daß ich das Buch völlig umgießen und erweitern muß. Zuerst gilt es, alle inzwischen bekanntgewordenen kürzeren Artikel oder längeren Aufsätze systematisch zu erfassen und auszuwerten, die Ernst Jünger in den zwanziger und frühen dreißiger Jahren in Nationalisten-Zeitschriften und Sammelbänden veröffentlicht hat. Ich lasse diese in verschiedensten Archiven photokopieren; zu guter Letzt sind es 133 Titel. (Erst im Jahr 2001, Ernst Jünger ist schon verstorben, wird mein ehemaliger Bonner Assistent Sven Olaf Berggötz Jüngers politische Publizistik der Jahre 1919–1933 bei Klett-Cotta edieren.[37])

Es ist ein großes Glück, daß zufällig in Freiburg Karl Friedrich Baedecker seinen Wohnsitz hat. Er ist Geschäftsführer des Baedecker-Verlags, zugleich ein Freund Ernst Jüngers und hat in seinem »Jünger-Archiv« mit großer Energie alles gesammelt, was irgendwo in Gestalt von Monographien, Aufsätzen und Rezensionen von Jünger und über Jünger erschienen ist. Ich suche ihn auf, und er hat die Freundlichkeit, mir seine gesamten Materialien zur Verfügung zu stellen.

Im Jahr 1961 finde ich jedenfalls, daß es aus verschiedensten Gründen hoch an der Zeit ist, die von Popitz angeregte Buchfassung schleunigst auszuarbeiten und baldigst zu publizieren. Während Annemie im Markgräflerland ihre Schulstunden vorbereitet und Hefte korrigiert, sitze ich, wann immer die Arbeit in der Uni erledigt ist, in der je nach Jahreszeit unerträglich schwülen oder zu kühlen Dachkammer hinter meiner Olivetti lettera und arbeite bis weit in die Nacht hinein an dem Buch. Viele Jahre später treffe ich Jürgen Todenhöfer, dann ein bereits bekannter, mit Helmut Kohl bald zerfallener CDU-Abgeordneter, der alsdann als maßgeblicher Manager beim Burda-Verlag und schließlich als Menschenrechtsaktivist viel Beachtung finden wird. Er spricht mich darauf an, daß er mich kenne. Tatsächlich hat ein Dr. Todenhöfer, Richter am Freiburger Oberlandesgericht, mit seiner zahlreichen Familie ein Stockwerk unter uns gewohnt, und Sohn Todenhöfer erzählt mir nun, er habe als Gymnasiast neben meinem Dachzimmer gewohnt und wegen des Schreibmaschinengeklappers manchmal nicht schlafen können.

Die Arbeit an dem Buch ist eine *Tour de force*. Es verhält sich zur Dissertation, so sage ich gern, wie ein schnittiger TEE zu einer gut gebauten, aber uralten Dampflokomotive. Wie angekündigt, erhält Bergstraesser in seiner Eigenschaft als Herausgeber der Reihe das Manuskript auf den 31. Dezember 1961. Im Februar 1962 kann ich es an den Verleger Fritz Hodeige vom Rombach-Verlag abgeben. Bergstraessers Freund Karl Rothe fungiert dort als Lektor und macht einige nützliche Vorschläge für die typographische Gestaltung. Er erbietet sich auch, zu Friedrich Georg Jünger in Überlingen den Kontakt herzustellen. Doch dieser ist ein vorsichtiger Mann und antwortet, er stünde zur Verfügung, doch erst dann, wenn ich mit seinem Bruder Ernst ein Gespräch geführt habe. Ebendas will ich aber vermeiden. Ich bin der richtigen Meinung, daß solche Gespräche mit dem Sujet einer notwendigerweise kritischen Untersuchung befangen machen und sowohl den Betreffenden als auch mich selbst in eine ungute Lage bringen. Spätere Erfahrungen mit vergleichbaren Objekten meiner zeitgeschichtlichen Arbeiten haben diese Auffassung bestätigt.

In dieser Phase greift ein anderer Freiburger Kollege in den Gang meines Lebenswegs ein, Kurt Sontheimer. Nach den schon erwähnten Differenzen mit Bergstraesser hat er einen Ruf an die Pädagogische Hochschule Osnabrück angenommen. Sein von diesem nicht besonders goutiertes Buch *Antidemokratisches Denken in der Weimarer Republik* hat ihn bundesweit bekannt gemacht und ist zu einem großen Erfolg geworden. Manche sehen in ihm allerdings einen politologischen »Scharfrichter«. Ich selbst habe mich mit ihm verschiedentlich über Jünger und die entsprechende Thematik unterhalten, gehe mit den Irrtümern dieser Generation nicht ganz so streng um wie er, aber wir schätzen einander. Als er im Sommer 1962 einen Ruf auf ein Ordinariat an der FU Berlin erhält, ermutigt er das Kollegium an der Pädagogischen Hochschule Osnabrück und den maßgeblichen Ministerialdirigenten in Hannover, es mit mir zu versuchen.

Die damaligen PHs in Niedersachsen sind angesehene Anstalten. Sie sind ausschließlich mit der sechssemestrigen Ausbildung von Volksschullehrern beauftragt, haben aber neben einem harten Kern von Schulpraktikern dank guter Berufungspolitik eine ganze Reihe von Habilitierten angezogen, die nach einiger Zeit an den Universitäten Karriere machen. Neuerdings sind dort drei Lehrstühle für Politische Wissenschaft, Soziologie und Philosophie eingerichtet worden, die von allen didaktischen Aufgaben freigestellt sind und allein die Lehrgehalte ihrer Fächer zu vermitteln haben. Bemerkenswert viele aus dem bereits habilitierten Nachwuchs in Politischer Wissenschaft sind in diesen Jahren an den PHs in Niedersachsen tätig, beispielsweise außer Sontheimer Wilhelm Hennis in Hannover, gefolgt von dem Europa-Forscher Heinrich Schneider, Christian Graf von Krockow in Göttingen und nach ihm der spätere Kultusminister und SPD-Linksaußen Peter von Oertzen.

Entscheidend ist unter diesen Bedingungen ein möglichst baldiges Erscheinen der Jünger-Monographie mit günstigem Presseecho. Nach einigem Hin und Her erhält das Buch schließlich so, wie ich das wünschte, den Titel *Der konservative Anarchist. Politik und Zeitkritik Ernst Jüngers*. Es erscheint Ende September, genau einen Tag vor Beginn der Buchmesse. Der Verlag hatte sich selbst übertroffen – vornehmer, orangefarbener Leineneinband, bestes Papier, Satzspiegel, Gestaltung der Kapitel und der Zwischenüberschriften, Anmerkungen mit lebenden Kolumnen, über den weißen Schutzumschlag zieht sich ein breites, ochsenblutfarbenes Band – alles großzügig und vom Feinsten. Noch heute begeistert mich das Buch, wenn ich es in die Hand nehme, eine bibliophile Rarität. Nur wer selbst einmal ein eigenes, druckfrisches Buch in Händen gehalten hat, kann mein Entzücken nachempfinden.

Das Buch erscheint wohl genau im richtigen Moment, um im Hannoverschen Kultusministerium das letzte Zögern zu überwinden, einen Nichthabilitierten zu berufen. Sontheimer schickt mir den Durchschlag eines drängenden Briefes an Professor Eyferth im niedersächsischen Kulturministerium, in dem zu lesen steht: »Sollten beim Ministerium noch Zweifel an der richtigen Plazierung der Liste bestehen, so glaube ich, daß sie sich für jeden unvoreingenommenen Beobachter schnell beseitigen lassen, wenn er die soeben erschienene Schrift von H. P. Schwarz: Der konservative Anarchist. Politik und Zeitkritik Ernst Jüngers, Rombach-Verlag Freiburg, in die Hand nimmt. Ein schlechterdings glänzendes Buch! Vielleicht haben Sie Gelegenheit, einen Blick hineinzuwerfen.« Wenig später geht der Ruf heraus, und Herr Eyferth erweist sich als großzügiger Verhandler. Im März 1963, gewissermaßen als Einstand in Osnabrück, schreibt Sontheimer in der *FAZ* unter der Überschrift »Die wilde Politik eines Unpolitischen«[38] eine ausgezeichnete, fast überschwängliche Rezension, die mich schamrot werden ließe, wäre ich nicht zutiefst überzeugt, daß er recht hat.

Kurzfristig am wichtigsten ist die positive Aufnahme durch die für mich maßgeblichen Fachkollegen. Aus dem schon erwähnten Gutachten läßt sich ablesen, daß die Neufassung Bergstraesser gefallen hat: »Das Buch zeigt eine überlegene Kraft der Interpretation, einen vorzüglichen Stil und die Meisterschaft quellenmäßiger Behandlung des Herrn Schwarz in reichlichem Maß zugänglich gewordenen Materials.« Bergstraesser hatte auch noch im letzten Moment einen Druckkostenzuschuß beschafft, um den Preis unter die Schallgrenze von 30 DM hinunterzudrücken. Wilhelm Hennis, einer der aufgehenden Sterne in der Zunft, der eben zum Ordinarius in Hamburg aufgestiegen ist und dem ich ein Exemplar zugehen ließ, schreibt rasch und sehr positiv (»großartige Visitenkarte«[39]). Mit am substantiellsten und rundum positiv äußert sich Hans Maier, der offensichtlich zu den geneigten Lesern gehört: »Ich habe eigentlich Jünger nie gemocht und kaum gelesen. … Jene Mischung von Brutalität und Ästhetizismus stieß mich (ebenso wie bei Nietzsche, von dem ich bis heute keine Zeile lesen kann) ab. Hier noch einmal den taumelnden und verkrampften, freiwillig blinden Gang des deutschen Volkes in die Realitäten des 20. Jahrhunderts mitzuerleben ist eine geistige Erfahrung, die in hohem Maß fasziniert …«[40]

Auch auf längere Sicht wird *Der konservative Anarchist* zu einem Kind, das mir Freude macht. Zugleich muß ich allerdings konstatieren, wie schwer es ein unbekannter junger Autor hat, mit seinem Erstling durchzudringen. Kein Erdbeben geht durch die Buchmesse! Keine der großen Federn im Rezensionsgewerbe kommt auf die Idee, umgehend beim Erscheinen eine Schale voller Lobpreis über mich auszuschütten! Eine ganze Anzahl von Rezensionen erscheint erst im März und April 1963. Es erstaunt mich kaum, daß die bereits seit langem festliegende Einstellung der Rezensenten zu Jünger auch auf mein Buch abfärbt. Den einen ist es zu kritisch, den anderen zu wenig scharfrichterlich. Der Verkaufserfolg hält sich in Grenzen. Im ersten Halbjahr 1963 werden 526 Exemplare abgesetzt. Immerhin erhalte ich 1298 DM, damals kein Pappenstiel.

Und wie reagiert Ernst Jünger, den ich mit einem Autorenexemplar bedacht habe? Hoheitsvoll, überhaupt nicht zu packen und indirekt, sozusagen durch den Leutnant vom Dienst. Dr. Liselotte Jünger (»das Stierlein« genannt) schreibt mir unter dem Datum 18. Oktober 1962: »Bei der Rückkehr von einer Reise fand mein Mann Ihre Zeilen vom 21. September und das sie begleitende Buch vor und dankt Ihnen verbindlich dafür. Wir hoffen, bald die Muße zu finden, um in Ihre Arbeit hineinzuschauen. Mit freundlichen Grüßen Ihre Liselotte Jünger«[41]. Jüngers Verleger Ernst Klett läßt mich wissen: »Schade ist nur, daß Jünger mit Hartnäckigkeit nichts liest, was über ihn geschrieben wurde. Ich wüßte gern, wie er sich zu Ihrer Deutung stellt.«[42] Daß das Buch auf Jünger doch nicht ganz ohne Wirkung blieb, läßt sich nur indirekt erschließen. Ich hatte mich für den paradoxen Titel *Der konservative Anarchist* entschieden, weil Jünger sich selbst an verschiedensten Stellen seines Œuvres so bezeichnet hatte, wenngleich, wie so oft bei ihm, stets nur verschlüsselt. Bald nach Erscheinen meines Buches konstatierte ich nicht ganz ohne Verblüffung, daß er sich künftig die hoheitsvolle Bezeichnung »Anarch« beizulegen pflegte.

Im übrigen war das Kapitel Ernst Jünger für mich nun geschlossen. Ich las zwar alles, was er schrieb, und hielt ihn weiterhin für einen der spannendsten zeitgenössischen Autoren. Aber da ich dauernd genug zu tun hatte und ohnehin nicht wußte, wie er das Buch aufgenommen hatte, machte ich auch keine Anstalten, ihn einmal in Wilflingen aufzusuchen. Pilgerfahrten zu Gurus haben mir noch nie gelegen. Über die Jahre hinweg spürte ich jedoch gedämpftes Wohlwollen. Unerwartet kam ich auf die Gästeliste für Jüngers 80. und 90. Geburtstagfeiern, die er 1975 im Ludwigsburger Schloß und 1985 im Neuen Schloß zu Stuttgart feierte. Die angenehme und gescheite Frau Jünger war dabei wohl die Wettermacherin.

Rundum vergnüglich wurde schließlich ein Zusammentreffen im Hotel »Kleber Post« in Saulgau. So wie aus Ernst Jünger schon längst ein Herold der deutsch-französischen Freundschaft geworden war, hatte sich der alte Alfred Toepfer, guter Freund Jüngers seit der Nationalistenzeit, zwischenzeitlich zum Tabakkönig und zum guten Europäer entwickelt, der in seiner Eigenschaft als Finanzier der F. V. S.-Stiftung willens war, dem hochbetagten Autor – Jünger war jetzt 98 Jahre alt – eine namhafte Preissumme für seine Verdienste um die Verständigung zwischen Deutschland und Frankreich zukommen zu lassen. Aus irgendeinem Grund war die Jury für den Robert-Schuman-Preis bei der Universität Bonn angesiedelt, der vortreffliche

Rektor und Kernphysiker Max G. Huber bat mich um die Laudatio, und so fuhren wir nach Saulgau.

Vergnüglich war die Antwort Jüngers auf die Laudatio. Allem Anschein nach stand es um sein Sehvermögen nicht mehr zum besten. So bewaffnete er sich mit einer dicken Lesebrille und las aus einem mit Führertype geschriebenen Manuskript die wortwörtlich formulierte Erwiderung vor. Derart vorformulierte Ansprachen sind wenig inspirierend. Erst als er steckenblieb, weil die Manuskriptblätter durcheinandergeraten waren, legte er kurz entschlossen den ganzen Papiersalat beiseite, und siehe da, frei sprechend entpuppte er sich als packender Redner. Überhaupt drehte er mit seinen 98 Jahren danach mächtig auf. Das gesetzte Essen dauerte bis gegen elf Uhr abends, danach zog er sich in verkleinerter Runde zurück und becherte bis ein Uhr nachts.

Jetzt wurde der Austausch immer freundlicher. Als sich Jüngers Hundertster näherte, sah ich mir wieder einmal meinen inzwischen auch schon in die Jahre gekommenen *Konservativen Anarchisten* an, verglich die seinerzeitige Interpretation mit Jüngers seither in großer Zahl erschienenen Tagebüchern, Monographien, Aufsätzen, Reden und gelangte nach kritischer Prüfung zu dem Schluß, daß meine einstmalige Deutung immer noch zutreffend war. So steuerte ich zur Festschrift *Magie der Heiterkeit* einen ganz unpolitischen Beitrag bei, betitelt: »Treffer und offene Fragen: Ernst Jüngers Prognosen«[43]. Gleichfalls mit Blick auf den 100. Geburtstag hatte die finnische Professorin Marjatta Hietala, die früher auch einmal über Jünger gearbeitet hatte, im Mai 1995 zu einem pfingstlichen Ernst-Jünger-Symposion nach Tampere eingeladen. So flog ich mit Annemie nach Finnland. Auch Kurt Sontheimer war dort und sprach zu dem Thema »Ernst Jünger als nationaler Revolutionär«. Als mein Thema hatte ich vorgeschlagen: »Das planetarische Zeitalter. Zeitkritik und Zeitfremdheit bei Ernst Jünger«[44].

Ich sandte dem betagten Ehepaar, das inzwischen an Philemon und Baucis erinnerte, das *Jahrbuch für finnisch-deutsche Kulturbeziehungen* mit meinem Beitrag. Jetzt liegt in meinem Autorenexemplar des *Konservativen Anarchisten* ein schöner Dankesbrief vom 1. März 1997, kurz vor Jüngers 102. Geburtstag. Hier kam endlich – vorformuliert und getippt von Liselotte Jünger – die substantielle Antwort zum *Konservativen Anarchisten*, auf die ich 35 Jahre lang gewartet hatte: »Sie sind ja ein ausgewiesener Kenner der Person und des Werkes, so daß meine Erwartungen entsprechend waren. Ich habe Ihre Arbeit mit Zustimmung gelesen. Besonders freute mich, daß Sie die Linie des planetarischen Denkens beim Autor schon von den Anfängen an ziehen. Mögen die Entwicklungen im einzelnen sich anders vollzogen haben – oder auch aus einem anderen, nicht heroischen Geist – die Linie stimmt. Anmerken möchte ich, daß Jünger die Gestalt des Arbeiters als eine mythische, nicht soziale sieht und daß er nicht anti-ökonomisch, sondern a-ökonomisch denkt. Dabei sieht er sehr wohl, daß von jeher die Kaufleute es waren, die die ersten Schritte über die Grenzen hinaus taten … Dank auch für Ihre guten Wünsche. Ja, wir befinden uns wohl und genießen die Vorfrühlingstage im Garten, in dem es schon reichlich blüht.« Handschriftlich bestätigt hatte Ernst Jünger dies mit seiner charakteristischen, immer noch nicht wackligen Unterschrift, die mir schon aus den Widmungen von Privatdrucken bekannt war und so sichtliche Jugendstilelemente enthielt: »Herzlich grüßend Ihre Ernst u. Liselotte Jünger«.[45]

Knapp zwei Jahre später kam die Todesanzeige, die gleichfalls erwähnenswert ist: »Am Morgen des 17. Februar starb im 103. Lebensjahr Ernst Jünger, der letzte Ritter des Ordens Pour le Mérite. Ein begnadetes Leben ist zu Ende gegangen.« Treffend war auch das vorangesetzte Motto aus den Tagebuchaufzeichnungen Ernst Jüngers:

»Mit jedem dieser Sehr-Alten,
deren Namen uns seit Jahrzehnten vertraut sind,
geht mehr dahin als eine Person.
Eine Zeit nimmt Abschied.«

Die Bezeichnung *Der konservative Anarchist* war inzwischen unzutreffend. Aus Jünger war ein echter Konservativer geworden, und aus dem kritischen Freiburger jungen Mann, der aus Halbdistanz schrieb und seine Urteile an manchen Stellen mit ganz unangemessener Herablassung formuliert hatte, ein fast uneingeschränkter Bewunderer dieses einzigartigen Autors.

Absprung aus Freiburg

Hohe Zeit nun, ins Jahr 1962 zurückzukehren. Damals setzte schon der Rhythmus ein, der sich nun Jahrzehnte hindurch fortsetzen sollte. Neben der nie enden wollenden Arbeit an Monographien und Aufsätzen trat die gleichfalls nie endende Vorbereitung auf die Lehrveranstaltungen (vorerst nur Proseminare), dazu die Verwaltungsarbeit und jede Menge von Vorträgen. Ordentlich, wie ich nun einmal bin, und friedlich, wie bisher meine Lebenszeit war, habe ich die letzteren aufbewahrt. Allein im Jahr 1962, als die Arbeit am *Konservativen Anarchisten* alle Kräfte beanspruchte, kamen ein Dutzend Vorträge zusammen. Deren Titel lassen erkennen, welche Themenkreise der Politischen Wissenschaft mich damals beschäftigt haben, etwa: »Wehrpolitik und politische Ordnung«, »Parteifinanzierung aus Steuergeldern«, »Aufrüstung – Abrüstung« (darin der Kernsatz: »daß totale Abrüstung Utopie oder Propaganda ist, und das Beste, was gegenwärtig erreicht werden kann, Stabilisierung ist«), »Deutschland und die Weltpolitik im 20. Jahrhundert«, »Staat und Gesellschaft in Deutschland«, »Welchen Beitrag zur wissenschaftlichen Erforschung unserer Gegenwart leistet unsere heutige Universität?«, »Die politischen Hochschulgruppen zwischen Partei und Universität«, »Zum Begriff der offenen Gesellschaft«. Wie auch später üblich, habe ich damals schon denselben Vortrag, mehr oder weniger leicht verändert, zwei- oder dreimal vor unterschiedlichem Publikum gehalten.

Zu meinen erwähnenswerten Tätigkeiten im Jahr 1962 mit Fortsetzung ins Jahr 1963 hinein gehört auch die Beschäftigung mit dem Thema Universitätsreform. Die Errichtung einer Reformuniversität in Konstanz ist auch an der Universität Freiburg ein Thema. Die Gründerjahre, in denen seit Mitte der sechziger Jahre überall neue Universitäten gewissermaßen aus dem Boden gestampft werden, stehen noch in den allerersten Anfängen. Die Regierung Kiesinger in Stuttgart unter maßgeblicher Beteiligung von Freiburger Professoren hat den Anfang gemacht. Auch die Planungen in Bochum sind bereits im Gang. Viele verbinden mit der Konstanzer Neugründung die Hoffnung, die offensichtlichen Strukturmängel der alten Universitäten durch neue Formen zu überwinden. In diesem Zusammenhang schreibt die in Stuttgart domizilierte Wochenzeitung *Christ und Welt* ein Preisausschreiben des Titels aus: »Wie sollen sich die neu zu gründenden Universitäten von den bisherigen unterscheiden?« Eine vom Verlag eingesetzte Jury wird die anonymisierten Einsendungen beurteilen. Das Preisgeld ist anständig: 5 000 DM werden für den ersten Preis ausgelobt. So bringe ich im Herbst 1962 die differenziert gegliederte Ausarbeitung zu Papier, in das meine eigenen Erfahrungen in den geisteswissenschaftlichen Massenfächern ebenso Eingang finden wie die Grundüberlegungen der bis in die Besatzungszeit zurückreichenden Reformdiskussion.

In der heutigen Universität, so die Ausgangsüberlegung, wuchern inhomogene Zielsetzungen und Organisationsformen durcheinander. Sie ist Ausbildungsstätte für hochqualifizierte Berufe, Großbetrieb wissenschaftlicher Forschung, Korporation von Gelehrten und Studierenden, Bildungseinrichtung. Die ungelösten Widersprüche erfordern vor allem in den Massenfächern Korrekturen. Meine Empfehlung läuft auf eine Zweigliederung der Ausbildung hinaus:

1. Unterbau (Studienstufe) mit dem Ziel hochqualifizierter wissenschaftlicher Ausbildung für die akademischen Berufe. Die Organisation: Planvoll gelenktes, zeitlich nicht zu sehr ausgedehntes Studium; verschärfte Leistungsanforderungen; mit Hinblick auf die Ausbildung verstärkter Lehrkörper. Das Prinzip: Bildung durch disziplinierte Fachausbildung.

2. Oberbau (Forschungsstufe). Der Zugang: Auslese nach Ablegung des Schlußexamens der Studienstufe. Das Ziel: Forschung unter Wiederherstellung der Einheit von Forschung und Lehre. Die Organisation: Seminare und Forschungsgruppen von Studenten und Professoren. Das Prinzip: Bildung durch Wissenschaft.

Mein vor allem für die Geistes- und Sozialwissenschaften skizziertes Konzept läßt manche Ähnlichkeiten mit der heutigen Unterscheidung zwischen Bachelor-Studium und den anschließenden höher qualifizierten Studien erkennen. Allerdings gehörte ich nicht zu den radikalen Reformern. Mein Vorschlag bezog sich nur auf die Neugründungen Konstanz und Bochum. Sie sollten einerseits »Fachhochschulen mit gutem Gewissen sein«, andererseits Forschungszentren. Eine Ausstrahlung von den reformierten Neugründungen auf die bestehenden Universitäten schien mir denkbar, auch wünschenswert, doch formulierte ich skeptisch: Dort scheine die Wahrscheinlichkeit, daß alles beim alten bleibt, gegenwärtig größer zu sein als die allzu spektakulärer Reformen.

Trotz meines nicht ganz unterentwickelten Selbstbewußtseins bin ich aber doch verblüfft, aus *Christ und Welt* vom 9. April 1963 zu erfahren, mein Vorschlag sei unter 134 Einsendungen in dem anonymisierten Auswahlverfahren mit dem 1. Preis ausgezeichnet worden, gefolgt von Helmut Schelsky, der den 2. Preis erhalten hatte.[46] Bergstraesser hat etwas zwiespältig reagiert und mich direkt gefragt: »Hätten Sie die ersten Jahre Ihres Studiums in einer so verschulten Universität studieren wollen?« Was ich auf dieses *Argumentum ad hominem* erwidert habe, weiß ich nicht mehr. Die Antwort auf diesen Einwand war in der Preisschrift explizite formuliert. Die Massenfächer, so hatte ich dort geschrieben, »werden früher oder später der Tendenz zur straff reglementierten Fachausbildung nachgeben müssen, nur steht zu befürchten, daß es dann zu spät sein wird, den wertvollen Grundgedanken der deutschen Universitätsidee – Bildung durch Wissenschaft – zu bewahren«.

Doch wie jeder akademische Lehrer fühlte sich Bergstraesser durch den Erfolg seines Schülers bestätigt. Meine Aufnahme der Lehrtätigkeit in Osnabrück stand vor der Tür. So versicherte er mir nochmals nachdrücklich, er wolle mich als Externer in Freiburg zur Habilitation führen, und ließ dazu von der Fakultät den Lehrauftrag prolongieren. Daß sein Leben schon ein kurzes Jahr später zu Ende sein würde, hat niemand für möglich gehalten.

Natürlich ergaben sich aus der Preisschrift verschiedene Vortragseinladungen, denen ich nachkam. Doch nahmen mich die Aufgaben der neuen Professur und die Arbeit an der Habilitationsschrift so in Anspruch, daß ich die damals vielerörterten, doch auch uferlosen Themen »Neugründungen und Strukturreform der alten Universitäten« nicht weiterverfolgt habe. Ein Schnellschuß, der ins Schwarze trifft, sagte ich mir, ist hocherfreulich. Aber wer selbst noch nicht habilitiert, geschweige denn an eine Universität berufen worden ist, sollte sich nicht zu weit aus dem Fenster heraushängen. Als ich aber 1966 mein erstes Ordinariat in Hamburg erhielt, ist die Sturmflut der Hochschulreform rasch über meine nüchternen Reformideen hinweggegangen.

Später, im Jahr 1971, ist übrigens die Versuchung an mich herangetreten, meine eigenen Ideen als Universitätsreformer in die Praxis umzusetzen. Hans Maier war vor kurzem in München Kultusminister geworden, trug sich mit Gedanken, im Münchener Arabellapark ein Forschungsinstitut für die von ihm geplanten Neugründungen sowie den Gesamtbereich der Universitätsreformen zu errichten, und dachte an mich als Direktor. Ich selbst kam eben von einem Sabbatical in Oxford zurück, wo ich nach den wenig erfreulichen Reformjahren in Hamburg wieder eine funktionierende Universität erlebt hatte, und überlegte mir ernsthaft, ob nicht ein Wechsel am Platze wäre. An zwei Verhandlungsrunden am Münchener Salvatorplatz erinnere ich mich, vieles, im Grunde das meiste war noch unklar, zudem hatte ich auch noch andere Eisen im Feuer. Sehr nachdenklich hat mich dann Freund Roger Louis gemacht, der mich zu einem Vortrag nach Yale eingeladen hatte. Als ich ihm von den Überlegungen erzählte, rief er voller Entsetzen aus: »Hans-Peter, it can't be true, you are going to become an administrator!« Ich brachte die Sache dann gerade noch rechtzeitig und mit plausibler Begründung zu Ende. Damit war das Thema neue Universitäten für lange Zeit erledigt, bis es nach der Wiedervereinigung in anderem Zusammenhang nochmals auftauchte.

Vielleicht die auf lange Sicht wichtigste Folge des Preises war der Kontakt mit *Christ und Welt*. Anläßlich der Preisverleihung wurde ich vom Chefredakteur von *Christ und Welt*, Giselher Wirsing, nach Stuttgart eingeladen. Während meiner ganzen Freiburger Zeit gab es ein paar Journalisten, deren Bücher und Reisereportagen ich mir selten entgehen ließ, Wirsing gehörte dazu, Klaus Mehnert, gleichfalls bei *Christ und Welt*, und auch schon Gräfin Dönhoff. Doch hatte ich auch von Kurt Sontheimer über diesen Benjamin aus dem »Tat«-Kreis Hans Zehrers schon so manches gehört. Wirsing war ein typischer Wendehals aus der NS-Generation. Wie Bergstraesser hatte er in Heidelberg promoviert, 1934 die *Münchner Neuesten Nachrichten* gleichgeschaltet, eine SD-Karriere gemacht, war von den Amerikanern »umgedreht« worden und hatte die Kurve zur Bonner Republik gekratzt. Von 1954 bis 1970 war er der angesehene Chefredakteur von *Christ und Welt*. So sah ich der Begegnung voller Neugier entgegen. Auch eine formidable Dame war zugegen, Wirsings Frau Gisela Bonn, die wie er ständig auf Weltreise war. Die beiden hatten sich besonders als Indienkenner einen Namen gemacht. Auf mich wirkte Wirsing bei dem Treffen in Stuttgart eher vorsichtig und zurückgenommen. Wir funkten sichtlich nicht auf der gleichen Wellenlänge. In den 68er-Jahren wurde dieser undurchsichtige Mann von seiner Vergangenheit eingeholt.

Die Verbindung mit *Christ und Welt* blieb aber erhalten. Ich habe dort, später auch bei dem Nachfolgeblatt *Rheinischer Merkur*, eine Plattform für verschiedenste Grundsatzartikel gefunden. Die Fixierung auf diese Blätter hatte allerdings auf lange Sicht auch einen Negativeffekt. 1963 war das Jahr, in dem erstmals *Die Zeit* die bisher auflagemäßig führende *Christ und Welt* überholte. Schon wenige Jahre später hatte das von Gräfin Dönhoff und Theo Sommer geleitete Hamburger Blatt *Christ und Welt* abgehängt. 1963 wetteiferten die beiden konkurrierenden Blätter noch um die Palme der Fortschrittlichkeit.

Christ und Welt, das Organ Gerstenmaiers an der CDU-Spitze mit den gleichfalls konservativen Starautoren Wirsing und Klaus Mehnert, wurde dann bald durch den Sturz Gerstenmaiers und durch redaktionsinterne Richtungskämpfe erschüttert. Mein guter Freund Peter Jochen Winters aus den Freiburger Tagen, der dort angeheuert hatte, war auf seiten des fortschrittlichen Flügels stark involviert und ging daraufhin zur *FAZ*. Andere blieben. Mich selbst kümmerte das Gerangel in der Redaktion nicht. In den sogenannten 68er-Jahren war nicht nur die gesamte Presselandschaft in der Bundesrepublik stark polarisiert. Vielfach waren auch die einzelnen Redaktionen von häßlichen ideologischen Auseinandersetzungen zerrissen.

Habe ich also, vielleicht auch als Spätfolge der Preisverleihung, ohne die Konsequenzen für meine publizistische Ausstrahlung zu bedenken, mit *Christ und Welt* aufs falsche Pferd gesetzt? Das wäre nur dann so, wenn ich mich für diese oder jene Zeitung völlig grundsatzlos entschieden hätte. Die Wahrheit ist viel einfacher: Ich habe jeweils auf das Pferd gesetzt, das mir am besten gefiel.

In den frühen sechziger Jahren fühlte ich mich noch durchgehend denen verbunden, die im Erziehungswesen, und nicht nur dort, den Status quo kritisierten und nach Reformen verlangten. Beim fortschrittlichen Universitätsnachwuchs, zu dem ich mich damals zählte, hatte *Christ und Welt* einen guten Namen. 1961 waren dort Georg Pichts Aufsätze über die deutsche Bildungskatastrophe erschienen, die wie eine Bombe einschlugen, dies trotz oder vielleicht gerade aufgrund des überzogenen Alarmismus. Meine eigene Fortschrittlichkeit war jedoch mit Skepsis getränkt. In der preisgekrönten Ausarbeitung zu den »Neugründungen« hatte ich den alten Göttinger Professor Georg Christoph Lichtenberg mit dem Ausspruch zitiert: »Man reiße nicht gleich ein Gebäude ein, das etwas unbequem ist, und stecke sich dadurch in größere Unbequemlichkeiten. Man mache kleine Verbesserungen ...«, und das mit der eigenen Feststellung verbunden: »Radikale Reformen wären angesichts der komplizierten politischen und sozialen Struktur unserer Gesellschaft von vornherein zum Scheitern verurteilt.« Das war und blieb eine meiner Grundüberzeugungen bis zum heutigen Tag. Kein Wunder, daß mir später alle Radikalreformen, die über die Bundesrepublik hinweggingen, verdächtig waren: die Radikalreform der Universitäten seit 1967 nach dem quasiständischen Modell einer Drittel- oder Viertelparität, die Radikalreform der komplizierten innerdeutschen Beziehungen durch uneingeschränkte Akzeptanz der deutschen Zweistaatlichkeit, aber auch die Radikalreform der Europäischen Wirtschaftsgemeinschaft durch Etablierung quasistaatlicher Brüsseler Institutionen sowie die Radikalreform des kooperativen EWS-Systems durch Einführung des Euro.

Seit den sechziger Jahren hatte das Wort »Reform« lange einen hohen Klang, wobei sich einerseits *Die Zeit*, andererseits *Christ und Welt* unterschiedlich positionierten. In der *Zeit* bestand durchgehend größere Sympathie für die Radikalreformer als für den elastischen Pragmatismus. *Christ und Welt* war konservativer. Erst die Europapolitik der neunziger Jahre entfremdete mich auch dem *Rheinischen Merkur*. Das Blatt war jetzt schon in vollem Abstieg begriffen, hielt es aber für richtig, dem europapolitischen Radikalreformer Helmut Kohl durch dick und dünn zu folgen und die EU damit auf längere Sicht, mit Lichtenberg zu sprechen, »in noch größere Unbequemlichkeiten« zu führen. In jenen Jahren fand sich bei der *Zeit* manchmal ein klein wenig mehr weltkundige Skepsis.

Heute frage ich mich überhaupt, wie es sich damals mit meinen politischen Überzeugungen verhalten hat. Im Jahr 1963 war ich immerhin schon 29 Jahre alt, stand nach weitverbreiteter Annahme also in einem Alter, in dem das politische Weltbild fertig ist. Nach meiner seitherigen Erfahrung haben allerdings eher die Schwaben recht, die bekanntlich der Meinung sind, der Mensch, oder jedenfalls ein Deutscher aus alemannischem Stamm, brauche gut vierzig Jahre, also ein halbes Leben, bis er endlich zu Verstand kommt. In meinem Fall war dies wahrscheinlich zutreffend. Dennoch ist die Frage nach meiner politischen Vorstellungswelt am Ende meiner Ausbildung berechtigt. Vielleicht sollte ich aber nicht nur nach der Vorstellungswelt fragen, sondern ebenso nach meinen politischen Instinkten. Denn inzwischen habe ich mir die Meinung gebildet, daß es neben dem rational erarbeiteten Wissen und neben den praktischen Erfahrungen doch in starkem Maß politische Instinkte sind, die unser Verhalten bestimmen. Wie und wann sich diese Instinkte ausgeprägt haben, ist im Einzelfall schwer zu erforschen, an ihrer überragenden Bedeutung zweifle ich heute aber nicht mehr.

Selbstporträt eines jungen Mannes mit dreißig – ein skeptischer Liberaler

Mit welchem politischen Marschgepäck habe ich mich auf den Weg gemacht, als ich die Zelte in Freiburg abbrach? Zur Antwort auf diese Frage stehen neben der Ernst-Jünger-Monographie und ersten Aufsätzen die noch erhaltenen Vortragsmanuskripte der Jahre bis 1963 zur Verfügung, immerhin an die 250 einzeilig beschriebene Seiten. Was sagen sie über meine damaligen politischen Instinkte aus? Man könnte diese mit folgenden Stichworten umschreiben: Unaufgeregtheit, Skepsis, Eigenständigkeit, Relativismus, Individualismus, Antikollektivismus. Das sind Einstellungen, die entweder als konservativ oder als liberal bezeichnet werden.

Es erstaunt mich rückblickend aber schon, wie prononciert ich damals mit einer Reihe sogenannter »Tabus« abrechnete, die zwar noch nicht mit Sprechverbot belegt wurden, »bei deren Erörterung man sich aber doch oft besorgt fragt, ob man seine bürgerliche Reputation nicht gefährdet. Ich nenne aufs Geratewohl:

1) Das Problem der deutschen Ostgrenzen und des Heimatrechts,
2) das Problem, ob man vernünftigerweise die Lösung der deutschen Frage noch als ›Wiedervereinigung‹ anvisieren soll,
3) die Frage, ob die Kirchen in Deutschland ihre kulturpolitische Machtposition

nicht schon überzogen haben,

4) den Parteienproporz bei den Rundfunkanstalten, der nachgerade alarmierende Formen angenommen hat (wer wagt es, etwas gegen berechtigte Geltungsansprüche der Parteien einzuwenden?),

5) Verteidigungspolitik.«

Offenbar ließen sich schon damals bestimmte Zumutungen identifizieren, für die sich erst viel später der Begriff »politische Korrektheit« eingebürgert hat. War ich nachweislich solcher und anderer Auffassungen ein Liberaler? In der Tat haben mich in diesen Jahren die liberalen Positionen am meisten überzeugt.

Zum echten Konservativen fehlte es mir offenkundig an Sympathie für die Forderungen nach Staatsbewußtsein, an Überzeugtheit für überzeitliche Werte, damals wohl auch an brennendem Willen zur Wiedervereinigung, von der Empörung über die Wegnahme der Ostgebiete ganz zu schweigen. Es trifft zu, daß ich erst beim Eintritt ins Schwabenalter, im Grunde noch später, für den Staat als unverzichtbaren Ordnungsrahmen, aber auch für den deutschen Nationalstaat wieder Verständnis entwickelt habe. Das damals unter uns Sozialwissenschaftlern populäre Dahrendorfsche Credo von der erfrischenden Heilsamkeit des Konflikts um Interessen und Werte machte mich unempfänglich für die seit dem Dritten Reich ohnehin diskreditierten Werte einer solidarischen Bürgergesellschaft.

Aber auch zum Linksliberalen fehlte es an manchem. Mein Skeptizismus hielt mich davon ab, die damaligen Ziele des Linksliberalismus mit doktrinärer Engstirnigkeit zu postulieren. Am ehesten leuchteten mir die Postulate der Wirtschaftsliberalen vom Typ Joseph Schumpeter oder Friedrich August von Hayek ein. Damit verbanden sich deutliche Sympathien für die Basisdemokratie, da ich dem Machtanspruch der Parteioligarchien schon früh mißtraut habe.

Wofür ich schon in jener Frühzeit, doch auch später kein Organ hatte, war die sozialdemokratische Wertetafel. In Begriffen wie »Gerechtigkeit« oder »Solidarität« sah ich Leerformeln zur Bemäntelung leicht identifizierbarer Gruppeninteressen. Daher konnte ich mich auch nicht so recht für die auf wackligen naturrechtlichen Fiktionen oder auf verdünnten Lehren der Bergpredigt fußenden Ideen der christlichen Demokratie erwärmen. Ich war schon damals davon überzeugt, daß die sogenannten sozialdemokratischen und christlich-demokratischen Grundwerte dann, wenn es an die administrative Konkretisierung geht, zu ineffizienten staatlichen Industriebürokratien, Sozialbürokratien, Gesundheitsbürokratien, Landwirtschaftsbürokratien, Schulbürokratien bis hin zur Wohnraumbewirtschaftung führen würden und natürlich zu räuberischer Besteuerung der Leistungsträger – das, was Arnulf Baring in den neunziger Jahren »DDR light« genannt hat.

Früh schon habe ich mich aber von Dahrendorf und Popitz davon überzeugen lassen, daß im Erziehungsbereich Bedingungen für Chancengleichheit geschaffen werden sollten. Widerwillig mußte ich mich auch zur Erkenntnis durchringen, daß ein Staat, der stabil bleiben möchte, für die Zu-kurz-Gekommenen und in Not Geratenen Sicherungssysteme braucht, dies jedoch unter Überprüfung des Einzelfalls und ohne Versuche, unter den Bannern von Gerechtigkeit, Solidarität und Partizipation mit technokratischen Vorschriften auf Gleichheit der Einkommensverhältnisse oder des Status hinzuwirken. Spät erst, aber nicht zu spät, ist mir seither auch die unverzichtbare, durchaus nützliche Rolle starker Industriegewerkschaften und des bundesdeutschen Systems der industriellen Mitbestimmung aufgegangen. Mit dem Streikrecht und der weitreichenden Mitbestimmung im öffentlichen Dienst habe ich mich aber nie so recht anfreunden können. In den Grundfragen der inneren Politik war bei mir offensichtlich schon in den frühen sechziger Jahren manches festgezurrt oder vorbereitet, das ich später modifiziert, aber nicht mehr grundlegend in Frage gestellt habe.

Alles in allem begriff ich mich jedoch damals und noch lange danach als Liberalen. Karl Popper, Joseph Schumpeters *Kapitalismus, Sozialismus und Demokratie*, Dahrendorfs Konflikttheorie leuchteten mir ein. Das Argumentationsarsenal der naturrechtlich argumentierenden Konservativen konnte mich nicht überzeugen. Zeitkritische deutsche Konservative, die über den Werteverfall klagten, betrachtete ich – viel zu hochmütig – als altmodische Holzköpfe. Wie wenig mir Jaspers noch zu sagen hatte, habe ich schon erwähnt. Doch auch die paramarxistische Kulturkritik der Frankfurter Schule schien mir abgestanden und unmodern – Residuen der zwanziger und der dreißiger Jahre. Von den Klassikern der Politik hat mich damals der *Federalist* am stärksten beeindruckt, ebenso die *Politik* des Aristoteles und Montesquieus *Esprit des lois*. Auf diese bin ich in meinen Kollegs und Seminaren dieser Jahre häufig eingegangen.

Und wo stand ich damals in den Streitfragen der Außenpolitik? Maßgeblich war ganz offensichtlich ein defensiver Antikommunismus. Die Überzeugung vom globalen Gegensatz zwischen den totalitären kommunistischen Systemen und den freiheitlichen Demokratien war bei mir, theologisch formuliert, so etwas wie ein *articulum stantis et cadentis*. Dieser Antikommunismus war prinzipiell defensiv ausgerichtet. Seit die Sowjetunion, später auch China, über Atombomben verfügte, hielt ich jede Strategie eines Rollback für eine Torheit. Die Niederschlagung der Ungarischen Revolution von 1956, der meine leidenschaftliche Sympathie gehört hatte, die ich aber zugleich für aussichtslos hielt, bestätigte mich in dieser Überzeugung. George Kennans Containment-Doktrin überzeugte mich, nicht aber sein späteres Plädoyer für Abrüstungsverhandlungen und atomwaffenfreie Zonen in Europa. Wer mich in jenen Jahren als Kalten Krieger bezeichnet hätte (noch tat dies niemand), hätte mir kein Unrecht angetan.

Von westlicher Aufrüstung hielt ich viel, von Abrüstung oder Arms-control-Verhandlungen wenig. Diese würden, so meinte ich, und dies lange nicht ganz zu Unrecht, eher den Moskowitern Vorteile bringen als den stets auf Kompromisse bedachten westlichen Demokratien. Immerhin leuchtete mir die Forderung ein, wie aus den Vortragsmanuskripten jener Jahre ersichtlich ist, die Atomversuche in der Atmosphäre mit ihrer Gefahr radioaktiver Verseuchung der Luft und der Meere möglichst bald durch ost-westliche Vereinbarungen zu beseitigen.

Die allgemeine Lagebeurteilung zum Kalten Krieg färbte auch auf meine deutschlandpolitischen Vorstellungen ab. Auf einem internationalen Ferienkurs für ausländische Studenten im Sommer 1962 lief meine mit Umfragedaten unterfütterte Darstellung der Gesellschaften in den beiden deutschen Staaten auf die Feststellung heraus: »So schmerzlich dies ist: Es gibt keine deutsche Gesellschaft mehr, vielmehr zwei deutsche Gesellschaften; keinen deutschen Staat mehr, sondern zwei deutsche Staaten, auch wenn sich die öffentliche Meinung aus moralischen Gründen wehrt, die Existenz dieses zweiten Staates anzuerkennen. Diese beiden Gesellschaften bilden kontradiktorische Gegensätze.« Unter anderem erwähnte ich bei dieser Gelegenheit Befragungen von Studenten, die zum Teil aus politischen Gründen in die Bundesrepublik geflohen waren, aber weiterhin im Gemeinschaftsdenken, in der allumfassenden staatlichen Fürsorge für jeden Lebensbereich und in der Abwesenheit politischer und sozialer Konflikte vorzügliche Dinge sahen. Das schien mir symptomatisch für eine Grundeinstellung in der SBZ (so nannte ich die DDR weiterhin, alternativ »Mitteldeutschland«), auch bei älteren Jahrgängen: »Wer 12 Jahre nationalsozialistischer und weitere 17 Jahre kommunistischer Gemeinschaftspropaganda mitmacht, an dem geht das nicht spurlos vorüber.«

Aus solchen Beobachtungen der anfangs machtpolitisch erzwungenen Teilung, die in der DDR aber auch zusehends sozialpsychologisch unterfüttert war, leitete ich die faktische Unmöglichkeit der Wiederherstellung eines blockfreien Deutschland ab, was jedoch im Jahr 1962 ohnehin nur noch eine historische Reminiszenz war. Im Oktober 1961, während der Konfrontation amerikanischer und sowjetischer Panzer, war ich aus irgendeinem Grund in Berlin gewesen und entlang der aus Betonquadern frisch errichteten Mauer zum Checkpoint Charlie geschlendert, wo ich mich unerwartet zwischen den Fronten fand und von einem stämmigen amerikanischen Sergeanten grob hinweggescheucht wurde. Unter solchen Bedingungen der Ost-West-Konfrontation war eine Verständigung über eine in den frühen fünfziger Jahren immerhin noch denkbare Wiederannäherung der beiden deutschen Staaten völlig unmöglich.

Dennoch gehörte ich nicht zu denen, die für eine vorbehaltlose Anerkennung der DDR-Diktatur plädierten. Darin hätte ich eine unmoralische und rundum verächtliche Kapitulation gesehen. So war es bezeichnend für meine in der Teilungsfrage durchgehend widersprüchliche Einstellung, daß ich bei Gelegenheit dieses Vortrags nach meinem recht illusionslosen Aufriß der Gegebenheiten feststellte: »Nicht selten hört man die besorgte Frage, ob diese zwei Gesellschaften sich nicht schon so weit auseinandergelebt hätten, daß an eine Wiedervereinigung gar nicht mehr zu denken wäre. Einer soziologischen Überlegung hält diese Skepsis freilich nicht stand. Schließlich beweist eben die Tatsache der deutschen Teilung, daß in unserer manipulierbaren Welt eine homogene Gesellschaft in zwei sehr unterschiedliche Ordnungen zerteilt werden kann, wenn man nur mit genügend konsequenter Brutalität zu Werke geht. Ebenso leicht kann aber diese neu geschaffene Struktur wieder umgeformt werden, auch wenn nicht zu bestreiten ist, daß eine Wiedervereinigung die schwierigsten Fragen nicht nur ökonomischer, sondern auch sozialpsychologischer Natur aufwerfen würde.« Ich schloß mit den Worten: »Es gibt doch wohl nur zwei Formen der Wiedervereinigung: Entweder man schafft die Unfreiheit in Mitteldeutschland oder die Freiheit in Westdeutschland ab. Der internationale Status eines wiedervereinigten Gesamtdeutschlands mag Gegenstand von Verhandlungen sein; aber ein Zusammenwachsen der getrennten Teile Deutschlands wäre nicht von Dauer, wenn nicht dieses deutsche Volk in seinen Teilen die Möglichkeit hätte, in voller Souveränität über seine innere Ordnung zu bestimmen.« Für das Jahr 1962, ein Jahr nach dem Mauerbau und 28 Jahre vor der Wiedervereinigung, waren das keine ganz dummen Überlegungen.

Und wie verhielt ich mich zu der damals so leidenschaftlich geführten Auseinandersetzung zwischen Atlantikern und Gaullisten? Wie zu Adenauers Europolitik? Aus meinen seinerzeitigen Aufzeichnungen schält sich lediglich der Befund heraus, daß ich das atlantische Bündnis als Teil einer grundsätzlichen Westbindung begriffen habe. Darauf kam es mir an. In einem Vortrag am 12. März 1963, als sich alles um die Ratifikation des Élysée-Vertrags drehte, schien es mir offen, ob die bisherigen Entwicklungsstränge auf ein Neues hindeuten würden, auf einen »europäischen Bund« oder eine »weitere atlantische Gemeinschaft«. Ich selbst habe, so erinnere ich mich gut, der von Kennedy propagierten »Atlantic Community« den Vorzug gegeben. Doch damals äußerte ich mich noch wenig zu den aktuellen Fragen atlantischer Sicherheitspolitik, war vielmehr bemüht, die bereits fünfzehn Jahre und mehr zurückliegende Vorgeschichte der deutschen und westalliierten Außenpolitik während der Besatzungsjahre in meiner Habilitationsschrift zu entschlüsseln. In der triumphalen Reise de Gaulles durch die Bundesrepublik im September 1962 und in den konkurrierenden Auftritten Kennedys vom Juni 1963 mit dem lächerlichen Ausspruch »Isch bün ein Berlina!« hatte ich nur zwei gut vorbereitete, aber völlig zynische Propaganda-Aktionen erkennen können.

Meine Einstellung zu Kennedy war ähnlich schwankend wie die vieler zeitgenössischer Kommentatoren. Von Eisenhower und Nixon hielt ich nicht viel, habe mich deshalb durch die Wahlpropaganda im Herbst 1960 blenden lassen und Kennedy für einen jungen Hoffnungsträger gehalten. Nach dem Debakel in der Schweinebucht und dem schwächlichen Auftritt beim Treffen mit Chruschtschow in Wien kamen auch mir einige Zweifel. Kennedys realistische Zurückhaltung beim Mauerbau hat mir anders als großen Teilen der öffentlichen Meinung in der Bundesrepublik durchaus eingeleuchtet. Ich begrüßte aber die Entsendung einer martialischen Kampfgruppe über die Autobahn und den von Clay angeordneten Panzeraufmarsch am Checkpoint Charly. Als jedoch im Frühjahr 1962 bekannt wurde, welche weitgehenden Konzessionen Kennedy in der Berlin- und Deutschlandfrage machen wollte, war er bei mir völlig unten durch. Mehr und mehr glaubte ich jetzt denen, die ihn als einen ziemlich substanzlosen Showman kritisierten. Annemies positive Reaktion auf den Glamour Jackie Kennedys zeigte mir jedoch, wie dieses Präsidentenpaar weltweit die Phantasie von Millionen in Bann schlug.

Die unversehens ausgebrochene Kubakrise hat mich den Ausbruch eines Dritten Weltkriegs befürchten lassen. Zusammen mit Annemie saß ich gegen Mitternacht am Montag, dem 25. Oktober, in einer Ecke unseres Wohnzimmers in der Bayernstraße vor dem Radio, um die als sehr wichtig angekündigte siebzehn Minuten lange Radiorede des Präsidenten zu hören, in der er über die Stationierung sowjetischer Raketen auf Kuba informierte und die Quarantäne ankündigte. Daß die Sowjetunion wahrscheinlich mit Gegenmaßnahmen auf den Verbindungswegen nach Berlin reagieren würde mit noch unvorstellbaren Folgen war alsbald meine Befürchtung. In Erinnerung an die vorsorglichen Einkäufe meiner Mutter kurz vor Auslösung des Zweiten Weltkrieges, die uns jahrelang von Nutzen waren, haben wir am kommenden Morgen im nahegelegenen Tante-Emma-Laden einen Zentner Reis und verschiedene andere haltbare Lebensmittel gekauft. Viel geholfen hätte das wohl nicht. Doch der »Kubareis« mußte dann ein Jahr lang bis zum Ende unseres Freiburger Aufenthalts aufgezehrt werden.

Auch ich selbst habe mich danach von den Propagandaapparaten der Kennedy-Administration beeindrucken lassen, die das Krisenmanagement Kennedys als strahlendes Beispiel moderner Staatskunst rühmten. Meine Skepsis bezüglich Kennedys Entschlossenheit zur Verteidigung der Freiheit West-Berlins hielt aber an. Als der Präsident ermordet wurde, war ich bereits Professor in Osnabrück und hatte in der Aula eine Gedenkansprache zu halten. Sie ist in meinen Papieren bedauerlicherweise nicht mehr auffindbar, so daß ich nicht überprüfen kann, ob ich auch einige der gebotenen kritischen Überlegungen einfließen ließ. Wahrscheinlich nicht.

Das positive Kennedy-Bild ist danach durch die Memoiren Schlesingers, Sorensens und Salingers befestigt worden, auch bei mir. Nur bezüglich der Deutschland- und Berlin-Politik hielt ich an meinen Vorbehalten fest. In der zweiten Hälfte der siebziger Jahre erschienen dann jene Berichte, in denen die zuvor dicht geschlossenen Türen vor dem Doppelleben dieses unglaublichen Präsidenten immer weiter geöffnet wurden. Von jetzt an sah ich in diesem Strahlemann einen vollendet zynischen Hundesohn, der aus seinem krankheitsbedingt kurzen Leben herausgeholt hat, was immer so ging und den man nie in die Nähe des Weißen Hauses hätte kommen lassen dürfen. Daß die Menschheit mit Kennedy und Chruschtschow zwei auf ihre Weise völlig unsteuerbare Raketen ohne Ausbruch des Dritten Weltkriegs überlebt hat, gehört für mich immer noch zu den unbegreiflichen Wundern des 20. Jahrhunderts. Soviel zu dem unerschöpflichen Thema Kennedy.

Die Freiburger Jahre gingen jetzt rasch zu Ende. Die Verhandlungen im niedersächsischen Kultusministerium im Winter 1963 verliefen zügig und positiv. Aus welchen Gründen sich die Ernennung zum Professor an einer Pädagogischen Hochschule bis zum 23. Juli 1963 hinzog, weiß ich nicht mehr. Im Dezember 1962, drei Tage vor Weihnachten, war ich nach langem Warten zum Assistenten bei Bergstraesser berufen worden. Es war eine Beamtenstelle A 13 auf Widerruf. Im Vergleich zur Besoldung als Tutor bedeutete dies eine Verdoppelung der Einkünfte. Immer noch bestand eine Hauptbestimmung der Assistentenstellen darin, dem begabten Nachwuchs Zeit für die Arbeit an einer Habilitationsschrift zu geben. Da inzwischen auch aus der Politischen Wissenschaft ein Massenfach zur Ausbildung von Gymnasiallehrern geworden war und da Bergstraesser zwischen den Außenstellen seines Imperiums immer hektischer rotierte, war dies allerdings weitgehend Theorie. Die Arbeit selbst wurde nicht geringer. Aus meinem Proseminar zur Einführung in die Politische Wissenschaft wurde eine Art Vorlesung vor über 100 Studenten. Ein Teil der Aufgaben bestand in der Vorbereitung der gleichfalls überfüllten Hauptseminare des Chefs mit Vorgesprächen, Korrekturen und Nachgesprächen zu den Referaten. Jetzt begannen auch die Arbeiten an der Vorformulierung von Gutachten zu den Examensarbeiten und hundert andere Verpflichtungen, die auf einen Assistenten entfallen. Für die Arbeit an der Habilitationsschrift blieben meist nur die Nachtstunden und die Samstage. Die Sonntage waren für unsere Wochenendehe reserviert.

Die Übersiedelung in das unbekannte Niedersachsen mußte nun ernsthaft vorbereitet werden. Schweren Herzens beendete Annemie zum Schuljahrsende im Sommer 1963 zum Kummer der von ihr betreuten Klassen ihre Tätigkeit am Gymnasium in Weil. Zum Glück wußten wir nicht, daß es ein Abschied auf Dauer sein würde. Noch waren wir ganz getrost, irgendwann und irgendwie in die südbadische Heimat zurückkehren zu können. Tatsächlich wurde es ein Abschied für immer. Frohgemut machten wir uns auf den Weg nach Osnabrück, ohne die blasseste Vorstellung davon, was uns bei der nun beginnenden Reise durch die deutschen Lande alles erwarten würde. Unkenntnis der Zukunft, dies verbunden mit naivem Wagemut, ist eine der größten Gaben, die uns die Götter in die Wiege gelegt haben.

Der jüngste Professor

An der Pädagogischen Hochschule Osnabrück

Als ich im Herbst 1966 in Hamburg im hoffnungsvollen Alter von 32 Jahren mein erstes Ordinariat übernommen hatte, war in einem *Spiegel*-Artikel zu lesen: »der jüngste deutsche Professor«. Wie einem jungen Stier ist mir diese Brandmarkung im Gedächtnis geblieben. Wenn man dermaßen apostrophiert in würdigen Fakultäten eincheckt, ist das mehr eine Belastung als eine Ermunterung. Tatsächlich fühlte ich mich im tiefsten Innern zu jung. Die ersten Professuren waren in der Tat keine Herrenjahre, eher nochmals kritische Lehrjahre. Doch selbstironisch, wie ich nun einmal bin, ermunterte ich mich mit dem Spruch: »Wem Gott ein Amt gibt, gibt er auch Verstand.« Außerdem hielt ich es im Umtrieb der 68-Jahre mit der Charakteristik, die mir ein Redakteur des *Hamburger Abendblatts* in der Kolumne »Menschlich gesehen« verpaßt hatte: »Ruhiger Badenser«. So habe ich mich durchgebissen. Doch nun zuerst zu den Anfängen in Niedersachsen.

Auf einen Neuankömmling, der aus dem lieblichen Freiburg kam, wirkte Osnabrück nicht besonders anziehend. Auch hier hatte die Royal Air Force kräftig zugeschlagen. Die stark getroffenen öffentlichen Gebäude waren zwar restauriert: das Rathaus, in dem der Dreißigjährige Krieg zu Ende gebracht wurde, die Kirchen und nicht zuletzt das im Krieg völlig ausgebrannte, mächtige Barockschloß, in dem die Pädagogische Hochschule untergebracht war. Im ganzen aber hatte die etwas stillos wiederaufgebaute Stadt mit den Großbetrieben Klöckner und Karmann, mit den ausgedehnten Lagerhallen am Mittellandkanal und dem ungezügelten Verkehr doch eher den Charme einer Ruhrgebietsmetropole. Das war übrigens auch der Grund, weshalb wir – etwas voreilig – das gut 20 Kilometer von Osnabrück entfernte Bad Rothenfelde im landschaftlich reizvollen Osnabrücker Umland zum Wohnsitz erkoren haben. Ein Neubaubungalow mit großem Garten sollte für das liebliche Freiburg entschädigen.

Die Arbeitsbedingungen an der PH Osnabrück entsprachen meinen Erwartungen. Es war eine Fachhochschule mit guten Standards. Viele der Professoren oder Dozenten waren Didaktiker mit langer Schulerfahrung. Daneben fand sich eine größere Zahl von jüngeren Kolleginnen und Kollegen, die direkt von der Universität kamen, beispielsweise für Psychologie, Geographie, Geschichte, Physik, Mathematik oder für die sogenannten C-Fächer (Politische Wissenschaft, Soziologie, Philosophie), zu denen auch ich gehörte. Bei diesen Jüngeren wurde Forschung in einem strengeren Sinn betrieben, natürlich ganz besonders von denen, die an die Universität zurückstrebten. Bei meinem Weg durch die deutsche Universitätslandschaft bin ich später öfters den inzwischen auf Ordinariate gelangten Kollegen aus der PH Osnabrück begegnet.

In der Regel stand für ein Fach nur eine einzige Professur zur Verfügung. Berufungskommissionen, in denen man sich oft zerstreitet, waren nicht allzu häufig. So ging es im Lehrkörper recht friedlich zu. Ganz im Mittelpunkt stand die Ausbildung von rund 500 Studierenden für Volksschulen und Mittelschulen. Alle Beteiligten nahmen diese Aufgabe sehr ernst. Auch das intellektuelle Niveau der Studenten war erfreulich, ebenso ihre Arbeitsmoral. Der Lehrerberuf an den Volks- und Mittelschulen war zwar sichtlich auf dem Weg zu einer weitgehenden Feminisierung des Lehrpersonals. Doch immerhin waren noch knapp die Hälfte der angehenden Lehrkräfte junge Männer. Daß dieses Lehrerstudium zugleich ein großer Heiratsmarkt war, bedarf kaum der Erwähnung. Das dreijährige Studium wies noch jene Verbindung einer recht intensiven Ausbildung in verschiedenen Fächern mit begleitenden schulpraktischen Übungen auf, wie sie für das traditionelle deutsche Lehrerseminar kennzeichnend gewesen ist. Allerdings war im politischen Raum und bei den Beratungen des Kollegiums schon deutlich zu erkennen, daß die Pädagogischen Hochschulen in Niedersachsen auf mittlere Sicht mit den Universitäten verschmolzen oder wie bald auch Osnabrück in den Rang von Universitäten hochgestuft werden sollten. Das ließ sich auch an dem konsequenten Bestreben des Kultusministeriums ablesen, nicht mehr vorrangig auf Fachdidaktiker mit langer Schulerfahrung zurückzugreifen, sondern gut ausgewiesene, möglichst habilitierte junge Wissenschaftler zu berufen.

Mich selbst hat das Konzept der Ausbildung von Grundschullehrern und Mittelschullehrern an spezialisierten Fachhochschulen überzeugt. Der Mix von Fachausbildung, Fachdidaktik, moderner Pädagogik und Sozialwissenschaften war geglückt. Deshalb habe ich die übermächtige Tendenz, sämtliche Lehrertypen nur noch an der Universität auszubilden, für einen falschen Weg gehalten. Beobachtungen, die ich später in Hamburg, Köln und Bonn mit einer durchgehend akademisierten Ausbildung auch der Hauptschul-, Realschul- und Gewerbeschullehrer machte, haben mich in dieser Auffassung bestätigt. Gewiß hatte das Ausbildungssystem, wie ich es an der PH Osnabrück kennenlernte, gewisse Nachteile. Für die Professoren war es frustrierend, Jahr für Jahr große Mengen von Studierenden durchschleusen und prüfen zu müssen, ohne wissenschaftlich eindeutig begabte Absolventen weiterführen zu können. Auch diese stießen beim Zusatzstudium an den Universitäten auf zu viele Barrieren.

Die regelmäßig durchgeführten, zwei oder drei Wochen dauernden fachdidaktischen Schulpraktika am Ende der Sommerpause waren vergnüglich. Ich selbst wäre nicht verpflichtet gewesen, mich daran zu beteiligen, verspürte jedoch entsprechende Erwartungen und wollte nicht spröde abseitsstehen. Gerne habe ich dann zur Verblüffung meiner fachdidaktischen Kollegen auch selbst den Lehrer gespielt, um den Studierenden zu demonstrieren, wie man eine vorbildliche Unterrichtsstunde konzipiert und gut durchführt. Bei dieser Gelegenheit bin ich auch auf die letzten Zwergschulen gestoßen, die dann aber sehr rasch durch Mittelpunktschulen ersetzt wurden. Der dortige Unterrichtsstil war immer noch so, wie ich ihn 1940 und 1941 in Gresgen kennengelernt hatte.

Bei der Gestaltung meines eigenen Lehrprogramms war ich völlig frei, da ich auf keine Prüfungsordnung Rücksicht nehmen mußte. Ich hatte acht Stunden zu unterrichten, die ich in der Regel an zwei aufeinanderfolgenden Tagen anbot. Kollegs und Übungen waren jeweils zweistündig. Dabei war nach den Sechs-Semester-Klassen zu differenzieren. Die Vorlesungen waren riesig, die fakultativen Seminare jedoch überschaubar. Ich hielt mich an die drei Schwerpunktbereiche, die sich damals im Fach Politische Wissenschaft eingespielt hatten: Regierungslehre, Außenpolitik, Ideengeschichte und Theorie. Regelmäßig las ich natürlich »Das politische System der Bundesrepublik Deutschland« und »Außenpolitik der Bundesrepublik«, dazu speziell über die Ost-West-Beziehungen und die Deutschlandpolitik.

In den Übungen, die durchweg fakultativ waren, mischte ich gleichfalls Angebote aus den drei Bereichen. In Politischer Ideengeschichte wurden ausgewählte Klassiker und einige moderne Theoretiker traktiert (Aristoteles, Machiavelli, Montesquieu, der *Federalist*, dazu repräsentative Autoren der modernen Demokratietheorie wie Seymour Martin Lipset und Joseph Schumpeter), in Regierungslehre das bundesdeutsche Regierungssystem, dazu recht intensiv auch die Grundzüge der Regierungssysteme Frankreichs, Großbritanniens, der USA und der Sowjetunion sowie die Grundelemente der Komparatistik. Ähnlich verfuhr ich bei der Außenpolitik – einerseits idiographische Darstellung der maßgeblichen großen Länder, andererseits ausgewählte Theoretiker der internationalen Beziehungen. Politisch interessierte Studierende haben meine Kurse wohl auch deshalb gern besucht, weil diese doch einen gewissen Kontrast zu dem generellen Lehrprogramm der Pädagogischen Hochschule darstellten.

Wie zuvor im Freiburger Colloquium Politicum organisierte ich auch in Osnabrück Gastvorträge und Diskussionen mit Journalisten, Politikern, Publizisten oder Wissenschaftlern, deren Bücher im Gespräch waren. Oft griff ich dabei Anregungen aus dem Kollegenkreis auf. Genauso wie einstmals in Freiburg war dabei natürlich auf eine entsprechende Spannweite der politischen Orientierung zu achten. Die Gäste hatten meist ein volles Haus. Neben einer großen Zahl von Studierenden nahm regelmäßig eine Gruppe von politisch besonders interessierten Kollegen an diesen Veranstaltungen teil und diskutierte heftig mit.

Das Osnabrücker Kollegium war weitgehend mehr oder weniger stark ausgeprägt sozialdemokratisch, linksliberal und nicht zuletzt linksprotestantisch orientiert. Der

Soziologe Werner Mangold beispielsweise kam aus dem Frankfurter Institut für Sozialwissenschaft. Der recht muntere Pädagoge Horst Wetterling hatte eine ständige Kolumne im *Stern*, in der er mit konservativer Pädagogik und Schulpolitik scharf ins Gericht ging. Einige der älteren Kollegen verehrten noch den sozialistischen Schulreformer Adolf Reichwein, der dem Widerstand angehörte und hingerichtet worden war. Von ihm hatte die Hochschule auch ihren Namen. Hingegen war der Name Adenauer für manche der lieben Kolleginnen und Kollegen noch ein Unwert, und es fand sich auch eine deutliche Sympathie für atompazifistische Einstellungen. Mitte der sechziger Jahre hatten sich jedoch auch in der PH Osnabrück die krassesten Einseitigkeiten zurückgebildet zugunsten eines pragmatischen Politikverständnisses. Jetzt kamen die früher wohl heftiger artikulierten politischen Präferenzen nur gedämpft zum Ausdruck, blieben aber doch noch spürbar. Das kollegiale Klima war jedoch durchweg tolerant und offen.

In der Bundesrepublik war die Form der Lehrerbildung von Anfang an ein kulturpolitischer Streitpunkt, der in den Bundesländern heftig ausgekämpft wurde und bei der Koalitionsbildung manchmal ausschlaggebend war. Bis weit in die Mitte der sechziger Jahre hinein beharrte die CDU auf Erhaltung der bestehenden konfessionellen Hochschulen, während SPD und FDP eine prinzipiell konfessionsfreie Lehrerbildung forderten. So waren – oft in demselben Land – zwei Varianten von Pädagogischen Hochschulen mit sichtlich unterschiedlichem Profil entstanden.

Besonders umstritten war diese Frage in dem lange Zeit sozialdemokratisch dominierten Niedersachsen. Ursprünglich war die bis 1953 in Celle domizilierte Adolf-Reichwein-Hochschule stark vom Geist der Sozialdemokratie und des Linksprotestantismus geprägt gewesen. Die seinerzeitige Entscheidung der sozialdemokratischen Regierung in Hannover, diese Hochschule ausgerechnet an den Bischofssitz Osnabrück mit einer mehrheitlich katholischen Bevölkerung zu verlegen, wurde von der CDU, und speziell vom Bischof in Osnabrück, als Provokation verstanden. Das machte sich immer noch bemerkbar. Das Verhältnis zum Bischof war chronisch gespannt. Genauso herrschte eine Art Kalter Krieg zwischen uns und der Katholischen Pädagogischen Hochschule in Vechta.

Ausgerechnet die SPD entschied sich jedoch in den Jahren, als ich nach Osnabrück kam, im Zeichen der damals von Herbert Wehner betriebenen Öffnung zu den christlichen Konfessionen für den Abschluß eines Konkordats mit dem Heiligen Stuhl. Das hat auch im Lehrkörper der PH Osnabrück für Kritik gesorgt. Ein öffentlicher Protestbrief wurde formuliert, den auch ich mit gutem Gewissen unterschrieb. Viel später fiel mir bei meinen Archivstudien in der Konrad-Adenauer-Stiftung (KAS) ein »Rotbuch« der CDU in die Hände, in dem deswegen auch mein Name verzeichnet war.

Wie stark die teils offenen, teils latenten Überzeugungen noch waren, konnte ich bei einem der Colloquien feststellen. Über die Semester hinweg hatte ich hinlänglich viele Sprecher aus dem linken Lager eingeladen, etwa den aufmüpfigen »rot-grün-schwarzen« Publizisten Günther Nenning aus Österreich, den Leiter des Ost-Büros der SPD, Stefan Thomas, aus dem Stall Herbert Wehners oder die sympathische Jüdin Eleonore Sterling, die dem Kollegium und auch mir so gut gefiel, daß sie 1968 zu meiner Nachfolgerin berufen wurde (leider war das ihre letzte Freude, sie ist noch im gleichen Jahr verstorben). Bei so vielen Sozialdemokraten oder noch linkeren Referenten wollte ich mir doch auch den Spaß machen, den bulligen Generalsekretär der CDU, Josef Hermann Dufhues, einzuladen. Die meisten Kollegen hatten dabei etwas zu schlucken, sahen darin angesichts der ganzen Vorgeschichte der Hochschule nicht ganz zu Unrecht ein Politikum, mußten aber auch nach dieser Seite Toleranz üben. Der große Vortragssaal im Schloß platzte aus allen Nähten, bei dem anschließenden Abendessen schenkten sich beide Seiten nichts, gingen aber dann doch friedlich auseinander.

Die Colloquien bereiteten somit großes Vergnügen. Aufgrund der recht beschränkten Finanzmittel kamen aber pro Semester nur einige wenige derartige Veranstaltungen in Frage. Vergnügen machte es jedoch später auch, die politische Entwicklung meiner in Osnabrück verbliebenen Kollegen zu beobachten. In den 68er-Jahren regierte im Niedersächsischen Kultusministerium Peter von Oertzen, ein Linksaußen in der damaligen SPD. Mit dem Ziel, die PH Osnabrück zur Universität zu machen, damit zugleich aber auch die beiden verbliebenen Katholischen Pädagogischen Hochschulen in Vechta und Hildesheim abzuschaffen, wurde der Lehrkörper von Vechta mit dem in Osnabrück zusammengelegt. Zugleich betrieb der Überzeugungstäter von Oertzen (ich hatte ihn bei einem Seminar einmal hinlänglich gründlich studieren können) im Verein mit der Studentenschaft eine linksradikale Struktur- und Berufungspolitik, wie außer ihm nur noch sein geistesverwandter Genosse Ludwig von Friedeburg in Hessen. Das mißfiel nun aber doch meinen einstmals linksliberalen und gemäßigt sozialdemokratischen Kollegen. Bei den häufig umstrittenen Abstimmungen in den Gremien waren sie jetzt um jede Stimme der neuen Kollegen aus dem »schwarzen«, einstmals verachteten Vechta froh. Das Sprichwort, »die Politik macht oft seltsame Bettgesellen«, hat sich auch hier wieder einmal bewahrheitet. Doch in diesen Jahren hatte ich Osnabrück längst in Richtung Hamburg verlassen.

Wie später bei unserer akademischen Tour durch die deutschen Lande hatten wir auch hier das Glück, in einen recht geselligen Kollegenkreis einzutreten. Dies ist überhaupt einer der Vorzüge des Daseins wanderlustiger Professoren: Wohin man auch kommt, trifft man ein munteres Völkchen interessanter Akademiker und kann sich ein wunschgemäßes Umfeld zusammenstellen. Hier in Osnabrück war gut ein halbes Dutzend ungefähr gleichaltriger Professoren mit ihren Familien kurz zuvor eingecheckt, so daß es prinzipiell an Geselligkeit nicht fehlte. Ganz unabhängig vom Alter und von den Funktionen war es ein Kollegium von erfreulicher Soziabilität, in dem man sich wohlfühlte. Wäre ich selbst nicht von meinen Habilitationsplänen und Annemie durch den Nachwuchs, der sich rasch einstellte, so stark absorbiert gewesen, hätten wir hier ein abwechslungsreiches geselliges Leben führen können.

In der guten Jahreszeit ist das Osnabrücker Land, wo wir uns niedergelassen hatten, nicht ohne Reiz. Der Teutoburger Wald, das Wiehengebirge, das herrliche Wesertal, das Münsterland – alles in Reichweite. Herbst und Winter sind allerdings gewöhnungsbedürftig – hohe Schneeverwehungen, vereiste Straßen, knackige Kälte oder aber dank Dauerregen überschwemmte und aufgeweichte Felder, dies besonders in dem Neubaugebiet, wo wir uns niedergelassen hatten. Heinrich Heine hat das schon gut beobachtet: »Das ist der Teutoburger Wald, / Den Tacitus beschrieben, / Das ist der klassische Morast, / Wo Varus steckengeblieben …« Oft kam mir auch eine Bemerkung des trefflichen Verschwörers gegen Hitler, Axel von dem Busche, in den Sinn, dem ich im Freiburger Universitätsclub im Hotel »Victoria« wenige Wochen vor dem Umzug von der bevorstehenden Tätigkeit in Osnabrück erzählte und der das mit der knappen Bemerkung quittiert hatte: »Ich wünsche Ihnen viel Glück, aber im Teutoburger Wald kommen Sie in ein Scheißwetter!«

Immerhin konnte der Sozialwissenschaftler noch ein ursprüngliches norddeutsches Landleben studieren, wie es sich seit der Kaiserzeit nicht stark verändert hatte: deutschnationale Schützenvereine, deftige Schmausereien, biedere Herzlichkeit, aber auch unterentwickelter Nahverkehr und suboptimale Infrastruktur. Daß sich nach dem Verlassen eines drei Jahrzehnte lang vertrauten Umfelds in der badischen Toskana voller umgänglicher Leute und beim Eintritt in einen Humanzoo mit herzhaften, aber oft derben Westfalen ein weiterer Kulturschock einstellen kann, ist verständlich. Das galt nicht zuletzt für alles, was mit Mutterschaft zu tun hatte. Wir konnten uns dem Eindruck nicht ganz verschließen, daß die Kliniken, die Schwangerschaftsfürsorge und die Babybetreuung bei frühneuzeitlichen Germanenstämmen und anderen Naturvölkern oder selbst im vielgeschmähten 19. Jahrhundert wahrscheinlich besser geregelt waren als Mitte der sechziger Jahre in Bad Rothenfelde, in den Glanzjahren des Wirtschaftswunders.

Wenn sich im Verlauf von zwei Jahren zwei Babys einstellen, werden die eben angedeuteten logistischen Unvollkommenheiten zur Belastung. Dies allerdings weniger für den Herrn der Schöpfung, der unablässig mit Studenten und Kollegen zu tun hat und ohne Unterlaß zwei oder drei Tage lang Woche für Woche zwecks Recherchen oder Interviews für die Habilitation nach Bonn oder anderen Orten fahren muß, der zudem im Semester regelmäßig nach Freiburg reist, um dort – die Habilitation weiter fest im Blick – einen Lehrauftrag wahrzunehmen, wohl aber für die beste aller Frauen, die sich plötzlich in einem fremden Umfeld vor die Aufgabe gestellt sieht, zwei Kinder zur Welt zu bringen, aufzuziehen und mit dem sonstigen Umtrieb eines Haushalts fertigzuwerden. Sie hat sich kein einziges Mal beklagt und alles zäh durchgezogen.

Seit diesen fernen Tagen haben sich die Umweltbedingungen für berufstätige, mit Nachwuchs gesegnete Frauen vielfach gebessert, obschon die Frau, allen Feminismen zum Trotz, doch wohl weiterhin das Lasttier in der menschlichen Gesellschaft bleiben wird. Geändert hat sich aber die Einstellung der Herren der Schöpfung zu den geliebten Lasttieren. Sie sind von Schuldbewußtsein gekennzeichnet, tun jedenfalls gerne so, und haben der öffentlichen Erwartung gemäß ihre Versäumnisse und Grobheiten zu bekennen. Das ist der Grund, weshalb auch diese privaten Umstände in den Lebenserinnerungen eines Professors nicht ganz unerwähnt bleiben dürfen.

Familiengeschichtlich waren die kurzen drei Jahre im Osnabrücker Land von denkbar weitreichender Bedeutung: Ich selbst habe hier meine erste selbständige Stelle wahrgenommen, bin seither niemandem mehr untertänig gewesen, von Osnabrück aus habe ich mich habilitiert, und unsere lieben Kinder Nicole und Benno sind uns dort geschenkt worden und haben die Krabbelphase hinter sich gebracht, zugleich haben wir gelernt, uns in fremden, neuen Verhältnissen durchzubeißen.

Dennoch waren wir nicht unglücklich, aus dem vielgerühmten Solebad mit pompösem, doch leicht muffigem Kurhaus, veraltetem Gradierwerk und einer mächtigen, von Solesalz berieselten Hecke, mit ein paar Kliniken und seinen um die 5000 Einwohnern nach Hamburg weiterzuziehen. Aus Bad Rothenfelde ist übrigens seither, wie wir bei einem Besuch zwanzig Jahre später feststellen konnten, ein entzückendes Städtchen geworden. Ungnade der zu frühen Geburt ...

Die Arbeiten an der Habilitationsschrift: »Vom Reich zur Bundesrepublik«

Mein Hauptarbeitsplatz war die Hochschule, deren Aufgaben ich mit gebotener Ernsthaftigkeit wahrgenommen habe, doch gab es eine Nebentätigkeit, die eigentlich die Haupttätigkeit war: die möglichst zügige Fertigstellung der Habilitationsschrift. Sie hat mich buchstäblich Tag und Nacht beschäftigt, mit der bedauernswerten Folge auch, daß ich mich zu Hause zeitweilig wie ein Rabenvater verhalten habe.

Mit den entsprechenden Recherchen hatte ich gleich nach Erscheinen des *Konservativen Anarchisten* im Herbst 1962 noch in Freiburg begonnen. Selbstverständlich mußte jetzt ein völlig anderer Bereich als der für die Dissertation erarbeitet werden. Die freundschaftliche Zusammenarbeit und die vielen Gespräche mit Oberndörfer brachten mich, wie schon erwähnt, auf die Idee zu dem Thema. Sollte es nicht möglich sein, so wie er die Denkschulen amerikanischer Außen- und Sicherheitspolitik untersucht hatte, auch jene außenpolitischen Denkschulen zu analysieren, die sich nach Gründung der Bundesrepublik während der Ära Adenauer entwickelt hatten, deren Ende sich jetzt deutlich abzeichnete? Die Thematik war bisher noch nicht mit wissenschaftlichem Tiefgang behandelt worden.

Rasch erkannte ich, daß eine solche Untersuchung ohne Einbeziehung der Anfänge in der Besatzungszeit in der Luft hängen würde. Bezog ich aber die außenpolitischen Vorstellungen der damaligen deutschen Akteure, auch die der Publizistik in den Besatzungsjahren mit ein, mußte ich wohl oder übel auf die untereinander, aber auch im Innern widersprüchliche Politik der Vier Mächte eingehen. Das alles wäre viel zu weitmaschig geworden. Deshalb erschien mir die Eingrenzung der Analyse allein auf die bisher noch nicht gründlich untersuchte Besatzungszeit als ein habilitationswürdiges Thema, und ich verzichtete vorerst darauf, die Entwicklung über die Zäsur Mitte 1948 hinaus weiterzuführen.

Wie kam es, so die Ausgangsfrage, daß sich in den Westzonen trotz vorangehender harscher Besatzungsjahre das von einer großen Mehrheit unterstützte Konzept einer mehr oder weniger freiwilligen Westorientierung durchsetzte, dies unter vorläufiger Zurückstellung der Bemühungen um Wiederherstellung des zerbrochenen Deutschen Reiches? Daß ich mir ein derart kompliziertes, halsbrecherisches Thema zugetraut habe, erstaunt mich immer noch. Heute würde man sich wohl nur mit einem Verbundprojekt verschiedener Forscherteams daranwagen. Interessant erschien es mir besonders, die Anfänge der außenpolitischen Vorstellungen jener Persönlichkeiten zu schildern, die auch in der Frühzeit der Bundesrepublik als Spitzenpolitiker wie Adenauer, Schumacher, Carlo Schmid oder Jakob Kaiser noch eine maßgebliche Rolle spielten.

Sontheimer und Hennis, denen ich von dem Plan erzählt hatte, mich jetzt an ein schwieriges Thema der internationalen Politik zu wagen, waren nicht hundertprozentig überzeugt. Neben Oberndörfer waren sie unter den aufsteigenden Sternen in der zweiten Generation der Nachkriegs-Politikwissenschaftler diejenigen, die an mich glaubten und mich fördern wollten. Als ich Sontheimer im September 1962 das Erstlingswerk zur Jüngerschen Politik und Zeitkritik gesandt hatte, schrieb er mir: »Was den Inhalt angeht, so brauche ich Ihnen kaum zu wiederholen, wie ausgezeichnet ich es finde. Auch Hennis hatte schon beim Durchblättern einen hervorragenden Eindruck. Wir sind beide fest entschlossen, soweit es irgend geht, Ihnen den Weg zur Habilitation zu ebnen, falls Bergstr. nicht mehr in Frage kommt. Gehen Sie trotzdem nach Osnabrück, oder vielleicht auch gerade deswegen!« Dieses Sicherheitsnetz war wertvoll. Der Schluß des Briefes hätte aber Anlaß zum Zweifel an dem Habilitationsthema wecken können, das mir vorschwebte: »Hennis war ein bißchen traurig, als er hörte, daß Sie sich für Ihre Habil. mit Nachkriegsgeschichte = Zeitgeschichte befassen wollen. Gibt das Thema wirklich so viel her? Es gibt gewiß politikwissenschaftlichere Themen.«

Als ich mich für die Thematik entschied, befand sich die systematische Erforschung dieser Zusammenhänge erst in ihren Anfängen. Die einschlägigen amtlichen archivalischen Quellen in der Bundesrepublik waren durchgehend gesperrt. Die Materialien der Parteien zu den Anfangsjahren seit 1945 lagen noch in den jeweiligen Geschäftsstellen. Unzugänglich für den fraglichen Zeitraum waren auch die amtlichen Archive in Washington, London und Paris. Dasselbe galt für die Akten des Alliierten Kontrollrats. Immerhin waren schon die aufschlußreichen Bände der *Foreign Relations of the United States* (FRUS) zu den alliierten Kriegskonferenzen und zur amerikanischen Europapolitik im Jahr 1947 erschienen.

Wohl oder übel mußte sich die Untersuchung somit stark auf offene zeitgenössische Quellen stützen, vorrangig auf ausländische Tageszeitungen und Zeitschriften, auf zeitgenössische Dokumentationen und auf eine größere Zahl von Memoiren deutscher und westalliierter Akteure jener Jahre. Dabei waren deutsche Zeitungen für die Jahre vor Gründung der Bundesrepublik naturgemäß viel weniger informativ als die im Ausland erschienene Presse. Papiermangel, die gegenseitige Abschottung der Zonen, die Restriktionen der Besatzungsmächte, das Fehlen deutscher Korrespondenten im Ausland und vieles mehr wirkten sich dabei aus.

Der Nachrichtenteil und die Kommentare in der internationalen Presse erwiesen sich als wahre Fundgrube, namentlich die *Neue Zürcher Zeitung*, *International Herald Tribune*, *The New York Times*, *The Times* und *Le Monde*. Doch die deutschen Universitätsbibliotheken hatten zwischen 1945 und 1949 weder über die Erlaubnis noch über die Mittel verfügt, diese führenden ausländischen Blätter anzuschaffen. Die einzige Institution, in der man bezüglich der ausländischen Pressequellen fündig werden konnte, war das Schnittarchiv des Forschungsinstituts der Deutschen Gesellschaft für Auswärtige Politik in Bonn. Hans Wolfgang Kuhn, der jahrelang an dem anfänglich noch in Frankfurt domizilierten Institut tätig gewesen war, verdankte ich diesen wichtigen Tip. Die reichhaltige Sammlung ausländischer und deutscher Zeitungsberichte und Leitartikel, in der zusätzlich zu den führenden Zeitungen ein reiches Spektrum von Presseorganen erfaßt worden war, reichte bis 1946 zurück. Mit großer Findigkeit hatten Wilhelm Cornides und Hermann Volle dieses in Deutschland ganz einzigartige Archiv angelegt, als sie 1946 das *Europa-Archiv* ins Leben riefen. Neben Zehntausenden von Ausschnitten enthielt es auch eine Fülle von Dokumentationen, Denkschriften, Statistiken, Programmen und anderem mehr, die sonst nirgendwo in Deutschland so vollständig auffindbar waren. So konnte ich die damaligen Auseinandersetzungen über die Deutschland-, Europa- und Rußlandpolitik Tag für Tag anhand der internationalen Presseberichterstattung verfolgen – ein Ansatz, den bisher noch kein deutscher Forscher so systematisch unternommen hatte. Zusätzlich war es aber nötig, einige in meinem Zusammenhang wesentliche Zeitungen bei den jeweiligen Redaktionen gründlich durchzusehen und zu photokopieren. So lernte ich unter anderem die staubigen Heizungskeller der *Kölnischen Rundschau* in Köln und des *Rheinischen Merkur* in Koblenz kennen.

Die wissenschaftliche Forschung über die Besatzungsjahre kam eben in Gang. Über die Frühgeschichte der Parteien lagen schon quellengestützte, verläßliche Untersuchungen vor, auch über die Entwicklung in den seinerzeitigen Zonen, die vorwiegend ehemalige Besatzungsoffiziere zu Verfassern hatten. Besonders in den USA erschienen jetzt Jahr für Jahr quellengestützte Bücher und Aufsätze zu den Kriegskonferenzen und zur Entstehung des Kalten Krieges. Es gab auch schon verschiedentliche Gesamtdarstellungen der seinerzeitigen weltpolitischen Konstellation. Besonders wertvoll fand ich die *Surveys* von Chatham House und *L'année politique*. Bei gründlichem Studium des *Europa-Archivs* machte ich mir ein für allemal klar, wie wertvoll zeitgenössische Analysen auch für die spätere Zeitgeschichtsforschung sind. In Deutschland stammten die aufschlußreichsten jener Beiträge von Wilhelm Cornides, Hermann Volle, Ernst Deuerlein und Boris Meissner, sie alle Persönlichkeiten, mit denen ich später in mehr oder weniger enge Verbindung treten sollte. Viel ausgedehnter war aber die Forschungslandschaft in den USA, Frankreich und Großbritannien. Dort war schon eine große Zahl einschlägiger Monographien erschienen, mit deren vielfach auch widersprüchlichen Befunden ich mich in einem hypertrophen Anmerkungsteil auseinandersetzte. (In dem dann mit 871 Seiten recht stattlichen Buch *Vom Reich zur Bundesrepublik* belief sich schließlich der mit sehr kleinen Typen gesetzte Anmerkungsteil auf 140 Seiten.)

Der Titel der Habilitationsschrift erfaßte die Thematik zutreffend: »Deutschland im Widerstreit der außenpolitischen Konzeptionen in den Jahren der Besatzungsherrschaft«. In der Buchveröffentlichung stufte ich ihn zum Untertitel herab und versah das Werk erst jetzt mit dem suggestiven Haupttitel: *Vom Reich zur Bundesrepublik*.

Die Arbeit war in zwei Hauptteile untergliedert. Der erste Teil, in dem die USA, Großbritannien, Frankreich und die Sowjetunion behandelt wurden mit einer abschließenden Analyse der Alternativen alliierter Deutschlandpolitik, machte rund ein Drittel der Studie aus. Im zweiten Teil, Deutschland und die Sieger, wurden die maßgeblichen Zielvorstellungen in drei großen Abteilungen dargestellt: A. Blockfreiheit (hier figurierte repräsentativ Jakob Kaiser mit den gleichgesinnten Politikern aus seinem weiteren Umfeld und die entsprechende Publizistik), B. Westintegration (darin jene Publizisten, die schon früh auf einen konsequenten »Westabmarsch« drängten wie Wilhelm Röpke, Erik Reger sowie die Redaktion des *Rheinischen Merkur*, vor allem aber, breit ausgeführt, die Anfänge der Außenpolitik Adenauers), C. Die demokratische Linke zwischen Westorientierung und Blockfreiheit, wobei Kurt Schumacher im Mittelpunkt stand, daneben Carlo Schmid. Im Schlußteil waren die Chancen deutscher Einflußnahme herauszuarbeiten. Dabei wurden die Erörterungen der westdeutschen Parteiführer im Juni und Juli 1948 zu den Londoner Empfehlungen und die Sonderentwicklung in Berlin relativ breit dargestellt. Das die Lage seit Sommer 1948 resümierende Unterkapitel war überschrieben: »Die Konvergenz westalliierter und westdeutscher Politik«. In dem differenzierten Inhaltsverzeichnis der Druckfassung habe ich die dort formulierte Essenz meiner Überlegungen im Stenogrammstil zusammengefaßt: »Hauptmotive für die freiwillige Westintegration der Westdeutschen: wirtschaftlicher Wiederaufbau – Ablehnung der kommunistischen Diktatur – Hoffnung auf eine europäische Föderation – Das Fazit: keine annehmbare Alternative zur Westbindung.«

Rückblickend denke ich, daß die suggestiv übersichtliche Gliederung in Verbindung mit dem Titel der günstigen Aufnahme des Buches sehr dienlich gewesen ist. Die Vereinfachung auf die Grundorientierungen und die mangels Archivzugänglichkeit starke Bezugnahme auf offene Quellen, speziell auch auf die Presse, bot natürlich auch kritische Angriffsflächen.

Zu meiner Freude haben sich die Parteiarchive der CDU in der Bonner Nassestraße und der SPD in der »Baracke« als bemerkenswert forschungsfreundlich erwiesen. Sie gaben die Erlaubnis, größere Mengen einschlägiger Archivalien zu photokopieren. Ich erinnere mich noch, als wäre es gestern gewesen, wie ich abends in einem Zimmerchen des schrägen Bonner Hotels, in dem ich damals abstieg, einen großen Packen von Photokopien der vollständigen Wortprotokolle der seinerzeitigen britischen Zonen-CDU auspackte, zu lesen begann und bis in die Morgenstunden nicht mehr aufhören konnte. In dieser Nacht hat sich meine zuvor eher kritische, wenn nicht gar überhebliche Einstellung zu dem alten Adenauer in Bewunderung verwandelt. Seine klar und zupackend entwickelten Lageanalysen waren überzeugend, sie wurden auch durch die spätere Entwicklung bestätigt, und seine wörtlich wiedergegebenen Darlegungen zeigten, daß er die übrigen Mitglieder des Parteivorstands in jeder Hinsicht überragte. Jetzt erst wurde mir klar, weshalb er sich beim Aufstieg zwischen 1946 und 1949 so unwiderstehlich durchgesetzt hatte. Ich erkannte auch, wie turmhoch er seinem Rivalen Jakob Kaiser intellektuell überlegen war. Beim Studium der analogen SPD-Materialien wurde mir zugleich die einzigartige, für die Entwicklung in Deutschland entscheidende Rolle voll bewußt, die Kurt Schumacher mit seinem konsequent antikommunistischen Kurs in den Jahren 1945 bis 1948 in der SPD gespielt hat.

Viel Glück hatte ich auch bezüglich der bisher unzugänglichen Protokolle der Konferenzen der westdeutschen Ministerpräsidenten auf dem Rittersturz über Koblenz und auf Jagdschloß Niederwald, an deren Ende das Ja zur Einberufung des Parlamentarischen Rates stand. Der Staatssekretär in der Niedersächsischen Staatskanzlei ließ mir die entsprechenden Wortprotokolle holen, und ich durfte in einem Zimmer der Staatskanzlei alles, was mir wesentlich erschien, einsehen, zwar nicht photokopieren, aber doch exzerpieren, so wie Ranke in den Vatikanischen Archiven.

Selbstverständlich suchte ich auch einige der wesentlichen Akteure zu interviewen, was auch gelang. Gewiß war ich mir schon damals der Problematik von Zeitzeugenbefragungen bewußt. Selbst wenn Zeitzeugen einen wahren Bericht zu geben versuchen, pflegt das Erinnerungsvermögen nach zehn oder fünfzehn Jahren oft schlimme Streiche zu spielen. Aber in einem Punkt irren sich zur Ruhe gesetzte

Politiker und Politikerinnen fast nie: Sie wissen genau, mit wem sie sich einstmals über diese oder jene Frage verzankt haben, sie sind eine Fundquelle von böswilligen Anekdoten über ihre Konkurrenten, und sie hinterlassen auch als Pensionäre einen bleibenden Eindruck von ihrer Persönlichkeit.

So habe ich unter anderem den CDU-Gründer Leo Schwering in Köln aufgesucht, die Witwe Jakob Kaisers in Berlin, den seinerzeitigen 2. Vorsitzenden der britischen Zonen-CDU, Friedrich Holzapfel, in seinem schönen Haus in Bad Salzuflen, den einstmaligen Generalsekretär der CDU, Bruno Dörpinghaus, und den Berliner Parteigründer und 1. Vorsitzenden der Ost-CDU, Andreas Hermes, in Bad Godesberg. Schwering wirkte geschwätzig und unbedeutend, Frau Elfriede Kaiser-Nebgen sehr politisch, Holzapfel sympathisch, doch verbittert, Dörpinghaus, den Adenauer in eine subalternde Funktion im Auswärtigen Amt abgeschoben hatte, mitleiderregend, nur der in einem gewaltigen Ledersessel thronende Andreas Hermes war noch ein imponierender Mann. Von Frau Kaiser-Nebgen ist mir eine ihrer Äußerungen gegenwärtig. Sie berichtete von dem letzten Besuch Adenauers am Sterbebett ihres Mannes, der damals gesagt habe: »Ich möchte nicht als der Bundeskanzler in die Geschichtsbücher eingehen, der die Teilung Deutschlands akzeptiert hat.«

Auch die Zeitzeugen von der SPD waren denkwürdig, am eindrucksvollsten Carlo Schmid, der wie ein Buddha in seinem riesigen Bonner Präsidentenzimmer saß und sich sarkastisch über die Ministerpräsidenten ausließ, mit denen er über die Londoner Dokumente gestritten hatte. Als ich ihm Ende Juli 1966 die Druckfahnen zusandte, schrieb er schon acht Tage später zurück: »Ich habe sie gelesen und bin sehr glücklich über die Art und Weise, wie Sie jene so wenig bekannten Kapitel unserer Nachkriegsgeschichte darstellen. Ich kenne keine aufschlußreichere Darstellung. Dies ist nicht als Kompliment gemeint, sondern die Wahrheit. Was Sie über mich schreiben, stimmt durchaus.«[47]

Unvergeßlich war das Zusammentreffen mit Adenauer. Im Oktober 1965, ich hatte das Manuskript schon abgeschlossen, war sein erster Memoirenband über die Jahre 1945–1953 erschienen. Ich verfaßte für die *Politische Vierteljahrsschrift* eine ausführliche, anerkennende Würdigung, in der es aber auch nicht an kritischem Salz fehlte.[48] Die Rezension gefiel dem alten Herrn so gut, daß er mich einlud, ihn in Bonn zu besuchen. Dazu kam es an einem strahlenden Julitag 1966, als ich eben die Habilitation in Tübingen hinter mich gebracht hatte. Adenauer hatte sein Büro im Bundesrat. Das Vorzimmer war klein und mickrig, doch das gut geschnittene, wenngleich nicht allzu geräumige Eckzimmer, in das ich eintrat, war gepflegt möbliert: ein völlig aufgeräumter Besprechungstisch, eine mit gelber Seide bezogene Sitzcouch, ein hellbrauner, gut gearbeiteter Schreibtisch. Die heruntergeklappten Jalousetten schufen ein gedämmtes Licht, und ein vor dem Schreibtisch prangender Rosenstrauß sorgte für einen festlichen Akzent. Als ich mich vorstellte, tat Adenauer dasselbe und sagte: »Adenauer.« Er wirkte zierlich, ich hatte ihn mir größer vorgestellt, als er tatsächlich war. Während des ganzen Gesprächs beeindruckten mich seine strahlenden blauen Augen. Ich sagte: »Was haben Sie für schöne Rosen!«, und er antwortete: »Die sind von dem Herrn de Jaulle, der war gestern bei mir.« Wir saßen noch keine fünf Minuten, da begann er schon ganz ungehemmt auf den Bundeskanzler Erhard zu schimpfen, der de Gaulle völlig falsch behandle. Das Unverhältnis zwischen Adenauer und seinem Nachfolger, über das die Zeitungen seit Jahren schon schrieben, entsprach offenbar den Tatsachen. Wie wäre es sonst möglich, daß Adenauer einem Unbekannten wie mir gegenüber derart vom Leder zog!

Als ich ihn auf die Themen der Jahre 1946 bis 1948 ansprach, die mich in Sachen Habilitationsschrift interessierten, sprang er nicht darauf an. Offenbar hatte er das im ersten Memoirenband schon abgehakt, und es interessierte ihn nicht mehr. Was ihn aber beschäftigte, waren die frühen zwanziger Jahre. Darüber wolle er schreiben, sobald der vierte Memoirenband für 1959–1963 fertig sei. Er begann zu erzählen: von der Reichskrise im Jahr 1923, bei der er häufig nach Berlin fuhr, auch von Stresemann. Erinnerlich ist mir noch eine Anekdote über Stinnes, den er abends auf dem Kölner Bahnhof traf, als dieser eben in den Schlafwagen steigen wollte. Stinnes habe ihm berichtet, er wolle gleich anschließend an seine Berlintermine nach Paris fahren, um hochrangigen französischen Gesprächspartnern in den strittigen Fragen der Ruhrbesetzung eine beiderseits akzeptable ökonomische Lösung auf der Grundlage von Aktientausch zu präsentieren. Er habe auch schon die Fahrkarte nach Paris gekauft. Er, Adenauer, so erzählte er weiter, habe aber folgenden Tags erfahren, wie es um die Sache stand. Als er abends auf dem Anhalter Bahnhof erneut auf Stinnes traf, habe er diesem gesagt: »Herr Stinnes, Sie können die Fahrkarte wieder zurückgeben, Stresemann ist dagegen.« Jetzt machte ich einen Fehler und bemerkte: »Aber Stresemann war doch inzwischen selbst ein Befürworter der Verständigungspolitik!« Auf diese unkluge Bemerkung hin sah mich Adenauer nur mitleidig an und sagte: »Aber, Herr Professor, dat wollte er doch selber machen.« Riskante Verständigungspolitik soll man nach guter Vorbereitung selber in die Hand nehmen, um entweder rechtzeitig wieder den Rückwärtsgang einschalten zu können oder aber damit beim Erfolg der ganze Ruhm das eigene Haupt umstrahlt! Diese Maxime der großen Politik merkte ich mir bei dieser Gelegenheit.

Ich schied mit dem Eindruck: ein entspannter, unprätentiöser, auch völlig klarer alter Herr, der mit sich im reinen ist und noch viel vorhat. Als die Habilitationsschrift erschien, sandte ich ihm ein Autorenexemplar und erhielt zur Antwort: »Herzlich danke ich Ihnen für Ihren Brief vom 7. März 1967 und für das Buch ›Politica‹, das Sie beigelegt haben. Schon bei der ersten kurzen Durchsicht habe ich einen sehr guten Eindruck bekommen. Ich wünsche dem Buch eine möglichst weite Verbreitung.« Das war einer seiner letzten Briefe, am 19. April verstarb er. So haben sowohl Adenauer als auch Carlo Schmid dem Buch ihren Segen gegeben.

Ich habe wieder einmal vorgegriffen. Ob die Untersuchung eine günstige Aufnahme finden würde, war noch nicht vorhersehbar, als mein maschinenschriftliches Manuskript gegen Ende 1964 abgeschlossen war und zur Reinschrift ging. Viel aktueller war die Frage, wie es jetzt mit der Habilitation weitergehen würde.

Theodor Eschenburg und die Habilitation in Tübingen

Wie ein Donnerschlag hatte mich in den Osnabrücker Anfängen die Nachricht erreicht, daß Arnold Bergstraesser nach einer anstrengenden Indienreise am 24. Februar 1964 urplötzlich verschieden war. Wenn sein unerwarteter Tod für den in Freiburg verbliebenen Mitarbeiterstab sowie für die sage und schreibe vierzig seiner Doktoranden nicht zur Katastrophe wurde und auch mich selbst nicht ins Schleudern brachte, so war das Dieter Oberndörfer zu verdanken. Gerade noch rechtzeitig war er auf ein Parallelordinariat in Freiburg berufen worden, nachdem er bereits einen Ruf nach Würzburg abgeschlagen hatte sowie in Frankfurt *primo loco* auf einer Berufungsliste stand. Zum Ärger vieler seiner gleichaltrigen Konkurrenten erwies er sich als ein fähiger Erbe, promovierte zwanzig der verbliebenen Doktoranden, machte aus der Arbeitsstelle für Kulturwissenschaftliche Forschung unter dem Namen Arnold-Bergstraesser-Institut ein universitätsunabhängiges, leistungsfähiges Zentrum für entwicklungspolitische Forschung und führt Alexander Schwan, Manfred Hättich und Karl-Gottfried Kindermann zur Habilitation. In meinem Fall trat er mit Unterstützung des damaligen Rektors an Theodor Eschenburg heran, schilderte ihm die Lage und erhielt dessen Zusage, mich in Tübingen zur Habilitation vorzuschlagen, falls ihn die Habilitationsschrift überzeuge.

Wie früher schon erwähnt, gehörte ich seit meinen Tagen auf der Oberstufe des Gymnasiums zu den Bewunderern Eschenburgs. Bei den gemeinsamen Wochenendseminaren Bergstraessers mit Eschenburg war auch ein lockerer persönlicher Kontakt entstanden, doch nicht mehr. Wie stark mir Eschenburg in vielerlei Hinsicht imponierte, hatte ich in einer ausführlichen Rezension seiner Aufsatzsammlung *Die improvisierte Demokratie* herausgearbeitet, die zufällig Anfang November 1963 in *Christ und Welt* erschienen war,[49] ein Vierteljahr vor Bergstraessers unerwartetem Ableben. »Eschenburgs Urteil«, hatte ich dort geschrieben, »bekundet den common sense des Praktikers. Diese Grundhaltung wirkt bis in den Stil hinein, dessen zupackende Nüchternheit etwas Römisches hat.« Ich würdigte seine stilistische Kunst, »Charaktere mit einem Satz zu erhellen«, ebenso seinen unter uns Adepten der Zeitgeschichte berühmten, »nach allen Regeln der Kunst zelebrierten Verriß der Papenschen Memoiren«.

Eschenburgs »gemütsmäßig unterkühlter«, auf Moralisieren verzichtender Stil war im Grunde auch der meine, genauso wie die Überzeugung, daß die Politische

Mit Theodor Eschenburg und Frau Annemie

Wissenschaft von der Zeitgeschichte nicht zu trennen ist, aber auch die oft recht fragwürdigen politischen Akteure kritisch aufzuspießen habe. Politikwissenschaft und politische Publizistik, so hatte er mir selbst und vielen aus meiner Generation beigebracht, gehören zusammen. Zwar kam ich von Bergstraesser her, aber Eschenburgs Verständnis des Fachs und der Aufgabe des Politikwissenschaftlers, doch auch der Typ, lagen mir mehr.

1964 stand Eschenburg auf dem Gipfel seines Ansehens. Er galt als der »Praeceptor Germaniae«. Kein politisch Interessierter versäumte die regelmäßige Lektüre seiner Kolumnen in der *Zeit*. So war ich überrascht und sehr erfreut, als mir Oberndörfer von seinem Gespräch mit Eschenburg berichtete. Es war aber kennzeichnend für diesen durch ein vorbildliches Amtsverständnis, aber auch durch Umsicht ausgezeichneten Mann, daß er sich hütete, mir dies direkt zu signalisieren. Soll Schwarz, so dachte er sich wohl, erst einmal seine Habilitationsschrift fertigstellen und mir übersenden, dann sehen wir weiter. Immerhin, daß er sich überhaupt einem fast Unbekannten gegenüber darauf einlassen wollte, war generös.

Wie aus seinen im hohen Alter entstandenen Erinnerungen zu erkennen ist, hat er Bergstraesser offenbar sehr geschätzt. Die beiden waren die Jahre hindurch Kampfgefährten bei der vor allem den Historikern abgetrotzten Einführung des Schulfachs »Gemeinschaftskunde«, das dann an der gymnasialen Oberstufe mit jeweils zwei Stunden pro Woche vertreten war. Ähnlich wie Bergstraesser, wenngleich mit ganz anderen Voraussetzungen und mit anderen Schwerpunkten, war auch Eschenburg von der Unverzichtbarkeit politischer Bildung überzeugt. In einem so komplizierten System wie der Demokratie, meinte er, brauche man eine Art »Fahrschule für Politik«.[50] Sicher war es also in starkem Maß das Andenken an Bergstraesser, das ihn in meinem Fall zur Mithilfe bewogen hat. Daß ihn auch mein Buch über Ernst Jünger und der 1. Preis in Sachen »Neugründungen« nicht ganz unbeeindruckt ließen, nehme ich an. Er selbst war schließlich Mitglied der Gründungsausschüsse für Konstanz und für die in Ulm geplante Hochschule für Gestaltung.

Mir war klar, daß solche ohnehin leicht rücknehmbaren Zusagen nach einiger Zeit zu verblühen pflegen. So komponierte ich in Tag- und Nachtarbeit die Habilitationsschrift. Gegen Jahresende stand das Manuskript. Doch bis eine vorzeigbare, Seite für Seite überprüfte Reinschrift fertig war, gingen nochmals einige Monate ins Land. Die Arbeit war am 15. März 1965 abgeschlossen und ging am 2. April an Eschenburg. Seine langjährige Sekretärin Frau Otto bestätigte schon vier Tage später den Eingang, ließ aber zugleich wissen: »Herr Professor Eschenburg ist heute für ca. 3 Wochen verreist.« Immerhin war es eine Beruhigung, daß er offenbar über ein präzise arbeitendes Sekretariat verfügte – an der Universität keine Selbstverständlichkeit, wie ich wußte.

Eschenburgs Rückäußerung vom 7. Mai ist so charakteristisch für ihn, daß sie wörtlich zitiert sei:

»Sehr geehrter Herr Schwarz! Ich danke Ihnen für Ihre Zeilen vom 2.4., die ich erst heute nach Rückkehr von einer längeren Auslandsreise beantworten kann. Jetzt stehe ich bei Beginn des Semesters nach einem umfangreichen Staatsexamen vor einem Berg von Dissertationen, muß meine Kollegs und Übungen durchführen und leider Gottes zahllose Sitzungen als Vorsitzender der Landesrektorenkonferenz und als Mitglied der beiden Gründungsausschüsse Konstanz und Ulm absolvieren.

Ich werde Ihre Arbeit durchlesen, sobald ich kann. Erst dann kann ich mich dazu äußern. Andererseits kann ich den Habilitationsantrag erst dann stellen, wenn ich die Arbeit selbst durchgelesen habe. Wird er angenommen, was ich vermute, dann muß ich mich an das Votum heranmachen, sobald die Kommission gebildet ist.

Zu Ihrer Beruhigung kann ich Ihnen sagen, daß ich sehr ungern Änderungen anrege. Das gleiche Verfahren beachte ich auch bei Dissertationen. Mit freundlichen Grüßen Ihr Eschenburg.«[51]

Es hieß also, sich in Geduld fassen. Inzwischen weiß ich aus eigenem Erleben, wie schwer man sich mit einem zeitraubenden Habilitationsgutachten tut, wenn über Monate im voraus jede Stunde mit unaufschiebbaren Aufgaben verplant ist. Es gibt dann so etwas wie ein Stapelrecht. Außerdem hatte ich es Eschenburg nicht leichtgemacht. Die beiden Teilbände des einzeilig geschriebenen Textteils (einzeilige Manuskripte sind ohnehin schon eine Zumutung!) umfaßte stolze 825 Seiten, damals noch ein ganz unüblicher Umfang für eine Habilitationsschrift. Dazu kam ein dritter Band mit den gleichfalls sehr dicht geschriebenen Anmerkungen (immerhin war ich doch umsichtig genug gewesen, Blatt für Blatt mit lebenden Kolumnen zu bezeichnen, auf welche Seiten des Textteils sie sich bezogen, doch viel vernünftiger wäre es gewesen, die Anmerkungen Seite für Seite in den Textteil zu integrieren). In der Kommission hat dann der Umfang der Habilitationsschrift, so hörte ich später, als alles gut über die Bühne war, zum Beschluß einer Art »Lex Schwarz« geführt. Künftig würde keine Habilitationsschrift mehr angenommen, die länger als 450 Seiten sei. Eschenburgs eben erwähnter Brief vom 7. Mai war also sehr vornehm formuliert gewesen.

Ich faßte mich also erst einmal in Geduld. Nach einem guten halben Jahr wurde ich aber doch ungeduldig. Inzwischen war es in der Zunft herum, daß die Arbeit bei Eschenburg schmorte. Klaus Mehnert in Aachen hatte wegen einer Lehrstuhlvertretung angefragt, natürlich in der Annahme, daß die Habilitation schon weit voran sei. Desgleichen war ich in Mainz im Gespräch. Außerdem ließ das Erscheinen des ersten Bandes der Erinnerungen Adenauers erwarten, der von mir analysierte Zeitraum könnte jetzt aktuell werden, »daß sich sicher«, so schrieb ich Oberndörfer in einem besorgten Brief, »eine ganze Meute drauf stürzt oder schon gestürzt hat. Und das Manuskript, das jetzt noch ein Knüller werden könnte, liegt da.«[52]

Am 30. November schrieb ich an Eschenburg einen behutsam formulierten Erinnerungsbrief, in dem ich anbot, ihn doch einmal in Tübingen zu besuchen, worum er mich bisher nicht gebeten hatte. Gleichzeitig erreichte mich ein Brief von Hennis in Hamburg, der mir mitteilte, er habe im Kreis der engsten Kollegen seiner WiSo-Fakultät über meine Habilitation gesprochen. Sie hätten mich ermutigt, mich wissen zu lassen, daß sie im Fall weiterer Verzögerung bereit seien, mich in Hamburg zu habilitieren. Ich könne Herrn Eschenburg gegenüber durchaus von dieser Mitteilung Gebrauch machen, das sei sogar deren Hauptzweck.[53] Erneut bestätigte er mir also, daß ich nicht ohne Netz turnte. Ich hütete mich aber, dies Eschenburg wissen zu lassen. Was ich nicht wußte und auch von niemandem erfuhr: Eschenburg stand damals in intensiven Verhandlungen über einen Ruf nach Hamburg auf den durch die Emeritierung Siegfried Landshuts freigewordenen Lehrstuhl. So diskret ist es damals noch bei Berufungen zugegangen!

Den Historiker Walther Zeeden in Tübingen, der mich aus Freiburg kannte und den ich zwischenzeitlich in Osnabrück wiedergetroffen hatte, unterrichtete ich über die bevorstehende Vorfrage und erhielt in Bezug auf Eschenburg von ihm eine ermutigende Antwort: »Ich glaube, diese Sache befindet sich dort in besten Händen. Wenn Herr Eschenburg sich für Sie einsetzt, glaube ich annehmen zu dürfen, daß unsere hiesige Fakultät in gleichem Sinne mitziehen wird.«[54] Das war in der Tat eine zutreffende Prognose.

Schließlich erhielt ich einen für Eschenburgs Verhältnisse recht ausführlichen und auch ehrlichen Brief, in dem er sein langes Schweigen mit den Worten erklärte: »Eine Habilitationsschrift ist kein Roman, den man im Liegen bei einer Flasche Wein genüßlich lesen kann. Ich habe zwar als Zeitgenosse die Zeit, die Sie behandeln, erlebt, aber mußte mich doch wieder einarbeiten.« Auf mein Reiseangebot nach Tübingen verzichtete er großzügig.

Ich erwähne dieses Hin und Her nur, weil es illustriert, wie sachlich, auch wie vornehm es damals, wenn man es gut traf, in deutschen Universitäten noch zuging. Freilich war auch Eschenburg Mitte der sechziger Jahre schon eine einmalige Größe. Sein elfseitiges Gutachten, das er mir nach Abschluß der Habilitation übergab, wurde der Studie gerecht: »Der Aufbau der ganzen Arbeit ist sinnvoll, konsequent und umsichtig durchgehalten. Gerade der, der selbst die Zeit miterlebt hat, muß dem Einfühlungsvermögen des Verfassers, ohne daß er dabei die Distanz verloren hat, Respekt zollen. Die Kombination von Darstellungsgabe und -kraft mit einem nur ausnahmsweise versagenden analytischen Verstand und einer konsequenten Gründlichkeit verdient ein hohes Maß an Anerkennung.«

Zweitgutachter war der Historiker Gerhard Schulz. Auch er war ein guter Kenner der von mir behandelten Vorgänge. In dem 1953 erschienenen Standardwerk *Die Parteien in der Bundesrepublik* hatte er einen gut recherchierten Beitrag über die Gründungsgeschichte der CDU veröffentlicht. Im Beirat des Instituts für Zeitgeschichte lernte ich ihn später gut kennen und auch schätzen. Er war ein Kollege, der an sich selbst und andere höchste Anforderungen stellte. In Tübingen war er 1965 auf den Lehrstuhl für Zeitgeschichte berufen worden. Daß Eschenburg mit mir einen Habilitanden vorschlug, der auf seinem ureigensten Gebiet wilderte, kann ihn nicht erfreut haben. Sein Gutachten vom 3. Juni, das er mir nach Abschluß des Verfahrens gleichfalls aushändigte, war sichtlich von oben herab formuliert. Manches war überzogen und ging an meinen deutlich formulierten Zielvorstellungen vorbei. In manchem aber hatte er Recht. So bemängelte er, daß ich nicht eingangs die Quellenlage und den Forschungsstand geprüft hätte, um mit Blick auf die Forschungsdesiderate danach meine Fragestellungen zu entwickeln. Zum anderen stieß er sich an dem Begriff »Konzeption«. Nicht Konzeptionen, so sein Argument, hätten in den Nachkriegsjahren das außenpolitisch relevante Verhalten auf deutscher Seite bestimmt, sondern parteiengeschichtliche, wirtschaftliche, administrative und soziologische Zusammenhänge. In diesem Zusammenhang sah er die Rolle der Länder zu wenig berücksichtigt. Auch hinter meine Interpretation der amerikanischen Politik setzte er Fragezeichen. Tatsächlich hätte ich derart naheliegenden Einwänden durch entsprechende Ausführungen in den Vorüberlegungen leicht begegnen können. Auch der Begriff »Konzeption« hätte sich noch besser verdeutlichen lassen. Daß aber andere Historiker nach Erscheinen des Buches an den von ihm bezweifelten Punkten keinen Anstoß nahmen, sondern den Wert des methodischen Ansatzes und die erbrachten Befunde rühmend hervorhoben, zeigte beispielsweise die ausführliche Würdigung, die der leider kürzlich verstorbene Klaus Epstein in *World Politics* formuliert hat.[55]

Aber auch Schulz hob die Verdienste der Arbeit hervor und plädierte für die Annahme der Arbeit, nachdem er gewisse grundsätzliche Zweifel an dem von mir gewählten Ansatz aktenkundig gemacht hatte. Sein Gutachten erlaubte nicht nur, in der Druckfassung noch einiges zu verdeutlichen. Ich habe daraus auch für meine eigene künftige Praxis gelernt, wie man eine deutliche Formulierung des eigenen Urteils mit fairem Goodwill verbinden kann, aber auch sollte.

Nachdem ich beim Tübinger Dekan in aller Form das Verfahren beantragt hatte, nahm die Habilitation ihren vorgesehenen Gang.

Mitte Juli reiste ich in das mir bislang unbekannte Tübingen und machte meine Besuche bei den Kommissionsmitgliedern, zuallererst natürlich bei Eschenburg in der Brunnenstraße. Wie ich selbst war auch er kein Freund von Small talk, der Stand des Verfahrens wurde knapp erörtert, und er gab einige Tips. Als er hörte, daß ich auch mit dem Kommissionsmitglied Gerhard Schulz einen Besuch vereinbart hatte, bemerkte er nur, das sei ein gutes Zeichen, ohne weiter ins Detail zu gehen. So ganz nebenbei ließ er die Bemerkung fallen, er sei gerade dabei, sein Kolleg zur britischen Verfassungsgeschichte in den Zeiten von Salisbury, Balfour und Asquith vorzubereiten, und fragte dann, wie ich das wohl aufbauen würde. Das war nun ein Feld, auf dem ich mich gut auskannte, es entspann sich eine längere Diskussion, die er sichtlich genoß, doch erst, als ich mich verabschiedete, kam mir der Gedanke: »Das war wohl eben das private Habilitationskolloquium, das Eschenburg mit mir abgehalten hat …!« Tags darauf machte er zwar von seinem Recht, die erste Frage zu stellen, Gebrauch, hielt sich aber doch deutlich zurück und überließ den Fakultätskollegen das Feld.

In der Abendstunde vor dem Colloquium sah ich mir noch das Städtchen an, spazierte den Neckar entlang und sah zu dem Turmzimmer hoch, in dem der verwirrte Hölderlin jahrzehntelang unter der Obhut des Schreinermeisters Ernst Zimmer verdämmert war. Prüfungen konnten mich bisher nicht schrecken. Aber diesem letzten Examen im Alter von immerhin schon 32 Jahren vor einer weitgehend unbekannten Fakultät sah ich nicht besonders freudig entgegen. Wie üblich waren von mir 14 Tage vor dem Colloquium drei Themen erbeten worden. Mit Rücksicht darauf, daß die Habilitationsschrift den Bereich Außenpolitik und die Dissertation in einem weiteren Sinn politische Ideen behandelte, hatte ich drei Themen zur Innenpolitik vorgeschlagen: 1. Die Bedeutung der »Grenzwähler« für das gegenwärtige westdeutsche Parteiensystem; 2. Die Aussichten für die Demokratie in Schwarzafrika; 3. Der Verteidigungsetat als Instrument zur politischen Kontrolle der Streitkräfte in den Vereinigten Staaten.

Erfreulicherweise wurde das recht spröde dritte Thema gewählt, das sich in erster Linie an Sachkenner wandte. Der Sicherheit halber hatte ich Eschenburg, der ja nicht eben im Ruf eines großen Kenners des amerikanischen Regierungssystems stand, freundlichst eine Kurzfassung meines Vortrags zugesandt und informationshalber eine Liste mit den einschlägigen amerikanischen Titeln beigelegt. Vielleicht hat er das als Unziemlichkeit empfunden und mich deshalb am Tag vor der Prüfung über ein Gebiet der britischen Verfassungsgeschichte ausgefragt, wo er sich bestens auskannte. Wie dem auch sei, der Vortrag in dem weitläufigen, mit eigenartigen Doppelcouchen bestückten Senatssaal ging gut über die Bühne, die Fragen erlaubten, angemessen zu glänzen, nach Fünfviertelstunden war die Befragung vorbei, und nach kurzer interner Diskussion wurde mit gebotener Feierlichkeit das Ergebnis verkündet.

Zur gleichen Zeit liefen verschiedene Parallelaktionen. In Mainz, wo ich im Februar »vorgesungen« hatte, stand ich auf der Liste, und Anfang August kam von Hans Maier die Nachricht, ich würde voraussichtlich in Regensburg an zweiter oder dritter Stelle plaziert.[56] In beiden Fällen stand Manfred Hättich *primo loco*, was ich nicht als Herabsetzung verstand, schließlich war er mir an Jahren weit voraus und auch schon länger habilitiert. Inzwischen hatte sich jedoch eine Möglichkeit in Hamburg eröffnet. Nach der Emeritierung Siegfried Landshuts war dort eine Liste gemacht worden mit Eschenburg auf Platz 1 und dem Kieler Privatdozenten Heinz Josef Varain auf Platz 2. Daß Eschenburg einen Ruf nach Hamburg hatte, dem er dann das Verbleiben in Tübingen vorzog, war mir entgangen. Erfreulicherweise erhielt Varain einen Ruf nach Gießen, den er annahm. So eröffnete sich ganz unerwartet die Perspektive Hamburg. Noch im Juli 1966 wurde ich zum Probevortrag eingeladen. Nachdem der Tübinger Habilitationsvortrag so offensichtlich gut angekommen war, hatte ich mich dafür entschieden, auch in Hamburg eine Langfassung vorzutragen, offenbar auch hier mit Erfolg. Die mit Ausnahme von Hennis unbekannten Kollegen wirkten sympathisch und signalisierten, daß ich willkommen sei. Bereits Mitte August hielt ich den Ruf auf das Hamburger Ordinariat in Händen.

Es war ein Frühsommer der Parallelaktionen, in dem auch zu entscheiden war, wer von meinen Freunden und Förderern die Habilitationsschrift erhalten sollte. Hennis hatte frühzeitig angeboten, das Buch in die von ihm zusammen mit Hans Maier bei Luchterhand herausgegebene Reihe *Politica* aufzunehmen. Aber auch Oberndörfer, dem ich vieles verdankte, angelte seinerseits nach dem Manuskript für seine allerdings noch im Planungsstadium befindliche neue Reihe *Ordo Politicus*. Die Frage trat an mich heran, noch bevor ich von der Möglichkeit in Hamburg wußte. Mit etwas schlechtem Gewissen entschied ich mich für die bereits berühmte Reihe *Politica* und habe das nie bereut.

Mir selbst lag viel daran, die inzwischen unter dem Haupttitel *Vom Reich zur Bundesrepublik* segelnde Habilitationsschrift so schnell wie möglich herauszubringen. So arbeitete ich nur noch die Hinweise aus den Gutachten von Eschenburg und Schulz ein, soweit sie nicht die Gesamtanlage des Ganzen berührten, und gab das Manuskript Anfang August 1966 an den Verlag. Die Verhandlungen gestalteten sich problemlos. Ähnlich wie schon der *Konservative Anarchist* bei Rombach wurde auch dieses Buch fast bibliophil gestaltet. Verlage, die auf sich hielten, hatten damals noch ein sicheres Gespür für Buchkultur, selbst bei wissenschaftlichen Werken.

An das Zusammentreffen mit dem Verleger Eduard Reifferscheid habe ich eine lebhafte Erinnerung. Wie stets, wenn Bücher erscheinen, war eine Strategiesitzung über die Öffentlichkeitsarbeit geboten. Es war noch die gute alte Zeit, in der sich die Verleger sehr persönlich und mit viel Zeit um ihre Autoren kümmerten, und so hatte mich Reifferscheid zusammen mit dem Lektor Frank Benseler, der bald in der 68er-Bewegung kräftig mitmischen sollte, in seine Villa hoch über Neuwied eingeladen. Es war schon Anfang November, die Temperatur lag unter null Grad, und die Straße war spiegelglatt. Ich kam eigens von Hamburg ins Rheinland, es war schon Abend, und ich hatte Probleme, unseren Peugeot 404 die engen Sträßchen über Neuwied emporzusteuern. Reifferscheid war freudig gewillt, mit mir einen so schluckfreudigen Umgang zu pflegen wie mit seinen Starautoren vom Typ Günter Grass. Ich stand meinen Mann, ließ aber in Erwartung des Rückwegs auf der spiegelglatten Straße die gebotene Vorsicht walten. Doch auch dabei wachte offenbar ein Schutzengel über mich wie in dem ganzen kritischen Jahr 1966.

Das Berufungsverfahren nach Hamburg war auch deshalb so blitzschnell über die Bühne gegangen, weil die zuständigen Fakultäten das zweite Ordinariat unbedingt vor dem Wintersemester 1966/67 besetzen wollten. Hennis hatte einen Ruf auf den Bergstraesser-Lehrstuhl erhalten und ging mit Abwanderungsgedanken schwanger, ohne sich aber schon definitiv entschieden zu haben. Das Osnabrücker Kollegium zeigte Verständnis für meine Zwangslage. In Bad Rothenfelde hielt uns nicht viel. In den ersten Septemberwochen hatten wir mit Unterstützung der Universitätsverwaltung zügig nach einer schönen Wohnung gesucht und waren fündig geworden. Ende September rollten bereits die Möbelwagen an.

Die Universität Hamburg im letzten Jahr des Ancien Régime

Diesmal stand die Wahl unserer Wohnung unter einem günstigen Stern. Ohne genau zu wissen, welcher Gunstort uns angeboten wurde, haben wir uns nach Besichtigung weniger Alternativen für eine Villa in Othmarschen, Hammerichstraße 6, entschieden. Erst als wir uns genauer umsahen, haben wir entdeckt, daß wir uns mitten in einem der schönsten Wohnviertel Hamburgs niedergelassen hatten: zwei Minuten von der feinen Waitzstraße entfernt, wo am Samstagmorgen die *Hautevolée* von Othmarschen und Groß-Flottbeck einkaufte, und 20 Minuten oder etwas mehr bis zum Jenisch-Park mit Blick auf die Werftanlagen von Blohm & Voss an der Elbe. Mit der S-Bahn erreichte man umstandslos in knapp einer Viertelstunde Blankenese, und es dauerte nicht länger als eine halbe Stunde bis zum Dammtor-Bahnhof, nicht weit von der Uni, oder zur Binnenalster und zum Rathausplatz.

Unser Wohnsitz, so kann man das schöne Anwesen nennen, war ein Eckgrundstück an der Hammerichstraße und Jungmannstraße. (Daß ich eines Tages ausgerechnet über Axel Springer eine Biographie schreiben würde, der seinen Aufstieg vom Verlag Hammerich & Lesser aus vollzogen hat, wird auch einmal zu den Merkwürdigkeiten meines Lebenslaufs gehören.) Gewiß, die teils geräumige, teils verwinkelte Parterrewohnung gehörte uns nicht. Wir wohnten zur Miete. Die distinguierte, im Jahr 1873 im mittelviktorianischen Baustil erbaute Villa war unvergleichlich schön und unpraktisch zugleich, so wie das 2 000 qm große Grundstück mit seinem üppigen Rasen, gesäumt von Rosenbeeten und stattlichem Eisenzaun. Der breite Eingangsweg führte zu mächtigen Garagen, in deren einer die aufeinanderfolgenden Generationen unserer Peugeot 404 Platz fanden, während der gutmütige und mit allen Wassern gewaschene Hauseigentümer in einer der anderen sein Segelboot geparkt hatte. Der traumhafte Garten war ein Kinderparadies und wurde für die Erwachsenen zum Schauplatz von Partys im Kreis der Mitarbeiter, der Doktoranden und der Hamburger Freunde.

Heute wissen wir, daß wir damals noch einen Zipfel der guten alten Zeit erwischt haben. Das Viertel um den Bahnhof Othmarschen war den Bombardierungen im Zweiten Weltkrieg weitgehend entgangen, und die punktuelle, bis heute immer noch ungebremste Zerstörung durch Investoren und Architekten setzte erst ein, als wir Othmarschen verlassen hatten. Bald nach unserem Auszug ist das Haus von den Baulöwen verschlungen worden. Nur ein Teil der riesigen Bäume hat überlebt. Im Traum kehren wir aber immer wieder einmal dorthin zurück.

Auch in der Universität erwischte ich gerade eben noch einen Zipfel der alten Zeit. Mein erstes Hamburger Semester begann im Oktober 1966. Fast genau ein Jahr danach, am 9. November 1967, fand im Audimax jene denkwürdige Rektoratsübergabe statt, bei der die Fakultäten, ich selbst mit inbegriffen, zum Gaudium der mit Studenten vollbepackten Ränge wie eine Herde kostbar geschmückter Schafe unter dem Plakat einzogen: »Unter den Talaren Muff von 1 000 Jahren«. Das wurde vom Fernsehen bundesweit ausgestrahlt und wird seither zu Recht als Anfang vom Ende der alten deutschen Universität betrachtet.

Das Fach Politische Wissenschaft, somit auch mein eigener Lehrstuhl, gehörte seit seiner Gründung in den fünfziger Jahren zwei Fakultäten an, der Wirtschafts- und Sozialwissenschaftlichen Fakultät und der Philosophischen Fakultät. Ich war also, ähnlich wie einstmals Bergstraesser in Freiburg, ein »Zweibändermann« mit Lehrverpflichtung und Prüfungsberechtigung in beiden Fakultäten. Am wichtigsten war die WiSo-Fakultät. Dort waren die Lehrstühle und das Seminar etatisiert. Die Studierenden kamen aus beiden Fakultäten. In den Jahren, als Siegfried Landshut und Wilhelm Hennis dort lehrten, hatten sie den Studenten die Einrichtung eines Diplom-Studiengangs zugesagt. Eine meiner ersten Aufgaben bestand darin, die entsprechenden Studien- und Prüfungsordnungen zu erarbeiten. Anders als in Freiburg befand sich auch das Schulfach »Sozialkunde« in Hamburg erst in der Aufbauphase. Hier wartete somit eine weitere Baustelle auf mich, nachdem sich Hennis nach längerem Zögern entschloß, den Ruf auf den Freiburger Bergstraesser-Lehrstuhl anzunehmen.

Seit den ersten Anfängen war die Hamburger Politische Wissenschaft räumlich und durch eine gut ausgestattete gemeinsame Bibliothek eng mit der Soziologie und der Sozialgeschichte verbunden. In den fünfziger Jahren hatte Helmut Schelsky der Hamburger Soziologie Glanz verliehen. Auch Ralf Dahrendorf hatte sich dort habilitiert. Jetzt bekleideten zwei Schelsky-Schüler die Ordinariate. Heinz Kluth, ein anerkannter Industrie- und Betriebssoziologe, spielte den Platzhirsch, ein bulliger, zugeknöpfter und fakultätspolitisch durchsetzungsstarker Mann. Auch Janpeter Kob kam aus dem Umkreis Schelskys. Seine Schwerpunkte waren Pädagogische Soziologie und Medien. Er war groß, fröhlich, zupackend. Bei den universitären Auseinandersetzungen, die bald einsetzten, habe ich gut mit ihm zusammengespielt. Doch legten die Soziologen grundsätzlich Wert darauf, nicht zu nah an die Politische Wissenschaft heranzurücken. Der Doyen unter den Sozialwissenschaftlern war Carl Jantke, Ordinarius für Wirtschafts- und Sozialgeschichte, ein leicht patriarchalischer und auch frommer Mann. Von allen Kollegen im Seminar war er mir der liebste und hat dem Greenhorn, das ich damals noch war, in seiner zurückhaltenden Art immer wieder gute Tips gegeben. Er selbst und seine Mitarbeiter – Dietrich Hilger mit seiner späteren Frau Marie-Elisabeth Vopelius (von Jantke »die Vopelia« genannt) und Hans-Jürgen Teuteberg – waren wissenschaftlich fundierte und ausgeprägt konservative Persönlichkeiten, auf die bei den hochschulinternen Schlammschlachten, die den größten Teil meiner Hamburger Jahre begleiteten, unbedingter Verlaß war.

Von allen Fakultäten, die ich kennengelernt habe, war die Hamburger WiSo-Fakultät die erfreulichste. Die Sitzungen wurden durch Fachgruppen und Kommissionen bestens vorbereitet und glichen eher den Geschäftstreffen eines Clubs als den umständlichen Diskussionen akademischer Gremien. In Abständen von drei Wochen trat die Fakultät am Mittwochnachmittag um 16.15 Uhr zusammen. Es gab zuerst Kaffee und tadelloses Konditoreigebäck, danach weißen und roten Wein. Pünktlich um 17.45 Uhr waren die Erörterungen zu Ende, und Kollege Johannes Fettel, Ordinarius für Steuerfragen und zugleich allmächtiger Baubeauftragter, konnte seine Sachen einpacken, um den Schlafwagen nach Stuttgart zu erreichen, wo er – ich weiß nicht mehr, ob in Esslingen oder Reutlingen – eine florierende Praxis als Steuerberater und Wirtschaftsprüfer hatte.

Im Unterschied zur Philosophischen Fakultät ist dieser entspannte, zügige Verhandlungsstil in den ansonsten aufgewühlten Jahren 1967 ff. nur unwesentlich verändert worden, als zwei studentische Vertreter hinzutraten. Die Studierenden von BWL und VWL hatten bei den Fachschaftswahlen eine eigene Liste der sogenannten WiSo-Arbeitsgemeinschaft aufgestellt, die pfiffige und pragmatische Vertreter entsandte. Der Dekan besprach mit diesen rechtzeitig vor jeder Sitzung die Agenda, erfuhr voller Interesse, was an den einzelnen Lehrstühlen schlecht lief, und nahm den zuständigen Kollegen, wenn erforderlich, energisch beim Ohr, so daß die studentischen Beschwerden meist gar nicht mehr im Fakultätsplenum zur Sprache gebracht werden mußten. Einer dieser Studentenvertreter, die mir damals Eindruck gemacht haben, war Johannes Ludewig. Ich habe ihn später in Bonn wiedergetroffen, zunächst als Abteilungsleiter für Wirtschaft und Finanzen im Bundeskanzleramt, dann als Staatssekretär im Bundesministerium für Wirtschaft. Bei den Insidern galt er als einer der kompetentesten Beamten im engsten Umfeld von Kohl mit beträchtlichen Verdiensten, vor allem beim Aufbau Ost.

In dieser Fakultät war ich, wie man so zu sagen pflegte, der jüngste Leutnant. Die Aufnahme war bemerkenswert freundlich, ja größtenteils herzlich. Doch gleich zu Beginn wurde ich daran erinnert, daß hier noch das eherne Gesetz der Anciennität in Kraft war. Bei der ersten Sitzung zu Beginn jedes Semesters schritt der Pedell mit einem großen Tableau um den langen Fakultätstisch herum, beginnend beim Dienstältesten und von da an abwärts. Jeder trug die von ihm gewünschten Stunden für sein Kolleg ein. Als das Tableau bei mir anlangte, waren, wenn ich mich recht erinnere, nur noch ein paar Freitagnachmittagstunden frei. Trotz der formellen Gleichberechtigung aller Ordinarien gab es offenbar Tiere, die gleicher waren als gleich. Doch konnte ich darauf vertrauen, daß sich die Lage mit jeder Neuberufung zum Bessern verändern würde.

Zum guten kollegialen Klima haben auch die Fakultätsausflüge beigetragen, natürlich zusammen mit den Damen. Sie fanden jeweils im Juni und kurz vor Weihnachten statt. Der Dekan bestimmte das Ziel, meist ein renommiertes Restaurant im Sachsenwald oder in den Elbvororten. Dort wurde erst ein Kaffee eingenommen, gefolgt von einem Spaziergang, auf dem auch das neue Ehepaar nach ungezwungener Begutachtung freundlichst bewillkommnet wurde (die Praxis des Antrittsbesuchs reihum zu Hause bestand schon nicht mehr), und alles endete in einem ausgedehnten Diner. Die Kosten dieser beiden Ausflüge waren ebenso wie die Bewirtung bei den Fakultätssitzungen von den jeweiligen Dekanen zu übernehmen, gleich, ob diese über irgendwelche Töpfe ihrer Fördervereine verfügten oder das aus eigener Tasche zahlen mußten. Irgendein Dekan, es war wohl Karl Schiller, hatte das in den fünfziger Jahren eingeführt, und keiner konnte sich dieser Erwartung entziehen. Neben dem ohnehin bestehenden Prinzip jährlicher Rotation verängstigte das jedoch auch die guten Leute mit der Folge, daß kein Dekan eine längere Amtszeit als ein Jahr anstrebte.

Unter den Fakultätsmitgliedern herrschte die Gepflogenheit stilvoller, für unsere Verhältnisse etwas zu aufwendiger Abendeinladungen. Naturgemäß entstanden besonders intensive Kontakte mit jüngeren Kollegenfamilien. Daneben entwickelten sich aber auch freundschaftliche Beziehungen mit älteren Kollegen.

Während die WiSo-Fakultät ein Muster an Effizienz war, glich die Philosophische Fakultät der Republik Venedig, kurz bevor Napoleons Revolutionsarmee auf der *Terra ferma* heranrückte. Äußerlich war das oligarchische System auch in Hamburg noch intakt, die Rituale wurden befolgt, eine durchaus machtbewußte Gruppe von acht oder zehn Ordinarien hielt den Laden zusammen und spürte genau, daß selbst kleinste Reformen eine Lawine auslösen konnten.

In meinem Archiv liegt noch die alte Geschäftsordnung vom 27. Oktober 1928. Bei Gründung der Hamburger Universität war sie aus den Satzungen der viel älteren Universitäten zusammengestellt worden und seither über alle Regimewechsel hinweg in Kraft geblieben. Wie hinreißend altmodisch, aber zugleich auch autoritär sie war, zeigte beispielsweise § 9. Dort war statuiert: »Der Dekan überbringt Mitgliedern der Universität und der Fakultät in geeigneten Fällen die Glückwünsche der Fakultät und spricht bei Todesfällen einen Nachruf am Sarge. Bei solchen Anlässen trägt der Dekan die Amtskette. Der Dekan kann einzelne Mitglieder oder die ganze Fakultät zu seiner Begleitung auffordern.« Nicht allein die Ehrungen lagen in der Hand des Dekans, sondern ebenso die auswärtigen Angelegenheiten. »Der Dekan vertritt die Fakultät nach außen«, gebot § 8. »Er allein ist berechtigt und verpflichtet, die notwendigen Verhandlungen mit den Behörden zu führen.« Da die Uralten den verschwörerischen Ehrgeiz von Professoren kannten, hatten sie hinzugefügt: »Es ist unzulässig, daß Mitglieder der Fakultät ohne vorherige Verständigung mit dem Dekan über schwebende Angelegenheiten der Fakultät mit dem Präses, einem Mitgliede oder Beamten einer Behörde Verhandlungen führen.« Über diese Vorschrift war die Zeit jedoch schon längst hinweggegangen. Aber nach innen hin verfügte ein geschickter Dekan weiterhin über fast diktatorische Vollmachten. Die Entscheidungsverfahren waren so umständlich, die Interessengegensätze der riesigen Fakultät waren so ausgeprägt und die Meinungsvielfalt so breit gelagert, daß Koalitionsbildungen gegen den Willen eines Dekans sehr erschwert waren. Tolerabel wurde aber die Machtfülle eines Dekans, weil er nur für ein Jahr gewählt wurde.

Freilich stand auch die Philosophische Fakultät unter den Bedingungen der Massenuniversität. In den Massenfächern wie Germanistik, Anglistik, Romanistik, Erziehungswissenschaft oder Geschichte wurden die meisten Entscheidungen über Kapazitätsausweitung, Prüfungsordnungen, Prüfungsverfahren oder Berufungen intern vorstrukturiert. Selbst in mittelgroßen Fächern wie Psychologie, Philosophie oder Politischer Wissenschaft waren zwei oder drei Ordinariate schon die Regel. In den sogenannten Orchideenfächern, beispielsweise der Orientalistik, wo nur ein einziger Ordinarius regierte, herrschten zwischen diesem und einem oder zwei der dort tätigen Extraordinarien nicht selten schlimme Kleinkriege, die ins Fakultätsplenum hineinschwappten, wenn der Dekan nicht aufpaßte. Ich habe nicht mehr genau nachgezählt. Doch als ich in die Fakultät eintrat, hatten dort an die fünfzig oder mehr Lehrstuhlinhaber das Sagen. Genauer formuliert: Sie hätten das Sagen gehabt, hätte sich in den Fakultäten nicht über die Jahre hinweg eine konservative Clique etabliert gehabt, deren institutionelles Instrument der permanente Geschäftsordnungsausschuß (GA) war. Dort wurde alles Wesentliche vorbesprochen: die Vorschläge für das Schlüsselpersonal (vor allem die Person des künftigen Dekans), die Zusammensetzung der Berufungsausschüsse sowie der Kommissionen für Prüfungsordnungen und Studienordnungen. Da die Geschäftsordnung genauso viel offenließ wie die amerikanische Bundesverfassung, waren von den Fakultäten im Lauf der Jahre oder Jahrzehnte auch zahlreiche Verfahrensbeschlüsse gefaßt worden, die zwar den meisten Fakultätsmitgliedern nur vom Hörensagen bekannt waren, über die jedoch die Dekane und die Mitglieder der Geschäftsordnungskommission genau Bescheid wußten.

Die höchste Autorität in Geschäftsordnungsfragen war der würdige Althistoriker Rudolph. Er hatte alle Fakultätsbeschlüsse im Gedächtnis gespeichert und meldete sich regelmäßig zu Wort, wenn eine strittige Sache durch einen Verfahrenstrick, der auf irgendeinen früheren GA-Beschluß Bezug nahm, vom Tisch gebracht werden sollte.

Noch vor der ersten Fakultätssitzung hatte mich Hennis, der für alle Verfahrensfragen eine professionelle Leidenschaft besaß, mit diesen grundlegenden Gegebenheiten vertraut gemacht. Er wußte auch zu berichten, daß sich die allen Neuerungen widerstrebenden Konservativen bereits in der Defensive befanden. Sowohl der gegenwärtige Dekan wie der Prodekan stammten aus den Massenfächern Germanistik und Anglistik. Noch verstanden es zwar die Konservativen, gestützt auf ihre Machtpositionen in den Ausschüssen und eine heterogene Koalition meist kleinerer oder bedrohter Fächer wie beispielsweise Latein, Griechisch, Alte Geschichte, Mediävistik oder Byzantinistik, weitreichende Veränderungen zu unterbinden. Auch die Ziele der sogenannten Reformer waren diffus. Offenkundig war nur eines: Die alte Ordnung war im Wanken, ohne daß alle Beteiligten klare Vorstellungen davon hatten, wohin die Reise gehen sollte.

So gebrieft, nahm ich anfangs mehr als Beobachter, denn als Akteur an den Beratungen dieser überdimensionierten Fakultät teil. Gemäß § 13 der Geschäftsordnung war jedes Fakultätsmitglied verpflichtet, an den alle vierzehn Tage stattfindenden Fakultätssitzungen teilzunehmen. § 15 der Geschäftsordnung statuierte, daß die Sitzungen jeweils am Samstagvormittag stattzufinden hatten. Begründet wurde das mit der Belastung durch die Lehrveranstaltungen, denen die Fakultätsmitglieder von Montag bis Freitag ausgesetzt waren. Der eigentliche Grund war aber wohl ein anderer. Diese Vorschrift ging offensichtlich auf die zwanziger Jahre zurück, als in den Professorenhaushalten die Vorbereitungen auf Abendeinladungen sowie auf die aufwendigeren Sonntagsmenüs zu Hause für viel Unruhe sorgten, so daß die Herren der Schöpfung ihre eigene Anwesenheit eher als lästig erachteten. Interessanter war es, am Samstagmorgen bis in den Nachmittag hinein Fakultätspolitik zu machen, gefolgt von einem kleinen Imbiß mit einigen vertrauten Kollegen und einem anschließenden Dämmerschoppen.

Weshalb die Sitzungen manchmal bis zwei Uhr mittags dauerten, ist mir rasch klargeworden. Nach Verlesung des Protokolls, das in der Regel zu Beanstandungen und Ergänzungen Anlaß gab, in denen sich bereits die Schlachtordnungen der diesmal anstehenden Auseinandersetzungen andeuteten, wurde zuerst der Tagesordnungspunkt Promotionen behandelt. Dabei hatte sich offenbar seit Olims Zeiten die Usance erhalten, erst das umfangreiche Hauptgutachten zu verlesen. Begründet wurde dies mit dem Transparenzgebot. Damit verband sich aber das jedem Intellektuellen eingeborene Bedürfnis, beim Verlesen des eigenen Gutachtens zu glänzen. Manche schätzten diesen zeitaufwendigen Brauch auch deshalb, weil sich so angesichts der versammelten Fakultät demonstrieren ließ, wie zahlreiche vorzügliche Doktoranden sie gleich Rennpferden in ihren Stallungen hatten.

Auch das Zweitgutachten mußte in voller Länge zu Gehör gebracht werden, wenn sich das Votum des Referenten von dem des Korreferenten unterschied, was nicht selten der Fall war. Der Grund dafür war eher betrüblicher Natur. In jeder größeren Fakultät gibt es sogenannte Doktor-Fabriken, also Lehrstuhlinhaber oder Extraordinarien, deren Inhaber eine Freude daran haben, möglichst viele Doktoranden durch etwas reduzierte Leistungsansprüche, aber übertrieben günstige Noten für das Endprodukt Dissertation um sich zu versammeln. Um dem entgegenzuwirken, entschieden sich die Dekane meist für recht scharfe Koreferenten, die sich ein Vergnügen daraus machten, die fragliche Dissertation mit kunstvoll aufbereiteten Verrissen abzuschießen oder doch die Note kräftig herabzusetzen und den Druck der Arbeit mit strengen Auflagen zu versehen.

Zweifellos war dieses für manche Doktoranden freilich eher verhängnisvolle Schaulaufen, das selbstverständlich von geistvollen Interventionen bisher nicht damit befaßter Fakultätsmitglieder gefolgt war, ein intellektuelles Vergnügen und auch nützlich. Es ließ Neulinge wie mich die Standards studieren, die in Geltung waren, und belehrte über die Fechtkunst, mit der eigene Doktoranden verteidigt und die der Kollegen getötet oder doch schwer verletzt wurden. Zugleich ließen sich auch der Scharfsinn und die Charaktereigenschaften der beteiligten Kollegen studieren. Nur leider nahmen derartige Turniere viel Zeit in Anspruch. Oft war es schon elf und manchmal auch halb zwölf am Samstagvormittag, bis man sich den wirklich wichtigen Fragen der Tagesordnung zuwenden konnte. Noch mehr Zeit war nötig, wenn auch noch Habilitationen vorgeschaltet waren, bei denen ein Dutzend von Fakultätskollegen, angetan mit der schimmernden Wehr ihrer Gelehrsamkeit, Scheinangriffe oder auch ernstgemeinte Attacken auf den jeweiligen Habilitanden ritten.

In den beiden letzten Semestern der alten Fakultät bewegte vor allem ein Thema die Gemüter: Würde sich eine Mehrheit dafür finden, die Fakultätssitzungen vom Samstagmorgen auf die frühe Abendstunde eines Wochentags zur verlegen? Es waren in erster Linie die jüngeren Fakultätsmitglieder und auch da vor allem Kollegen aus den Massenfächern, die – unterstützt vom Dekan – gegen die Fortführung der Samstagmorgen-Tradition mit dem einleuchtenden Argument plädierten, das ganze Wochenende werde dringend für ein ungestörtes wissenschaftliches Arbeiten gebraucht. Daß vor allem die Familie ihr Recht forderte, wurde wenig erwähnt, war aber ein Hauptmotiv. Manche älteren Kollegen wollten aber am Samstagmorgen aus Traditionalismus festhalten. Am offensten war Walter Hävernick, der schon etwas bejahrte Ordinarius für Volkskunde. Alle in der Fakultät mochten ihn. Er war ein anerkannter Numismatiker und seit 1947 Direktor des Museums für Hamburgische Geschichte. Jahr für Jahr lud er die ganze Fakultät mit Damen im Februar zum *Black-Tie-Dinner* ins kerzenerleuchtete Museum ein. Das war nicht nur für ihn der Höhepunkt des Jahres, sondern auch für die Fakultät, die ansonsten, darin ganz anders als die WiSo-Fakultät, keine gemeinschaftliche Veranstaltung auf die Beine stellte. Doch diesmal schoß er ein Eigentor. Als er feststellte, diese Samstagmorgenstunden seien für ihn die schönsten in der ganzen Woche, sorgte das für allgemeines Schmunzeln. Hävernick war für seinen gesunden Fakultätsschlaf bekannt. Die Samstagmorgensitzung wurde also gekippt, und im nachhinein ist zu konstatieren, daß dies der Anfang vom Ende der alten Fakultät war, bei der sich nicht nur der Sitzungstermin überlebt hatte.

Ähnlich wie in der WiSo-Fakultät haben wir aber auch in dieser Fakultät eine ganze Reihe von Kollegenfamilien gefunden, zu denen sich ein freundschaftliches Verhältnis entwickelte. Teilweise waren das annähernd gleichaltrige Neulinge wie wir, die noch keine eigenen sozialen Bezugskreise entwickelt hatten, teilweise auch im Hamburg bereits fest Etablierte. An Geselligkeit und an jeder Art von Überraschungen war also auch in der Philosophischen Fakultät kein Mangel.

Ein abschließendes Wort noch zu Wilhelm Hennis. Seine Entscheidung, den Ruf auf den lange vakanten Freiburger Bergstraesser-Lehrstuhl anzunehmen, gehörte zu den folgenschwersten Vorgängen in meinen Hamburger Anfängen, sowohl institutionell für die der politischen Führung bedürftigen Fakultäten als auch für mich persönlich. Bei meinem Kommen nach Hamburg hatte er diese Möglichkeit schon angedeutet. Ein ihm in Reinbek dargebrachter Fackelzug seiner Studenten, noch bevor er über den Ruf entschieden hatte, ließ ihn aber ebenso zögern wie die Befürchtung, mit dem inzwischen in Freiburg voll etablierten Platzhirsch Oberndörfer nicht gut auszukommen, was sich bewahrheiten sollte.

Welche Überlegungen schließlich bei ihm den Ausschlag gegeben haben, ist mir unbekannt. Ich habe nie verstehen können, weshalb der so leidenschaftlich an den öffentlichen Kontroversen teilnehmende oder diese auslösende Wilhelm Hennis die Weltstadt Hamburg mit ihren Medien und dem lebhaften Politik- und Gesellschaftsbetrieb verlassen hat, um sich in die Freiburger Randlage zu begeben. In den sechziger Jahren war er wie eine Rakete zum kommenden Mann in der Regierungslehre emporgeschossen, ein Analytiker und Polemiker von hohen Graden, der bundesweit Gehör gefunden hatte. In den Hamburger Fakultäten war er gut vernetzt, zu den Sozialdemokraten in der Bürgerschaft bestanden gute Verbindungen, schließlich war er in den frühen fünfziger Jahren bei der SPD-Fraktion Assistent gewesen. Man kannte allerdings auch sein cholerisches Naturell. Im Zusammenhang mit der Hochschulgesetzgebung, die er aus gutem Grund erbittert bekämpfte, suchte er in Baden-Württemberg bei dem CDU Anschluß, brachte dort aber kein Bein auf den Boden, verkrachte sich auch mit Kohl, den er zeitlebens für ein deutsches Verhängnis hielt und bald erbittert bekämpfte, mutierte dann beim Kampf gegen die Kernkraftwerke schon früh zu einem konservativen Grünen und verströmte schließlich über die Jahrzehnte hinweg sein großes Talent in scharfsinnigen Studien über Max Weber, statt bei der Regierungslehre zu bleiben, in der er unschlagbar gewesen wäre.

Für mich war er immer ein Beispiel dafür, wie eine Fehlentscheidung bei einem Ruf im besten Alter, dies in Tateinheit mit einem ungezügelten Temperament – so sah ich es jedenfalls aus der Ferne – in eine Sackgasse führen kann. Wenn wir uns später gelegentlich wiedersahen, kam es immer zu lebhaften, guten Gesprächen. Doch verspürte ich stets ein gewisses Mißtrauen wegen meiner unverändert freundschaftlichen Verbindung mit Oberndörfer und dem Arnold-Bergstraesser-Institut, aber auch weil er in mir ganz zu Unrecht einen gehorsamen Ritter im Hofstaat von Helmut Kohl sah. Beim Erscheinen der Hennis-Biographie von Stephan Schlak im Jahr 2008, die ihm gerecht wurde, habe ich ihn nochmals in der *Welt* ausgiebig gewürdigt. Das hat ihn erfreut, doch hat er mich wissen lassen, er sei ständig krank und habe keine große Freude mehr am Leben. Die Zukunft der Bundesrepublik sah er nachtschwarz. Im Jahr 2013 ist er verstorben, wenige Monate vor seinem 90. Geburtstag.

Mich selbst hat er durch den unvorbereiteten Weggang nach Freiburg in eine Zwangslage manövriert. Eine wohlüberlegte Nachfolgeregelung war nicht möglich. Die Hamburger Politische Wissenschaft war auf bestem Weg zu einem Massenfach, schwierige Verhandlungen über verschiedene Studien- und Prüfungsordnungen standen bevor. Alle Beteiligten, auch ich selbst, waren der Meinung, daß dies keine längere Vakanz erlaubte. Ich lasse das verworrene Hin und Her beiseite. Das Rennen machte Winfried Steffani. Er kam eigentlich aus einem guten Stall, von Ernst Fraenkel in Berlin, und ist dann bis zu seiner Emeritierung in Hamburg verblieben. Mit ihm kam ausgerechnet aufs Wintersemester 1967/68, in dem die Studentenbewegung auch die Universität Hamburg in ihren Strudel zog, ein Kollege an Bord, der vom Berliner Virus infiziert war.

Aufbau des Lehr- und Forschungsbetriebes

Als ich meine Tätigkeit in Hamburg aufnahm, sah ich mich mit einem Problem konfrontiert, das vielen Erstberufenen zu schaffen macht. Sie verfügen über Stellen, kennen auch die Erfordernisse der Lehre und wissen, wo sie kurz- und mittelfristig ihre eigenen Forschungen ansiedeln wollen, verfügen aber noch über keinen Stamm bei ihnen ausgebildeter Doktoranden. Erschwerend kam in meinem Fall noch hinzu, daß der gleich nach meinem Kommen einsetzende universitätspolitische Umbruch nicht nur die Professoren, sondern auch ihre Mitarbeiter charakterlichen Prüfungen unterwarf, die in dieser Art einmalig waren.

Erfreulicherweise habe ich in diesem Punkt keine größeren Fehler gemacht. Das Team von Mitarbeitern, das sich zusammenfand, war erfreulich fachkundig, vielseitig und geistig selbständig. Anregend für die Studierenden und für mich selbst war, daß dieses Team politisch auf unterschiedlichen Positionen stand. Sozialdemokraten vom rechten Flügel, Mitarbeiter aus dem Unionslager und Freie Demokraten waren gleicherweise willkommen. Systemüberwinder, an denen in der damaligen Politikwissenschaft kein Mangel war, hielt ich mir tunlichst vom Leibe.

Ich widerstehe der Versuchung, an den Hamburger Mitarbeiterkreis *nominatim* zu erinnern, mache aber eine Ausnahme. In dieser ziemlich breit aufgestellten Truppe, die ich für die Arbeit im Seminar interessieren konnte, war Helga Haftendorn ein besonderer Glücksgriff. Sie hatte bei Carlo Schmid promoviert, war durch ihr Studium in Amerika stark geprägt und danach eine Reihe von Jahren am Forschungsinstitut der DGAP in Bonn tätig gewesen. Unsere fachlichen Interessen deckten sich. Beide waren wir von dem überragenden Wert der USA für die deutsche Außenpolitik überzeugt und gingen von realpolitischen Prämissen aus. Im Unterschied zu mir schätzte sie den Nutzen der Rüstungskontrollpolitik höher ein, als ich das tat. Sie ließ sich auch durchgehend von ihrer gedämpft optimistischen Befürwortung ost-westlicher Entspannungspolitik nicht abbringen. Für mich war sie ein wünschenswertes Korrektiv meiner stark defensiven, der Sowjetunion gegenüber prinzipiell negativen Grundeinstellung. Ich verdanke ihr ein vertieftes Verständnis für den Nutzen multilateraler Entspannungspolitik. Wichtig war, daß sie aus ihrer Tätigkeit bei der DGAP über eine breite Kenntnis einschlägiger Experten in den westlichen Hauptstädten verfügte. Das ist unseren gemeinsamen Arbeiten zugute gekommen, so erstmals bei einer Tagung über die KSZE, aus der 1970 ein anregender Sammelband resultierte. Sie gehörte zum Stamm der Workaholics, hat sich in den Lehrbetrieb voll eingebracht, half unermüdlich mit, bei dem lästigen universitätspolitischen Umgestaltungsprozeß die Bank der Akademischen Räte zu stabilisieren, brachte ständig eigene Studien heraus und hat sich 1972 mit einer breit angelegten Habilitationsschrift *Abrüstungs- und Entspannungspolitik zwischen Sicherheitsbefriedigung und Friedenssicherung. Zur Außenpolitik der BRD 1955–1973*[57] habilitiert. Von allen meinen Mitarbeitern hat sie auf dem Feld der Internationalen Beziehungen die tiefsten Spuren hinterlassen. 1973 wurde sie als erste Professorin an die Hochschule der Bundeswehr in Hamburg berufen und war alsdann von 1977 bis zu ihrer Emeritierung im Jahr 2000 die in den Fragen der internationalen Politik maßgebliche Autorität an der Berliner FU mit zahlreichen Verbindungen in die USA und nach Skandinavien.

Seit den Freiburger Tagen war mir klar, wie belebend die Impulse wissenschaftlich versierter Praktiker sind, die Zeit und Lust aufbringen, ihre Erfahrungen den Studenten mitzuteilen. Da die Fraktionen der Hamburger Bürgerschaft in den bewegten Jahren der Reformpolitik mit der Universität durchweg im Clinch lagen, hielt ich allerdings Lehraufträge an Abgeordnete für unangebracht. Interessanter waren wissenschaftlich qualifizierte Lehrbeauftragte aus dem Medienbereich. Einer derer, die bei den Studierenden besonders gut ankamen, war Theo Sommer von der *Zeit*. Auch mit Bernhard Wördehoff, damals Chefredakteur für Politik beim NDR, entwickelten sich anregende Arbeitsbeziehungen. Über ihn kam auch die Verbindung mit Wolf Graf von Baudissin zustande.

Nach seinen Jahren als Bundeswehrreformer in der Bonner Ermekeil-Kaserne und nach einem Truppenkommando war Graf von Baudissin seit Beginn der sechziger Jahre in hohen NATO-Funktionen tätig gewesen, zuletzt als Stellvertretender Stabschef bei SHAPE. Ich wußte, daß er zu den Bundeswehrgenerälen gehörte, die zur SPD beste Beziehungen unterhielten. Daß er 1966 der ÖTV beigetreten war, gefiel mir nicht besonders. Doch unter den Hamburger Bedingungen und beim Blick auf die damalige Agitation der APO gegen die NATO begrüßte ich seine Bereitschaft, im Seminar für Politische Wissenschaft einen Lehrauftrag zu übernehmen. Nachdem die ersten Angriffe des MSB Spartakus abgewehrt waren, hat er während meiner gesamten Hamburger Zeit eine von den Studenten sehr geschätzte Lehrtätigkeit wahrgenommen.

Graf von Baudissin entsprach dem Idealbild des gebildeten Offiziers, das den preußischen Reformern vorgeschwebt hatte, hatte Desinvolture, verfügte über einen beträchtlichen Charme und besaß auch ein sicheres Gespür für die Medien. Seine Frau, eine geborene Gräfin zu Dohna-Schlodien, war eine begabte Bildhauerin und politisch wohl radikaler als er. Die beiden sammelten die damals angesagten Gemälde der jugoslawischen Moderne, und wir haben in ihrem kultivierten Haus eine Reihe von denkwürdigen Abenden verbracht. Ich selbst erfuhr in vielen Gesprächen mit Graf von Baudissin, wie man bei der NATO-Generalität über die damals strittigen Fragen – Nuklearpolitik, die Rüstungskontrollpolitik, die Rolle Frankreichs und der USA – dachte und wo bezüglich der Entspannungspolitik selbst bei einem fortschrittlichen General die Warnsignale aufleuchteten. Als Graf von Baudissin in der Schlußphase meiner Hamburger Tätigkeit mit Unterstützung des Hamburger Senats am Falkenstein ein Institut für Friedensforschung und Sicherheitspolitik errichtete, habe ich das unterstützt, machte mir später aber doch meine Gedanken, als dort unter dem Einfluß der von ihm angeworbenen Mitarbeiter die Friedenspolitik sehr groß, die Sicherheitspolitik aber nur kleingeschrieben wurde.

Die Arbeit mit den Studierenden war von Anfang an eine Freude. Selten in den späteren Jahrzehnten hatte ich Studenten, die nicht nur wissenschaftlich aufgeschlossen, sondern zugleich auch politisch so munter waren, wie das von Politikwissenschaftlern eigentlich zu erwarten ist. Ich hatte volle Vorlesungen und gut besuchte Seminare. Viele Studierende standen zwar links und einige sehr links von der Mitte, doch sie waren intellektuell neugierig. Phasen politischer Hochspannung haben auf mich immer belebend gewirkt, so auch in Hamburg.

Meine Vorlesungen deckten zwei Bereiche ab: Außenpolitik und Internationale Beziehungen einerseits, Demokratietheorie andererseits. Beides entsprach den politischen Erwartungen jener Jahre. Der Vietnamkrieg, die Spannungen im NATO-Bereich zwischen den USA und Frankreich, die Hoffnung und die Tragödie des Prager Frühlings von 1968, die neue Ostpolitik und die Entspannungspolitik Nixons und Kissingers rückten bei den Studenten außenpolitische Fragen in den Vordergrund des Interesses. Gegen Ende der sechziger Jahre entwickelten die Protagonisten der Friedens- und Konfliktforschung eine lebhafte Aktivität. Auch diese Themen waren von den Studenten nachgefragt. Und in der Epoche, als die gesamte Innenpolitik von dem Reizwort »Demokratisierung« bestimmt wurde, verstanden sich Vorlesungen zur Demokratietheorie von selbst.

Seit Mitte der sechziger Jahre hatte auch in der Politikwissenschaft die hohe Zeit des Theoriebauens begonnen. So hielt auch ich es damals für richtig, stark theoriebezogene Überblicksvorlesungen zu den internationalen Beziehungen anzubieten, während ich Fragen der empirischen deutschen oder französischen oder amerikanischen Außenpolitik lieber in den Hauptseminaren behandelte. Beim Aufbau des Kollegs nahm ich mir die Methode Popitz zum Vorbild: Man gliedere den Stoff – erstens – nach systematischen Gesichtspunkten, daraus ergibt sich die Kapitelgliederung. Man wähle dann – zweitens – zu jedem dieser Kapitel eine vielbeachtete Monographie aus, deren Autor etwas Durchdachtes zu sagen hat, und trage dessen Auffassungen sowie die Befunde so unvoreingenommen wie möglich vor. Alsdann unterziehe man dieses Werk – drittens – einer abgewogenen Kritik, bei der die Vorzüge und die Irrtümer dieses Ansatzes zu würdigen sind. Wenn noch Zeit ist, erwähne man – viertens – vergleichbare Forschungen und beschreibe eventuell, wie sich die wissenschaftliche Diskussion über das Analysekonzept künftig weiterentwickelt hat. Über die meisten der damals entwickelten Theorien zur Friedens- und Konfliktforschung ist die Zeit hinweggegangen. Meine teilweise wörtlich, teilweise in Stichworten verfaßten Vorlesungsmanuskripte lassen erkennen, wie bissig ich mich mit den jeweils referierten Autoren kritisch auseinandersetzte.

Beim Blick auf die damaligen Kollegs fällt mir übrigens heute auf, wie stark ich mich stets mit dem jeweils neuesten amerikanischen Schrifttum auseinandergesetzt habe.[58] Darin unterschied ich mich nicht von den Fachkollegen überall im Land. Die Bereitschaft, den aktuellen amerikanischen oder britischen Forschungsstand zu rezipieren und in Kollegs oder Seminaren zu vermitteln, hat bei mir bis weit in die achtziger Jahre hinein angehalten. Eine Durchsicht meiner über zwei Jahrzehnte hinweg aufgebauten Fachbibliothek zeigt Hunderte von einschlägigen Titeln nebst einem Berg von Zeitschriften, die längst vergilbt sind. Die seinerzeitigen amerikanischen Theorien erinnern an die dort oft aus leichtem Holz gebauten Häuser, die nicht auf Dauer gebaut sind und von Tornados leicht hinweggefegt werden.

In der deutschen Politikwissenschaft, auch bei mir selbst, war die Abhängigkeit des Verständnisses des Faches Internationale Politik von den in Amerika und England vorherrschenden Sichtweisen und Methoden jedoch eine Tatsache. Besonders in den USA, weniger in der methodologisch konservativer gebliebenen britischen Forschung, war die Theoriediskussion in heftiger Bewegung. Der Streit der Denkschulen wurde vom deutschen Nachwuchs stark beachtet, der in der Sektion »Internationale Politik« der Deutschen Vereinigung für Politische Wissenschaft (DVPW) seine Diskussionsplattform besaß. So verstand es sich von selbst, dies in den Kollegs und Seminaren an die Studierenden weiterzugeben. Aus dem französischen Forschungskontext waren es zusehends Raymond Aron und Jean-Baptiste Duroselle, von denen ich mich anregen ließ.

Auch in den Kollegs zur Demokratietheorie und zur Komparatistik der Regierungssysteme fand ich die internationale Forschung vielfach ergiebiger als die seinerzeitige deutsche Diskussion, in der sich seit Ende der sechziger Jahre unterschiedlichste marxistische Ansätze steigender Beliebtheit erfreuten. Methodisch ergiebig erschien mir auch hier die Kombination von theoretischen Fragestellungen, die auf moderne Demokratien bezogen waren, mit empirischen Untersuchungen und gelegentlichen Rückblenden in die Ideengeschichte. Ich kam von der politischen Soziologie her und habe nie versäumt, die Studenten mit den Arbeiten von Seymour Martin Lipset, Gabriel Almond/Sidney Verba, Robert A. Dahl oder Giovanni Sartori zu konfrontieren. Die ökonomische Demokratietheorie von Joseph Schumpeter und Anthony Downs betrachtete ich als gutes Gegengift zur doktrinären Politökonomie marxistischer Observanz.

Auf umfassende Überblicksvorlesungen zur Ideengeschichte und zur klassischen Theorie habe ich in Hamburg verzichtet. Hier hatte der Weggang von Hennis eine große Lücke hinterlassen. Ich begnügte mich damit, gelegentlich in Hauptseminaren klassische Texte interpretieren zu lassen, die ich für unverzichtbar hielt. Der Großteil der Seminare drehte sich aber um Themen der Außenpolitik, der Konflikttheorie und der internationalen Organisationen.

Besonders beliebt waren Übungen, in denen ich den einzelnen Seminarteilnehmern die Aufgabe stellte, zu bestimmten Konflikten genau präzisierte Policy-

Strategien sowie taktische Vorschläge aus einer bestimmten Interessenlage zu machen und dies entsprechend zu begründen. So waren beispielsweise zum Palästinakonflikt Handlungsoptionen aus israelischer, ägyptischer, syrischer, palästinensischer, amerikanischer oder deutscher Sicht zu entwickeln. Anfangs taten sich die Studierenden mit der Konzipierung solcher auf Gestaltung abzielender Planungspapiere schwer, bald aber erkannten sie den intellektuellen Reiz dieses Ansatzes.

Nach Einführung des Diplomstudiengangs in Politischer Wissenschaft wurde daraus rasch das Regelstudium. Nur wissenschaftlich besonders ambitionierte Studierende zeigten sich weiterhin bereit, viel Energie, Zeit und auch Geld in eine anspruchsvolle Dissertation zu investieren. Aber es kam ein erfreulich talentierter, auch menschlich sympathischer Kreis von Doktoranden zusammen. Die Arbeit im Oberseminar mit den Doktoranden und Diplomanden gehört zu meinen schönsten Erinnerungen an die Hamburger Jahre.

Nach dieser Skizze der Aufgaben, die in Hamburg auf mich warteten, nun aber zurück zu den Anfängen. Kaum hatte ich hier 1966 eingecheckt, da schwappte die Studentenbewegung von Berlin auch nach Hamburg über.

»Unter den Talaren Muff von 1000 Jahren ...«

Schon lange wurde in den Zeitungen von den Auseinandersetzungen am Berliner Otto-Suhr-Institut, mit Akronym OSI genannt, berichtet, desgleichen von den zunehmend heftigen Protestdemonstrationen der Studenten an der FU gegen die Rolle der USA im Vietnamkrieg. Vor meinem Eintreffen in Hamburg hatte ich mir aber keine Vorstellung von der untergründigen Unruhe gemacht, die auch Universitäten außerhalb Berlins schon erfaßt hatte. Eine Art Augenöffner war eine Einladung zur Evangelischen Studentengemeinde, wenige Wochen nachdem ich die Arbeit in Hamburg aufgenommen hatte. Ich weiß nicht mehr, worüber ich mit den vielleicht vierzig oder fünfzig Studenten und Studentinnen in ihrem düsteren Versammlungskeller an der Esplanade diskutiert habe, stieg aber mit dem Eindruck empor, »das ist ein Club voller protestantischer Paramarxisten«. Jesus war für sie ein Sozialrevolutionär, doch ihr eigentlicher Prophet war Karl Marx.

Unter meinen eigenen Studenten begann es schon spürbar zu knistern. Im Frühjahr 1967, als sich die hochschulpolitische Reformdiskussion intensivierte, hatte ich fürs kommende Wintersemester neben den üblichen Pflichtveranstaltungen auch ein Seminar zum Thema Universitätsreform angekündigt. Dabei machte ich eine interessante Entdeckung. Schon in den ersten Stunden – die berühmte Rektoratsübergabe am 9. November hatte noch nicht stattgefunden – stellten einige der Teilnehmer das damals noch kaum bekannte Konzept der Drittelparität zur Diskussion.

Sie hatten das im Sommer dieses Jahres auf einem Seminar in England aufgeschnappt. Revolutionäre Studenten in Lateinamerika hatten das Modell von Cordoba kurz nach dem Ersten Weltkrieg entwickelt und praktisch erprobt, dem zufolge sich in den Gremien ein Drittel Professoren, ein Drittel Studenten und ein Drittel Alumni (ehemalige Studentenfunktionäre, »die alten Kämpfer«) zusammenraufen sollten. Unter den deutschen Bedingungen ließen sich die Alumni unschwer durch den akademischen Mittelbau ersetzen.

Aufgrund meiner Freiburger Erfahrungen im Seminar für Politische Wissenschaft und mit den dortigen politischen Hochschulgruppen fand ich es ganz natürlich, ja wünschenswert, daß die besonders aktiven Studierenden in meinen Seminaren oder auch bei den Politologen recht zahlreich waren. Einer der besonders munteren, rundum erfreulichen Studenten, den ich gleich nach meinem Kommen als studentische Hilfskraft eingestellt hatte, wurde wenige Monate später zum AStA-Vorsitzenden gewählt. Er hat deswegen weder sein Studium noch seine Hilfskraftpflichten vernachlässigt. Wenn ich mich mit ihm, was nicht selten der Fall war, auf morgens um acht zu einer Besprechung verabredet hatte, war er stets sauber gestriegelt und gebürstet zur Stelle, auch wenn er bis um ein oder zwei Uhr nachts eine der endlosen Vollversammlungen zu dirigieren hatte. Ähnlich erfreulich war die ganze Mannschaft, die sich in den Seminaren des »Pferdestalls« zusammenfand (der Name stammte noch aus der Kaiserzeit, als hier Feuerwehrpferde untergebracht waren). Anders als in Berlin, in Frankfurt oder auch in Heidelberg waren die Studierenden, die in Hamburg Politikwissenschaft studierten, nicht marxistisch indoktriniert. Hennis hatte sie im Geist Max Webers erzogen.

Manche von ihnen waren in der SPD aktiv, natürlich auf deren linkem Flügel. Schließlich war die SPD in Hamburg seit Jahrzehnten eine Art Staatspartei. Vor meinem Kommen nach Bayern habe ich kein anderes Bundesland erlebt, in dem die Mehrheitspartei so tief eingegraben war wie in Hamburg. Das hatte Konsequenzen für die Hochschulpolitik. In Berlin oder in Frankfurt wandte sich die APO unter dem Einfluß des SDS, den Wehner aus der SPD ausgeschlossen hatte, auch und vor allem gegen die SPD. In Hamburg war der SDS schwach, und die SPD hatte – nicht zuletzt auch über die Studenten im Seminar für Politische Wissenschaft – subkutan auf den AStA einen vergleichsweise starken Einfluß. Dabei schlug auch der Flügelkampf bei den Sozialdemokraten stark zu Buch. Anfänglich dominierte noch die SPD-Rechte, gestützt auf den Senat, den mächtigen SPD-Vorsitzenden Paulig und große Teile der Bürgerschaftsfraktion, die vor allem in den Hamburger Arbeitervierteln ihren Rückhalt hatten. In den bürgerlichen Vierteln, so in Harvestehude, in Eppendorf oder auch in einigen Elbvororten, moussierte bereits die neue Linke. Die Machtbalance zwischen rechten und linken Sozialdemokraten begann erst in den siebziger Jahren zugunsten der Linken umzukippen. Ich erinnere mich gut, wie seinerzeit der damals noch junge, recht scharfe Staatsanwalt Hans-Ulrich Klose 1968 oder 1969 zu uns in die WiSo-Fakultät kam, um mit der Fakultät die Fragen der Universitätsreform zu diskutieren. Er war voller Verständnis für die Sacherfordernisse einer Universität, ein typischer Repräsentant des rechten Flügels. Wenige Jahre später war er nicht mehr wiederzuerkennen. Die Mehrheitsverhältnisse hatten sich gedreht.

Seit dem Schah-Besuch in Berlin und dem Tod des Studenten Benno Ohnesorg im Juni 1967 reizte die exzessive Medienberichterstattung natürlich auch in Hamburg zur Nachahmung. Ich selbst erfuhr über meinen Assistenten Lothar Wilker, einen tüchtigen Berliner Diplompolitologen, sozusagen die Wasserstandsmeldungen über die Stimmung an der FU und bei der APO. Gewiß war auch er leicht milieugeschädigt, aber doch von Berlin weggegangen, bevor dort der Radikalismus überhandnahm. So blieb er moderat reformerisch und völlig loyal, was dem Klima an meinem Lehrstuhl bekömmlich war. Zugleich war er an die Berliner Gerüchtebörse angeschlossen, so daß ich ständig über die Entwicklungen am dortigen OSI und die recht unterschiedliche Politik der verehrten Fachkollegen an der FU auf dem laufenden war.

Die Studentenschaft war sichtlich schon vor der berühmten Rektoratsübergabe am 9. November 1967 in heftiger Bewegung, aber noch mit völlig diffusen Zielvorstellungen. Im Vorfeld war bekannt geworden, die Studenten planten ein *Happening*. Aber nicht einmal der aus unserer Fakultät stammende Rektor Werner Ehrlicher wußte Genaueres. Vielleicht, meinte er bei der vorhergehenden Fakultätssitzung der WiSo-Fakultät, würden die Studenten einen ausgestopften, mit Talar bekleideten Professor in die Festversammlung hineintragen. Was dann kam, war ein absurdes Theater von großer Klasse – erheiternd, grotesk, skandalös, ein wahres Festessen für die Mediengesellschaft.

Schon die Kostümierung der Fakultäten in der Garderobe des Audimax vollzog sich in Faschingsstimmung. Bei Gründung der Hamburger Universität nach dem Ersten Weltkrieg hatte man sich für schwere samtene Talare mit Barett und denkbar altmodischen weißen Halskrausen entschieden nach dem Vorbild der Hauptpastoren in den großen Kirchen der Hansestadt. Wenigstens wir jüngeren Professoren konnten diesen Aufzug genausowenig ernst nehmen wie die kritische Öffentlichkeit. Bei der Prozession durch den tunnelartigen Gang zum Audimax war bereits lautes Gejohle zu vernehmen. Ich sagte zu dem neben mir schreitenden Dekan Diederich von den BWLern, der gleichfalls kein Kind von Traurigkeit war: »So müssen sich die ersten Christen gefühlt haben, als sie ins Colosseum schritten, um den Löwen vorgeworfen zu werden.« Wir zogen durch den Eingang, die Treppe zur Balustrade hinab, auf der die Fakultäten Platz zu nehmen hatten, ohne zu merken, wie lächerlich wir uns dabei machten, denn über dem Eingang hielten zwei feierlich gekleidete Studenten das zu Recht alsbald berühmte Transparent: »Unter den Talaren Muff von 1000 Jahren« – ein ganz meisterhafter Gag, auf den man erst einmal kommen muß!

Photographen und Fernsehteams waren bestellt, um den Spaß übers Fernsehen in alle Wohnzimmer der Republik zu tragen.

Die Dekane hatten zuvor die Parole ausgegeben: auf keinen Fall sich provozieren lassen, Würde bewahren! So schritten wir zu unseren Sitzplätzen und studierten das vollbepackte Auditorium. In den ersten fünf oder sechs Reihen die feine Hamburger Gesellschaft, schön gewandete Damen, manche mit den großen Hüten, wie man sie damals noch trug, Herren in Schwarz mit silberfarbenen Schlipsen, zahlreiche Offiziere von der Heeresoffiziersschule und der Führungsakademie der Bundeswehr, Geistliche ... Dazwischen jedoch, schon in den ersten Reihen, kleine Pulks von Studenten im Gammellook. Dahinter, im Parterre, weitere Gäste, vielfach die Ehefrauen der Professoren, stumm dasitzend. Doch im ganzen Parterre gut verteilt Krawallisten. Die Ränge des Audimax waren dick mit Studenten bepackt, wohl von dem noch gemäßigten AStA aufgeboten, die nur klatschten, ohne jedoch grob zu randalieren.

Nachdem sich der erste Tumult gelegt hatte, wurden die Begrüßungsansprachen noch halbwegs ruhig angehört, bis unser Rektor, ein anerkannter Finanzwissenschaftler, mit der feierlichen Rektoratsrede begann. Der Aktualität halber hatte er sich für das Thema »Die Rezession 1966/67« entschieden, die dank des *deficit spending* der Großen Koalition bereits wieder im Abflauen war. Das war ein gefundenes Fressen für die Radaumacher, die ihn an den geeigneten Stellen mit höhnischen Zwischenrufen unterbrachen, von denen er sich aber nicht beeindrucken ließ. Am strammsten waren zwei Studenten, schlampig gekleidet und mit Schlägermützen angetan, die ganz vorn zwischen den Gesellschaftsdamen, den zivilen Honoratioren und den Offizieren Platz genommen hatten. Sie sprangen nach Art eines Jack in the box alle drei oder vier Minuten auf, ballten die Fäuste und schrien drei- oder viermal hintereinander: »Es lebe die proletarische Kulturrevolution!« Kurz, eine Gaudi ohnegleichen.

Immerhin brachte der Rektor seine Ansprache und den ganzen Festakt gefaßt zu Ende. Die Fakultäten erhoben sich, um dem Ausgang zuzustreben, überzeugt davon, daß die Presse am kommenden Tage Partei für die gedemütigten Professoren ergreifen würde, die alles so geduldig über sich ergehen ließen wie stolze Irokesen am Marterpfahl. Doch dann schrie der verehrte Kollege Spuhler, ein Orientalist von Weltruhm, der angeblich ein Dutzend Sprachen draufhatte, laut in die Menge hinein: »Ihr gehört alle ins KZ!« Der gleichfalls weltberühmte Theologe Thielicke rief ein vergleichbares, aber nicht ganz so tabubelastetes Schmähwort. Damit war die Aufführung geschmissen, und die Zeitungen, Springers *Hamburger Abendblatt* ganz vorne dran, empörten sich nur über die ganz unglaubliche Schmähung der so witzigen Reformstudenten.

Mir fiel es sehr schwer, den Studentenprotest über Gebühr ernst zu nehmen. Nicht einmal die Osterunruhen vom April 1968 konnten mich groß erschrecken. Ich weiß

Der Hochschullehrer

noch, wie ich damals meinen ältesten Pullover überstreifte und mich neugierig unter Tausende von Studenten mischte, die abends vor dem Springer-Hochhaus an der Fuhlentwiete protestierten. Die belagerten Springer-Leute hatten auf dem Dach einen Hydranten geöffnet und spritzten mächtige Wasserschwaden auf die johlende Menge herunter. Wie schon bei der Rektoratsübergabe kam mir alles mehr absurd als politisch bedenklich vor.

Nun kann das Erinnerungsvermögen trügen. Aber ein Vortrag, den ich am 6. Mai 1968 auf einer Tagung in der Bildungsstätte Schloß Eichholz unter dem Thema »Student und Politik« hielt, bestätigt mir, wie vergleichsweise entspannt ich damals die Lage eingeschätzt habe – dies in einer Woche, als die Mai-Unruhen an der Pariser Sorbonne bereits de Gaulles Fünfte Republik erschütterten.

Bei meinen Ausführungen ging ich zwar von der Beobachtung aus, daß man seit dem VDSt-Kongreß in München, der vor einigen Wochen stattgefunden hatte, nicht mehr von einer »winzigen Minorität« sprechen könne. Dieser von den AStAs beschickte Kongreß hatte eben mit großer Mehrheit zahlreiche Forderungen der radikalen Linken verabschiedet. Das Hauptproblem, so habe ich ausgeführt, seien aber dennoch nicht so sehr die Extremisten, sondern die große Zahl der Mitläufer.

Für den Erfolg der gegenwärtigen linksradikalen Agitatoren bei der Masse der Mitläufer, so führte ich weiter aus, gebe es ein ganzes Bündel von Ursachen. Da seien zum einen die spezifischen Arbeitsbedingungen an den deutschen Massenuniversitäten (jahrelang verschleppte Studienreform in den Geisteswissenschaften; Rückgang der Mobilität der Studierenden mit gesteigertem Interesse am eigenen Seminar; Statusunsicherheit vieler Studierender; teilweise auch proletarische Lage junger, immer noch abhängiger Erwachsener). Andererseits erkläre sich viel aus den veränderten mentalen und politischen Bedingungen (stärker antiautoritäre Attitüden bei Schülern und Studierenden; »Vergangenheitsbewältigung« mit dem Lobpreis von Widerstandsgesinnung; Auswirkungen des Barthianischen Linksprotestantismus im evangelischen Raum und des Zweiten Vatikanums bei den Katholiken; Abschwächung des Antikommunismus im Zeichen der Entspannungspolitik ... Dazu die kurzfristigen Auslöser: Große Koalition, Vietnamprotest, Notstandsgesetzgebung).

Das machten sich die radikalen Gruppen zunutze. Sie hätten das neuartige Konzept entwickelt, die apolitische Mehrheit »durch provokative Aktionen« aufzuklären, wobei sich die Ablaufphasen wie folgt charakterisieren ließen:

I. Fixieren der Aufmerksamkeit größerer Gruppen von Mitläufern (auf Universitätsreform, Notstandsgesetzgebung, Springer-Konzern, Vietnamkrieg, Schah-Besuch);
II. Erwerb moralischer Respektabilität durch anfängliche Verwendung der Methoden der *Civil-disobedience*-Bewegung;
III. Emotionalisierung der in Gang gesetzten Massen, am liebsten durch Verleitung zu ungesetzlichem Verhalten, die unverhältnismäßig grobe Reaktionen der Staatsgewalt zur Folge haben; Aufreizung zu Gewalttaten;
IV. Befestigung und theoretisches Vertiefen dieser Erfahrungen durch nachfolgende Diskussionen mit den aufgewühlten Studentenmassen, die zugleich dazu aufgeputscht werden, neuen Aktionen zuzustimmen;
V. Transmission der Unruhe in andere soziale Bereiche.

Die Medien würden die radikalen Organisationen und deren Matadore populär machen. Professoren, Journalisten, Geistliche und Politiker wußten es zu schätzen, sich gemäß den Normen der liberalen Gesellschaft mit den Unruhestiftern auf die Couch zu setzen und ihrer Programmatik die Reverenz ernsthafter Aufmerksamkeit zu erweisen. Was bislang als *lunatic fring* beiseite geschoben worden war, werde nun ernst genommen. Seien die ersten Provokationen erst einmal akzeptiert, gewöhne man sich daran, das Abnormale als normal zu betrachten.

Dennoch meinte ich beruhigend: Der internationale Vergleich zeige, daß Studentenunruhen keine Dauereinrichtung seien. Permanente Unruhe herrsche nur dort, wo man die Unruheherde durch Institutionalisierung von Mitbestimmungsrechten oder von Rätesystemen perpetuiere – das müßten die Parlamente verhindern. Wesentlich sei, die Zahl der Mitläufer möglichst kleinzuhalten. Dazu müßten die Parteien die studentische Kritik dort aufgreifen, wo sie diskutabel ist: »die Kritik an der verschleppten Hochschulreform, die Kritik an der Pressekonzentration, an schlechten Beispielen innerparteilicher Demokratie, an der Großen Koalition, die durch ihr bloßes Vorhandensein dem Unwillen immer neuen Auftrieb geben wird«. Um gezielte administrative und gerichtliche Maßnahmen gegen die Unruhestifter, meinte ich, werde man aber wohl kaum herumkommen.

Meine damals noch vorhandene Hoffnung auf eine durchschlagende Wirkung antitotalitärer Studentengruppen von der Art des RCDS mußte ich allerdings bald herunterschrauben. Ein Großteil der Studierenden ließ die radikalen Gruppen ziemlich apathisch gewähren.

Überhaupt fand meine Analyse keinen allgemeinen Beifall. Einer der Teilnehmer, der Historiker Konrad Repgen, damals Professor an der Saar-Universität in Saarbrücken und viel später mein Bonner Kollege, fragte: »Und was wäre, wenn wir uns heute bereits in einer vorrevolutionären Situation befänden?« Solche Befürchtungen schienen mir überzogen. Meine Lagebeurteilung war damals und später doch stark von der Anschauung der Gegebenheiten am Hamburger Von-Melle-Park bestimmt. Der Campus befand sich periodisch, in einigen Instituten auch schon dauerhaft, in sichtlicher Unruhe. Begab man sich aber nur 100 Meter rechts oder links in die Straßen des Rothenbaum-Viertels hinein, herrschte ein völlig normales Leben. Niemand kümmerte sich auch nur im geringsten darum, was aufgeregte Studenten in ihren Seminaren oder Vollversammlungen so alles forderten oder beschlossen.

Hochschulreform in Hamburg

Auch in Hamburg kam es nun zu ersten Gewaltsamkeiten, wie sie in Berlin längst zum Alltag gehörten. Aber Hamburg war nicht Berlin. Was der dortigen SPD mißlungen war, glückte ihr in Hamburg. Die Übergriffe hielten sich in Grenzen. Dies vor allem deshalb, weil der Hamburger SDS längst nicht so revolutionär gestimmt war wie die Genossen in Berlin oder in Frankfurt. Manche der radikaldemokratischen Studenten verblieben in der SPD, bewirkten dort allerdings mittelfristig einen Linksruck. Die Studentenschaft insgesamt blieb aber unter Kontrolle der in Hamburg tief eingegrabenen Sozialdemokraten, denen es gelang, die Unruhe durch eine tiefgreifende, zügige Hochschulreform zu kanalisieren. Die Zeche zahlte allerdings die Universität. Sie wurde nach dem problematischen Modell der Gruppenuniversität umstrukturiert, was ihr auf mittlere und längere Sicht nicht gut bekommen ist.

Ich selbst mußte jetzt erkennen, daß der schöne Gedanke, den unzufriedenen Studenten zwar Mitsprache in allen akademischen Gremien, aber keine weitreichende Mitbestimmung zu gewähren, ein illusionärer Wunsch war. Auch die gemäßigten Studierenden versteiften sich jetzt auf die simple Forderung nach Drittelparität. Im politischen Raum kam nun vieles in Bewegung. Die in Hamburg chronisch schwache, eher verachtete CDU suchte mit weitreichenden Anträgen zur Hochschulgesetzgebung die SPD links zu überholen. Die überregionalen Hamburger Zeitungen (*Die Zeit, Stern, Der Spiegel, Die Welt,* auch das *Hamburger Abendblatt*) forderten ziemlich unisono Reformen mit weitreichenden paritätischen Vorgaben.

Zu meinem Kummer begann jetzt im eigenen Seminar Winfried Steffani, ohne Rücksprache mit mir, das Fähnchen des Reformers zu schwenken, und plädierte im Vorgriff auf gesetzliche Regelungen für einen provisorischen, paritätisch zusammengesetzten Institutsrat. Ich befürchtete einen ähnlichen Imageschaden für das Fach wie in Berlin und markierte in einem überflüssigen Rundschreiben an die Kollegen in der WiSo-Fakultät meine Gegenposition, hatte also nun den Krach im eigenen Haus mit gleichzeitig lädiertem Image bei den Studenten. Immerhin ließ sich so der Vorstoß über die Fakultäten vorerst stoppen, und als das riesige Pädagogische Institut und die Historiker mit provisorischen Paritätsregelungen vorpreschten, sprach niemand mehr von der Politischen Wissenschaft.

Wohl oder übel rückte ich in diesen Monaten näher an die bisher verachteten Konservativen in der Philosophischen Fakultät heran. Daß die Drittelparität die Institution Universität im Kern politisieren würde, schien mir sicher, selbst wenn es vorerst gelänge, dadurch die offen antidemokratischen Gruppierungen zu überspielen. Auch ich glaubte, aus der Beschäftigung mit dem Schicksal der Weimarer Republik meine Widerstandslektion gelernt zu haben, und zog daraus die Schlußfolgerung, die Freiheit der Wissenschaft kompromißlos zu verteidigen – gegen die inzwischen offen antidemokratischen marxistischen Studentengruppen, gegen irregeleitete Reform-Studenten, gegen die damals besonders uneinsichtigen Medien und gegen jene Parlamentarier in allen Parteien, die an neuen Hochschulgesetzen bastelten.

Es lohnt nicht, die Umgestaltungen der kommenden drei Jahre im einzelnen zu schildern. Für eine Reform der Universität aus eigener Kraft war es längst zu spät. Dem zuständigen Präses und seinen hohen Beamten entglitt das Gesetz des Handelns. Wie in anderen Bundesländern nahmen auch in Hamburg die Fraktionen und der SPD-Parteivorstand das Heft in die Hand. Die Universitätsspitze und die Fakultäten wurden in die Defensive gedrängt. In den Monaten vor der gesetzlichen Neuregelung durch ein weitreichendes Hochschulgesetz sahen sie sich genauso wie der AStA und die Angehörigen des Mittelbaus zum bloßen Lobbying verurteilt.

Ein Besuch im Besenbinderhof, wo die SPD ihr Hauptquartier hatte, ist mir noch lebhaft in Erinnerung. Im Vorfeld der parlamentarischen Beratungen über das neue Hochschulgesetz hatte ich unserem französischen Dekan Pierre Aubenque, der sein Amt mit tapferem Zynismus wahrnahm, aber dem deutschen politischen Treiben doch etwas hilflos gegenüberstand, einen Vorstoß bei dem in Sachen Hochschulgesetz maßgeblichen Bürgerschaftsabgeordneten Helmut Kalbitzer angeraten. Wir identifizierten ein halbes Dutzend *Essentials* des Gesetzentwurfes, die wir unbedingt geändert sehen wollten. Über einen meiner Studenten, der schon eine höhere Vorstandsposition bei der SPD innehatte, wurde der Kontakt hergestellt. Dann begab sich der Dekan der einstmals so stolzen Fakultät dorthin, begleitet von vier oder fünf Kollegen, einer von denen war ich selbst, ein anderer der Germanist Karl Ludwig Schneider, der wie Kalbitzer in NS-Gefängnissen eingesperrt gewesen war. Der große Mann machte sich natürlich ein Vergnügen daraus, die Professoren 20 Minuten warten zu lassen. Das Gespräch war aber ein Erfolg. Dem Gesetzentwurf wurden die schlimmsten Giftzähne gezogen.

Die WiSo-Fakultät, in der weltkundige Professoren tätig waren und die zeitweise auch noch den Rektor stellte, kam einigermaßen zurecht. Einer der zähesten Kämpfer war hier der zupackende sozialdemokratische Kollege Heinz-Dietrich Ortlieb. Ortlieb, den ich sehr schätzte, gehörte zum rechten, stark gewerkschaftsorientierten Flügel der SPD. Lange Jahre war er eine maßgebliche Persönlichkeit an der Spitze der Akademie für Gemeinwirtschaft gewesen und inzwischen Direktor des Hamburger Welt-Wirtschafts-Archivs (HWWA), das unter ihm zu einem der führenden Wirtschaftsforschungsinstitute wurde. Wie verschiedene meiner Kollegen an der WiSo-Fakultät hatte er längere Zeit einen »dritten Weg« zwischen Kapitalismus und staatsbürokratischem Sozialismus, eben die Gemeinwirtschaft, postuliert. Als unser einstiges Fakultätsmitglied Karl Schiller und mit ihm Helmut Schmidt zu Säulen der Großen Koalition wurden, hatte auch er mit der sozialen Marktwirtschaft zögernd seinen Frieden gemacht. Ich erinnere mich noch daran, wie er mir gesprächsweise sagte, er sei fast allein gewesen, als die öffentliche Meinung in Ludwig Erhard den großen Heilsbringer sah. Nun, da die öffentliche Meinung, von der APO aufgestachelt, nach radikaler Hochschulreform verlange, denke er überhaupt nicht daran, diesem Trend nachzugeben.

Am schlimmsten war die Philosophische Fakultät dran. Die älteren Kollegen, die lange Zeit das große Wort geführt hatten, fielen weitgehend aus. Der SDS machte sich einen Sport daraus, die Bücher und Zeitschriftenbestände der Jahre 1933 bis 1945 zu durchwühlen. Wie zu erwarten, gab es viele, die man jetzt bei *Go-ins* oder anläßlich einer Institutsbesetzung mit offen nazistischen oder zumindest peinlich angepaßten Äußerungen konfrontierte. Eines der Hauptopfer in der Fakultät war der sehr angesehene Psychologe Peter Hofstätter, ein anderer der Turkforscher Bertolt Spuler, der bei der Rektoratsübergabe schlimm aus den Pantinen gekippt war und dem man nun vorwarf, gegen Kriegsende 1944/45 auf Sonderkursen turkmenische Gefangene für den Einsatz gegen die Rote Armee zu Feldmullahs ausgebildet zu haben. Manche von den jüngeren Kollegen aus der Kriegsgeneration hatten eigene Kinder auf den Oberklassen oder schon beim Studium, die vom 68er-Geist angetörnt waren. Kein Wunder, daß sie nun für die radikalen Forderungen der Studenten Verständnis aufbrachten.

Plötzlich waren nun ganz junge Professoren meines Schlages gefragt, die keine braune Weste aufwiesen und nicht, wie mancher meiner Generation, gemeinsame Sache mit den radikalen Studenten machten, sondern sich im Bund Freiheit der Wissenschaft oder auch unorganisiert wie ich selbst zum Widerstand entschieden hatten. Es gab mir schon zu denken, als völlig unerwartet im Vorfeld der Dekanswahl einer der älteren Kollegen bei mir im Auftrag der Konservativen in der Philosophischen Fakultät sondierte, ob ich nicht bereit sei, das Amt des Dekans zu übernehmen. Ich lehnte dankend ab mit dem durchaus zutreffenden Hinweis, ich kenne ja noch nicht einmal alle Kollegen der riesigen Fakultät mit Namen. Aber das zeigte das ganze Ausmaß der Verwirrung.

Schließlich fand sich der eben erwähnte französische Kollege Pierre Aubenque bereit, der von 1966 bis 1969 ein Gastspiel in Hamburg gab, das Amt zu übernehmen. Er war damals gerade 38 Jahre alt. Als er es nach einem Jahr erschöpft abgab und nach Paris zurückging, entschied sich die Fakultät für den Psychologen Kurt Pawlik – er war genauso alt wie ich –, einen international sehr angesehenen, kühlen und konservativen Österreicher, der den schwierigen Übergang zur Gruppenuniversität bei zwei aufeinanderfolgenden Dekanaten hervorragend meisterte. Er wurde allerdings durch Go-ins und andere Späße erheblich geplagt. Wann immer er über den Campus ging, mußte er die mit großen roten Lettern auf den Brunnen im Von-Melle-Park gepinselte Inschrift lesen: »Macht Schaschlik aus Pawlik«. Niemand von der Universitätsleitung dachte daran, das übermalen zu lassen.

Dennoch ist es 1968 und 1969 noch irgendwie vergnüglich und auch herrlich absurd zugegangen. Unvergeßlich sind mir die Szenen in der einstigen Philosophischen Fakultät, die jetzt abends ab 18.00 Uhr tagte, wobei erst zwei, dann mehrere Studierende mitwirkten, wie auch ich dies von Anfang an für richtig gehalten hatte. Anders als in der WiSo-Fakultät, wo es weiter diszipliniert zuging, herrschte hier *high life*. Besonders unerschöpflich mit Anträgen und Interventionen, gleicherweise nervig und unterhaltsam, war eine Germanistin mit Namen Kuckuck, das Töchterlein des Direktors des Christianeums. Die Studentenvertreter hielten die fünfzig und mehr Professoren manchmal bis Mitternacht in Atem. In vorgerückter Stunde brachten sie auch Bierflaschen zum Vorschein, und als diese ausgetrunken waren, rollten sie diese über den einstmals geheiligten Fakultätstisch.

Die Neugliederung der Fakultäten durch das neue Hochschulgesetz machte den anarchischen Zuständen ein Ende. Nach verschlungenen Beratungen wurde aus den Sozialwissenschaften, den Philosophen und den Psychologen der neue Fachbereich PPS gebildet, dies nach den jetzt geltenden Regeln der Gruppenuniversität. Die enge Verbindung zwischen den Sozialwissenschaften und den Wirtschaftswissenschaften wurde nun aufgelöst, mit langfristig negativen Folgen für die Politikwissenschaft in Hamburg.

Bezüglich der Professoren hätte ich es schlechter treffen können. Die Soziologen Kluth und der Sozialhistoriker Jantke waren stabile Kollegen, ebenso die Psychologen Hofstätter und Pawlik. Mit letzterem hatte ich in den Tagen seines Dekanats gut zusammengespielt, da bedurfte es nicht vieler Worte. Zu den Philosophen bestanden freundschaftliche Beziehungen. Der Philosoph Reiner Wiehl war ein menschlich vornehmer, akademisch schon weit herumgekommener Gadamer-Schüler. Annemie und Frau Wiehl konzertierten damals zusammen. Auch den ruhigen

Semiotiker Klaus Gehler schätzten wir sehr. Die beiden hatten aufgeatmet, als der genialische, aber auch unruhige Carl Friedrich von Weizsäcker, über die Jahre hinweg der Übervater im Philosophischen Seminar, zusammen mit den zumeist linksradikalen Genies, die ihn umgaben, an das neugegründete Starnberger Institut für Zukunftsforschung abgewandert war. Problembären bei allen ideologiebehafteten Entscheidungen (seit 1968 waren das so gut wie alle Personalangelegenheiten, doch auch die meisten Sachfragen) waren mein Fachkollege Steffani und der Psychologe Reinhard Tausch, der in Hamburg damit befaßt war, die neue Richtung der Gesprächstherapie einzuführen, ein Ansatz, den ich mit spöttischer Skepsis betrachtete.

Die Vertreter des Mittelbaus waren zweigeteilt, einerseits Assistentenvertreter, andererseits Vertreter der Wissenschaftlichen Räte. Dazu kamen die Studentenvertreter und Vertreter des nichtwissenschaftlichen Personals. Bei den umstrittenen Fragen, und sehr vieles war damals umstritten, spielten persönliche Freundschaften und Feindschaften, Gruppeninteressen, Zuordnung zu den Lehrstühlen, aber auch politische Präferenzen eine schwer quantifizierbare Rolle und bewirkten eine permanente Unsicherheit. Häufig bildeten die Akademischen Räte das Zünglein an der Waage. Doch sicher war nichts, und die undurchschaubaren internen Wahlen bei den Gruppen der Assistenten und der Räte konnten die Machtverhältnisse im Fachbereichsrat entscheidend verändern. Unser eigener Fachbereichsrat, doch das galt mehr oder weniger auch für alle anderen, hatte mit einer von Gegensätzen zerrissenen Parlamentsfraktion oder einem Stadtrat, in dem heterogene Interessen aufeinanderstießen, viel mehr Ähnlichkeit als mit den alten Fakultäten, in denen es zwar oft auch subjektiv und interessenbedingt zuging, wo die wissenschaftlichen Standards jedoch überwogen. Aber genau dies hatte den Abgeordneten bei den Arbeiten vorgeschwebt: ein politisiertes Gremium von Interessenvertretern nach dem Vorbild ihrer eigenen Gremien.

Die Folgen waren vorhersehbar: häufigere Polarisierungen als in den alten Fakultäten, größere Kompliziertheit der Entscheidungsprozesse und ein ganz unverhältnismäßig angewachsener Zeitaufwand für Vorbesprechungen, Telefonate und Papierkrieg, die jeder Sitzung vorhergingen. Auf die unproduktive, aber doch auch kurzweilige Anarchie in den Jahren 1967 bis 1969 folgte der grämliche Winter steriler Gremiensitzungen, in denen Hoffnung, Furcht und Leidenschaft von schlauen Kalkülen abgelöst waren. Es waren bleierne Jahre auf Kosten der wissenschaftlichen Forschung.

Wenn ich dennoch die Freude an der Arbeit nicht verloren habe, so aus zwei Gründen. Da war zum einen das Team meiner Mitarbeiter, das durchgehend entschlossen war, in den Proseminaren auf die wissenschaftlichen Standards zu achten, zugleich aber mit den Studierenden kameradschaftlichen Umgang zu pflegen. Die bürgerlichen Umgangsformen galten noch. Kumpelhafte Duzerei zwischen den

Seminarleitern und den Studierenden, wie sie damals in vielen Seminaren einriß, war in meinem Umfeld völlig unüblich. Zum anderen hatten wir es auch fast durchweg mit erfreulichen Studenten zu tun. Die Massenuniversität machte auch uns schon zu schaffen, und politisch waren die meisten irgendwie links beheimatet. Doch von anarchomarxistischen Fanatikern blieben wir verschont. Bei den Älteren wirkte sich anfangs auch noch aus, daß Hennis seine Jünger mit dem Geist der Max Weberschen Objektivität imprägniert hatte. Im ganzen Seminar für Sozialwissenschaft, auch bei den Soziologen und Sozialhistorikern, fand sich aber auch bei den Professoren und im akademischen Mittelbau kein einziger Prediger marxistischer Überzeugungen. Erst in den frühen siebziger Jahren tauchte bei uns eine kleinere Gruppe verbohrter Studierender vom MSB Spartakus auf, die in der DKP und auf Kursen in der DDR indoktriniert worden waren. Sie fanden aber bei der großen Mehrzahl kein Echo.

Unterstützt von den Kollegen und den Mitarbeitern, achtete ich auch darauf, das in vielen anderen Seminaren am Von-Melle-Park praktizierte wilde Plakatieren zu unterbinden. Niemand in dem schon recht groß gewordenen Seminar dachte an Institutsbesetzungen und ähnliche Späße. Von einer lästigen, aber schließlich rasch zusammengebrochenen Vorlesungsstörung durch den aus der DDR ferngesteuerten MSB Spartakus im Sommer 1971 abgesehen, blieb ich bei meinen Lehrveranstaltungen völlig unbelästigt. Eine Plage war nur das Rauchen in den großen Vorlesungen, auch das bei den Studentinnen offenbar heilsnotwendige Stricken von Pullovern und das zusehends nervtötende Mitbringen von Babys oder Kleinkindern. In der ersten Kollegstunde zu Semesterbeginn äußerte ich deshalb manchmal die demütige Bitte, alle Anwesenden möchten doch dem Auditorium und dem Professor das Rauchen und das Mitbringen von Babys und Hunden gütigst ersparen. Meist wirkte das. Generell machte ich in diesen anderswo recht undisziplinierten Jahren die altbekannte Erfahrung: Wenn man klare, einleuchtende Regeln aufstellt und durchsetzt, wird das respektiert.

Dennoch, die 68er-Bewegung und die Hochschulreform mit allen ihren Fernwirkungen erwiesen sich vor allem als Zeitfresser. Besonders die ausufernde Gremientätigkeit hat mein damaliges Zeitbudget über Gebühr in Anspruch genommen. Vielleicht war das der Grund, weshalb ich keine Lust hatte, mich auch noch an den alle Gazetten füllenden publizistischen Kontroversen um die Hochschulgesetzgebung und die Legitimität der Gruppenuniversität zu beteiligen. Nur gelegentlich habe ich in internen Vorträgen, meist vor CDU-Gremien, zu den Gegebenheiten Stellung bezogen. Einer von diesen trägt den Titel »Alternativen zur Demokratisierung« und das Datum 18. Januar 1974.[59] Vielleicht werde ich diese Analyse in einer Auswahl meiner zeitgeschichtlich interessanten, unveröffentlichten Vorträge eines Tages veröffentlichen. Ich habe dort ganz allgemein von Reformuniversitäten gesprochen.

Doch diese Profilskizze der Gruppenuniversität war zugleich eine Bestandsaufnahme eigener Beobachtungen, für die ich in den Hamburger Jahren von 1969 bis 1974 bestens platziert war. Hier nur das betrübliche Fazit: »So stellt die deutsche Reformuniversität ein Konglomerat von traditioneller akademischer Verwaltung, Pfründenwirtschaft, politischem Agitationszentrum und Macht der Verbände dar. Wo die im alten Stil arbeitenden Verwaltungsbeamten, akademischen Lehrer und Assistenten noch Mehrheiten haben und Durchsetzungswillen bekunden, ist die Institution vielfach noch intakt; anderswo kann man nur eine Häufung von Ineffizienz und bösem Willen beobachten, veranstaltet auf Kosten der Steuerzahler, ermöglicht durch die Demokratisierungsgesetze und gedeckt durch die politischen Parteien, die für diese Gesetzgebung verantwortlich sind.«

Die turbulenten siebziger Jahre

Gastprofessur im postimperialen England

Meine eigenen Hamburger Jahre weisen eine Unterbrechung auf, die mir im Rückblick noch tiefgreifender erscheint, als mir damals voll bewußt war. Diese Zäsur war das Sabbatical am St Antony's College in Oxford vom Herbst 1969 bis zum Sommer 1970. Nach Lage der Dinge war es unvermeidlich gewesen, die ganzen sechziger Jahre hindurch im lieben Vaterland am Ball zu bleiben. Aber nun wurde es allerhöchste Zeit fürs Ausland. In den siebziger Jahren holte ich jene Wanderjahre nach, die ich in den sechziger Jahren umständehalber versäumt hatte. Seit dem Weggang von Freiburg hatte ich mir einen ziemlich kräftezehrenden Betrieb zugemutet. Eine Phase ruhigen Auftankens war hochwillkommen.

Jüngere Politikwissenschaftler meines Schlages haben in ihren frühen Jahren immer wieder die Erfahrung gemacht, daß überall in ihrem Fach deutsche Emigranten als Leitfiguren, Vorgänger und Vermittler tätig waren. Einer von diesen war Dietrich Mende. Er war ein Mann von liberal-konservativer Grundorientierung, der 1937, im besten Mannesalter, nach England emigrierte, sich dort als Journalist durchschlug und nach dem Krieg einige Jahre lang für das Foreign Office arbeitete. 1952 war Mende nach Deutschland zurückgekehrt und seit 1955 bei der DGAP für die Jahrbücher *Die Internationale Politik* verantwortlich. Er sah seine Berufung darin, die Auslandswissenschaften in der Bundesrepublik auf den hohen Standard im damaligen England zu bringen und zugleich den akademischen Austausch zwischen den britischen und den deutschen Universitäten zu initiieren. Meine Monographie *Vom Reich zur Bundesrepublik* hatte ihm gefallen. Er spielte eine Hauptrolle in dem Auswahlgremium. 1968 hatte er mich schon für eine Gastprofessur an der Universität Hull zu interessieren versucht, doch dafür war es zu früh, weil ich eben erst in Hamburg begonnen hatte. Oxford 1969/70 paßte und war natürlich ein viel besserer Standort.

Im College selbst war Antony Nicholls für das VolkswagenStiftung-Programm zuständig. Er hatte in den fünfziger Jahren in München studiert, war ein fundierter Kenner der Frühzeit der Hitler-Bewegung und arbeitete damals mit John Wheeler-Bennett zusammen an einer umfangreichen Monographie über die Nachkriegsplanung im Zweiten Weltkrieg, die mehr oder weniger direkt in den Kalten Krieg geführt hat.[60] Persönlich bescheiden, effektiv, zuverlässig, wissenschaftlich solide und voll guten Willens hat er sich große Verdienste um den akademischen Austausch zwischen Großbritannien, wie es sich damals noch nannte, und der Bundesrepublik erworben. Daß eine große Zahl deutscher Historiker und Politologen auf dem von der VolkswagenStiftung finanzierten Lehrstuhl in enge Verbindung mit dem englischen Universitätswesen kamen und so gut wie alle als Freunde Englands zurückkehrten, ist in starkem Maß sein Verdienst. Während sich viele andere britische Historiker auf die negativen Aspekte der deutschen Geschichte spezialisierten, hat er dem britischen Publikum jenen Teil der deutschen Zeitgeschichte dargestellt, der vorzeigbar ist – Ideen und Praxis der sozialen Marktwirtschaft oder den Entwicklungsgang der bundesdeutschen Geschichte.[61]

Ein Rekognoszierungsbesuch im Sommer 1969 hatte gezeigt, daß das St Antony's, wie es kurz genannt wurde, zu neuen Ufern strebte, Ende der sechziger Jahre aber noch Charme besaß, doch auch die inzwischen von der Zeit überholte Infrastruktur der guten alten Zeit aufwies. Das erst 1950 gegründete, fortschrittliche Graduierten-College, das seit 1963 auch Frauen aufnehmen durfte, stand erst in den Anfängen eines Aufstiegs zu einem der renommiertesten Zentren für Auslandsforschung in der angelsächsischen Welt. Klein und bescheiden war es noch in der altersgrauen, mittelviktorianischen Nunnery an der Woodstock Road untergebracht. Dort befanden sich die Bibliothek, die Verwaltung, ein paar Gastzimmer mit mächtigen Badewannen, deren schwerbewegliche Armaturen in der viktorianischen Ära montiert worden waren, vor allem aber der Speisesaal im Basement, wo man frühstücken konnte und wo zweimal wöchentlich die *Guest Nights* stattfanden, zu denen sich die Fellows im Schmuck des lässig umgehängten Gown begaben und wo der gleichermaßen für seine Kenntnisse Spaniens und für seine Skurrilität berühmte Warden Raymond Carr das Tischgebet in lateinischer Sprache nuschelte.

Das College hatte eben in einem großen Kraftakt unmittelbar neben der Nunnery das moderne, nach der Gattin des Stifters benannte Hilda Besse Building errichtet. Dort waren die Büros zweier Center untergebracht. Das Herzstück war aber ein riesiger Speisesaal für Dinners in Verbindung mit der im Parterre gelegenen St Antony's Late Bar, wo man nach dem Abendessen den Sherry oder den Portwein und den Kaffee zu sich nahm. Böse Zungen behaupteten, das College sei fast bankrott, weil es das Stiftungsvermögen in den viel zu großen Speisesaal investiert habe, der 1970, als er eröffnet wurde, in der Tat noch recht leer wirkte. Erst als es in den siebziger Jahren gelang, einige große Stiftungen zur Errichtung leistungsfähiger Regionalinstitute zu animieren, so daß bald über 400 Graduierte aus aller Welt am St Antony's studierten, stellte sich heraus, wie weitschauend diese Investition gewesen war. Annemie und ich selbst erlebten also bei den Dinners 1969/70 sozusagen das Ende des Mittelalters und den Beginn der Neuzeit.

Mir selbst gefiel dieses Environment auf Anhieb, und so machte sich unsere Kleinfamilie im bis zum letzten Winkel vollgestopften, zusätzlich mit einem Gepäckträger auf dem Dach versehenen Peugeot 404 auf den Weg. Damals war gerade eben eine direkte Fährverbindung zwischen Hamburg und Harwich eingerichtet worden. Die stattliche Autofähre war auf den Namen »Prinz Hamlet« getauft und 19 Stunden unterwegs.

Auf Anraten von Tony Nicholls hatten wir ein Flat in Headington gemietet, in dem das College seine Post-Docs unterbrachte. Alles in allem erwies sich das schlichte Appartement als eine gute Wahl. Oxford selbst liegt im Talkessel, ist im Sommer ziemlich unerträglich schwül und das ganze Jahr hindurch durch lauten Verkehr seiner ursprünglichen Gemütlichkeit beraubt. Headington liegt ein paar Meilen von der Stadt entfernt auf einem Hügel und hat gute Luft. Der berühmteste Bewohner des Städtchens war damals John Tolkien, der Vater der *Hobbits* und des *Herrn der Ringe*, dessen Ruf sich in diesen Jahren weltweit verbreitete. Ich gestehe, daß auch ich damals in jene Geisterwelt von den Guten und den Bösen eingetaucht bin, der uneingestanden die traumatischen Erfahrungen der Generation Tolkien im Ersten Weltkrieg zugrunde lagen.

Unser Wohnviertel Cholesbury Grange, Headley Way, Flat 7, war weit genug von der lärmigen Hauptstraße entfernt, aber auch nahe genug an der Metzgerei, der Bäckerei und anderen Versorgungseinrichtungen. Praktisch war, daß eine katholische Privatschule mit Vorschulklassen für unsere vier und fünf Jahre alten Kids nur ein paar Minuten entfernt war. Die beiden wurden herzlich aufgenommen. Das eine Jahr in der rein englischsprachigen Umgebung hat unserem Nachwuchs ausgesprochen gutgetan. Annemie half beim Eingewöhnen und festigte die Fortschritte mit Dutzenden von Ladybird-Büchern. Heute ist die Erkenntnis pädagogisches Gemeingut, daß die Gehirnwindungen von Youngsters, in denen sich das Wunder des Sprechens vollzieht, bereits im zarten Alter von vier und fünf Jahren flexibilisiert werden müssen, soll das rechte Gefühl für Fremdsprachen entstehen. Diese erste Humusschicht ist in Headington gelegt worden.

In den ersten Wochen des Einlebens im College haben uns auch Fritz Fischer und seine herzliche, zupackende Frau freundschaftlich geholfen. Fischer kannte und schätzte ich schon von Hamburg her. Er hatte vor mir den VolkswagenStiftung-Lehrstuhl wahrgenommen und ist in den britischen Universitäten stark gefeiert worden. Seine ins Englische übersetzten revisionistischen Bücher zur deutschen Kriegsplanung vor und im Ersten Weltkrieg entsprachen naturgemäß dem vorherrschenden britischen Geschichtsbild. Er war ein packender Redner, galt überall als guter Deutscher und genoß es ähnlich wie ich selbst, nach den Unerquicklichkeiten der Hamburger 68er-Jahre wieder in einer intakten Universität zu lehren, Vorträge zu halten und die britische Gastfreundschaft zu genießen. Mit sichtlicher Zustimmung erzählte er mir, wie man in Cambridge mit radikalen Studenten verfahren sei, die bei einem Empfang zum griechischen Nationalfeiertag (in Athen regierten damals die Obristen) die Gäste mit Torten beworfen hatten: Schnellverfahren, innert zwei oder drei Tagen wurden die Rädelsführer verurteilt und dann *consilium abeundi*!

Tatsächlich war es schon ziemlich unglaublich, wie an den britischen Universitäten alles ruhig blieb. War die europaweite Studentenbewegung eben doch ein Vorgang, der sich auf die großen und mittelgroßen Länder Kontinentaleuropas beschränkte – Deutschland, Frankreich, Italien, die Niederlande? Aber warum war das so? Hing es damit zusammen, daß das britische Establishment selbstbewußter aus dem Zweiten Weltkrieg herausgekommen war als das der kontinentaleuropäischen Länder? War der im Vergleich mit England viel zu rasche Ausbau der Massenuniversitäten die Hauptursache? – so fragten wir, ohne überzeugende Antworten zu finden. Jedenfalls zeigte das englische Beispiel, daß die Uhren in England anders gingen als auf dem Kontinent.

Beraten von Tony Nicholls, machte ich mich an die Organisation meiner Seminare. Erwartet wurde generell, daß ich den Teilnehmern die neueste Zeitgeschichte aus deutscher Perspektive vermittle. Es war naheliegend, mit einer Analyse der außenpolitischen Strömungen zu beginnen, die sich in den Besatzungsjahren und in der Frühgeschichte der Bundesrepublik entwickelt hatten. Dabei konnte ich mich auch auf meine eigene Darstellung *Vom Reich zur Bundesrepublik* stützen. Tony Nicholls, der dieses Seminar mit mir zusammen leitete, brachte hier seine Kenntnisse zur alliierten Nachkriegsplanung und zu den Friedenskonferenzen ein.

Zu diesem Seminar haben wir unter anderen auch Michael Balfour eingeladen, der in der britischen Besatzungszone für den Pressesektor zuständig gewesen war. Seine Darstellung *Vier-Mächte-Kontrolle in Deutschland und Österreich 1945–1946* war mir bei meinen Arbeiten von Nutzen gewesen, und er stellte sich als ein kultivierter, reizender Historiker heraus, der Deutschland bestens kannte und offenbar – auch solche Kollegen traf man häufig in England – die Deutschen mochte und die absurden beiden Weltkriege für eine sinnlose Tragödie hielt. Er war damals Professor an der University of East Anglia und hat mich dorthin zu einem Vortrag eingeladen. So lernte ich an einem schönen Frühlingstag diese auch architektonisch beeindruckende Neugründung in Constable's Country kennen. Balfour war voller Geschichten, eine von diesen ist mir geblieben. Rudolf Augstein habe ihm eine Kamera angeboten, um eine Lizenz für das von ihm geplante Magazin *Die Woche* zu erhalten. Er habe abgelehnt, doch als er im Urlaub war, sei Augstein bei seinem Urlaubsvertreter erfolgreicher gewesen. Wegen solcher und anderer Gäste war dieses Seminar nicht ganz uninteressant. Ich hatte aber doch den Eindruck, daß diese Zeit aus Sicht der Studenten fast so weit entfernt war wie die Napoleonischen Kriege und der Wiener Kongreß.

Ergiebiger für mich selbst (ob auch für die Studenten?) war ein weiteres Seminar zur Theorie und Praxeologie der europäischen Integrationspolitik. Europa sorgte in England damals wie später für heftige Kontroversen. Ich selbst hatte mich in Hamburg mit Hans Peter Ipsen etwas angefreundet, seinerzeit einer der führenden Europarechtler, der die Thematik mit hanseatischer Nüchternheit anging. Sein sehr gelehrtes Buch *Europäisches Gemeinschaftsrecht* war sozusagen das Alte Testament des damaligen Europarechts.[62] Darauf gestützt, habe ich meinen Horizont in diesem neuen Rechtsbereich erweitert. Wie es mir früher auch bezüglich der Bibel ergangen war, halte ich dieses Ipsensche Alte Testament für realistischer und bekömmlicher als den Konstruktivismus der heutigen Neutestamentler unter den Europarechtlern. Zu diesen Neutestamentlern gehörten beispielsweise Ipsens Schüler Gert Nicolaysen und Eberhard Grabitz. Besonders Nicolaysen war ein ausgesprochener Föderalist und leitete das Europa-Kolleg Hamburg am Windmühlenweg. Dort war ich auf eine Spur gestoßen, die mir die Augen für das öffnete, was sich momentan in der EWG abspielte. Es war dies eine Sammlung von Grundsatzreden Walter Hallsteins, die in jenen Jahren nur von Europa-Experten gelesen wurden, während eine breite Öffentlichkeit die durchdachten theoretischen Überlegungen des ersten Präsidenten der EWG-Kommission noch nicht so recht zur Kenntnis nahm. Damals diskutierten die Politikwissenschaftler viel lieber die entsprechenden Theorien David Mitranys, Karl Deutschs, von Ernie Haas oder anderen Koryphäen. 1969 hatte Hallstein, den ich bald darauf in Bonn persönlich kennenlernte, seine Monographie *Der unvollendete Bundesstaat* herausgebracht, eine der einflußreichsten Programmschriften der zweiten Jahrhunderthälfte mit starker Wirkung auf die CDU und ganz besonders auf Helmut Kohl.

Während des Sabbaticals war nun Gelegenheit, mir diesen Komplex systematisch zu erschließen. Theoriefreudig, wie ich damals war, habe ich mich in diesem Kontext vor allem mit den amerikanischen Integrationstheorien und Methodenlehren herumgeschlagen, die schon in reicher Zahl vorlagen. Alles, was zum Thema funktionale Zusammenschlüsse im angelsächsischen Raum erschienen war, fand sich in der meist menschenleeren, vorzüglichen sozialwissenschaftlichen Bibliothek auf der 5. Etage des turmartig errichteten Nuffield College. Dort habe ich das entsprechende Seminar vorbereitet und auch einen längeren Aufsatz verfaßt. Er erschien 1971 unter dem Titel »Europa föderieren – aber wie? Eine Methodenkritik der europäischen Integration«[63] in der Eschenburg-Festschrift, wo er nun wirklich nichts verloren hatte und die nach dem gestrengen Willen Eschenburgs überhaupt nicht als Festschrift bezeichnet werden durfte. Immerhin öffnete dieser Essay, der fast den Umfang eines kleinen Buches hatte, die Tür zu den damals mit der EWG befaßten Politikwissenschaftlern und Europarechtlern. Hallstein beispielsweise dankte mir hoheitsvoll für den ihm übersandten Sonderdruck, den er »mit Interesse, Nutzen und Zustimmung« gelesen habe. Als er aber wenig später anregte, seine Reden zur europäischen Föderation herauszugeben, war mir das doch etwas zu viel der Nähe. Ich entzog mich dem mit der Feststellung, für diese Aufgabe müsse ein Jurist gewonnen werden, und Thomas Oppermann in Tübingen hat diese Aufgabe ausgezeichnet gelöst.[64] Meines Waisenkinds in der Eschenburg-Festschrift hat sich P. D. Dagtoglou angenommen und das auf britischem Boden gewachsene Bäumchen der Erkenntnis, über das die Zeit schon längst hinweggegangen ist, bei Basil Blackwell herausgebracht.[65]

Am interessantesten für die Studenten und für mich selbst war ein Seminar zu aktuellen Fragen der Ost-West-Beziehungen. Erfreulicherweise verfügte die VW-Professur auch über einige Sachmittel, die für auswärtige Referenten und deren Reisen eingesetzt werden konnten. Auch hier legte ich Wert darauf, die Studenten durch Herren mit recht gegensätzlichen Auffassungen zu verwirren und somit Nachdenken zu bewirken. Colonel Hunt vom Londoner International Institute for Strategic Studies (IISS), ein konservativer Soldat von altem Schrot und Korn, konnte über die Stationierung eines jeden Panzerregiments oder Geschwaders des konventionell weit überlegenen Warschauer Pakts genauestens Auskunft geben und wunderte sich zurückhaltend, aber deutlich über das Gottvertrauen der westlichen Regierungen. Demgegenüber ließ Graf von Baudissin den hochgemuten Geist Brandtscher Entspannungspolitik wehen, aber auch er mit gebotenem Understatement, da er mit der englischen Mentalität hinlänglich vertraut war. Michael Kaser, ein Fellow von St Antony's, steuerte seine nüchternen Kenntnisse über die Wirtschaft des RGW bei. Am unvergeßlichsten ist mir Jacques Vernant, Generalsekretär des Centre d'Ètudes de Politique Étrangère in Paris. Er verkündete die dort aus gaullistischem Denken genährten Entspannungserwartungen, doch das eigentliche Erlebnis kam erst, als ich ihn in rasantem Tempo über die M6 nach Heathrow zurückfuhr. Urplötzlich knallte, von der Seite heranfliegend, eine fette Taube gegen die Windschutzscheibe, ich konnte zwar den ins Schleudern kommenden Peugeot auffangen, doch mein Gast saß von nun an kreidebleich neben mir und sagte bis zum Flughafen kein Wort mehr.

Die Seminare waren also durchaus lehrreich, nicht zuletzt durch die Gäste. Natürlich hatte ich mich auch privat etwas um die deutschen Doktoranden zu kümmern, die damals am St Antony's oder anderen Colleges studierten. Meine wichtigste Leistung in dieser Beziehung bestand wohl darin, daß ich diesen einen schon etwas heruntergekommenen Volkswagen überlassen habe, den die VolkswagenStiftung dem jeweiligen VW-Professor zur Verfügung gestellt hatte. Wir selbst fuhren unseren Peugeot 404, leider mit dem Lenkrad auf der linken Seite.

Im großen und ganzen waren die Lehraufgaben erträglich. Es war ein echtes Sabbatjahr. Am genußreichsten waren die Guest Nights im College. Solange die Dinners im Basement der alten Nunnery stattfanden, waren sie ein einziges großes Vergnügen. Gewiß, die Speisen waren so, wie sie eben in den nicht durch Reichtum ausgezeichneten Colleges sind. Doch die Weine waren erstklassig, und herrlich war das Gedeck: Porzellan vom Feinsten, schweres Silberbesteck, Silberleuchter so groß und fein geschmiedet, als wäre man bei der Queen zu Gast.

Hier hielt auch Madame Besse hof, die Frau des französischen Stifters, von dem gemunkelt wurde, er habe sein Vermögen mit dunklen Geschäften in Aden gemacht.

Würdevoll mit Goldgeschmeide und Perlen geschmückt, kerzengerade, von immer noch stattlicher Figur und großer Attraktivität, wenngleich schon leicht von der Vergänglichkeit gezeichnet, sozusagen die Begum vom St Antony's College – so lebt sie in der Erinnerung. Anders als in den konservativeren Colleges waren hier auch Damen willkommen, nicht zuletzt Annemie, die als unenglische und durch Jugend ausgezeichnete Schönheit freundlich bewillkommnet wurde.

Gelegentlich gab hier auch der famose William Deakin seinen Auftritt, Churchills Research Assistent auf Chartwell und später im Team von Fitzroy Maclean britischer Geheimagent bei Tito, der wahrscheinlich den Premierminister davon überzeugt hat, es sei gut, auf Tito zu setzen und nicht auf Mihailowitch. Deakin hatte also europäische Geschichte gemacht. Genauso wichtig war seine Rolle in der Geschichte des St Antony's. Achtzehn Jahre lang hat er dort als erster Warden regiert, dabei unermüdlich unterstützt von Fred, dem unermüdlichen Kellermeister des Colleges, seinem einstigen Burschen aus der Kriegszeit, der jeden Herbst nach Frankreich entsandt wurde, um den erlesenen Weinvorrat aufzufüllen. Seit den Zeiten von Deakin war das Gerücht in Oxford nicht auszutilgen, auch St Antony's sei ein Outfit britischer Geheimdienste und intelligenter Auslandspropaganda, worin es sich allerdings nicht von anderen, berühmteren Colleges unterschieden hätte.

Von Zeit zu Zeit fuhr ich auch nach London, so auf Einladung von Freund Roger Morgan zum Chatham House. Diese denkwürdige Einrichtung feierte 1970 ihren 50. Geburtstag. Der wichtigste Festredner war Arnold Toynbee, ein weißhaariger, immer noch aufrechter Herr von 81 Jahren. Er hielt einen geistvollen Vortrag über das Studium der internationalen Beziehungen. Seltsamerweise ist mir davon nur ein Hinweis in Erinnerung geblieben, der sich auch bei meinen eigenen Arbeiten immer wieder bestätigt hat. Vielbeschäftigte hohe Diplomaten, so meinte er bei dieser Gelegenheit, würden häufig nur dann umfangreiche schriftliche Vermerke nach einem Gespräch anlegen, wenn dieses kontrovers verlaufen sei und sie zur Absicherung gegenüber den Vorgesetzten dokumentieren wollten, wie nachdrücklich sie selbst die Position ihrer Regierung markiert hätten. Ob sie das aber tatsächlich getan hätten, sei unsicher.

Dort war es wohl, wo ich Alastair Buchan kennenlernte, den langjährigen Direktor des IISS. Er hatte eben sein Amt an François Duchêne übergeben und stand damals auf dem Höhepunkt seines Ansehens. Seine Methode, heuristische Modelle zu entwickeln, um zu verdeutlichen, wohin sich das europäische Staatensystem hinbewegen würde, war seit Mitte der sechziger Jahre stark in Mode gekommen. Als ich nach Oxford kam, war Buchans Monographie *Europe's Futures, Europe's Choices*[66] in aller Munde. Dort hat er für die siebziger Jahre fünf Modelle entworfen: Evolutionary Europe – Atlanticized Europa – Europe des États – Fragmented Europe – Partnership Europe. Die von ihm kreierte Verbindung von empiriegesättigter Prognose mit konstruktivistischen Wunschvorstellungen hat in der Entspannungspolitik jener Jahre eine erhebliche Rolle gespielt, bis sie von anderen methodologischen Moden abgelöst wurde. Er war ein eindrucksvoller, umsichtiger und schlauer Mann, der seine Modelle mit gebotener Selbstkritik präsentierte. Erstaunlich, daß er und sein Team im IISS eine entscheidende Determinante der siebziger Jahre überhaupt nicht vorausgesehen haben: die von der Explosion des Ölpreises im Jahr 1973/74 bewirkte, lang andauernde weltweite Rezession. Leider habe ich erst Jahrzehnte später bei der Arbeit über die Politthriller im 20. Jahrhundert entdeckt, daß er der Sohn des berühmten John Buchan war, der mit den *Thirty-Nine-Steps* oder *Greenmantle* Musterbeispiele des Propagandathrillers verfaßt hat und zu Beginn des Zweiten Weltkrieges als Generalgouverneur von Kanada verstorben ist. Was hätte ich diesen unter die Internationalisten verschlagenen Sohn eines in der angelsächsischen Welt hochberühmten Vaters alles fragen können!

In dem eben erwähnten Seminar und bei verschiedensten Gesprächen an der Dinner Table oder danach bei Kaffee und Portwein habe ich jedenfalls entdeckt, daß die seit 1963 auch in der britischen Öffentlichkeit dominierenden Entspannungshoffnungen, wie sie auch bei Buchan zu beobachten waren, von einer zunehmenden Skepsis abgelöst wurden. Der Hauptgrund dafür war nicht so sehr die Unterjochung der Tschechoslowakei im Sommer 1968 und auch noch nicht die sowjetische Nuklearrüstung, sondern die Flottenpolitik Moskaus. Offenbar weckten die Aufrüstung mit U-Booten, aber auch der Aufbau einer Überseeflotte sowie die nun einsetzende Stützpunktpolitik tiefsitzende britische Ängste. (Ich fand diese Thematik so interessant, daß ich mich wenig später dazu bewegen ließ, mich an einer Studiengruppe der DGAP mit entsprechenden deutschen Experten zu beteiligen, darunter die in allen Marinefragen sehr kundigen Historiker Jürgen Rohwer aus Stuttgart, Michael Salewski, damals noch in Bonn, Lothar Rühl und der präpotente, kaum zu bremsende Admiral Wegener.) [67]

Bei jüdischen Engländern wie beispielsweise Max Beloff, dessen Schwester Nora beim *Observer* ein großes Rad drehte, bei dem Osteuropahistoriker Werner E. Mosse, den ich in East Anglia getroffen hatte, bei Freund Michael Pinto-Dushinsky vom linken Flügel der Tories und selbst bei dem Soziologen Peter Pulzer mit seinen Sympathien für die Frankfurter Schule verband sich mit der Sorge vor dem sowjetischen Expansionismus auch ein starkes Befremden über die antijüdischen und antiisraelischen Aspekte sowjetischer Außenpolitik. Zur gleichen Zeit, so gewann ich den Eindruck, als in der Bundesrepublik die Hoffnungen auf Überwindung des Ost-West-Konflikts hochgingen, wuchs in England die Russophobie. Auch hier gingen die britischen Uhren offenbar anders.

Im Frühjahr 1970 erlebte ich die Auseinandersetzung über Brandts »neue Ostpolitik« nur aus der Ferne. Ein einziges Mal ließ sich aber studieren, wie die Briten darauf reagierten. Mitte April fand im prächtigen Trinity College zu Cambridge die Königswinterer Konferenz statt. Dahrendorf, damals für kurze Zeit Staatsminister im Auswärtigen Amt, verkündete in schönstem Englisch mit angenehm vertrauenerweckend modulierter Stimme die frohe Botschaft der Entspannungspolitik, wobei er stark unterstrich, daß die Regierung Brandt/Scheel zu gleicher Zeit die Vertiefung der EWG anstrebe. Verblüffenderweise äußerte sich Gerhard Schröder von der oppositionellen, mehrheitlich entschieden kritisch eingestellten CDU/CSU-Bundestagsfraktion in einer der Arbeitsgruppen sehr zurückhaltend. Man konnte aus seiner diplomatisch verklausulierten Stellungnahme eher Zustimmung als Ablehnung herauslesen. Außenminister Stewart akzentuierte die gedämpft positive britische Position. Bei dieser Gelegenheit war ich erstmals in Cambridge, das mir sehr gut gefiel. Einer der deutschen Teilnehmer war Gerhard A. Ritter, damals wie später einer der großen Freunde vom St Antony's College, wo er studiert hatte und danach längere Zeit Fellow des Colleges gewesen war. Er kannte sich in Cambridge aus und fuhr mit mir nach der sehr schönen gotischen Kathedrale von Ely, die mir in Erinnerung blieb, weil die Puritaner den schönen Steinengeln die Köpfe abgeschlagen hatten.

England befand sich in jenen Wochen im Wahlfieber. Damals ging die erste Labour-Regierung unter Wilson zu Ende, und der Reformkonservative und überzeugte »Europäer« Edward Heath gewann die Unterhauswahl, wenngleich nicht triumphal. Bei den Studenten und den Post-Docs im College war die Stimmung ganz eindeutig pro-Labour und entsprechend schrecklich das Besäufnis der Enttäuschten in der Wahlnacht. Es hieß, im St Antony's College hätten nur die Dons und die Porter die Tories gewählt. Als sensationell galt, daß die Automobilarbeiter in dem Vorort Cowley in unerwartet starker Zahl für die Konservativen gestimmt hatten. Der Grund dafür war die Wahlkampagne des Tory-Rechtsaußen Enoch Powell, der gegen die Einwanderung von Westindern und Pakistanis aus dem Commonwealth zu Felde zog. Offenbar waren die fremdenfeindlichen Parolen bei den Arbeitern gut angekommen. Tim Mason, der sympathische, aber ideologisch ziemlich festgezurrte Linksaußen unter den Post-Docs von St Antony's sagte damals weitblickend voraus, künftig werde nicht »class«, sondern »race« die große Polarisierung zwischen rechts und links bestimmen.

Jedermann hatte mich ermahnt, bei diesem Sabbatical doch ja das Leben in Oxford und England zu genießen. Das taten wir auch. Allzu ausgedehnte Exkursionen verboten sich jedoch wegen der noch nicht allzu strapazierfähigen Kids. Es wurde aber doch vergleichsweise viel unternommen. Erst ging es nach Oxford selbst, in die abwechslungsreichen Colleges, zum überdachten Marktplatz mit seinem Reichtum an Gemüse, Blumen und den vielen Cafés, ins Ashmolean, am liebsten aber zur *Countryside*: Abingdon, Clifton Hampden, Bladon mit dem schlichten Grab Winston Churchills und schließlich Blenheim Palace. Alles, was sich gerade noch als Tagesausflug machen ließ, haben wir besichtigt: Stratford upon Avon, die properen Dörfchen in den Cotswolds und Warwick Castle. Auch themseabwärts gab es viel zu sehen. Einmal sind wir zusammen mit dem Hamburger Kollegen Klaus Gehler, der uns besuchte, nach dem idyllischen Maidenhead gefahren, ein anderes Mal mit Gerhard A. Ritter nach Windsor Castle. Doch natürlich inspizierten wir mit den Kindern auch die Highlights von London. Gekrönt wurde der Englandaufenthalt mit einer Ferienreise nach Schottland.

Doch genug von den privaten Unternehmungen. Sie dürfen aber nicht ganz unerwähnt bleiben. Ich habe England noch in einer Phase erlebt, als die letzten Strahlen des *Imperial Sunset* eben erloschen, als sich die heftige Krisenperiode der siebziger Jahre schon erahnen ließ und als auch der Streit über Europa schon heftig war, doch noch nicht so giftig wie wenig später. In der Oberschicht war die Identitätskrise aufgrund des *Imperial Sunset* schon überdeutlich verspürbar. Doch die Identitätskrise der *englishness* war noch kein Thema. Das Vereinigte Königreich war schon kein selbstzufriedenes Land mehr, aber doch noch ein selbstsicheres.

Wie hat mich selbst dieser erste lange England-Aufenthalt verändert oder doch umorientiert? Mein Interesse an englischer Geschichte und englischer Politik war immer groß gewesen. Es wurde diesmal verstetigt. Dank dem intensiven Eintauchen in die britische Zeitgeschichte war ich von nun an mit der britischen Geschichte und Gesellschaft seit der spätviktorianischen Epoche durch Kenntnis der entsprechenden Forschung und Bekanntschaft mit manchen der Forscher ähnlich gut vertraut wie mit den neueren und neuesten Entwicklungen in Deutschland. Ich habe das von da an systematisch weiter gepflegt und ein Vierteljahrhundert später im *Gesicht des 20. Jahrhunderts* einige der wichtigen Persönlichkeiten und Vorgänge von Herbert Henry Asquith bis Margaret Thatcher porträtiert.

Die aktuelle britische Politik behielt ich von nun an scharf im Auge. Kaum ein Sonntag in den Bonner Jahrzehnten, an dem ich später nicht im Bad Godesberger Bahnhof die Konkurrenzblätter *Observer* und *Sunday Times* kaufte, meist auch den *Spectator*, welch letzterer bestätigt, daß in England ganz besonders die Konservativen witzige Essays schreiben. Auch der liberale *Economist* ist seit den Oxforder Tagen meine regelmäßige Sonntagmorgenlektüre. 1972 wurde ich auch Mitglied beim IISS. Dreißig Jahre lang studierte ich nun regelmäßig die dort erarbeiteten Zeitschriften, deren Qualität seinerzeit alles überragte, was zu Sicherheitsfragen in der westlichen Welt erschien. *The Military Balance* und *Strategie Survey* vermittelten in Sachen Militärstrategie eine sichere Faktenbasis für meine Kollegs, Seminare, auch für meine publizistischen Arbeiten. Die vielseitigen Publikationsreihen *Survival* und *Adelphi Papers* waren ständig ein Anlaß zur Überprüfung meiner eigenen Auffassungen.

Die ständige Lektüre der britischen Presse, der politologischen und zeitgeschichtlichen Zeitschriften, der entsprechenden Fachliteratur, der analytischen Kommentare in den Zeitungen und nicht zuletzt der Rezensionen hat auch auf meinen eigenen Stil der Kolumnen, Aufsätze oder Bücher abgefärbt. Die coole, oft leicht spöttische englische Schreibweise ist und bleibt vorbildlich.

Bei den Auseinandersetzungen über die Entspannungspolitik habe ich von nun an auf die britischen Analysen genauso geachtet wie auf alles, was in Deutschland oder in den USA erschienen ist. Das damals, und gut versteckt bis zum heutigen Tag, im Vereinigten Königreich in Kraft befindliche Dogma, daß die Außenpolitik in erster Linie die Interessen des eigenen Landes zu optimieren hat und erst in zweiter oder dritter Linie transnationale, angeblich universelle Werte, ist mir seit den Tagen am St Antony's College in Fleisch und Blut übergegangen. Auch auf meine Einstellung zum europäischen Zusammenschluß hat sich das ausgewirkt.

Neulich habe ich meine längst vergessenen Rezensionen wieder einmal durchgesehen und dabei eine Besprechung der Festschrift für Kenneth Younger gefunden, den früheren Direktor von Chatham House, mit dem ich während des Aufenthalts im St Antony's oder kurz danach zusammengetroffen war. Roger Morgan hatte den Band herausgegeben, in dem Andrew Shonefield, D. C. Watt, Michael Kaser und Morgan selbst das Selbstverständnis des Fachs Internationale Politik erörtert hatten. Der Schlußabsatz liest sich wie ein Resümee meiner eigenen Konversion zu jenem Verständnis der internationalen Beziehungen und der Politikwissenschaft insgesamt, das ich während meiner Jahre in Oxford bei den führenden britischen Experten studieren konnte: »Was ist das gegenwärtig für eine glückliche Disziplin in England! Frei von terminologischer Gespreiztheit und doktrinärer Muffigkeit, wie sie heute in Deutschland als Landplage grassieren. Interdisziplinär offen; ohne Anmaßung gebend und im Bewußtsein des Selbstwertes eigener Ansätze die Leistungen von Nachbardisziplinen verwertend. Das untrennbare Ineinander von internationaler Politik, Gesellschaft und Wirtschaft ganz selbstverständlich erkennend und behandelnd. Problembewußt und zugleich an fruchtbaren Verallgemeinerungen und theoretischen Ansätzen interessiert. Kurz: vorbildlich und schwer zu übertreffen.«[68]

Impressionen: ein wackliges Polen und eine selbstgewisse EWG

Genauso denkwürdig wie meine individuellen Ausflüge waren die Exkursionen mit den Studenten. Im akademischen Lehrbetrieb sind sie das Salz in der Suppe. Von den Hamburger Seminarexkursionen sind mir besonders zwei in Erinnerung geblieben.

Am denkwürdigsten war ein Ausflug, den ich mit meinen Doktoranden in den Pfingstferien 1971 nach Polen unternommen habe. Es war ein Gemeinschaftsunternehmen mit dem Historischen Seminar. Seit 1969 war dort Klaus-Detlev Grothusen Ordinarius für Osteuropäische Geschichte. Auch ich hatte mich in der Berufungskommission für ihn stark gemacht, weil die Staaten und Gesellschaften des zeitgenössischen Balkans im Fokus seines derzeitigen Forschungsinteresses standen, ganz besonders das im gesamten Kalten Krieg für sehr wichtig gehaltene, vielleicht aber doch ziemlich überschätzte titoistische Jugoslawien. Grothusen war ein frischer, umgänglicher Kollege, der zudem nicht weit von der Waitzstraße entfernt wohnte, also eine Art Nachbar. Seine Faschingspartys waren für hamburgische und professorale Verhältnisse ausgesprochen fröhlich. Mit ihm hatte ich die Exkursion vereinbart.

Als Kompagnon bot sich Immanuel Geiss an, ein breit angelegter Historiker, ursprünglich diplomierter Dolmetscher, der sich der Neueren Geschichte zugewandt hatte und zu einem engen Mitarbeiter Fritz Fischers wurde. Seine Habilitationsschrift über die Geschichte des Panafrikanismus hatte mir gut gefallen. Politisch gehörte er damals zum linken Flügel der SPD und spielte im Gründungssenat der Universität Bremen, der in linksradikales Fahrwasser geraten war, eine gewisse Rolle. Die Zeiten, da er unter dem verheerenden Eindruck der Zustände an der Universität Bremen, die anfangs von ihm mit zu verantworten waren, zu einem kämpferischen Konservativen wurde, lagen noch in der Ferne.

Im Historischen Seminar der Umbruchjahre hatten sich die Professoren aber leider zu einer recht weitgehenden Paritätslösung breitschlagen lassen, mit der Folge, daß linke Assistenten und Dozenten, vor allem aber die von moskautreuen Kommunisten dominierte Fachschaft, in alles und jedes hineinredeten. So kam es, daß sich die gut zwei Dutzend Studierenden aus dem Historischen Seminar zu einem großen Teil aus orthodoxen Kommunisten und Kommunistinnen von eher schlichter Intellektualität zusammensetzten. Mein eigenes Team umfaßte etwa ein Dutzend munterer Teilnehmer. Erfreulicherweise hatte sich Graf von Baudissin, immerhin vor noch nicht allzu langer Zeit ein hochrangiger NATO-General, nach diskreter diplomatischer Absicherung, zur Teilnahme an der Fahrt bereit gefunden. Er war 1942 in amerikanische Gefangenschaft geraten und hatte seither die alte Heimat nicht mehr wiedergesehen. Schon durch diesen Reisegefährten war die Busfahrt über die DDR nach Posen, Danzig, Warschau und Breslau sehr lehrreich. Politisch war er für die neue Ostpolitik eingenommen, ließ aber zugleich Entsetzen erkennen über die Verhältnisse der Landwirtschaft und den Zustand der kleinen und mittleren Städte.

Noch amüsanter aber war es, die Reaktion der Genossen und Genossinnen vom MSB Spartakus auf den real existierenden Sozialismus in der Volksrepublik Polen zu beobachten. Der erste Schock kam bereits am Grenzübergang in die DDR. Mit sicherem Griff zogen die Grenzer die beiden schlimmsten Zottelbären heraus, holten sie in die Baracke und befohlen ihnen, sich zur Leibesvisitation bis auf die Unterhose zu entkleiden. Nach 20 Minuten durften sie, das Gesicht schneeweiß vor Schrecken, wieder in den Bus klettern. Der nächste Kulturschock kam abends in Posen. In den Salons unseres Hotels feierten die dortigen Studierenden einen Frühlingsball, die jungen Herren hyperkorrekt gekleidet in dunklem Anzug mit silberner Krawatte, die Damen in großer Balltoilette. Für kleinbürgerliche Hamburger Kommunisten, die seit Jahren nur den Schlamp-Look ihres Milieus gewohnt waren, war das eine befremdliche Entdeckung. Das Befremden setzte sich fort, als wir an einem strahlenden Maimorgen zur sonntäglichen Stadtbesichtigung aufbrachen. Die stark zerstörte Stadt war bemerkenswert schön wiederaufgebaut. Die Peter-und-Pauls-Kathedrale auf der Dom-Insel, wo eben die Messe gefeiert wurde, war so überfüllt wie keine bundesdeutsche Großstadtkirche bei einer regulären Sonntagsmesse. Auch das erschien den Genossen höchst fragwürdig.

Die verunsicherten Marxisten machten sich schließlich bei einem Informationsgespräch mit zwei Danziger Journalisten Luft, die vorzüglich Deutsch sprachen. In der Diskussionsrunde meldete sich alsbald einer der Politruks des MSB Spartakus zu Wort und gab seinem fassungslosen Erstaunen Ausdruck. Er erwähnte die von Gläubigen überfüllte Kathedrale von Posen und vergaß nicht, sich darüber aufzuhalten, es sei auch eine Kirchenzeitung ausgehängt gewesen. Dann schloß er mit den Worten: »Hat man hier in Polen nicht bei dem Genossen Lenin gelesen, daß Religion Opium für's Volk ist?« Der Chefredakteur der *Ostseewoche* antwortete nur mit einem einzigen Satz: »So hat man bei uns in der stalinistischen Epoche auch gedacht.«

Die Hamburger Genossen fühlten sich also in der Volksrepublik Polen ähnlich wie der tiefgläubige Augustinermönch Martin Luther, als er nach Rom ins Zentrum der Christenheit kam und der Zügellosigkeit der Renaissance-Kurie ansichtig wurde. Der egalitäre Gruppendruck auf die verehrten Kollegen vom Historischen Seminar hielt aber an. In Danzig wurden wir in einem schön am Meer gelegenen Schulungszentrum des Polnischen Gewerkschaftsbundes untergebracht, und gehorsam ließen sie sich zusammen mit den studentischen Teilnehmern und den Assistenten auf Vier- und Sechsbettzimmer verteilen. Ich selbst pflege von meinen akademischen Würden im allgemeinen keinen Gebrauch zu machen außer in Hotels und bei der Tischreservierung in Restaurants. So wurde ich denn in dem Appartement untergebracht, das üblicherweise, wie man mir ehrfurchtsvoll sagte, für den Generalsekretär des Gewerkschaftsbundes reserviert sei. Schon vor dem Aufkommen von Ikea besaß es einen recht billigen Komfort, wie man ihn später, nach dem Sturz der SED, in Wandlitz besichtigen konnte.

In Danzig und Gdingen hatte im Jahr zuvor eine Arbeiterrebellion stattgefunden. Wir hatten von Hamburger Journalisten die Adresse eines Arbeiterpriesters erhalten, der uns eine realistische Schilderung der politischen und religiösen Lage der Arbeiterschaft auf der nachmals durch Solidarność berühmt gewordenen Lenin-Werft gegeben hat. Die Stimmung dort war allem Anschein nach ähnlich systemkritisch wie danach in den Jahren 1980 und 1981. Auf der Gegenseite fehlte es nicht an Machtdemonstrationen. Allem Anschein nach kamen wir gerade zu einem Manöver des Warschauer Pakts zurecht, der allen Bewohnern der Region demonstrieren sollte, wer Herr im Hause sei. Die ganzen Tage hindurch patrouillierten zahlreiche Kriegsschiffe in der Bucht. Nachts wurde die Anlandung von Truppen geübt.

Bei einer Exkursion mit Studenten fühlt man sich oft wie der Direktor eines Flohzirkus. Natürlich bewegten sich meine Hamburger Studenten so ungeniert, als seien sie in Travemünde. Ich hatte alle Hände voll zu tun, den schlimmsten Unfug abzustellen. Einer der Frechsten war der besonders muntere Henning von Löwis, aus dem später in Köln ein geschätzter Mitarbeiter wurde, bevor es ihn wieder zum Hörfunk zog, seiner eigentlichen Leidenschaft. Schon als Doktorand war dieser ursprüngliche Lusitanist eine Mischung aus Wissenschaftler, Reporter und Weltreisendem. Seine Recherchen für die Doktorarbeit über die letzte Phase des portugiesischen Kolonialreichs in den Jahrzehnten des Kalten Krieges[69] führte ihn nach Angola, Mozambique, Goa und Macau. Auch jetzt war er wieder in seinem Element. Bei einem Spaziergang auf der Halbinsel Heia, wo früher deutsche U-Boote stationiert waren und das weiterhin eine militärische Sicherheitszone war, entdeckte ich ihn, wie er, hinter einem Busch versteckt, den Eingang einer Panzerkaserne photographierte. Tagsüber, beim Baden unserer Besuchergruppe in der noch recht kühlen Ostsee, knipste er unablässig die Schiffsbewegungen der Rotbannerflotte. Nach Hamburg zurückgekehrt, hat er seine Photoausbeute an den *Stern* verkauft.

Nachdem ein halbes Jahr zuvor Willy Brandt Polen besucht und dort auch seinen berühmten Kniefall inszeniert hatte, war die politische Stimmung der Gastgeber sehr gelockert. In Warschau wurden die Exkursionsleiter im Außenministerium empfangen zu Gesprächen mit dem üblichen Blabla. Ich selbst traf spätabends einmal mit dem noch vergleichsweise jungen, damals beim ZK für Außenpolitik zuständigen Funktionär Ryszard Frelek zusammen. Die offizielle Linie war offenbar darauf abgestellt, Gäste aus der Bundesrepublik mit großer Freundlichkeit zu behandeln. Das Hauptziel bestand damals darin, die Ratifikation des Warschauer Vertrags nicht zu gefährden. Auf jedem der Frühstückstische im Warschauer Gewerkschaftsheim standen drei symbolische Fähnchen: die polnische, die sowjetische und die bundesdeutsche. Das war für Immanuel Geis der Anlaß, bei den Abschiedsworten an die darüber nicht hellauf begeisterten Gastgeber zu erwähnen, daß dies ein Beispiel für das künftig im Zeichen des Friedens stehende Europa sei: Polen, freundschaftlich eingerahmt von der Sowjetunion und von Deutschland. Die Präsenz des weit ausgedehnten sowjetischen Imperiums wurde durch eine zahlreiche, in bunte Trachten gekleidete sowjetische Delegation eindrucksvoll in Erinnerung gerufen. Es waren Turkmenen, von denen manche, so erzählten sie, auf Kamelen zum Flugplatz gezogen waren.

Die Stadt Warschau machte einen gemischten Eindruck. Die stolzen Gastgeber erwarteten, daß wir sowohl das im alten Stil wiederaufgebaute Königsschloß und die Altstadt bewunderten als auch den im stalinistischen Stil erbauten Kulturpalast, der die Skyline verschandelte. Wir suchten sie nicht zu betrüben, kehrten aber mit dem Eindruck zurück, daß die Volksrepublik Polen im Warschauer Pakt eine unsichere Kiste war. Kaum war ich selbst wieder in Hamburg angelangt, begann der MSB Spartakus mit Störungen meiner Vorlesung, die sich bis zum Ende des Sommersemesters hinzogen. Immerhin konnte ich bei dieser Gelegenheit feststellen, daß sich niemand von den Genossen und Genossinnen aus der Reisegruppe in Polen daran beteiligt hat.

Im Jahr drauf wurde Brüssel aufgesucht. Wir ließen uns im NATO-Hauptquartier *briefen*, wo damals Wilhelm Grewe als deutscher NATO-Botschafter amtierte. Auf den Zinnen des Berlaymont-Gebäudes hat uns das EWG-Kommissionsmitglied Ralf Dahrendorf, der dort für Außenhandel zuständig war, die Grundzüge seines Konzepts einer Europäischen Union auseinandergesetzt, das er 1973 in Buchform veröffentlicht hat.[70] Ich hatte ihn erstmals im Haus von Popitz kennengelernt, und wir sind uns in den folgenden Jahrzehnten immer wieder einmal begegnet, besonders in seiner Zeit als Warden von St Antony's. Zu vertieften Kontakten kam es nie, wohl aber habe ich seine Publikationen stets genau studiert. Für mein Dafürhalten war er neben Raymond Aron und Erwin Scheuch einer der kreativsten liberal-konservativen Intellektuellen im westlichen Europa der zweiten Jahrhunderthälfte. Seine Wandlungsfähigkeit war bemerkenswert. Als wir ihn beispielsweise 1972 aufsuchten, propagierte er die Idee einer europäischen Währung, auf die sich die damalige Kommission Franco Malfatti eingelassen hatte. Später, als es tatsächlich zum Schwur kam, gehörte er zu den eindrucksvollsten Warnern. Auf unsere Hamburger Studenten, so glaube ich mich zu erinnern, wirkte aber der Vergleich zwischen dem NATO-Hauptquartier und dem Sitz der EWG am stärksten. Die Kommando- und Nervenzentren der NATO machten nach dem Herauswurf aus Frankreich einen eher provisorischen Eindruck. Demgegenüber schien der Sitz der Kommission in dem turmhohen Berlaymont-Gebäude bereits für die Ewigkeit gebaut.

Theoriehuber und Realisten: Die turbulente Welt der Siebziger im Fokus der Politologen

Als ich im Herbst 1966 die Arbeit in Hamburg aufnahm, schwebte mir vor, die bundesdeutsche Außenpolitik der fünfziger und sechziger Jahre in ihren internationalen Bezügen zu behandeln. Dem lag ein Konzept der Politikwissenschaft zugrunde, das mir schon früh einleuchtend erschienen ist und an dem ich bis heute festhalte. Politische Phänomene und Verhaltensweisen, so die Ausgangsüberlegung, können nur aus den jeweiligen historischen Kontexten verstanden werden. Diese Kontexte verändern sich aber unaufhörlich. Zu den wichtigsten Aufgaben der Politischen Wissenschaft gehört deshalb auch die systematisch angelegte Lehre und Forschung auf dem Feld der Zeitgeschichte. Wird das vernachlässigt, so hängen die anderen Felder unserer Disziplin in der Luft – die Institutionenforschung und die Entscheidungsanalysen, die Lehre vom modernen Staat und die politische Theorie, die Analyse der internationalen Beziehungen und die Außenpolitik, die politische Ökonomie, die politische Soziologie, die politische Pädagogik und ein Dutzend weitere

Teildisziplinen. Viel später, im Jubiläumsheft zum 50. Geburtstag der *Vierteljahrshefte für Zeitgeschichte* habe ich mein lebenslang bevorzugtes Forschungsfeld als »Die neueste Zeitgeschichte« bezeichnet und diesem Aufsatz – nach einem schönen Bild Barbara Tuchmans – den Untertitel gegeben: »Geschichte schreiben, während sie noch qualmt«.[71] Verständlicherweise, aber dennoch viel zu ausschließlich, hat sich die deutsche Zeitgeschichte vorwiegend auf die Epoche des Nationalsozialismus konzentriert. Das ist aber nur ein Ausschnitt aus einem viel umfassenderen Aufgabenspektrum.

Seit Mitte der sechziger Jahre war in der Politikwissenschaft, auch bei den jüngeren Historikern, die Geschichte des Dritten Reiches und des Zweiten Weltkriegs nebst Vorgeschichte verstärkt in den Aufmerksamkeitshorizont getreten. Für mich waren diese Themenkreise jedoch mit der Dissertation über Ernst Jünger erst einmal abgehakt. Mit der im Fach und in einer breiten Öffentlichkeit gut aufgenommenen Habilitationsschrift *Vom Reich zur Bundesrepublik* hatte ich bereits den Schritt auf das Feld der »neuesten Zeitgeschichte« gewagt. Von dieser gesicherten Basis aus wollte ich weiterschreiten. Entsprechende Quellen- und Literaturstudien hatte ich im Kontext der Osnabrücker sowie der frühen Hamburger Lehrveranstaltungen schon begonnen und in einer Serie von Rezensionen kritische Blicke in die neueste Forschungsliteratur geworfen.[72] Doch brachte ich noch kein präzises Forschungsprogramm mit und war noch unentschieden, wo ich auf diesem weiten Feld Tiefbohrungen vornehmen oder mich ins publizistische Getümmel stürzen wollte.

Soweit es die Bundesrepublik anging, waren die Konkurrenten auf diesen Feldern noch überschaubar. Waldemar Besson in Konstanz war einer von ihnen, Arnulf Baring, der 1969 seine gut recherchierte und gut aufgenommene Monographie zur Außenpolitik Adenauers in den Jahren 1949 bis 1954 publiziert hatte,[73] ein zweiter, Wolfram Hanrieder, der in den USA lehrte, aber in Deutschland viel publizierte, ein dritter[74]. Ein weiterer war Karl Kaiser, der 1963 mit der Studie *EWG und Freihandelszone* in Köln promoviert hatte, nach längeren Studien in Oxford und Harvard seit 1967 in Saarbrücken lehrte und sich damals als Pionier der Friedensforschung betätigte. Auch der Amerika-Experte und Friedensforscher Ernst-Otto Czempiel in Marburg, ab 1970 in Frankfurt, zählte in einem weiteren Sinn zu dieser Gruppe. Dieter Oberndörfer fand das Studium der USA und des Kalten Krieges nicht mehr für so interessant wie zuvor und hatte sich für das Spezialgebiet Entwicklungspolitik entschieden.

Die Genannten konnten wie ich selbst als Politikwissenschaftler verstanden werden, die einerseits stark zeitgeschichtlich arbeiteten, andererseits aber, so hat Hanrieder das mit einem von Georg Simmel entlehnten Begriff genannt, an die außenpolitischen Zusammenhänge in einer Haltung »engagierter« Objektivität[75] herangingen. Da das Ergebnis der Analysen aber erfahrungsgemäß vieldeutig ist, bedeutete engagierte Objektivität auch, die nach kritischer Prüfung ermittelten Befunde erforderlichenfalls strittig in den öffentlichen Diskurs einzubringen. Die engagierten Fachkollegen konnten somit alle mehr oder weniger eindeutig politisch verortet werden. Besson, der leider schon 1971 jäh verstarb, war ein fortschrittlicher Kollege aus dem Umfeld der CDU. Hanrieder stand mit allen politischen Lagern in Verbindung, sympathisierte aber in den Jahren ostpolitischer Polarisierung doch eher mit CDU und CSU. Baring, Kaiser und Czempiel waren Sozialdemokraten. Sie und andere dieser annähernd Gleichaltrigen aus den Reihen der Außenpolitiker in der Politologenzunft hatten alle ihre Querverbindungen zu den damals in der westlichen Welt führenden Forschungsinstituten, zum Chatham House und zum IISS in London, zum Institut français des relations internationales (Ifri) in Frankreich und zu den amerikanischen Centers und *Think Tanks*. In diesen Jahren begann auch bereits der Jet-set von Außenpolitik-Analytikern und Internationalisten von Tagung zu Tagung über den Atlantik oder mindestens den Ärmelkanal zu fliegen.

Längst waren die Zeiten jedoch Vergangenheit, in denen allein die bereits auf Lehrstühlen fest Etablierten die Diskursszene beherrschten. Sie waren von einer bunten Schar von Nachwuchs-Politologen umgeben, von denen die meisten an einer der amerikanischen Universitäten studiert hatten, die dortigen Moden nachahmten, dort ihre Netzwerke aufgebaut hatten und fast alle miteinander vom linken Zeitgeist heftig oder weniger heftig bewegt waren. So etwa Ekkehart Krippendorff, aus dem inzwischen an der Berliner FU ein Stichwortgeber der APO geworden war, oder ein zuvor Konservativer wie Volker Rittberger aus dem Oberndörfer-Seminar, der in Stanford sein linkes Erweckungserlebnis erfahren hatte, oder der brillante, proteisch wandlungsfähige, auch leicht verschrobene Dieter Senghaas, dessen Theorien der selbstreferentiellen Rüstungswettläufe, des peripheren Kapitalismus oder der autozentrischen Entwicklung einer ganzen Generation von Konfliktforschern für unendlichen Diskussionsstoff sorgte, oder der vom Denken der Quäker bewegte milde Pazifist Theodor Ebert und ein Dutzend anderer.

In der Bundesrepublik gab es besonders zwei Plattformen für einen häufig strittigen Austausch über die Methoden, über die Forschungskonzepte und über die Interpretationen der Entwicklungen im Bereich der internationalen Beziehungen. Deren erste war die Sektion »Internationale Politik« der Deutschen Vereinigung für Politische Wissenschaft unter der Leitung von Czempiel. Hier fanden sich die Jungen zusammen. Mir selbst wurde dort zuviel theoretisiert, doch wenn es zeitlich möglich war, fuhr ich gerne zu diesen Tagungen. Von einer Übereinstimmung der Analysekonzepte konnte keine Rede sein, auch wenn es Czempiel gewagt hatte, den im Jahr 1969 erscheinenden ersten Bericht über die Tagungen zum Verhältnis von Außen- und Innenpolitik mit dem programmatischen Schlagwort »Die anachronistische Souveränität« zu firmieren.[76] In Wirklichkeit waren dort schon die Methoden umstritten, von den Befunden ganz zu schweigen. Es gab Systemtheoretiker wie Klaus Faupel, die auf David Singer schworen, Quantifizierer wie Klaus Jürgen Gantzel, die in Lewis F. Richardson und Quincy Wright ihre Vorbilder verehrten, die kritische Gerda Zellentin, die eine realistische politökonomische Analyse der RGW-Staaten vornahm, den paramarxistischen Kurt P. Tudyka, der die Macht des amerikanischen Finanzkapitals analysierte, und Karl Kaiser mit seinem neuen Konzept von der transnationalen Politik, von dessen analytischem Nutzen ihn James N. Rosenau, Karl Deutsch, Ernst B. Haas und viele andere überzeugt hatten. Kaiser hat damals auch schon die zum transnationalen Problem herangewachsenen ökologischen Belastungen der Meere, der Flüsse und der Luft thematisiert, auf die im damaligen Deutschland nur wenige achteten.

Wenn auch ich in diesem bewegten Jahrzehnt der Theoriehuberei und des Experimentierens mit phantasievollen Ansätzen in meinen eigenen Kollegs und Seminaren zur Konflikttheorie die Gehirne meiner Studenten mit recht inkohärenten Analysekonzepten verwirrte, so deshalb, weil wir jungen Professoren auf breiter Front damit befaßt waren, viele Hauptschlüssel zu entwerfen und auszuprobieren, um die klein gewordene Welt der internationalen Beziehungen zu erschließen. Die ganz großen Schlüsselfabriken lagen aber in Harvard, Yale, Ann Arbor oder Stanford. Doch auch Lateinamerika, wo die Dependencia-Theorie herkam, oder Skandinavien, wo John Galtung mit seiner Theorie der »strukturellen Gewalt« antiimperialistische und antikapitalistische Revolutionen legitimierte, lieferten Theorien und Schlagworte. Unsere deutsche Theoriendiskussion in den späten sechziger und in den siebziger Jahren war genauso aufgewühlt wie die Welt der internationalen Beziehungen selbst in der Epoche des Vietnamkriegs, der chinesischen Kulturrevolution, der marxistischen Revolutionen in Lateinamerika, der postkolonialen Kriege und Bürgerkriege in Afrika und schließlich der weltweiten Depression nach dem Ölschock von 1973/74. Ich selbst habe mich nur in den sechziger Jahren von diesen Diskussionen umtreiben lassen, brauchte aber doch drei oder vier Jahre, bis ich den beschränkten Nutzen der meisten dieser Theorien erkannte und mich erneut dem realistischen Politikverständnis verschrieb, dies allerdings nicht, ohne es durch einige der neuen Analysekonzepte anzureichern.

Die zweite Plattform, die mir viel gemäßer war, befand sich in einer noch aus den wilhelminischen Jahrzehnten stammenden Villa in der Bonner Adenauerallee 133, wo das Forschungsinstitut der Deutschen Gesellschaft für Auswärtige Politik seinen Sitz hatte. Als dieses Institut unter maßgeblicher Beteiligung Arnold Bergstraessers das Licht der Welt erblickte, sollte daraus nach dem Willen seiner Gründer ein »deutsches Chatham House« werden. Dieses Ziel war weitgehend erreicht worden. Immer noch bildeten die Arbeiten an dem hervorragenden Jahrbuch *Die Internationale Politik* eine Hauptaufgabe. Seit dem Jahr 1955 vermittelte darin ein interdisziplinär zusammengesetztes Team von Experten einen zuverlässigen, in dieser Form einmaligen Überblick über alle wesentlichen Aspekte und Regionen der internationalen

Beziehungen. (Genau 50 Jahre hindurch bestand dieses einzigartige Handbuch, bis es in einem Akt unbegreiflicher Kurzsichtigkeit versenkt wurde.) Ähnlich weitgespannt war die von Hermann Volle redigierte Zeitschrift *Europa-Archiv*. Sie bot ein Forum für den Expertendiskurs und war zugleich eine unschätzbare Fundstelle für Dokumentationen. Im Forschungsinstitut der DGAP führten zwei, später drei Studiengruppen Abgeordnete, Beamte aus den Planungsstäben oder aus einschlägig relevanten Referaten der Bonner Ministerien sowie außenpolitisch kundige Journalisten mit Politologen und Ökonomen, auch mit Spitzenkräften für moderne Technologie zusammen. Längst schon hatte sich das Institut in den Jet-set der Internationalisten eingereiht, die sich am Ifri, in Chatham House oder beim Council in New York um praxeologische Analyse der internationalen Politik bemühten. Ein Vierteljahrhundert später, als ich mich über die frühen Jahre der DGAP genauer vergewissern wollte, hat mein Bonner Assistent Daniel Eisermann die Geduld aufgebracht, die dicht verknäulten Fäden der damaligen Institutsarbeit in seiner Dissertation zu entwirren.[77]

Mit dem unerwarteten Tod von Wilhelm Cornides 1966 war eine personelle Zäsur eingetreten. Jetzt wurde das Haus mit seinen acht oder neun Wissenschaftlern nebenamtlich von dem Journalisten Wolfgang Wagner geleitet, der sein Brot als Korrespondent für mehrere Regionalzeitungen verdiente, unter anderem für die *Hannoversche Allgemeine*. Wagner war eine kluge und ausgleichende, im Bonner Politikbetrieb gut vernetzte Persönlichkeit. Er setzte das bisherige Konzept fort, hielt das Haus auch auf überparteilichem Kurs und war bemüht, die Verbindung zu der Universitätsforschung zu verstärken.

Der praxeologische Arbeitsstil der DGAP entsprach meinem eigenen realpolitischen Verständnis der internationalen Politik mehr als die hochgestochenen Theoriediskussionen in der Sektion »Internationale Politik« der DVPW, zumal die dortigen Politikwissenschaftler sich zusehends utopischen Weltordnungsvorstellungen und der Propagierung systemübergreifender Institutionen zur Überwindung des Ost-West-Konflikts zuwandten, die ich skeptisch beurteilte.

Wie schon erwähnt, war mir das Forschungsinstitut der DGAP seit den Tagen der Recherche für meine Habilitationsschrift ein Begriff. So beteiligte ich mich gern an den dortigen Arbeiten. Meine intensivere Verbindung begann 1968, als ich auf einer der Konferenzen in der Theodor-Heuss-Akademie in Lerbach im Bergischen Land ein längeres, in der Tat viel zu langes, aber nicht ganz unoriginelles Arbeitspapier unter dem Titel »Das Problem der europäischen Sicherheit in historischer Perspektive«[78] zur Diskussion gestellt hatte. Im folgenden Frühjahr steuerte ich zu einer deutsch-britischen Konferenz im Londoner Chatham House einen Aufsatz bei, in dem ich das Selbstverständnis der Bundesrepublik mittels einer Rollenanalyse zu bestimmen suchte. Für den außenpolitischen Stil der Bundesrepublik prägte ich die Formel: »Nüchterner Pragmatismus einer domestizierten Großmacht«.

Der Sammelband, an dem auf deutscher Seite neben mir Karl Kaiser, Waldemar Besson, Arnulf Baring und Wolf Dieter Narr teilnahmen, wurde 1970 parallel von der DGAP und Chatham House veröffentlicht.[79] Meinen eigenen Beitrag hat Deborah Kaiser schön übersetzt, wobei sie mit meinem etwas preziösen Sprachstil einige Schwierigkeiten hatte. Der Gesamtanlage dieser deutsch-britischen Publikation, an der sich so interessante britische Kollegen wie Joseph Frankel, Anthony Sampson, Donald Watt und Roger Morgan beteiligten, lag die verkehrte Annahme zugrunde, der Status der beiden Länder könnte mit dem verniedlichenden Begriff »Mittelmacht« erfaßt werden. Das hat sich nicht durchgesetzt.

Die Verbindung zur DGAP verstärkte sich zwischen 1970 bis 1972, nach Errichtung der sozialliberalen Koalition, als der langjährige Staatssekretär Karl Carstens die Leitung des Instituts übernahm. Entgegen den Befürchtungen der dortigen, meist zur SPD hin orientierten Mitarbeiter, die ihm anfänglich politisch mißtrauten, hat er sich dort kraft seiner Autorität und seiner Offenheit auch für unkonventionelle Vorstellungen rasch Respekt erworben. Auch mir selbst gefiel der unprätentiöse analytische Stil dieses erfahrenen Spitzenbeamten. Im Jahr 1971 bat mich das Präsidium der DGAP, im interdisziplinär zusammengesetzten Wissenschaftlichen Direktorium mitzuwirken.

Das Direktorium stand damals unter dem Vorsitz des Bonner Staatsrechtlers Ulrich Scheuner. Scheuner, ein breit gebildeter Mann, öfter schon Prozeßvertreter der Bundesregierung in Karlsruhe, war ein idealer, recht umsichtiger, auf Konfliktvermeidung ausgerichteter Moderator dieses fachlich erstklassig besetzten, auch politisch breit aufgestellten Gremiums. Mit Jochen Frowein, einem ausgezeichneten Verfassungsrechtler aus der jüngeren Generation, der die sozialliberale Regierung beim Streit um die Ostverträge in Karlsruhe vertrat, mit dem in Fragen der Ostpolitik gleichfalls fortschrittlichen Bonner Politikwissenschaftler Hans-Adolf Jacobsen, mit dem ordoliberalen Tübinger Ökonomen Norbert Kloten, mit Richard Löwenthal, der als Politikwissenschaftler an der FU Berlin genauso renommiert war wie als Publizist und Ideengeber bei der SPD, und mit dem früheren Diplomaten Karl Josef Partsch, jetzt Völkerrechtler in Bonn, besaß dieses vier- oder fünfmal jährlich zusammentretende Leitungsgremium des Instituts eine fachlich und politisch breit aufgestellte Gruppe angesehener Kollegen. Es war zu einem Gutteil die DGAP, über die ich mit den Bonner Entscheidungsprozessen, mit dem Führungspersonal der dortigen Parteien, mit der Gedankenwelt und mit dem spezifischen Stil des damaligen Establishments in Verbindung kam.

Innerer Zwiespalt bei den Kontroversen um die »neue Ostpolitik«

Seit den frühen siebziger Jahren verdichteten sich auch die Beziehungen zur CDU in Bonn. Von Zeit zu Zeit hatte ich, wann immer eine Einladung kam und ich Zeit hatte, in der Bildungsstätte Schloß Eichholz einen Vortrag gehalten. Politischen Ehrgeiz hatte ich nicht. Durch die Hamburger Aufgaben war ich hinlänglich ausgelastet. Zudem hatte ich keine Lust, mich während der jahrelangen Auseinandersetzungen um die »neue Ostpolitik« aus dem Fenster zu hängen. Seit langem gehörte ich bezüglich der Chancen unserer Wiedervereinigungspolitik zu den Ungläubigen. Doch eine Anerkennung der DDR, die realpolitisch in irgendeiner Form wohl geboten war, widersprach lange meinen moralischen Überzeugungen. Durfte man wirklich nach der üblen Vergangenheit der Jahre 1933 bis 1945 erneut ein totalitäres System auf deutschem Boden durch völkerrechtliche Anerkennung legitimieren? Die mit völkerrechtlichen Vorbehalten verbundene Anerkennung der DDR und die Vereinbarungen über die Westgrenze Polens mochten ein Resultat kalter Realpolitik sein. Mich störte aber der Jubel, mit dem die Regierung dies inszenierte und als Manifestation weitschauender Friedenspolitik ausgab.

Mein Unbehagen beim Blick auf die Regierung Brandt speiste sich aber vor allem aus dem Mißtrauen gegen die Fernziele der »neuen Ostpolitik«. Gegenüber dem SPD-Vorsitzenden Willy Brandt persönlich war ich lange Zeit positiv, zumindest indifferent eingestellt gewesen. Als er Kiesinger im Amt des Bundeskanzlers ablöste, ließ mich das ziemlich kalt, dies vielleicht auch deshalb, weil ich mich damals weit von den Aufregungen im lieben Vaterland entfernt in England aufhielt. Doch da er nun an der Macht war, begann ich ihn doch zusehends kritischer zu bewerten. Die Feststellung in der Regierungserklärung, »wir stehen nicht am Ende unserer Demokratie, wir fangen erst richtig an«, betrachtete ich als Frechheit. Aber warum sollte die SPD nicht auch einmal das Maul weit aufreißen? Am meisten Bedenken erweckte die für mein Gefühl viel zu ungeschützte, auch undurchsichtige »neue Ostpolitik«.

Mein Mißtrauen galt in erster Linie Egon Bahr. Wie damals so viele rätselte ich darüber, worauf er wohl hinauswollte. Ich hatte ihn im Frühjahr 1968 kennengelernt, als die VolkswagenStiftung einen Förderungsschwerpunkt »Ost-West-Beziehungen« ins Leben gerufen hatte. Bei dem entsprechenden *Brainstorming* in Hannover war auch Bahr dabei, damals Planungschef im Auswärtigen Amt. Der Prager Frühling gab in jenen Wochen zu vielen Hoffnungen Anlaß, und so äußerte ich, als wir beim Frühstück zusammensaßen, einige Skepsis zu den Erfolgsaussichten der Liberalisierung in Prag. Er hat aber fröhlich sein Frühstücksei aufgeklopft und festgestellt: »Wir wollen noch sehr viel mehr!« und etwas vage Ideen zu blockübergreifenden Institutionen entwickelt, von denen er sich eine generelle Liberalisierung im Ostblock versprach. Ich war damals von seinem intellektuellen Drive beeindruckt.

Das Mißtrauen kam erst später. Die Geheimverhandlungen in Moskau im Frühjahr 1970 haben auch bei mir ungute Empfindungen geweckt. War das die versprochene Transparenz der sozialliberalen Regierung, die mit dem Slogan »Mehr Demokratie wagen« angetreten war? Ein weiteres kam hinzu. Ich habe damals und auch später gelegentlich den Außenpolitik-Experten Walter F. Hahn getroffen. Er war als Kind jüdischer Emigranten in die USA gekommen, vertrat in Sachen Verhältnis zur Sowjetunion durchgehend antisowjetische Positionen und hat mir 1971 in Amerika von einer Unterredung Mitteilung gemacht, die er 1969 mit Bahr geführt hatte. Dieser habe ihm drei Konzeptionen einer europäischen Friedensordnung auseinandergesetzt: erstens, ein Status-quo-Modell, das die bestehenden Allianzen nicht antasten solle, aber eine Entspannung durch Rüstungskontrollvereinbarungen ermögliche; zweitens, ein Modell, das über verschiedene Phasen zu einer dauernden Sicherheitskonferenz über den beiden Paktsystemen weiterentwickelt werden solle; drittens schließlich, ein sehr weitgehendes Modell, in dem die Europa zertrennenden Paktsysteme durch Sicherheitsvereinbarungen zwischen den europäischen Staaten ersetzt waren, garantiert von den beiden Supermächten, die diesem System aber nicht mehr angehören würden. Hahn erzählte, Bahr habe sich in diesem Gespräch zwar vorerst für das erste Modell ausgesprochen, wolle aber die Möglichkeit nicht ausschließen, zum zweiten überzuleiten. Er äußerte schon damals den Verdacht, Bahr und, von ihm beeinflußt, auch Brandt könnten sich versucht sehen, noch weiter zu gehen. Das deckte sich mit meinen eigenen Sorgen in bezug auf den Vorschlag des Warschauer Pakts bezüglich eines Europäischen Sicherheitssystems.

Im Herbst 1973 hat Hahn schließlich diesen Drei-Phasen-Plan, dem tatsächlich eine Planungsstudie des Auswärtigen Amts aus dem Jahr 1968 zugrunde lag, in der Illustrierten *Quick* veröffentlicht und damit in der Bundesrepublik eine heftige Diskussion ausgelöst.[80] Seine Informationen deckten sich mit meinen eigenen Beobachtungen. Daß eine De-facto-Anerkennung der DDR bei prinzipiellem Offenhalten der deutschen Frage und im Austausch gegen eine stabile Berlin-Regelung früher oder später unvermeidlich war, sah ich zwar genauso realistisch wie viele der seinerzeitigen Beobachter. Bahrs Geheimverhandlungen über den Moskauer Vertrag und die verschiedenen Forderungen auf dem linken Flügel der SPD machten mich aber besorgt, daß die SPD wieder Schritt für Schritt, ohne das vorerst offen zuzugeben, zu ihren altbekannten Konföderationsplänen zurücklenken könnte mit dem Fernziel einer Loslösung der Bundesrepublik aus den westlichen Bindungen. Die NATO-Kritik bei den Jusos und auf dem linken Flügel der SPD schienen der Sowjetunion bei den Sozialdemokraten günstigere Möglichkeiten als je zu eröffnen.

So ängstlich, wie damals viele bürgerliche Deutsche waren, war ich aber nicht. An Bruder Dieter, der damals an einer Auslandsschule in Nigeria tätig war, schrieb ich im Februar 1972: »Ich selbst tröste mich immer mit der Feststellung, daß diese bürgerliche Gesellschaft so korrupt ist, daß schließlich auch jede Fundamentalopposition verfaulen muß ... (eine zutreffende Feststellung, wie ich heute konstatiere). Aber das eigentliche Problem sind eben die Russen, von denen bürgerliche Menschen, zu denen ich halt gehöre, den Eindruck haben, daß sie sich doch recht ungeniert im Vorgarten herumtreiben.« Spöttisch hatte ich jedoch hinzugefügt: »Bis es ans Eingemachte geht, wird aber noch Zeit verstreichen, so daß Du wohl kaum befürchten mußt, 1973 in die 2. Deutsche Arbeiter- und Bauernrepublik BRD keine Einreise mehr zu kriegen, weil für Schwarze und solche, die länger mit ihnen zusammen waren, kein Platz mehr ist.«[81]

Doch die neue Ostpolitik stieß auch an ihre Grenzen. Deutscher Linksliberalismus und sowjetische Repressionen im Ostblock waren kaum auf einen Nenner zu bringen. Trotz aller Besorgnisse hielt sich meine Russenfurcht in Grenzen. Im Frühjahr 1972 kam die Chefredaktion der *Istvestia* nach Hamburg. Ich nahm zusammen mit einer Handvoll *Spiegel*-, *Zeit*- und NDR-Redakteure an einem Hintergrundgespräch teil und sah mich in meiner Meinung bestätigt, daß Rußland gegenwärtig, so habe ich das in einem Brief formuliert, »die wahrscheinlich letzte und sicher stabilste konservative Gesellschaft in Europa ist«. Als ein *Spiegel*-Redakteur, der sich als Sozialist bezeichnete, die These vertrat, europäische Zusammenarbeit bedeute natürlich auch, daß Moskau ein positiveres Verhältnis zum Austausch von Ideen und zur Akzeptanz gesellschaftlichen Wandels entwickeln müsse, sank die Gesprächstemperatur gegen null. Was ich mir als Schlußfolgerung aus diesem etwa sechsstündigen Austausch notierte, war keine ganz dumme Prognose: »Ich glaube also, es wird noch etwa zehn Jahre dauern, bis die Generation, deren entscheidendes politisches Erlebnis die Entstalinisierung zwischen 1953 und 1958 war, die Ebene der Abteilungsleiter erreicht hat. Vielleicht kommt dann dort etwas in Bewegung. Ansonsten sind – für mich – Veränderungen allenfalls als Folge eines für Rußland verheerenden Krieges vorstellbar.«[82] Daß ein vom Stalinismus geschädigter Generalsekretär der KPdSU dieser Generation angehören würde und daß der verheerende Krieg in Afghanistan geführt würde, habe ich nicht vorhergesehen.

Wahrscheinlich gehöre ich zu den Typen, denen unwohl wird, wenn große Mehrheiten in der veröffentlichten Meinung, karessiert und manipuliert von den Regierungsapparaten, ihre Auffassungen als alternativlos proklamieren und jeden Zweifler niederzumachen suchen. Meinem Bruder, der damals als Lehrer an der deutschen Schule in Nigeria tätig war, schrieb ich im Mai 1972: »Nachdem ich in Niedersachsen angesichts des konservativ-deutschnationalen Gehabes vieler Bekannter eher der CDU gegenüber mehr und mehr kritisch eingestellt war, haben mich seit 1968 in Hamburg viele Begegnungen mit Linken, die in der SPD ihre politische Heimat haben, dazu veranlaßt, in den Konservativen das kleinere politische Übel zu sehen. Hinzu kommt natürlich ein bei mir immer vorhandener Nonkonformismus. Angesichts der Tatsache, daß fast alle meine verehrten Kollegen aus dem Fach gegenwärtig bei der SPD mitlaufen oder auch echt überzeugt mitmachen (für viele meiner

Bekannten aus dem publizistischen Bereich gilt dasselbe), habe ich keine Lust, bei der großen Herde der Mitläufer mit dabei zu sein. Man hat es so in der Uni zwar sehr viel schwerer; aber ich möchte mir später von meinen Kindern nicht vorhalten lassen, mit den siegreichen Bataillonen marschiert zu sein.«[83]

Vorangegangen war dem eine Unterschriftskampagne, wie sie in jenen Jahren Mode war. Eine satte Mehrheit meiner Fachkollegen aus der Politischen Wissenschaft, aus der Soziologie und aus der Geschichtswissenschaft hatte sich in einem öffentlichen Aufruf zur Ost- und Deutschlandpolitik der sozialliberalen Koalition bekannt. In einem konkurrierenden Aufruf mit Argumenten, die ich inzwischen vergessen habe, hatte Dieter Oberndörfer, damals ein kampfesfroher Konservativer, eine Gegenkampagne angezettelt, die ein klägliches Ergebnis erbrachte. Von den Ordinarien hatten neben Oberndörfer und mir selbst nur noch die Heidelberger Kollegen Werner Conze und Hans-Joachim Arndt unterzeichnet. (Ich habe mir das übrigens zur Lehre dienen lassen und seither die Unterschrift bei irgendwelchen Kollektivaufrufen grundsätzlich abgelehnt.)

Im übrigen roch die ganze »neue Ostpolitik«, so hatte ich den Eindruck, wieder einmal nach einem Appeasement gegenüber den Diktatoren. An Freund Roger Louis, der an diesem Wortgebrauch Anstoß nahm, schrieb ich im Juni 1972, als der Kampf um die Ostverträge seinen Höhepunkt erreicht hatte: »Man mag dies positiv oder negativ bewerten, Tatsache ist jedenfalls, daß die Grundeinstellungen, die dieser Linie zugrunde liegen, in vielem ganz unübersehbare Parallelen zur britischen Politik der dreißiger Jahre aufweisen.«[84]

Mit Ausnahme des eben erwähnten Aufrufs habe ich mich in Sachen Anerkennung der DDR und Warschauer Vertrag in den Jahren 1970 bis 1972 nicht öffentlich geäußert. Ich hätte sonst meinen inneren Zwiespalt öffentlich darlegen müssen. So verzichtete ich auf das Verfassen von schneidigen Zeitungsaufsätzen zur Deutschlandpolitik und beschränkte mich auf die umfassenderen Aspekte der Ostpolitik, wobei ich mich auf das Konzept der KSZE konzentrierte.

Im Januar 1972 hatte ich in der *Frankfurter Allgemeinen* einen pointierten, ganzseitigen, von Ironie nicht freien Aufsatz zur Europäischen Sicherheitskonferenz veröffentlicht. Günter Gillessen, damals dort für derart umfassende Analysen aus fremden Federn zuständig, hatte dem Stück die Überschrift verpaßt: »Außenpolitik mit lauter netten Völkern. Die Anziehungskraft der Europäischen Sicherheitskonferenz auf gemäßigt Progressive«[85]. Eine Langfassung dieses Artikels erschien wenig später in der *Politischen Meinung*[86]. Die Autoren, die dort publizierten, gehörten fast ausnahmslos dem in Fragen der Außen- und Sicherheitspolitik konservativen Flügel der CDU an. Von nun an bis in die letzten Jahre diente mir die *Politische Meinung* regelmäßig als Plattform für grundsätzliche Artikel, die naturgemäß in erster Linie auf die CDU abgestellt waren. Diese frühe Publizistik brachte mich in Kontakt mit Bruno Heck, dem Vorsitzenden der Konrad-Adenauer-Stiftung. Heck hielt damals nach jüngeren Professoren Ausschau, die seinen Überzeugungen entsprachen.

Alle Parteien befanden sich damals in heftigem Gärungszustand, auch auf den Feldern der Außen- und Sicherheitspolitik. Natürlich war mir hinlänglich klar, wieviel damals auch in der CDU/CSU-Bundestagsfraktion ungeklärt war und durcheinanderging. Gegen Barzel hatte ich Vorbehalte: zu undurchsichtig, zu angepaßt an die Regierungslinie, zu hochmütig … Der aufsteigende Stern Karl Carstens oder der alte Keiler Bruno Heck entsprachen viel eher meinen eigenen Präferenzen. So kam es, daß auch die Konrad-Adenauer-Stiftung in den frühen siebziger Jahren zu einer meiner Bonner Plattformen wurde. Besonders in deren Sozialwissenschaftlichem Forschungsinstitut, das damals in der mit Großcomputern vollgestopften Burg Alfter im Bonner Vorgebirge untergebracht war, fand ich erst in Werner Kaltefleiter und seinen Mitarbeitern, dann in Dieter Oberndörfer und später in Hans-Joachim Veen Kollegen, mit denen sich professionell zusammenarbeiten ließ. Hennis hatte mir schon früher gelegentlich empfohlen: »In Bonn müssen Sie irgendwo dazugehören, egal wo. Sonst kann man Sie nicht einordnen. Sie erfahren dann nichts und haben überhaupt keinen Einfluß.« Ich rückte also in die Nähe der CDU. Noch hielt ich es aber grundsätzlich nicht für richtig, Parteimitglied zu werden, war vielmehr noch der Meinung, ein Politikwissenschaftler würde seine Unabhängigkeit dadurch gefährden – eine Fehlannahme.

So haben mich die frühen siebziger Jahre an den Bonner Politikbetrieb herangeführt. Sie haben zugleich eine Klärung meiner außenpolitischen Auffassungen erbracht, an denen ich *grosso modo* bis in die frühen neunziger Jahre hinein festgehalten habe.

Nach Ausweis meiner seinerzeitigen publizistischen Zwischenrufe war und blieb meine Einstellung zum Ostblock durchgehend defensiv. Von einer nach Osten hin betriebenen Liberalisierungs- oder gar Befreiungsstrategie habe ich mir nach den Erfahrungen in Ungarn (1956) und Prag (1968) nicht viel versprochen. Bei kritischer Analyse der vorherrschenden Tendenzen hatte ich durchgehend zwei Risiken im Auge: einerseits die von Moskau konsequent verfolgte Machtverschiebung zu Ungunsten des Westens und andererseits die offenbar unwiderstehliche Neigung westlicher Regierungen und Parteien, es immer wieder mit Vorleistungen bei Rüstungskontrollverhandlungen und multilateralen Entspannungsinitiativen zu versuchen. Dabei machte sich bei den USA periodisch eine Neigung zum Appeasement und zu Rüstungskontrollvereinbarungen auf Kosten glaubhafter Abschreckungspolitik bemerkbar. Bis zum Ende des Kalten Krieges habe ich die Moskowiter für expansiv und gefährlich gehalten, hatte aber auch zur amerikanischen Schutzmacht kein blindes Vertrauen.

Dennoch hielt ich die unauflösliche Allianz mit den USA weiterhin für die einzig sinnvolle Option. Die multilateral organisierte NATO, so hoffte ich, würde die damals drohenden Rückzugstendenzen der USA im Zeichen des Mansfield-Amendments abbremsen. Den europäischen Zusammenschluß habe ich nicht als Keimzelle einer westeuropäischen Föderation betrachtet, sondern eher funktional, um Frankreich, Italien, aber vor allem auch die Bundesrepublik selbst durch zusätzliche europäische Verbindungen im westlichen Konvoi zu halten. Als Gegengewicht zur ökonomischen Dominanz der USA schien mir jedoch der Gemeinsame Markt im EWG-Rahmen von Nutzen. Alle Bestrebungen, daraus durch institutionelle Verdichtung mehr zu machen als eine Wirtschaftsgemeinschaft, wollten mir aber nicht so recht einleuchten. Der Gedanke, die EWG Schritt für Schritt zu einer Art Vereinigter Staaten von Europa auszubauen, die vor allem in der CDU, doch auch bei der SPD und FDP, nicht zuletzt auch im Auswärtigen Amt eine wachsende Zahl von Sympathisanten hatte, hielt ich für illusionär – dies schon deshalb, weil der tief verwurzelte Nationalstaat Frankreich und das selbstbewußte Großbritannien anders als die exponierten und domestizierten Deutschen dafür nicht zu haben sein würden.

Damals wie später legte auch ich auf die britische EWG-Mitgliedschaft großen Wert. Die Briten mit ihren seit der Kriegszeit sehr engen Verbindungen zu Amerika und Kanada waren innerhalb der EWG ein wünschenswertes Gegengewicht gegen die von offenem oder latentem Antiamerikanismus motivierten Tendenzen, die ich bei allen französischen Präsidenten von de Gaulle und Pompidou über Giscard d'Estaing bis Mitterrand konstatierte. So war ich durchgehend ein Entspannungsskeptiker und ein Atlantiker. Im Jahr 1975, also zu Beginn meiner Bonner Zeit, war ich schließlich so weit, aus den teilweise noch unverbundenen Ansätzen der Hamburger Jahre so etwas wie ein in sich geschlossenes Konzept zu entwickeln. »Die Politik der Westbindung oder Die Staatsräson der Bundesrepublik« war der Aufsatz betitelt,[87] in dem ich so etwas wie eine Doktrin der neuen bundesdeutschen Außenpolitik zu entfalten suchte. Rückblickend fällt mir dabei auf, wie kaltschnäuzig auch ich seit den Entscheidungen der Jahre 1970 bis 1973 die Wiedervereinigungspolitik sozusagen in die Tiefkühltruhe gesteckt habe – in die Tiefkühltruhe wohlgemerkt, nicht in den Abfalleimer. Auch in dieser Hinsicht befolgte ich die Übung, meine eigenen Überlegungen in einem ausgereiften Aufsatz zu klären.

Die Studie, mit der ich mich sozusagen in aller Form vorerst von der Wiedervereinigungspolitik verabschiedete, erschien im Mai/Juni-Heft 1974 der *Politischen Meinung*. In diesen Tagen feierte ich meinen 40. Geburtstag. Ich hatte dem Aufsatz die Überschrift gegeben: »Die nationale Frage – morgen. 6 Thesen zur Positionsbestimmung nach 25 Jahren«[88]. In lebensgeschichtlicher Hinsicht gab ich mir dort Rechenschaft über den Kurs, den ich selbst seit 1949 eingeschlagen hatte. Genau besehen hatte ich ihn bereits 1966 mit dem Buchtitel *Vom Reich zur Bundesrepublik* präzise beschrieben. Doch umriß ich dort nicht nur meinen eigenen Weg in bezug auf die nationale Frage. Ich denke, daß ich darin zugleich das deutschlandpolitische

Selbstverständnis zutreffend beschrieben habe, in dem sich erst die sozialliberale Koalition und in der Folge auch die Unionsparteien eingerichtet hatten. Heute erscheint es mir denkwürdig, daß ich diesen Aufsatz ausgerechnet in den Monaten herausbrachte, als mit dem Umzug nach Bonn die Wanderjahre von Freiburg über Osnabrück nach Hamburg und von da ins Rheinland definitiv zu Ende waren. Auch mit meinen Ideen von der deutschen Zukunft war ich sozusagen voll in Bonn angekommen.

Die erste der in dieser Positionsbestimmung artikulierten Thesen skizzierte gewissermaßen den Weg, den die Deutschen im Westen bis zur Gegenwart gegangen waren: »Die Westdeutschen haben von den Gründungstagen der Bundesrepublik Deutschland an geschwankt, ob sie westdeutsche oder gesamtdeutsche Politik betreiben sollten. Sie haben zwar schließlich westdeutsche Politik gemacht, aber mit schlechtem gesamtdeutschem Gewissen …« Die Unklarheit, so führte ich weiter aus, sei mit den Ostverträgen von 1970 bis 1973 noch nicht zu Ende. Die »Doktrin von der Einheit der Nation« trotz Anerkennung der DDR könne nach verschiedenen Richtungen hin entwickelt werden:

1. Fortsetzung der traditionellen Wiedervereinigungspolitik mit dem Ziel einer Restauration des deutschen Nationalstaats unter Einbeziehung der DDR;

2. Hinwirken auf eine Österreich-Lösung: Innere Selbstbestimmung der DDR-Deutschen nach Art Österreichs bei befristetem Verzicht auf die Forderung nach Restauration eines deutschen Nationalstaates;

3. Wiederaufgreifen der verschiedenen Konföderationskonzepte, die zwischen 1955 bis 1962 in Erwägung gezogen wurden;

4. Ausbau der Politik eines mehr oder weniger vertraglich geregelten Miteinander und Nebeneinander, wie sie der »neuen Ostpolitik« zugrunde liege.

Wie man weiß, hat sich die Bundesrepublik zwischen 1972 und 1989 im wesentlichen auf die Option Nr. 4 beschränkt, in der auch ich selbst die nach Lage der Dinge vernünftige Lösung sah. Als die DDR im Herbst 1989 ins Schleudern kam, hat Modrow, halbherzig unterstützt von Moskau, die Option Nr. 3 einer Konföderation ins Spiel gebracht. Die Bürgerrechtsbewegung, doch auch Teile der SPD und die Grünen spielten mit der Option Nr. 2 einer Österreich-Lösung, während Helmut Kohl, Hans-Dietrich Genscher und ihre Parteien in einer blitzschnell vollzogenen Volte wieder die Option Nr. 1 der Wiedervereinigungspolitik aufgegriffen haben.

Ich selbst plädierte in dem genannten Aufsatz für eine Politik des Offenhaltens der deutschen Frage und habe eine Reihe von Verbesserungsmöglichkeiten bei den menschlichen Beziehungen aufgelistet. Ungern lese ich heute, daß der Aufsatz auch die These enthielt, »daß eine Wiederherstellung des Bismarck-Reichs nicht mehr möglich ist«. Die Weltmacht Sowjetunion könne und wolle nicht auf die DDR verzichten. Auch die Formel von der »Einheit der deutschen Nation«, so schrieb ich, könne »nicht mehr als Wert an sich« betrachtet werden: »Sie hat nur noch funktionale

Bedeutung zur Durchsetzung liberaler, demokratischer und humanitärer Werte.«

Immerhin ließ ich die Studie mit der Überlegung ausklingen: »Sollte der Ostblock erneut, wie schon einmal nach Stalins Tod, in eine Schwächeperiode rutschen, dann ist immer noch Zeit genug, erkennen zu lassen, daß die nationale Frage für uns mehr bedeutet als nur menschliche Erleichterungen durch Normalisierung – nämlich Freiheit für den unterdrückten Teil des deutschen Volkes.« Auch brauche ich mich des Hinweises nicht zu schämen, »daß tiefgreifende Veränderungen in den abhängigen Ostblock-Staaten blockiert sind, solange das autoritäre System in der UdSSR nicht transformiert wird«. Ich schloß mit den Worten: »Unter den heutigen Bedingungen sind solche Gedanken freilich Tagträumereien. Man soll immer daran denken, aber möglichst wenig davon sprechen ... (vor allem nicht als Minister bei einem Fernsehinterview). Denn in der nationalen Frage gehört die Gegenwart »den Tauben und nicht den Falken. Bis auf weiteres.« (Als ich übrigens nach dem Tod meines Vaters im Nachlaß die Sonderdrucke fand, die ich ihm regelmäßig zugesandt hatte, entdeckte ich, daß der alte Herr meine naßforschen Thesen mit zweifelnden Randglossen bedacht hatte. Neben den Satz »Ein realistisches Ziel ... ist die nationalstaatliche Wiedervereinigung nicht mehr«, hatte er geschrieben, »und der ›Glaube an Deutschland‹«, und meinen Unglauben daran, daß das Geschichtsbewußtsein noch einmal eine national »integrierende Funktion« ausüben könne, versah er mit der Randbemerkung »warum nicht?«.)

Auch damit habe ich wieder einmal vorweggegriffen. Noch eine weitere Bonner Plattform aus den frühen siebziger Jahren ist nämlich erwähnenswert. Als die »neue Ostpolitik« der sozialliberalen Regierung Brandt/Scheel an Schwung gewann, fühlten sich viele in der CDU in einer Art Rechtfertigungsnotstand. Der Wunsch war nun groß, mittels zeitgeschichtlicher Forschungen darzutun, daß auch schon Adenauer auf seine Weise eine durchaus aktive, wenngleich doch vorsichtige Ost- und Deutschlandpolitik betrieben habe. Unter Leitung von Konrad Repgen wurde eine CDU-interne Tagung unter Beteiligung zahlreicher Unionspolitiker veranstaltet, in der verschiedene Historiker das Ergebnis ihrer einschlägigen Arbeiten zur Diskussion stellten. Mein eigener Beitrag lautete: »Das außenpolitische Konzept Konrad Adenauers«. Der entsprechende Sammelband wurde im Jahr 1971 mit Beiträgen von Hans Maier, Rudolf Morsey, Eberhard Pikart und von mir selbst als Band I der Adenauer-Studien der Kommission für Zeitgeschichte bei der Katholischen Akademie in Bayern veröffentlicht, die in Bonn ihren Sitz hatte.[89] So kam ich mit Kollegen vorwiegend katholischer Konfession in Verbindung, die künftig an der Adenauer-Forschung maßgeblichen Anteil haben sollten. Ich selbst wurde damit nach dem ersten Ansatz in meiner Habilitationsschrift einmal mehr auf die Spur des Gründungskanzlers der Bundesrepublik gesetzt, lernte hier eine ganze Anzahl maßgeblicher CDU-Politiker persönlich kennen und erwarb mir hinfort in der Union die Credentials eines Adenauer-Forschers.

Unerwartet zeigte sich *Die Welt*, die sich in jenen Jahren als Kampfblatt gegen die »neue Ostpolitik« verstand, an dieser Analyse der Adenauerschen Außenpolitik interessiert und druckte den Beitrag in fünf Folgen ab – für eine Tageszeitung ein ganz ungewöhnlicher Vorgang.[90] Chefredakteur der *Welt* war damals Herbert Kremp. Damals wie auch später haben mich seine stilistische Brillanz und sein Kämpfertum stark beeindruckt. Mehr als dreißig Jahre später erst, als ich im Berliner Axel-Springer-Archiv für meine Springer-Biographie recherchierte, ist mir bekannt geworden, daß der Adenauer-Fan Springer selbst es war, der auf einen Abdruck meines Essays Wert gelegt hatte. Daß ich als Adenauer-Forscher und als Politikwissenschaftler, dem die *Welt* eine breite Plattform einräumte, im polarisierten Klima jener Jahre als konservativer Hardliner abgestempelt war, kümmerte mich nicht, hat aber meinen weiteren Weg in der Publizistik auf Dauer beeinflußt.

Der publizistische Einstieg bei der *Welt* öffnete auch die Tür zu anderen Redaktionen. Schon in den letzten Hamburger Jahren habe ich wie zuvor schon beim *Rheinischen Merkur/Christ und Welt*, aber auch bei der *Frankfurter Allgemeinen* und vor allem bei der *Hannoverschen Allgemeinen* publiziert. Wolfgang Wagner war dort 1971 Chefredakteur geworden und bot mir, nach der Bundestagswahl im November 1972, 1973 eine freie Kolumne an. In den bewegten Hamburger Jahren hatte ich ohnehin manchmal das Gefühl, ich wäre besser zu einer Zeitung gegangen als an die Universität. So griff ich das Angebot mit Vergnügen auf und habe ein Jahr lang ziemlich ungenierte Kolumnen zu den Kontroversfragen der Innen- und Außenpolitik geschrieben. Beim Wechsel nach Köln war vorerst keine Zeit mehr für derlei Späße. Aber ich hatte nun die Technik des Kolumnenschreibens gelernt – erstens: nur ein einziges Thema!, zweitens: die Botschaft muß schon in einem effektvollen ersten Absatz anklingen, sonst verliert der Leser die Geduld!, und drittens: die Überschrift so knapp und so originell zu formulieren, daß der Redaktion nichts Besseres einfällt! Als ich später bei der *Welt* in größerem Stil wiedereinstieg, hatte ich meine diesbezüglichen Lehrjahre schon hinter mir.

Verlagsprojekte: »Handbuch der deutschen Außenpolitik« und »Die zweite Republik«

Noch eine weitere Plattform eröffnete sich in jenen Jahren: der Münchener Piper Verlag. Bis zum heutigen Tag ist im Zusammenhang mit dem Siegeszug der 68er-Bewegung die Bedeutung der Verlage nicht angemessen gewürdigt. Wenn man die antiautoritäre Studentenbewegung mit einer Rakete vergleicht, so war der Suhrkamp Verlag mit der bunten *Reihe Suhrkamp* sozusagen der Treibstoff dafür. Weitere Schubkraft kam von der *Fischer-Taschenbuch*-Reihe und den *rororo*-Taschenbüchern. Das führte auch überall im Verlagswesen zur Überlegung, mit preisgünstigen Reihen an dem Trend zu partizipieren, so auch beim Piper Verlag. Genau besehen, war Klaus Piper sogar ein Vorreiter der Polit-Bücher gewesen. Karl Jaspers hatte dort seine alarmierende Monographie *Wohin treibt die Bundesrepublik?* herausgebracht und die Querdenkerin Hannah Arendt ihre sehr umstrittene Reportage *Eichmann in Jerusalem*. Kurt Sontheimer, Klaus von Beyme, Ernst Nolte – sie alle waren bei Piper. So hatte der Verlag eine Reihe *Politologie* gestartet, parallel dazu eine *Gruppe Soziologie* und war nun für die Idee empfänglich, eine Reihe *Internationale Politik* auf den Weg zu bringen.

Wie es zu den ersten Kontakten kam, habe ich vergessen. Wahrscheinlich ging die Idee von Karl Kaiser aus. Er operierte damals in enger Verbindung mit der Volkswagen-Stiftung als großer Impresario der Friedensforschung. Wir mochten uns beide, seitdem ich ihn Ende der sechziger Jahre erstmals in Saarbrücken in seinem stilvollen, amerikanisch dekorierten Haus erlebt hatte. Ich schätzte seine entspannte Kultiviertheit, sein zeitgeschichtlich fundiertes Verständnis der Internationalen Beziehungen, das mit unmarxistischer politischer Ökonomie angereichert war, auch seinen Überblick über die Forschungslandschaft in England, Amerika und Frankreich. Inmitten der schrillen Kritik an Amerika, die bei der APO und auch einer zunehmenden Schar von Politologen zum guten Ton gehörte, gab es nie einen Grund, an seiner proamerikanischen Grundorientierung zu zweifeln. Die prononcierte Verbindung mit der SPD hat mich nicht gestört. Was er an mir Gutes gefunden hat, hat er mir nie erzählt.

Jedenfalls fanden wir beide, wir sollten versuchen, bei Piper eine eigene Reihe aufzuziehen. Die intensiven Diskussionen an dem großen Besprechungstisch im traditionsschweren Münchener Verlagsgebäude, Georgenstraße 4, mit Blick auf die zahllosen Erstausgaben der Avantgarde des frühen 20. Jahrhunderts auf den Wandregalen sind mir in lebhafter Erinnerung geblieben. Neben dem Verleger spielte der weißhaarige, sehr distinguierte und kundige Verlagsleiter Hans Rössner eine maßgebliche Rolle. Erst nach seinem Tod, als man mit dem Schleppnetz alle Funktionäre erfaßte, die einstmals im Reichssicherheitshauptamt des SD tätig gewesen waren, kam Ende der neunziger Jahre heraus, daß Rössner dort das Referat für Volkskultur und Kunst bekleidet hatte. Ich gestehe, daß ich nicht entsetzt war. Wer nicht bereit ist, ehemaligen Anhängern eines unschädlich gemachten totalitären Regimes nach genauer Prüfung ihre faire Chance zu geben, bekundet selbst eine totalitäre Mentalität. Klaus Piper hat sich richtig verhalten.

Er war einer jener heute fast ausgestorbenen Verleger, die mit ihren Autoren lange Briefe zu Sachfragen wechselten, für die er sich interessierte und zu denen er sich von seinen Autoren fundierte Aufschlüsse erwartete. Allerdings konnte er auch rechnen. In den Jahren 1973 und 1974 versiegte in der breiten Öffentlichkeit das Interesse an fortschrittlicher Theorie, an Gesellschaftswandel und an entsprechenden Politbüchern genauso schnell, wie es gekommen war. Auf die APO-Jahre und auf das

Brandtsche »Mehr Demokratie wagen« folgten die Katerstimmung der Ersten Ölkrise von 1973/74 und die Kanzlerschaft des nüchternen Helmut Schmidt. So blieben auch die ersten Bände der *Internationalen Politik* liegen, wanderten rasch ins moderne Antiquariat, und die Reihe wurde eingestellt.

Meine Verbindung mit dem Haus Piper blieb aber erhalten. Schon im Herbst 1971 hatte ich vereinbart, dort ein *Handbuch der deutschen Außenpolitik* herauszubringen. Den Plan dazu hatte ich 1969/70 in England gefaßt, als mir die VW-Professur am St Antony's College in Oxford Gelegenheit zur gründlichen Prüfung jener Fülle von Lehrbüchern und Handbüchern gab, die in der angelsächsischen Welt auf dem Markt waren. Zeitweilig hätte es mich gereizt, selbst ein Lehrbuch zur internationalen Politik zu schreiben. Aber meine Selbstkritik war und ist glücklicherweise doch meist größer als mein schriftstellerischer Ehrgeiz. So entschied ich mich für ein interdisziplinäres Werk mit über fünfzig Beiträgern.

Die Politische Wissenschaft war damals schon so ausdifferenziert, daß sich zu fast jedem Sachbereich renommierte Spezialisten fanden, also für die einschlägig tätigen Verfassungsorgane im Binnenbereich, für Parteien, *pressure groups*, für Staaten und Staatengruppen, für internationale Organisationen und für die zahlreichen wichtigen Problemfelder. Ein Teil der Beiträge wurde von mir selbst und meinem Team verfaßt. Es gelang auch, für die Themen der Außenwirtschaft kundige Ökonomen zu interessieren und für die Rechtsfragen Professoren für Öffentliches Recht und Europarecht. Als das Werk schon weit vorangeschritten war, wurde mir immer stärker bewußt, daß viel dafür sprach, auch die DDR mit einzubeziehen. Freund Peter Jochen Winters war inzwischen in Berlin Korrespondent der *FAZ* für Berlin und die DDR geworden. Er zeigte sich zur Übernahme der schwierigen Aufgabe bereit. Als ich 1974 Hamburg verließ, befanden sich die Arbeiten an dem Handbuch in der Schlußphase.

Tatsächlich hat die Redaktionsarbeit meinem Team und mir selbst viel mehr abverlangt als anfänglich erwartet. Ein Handbuch macht dem Herausgeber meist genau so viel Mühe wie eine allein verfaßte Monographie. Bereut habe ich die Arbeit nie. Wenn ich mich frage, was die Hamburger Jahre wissenschaftlich erbracht haben, so ist das in erster Linie dieses beim damaligen Entwicklungsstand der Außenpolitik-Forschung ausgesprochen moderne Werk. Es hat mehr als dreißig Jahre gedauert, bis ein neues Handbuch auf den Markt kam.

Wo Tauben sitzen, fliegen Tauben zu. Ich war gerade damit befaßt, das *Handbuch der deutschen Außenpolitik* auf Kiel zu legen, da kam unerwartet eine zweite editorische Aufgabe auf mich zu. Schon damals war die Gepflogenheit eingerissen, zu allen runden oder halbrunden Geburtstagen der Bundesrepublik eine Art Geburtstags-Festschrift herauszubringen. Nachdem die Republik durch die APO kräftig durchgeschüttelt worden war und als die »neue Ostpolitik« die Bundesrepublik veranlaßte, sich als Definitivum zu begreifen und nicht mehr als Provisorium, schien eine wissenschaftliche Bestandsaufnahme hoch an der Zeit. Der konservative Historiker Ernst Deuerlein hatte mit Unterstützung der Bundeszentrale für politische Bildung den gleichfalls konservativen Verleger Heinrich Seewald gewonnen, ein Werk mit dem Titel *25 Jahre Bundesrepublik Deutschland – eine Bilanz* herauszubringen. Als Koautor entschied er sich für Richard Löwenthal, der damals für kurze Jahre auf dem rechten Flügel seiner Partei stand, bis er sich wieder von dort entfernte. (Ich habe stets gerne das Bild gebraucht, Löwenthal erinnere mich an einen Schlittschuhläufer der Weltklasse, man wisse zuvor aber nie genau, ob er zu einer Rechtskurve oder einer Linkskurve ansetze.) Deuerlein, der im Krieg ein Bein verloren hatte, war 1970 nach München berufen worden und Ende November 1971 unerwartet im Alter von 53 Jahren verstorben. Nun mußte Löwenthal seinerseits einen CDU-nahen Kompagnon suchen. Wir hatten uns eben im Direktorium der DGAP beschnuppert, kamen ganz gut miteinander aus, und so bat er mich, mit ihm zusammen den Sammelband herauszugeben, an dem rund 30 Autoren mitwirken sollten. Dieser bei meinem damaligen Entwicklungsstand recht ehrenvollen Bitte konnte und wollte ich mich nicht entziehen.

Die Planung war noch in ihren Anfängen. Wir waren entschlossen, das Buch auf eine breite interdisziplinäre Basis zu stellen mit Analysen führender Politikwissenschaftler, Historiker, Ökonomen und Soziologen. Einige Beiträger waren schon angefragt worden, viele noch nicht. Die Zusammenarbeit mit Löwenthal selbst erwies sich unproblematischer als gedacht. Ich zweifle nicht daran, daß in erster Linie sein damals schon großer Name die Mitarbeit erstklassiger Autoren erbracht hat (doch auch die Autorenhonorare waren anständig), während, wie zumeist bei solchen Dioskurenfeldzügen, dem Jüngeren und Unbekannteren die Hauptlast der praktischen Arbeit zufiel. So lernte ich sowohl beim *Handbuch* als auch bei diesem recht ehrgeizigen Vorhaben in vollem Maß die Eigenart vieler verehrter oder auch weniger verehrter Kollegen kennen. Viele waren brillant, einige wenige jedoch auch säumig und unordentlich. Insgesamt aber ist dabei ein hervorragendes Werk entstanden. Das war eine zweite literarische Frucht aus den Hamburger Tagen, die sich sehen lassen konnte. Nicht zuletzt zeigte dieser Sammelband, der 1974 pünktlich herauskam, daß es trotz aller damaligen Polarisierung, bei der auch die einzelnen Autoren mehr oder weniger entschieden Partei ergriffen hatten, doch möglich war, einen Kreis führender Sozialwissenschaftler zu gewinnen, deren Beiträge eine bemerkenswert objektive und positive Einschätzung der Verhältnisse in der Bundesrepublik erbrachten. Der Satz, in dem die persönliche Zusammenarbeit zwischen Löwenthal und mir angesprochen wurde, war von diesem formuliert worden und fand meine volle Zustimmung: »Wir sind dann in enger und, wie wir glauben, fruchtbarer Zusammenarbeit in vielen Fragen der Deutung von Geschichte, Gegenwart und Zukunft der Bundesrepublik zu ähnlichen Auffassungen gekommen – aber freilich nicht in allen; und wir haben es für unsere Pflicht gegenüber den Lesern gehalten, die verbleibenden Unterschiede nicht zu verwischen, sondern durch Gegenüberstellung sichtbar zu machen.«[91]

Löwenthal selbst hat einen vielbeachteten, auch als Sonderdruck erscheinenden »Prolog: Dauer und Verwandlung« geschrieben, in dem er – brillant, aber doch verfrüht – dem Gedanken einer Wiederherstellung des deutschen Nationalstaats aufgrund der historischen Entwicklung eine Absage erteilte, während ich selbst in einem abschließenden Essay »Wie wird es weitergehen?« eine gedämpft optimistische Prognose für die westlich orientierte Demokratie der Bundesrepublik formulierte, ohne die bedenklichen Entwicklungen auf seiten der SPD-Linken zu verschweigen.

Mit dieser Bilanz schied ich von Hamburg. Als ich 1966 dorthin kam, war ich in manchen politischen Streitfragen noch offen und vermied es, mich allzu deutlich zu exponieren. 1974 hatte ich in allen wesentlichen politischen Grundsatzfragen feste Positionen erarbeitet und Partei ergriffen. Ich besaß nun auch bei vielen älteren oder gleichaltrigen Kollegen und in den Nachwuchs hinein ein vergleichsweise breites Netzwerk und verfügte über Verbindungen zur Bonner Politik. Auch meine methodischen Vorstellungen vom Fach Politikwissenschaft waren jetzt geklärt, nicht zuletzt dank des einjährigen Aufenthalts in England.

Auf dem Berufungskarussell

Wann und warum habe ich mich zum Abschied von Hamburg entschlossen, um ins Rheinland zu ziehen? Ich selbst war 1969 wieder entsperrt und saß somit auf dem Berufungskarussell. Das zeitraubende Reformtreiben und die Zerschlagung der Fakultäten in Fachbereiche ließen mich nach neuen Ufern Ausschau halten. Allerdings entsprach es weder damals wie später meinem Naturell, mich selbst ins Gespräch zu bringen. Ich ließ alles an mich herankommen. Zwei Jahre hindurch zeichneten sich Möglichkeiten ab, nach Bayern zu kommen.

1971 erhielt ich einen Ruf an die neugegründete Universität Regensburg. Zusammen mit Annemie habe ich damals ernsthaft über die Rufannahme nachgedacht und einen Besuch bei den Regensburger Kollegen gemacht, die uns mit großer Freundlichkeit den roten Teppich ausrollten. Das alte Regensburg selbst wirkte auf uns wie eine frühmittelalterliche Metropole, etwas zu viel altes Gemäuer. Die damals nagelneue Universität machte einen guten Eindruck. Abschreckend wirkte jedoch, daß dort keine Institutsbibliotheken eingerichtet waren, sondern nur eine Zentralbibliothek. Zu allem hin untersagte das neue Bayerische Hochschulgesetz der Universität den Abschluß dauerhaft gültiger Berufungsvereinbarungen. Auch die endgültige Fachbereichsgliederung in Regensburg war noch nicht in trockenen Tüchern.

Im Zusammenhang mit diesem Ruf ist damals auch Klaus Ritter auf mich zugekommen, der Direktor der Stiftung Wissenschaft und Politik in Ebenhausen. Mit beträchtlichem administrativem Geschick hatte er dieses beim Bundeskanzleramt etatisierte Forschungsinstitut hochgebracht und es verstanden, der Einrichtung ein beträchtliches Maß an wissenschaftlicher Unabhängigkeit zu verschaffen. So überlegte ich es mir reiflich, als es mir dieser auch charakterlich tadellose Mann schmackhaft machen wollte, neben ihm als Kodirektor mit der Perspektive seiner Nachfolge tätig zu werden. Doch konnte ich mir nicht vorstellen, daß der vergleichsweise große Spielraum für eine ziemlich unabhängige Institutstätigkeit unter Egon Bahr und dem Kanzleramtsminister Ehmke auf Dauer erhalten bleiben würde, obschon die bayerische Staatsregierung unter Goppel als ein Gegengewicht wirkte. Ritter selbst war vorsichtig genug, nur wenig zu publizieren. Ich selbst aber wollte mir meine publizistische Tätigkeit nicht kastrieren lassen. Auch die Entfernung zwischen Regensburg und Ebenhausen wirkte abschreckend. So sagte ich Regensburg ab und betrieb auch den Plan eines Wechsels zur SWP nicht weiter, der mich auf eine völlig andere Schiene gesetzt hätte. Nach realistischer Selbstprüfung kam ich damals und später erneut zum Schluß, daß ich für das Amt eines administrativ überbürdeten, zum ständigen Finassieren gezwungenen Direktors eines Bundesinstituts weder Begabung noch Lust hatte.

Hamburg hatte ein attraktives Gegenangebot gemacht durch Einrichtung verschiedener Mitarbeiterstellen ausschließlich für die Erforschung der internationalen Politik. Das gab den Ausschlag. Gründe für die Ablehnung des Rufs gab es also genug. Ein Wechsel aus der Weltstadt Hamburg zu dem überdeutlich in Randlage liegenden Regensburg wäre doch nicht ganz das Rechte gewesen.

Zur gleichen Zeit eröffnete sich eine Perspektive in Köln. Der verdiente, aber auch schwierige Ferdinand Hermens wurde emeritiert. Wie alle Professoren, die eine bedeutende Botschaft zu verkünden haben, hatte er zeitlebens darauf insistiert, daß alle oder doch fast alle politischen Übel und Katastrophen des 20. Jahrhunderts ihre Ursache im Proporzwahlsystem hatten und durch Einführung des Mehrheitswahlrechts nach englischem Muster heilbar wären. Die eigentlichen Machthaber im Kölner Forschungsinstitut waren lange Zeit seine Assistenten Rudolf Wildenmann, der nach Mannheim gegangen war, und Werner Kaltefleiter, nun Leiter des Sozialwissenschaftlichen Instituts der Konrad-Adenauer-Stiftung in Alfter.

Wie der verschlungene Entscheidungsprozeß in Köln gelaufen ist, weiß ich nicht. Seit meinem ersten Ruf habe ich es mir zur strikten Regel gemacht, mich nie über die Vorgeschichte der Rufe zu erkundigen und abzuwinken, wenn man mir dies erzählen wollte. Man verliert sonst die Unbefangenheit. Ohnehin sind solche Listenerstellungen mit derart vielen Telefonaten und Vorgängen im Hintergrund verbunden, daß es fast unmöglich wäre, die Wahrheit herauszufinden. Die entsprechenden Entscheidungsprozesse erinnern doch häufig an die Vorgänge bei

Regierungsbildungen, bei denen die Politologen auch nie ganz sicher sind, wer wann wo und mit welcher Absicht an diesem oder jenem Schräubchen gedreht hat. Deutlich war nur die Neigung meines künftigen Kollegen Ulrich Matz, den ich damals noch kaum kannte, der belastenden Ära Hermens ein Ende zu machen.

In einem Brief an meinen Vater seinerzeit[92] sind die Beweggründe für den Wechsel ins Rheinland zutreffend wiedergegeben: »Der Ruf nach Köln ist nach letzten Informationen durchs Ministerium fast durch und sollte in diesem Monat hier eintreffen. Wenn die Universität ein attraktives Sachmittelangebot macht, sind wir ziemlich fest entschlossen, ins Rheinland zu ziehen. Ein besonderer, für mich entscheidender Anreiz geht natürlich von der Nähe zu Bonn aus; sie würde die Art von Forschungen und von Gestaltung des Lehrprogramms, wie ich es mir vorstelle und wie sie fast nirgendwo in Deutschland betrieben wird, ermöglichen und mir viel Zeit sparen, die ich bei dem ständigen Reisen zwischen Hamburg und Bonn verliere. Natürlich wirkt auch die Aussicht, im Rheinland, das ich sehr liebe, wohnen zu können, als zusätzliche Verlockung. Hamburg und seine Umgebung sind ja schön, und wir haben uns hier sehr wohlgefühlt, wennschon die Winter häßlich sind. Aber die Perspektive, auf der neuen linksrheinischen Autobahn schnell in den Süden zu kommen, in drei Stunden in Amsterdam und in Brüssel zu sein, Paris gewissermaßen vor der Haustür zu haben und am Sonntag im Siebengebirge oder auf den Höhen des Rheinischen Schiefergebirges wandern zu können, ist gleichfalls angenehm. Zudem könnte ich so ziemlich alle von meinem hiesigen Stab, die ich dabeihaben möchte, auch mitnehmen. Die Bereitschaft zu einem Tapetenwechsel ist auch bei den Mitarbeitern vorhanden, und so hoffen wir, daß die Verhandlungen gut laufen ...«

Zur Loslösung von Hamburg trug auch die Entwicklung im eigenen Seminar bei. Durch die Verhandlungen zur Rufabwehrung von Regensburg hatte sich mein Mitarbeiterstamm im Mittelbau stark vergrößert und die gesamte Position in der Universität gestärkt. Doch im Sommer 1972 erlitt ich eine empfindliche Niederlage bei der Besetzung eines dritten, schon lange beantragten Lehrstuhls, der eigentlich für Politische Ideengeschichte gedacht war. Künftige Unerquicklichkeiten ließen sich vorhersehen.

Am 19. Februar 1973 ging der Ruf nach Köln heraus mit schöner Unterschrift von Johannes Rau, die mir dreißig Jahre später nochmals vor Augen kam, als er mich unerwartet mit dem Großen Bundesverdienstkreuz auszeichnete. Die Berufungsverhandlungen mit Land und Universität zogen sich aber bis in den Frühsommer 1973 hin.

Das erste Jahr in Köln und das letzte Jahr in Hamburg sind mir nicht als die schönste Zeit meines Lebens in Erinnerung geblieben. Nach Lage der Dinge war es zwingend, im Herbst 1973 in Köln die uneingeschränkte Lehrtätigkeit zu beginnen und gleichzeitig in Hamburg mit vollem Einsatz im Wintersemester 1973/74 und im Sommersemester 1974 die Vertretung des eigenen Lehrstuhls wahrzunehmen. Drei

Wochentage waren für Köln reserviert, zwei weitere für Hamburg.

Bei der Suche nach einem Haus kam hinzu, daß ich die Großstadt Köln weder aus der Studienzeit noch von vorherigen längeren Aufenthalten kannte. Die durchweg sehr freundlichen, hilfreichen neuen Kollegen aus der WiSo-Fakultät gaben zwar viele Tips. Doch das Bergische Land, wo manche von ihnen auf billigem Grund und Boden herrschaftliche Anwesen errichtet hatten, war für mein Gefühl viel zu weit weg, außerdem auf dem Land. Die Erinnerung an Bad Rothenfelde war mir und Annemie eine Warnung. Häuser in den guten Vierteln in Lindenthal oder in Marienburg waren unerschwinglich teuer. In die meist trostlosen Satellitenstädte rund um Köln führten genauso trostlose Autobahnen, auf denen grob gefahren wurde, wie das im Rheinland so Sitte ist.

Zweierlei löste sich somit: die Aussicht auf den Neuanfang an einer noch intakten Universität und der Großraum Bonn. Dort kannte ich mich einigermaßen aus. Dort spielte ohnehin die Musik, zu der es mich gezogen hatte. Dort fühlte sich auch Annemie wohl. Schließlich tauchte in dem damals noch gepflegten Bad Godesberg ein hübsches, beseeltes, wenngleich nicht allzu großes Haus im Marienforster Tal auf, das uns auf Anhieb gefiel. Zum Kölner Institut mußte man zwar von dort aus mit dem Auto oder mit der Bahn eine Dreiviertelstunde rechnen. Doch das konnte uns nicht schrecken. Auch von Othmarschen zum Von-Melle-Park war ich morgens und abends eine halbe Stunde unterwegs gewesen.

Wie so oft zuvor und danach hat Annemie den nunmehr schon recht schwierigen Umzug organisiert. Mit Bedauern ließen wir Traumhaus und Garten in der Hammerichstraße 6 zurück. Am 14. Oktober 1974, gerade noch rechtzeitig vor Beginn des Wintersemesters, trafen die Möbelwagen ein. Unvergeßlich ist uns der erste abendliche Spaziergang zusammen zum nächtlich erleuchteten Theaterplatz von Bad Godesberg mit seinen feinen Geschäften, zu dem schmucken Kaufhaus Hertie, zum »Ännchen« und zur Koblenzer Straße. Wahrscheinlich ist Bad Godesberg seit den Tagen des letzten Kurfürsten, als schon die Revolutionsheere herannahten und dann seit den Jahrzehnten vor dem Ersten Weltkrieg nie mehr so schön gewesen wie am Abend des 15. Oktober 1974, als wir dort umzugsmüde flanierten.

An der Kölner WiSo-Fakultät

Die Kölner Wirtschafts- und Sozialwissenschaftliche Fakultät, kurz WiSo-Fakultät genannt, war ähnlich wie die in Hamburg: kompetente Kollegen, auf Pfiff dressierte Assistenten, bestens organisierte Studiengänge, ruhige, für mein Gefühl allzu apolitische Studenten. Es war auch eine wohlhabende Fakultät. Die meisten Lehrstuhlinhaber verfügten neben der stattlichen personellen Ausstattung ihrer Lehrstühle über ein mehr oder weniger großes Forschungsinstitut, komplett finanziert oder doch teilfinanziert von Fördervereinen der jeweiligen Branchen. Noch galt die stark ausdifferenzierte Kölner Betriebswirtschaftslehre als die Nummer 1 in der Bundesrepublik, wenngleich schon bedrängt von Mannheim. Die Volkswirte, obschon mit sehr viel weniger Lehrstühlen ausgestattet und von weniger Hauptfachstudenten nachgefragt, führten in der Fakultät dennoch das große Wort. Sie betrachteten sich als die Hohepriester des Ordoliberalismus und spielten sich auf wie die Intellektuellen in der modernen Industriegesellschaft – marginalisiert bei der Massenproduktion, aber in alles hineinredend. Wenn es aber ans Abstimmen ging, entschieden in der Regel die viel zahlreicheren Betriebswirte. Sie hatten auf einer vorgeschalteten Sitzung der BWL-Professoren jeden Tagesordnungspunkt durchgesprochen und sich dort verschworen, über die von ihnen auserkorenen Kandidaten oder Tagesordnungspunkte nur wie vorbesprochen abzustimmen. Das taten sie dann auch, wenn gleich nicht immer. Auch die Kölner Soziologie war stark, besonders durch Erwin Scheuch und Renate Mayntz.

Nicht wenige der Lehrstuhlinhaber waren sozusagen Söhne der Gründergeneration. Die inzwischen emeritierten Schulhäupter – der freundliche Erich Gutenberg, Papst der Betriebswirtschaftslehre, der Finanzwissenschaftler Günter Schmölders, der Staatssekretär a. D. Alfred Müller-Armack, das Haupt der Neoliberalen, oder der pompöse Soziologe René König – verfügten noch über wohlausgestattete Austragzimmer mit Sekretariaten und gaben ihre Auftritte beim feierlichen Fakultätsdiner im »Dom-Hotel«, das der jeweilige Dekan in der Adventszeit ausrichtete. Neben ihren Schülern, die zumeist nach kurzer Parkzeit an einer kleineren Universität auf den Lehrstuhl des Meisters zurückgekehrt waren, hatten sie eine bunte, nicht immer ganz pflegeleichte Schar von außerplanmäßigen Professoren, Lehrbeauftragten und Honorarprofessoren hinterlassen, mit denen sich die Nachfolger zu befassen hatten. Die weitverzweigte Kölner Fakultät, in deren Lehrkörper es bei vorherrschend würdigem Grau durchaus auch rote oder grüne Federn gab, war überhaupt nur für Experten professoraler Genealogie voll zu verstehen.

Wie seinerzeit in der Hamburger WiSo-Fakultät wurden die Fakultätssitzungen auch in Köln zügig abgewickelt. Doch da die Fakultät viel größer war, dauerten die Sitzungen länger. Auch der zweierlei Wein und der Kaffee mit feinem Gebäck entfielen hier, ebenso die Fakultätsausflüge. Ansonsten aber hat sich diese selbstbewußte Ordinarienfakultät bis zum Ende meiner Kölner Jahre gehalten. Klugerweise hatten die Ordinarien ihre Machtbasis durch die Extraordinarien verstärkt, aus deren Reihen an anderen Universitäten häufig die Unruhestifter kamen. Da in Köln jedoch jeder Lehrstuhl zusammen mit den Forschungsinstituten über genügend Stellen und Sachmittel verfügte, war es nicht sehr schmerzlich, die Extraordinarien aus den großen Latifundien mit einem anständigen Lehen auszustatten und sie so ruhigzustellen. Die Großzügigkeit ging aber nicht so weit, daß man einen von ihnen zum Dekan gemacht hätte.

Die Akademischen Räte und die Assistenten waren in der Fakultät jeweils durch zwei Vertreter repräsentiert, die an den jeweiligen Lehrstühlen angebunden waren und somit in der Zucht des Herrn standen. Die beiden Studentenvertreter kamen aus der WiSo-Studentenschaft, konzentrierten sich genauso wie in Hamburg darauf, Mißstände im Lehrbetrieb abzustellen, und richteten keinen Schaden an. Es herrschte also ein System des Konstitutionalismus wie in den deutschen Verfassungen des Vormärz, über dem allerdings unablässig die Drohung der Aufgliederung in Fachbereiche und weitreichender paritätischer Vertretung der Stände schwebte. Das veranlaßte auch die Ordinarien zu vernünftiger Flexibilität.

Während der Jahre meiner eigenen Tätigkeit in Köln funktionierte dieses System eines aufgeklärten Konstitutionalismus reibungslos, wohl auch deshalb, weil die Dekane noch über eine ganz erstaunliche Autorität verfügten. Dementsprechend sah man sich die dafür in Frage kommenden Kollegen zuvor genau an. Natürlich mußte auch ein Dekan sozusagen von hinten führen, also sich in Vorgesprächen über die Meinung in den Fachgruppen unterrichten und die Diskussion eine Zeitlang laufenlassen, um dann möglichst ohne Abstimmung die Meinung, die sich herausbildete, in einer Beschlußformel zusammenzufassen, die ins Protokoll kam. Doch in ganz heiklen Situationen wurde es auch akzeptiert, daß der erste Konsul als Diktator fungierte. Der kritischste Moment in meinem eigenen Dekanat kam, als die Betriebswirte trotz einiger warnender Stimmen mehrheitlich drauf und dran waren, die Aufgliederung der in der Tat viel zu großen Fakultät in Fachbereiche zu erzwingen, und, so schien es, zum Äußersten entschlossen in die Fakultätssitzung zogen. Nach langer Diskussion resümierte ich schließlich, die vorgebrachten Argumente sprächen gegen das Vorhaben, und die zuvor aufgeheizten Betriebswirte akzeptierten dieses Votum.

Das Dekanat rotierte jährlich zwischen den drei Großgruppen: Volkswirte, Betriebswirte und »Dritte Welt«. Unter die letzte Kategorie fielen die Statistiker, die Politikwissenschaftler, die Soziologen, die Wirtschaftspädagogen und der Lehrstuhlinhaber für Wirtschaftsgeographie. Niemand unter ihnen machte auch nur den Versuch, aus dem heterogenen Konglomerat eine eigene Fachgruppe nach Art der Volkswirte oder der Betriebswirte zusammenzubringen. In den letzten Jahren meiner Mitgliedschaft in der Fakultät wurde eine Gruppe »Dritte Welt« dann doch durch politischen Druck festgelegt, die sich, wie zu erwarten, so schwer steuerbar erwies wie mein ehemaliger Fachbereich PPS (Philosophie, Psychologie, Sozialwissenschaften) in Hamburg.

Universitätspolitisch herrschten somit vergleichsweise idyllische Zustände. Ich hatte mir beim Wechsel von Hamburg nach Köln geschworen, mich soweit irgend nur zulässig und bekömmlich, aus der Hochschulpolitik herauszuhalten. Das ließ sich auch durchhalten mit Ausnahme des einen Jahres als Dekan, während dem ich zu wenig anderem gekommen bin.

Generell aber blieb in Köln neben der Lehre viel mehr Zeit zum Schreiben größerer Bücher und für meine außeruniversitären Aktivitäten.

Es versteht sich, daß es die Politische Wissenschaft in diesem vergleichsweise riesigen Fakultätssystem prinzipiell nicht leicht hatte. Die Studiengänge für Sozialwissenschaften waren mit denen der Ökonomie voll integriert. Regelabschluß war der Diplomvolkswirt Sozialwissenschaftlicher Richtung. Das Grundstudium war bei den Studiengängen Volkswirtschaft, Betriebswirtschaft und Sozialwissenschaften weitgehend vereinheitlicht. Das erlaubte den Studenten, noch nach der Zwischenprüfung ihr Hauptfach zu wählen. Die Stundenbelastung zwischen Ökonomie und Politikwissenschaft verteilte sich im Verhältnis 60 : 40 zugunsten der Ökonomen. Ich habe diese enge Verzahnung als Vorteil betrachtet. So fanden unsere vielseitig ausgebildeten Absolventen entweder in der Wirtschaft und in Wirtschaftsverbänden oder bei den in Köln zahlreichen Medien interessante Stellen, manche auch in der öffentlichen Verwaltung oder bei den Parteien. Es war auch gelungen, die Ausbildung von Sozialkundelehrern und Gewerbeschullehrern in der WiSo-Fakultät zu konzentrieren.

Den Aufbau von Studiengängen mit dem Fach Politikwissenschaft in der Philosophischen Fakultät konnte ich während meiner gesamten Kölner Tätigkeit verhindern, dabei von dem gleichfalls realistischen Ulrich Matz unterstützt. Die Hamburger Erfahrungen hatten mich gelehrt, daß das eine zeitraubende Zusammenarbeit mit den Kollegen der dortigen Fakultät erfordert, zudem das Fach stark aufgeschwemmt hätte. Als der Druck zu groß wurde, schreinerten wir zwei Studiengänge für Ostasienkunde und Südamerikastudien. Beide erforderten einschlägige Sprachstudien, so daß auch an dieser Stelle der Wasserfront kein Dammbruch erfolgen konnte. Die Zahl der Sozialkunde- und Gewerbeschullehrer, die wir gleichfalls auszubilden hatten, hielt sich in Grenzen. Auf die Dauer empfand ich aber das Fehlen von Studenten der vielseitigen Fachrichtungen, wie sie nun einmal nur in der Philosophischen Fakultäten vorfindbar sind, doch als einen gewissen Mangel. Die Vorteile einer fachlich enger ausgerichteten, zahlenmäßig überschaubaren Studentenschaft überwogen jedoch.

Genauso wie in Hamburg ließ sich auch in Köln unschwer erkennen, daß die artifizielle Trennung von Ökonomie und Politikwissenschaft den Gegebenheiten in Politik und Wirtschaft nicht mehr entsprachen. Kluge Betriebswirte wie beispielsweise Erwin Grochla, einer der führenden Fachleute für Organisationslehre, erkannten das auch und empfahlen ihren Studenten das Parallelstudium der Politikwissenschaft. Der eine oder andere Kollege aus der Volkswirtschaftslehre saß jedoch weiterhin auf dem hohen Roß und glaubte, auch von den Fachgebieten der Politikwissenschaft alles zu verstehen. Als 1975 das *Handbuch der deutschen Außenpolitik* erschien, wurde aber selbst den kritischen Geistern deutlich, daß mein fachübergreifendes Verständnis der Politikwissenschaft auch die Verbindung zu einer modernen politischen Ökonomie beinhaltete. Bei der Darstellung der westdeutschen Außenbeziehungen hatte ich mit Bedacht die außenwirtschaftlichen Verflechtungen an die erste Stelle gerückt und Christian Watrin um den übergreifenden Beitrag zum Bezugsrahmen der Weltwirtschaftsordnung gebeten.[93]

Mit Watrin, einem selbstbewußten Exponenten ordoliberaler Politik, ergab sich während der ganzen Kölner Jahre eine sehr erfreuliche, auch für mich lehrreiche Zusammenarbeit. Dasselbe galt für den aus Freiburg stammenden Ökonomen Gernot Gutmann, einem zupackenden Mitstreiter in Beiräten und Direktorien, mit dem mich politisch und landsmannschaftlich viel verband. Genauso aufgeschlossen für die Fragestellungen meines Fachs war der politisch der FDP verbundene Finanzwissenschaftler Karl-Heinrich Hansmeyer.

Ein besonders anregender Kölner Fakultätskollege war Erwin Scheuch. Er war auf allen Feldern der Soziologie sattelfest, und man brauchte ihm nur ein Stichwort zuzuwerfen, dann begann er Ideen zu generieren. Das war nicht immer risikolos. Ich hatte die Kandidaten von Lehramtsstudiengängen oft mit ihm zusammen zu prüfen. Dabei kam es häufig vor, daß er, kaum war die erste Frage beantwortet, in kreative Stimmung geriet, so daß der Prüfling überhaupt nicht mehr zu Wort kam. Als ich nach Köln kam, gehörte er zusammen mit Hermann Lübbe, Helmut Schelsky und Wilhelm Hennis mit bundesweiter Ausstrahlung zu jenen kämpferischen Konservativen, die – ähnlich wie die amerikanischen *Neo-Cons* des Typs Seymour Martin Lipset, an denen er sich orientierte – allesamt von mehr oder weniger moderat linken Positionen her kamen und so kämpferisch waren wie dies Proselyten zu allen Zeiten gewesen sind. Er hatte ausgesprochene Freude an scharfen politischen und fachlichen Kontroversen. In den frühen siebziger Jahren wandte er sich der CDU zu, stürzte sich auch in die Kölner Parteipolitik, wurde aber zusehends desillusioniert, nicht zuletzt deshalb, weil er Kohl für ein Verhängnis hielt, darin übrigens Wilhelm Hennis nicht unähnlich. Als er sich schließlich zur gleichen Zeit mit der Kölner CDU und der SPD wegen gewisser korrupter Praktiken anlegte, wurde er schlagartig und sehr konsequent von den Bildschirmen der öffentlich-rechtlichen Sender verbannt.

Erwin Scheuch und seine Frau Ute, in jenen Jahren gleichfalls eine kämpferische Journalistin, gehörten auch zu den besonders geselligen Kollegen. Sie hatten sich in der höchsten Etage des Uni-Centers eingenistet, und ihre Einladungen, ganz besonders die Silvesterparty, gehörten zu den Highlights der Saison. Unvergeßlich ist mir eine Neujahrsnacht hoch über den Dächern von Köln, als Scheuch wie ein Feuerteufel Dutzende von vorab montierten Feuerwerkskörpern entzündete, während ihn die dabeistehenden Damen in ihren langen Roben einerseits bestaunten, andererseits fürchteten, in Brand gesetzt zu werden.

Überhaupt waren die Kollegen aus der Kölner WiSo-Fakultät, auch das erinnerte an Hamburg, erfreulich gesellig. Bedenklich war nur, daß manche von ihnen ihre eindrucksvollen Anwesen auf billigem Baugrund irgendwo hinter den Bergen bei den sieben Zwergen im Bergischen Land errichtet hatten. Adenauers Diktum, im Bergischen Land beginne bereits Sibirien, ließ sich während der Einladungssaison im Januar und Februar buchstäblich erfahren. Verschiedentlich sind wir, aus dem milden Bad Godesberg kommend, im dortigen Eis und Schnee steckengeblieben.

Die fakultätspolitischen und menschlichen Bedingungen waren jedenfalls ausgesprochen günstig für eine ertragreiche wissenschaftliche Arbeit. Das galt ganz besonders für die engeren Fachkollegen. Anders als in Hamburg herrschte ein Klima entspannter Harmonie. Der Inhaber des Parallellehrstuhls, Ulrich Matz, kam von München her, war von der Ausbildung her Philosoph und Jurist (letzteres kam ihm bei seinem Dekanat in der WiSo-Fakultät gefolgt von dem vierjährigen Rektorat in den Jahren 1983 bis 1987 sehr zugute). Er war ein ausgesprochen konservativer Gelehrter, der die Bereiche Ideengeschichte, Politische Theorie und Staatslehre kompetent abdeckte. Im Unterschied zu mir hatte er an der Hochschulpolitik Freude, wobei ihm zugute kam, daß ihn die Juristen und die Kollegen in der Philosophischen Fakultät gleichermaßen wegen seiner Fachkenntnisse schätzten. Selten habe ich einen Kollegen kennengelernt, der die in Fachfragen letztlich auch gegenüber vertrauten Fachkollegen gebotene Distanz mit ausgeprägt menschlicher Noblesse zu verbinden wußte. Seine Frau, die als Ärztin praktizierte, war ebenso angenehm, und wir haben in dem Matzschen Bungalow in Erftstadt-Lechenich viele schöne Abende verbracht.

Genauso erfreulich war die Zusammenarbeit mit Peter Graf von Kielmansegg und Karl Kaiser. An der Berufung des letzteren hatte ich maßgeblichen Anteil. Während ich eben in Köln Fuß faßte, stand im Bonner Forschungsinstitut der DGAP die Nachfolgeregelung für Karl Carstens an, der bei der Bundestagswahl im November 1972 in den Bundestag gewählt worden war und nach dem Rücktritt von Rainer Barzel als Newcomer im Handstreich den Fraktionsvorsitz der CDU/CSU erobert hatte – eine zuvor und danach in der bundesdeutschen Parlamentsgeschichte einmaliger Vorgang. Wissenschaftliches Direktorium und Präsidium hatten sich einstimmig für Karl Kaiser entschieden. Allerdings hatte Kaiser in Saarbrücken ein Ordinariat und mußte irgendwo im Raum Bonn angebunden werden. In einem fakultätspolitisch nicht ganz einfachen Verfahren habe ich dafür Sorge getragen, daß er in unserem Kölner Institut ein Extraordinariat erhielt. Einige Fakultätskollegen sahen das nicht gerne. Kaiser hatte sich in der Landtagswahl 1970 an der Seite von Oskar Lafontaine parteipolitisch stark exponiert, doch für ihn sprach neben seinen vielfältigen Meriten doch auch, daß er an der Kölner WiSo-Fakultät seinen Doktor gemacht hatte. Ich selbst und auch Ulrich Matz fanden zugleich, daß eine parteipolitisch etwas breitere Aufstellung weder für die Kölner Politikwissenschaft noch für die gesamte Universität gegenüber Düsseldorf eine schlechte Sache wäre. So gewann ich in Köln einen guten Kollegen, die DGAP einen tüchtigen Direktor ihres Forschungsinstituts, und zugleich ergab sich eine auch für unsere Studenten personalpolitisch nützliche Verbindung zur DGAP.

In den Jahrzehnten der Universitätsreformen war das Verhältnis zwischen den Lehrstuhlinhabern und den Extraordinarien bundesweit chronisch oft prekär, wie ich später nochmals feststellte, als ich von Köln nach Bonn wechselte. Von diesen Spannungen sind wir in Köln verschont geblieben. Graf von Kielmansegg und Kaiser waren charakterlich tadellose Persönlichkeiten. Wir haben sie zudem im Rahmen des Möglichen materiell fair behandelt. Matz sorgte aus freien Stücken aus seinem Stellenbestand für die Ausstattung von Kielmansegg, ich selbst verhielt mich genauso gegenüber Karl Kaiser. Da Graf von Kielmansegg und Kaiser breit aufgestellte Kollegen mit erstklassigen wissenschaftlichen Credentials waren, gab es keine Probleme bei der Planung eines anspruchsvollen Lehrbetriebs. Nie zuvor und danach mußte ich auf die entsprechende Organisation so wenig Zeit verwenden wie in diesen Kölner Jahren.

Hilfreich waren auch die am Institut tätigen Honorarprofessoren, die in ihr spezielles Arbeitsfeld einführten. Die Studenten profitierten von den Übungen zur parlamentarischen Praxis, die Friedrich Schäfer, langjähriger Vorsitzender des Bundestags-Innenausschusses, ein Sozialdemokrat vom rechten Parteiflügel, regelmäßig abhielt. Genauso viel Interesse bekundeten die WiSo-Studenten für die Übungen des in viele Sektoren der Wirtschaft hinein bestens vernetzten CDU-Abgeordneten Fritz Burgbacher. Alles in allem war das Seminar auch politisch, wie man so sagt, »gut aufgestellt«, vor allem auch, als mit Karl Kaiser ein bekennend sozialdemokratischer Kollege die sonst zu monocolore Angebotspalette verbreiterte.

Mein Lehrstuhl befand sich in der Gottfried-Keller-Straße. Schon diesen Namen auf dem Straßenschild zu sehen, war jeden Tag eine Freude. Der zweistöckige, ausgesprochen hübsche, ruhig gelegene Bungalow war in den fünfziger Jahren als sogenanntes UNESCO-Institut erbaut worden und danach an die Politische Wissenschaft übergegangen. Alles war unter einem Dach: ein großer und ein kleiner Seminarraum, die Bibliothek, Zimmer für die Assistenten und Sekretariate. Nie zuvor und danach war ich so tadellos untergebracht.

Im Unterschied zu den Hamburger Anfängen verfügte ich nun über Mitarbeiter aus dem eigenen Beritt. Henning von Löwis war ein breit angelegter Politologe, der sich mühelos in die unterschiedlichsten Gebiete einarbeitete, die ich in meinen Seminaren beackerte. Irena Hendrichs, die über Jugoslawien promoviert hatte, deckte die Außen- und Innenpolitik der sozialistischen Länder ab. Peter Weilemann, ein USA-Experte, und Hanns Jürgen Küsters spezialisierten sich auf die westliche Sicherheitspolitik und die europäische Integration unter besonderer Berücksichtigung der USA, Frankreichs und Großbritanniens. Vertrautheit mit den Theoriefragen und gute Kenntnisse der bundesdeutschen Außenpolitik verstanden sich bei diesem Team von selbst. In den beiden ersten Kölner Jahren mußten wir rund um die Uhr arbeiten, um das *Handbuch der deutschen Außenpolitik* fertigzustellen. Wie nicht anders zu erwarten, sprangen verschiedene Beiträger, die sich zur Mitarbeit verpflichtet hatten, im letzten Moment ab, so daß neben der üblichen Redaktionsarbeit die offen stehenden Kapitel mit Bordmitteln geschlossen werden mußten.

Vorerst strickten wir noch an dem Thema Entspannungspolitik weiter. Der Wechsel nach Köln hatte die Voraussetzungen für eine engere Zusammenarbeit mit Boris Meissner vom Institut für Ostrecht geschaffen. Zusammen mit seinen Mitarbeitern hielten wir verschiedene gemeinsame Seminare ab, die 1979 unter anderem in einem Sammelband *Entspannungspolitik in Ost und West*[94] ihren Niederschlag fanden.

In Köln entschlossen wir uns, ein begrenztes, aber auf bislang unzugänglichen Quellen fußendes Projekt zu den Anfängen der europäischen Integrationsgeschichte in den fünfziger Jahren anzupacken. Hans von der Groeben, in der Anfangsperiode der EWG neben Walter Hallstein das zweite deutsche Kommissionsmitglied, hatte sich unter Mitnahme eines großen Aktenbestandes in Rheinbach niedergelassen und mit mir Verbindung aufgenommen. Jetzt war es, so meinten wir beide, hoch an der Zeit, die Frühgeschichte der EWG wissenschaftlich zu untersuchen. Zwar wurde schon jede Menge hochtrabender Integrationstheorien produziert, wie ich in der Arbeitsgruppe »Internationale Politik« der DVPW und dann bei meinen Arbeiten in Oxford festgestellt hatte. Doch empirische zeitgeschichtliche Forschung war aufgrund der Unzugänglichkeit der entsprechenden Archive Mangelware, dies auch deshalb, weil die zeitgeschichtlich tätigen Historiker diese entscheidend wichtigen Vorgänge, die sich vor ihrer Nase abspielten, überhaupt noch nicht entdeckt hatten. Der einzige Historiker unter den deutschen Kollegen, der damals das Thema Europäische Integration mit großer Intensität behandelte, war Walter Lipgens. Doch er hatte sich in die Anfangsphase der Europabewegung vor der Ingangsetzung der Montanunion verhakt und sah auch die folgende Entwicklung nur durch föderalistische Brillengläser. Über die gescheiterte Europäische Verteidigungsgemeinschaft waren zwar Monographien von Arnulf Baring und Paul Noack erschienen. Beide hatten die EVG aber nicht als multilaterales Integrationsprojekt erfaßt.

Da mit dem Kölner Seminar ohnehin ein »Forschungsinstitut für Politische Wissenschaft und Europäische Fragen« verbunden war, finanziert von einem Trägerkreis aus der Wirtschaft, sprach also viel dafür, endlich auf solider archivalischer Basis die Gründungsgeschichte der EWG und von EURATOM darzustellen. Küsters machte die *Gründung der Europäischen Wirtschaftsgemeinschaft* zum Thema seiner vorzüglichen, auch international stark beachteten Dissertation, Weilemann fertigte eine Spezialstudie zu den *Anfängen der Europäischen Atomgemeinschaft* an, und von der Groeben schilderte, auf seine Erfahrungen und auf gleichfalls erstmals ausgewertete Archivalien der EWG-Kommission gestützt, die *Aufbaujahre der Europäischen Gemeinschaft 1958 bis 1966*. In die drei Bände, die 1982 bei Nomos in Baden-Baden erschienen, flossen auch die Befragungen von rund 40 Akteuren ein.[95] Unterstützt wurden diese Arbeiten von der in Köln domizilierten Fritz-Thyssen-Stiftung.

Von der Groeben war eine imposante Persönlichkeit. Unter seinen ostpreußischen Standesgenossen hatte er früh, zu Recht oder zu Unrecht, den Spitznamen »der rote Graf« erhalten, hatte die Jahre des Nationalsozialismus in der Reichsministerialität hinter sich gebracht, den Krieg als Offizier mitgemacht und war danach unter Ludwig Erhard im Bundeswirtschaftsministerium als einer der vom Ordoliberalismus überzeugten hohen Beamten tätig mit Zuständigkeit für die Montanunion. Daß er diese als politisch notwendig, aber im Grunde als ökonomischen Fehlschlag betrachtete, hat er damals nicht an die große Glocke gehängt und war 1958 von Adenauer und Erhard zusammen mit Hallstein nach Brüssel entsandt worden. In bezug auf Bonn sah er eine seiner Aufgaben darin, zwischen dem vorwiegend politisch motivierten Integrationskurs Konrad Adenauers und den neoliberalen Ordnungsvorstellungen des europaskeptischen Ludwig Erhard irgendwie zu vermitteln. In Brüssel suchte er mit Erfolg die EWG nach marktwirtschaftlichen Grundsätzen zu strukturieren, was ihm mit Ausnahme der Landwirtschaftspolitik auch gelang.

Schon in seiner Zeit als Kommissionsmitglied hatte von der Groeben die Möglichkeiten fachübergreifender wissenschaftlicher Analyse des EWG-Projekts in großem Stil genutzt. Danach hat er das im »Bielefelder Arbeitskreis« fortgesetzt. Aus seiner Erkenntnis der Bedeutung wissenschaftlicher Forschung bei der Arbeit am Projekt Europa resultierte auch sein Verständnis für die zeitgeschichtliche Erhellung des Integrationsprojekts. Ich habe zeitlebens nicht allzu viele Spitzenpolitiker und Spitzenbeamte kennengelernt, die so ausschließlich wie er an einer objektiven Erforschung der Entwicklungen Interesse hatten, ohne jeden Versuch, die eigene Rolle hervorzuheben.

Über von der Groeben kam ich mit vielen hohen Beamten der Bundesministerien und der EWG alias EG aus dem ersten Vierteljahrhundert der Bundesrepublik in Verbindung. Sie standen nun am Ende ihrer Karriere oder wirkten noch im Unruhestand, bereit und in der Lage, ihre Erfahrungen zu diskutieren. Von der Groeben und seine prächtige Frau waren große Gastgeber. Seine Geburtstagsfeste, an denen er bis weit in die neunziger Jahre hinein festhielt, führten stets zwei oder drei Dutzend scharfe Intelligenzen und deren zumeist sehr ansehnliche Damen aus dem einstigen Wirtschaftsministerium Ludwig Erhards, aus der EWG-Kommission und aus dem »Bielefelder Arbeitskreis« zusammen, wobei Ernst Albrecht, ehemaliger Kabinettschef von der Groebens und bis 1990 Ministerpräsident von Niedersachsen, stets die Festrede auf den Gastgeber und die Dame des Hauses hielt. Die Verbindung mit von der Groeben, der 2005, im Alter von 97 Jahren, lebenssatt verstarb, gehört zu den wertvollen Erinnerungen der Kölner und der Bonner Jahre.

Daß sich sein prozessuales Integrationsverständnis deutlich von den Vorstellungen Hallsteins und der Europa-Föderalisten unterschied, war deutlich erkennbar.

Der europäische Zusammenschluß als offener, pragmatisch zu steuernder Prozeß, bei dem aber die ökonomischen Bedingungen nicht zweitrangig sein durften und in einem ordoliberalen Sinne zu gestalten waren – dieses Integrationskonzept schien auch mir realistischer als alle Versuche, ein supranationales Quasi-Staatsgebilde zu errichten.

Der erfahrungsgesättigte Realismus dieses Praktikers entsprach meinen eigenen Integrationsvorstellungen, denen ich schon früh Ausdruck gegeben hatte, so beispielsweise in der *Deutschen Zeitung* im November 1974, wenige Monate nachdem in Deutschland Helmut Schmidt das Ruder in die Hand genommen hatte. »Alle Wahrscheinlichkeit spricht dafür«, hatte ich damals geschrieben, »daß die Mühen für eine internationale Koordination autonomer Regierungen wesentlich geringer und zugleich erfolgversprechender sind als die Sisyphusarbeit, in einem europäischen Bundesstaat oder auch nur Staatenbund unpopuläre wirtschaftspolitische, sicherheitspolitische oder gar sozialpolitische Entscheidungen durchzusetzen«[96]. Doch die feste Institutionalisierung des Multilateralismus mit ständigen Arbeitskontakten auf allen Ebenen schien mir zwingend: »Ein Hauptvorzug des multilateral institutionalisierten, intensiven Regierungsdialogs besteht darin, daß er die Spitzenpolitiker und die nationalen Bürokratien für die Probleme der Partner sensibilisiert, persönliches Vertrauen schafft, die Fähigkeit zu internationalem Problemlösen übt und auf diese Weise neue Regeln des internationalen Verhaltens einübt.« Das Bestehen derartiger Gremien unterscheide, so meinte ich damals, die Gegenwart seit Ende der fünfziger Jahre sehr vorteilhaft von der Zwischenkriegszeit.

In solchen Überlegungen, die auch den transatlantischen Multilateralismus und Einrichtungen wie den IWF oder die damals entstehende Internationale Energieagentur im Fokus hatten, traf ich mich mit von der Groeben. Die Entwicklung ist jedoch in Richtung des föderalistischen Konstruktivismus Walter Hallsteins verlaufen – dies nicht unbedingt zum Vorteil Europas. Beim Blick auf die heutige Zerreißprobe der Europäischen Union habe ich von meinen frühen Einschätzungen nichts zurückzunehmen.

Die Globalisierung der siebziger Jahre im Spiegel meines Kölner Lehrprogramms

Und worüber habe ich in den Kölner Jahren Kollegs gehalten und Seminare durchgeführt? Die Frage darf in dem Lebensbericht eines Professors nicht ganz unerörtert bleiben. Breit und anspruchsvoll zu lehren ist schließlich eine seiner Hauptaufgaben. Bei einem Professor der Politikwissenschaft ist der Rückblick auf seine zeitgenössischen Kollegs aber auch deshalb von Interesse, weil die Themen und Thesen erkennen lassen, was er beim Blick auf die globalen Vorgänge schon klar erkannt hat und was nicht.

Auch in Köln war ein vergleichsweise breites Angebot an Vorlesungen fällig. In dieser Hinsicht war die stolze Albertus-Magnus-Universität traditionell geblieben. Bundesweit verschwanden damals die Kollegs aus den Vorlesungsverzeichnissen. Für viele der jüngeren Professoren war es ganz erwünscht, daß Vorlesungen von der 68er-Bewegung als Exerzitien autoritärer Ausbildung verdammt und für abschaffenswert erklärt worden waren. Die Vorbereitung von Seminaren macht bekanntlich deutlich weniger Arbeit als die Ausarbeitung umfassender Vorlesungen. Der Nachwuchs würde sie freilich wohl mit Zähnen und Klauen verteidigt haben, hätten die Finanzminister die schönen Kolleggelder nicht schon beim ersten Aufflammen des Studentenprotests einkassiert.

Es sprach indessen für die Ordinarien der Kölner WiSo-Fakultät, daß sie der Meinung waren, Kollegs seien nicht allein als Geldquelle zu begreifen, sondern hätten auch die Aufgabe, aus den Ozeanen des Wissens jene Fische voll wertvoller Proteine herauszuholen und aufzubereiten, die zum intellektuellen Wachstum der Studierenden unverzichtbar sind. Anders als in Hamburg war es somit in der Kölner WiSo-Fakultät bis zu meinem Abschied von Köln üblich, einen Zyklus von jeweils vierstündigen Kollegs anzubieten. Auch war und bin ich immer noch davon überzeugt, vor allem im Grundstudium sei ein Kanon von Vorlesungen für die Studenten von Nutzen. Schließlich durften Anfänger in den ersten drei oder vier Semestern von ihrem Professor eine souveräne Einführung in ihr Fachgebiet erwarten. In Köln war das durchaus noch der Fall. Natürlich fanden sich in den Kollegs der Betriebswirte meist 500 und mehr Studierende. Aber auch in meiner Hauptvorlesung fanden sich durchgehend 200 und mehr Studenten ein und blieben auch bis zum Schluß.

Das Fach Internationale Beziehungen erlebte damals zwar eine heftige Theoriediskussion, doch deutschsprachige Lehrbücher der Internationalen Beziehungen waren in den siebziger und frühen achtziger Jahren Mangelware. Nur der von mir sehr geschätzte Wilhelm Grewe brachte 1970 eine Art ganz und gar staatszentrierte Einführung unter dem Titel *Spiel der Kräfte in der Weltpolitik* auf den Markt,[97] die allerdings die Weltwirtschaft und die transnationalen Strömungen weitgehend ignorierte. 1977 brachte Kindermann in München eine recht brauchbare und erfolgreiche Einführung im Geist der realistischen Schule heraus.[98] Auch ich selbst hatte 1975 mit dem durchaus global konzipierten *Handbuch der deutschen Außenpolitik* die Lücke zu füllen versucht.

In puncto Gesamtdarstellungen der internationalen Beziehungen war die Bundesrepublik der siebziger Jahre aber doch noch ein Entwicklungsland. Auf dem Feld systematisch angelegter, anspruchsvoller Lehrbücher dominierten seit Jahrzehnten die meist dickleibigen, gut durchdachten Produkte englischsprachiger und französischer Verlage. Manche hatten Emigranten aus Deutschland und Österreich zu Autoren, die in England oder in den USA reüssiert hatten – Georg Schwarzenberger mit seinem in England der vierziger und fünfziger Jahre berühmten Klassiker *Power Politics*[99], Hans Morgenthau, der auch unter meinen Freunden in Amerika und Deutschland eine große Gemeinde hatten, und Klaus E. Knorr in Princeton[100]. Kaum ein großer angesehener Verlag, der seit den fünfziger Jahren nicht Jahrzehnt für Jahrzehnt gut strukturierte Studienbücher herausbrachte, die durchweg global konzipiert waren – manche mehr idealistisch grundiert, manche von der Doktrin des Realismus durchdrungen. Auch Frankreich hatte eine große Tradition entsprechender Standardwerke, etwa Duroselles *Histoire diplomatique de 1919 à nos jours*[101] in der Tradition von Pierre Renouvin. Am stärksten und dauerhaftesten faszinierte mich Raymond Arons *Paix et guerre entre les nations*[102]. Wie Aron habe ich meiner eigenen Systematik die Unterscheidung von Strukturen und von Praxeologie zugrunde gelegt. Zu Duroselle bestand eine persönliche Verbindung über die von der EG-Kommission geförderte »Groupe de liaison des Professeurs d'histoire contemporaine auprès des Communautés européennes«. Sowohl bei Arons wie bei Duroselles sozialwissenschaftlicher Analyse überzeugt die Kombination historischer und sozialwissenschaftlicher Analyse. Somit war es geboten, dem uferlosen Schrifttum in Internationalen Beziehungen in einen Kanon weitgespannter Sujets zu servieren.

Als Einführung in die Internationale Politik wurde über vier Semester hinweg ein vierstündiger Zyklus angeboten, weitgehend auf Folien gestützt, die auf einen großen Bildschirm projiziert wurden. Das war damals das Modernste an hochschuldidaktischer Technik. In den ersten vier Kölner Jahren habe ich diese Einführung auf vier Kollegs aufgeteilt:

- Die großen Themen der Weltpolitik seit dem Zweiten Weltkrieg (Einführung I)
- Außenpolitik der Bundesrepublik Deutschland (Einführung II)
- Systematischer Überblick über die Entwicklung der außenpolitischen Ideenkreise vom 17. bis zum 20. Jahrhundert (Einführung III)
- Theoretische Grundfragen der zeitgenössischen internationalen Politik (Einführung IV).

Zu Beginn jedes Kollegs werden die erkenntnistheoretischen Zielvorstellungen beleuchtet. In einem der Manuskripte finden sich dazu die folgenden Stichworte: »Weshalb ist eine gründliche Beschäftigung mit der Entwicklungsgeschichte der internationalen Beziehungen von Nutzen?

1) Kenntnis der empirischen entwicklungsgeschichtlichen Gegebenheiten ist die Grundvoraussetzung jeder systematischen und theoretischen Arbeit.
2) Auch alle empirischen Detailstudien bedürfen der vorangehenden Klarheit über die umfassenden Zusammenhänge. Nur dann ist der Stellenwert des Einzelvorgangs und der einzelnen Faktoren verständlich.
3) Gegenwartsanalyse setzt Kenntnis der Vergangenheit und Vorvergangenheit voraus. Nur diese macht deutlich,

a) was heute wirklich neu ist (Probleme, Strukturen, Gefährdungen, außenpolitische Strategien, Möglichkeiten, Kräfte);
b) welche Regelmäßigkeiten in den internationalen Beziehungen auftreten;
c) weshalb die Gegebenheiten von Periode zu Periode und von Region zu Region so unterschiedlich sind.

4) Reproduktion der geschichtlichen Erfahrungen der heute maßgebenden politischen Generationen. Denn: das Denken und Handeln von einzelnen und Gruppen ist nur verständlich, wenn man weiß, was sie erlebt haben und wie ihre Einstellungen geschichtlich geprägt worden sind.
5) Wissenschaftliche Kritik vorherrschender Geschichtsmythen.«

Der Ansatz sollte alles gleichzeitig sein: systematisch, konzeptionell, historisch, narrativistisch und multiperspektivisch. Noch heute bedauere ich, daß nie genug Zeit war, diesen immer wieder variierten und aktualisierten Zyklus in Buchform zu bringen und zu publizieren. Sonst läge jetzt ein Lehrbuch der Internationalen Politik auf dem Erkenntnisstand der späten siebziger und der achtziger Jahre vor. Doch die Ausarbeitung der Kollegs zu einem umfassenden Studienbuch hätte gut und gern zwei Jahre in Anspruch genommen. Wie noch zu berichten sein wird, war ich aber seit dem Jahr 1977 eine Art *split personality*. Einerseits war ich vier Wochentage lang als Internationalist in Köln von Lehr- und Verwaltungsaufgaben absorbiert. Andererseits hatte ich mich auf eine anspruchsvolle zeitgeschichtliche Aufgabe einer Gesamtdarstellung der Ära Adenauer eingelassen. Das fraß die langen Wochenenden und die vorlesungsfreie Zeit auf. In parallelen Seminaren wurde das ergänzt durch Angebote auf den Themenfeldern Europapolitik, Sicherheitspolitik, Internationale Organisationen, Außenpolitik der DDR, Amerikanische Außenpolitik, Theorie der internationalen Beziehungen, Probleme bestimmter Regionen. Auf diesen Spezialfeldern habe ich wie schon zuvor in Hamburg auch regelmäßig Seminare angeboten, in denen die Teilnehmer auch im Erstellen von *Policy Papers* trainiert wurden.

Als der erste Zyklus über vier Semester hinweg gelesen war, habe ich die Gliederung beim zweiten Durchgang in die Form eines Lehrbuchs gebracht. Auch für heutige Leser mag dieser Aufriß von Interesse sein. Er zeigt, was damals aktuell war.

A. Das Selbstverständnis der Wissenschaft von der internationalen Politik (Stichjahr 1980)
§ 1 Die Vorgeschichte der Disziplin
§ 2 Worum geht es? Konstitutive Fragestellungen und Untersuchungsbereich
§ 3 Die Geschichte des außenpolitischen Denkens
§ 4 Die historiographische Verständnisebene
§ 5 Die soziologische Verständnisebene
§ 6 Außenpolitische Klugheitslehre, Ordnungstheorien und praxeologische Theorien

§ 7 Theorie- und Methodendiskussion
§ 8 Unser Ansatz: multidimensionales Problemdenken

B. Elemente einer allgemeinen Systematik
I. Die Akteure
§ 9 Die Staaten
(a) Determinanten im Binnenbereich der Einzelstaaten
(b) Die äußeren Determinanten einzelstaatlicher Außenpolitik
(c) Die Definition der Ziele und die Formulierung der außenpolitischen Konzepte
(d) Typologie
(e) Der einzelne Staat als Ordnungsfaktor
§ 10 Die internationalen Organisationen
Allgemeines (Entwicklungsgeschichte); Verhältnis zu den staatlichen Akteuren; Rechtgrundlage; Institutionalisierung; Entscheidungsanalyse; Funktionen; Typologie; Stand der Forschung und Theoriebildung; Schrifttum
§ 11 Transnationale Akteure
Transnationale Eliten; transnationale Wirtschaftsunternehmen; die Parteiinternationalen; transnationale Geheimgesellschaften; Entwicklungstendenzen

II. Systeme und Spielregeln
§ 12 Was sind internationale Systeme Elemente, Typologie, Forschungsstand
§ 13 Ordnungsstrukturen
(a) Die Völkerrechtsordnung
(b) Die Weltwirtschaftsordnung
(c) Herrschaftsordnungen; Hegemonialsysteme; partnerschaftliche Hegemonialsysteme; Spannungssysteme
(d) Die globalen Organisationen (UN, Völkerbund)
(e) Historische und soziologische Typologie der Ordnungssysteme
§ 14 Dynamische Faktoren
(a) Die epochalen Determinanten
(b) Weltrevolutionäre Staaten und Bewegungen
(c) Modernität (Kulturwandel), Weltwirtschaftsverflechtung, Technologie, Kommunikation
(d) Imperialismus und Großraumordnungen
(e) Nationalismus, Selbstbestimmungswillen, Dekolonisierung, Rassismus
(f) Weltkriege, regionale Kriege, lokale Kriege
§ 15 Allgemeine Probleme internationaler Ordnung
(a) Macht
(b) Ordnung und Chaos (Konflikt, Gewalt, Sicherheit, kontrollierte Gewaltanwendung)

(c) Herrschaft, Selbstbestimmung, Gleichheit, Souveränität
(d) Wohlfahrt, Ressourcenknappheit, Modernisierung
(e) Die Weltstaatengesellschaft und der Einzelmensch

§ 16 Ordnungskonzepte
(a) Die Weltstaatsidee
(b) Imperiale Raumordnungen
(c) Gleichgewichtspolitik
(d) Liberale Ordnungskonzepte
(e) Weltinnenpolitik
(f) Kommunistische Weltordnungskonzepte
(g) Regionale Ordnungskonzepte
(h) Der pragmatische Eklektizismus
(i) Westliche Ordnungskonzepte

III. Problemfelder und Forschungsschwerpunkte

AA. Praxeologie

§ 17 Sicherheitspolitik
(a) Die Konzepte: Bündnis, Blockfreiheit, Neutralität, Autarkie, kollektive Friedenssicherung, Fügsamkeit und Tribut
(b) Die militärische Macht: Entwicklung der Probleme und Konzepte, Organisationsfragen, Wettrüsten usw.
(c) Abschreckungskonzepte und Abschreckungspraxis
(d) Der revolutionäre Krieg
(e) Kollektive Friedenssicherung und Konfliktregulierung
(f) Internationale Abrüstung (auch: Waffenhandel und Waffenlieferungen)

§ 18 Entwicklungspolitik
(a) Das Problem
(b) Entwicklungsstrategien (wirtschaftliche, politische)
(c) Organisation der Entwicklungspolitik
(d) Entwicklungsplanung

§ 19 Integration
(a) Das Problem und der Begriff Integration
(b) Der Funktionalismus
(c) Europäische Integration
(d) Andere Regionen

§ 20 Funktion und Arbeitsweise internationaler Organisationen
(a) Das UN-System
(b) Europäische Institutionen
(c) Die NATO
(d) Institutionen des Ostblocks

(e) Institutionen der Weltwirtschaftsordnung (IMF, GATT, OECD)
(f) Außereuropäische Regionalorganisationen
(g) Funktionale internationale Organisationen

§ 21 Entscheidungsanalysen und neue Dimensionen der Außenpolitik
Die neuen Dimensionen der Diplomatie; Organisationsprobleme der außenpolitischen Maschinerien; bürokratische Verflechtungen mit internationalen Organisationen; demokratische Kontrolle der Außenpolitik; außenpolitische Planung und wissenschaftliche Beratung; Spielräume für autonome Entscheidung; Diplomatie; Ausbildung außenpolitischen Personals

§ 22 Außenwirtschaftspolitik

§ 23 Technologie und Wissenschaft
(a) Bedeutung für die Außenpolitik
(b) Technologische Kooperation
(c) Internationaler Umweltschutz
(d) Internationale Wissenschaft

§ 24 Sonderprobleme einzelner Staaten und Regionen
(a) Teilungsfragen
(b) Minderheitenfragen (einschließlich Rassenprobleme)
(c) Gastarbeiter und Einwanderung
(d) Internationaler Terrorismus und Geheimgesellschaften
(e) Wasserstraßen und Grenzprobleme
(f) Meeresnutzung
(g) Internationale Kriminalität
(h) Internationale Verkehrspolitik usw.

BB. Analytische Forschungsschwerpunkte

§ 25 Kriegsursachenforschung
§ 26 Allgemeine Faktorenanalyse
§ 27 Zusammenhänge zwischen Außenpolitik und internationaler Ordnung
§ 28 Perzeptionsanalysen
§ 29 Transaktionsanalysen
§ 30 Gruppenbildung in internationalen Systemen
§ 31 Internationale Kommunikation
§ 32 Spieltheoretische Untersuchungen
§ 33 Desintegrationsprozesse (als Resultat internationaler Politik; Rückwirkungen)

IV. Außenpolitik einzelner Staaten und Regionen

Beim Blick auf die Vorlesungen, die ich in zwei aufeinanderfolgenden Perioden zwischen 1974 und 1980 in Köln ausgearbeitet und teils nach Stichworten, teils auf

Folien gestützt, zu großen Teilen vorgetragen habe, fällt mir beim Rückblick so manches auf:

- Der konsequent durchgehaltene systematische, prinzipiell globale Ansatz;
- die historische Perspektive (sie reicht bei den Konzepten bis ins 16. Jahrhundert zurück, bei Darstellung der empirischen Entwicklungen bis ins 18. Jahrhundert, verstärkt dann über das Zeitalter des Imperialismus hin zur Gegenwart);
- methodisch lassen die Kollegs eine Kombination historischer, soziologischer und politikwissenschaftlicher Gesichtspunkte, Fragestellungen und Räsonnements erkennen. Ich war davon überzeugt, es gebe keine einzige Erkenntnismethode zum Verständnis der komplizierten internationalen Beziehungen; geboten war eklektizistische Perspektivenvielfalt;
- die multifaktorielle Analyse (Innen- und Außenpolitik; Sicherheitsinteressen, Wirtschaftsinteressen und kulturell-ideologische Konfliktperzeptionen sowie Ordnungsvorstellungen);
- das formale und inhaltliche Vorbild amerikanischer Lehrbücher, deren Systematik jedoch einen deutlichen Paradigmenwechsel erkennen ließ. Seit den fünfziger Jahren waren dort deutlich zwei stark ausgeprägte Denkschulen erkennbar, die der Idealisten versus die der Realisten. Unter den Exponenten des Realismus in Europa fand ich erst den in England lehrenden Australier Hedley Bull am anregendsten, später Raymond Aron und seinen Schüler Pierre Hassner;
- der starke Akzent auf der Bedeutung der Staaten, doch ohne Vernachlässigung der internationalen Organisationen und der transnationalen Faktoren;
- das Bemühen um Vermittlung der bereits stark ausufernden Theoriediskussion, dies zumeist am Beispiel interessanter und stark beachteter Repräsentanten.
- Unbeschadet der grundsätzlichen Sympathie für den Realismus finde ich dessen Schwachstellen ähnlich intensiv beleuchtet wie die der Idealisten.

Viel von den heute noch stark wirksamen, schwer lösbaren Herausforderungen unserer Gegenwart hat mich im Gleichschritt mit der seinerzeit aktuellen öffentlichen Diskussion schon an der Schwelle zu den achtziger Jahren intensiv beschäftigt: weltweite Migration, internationale Umweltprobleme, terroristische Geheimgesellschaften, die international aktive organisierte Kriminalität, die modernen Kommunikationssysteme, das Schrumpfen des Raums.

Was habe ich trotz der globalen, alles Neue erfassenden Perspektiven *nicht* gesehen? Fünf nicht ganz unwichtige Themenkreise, die sich nach zehn, fünfzehn und zwanzig Jahren als wichtig erweisen sollten, fallen mir dabei auf. Sie lassen den tiefgreifenden Wandel erkennen, der sich in den achtziger und neunziger Jahren vollzogen hat.

In den Fassungen der Kollegs vor dem Auftreten Khomeinis im Iran 1979/80 habe ich, dies ein erster Hauptpunkt, die transnationale Dynamik der Religiosität nicht erkannt, vor allem nicht die des Islam. Seit dem Sturz des Schah durch die islamische

Revolution bin ich bezüglich der Spannungszonen im Nahen und Mittleren Osten natürlich auch auf Khomeini und die Folgen eingegangen, doch ohne mir darüber im klaren zu sein, daß die iranische Theokratie nur den Anfang einer religiös motivierten Umwälzung bildete, welche die Religion in den muslimischen (vielleicht künftig auch in den hinduistischen) Gesellschaften zu einer erstrangigen Determinante gemacht hat, dies mit stärkster Auswirkung auf die Außenpolitik.

Eine zweite Entwicklung, deren Bedeutung ich übersehen habe, ist die Gestaltungskraft der europäischen Föderalisten. Natürlich habe ich die Evolution der europäischen Zusammenarbeit, die unterschiedlichen Konzepte, die Fortschritte und die Krisen ausführlich behandelt, ohne mir jedoch klarzumachen, daß aus der EWG alias EG binnen kurzem eine Art Quasistaat werden könnte. Die Vereinigten Staaten von Europa, also ein Bundesstaat nach dem Vorbild der USA, Kanadas, der Schweiz oder EWG ist zwar weiterhin eine Utopie und wird das aller Voraussicht nach auch bleiben. Dennoch haben die Politiker, Publizisten, Technokraten und in deren Gefolge ganze Heere von Interessenten, welche dieser Vision näherkommen wollen, im letzten Vierteljahrhundert das europäische Staatensystem zutiefst verändert, etwas krasser formuliert: Sie haben es denaturiert. Daß es dazu kommen könnte, habe ich mir nicht vorstellen können.

Die Gründe für diesen blinden Fleck in meinem Gesichtskreis sind mir heute voll gegenwärtig. Bis 1984/85 befand sich die EWG/EG im Zustand der »Eurosklerose«. Was sich im Ost-West-Verhältnis, in der NATO, in den USA, auf den Weltmeeren, im Nahen Osten und in der Dritten Welt abspielte, schien wichtiger. Der zweite Grund: ich bin nie ein leidenschaftlicher Föderalist gewesen, weil mir die schwer integrierbare Eigenart der europäischen Nationen viel zu deutlich bewußt war. Trotz aller Erfordernisse der Zusammenarbeit unter den heutigen Bedingungen fand und finde ich es grundsätzlich verfehlt, sie durch Integration allzu stark gleichzuschalten. Vielleicht hat diese Abneigung die Erkenntnis verhindert, daß entschlossene Politiker, mochten sie auch fehlgeleitet sein, gestützt auf die Interessen transnationaler Unternehmungen und die Brüsseler Bürokratie ein zuvor unvorstellbares Supersystem errichten könnten – mit der Konsequenz allerdings, daß der babylonische Turm heute ins Wanken geraten ist mit katastrophalen Auswirkungen, falls er in sich zusammensinkt.

Eine weitere Entwicklung, die ich Ende der siebziger und Anfang der achtziger Jahre trotz meiner globalen Perspektive nicht vorhergesehen habe, war die Wucht des globalisierten Finanzkapitalismus. Auch hier ist jedoch festzustellen, daß sich die Entwicklung erst in ihren Anfängen befand. Die Europäische Wirtschaftsgemeinschaft wurde zwar periodisch von Währungskrisen in England oder in Italien, auch schon in Frankreich, heimgesucht, und die Finanzminister haßten es, ihre Wochenenden mit solchen Krisensitzungen zu verderben. Die Auswirkungen der damaligen Dollarschwäche sind mir natürlich ebenso wenig verborgen geblieben wie jenen Kollegen aus der Politikwissenschaft, die ihre Augen offenhielten. Daß jedoch die Regierungen nach Art des Zauberlehrlings die Finanzmärkte töricht entfesseln würden, ohne über das Zauberwort für deren Bändigung zu verfügen, hatte ich bei der Konzipierung und beim Vortrag meines Kollegzyklus zur Internationalen Politik nicht auf dem Radarschirm. In den siebziger und den achtziger Jahren konnte ich mir auch nicht vorstellen, daß die Regierungen großer und weniger großer europäischer Staaten so tollkühn sein würden, auf die eigene Währung, auf ein eigenes Zentralbankensystem und auf die Möglichkeit zu verzichten, notfalls Kapitalverkehrskontrollen wiedereinzuführen, um die Destabilisierung der eigenen Volkswirtschaft zu verhindern. Desgleichen ließ sich die Entwicklung computergestützter Derivate und des computergestützten globalen Devisenhandels nicht vorhersehen – ein schönes, besser: beunruhigendes Beispiel dafür, wie technologische Entwicklungen das System der internationalen Beziehungen in vergleichsweise kurzer Zeit grundlegend revolutionieren.

Auch daß der Ostblock in sich zusammensinken würde, ein vierter grundlegender Vorgang der kommenden Jahre, konnte ich bei der Arbeit an den frühen Kölner Kollegs noch nicht voraussehen. Das Gegenteil schien damals zu drohen: die Destabilisierung des ohnehin nie voll stabilen Gleichgewichts zwischen Ost und West zuungunsten des Westens als Folge sowjetischer Hochrüstung, gekoppelt mit propagandistischer Einwirkung, bei gleichzeitiger Apathie oder beginnender Unregierbarkeit in der westlichen Welt. Trotz meiner großen Aufmerksamkeit auf die Entwicklung der Ost-West-Beziehungen habe ich den Kollaps der Sowjetunion nicht für möglich gehalten. Doch nicht allein die Denkschule der Realisten war in diesem Punkt blind. Die Idealisten der systemübergreifenden Entspannungspolitik sind genauso, mit Goethe zu sprechen, von den »ungeheuren Bewegungen des allgemeinen politischen Weltlaufs«[103] auf dem falschen Bein erwischt worden.

Ich muß noch einen fünften Themenkreis nennen: die Umwandlung des maoistischen China in das China des 21. Jahrhunderts. Wenn es neben der Sowjetunion unter Lenin und Stalin je ein totalitäres System gab, dann war dies die Volksrepublik China unter Mao Tse-tung. Denjenigen, welche die Totalitarismustheorie ernst nahmen (bezüglich Chinas kam mir das Modell Karl August Wittfogels von der »orientalischen Despotie« am plausibelsten vor), schien schon eine grundlegende Liberalisierung totalitärer Systeme schwer vorstellbar. Daß die intelligenten Chinesen den monströsen Utopismus Mao Tse-tungs und seiner Anhänger zu einer autoritären Einparteiendiktatur in Verbindung mit einem staatlich regulierten, partiell entfesselten Kapitalismus mit ganz phänomenalen Wachstumsraten weiterentwickeln würden, ist mir um die Wende von den siebziger zu den achtziger Jahren unvorstellbar erschienen.

Dennoch zieht sich durch die Kollegs jener Jahre wie ein roter Faden die Überzeugung, daß die Geschichte, somit auch die internationalen Beziehungen, nicht determiniert, vielmehr für jede denkbare Entwicklung offen ist, sei diese katastrophal, sei sie positiv. Desgleichen sprach meiner Meinung nach alles dafür, daß die Staaten mit einem hohen Maß an Territorialhoheit, gestützt auf ein Staatsvolk und mit dem Anspruch auf innere und äußere Souveränität, trotz aller Erosionstendenzen der Staatlichkeit auch künftig die Hauptfaktoren im internationalen System sein würden. Immerhin habe ich mit großem Nachdruck auf die neuen, nichtstaatlichen Faktoren hingewiesen.

In einem Aufriß aus dem Jahr 1980 sind die neuartigen Bedingungen des heutigen Staatensystems mit den folgenden Stichworten skizziert:

»1. Steigende Bedeutung nichtstaatlicher Akteure
   (a) Internationale Organisationen. Inwiefern sind sie ernsthafte Konkurrenten der Staaten?
   (b) Multinationale Unternehmungen
   (c) Parteiinternationale und transnationale Parteiaktivitäten
   (d) Transnational operierende Gewaltorganisationen
   (e) Private internationale Organisationen
   Erörterung der Frage, ob und inwiefern sie die überkommene Struktur fundamental verändern. Ihre bloß relative Bedeutung.
2. Globalismus
   Weltstaatensystem Kennzeichen des 20. Jahrhunderts. Die Bedeutung der Regionalsysteme
   Grundlegend neue Elemente des globalen Weltstaatensystems im Vergleich mit dem klassischen europäischen Staatensystem:
   (a) Verschiedenheit der kulturellen Wertesysteme der Staaten
   (b) Integrationsgrad der Staaten höchst unterschiedlich
   (c) Die modernen Informations- und Kommunikationssysteme
3. Vergrößerung der Zahl staatlicher Akteure
4. Das Weltstaatensystem ist ein Modernisierungssystem
5. Besondere Gefahren
   (a) Bevölkerungsexplosion
   (b) Ökologische Belastungen
   (c) Ressourcenerschöpfung
   (d) Möglichkeit von Kernwaffenkriegen

Fazit: Die neuen Bedingungen sind eine Herausforderung, stellen aber das überkommene Staatensystem nicht prinzipiell in Frage.

Die Antwort auf die neuen Faktoren kann von Region zu Region höchst unterschiedlich ausfallen:

(a) Kooperativ
(b) Imperialistisch
(c) Selbstmörderisch.

Es zeigt sich, daß die einzelnen Staaten und politischen Gruppen darauf höchst unterschiedliche Antworten geben, die nicht determiniert sind.«

Die beunruhigenden neuen Entwicklungen habe ich also seinerzeit durchaus hervorgehoben, vielleicht tendierte ich jedoch dazu, die in der Öffentlichkeit bereits damals schon mit schrillen Warnungen verbellten Gefahren im globalen System durch universalgeschichtliche Vergleiche etwas zu relativieren.

1980, als ich diesen Zyklus abschloß, waren bereits die ersten Emotionen der Friedensbewegung zu verspüren, besonders in den USA. Bald war die Emotionalisierung durch die Angstkampagne auch in Westeuropa zu verspüren. Das erklärt wohl meine Neigung, mein Auditorium dann und wann mit kaltschnäuzigen Formulierungen zu irritieren. In dem Entwurf zum Kolleg habe ich zur Möglichkeit von nuklearen Katastrophen notiert: »Ein verlustreicher Kernwaffenkrieg würde sich nicht wesentlich von verlustreichen Kriegen in der Vergangenheit unterscheiden – allerdings wären die genetischen Schäden gravierend. Böhmen hatte vor 1620 3 Mill. Einwohner – nach 1648 780 000. Deutschland verliert im Dreißigjährigen Krieg etwa die Hälfte seiner Bevölkerung.« Und die Überlegung schließt mit den Sätzen: »Die Gefahren sind nicht größer und nicht kleiner: es geht immer ums staatliche Überleben, Wohlfahrt, Freiheit und Ordnung.«

Als 1979 mit der Irankrise und der sowjetischen Besetzung Afghanistans eine neue, gefährliche Phase des Kalten Krieges einsetzte, rückte ich die regionalen Schwerpunkte des Ost-West-Konflikts, der sich zugleich mit vielen endogenen Spannungen verband, ins Zentrum der Vorlesungsreihe. Der Ansatz wurde zwar beibehalten, das Jahrhundert insgesamt im Überblick zu behandeln, doch vordringlich war nun die Analyse der Krisenregionen. So sah die Stoffverteilung des nach wie vor vierstündigen Kollegs für das Sommersemester 1983 beispielsweise vor:

I) Staatensystem bis 1914
II) Zwischenkriegszeit und Zweiter Weltkrieg
III) Kalter Krieg (Entstehung, globale Ausweitung)
IV) Regionale Schwerpunkte des Ost-West-Konflikts
 1) Europa
 2) Ferner Osten
 3) Naher Osten

Das Thema Ost-West-Konflikt wurde im Wintersemester 1983/84 fortgesetzt:

I) Regionale Schwerpunkte (Fortsetzung)
 1) Afrika
 2) Lateinamerika
 3) Stützpunktpolitik und maritime Rivalität
II) Entspannung
III) Rüstungskontrollpolitik
IV) Deutsche Frage

Mein eigenes Grundverständnis des Ost-West-Konflikts habe ich dort in drei Hauptpunkten herausgearbeitet:

1) Multikausalität: Geboten sei eine vielschichtige Interpretation der Ost-West-Spannungen. Monokausale und einschichtige Deutungen können der komplexen Struktur und den vielschichtigen Prozessen nicht gerecht werden.
2) Kontingenz: Die Ost-West-Spannungen sind von der Gesamtheit der internationalen Beziehungen nicht isolierbar – weder im globalen noch im regionalen Rahmen. Dasselbe gilt für die von ihnen beeinflußte und auf sie einwirkende Innenpolitik. Isolierte Analysen werden daher den Vorgängen nicht gerecht und führen zu schiefen Urteilen.
3) Regionalismus: Sektorale und regionale Darstellung der wichtigsten Strukturen und Prozesse. Kein Versuch einer umfassenden Analyse.

Als Beispiel für die Behandlung der Kooperationsmöglichkeiten, Spannungen und Enwicklungstendenzen in den jeweils untersuchten Großräumen erwähne ich hier meine stets durch Folien visualisierte Überblicksdarstellung zu Afrika südlich der Sahara:

1. Ausschlaggebende Bedeutung der geographischen Bedingungen (Klimazonen, unentwickeltes Verkehrswesen, wichtigste Exportprodukte: Rohstoffe);
2. Ethnische Fragmentierung führt zu Bürgerkriegen und internationalen Konflikten;
3. Fortdauer der Grundentscheidungen der Kolonialzeit:
   - Grenzen
   - Elitesprachen Englisch, Französisch, Portugiesisch
   - Im frankophonen Afrika Fortdauer der kulturellen, wirtschaftlichen und militärischen Präsenz Frankreichs
   - Teilweise Christianisierung
   - Wo Dekolonisierung verzögert wurde, Spannungszonen, die Einwirkung überseeischer Drittstaaten begünstigen oder hervorrufen (expl. portugies. Kolonialreich; Rhodesien)
4. Einwirkung globaler Konflikte oder von Spannungen und expansiven Staaten benachbarter Regionen:
   - Ost-West-Spannungen
   - Übergreifen der Spannungen im Nahen und Mittleren Osten auf das Horn von Afrika
   - Einflußnahme Libyens
5. Nebeneinander regionaler Großmächte (Nigeria, Südafrika) und kleinerer oder mittlerer Staaten hat zur Folge, daß die schwächeren Staaten überseeische Militärhilfe erstreben (Waffenlieferungen, Berater, Schutztruppen);
6. Wirtschaftliche Abhängigkeit:
   - Kapitalbedarf; Bedarf an technischem Wissen

- Rohstoffexport; Monokulturen
- Naturkatastrophen und Katastrophen aufgrund falscher Wirtschaftspolitik führen zu Hunger, Krankheiten, Emigration, die nur mit internationaler Hilfe halbwegs zu lindern sind;

7. Innerlich ungefestigte junge Staaten als Folge von
   - ethnischer Zersplitterung
   - willkürlicher Grenzziehung
   - wenig entwickeltem Nationalbewußtsein
   - ungleichmäßiger Entwicklung innerhalb desselben Staats
   - religiös-kultureller Verschiedenheit
   - Despotie; Überbürokratisierung; Korruption.

Soviel zu den Kollegs jener Jahre, in denen sich – vielfach noch unerkannt – die neuen Realitäten des frühen 21. Jahrhunderts vorbereitet haben.

Gelegentlich habe ich auch das seit den Hamburger Jahren umfassend erweiterte, auf den neuesten Stand gebrachte Kolleg »Moderne Demokratietheorie« gelesen. Immer wieder war zudem turnusmäßig eine Überblicksvorlesung »Regierungssystem der Bundesrepublik« fällig, bei der ich mich allerdings darauf konzentrierte, besonders die Veränderungen zu diskutieren – Veränderungen im Parteiensystem, der Beziehungen zwischen Exekutive und Legislative, des Verhältnisses von Regierung und Opposition, auch: der Gesetzgebung und der Rechtsprechung durch das Bundesverfassungsgericht sowie den Schrumpfungsprozeß des Föderalismus. Angesichts des großen Ausstoßes an Forschungen, der Jahr für Jahr auf den Markt kam, konnte dieses Kolleg, so wußte ich schon damals, und so sehe ich es auch heute, nicht durch ein Übermaß an Originalität gekennzeichnet sein. Doch ein Professor muß von Zeit zu Zeit auch Menüs aus der Tiefkühltruhe mundgerecht aufwärmen, die von anderen Firmen hergestellt sind.

Und was habe ich in den Seminaren zur Diskussion gestellt? Anfangs ließ ich weiter gerne Fragen der deutschen Entspannungspolitik und speziell der Deutschlandpolitik behandeln, teilweise in einem fachübergreifenden Seminar zusammen mit Boris Meissner. Die Thematik begann mich aber zusehends zu langweilen. Öfters habe ich auch NATO-Fragen behandelt. In Oxford und dann bei der DGAP war ich auf die Bedeutung der maritimen Rivalität zwischen der Sowjetunion und der NATO aufmerksam geworden. Von Löwis mit seinen Interessen und Kenntnissen im Großraum des Nordatlantiks verstärkte diese Tendenz. So wurden von Studierenden in einem dieser Kölner Seminare eine Reihe guter Diplomarbeiten zur Rolle Islands, Grönlands, Norwegens und des Nordmeers in der NATO-Strategie angefertigt. In solchen Studien ließ ich gelegentlich auch die Brauchbarkeit der gängigen Studien zur Entscheidungsanalyse untersuchen.

In diesem Kontext griff ich auch einmal das Thema der Kleinstaaten in den internationalen Spannungszonen auf. Dazu waren Ende der sechziger und zu Beginn der siebziger Jahre verschiedene Monographien erschienen, auf denen sich aufbauen ließ. Dem Seminar lag die Fragestellung zugrunde, ob sich der Begriff »Kleinstaat« überhaupt als Verständniskategorie eigne. Die Referate von Dänemark über Belgien und die Schweiz bis Jugoslawien, Israel, Jordanien und Sambia gaben eher Anlaß zum Zweifel. Alle Referenten und Referentinnen schickten ihren Darstellungen der außenpolitischen Probleme des jeweiligen Kleinstaates die Feststellung voraus, gerade dieser Staat sei »ein Sonderfall«.

In einem anderen Seminar sollten die Studierenden den Entstehungsprozeß klassischer Bundesstaaten analysieren, dies mit der Frage, ob man daraus Prognosen oder Handlungsempfehlungen für eine bundesstaatliche Entwicklung der Europäischen Gemeinschaft formulieren könne. Die Referenten hatten es nicht leicht, und die Diskussionen waren sehr lebhaft, wobei vorwiegend die Vereinigten Staaten, Deutschland und die Schweizerische Eidgenossenschaft als Beispielfälle dienten.

Leider muß ich mir nachträglich beim Blick auf verschiedene dieser Seminare sagen, daß ich von den Studenten, die zu mir kamen, gelegentlich zuviel verlangt habe. Besonders die stärker historisch ausgerichteten Seminare ließen erkennen, daß man klugen WiSo-Studierenden, die sich auf die Politische Wissenschaft einließen, nicht zuviel zumuten durfte. Bereits in jenen Jahren war leider zu konstatieren, wie die Abiturienten des Landes Nordrhein-Westfalen nur noch mit einem leichten Gepäck historischer Grundkenntnisse ihr Universitätsstudium begannen. Ich versuchte gegenzusteuern, indem ich in den Kollegs zur aktuellen Konfliktforschung oder zu geostrategischen Fragen größeren Nachdruck als zuvor auf eine Darstellung der Genese von regionalen Spannungen und des Konfliktverhaltens legte. Mehr und mehr neigten aber auch gute Studenten dazu, in erster Linie die aktuelle Phänomenologie von Spannungsfeldern oder von außenpolitischen Manövern zu analysieren unter Vernachlässigung der geschichtlichen Entstehungsbedingungen. Von meinem eigenen Ansatz, historische und soziologische Fragestellungen gleicherweise zu analysieren, traf die soziologische Analyse noch auf Verständnis, während bei den Studenten das Gespür für die Bedeutung historischer Bedingungen zurückging.

Am Woodrow Wilson Center in Washington, D.C.

Mit dem Umzug ins Rheinland waren die Wanderjahre noch nicht zu Ende. Kaum hatte ich auf dem Kölner Lehrstuhl Platz genommen, da zeichnete sich schon das Forschungsjahr am Woodrow Wilson Center in Washington ab. So haben wir im Herbst 1975 das neu bezogene Nest in Bad Godesberg verlassen, um mit Sack und Pack nach Washington umzuziehen. Und kaum war die Familie im Sommer 1976 wieder zurückgekehrt, da zeigten sich überdeutlich die Mängel des schönen Hauses in der Marienforster Straße: zu beengt und zu laut. Mit viel Glück und Geschick fanden wir im Villenviertel Bad Godesberg in der Elsa-Brandström-Straße 10, die bald in Welfenstraße umbenannt wurde, den, so dachten wir lange, definitiven Familienwohnsitz.

Hätte Annemie diese Erinnerungen zu schreiben, würde sie wahrscheinlich formulieren: »Es waren meine zweitschlimmsten Umzugsjahre!« Vor allem der Ausflug nach Amerika hatte es in sich. Der Göttergatte hatte sich einige Wochen zuvor zum Center begeben, um dort die Arbeit aufzunehmen und alles für das Eintreffen der Familie vorzubereiten. Der Frau Gemahlin verblieb die großartige Aufgabe, als Reisemarschallin zu fungieren: Stornierung des ein halbes Jahr zuvor in Gang gebrachten Neueinstiegs am Gymnasium, Abmeldung und Ummeldung der Kids, die an der Deutschen Schule in Potomac einchecken würden, Winterfestmachung des Hauses, Organisation von Wachdiensten und Streudiensten, Beschaffung der Visen und der Tickets, Kontenumstellung, Beschäftigung mit den Versicherungsproblemen, Einpacken von 1001 Kleidern (Winterkleider, Sommerkleider), Abmeldung und Einmotten des Autos, letzter Abschiedsbesuch in Lörrach. »Bleiben Sie heiter!«, heißt es heute im Fernsehen, und so hieß es auch in den Wochen der Auswanderung nach Amerika. Doch im folgenden dominiert wohl oder übel meine eigene Perspektive.

Ich kannte das Woodrow Wilson Center noch nicht persönlich. Bei einer langen Rundreise im September 1971 mit Vorträgen und Informationsgesprächen an den Universitäten der Ostküste, in Washington, in Kalifornien und in Texas hatte ich es versäumt, das Center zu besuchen. Es war 1968 im Rahmen der Smithsonian Institution als Institut eigenen Rechts gegründet worden, um – so war die Aufgabe vage umschrieben – im Sinne von Woodrow Wilson die Welt der Ideen und die Welt der Politik zusammenzubringen. Damals erfolgte die Finanzierung direkt durch den Kongreß. Die oberste Leitung lag bei einem Board, der vom Präsidenten ernannt wurde. 1968 – dies war das letzte Jahr der Amtszeit von Präsident Johnson.

Zu meiner Zeit war der angesehene Osteuropahistoriker James Billington Direktor. Für mich war und ist er ein geradezu idealtypischer Repräsentant der altamerikanischen »White Anglo-Saxon Protestants«, der sogenannten »WASP-Eliten«: Studien in Princeton und am Balliol College in Oxford, Wehrdienst Mitte der fünfziger Jahre, Professuren in Harvard und Princeton, in den siebziger Jahren Vorsitzender des Board für das Fulbright-Programm, 1973 bis 1987 Direktor des Woodrow Wilson Center und seit 1987 13. Direktor der Library of Congress.

Billington konzipierte das Center als überparteiliches Forum weltweiter amerikanischer Kulturpolitik. Jahr für Jahr, so das Konzept, sollten angesehene Wissenschaftler und *public intellectuals* möglichst aus verschiedenen Kontinenten zusammen mit einigen amerikanischen Kollegen Zeit für ihre selbstgewählten Forschungsarbeiten finden, eigene Forschungen zur Diskussion stellen und in Washington ein Netzwerk entwickeln oder fortentwickeln. Das Center stellte eine großzügige Infrastruktur von

Sekretärinnen und studentischen Hilfskräften zur Verfügung. Die Auswahl der Fellows, zu meiner Zeit um die fünfzehn, bald danach schon zwei Dutzend und mehr Gäste, oblag einer aus Wissenschaftlern bestehenden unabhängigen Findungskommission auf der Grundlage von *Research Designs* und akademischen Gutachten. Im Center wurde darauf geachtet, das Netz möglichst weit auszuwerfen. Jahr für Jahr sollten möglichst Forscher aus allen Kontinenten vertreten sein, wobei Politikwissenschaftler, Historiker und Ökonomen bevorzugt wurden, gelegentlich auch Demographen, Geographen und Regionalspezialisten.

Wie objektiv es dabei zuging, konnte ich selbst nach meiner Zeit als Fellow feststellen. Zehn Jahre lang hatte ich die Ehre, das Vergnügen, aber auch die ehrenamtliche Arbeit, jeweils im November einen Berg von Vorschlägen durchzusehen, um dann in der Holzklasse der United Airlines zusammen mit hundert oder mehr Geschenken bepackten Mamies nebst ihren Kleinkindern nach Washington zu fliegen, wo in einem kleinen, feinen, interdisziplinär zusammengesetzten Auswahlgremium amerikanischer Kollegen die Fellows für das kommende Jahr ausgesucht wurden. Politische Gesichtspunkte spielten dabei keine Rolle, sondern nur das akademische Ansehen oder – auch dies ein Gesichtspunkt – das Renommee als *public intellectual*. Die letzte Kategorie war weit gefaßt. Aus dem Amt geschiedene, bisweilen auch kommende Spitzenpolitiker wie der italienische Ministerpräsident Giuliano Amato konnten berücksichtigt werden, sofern sie originelle wissenschaftliche Publikationen und ein aussichtsreiches Forschungsprojekt vorlegten.

Die Gruppe der Fellows, die 1975/76 am Center waren, wies eine große Spannweite auf. Wissenschaftler aus dem westlichen Europa waren relativ zahlreich vertreten. Einer der renommiertesten unter ihnen war für mein Dafürhalten der flämische Wirtschaftshistoriker Hermann Van de Wee von der Universität Leuven, ein Mann von ganz bemerkenswerter Produktivität und schon in den siebziger Jahren einer der weltweit führenden Wirtschaftshistoriker. Wir freundeten uns mit ihm und seiner Frau Monique an und haben uns mit den beiden bis in die neunziger Jahre hinein bei verschiedensten Konferenzen der Wilson Center European Alumni Association, an deren Gründung er maßgeblich mitgewirkt hat, immer wieder getroffen. Als großer Gelehrter galt auch der Franzose Philippe Aries, ein Pionier der Alltagsgeschichte. In dem Jahr am Center schloß er sein nach Erscheinen vielgerühmtes Buch *Studien zur Geschichte des Todes im Abendland* ab. Die Arbeit an der Tod-Monographie hat ihn nicht zu großer Soziabilität angeregt. Ganz anders Fernand Braudel. Er war nur für einen Kurzaufenthalt am Center. Auch er war durch die Arbeiten an seiner 1979 erscheinenden *Civilisation matérielle, économie et capitalisme, XVe–VIIIe siècle* voll absorbiert, aber zugleich ein Mann von allseitiger intellektueller Neugier. Zu den *public intellectuals* gehörte auch der Reform-Marxist Ivan Markovics aus Zagreb, in den sechziger Jahren ein maßgeblicher Kopf der dortigen Praxis-Gruppe, die von Tito mit harter Hand unterdrückt worden war.

Ein weiterer deutscher Fellow neben mir war der Osteuropahistoriker Peter Scheibert. Er war bereits emeritiert, Junggeselle, unendlich gesellig und gesprächig, auch familiär anschlußfreudig. Die Kinder bewunderten ihn, wenn er, ohne je mit Reden aufzuhören, eine große Serviette um den Hals gebunden, in einem der Restaurants an der Marina genußvoll Austern schlürfte. Wir alle mochten diesen polyglotten Gelehrten, der ein halbes Dutzend slawischer Sprachen draufhatte, dazu Schwedisch, Finnisch und die Umgangssprachen der westlichen Welt. Gestützt auf die Sammlungen des Hoover-Archivs in Stanford, arbeitete er an einem makabren Forschungsprojekt. Sein Thema war die von Terrorismus, Bürgerkrieg, Not und Hunger zur Hölle gemachte Lage der Bevölkerung während der Russischen Revolution 1918 bis 1922. Allerdings ließ er sich viel Zeit bei der Arbeit und zeigte sich während des Jahres am Center voller Neugier, angeregt von seinem Freund Leslie Raut, vorerst viel mehr an der Geschichte der Afroamerikaner interessiert als an derjenigen der gequälten Russen in der Revolutionszeit. So erschien die gründlich recherchierte, wertvolle Monographie erst spät unter dem Titel *Lenin an der Macht* und wurde in dem von der sowjetischen Supermacht verängstigten Deutschland des Jahres 1984 kaum wahrgenommen. Wenig später kamen, vielfach auf dieselben Quellen gestützt und mit denselben Befunden, die Bände von Richard Pipes *The Russian Revolution* (1990) und *Russia under the Bolshevik Regime* (1993) heraus und sorgten für weltweites Aufsehen. Damals aber war die Sowjetunion bereits von dem Schicksal ereilt, das Jean-Baptiste Duroselle auf die Kurzformel gebracht hat: »Tout empire périra«[104]. Für mich war der begabte, zur Exzentrizität neigende Peter Scheibert ein lebendiges Beispiel dafür, daß man große Buchprojekte, ohne nach rechts und links zu schauen durchziehen und zügig herausbringen muß.

Wie der eben erwähnte Pipes in den USA oder Boris Meissner und Georg von Rauch in der Bundesrepublik gehörte Scheibert noch einer prononciert antikommunistischen Generation von Osteuropaforschern an, deren Kenntnisse und deren Grundeinstellung in den Jahrzehnten des Kalten Krieges von größter Bedeutung waren. Von seiner Vorgeschichte im Dritten Reich hat er leider nie gesprochen, sonst hätte ich viel zu fragen gehabt. Als Ordinarius in Marburg war dieser prononciert konservative Kollege das Ziel heftiger Angriffe der Linksradikalen gewesen, die ihm seine Tätigkeit in der Kriegszeit vorgeworfen haben, wo er zuerst für das Auswärtige Amt, seit 1942 bei der SS im Reichssicherheitshauptamt (RSHA) als Archivar, Dolmetscher und zur Sicherung von Kunstschätzen tätig gewesen war. Davon erfuhr ich erst nach der Rückkehr aus Washington.

Über Scheibert kamen wir auch in engeren Kontakt mit Leslie Raut. Er war ein mit mir gleichaltriger, temperamentvoller Afroamerikaner, der im Center als hochtalentierter Saxophonspieler allgemein bewundert wurde. Als Student war er in der Band von Benny Goodman durch die Konzertsäle Amerikas und Europas gezogen. Im Center beschäftigte ihn die Fahnenkorrektur seines Werks *The African Experience in Spanish America. 1502 to the Present Day*, das 1976 erschien und ihn in der Fachwelt berühmt machte. Ich selbst habe viel von ihm über die Lokalpolitik in der Demokratischen Partei erfahren. Er kam aus einfachsten Verhältnissen in den Slums von Chicago, wußte überhaupt nicht, wer sein Vater war, wurde von den Jesuiten entdeckt und auf die Bahn gebracht und gehörte 1960 zu den Studenten, die in der *black community* für Kennedy trommelten. Unvergeßlich ist mir seine Schilderung des Wahltags. Er stand in einer Eckkneipe, die wie in vielen Großstädten zugleich als eine Art Clublokal der Demokraten diente. Vor der Theke, hinter der sich hohe Berge von Whiskyflaschen türmten, drängten sich in langer Reihe die Schwarzen, bevor sie zum Wahllokal gingen, und Leslie drückte jedem eine Flasche in die Hand mit den Worten: »Jetzt gehst du und wählst Kennedy, und wenn du gewählt hast, kriegst du noch eine!« Bei einer Europareise im folgenden Jahr kam er auch zu uns nach Bonn und brachte sein Saxophon mit. Wir luden die Kölner Mitarbeiter und Studenten zu einem Saxophonkonzert ein. Das war zugleich eine Art Abschiedskonzert von der Marienforster Straße. Ein paar Jahre später verstarb er unter schlimmen Qualen als eines der ersten Opfer von Aids.

Aus Bolivien und Äthiopien kamen zwei Fellows mit besonders interessanten Lebensläufen. Paz Estenssoro, linksradikaler Präsident Boliviens von 1951, 1952 bis 1956 und von 1960 bis zu seinem Sturz durch einen Militärcoup, war in seiner Heimat bereits eine Legende. In dem Jahr am Center ging er schon auf die Siebzig zu, ein Mann von distinguierter Höflichkeit, erinnerungswürdig, besonders durch seine Freude am Kunstphotographieren von Pflanzen und Tieren. Doch ich habe nie genau erfahren, an welchem Projekt er eigentlich arbeitete. Allem Anschein nach war er ein Mann, der seine große politische Zeit hinter sich hatte. Zu meinem Erstaunen hörte ich zehn Jahre später von seinem Comeback. Im Alter von 78 Jahren, vergleichbar Adenauer oder dem Japaner Yoshida Shigeru, errang er seine vierte Präsidentschaft. Bolivien war durch eine Abfolge von Militärherrschaft und Linksradikalismus heruntergewirtschaftet. Jetzt regierte Paz Estenssoro mit einem neo-liberalen Konzept nach dem Vorbild Margaret Thatchers, brachte die Hyperinflation herunter, erzwang eine weitreichende Privatisierung und unterdrückte die streikenden Bergleute mit eiserner Faust. Ich selbst habe ihn nicht mehr getroffen, ließ aber einen meiner Bonner Studenten eine Magisterarbeit über ihn schreiben. Dieser hat ihn nach seinem Rückzug aus der Politik auf seiner ziemlich einfachen Estanzia besucht und fand offenbar denselben Mann vor, an den ich mich aus den Jahren des Centers erinnerte: höflich, undurchschaubar und wie ein Politiker, der seine große Zeit hinter sich hatte. Diesmal stimmte das. Paz Estenssoro ist 2001 im Alter von 93 Jahren verstorben.

Auch Bereket Selassie hatte eine bewegte Vorgeschichte. Er stammte aus dem Kaiserhaus, hatte in Perugia studiert, in London promoviert, war zuerst nach Äthiopien zurückgekehrt, dann aber mit Kaiser Haile Selassie zerfallen, hatte sich der eritreischen Guerilla angeschlossen und nach dem Sieg der Unabhängigkeitsbewegung in Eritrea die dortige Verfassung ausgearbeitet. Viele in Eritrea trauten aber diesem westlich orientierten Juristen, der aus Äthiopien kam, nicht über den Weg, und so ging er in die USA. Das Jahr am Center nutzte er für die Vorbereitung seiner Karriere im amerikanischen Universitätswesen, die ihn schließlich an die University of North Carolina in Chapel Hill führte. Als er sich am Center aufhielt, hatte er die Hoffnung auf eine demokratische Evolution in Eritrea noch nicht aufgegeben. Der Titel seines letzten Buchs aus dem Jahr 2010 gehört in das Genre enttäuschter Geschichtsschreibung: *Wounded Nation: How a Once Promising Eritrea Was Betrayed and Its Future Compromised.*

Gern denke ich auch an Tom Cripps von der Morgan State University in Baltimore zurück. Er gehörte zu jener damals schon recht zahlreichen Gruppe amerikanischer Historiker, die den Spielfilm als historische Quelle entdeckt hatten. Sein Spezialthema waren die Schwarzen in den Hollywood-Produktionen. Welche Stereotypen lagen ihren Rollen zugrunde? Wie hatten sich diese Stereotypen über die Jahrzehnte hinweg verändert? Professoren, die derart reizvolle Themen entdecken und spannend zu präsentieren verstehen, sind oft selbst auch reizende Kollegen. Tom Cripps war das. Kaum waren wir im Center angelangt, da wurden wir schon zum Truthahndinner nach Baltimore eingeladen, danach zum Weihnachtsfest. Dieses war geradezu filmreif. Bei heftigem Schneefall rutschten wir auf noch ungeräumten Straßen in die winterliche Stadt und suchten gut eine Stunde und mehr das gastliche Haus des Kollegen – die Zeiten des Navis lagen noch in weiter Ferne.

Der hervorragendste Amerikaner unter den Fellows 1975/76 war der kurz zuvor pensionierte Vier-Sterne-General Andrew Goodpaster. Als ich den hochgewachsenen, freundlich-bestimmten Mann näher kennenlernte, sagte ich mir: Das ist amerikanische Version der »Halbgötter«, wie man einstmals im preußisch-deutschen System die Generalstäbler nannte, doch dies unter den Bedingungen der imperialen Jahrzehnte Amerikas Mitte des 20. Jahrhunderts: Westpointer, Kriegsdienst bei einem Ingenieur-Bataillon in Afrika und Italien, wo er zweimal verwundet wurde, danach Studium in Princeton. Dort hat er neben einem Master in Maschinenbau auch einen Doktor in Internationalen Beziehungen erworben. Jetzt der große Karrieresprung, erst Bürochef bei Eisenhower in dessen Funktion als erster NATO-Oberkommandierender, danach von 1954 bis 1961 *alter ego* des Präsidenten in allen Sicherheitsfragen, gefolgt vom Truppendienst als Divisionskommandeur in der Bundesrepublik, die er wie so viele GIs und deren Offiziere in guter Erinnerung behielt, schließlich, nach weiteren Zwischenpositionen, die ihn auch nach Vietnam führten, 1969 bis 1974 sechster NATO-Oberkommandierender. Goodpaster war kein Troupier wie Patton, Ridgway oder später Colin Powell, vielmehr der typische Stabsoffizier wie Eisenhower selbst oder auch der Militärgouverneur in Deutschland, Lucius D. Clay, ein Kenner der Korridore der Macht mit ihren zahllosen militärischen und politischen Akteuren in Washington und in Übersee, stets ruhig und ohne jede *Showmanship* im Hintergrund bleibend, als SACEUR zugleich höchster Militärdiplomat in dem multinationalen, trotz der Schwächung im Vietnamkrieg weiterhin von den USA dominierten Bündnis. Eine seiner Hauptaufgaben in den Jahren als SACEUR, so pflegte er gern zu erzählen, sei es gewesen, in den Jahren 1969 bis 1974 die NATO-Alliierten Türkei und Griechenland von einem Krieg gegeneinander abzuhalten. Kaum war sein Jahr am Center zu Ende, wurde er 1977 nochmals für vier Jahre reaktiviert, um in einer Krise von Westpoint, als Dutzende von Täuschungen beim Examen entdeckt worden waren, ruhig und gestreng den Ruf dieser angeschlagenen Institution wiederherzustellen.

Soviel zu einigen der Fellows. James Billington war jedoch der Meinung, das Center brauche auch eigene Forschungskapazitäten und eine eigene Zeitschrift. Unter dem Dach der Smithsonian Institution angesiedelt, in Verbindung mit dem Center, war bereits das Kennan Institute an der Arbeit. Angeblich war es nach einem altberühmten Geographen namens Kennan benannt. Tatsächlich residierte dort George Kennan, wenn er sich in Washington aufhielt. Ich hatte zuvor schon viel über ihn gelesen und danach genauso. Selten kommt es vor, daß ein maßgeblicher Amerikaner gleichzeitig ausgesprochen germanophil und russophil ist. Er war ein eindrucksvoller alter Herr, der sichtlich zum Pessimismus neigte. Ob er mehr ein machtbewußter Diplomat war, der resigniert hatte, oder ein in die Diplomatie verschlagener Gelehrter, ist mir nicht ganz klargeworden. Als ich ihn traf, war er voll Interesse an den aktuellen deutschen Vorgängen. Auch das Kennan Institute bemühte sich damals, und das nicht ohne Erfolg, interessante Wissenschaftler aus der Sowjetunion, selbst aus den baltischen Republiken, nach Washington einzuladen.

In dem Jahr, als ich am Center war, befand sich das von Sam Wells geleitete International Security Studies Programme, aus dem eine weitere leistungsfähige Abteilung werden sollte, noch in seiner Aufbauphase. Der ruhige, bestens vernetzte frühere Diplomat Sam Wells, der in den achtziger Jahren auch das West European Programme aufzog, mit seiner Frau Sheryll, einer Historikerin, die an der Georgetown University mit viel Sympathie für die europäische Integration unterrichtete, wurden zu guten Freunden.

1976 war zudem das Jahr, in dem *The Wilson Quarterly. Surveying the World of Ideas* an den Start ging. Die Zeitschrift wurde ein großer Erfolg und lange Zeit eine wahre Fundgrube für Leser wie mich, die sich über die jeweiligen Trends und die lesenswerten Neuerscheinungen in den USA orientieren möchten. Ihr Gründer war der Journalist Peter Braestrup, auch er eine interessante Persönlichkeit. Zwischen 1968 und 1973 hatte er in Saigon das Büro der *Washington Post* geleitet. Er arbeitete jetzt eben an seinem Buch über die Tet-Offensive von 1968, das 1977 unter dem Titel *Big Story* herauskam. Seine These läßt sich knapp wie folgt resümieren: für den Vietcong sei die berühmte Tet-Offensive ein verheerender Fehlschlag gewesen, doch durch die Medien-Berichterstattung wurde daraus der Anfang vom Ende des amerikanischen Desasters im Vietnamkrieg. Als Braestrup diese Beobachtungen im Center vortrug, ergab sich daraus natürlich eine besonders kontroverse Diskussion.

Für mich und alle anderen Gäste im Center war das Vortragsprogramm von größtem Interesse. Neben den Fellows, die vor meist 60 oder 80 Gästen ihre Auftritte gaben, stellten auch interessante Wissenschaftler aus aller Welt, die sich für kürzere oder längere Zeit in Washington aufhielten, spannende Themen in *Luncheon Talks* oder *Dinner Speeches* zur Diskussion. Da war beispielsweise Bertrand de Jouvenel, damals ein soignierter Herr Mitte der siebziger Jahre. Bevor er seine neoliberale Botschaft verkündete, führte er sich mit der Feststellung ein, er sei erstmals als junger Mann zu Zeiten der Administration des Präsidenten Harding, also in grauer Vorzeit, nach Washington gekommen. Daß er damals auf sozialistischen Pfaden gewandelt war, woran sich eine recht lange faschistische Phase anschloß, wurde natürlich bei dieser Gelegenheit ebenso wenig erwähnt wie die Affäre, die er als Heranwachsender mit der Ehefrau seines Vaters, der berühmten Romanautorin Colette, gehabt hatte.

Genauso interessant war ein Auftritt von Elisabeth Mann Borgese. Ihr schwyzerdütsch gefärbtes Englisch erinnerte daran, daß sie in den Emigrationsjahren Thomas Manns in Zürich zur Schule gegangen war. Jetzt befand sie sich auf dem ökologischen Trip und war zur leidenschaftlichen Vorkämpferin gegen Überfischung und Verschmutzung der Meere geworden. Als ich mein eigenes Büro im zweiten Stock des »Castle« bezog, hingen dort große Meereskarten, die von meinem Vorgänger, dem maltesischen Ambassador Arvid Pardo stammten. Pardo hat in jenen Jahren eine maßgebliche Rolle bei der UN-Seerechtskonferenz gespielt und war der Lebensabschnittsgefährte Elisabeth Mann Borgeses.

In diesem Rahmen erhielten auch Politiker, deren Bücher oder Aufsätze im Gespräch waren, Gelegenheit, ihre Thesen vor einem kritischen Publikum zu entfalten. Von den *Congressmen*, die hier vortrugen, hat mich der noch als verteidigungspolitischer Querdenker geltende Les Aspin am meisten interessiert, der später unter Clinton kurzzeitig Verteidigungsminister wurde. Unter den Politologen, die sich mit ihren Büchern vorstellten, beeindruckten mich besonders der Budgetspezialist und Verteidigungsanalytiker Aaron Wildavsky sowie Fred Greenstein, der ein unerwartet neues, positives Bild von der außenpolitischen Rolle Präsident Eisenhowers skizzierte.

Hier habe ich auch ein eigenes Papier zur Diskussion gestellt. Der amerikanische Gigant befand sich damals in einer Phase des Selbstzweifels. Nach dem Vietnamdebakel des Jahres 1975 war im Kongreß und in den Medien eine ähnliche Katerstimmung vorherrschend wie heute, zu Zeiten Obamas, nach dem Debakel im Irak und dem Rückzug aus Afghanistan. Die Sicherheitspolitiker in Westeuropa starrten gebannt auf die Wiener Verhandlungen über eine Streitkräftereduktion in Europa, wo die USA zu einer kräftigen Reduktion ihrer Landstreitkräfte bereit schienen. Ob und wie lange noch der amerikanische Atomschirm eine glaubhafte Abschreckung gewährleisten würde, war strittig wie eh und je. Mit Blick auf die amerikanischen Rückzugstendenzen wurde in den Kabinetten Westeuropas und nicht zuletzt bei den europäischen Föderalisten erneut das langfristige Konzept einer europäischen Verteidigungsgemeinschaft diskutiert.

Mich selbst beschäftigte dieses Thema schon lange. Die einzige Rechtfertigung, die Integration in Westeuropa irgendwie zu vertiefen, so sah ich es damals, ergab sich aus sicherheitspolitischen Überlegungen. Doch waren solche vagen Ideen wirklich tragfähig?

So komprimierte ich die Thematik in einem etwa Sechzig-Seiten-»Paper« unter dem Titel »European Union – an alternative for the defense of Europe?«. Die leitenden Fragestellungen lauteten wie folgt: Welches Potential wäre erforderlich? Welche politischen Rahmenbedingungen der inneren und äußeren Konstellation müßten gegeben sein, wenn die Verteidigungsgemeinschaft entstehen und Bestand haben soll? Wie groß wären die Risiken?

Es ist nicht so, daß ich von vornherein mit negativen Vorüberlegungen an die Thematik heranging. Sam Wells oder François Duchêne, mit denen ich verschiedentlich darüber diskutierte, gingen beide von der Wünschbarkeit eines Zwei-Pfeiler-Konzepts atlantisch-europäischer Verteidigung aus. Sheryll Wells war eine Bewunderin von Jean Monnet. Freund David Calleo von der School of Advanced International Studies (SAIS) der Johns Hopkins University, mit dem ich diese Möglichkeiten während des Aufenthalts am Center in seinem schönen neuen Anwesen bei bestens ausgestatteter Küche gleichfalls besprach, gehörte schon damals zu den Rufern nach einer Reduktion des amerikanischen Verteidigungshaushalts und war bezüglich eines starken, die USA entlastenden Verbunds europäischer Demokratien positiv voreingenommen.

Desungeachtet gelangte ich beim gründlichen Durchdenken der Problematik zu ernüchternden Schlußfolgerungen: Viel mehr als ein Ausbau der Euro-Group im NATO-Rahmen würde nicht erreichbar sein.

Das Streben nach westeuropäischer Verteidigungsautonomie, so habe ich damals resümiert, würde genauso utopisch sein wie die Versuche zur Errichtung der Vereinigten Staaten von Europa. Wollte man eine effektive Europäische Verteidigungsgemeinschaft als Rückversicherungsinstrument für den Fall eines partiellen amerikanischen Rückzugs in den achtziger Jahren vorbereiten, wie er 1976 von vielen befürchtet wurde, dann müßte dem, so sah ich das, eine Europäische Föderationsverfassung vorangehen. Erst dann würden die politische und operative Führung, die Ausrüstung, das Budgetrecht und die Militärstrategie primär in die Zuständigkeit der Föderationsorgane fallen. Sollte aber eine dermaßen integrierte Föderation nicht schutzlos sein, müßten einerseits über einen längeren Zeitraum hinweg die Verteidigungsanstrengungen erheblich erhöht werden, andererseits wäre dabei die Bereitschaft der USA unverzichtbar, den Aufbau einer glaubhaften europäischen Abschreckungsstreitmacht diplomatisch, nuklear und durch konventionelle Streitkräfte abzusichern. »Ob aber die Allianz zwischen einem Amerika, das sich langsam zurückzieht«, so schrieb ich in der Zusammenfassung, »und einem Europa, das sich emanzipiert, den leicht vorhersehbaren Spannungen gewachsen wäre, ist fraglich. Denkbar wäre, daß die Schaffung einer eigenen europäischen Organisation den amerikanischen Rückzug beschleunigt; oder aber, daß die Sowjetunion und die USA davon überzeugt wären, daß dieser Versuch vereitelt werden muß.«

Mit den Sicherheitsinteressen der von der amerikanischen Schutzmacht weitgehend abhängigen Bundesrepublik, resümierte ich, wäre ein Versuch zur dramatischen Umgestaltung westeuropäischer Sicherheitspolitik ohnehin unvereinbar. Jede längerfristige Analyse zeige, »daß die Bundesrepublik nur eine einzige überzeugende Option hat: die Fortsetzung des NATO-Systems, ergänzt um einen europäischen *defence caucus*. Von den anderen langfristigen Möglichkeiten – Europäische Verteidigungsgemeinschaft, Aufbau einer westdeutschen Nuklearrüstung, Neutralisierung – ist eine schlechter als die andere.«

General Andrew Goodpaster, der beim Vortrag dieser Thesen als *Codiscussant* fungierte, hatte gegen meine Überlegungen, wie zu erwarten war, wenig einzuwenden, nutzte vielmehr die Gelegenheit, einmal mehr darauf hinzuweisen, die USA müßten angesichts der sowjetischen Rüstungsanstrengungen mehr als bisher für die Sicherheit der Allianz aufwenden. Genügend Futter für eine substantielle Diskussion im Center hatte ich somit geliefert.

Besonders lehrreich war der Umstand, daß mein Jahr am Center in die Vorwahlkampfzeit fiel. Vor der Abreise nach Washington hatte ich mich im September 1975 mit dem damaligen CDU-Abgeordneten Josef Bach aus Aachen zu einem Mittagessen zusammengesetzt. Bach kannte in Amerika Gott und die Welt, und ich wollte von ihm wissen, welche Persönlichkeiten auf seiten der Demokraten gegen den Präsidenten Gerald Ford antreten würden. Er erörterte mit mir die Namen der üblichen Verdächtigen und meinte dann: »Es gibt aber auch noch andere Bewerber.« Einer von diesen sei der ehemalige Governor von Georgia, Jimmy Carter. Als *guest of honor* sei er vor kurzem neben ihm plaziert gewesen. Doch in diesen drei Stunden habe er völlig erfolglos versucht, ihm auch nur die geringste substantielle Äußerung zu den laufenden Problemen der Außenpolitik in Europa zu entlocken. »Entweder er hat überhaupt keine Ahnung«, meinte Bach, »oder er ist ein sehr verschlossener Mensch.« Europa sei an diesem Abend jedenfalls weit, weit entfernt gewesen. »Aber der hat natürlich keine Chance«, schloß Bach diese Skizze des abendlichen Dinners in Atlanta, »ich habe Ihnen das nur erzählt, um zu illustrieren, was es so alles in Amerika gibt.« Doch kaum hatten wir uns in Washington eingelebt, wo Außenminister Kissinger sehr souverän Außenpolitik machte, so als wäre er der Präsident, da vollzog Carter seinen unerwarteten Aufstieg. Im Fernsehen faszinierten seine strahlenden, hellblauen Sternenaugen, auch der weiche *drawl* seines Südstaaten-Amerikanisch wirkte nicht unangenehm. Was man aber von der Frömmigkeit dieses »wiedergeborenen« U-Boot-Offiziers und der seiner Schwester las, die als *faith healer* tätig war, wirkte auf mich doch sehr, sehr amerikanisch und nicht unbedingt vertrauenerweckend. Schon seit dem anfänglich auch von mir überschätzten Kennedy, seit George McGovern oder Richard Nixon wußte ich, was in Amerika alles möglich ist, und nachdem Carter Präsident wurde und falliert hat, hat mich in Amerika erst recht keiner der Präsidentschaftskandidaten und späteren Präsidenten mehr überrascht, weder Governor Michael Dukakis noch der quicklebendige, in so vieles verwickelte Bill Clinton, noch der vom Quartalssäufer zum Pietisten mutierte George W. Bush und schon gar nicht der recht voreilig als Messias gefeierte Obama, der nur einmal mehr die alte Erfahrung bestätigte, daß aus klugen Professoren nicht unbedingt brillante Präsidenten werden.

Das und vieles mehr ließ sich vom Beobachtungsstand am Woodrow Wilson Center beobachten und reflektieren. Da man im Center ungeachtet aller Liberalität doch auf ständiger Präsenz der Fellows insistierte, war an große Reisen nicht zu denken. Weiter als bis ins Shenandoah-Tal, nach Frederiksburg, Charlottesville und Monticello, Baltimore und New York sind wir nicht gekommen. Ein Forschungsaufenthalt ist keine Vergnügungsreise. Immerhin wurden die Kids doch zu kleinen Washingtonians und erhielten einen ersten Eindruck von Land und Leuten.

Eine Ausnahme von der Reiseabstinenz ließ sich in der Osterpause arrangieren. Freund Roger Louis hatte wieder zu einem Vortrag in Austin eingeladen mit großer anschließender Party bei ihm zu Hause. Alles in Austin ist noch größer als in der Kapitale Washington – die Universität, die zahlreichen, von der Ölindustrie finanzierten Forschungszentren – oder mindestens genauso groß, nicht zuletzt die Lyndon B. Johnson Library mit einer naturgetreuen Replika des Oval Room im Weißen Haus. Ich machte bei dieser Gelegenheit auch die Bekanntschaft des im Vietnamkrieg gescheiterten Walt Rostow, der sich in eine ultramoderne Villa zurückgezogen hatte, wo er sich, wie schon vor dem Ausflug ins politische Washington der sechziger Jahre, aufs Schreiben seiner höchst informativen Bücher konzentrierte. Rostows Frau, eine stattliche Dame, amtierte als gefürchtete Dekanin an der Universität von Texas in Austin. Zusammen mit Roger besuchten wir San Antonio und erwiesen dort Davy Crokett in dem als Touristenattraktion wiederaufgebauten Fort die letzte Ehre. Texas war jedenfalls umwerfend.

Nach Washington zurückgekehrt, begann erneut des Dienstes Uhr zu laufen, jetzt von schwüler Hitze erschwert, während sich auf der Mall die Touristenherden drängten. Wie bisher war der Tagesablauf am Center streng eingeteilt. Um nicht allzuweit vom Arbeitsplatz entfernt zu sein, hatten wir ein bequemes, wenngleich gesichtsloses Flat an der 4th Street, doch noch in gehörigem Abstand zur Stadtautobahn gemietet.

Die hygienischen Verhältnisse daselbst waren nicht über jeden Zweifel erhaben. Ausgerechnet in der Hauptstadt der westlichen Welt machten wir erstmals Bekanntschaft mit der uns bislang verborgen gebliebenen Tierart der Kakerlaken. Der Häuserblock lag noch im weißen Washington, grenzte aber an das South West Urban Renewal Quarter, wie die benachbarten Slums bezeichnet wurden, eines der vielen von Schwarzen bewohnten Viertel, wo jede zweite oder dritte Nacht ein gräßlicher Mord begangen wurde. Besser wäre es gewesen, sich in Bethesda oder an einem der Orte anzusiedeln, von wo aus der Schulbus nach der Deutschen Schule in Potomac erreichbar gewesen wäre. So mußte ich Tag für Tag morgens um sieben Nicole und Benno ins Auto packen, um über den Beltway und die Chain Bridge Washington in großem Bogen bis Potomac zu umfahren. Zurück war dann der morgendliche Stau ganz unvermeidlich. Wenn ich um neun Uhr im Center eintraf, hatte ich bereits knapp zwei Stunden Transport hinter mir. Am frühen Nachmittag war dann die Reihe an Annemie. Während ich im Center las, schrieb und diskutierte, holte sie die Kids in der erwähnenswert guten Deutschen Schule in Potomac ab, fuhr sie nach Hause und überwachte die Aufgaben. Das Programm in der Deutschen Schule war teilweise anders als in Bad Godesberg. Doch dank der intensiven Nacharbeit unter ihrer Leitung ergaben sich nach der Rückkehr keine Schulprobleme.

Am köstlichsten waren die Wochenenden. Nicole war zwölf, Benno elf – beide somit im neugierigsten, aufnahmefähigsten Alter. Jetzt zeigten sich die Vorteile der Wohnlage in Downtown Washington. Zu Fuß ließ sich alles erwandern: die Museen entlang der Mall, zuvörderst das Museum of National History mit den Saurierviechern oder das Museum of American History. In einer Viertelstunde war man auch bei der National Gallery, wo spätnachmittags an den Sonntagen schöne Konzerte gegeben wurden, oder beim Kapitol. Gern spazierten wir am Washington Monument vorbei durch die Parkanlagen bis hin zum Lincoln Memorial oder hinunter zum Tidal Basin, bis zum Jefferson Memorial und von dort zum Potomac. Ein beliebter Spazierweg führte auch zum Old Post Office, wo es gute Pizza gab, dann an der Treasury vorbei zum Weißen Haus, in dem sich am Sonntag die Touristen drängten, und weiter zum Dupont Cercle mit den umliegenden Restaurants, Buchhandlungen und Antiquariaten. Manchmal fuhren wir zur Philipps Gallery, zum Rock Creek Park, nach Georgetown oder weiter hinaus – nach Alexandria, das immer noch nicht den Charme des späten 18. Jahrhunderts verloren hatte, zu Washingtons Landsitz Mount Vernon, zum romantisch zwischen den Hügeln gelegenen Restaurant »Lazy Susan« oder in das traumhaft schöne Seestädtchen Annapolis und von dort weiter durch einsame Dörfchen und Städtchen der Chesapeake Bay entlang.

Ich gestehe, daß ich mich besonders am Samstagmorgen in den vielen Antiquariaten herumgetrieben habe. Das waren noch die Jahrzehnte vor den Angeboten im Internet, als man in einzelnen Antiquariaten wie ein geduldiger Angler auf Fischfang ging. Nicht wenige der jetzt vom Markt verschwundenen schönen Reihen zur ame-

Am Woodrow Wilson Center mit Annemie, Nicole und Benno

rikanischen Geschichte von der Kolonialzeit bis zum Ersten Weltkrieg, Biographien, historische Monographien und Bildbände nicht zu vergessen, die heute in unserer Bibliothek zum Studieren einladen, sind mir an diesen Vormittagen in die Hände gefallen. Dazu kamen jene Hardcovers oder Paperbacks zu aktuellen politologischen, soziologischen und geistesgeschichtlichen Themen, die mir zur Vorbereitung meiner Kollegs oder Seminare dienten.

Transatlantische Aktivitäten

Alles in allem habe ich in dem Washingtoner Forschungsjahr kräftig aufgetankt und danach mit noch größerem Vergnügen als zuvor schon amerikanische Themen aufgegriffen. Beim Rückblick kann ich sogar konstatieren: Das Jahr am Center hat aus mir einen eingefleischten Atlantiker gemacht. Das bin ich geblieben.

Mein Engagement für die deutsch-amerikanischen Beziehungen hat sich in verschiedensten Netzwerken fortgesetzt. Deren interessantestes war und blieb das Woodrow Wilson Center. Zehn Jahre lang begab ich mich, wie schon erwähnt, regelmäßig im Dezember nach Washington, logierte in einem spartanischen Zimmerchen des ehrwürdigen Cosmos Club und beteiligte mich im Castle an der Auswahl von Fellows und an den Arbeiten des Centers. Gelegentlich half ich bei der Planung deutsch-amerikanischer Konferenzen.

Ausgerechnet für den September 1983, als die Bundesrepublik unter dem Ansturm der Friedensbewegung erzitterte, hatte ich zusammen mit Sam Wells und James Cooney eine Tagung im Center zur Zukunft der deutsch-amerikanischen Beziehungen und zur Rolle der Bundesrepublik initiiert. Die Panels waren bestens und wie üblich überparteilich besetzt. Kurt Biedenkopf und Richard Löwenthal, Gordon Craig und Fritz Stern, Ernest May und der frühere Verteidigungsminister Arthur M. Schlesinger Jr. hielten Vorträge. Ich selbst bemühte mich dort, gestützt auf die Langzeitanalyse empirischer Umfragen, das Auf und Ab in der deutschen öffentlichen Meinung seit den fünfziger Jahren bis zur Gegenwart zu analysieren, um die in Washington starken Besorgnisse vor einem Abschwimmen der Deutschen zu relativieren. Als der Tagungsband erschien, konnte ich in einem Nachwort vom Sommer 1985 feststellen: »Kaum jemand dachte damals daran, von diesen Materialien ausgehend zu fragen, welchen Ausgang die Nachrüstungskontroversen wohl nehmen würden. Die Vermutungen, die daraus abgeleitet und im September 1983 im Woodrow Wilson Center vorgelegt wurden, sind seinerzeit nicht bei allen Teilnehmern auf Glauben gestoßen. Sie haben sich aber bald danach bestätigt.«[105]

Ab Mitte der achtziger Jahre half ich mit, die regelmäßigen Treffen der European Alumni des Centers auf den Weg zu bringen. Die unvergeßlichste Zusammenkunft der Alumni fand im Sommer 1988 in Dubrovnik statt. Der Ostblock, auch Jugoslawien, befand sich bereits im Umbruch, die interessantesten Reformer kamen aus Belgrad, einer der Fellows auch schon aus dem Baltikum. Überall Hoffnung, Dynamik und Bewegung. Nur Deutschland in Ost und West lag noch im Tiefschlaf. Doch wenige Jahre später, im Herbst 1990, lag Dubrovnik unter schwerem Beschuß der serbischen Artillerie, und das Hotel in Lapad, wo wir untergebracht waren, brannte bis auf die Grundmauern nieder. Das Thema Jugoslawien ließ die Alumni nicht ruhen, so auch bei der Konferenz auf Schloß Wolfsberg, hoch über dem Bodensee, im Jahr 1994. Der kantige Schweizer Ostforscher Ernst Kux, langjähriger Redakteur bei der *NZZ*, hatte sie vorbereitet.

Zu dem Netzwerk, das ich in dem Jahr am Center geknüpft hatte, gehörte David Calleo in der SAIS der Johns Hopkins University. Dieser offene, lebenslustige, stets vergnügliche Politologe war mir auch deshalb lieb und wert, weil er gern gegen den Strich bürstete und sein eigenes Land, die Vereinigten Staaten, ähnlich kritisch betrachtete, wie ich selbst meine lieben Deutschen und den Staat, auf den sie so stolz waren, mit dem es aber nach meinem Dafürhalten eher bergab ging. Wir hatten uns kennengelernt, als er an seinem revisionistischen Buch zur deutschen Frage arbeitete, das 1978 unter dem Titel *The German Problem Reconsidered* herauskam und mit dessen deutscher Ausgabe ich mir einige Mühe gegeben hatte.[106] In den achtziger Jahren ist er zu einem von Jahr zu Jahr schärferen Kritiker des überdehnten und zunehmend unfinanzierbaren amerikanischen Empire geworden. Er hat mich verschiedentlich zu Diskussionen in die SAIS eingeladen, so auch in dem Wendejahr 1982, als ich dort in Kenntnis seiner durchaus berechtigten Sorgen um die Überbürdung des amerikanischen Staatshaushalts mit Verteidigungsausgaben einen kritischen Vortrag zum Thema hielt: »What is wrong with U.S.-West German relations?«[107] Ich habe es als eine Art symbolischen Abschluß meiner Arbeiten für die deutsch-amerikanische Zusammenarbeit betrachtet, als ich das Angebot erhielt, nach der Emeritierung in Bonn meine akademische Lehrtätigkeit mit einer Gastprofessur am Bologna Center der Johns Hopkins University abzuschließen.

Eine weitere Plattform entstand im Forschungsinstitut der Deutschen Gesellschaft für Auswärtige Politik unter der tatkräftigen Leitung von Karl Kaiser, der sein weitverzweigtes Netzwerk einbrachte. Schon im November 1976, wenige Wochen nach der Rückkehr aus Washington, fand eine erste deutsch-amerikanische Konferenz in Kronberg/Taunus zum Thema Amerika und Westeuropa statt. Wir hielten eine multilaterale Analyse der transatlantischen Beziehungen für richtig. Neben den USA sollte auch Kanada (»der vergessene Partner?«), neben der Bundesrepublik auch Frankreich, Großbritannien, die NATO und die Europäische Gemeinschaft mit einbezogen werden, dies alles unter Berücksichtigung der Führungsgruppen und der Perzeptionen in der öffentlichen Meinung, von Unternehmungen und Gewerkschaften, der Wirtschaftsphilosophie sowie der politischen Strategien. Aus meinen eigenen Beiträgen geht deutlich hervor, wie ich damals die Entwicklungen eingeschätzt habe. Ich hatte mir das Thema Sicherheitspolitik vorgenommen und erörterte der Reihe nach die kritischen Herausforderungen der siebziger Jahre mit dem Titel: *Das atlantische Sicherheitssystem in einer Ära ohne große Alternativen*[108]. Vielseitigkeit und Argumentationsstil dieser Analyse ließen auch erkennen, wieviel ich in dem Jahr am Center gelernt hatte.

Kennzeichnend für meine seinerzeitige Lagebeurteilung sind auch die Kapitel einer Agenda, die ich in den Schlußbetrachtungen formulierte: 1. Konzertierte Überwindung der Wirtschaftskrise, 2. Die zerfallende Europäische Gemeinschaft, 3. Die neue sowjetische Bedrohung, 4. Die Grundlagen des 21. Jahrhunderts. Die Kategorie, mit der ich von jetzt an arbeitete, war nicht mehr »der Westen« oder »die westliche Wertegemeinschaft«, sondern »die industriellen Demokratien«, zu denen neben den Demokratien rund um den Nordatlantik auch Japan, Australien und Neuseeland und die entsprechenden Länder Lateinamerikas zählten.

In diesem letzten Kapitel plädierte ich für ein neues Verständnis der Staatenwelt in Übersee, die sich nach Abschluß der Dekolonisierung herausgebildet hatte: »Die Frage ist am Platz, ob Politik und Öffentlichkeit der industriellen Demokratien das Problem des Verhältnisses zu den jungen Staaten überhaupt richtig definieren. Die im Westen vorherrschende humanitär-liberale Ideologie und das Bild, das besonders die radikalen und armen Entwicklungsländer von ihrer Lage entwerfen, suggerieren nämlich, daß es primär um Entwicklung geht ... Nun wird niemand die zentrale Bedeutung der Entwicklungsproblematik bestreiten wollen. Aber diese Perspektive kann in Zukunft nicht die allein maßgebende sein. Damit verbinden muß sich eine Sicht der Dinge, die das sogenannte Nord-Süd-Problem und die Umverteilungswünsche der ›Dritten Welt‹ als primär machtpolitischen Vorgang begreift …« Ich konstatierte, »daß die Welt gleichzeitig mit der Dekolonisierung auch in ein neues imperialistisches Zeitalter eingetreten ist«, und schloß mit der Feststellung: »Eine westliche Politik, die über den Tellerrand der unmittelbaren Gegenwart hinausschaut, wird erkennen müssen, daß die Grundlagen des 21. Jahrhunderts heute, Ende der 70er Jahre und in den 80er Jahren gelegt werden. Den industriellen Demokratien ihre überseeische Zukunft zu sichern ist eine Aufgabe, die mit an die Spitze der außenpolitischen Agenda gehört«,[109] und habe danach manche der losen Fäden aufgegriffen, die liegen geblieben waren.

Mit meinem unsentimentalen Blick auf die Staaten der »Dritten Welt« habe ich mich übrigens von den meisten meiner deutschen Kollegen unterschieden. Entwicklungspolitik schien zwar auch mir aus vielen Gründen geboten. In erster Linie aber faszinierte mich diese neue, in vollem Aufbruch befindliche Staatenwelt unter dem Aspekt der Sicherheitspolitik. Nicht im Traum hätte ich mir jedoch einfallen lassen, daß Europa im zweiten Jahrzehnt des 21. Jahrhunderts mit einer dschihadistischen Bedrohung durch fanatisierte, antiwestliche Muslime und mit einer veritablen Völkerwanderung aus dem muslimischen Krisenbogen von Marokko bis Pakistan und aus den afrikanischen Regionen südlich der Sahara konfrontiert sein würde.

Wieder eine andere Plattform für eine ständige Verbindung mit einschlägig arbeitenden amerikanischen Politikern und Diplomaten, die sich für die Atlantische Allianz und die Freundschaft mit Deutschland einsetzten, war die Konrad-Adenauer-Stiftung. Es war in erster Linie Manfred Wörner, führender Verteidigungspolitiker der Opposition und später Verteidigungsminister in der Regierung Kohl, der die entsprechenden Bemühungen der Stiftung dirigierte, dabei unterstützt vom Sozialwissenschaftlichen Forschungsinstitut der Stiftung unter Leitung von Hans-Joachim Veen und Peter Weilemann, der bei mir mit einer gescheiten Dissertation zum amerikanischen Neoisolationismus Anfang der siebziger Jahre promoviert hatte.[110] Wann immer es mein zusehends knapper bemessenes Zeitbudget erlaubte, habe ich mich an den von ihnen in den USA oder in Bonn veranstalteten Konferenzen mit eigenen Vorträgen beteiligt. Diese Zusammenkünfte gaben jährlich Gelegenheit, mit dem Jet-set von Wissenschaftlern oder Politikern Austausch zu pflegen, die das Ihre dazu beitrugen, die deutsch-amerikanische Partnerschaft zu stabilisieren.

Wegen der Teilnehmer, aber ebenso wegen der klimatischen Bedingungen ist mir von diesen Konferenzen eine Tagung im kalifornischen Santa Barbara Anfang Januar 1980 in besonders lebhafter Erinnerung geblieben. Aus den USA und aus Deutschland hatten sich »die üblichen Verdächtigen« mit Vorträgen und Diskussionsbeiträgen eingefunden. Bei den Amerikanern waren das David Calleo, Wolfram Hanrieder, Catherine McArdle Kelleher, Martin Hillenbrand, Roy Willis, Bill Hyland, Peter Merkl, Robert Schaetzel und der alt gewordene, aber immer noch feurige Hans Morgenthau, auf deutscher Seite Manfred Wörner, Hans Rühle, Jan Reifenberg von der *FAZ*, Karl Kaiser sowie die Ökonomen Gerhard Zeitel und Julia Dingwort-Nussek. Denkwürdig war schon die Hinreise zusammen mit Annemie aus dem bereits von heftigen Winterstürmen geschüttelten Europa. Die Neujahrsnacht verbrachten wir am Market Square in San Francisco. Im Hotel »The Biltmore Santa Barbara« mit seinen subtropischen Parkanlagen herrschten sommerliche Temperaturen. Auf dem Rückflug in Chicago wurden wir von einem Blizzard erwischt und strandeten einen halben Tag lang auf dem gigantisch-unwirtlichen O'Hara-Flughafen. Bei der Rückkehr nach Bonn war alles verschneit und heftig vereist. Wir mußten sozusagen auf allen vieren die Tür zu unserem Wigwam erreichen.

Später kam noch eine weitere Plattform hinzu, das Deutsche Historische Institut in Washington. Ich hatte die Ehre, manchmal auch das Vergnügen, nicht selten aber auch den Ärger, an den stets bewegten und häufig stürmischen Sitzungen des Wissenschaftlichen Beirats teilzunehmen, der regelmäßig in Bonn und in Washington zusammentrat. Ich rechne es mir zum Verdienst an, den sehr tüchtigen Heidelberger Amerikanisten Detlef Junker als Direktor des DHI Washington durchgesetzt zu haben. Deutschland und Amerika befanden sich damals schon in dem Jahrzehnt nach dem Ende des Kalten Krieges. Junker hatte die gute Idee, ein massives zweibändiges Handbuch auf Kiel zu legen, betitelt *The United States and Germany in the Era of the Cold War, 1945–1990*. Ein großer Teil der Wissenschaftler, ältere und jüngere, die über die Jahrzehnte hinweg ihren Beitrag zur Festigung des transatlantischen Netzwerks geleistet hatten – Politologen, Historiker, Ökonomen, Soziologen, Germanisten – haben dieses Handbuch mit Beiträgen bereichert. Junker bat mich, einen abschließenden Aufsatz zum Thema »America, Germany and the Atlantic Community After the Cold War« zur Entwicklung in den neunziger Jahren zu schreiben. Ich tat das gern und konnte dabei eine insgesamt günstige Fortentwicklung in den neunziger Jahren registrieren. Bücher haben aber auch ihre Geschichte, zumal Handbücher mit ihren stets kritischen Übersetzungs- und Verlagsproblemen. Als schließlich die amerikanische Version zwei Jahre nach der deutschen Ausgabe im Jahr 2003 bei Cambridge University Press erschien, steckten die deutsch-amerikanischen Beziehungen während der Anfänge des Irakkriegs in ihrer tiefsten Krise seit der Berlin-Krise 1961/62. Ich legte Wert darauf, der amerikanischen Ausgabe ein Postscript unter dem Datum des 20. März 2003 beizusteuern, und schloß mit den Sätzen: »Current events also demonstrate that nothing in the political realm can be considered permanent, not even the common course of two nations that proceeded together through thick and thin for nearly a half-century. We must face the facts squarely, but we must also continue to work, on both sides of the Atlantic, for German-American friendship. And we must hope.«[111]

Seither sind schon wieder fünfzehn Jahre vergangen. Die Hoffnung hat einer zunehmenden Skepsis Platz gemacht. Isolationistische Tendenzen und interventionistisches Kraftmeiertum liegen in den USA in einem ständigen Widerstreit, und die Sorge des längst verstorbenen Adenauer, Amerika könnte sich gezwungen sehen, seinen pazifischen Interessen die Priorität zu geben, ist aktueller denn je. Auch die antiamerikanischen Ressentiments in Europa bei gleichzeitiger existentieller Abhängigkeit sind eine unendliche Geschichte. Und das unkalkulierbare Präsidentialsystem der Supermacht sorgt unablässig für Überraschungen mit Gestalten wie Harry S. Truman, John F. Kennedy, Richard Nixon, Jimmy Carter, Ronald Reagan, Bill Clinton, Barack Obama und nun sogar durch einen Donald Trump. »USA – Wie unentrinnbar? Wie gefährlich? Wie unentbehrlich?«[112] Mit diesen Fragen habe ich meine Befürchtungen und Hoffnungen im Jahr 2015 formuliert, kurz bevor dieser ebenso unwissende wie unkalkulierbare rechtsradikale Milliardär vom Trump-Tower ins Weiße Haus übersiedelte. Im großen und ganzen hat sich an der Unkalkulierbarkeit amerikanischer Außenpolitik seit den Tagen Teddy Roosevelts und Woodrow Wilsons nicht allzuviel geändert. Für Amerika in seinem Verhältnis zur Umwelt gilt das afrikanische Sprichwort: »Wenn die Elefanten tanzen, seufzt das Gras.« Der Glaube an die demokratische Wertegemeinschaft ist zwar schön, man sollte ihn pflegen, und er mag naive Gemüter beruhigen. Tatsächlich ist Amerika aber – ähnlich wie vergleichbare große Mächte – ein Sicherheitsproblem erster Ordnung.

Ich habe wieder einmal vorgegriffen. Aber diese Erinnerungen, in denen ich auf meinen Lebensweg zurückblicke, sind eben auch die Memoiren eines deutschen Atlantikers. Wie problematisch, potentiell unzuverlässig, selbstsüchtig, im Krisenfall auch gefährlich die amerikanische Supermacht ist, war mir sicherlich stets geläufig gewesen, nach den vielen Gesprächen in Washington aber noch klarer als zuvor. Jeder der von nun an regelmäßigen Besuche bestätigte mir das. Deshalb gehörte ich nicht zu denen, die unablässig das Hohelied der Wertegemeinschaft ertönen ließen. Doch unter den Bedingungen des Kalten Krieges und der anschließenden Übergangsphase in den neunziger Jahren war Amerika nach meinem Dafürhalten, wie Madelaine Albright das später formuliert hat, die »unentbehrliche Macht«, wichtiger als Frankreich, Großbritannien und das Ensemble der Europäischen Gemeinschaft.

»Nur dann, wenn sich die Vereinigten Staaten faktisch als europäische Macht verstehen und dementsprechend handeln«, hatte ich in den Monaten nach der Rückkehr aus dem Center im Herbst 1976 mein atlantisches Credo formuliert, »wird die gegenwärtige und wohl auch zukünftige Schwächeperiode bestimmter europäischer Demokratien nicht zum Kollaps führen. Und nur dann, wenn auch die demokratischen Führungsgruppen in Westeuropa ihr außenpolitisches und innenpolitisches Handeln daran ausrichten, daß es keinen Ersatz für die amerikanische Präsenz gibt, werden sich produktive Antworten auf die vielfältigen Belastungen finden lassen, denen die Atlantische Allianz in Zukunft ausgesetzt sein wird.«[113]

Die Publikationen und sonstigen Bemühungen eines Professors der Politischen Wissenschaft haben bekanntlich nur einen kaum meßbaren Einfluß auf die öffentliche Diskussion. Das war mir immer klar. Wer zeitdiagnostische und zeitkritische Aufsätze und Bücher schreibt oder, soweit seine Zeit das erlaubt, am Konferenzzirkus des Jet-sets teilnimmt, schöpft Wasser in ein Danaidenfaß. Dennoch habe ich damals und später eine meiner Hauptaufgaben darin gesehen, zur atlantische Grundorientierung der Bundesrepublik im Rahmen des mir Möglichen beizutragen.

Euroskepsis

Als ich im Herbst 1975 ans Center kam, hatte ich die Absicht, eine umfangreiche Studie über die Ideenkreise deutscher Außenpolitik zu schreiben, die mich schon länger beschäftigte. Ich gehörte zu den Bewunderern der Monographie *Die politischen Ideenkreise der Gegenwart*, ein Frühwerk Hermann Hellers aus dem Jahr 1926.[114] Sollte es nicht möglich sein, eine ähnliche Studie zur bundesdeutschen Außenpolitik zu verfassen?

Tatsächlich ist daraus eines der wenigen Bücher geworden, die ich dreiviertelfertig liegengelassen habe. Washington war nicht ganz der richtige Ort, ein entsprechendes Buch zu schreiben: zu viele Ablenkungen, denen aus dem Weg zu gehen verkehrt gewesen wäre! Ohnehin war mir schon bei der Arbeit in Washington wieder einmal bewußt geworden, mit wie leicht verderblicher Ware ein Professor handelt, wenn er sich auf eine Monographie zur aktuellen Außenpolitik einläßt. Eine derartige Publikation darf nicht zu umfangreich sein, sie muß innerhalb eines Jahres konzipiert und verfaßt werden und alsdann sofort auf den Markt kommen, sonst nimmt auch das klügste Buch einen *haut goût* an. Zudem purzeln neue Probleme oft so unerwartet herein, daß die Blickweise einer vor ein oder zwei Jahren geplanten Monographie manchmal völlig inaktuell ist, selbst wenn die dort behandelten Sachverhalte alle noch stimmen.

Rasch ist die Zeit über diese vielfach schon ausformulierten Kapitel zur Deutschlandpolitik oder die Analysen zur Sicherheitspolitik und Entwicklungspolitik hinweggegangen. Nur die europäische Integrationspolitik beschäftigt uns noch immer. In meinem Lebensbericht vom Beobachtungsturm des turbulenten zweiten Jahrzehnts des 21. Jahrhunderts aus möchte ich deshalb meine damalige Sicht auf das Projekt Europa in den turbulenten siebziger Jahren nicht ganz aussparen – vierzig Jahre liegt das nun zurück, ist aber weiterhin aktueller denn je.

Das Eingangskapitel erhielt die Überschrift »Die Tabus der Europapolitik« und begann mit den Sätzen: »Jede Illusion hat ihren besonderen Charme und ihre unverwechselbare Tragik, wenn ihre Grundannahmen nicht mehr glaubwürdig erscheinen. Die Wiedervereinigung war die verständlichste Illusion deutscher Außenpolitik, aber auch ihre traurigste. Der Gedanke der Entwicklungshilfe ist ihre frömmste. Die Entspannungspolitik ist ihre riskanteste. Aber die Idee der europäischen Einigung ist unsere schönste Illusion und bisher unsere beständigste. Doch, wird nicht auch bald *ihre* Stunde der Wahrheit kommen? Sollte aber die Kritik an den Tabus der deutschen Außenpolitik nicht wenigstens vor den Tabus der europäischen Integration haltmachen?«

Eine derart tabufreie Analyse müsse, so schrieb ich weiter, »erstens die Ziele der Politik europäischer Einigung erneut auf ihren Realitätsbezug und auf mögliche Zielkonflikte befragen«. Auf einer zweiten Ebene müsse man die Methoden der Integration kritisch analysieren: »Sind sie zieladäquat? Können die damit verfolgten Zwecke nicht schneller, risikoloser und rationeller ohne Integration erreicht werden? Schließlich sind auf einer dritten Ebene einzelne Schlüsselfragen zukünftiger Europapolitik zu erörtern, die mittelfristig der Klärung bedürfen.«

Ausgehend von den Zielvorstellungen, die Adenauer wieder und wieder artikuliert hatte, diskutierte ich danach fünf Hauptziele des europäischen Zusammenschlusses: 1. Friedenssicherung und Eingliederung der Bundesrepublik in die westeuropäische Staatengesellschaft; 2. Sicherheitspolitische Selbstbehauptung gegenüber der Sowjetunion, aber zunehmend auch gegenüber der »Dritten Welt«, wie man damals pauschal und viel zu vereinfacht die unabhängigen Staaten in Asien, Afrika und Lateinamerika nannte; 3. Die europäische Einigung und die USA, bei der es nicht nur um die Fortentwicklung der Partnerschaft, sondern auch um die Selbstbehauptung der europäischen Demokratien ging; 4. Europa als wirtschaftliche Supermacht; 5. Sicherung der westeuropäischen Demokratien gegenüber Volksfrontregierungen. Weitere Kapitel befaßten sich mit den Fragen: »Welche Form des Zusammenschlusses wäre zieladäquat?«, »Krise des Gradualismus«, »Ein Bundesstaat zur Selbstbehauptung Europas?«.

Nur ein paar Grundsatzüberlegungen und Schlußfolgerungen seien herausgegriffen. In Bezug auf die auch heute vieldiskutierte These, eine weitreichende Integration Deutschlands sei vor allem deshalb geboten, um die Furcht der Nachbarn vor der überlegenen deutschen Wirtschaftskraft abzubauen, findet sich dort die Feststellung: »Zur Eingliederung der Bundesrepublik in die westeuropäische Staatengemeinschaft waren die bisherigen Formen der Zusammenarbeit ausreichend. Auch in Zukunft sollte sich das latent immer vorhandene Mißtrauen gegen eine deutsche Präponderanz im heutigen intergouvernementalen Kooperationssystem beschwichtigen lassen …« Man müsse aber auch an die Reibungsflächen denken, die aus dem Versuch resultieren würden, ethnisch heterogene Völker mit recht unterschiedlichen soziopolitischen Systemen »im engen Gehäuse eines Bundestaates« zusammenzufassen. Fazit: »So spricht viel für die These, daß ein gutnachbarliches Zusammenleben der westeuropäischen Nationen im gegenwärtigen lockeren Verbundsystem verflochtener autonomer Staaten sehr viel wahrscheinlicher ist, als dies in einem Bundesstaat der Fall wäre.«

Wie schon angedeutet, hatte ich mich schon vor dem Sabbatjahr in Washington von den überzogenen Plänen der europäischen Föderalisten entfernt.[115] Es war vor allem die Rezession der Jahre 1973/74, die mir die Schwierigkeiten vor Augen geführt hatte. Die Auswirkungen des Yom-Kippur-Kriegs und der von der OPEC ausgelösten Energiekrise 1973/74 hatten sich wie ein jäher Dauerfrost auf die Blütenträume der europäischen Föderalisten gelegt. Die Volkswirtschaften in der Neunergemeinschaft trieben bereits deutlich auseinander. Vor allem Italien und Großbritannien kamen durch hohe Inflationsraten und übermächtige Gewerkschaften ins Schleudern. Die auf Basis des Werner-Plans begonnene Wirtschafts- und Währungsunion war gescheitert.

Aus diesen neuen Bedingungen ergäben sich grundsätzliche Zweifel an den gradualistischen Föderationsideen. »Es sei dahingestellt«, so mein damaliges Räsonnement, »ob der Versuch einer westeuropäischen Wirtschafts- und Währungsunion im Klima eines wirtschaftlichen Aufschwungs, wie er in den fünfziger und größtenteils auch in den sechziger Jahren herrschte, Realisierungschancen gehabt hätte. Viel spricht dafür, daß selbst bei so günstigen Bedingungen ein gradualistischer Weg zur politischen Union ungangbar gewesen wäre.«[116]

Wer ein integriertes Westeuropa will, hatte ich damals festgestellt, »muß den Mut zur Ausarbeitung und Durchsetzung einer Bundesverfassung haben – oder er sollte sich von vornherein mit einem Kooperationssystem begnügen. Jeder Versuch, Konjunkturpolitik, Währungspolitik und Sozialpolitik zu integrieren, würde bereits funktionierende bundesstaatliche Institutionen erfordern ...«

Die Ölkrise von 1973/74, das Scheitern des ambitionierten Werner-Plans für eine europäische Währung, die ökonomischen Divergenzen in der damaligen EWG und die dadurch bedingte Eurosklerose, der Eurokommunismus – das alles waren Augenöffner.

Meine Zweifel an der Fixierung der Europapolitik auf die Ausarbeitung institutioneller Neuerungen, von denen dann die Problembewältigung erwartet wurde, waren schon damals groß. »Viele Europakonzepte«, hatte ich Ende 1974 geschrieben, »kranken leider seit langem daran, daß man immer nur überlegte, mit welchen Methoden und in welchen Stufenschritten man dem Ziel eines politischen Zusammenschlusses näherkommen könnte, ohne die Phantasie aufzubringen, sich vorzustellen, wie dieses neue Gemeinwesen dann tatsächlich funktionieren, genauer gesagt: nicht funktionieren würde, falls es tatsächlich nach eifrigem Reiben von Aladins Wunderlampe gelingen könnte, die Zentralinstitutionen einer politischen Union zu errichten ...«. Wie sollten anfänglich schwache Institutionen einer europäischen Föderation »mit den überzogenen Forderungen von Landwirten, öffentlichen Angestellten, Industriegewerkschaften, Beamten, Fluglotsen besser fertigwerden als die nationalen Regierungen, die bisher dabei meist kläglich versagt haben?«

Daraus ergab sich die Schlußfolgerung: »Alle Wahrscheinlichkeit spricht dafür, daß die Mühen für eine internationale Koordination autonomer Regierungen wesentlich geringer und zugleich erfolgversprechender sind als die Sisyphusarbeit, in einem europäischen Bundesstaat oder auch nur Staatenbund unpopuläre wirtschaftspolitische, sicherheitspolitische oder gar sozialpolitische Entscheidungen durchzusetzen.«

Ich habe eben die Grundgedanken dieses Aufsatzes vom Herbst 1974 und meiner Ausarbeitungen in dem Manuskript »Ideenkreise deutscher Außenpolitik« relativ ausführlich zitiert. Selbstverständlich hat sich die Lage in der heutigen paneuropäischen, institutionell dicht verflochtenen EU mit dem Euro-System und der wirtschaftlichen Zentralmacht Deutschland fundamental verändert. Eine ganze Reihe der voraussehbaren Probleme einer Integration historisch gewachsener Wirtschaftsgesellschaften und Nationalkulturen sind aber geblieben und haben die heutige EU in einen Wirbel von Turbulenzen gestürzt.

Dennoch hatten meine Analysen aus den turbulenten siebziger Jahren einen wesentlichen Faktor falsch eingeschätzt. Ich hatte übersehen, wie weit, aber auch wie langfristig riskant sich die Idee eines integrierten Europa vorantreiben läßt, wenn sich ein unbedenklicher deutscher Bundeskanzler, ein listiger französischer Staatspräsident und ein visionärer Kommissionspräsident zusammentun, um den babylonischen Turm einer Politischen Union zu errichten.

Beim Rückblick frage ich mich schon, weshalb ich in den folgenden Jahren meinen Zweifeln an einem forcierten Ausbau der Europäischen Union in den achtziger Jahren nicht publizistisch stärkeren Ausdruck gegeben habe. Dafür gab es drei gute Gründe. Wie bisher betrachtete ich die Europäische Gemeinschaft in der Mitte der siebziger Jahre erreichten Form weiterhin als wichtiges Element für die Westbindung der Bundesrepublik. »Die Politik der Westbindung oder Die Staatsräson der Bundesrepublik« hatte ich einen Grundsatzaufsatz betitelt, der im Herbst 1975, zu Beginn meines Aufenthalts am Center erschienen war und in dem ich die europäische Integration neben der NATO und dem Bündnis mit den USA als Teilelement des Konzepts der Westbindung begriffen hatte.[117] Da die Integration bis Mitte der achtziger Jahre ohnehin auf dem meines Erachtens völlig hinlänglichen Niveau verblieb, war es überflüssig, gegen eine weitreichende Vertiefung der Integration anzuschreiben. Als mich die Kölner Kollegen baten, für einen Sammelband zum Thema Regierbarkeit einen Beitrag zu verfassen, erweiterte und aktualisierte ich zwar meine euroskeptischen Ketzereien aus dem eben erwähnten Aufsatz vom November 1974 in der *Deutschen Zeitung*[118], doch dies doch wohl im Wissen darum, daß Sammelbände akademischen Sarkophagen gleichen.

Der zweite Grund, weshalb ich die Thematik europäische Integration lange Zeit beiseite ließ, lag darin, daß in den Jahren 1976 bis 1989 nach meinem Dafürhalten die icherheitsfragen im Ost-West-Rahmen vorrangig wichtig waren. Und als sich danach der große Umbruch vollzog, schien es mir in der Tat dringlich, die Europäische Gemeinschaft zu verstärken und daraus die Zentralinstitution zur Steuerung des Wandels zu machen. Allerdings taten Kohl, Genscher und deren Gleichgesinnte im Europäischen Rat dann für mein Dafürhalten zuviel des Guten. Meine euroskeptische Grundstimmung wurde erst wieder geweckt, als mit dem Vertrag von Maastricht die reale Utopie eines europäischen Bundesstaates wie ein Tsunami alle Dämme der praktischen Vernunft überschwemmte.

Es gab noch einen dritten Grund, weshalb ich das Thema lange Zeit beiseite rückte. Alsbald nach der Rückkehr nach Bonn ließ ich mich auf den Pfad lenken, die politikwissenschaftliche Analyse und Publizistik etwas ruhen zu lassen und konsequenter, aber auch zeitaufwendiger als zuvor, vielleicht aber doch mit größerem wissenschaftlichem Ertrag, zeitgeschichtlich zu arbeiten.

Nach Ostasien: Korea, Taiwan, Hongkong, Macau

Kaum waren wir aus Amerika nach Bonn zurückgekehrt, haben wir wieder das Flugzeug bestiegen, diesmal in den Fernen Osten. Es war eine der denkwürdigsten Reisen, die ich zusammen mit Annemie unternommen habe.

Die Anregung zur Teilnahme an einer Konferenz in Seoul ging von dem Münchener Kollegen Kindermann aus. Er verfügte über ein bemerkenswertes Geschick, staatliche Stellen zur Ausrichtung wissenschaftlicher Konferenzen zu animieren. So erhielt ich eine Einladung zur »Second Korean-German Conference on International Peace and Intersystem Relations in Divided Countries, Sept. 23–28, 1976«. In Korea bestand ein Research Center for Peace and Unification, finanziert von einem Ministerium, das wohl in manchem unserem seinerzeitigen Bundesministerium für gesamtdeutsche Fragen glich. Kindermann hatte eine kundige Reisegruppe zusammengestellt, deren Mitglieder Papers vorbereitet hatten und Vorträge hielten, darunter Ernst-Otto Czempiel, Werner Draguhn vom Hamburger Orient-Institut sowie der durch Publikationen und Fernostkenntnis bestens ausgewiesene frühere Bundestagsabgeordnete Ernst Majonica, damals Präsident des Deutschen Rates der Europäischen Bewegung. Ich kannte Majonica schon von früher her. Er hatte für das *Handbuch der deutschen Außenpolitik* einen Beitrag über die Beziehungen zur Volksrepublik China geschrieben. Der Ferne Osten hatte es ihm angetan, seine Politik und seine Menschen. Er war auch ein kundiger Sammler von Ostasiatica. Aus dem Umstand, daß auch ein Abteilungsleiter des Ministeriums für innerdeutsche Beziehungen mitreiste, schlußfolgerte ich, daß dieses Haus zu den Mitfinanciers gehörte.

Schon der Flug mit Korean Air Lines (KAL) nach Seoul war ein Erlebnis. Asiatische Fluglinien mit ausgesucht hübschen Stewardessen in Landestracht waren damals ebenso selten wie die von ihnen servierten exotischen Gerichte. Der Luftraum über Sibirien war noch gesperrt. Die Polroute entlang der Küste Norwegens und von dort übers Nordmeer war die kürzeste Verbindung. Erfreulicherweise begann die Reise am Spätnachmittag. Der Blick auf die romantischen Fjorde und alsdann auf die riesigen, von der Abendsonne illuminierten, von dunklen Wasseradern durchzogenen Eisfelder war traumhaft. Zum Glück hat Annemie die ganze Reise, so auch diesen Auftakt, photographisch verewigt. Hunderte von pittoresken, inzwischen leicht vergilbten Aufnahmen gehören zu den wertvollsten Stücken ihrer Sammlung. Die seinerzeitigen Jets waren noch nicht für Nonstoppflüge um den halben Globus ausgelegt. In Anchorage wurde ein Tankstopp eingelegt, und die Gäste konnten sich zwischen Kiosken voller riesiger Plüschbären ergehen. Als wir in Seoul anlangten, hatten wir nicht das Gefühl, möglicherweise einem schrecklichen Tod entgangen zu sein. Erst der fürchterliche Abschuß einer KAL-Maschine auf dem Flug von Alaska nach Seoul im September 1983 machte schlagartig klar, wie riskant diese Flugroute in der Nähe zum sowjetischen Luftraum tatsächlich war.

Die Konferenz war so seltsam wie erwartet. Südkorea in der Ära des Präsidenten Park Chung-hee, der regelmäßig gelenkte Wahlen durchführte, war eine nur oberflächlich camouflierte Diktatur von Generalen und Technokraten, aber Teil des fernöstlichen Hegemonialsystems der USA, die sich, von Südkorea ausgehend über Taiwan und die Philippinen bis Singapur, Malaysia und Thailand auf einen breiten Gürtel mehr oder weniger autoritärer Regime stützten. Südkorea war militant antikommunistisch. Bei einem Besuch im Political Science Department einer der großen Universitäten in Seoul habe ich mir das Vergnügen gemacht, nach Quellen und Literatur über Nordkorea zu fragen, und die Assistenten schlossen grinsend die Tür zur »Giftkammer« auf, in den Zeitungen, Zeitschriften und Bücher aus Nordkorea für normale Studierende unzugänglich aufbewahrt werden mußten.

Die deutschen Teilnehmer bei der Konferenz waren selbstverständlich nicht daran gehindert, ihre Papers und Vorträge völlig frei zu artikulieren, und wir machten auch ausgiebig davon Gebrauch. Was wir über die »neue Ostpolitik« und den für koreanische Verhältnisse unglaublich intensiven innerdeutschen Reiseverkehr und die Tätigkeit der beiderseitigen Ständigen Vertretungen berichteten, klang in koreanischen Ohren wie Erzählungen von Gästen von einem anderen Stern. Die koreanischen Redner, so hatte ich den Eindruck, die vor dem Publikum von 150 oder 200 Hörern sprachen, lagen voll auf der offiziellen Linie. Ihre Beiträge unterschieden sich wenig von den in »Sklavensprache« gehaltenen Vorträgen, wie wir sie von Besuchern aus dem Ostblock kannten. Privat, genauer gesagt: unter vier Augen, konnte man mit manchen der Kollegen offen reden und die Verhältnisse in Korea mit denen in Deutschland vergleichen. Daß eine solche Konferenz nun schon das zweite Mal stattfand, galt bereits als Zeichen einer gewissen Öffnung. Befremdlich war, daß in einer Konferenzpause plötzlich in irgendeiner Ecke des düsteren Konferenzsaals unter lautem Geschrei ein Konferenzteilnehmer verhaftet wurde. Da keiner von uns Koreanisch sprach und wir völlig von freundlichen, kompetenten Dolmetschern abhingen, war nicht zu erfahren, was sich tatsächlich ereignet hatte. Jedenfalls hatten wir den Eindruck, daß die Konferenz geheimdienstlich genau überwacht wurde.

In Seoul selbst, über das die Kriegswalze im Koreakrieg zweimal hinweggegangen war, konnten wir keine Kriegsschäden mehr erkennen. Die Stadt war mit größtenteils häßlichen Betonbauten wiederaufgebaut und von vierspurigen, vielfach doppelstöckigen Stadtautobahnen durchzogen. Schön war sie nicht, aber von wimmelndem Leben erfüllt. Der schmutziggelbe, breite Han River war von einer mächtigen Gitterbrücke überwölbt. In der Nähe des Flusses lag auch das Parlamentsgebäude, das uns stolz gezeigt wurde. Wie in demokratiefernen Staaten so üblich, war es besonders groß und prächtig gestaltet. Die Stadt war bereits eine unübersichtliche Megacity. Aber noch war nicht zu erkennen, daß sich Korea gerade eben auf den Weg machte, eine der führenden Industrienationen in Ostasien zu werden. Der beispiellose, neureiche Luxus, der auf mich zehn Jahre später bei einem zweiten Koreabesuch mit Fachgutachtern der Alexander-von-Humboldt-Stiftung eher bedenklich wirkte, hatte sich noch nicht ausgebreitet. Das sehr ansehnliche Hotel, in dem die deutschen Gäste untergebracht waren, war schon recht anständig, so im Stil der deutschen fünfziger Jahre. Wir besichtigten auch eines der zwei oder drei damaligen Starhotels mit dem eigenartigen Namen »Lotte«, das mir und Annemie gut gefiel. Tatsächlich hatte es seinen Namen nach der Heldin aus den *Leiden des jungen Werther* erhalten. Sein Erbauer war ein koreanischer Goethe-Fan. Als ich zehn Jahre später in einer Gruppe von Fachgutachtern der Alexander-von-Humboldt-Stiftung wieder nach Seoul kam, wurde ich im »Lotte« untergebracht. Es zählte zwar immer noch zu den Häusern von Rang. Doch jetzt gab es in Seoul weit über ein Dutzend von Fünf-Sterne-Hotels, ein jedes im amerikanischen Prunkstil der achtziger Jahre.

Deutschland stand bei den koreanischen Akademikern, mit denen wir vorwiegend zu tun hatten, damals in hohem Ansehen. Die Koreaner, die uns umsorgten, erwiesen sich als warmherzige, humorvolle Gastgeber. Selbstverständlich war nach Abschluß der Konferenz zuallererst ein Besuch an der Demilitarisierten Zone (DMZ) fällig, damit wir bei der Rückkehr von der hinterlistigen Aggressivität der nordkoreanischen Kommunisten anschaulich Kunde geben sollten. So wie im Ersten Weltkrieg an der Westfront standen sich dort offenbar Armeen gegenüber, die über Zehntausende von tüchtigen Bergleuten und Bergbauingenieuren verfügten. Schon in den sechziger Jahren hatten die südkoreanischen Streitkräfte Dutzende riesiger Tunnels entdeckt, die von der nordkoreanischen Seite aus unter der Waffenstillstandslinie hindurch kilometerweit tief unter ihren Stellungen vorgetrieben worden waren, um bei Wiederaufnahme der Kriegshandlungen den Verteidigern in Bataillonsstärke in den Rücken zu fallen. Die innerkoreanische Waffenstillstandslinie wirkte auf Besucher aus Deutschland viel martialischer als das Zonengrenzgebiet. Auch der Hafen von Inchon stand auf dem Programm, wo General Douglas MacArthur im September 1950 die riskante Landung unternommen hatte. Eine Besichtigung der Zone von Kaesong, wo unendlich lange über den Waffenstillstand verhandelt worden war, durfte gleichfalls nicht fehlen.

Nach diesem Pflichtprogramm wurde die kleine deutsche Delegation mit einer schönen Reise zu den touristischen Highlights erfreut. An die dreitägige Konferenz schloß sich eine viertägige Besichtigungsreise an. Es war ein Glück, gerade in diesen Jahren das landschaftlich sehr reizvolle Korea zu erleben, noch bevor es durch Wolkenkratzer, Glaspaläste, Shopping Malls, Autoverkehr und japanische Touristenschwärme seinen altertümlichen Charme verloren hatte. So fuhren wir nach der Provinzhauptstadt Taegu mit den nahegelegenen Tempelanlagen. Auch Taegu war im Koreakrieg zerstört und zwischenzeitlich wiederaufgebaut worden. Das provinzielle Alltagsleben dort war bunter und noch ländlicher als in Seoul. Bei der Übernachtung war ich unklug genug, anstelle eines weichen Hotelbetts für eine karge koreanische Lagerstatt zu optieren, der die Koreaner angeblich ihre berühmte Härte verdankten, erhob mich aber morgens ganz zerschlagen und fand wieder einmal mein Vorurteil bestätigt, daß man die Offenheit für fremde Kulturen nicht übertreiben sollte. Auch das berühmte Kimchi, ein widerlich riechendes Sauerkraut, habe ich nur einmal versucht. Die raffinierte chinesische Kochkunst ist der bäuerlichen Küche der Koreaner sichtlich überlegen. Was uns in Korea entzückt hat, waren die bunten Gewänder der Frauen und Mädchen, die malerischen Märkte, wo nimmermüde gehandelt, gefeilscht und gespeist wurde, die natürliche Heiterkeit der Landbevölkerung, die vielgestaltigen Holztempel und Steinlaternen und eine weithin noch bukolische Landschaft.

Ein Höhepunkt der Reise war ein Besuch der hoch in den Bergen gelegenen Klosteranlagen von Kyongju. Dieses Heiligtum Buddhas machte auf mich einen ähnlich tiefen Eindruck wie der dorische Tempel von Segesta auf Sizilien – einsam und über alles Menschenmaß erhaben. Die Assoziation mit den griechischen Kultstätten war naheliegend. Unser Führer machte auf ersichtlich griechische Einflüsse aufmerksam, die aus dem alexandrinisch geprägten Vorderasien auf die Bildhauer im Femen Osten eingewirkt hatten.

Wir schieden voller Bewunderung für dieses schöne, sichtlich traditionsstolze Land. Daß daraus innerhalb weniger Jahre einer der fernöstlichen »Tigerstaaten« werden würde, war noch nicht vorhersehbar. In vielem erinnerte mich der Entwicklungsstand Koreas, wie gesagt, an die Bundesrepublik Mitte der fünfziger Jahre. Auch das Bedrohtheitsgefühl und der militante Antikommunismus weckten vergleichbare Erinnerungen.

Von Seoul aus flogen wir nach Tokio. Dort war zufällig Wilhelm Grewe Botschafter. Ich kannte ihn schon länger. Er hatte für das *Handbuch der deutschen Außen-*

politik den Artikel »Diplomatie« geschrieben. Wie das Leben so spielt, hatte ich ihn einmal in Brüssel besucht, als er eben von der NATO nach Tokio versetzt wurde. Jetzt war er schon wieder beim Packen. Doch das Ehepaar Grewe gab uns ein schönes Essen, und, noch wichtiger, Grewe bat einen seiner des Japanischen kundigen Diplomaten namens Blau, für uns in Tokio den »Bärenführer« zu spielen.

Dem kam dieser auch vorbildlich nach. Eine seiner Geschichten ist mir in Erinnerung geblieben. Er kenne, so Blau, einen Kollegen im Außenministerium Japans, verheiratet mit einer *Businesswoman*, beide westlich auftretende, moderne Leute. Der habe ihn zu einem Wochenende ins nördliche Japan, zu sich nach Hause eingeladen. Dort sei das Ehepaar völlig verändert gewesen. Die Dame des Hauses hätte nicht an der Dinnertafel Platz genommen, sei vielmehr zusammen mit ihrer Mutter in der Küche verblieben, um alsdann den Herren der Schöpfung demütig wie Dienerinnen aufzuwarten. Altes Japan! In der Woche drauf sei in Tokio die Rückverwandlung erfolgt. Herr Blau, ein Herr im besten Alter, war jedoch nicht nur durch seine Einführung in die japanische Kultur denkwürdig. Eine Reihe von Jahren später wurde er als einer der erfolgreichsten Spione enttarnt, den die Sowjetunion bei der NATO hatte, und zu einigen Jahren Gefängnis verurteilt.

Auch in Japan war Gelegenheit, verschiedene Sehenswürdigkeiten zu besichtigen. Wir ließen uns die Highlights von Tokio zeigen, fuhren im Shinkan-Sen nach Kyoto, um die uralten Holztempel zu bestaunen, die dank amerikanischer Vernunft im Krieg nicht verbrannt worden waren. Danach nächtigten wir bei der Fahrt zum Fudschijama in dem gleichfalls fast ausschließlich aus Holz erbauten Hotel, in dem die Angehörigen der Deutschen Botschaft nach der Zerstörung Tokios Unterkunft gefunden hatten und wo sie nach der Kapitulation interniert worden waren. Der Fuji lag, wie zumeist, teilweise im Nebel, doch wurden wir durch einen Aufenthalt an einem der Vorzeigeseen in der Nähe reich dafür entschädigt. Das vom Ferntourismus bereits entdeckte Japan war jedoch schon damals ein recht teures Pflaster.

Als nächstes Ziel stand Taiwan auf dem Programm. Der Abgeordnete Majonica, in den sechziger Jahren einer der einflußreichsten Außenpolitiker in der CDU/CSU-Bundestagsfraktion, ein Ostasienkenner auch und ein leidenschaftlicher Sammler von Ostasiatica, verfügte über beste Beziehungen zum Hause Tschiang Kai Shek. Wie erwähnt, war er einer meiner *Handbuch*-Autoren und hatte sich jetzt vorgenommen, mich freundlichst wie ein erfahrener Mentor in Politik und Kultur des Fernen Ostens einzuführen, während er Frau Annemie als stummer Verehrer zu Diensten war. Majonica kannte den jüngsten Sohn Tschiang Kai Sheks, damals Kommandant der Militärakademie, und so wurde ich dort zu einem Vortrag gebeten. Zweihundert Offiziere in grünen Uniformen mit Bürstenhaarschnitt lauschten stoisch meinen Ausführungen, ohne eine Miene zu verziehen, keiner stellte danach eine Frage. Diskussionen waren hier wohl nicht üblich, aber ich wußte nicht, ob sie wirklich meinen fesselnden Ausführungen gelauscht hatten oder nur die Überlebenstechnik geplagter Schüler und Studenten an den Tag gelegt hatten, mit offenen Augen zu schlafen. Danach wurde ich aber von dem General für meine Mühen mit schöner Gastfreundschaft belohnt. Seine Fahrer brachten uns in halsbrecherischem Tempo an tiefen Abgründen entlang zu seinem Sommerhaus empor, wo in einem verglasten, gut klimatisierten Pavillon mit weitem Blick über Land und Meer Giant Shrimps serviert und auf Taiwan produzierter Wein kredenzt wurde.

Unser Gastgeber war ein bemerkenswerter Mann. Ende der dreißiger Jahre hatte er als Offizier in Deutschland gelebt, sprach noch ganz gut Deutsch, führte die Unterhaltung aber am liebsten auf englisch. Seine schönste Story ist mir in Erinnerung geblieben. Er war an der Spitze seiner Kompanie im Frühjahr 1938 in Österreich einmarschiert und wußte humorvoll zu schildern, wie die jubelnden Österreicher etwas perplex konstatiert hatten, daß der erste deutsche Soldat, der ihr Land bei der Heimholung ins Reich betrat, ein Chinese war. Nach diesem Rückblick auf eine besonnte Vergangenheit in Deutschland würdigte er uns eines umfassenden geostrategischen Kollegs aus Sicht des Jahres 1976, in dem er die divergierenden Interessen der Sowjetunion, der USA, der Volksrepublik China, Japans und Südkoreas intelligent analysierte, um schließlich zum Hauptpunkt zu kommen: Die künftige Entwicklung des strategischen Gleichgewichts im Fernen Osten, ja in globalem Rahmen, werde letzten Endes entscheidend von der Außenpolitik Taiwans bestimmt, das er natürlich China nannte. Die nationalchinesische Regierung halte gewissermaßen die Schlüssel zur Zukunft in Händen. Ob er daran glaubte? Ich hielt ihn für so intelligent und so spöttisch zugleich, daß ich annehme, er hat in dem angenehmen Gespräch mit todernster Miene eine Scharade aufgeführt. Kenner der Verhältnisse behaupteten, dieser uneheliche Sohn des Marschalls gehöre zu dem moderat liberalen Flügel im Tschiang-Kai-Shek-Clan.

Ähnlich wie in Korea, das aber wirtschaftlich schon viel weiter war, ließ sich damals noch nicht erkennen, daß Taiwan binnen kurzem zu einem weiteren »Tigerstaat« würde. Kein Anzeichen von dem kommenden Boom der achtziger Jahre! Das superbe, dank der Kaufkraft der D-Mark erstaunlich preiswerte »Grand Hotel«, in dem wir eine Suite hoch über Taipeh bezogen, war hinsichtlich Ausstattung und Service gewiß ein Haus von höchstem internationalem Standard. Auch das Nationalmuseum von Taipeh war eine märchenhafte Schatzkammer, in das Tschiang Kai Shek 1948/49, kurz vor dem Sieg der Kommunisten im Bürgerkrieg, Tausende unbezahlbarer Kunstschätze in Sicherheit gebracht hatte, die nun, bestens ausgestellt, zu besichtigen waren. Die Stadt Taipeh selbst machte aber einen schlichten, recht provinziellen Eindruck. Sehenswerte Plätze oder Geschäfte sind mir nicht in Erinnerung geblieben, außer einem Buchhändler auf einem Markplatz, der spottbillige Raubdrucke feilbot. Ich habe dort ein paar auf schlechtem Papier gedruckte Bände von *Jane's Fighting Ships*, einen Flottenkalender, für ein paar Dollar erstanden. Unternahm man spätabends noch einen Stadtbummel, waren Straßen und Plätze puritanisch düster, wenig beleuchtet, und wir fanden nur eine einzige, nicht sehr einladende Bar. Kein Vergleich mit dem heiteren Nachtleben in Seoul oder Tokio.

Dann ging es nach Honkong. Nicht nur die Menschen und Landschaften des fernöstlichen Großraums haben damals meine Phantasie aufgewühlt. Auch der Himmel über dem Gelben Meer war völlig anders als der vertraute Luftraum über Europa: hochgetürmte, majestätische oder wild zerrissene gelbe oder hellgraue Wolkenungetüme. Während unser Reisegefährte Majonica, neben Willy Brandt und Johannes Rau das größte Witzerzählertalent in der deutschen Politikerkaste, die Reisegesellschaft, ohne zu ermüden, bestens unterhielt, hörte ich nur mit halbem Ohr zu, weil der Blick aus dem Fenster so großartig war. In Hongkong war der Flughafen von Kowloon tatsächlich so abenteuerlich, wie man immer gehört und gelesen hatte. Die Maschine raste direkt auf die Wolkenkratzer zu.

Der Aufenthalt in Hongkong war Tourismus pur. An einem dieser Tage fuhren wir im Tragflügelboot nach Macau, das gerade eben nach einem halben Jahrtausend im Begriff war, aus dem Status einer portugiesischen Kolonie über die Zwischenstation eines chinesischen Territoriums unter portugiesischer Verwaltung voll in die Volksrepublik China hineinzurutschen. Hongkong mit seinen imponierenden Wolkenkratzern und dem die Empire-Nostalgie kultivierenden Peak of Victoria war eine moderne Weltstadt mit weitgehend westlich gekleideten chinesischen Bewohnern. Macau mit seinen im »Casino Lisboa« und auf riesigen Dschunken installierten Spielhöllen, seinem berühmten taoistischen Tempel und dem Geburtshaus Sun Yatsens wirkte noch ganz urtümlich chinesisch, doch durchzogen und überhöht von Gebäuden aus der jahrhundertelangen portugiesischen Kolonialzeit, die eben zu Ende ging. Selten habe ich die Koexistenz von Orient und Okzident so lebhaft empfunden. Hoch auf den Berghöhen lagen die von den Portugiesen angelegten Forts, altertümliche Festungskanonen, Leuchttürme, die Penha-Kirche und die berühmte Ruinenfassade von Sao Paula, zu der man über eine lange Treppe in der schwülen Hitze mühsam emporstieg. Tief unten am Perlfluß aber hatten sich in den zerfallenden, mit stolzen Arkaden versehenen, von den portugiesischen Handelsherren und Aristokraten im 17. und 18. Jahrhundert erbauten Palästen längst schon wieder die Chinesen eingenistet. Aus vielen hundert Fenstern hingen Wäsche, Vogelkäfige, Lampions und sonstiges heraus, was in den mit Menschen vollgestopften Wohnungen keinen Platz fand, und auf den Dächern standen wie Stacheldrahtverhaue Hunderte von Fernsehantennen. Ich hatte das Gefühl: Ein paar museale Überreste des Abendlandes ragen noch heraus, unablässig geknipst von schwitzenden Touristenherden, während in der Tiefe das alte China wie Schlingpflanzen an den Bauten der Altstadt emporwächst. Man konnte es mit bloßem Auge sehen, wie ein halbes Jahrtausend abendländischer Herrschaft wieder in den Dschungeln der tausendjährigen chinesischen Zivilisation versank. Für Freund Kindermann war Macau indessen ein Höhepunkt der Reise, denn hier konnte er uns in das sehr ansehnliche Geburtshaus seines Helden Sun Yat-sen führen.

Damit war diese unvergeßliche erste Fernost-Expedition zu Ende. Rückblickend bin ich mit Annemie einig, daß es eine der schönsten Reisen war, die wir zusammen unternommen haben. Für mich waren diese drei Wochen ein Augenöffner. Mir ist nie ein Ausspruch General MacArthurs aus dem Kopf gegangen, den ich in der gut recherchierten Monographie des britischen Journalisten David Rees über den Koreakrieg gefunden hatte. MacArthur soll in den Oktoberwochen 1944, kurz nach der Landung am Leyte-Golf bei Rückeroberung der Philippinen, seine Zukunftsprognosen hinsichtlich der globalen Machtverteilung wie folgt resümiert haben: »Europe is a dying system. It is warn down and will become an industrial and economic hegemony of the Soviet Union ... The lands touching the Pacific with their billions of inhabitants will determine the course of history for the next ten thousand years.«[119] Der ökonomische Boom hatte zwar erst Japan erreicht. Die kleinen »Tigerstaaten«, Indonesien und der große Drache China waren erst im Begriff, die westliche Technik dank der Intelligenz und Arbeitskraft ihrer Menschenmassen und dank ihrer Ressourcen in ökonomische Macht umzusetzen. Theoretisch bewußt war mir das zwar immer gewesen, jetzt hatte ich aber mit eigenen Augen ein paar Ecken der pazifischen Zukunftsregion gesehen. Ein wenig beneidete ich doch Freund Kindermann, der Chinesisch gelernt und diese Region zu seinem Forschungsthema gemacht hatte. Hier, an den Rändern des künftigen pazifischen Binnenmeers, lag wahrscheinlich die Zukunft der Menschheit.

Für den Rückflug nach Hause hatten wir die Südroute gebucht. Auf dieser langen Strecke erwies sich Majonica als höchst belebender Reisegefährte. Wenn er keine Witze erzählte, dann wußte er die unglaublichsten Anekdoten über seine Bundestagskollegen zum besten zu geben. Leider war keine Zeit mehr für Bangkok, von dem ich nur eine düstere Transit-Lounge in Erinnerung habe. Genauso verschlafen wirkte der Flughafen von Bahrein mit seinen wenig vertrauenerweckenden Scheichen nebst Haremsweibern und deren Gören. Als letzte Zwischenstation auf dieser langen Strecke war ein Stop auf dem Flughafen Roms in Fiumicino fällig. Beim Flug entlang der ligurischen Küste und über die Alpen nach Frankfurt/Main kamen dann doch wieder heimische Gefühle auf. Wir gelangten in Bonn gerade noch rechtzeitig an, um an der Bundestagswahl am 3. Oktober teilzunehmen. Ich gab meine Stimme für die CDU ab, doch ohne großen Enthusiasmus und in der Erwartung, daß es wohl nicht reichen würde. Helmut Kohl kannte ich damals noch nicht persönlich. Karl Carstens oder Gerhard Stoltenberg wären mir als Kanzlerkandidaten lieber gewesen.

Nun standen also vier weitere, wahrscheinlich langweilige Jahre unter der Regierung Schmidt/Genscher bevor mit Helmut Kohl als Oppositionsführer. Ein paar Zeilen aus einem Brief an Hans Maier geben meine damalige Stimmung wieder: »Ich komme eben von einer dreiwöchigen Reise in den Fernen Osten zurück, einer ersten und daher unvergeßlich eindrucksstarken, und bin wieder einmal entsetzt über das grausige rheinische Schmuddelwetter und den großdörflichen Charakter dieser Bundeshauptstadt, in der bei solchem Wetter bloß Bürokratenintrigen gedeihen können, aber keine großen Gedanken oder Taten.«[120]

Ende der Wanderjahre

Als erstes stand nach diesen Ausflügen ins Weite nun ein lästiger, aber unaufschiebbarer Umzug innerhalb Bad Godesbergs an. Im Leben jeder Familie gibt es mehr oder weniger wichtige Zäsurenjahre. Eines unserer wichtigsten war das Jahr 1977. Damals sind die Wanderjahre zu einem vorläufigen Abschluß gekommen. Das schöne Haus an der Marienforster Straße war zu klein geworden. Eigentlich haben wir nur einen Ortswechsel innerhalb von Bad Godesberg vorgenommen. Doch Kauf und Verkauf des Familienwohnsitzes sind häufig ein Abenteuer. Auch lebensgeschichtlich ist das Thema wichtig, zugleich aber nur von privater Adresse. So seien hier nur knapp, ohne emotionales Tremolo, die neuen Koordinaten angeben.

Die Operation Hauskauf und -verkauf wurde im Frühjahr 1977 mit der Überlegung angeschoben, daß die schöne Jahreszeit sich für derlei Geschäfte am besten eignet. Außerdem müssen die Eltern schulpflichtiger Kinder immer auch den Versetzungstermin im Frühherbst im Auge haben. Wir vertieften bei dieser Gelegenheit wieder die Erfahrung, wie durchgehend mies damals der Immobilienmarkt in der Bundeshauptstadt war. Wollte man wirklich etwas Gutes finden, musste man in den hochpreisigen Sektor einsteigen, den wir am liebsten vermieden hätten. Doch in solchen Momenten heißt es: »Vogel friß, oder stirb!«

Nach gehörigem Suchen entwickelten wir wieder ein Gefühl für den Markt. Im Mai oder Juni tauchte ein Angebot in der damaligen Elsa-Brandström-Straße auf, später Welfenstraße 10. Haus und Garten gefielen. Die Lage im Godesberger Villenviertel, nur ein paar Schritte vom Hohenzollernplatz entfernt, schien gleichfalls ideal.

Annemie entfaltete wieder einmal ihre Talente als Organisationsgenie. Bei jedem Umzug ein Rätsel, wie sie es ruhig, ohne das geringste Psychodrama geschafft hat, Schreiner, Fliesenleger, Maler, Elektriker, Installateure, Tapezierer, Gärtner und viele andere mehr für das neu erworbene Anwesen zu organisieren, unser inzwischen doch recht umfangreiches Hab und Gut zu sortieren, einzupacken, auszupacken, in dem neuen Domizil unterzubringen und alles wohnlich zu machen. Dieser Umzug war einer der schlimmsten.

Platz genug war vorhanden, auch der Garten konnte schöner nicht sein. Im zweiten Stock unterm Dach war genügend Platz für ein Studio mit Balkon und Fernblick bis zum Petersberg sowie weitere Räume für die Archivalien und Arbeitsbibliothek. Nun hatten wir jetzt das richtige Zentrum für unsere Bonner Jahre gefunden, in dem wir fast ein Vierteljahrhundert unablässig tätig, gastlich und zumeist glücklich waren. Zum allgemeinen Wohlbehagen trug vor allem die Lage des Anwesens bei. Schon die Namen der Häuser und Plätze – Hohenzollernstraße und Hohenzollernplatz, Augustastraße, Victoriastraße – brachten zum Ausdruck, daß das Godesberger Villenviertel auf die Kaiserzeit zurückging. Nachdem wir viel zu lange, vom Zeitgeist geschädigt, die Werke in Beton und Glas moderner Architekten bewundert hatten, waren wir mehr und mehr zur Einsicht gelangt, daß viel für jenen gutbürgerlichen Baustil des mit herrlichem Baumbestand begrünten Villenviertels sprach mit seinen schönen Fassaden, Fensterfronten, Balkonen und gepflegten Vorgärten. Wir fühlten uns in die gutbürgerlichen Viertel in Basel, Freiburg und Hamburg zurückversetzt. Hier konnte man sich abends ergehen oder am Sonntagmorgen mit dem Fahrrad zur Rheinpromenade fahren: zum »Schaumburger Hof« mit dem einmaligen Blick über den Rhein zum Siebengebirge, zum Hotel »Dreesen«, zum Hotel »Arera« oder Richtung Auswärtiges Amt. Oder aber wir setzten uns ins Auto, um sonntagmorgens über den Rodderberg zu spazieren, da und dort mit Bekannten aus Politik, Verwaltung oder Journalismus einen Schwatz zu halten, um dann auf dem Rolandsbogen bei der Familie Böhm zu speisen.

Auch das Geschäftszentrum im damaligen Bad Godesberg war noch vorzeigbar: Boutiquen, ordentliche Speiselokale, Buchhandlungen und Antiquariate, Läden für Uhren und Schmuck, Feinkostläden, Porzellangeschäfte, eine ansehnliche Hauptpost, ein Bahnhofskiosk, in dem drei oder vier Dutzend ausländische Tages- und Wochenzeitungen auslagen, dazu ein Wochenmarkt, der viel kurzweiliger war als der eher unangenehme Bonner Marktplatz. Der schon in den neunziger Jahren einsetzende Abstieg Bad Godesbergs hatte noch nicht begonnen. Ich selbst war in einen von Jahr zu Jahr unruhigeren Betrieb eingespannt, Annemie genauso, eigentlich noch mehr. Doch ebendeshalb empfanden wir Haus und Garten im Villenviertel inmitten befreundeter Kollegen, Journalisten und Diplomaten als eine Art »ruhenden Pol in der Erscheinungen Flucht«.

Auf Adenauers Spuren

Politische Plattformen

Ein Hauptreiz des Wechsels von Hamburg nach Köln bestand darin, daß die dortige Universität im Großraum Bonn lag. Durch die Wahl des Wohnsitzes in Bad Godesberg hatte ich mich im politischen Zentrum installiert. Aus Kölner Sicht war Bonn, auf das die gebürtigen Kölner auch zu meiner Zeit nie anders als hochmütig herabsahen, allerdings nichts weiter als ein Bestandteil des Großraums Köln. In den Tagen seiner Aktivitäten als Oberbürgermeister von Köln hatte Adenauer das genauso gesehen. Und später, in der Bonner Herrlichkeit als Bundeskanzler? Wer weiß das genau? Das Wörtchen von der Bonner Republik hat er jedenfalls nicht in seinen Wortschatz aufgenommen. Daß ich selbst aber durch den Ortswechsel von Hamburg nach Bonn unversehens in den mächtigen Schlagschatten Konrad Adenauers geraten war, ist mir erst nach einigen Jahren voll bewußt geworden.

Trotz der Nähe zum Politik- und Wissenschaftsbetrieb in Bonn war und blieb natürlich die Kölner Professur mein Hauptamt. Tat für Tag kletterte ich morgens um 7.00 Uhr ins Auto, um die Bonner Reuterbrücke, die kritischste Engstelle, um 7.12 Uhr, 7.13 Uhr oder 7.14 Uhr zu überqueren, bevor mit Sicherheit zwei oder drei Minuten später beiderseits die Rush-hour der Beamten einsetzte, die kurz vor acht in ihren Ministerien, in den Landesvertretungen oder im Bundeshaus anzutreten hatten. Die Autobahn nach Köln war dann noch ziemlich frei. Am Südverteiler bog ich ab und fuhr über den landschaftlich reizvollen, nach der Autobahnraserei beruhigenden Militärring zur Gottfried-Keller-Straße 6. Dort lag sozusagen mein Gefechtsstand, wo ich mit Hilfe der kundig und hingebungsvoll arbeitenden Damen meines Sekretariats, Anneliese Schott und Hildegard Maxrath, dabei ermuntert, unterstützt, gewarnt und, wenn nötig, gebremst von den Assistenten, den zahlreichen Tätigkeitsfeldern in Köln selbst, in Bonn, bundesweit und international gerecht zu werden suchte. Abends, wenn der Verkehr schon abgeflaut war, fuhr ich meist um 19.15 Uhr nach Hause oder zu einem um 20.00 Uhr beginnenden Bonner Termin. Statt der einen Stunde frühmorgens dauerte die Fahrt nun nur noch 35 Minuten. Gern entspannte ich mich dabei beim Hören von Schlagermusik oder aber von Radio Tirana, dessen überstarker Sender bis ins Rheinland reichte, wobei die Berichte über den Einsatz fleißiger Arbeitsbrigaden oder den weitschauenden Vater des Vaterlands, Enver Hodscha, der zu den übelsten Tyrannen auf dem Balkan gehörte, eine Quelle ständiger Erheiterung waren.

Wenn möglich, suchte ich die Kölner Woche am Donnerstagabend zu Ende zu bringen, doch das gelang nicht immer. Freitag bis Sonntag arbeitete ich am liebsten im Studio der Welfenstraße an Vorträgen, Aufsätzen, Gutachten, bereitete die Seminare und Kollegs vor, verfaßte komplizierte Entwürfe, schrieb besonders vertrauliche Briefe, die im Geschäftsgang nichts verloren hatten, oder nahm mir Zeit für die Privatkorrespondenz.

Nachdem ich in Hamburg ein Übersoll abgeleistet und dies als vertane Zeit erkannt hatte, habe ich mich in Köln, später auch in Bonn, von Hochschulpolitik möglichst ferngehalten. Als mich die Kölner WiSo-Fakultät im akademischen Jahr 1980/81 zum Dekan wählte, habe ich das als Ehre betrachtet, aber auch als eine Pflichtveranstaltung. Ein erwünschter Nebeneffekt war, daß dieses Amt mich im akademischen Senat und in dem inoffiziellen, aber effektiven »Dekanale« mit interessanten Kollegen aus anderen Fakultäten in Verbindung brachte. Wenigstens in diesen Gremien eröffnete sich noch ein Blick auf die *universitas litterarum*.

Noch eindrucksvoller waren die Einblicke in die Forschungen, auch in die Mentalitäten paralleler Disziplinen als Fachvertreter für Politische Wissenschaft im Auswahlausschuß der Alexander-von-Humboldt-Stiftung. Dort traten angesehene Repräsentanten ihrer Fächer zweimal jährlich in dem stilvollen Stiftungsgebäude der Jean-Paul-Straße 12 in Bad Godesberg zu zweitägigen Auswahlsitzungen zusammen. Logistisch gesehen, war das für mich ein Heimspiel. Nach guter Vorbereitung durch einen kleinen, leistungsfähigen Stab der Stiftung und nach gründlichem Studium der Dossiers, das viel Zeit und manche Telefonate erforderte, wurden dort in intensiver, straff geleiteter und sehr offener Diskussion mit alsbaldiger, oft kontroverser Abstimmung über jeden Antrag eine große Zahl von Forschungsstipendien für Post-Docs beschlossen. Für dieses global ausgerichtete Stipendienprogramm hat der Bund Jahr für Jahr erhebliche Mittel zur Verfügung gestellt. Alle Beteiligten wußten, daß sie hier an einer der wichtigsten Institutionen für die langfristige Kulturpolitik der Bundesrepublik mitwirkten. Ich war 1976 als Fachgutachter für Politische Wissenschaft berufen worden und habe dieses schöne Amt bis zum Jahr 1996 wahrgenommen. Die Auswahlsitzungen im Kreis von 50 oder 60 Naturwissenschaftlern, Medizinern, Juristen, Geistes- und Sozialwissenschaftlern, größtenteils die Creme der beteiligten Disziplinen, waren lehrreich. Die Forschungsschwerpunkte, die Schulstreitigkeiten, die Internationalität, auch der Verhandlungsstil der einzelnen Fächer ließen sich hier gut studieren. Die Kollegen und Kolleginnen, die jeweils mit Mehrheit entschieden, waren durchweg Sitzungsprofis. Den Vorsitz hatte, soweit verfügbar, ein Nobelpreisträger. Auf Heisenberg war der leider früh verstorbene Fedor Lynen gefolgt, nach ihm kam Wolfgang Paul, der Nachbar Karl Dietrich Brachers am Stationsweg auf dem Venusberg. Damit war das Potential der Nobelpreisträger erschöpft. Doch auch der Astrophysiker und Manager bei der Weltraumforschung, Reimar Lüst, war ein eindrucksvoller Vorsitzender, der zudem für die Politik im allgemeinen und die Politikwissenschaft im besonderen viel Verständnis hatte.

Für die Präsentation der sechs oder acht Bewerber, die ich in der Regel durchbringen konnte, für die Begründung der Ablehnungen oder die Vorlage als Diskussionsfall standen selten mehr als 15 bis 20 Minuten zur Verfügung. Hier kam mir eine gewisse Unsentimentalität bei der eigenen Vorauswahl aus einer großen Zahl von Bewerbern zugute. Ich habe meine Kandidaten meist durchgebracht und mir dabei immer vor Augen gehalten: »Du plädierst bei jedem einzelnen für die Vergabe von rund 200 000 DM!«, damals eine beträchtliche Summe.

In den späten siebziger und frühen achtziger Jahren habe ich ebenso wie die meisten Kollegen aus den Geistes- und Sozialwissenschaften eine Hauptaufgabe darin gesehen, in starkem Maß gute Sozialwissenschaftler aus den Ostblockländern in erstklassige Institute und an renommierte Lehrstühle einzuladen, um so indirekt den dortigen Liberalisierungsprozeß zu unterstützen. Es gab nur zwei Ostblockländer, die konsequent »mauerten«: die DDR und die Tschechoslowakei. Die Kommunisten in der ČSSR hatten zwischen 1964 und 1968 erfahren, wie riskant es ist, wenn man sich darauf einläßt, junge, dynamische Wissenschaftler als Doktoranden oder Post-Docs in die Bundesrepublik zu entsenden, wo sie ein freies politisches System mit ungegängelter Wissenschaft kennenlernen. Dieser Effekt hat in jenen Ländern, deren Funktionäre weniger ängstlich waren, seine Wirkung getan. Beim Umbruch 1989/91 konnte ich an verschiedensten Beispielen der von uns geförderten Post-Docs beobachten, wie wirkungsvoll sich die Stipendienpolitik der Alexander-von-Humboldt-Stiftung ausgewirkt hat. Einmal jährlich wurden sie nach Bonn zu einem Stipendiatentreffen eingeladen, wo ich selbst öfters Vorträge hielt oder manchmal auch nur interessehalber dabei war. Während man zuvor vorwiegend nach der Papierform und gestützt auf Gutachten entschieden hatte, lernte man bei dieser Gelegenheit die jungen Genies kennen, für deren Auswahl man die Verantwortung trug.

Parallel zur Aufgabe bei der Alexander-von-Humboldt-Stiftung und davon völlig unabhängig lief meine Tätigkeit im Beirat für die Deutschen Historischen Institute (DHI) im Ausland und speziell im Beirat für das Deutsche Historische Institut in Washington. In diesen Beiräten wirkten vorwiegend Historiker sowie einige Politikwissenschaftler und Soziologen mit Ministerialbeamten zusammen. Anders als die in gutem kollegialem Geist ablaufenden Auswahlsitzungen der Alexander-von-Humboldt-Stiftung war jede zweite oder dritte dieser Sitzungen, die in dem gräßlichen Betonbau des Wissenschaftsministeriums stattfanden oder im DHI Washington, eine ausgesprochene Krachsitzung.

Daneben habe ich in den Kölner Jahren mit Befriedigung, doch wiederum mit ziemlichem Zeitaufwand, im Direktorium des Bundesinstituts für ostwissenschaftliche Forschung (abgekürzt BIOst) in Köln gearbeitet. Es war in den mittleren fünfziger Jahren auf Initiative des Staatssekretärs Ritter von Lex gegründet worden, als man im Bundesinnenministerium bei dem langwierigen Verbotsverfahren gegen die KPD vor dem Bundesverfassungsgericht den Bedarf nach einschlägiger Kommunismus-Expertise verspürte. Während der Amtszeit des Bundesinnenministers Gerhard Schröder, der schon damals die Außenpolitik mit Interesse verfolgte, wurde dieses vom Auswärtigen Amt völlig unabhängige Bundesinstitut zu einem Zentrum der Ostforschung ausgebaut mit vergleichsweise zahlreichen Länderspezialisten und einer in ihrer Art einzigartigen Bibliothek, die alle erreichbaren Zeitungen, Zeitschriften und Dokumentationen aus dem Ostblock enthielt. Das Direktorium war für die Gesamtanlage der wissenschaftlichen Arbeit, für die einzelnen Forschungsprojekte, für die Auswahl und – in kritischen Fällen – auch für eine gewisse Steuerung der durchweg recht eigenwilligen wissenschaftlichen Mitarbeiter zuständig.

Ich war dort während meiner ganzen Kölner Zeit und ein paar Jahre darüber hinaus tätig. In der besonders kritischen Phase 1978 bis 1980, als die Suche nach einem neuen Direktor viel Arbeit machte, amtierte ich als Vorsitzender des Direktoriums. Dieses war während der Jahre, als ich dort tätig war, gut besetzt. Ich gewann dort einen Überblick über die maßgeblichen Ostforscher und deren häufig recht konträre Einschätzung der Entspannungspolitik. Der von mir sehr geschätzte, hervorragende Sowjetforscher Boris Meissner hatte mich hier eingeführt.

Aus Köln selbst wirkten dort zwei mir besonders liebe Kollegen mit: der Staatsrechtler und Politologe Georg Brunner und der Ökonom Gernot Gutmann. Auch Richard Löwenthal war dabei und aus Bonn Hans-Adolf Jacobsen, der dort das zweite Ordinariat für Politische Wissenschaft wahrnahm und über gute Verbindungen zu den Akademien in Warschau und Moskau verfügte. Nach ihm wurde der Osteuropahistoriker Alexander Fischer berufen. Mit beiden sollte ich später in Bonn noch viel zu tun haben. Lange Zeit war auch der quirlige Osteuropahistoriker Karl-Heinz Ruffmann aus Erlangen im BIOst zu Gange, ebenso der hoheitsvoll auftretende Fürst Nikolaus Lobkowitz, damals schon Rektor der Ludwig-Maximilians-Universität München.

Genauso interessant waren die stark spezialisierten, für ihre jeweiligen Ostblockländer und Forschungsfelder hervorragend kundigen Damen und Herren des BIOst selbst, wie Arnold Buchholz, Heinz Brahm, Gerhard Wettig, Otto Luchterhand, Heinz Timmermann und der auf den Feldern der Ökonomie besonders sachverständige Direktor Heinrich Vogel nicht zu vergessen. Erwähnenswert ist, daß das aufsichtführende Bundesministerium des Innern die Steuerung der Institutsarbeit dem Wissenschaftlichen Direktorium, das auch dem Institutsdirektor übergeordnet war, sehr weitgehend überließ. Dieses achtete allerdings durchgehend darauf, nur anerkannte Kollegen von recht heterogener Bewertung der damals leidenschaftlich umstrittenen Ost- und Entspannungspolitik faktisch zu kooptieren, so daß Einseitigkeiten unterblieben. Ostpolitischer Pluralismus war auch deshalb geboten, weil im Institut selbst die Vertreter unterschiedlicher Meinungen in einem unendlichen Diskussionsprozeß miteinander koexistieren mußten.

Wie die Diskussionen im BIOst auch auf mein eigenes Verständnis der Zusammenhänge eingewirkt haben, zeigt beispielsweise der Vergleich meiner Aufsätze zur KSZE vor 1975 mit der Studie *Zwischenbilanz der KSZE*[121] oder meine Stellungnahme bei einer öffentlichen Anhörung des Ausschusses für innerdeutsche Beziehungen des Deutschen Bundestags 1977, wo sich mit den Abgeordneten des Ausschusses eine intensive Diskussion entwickelte. Dort vertrat ich die Meinung, daß es derzeit keine Alternativen zur aktuellen Politik in der deutschen Frage gebe, sprach dabei von einer neuen »deutschlandpolitischen Doktrin«, die sich zwischen den Lagern von Regierung und Opposition entwickelt habe, und verband das mit der richtigen Prognose, es gebe eine gewisse Entkoppelung der Deutschlandpolitik von den übergreifenden Ost-West-Beziehungen. Als die Durchführung des Nachrüstungsbeschlusses zu einer zeitweiligen Vereisung im Verhältnis zwischen Bonn und Moskau führte, während die innerdeutschen Beziehungen nicht eingebrochen sind, hat sich das bestätigt.[122]

In Köln war noch eine weitere Plattform für Fragen der Beziehungen zum Osten lokalisiert, das in Köln ansässige Ostkolleg der Bundeszentrale für politische Bildung. Im Unterschied zu dem großen, wissenschaftlich arbeitenden BIOst, verfügte diese zufällig im früheren Amtssitz der Gestapo untergebrachte Einrichtung für politische Erwachsenenbildung, die stark von Lehrern genutzt wurde, über nur wenige Mitarbeiter. Diese verstanden sich größtenteils als Befürworter der sozialdemokratischen Entspannungspolitik und haben über die Jahre hinweg ein entsprechendes Programm gestaltet. Besonders die Podiumsdiskussionen bei den jeweiligen Tagungen waren lehrreich. Neben drei oder vier Panelisten, die in der Regel auf SPD-Linie lagen, wenn sie nicht gar mehr oder weniger unverhüllt die sowjetischen Positionen vertraten, wurde ich häufig als Feigenblatt zum Beweis des Pluralismus dieser Einrichtung eingeladen. So lernte ich einen Großteil der polnischen, sowjetischen und aus der DDR kommenden Persönlichkeiten kennen, die in jenen Jahren kreuz und quer in den Volkshochschulen, Evangelischen Akademien, auf Kirchentagen und Gewerkschaftskongressen wortreich und persönlich oft durchaus sympathisch für die Ziele des Ostblocks Propaganda machten. Die Veranstaltungen erinnerten ständig daran, daß sich die Bundesrepublik in diesen Jahren des Kalten Krieges einem Trommelfeuer der östlichen Propaganda ausgesetzt sah, die in den bundesdeutschen Bildungseinrichtungen, in der evangelischen Kirche und bei den Medien schlaue oder auch nur törichte Zuarbeiter fand. Ich habe danach versucht, im Beirat der Bundeszentrale für politische Bildung gegenzusteuern, doch weitgehend vergeblich, so daß ich dort nach Ablauf der vierjährigen Amtszeit dankend ausschied.

Eine erfreulichere Nebenbühne zur Tätigkeit im BIOst war der »Arbeitskreis für Ost-West-Fragen« im Auswärtigen Amt, in dem die Damen und Herren aus den einschlägigen Referaten jeweils bestimmte aktuelle oder mittelfristig wichtige Themen mit Experten von den Universitäten und außeruniversitären Forschungsinstituten erörterten. Der Arbeitskreis war von Boris Meissner gegründet worden. Ich habe dort für einige Jahre seine Nachfolge im Vorsitz angetreten, zusammen mit dem zuständigen Referatsleiter die Themen festgelegt, Referenten herbeigebracht und so eine Reihe sachkundiger, vielfach auch wissenschaftlich arbeitender Diplomaten kennengelernt.

Der Stil solcher Erörterungen war mir aus den Studiengruppen der DGAP geläufig, wo ich selbst gut 15 Jahre lang in der Studiengruppe »Sicherheit« mitgewirkt habe. SALT, MBFR, die heftig umstrittenen Fragen der Neutronenbombe und der Nachrüstung, die Genfer Verhandlungen über die erste, die zweite und die dritte Null-Lösung, die Problematik der nuklearen Kurzstreckensysteme Frankreichs und die intensivierte deutsch-französische Verteidigungszusammenarbeit – dies und manches andere ist dort im Rhythmus von sechs oder acht Wochen in vierstündigen Sitzungen auf Grundlage von Experten-Referaten von den entsprechend tätigen Abgeordneten, Ministerialbeamten, Journalisten und Professoren oft kontrovers, aber in besten Formen diskutiert worden. Seit den Zeiten von Fritz Erler stellte absprachegemäß die SPD den Vorsitzenden dieser Studiengruppe. Dort konnte ich in den Jahren der Nachrüstungskontroverse auch Egon Bahr genau studieren. Er war brillant, viel nuancierter als in seinen von plumper Demagogie gekennzeichneten öffentlichen Auftritten, hatte es aber gegenüber Experten wie Uwe Nerlich von der Stiftung Wissenschaft und Politik oder auch Karl Kaiser, der sich auf Gegenkurs zur Mehrheit in der eigenen Partei befand, recht schwer.

Ich selbst habe damals viel Zeit und Goodwill in die Arbeiten der Deutschen Gesellschaft für Auswärtige Politik investiert. 1982 bin ich vom Wissenschaftlichen Direktorium zum Vorsitzenden gewählt worden und habe diese Aufgabe durchgängig, offenbar zur Zufriedenheit meiner Kollegen und ohne je zu fehlen, zwei Jahrzehnte lang bis zum Jahr 2002 wahrgenommen. In der Funktion als Vorsitzender des Direktoriums konnte ich beobachten, wie routiniert, manchmal aber auch kantig Spitzenfiguren des Establishments kürzere oder längere Sitzungen abhandelten. Helmut Schmidt, Klaus von Dohnanyi, Hans Apel, Hans-Dietrich Genscher, Otto Graf Lambsdorff, Theo Waigel, Richard von Weizsäcker, Rita Süssmuth, der rastlose, von politischer Leidenschaft getriebene Manager bei Thyssen und großzügige Förderer der DGAP, Kurt Birrenbach, der manchmal nachts um elf Uhr noch zu Hause anrief, der eindrucksvolle »Übervater« der deutschen Industrie, Hans Merkle von Bosch, Wilhelm Christians, Vorstandssprecher der Deutschen Bank, die Chefs des DGB, der politisch gewiefte, konservative Diplomat Günter Diehl, Marion Gräfin Dönhoff – sie und ein paar Dutzend andere Häuptlinge der seinerzeitigen Deutschland-AG, aus den Fraktionen des Deutschen Bundestags, aus der Botschafterriege des Auswärtigen Amts und aus Chefetagen der Zeitungen sind zwanzig Jahre lang an meinem

Beobachtungsstand vorbeigezogen. Über die Jahre hinweg lernte ich verstehen, wie diese Männer und Frauen tickten, die ungeachtet aller Gegensätze ihre Aufgabe darin sahen, die Außenpolitik der Bundesrepublik in überparteilichem Konsens auf Kurs zu halten.

In den achtziger Jahren ist Hans Merkle, damals Stiftungsratsvorsitzender der Stiftung Wissenschaft und Politik, mit der Frage auf mich zugekommen, als Direktor der SWP nach Ebenhausen zu gehen. Die Pensionierung von Klaus Ritter stand jetzt endgültig an. Ich habe mir Bedenkzeit ausgebeten, kam aber nach reiflicher Überlegung zum Schluß, daß ich mich aus vielen Gründen nicht zum Wissenschaftsmanager dieses Großinstituts eigne, und habe stattdessen Michael Stürmer empfohlen, der mit beiden Händen zugegriffen hat. Bei meiner Ablehnung hat auch die Überlegung eine Rolle gespielt, als Direktor eines staatsfinanzierten, beim Bundeskanzleramt etatisierten Instituts müsste ich mich zu sehr verbiegen. Stürmer, ein brillanter Kollege mit dem Temperament eines politischen Unternehmers, setzte sich mit Desinvolture über alle Bedenken hinweg und machte aus der Direktorenposition ein Sprungbrett für seine publizistische Karriere. Eine Reihe von Jahren kam er damit durch. Letztlich wurde er dem großen Boß im Bundeskanzleramt aber doch zu eigenwillig, und die Bonner Herren ließen seinen Vertrag auslaufen.

Mein eigenes parteipolitisches Lager, von dem ich jedoch wie ein fahrender Ritter oft auf eigenen Wegen ausgeritten bin, war die CDU. Seit 1973 hatte ich in deren »Außenpolitscher Kommission« mitgearbeitet. Damals war ich noch der Meinung, meine intellektuelle Unabhängigkeit werde durch formelle Parteimitgliedschaft aufs Spiel gesetzt. So fiel ich die ganzen siebziger Jahre hindurch unter die Kategorie »nahestehend«.

Dem gutbürgerlichen Liberalismus der CDU Mitte der siebziger Jahre kann ich ein gutes Zeugnis ausstellen. Niemand von den vielen Berufspolitikern oder Parteifunktionären, mit denen ich damals konferierte, hat auch nur andeutungsweise angeregt, ich möge doch bitte der Partei beitreten. Wesentlich waren ein paar Hauptpunkte: keine Mitgliedschaft bei den konkurrierenden Parteien, Übereinstimmung in der grundlegenden Orientierung (was sehr weitherzig interpretiert wurde), Verschwiegenheit über die internen Erörterungen (das fiel mir leicht, weil ich keine politische Karriere machen wollte und weil ich ohnehin zu den diskreten Zeitgenossen gehöre), außerdem eine gewisse publizistische Sensitivität in Wahlkampfzeiten, wenn es für die Partei um die Wurst ging. Auf die Dauer fand ich aber den Status »nahestehend« doch etwas genierlich. So wartete ich mit dem formellen Parteibeitritt ab, bis die Union 1980 wieder einmal eine Bundestagswahl verloren hatte mit weiterhin ungewisser Perspektive.

Selbstverständlich wußte ich schon lange, wie tiefe Gräben sich in den meisten wichtigen Fragen durch das Innere von Parteien ziehen. Das Wir-Gefühl wird zwar ritualisiert beschworen und spielt wie in schottischen Hochlandclans durchaus eine

Rolle, zugleich aber ist das Bonmot »Feind, Todfeind, Parteifreund« keine Übertreibung, sondern eine Tatsachenfeststellung. In den intensiven Diskussionen der »Außenpolitischen Kommission« und in zahllosen Gesprächen unter vier Augen mit den dort aktiven CDU-Politikern ließ sich das schön beobachten.

Als ich zur »Außenpolitischen Kommission« stieß, hatte Walther Leisler Kiep dort den Vorsitz. Von vielen in der Fraktion wurde er abgelehnt, weil er für die Ostverträge gestimmt hatte. Der Umstand, daß ausgerechnet dieser Mann von dem Parteivorsitzenden Helmut Kohl 1973 in die Position eines Vorsitzenden der »Außenpolitischen Kommission« bugsiert wurde, sagte viel über die damalige Orientierung von Kohl selbst. Dreierlei hat Leisler Kiep für den Machtpolitiker Kohl über Jahrzehnte hinweg wertvoll gemacht. Von allen jüngeren CDU-Politikern unterhielt er die besten Verbindungen in die USA. Zugleich setzten viele maßgebliche Unternehmer und Manager in diesen Schatzmeister der CDU größeres Vertrauen als in Kohl selbst, vom CDU-Generalsekretär Heiner Geißler ganz zu schweigen. Ein weiterer, gut getarnter Bezugskreis, über den Leisler Kiep den Parteivorsitzenden Helmut Kohl in der Oppositionszeit mit Informationen bediente und über das dieser zugleich Signale aussenden konnte, waren eine Reihe hochgestellter Funktionäre der SED, mit denen er sich regelmäßig getroffen hat.

Ich selbst habe Leisler Kiep bis zum heutigen Tag wegen seiner jungenhaften Frische, wegen seiner Freude am internationalen Networken, auch wegen seiner Chuzpe bewundert. Er war ein politischer Unternehmer im Wortsinn und hat, wie ich erst viel später zu lesen bekam, über fast jeden Tag seines bewegten Lebens handschriftlich Tagebuch geführt, insgesamt 44 eng beschriebene Kladden, die er mir bei der Arbeit an der Kohl-Biographie zur Verfügung stellte. Doch er war klug genug, über die vielen finanziellen Transaktionen, an denen er als Schatzmeister der CDU-Bundespartei beteiligt war, gesondert Buch zu führen. Neues über die Finanzierungskünste der CDU konnte ich aus diesen Tagebüchern nicht erfahren.

Verschiedene fraktionsinterne Kritiker Leisler Kieps saßen gleichfalls in der »Außenpolitischen Kommission« und belauerten jedes seiner Worte. Im Amt des Vorsitzenden begnügte er sich im wesentlichen damit, die Agenda aufzustellen und das Wort zu erteilen, ohne sich hier mit eigenen Impulsen zu exponieren. Nachdem er 1976 als Wirtschaftsminister ins Kabinett Ernst Albrecht nach Niedersachsen ging, wurde der konservative Abgeordnete Werner Marx Kommissionsvorsitzender. Ostpolitisch war er ein Antipode zu seinem Vorgänger.

Ich habe Marx geschätzt. Er war sachlich, völlig illusionslos und zugleich ein *animal politicum* von nicht zu bremsender Dynamik. Im Unterschied zu den Jüngeren in der CDU hatte er in der kämpfenden Truppe die Hölle der Ostfront erlebt, von der er grausige Details berichtete, wenn man ihn besser kannte. Als Antikommunist, übrigens auch als Antinazist, war er zurückgekehrt, sah die Sowjetunion in den siebziger Jahren in globaler Expansion begriffen und verfügte über ein geostrategisches Verständnis der westlichen Außenpolitik. Zusammen mit Franz Josef Strauß hatte er die berühmte Gemeinsame Erklärung des Deutschen Bundestags ausgehandelt, die der CDU/CSU im Jahr 1972 die Enthaltung beim Moskauer Vertrag erlaubte und aus der dann zusammen mit dem Karlsruher Urteil von 1973 bis 1989/90 ein juristisches Hauptelement der neuen deutschlandpolitischen Doktrin wurde. Vielleicht war dies sein dauerhaftestes Verdienst. In allen Streitfragen der Ost- und Verteidigungspolitik war jedenfalls auf ihn Verlaß. Daß ausgerechnet ein Konservativer wie Marx aus Rheinland-Pfalz kam, paßte Kohl überhaupt nicht, doch konnte er ihm in seinem Wahlkreis Pirmasens nichts anhaben.

Wie nicht anders zu erwarten, gehörte Marx zu denen in der Unionsfraktion, die auf eine Kanzlerkandidatur von Franz Josef Strauß bei der Bundestagswahl 1980 hinarbeiteten. Der Mißerfolg von Strauß im besagten Jahr entschied auch über die Karriere von Werner Marx. Kohl gab ihm kein Regierungsamt, schob ihn auf die Position des Vorsitzenden des Auswärtigen Ausschusses ab. 1985 erlag dieser aufrechte Mann einem Gefäßschaden, den er sich wohl bei einer schweren Verwundung an der Ostfront zugezogen hatte.

Ich habe bis Ende der achtziger Jahre der »Außenpolitischen Kommission« der CDU angehört und so die meisten Außen- und Verteidigungspolitiker der CDU ganz gut kennengelernt. Hier wirkten sowohl die um Kohl gescharten Entspannungspolitiker mit als auch die konservativen *diehards.* Zu den Kohl-Anhängern gehörten beispielsweise Volker Rühe, Carl Otto Lenz, Horst Waffenschmidt und bis 1977 Walther Leisler Kiep, zu den skeptischen Konservativen neben Marx auch Manfred Wörner, dem Kohl 1982 widerwillig das Verteidigungsressort geben mußte, sowie der wortgewaltige, mit Kohl stark zerfallene Manfred Abelein oder der Vertriebenenpolitiker Herbert Czaja, ein persönlich liebenswürdiger, im Sinn seiner Klientel auch effektiver Abgeordneter, der jedoch eine große Nervensäge war.

Zu meinem Netzwerk in der CDU gehörte auch der sogenannte Schröder-Kreis, ein in Bonn recht gefragter Salon, in dem CDU-Größen der fünfziger und der sechziger Jahre aus dem Umfeld Gerhard Schröders verkehrten. Alle sechs oder acht Wochen lud der frühere Außenminister Gerhard Schröder an die 30 Gäste in seinen mit modernen Plastiken und Gemälden ausgestatteten Bungalow auf dem Heiderhof ein, so die selbstbewußten ehemaligen Staatssekretäre Günter Diehl und Karl-Günther von Hase sowie den geistvollen früheren Botschafter Erwin Wickert. Ständige Gäste waren auch die Journalisten Herbert Kremp und Thomas Kielinger von der *Welt* und Joachim Sobotta, Chefredakteur der *Rheinischen Post* in Düsseldorf. Selten fehlten auch die Generäle Ulrich de Maizière und Hans-Lothar Domröse. Immer waren einige Herren vom Evangelischen Arbeitskreis der CDU (EAK) dabei, so der eindrucksvolle Militärbischof Hermann Kunst, der Bundesgeschäftsführer des Evangelischen Arbeitskreises der CDU, Peter Egen, sowie einige gewichtige Herren aus der Wirtschaft von Rhein und Ruhr. Dazu kam eine Handvoll Abgeordneter und, last not least, Professoren wie Boris Meissner oder ich selbst. Alle rechneten es sich zur Ehre an, dort bei butterbestrichenen Salzbrezeln und Bier oder Softdrinks aktuelle außenpolitische Fragen zu diskutieren. Die sympathische, zurückhaltende Frau Schröder sorgte für eine gastliche Atmosphäre. Gerhard Schröder, im damaligen Bonn schon eine Legende als *Elder Statesman*, legte das Thema fest, lud häufig interessante Gäste ein oder bat ein ständiges Mitglied des Kreises um ein etwa 20-minütiges Referat. Er dirigierte die Diskussion genauso, wie ein erfahrener Professor sein Oberseminar leitet, und formulierte zum Schluß eine präzise Zusammenfassung der Ergebnisse.

Nach Erscheinen des *Handbuchs zur deutschen Außenpolitik* waren in den überregionalen Zeitungen zwei Rezensionen erschienen, die mich besonders erfreut hatten. Arnulf Baring, den ich damals kaum kannte, hatte das Buch in der *Zeit* über den grünen Klee gelobt (»Lange vermißt. Teuer, aber rundherum gelungen«[123]). Die andere Rezension in der *Welt* stammte von Gerhard Schröder, zu dem damals noch keine engere Verbindung bestand. Die Besprechung begann mit den Worten: »Der Leser möge verzeihen, wenn ich etwas ganz Persönliches am Anfang sage: Als ich das ›Handbuch der deutschen Außenpolitik‹ geschickt bekam, war mein erstes Gefühl Freude darüber, daß Hans-Peter Schwarz in – wahrscheinlich – unsäglicher Mühe als Herausgeber diesen Dienst an der deutschen Außenpolitik geleistet hat …«[124] Der Feststellung zur »unsäglichen Mühe« konnte ich nur beipflichten, genauso der sachlichen Würdigung der einzelnen Teile, die erkennen ließ, daß dieser erfahrene Außenpolitiker die Systematik, den Mix der Themenbereiche mitsamt den einzelnen Aufsätzen genau studiert und für brauchbar erachtet hatte.

Gut fünfzehn Jahre lang hatte ich von nun an Gelegenheit, die großen Themen aktueller Außenpolitik im Schröder-Kreis unter Stabführung dieses vollendet rationalen Analytikers zu diskutieren. Für einen Ordinarius der Politikwissenschaft war das eine Schulstunde ganz eigener Art. Verschiedene Vier-Augen-Gespräche mit Schröder ließen mich auch viele Einzelfragen der fünfziger und der sechziger Jahre besser verstehen. Er war ein verschlossener Mann, der sich Dritten gegenüber erst nach längerer Prüfung von dessen Vertrauenswürdigkeit öffnete. In der Rezension des *Handbuchs* hatte er seine eigene Maxime mit den Worten umschrieben: »Als Außenminister der Jahre 1961–1966 habe ich mir immer wieder die Frage vorgelegt, ob es der Sache dient, wenn der außenpolitische Akteur die Motive seines Handelns, die Einschätzung des Gegenübers und seine Erwartungen über die Entwicklung zum Gegenstand öffentlicher Darlegung macht. Ich bin unverändert der Meinung, daß dies nur in Grenzen nützlich ist. Empfindliche außenpolitische Themen bedürfen der Diskretion und vertragen es nicht, auf dem Markt vor allen Ohren behandelt zu werden. Redseligkeit gar kann großen Schaden stiften.«

Seine einzige, vornehm formulierte Kritik an dem *Handbuch* bestand darin, daß die deutsche Frage erst ab Seite 555 abgehandelt werde. Er hätte ihr, meinte er, »einen

Platz sehr viel weiter vorn gewünscht, um die zentrale Bedeutung der Teilung Deutschlands für die deutsche Außenpolitik zu unterstreichen«. Offensichtlich dachte er noch gesamtdeutsch (anders als ich, der ich schon resigniert hatte). Ihm wurde die Freude zuteil, noch den Fall der Mauer zu erleben. Er ist am 31. Dezember 1989 verstorben. Ich habe es immer bedauert, daß ihn ein Schlaganfall gegen Ende der sechziger Jahre so geschwächt hat, daß die CDU 1969 mit Kiesinger und 1972 statt seiner mit Barzel angetreten ist. Wäre er Bundeskanzler geworden, hätte sich die unter Erhard und ihm eingeleitete angelsächsische Grundorientierung bundesdeutscher Außenpolitik vielleicht doch verstärkt, und die übertriebene Fixierung auf Frankreich und die Europäische Gemeinschaft wäre nicht so heftig ins Kraut geschossen.

In die Jahre meiner Tätigkeit in der Außenpolitischen Kommission fiel auch die erste Bekanntschaft mit Helmut Kohl. Bei seinem innerparteilichen Aufstieg war ich ihm nicht begegnet. Als der große Zampano von Rheinland-Pfalz in der CDU unwiderstehlich nach vorn rückte, war es mir schwergefallen, in ihm einen Hoffnungsträger zu sehen. Persönlichkeiten wie Gerhard Schröder, Gerhard Stoltenberg oder selbst Franz Josef Strauß haben mich stärker beeindruckt. Zu einer ersten Begegnung, vermittelt durch Horst Teltschik, kam es im Herbst 1977. Kohl war als Oppositionsführer nach Bonn gegangen, tat sich an der Spitze der Fraktion sichtlich schwer und hatte mich und Boris Meissner zu einem Abendessen nach Pech eingeladen, wo er ein großes, wenig einladendes Anwesen gemietet hatte. Es war schon Nacht, als wir auf dem finsteren Hof vorfuhren, der einen Anblick bot wie Wallensteins Lager: zwei oder drei Polizeiautos, zwischen denen schwerbewaffnete Polizisten herumlungerten. Dafür gab es gute Gründe. Es war der sogenannte »deutsche Herbst«, und Kohl stand ganz oben auf der Abschußliste der RAF. Wir speisten und unterhielten uns zu dritt. Serviert wurde von der attraktiven Juliane Weber, Kohls damals schon berühmter Chefsekretärin, die, so war allgemein bekannt, ihn seit den frühen Tagen in Mainz über alle Stufenleitern seines Aufstiegs hinweg begleitet hatte. Worüber wir gesprochen haben, weiß ich nicht mehr, ich erinnere mich nur, mit dem Eindruck nach Hause gefahren zu sein: »Das ist gar kein Intellektueller, wie seine Umgebung uns glauben machen will, sondern ein massiver Parteiboß …«

Später kam ab und an eine Einladung in größerer Runde oder die Bitte, für eine Grundsatzrede ein paar Gedanken beizusteuern. Das tat ich zweimal oder dreimal, so 1987, als Honecker nach Bonn kam. Ich versäumte aber nicht, die Helfer aus Kohls Entourage – Horst Teltschik, Wolfgang Bergsdorf, Klaus Gotto – auf meine schon damals beträchtliche Überbürdung hinzuweisen, so daß sich die Bitten, als Ideenspender für Grundsatzreden zu dienen, in tolerablen Grenzen hielten.

Es gab noch eine weitere Querverbindung in den Raum der CDU hinein: meine Teilnahme an der Adenauer-Forschung. Seitdem ich zum ersten Mal Haus und Garten Adenauers in Rhöndorf betreten hatte, war ich dem Zauber dieses Anwesens verfallen. Die musealen Umbauten für große Besucherscharen hatten noch nicht begonnen. Das schöne Landhaus aus den dreißiger Jahren mit Blick auf den Rhein, zum Rolandsbogen und hoch zum Drachenfels, die Rosenbeete, die Bocciabahn, der Memoiren-Bungalow und das gut gesicherte Archiv im Keller – alles noch so, wie Adenauer es hinterlassen hatte. Schon die Fahrt im Wagen von Godesberg zur Fähre beim Hotel »Arera«, dann die frische Überfahrt mit weitem Blick über den Rheinstrom zu den malerischen Ufern, schließlich die Einfahrt in das noch schlichte rheinische Dörfchen, das Adenauer berühmt gemacht hatte, waren ein Vergnügen.

An der Spitze des Kuratoriums der nach Adenauers Tod vom Bund ins Leben gerufenen Stiftung Bundeskanzler-Adenauer-Haus standen interessante Persönlichkeiten: zuerst der frühere Bundesinnenminister Paul Lücke, der die CDU in das Abenteuer der Großen Koalition und der Wahlrechtsreform geführt hatte, nach ihm Kurt-Georg Kiesinger und Karl Carstens. Für die SPD brachte Carlo Schmid sein Schwergewicht mit ein. Im Beirat, in den man mich gebeten hatte, befanden sich respektable Gelehrte: die Zentrum-Forscher Rudolf Morsey und Konrad Repgen, die sich jetzt auf die Adenauer-Forschung warfen, der stets melancholisch wirkende Golo Mann, Klaus Scholder von Tübingen, der mit Repgen auf einer anderen Ebene heftige Zweikämpfe über die Geschichte des Reichskonkordats im Jahr 1933 ausfocht, der Politikwissenschaftler Hans Buchheim von Mainz und Hugo Stehkämper, Direktor des Kölner Stadtarchivs, aus meiner Sicht die geradezu idealtypische Verkörperung eines Kölner Gelehrten in der Zentrums-Tradition.

Die Seele des Betriebs war Anneliese Poppinga, in Adenauers letztem Lebensjahrzehnt dessen Chefsekretärin und danach seine Gefährtin, die an Adenauers Memoiren maßgeblichen Anteil hatte, jetzt Geschäftsführerin der Stiftung. Sie war eine ansehnliche Dame: blond, sehr norddeutsch, von nicht zu bremsender Aktivität und ganz der Aufgabe hingegeben, das Andenken an den großen Gründungskanzler über die Zeiten hinweg im öffentlichen Bewußtsein lebendig zu erhalten. In dem Umfeld mehrheitlich »Schwarzer«, also gutkatholischer Politiker und Professoren, dazu dem Adenauer-Clan, war diese aus Schleswig-Holstein stammende Frau von evangelischer Konfession eigentlich ein Fremdkörper. Doch mit großem Enthusiasmus verstand sie alle um den Finger zu wickeln und das ganze Unternehmen in Schwung zu bringen. Sie hatte nach dem Tod Adenauers in München studiert, dort zügig ihren Doktor gemacht und beeindruckte mit dem schwungvoll geschriebenen Buch *Meine Erinnerungen an Konrad Adenauer*[125]. Arnulf Baring, der eigentlich von der SPD herkam und gleichfalls ein Sensorium für gut geschriebene Bücher besaß, hatte diesen unprätentiösen Bericht über Adenauers letzte Jahre in der *Frankfurter Allgemeinen* rühmend rezensiert. Das Buch wurde viel gekauft und trug dazu bei, landauf und landab bei den vielen Adenauer-Fans das Bild des Gründungskanzlers in einer Phase lebendig zu erhalten, als man nur noch von Erhard, Kiesinger, Barzel oder Brandt und Scheel redete, während Adenauer, auch historiographisch, mausetot war.

Mir selbst traute sie offenbar zu, bei der Wiedererweckung des größten Rheinländers nach dem Neandertaler und nach Beethoven eine maßgebliche Rolle zu spielen, und hat mich Schritt für Schritt zu umgarnen verstanden. Sie hat mich übrigens auch mit Ulrich Frank-Planitz, dem Verlagsleiter der DVA, zusammengebracht, der eine Reihe von Jahren als Hauptstadtkorrespondent in Bonn gearbeitet hatte und gleichfalls ein Adenauer-Fan war. Es war ihre Idee, mich um eine sparsam kommentierte Auswahl der Reden Adenauers bei der DVA zu bitten, wo auch dessen vier Memoirenbände erschienen waren. Ich kam dem gerne nach. Das Buch erschien 1975, ein Jahr vor dem 100. Geburtstag Adenauers, und ist eigenartigerweise bis heute nach wie vor die einzige Redenauswahl geblieben, die alle Perioden Adenauerscher Tätigkeit erfaßt.[126]

Während der Arbeit an dieser Auswahl war ich auch mit zwei Parallelaktionen befaßt, die auf den 100. Geburtstag abzielten. Deren eine war ein Sammelband, den Helmut Kohl, auch er ein Adenauer-Fan, 1976 beim Belser Verlag herausbrachte. Dieser mit zahlreichen niveauvollen Essays bestückte Band ist für mich denkwürdig, weil es das einzige Buch ist, in dem einer meiner unsterblichen Essays, betitelt »Das Spiel ist aus und alle Fragen offen, oder: Vermutungen zu Adenauers Wiedervereinigungspolitik«, in Gesellschaft so heterogener Geister erschienen ist wie beispielsweise Raymond Aron (»Das außenpolitische Konzept Konrad Adenauers«), Rudolf Augstein (»Begegnungen mit Konrad Adenauer«), Karl Dietrich Bracher (»Auf Mittelkurs«), Willy Brandt (»Gespräch über Adenauer«), Theodor Eschenburg (»Adenauer und die Institutionen«), Helmut Kohl (»Konrad Adenauer – Erbe und Auftrag«), Bruno Kreisky, Golo Mann (»Begegnungen mit Adenauer«), Walter Scheel (»Konrad Adenauer zu Ehren«) und Franz Josef Strauß (»Der Alte war ein Mann mit vielen Schichten«).[127] Morsey, mit dem ich mich in jenen Jahren anzufreunden begann, hat dem Band die fundierte Untersuchung beigesteuert »Zum Verlauf und Stand der Adenauer-Forschung«.

Die zweite Parallelaktion aus gegebenem Anlaß fand bei der DVA statt, koordiniert und finanziert von der Konrad-Adenauer-Stiftung. Klaus Gotto, der in diesen Jahren das politische Archiv der Stiftung aufbaute, hat dort, dabei unterstützt von einem kleinen Herausgebergremium – neben Dieter Blumenwitz, Hans Maier, Konrad Repgen und mir – zwei voluminöse Sammelbände mit dem anspruchsvollen Titel *Konrad Adenauer und seine Zeit* auf den Weg gebracht.[128] Im ersten Band war alles an Spitzenpolitikern versammelt, was in den Hauptstädten des Westens, Bonn inbegriffen, gut und teuer war. Die wissenschaftlichen Aufsätze in Band II waren durchweg anspruchsvoll und markierten den Beginn einer breit angelegten Adenauer-Forschung. Ich selbst skizzierte dort unter der Überschrift »Der unbekannte Adenauer«[129] die Desiderata künftiger Forschung, ohne bereits zu ahnen, daß ich dabei Aufgaben skizzierte, die in den kommenden fünfzehn Jahren einen erheblichen Teil meiner Zeit und Arbeitskraft auffressen würden.

Zweierlei ist mir von der Arbeit an diesen Bänden im Gedächtnis geblieben. Bei der Durchsicht des Beitrags von Franz Josef Strauß fiel mir auf, daß dort vieles so schön und so trefflich formuliert war, als hätte ich es selbst geschrieben. Ich schaute in einigen meiner Aufsätze nach, und siehe: Der mit der Aufgabe betraute Reden- und Aufsatzschreiber des großen Mannes hatte es für richtig gehalten, ganze Absätze aus meinen eigenen Arbeiten in dem Straußschen Opusculum zu integrieren, das aber ohne Fußnotenverweis auf die Quelle. Ich ersparte mir einen rügenden Brief und fügte einfach die Fußnoten ein, was vom Büro Strauß mit freundlichem Stillschweigen quittiert wurde.

Eine zweite einschlägige Erinnerung ist eher nebensächlich. Ich erwähne sie aber, weil ich mich später noch öfter über diese Praxis geärgert habe. Nach Klaus Gotto entfiel wohl die Hauptarbeit unter den Herausgebern auf mich. Ein guter Brauch will es aber, daß die Herausgeber in alphabetischer Reihenfolge aufgeführt werden. Oft rückt dann derjenige an die erste Stelle, der am wenigsten in die mühevolle Durchsicht der Manuskripte und in die heikle Korrespondenz mit den Beiträgern investiert hat. Life is unfair!

Bei der guten Zusammenarbeit mit Klaus Gotto machte ich noch eine andere Beobachtung. Dieses Sammelwerk verdankte Gottos Initiative fast alles. Dort mußte er sich vor den hochmögenden Professoren unentwegt in Verbindlichkeit üben (ich denke, mir gegenüber nicht). Wenig später, in den Jahren der Kanzlerschaft Kohls, erhielt er im Bundeskanzleramt eine wichtige Position. Jetzt war er es, der Karrieren in Beiräten beendete oder beförderte und den Professoren auf den Kopf spuckte. Aus Assistenten werden oft mächtige Männer. Er und sein Beritt im Bundeskanzleramt illustrierten übrigens eine Grundtatsache politischer Gefolgschaftsverhältnisse, die Ian Kershaw in seiner Hitler-Biographie mit dem danach oft zitierten Wort umschrieben hat: »dem Führer zuarbeiten«. In diesem Punkt unterscheiden sich die Demokratien nicht von den Führer-Diktaturen.

Kehren wir nach diesem Ausblick auf die Parallelaktionen im Adenauer-Jahr 1976 nochmals zu den Aktivitäten in Rhöndorf zurück. Fast alle Akteure der Ära Adenauer aus der ersten, der zweiten und der dritten Reihe von Bundesregierung und der CDU/CSU-Fraktion, die hohen Ministerialen und die Stars der Bonner Korrespondenten, die meisten von ihrer bedeutenden historischen Rolle tief überzeugt, waren noch quicklebendig auf dem Turf. Es lag somit nahe, im Jahresrhythmus Zeitzeugen-Tagungen über historisch wichtige, nicht zuletzt kontroverse Themen zu veranstalten. Dafür fand sich die Bezeichnung »Rhöndorfer Gespräche«. Tagungsort war das Museum, das zu Füßen des Adenauer-Hauses errichtet worden war. Verantwortlich für Planung, Auswahl der Teilnehmer, Durchführung und Erstellung eines wörtlichen Berichts über die Referate und die Diskussionen war jeweils ein einschlägig ausgewiesener Professor.

Die *Rhöndorfer Gespräche* begannen 1977, zehn Jahre nach dem Tod Adenauers, mit einer von dem Bonner Historiker Konrad Repgen geleiteten Tagung über die Rentenreform von 1957 mit Einführung der dynamischen Rente, eingeleitet durch ein Referat von Hans Günther Hockerts aus dem Stall von Repgen, der sich eben in Bonn mit einer profunden Arbeit über die alliierte und die deutsche Sozialversicherungspolitik in den Jahren 1945 bis 1957[130] habilitiert hatte. Der Mix von Teilnehmern – zeitgeschichtlich arbeitende Historiker und Politikwissenschaftler, Zeitzeugen aus dem Bonner Polit-Biotop der Adenauerjahre, dazu die Söhne und Töchter Adenauers – hat sich bewährt, so daß das Format lange beibehalten worden ist.

Die Tagung im folgenden Jahr fand unter meiner Leitung zum Thema »Deutschlandpolitische Vorstellungen Adenauers 1955 bis 1958« statt. Ich selbst hielt das Hauptreferat, Korreferent war Wilhelm Grewe. Der prominenteste Teilnehmer neben Grewe war Eugen Gerstenmaier, für einen Badener wie mich das Urbild eines »Sauschwob«. Ich habe ihn nie anders als großsprecherisch und rüpelhaft erlebt. Das Thema hatte ich deshalb gewählt, weil die Jahre zwischen der Wiedererlangung der Souveränität und der Auslösung der langgezogenen Berlin-Krise von 1958 bis 1963 die einzige Phase war, in der Adenauer, so führte ich aus, »in der Wiedervereinigungsfrage eine gewisse Bewegungsfreiheit hatte, oder drücken wir uns vorsichtiger aus: zu haben schien«.[131]

Wenn ich diese Tagungen mit den sachkundigen und eigenwilligen Zeitzeugen recht selbstsicher durchführen konnte, so nicht zuletzt deshalb, weil mir inzwischen der gesamte Rhöndorfer Nachlaß Adenauers offenstand, die geheimen und streng geheimen Verschlußsachen (VS) mit inbegriffen. Ich hatte dem Stiftungsvorstand eine quellenmäßig fundierte Monographie zum Thema »Adenauers Deutschlandpolitik« in Aussicht gestellt. Dieser Aspekt der Adenauerschen Außenpolitik war damals weiterhin heftig umstritten. Seitens der SPD und verschiedener mit ihr verbundener Historiker, nicht zuletzt bei Rudolf Augstein vom *Spiegel*, war die Neigung immer noch groß, den Gründungskanzler als einen Hauptschuldigen für die Teilung Deutschlands zu identifizieren. Skeptisch, wie ich nun einmal bin, eignete ich mich nicht zum Apologeten. Ich wollte einfach wissen, wie es gewesen war. Dieses Wissen ließ sich nicht ohne Erhellung der Adenauerschen Arkanpolitik gewinnen. Meine Skepsis richtete sich genauso gegen überzogene Schuldzuweisungen, die gern an einigen kompromittierenden Äußerungen aufgehängt wurden, wobei die Vorwürfe einer durchgängigen Berlin-Feindschaft Adenauers und einer »schwarzen«, antiprotestantischen Grundeinstellung wie ein Mantra unablässig wiederholt wurden. Anneliese Poppinga und dem Stiftungsvorstand war daran gelegen, diese Komplexe zu erhellen, und so gelang es in der Tat, eine uneingeschränkte Benutzungsgenehmigung zu erhalten, wenngleich mit der Verpflichtung verbunden, die auf VS-Dokumente gestützten Sachaussagen den Geheimschutzbeauftragten im Bundeskanzleramt vor Veröffentlichung vorzulegen. Solche Vereinbarungen sind nie ohne

Risiko. Doch ich dachte mir: »Kommt Zeit, kommt Rat!« Erst einmal fühlte ich mich bei der Durchsicht der als VS eingestuften Korrespondenz, der geheimen Gesprächsprotokolle und der handschriftlichen Aufzeichnungen Adenauers wie Aladin in der Schatzhöhle.

»Die Bundesrepublik hat eine Geschichte, und diese soll erzählt werden ...«

Im Sommer 1977 ist manches in Gang gekommen. Genau in dem Moment, als die Verhandlungen über das Anwesen im Godesberger Villenviertel einsetzten, wurde ich von der Frage überrascht, ob ich an einem großen Projekt mitwirken wolle. Es war der Bonner Kollege Karl Dietrich Bracher, der damals Schicksal gespielt hat. Die DVA wolle, so sagte er mir, eine vierbändige Geschichte der Bundesrepublik herausbringen. Er selbst, Theodor Eschenburg, Joachim Fest von der *FAZ* und der Stuttgarter Historiker Eberhard Jäckel seien als Herausgeber vorgesehen, und man habe an mich als Verfasser einer der vier Bände gedacht. Ohne groß zu überlegen, habe ich mein lebhaftes Interesse bekundet. Der Plan einer erstmaligen historischen Darstellung der Ära Adenauer war geradezu paßgenau auf die Quellenstudien und Vorarbeiten zugeschnitten, die mich schon länger beschäftigten.

Daß die Einladung von Bracher kam, fand ich besonders erfreulich. Von den Kollegen aus der Kriegsgeneration war er mir einer der liebsten, ohne daß bereits mehr als gute kollegiale Beziehungen bestanden. Er war ausgleichender als Wilhelm Hennis, weniger managerhaft als Rudolf Wildenmann, politisch nicht ganz so festgezogen wie Iring Fetscher oder Eugen Kogon und aufgrund der Erfahrungen mit der 68er-Bewegung, deren marxistische Fanatismen ihn beunruhigten, in einer unspektakulären, aber doch spürbaren Evolution vom Linksliberalismus zu Positionen der rechten Mitte begriffen. Persönlich war er von stets gleichbleibender Freundlichkeit, doch eher zurückhaltend – ein Gentleman, der erst einmal auf Abstand hielt.

Seitdem er 1959 den Bonner Lehrstuhl übernommen hatte, residierte er in einer Villa aus der Kaiserzeit mit Blick auf den Hofgarten, die dem Bombenangriff auf das Zentrum Bonns im Frühjahr 1945 entgangen war. Über eine freitragende Holztreppe, die Besucher besorgt fragen ließ, ob sie wirklich nicht einsturzgefährdet sei, stieg man in den ersten Stock empor. Wie so viele geisteswissenschaftliche Professoren fühlte er sich inmitten Tausender von Büchern am wohlsten – Hieronymus im Gehäus. Sein Schreibtisch mit Blick durch die Bäume des Hofgartens auf die Universität, so pflegte er Besuchern gern zu erzählen, stand genau in dem Erker, wo der vor ihm dort tätige Dentist den Zahnarztstuhl eingepflanzt hatte. Erst als ich ein gutes Jahrzehnt später die schönen Räume selbst bezogen hatte, stellten sich auch gewisse

Nachteile des sehr ansehnlichen Dienstzimmers heraus. Wegen des höllischen Verkehrslärms rings um den Hofgarten konnte man in dem von der Sonne mit schwüler Wärme aufgeheizten Raum kein einziges Fenster öffnen.

Seit dem Wechsel nach Köln hatte ich ihn dort ein paarmal aufgesucht. Nun also das Angebot, eine Darstellung der »Ära Adenauer« zu unternehmen. Schon kurze Zeit nach diesem Eröffnungszug konkretisierte sich die Sache. Mit Datum vom 11. Juli 1977, der Hauskauf befand sich in der kritischen Phase, machte die DVA ein attraktives Angebot zur Mitarbeit, indem sie mit einem Garantiehonorar von 100 000 DM lockte.[132] Das war für damalige wie für heutige Verhältnisse bei wissenschaftlichen Büchern ein Spitzenhonorar. Die Kehrseite des Plans: Erwartet wurde ein Manuskript im Umfang von 400 bis 450 Buchseiten bis Ende 1979. Nachdem ich das mir zustehende Freisemester in Washington verbraten hatte, hieß das: eine gewichtige Monographie auf dem Hintergrund meines bereits stark angespannten Zeitbudgets in Wochenend- und Ferienarbeit ohne Rekurs auf ein Freisemester. Eine Unsicherheitskomponente sah ich auch in dem Umstand, daß für das Werk vier Herausgeber die Verantwortung trugen. Weder zu Fest noch zu Jäckel bestanden nähere Beziehungen. Würde diese Koalition von drei Diven und eines Stuttgarter Platzhirschs in meine Arbeit über Gebühr hereinreden?

Ich antwortete unverzüglich und noch vor Antritt des Urlaubs positiv, formulierte dabei den Wunsch, mit Band 2 betraut zu werden, und regte unter anderem an, neben den innen- und außenpolitischen Entwicklungen »auch die gesellschaftlichen, wirtschaftlichen und kulturellen Gegebenheiten« mit in die Darstellung einzubeziehen,[133] wozu es dann auch kam. Tatsächlich war der zu behandelnde Zeitraum beim Vertragsabschluß am 5. Oktober 1977 noch unklar. Es war nur von Band 2 des Gesamtwerks die Rede. Bei gründlicher Beschäftigung mit dem Vorhaben wurde mir aber bald deutlich, daß die Phaseneinteilung 1949 bis 1959 eine ziemliche Schnapsidee war. Sachgerecht war allein eine Gesamtdarstellung der Ära Adenauer in den Jahren 1949 bis 1963. Das warf natürlich die Frage auf, ob dafür nicht zwei Bände erforderlich wären. Ich hielt es jedoch für richtig, diesen Punkt bei den nun einsetzenden Erörterungen mit den Herausgebern und dem Verlag vorerst nicht aufzuwerfen und ihn erst zum gegebenen Zeitpunkt vorzubringen. Ohnehin würde nun einige Zeit auf die genauere Konzeption und die Recherchen verwandt werden müssen.

Beim ursprünglichen Plan der DVA spielte wieder einmal die Gedenktagmanie eine Rolle, der sich die Bundesrepublik (genauso wie die DDR) schon damals hemmungslos hingab. Unablässig irgendein Gedenkjahr zu begehen, ist offenbar ein Merkmal vieler moderner Gesellschaften, ganz besonders der deutschen. Zu runden oder halbrunden Geburtstagen möchte sich die jeweilige politische Klasse der Vorbildlichkeit und der Dauerhaftigkeit ihres jeweiligen Regimes rühmend versichern. Vor einigen Jahren habe ich dazu einen partiell sarkastischen Essay verfaßt, der den

Titel trägt: »100 Jahre deutscher Jubiläumsbilanzen«[134]. Jedoch hatte ich selbst im Jahr 1974 mit dem Sammelband *Die zweite Republik* mein Scherflein dazu beigetragen. 1979 stand der 30. Geburtstag der Bundesrepublik an. Die Verlagsmanager der DVA hatten geplant, den Band 1 über die Besatzungsjahre 1945–1949 im Herbst 1979 erscheinen zu lassen. Meine eigene Monographie sowie der Folgeband sollten 1981 erscheinen.

Heute, im Zeitalter der Fast-Food-Historiographie im Internet, kann man sich kaum mehr recht vorstellen, daß vor 30 und 40 Jahren noch ein Markt für vielbändige historische Reihenwerke bestand. Anders als heute lebte in der damaligen Bundesrepublik ein vergleichsweise wohlhabendes bürgerliches Publikum, das nach umfassenden, verläßlichen und lesbaren historischen Reihenwerken verlangte. Viele, deren Privatbibliotheken im Bombenkrieg verbrannt waren, wünschten die Verluste durch neue und schön ausgestattete Reihenwerke zur Literaturgeschichte, zur Weltgeschichte, auch zur deutschen Geschichte zu ersetzen. Den Trendsetter hatte der Propyläen-Verlag gemacht. In den sechziger Jahren war bereits die üppig ausgestattete Propyläen-Weltgeschichte erschienen, für die ganze Kompanien von Historikern schrieben. In den siebziger Jahren folgte dem die sechsbändige, bereits umstrittenere *Propyläen Geschichte Europas*, an der Bracher selbst mit einem eindrucksvollen Band beteiligt war. Der Trend hatte übrigens einen Namen, der damals nur Insidern bekannt war: Wolf Jobst Siedler, der strahlende, genialische, bedenkenlose Geschäftsführer von Propyläen. Er hat später, so wird zu berichten sein, auch mich selbst zu einigen Büchern animiert.

Das Propyläen-Konzept einer üppig ausgestatteten Reihe für das gebildete Bürgertum war erfolgreich und fand natürlich viele Nachahmer. Spottvögel aus dem Fähnlein der linken Intellektuellen, die auf ihren Ikea-Regalen lauter Taschenbücher aus der *Reihe Suhrkamp* oder vom Fischer-Verlag stehen hatten, höhnten zwar gerne, solche Reihen kämen nur dem Repräsentationsbedürfnis von Zahnärzten, von Geschäftsführern oder von arrivierten Vorstandsmitgliedern entgegen. Aber aus der Vielzahl von Hardcover-Reihen, die von den sechziger bis in die neunziger Jahre aufgelegt wurden, läßt sich doch eher der Schluß ziehen, daß sich das freilich zusehends in die Jahre kommende Bildungsbürgertum in einer Zeit raschen Wandels der historischen Wurzeln der eigenen Existenz, auch noch: der deutschen Nation, zu vergewissern suchte. Jedenfalls könnte man ein ganzes Buch zur Kulturgeschichte der frühen und mittleren Bundesrepublik über die Verlage, die Konzepte, die Impresarios, die Autoren und die Auflagehöhe solcher Reihen schreiben. Kein Wunder also, daß die DVA auf dieser Welle mitschwimmen wollte.

Die Idee, dem Bedürfnis nach geschichtlicher Standortbestimmung durch eine »Geschichte der Bundesrepublik« zu entsprechen, war neuartig, lag aber damals in der Luft. Tatsächlich gab es bisher noch keine quellengestützte, zuverlässige Geschichte dieses eigenartigen Staates, der als Provisorium begonnen hatte und 1979 immerhin schon dreißig Jahre lang existieren würde. Das Vorhaben war ein Pionierwerk, und das machte den Reiz der Arbeit aus.

Mit dem Gedanken, eine Lücke in der Forschungslandschaft zu schließen, verknüpften die Herausgeber auch eine politische Botschaft. Sie hielten es für geboten, dieser ihrer selbst nie ganz sicheren Bundesrepublik so etwas wie ein Bewußtsein ihrer eigenen Geschichte zu vermitteln. Bei den Befürwortern der »neuen Ostpolitik« hatte der Gedanke eine nicht unwichtige Rolle gespielt, die Bundesrepublik müsse die Phantomschmerzen der Teilung endlich abklingen lassen, sich selbst unsentimental als Definitivum begreifen, dabei aber auch – leider, leider – die DDR als zweiten deutschen Staat anerkennen. Eberhard Jäckel, in der Historikerzunft ein leidenschaftlicher Befürworter der »neuen Ostpolitik«, hatte über Ulrich Frank-Planitz, der damals noch im Vorstand der Bosch AG für die DVA zuständig war, den Verlagschefs diese Idee eingepflanzt. Die im wesentlichen von Jäckel formulierte »Vorbemerkung« zum Gesamtwerk brachte die politische Zielvorstellung unverhohlen zum Ausdruck.

Nach einigem Hin und Her hatten sich die Herausgeber jedoch darauf verständigt, das Werk dürfe nicht als unverhülltes Plädoyer für die endgültige Teilung begriffen werden, und vorsichtig formuliert: »Die Aufforderung des Grundgesetzes, ›in freier Selbstbestimmung die Einheit und Freiheit Deutschlands zu vollenden‹, gilt fort.« An dem grundlegenden Konzept hielten sie aber fest: »Wie sehr sie sich dagegen gesträubt hat, die Bundesrepublik Deutschland hat eine Geschichte, und diese soll erzählt werden. Sowohl die Älteren, die sie miterlebt haben, wie die Jüngeren, die sie geerbt haben, sollen erfahren, wie der geschichtliche Boden beschaffen ist, auf dem sie stehen.« Die geschichtlichen Grundlagen der Bundesrepublik, so wurde weiter ausgeführt, würden in dem ersten Band über die Besatzungsjahre von Theodor Eschenburg dargestellt werden: »Dann aber verengt sich die Betrachtung auf die Bundesrepublik und nimmt die Ereignisse in der DDR wie überhaupt jenseits der Grenzen nur noch insoweit in den Blick, wie es zum Verständnis notwendig ist. Das ist keine politische Entscheidung. Der Historiker hat nicht darüber zu befinden, ob ein geteiltes Land zusammengehören soll. Er hat zu beschreiben und zu erklären, wie es war. Und es ist nun einmal eine Tatsache, daß die Bundesrepublik ihren eigenen Weg gegangen ist.« Diese und manche anderen klugen Gedanken waren in der »Vorbemerkung« zu lesen, auf die sich die Herausgeber irgendwann im Jahr 1980 einigten. Bei gewissen Unterschieden in den Nuancen bestand über den politischen Stellenwert des Werkes zwischen allen Beteiligten doch weitgehend Übereinstimmung. Ich kann das bezeugen, weil ich seit der ersten gemeinsamen Sitzung mit den Herausgebern an allen internen Erörterungen teilgenommen habe.

Mit meinem eigenen Verständnis der Entwicklung brauchte ich mich überhaupt nicht zu verbiegen. Wie bereits breit geschildert, hatte ich nationalpolitisch resigniert, obschon ich mich dagegen sträubte, in der DDR-Diktatur ein irgendwie legitimierbares deutsches Staatswesen zu begreifen. Das »Vorwort« entsprach jedenfalls in vollem Umfang meiner eigenen Perspektive, von der ich mich bei den Arbeiten an der Ära Adenauer leiten ließ.

Hat sich diese Sicht der Entwicklung nach inzwischen vollzogener Wiedervereinigung als falsch herausgestellt? Keineswegs. Als die Bundesrepublik 1949 gegründet wurde, hat sie sich als deutschen Kernstaat in der Rechtsnachfolge des Deutschen Reiches verstanden. Das war die politische Essenz des Alleinvertretungsanspruchs. Länger als zwei Jahrzehnte hat eine Mehrheit der Westdeutschen selbst unter Kriegsgefahr daran festgehalten. Die Zweistaaten-Doktrin hat sich erst Anfang der siebziger Jahre durchgesetzt, doch in den Monaten der Wende kehrte die Entwicklung wieder zum Kernstaatkonzept zurück. Die DDR ist 1990 durch Beitritt in der Bundesrepublik aufgegangen, und die deutsche Nationalgeschichte hat sich in Gestalt der Bundesrepublik fortgesetzt.[135] Zu fragen wäre allenfalls, ob ich in meiner Darstellung der Ära Adenauer die bereits in jenen Anfängen durchaus gewichtigen Einwirkungen aus der DDR auf die Bundesrepublik durch Politiker oder Einflußagenten hinlänglich breit behandelt habe. Dazu ließe sich heute manches nachtragen. An der leitenden Perspektive würde ich nichts ändern.

Arbeiten an der »Ära Adenauer«

Meine Aufgabe bestand also darin, in überparteilichem Geist die für alles Spätere entscheidende Gründerzeit der Bundesrepublik darzustellen. Daß Adenauer dabei die Zentralfigur war, war unbestreitbar und mußte umfassend herausgearbeitet werden. Doch zugleich mußte das Gesamtbild stimmen, und somit galt es, alle Parteien und deren Topakteure so gerecht wie möglich ins Bild zu rücken. Selbstverständlich war ich von Anfang an entschlossen, auch bei der Quellenrecherche überparteilich vorzugehen, und fand dafür in allen Parteiarchiven offene Türen. Was die CDU anbelangte, waren durch meinen Zugang zu dem in Rhöndorf aufbewahrten Adenauer-Nachlaß gute Voraussetzungen für eine gesicherte Quellenbasis gegeben. Auch in der Konrad-Adenauer-Stiftung lagerte eine ausgedehnte Sammlung parteiinterner Materialien, Nachlässe und Deponate, für die ich gleichfalls die wichtigen Nachlässe bzw. Vorlässe von Otto Lenz, Heinrich Krone, Hans Globke und anderer Spitzenpolitiker oder Spitzenbeamter einsehen konnte. Genauso forschungsfreundlich wie die Konrad-Adenauer-Stiftung erwies sich die Friedrich-Ebert-Stiftung. Ich konnte ohne die geringsten restriktiven Auflagen alle dort gesammelten Archivalien einsehen und zitieren, die mir wichtig erschienen, beispielsweise die Parteivorstandsbestände Erich Ollenhauer, Fritz Heine und Waldemar von Knoeringen, den Nachlaß von Fritz Erler und die Akten von Heinrich Deist. Ähnlich zuvorkommend erwies sich die Friedrich-Naumann-Stiftung bezüglich des Bundesparteivorstands der FDP. Auch der Nachlaß von Thomas Dehler war mir zugänglich. Als die Recherchephase abgeschlossen war, verfügte ich über Dutzende von Leitz-Ordnern voller Photokopien von Dokumenten, die vor mir bisher niemand eingesehen und ausgewertet hatte.

Besondere Delikatesse war allerdings bei Auswertung der vielen VS-Dokumente aus dem Nachlaß Adenauers gefordert. Wochenlang hatte ich im engen, von Aktenstaub geschwängerten Keller des Hauses Konrad Adenauers in Rhöndorf neben dem großen Tresor verbracht und dort handschriftliche Exzerpte aus der Staatskorrespondenz, den Gesprächsprotokollen mit ausländischen Staatsmännern und Botschaftern und den handschriftlichen Aufzeichnungen des Kanzlers aufgezeichnet. Photokopien der VS-Materialien durften keine hergestellt werden. In den 1981 und 1983 veröffentlichten Bänden mußte ich somit vermeiden, auf diese Quellen explizit Bezug zu nehmen, konnte aber die Darstellung daran orientieren.

Erfahrungsgemäß ist es jedoch eines, aus allen irgendwie zugänglichen Archiven große Mengen frisches Fleisch herbeizubringen und Zeitzeugen zu befragen, dies ergänzt durchs Studium der Forschungsliteratur, etwas anderes jedoch, den Stoff sinnvoll zu gliedern und lesbar zu schreiben.

Ein vertieftes Verständnis politischer und wirtschaftlicher Entwicklungen läßt sich nur ermitteln, wenn man diese im Kontext eines wirren Ensembles von Faktoren begreift, die sozusagen von Tag zu Tag auf die Akteure und die Großorganisationen einwirken. Ich hatte zwar die gesamte Frühgeschichte der Bundesrepublik als Zeitgenosse miterlebt, über manche der Vorgänge auch schon dies oder jenes publiziert. Aber das eigene Gedächtnis ist bezüglich der großen Abläufe und der Kontingenz leider unzuverlässig. Nach Lage der Dinge führt kein Weg daran vorbei, von den Informationen auszugehen, die Tag für Tag in den überregionalen Zeitungen erscheinen. Dazu kamen die Quellensammlungen in den *Bulletins* der Bundesregierung, in *Keesings Archiv der Gegenwart* und vor allem im *Europa-Archiv*. Wie unverzichtbar und wie ergiebig die offenen Quellen sind, hatten mir schon die Vorarbeiten zu der Monographie *Vom Reich zur Bundesrepublik* verdeutlicht.

Doch wie sollte ich vorgehen, um aus den Zeitungsbergen und Dokumentensammlungen jene Tausende von Informationen gebrauchsgerecht bereitzulegen, die dann mit den neu erschlossenen archivalischen Quellen zusammenzuführen waren?

Seitdem ich in den frühen fünfziger Jahren die *Synchronoptische Weltgeschichte* von Arno Peters kennengelernt hatte, waren mir die methodischen Möglichkeiten derart synchronoptischer Überblicke vertraut. Will man sich bei der Planung von Archivstudien, aber auch noch im Verlauf der Niederschrift den Stellenwert und die Verknüpfungen einzelner Vorgänge vor Augen führen, so beginnt man am besten mit der Anlage weitgespannter synchronoptischer Tabellen, auf denen Tag für Tag die wichtigsten Vorgänge in unterschiedlichen Bereichen verzeichnet werden.

Wesentliche Determinanten in der Ära Adenauer waren: die vier für Deutschland verantwortlichen Mächte (USA, Sowjetunion, Großbritannien, Frankreich), die DDR, die Vorgänge im Rahmen der internationalen Organisationen (UN, »Europa«, also: Europarat, EGKS, EWG), die großen internationalen Konferenzen, zumal Konferenzen mit Relevanz für die Bundesrepublik Deutschland, Außenwirtschaftspolitik und internationale Währungspolitik, das Parteiensystem (CDU, CSU, SPD, FDP, GB/BHE, KPD), Wahlen und Regierungsbildungen im Bund und in den Ländern, Gesetzgebung, Wirtschaftsentwicklungen im Binnenbereich, »Kultur und Gesellschaft«.

Am besten für die Visualisierung einer für meine Zwecke geeigneten »synchronoptischen« Übersicht waren große DIN-A1-Ringbücher, die meistens zum Malen verwandt werden. Auf diesen trug ich zehn bis zwölf Spalten ein mit den wichtigsten Bezugseinheiten: GB/Fr – Europa – USA – OW (= Ost-West-Beziehungen; SU) – Berlin – DDR – Abrüstung/Militär – Wirtschaft – Innenpolitik – Sonstiges – Quellen. Für jeden Monat mußte ein Blatt ausreichen, war viel angefallen, zwei Blätter.

Doch welche der überregionalen Zeitungen sollte für die Kontextanalyse herangezogen werden? Was in der veröffentlichten Meinung jeweils für sehr wichtig gehalten wird, findet zumeist in den Nachrichten und Kommentaren auf der ersten Seite des politischen Teils und des Wirtschaftsteils seinen Niederschlag. (»Gesellschaft und Kultur« muß aus anderen Quellen nachgetragen werden.) Zu bedenken war, daß jedes der großen überregionalen Blätter die Nachrichten mit politischem Bias selektiert, *Die Welt* ebenso wie die *Frankfurter Allgemeine*, die *Frankfurter Rundschau* und die *Süddeutsche Zeitung*. Außerdem fand sich dort das Klein-Klein der deutschen Innenpolitik überrepräsentiert.

Bei der großen Bedeutung des internationalen Systems für die Entwicklungen in der Frühzeit der Bunderepublik schien es mir daher am praktischsten, die Seite 1 der *Neuen Zürcher Zeitung* zugrunde zu legen. Diese verfügte über ein globales Korrespondentennetz. Auf Seite 1 zeichnete sich dort ab, welches relative Gewicht bestimmte Vorgänge in Deutschland im Verhältnis zu anderen Ländern hatten. Auch bezüglich der *NZZ* war allerdings ein Bias zu berücksichtigen. Im Untersuchungszeitraum war sie bekanntlich gegenüber den Deutschen insgesamt eher skeptisch, zugleich aber pro Adenauer eingestellt. Doch es ging vorerst nicht um die Bewertung, vielmehr um eine Synopse der Determinanten, die auf die Politik in der Bundesrepublik einwirkten.

So ließ ich jeweils die erste Seite der *NZZ* zwischen 1949 und 1963 sowie vielfach auch die erste Seite des dortigen Wirtschaftsteils photokopieren und in Dutzenden von übergroßen Leitz-Ordnern einheften. Damit besaß ich den Nachrichten-Rohstoff für die Kontextualisierung. Anschließend ging ich Monat für Monat durch, trug die relevanten Vorgänge mit genauer Datumsangabe in die jeweiligen Spalten der DIN-A1-Ringbücher ein und vermerkte auch schon, wo sich ausführliche Zusammenfassungen von diplomatischen Noten, Konferenzverläufen, der Ergebnisse von Staatsbesuchen, Kommuniqués, Wahlergebnissen usw. fanden. Das ergab ein übersichtliches Gerüst der Abläufe und der Kontingenz. Bei der Niederschrift konnte jederzeit auf die Pressequelle zurückgegriffen werden.

Von dieser Synopse ausgehend, machte ich mich an die Durchsicht der offenen Quellen: Quellenpublikationen, Memoiren der Akteure, Denkschriften. Überall dort, wo die innenpolitischen Kontroversen besonders heftig waren, konnte ich einmal mehr auf das vorzügliche Schnittarchiv der DGAP zurückgreifen, das übrigens auch Clippings aus der internationalen Presse enthielt. Parallel dazu informierte ich mich aus der vorfindbaren wissenschaftlichen und publizistischen Literatur – Bücher, Aufsätze, manchmal auch Artikel in Tageszeitungen – über den Stand der Diskussion.

Nach diesen Vorarbeiten, die ein paar Monate in Anspruch nahmen, ließ sich eine vorläufige Gliederung entwerfen. Danach begab ich mich in die bereits erwähnten Archive der CDU, der SPD und der FDP und recherchierte die Vorgänge aus den archivalischen Quellen. Beim Blick auf die offenen Pressequellen ließ sich unschwer herausfinden, was den Akteuren nur intern bekannt war.

Noch heute wundere ich mich darüber, wie vergleichsweise rasch ich auf dem Hintergrund meiner sonstigen Aufgaben mit allem vorankam. Daß dabei die Wochenenden und der größte Teil der vorlesungsfreien Wochen draufgingen, versteht sich von selbst. Die Niederschrift erwies sich natürlich als eine schreckliche Materialschlacht. Von fast jedem Kapitel mußten verschiedene Fassungen hergestellt werden, bis es mir gefiel. Wieder und wieder verschwor ich mich, mir das nie, nie, nie mehr aufzuladen, wenn *Die Ära Adenauer* erst beim Verlag war. An Samstag- oder Sonntagabenden, wenn mir alles verleidet war, spazierte ich mit Annemie ein oder zwei Stunden lang durch den Kottenforst, beklagte mein schreckliches Schicksal, berichtete über das bereits Geschriebene oder das in der kommenden Woche zu Schreibende und ließ mich von ihr aufrichten. Sie äußerte nie einen Zweifel daran, daß ich aus der Materialschlacht mit heiler Haut davonkommen würde. Immer dann, wenn mir die in Arbeit befindlichen Kapitel einigermaßen gefielen, fand auch eine Dichterlesung vor der besten aller Frauen statt. Das half. Nichts übt eine solche Schubkraft aus wie fertig getippte Kapitel, die einer kritischen Zuhörerin beim Vorlesen ganz gut gefallen.

Am meisten Spaß machte mir die Darstellung der Gesellschaftsgeschichte und der Geistesgeschichte. Als ich diesen Teil in den Sommerferien 1980 schrieb, hatte in großen Teilen der Öffentlichkeit das von den Journalisten, Lehrern und Pfarrern der 68er-Generation dekretierte Cliché vielerorts noch kanonische Geltung: die Frühzeit der Bundesrepublik muffig, semiautoritär und illiberal, vom Heilsweg des demokratischen Sozialismus abgekommen und in sterilem Antikommunismus erstarrt. Daß sich Millionen Deutscher mit der Demokratie und der Marktwirtschaft in der

Tat schwergetan hatten, wußte ich freilich so gut wie jeder der damaligen Zeitgenossen. Es gab auch noch, mit Dahrendorf zu sprechen, »die heiligen Säulen der Beharrung«. Sie sollten auch deutlich beleuchtet werden. Alles in allem hatte ich aber die fünfziger Jahre völlig anders in Erinnerung, als dies die Propagandisten einer »sauren Geschichtsschreibung« über die Frühzeit der Bundesrepublik den Nachgeborenen glauben machen wollten. Das Jahrzehnt war mir als Epoche lebendiger geistiger Auseinandersetzung und geradezu atemberaubender Modernisierung im Gedächtnis.

Dies war nicht nur meine eigene Empfindung. Von den damaligen Sozialwissenschaftlern war das durch eine große Zahl empirischer Studien erhärtet worden. Man mußte diese Arbeiten nur kennen und deren Befunde in ein Gesamtbild einarbeiten. Hier kam mir mein Studium der Soziologie in den Freiburger Jahren zugute. Auch an meine früheren Studien zur Zeitkritik ließ sich jetzt anknüpfen. So entwarf ich unter der Überschrift »Der Geist der fünfziger Jahre« ein nuanciertes Gesamtbild der Gesellschaft und des Geisteslebens dieser Epoche. Ich habe davor und danach noch viele komprimierte wissenschaftliche Essays verfaßt, doch dieses Produkt einiger beschwingter Wochen im Sommer 1980 gefällt mir auch heute noch.

Die Zwischenüberschriften markierten die Hauptpunkte, auf die ich aufmerksam machte: »Ruhige Zeiten: Lebensgefühl und Lebensstil« – »Modernisierung: Wohnkomfort, Motorisierung, Städtebau« – »Einschmelzung traditioneller Sektoren« – »Auf dem Weg zur Mittelstandsgesellschaft« – »Kontinuität und Umschichtung der Eliten« – »Die Abendröte der bürgerlichen Kultur und die neuen Kräfte« – »Eine posttotalitäre Ideenlandschaft« – »Der Verfassungskonsens in der Adenauer-Ära« – »Renaissance der bürgerlichen Gesellschaft« – »Die außenpolitischen Denkschulen«.[136] Da ich erfreulicherweise auf die Ausstattung meiner Bände stark einwirken konnte, ließen sich diese Thesen durch die Bebilderung auch schön illustrieren.

Offenbar hat dieser Teil meiner Darstellung bei den einschlägig arbeitenden jüngeren Politologen und Historikern noch stärker gewirkt als jene anderen Partien, die sich mit den außen- und innenpolitischen Entwicklungen der »Gründerjahre der Republik« befaßten. Die meisten sind voll auf diese Interpretation eingestiegen. Der von den Hamburger Kollegen Axel Schildt und dem leider früh verstorbenen Arnold Sywottek 1993 publizierte Sammelband *Modernisierung im Wiederaufbau* liest sich vielfach wie eine in vielen Einzelstudien durchgeführte Vertiefung und Illustration meiner Thesen.[137]

Ich selbst bin also rasch in die Gänge gekommen, doch bei jeder Besprechung mit den Herausgebern oder beim bilateralen Austausch mit dem Verlag war zu konstatieren, daß das Gesamtprojekt durchaus noch nicht in trockenen Tüchern war. Wie viele groß angelegte Buchprojekte hat sich auch dieses im Verlauf der Arbeiten fortentwickelt. Leider zeigte sich bald, daß Eschenburg mit der Darstellung *Jahre der Besatzung 1945–1949* nicht recht vorankam. Das Alter forderte seinen Tribut. Da meine eigenen Arbeiten zügig vorangingen, wurde schließlich entschieden, Band 2 als erstes Buch der gesamten Reihe erscheinen zu lassen. Aus meiner Sicht war das ein Vorteil, aber zugleich eine weitere Belastung.

Der Vorteil: Über die Inhalte und die Gestaltung des Anhangs war noch nicht entschieden. So war es möglich, den Verlag und die Herausgeber von meinen eigenen Vorstellungen zu überzeugen. Ich plädierte für eine ausführliche Zeittafel, mittels derer sich auch die Vorgänge in der internationalen Dimension sowie in den Bundesländern auffangen ließen, für eine vollständige tabellarische Übersicht der Wahlen und Regierungen in Bund und Ländern, für eine Auswahlbiographie, für einen dichten Anmerkungsteil mit Quellennachweisen und Literaturverweisen, für ein Namenregister, das auch die Geburtstage und eventuell die Todestage zusammen mit den wichtigsten Funktionen der Akteure enthielt, und für ein Sachregister.

Damit kam ich auch den ursprünglichen Vorstellungen des Verlags entgegen, die sich von Anfang an durch eine gewisse Widersprüchlichkeit ausgezeichnet hatten. Einerseits stand in dem Ausgangsentwurf: »Das Werk soll Handbuchcharakter besitzen, das heißt zuverlässig und möglichst lückenlos informieren.« Andererseits sprachen sich die Herausgeber, an erster Stelle der Bestsellerautor Joachim Fest, nachdrücklich für eine lesbare Darstellung aus. »Die Bundesrepublik Deutschland«, so war in der Vorbemerkung der Herausgeber zu lesen, »hat eine Geschichte, und diese soll erzählt werden.« Geschichte erzählen ... Aus heutiger Sicht ist das für viele Historiker ein Anathema, doch auch damals gab es schon viele, die erzählende Geschichte als unwissenschaftlich bezeichneten.

Zur Widersprüchlichkeit des Vorhabens trug auch der Wunsch des Verlags bei, die Bücher mit allen möglichen kostbaren Ingredienzien auszustatten, so als wär's eine Stopfgans. »Jeder der Bände«, so stand in dem Verlagskonzept, »soll reichhaltig mit Bildern und Dokumenten, Faksimilewiedergaben, Karten, Statistiken, Tabellen, Zeittafeln und einem guten Registerteil ausgestattet sein. All dieses Material soll keinen Selbstzweck haben, es muß im Dienst der Darstellung stehen.« Offenbar war also an einen schönen, teuren, mit allen Schikanen der damaligen Buchkunst ausgestatteten Prachtband gedacht.

Der Wunsch nach erzählender Geschichtsschreibung kam mir durchaus entgegen. Mit analytischen Policy-Papieren und Essays hatte ich mich inzwischen hinlänglich ausgetobt. In mir steckte, das wußte ich, auch ein Erzähler. Der sollte jetzt freien Auslauf bekommen. Doch auch der Forderung nach Handbuchcharakter wollte ich entsprechen. Dem wurde mit dem nach allen Regeln der Kunst gestalteten Anhang Rechnung getragen. Dort mochten die Stopfgans-Ingredienzien ihren Platz finden.

Daß ich dazu aufgerufen war, mich mit den zahllosen Fragen des Anhangs und der Bildbeigaben herumzuschlagen, kam zwar meinen aufs Praktische gerichteten Fähigkeiten entgegen, schließlich war mein Großvater mütterlicherseits ein Schmied und mein Großvater väterlicherseits ein Schreiner. Auch meine Mutter hatte ein Händchen für künstlerische Gestaltung und Ausstattungen. Schlimm war nur: Nun mußte nicht nur Recherche und Darstellung eines ehrgeizigen Werks, bei dem ich mir den Hals brechen konnte, in einen ohnehin recht vollen Zeitplan hineingepackt werden, sondern auch noch der von Grund auf neu zu konzipierende Anhang nebst Bildauswahl und Bildlegenden. Ich wußte auch nicht, ob ich dabei auf seiten des Verlags unkomplizierte Partner finden würde.

Erfreulicherweise lief alles besser als gedacht. Die DVA besaß in der Person von Ulrich Volz einen geradezu idealen Lektor, mit dem ich schon auf dieser ersten Baustelle bestens zusammenarbeitete. Er hat auch später alle meine Bücher bei der DVA betreut bis hin zu dem Buch *Phantastische Wirklichkeit* über die Politthriller, das im Jahr 2006 herauskam, kurz vor seiner Pensionierung. Auf meiner Seite zahlte es sich nun aus, daß ich im eigenen Seminar über einen leistungsfähigen Apparat verfügte. Ohne meine gewissenhaften beiden Sekretärinnen und das präzise arbeitende Team von Hilfskräften, aus dem Marc Defossé herausragte, wäre ich mit den unendlichen Korrekturen und dem komplizierten Anhang gescheitert.

Wieviel bei diesen in vielerlei Hinsicht komplizierten Bänden hätte schiefgehen können, habe ich mir erst nachträglich vor Augen geführt. Allerdings erkannte ich schon bald, welche Fronarbeit ich mir damit aufgehalst habe. Sie hat fünf Jahre lang, bis an die Schwelle meines 80. Geburtstags, auf mir gelastet. Doch Ende gut, alles gut!

Die Entscheidung über die Verfasser der Anschlußbände ließ gleichfalls lange auf sich warten. Ulrich Frank-Planitz war inzwischen aus dem Bosch-Vorstand ausgeschieden und an die Spitze der DVA getreten. Er hatte bezüglich der entsprechenden Autoren eigenwillige Vorstellungen. Nach längerem Hin und Her wurde eine gute Lösung gefunden. Der Historiker Klaus Hildebrand, einer der aufsteigenden Sterne in der Geschichtswissenschaft, von dem Bracher und ich selbst viel hielten, wurde mit Band 3 für die Jahre 1963 bis 1969 betraut. Den Abschlußband sollte Bracher selbst schreiben. Er steckte aber damals tief in anderen Verpflichtungen und hat bald signalisiert, er wolle die Arbeit mit geeigneten jüngeren Kollegen teilen. Dafür wurde, wiederum nach längerem Hin und Her, der tüchtige Werner Link aus Trier gewonnen, später mein Nachfolger auf dem Kölner Lehrstuhl, sowie der ebenso tüchtige Wolfgang Jäger, lange Jahre bei Oberndörfer Assistent, danach Privatdozent und zu guter Letzt, nachdem er einen Ruf auf den Eschenburg-Lehrstuhl in Tübingen abgelehnt hatte, Professor für Politische Wissenschaft in Freiburg und schließlich einer der erfolgreichsten Rektoren, der meine einstige Alma Mater später dirigiert hat. Der Zeitverzug ließ es außerdem geraten erscheinen, das Gesamtwerk nicht bis 1976 zu führen, sondern bis zur Bundestagswahl 1980.

In den Jahren 1978 und 1979 war das Projekt für den Verlag zum Alptraum geworden. Es fehlte nicht viel, und das gesamte Vorhaben wäre ins Wackeln gekommen.

Die Kosten explodierten. In ihrer Not sah sich die DVA nach einem Kompagnon für das immer teurer werdende Gesamtwerk um und fand diesen im Brockhaus-Verlag, der seine Kundenkartei für den Großen Brockhaus in das Kompaniegeschäft mit einbrachte.

Da ich der einzige war, dessen Manuskript rasche Fortschritte machte, konnte ich endlich mit meinem Wunsch durchdringen, die gesamte Ära Adenauer zu behandeln. Dabei führte jedoch kein Weg daran vorbei, aus den vier ursprünglich geplanten Bänden deren fünf zu machen. Die Entscheidung wurde bis in den Herbst 1979 hinausgezögert, der Vertrag über Band 3 ist am 8. Februar 1980 abgeschlossen worden.

Im Bücherherbst 1981 wurde die Reihe mit meinem Band 2 eröffnet. Der Titel des mit 521 Seiten recht stattlichen Buches lautete jetzt: *Die Ära Adenauer. Gründerjahre der Republik 1949–1957*. Wie von Anfang an geplant, sollte einer der Herausgeber mit einem Essay zu Beginn jedes Bandes seine Duftmarke hinterlassen. So hat Eschenburg seinen schwindenden Kräften eine Betrachtung »Elemente des Grundgesetzes« für meinen Band 2 abgerungen, die mit der folgenden Darstellung wenig zu tun hatte, mich aber dennoch bewegt hat. Die Politikwissenschaft insgesamt und ich selbst im besonderen hatten ihm viel zu verdanken. Es war schon einmalig, daß der erste Band einer sorgfältig aus den Quellen gearbeiteten *Geschichte der Bundesrepublik* nicht von einem Historiker, sondern einem Politikwissenschaftler geschrieben wurde, eingeleitet durch einen Essay des Doyens der deutschen Politischen Wissenschaft. Erhalten hat sich ein Schnappschuß, der mich zeigt, wie ich dem inzwischen zum Bundespräsidenten gewählten Karl Carstens mit einer kleinen Ansprache dieses gewichtige, inzwischen über zwei Pfund schwere Werk überreiche. Im Hintergrund steht verwittert und, wie zumeist, mit mürrischen Gesichtszügen der alte Eschenburg.

Im Jahr darauf erschien Eschenburgs Band 1 *Jahre der Besatzung 1945–1949*. In den Teilen, die er selbst geschrieben hatte, sind durchaus noch die Abdrücke der Klaue des Löwen zu erkennen. Dem Text ist ein eigenartiges Farbbild vorangestellt, nach dem Eschenburg wochenlang gesucht hatte. Es zeigt den Dampfer »Messina«, und die Bildlegende besagt: »Die internationale Signalflagge ›C‹ (am Heck der ›Messina‹), die anstelle des Hoheitszeichens für alle deutschen Schiffe vom Kontrollrat vorgeschrieben war, symbolisierte die Unterwerfung Deutschlands.«

1983 erschien, wiederum plangemäß, mein Band 3, dem ich den Titel gegeben habe: *Die Ära Adenauer. Epochenwechsel 1957–1963*. Der prächtige Essay »Adenauer oder die Größe des Augenblicks« stammte diesmal von Johannes Gross. Heute ist Gross vergessen. Von den sechziger Jahren bis zu seinem frühen Tod im September 1999, wenige Monate vor der Jahrtausendwende, war dieser kleine, zierliche Mann, ein scharfsinniger Spötter ohnegleichen, die stärkste Potenz unter den konservativen Intellektuellen der Bundesrepublik. Rückblickend betrachte ich es als ein echtes

Geschenk, daß meine beiden Bücher zur Ära Adenauer mit Essays von Eschenburg und von Gross eingeleitet worden sind. Zur Erleichterung der Verlage erwies sich auch Klaus Hildebrand als sehr zuverlässiger Autor. Sein Band *Von Erhard zur Großen Koalition 1963–1969* kam termingerecht zur Buchmesse 1984 heraus. Die aus liberalem Geist verfaßte Darstellung des Scheiterns Erhards, der eine mächtige Botschaft hatte, aber in der Spitzenposition der Parteiendemokratie fehl am Platze war, ist bis heute die beste Würdigung dieses Mannes. Auch Hildebrands prononciert positive Würdigung der Großen Koalition hat zu Recht viel Anerkennung gefunden, während seine ironische Behandlung der 68er-Revolte im dortigen Milieu naturgemäß wenig Lob erwarten konnte.

Mit dem Erscheinen von Band 4 waren die Entstehungsprobleme des Gesamtwerks noch nicht zu Ende. Schon als Hildebrands Band 4 erschien, hatten die Herausgeber entschieden, die Darstellung bis zum Machtwechsel im Herbst 1982 fortzuführen. Nun tauchte nochmals dieselbe Problematik wie bei den vierzehn Jahren der Ära Adenauer auf. Sollte, konnte, durfte man auf die Ära der sozialliberalen Koalition nur einen einzigen Band verwenden, zumal die Autoren auch diesmal tief aus bisher unzugänglichen Quellenbeständen schöpften? Noch einmal wurde also der projektierte Band aufgeteilt. Die Zäsur bot sich von selbst an: *Republik im Wandel 1969–1974. Die Ära Brandt* und *Republik im Wandel 1974–1982. Die Ära Schmidt.*

Dank ständiger Umplanung und mit findigen, fleißigen Autoren ist es somit gelungen, diese in ihrer Art einzigartige *Geschichte der Bundesrepublik* bis unmittelbar an den Rand der seinerzeitigen Gegenwart zu führen. Der abschließende Band 6 ist 1987 erschienen, drei Jahre vor dem Ende der »alten Bundesrepublik«. Hegels Diktum, daß die Eule der Minerva erst in der Dämmerung ihren Flug beginnt, wirkt aufgrund allzu häufigen Gebrauchs schon lange abgedroschen. Auf diese *Geschichte der Bundesrepublik* trifft es jedoch zu. Sie ist das einzige wissenschaftlich ernst zu nehmende Gesamtwerk, in dem die Geschichte jenes Zeitraums, den man durchaus »die alte Bundesrepublik« nennen kann, auf breiter Grundlage archivalischer Quellen bis zum Jahr 1982 dargestellt ist. Auch der heutige Leser begegnet der zeitgenössischen Sicht, noch ohne Kenntnis der Umbrüche 1989/90, auch ohne Kenntnis der galoppierenden Europäisierung, die seither diesen Staat im Kern verändert hat. Als ich im Sommer 1977 gebeten wurde, an dieser ersten *Geschichte der Bundesrepublik* mitzuwirken, hätte ich mir diese beiden Umbrüche nicht träumen lassen.

In der wissenschaftlichen Welt war die Aufnahme der sechs voluminösen Bücher, auch meiner eigenen, fast durchgehend günstig. Mancher spätere Autor hat Honig daraus gesaugt, oft, wie so üblich, ohne das Pionierwerk zu rühmen oder auch nur zu nennen, an dem er sich orientierte. Die erhoffte Breiten- und Langzeitwirkung in die Milieus der Studierenden und der Lehrer hinein, so muß ich konstatieren, blieb diesen Büchern jedoch versagt. Zu schön, zu teuer und zugleich im vordigitalisierten Zeitalter gesetzt, so daß ein Relaunch sehr kostspielig würde!

Bereits 1979 hatte ich bezüglich der von mir verantworteten Bände an Frank-Planitz geschrieben: »Schon jetzt läßt sich sagen, daß die Darstellung über die Jahre 1949 ff. wohl für die nächsten Jahre auf dem Markt ziemlich konkurrenzlos sein wird. Dem sollte allerdings sowohl im Interesse des Verlags wie des Autors auch dadurch Rechnung getragen werden, daß bei dem sehr teuren, für Bezieher mittlerer Einkommen und Studierende sehr hohen Bezugspreis des Gesamtwerks in aufwendiger Ausstattung in nicht allzu fernem Abstand eine einfache Studienausgabe folgt, die auf dem breiten Lesermarkt nochmals einen Durchbruch erzielt und für lange Jahre *das* Standardwerk für den Zeitraum werden könnte.«[138] Goldene Worte, die aber umständehalber auf den steinigen Boden der Verlagskalkulation fielen und vom Winde verweht wurden!

Von allen meinen Büchern ist jedenfalls kein anderes so hervorragend ausgestattet wie die beiden Bände der Ära Adenauer. Der Verlag hat eine solide Ausgabe in hellgrauem Leinen für sozusagen normale Leser und die Bibliotheken hergestellt sowie parallel dazu eine prachtvolle bibliophile Ausgabe in Halbleder und dunkelblauem Leinen mit aufgeprägtem goldenem Bundesadler. Die fadengebundenen Bücher mit verstärktem Rücken sind auch haltbar. Als der erste Probeband auf den Schreibtisch von Frank-Planitz kam, hat er diesen mit aller Kraft auf den Fußboden geworfen, und siehe, er hielt. Heute wünscht man sich Bücher von ähnlicher Wurffestigkeit und handfeste Verleger, die darauf Wert legen.

In meinem eigenen Entwicklungsgang bedeutete die Arbeit an diesem zeitgeschichtlichen Werk eine verstärkte Hinwendung zur Geschichtswissenschaft. Die politologischen Analysen und publizistischen Zwischenrufe liefen zwar, wie bereits erwähnt, weiterhin nebenher. Man mochte mich für einen zeitgeschichtlich arbeitenden Politikwissenschaftler oder einen politischen Historiker halten. Ich war beides. Aber mein öffentliches Profil wurde doch stark durch die auch physisch gewichtigen Bücher über die Ära Adenauer und danach durch die Adenauer-Biographie bestimmt.

Wie sich rasch zeigte, hat sich mit der Entscheidung für die *Geschichte der Bundesrepublik* die Zahl der Plattformen, auf denen ich zu turnen hatte, weiter vermehrt, dies ohne mein eigenes Zutun. So richtig gremiengefräßig und auf Vorstandspositionen bedacht bin ich nie gewesen. Es ergab sich einfach so, und im schönsten Alter von 45, 50 oder 55 Jahren wäre es reichlich dumm zu sagen: »Danke sehr, aber wissenschaftliche Ehrenämter schmecken mir nicht!«

1979 wählte mich die damals in der Bonner Baumschulallee domizilierte »Kommission für Geschichte des Parlamentarismus und der politischen Parteien«, die wie eine Art Akademie berät und entscheidet, zu ihrem Mitglied – eine weitere unter den bereits recht zahlreichen Plattformen. Bis in die letzten Jahre habe ich es selten versäumt, an den zweimal jährlich stattfindenden Sitzungen teilzunehmen. Wenig hat mein eigenes Verständnis für die Parteiengeschichte, für die Parlamentsgeschichte, aber auch für die praktischen Probleme entsprechender Editionen so gefördert wie die Diskussion in diesem Kreis urteilsfähiger Historiker und Politikwissenschaftler mit bunten Einsprengseln aus den Disziplinen Soziologie und Öffentliches Recht.

Karl Dietrich Bracher, die »Vierteljahrshefte für Zeitgeschichte« und das Institut für Zeitgeschichte in München

Noch wichtiger war der Einstieg ins Münchener Institut für Zeitgeschichte (IfZ). Er vollzog sich ohne mein Zutun, hing aber zeitlich und personell eng mit der Entscheidung für die Mitarbeit an der *Geschichte der Bundesrepublik Deutschland* zusammen. Mehr als zwei Jahrzehnte hindurch waren die 1953 gegründeten *Vierteljahrshefte für Zeitgeschichte* von den Tübinger Professoren Hans Rothfels und Theodor Eschenburg herausgegeben worden. Das Institut für Zeitgeschichte stellte die Redaktion und leistete einen Zuschuß zur Finanzierung. Der mächtige Beirat des Instituts war aber von Anfang an der Meinung gewesen, es sei aus vielen Gründen besser, die Institutszeitschrift zwei angesehenen, vom Institut jedoch völlig unabhängigen Herausgebern anzuvertrauen. Nach dem Tod von Rothfels im Juni 1976 mußte das Spiel neu gemischt werden. Auch Eschenburg war schon emeritiert, gehörte aber noch dem Beirat des IfZ an. Vorsitzender des Beirats war damals Karl Dietrich Erdmann. Bracher war seit langem ein geachtetes Beiratsmitglied. Die Doppelspitze hatte sich offenbar bewährt, und der Wunsch war wohl allgemein, Bracher zu einem der beiden Herausgeber zu machen.

Die zweite Herausgeberposition aber war, wie ich viele Jahre später erfuhr, heftig umstritten. So bin ich ins Spiel gekommen, obschon ich damals dem hochmögenden Beirat noch gar nicht angehörte und im IfZ ein krasser Außenseiter war. Zur gleichen Zeit, als das Projekt *Geschichte der Bundesrepublik Deutschland* konzipiert wurde, fragte mich Bracher, ob ich mir vorstellen könne, ab Januar 1978 mit ihm zusammen auf die Kommandobrücke dieses mit über 4 000 Abonnenten sehr erfolgreichen Flaggschiffs der deutschen Zeitgeschichtsforschung zu treten. Diskret, wie er war und ist, hat er mir jedoch die verschlungenen Hintergründe des vorangegangenen Findungsprozesses nur angedeutet. Ich sagte gerne zu.

Ein paar Monate vor Überreichung des Kapitänspatents sagte sich der Institutsdirektor Martin Broszat, zusammen mit dem leitenden Redakteur Hermann Graml, in Köln an. Ich verabredete ein Treffen im »Dom-Hotel«, wo wir uns gegenseitig beschnupperten. Ich verspürte bei Broszat eine mit viel Freundlichkeit überzuckerte Verlegenheit. Graml hingegen war mir auf Anhieb sympathisch. So begann die Herausgeberschaft der *Vierteljahrshefte*. Daß ich dieses Amt 34 Jahre hindurch doch wohl zum Wohlgefallen aller Beteiligten und mit großem eigenem Vergnügen ausüben würde, bis ich es Ende 2012 nach Ablauf der jeweils auf fünf Jahre terminierten Bestallung aufgab, habe ich seinerzeit im Kölner »Dom-Hotel« nicht vorhergesehen.

In den Anfängen hielten wir an der bisherigen Gepflogenheit fest, die gemeinsamen Sitzungen mit der Redaktion am Wohnsitz der Herausgeber abzuhalten. Die Redakteure nutzten diese Gelegenheit, nach Bonn zu kommen, ganz gern, und so hielten wir die intensiven, immer auch recht temperamentsvoll verlaufenden, doch durch die Bank angenehmen Sitzungen entweder bei Bracher hoch über Bonn am Stationsweg oder bei mir im Tiefland von Bad Godesberg ab.

Ich selbst war in diesen frühen Jahren der Herausgeberschaft bemüht, die Zeitgeschichte nach 1945 ihrer Bedeutung entsprechend zu verstärken. Dabei galt es auch für die von der damaligen Historikerzunft noch weitgehend vernachlässigten Themen der europäischen Integration einen Platz in den *Vierteljahrsheften* zu schaffen. In der von der EG unterstützten »Groupe de liaison« hatte sich seit Mitte der siebziger Jahre eine kleinere Gruppe von Kollegen zusammengefunden, die jeweils in ihren Ländern über die Thematik empirisch arbeiteten. In der Bundesrepublik habe ich mich zu diesem Zweck mit Walter Lipgens aus Heidelberg zusammengetan, der lange als eine Art Einzelkämpfer die frühe Integrationsgeschichte bearbeitet hat, danach mit Klaus Schwabe in Aachen und Wilfried Loth in Essen. Wir hatten den Ehrgeiz, Europa-Forscher aus allen Ländern der damaligen Europäischen Gemeinschaft zusammenzubringen. Zu einer Art Doyen wählten wir René Girault von der Sorbonne. Erinnerlich von den Mitgliedern, die das Vorhaben in den ersten Jahren vorangebracht haben, sind mir: Michel Dumoulin (Leuven), Raymond Poidevin (Metz), Donald McCartney (Dublin), Enrico Serra (Bologna), Gilbert Trausch (Luxemburg), Adrien F. Manning (Nijmegen), Donald Watt (London School of Economics) und Alan Milward (Manchester). Der Kreis vergrößerte sich, und bei den Tagungen haben weitere eindrucksvolle Persönlichkeiten mitgewirkt wie Jean-Baptiste Duroselle vom Institut de France oder Jean Stengers aus Brüssel.

Diese erste Generation von Europaforschern war eine verschworene Gemeinschaft. Wir alle glaubten, daß mit den Europäischen Gemeinschaften etwas einmalig Neues, eminent Positives im Entstehen war, wenngleich auch ein Großexperiment mit noch ungewissem Ausgang. Die Vorstellungen über die Finalität gingen unter uns deutlich auseinander: Neben glühenden Föderalisten vom Typ Lipgens oder dem Italiener Sergio Pistone, der später hinzustieß, standen Konföderalisten bzw. Funktionalisten wie Poidevin, Milward oder auch ich selbst. Ganz unabhängig von den Strukturvorstellungen, die jedem vorschwebten, waren wir einig in dem Bestreben, die bisherige Entwicklung der Europäischen Gemeinschaft so objektiv wie möglich zu erforschen und die Verengungen primär nationalgeschichtlicher Betrachtungsweisen hinter uns zu lassen.

Zum Abschluß einer unserer Konferenzen, es war im November 1984 in Straßburg, habe ich die gemeinsamen Überzeugungen in den Worten zusammengefaßt:

»Bei aller Unterschiedlichkeit der Ziele und Motive ist die europäische Integrationspolitik seit den vierziger Jahren von dem Grundgedanken ausgegangen, daß die europäischen Völker ihre vielfältigen Probleme nur dann erfolgreich zu lösen verstehen, wenn sie diese gemeinschaftlich anpacken. Wissenschaftler sind natürlich Individualisten, und sie werden es bleiben – man wird ihr Forschungsinteresse also nur bedingt beeinflussen können, und das ist gut so. Ebenso werden die Zeitgeschichtler auch in Zukunft in das Milieu ihrer jeweiligen Nationalkulturen einbezogen sein. Aber: Man muß sie zusammenführen, und sie lassen sich auch zusammenführen. Wie sich in den vergangenen Tagen gezeigt hat, ist die Prämisse richtig, daß ein neuartiger Vorgang wie der Zusammenschluß der Staaten Westeuropas nicht nur als Annex zur Nationalgeschichte behandelt werden kann.«[139]

Die Gruppe kam regelmäßig zusammen. Sie hat bei größeren oder kleineren Tagungen eine ganze Reihe von Sammelbänden zur Frühgeschichte der europäischen Einigung herausgebracht. Ich animierte die Kollegen auch, größtenteils mit Erfolg, zu fundierten Aufsätzen für die *Vierteljahrshefte*. Wir haben für unsere Treffen von der EWG-Kommission bescheidene Zuschüsse erhalten, auf die man jedoch nach einer hyperkomplizierten Abrechnung in der Regel ein halbes Jahr und länger warten mußte.

Die Herausgeberschaft der *Vierteljahrshefte* führte mich auch in den Beirat des Münchener Instituts für Zeitgeschichte. Von den älteren Mitgliedern wie Erdmann, Bußmann, Eschenburg oder dem distinguierten Dolf Sternberger wurde ich wohl immer noch als Jüngling betrachtet. In leicht vorgerücktem Alter ist diese Sicht der Dinge ganz unvermeidlich. Doch der Generationswechsel hatte bereits begonnen. Bracher nahm jetzt den Vorsitz wahr. Und als er 1987 emeritiert wurde, wählte mich das erlauchte Gremium in geheimer Abstimmung einstimmig zum Vorsitzenden. Das hat sich zehnmal wiederholt. Im Jahr 2002, ich war inzwischen selbst emeritiert und in der Grauhaarzone angelangt, leitete ich, ohne dazu gedrängt zu sein, in eigener Person eine weitgehende Verjüngung und Internationalisierung dieses Gremiums ein, um dann, wie in solchen Fällen üblich, mit Rosen bestreut in den Status eines Ehrenmitglieds überzuwechseln.

Als ich die beiden Bände zur Ära Adenauer auf der Pfanne hatte und als die Umwelt erkannte, daß ich nichts anbrennen ließ, führte der jetzt eingeschlagene Weg auch immer tiefer in die sogenannte Adenauer-Forschung hinein. Den zweiten Band der *Ära Adenauer* hatte ich mit einer umfassenden Würdigung des alten Herrn ausklingen lassen, betitelt: »Die Bedeutung Adenauers«. Dort hatte ich meine damalige Zwischenbilanz zu dem unerschöpflichen Thema Adenauer mit den Worten resümiert: »Er war kein Desperado wie Adolf Hitler, sondern ein Bürger, der die mühsam erreichte Stabilität nicht gefährden wollte. Ein Vergleich mit Metternich wäre zwar in vielerlei Hinsicht schief, aber er glich diesem doch in der Überzeugung, daß Deutschland und Europa Ruhe brauchten. Adolf Hitler war es in zwölf furchtbaren

Jahren gelungen, eine Welt in Scherben zu legen und das europäische Staatensystem von Grund auf zu revolutionieren. Adenauer hat die vierzehn Jahre seiner Kanzlerschaft dazu genutzt, sein Volk von den großen Vorzügen gemäßigter Außenpolitik zu überzeugen – selbst in der deutschen Frage, wo es immerhin Grund zum empörten Dreinschlagen gegeben hätte. So hat er die Deutschen nicht nur an den demokratischen Verfassungsstaat gewöhnt. Er hat auch eine dauerhafte Tradition maßvoller Außenpolitik begründet.«[140]

Wenigstens in den Augen derer, die in Adenauer einen außergewöhnlichen Kanzler sahen, und ihrer waren viele, war ich nun wohl einer der maßgeblichen Adenauer-Kenner. Daher lief auch die Aufgabe, die Briefe Adenauers herauszugeben, wie von selbst auf mich zu. Anfang der achtziger Jahre war die immer noch in Kraft befindliche 30-jährige Sperrfrist für die ersten Jahre der Kanzlerkorrespondenz abgelaufen. Die Stiftung Bundeskanzler-Adenauer-Haus konnte somit das schon länger projektierte Vorhaben aufgreifen, die *Briefe* Adenauers in einer eigenen Reihe zu veröffentlichen. Ich war froh, daß sich Rudolf Morsey bereitfand, diese Aufgabe zusammen mit mir zu schultern. Anders als ich selbst war und ist er ein in der Wolle gefärbter Historiker, ein großer Kenner auch der Zentrum-Tradition, aus der Adenauer erwachsen ist, ein Mann mit schwer zu übertreffender Editionserfahrung und zugleich ein Kollege, der Distanz hält, dem Intrigen völlig fremd sind, jedoch von einer Verläßlichkeit und Diskretion, die mich nie enttäuscht haben. Wie ich in den Jahren gemeinsamer Arbeit an der *Rhöndorfer Ausgabe* und später an den *Akten zur Auswärtigen Politik der Bundesrepublik Deutschland* beobachten konnte, ist er zudem ein Mann, dem kein sachlicher Fehler, keine Ausdrucksschwäche, auch kein Tippfehler entgeht – alles Gottesgaben für eine Stiftung, die ihren kostbarsten Schatz, die Briefe des großen Patrons, ediert sehen möchte.

So haben wir uns darangemacht, die Korrespondenz Adenauers seit dem Januar 1945 gut kommentiert zu publizieren. Mit dem bei Erdmann in Kiel ausgebildeten Nachwuchshistoriker Hans Peter Mensing fand sich ein umsichtiger Bearbeiter, der von nun an die Arbeit am archivalischen Nachlaß Adenauers zu seiner Lebensaufgabe gemacht hat. Der zweite Mann im Rhöndorfer Editionsteam war mein bisheriger Kölner Assistent Hanns Jürgen Küsters. Er hatte den Einfall, die bisher nicht ausgeschöpften Berichte der Bonner Korrespondenten an ihre jeweiligen Chefredaktionen über die sogenannten *Teegespräche* mit Adenauer zu sammeln und diese parallel zur *Brief*-Edition gut kommentiert zu publizieren. Der erste Band der *Brief*-Edition für die Jahre 1945–1947 ist 1983 erschienen, der erste Band der *Teegespräche* zwischen 1950 und 1954 im Jahr darauf.

Wir hatten das Glück, in Wolf Jobst Siedler einen ganz ausgezeichneten Verleger zu finden. Siedler war und ist ein begeisterter Berliner, somit – so dachte ich anfangs – nicht eben dazu geboren, für den rheinischen Bundeskanzler ein editorisches Denkmal zu errichten. Rasch entpuppte er sich jedoch als Adenauer-Fan. Wann und warum er dazu wurde, habe ich versäumt, ihn zu fragen, vielleicht deshalb, weil er aus gutbürgerlichem Haus stammte und in der Ära, der Adenauer seinen Namen gab, so etwas wie den späten Triumph des deutschen Bürgers sah, nachdem der letzte Borusse Wilhelm II. und der aus Österreich entlaufene Desperado Hitler das Deutsche Reich ruiniert hatten. Wahrscheinlich diente ihm die Adenauer-Edition aber auch dazu, seine Netze im postsozialliberalen Bonn auszuwerfen, wo sich Helmut Kohl, der bekennende »Enkel Adenauers«, inzwischen im Kanzlerbungalow installiert hatte. Zusammen mit seinen Freunden Joachim Fest, Johannes Gross und Rüdiger Altmann, die ich manchmal »die Jungkonservativen« nannte, gehörte er zu denen, die sich vom Machtwechsel der Jahre 1982/83 hin zur CDU viel versprochen hatten und die alle enttäuscht wurden.

»Die gezähmten Deutschen«

Während der späten siebziger und frühen achtziger Jahre, als ich wie ein Hamster im Rad herumsauste, um meinen inzwischen kaum mehr zu überblickenden Verpflichtungen gerecht zu werden und zwei anspruchsvolle Bücher auf die Reihe zu bringen, hatte sich politisch einiges ereignet. Seit der Ölkrise 1973/74 war die westliche Welt in den Jahren von Gerald Ford, Jimmy Carter, James Callaghan, Valèry Giscard d'Estaing, Helmut Schmidt und der Staatsmänner Italiens auf die schiefe Ebene geraten. Raymond Aron veröffentlichte 1977 in Paris eine pessimistische Analyse, die geeignet war, meinen eigenen Pessimismus zu verstärken. Der Titel sagte alles: *Plädoyer für das dekadente Europa*[141].

Auch die deutsche Politszene machte einen ziemlich langweiligen Eindruck. Die sozialliberale Koalition war durch geistige und ökonomische Stagnation gekennzeichnet und wurde durch einen sehr eindrucksvollen, leider auch bemerkenswert großmäuligen Bundeskanzler nur mühsam über die Runden gebracht. Die Opposition verzehrte ihre Kraft in Intrigen und perspektivlosen Kabbeleien über die Kanzlerkandidatur, und 1980 hatte sich Strauß als Gummilöwe dekuvriert. Vielleicht hat sich meine Bereitschaft, mich jetzt geistig mit den fünfziger und den frühen sechziger Jahren zu befassen (einer Epoche, in der es ungeachtet aller Drohungen und Sorgen steil aufwärtsging), doch auch aus dem Ungenügen an der Gegenwart in den bleiernen Jahren der Kanzlerschaft Helmut Schmidts gespeist.

Dann aber, seitdem Ronald Reagan in den USA und Margaret Thatcher in England das Ruder ergriffen hatten, änderte sich alles, während auf der Gegenseite Hochrüstung und Expansionslust der Moskowiter eine baldige Kollision erwarten ließen. Urplötzlich fand sich die von der Nachrüstungshysterie geschüttelte Bundesrepublik erneut im Auge des Orkans. Während ich es eher begrüßt hatte, mich inmitten der lähmenden Stimmung der späten siebziger Jahre auf eine rein historische

Arbeit konzentrieren zu können, begann ich es jetzt zu bedauern, in den Monaten des Umbruchs in Bonn 1982/83 auch noch den zweiten Band der *Ära Adenauer* abschließen zu müssen. Die politische Publizistik begann wieder zu locken.

Immerhin: Beglückt konnte ich selbst, befriedigt konnten die Verleger und mit etwas scheelen Blicken konnten manche meiner Kollegen feststellen, daß Bücher, die ich mir auflade, auch termingemäß ans Licht des Tages kommen. *Die Ära Adenauer* hat mir zwar viel abverlangt und mich der Familie leicht entfremdet. Als aber der 50. Geburtstag herannahte, lag so doch schon einiges vor.

Eine große Fete zu schmeißen, wie es damals schon des Landes Brauch war, entsprach nicht unserem Stil. Lieber wollten wir im Sommer 1984 *en famille* wieder einmal in die geliebte Schweiz. Nicole studierte inzwischen BWL in Sankt Gallen, und so nisteten wir uns in einem größtenteils aus Holz gezimmerten Schweizerhaus aus dem Ende des 19. Jahrhunderts hoch in Heiden im Sankt-Galler-Land ein, von wo aus der Bodensee bis Lindau und Bregenz zu überblicken war. Die Bergluft in 700 Metern Höhe, das Schwimmen im Bodensee und die Wanderungen im Appenzellerland lösten urplötzlich einen Produktivitätsschub aus. So ist mir dieser Aufenthalt im Sommer des 50. Geburtstags vor allem deshalb in Erinnerung, weil mich die Lust packte, einen mit Sarkasmus durchtränkten Essay zu schreiben, dem ich den Titel gab: *Die gezähmten Deutschen. Von der Machtbesessenheit zur Machtvergessenheit.* Als wir nach drei Wochen zurückkehrten, war das Büchlein fast fertig. Frank-Planitz war begeistert. Sepp Buchegger in Tübingen schmückte den Umschlag mit einem kläglich aus einem Käfig herausschreienden Bundesadler (»die fette Henne«, traumatisiert), und ich verstärkte die Botschaft mit einigen passenden Mottos über den teils kühl politologisch, teils in zorniger Verachtung geschriebenen Kapiteln. Das schönste Motto fand ich in dem »Kleinen Kulturspiegel« von Gottfried Benn und packte es unter das Vorwort: »Verteidigen will sich das Abendland nicht mehr – Angst will es haben, geworfen will es sein.«[142]

Diese in wenigen Wochen hingehauene spöttisch-analytische Streitschrift ist das beste meiner konservativen Bücher geworden. Es hat mir viele Zuschriften gebracht. Die Schwarzsche Fangemeinde setzt sich teilweise aus Lesern der *Gezähmten Deutschen* zusammen. Über der ganzen Bundesrepublik lag in großen Teilen der achtziger Jahre ein Geruch, wie er auftritt, wenn sich Angsthasen erleichtern, denen es nicht mehr zur Toilette gereicht hat. Ich war inzwischen mit dem Bonner Denken hinlänglich vertraut und ließ keinen Zweifel daran, daß sich das Psychogramm nicht nur auf die Friedensbewegung bezog, sondern auf große Teile der politischen Klasse, die Freunde aus der CDU mit inbegriffen. Bis heute ist die Tyrannei der Werte und der spießbürgerliche Affekt gegen jedes entschiedene Bestehen auf den eigenen Interessen immer schlimmer geworden. Parteiprogramme und Regierungserklärungen legen davon ein beredtes Zeugnis ab. Eine Abfolge von Bundesregierungen fühlt sich universalistischen Werten, dem Projekt Europa und nachdrücklich vorgetragenen

Wünschen von Partnerländern stärker oder wenigstens gleich stark verpflichtet wie den deutschen Interessen. Die Parteiprogramme, die man nicht unterschätzen darf, geben dem rührenden Ausdruck, und die politische Praxis folgt nur zu gern diesen Drehbüchern. Eigentlich hätte das Buch als Loseblatt-Ausgabe erscheinen müssen.

Noch einmal Adenauer: die Biographie

Die kräftezehrende Arbeit an den Mammutbänden der *Ära Adenauer* hatte mir einiges abgefordert. Welcher Teufel hat mich geritten, daß ich mich schonungslos und ohne Unterbrechung dennoch in das Abenteuer einer Adenauer-Biographie gestürzt habe?

Die naheliegendste Antwort auf solche Fragen lautet bei Schriftstellern zumeist: der Geldteufel! Doch ganz so einfach war es nicht. Im August 1986, die Umbruchkorrekturen von Band 1 der Adenauer-Biographie waren bereits vom Schreibtisch gefegt, schrieb ich an Freund Oberndörfer, der mich zu dem Essay *Die gezähmten Deutschen* beglückwünscht hatte: »Wahrscheinlich habe ich Ihnen gelegentlich erzählt, daß ich der Versuchung nachgegeben hatte, eine Biographie Adenauers zu schreiben. Der erste Band, der mühevollste und interessanteste, der bis Mai 1952 reicht, ist nun fertig geworden und kommt in den nächsten Wochen heraus. Ich hatte den Ehrgeiz, nicht allein eine wissenschaftlich fundierte Darstellung auf der Basis vieler neuer Quellen zu schreiben, sondern zugleich ein literarisch anspruchsvolles Buch.«[143]

Damit waren die wichtigsten Faktoren genannt, die mich in das neue Abenteuer geführt hatten: »Versuchung«, »viele neue Quellen«, »Ehrgeiz«. Der Sog der Versuchung hatte bereits eingesetzt, noch bevor im Jahr 1981 Band 1 der *Ära Adenauer* das Licht der Welt erblickt hatte. Die Versuchung hatte einen Namen: Wolf Jobst Siedler. Er hat in meinem Lebenslauf bis zum Wendejahr vom zweiten zum dritten Jahrtausend eine wichtige Rolle gespielt. Damals kam er als Verleger der Adenauer-Biographie nicht zum Zuge, obwohl es nur seinem Drängen zu verdanken ist, daß die Arbeiten an der *Ära Adenauer* ohne Unterbrechung von einer Adenauer-Biographie gefolgt wurden.

Daß ein Mann wie Siedler, der stets scharf hinter Biographien her war, alsbald eine Adenauer-Biographie und den entsprechenden Biographen erschnupperte, versteht sich von selbst. Er gehörte damals zu den glänzendsten deutschen Verlegern. Während in dem von Siegfried Unseld geleiteten Suhrkamp Verlag und bei Rowohlt die Linke fermentierte, war Siedler die stärkste verlegerische Potenz im liberalkonservativen Lager. In den sechziger und den siebziger Jahren waren ihm als Geschäftsführer von Ullstein und Propyläen aus den Schatzkammern von Axel Springer unerschöpfliche Geldquellen zugeflossen, mit denen er quasi unkontrolliert wirtschaften konnte, als wäre es sein eigenes Geld. Berühmte Reihen waren aufgeblüht, die Historiker drängten herbei, einige seiner Bücher, wie die von ihm leicht frisierten *Erinnerungen* von Albert Speer oder der *Hitler* von Joachim Fest, waren zu Bestsellern geworden. Ende der siebziger Jahre war die Herrlichkeit zu Ende. Die Manager Springers gingen über die Bücher, und König Midas höchstpersönlich hatte ihm seine Huld entzogen. Doch 1980 fand Siedler in dem Filmproduzenten Jochen Severin eine neue Geldquelle. Die beiden gründeten den Severin & Siedler Verlag, und Siedler tat nun sein Bestes, bei Propyläen, Ullstein, doch auch bei der DVA die dortigen Autoren abzuwerben oder aufsteigende Sterne wie mich selbst an Bord zu ziehen. 1983 war die Verlagsehe mit Severin bereits gescheitert, Siedler – damals im besten Alter von 57 Jahren – fühlte sich aber jetzt stark genug, mit dem Siedler Verlag sein eigenes Haus zu gründen, zusammen mit dem Haus Bertelsmann, so munkelte man in der Branche, als stillem Teilhaber. Es wurden nochmals stolze Jahre, doch 1999 war die Herrlichkeit wieder zu Ende, und er verkaufte seine Anteile an den Bertelsmann-Konzern.

Als wir Anfang der achtziger Jahre bei Planung der *Rhöndorfer Ausgabe* miteinander bekannt wurden, war er eben damit befaßt, sich das neue Imperium zu zimmern. Neben seinem unwiderstehlichen Charme, seiner rastlosen Dynamik und seiner immensen Erfahrung stützte er sich auch auf einen kleinen Freundeskreis liberal-konservativer Intellektueller: Joachim Fest, damals Herausgeber der *FAZ* mit Zuständigkeit für das Feuilleton, Johannes Gross bei Gruner + Jahr und Rüdiger Altmann. Ein jeder in dieser Clique brillierte auch mit eigenen Büchern und Essays, hatte sich selbst im Genieverdacht und war mit den Freunden in der verächtlichen Abneigung gegen die Sozialdemokratisierung der bundesdeutschen Gesellschaft einig.

Zur DVA bestanden damals Querverbindungen. Siedlers Busenfreund Joachim Fest wirkte an der *Geschichte der Bundesrepublik* mit, Gross und Altmann waren gleichfalls bei der DVA, und Frank-Planitz brachte 1982 Siedlers melancholische Essays *Weder Maas noch Memel. Ansichten vom beschädigten Deutschland* heraus. Doch unter der Decke schwelte zwischen der DVA und Siedler das Mißtrauen, wobei Siedler, der wieder hochkommen wollte, der Aggressor war. Kaum hatte er im November 1981 den ersten Band meiner *Ära Adenauer* gelesen, warf er die Angel aus.

Die Geschichte dieser dreijährigen Belagerung ist nicht von allgemeinem Interesse. Hier war nur ein Schnappschuß auf diese brillante Verlegerpersönlichkeit zu geben, die genialisch und inspirierend und gewieft war, alles in einem. Je länger, je mehr war er mir zu stürmisch. Ohnehin wäre man ein Bruder Leichtfuß, würde man einen soliden Verlag verlassen, bei dem man eben unter erheblichem Aufwand zwei große Dickschiffe von Stapel gelassen hat, selbst wenn man in finsteren Momenten der Meinung ist, die Bücher hätten noch besser beworben werden sollen. Jeder Autor ist bekanntlich ein Nimmersatt. Doch auch Frank-Planitz war ein zäher Mann, kein

Parforcejäger, sondern eher ein erfahrener Angler. So hat mich Siedler für die Adenauer-Biographie entflammt, aber Frank-Planitz hat die Biographie in seinen Fischkasten gezogen. Objektiv gesehen, war es jedoch eine Verrücktheit, mich mit meinem schon viel zu vollbepackten Kalender erneut in eine unendliche Materialschlacht zu stürzen.

Ab Sommer 1985 konnte ich mich voll auf die Biographie konzentrieren oder doch wenigstens mit drei Vierteln der Arbeitskapazität. Das in NRW nach vier Jahren ohnehin fällige Freisemester wurde mit einem von der Fritz-Thyssen-Stiftung drittmittelfinanzierten Forschungssemester verbunden. Einen kleineren Teil seiner Zeit muß jedoch auch der diszipliniertestе Professor den Aufgaben widmen, die auf vielen Ebenen weiterlaufen – Berufungskommissionen, Doktorgutachten, Beiratspolitik, Herausgeberschaften, politische Gremien … Wieder einmal machte ich die Erfahrung, daß die runden und halbrunden 60., 65., 80. Geburtstage (Andreas Hillgruber, Boris Meissner, Karl Dietrich Bracher, Hans von der Groeben – lauter liebe, verehrte Zeitgenossen), zu denen substantielle Festschriftenbeiträge Pflicht sind, meist todsicher dann anfallen, wenn ein unsterbliches eigenes Buch termingemäß fertiggestellt werden muß. Daß ich damals auch den Versuchungen der politischen Publizistik nicht widerstanden habe, wurde schon geschildert. Der Zeitplan war wieder einmal so knapp wie nur denkbar. Noch lag das Zeitalter der Digitalisierung in der Zukunft. Bücher mußten noch von Hand gesetzt werden (mit der Folge übrigens, daß Nachdrucke heute prohibitiv teuer sind). Allerspätestens im Frühsommer 1986 mußte das Manuskript beim Verlag sein.

Um die Lehrstuhlvertretung bat ich Wolfram Hanrieder von der UCL Santa Barbara, dies zugleich mit dem Versprechen, auch während der Lehrstuhlvertretung für alle Prüfungen weiter zur Verfügung zu stehen. Ich schätzte Hanrieder sehr, und er wohl auch mich. Er hat die Vertretung so zuverlässig wahrgenommen, wie ich ihn kannte. Unser beider Thema war die Außenpolitik der Bundesrepublik, die er stets als »außengeleitetes System« begriffen hat – eine Perspektive, die durchaus zutreffend war, aus meiner Sicht aber die Eigenständigkeit der Bonner Politik doch etwas unterschätzt hat. (Hätten wir das Thema einmal ausdiskutiert, würde er wahrscheinlich mit vielen guten Argumenten meine eigene Sicht der Dinge zerpflückt haben.) Ohne zu ahnen, daß er damit – ähnlich wie ich selbst – zum Historiker der »alten Bundesrepublik« würde, war er damals mit einer Darstellung zur Außenpolitik der Bundesrepublik befaßt, betitelt *Germany, America, Europe: Forty Years of German Foreign Policy*. Das mir dedizierte Autorenexemplar trägt die Widmung: »Für Hans-Peter Schwarz, geschätzter Kollege und lieber Freund, Wolfgang Hanrieder, Mai 1989«. Hanrieder, Jahrgang 1931, der am Münchener Ludwigsgymnasium Abitur gemacht hatte, war ein Kriegskind wie ich, dann aber früh nach Amerika gegangen und dort zum Amerikaner geworden. Er war ein Mann zweier Welten, doch im innersten Kern ist er wohl ein Deutscher geblieben. Dem Epilog der deutschsprachigen Ausgabe, die 1991 im wiedervereinigten Deutschland erschien, schickte er jetzt als Motto jenen berühmten Ausspruch Heinrich von Sybels voraus, der 1871 nach der Reichsgründung begeistert geschrieben hatte: »Wodurch hat man die Gnade Gottes verdient, so große und mächtige Dinge erleben zu dürfen? Und wie wird man nachher leben? Was zwanzig Jahre der Inhalt alles Wünschens und Strebens gewesen, das ist nun in so herrlicher Weise erfüllt!«[144] Fünf Jahre später hat dieser liebenswürdige Kollege den langjährigen Kampf gegen den Krebs verloren.

Wider Erwarten war eine Zweiteilung des Werkes unumgänglich. Band 1 würde die Jahrzehnte von Adenauers Jugend im Bismarckreich, die Sozialisierung im Deutschland Wilhelms II., den Ersten Weltkrieg, die Besatzungszeit in Köln, die Weimarer Republik, das Dritte Reich, die Besatzungsjahre und die drei ersten entscheidenden Jahre der Bundesrepublik umfassen bis zur Unterzeichnung der Westverträge im Mai 1952 (an die Radioübertragung erinnerte ich mich noch) – alles in allem 76 turbulente Jahre deutscher Geschichte. Das Manuskript für diesen ersten Band war bereits 1218 Seiten stark, zuzüglich, so schätzte ich, weitere 60 Manuskriptseiten Anmerkungen, Auswahlbibliographie und Namenregister.

Beim Einstieg in die Adenauer-Forschung Mitte der siebziger Jahre hatte ich seinerzeit einen Forschungsbericht überschrieben: »Der unbekannte Adenauer«[145]. Wie unbekannt mir der Adenauer der Jahre 1876 bis 1945 tatsächlich war, ist mir erst jetzt voll bewußt geworden. Ebendeshalb haben mir die Recherchen für das Buch aber auch so viel Freude gemacht.

Ein Biograph muß das lange, bewegte, zumeist auch umstrittene Leben seines Helden oder seiner Heldin wie ein skeptischer, prinzipiell ungläubiger Detektiv angehen, der auch scheinbar Bekanntes nachrecherchiert, Lücken in der Biographie zu erhellen sucht, umstrittene Vorgänge neu aufrollt, im großen Netzwerk des zu Überprüfenden nach vielleicht unbekannten Personen sucht, die diesem nahestanden und vielleicht bisher unbekannte Aufzeichnungen oder Korrespondenzen hinterlassen haben, Befragungen durchführen, die verfügbaren Photographien sichten und sich dadurch zu neuen Fragen anregen lassen. Weil berühmte Leute, wenn sie ganz oben angelangt sind, meist viel über sich schreiben oder schreiben lassen, bedarf der Wahrheitsgehalt solcher Erzählungen ganz besonders kritischer Überprüfung anhand zeitnaher Dokumente.

Das Rhöndorfer Archiv erwies sich als Fundgrube. Zahlreiche aufschlußreiche Dokumente – Privatbriefe und amtliche Korrespondenz, Vermerke und Photos – aus den frühen Jahren Adenauers waren erhalten geblieben und erlaubten eine quellengestützte Darstellung des Lebensgangs, bevor der junge Beamte der Stadt Köln dann eine zusehends breitere Spur im amtlichen Archivgut hinterließ. Von großem Wert war auch jetzt die Unterstützung des Vorhabens durch Anneliese Poppinga. In seiner letzten Lebensphase stand sie Adenauer wohl näher als die anderen Mitglieder des großen Familienclans, und wie alte Menschen das so an sich haben, hatte Adenauer ihr viel von seiner Jugend erzählt. Natürlich war ich auch ihr gegenüber erst einmal ungläubig, konnte aber feststellen, daß ihre Berichte vielfach von den zeitgenössischen Quellen bestätigt wurden. Besonders wichtig war, daß sie im Adenauer-Clan wohlgelitten war, so daß mir einige von Adenauers Kindern nach Überwindung eines durchaus verständlichen Mißtrauens Briefe und Karten aus dem Privatbesitz zugänglich machten und für Gespräche zur Verfügung standen. Manche erwiesen sich als souverän, so besonders der langjährige Kölner Oberstadtdirektor Max Adenauer, andere waren ängstlicher. Adenauers älteste Tochter Ria Reiners brachte es über sich, mir das 120 Seiten starke, hübsch illustrierte Tagebuch ihrer Mutter über die Hochzeitsreise mit Adenauer nach Südfrankreich und Italien im Jahr 1904 zur Verfügung zu stellen.

Ein besonders interessanter Fund war der Briefwechsel Adenauers mit dem belgischen Industriellen Dannie Heinemann.[146] Hans Peter Mensing hatte die Korrespondenz, aus der viele Details der von 1907 bis 1962 reichenden Verbindung Adenauers mit dem langjährigen Präsidenten der Sofina hervorgingen, für Rhöndorf an Land gezogen. Darin fanden sich neben Informationen über Adenauers Tätigkeit vor der Kölner Oberbürgermeisterzeit vor allem auch Informationen über Adenauers fehlgeschlagene Aktienspekulationen in den späten zwanziger Jahren und dessen finanzielle Verhältnisse nach der Absetzung 1933.

Für die Erhellung der ersten Kanzlerjahre konnte ich neben vielen in Rhöndorf verfügbaren Dokumenten vor allem auf zwei wichtige Quellen zurückgreifen: das damals noch unbekannte Tagebuch von Staatssekretär Otto Lenz, zu dem mir seine gleichfalls politisch aktiven Kinder den Zugang eröffneten, und das Tagebuch Herbert Blankenhorns.

Die Verbindung zu Blankenhorn hatte sich Ende der siebziger Jahre angebahnt. Landsmannschaftliche Sympathie ließ den Altersunterschied überbrücken. Blankenhorns Vater hatte 1933 nach seiner Absetzung als Kommandeur der Sicherheitspolizei des Landes Baden das schöne Badenweiler als Ruhesitz gewählt. Die gemütliche, stilvoll möblierte Villa in einem großen Garten lag etwas unterhalb des Hauses, wo René Schickele mehr als zehn Jahre wohnte, bis er sich Anfang der dreißiger Jahre in Vorahnung kommender Dinge an die Riviera abgesetzt hatte.

Blankenhorn selbst befand sich in der Lebensphase, in der man gerne zurückschaut. Er hatte seine lange Karriere abgeschlossen, fuhr nur noch gelegentlich nach Paris, wo er die Bundesrepublik bei der UNESCO vertrat, genoß die Ruhe in der gesegneten Landschaft des Markgräflerlands zu Füßen des Blauen und laborierte an einem von Thrombose bedrohten Bein, das ihm seit Jahrzehnten zu schaffen machte. Ich habe ihn verschiedentlich aufgesucht und aus den Unterredungen mit ihm viel über die Persönlichkeit Adenauers gelernt. Daß sich die beiden über de Gaulle zerstritten hatten, ließ erkennen, daß er dem alten Herrn durchaus nicht unkritisch gegenüberstand. Psychologisch befand er sich damals in einer für eine gerechte

Bewertung bekömmlichen Stimmung von kühler Beobachtung der Stärken und Schwächen Adenauers, wie sie für einen erfahrenen Diplomaten selbstverständlich ist, das jedoch verbunden mit Verehrung für diese in ihrer Art ganz einzigartig dynamische Persönlichkeit, unter der die Bundesrepublik wieder hochkam.

Schon nach den ersten Stunden hatte er mich in einen ausgedehnten Anbau an dem Mitte der dreißiger Jahre erbauten Haus geführt, wo Bibliothek und Archiv untergebracht waren. Im vorderen Teil standen ein Schreibtisch mit Blick auf den Garten und bequeme Sitzmöbel, umgeben von zahllosen Büchern – Dokumente, Biographien, wissenschaftliche und publizistische Veröffentlichungen – zur Geschichte des 20. Jahrhunderts. Im Hintergrund war die Bibliothek seines Vaters untergebracht, der alles gesammelt hatte, was im 18., 19. und 20. Jahrhundert an Badensia auf den Markt gekommen war. Als ich das Gespräch auf die Punkte lenkte, die mich bezüglich der Frühzeit Adenauers besonders interessierten, führte er mich zu einer Art Schrankwand, die er sich von einem Schreiner hatte anfertigen lassen. Dort waren in abschließbaren Fächern und in chronologischer Ordnung Hunderte von Leitz-Ordnern untergebracht, die seine gesamte Tätigkeit im Bundeskanzleramt, als Botschafter bei der NATO, bei der französischen Regierung, in Rom und in London dokumentierten. Vielfach handelte es sich dabei um Photokopien aus den amtlichen Akten, die eigentlich Verschlußsachen waren. Danach habe ich jedoch immer wieder festgestellt, daß hinlänglich viele Kanzler, deren engste Mitarbeiter und Kabinettsminister von Adenauer bis Schmidt sich über die Bestimmungen für amtliches Archivgut fröhlich hinweggesetzt haben. Blankenhorn war nicht der einzige, aber einer der fröhlichsten. Anfang der sechziger Jahre mußte er zu seinem Verdruß das Original des Besatzungsstatuts wieder zurückgeben, das er nach feierlicher Überreichung an Adenauer als Souvenir mitgenommen hatte.

In diesen Boxen waren auch Blankenhorns sehr detaillierte, partiell mit Dokumenten angereicherte Tagebuchaufzeichnungen aufbewahrt. Sie sind eine erstrangige Quelle und liegen heute zusammen mit dem Nachlaß im Bundesarchiv. Blankenhorn war so großzügig, mir die gesamten Tagebücher, von denen er zuvor einen – leider für die Publikation überarbeiteten – Auszug veröffentlicht hatte,[147] in Photokopie nach Bonn zu schicken und Zitiergenehmigung zu erteilen.

Für den Historiker sind derart erfreuliche Verbindungen zu Akteuren, die einem freundlich entgegenkommen, auskunftsfreudig sind und wertvolle Archivalien zur Verfügung stellen, von größtem Wert, aber natürlich auch heikel. Trotz aller Sympathie muß man ihre mündlichen Berichte kritisch bewerten und darf bei der Würdigung ihrer Rolle nicht zu freundlich sein. Das Problem hat sich bei der Arbeit an allen meinen zeitgeschichtlichen Büchern gestellt, manche der entsprechenden Porträts oder Verlaufsschilderungen sind drei- oder viermal überarbeitet worden, bis sie mir vertretbar schienen. Ob ich immer die richtigen Akzente gesetzt habe, weiß ich nicht. Ich habe es jedenfalls versucht, verstehe es aber auch, wenn kritische Kollegen das da oder dort anders sehen. Die historische Wahrheit ergibt sich letztlich nur aus dem Historikerstreit, und sie liegt nie abgeschlossen fest, nimmt vielmehr über Jahrzehnte und Jahrhunderte hinweg wie ein Chamäleon immer neue Farben an.

Als das Manuskript von Band 1 abgeschlossen war, habe ich es im Dezember 1985 vertraulich an Blankenhorn gesandt, dabei auch darum gebeten, mich auf Fehler oder auf fehlende Aspekte freundlichst aufmerksam zu machen. Sein Neujahrsbrief vom 30. Dezember 1985 hat mich erfreut und ermutigt, zeigte allerdings zugleich, daß er zur Kritik an meinem Œuvre nicht mehr disponiert war, sondern sich von der Darstellung hinwegtragen ließ: »Welch ein Buch!«, schrieb er. »Mich beeindruckt auf jeder Seite die unprätentiöse, so verständliche Sprache, mittels derer sich schwierige politische Komplexe und psychologische Probleme dem Leser erschließen. Man erwartet jedes neue Kapitel mit Spannung. In den langen Tagen und Nächten, in denen ich Ihr Werk lese, umrahmen mich an meinem Tisch all die vielen Figuren, die Sie zum Leben erwecken. In ihrer Mitte der große alte Mann – seine Kämpfe, seine Krisen, Nöte und Erfolge.«[148] Das Erscheinen von Band 2, für den ich erneut aus seinen Tagebüchern schöpfen konnte, hat er nicht mehr erlebt. Blankenhorn ist am 10. August 1991 verstorben.

Von allen meinen Büchern mußte die Darstellung in *Adenauer. 1876 bis 1952*, von mir Adenauer 1 genannt, natürlich einen stark rheinländischen Akzent erhalten. Wir hatten zwar schon über zehn Jahre im Rheinland gelebt, doch erst die intensiven Recherchen zu Adenauer haben mir viele Dimensionen dieser Region erschlossen. Interessiert an Familiengeschichte, wie sie ist, hatte Annemie aus verschiedensten Quellen die Verbreitung des Adenauer-Clans geographisch verortet: Herkunft der »Adenäuer« aus Adenau in der Eifel, Wohnort des Urgroßvaters in Flerzheim, dazu die Dörfchen oder Städtchen Oberdrees und Niederdrees, gleichfalls im Swisttal, sowie Meßdorf und das Städtchen Lessenich. Da und dort im Voreifelland zwischen Bonn und Köln hatte der junge Adenauer Onkel, Tanten, Vettern und Cousinen wohnen, bei denen er seine Sommerferien verbrachte. Wann immer Zeit war, sahen wir uns an Sonntagvormittagen oder -nachmittagen diese Dörfchen an, die für das Empfinden verwöhnter Badener nicht über die Maßen reizvoll waren. Doch die Landschaft mit Hunderten von Apfelbäumen, mit Brombeerhecken und Waldzipfeln wirkte noch so ursprünglich wie zu Adenauers Zeiten, auch wenn inzwischen selbst die kleinsten Sträßchen asphaltiert waren. Einer unserer Lieblingsplätze war seit langem der Rolandsbogen. Dort hatte sich Adenauer, damals noch mit wilhelminischem Schnurrbart geschmückt, mit Emma Weyer aus bester Alt-Kölner Familie verlobt und so den Aufstieg ins Großbürgertum vorbereitet. Die vortreffliche Wirtsfamilie Böhm hatte neben einer Kredenz aus den zwanziger Jahren ein gerahmtes Photo aufgehängt, das an diesen Vorgang erinnerte.

Bekanntlich ist der Zipfel zwischen Bonn und Unkel eines der schönsten Stücke des Mittelrheins. Jedesmal, wenn ich in diesen Monaten der Recherche im

Adenauer-Archiv frühmorgens durch die Rheinnebel vom Hotel »Arera« nach Königswinter fuhr, erfreute ich mich beim Blick über den breiten Rheinstrom oder hoch zum Drachenfels und zum Petersberg. Die nie ruhende professionelle Skepsis, die mich beim Studium der Dokumentenmassen im Adenauer-Haus niemals verließ, machte hier einer emotional gelockerten Rheinland-Sympathie Platz.

So ist dieser erste Band der Biographie, denke ich, einerseits ein distanzierter Lebensbericht geworden (große Tiere aus dem Politzoo verdienen kein Übermaß an Sympathie oder gar uneingeschränkte Verehrung), andererseits aber auch eine Schilderung der Schicksale des deutschen Westens in der ersten Hälfte des 20. Jahrhunderts, das alles bezogen auf den Beispielfall Adenauer. Wer das Buch genau liest, wird doch auch eine gewisse Verzauberung durch das Rheinland erkennen, das allerdings durch die Bombardierung, die Bausünden der folgenden Jahrzehnte und den Verkehrslärm stark gelitten hat.

Erst in dieser Zeit hat sich mir auch Köln erschlossen. Jetzt erwanderte ich zu Fuß die einzelnen Stadtviertel Kölns, wozu vorher überhaupt keine Zeit war, bewunderte die fast ausnahmslos wiederaufgebauten Kirchen, vertiefte mich in die Baugeschichte von Rathaus und Gürzenich, las überhaupt alles, was zum Köln vom Jahr 1848 bis in die fünfziger Jahre des 20. Jahrhunderts erschienen war (Photobände und Stadtpläne nicht zu vergessen), schritt den Grüngürtel ab, den Adenauer durchgesetzt hatte, und besichtigte mit neuen Augen die Hinterlassenschaft seiner kühnen Stadtplanung: die Messebauten, die Mülheimer Brücke, das Müngersdorfer Stadion und die Ford-Werke, wo Freund Alan Spencer Direktor war. Das Universitätsgebäude, in dem ich Woche für Woche Kolleg hielt, bedurfte keiner gesonderten Besichtigung.

Wochenlang saß ich nun über dem großen Aktenbestand im Kölner Stadtarchiv, in dem Adenauer seine breiten Spuren hinterlassen hatte. Daß dieses Archiv mitsamt Tausenden von Leitz-Ordnern aus der Oberbürgermeisterzeit Adenauers inzwischen im Schlamm einer riesigen Baugrube versunken ist, paßt irgendwie ins Bild. Meine vielen Photokopien sind wohl zeitweise noch eine der wenigen verbliebenen Kölner Quellen des Aufstiegs Adenauers und der Jahre als Oberbürgermeister gewesen. Er war, so sagte ich mir oft, trotz des Singsangs seines Kölner Idioms und trotz schlagfertigem kölschem Humor ein eher atypischer Rheinländer von sozusagen preußischer Härte.

Erst als ich mir nun auch erneut die wirtschaftsgeschichtlichen Verbindungen der Stadt nach Brüssel, Antwerpen, Luxemburg oder Rotterdam einerseits, ins Ruhrgebiet, aber auch nach Berlin andererseits im Detail vor Augen führte, ist mir die Dialektik der Adenauerschen Westbindung noch verständlicher geworden als zuvor schon. Gerade eben, als ich mich dranmachte, die Adenauer-Biographie zu schreiben, war die historisch-politische Kontroverse über das, was Heinemann einstmals den »Westabmarsch« nannte, wieder heftig aufgeflammt. Viele derer, die den Gründungskanzler wegen seiner Abneigung gegen eine riskante Wiedervereinigungspolitik heftig kritisierten, hatten inzwischen ihren Frieden mit der deutschen Teilung gemacht. Ihr schlechtes Gewissen wegen der Akzeptanz der SED-Diktatur ließ ihnen aber keine Ruhe. So war die Neigung groß, nicht die Sowjetunion und die SED, sondern Adenauer als den Sündenbock für die deutsche Teilung zu brandmarken. In diesem Zusammenhang richteten alle Kritiker an Adenauer und seinem großen, aber nicht ganz so pfiffigen »Enkel« ihre Scheinwerfer vor allem auf die Fäden, die der Kölner Oberbürgermeister dreimal – 1918/19, 1923 und 1945 – zur französischen Besatzungsmacht gesponnen hatte, die sich damals im Rheinland breitmachte.

Meine eigene Darstellung dieser Vorgänge fußte sehr stark auf den Quellen aus dem Kölner Stadtarchiv. Diese erlaubten eine nuancierte Rekonstruktion der Befürchtungen Adenauers, seiner *idée fixe* einer Rheinischen Republik im Rahmen des Deutschen Reiches und der Taktik, mit der er sich durchlavierte. Besonders spannend wurde es, als ich die Berichte des Schweizer Generalkonsuls aus dem Jahr 1945 im Detail analysierte, in denen die hochpolitischen Unterredungen Adenauers mit gaullistischen Offizieren dokumentiert waren – ein gefundenes Fressen für jeden, der bereits mit Blick auf die Jahre 1918/19 und 1923/24 an Adenauers Reichstreue seine Zweifel hatte. Aufzeichnungen und Briefe aus dem Nachlaß Adenauers vermittelten zusätzlich ein scharfes Bild über die Aktivitäten in der zweiten Jahreshälfte 1945. Herr von Weiss selbst war übrigens eine farbige Figur. Max Rychner hat ihn in einem Brief vom Februar 1948 an Carl Jacob Burckhardt ganz gut porträtiert: »Er war stets ein grundguter Teufel, Vaudois gekreuzt mit Borussia, ein geborener Salamander-Reiber. Jeden Augenblick ist er über alles in der Welt auf dem laufenden; sein Ehrgeiz ist, informiert zu sein. Und noch eins: Beziehungen nach oben zu haben.«[149] Wenn sich Adenauer in den unübersichtlichen Jahren 1945 bis 1948, als verläßliche Informationen aus dem Ausland Mangelware waren, so vergleichsweise rasch und sicher zurechtgefunden hat, dann nicht zuletzt dank seines Freundes von Weiss, der »jeden Augenblick über alles in der Welt auf dem laufenden« war.

Durchgehend hielt ich mich an den Grundsatz, alles möglichst wörtlich zu erwähnen, auch kompromittierende Äußerungen. Alles mußte offengelegt werden, um dann zu versuchen, Adenauers wahrscheinliche Motivation aus dem jeweiligen Kontext heraus zu interpretieren. Spitzenpolitiker, das wußte ich schon damals zur Genüge, operieren im Zwielicht. Den meisten ist vieles zuzutrauen, nicht immer das Schlimmste, aber doch Handlungen, die keine öffentliche Billigung finden können. An einen Adenauer, der an Hintertreppenpolitik sichtlich Gefallen hatte, durfte man nicht mit naiven Erwartungen herangehen. Schon damals bildeten übrigens die zeitgenössischen Politthriller in Urlaubswochen oder vor dem Einschlafen eine meiner Lieblingslektüren. Politkriminell wie die dort auftretenden Figuren war Adenauer nicht, aber doch streckenweise sehr, sehr undurchsichtig.

Mißtrauen war jedoch nicht nur Adenauer selbst entgegenzubringen, sondern ebenso jenen Historikern oder Publizisten wie Augstein, die sich damals fest entschlossen zeigten, Adenauer auch *post mortem* als höchst fragwürdigen Patrioten zu brandmarken. Ich konnte es mir nicht ganz verkneifen, im Nachwort zu schreiben: »Gerade gegenwärtig stellen die verkappten deutschnationalen Staatsanwälte in der Historikerzunft ihre Dossiers zusammen, um dem Alten Herrn wieder einmal wegen Reichsvergessenheit, Antipreußentum und wegen seines Ausschlagens angeblicher Wiedervereinigungschancen in den Jahren 1952 und 1953 den Prozeß zu machen.«[150] Wenn ich mich dafür entschied, diesen ersten Band der Biographie im Mai 1952 enden zu lassen, so auch deshalb, weil besonders die Ablehnung der sowjetischen Notenoffensive und die Unterzeichnung der Westverträge zu den umstrittensten Entscheidungen Adenauers gehörten. Seine Kritiker zogen eine zwar nicht gerade, wohl eher gewundene Linie von der Rheinlandpolitik 1918/19 und 1923/24 über die Entscheidung für die Gründung des »Weststaats« Bundesrepublik Deutschland bis zur Zurückweisung jeder Lösung der Teilungsfrage auf Kosten der Westbindung.

Natürlich war mir klar, daß die »Staatsanwälte« nun auch über mich selbst herfallen würden. Ein Historiker, der keine Lust hat, mit den Wölfen zu heulen, muß sich wohl oder übel damit abfinden, in die Rolle des Verteidigers gedrängt zu werden, selbst wenn er bestrebt ist, den überparteilichen Richter zu geben. Kurz bevor die Biographie erschien, schrieb ich an Andreas Hillgruber, um dessen Aufsatz »Zweierlei Untergang« damals eben der »Historikerstreit« ausgebrochen war: »Dies sind doch rein politisch motivierte Angriffe, die man wegsteckt, dabei noch für die kostenlose Werbung klammheimlich dankbar!« Was meinen Sie, wie Augstein über mein Adenauer-Buch herfallen wird – es sei denn, er entwickle doch Qualitätsempfinden, was ja nie ausgeschlossen werden kann. Je m'en fou![151] Tatsächlich beehrte Augstein mich selbst und den alten Herrn im *Spiegel* mit einem Totalverriß. Auch brillante Publizisten verhalten sich so wie die großen politischen Akteure: sie wollen sich die Deutungshoheit über ihre liebevoll gepflegten Irrtümer nicht nehmen lassen.

Das Buch kam im Herbst 1986 zu einem Moment heraus, als in der Bundesrepublik das Vorwahlkampffieber voll ausgebrochen war. Die Historikerzunft zeigte sich polarisiert. Eine Mehrheit verabscheute die Regierung Kohl, der sie in Sachen Vergangenheitspolitik größtes Mißtrauen entgegenbrachte. Der sogenannte Historikerstreit, im Grunde eine vom Feuilleton der *Zeit* angezettelte Kampagne gegen liberal-konservative Kollegen wie Andreas Hillgruber, Michael Stürmer oder Ernst Nolte war ein typisches Symptom dafür und zugleich Vorwahlkampfgetöse. Im Fall des krebskranken Andreas Hillgruber war die Kampagne ausgesprochen infam.

Den Auslöser hatte eine Invektive von Jürgen Habermas gegen einen Aufsatz Hillgrubers gegeben, der in der *Welt* teilweise vorabgedruckt war. Alles hatte mit einem von Annemies schönen Diners bei uns begonnen, zu dem unter anderen Andreas

Hillgruber und Herbert Kremp von der *Welt* eingeladen waren. Beide lernten sich erst bei dieser Gelegenheit persönlich kennen. Ich stand dabei, als nach dem Essen Kremp Hillgruber fragte, ob er kein interessantes neues Stück zum Vorabdruck in der Pfanne habe. Hillgruber erwähnte dann einen Vortrag, den er vor ein paar Monaten auf dem Historikertag in Stuttgart gehalten habe und den Siedler unter dem Titel *Zweierlei Untergang* in seiner *Corso*-Reihe herausbringen würde.[152] So hat der Historikerstreit von der Welfenstraße 10 seinen Ausgang genommen.

Da sich die Kontroverse vordergründig um die historische Bewertung des Rußlandkriegs 1941 bis 1945 drehte, über den ich selbst nie gearbeitet hatte, dispensierte ich mich von dieser vergifteten Auseinandersetzung. Ohnehin habe ich noch nie Lust an öffentlichen Kontroversen gehabt. Mir kam jedenfalls diese Auseinandersetzung, für die sich rasch die Bezeichnung »Historikerstreit« fand, wie eine Wirtshausprügelei zwischen zwei Historikergruppen vor, angefacht von den Feuilletonredaktionen der *Zeit* und der *Frankfurter Allgemeinen*. Untergründig ging es um die nun wirklich absurde Frage, ob Hitler oder Stalin ein schlimmerer Massenmörder gewesen sei.

Jedenfalls erschien Adenauer 1 genau in den Monaten, als der Historikerstreit nicht zuletzt mit der Absicht inszeniert wurde, Helmut Kohl wegen seiner Geschichtspolitik am Zeug zu flicken. Ich selbst gehörte zu jener Minderheit, die trotz mancher Vorbehalte, die sich später bestätigten, in diesem CDU-Bundeskanzler die derzeit einzige Alternative gegen Rot-Grün sah. Zwar ließ ich mich nicht zu Hand- und Spanndiensten heranziehen wie verschiedene andere Kollegen und habe den Bundeskanzler kein einziges Mal um eine Gefälligkeit gebeten. Für die Außenwelt war mein politischer Standort jedoch eindeutig zu identifizieren. Obschon ich bemüht war, mich nicht vereinnahmen zu lassen, gehörte dieser CDU-Hauptstadtprofessor doch irgendwie zum Hofstaat des Bundeskanzlers.

1986 war ein kritisches Jahr. In der CDU verbreiteten sich damals Zweifel, ob mit diesem Kanzler die Wahlen im Januar 1987 zu gewinnen sein würden. In dieser Lage veröffentlichte mein lieber Nachbar Rüdiger Altmann, mit dem ich so alle 14 Tage oder drei Wochen am Samstagmorgen beim Stöbern im Antiquariat Schierck einen Schwatz hielt, im *Spiegel* einen Artikel,[153] in dem er Helmut Kohl den Rücktritt zugunsten von Stoltenberg nahelegte.

Wie ich es zeitlich auf die Reihe brachte, mich inmitten des Endspurts bei der Fertigstellung der Adenauer-Biographie im Mai 1986 im *Rheinischen Merkur* mit Altmann freundlichst auseinanderzusetzen, weiß ich nicht. Mein eigener Artikel hatte den hübschen Titel »In den Kulissen des Palais Royal«.[154]

Um den Nachbarn nicht zu kränken, begann ich leicht amüsiert: »Wenn ein konservativer Publizist vom Rang Rüdiger Altmanns im ›Spiegel‹ über die Vorzüge eines Kanzlerwechsels meditiert, hat das denselben Effekt, wie wenn sich ein Intellektueller aus dem royalistischen Lager zur Zeit der Französischen Revolution in eines der wenig vorteilhaft beleumundeten Etablissements des Palais Royal verfügt hätte, um dort vor einem größeren Kreis über einen freiwilligen Rücktritt des Monarchen zu meditieren. Die Freunde, denen die rhetorische Ausschweifung des geschätzten Mitstreiters unverzüglich zu Ohren kommt, ziehen die Brauen hoch, und die Canaille hört begeistert zu, weil sie im Geist schon den Henker auf dem Schafott das Beil schwingen sieht.« Neben verschiedenen gescheiten Überlegungen, die gegen einen Kanzlerwechsel im Vorfeld der Bundestagswahl sprachen, war mein Hauptargument: »Wie soll dieser zu Recht selbstbewußte Kanzler eigentlich veranlaßt werden, ein gutes halbes Jahr vor den Bundestagswahlen das Handtuch zu werfen? … Unter den Führern der CDU weiß jeder, daß eine mutwillig vom Zaun gebrochene Kanzlerdiskussion das denkbar beste Rezept für den Untergang des bürgerlichen Lagers wäre. Dann würde nicht nur Helmut Kohl aufs politische Schafott geführt.«

Altmann hatte ich den Artikel im vorab übersandt und in dem Begleitbriefchen formuliert: »Die Leistungen Kohls sind viel größer als seine Intellektuelle zum Gähnen bringende Ausstrahlung. Er ist nun einmal ein ›machine politician‹ des Typs Truman, Johnson oder von der bekannten Art in Italien, Belgien und den Niederlanden. Dazu ein Pfälzer mit all den Eigenheiten, die dem Norddeutschen so gegen den Strich gehen. Aber er wird nie freiwillig aufgeben, und schon deshalb – ich lasse Fragen der Loyalitäten ganz beiseite – wäre eine Kanzlerdiskussion absolut katastrophal. CDU, CSU und FDP würden sich intern und gegenseitig zerfleischen. Daß sich über dem dabei zu erwartenden Leichenfeld die Sonne eines strahlenden Bundestagswahlsieges erheben würde, kann ich mir überhaupt nicht vorstellen.«[155]

Altmann antwortete freundlich mit kritischen Überlegungen, die meine eigenen waren, ohne daß ich damals Zeit und Lust hatte, sie groß herauszuhängen: Fehler in der atomaren Entsorgungsfrage, Versäumnisse in Sachen Rentenreform, Profillosigkeit in der Sozialpolitik, Europapolitik »nur gut gemeint«, »das Warten auf Honecker«, Duldung des »Genscherismus« (er wird »in Ost und West als leere Gestikulation empfunden«), Versäumnis, mit Blick auf die Wahl von den Sachaufgaben zu sprechen. »Zumindest dieser Kanzler wird sein Glück nur im bloßen Personalplebiszit – ›vorwärts mit Helmut Kohl‹ oder so – suchen können.«[156]

Altmann hatte als Kanzleralternative Stoltenberg genannt, damals eine Lösung, die sich aufdrängte, und als Kabinettsminister Kurt Biedenkopf, Walter Wallman und Theo Waigel. Allzu weit war ich mit meinen kritischen Vorbehalten gegen Kohls Innen- und Außenpolitik von Altmann gar nicht entfernt, nur daß eben Kohl nicht freiwillig das Feld geräumt hätte, so daß bei dem großen Krach die bürgerliche Koalition untergegangen wäre.

Wenn ich heute zurückschaue: Wäre ein Kabinett Stoltenberg mit Biedenkopf und Waigel ein besseres Kabinett gewesen? Hätte das neue Ticket die Wiedervereinigung so rasch und gut durchgezogen? Vielleicht. Ziemlich sicher aber wären die kundigen Ökonomen Stoltenberg und Biedenkopf dem schlauen Mitterrand in der Frage einer

Die Adenauer-Biographie, präsentiert im Museum Koenig

europäischen Währung nicht so auf den Leim gegangen wie Helmut Kohl. Doch vorwerfen muß ich mir nichts. Artikel von Intellektuellen wie Altmann oder von mir sind nur Teil des publizistischen Dauerrauschens, an das Politiker hinlänglich gewöhnt sind und das sie entsprechend überhören.

Für die Außenwelt waren nach solchen und anderen Artikeln meine politischen Koordinaten eindeutig zu identifizieren. Und so wurde ich auch als Adenauer-Biograph eingeschätzt: Ungeachtet aller nachweislich kritischen Distanz sahen die zeitgenössischen oder posthumen Gegner Adenauers mit wenigen Ausnahmen in mir den Verteidiger dieses ersten CDU-Bundeskanzlers, und die Bewunderer Adenauers in der CDU sahen das genauso. Daß ein Zeithistoriker *sine ira et studio* allein bestrebt ist, mit detektivischem Spürsinn die Wahrheit herauszufinden, und nichts als die Wahrheit, paßt nicht in die parteipolitische Blickweise.

Die Buchvorstellung der Adenauer-Biographie (»ein Buch, von dem man spricht«, »ein Mensch statt eines Denkmals«) fand Anfang Oktober im Naturhistorischen Museum Alexander Koenig statt. Für eine Buchpräsentation war dies genau der richtige Rahmen. Im Regierungsviertel, so daß es Journalisten und Politiker nicht weit hatten, eine historische Stätte (Eröffnung des Parlamentarischen Rats, erster provisorischer Amtssitz des Bundeskanzlers), dazu ungeheurer Unterhaltungswert wegen der Giraffe und des Nashorns, die in Lebensgröße im Lichthof standen, wo die Präsentation stattfand. Der Stuttgarter Oberbürgermeister Rommel hat das mit dem ihm eigenen Witz, aber auch nicht ohne Ernsthaftigkeit vorgenommen.

Wie versprochen, hat die DVA die Werbetrommel kräftig gerührt. Wer im Herbst 1986 zu Fuß zur Buchmesse ging, wurde durch große Spruchbänder über der Straße auf die Biographie aufmerksam gemacht. Nach Erscheinen des Buches mußte ich freilich konstatieren, daß die Verkaufserwartungen des Verlegers übertrieben waren. Wahrscheinlich hatte der erfahrene Siedler die richtige Nase gehabt, das Lesepublikum stürze sich massenhaft nur auf einen Einbänder von 450 bis 500 Seiten Umfang. Ich selbst war aber damals und bin auch heute noch der Meinung, daß ich richtig gehandelt habe. Es gibt nun einmal jene historischen Unikate, deren Lebenslauf und Lebensleistung sich nicht sozusagen auf die Schnelle behandeln lassen. Martin Gilbert war mit seiner Churchill-Biographie im Jahr 1983 schon bei Band 5 angelangt (zwei weitere sollten noch folgen). Die besser geschriebene Biographie des Bestsellerprofis William Manchester *The Last Lion* ließ 1983 einen Dreibänder erwarten. Von dem auf drei Bände angelegten *De-Gaulle*-Biographie Jean Lacoutures war 1983 gerade eben Band 1 herausgekommen, und der von mir stets bewunderte Arthur M. Schlesinger hatte für *The Age of Roosevelt* gleichfalls drei Bände gebraucht. Doch nicht nur das spannende Leben Adenauers erlaubte keine allzu rigorose Komprimierung. Offenbar gehöre auch ich zu jenen Biographen, die der Meinung sind, daß ein großes Leben auch gebührend panoramisch und farbig erzählt werden sollte. Immerhin, das Buch verkaufte sich gut, auch wenn es mich nicht zum reichen Mann gemacht hat. Daß jene Historikerkollegen, die ich für vorbildlich hielt und die es wohl auch waren, den Quereinsteiger aus der Politikwissenschaft nun respektierten, kam mir gleichfalls gelegen. Und als nach weiteren fünf Jahren auch Band 2 abgeschlossen war, glitt auch die »alte Bundesrepublik« in eine neue Epoche hinüber. Ohne es zu wissen, hatte ich gerade noch rechtzeitig mit der Biographie des Gründungskanzlers begonnen. Die Quellenlage war so gut wie nie mehr zuvor und danach. Noch lebten viele Zeitzeugen, die seinen Lebensweg von der Weimarer Republik bis in die Ära des Vietnamkrieges begleitet hatten und in der Lage waren, die für mich vollständig zugänglichen deutschen archivalischen Quellen zu veranschaulichen, zu ergänzen, zu interpretieren, zu korrigieren und an den jeweiligen Zeitgeist zu erinnern. Noch war er auch umstritten und im öffentlichen Bewußtsein quicklebendig. Das hat sich dann schlagartig geändert. Erst in den neunziger Jahren, als die Konstellation seiner Epoche Vergangenheit geworden war, wurde er unversehens zum Standbild, somit nur noch von historischem Interesse. Ich war dieser einzigartigen Gestalt gerade im letzten Moment habhaft geworden.

Hauptstadtprofessor

Das Environment an der Bonner Universität

Am 1. April 1987 übernahm ich in der Nachfolge Karl Dietrich Brachers den Lehrstuhl für Politische Wissenschaft und Zeitgeschichte an der – so die altväterische Bezeichnung – Rheinischen Friedrich-Wilhelms-Universität Bonn. Hatte ich bisher schon als eine Art De-facto-Hauptstadtprofessor operiert, so wurde diese Rolle nun sozusagen legalisiert. Noch besser als bisher konnte ich mich ohne gravierenden Zeitaufwand auf einer größeren Zahl von Plattformen auch außerhalb der Universität tummeln.

Jeder Ordinarius im heutigen Universitätsbetrieb hätte seinen Beruf gründlich verfehlt, würde er nicht weit über die eigene Universität hinaus sein wissenschaftliches Netz auswerfen, zugleich jedoch in das jeweilige Berufsfeld eintauchen, das zu erforschen ihm aufgetragen ist. So halten es die jeweils auf verschiedenste Rechtsgebiete spezialisierten Juristen, die Ökonomen, die Geographen, selbst die Theologen. Daß ein Professor der Politischen Wissenschaft, so er denn etwas zu sagen hat, einerseits als Experte im politischen Raum von gewissem Interesse ist, andererseits aber die dortigen Gremien nutzt, um die ungeschriebenen Verhaltenscodes, die Interessenkonfigurationen, die Sorgen, Hoffnungen, Rivalitäten und Intrigen in der politischen Klasse zu studieren oder bisher unausgeschöpfte Quellen für seine empirischen Studien zu erschließen, versteht sich von selbst.

Jedoch sind gut unterrichtete und kritisch beobachtende Politikprofessoren nicht bloß wertfreie Analytiker, sondern zugleich Staatsbürger mit eigenen Zielvorstellungen, Gefahrenperzeptionen und Gestaltungsvorstellungen. Sie bewegen sich dabei auf einem schmalen Grat zwischen der gebotenen objektiven Analyse von Sachverhalten einerseits und politischer Publizistik oder Einflußnahme hinter und vor den Kulissen andererseits. Ein jeder wird den entsprechenden Rollenerwartungen je nach Urteilsvermögen, politischem Temperament und eigenwilligem Selbstbewußtsein gerecht. Zuspruch oder Kritik kommen erfahrungsgemäß aus allen Bezugskreisen, in denen man sich bewegt: von den wissenschaftlichen Fachkollegen, von den Journalisten, auch aus der politischen Klasse selbst.

Ein Hauptstadtprofessor der Politischen Wissenschaft genießt aufgrund seiner Nähe zum Tatort viele Gesprächsmöglichkeiten im politischen Raum. Ähnlich wie der Hauptstadtkorrespondent einer Zeitung befindet er sich in den Randzonen der Entscheidungsprozesse und kann viele der Akteure ganz aus der Nähe beobachten.

Über die konkreten Einflußmöglichkeiten darf er sich jedoch keine Illusionen machen. Politiker, hohe Beamte und Funktionäre operieren in hierarchischen Strukturen; wer kein Staatsamt oder kein Parteiamt mit präzisen Zuständigkeiten besitzt, kann wenig bewirken. Hat sich die hohe Politik in bestimme Vorhaben verbissen, läßt sie sich ohnehin nicht bremsen. Nur mit viel Glück gelingt es gelegentlich, den politischen Willensbildungsprozeß von außen her mit eigenen Ideen zu beleben oder ohnehin schon laufende Entwicklungen zu verstärken.

Entscheidend ist und bleibt die Gelegenheit zu genauer Beobachtung. Für einen Professor der Politikwissenschaft ist die Nähe zur Politik besonders dann wichtig, wenn er durch Kolumnen, Aufsätze oder Bücher publizistisch auf den öffentlichen Diskurs einwirkt. Einerseits entfernt er sich dann mit seinen Beobachtungen, Analysen, Vorstößen und kritischen Zwischenrufen nicht zu weit von den laufenden Entscheidungsprozessen. Andererseits hören politische und administrative Akteure einem Politologen dann einigermaßen aufmerksam zu, wenn dieser auch als Publizist einen gewissen Namen hat und wenn sie ihn regelmäßig persönlich treffen, ohne ihm aber als einem Konkurrenten mißtrauen zu müssen. Unschätzbar ist ein solcher Beobachtungsplatz für Forschung und Lehre, die erstrangige Aufgabe eines Professors der Politischen Wissenschaft.

Die Bonner Professur war allerdings nicht so gut ausgestattet wie das Kölner Forschungsinstitut. Ich sah auch ziemlich klar voraus, daß mich kein harmonisches Institutsklima erwartete. Dennoch habe ich diesen Ruf als eine Art Krönung meiner bisherigen Universitätslaufbahn verstanden. Selten hat ein Professor das Glück, genau den Lehrstuhl und die Universität zu erreichen, die seinen langjährigen Forschungen entspricht. Hinzu kam die Standortgunst der Bundeshauptstadt. Daß ich in diesen Bonner Anfängen unmittelbarer Zeuge der Umbruchjahre 1988 bis 1990 werden würde, war aber genauso wenig voraussehbar wie der eigenartige Zufall, daß meine Emeritierung im Frühjahr 1999 haargenau mit dem Regierungsumzug nach Berlin und somit dem Ende der Bonner Republik zusammenfallen würde. Und in den Bonner Jahren ließ sich auch mit zunehmender Befremdung studieren, wie – anfangs von der Öffentlichkeit wenig beachtet – der babylonische Turm der Europäischen Union Gestalt angenommen hat.

Die Anfänge im Seminar für Politische Wissenschaft waren mühsamer, als ich sie mir vorgestellt hatte. 1959 hatte Bracher in seiner Villa am Bonner Hofgarten begonnen. Dort war nun vorerst mein Amtssitz, von morgens sieben bis abends acht verkehrsumtobt, eng, schwül im Sommer und kalt im Winter. Im Nachbarhaus standen dem längst von Studentenmassen überlaufenen Seminar zwei Etagen mit Übungsräumen, Dienstzimmern und besonders für die Bibliothek zur Verfügung. Bei den Berufungsverhandlungen konnte ich nur eine vage Zusage herausholen, das Seminar mittelfristig bei erster Gelegenheit besser unterzubringen. Bis es soweit war, dauerte es gut zwei Jahre.

Mein Drängen beim Kanzler der Universität half anfangs nichts, hatte aber schließlich zur Folge, daß dem Seminar drei große Etagen in der Lennéstraße angeboten wurden, die fast allen Wünschen Rechnung trugen. Sicher half dabei auch die Beobachtung, daß ich verschiedene, für die Verhältnisse der Philosophischen Fakultät vergleichsweise große Drittmittelprojekte an Land gezogen hatte. Ein gutes Jahrzehnt hindurch lag nun die Kommandozentrale meines kleinen Forschungs-, Lehr- und Publikationsbetriebs in der Lennéstraße 25–27. Genau gegenüber hatte einstmals die Bundesgeschäftsstelle der CDU unter Bruno Heck und Konrad Kraske ihren Sitz gehabt, in die der große Adenauer angeblich nie seinen Fuß gesetzt hat. Ich selbst hatte dort, wie bereits geschildert, von wohlmeinenden, unbürokratisch entscheidenden Damen und Herren zahlreiche Schlüsseldokumente zur Frühgeschichte der CDU erhalten. Die Lennéstraße markierte sozusagen den Beginn meiner Beschäftigung mit Adenauer und der Bonner Republik, doch das lag nun schon ein Vierteljahrhundert zurück – eine halbe Ewigkeit.

Nun mußte der Umzug bewältigt werden. Die Leitung des Seminars rotierte damals zwischen Jacobsen und mir. Als Geschäftsführender Seminardirektor hatte ich im Jahre des Heils 1988 das zweifelhafte Vergnügen, die von Wasserschäden und sonstigen Widrigkeiten begleitete Renovierung des unter Denkmalschutz stehenden Stammhauses, wo die Bibliothek untergebracht war, die Umwandlung des Anwesens in der Lennéstraße in ein Seminar und die Raumverteilung auf den durch Schwerbeweglichkeit gekennzeichneten überkommenen Bestand an Professoren, Akademischen Räten, Sekretärinnen und Hilfskräften zu organisieren. Ohne meine zupackenden Mitarbeiter Christoph Rothkegel, Gabriele Brenke, die leider vor ihrer Habilitation einem tückischen Leiden erlag, und den schon in den Kölner Jahren bewährten Hanns Jürgen Küsters wäre das nicht zu bewältigen gewesen.

Zu diesen drei Säulen des Lehrstuhls stießen die beiden Sekretärinnen Edith Klemke und Helmi Cammin. In Köln hatte ich über zwei Sekretärinnen verfügt, die rund um die Uhr zu tun hatten. In Bonn standen mir nur zwei Halbtagssekretärinnen zur Verfügung. Aber auch sie arbeiteten rund um die Uhr, selbst im schlimmsten Betrieb allzeit freundlich, von den Studenten hochgeschätzt, verschwiegen und akkurat. Da inzwischen das digitale Zeitalter einzog, waren zwei gut organisierte Kräfte in der Lage, genauso viel Korrespondenzen und Manuskripte vom Tisch zu bringen wie zuvor die beiden Damen in Köln. So brummte an meinem Lehrstuhl ein munterer Arbeitsbetrieb.

Lästig war besonders, daß die C-3-Professoren überhaupt nicht daran dachten, zusammen mit mir das Lehrprogramm angemessen auszuweiten und die Lücke zu schließen, die Bracher hinterlassen hatte. Schon immer war ich der Meinung, daß Hausberufungen und Bewährungsaufstieg zu den unausrottbaren Krebsübeln der deutschen Universität gehörten. Diese Beobachtung bestätigte sich einmal mehr. So blieb keine andere Wahl, als in eigener Person ein völlig neues Set vierstündiger

Vorlesungen aufzubauen. Ich begann mit einem Kolleg zum »Britischen Regierungssystem«, schloß daran über zwei Semester hinweg eine Vorlesung »Politische Ideen im 20. Jahrhundert« an, bot regelmäßig ein gleichfalls vierstündiges Kolleg »Vergleichende Regierungslehre« an und las, wiederum über zwei Semester hinweg, »Politische Ideen im 16. und 17. Jahrhundert von Machiavelli über Jean Bodin, die Monarchomachen und Hugo Grotius bis Althusius«. Ich glaube, daß ich so einige meiner besten Kollegs ausgearbeitet habe. Geschadet hat mir diese Arbeit nicht, wahrscheinlich auch nicht den Studenten, die sich Dienstag und Mittwoch jeweils von 8–10 Uhr im Hörsaal XV mit Blick auf den Hofgarten, den ich von Bracher geerbt hatte, etwas verschlafen zwar, aber doch tapfer einfanden. Zwischendrin recycelte ich auch periodisch die früheren Kollegs zur »Weltpolitik seit dem Ersten Weltkrieg« oder die »Einführung in die Internationalen Beziehungen«.

In den neunziger Jahren, als mich der politisch interessierte Amerikanist und renommierte Faulkner-Experte Lothar Hönnighausen, zu allem auch ein besonders sympathischer Kollege, eindringlich bat, beim Aufbau eines Amerika-Programms zu helfen, machte ich mich an die Ausarbeitung neuer Kollegs: »Amerikanische Außenpolitik vom Spanisch-Amerikanischen Krieg 1898 bis zur Gegenwart« und – wiederum über zwei Semester hinweg – die amerikanischen Präsidenten von George Washington bis George Bush senior. Wenn ich mich schließlich kundig genug fühlte, die Porträtgalerie *Das Gesicht des 20. Jahrhunderts* zu verfassen, dann nicht zuletzt dank der Recherchen und Überlegungen, die ich in diese vierstündigen Kollegs investiert hatte.

Bei den Seminaren gab ich meinen alten Neigungen nach, den Studenten (in wachsendem Maß auch den Studentinnen) eine bunte Abfolge von Gerichten zu servieren. Einerseits bot ich meine wohlbekannten außen- und sicherheitspolitischen Themen an, natürlich jeweils aktualisiert, andererseits griff ich Themen aus der »Vergleichenden Regierungslehre« auf, suchte die Studenten immer wieder einmal für das Studium der Klassiker John Locke, Montesquieu und Alexis de Tocqueville zu begeistern sowie für die in Deutschland kaum bekannten Arbeiten des bedeutenden amerikanischen Liberalen Walter Lippmann, oder ich erörterte mit ihnen die neuesten Lehren und Irrlehren zu den internationalen Beziehungen.

Der bewährte Rhythmus wurde auch in Bonn eingeführt: Vergabe der Referatthemen in den beiden letzten Wochen des vorhergehenden Semesters, gründliche Besprechung der Fortschritte irgendwann in der vorlesungsfreien Zeit, Vorlage eines ausgearbeiteten Referats, das eine Woche vor der Seminarsitzung auszulegen war, dann kurzgefaßter Vortrag und gründliche Diskussion. Ähnlich wurde in den Oberseminaren verfahren. Neben der kritischen Erörterung interessanter neuer internationaler Forschungspublikationen wurden dort grundsätzlich die vielen laufenden Magisterarbeiten vorgestellt, desgleichen die Konzepte oder die Zwischenergebnisse von Dissertationen.

Während der ganzen Jahre am Bonner Seminar für Politische Wissenschaft hat mir die Arbeit mit den Studierenden am meisten Spaß gemacht. »Mit den Studenten bin ich sehr zufrieden«, resümierte ich in einem Privatbrief am Ende des ersten Bonner Jahres: »Anders als Köln ist Bonn eine Universität, wo mobile Studenten auch von weither zusammenkommen. Mobile Studenten sind meist aber auch gute Studenten. Dazu ein vergleichsweise hoher Prozentsatz aus den Familien höherer Beamter, Diplomaten etc., die gleichfalls teilweise schon weit herumgekommen sind. So herrscht eine arbeitsame, muntere Atmosphäre. Und da die jungen Leute heute ohnehin höchst erfreulich sind – offen, zupackend, unideologisch, auch nicht mehr so schrecklich wehleidig und sentimental wie die Generation vor zehn oder noch vor fünf Jahren –, ist es ein schönes Arbeiten.«[157]

Viele kamen nicht nur deshalb nach Bonn, weil die dortige Politische Wissenschaft als gute Adresse galt. Manche arbeiteten schon auf Halbtagsstellen bei Bundestagsabgeordneten. Die ganze politische Landschaft war vertreten, von der CDU und CSU über die FDP und die SPD bis zu den Grünen. Politisch unterschiedliche Orientierungen im Seminar habe ich immer als Vorzug empfunden. In den Fraktionen wurden die Divergenzen aber doch gedämpft durch eine pragmatische Herangehensweise an die politischen Fragen. Und der große Vorteil: Hier konnte man für die Magister- und Doktorarbeiten Themen zur Gesetzgebung oder zu aktuellen Fragen ausgeben, bei denen die am Bundestag verankerten Studierenden über einen beneidenswerten Quellenzugang verfügten.

In Bonn befanden sich damals auch die Korrespondenten und die Studios der Fernsehanstalten (RTL und n-tv saßen nicht weit entfernt in Köln), die Verbände, die Lobbyisten, die Landesvertretungen, aber auch die DGAP und die Bonner Vertretung der Europäischen Gemeinschaften – und überall zwischendrin blitzgescheite Studenten, die irgendwelche Tätigkeiten ausübten. Dieser Zustrom hielt bis zum Ende meiner Bonner Zeit im Jahr 2000 an. Nie habe ich eine so große Zahl erstklassiger, zu eigenständigen Arbeiten begabter, doch auch sympathischer Studierender der Politischen Wissenschaft gehabt.

Zu den Schleusenöffnern im Bundestag gehörten auch die Lehrbeauftragten an unserem Seminar. Diesbezüglich hatte sich schon unter Bracher und Jacobsen die Praxis entwickelt, wissenschaftlich befähigte und interessierte Abgeordnete für Lehraufträge zu gewinnen. Selbstverständlich galt auch hier vergleichbar der DGAP oder dem Institut für Europäische Politik unter Leitung meines Kölner Doktoranden Wolfgang Wessels das Prinzip parteipolitischer Ausgewogenheit. Als ich selbst bei den Bonner Politikwissenschaftlern andockte, begann allerdings bei den Lehrbeauftragten da und dort eine kritische Lage einzutreten. Einige hatten schon eine ganze Reihe von Jahren mit einem gewissen Enthusiasmus und Erfolg Proseminare abgehalten und erwarteten nun die Ingangsetzung eines Verfahrens zur Verleihung von Honorarprofessuren. Ich habe das, wenn genügend vorzeigbare wissenschaftliche Publikationen vorlagen, in der Fakultät durchgezogen und bin in keinem Fall enttäuscht worden. Uwe Holtz von der SPD, der langjährige Vorsitzende des Bundestagsausschusses für Entwicklungspolitik, Gerd Langguth von der CDU, der damals als Geschäftsführender Vorsitzender der Konrad-Adenauer-Stiftung eine schlimme Zeit hatte, der ideengeschichtlich ebenso kundige wie kämpferische Liberale Gerd Habermann und Michael Schneider von der Friedrich-Ebert-Stiftung boten niveauvolle Seminare an und ließen die Einseitigkeit im C-3-Bereich etwas verschmerzen.

Die Fakultät war so, wie ich die Philosophische Fakultät aus Hamburg in Erinnerung hatte: lauter Individualisten, die, wenn sie nicht ausschließlich egozentriert waren, wenigstens primär die Interessen ihrer Fächer im Auge hatten. Die Fakultätssitzungen, ganz besonders die zahlreichen Habilitationsverfahren, wurden von nicht wenigen als Laufstege der Professoreneitelkeit betrachtet, wie ich das schon zur Genüge erlebt hatte. Doch keine Spur von der speditiven Sachlichkeit der WiSo-Fakultäten.

Den Politikwissenschaftlern brachte eine Mehrheit eher Mißtrauen entgegen. Bracher, der auch einmal als Dekan amtiert hatte, war zwar geschätzt, aber wegen seiner starken Öffentlichkeitswirkung insgeheim auch beneidet worden. Jacobsen warf man hinter vorgehaltener Hand seine Auslandsaktivitäten vor. Da ich selbst mich häufig publizistisch zu Wort meldete und in verschiedensten Gremien aktiv war, wenngleich ohne daraus eine große Show zu machen, spielte auch mir gegenüber der Faktor Neid eine gewisse Rolle. Bisweilen erinnerte die Fakultät an einen weitverzweigten Clan begabter, aber zumeist armer Familien, wo Zank um die knappen Ressourcen an der Tagesordnung ist.

Seit meiner Berufung unter dem Dekanat Konrad Repgen, dem mit allen Wassern gewaschenen Wortführer des konservativen Flügels, wurde ich, nicht ganz zu Unrecht, dem anfangs noch starken Lager der Traditionalisten zugeordnet. Das half in vielen Fällen. Zu den Historikern mit dem auch in allen Fakultätsangelegenheiten starken Hans Pohl und dem neu berufenen, vorzüglichen Historiker Klaus Hildebrand bestand ein gutes Arbeitsverhältnis. Es gab auch eine ganze Reihe von Kollegen aus verschiedensten Fächern, die genuines Interesse an politischen Fragen hatten und mit denen man gemeinsam interessierende wissenschaftliche Fragen diskutieren konnte wie der Althistoriker Klaus Rosen, der Philosoph Wolfgang Kluxen, der Sinologe Rolf Trauzettel, der Soziologe Friedrich Fürstenberg, der Pädagoge Erich Geißler oder der Kunsthistoriker Justus Müller Hofstede. Ich war zwar schon in einem Alter, in dem man nur noch zögernd Freundschaften schließt. Doch mit einer Reihe der Bonner Kollegen gelang das. Mir wurde auch zugute gehalten, daß ich mich regelmäßig an den meist unendlich langen, in der Regel bis zehn Uhr abends dauernden Sitzungen in dem überfüllten Fakultätsraum beteiligte, der mit einem abscheulichen, in schmutzigen dunklen Farben gewebten Wandteppich geschmückt war, der generösen Abschiedsgabe des einstmaligen Dekans Heinrich Lützeler, von dem man sich so vieles erzählte.

Zum Unbehagen trug auch die Inkraftsetzung und Implementierung des Hochschulgesetzes von NRW bei. In Hamburg hatte ich schon einmal erlebt, wie alle bösen Gelüste, die in Professorenherzen schlummern, durch Einführung der Ständeuniversität geweckt werden. Während meiner ganzen Kölner Jahre hatten die Universitäten dem widerstehen können. Jetzt, in Bonn, wurde das exekutiert. Viel von der Widerspenstigkeit, die sich im Seminar für Politische Wissenschaft zeigte, resultierte teilweise aus dem Umstand, daß die dortigen Extraordinarien und manche Akademischen Räte seit Jahren auf die Stunde gewartet hatten, in der sie auf die Sachmittel und Personalmittel der Ordinarien zugreifen könnten. Anfang der neunziger Jahre war es soweit.

Immerhin gehörte ich jetzt selbst zu den alterfahrenen Keilern. In den meisten Fällen konnte ich meine Wünsche durchzusetzen: Habilitationen, Honorarprofessuren, Studienordnungen, Mittelzuweisungen. Es gelang mir sogar, freilich erst nach erbitterten Kämpfen, in Sachen Nachfolge Jacobsen zu obsiegen. Auch von Kürzungen blieb ich nach dem ersten großen Krach verschont. Und ich wußte nun auch, wie man Niederlagen in einem Gremium durch Verlagerung der Entscheidung auf eine höhere Ebene korrigiert. Schön war das alles jedoch nicht.

Besonders in den ersten Bonner Jahren hat das Seminar für Politische Wissenschaft viel Zeit in Anspruch genommen. Dasselbe galt für die Fakultät mit dem nie endenden Prüfungsbetrieb, den Gutachten, der Kommissionsarbeit und dem Kampf um Stellen, Haushaltsmittel und Neuberufungen, die zahllosen Habilitationen nicht zu vergessen. Auch groteske Plagiatsaffären (eine reichte bis in die frühen fünfziger Jahre zurück) wirkten als Muntermacher. Kontinuierliche Mitwirkung dort war selbstverständlich, weil sich das für einen ordentlichen Professor gehört. Sie war auch geboten, um meine Basis im Seminar abzusichern. Aber Anfragen, noch einmal für ein Dekanat zu kandidieren, habe ich dankend abgelehnt.

Doch konnte mir niemand vorwerfen, in der wissenschaftlichen Welt nicht anerkannt zu werden. Auch heute erschrecke ich noch, wenn ich mir die lange Latte meiner Ehrenämter vor Augen führe, denen ich in den Bonner Jahren oder auch noch danach gerecht zu werden hatte. Ich muß sie hier einmal nennen, da sie mit meinem Tun und Treiben in der Bonner Zeit untrennbar verbunden waren und einen erheblichen Teil meiner Arbeitskraft beansprucht haben. Aus der oft langen Dauer dieser Funktionen läßt sich auch schließen, daß die Gremien, die mich regelmäßig wiederwählten, mit meiner Arbeit nicht ganz unzufrieden waren. Um nicht schamrot zu werden, liste ich aber eine Auswahl meiner seinerzeitigen Funktionen nur im Anmerkungsteil auf.[158]

Dazu kamen die politischen Aktivitäten, so die schon lange dauernde Tätigkeit im Bundesfachausschuß Außenpolitik der CDU, die ich erst 1990 wegen Arbeitsüberlastung aufgegeben habe und die mich weiterhin mit allen CDU-Politikern in Verbindung brachte, die auf dem Feld der Außen-und Sicherheitspolitik etwas zu sagen hatten, aber auch mit dem Generalsekretär Heiner Geißler, der sich gegen Ende des Jahrzehnts sichtlich von Kohl abzusetzen begann. Im Bundeskanzleramt nahm ich in jenen Jahren an drei Gesprächsrunden teil: an dem Beraterkreis Teltschiks, an einer Gesprächsrunde, die der Kanzleramtsminister Wolfgang Schäuble zu den Entwicklungen in der DDR regelmäßig um sich versammelte, und an einer Toprunde zu Fragen der Sicherheitspolitik, der seitens der Wissenschaft Experten der SWP angehörten.

Daß ich alles ohne je zu fehlen auf die Reihe brachte, erstaunt mich im nachhinein schon. Weniger erstaunlich ist, daß mich damals manche für einen wissenschaftlichen Multifunktionär hielten, der seltsamerweise auch noch die Zeit für einen stark belastenden Lehrbetrieb, zum Schreiben von Büchern, von Aufsätzen, von Zeitungsartikeln und Rezensionen sowie zur Herausgeberschaft anspruchsvoller Sammelbände aufbrachte.

Helmut Kohl

Was ist nun von der Tätigkeit in diesen unterschiedlichsten Zusammenhängen erinnerungswürdig? In erster Linie doch wohl die Beobachtungen in den politischen Gremien. Deren wichtigstes war der Vorstand der Konrad-Adenauer-Stiftung. Seit den Anfängen unter Bruno Heck hatte ich dorthin Verbindung gehalten, zumeist über das damals sehr leistungsfähige Institut für Sozialwissenschaft, an dessen Spitze zwei geschätzte Professoren tätig gewesen waren, bis sie sich nach einigen Jahren frustriert verabschiedeten – erst der zupackende Werner Kaltefleiter, der aus dem Kölner Beritt von Ferdinand Hermens kam, dann Dieter Oberndörfer. Unter Hans-Joachim Veen und seinem Vize, meinem einstigen Kölner Assistenten Peter Weilemann, hat sich das Institut beruhigt und vorzeigbare Forschung erbracht. Veen war ein Politikwissenschaftler, der in Hamburg bei mir gehört hatte, dann bei Hennis in Freiburg promovierte und dort zeitweilig als Assistent tätig war. Nach manchen Scharmützeln traf ihn schließlich der Zorn Helmut Kohls. Veen hatte 1998 wahrheitsgemäß analysiert, daß im Land eine starke Wechselstimmung zu beobachten sei. Viele Leute dachten schlicht und einfach, »16 Jahre Kohl sind genug«. Der große Mann wollte das natürlich nicht wahrhaben, und so fiel der Überbringer unerwünschter Nachrichten im Jahr drauf einer Säuberung zum Opfer. 1985, als ich im Vorstand eincheckte, hielt es jedoch kaum jemand für möglich, daß der Bundeskanzler, der auch in der Stiftung sein Gewicht einzubringen wußte, bis zum Ende des Jahrhunderts durchhalten würde.

Die Aufnahme einiger angesehener Professoren in den Vorstand war nötig geworden, weil das Bundesverfassungsgericht bei einer Klage wegen Umwegfinanzierung der Parteien über die politischen Stiftungen in einem *obiter dictum* bezweifelt hatte, daß eine Besetzung der Vorstände allein durch Politiker Zweifel an der wissenschaftlichen Tätigkeit aufwerfe. So wurden drei Professoren als stimmberechtigte Mitglieder in den Vorstand genommen: Elisabeth Noelle-Neumann vom Institut für Demoskopie in Allensbach, die sich gerne auch als Oberaufseherin zur Kontrolle des Sozialwissenschaftlichen Forschungsinstituts verstand, das sie – nicht ganz zu Unrecht – als Konkurrenz betrachtete, Michael Stürmer, einer der klügsten und zugleich politischsten unter den jüngeren Historikern seiner Generation, und ich selbst.

Noelle-Neumann, eine bewundernswert subtile und zähe Frau, die Kohl offenbar sehr respektierte und die auch ich schätzen lernte, blieb im Vorstand, solange sie das Allensbacher Institut leitete. Durch dreierlei ist sie mir in Erinnerung geblieben: durch ihren Dauerkrieg gegen Veen, durch ihre ständigen Klagen, ihr Institut werde vom Bundespresseamt mit viel zu wenigen Aufträgen bedacht (sie war auch mit Leib und Seele Unternehmerin) und durch ihre beharrlichen, auf viele Umfragen gestützten Hinweise, die Deutschen in Ost und West hätten sich mit der Teilung noch nicht abgefunden.

Stürmer bewährte sich anfangs als überzeugter »Kohlianer«, verfaßte Reden für Kohl, wirkte an der ersten Regierungserklärung mit und tat, so hatte es den Anschein, sein Bestes, den Bundeskanzler in seiner Fixierung auf Frankreich zu bestärken. In den Jahren, als er die Stiftung Wissenschaft und Politik leitete, kühlte sich die Liebe des Bundeskanzlers ab, vielleicht, weil Stürmer nun zu ausgeprägt atlantisch argumentierte, vielleicht auch, weil ihm Kohl verübelte, daß er als Leitartikler bei der *FAZ* ein zweites Gehalt verdiente und der Regierung, wie es sich gehörte, dann und wann die Leviten las.

Vorsitzender der Konrad-Adenauer-Stiftung war immer noch der knorrige Bruno Heck. Er war ein Mann vom katholisch-konservativen CDU-Flügel, der sich nicht die Butter vom Brot nehmen ließ und den auch Kohl respektierte. Dieser hatte aus den Jahren des innerparteilichen Aufstiegs Heck gegenüber noch einige Dankesschulden abzutragen. Zugleich wußte Heck wohl auch so viel Kompromittierendes über Kohl, daß dieser es gleichfalls nicht auf einen Kampf ankommen ließ, obschon Heck gelegentlich aus der Reihe tanzte. Seitdem Kohl ins Bundeskanzleramt eingezogen war, fanden die Sitzungen – aus Sicht von Kohl wohl bequemlichkeitshalber – durchgehend im Kleinen Kabinettssaal des Bundeskanzleramts statt. (Angela Merkel hält demgegenüber strikt darauf, die Vorstandssitzungen, wie es sich gehört, in den Räumen der Stiftung am Berliner Tiergarten durchzuführen. Auch sie nimmt an jeder Vorstandssitzung teil, hält sich aber, anders als vor ihr Kohl, stark zurück, der Vorsitzende der Stiftung beherrscht den Gang der Verhandlungen, jedenfalls augenscheinlich, die Diskussionen sind rege, und die Tagesordnungen werden viel speditiver abgewickelt als zu Zeiten Kohls.)

In den letzten vier Jahren unter Heck, aber auch danach unter Bernhard Vogel, war der Bundeskanzler schlechthin dominierend. Er machte überhaupt kein Hehl daraus, daß er die Stiftung als sein Lehensgut, den Stiftungsvorsitzenden als seinen Lehensmann und die Vorstandsmitglieder als Gefolgsleute betrachtete, die – wenn sie angesichts seiner langen Suada überhaupt zu Wort kamen – ihre Meinung artikulieren konnten, aber die Formulierung des Ergebnisses lag beim Bundeskanzler. Von den Ministern war Manfred Wörner häufig zugegen, der über das Sozialwissenschaftliche Forschungsinstitut, wo auch die Sicherheitspolitik ressortierte, seine Hand hielt. Stoltenberg gehörte gleichfalls dem Vorstand an, ließ sich, wohl aus Arbeitsüberlastung, in seinen Jahren als Finanzminister nur selten blicken, legte aber, sozusagen als Burgwächter der sozialen Marktwirtschaft, Wert darauf, daß Wirtschaftsfragen im Programm angemessen berücksichtigt wurden und daß unter den Mitarbeitern der Stiftung wenigstens ein paar waren, die etwas von Ökonomie verstanden. Zu den ständig anwesenden Mitgliedern gehörte auch die Ministerin Dorothee Wilms, eine gescheite, sachliche, bemerkenswert freundliche Dame, die in der Partei von Anbeginn an zum innersten Kreis der Anhänger Kohls gehörte. Auch Geißler nahm in seiner Funktion als Generalsekretär regelmäßig teil und nach ihrer Wahl zur Bundestagspräsidentin Rita Süssmuth.

Weshalb die CDU-Spitzenpolitiker an der Konrad-Adenauer-Stiftung so auffälliges Interesse zeigten, schien mir hinlänglich klar. In der langen Oppositionszeit hatten sie allesamt bei den unerläßlichen Auslandskontakten die Nützlichkeit der über den ganzen Globus verteilten Außenstellen der Stiftung erlebt. Wer konnte schon wissen, ob diese bald wieder einmal wichtig sein würden – 1987, 1990, 1994, 1998? Auch nach Installierung der Regierung Kohl erwiesen sich die Büros in Washington, London und Paris bei Veranstaltung hochrangig besetzter Tagungen von Nutzen. Traditionalismus kam hinzu. Für altgestandene, inzwischen ganz weit nach oben gekommene CDU-Leute bildeten die häufig besuchten Tagungen in der Bildungsstätte Schloß Eichholz oder in Cadenabbia einen Teil ihrer Biographie.

Das Parteileben der Funktionäre und der aktiven Mitglieder spielt sich bekanntlich zum einen in der Parteiorganisation im engeren Sinn ab, zum anderen in den innerparteilichen Organisationen wie Junge Union, Frauen-Union, Christlich-Demokratische Arbeitnehmerschaft oder die Mittelstands- und Wirtschaftsvereinigung. In diesem Kontext besteht die Funktion der Konrad-Adenauer-Stiftung darin, ohne an den innerparteilichen Kämpfen der Landesverbände oder der Bundespartei beteiligt zu sein und auch die Sonderorganisationen transzendierend, sich wie ein hohes, bergendes Kirchendach über allem zu wölben, unter dem die Glaubensüberzeugungen, die Parteitraditionen, das geistige Selbstverständnis, auch gewisse emotionale Bedürfnisse der CDU ihren Platz finden. So hat wohl Helmut Kohl die Rolle der Stiftung gesehen, und Angela Merkel hat wie so vieles andere auch das von ihm gelernt.

Meine eigene Funktion im Vorstand war wohl die Traditionspflege. Der Parteihistoriker und Adenauer-Forscher wurde geschätzt, der kritische Intellektuelle, der die eingefahrenen Traditionen problematisiert und ungemütliche Fragen stellt, etwas weniger. Immerhin spricht es für die Toleranz der politischen Bank in der Konrad-Adenauer-Stiftung, daß sie mich trotz mancher Ketzereien ertragen hat.

Frau Noelle-Neumann, mit der ich mich in diesen Jahren zusammen mit Bernhard Vogel und dem Kohl-Intimus Wolfgang Bergsdorf auch öfters zu einer abendlichen Diskussion in ihrem Bad Godesberger Büro traf, pflegte beim Blick auf Gremien wie den Vorstand der Konrad-Adenauer-Stiftung zu sagen: »Das sind unsere Logenplätze.« So war es. Ein Politikwissenschaftler, der gern von Zeit zu Zeit auch in der Presse seine kritischen Kommentare veröffentlichte, konnte sich keine besseren Plätze zum Studium der Größen des Bonner Staatstheaters wünschen. In einer Sitzung im kleinen Kreis, von der übrigens anders als beim CDU-Präsidium oder beim CDU-Vorstand nie etwas nach außen drang, gibt sich das politische Großwild relativ natürlich.

Am natürlichsten im Sinne von ungeniert gab sich der Bundeskanzler. Er dominierte, wie gesagt, alles. Zu Beginn gab er meistens einen panoramischen Bericht zur Lage – zupackend, weitschweifig, mit vielen Detailbeobachtungen unterlegt, manchmal auch mit Zahlen, oft sorgenvoll und aufrüttelnd, immer sarkastisch, manchmal höhnisch, nie fragend oder zweifelnd, vielmehr von erstaunlicher Selbstsicherheit. Wer heute das Genre dieser Darlegungen studieren möchte, greife zu den höchst informativen Wälzern *Berichte zur Lage. 1982–1989* und *1989–1998*[159] mit den vergleichbaren Ausführungen Kohls vor dem CDU-Bundesvorstand. In Kenntnis der entsprechenden Darlegungen Kohls im Vorstand der Stiftung hatte ich bei Günter Buchstab, dem verdienten Leiter des Archivs für Christlich-Demokratische Politik (ACDP), wiederholt angeregt, doch endlich die nur in Tonbandaufnahme vorliegenden Ansprachen Kohls vor dem CDU-Bundesvorstand transkribieren zu lassen und in der Reihe der CDU-Bundesvorstandsprotokolle zu veröffentlichen. Das ist schließlich geschehen, und nun liegen wenigstens Kohls Ausführungen wörtlich vor – eine Fundgrube für Historiker, aber auch für Tiefenpsychologen.

Für Kohl war alles, was Adenauer sagte und tat, ein Objekt ständiger Neugier, aber auch ein Reiz zur Nachahmung. Als Buchstab 1986 den ersten Band der CDU-Bundesvorstandsprotokolle edierte,[160] kannte Kohl natürlich schon längst diese frühen Sitzungsprotokolle seines berühmten Vorgängers und war entschlossen, so wie dieser die »Berichte zur Lage« als Führungsinstrument einzusetzen. Doch warum hat es sich Kohl, immerhin schon ein vielbeschäftigter Bundeskanzler, nicht nehmen lassen, auch den Vorstand der Konrad-Adenauer-Stiftung regelmäßig mit einem weitgespannten »Bericht zur Lage« zu bedenken? Im Bundesvorstand war das verständlich, schließlich saßen dort über 60, allermeist durch Wahl auf den Parteitagen in ihr Amt gewählte CDU-Politiker der ersten und der zweiten Garnitur, die – so sah das wohl Kohl – einer periodischen Gehirnwäsche bedürftig waren. Aber lohnte sich der Aufwand auch in dem knapp 20 Personen umfassenden Vorstand der Konrad-Adenauer-Stiftung? Hier kam wohl ein Faktor ins Spiel, der bei Kohl ganz auffällig war, auch zusehends irritierend: seine nicht zu bremsende Pfälzer Redefreude, die natürlich auch zugleich signalisieren sollte, wie ungeheuer weitsichtig, vorsichtig, umsichtig, aber auch allwissend er sei. Das Bedürfnis, sich in einem kleinen Kreis von Gleichgesinnten durch Aussprechen vieler seiner Überlegungen zu bestätigen, mag ihn gleichfalls motiviert haben. Mir wurde bestätigt, daß er sich in allen Gremien, die zu ihm aufzuschauen hatten, ähnlich verhielt. Kaum stellte einer danach eine Frage oder äußerte, was sehr selten war, vorsichtig verklausulierte Zweifel, wurde das Gremium erneut mit einer mächtigen Suada eingedeckt. Hinter vorgehaltener Hand wurde deshalb immer häufiger geklagt: Er rede ununterbrochen, könne aber nicht mehr zuhören – es sei denn, einer fuhr ihm ganz grob in die Parade, womit er sich dann als Gegner dekuvrierte oder auch mit seinen Argumenten schon deshalb kein Gehör fand, weil er bereits als Gegner eingestuft war.

Im Grunde herrschte unter den Teilnehmern der Vorstandssitzungen in der zweiten Hälfte der achtziger Jahre, doch auch danach, ein freundschaftlicher, entspannter, von gelegentlichen Frotzeleien vergnüglich gemachter Umgangston. Natürlich war bekannt, daß zwischen Kohl und Geißler, auch zwischen Kohl und Rita Süssmuth, Spannungen bestanden, doch sie wurden nicht im Vorstand der Konrad-Adenauer-Stiftung ausgetragen. Der eigentliche Unruhefaktor in dem Gremium war Kohl selbst. Offensichtlich war er es seit langem gewohnt, sein Umfeld durch ständige Ermahnungen, durch Verweis auf gefährliche Entwicklungen und durch Einzelkritik in Trab zu halten, um eine Atmosphäre ständiger Beunruhigung zu erzeugen. Schließlich ist die Erzeugung von Angst zu allen Zeiten ein hervorragendes Herrschaftsinstrument. Aber der Bundeskanzler wurde auch, so gewann ich den Eindruck, schon im letzten Jahrfünft der achtziger Jahre von ständiger Sorge umgetrieben, mitsamt seiner CDU früher oder später abzustürzen.

Überall sah er bedrohliche Entwicklungen. Die Themen, über die er sich in diesen letzten Jahren vor der Wiedervereinigung in weithin schweifenden Darlegungen von Sitzung zu Sitzung sorgenvoll ausließ, waren die Erosionstendenzen in der CDU-Stammwählerschaft, ganz besonders im katholischen Milieu, die kühle Distanz der Großwirtschaft, das ärgerliche Klagen des Mittelstands, dem es doch so gutgehe, die zunehmenden Sympathien für die Grünen und die tendenziös pazifistische, antiamerikanische, anti-CDU-gerichtete Propaganda, die von den öffentlich-rechtlichen Rundfunkanstalten ausgehe. Er spürte, daß seine Bonner Trutzburg auf Flugsand gebaut war, ohne aber genau zu wissen, wie dem zu begegnen sei.

Kohl gab sich zwar gern jovial, wenn nicht gar kameradschaftlich, ließ aber auch keine Gelegenheit aus, auf irgendeinem der Mitarbeiter der Stiftung oder auf ungenannte Abwesende der Parteiorganisationen – CDU-Wirtschaftsrat, CDU-Gewerkschafter, CDU-Landesverbände, Junge Union – herumzuhacken, organisatorische Schludrigkeit zu kritisieren und gegen die »Verbonzung« in der eigenen Partei zu wettern, so, als sei er nicht längst zum Oberbonzen geworden. Diejenigen, die ihn schon lange kannten, meinten ironisch, so habe er schon in Rheinland-Pfalz geredet, als er die Clique um seinen Vorgänger Peter Altmeier abräumen wollte.

Grassierte damals schon der Untertanengeist, der sich nach 1990 sichtlich ausbreiten sollte, als Kohl zu einer weltpolitischen Größe herangewachsen war? Indizien dafür habe ich nur bei ganz wenigen Vorstandsmitgliedern in der Konrad-Adenauer-Stiftung beobachten können. Natürlich ging jeder mit dem großen Boß respektvoll um. Aber ein Bundeskanzler darf das schließlich erwarten.

Byzantinismus und Schwenken des Weihrauchfasses habe ich jedoch schon früh in seiner engeren Umgebung und bei den zweit- und drittrangigen Parteifunktionären beobachtet. Als er beispielsweise von dem Treffen in Douaumont bei Verdun zurückkam, wo sich die eher peinliche Szene des Händchenhaltens mit Mitterrand ereignet hatte, meinte einer seiner getreusten Paladine bewundernd zu mir: »Ist das nicht noch viel eindrucksvoller als der gemeinsame Gottesdienst de Gaulles und Adenauers in der Kathedrale von Reims?«

Wie jeder Machthaber hatte er natürlich die Büchsenspanner aus seinem engsten Umfeld im Bundeskanzleramt, mit denen ich damals häufiger zusammenkam, auf Pfiff dressiert. Sie wurden bereits verlegen und huben zu wortreicher Verteidigung ihres Chefs an, wenn ich eine ironische Bemerkung machte oder gar bestimmte Entscheidungen für falsch erklärte. Unter den Bundesministern und deren Mitarbeitern, von denen ich manche kannte, herrschte ein sichtlich freierer und ironischer Ton. Allem Anschein nach war Kohl ein schonungslos fordernder Vorgesetzter, der von seinen Mitarbeitern hundertfünfzigprozentigen Einsatz, hundertfünfzigprozentige Bewunderung und hundertfünfzigprozentige Loyalität erwartete. Einer der wenigen aus seinem Beritt, der sich den Versuchungen zum Byzantinismus souverän und vergnügt entzog, war Horst Teltschik. Auch Schäuble vergab sich nichts.

Jedenfalls war im Vorstand der Konrad-Adenauer-Stiftung Gelegenheit, diesen politischen Riesen des letzten Drittels deutscher Geschichte im 20. Jahrhundert gründlich zu beobachten. Der Vorstand der Stiftung trat jährlich viermal für drei bis vier Stunden zusammen, und ich kann mich nur an ganz wenige Sitzungen erinnern, bei denen Kohl fehlte. 16 Jahre lang war somit Gelegenheit, ihn und sein Umfeld im unablässigen Wandel der politischen Konstellationen ruhig zu studieren. Dazu kamen noch Zusammenkünfte in anderen Kontexten. Als ich 2008 die Frage zu entscheiden hatte, ob ich mich wirklich an eine Biographie wagen sollte, sagte ich mir schließlich: »Warum nicht, schließlich hat dir dieser Mann immerhin an die 250 Stunden oder mehr in kleinstem Kreis Porträt gesessen!«

Am nachdenklichsten hat es mich gemacht, wenn er die Brille abnahm. Dann konnte man erkennen, wie seine großen, braunen Augen ruhelos umherwanderten.

Mag sein, daß sich dieser Effekt bei Brillenträgern oft einstellt. Ich jedenfalls dachte mir dann immer: Da sitzt ein Politiker, dessen Augen in einen vulkanischen Charakter blicken lassen, wo innere Unruhe, Mißtrauen, Sendungsbewußtsein, Haß, Bonhomie, Pflichtbewußtsein und Wirklichkeitssinn miteinander ringen – kein strahlender Siegfried, auch keine in sich ruhende Persönlichkeit wie der alte Adenauer oder Gerhard Schröder oder Karl Carstens, vielmehr ein von inneren Dämonen getriebener Riese, dem man am besten aus dem Weg geht. Auch seine das Normalmaß übersteigende Ichbezogenheit platzte aus allen Knopflöchern heraus. Je länger Kohl regierte und je länger ich selbst Gelegenheit hatte, seine physiognomischen und charakterlichen Veränderungen zu studieren, umso deutlicher traten seine weniger liebenswürdigen Züge hervor. In den Jahren vor der Wiedervereinigung deutete sich die Deformation durch Machtgenuß und den gnadenlosen Willen zur Machtbehauptung schon an, wirkte aber noch nicht befremdlich. Jeder Jeck ist schließlich anders, auch jede politische Größe, und ein Bundeskanzler darf sich manches herausnehmen.

Ich bin eben nur auf meine Beobachtungen auf Vorstandsebene eingegangen. Tatsächlich vollzogen sich die Arbeiten der Stiftung auch schon damals im Rahmen der gesetzlichen Vorschriften ähnlich wie die vergleichbarer Großorganisationen: demonstrative Präsenz der durch einige Professoren verstärkten »politischen Bank« im höchsten Leitungsgremium, aber effektive, vielfach wissenschaftlich fundierte Sacharbeit durch sehr gut qualifiziertes, motiviertes und auch dynamisch arbeitendes Fachpersonal auf allen Ebenen im Inland und im Ausland dieser weitverzweigten, unablässig expansiven Stiftung. Ich selbst habe eine meiner Hauptaufgaben darin gesehen, die durchweg gut besetzten Abteilungen, für deren Arbeit ich Sachkompetenz besaß, bei ihren an wissenschaftlichen Standards orientierten Projekten zu beraten und unverständige Vorgaben nach Möglichkeit zu verhindern.

Im Umfeld des Bundeskanzlers: Wolfgang Schäuble – der Beraterkreis Horst Teltschiks

Auch die anderen Beratungsgremien im Umfeld Helmut Kohls waren interessante Plattformen. So konnte ich den nach seiner Erhöhung zum Chef des Bundeskanzleramts von der Presse schon weithin als kommender Mann gehandelten Wolfgang Schäuble gleichfalls etwas gründlicher studieren. In seiner neuen Funktion war er eine Art Außenminister im Verhältnis zur DDR. Er hat dem sichtlich große Bedeutung beigemessen und diese Rolle genossen. Nach einiger Zeit der Einarbeitung hielt er es für nützlich, in unregelmäßigen Abständen – so zwei- oder dreimal im Jahr, wenn ich mich recht erinnere – einen größeren Kreis in abendlicher Runde um sich zu versammeln, mit dem er die Entwicklungen in der DDR diskutierte. Es waren meistenteils Journalisten aller politischen Schattierungen und einschlägig arbeitende Professoren, gut und gern 40 oder 50 Personen. Anders als Kohl war Schäuble damals ein Typ, der zum Zuhören und nicht zum Belehren disponiert war, augenscheinlich ein gescheiter, nachdenklicher, auch humorvoller Mann. Den Journalisten von links bis rechts gefiel er, und ich denke, daß er diese Zusammenkünfte nicht nur zum Zweck der Informationsgewinnung veranstaltet hat (schließlich konnte man alles gedruckt lesen, was die gescheiten Männer und Frauen hier zu berichten wußten), sondern damit zugleich PR in eigener Sache betrieb.

Mir selbst fiel übrigens bei diesen Zusammenkünften auf, wie schwankend die Einschätzungen dieser Experten zur Entwicklung in der DDR waren. Bestimmte Leitmedien – *Der Spiegel*, dessen DDR-Berichterstattung eher kritisch war, *Die Zeit*, eher optimistisch *Die Welt*, in der alles Negative hell angestrahlt wurde, die gedämpft berichtenden Berliner Blätter, auch Freund Peter Jochen Winters vom Berliner Büro der *FAZ* – gaben für die jeweils über Wochen und Monate dauernde allgemeine Bewertung die Linie vor, der sich die meisten anschlossen. Mir fiel auf, daß die Berichterstatter ihre Informationen fast nur aus Ost-Berlin bezogen. Kaum einer wußte aus eigener Anschauung zu berichten, wie es in den Betrieben außerhalb Berlins, in den LPGs oder gar in der Truppe aussah. Bezüglich der Dissidenten wurde die Auffassung weithin geteilt, daß sie eine demokratischere und ökologisch behutsamere DDR wünschten, aber überhaupt nicht an einen prinzipiellen Regimewechsel dachten. Die Möglichkeit einer Wiedervereinigung war ohnehin aus der Vorstellungswelt sowohl der Gesprächspartner in der DDR als auch der meisten dieser journalistischen und wissenschaftlichen DDR-Experten verschwunden. Auf den alarmierenden Verfall der Infrastruktur, des Wohnraums oder der Ausrüstung in den Betrieben machte kaum jemand aufmerksam. Das Thema Verschuldung wurde so gut wie gar nicht benannt. Niemand hatte davon so recht eine Ahnung, wie mir bei Vieraugengesprächen mit Teilnehmern klar wurde, die ich darauf ansprach und die es eigentlich hätten wissen müssen. Dasselbe Bild ergab sich übrigens aus den Berichten im Wissenschaftlichen Beirat des Bundesministeriums für innerdeutsche Beziehungen, den die dorthin katapultierte Ministerin Wilms seit 1987 wieder reaktiviert hatte. Die auf ihre Beobachtungen stolzen Korrespondenten in der DDR und die DDR-Experten der Forschungsinstitute waren auf einem Blindflug, ohne sich dessen jedoch bewußt zu sein.

Wie ich in eine andere Runde im Bundeskanzleramt hineingeraten bin, wo aktuelle Fragen der Nuklearrüstung und der Rüstungskontrolle erörtert wurden, weiß ich nicht mehr. Schäuble, der sich aber meist entschuldigen ließ, hatte zu einem Außenpolitischen Beraterkreis eingeladen. Der aufstrebende Volker Rühe und der Vorsitzende der CSU-Landesgruppe, Theo Waigel, trafen hier 1987 und 1988 in unregelmäßigen Abständen mit drei oder vier Sicherheitsexperten von der SWP zusammen, unter denen neben Michael Stürmer der nach Amerika bestens vernetzte Analytiker

Uwe Nerlich besonders hervorragte. Um das ansonsten schwer lösbare protokollarische Problem des Vorsitzes dieser informellen Gesprächsrunden über die heißen Themen einer ersten, zweiten und dritten Null-Lösung zu lösen, hatte man mich um die Leitung dieser kleinen Runde künftiger Granden und Thronanwärter der neunziger Jahre gebeten.

Die ergiebigste dieser informellen Runden war ein Beraterkreis, den Horst Teltschik in seiner Eigenschaft als Leiter der Abteilung 2 für Außen-und Sicherheitspolitik regelmäßig so alle drei Monate zu einem langen abendlichen *Brainstorming* ins Bundeskanzleramt bat. Die Zusammensetzung war in der Zeit von 1984/85 bis 1990 weitgehend dieselbe. Teltschik, von Herkunft her Berliner Politologe aus dem Stall Richard Löwenthals, war der richtigen Meinung, daß eine wohlassortierte Gruppe von Politikwissenschaftlern, garniert mit weiteren Experten, keine schlechte Sache wäre. Es war eine interessante Mannschaft, die sich hier zusammenfand: der Doyen des Ostrechts und der Sowjetologie Boris Meissner, später auch Georg Brunner, die beide zugleich auch Politikwissenschaftler waren, Werner Weidenfeld aus Mainz, Christian Hacke von der Hochschule der Bundeswehr Hamburg und General Franz-Joseph Schulze, in den siebziger Jahren NATO-Oberbefehlshaber in Europa-Mitte, der jeden Kilometer an der Front von Lübeck bis zum Böhmerwald und die komplizierten Verteidigungsdispositive der Allianz wie seine Hosentasche kannte, waren regelmäßig dabei. Verblüfft stellte ich fest, daß Teltschik zu diesen sehr vertraulichen Besprechungen mit einem halben Dutzend Diplomaten und Offizieren aus dem eigenen Stab regelmäßig auch den französischen Professor Joseph Rovan und den ORF-Intendanten Gerd Bacher einlud. Ähnlich wie Alfred Grosser, der im linken politischen Spektrum zu verorten war, hatte der zusehends konservativere Überzeugungen aufweisende Rovan in den vergangenen Jahrzehnten viel für die Versöhnung zwischen Deutschland und Frankreich getan. Es war bekannt, daß Helmut Kohl ihn sehr schätzte. Dennoch gehörte er nach meiner Meinung nicht in einen Kreis, wo vitale deutsche Sicherheitsinteressen erörtert wurden. Doch da Kohl, dessen überzogene Frankophilie ich inzwischen gut genug kannte, mit Mitterrand, den er für einen Freund hielt, ohnehin die sensibelsten Staatsgeheimnisse ungeschützt erörterte, machte es wohl nicht viel aus, daß auch Rovan dabei war. Vielleicht hatte Teltschik den gewürfelten Bacher, der Kohl beim Wahlkampf 1976 erstmals beraten hatte, wohl auch deshalb hinzugezogen, um die Seltsamkeit einer exklusiv französischen Präsenz etwas zu camouflieren. Im übrigen brachte Bacher die damals sehr wichtige südosteuropäische Perspektive in die Erörterungen ein. Ohnehin waren wir ja nur als Analytiker und Ideenproduzenten zugegen, und ein offenes, vielfach auch kritisches *Brainstorming* unter Intellektuellen aus verschiedenen Ländern ist immer vergnüglich.

Die Diskussionen liefen meist nach demselben Schema ab: Teltschik warf der Reihe nach kurzfristige und mittelfristige Entscheidungs- und Gestaltungsfragen auf, skizzierte kurz den Sachstand, und dann konnte sich jeder dazu äußern. Manchmal ergaben sich übereinstimmende Bewertungen, doch nicht selten kam sich die Runde untereinander in die Haare. Die Diskussion jedes Punktes nahm etwa eine halbe Stunde in Anspruch, dann leitete der allzeit vergnügte Teltschik, der die Kabbeleien der Professoren sichtlich genoß, zum nächsten Punkt über. So wurden zumeist fünf oder sechs substantielle Probleme erörtert. Nach etwa drei Stunden gingen die Diskussionen etwas weniger konzentriert bei einem anständigen Abendessen weiter. Das Bundeskanzleramt verfügte damals über einen guten Koch.

Ich erinnere mich an vieles aus diesen Erörterungen, aber ein Punkt ist mir besonders in Erinnerung geblieben. Irgendwann im Herbst 1987 warf Teltschik ganz unerwartet die Frage auf, was wir denn zu der Idee einer europäischen Währungsunion meinten. Das überschritt ganz offensichtlich die Zuständigkeit der Abteilung 2 und fiel auch völlig aus dem gewohnten Themenkreis heraus. Wenn ich mich recht erinnere, war ich der einzige, der sehr heftig und negativ reagierte. Ich rief die Argumente für die mir aus den längst zurückliegenden Diskussionen über den Werner-Plan geläufige »Krönungstheorie« in Erinnerung, empfahl, diesen Komplex erst einmal gründlich mit der Abteilung für Wirtschaftspolitik und den Leuten Stoltenbergs zu erörtern, und schloß meine Warnung mit der Bemerkung, der Bundeskanzler werde bei der kommenden Bundestagswahl ohnehin so viele Probleme haben, daß er gut daran täte, sich nicht auch noch eine Kontroverse über die Europäisierung der D-Mark an den Hals zu hängen. Teltschik leitete dann rasch zu einem unverfänglichen nächsten Punkt über, doch mir war ganz deutlich, daß er diese Idee überhaupt nicht für absurd hielt, sondern durchaus für erwägenswert. Ich legte dieser Frage damals kein großes Gewicht bei, weil es meine Vorstellungskraft überstieg, ein seiner Sinne noch mächtiger deutscher Kanzler könne die Verfügung über die eigene Währung preisgeben. Wenige Monate später erst stellte ich fest, daß sich das Bundeskanzleramt und der Élysée-Palast damals schon in weitreichenden Sondierungen über ein Konzept befanden, aus dem bald danach das heutige Euro-System entwickelt worden ist.

Besonders intensiv und, ich glaube, auch fruchtbar wurden die Erörterungen dieses Beraterkreises von Teltschik in den Umbruchjahren 1989/90. Als er Ende 1990 den Bundeskanzler zornig verließ, weil ihn Kohl wegen des Widerstands von Genscher nicht zum Staatssekretär gemacht hatte, fiel das Gremium auseinander.

Im professoralen Architekturbüro für das »Haus der Geschichte«

Zu den Tätigkeiten, die mir in diesen letzten Jahren der alten Bonner Republik zuwuchsen, gehörte auch die Leitung des Wissenschaftlichen Beirats für das »Haus der Geschichte der Bundesrepublik«. Dieses Projekt war anfänglich stark politisiert.

Kohl hatte das Vorhaben in seinen beiden Regierungserklärungen vom Oktober 1982 und vom Mai 1983 angekündigt. Historiker aus dem Lager der SPD zögerten nicht, das als museale Hofgeschichtsschreibung abzuwerten. Die Fixierung des Interesses auf die Geschichte der Bundesrepublik sei auch ein Versuch, von der NS-Vergangenheit abzulenken. Unbeschadet seiner eigenen Traumatisierung durch das Dritte Reich, von dessen Untaten er nicht ablenken wollte, war Kohl jedoch der festen Meinung, Etablierung und Konsolidierung der Demokratie in den Jahren 1945 bis 1982 verdiene eine museale Darstellung. Ein weiteres Motiv, so bekam ich von ihm zu hören, sei der Polittourismus in die Bundeshauptstadt. Für die jungen Leute der »Turnschuh-Generation«, die mit ihren Lehrern oder auf Einladung von Abgeordneten auf Besichtigungstour in der Bundeshauptstadt unterwegs waren, aber auch für Bonn-Besucher fortgeschritteneren Alters sollte ein anschauliches Museum bereitstehen. Zeitgeschichte zum Anfassen!

Die geschätzten Kollegen Lothar Gall, Klaus Hildebrand und Horst Möller hatten zusammen mit einem Museumsfachmann eine Rundreise durch die historischen Museen der Welt unternommen und auf der Basis dieser Eindrücke eine Art Drehbuch erarbeitet. Sie gerieten ebenso wie das Projekt selbst in heftiges Feuer, wobei in der Planungsphase dann auch noch der geschichtspolitisch inszenierte »Historikerstreit« hohe Wellen schlug. Der planerische und administrative Hickhack kann hier beiseite gelassen werden. So vernagelt sich einige Kollegen aus dem sozialdemokratischen und sozialliberalen Lager in ihren Zeitungsartikeln äußerten, so vernünftig erwies sich bezüglich des Hauses der Geschichte fast ausnahmslos die hohe Ministerialität aus den A-Ländern. Das Unternehmen kam auch in das richtige Gleis, weil Kohl die Aufgabe dem rundum vernünftigen und zugleich humanistisch gebildeten Bauminister Oscar Schneider von der CSU übertragen hatte.

Daß sich Geschichte mit guten Exponaten eindrucksvoll inszenieren läßt, hatte ich in dem professionell gestalteten Washingtoner Museum of American History studieren können, das auch Annemie, Nicole und Benno seinerzeit begeistert hatte. Hingegen hatte ich anfangs Zweifel, ob sich angesichts der aufgeregten Kollegen sozialdemokratischer und sozialliberaler Orientierung, doch auch bei den Mitsprachewünschen vieler Verbände, von den Gewerkschaften und Ökologen bis zu den Vertriebenen, die politisch ins Schleudern gekommenen Kirchen nicht zu vergessen, der unerläßliche Konsens herstellen ließe, sollte aus dem Projekt nicht eine Propagandaruine der Regierung Kohl werden.

So stellte ich also meinen guten Rat zur Verfügung, half bei der Zusammenstellung einer Liste mit kompetenten und zugleich politisch breit aufgestellten Gruppe von Professoren, die der vernünftige Oscar Schneider und letztlich auch der an dem Vorhaben heiß interessierte Bundeskanzler für gut befanden. Wichtig war, daß es gelang, Richard Löwenthal ins Boot zu bringen. Das heterogen zusammengesetzte Gremium wählte mich zum Vorsitzenden. Vier Jahre lang hatte ich zu tun, die verehrten Kollegen und Kolleginnen einzufangen, die bei den Sitzungen lustvoll ihre Show abzogen, wie sie das aus den Fakultäten gewohnt waren. Nach einigen Sitzungen war aber die Bereitschaft da, aus der ja an und für sich interessanten Idee ein spannendes Museum zu machen, in dem sich die pluralistische, demokratische, naturgemäß periodisch auch zerstrittene Republik darstellen sollte.

Entscheidend war die Auswahl des Direktors und seiner maßgeblichen Mitarbeiter, denn die Mehrzahl der im Beirat vereinten Historiker und Politikwissenschaftler, mich inbegriffen, hatte nur wenig Ahnung von den Problemen der Umsetzung historischer Erkenntnisse in die museale Präsentation. Ich rechne es mir zum Verdienst an, aus der Vielzahl von Bewerbern den museumskundigen Historiker Hermann Schäfer durchgesetzt zu haben. Er war ein badischer Landsmann, hatte bei dem Historiker Hugo Ott in Freiburg promoviert, einige Jahre lang beim Landratsamt in Waldshut administrative Erfahrungen gesammelt und sich dann beim Aufbau des Technikmuseums in Mannheim Museumsexpertise erworben. Dieser einfallsreiche, pfiffige, in allen wesentlichen Fragen auch standhafte Mann hat aus dem ursprünglich viel zu stark politiküberladenen Konzept eine Museumslandschaft gemacht, in der auch Wirtschaft, Technik und Alltagskultur ihren Platz hatten, das alles mit den Gadgets modernster Museumspädagogik garniert. Als sich der Aufbau von Haus und Dauerausstellung in der Schlußphase befand, kam es urplötzlich zur Wiedervereinigung. Nun mußte das ganz auf die Geschichte der Bundesrepublik bezogene Konzept holterdiepolter um gewichtige gesamtdeutsche Komponenten angereichert werden.

Nach vier Jahren, als es auf die Eröffnung zuging, war das Vorhaben auf gutem Wege. Mich selbst beschäftigte jetzt vor allem der Aufbau der Edition der *Akten zur Auswärtigen Politik der Bundesrepublik Deutschland*, und so trat Lothar Gall, den ich vorschlug, hocherfreut meine Nachfolge an und hat dieses Baby Helmut Kohls bis heute mit dem ihm eigenen lässigen Charme durch alle Fährnisse der Kinderjahre und der Rüpeljahre bis in das reifere Lebensalter hindurchgebracht, in dem Herangewachsene seltener entgleisen. Mir selbst hat das Bonner Haus der Geschichte mit den Ablegern in Leipzig und Berlin so viel Spaß gemacht, daß ich bis heute gerne daran mitwirke.

Das Nuclear History Program

Auch ein anderes Vorhaben, auf das ich mich damals einließ, war politisch eingefärbt. Spätestens seit den frühen fünfziger Jahren hatte es sich auch in der Bundesrepublik herumgesprochen, daß die Welt im Atomzeitalter lebte. Doch Politische Wissenschaft und Zeitgeschichte hatten die Aufgabe nicht erkannt, die Entwicklung der Nuklearpotentiale, der Nuklearstrategie und der Nukleardiplomatie empirisch aufzuarbeiten. Dafür gab es einleuchtende Gründe. Selbstverständlich unterlagen weite Bereiche der Verteidigungspolitik strikten Geheimhaltungsbestimmungen, ganz besonders alles, was mit potentiellen Kernwaffeneinsätzen zu tun hatte. Natürlich spielte auch der Sachverhalt eine Rolle, daß die fast durchweg aus den Geistes- und Sozialwissenschaften stammenden Politologen von Militärtechnik nichts verstanden. So war die paradoxe Situation eingetreten, daß Kritiker der nuklearen Abschreckungsstrategie wie Robert Jungk oder auch die Hamburger Arbeitsgruppe um Carl Friedrich von Weizsäcker zeitweilig besser informiert waren als jene, die ungeachtet aller Bedenken in einer mit Rüstungskontrollpolitik gekoppelten Abschreckungsstrategie immer noch die am wenigsten irrationale Verteidigungspolitik sahen.

Beim erbitterten Ringen um die Nachrüstung in den Jahren 1980 bis 1984 hatten sich die entsprechenden Defizite auf seiten der Befürworter der NATO-Strategie deutlich erkennen lassen. In der Bundesrepublik fanden sich die kundigsten, VS-ermächtigten Experten damals in der SWP in einer Arbeitsgruppe um Uwe Nerlich. Von diesem ging Mitte der achtziger Jahre die Anregung aus, ein internationales Nuclear History Program (NHP) in Gang zu bringen, das dazu bestimmt war, die Entwicklung der Nuklearstrategie historisch aufzuarbeiten. Die entsprechende Forschung in den USA und in Großbritannien war diesbezüglich schon weit fortgeschritten, während die Nuklearstrategie in der Bundesrepublik und in Frankreich bisher noch nicht zulänglich behandelt worden war. So wurde mit Unterstützung verschiedener Stiftungen ein international vernetztes Projekt initiiert, das die Geschichte der Kernwaffen und die Nuklearstrategie in Großbritannien, den Vereinigten Staaten, Frankreich und Deutschland vergleichend analysierte, genauso intensiv aber auch die Entwicklung der Trägersysteme, die strategischen Überlegungen und die entsprechenden Mentalitäten in der Bundesrepublik. Die maßgebliche Leitung lag in den Händen eines Coordinating Committee mit Uwe Nerlich für die SWP und George H. Quester als Kodirektoren. Im Coordinating Committee wurden die jeweiligen Arbeitsgruppen von den sehr kundigen Kollegen Ernest R. May von Harvard, Robert O'Neill aus England und Maurice Vaïsse bzw. Georges-Henri Soutou aus Frankreich und deutscherseits von mir vertreten.

Im Verteidigungsministerium kamen wir gut voran, weil sich Staatssekretär Lothar Rühl persönlich des Projekts annahm. Seitdem er in Paris über die Entstehung der »Force de frappe« promoviert und dann als Journalist ständig über Nuklearfragen gearbeitet hatte, galt er hierzulande und international als einer der besten deutschen Sachkenner. Rühl hatte auch akademischen Ehrgeiz. Er war schon Staatssekretär im Bundesverteidigungsministerium bei Manfred Wörner, als er mir seinen Wunsch eröffnete, sich mit der 1982 fertiggestellten Arbeit *Mittelstreckenwaffen in Europa*[161] in Politischer Wissenschaft zu habilitieren. Die Kölner WiSo-Fakultät war auch für unkonventionelle Habilitationen Externer offen, aber zugleich ohne

Ansehen der Person von notorischer Grausamkeit, wenn jemand im Habilitationskolloquium Schwächen zeigte. Sie hätte auch einen Bonner Staatssekretär gnadenlos geschlachtet. Da sich Rühl für die ganze Breite der Politischen Wissenschaft ausweisen wollte, mußte sich das Kolloquium natürlich auf innenpolitische und ideengeschichtliche Themen beziehen. Die Arbeit war tadellos und sein Kolloquiumsauftritt zur Wahlrechtsproblematik in der Dritten, Vierten und Fünften Republik schlechthin brillant. Man konnte ihn fragen, was immer man wollte. Frankreich wurde bald verlassen, und wie ein Magier zauberte er Beispiele zu den Wahlrechtssystemen aus aller Welt, von Belgien über Irland und Mexiko und Neuseeland aus dem Hut. Die Fakultät war begeistert und glücklich, ihn nach seinem Ausscheiden aus dem Verteidigungsministerium als Professor zu verpflichten.

Auf den Triumph im Habilitationskolloquium war übrigens eine Art Satyrspiel gefolgt. Jedermann freute sich schon auf die ähnlich glänzende Antrittsvorlesung, die der Habilitationsordnung zufolge zwingender Teil des Habilitationsverfahrens war. Während der Semesterpause erhielt ich einen Anruf von der gestrengen Dekanin Eva Bössmann. Sie berichtete von einer halbtägigen Überprüfung des WiSo-Gebäudes und der Umgebung durch die Sicherheitsbeamten des Verteidigungsministeriums. Der große Hörsaal 1, wo derart gefragte Antrittsvorlesungen stattfanden, lag im Schußfeld potentieller Attentäter. Auch Sprengstoffattentate auf den Staatssekretär wurden für möglich gehalten. Eine Antrittsvorlesung unter massivem Polizeischutz wäre für die Fakultät und für Rühl selbst ziemlich rufschädigend gewesen. So riet ich, die Habilitationsordnung so auszulegen, daß die Antrittsvorlesung, um jede Personengefährdung zu vermeiden, in den Räumen des Dekanats gehalten wurde. Formal war das gerade eben noch rechtens (»eine kölsche Lösung«), und so belehrte uns Rühl in kleinem Kreis und in geraffter Darlegung über ein interessantes Thema der internationalen Beziehungen, bevor ihm die Dekanin die *venia legendi* aushändigte, gefolgt von einem Sektempfang. Doch auch hier war der frisch gebackene Privatdozent von einem ganzen Pulk von Pistoleros begleitet.

Als das Nuklearprogramm in Gang kam, war Rühl jedenfalls der für die VS-Herabstufung letztlich zuständige Staatssekretär. Seinem Einfluß war es im wesentlichen zu verdanken, daß in den Jahren 1987 bis 1990 etwas über 600 bisher als »streng geheim« klassifizierte Dokumente auf »offen« herabgestuft wurden. An meinem Bonner Lehrstuhl wurde ein entsprechendes Archiv eingerichtet. Ich selbst, die für die Administration zuständige Assistentin Gabriele Brenke und der Kölner Privatdozent Reiner Pommerin führten seit 1987 eine Anzahl intensiver Zeitzeugen-Interviews mit hochrangigen Bundeswehroffizieren durch, die in die Nuklearstrategie involviert waren.

Besonders ergiebig waren die Befragungen der Generale Ulrich de Maizière, Heinz Trettner, Johannes Steinhoff, Lothar Domröse, Johann Adolf Graf von Kielmansegg und Harald Wust. Die Interviews wurden dadurch erleichtert, daß ich einige der Herren schon aus dem Schröder-Kreis oder dem vergleichbaren Kölner Troeger-Kreis kannte, den ich damals regelmäßig besuchte. Das noch in der Endphase des Ost-West-Konflikts gestartete Projekt lief 1991 aus, als die bisherige Nuklearpolitik vorerst unerwarteterweise historisch geworden war. Ich selbst habe viele der Funde in den zweiten Band meiner Adenauer-Biographie einfließen lassen und die Anfänge deutscher Nuklearpolitik zuvor schon in einem umfassenden Aufsatz »Adenauer und die Kernwaffen«[162] dargestellt. In demselben Heft stellten Robert O'Neill und Georges-Henri Soutou ihre Befunde für die Abschreckungspolitik Großbritanniens und Frankreichs vor. Da mich die Arbeit am Abschlußband der Adenauer-Biographie in der Schlußphase des Projekts voll absorbierte, habe ich keine Zeit mehr gefunden, jene breiter angelegte wissenschaftliche Quersumme zur Nuklearpolitik zu ziehen, die mich eigentlich gereizt hätte. Es blieb bei einer Studie, die mir auch heute noch gefällt und die ich 1990 unter dem Titel »Friedenssicherung im Kalten Krieg 1948 bis 1969« der Festschrift für Heinrich Popitz beisteuerte.[163]

Darin ging ich von der Frage aus: »Wie war es möglich, daß der Kalte Krieg nicht zum Dritten Weltkrieg geführt hat?« Neben vielen Konfliktherden, so führte ich aus, war die Phase von 1948 bis in die frühen sechziger Jahre sozusagen das »Wildwest-Zeitalter« des Atomzeitalters. Nach einer Skizze des ungezügelten Aufbaus der Arsenale in Verbindung mit verrückten Einsatzplänen resümierte ich zutreffend, wenngleich nicht umwerfend originell: »Falls es tatsächlich zwischen Ost und West zu gewaltsamen Zusammenstößen gekommen wäre, hätte aber das Vorhandensein komplexer Arsenale mit vielfach unerprobten und riskanten Einzelplanungen leicht zu einem Inferno führen können, das als solches gar nicht gewollt war. Ebendiese Drohung hat aber zur Folge gehabt, daß die Weltmächte direkten militärischen Konfrontationen ebenso aus dem Weg gegangen sind wie dem Kernwaffeneinsatz gegen Dritte ... Die in der Flasche eingesperrten Skorpione möchten überleben, und sie verhalten sich entsprechend vorsichtig.«[164]

Daß die Menschheit und mein eigenes Lebensschifflein an die vierzig Jahre lang von einer globalen Katstrophe bedroht wurden, die jederzeit hätte losbrechen können, war mir stets gegenwärtig. Angesichts der weitverbreiteten Atomhysterie hielt ich es aber für zweckmäßig, diesen Sacherhalt meinerseits erst zu konstatieren, als die Gefahr weitgehend vorüber war. Schließlich herrschte an Untergangspropheten kein Mangel.

Das Diktum, die Eule der Minerva trete erst in der Dämmerung ihren Flug an, galt somit ganz besonders für das NHP. Dank der französischen Forschergruppe um Maurice Vaïsse und Georges-Henri Soutou[165] und durch die vorwiegend in der SWP angesiedelten deutschen Arbeiten[166] ist es gelungen, den Rückstand der französischen und deutschen Zeitgeschichtsforschung auf dem Feld der Nuklearpolitik gegenüber den Arbeiten in den USA und in England einigermaßen aufzuholen.

Zweite Ausfahrt für eine amtliche Aktenedition des Auswärtigen Amts und meine Erfahrungen als Hauptherausgeber

Viel mehr als dieses Projekt hat mich aber schon in den ersten Jahren auf dem Bonner Lehrstuhl das Vorhaben beschäftigt, eine umfassende Edition der zeitgenössischen Akten des Auswärtigen Amts zustande zu bringen. Die entsprechenden Akteneditionen hatten eine lange Vorgeschichte. Die in den Jahren 1922 bis 1927 vom Auswärtigen Amt verantwortete 40-bändige Edition *Die große Politik der europäischen Kabinette 1871–1914* hatte anfangs als bemerkenswerte Editionsleistung gegolten, war aber, wie sich bald schon zeigte, wegen partiell tendenziöser Auswahl in die Kritik geraten, die auch nach dem Zweiten Weltkrieg bis in die sechziger und siebziger Jahre anhielt.[167] Unbefriedigend aus deutscher Sicht war genauso die unter Verantwortung von Hauptherausgebern der Siegermächte begonnene Edition der *Akten zur deutschen auswärtigen Politik 1918–1945*. Der letzte Band der *Serie E 1941–1945* erschien 1979, der Ergänzungsband mit Gesamtpersonenverzeichnis und Anhängen erst 1995. Die Bearbeitung der letzten Bände hatte sich recht lange hingezogen. Daraus ergaben sich für die Edition der Akten 1949 ff. zwei wichtige Schlußfolgerungen: Zum einen sollte die wissenschaftliche Verantwortung für die Auswahl bei einem wissenschaftlich völlig unabhängigen, aber deutschen Herausgebergremium liegen, zum anderen war Sorge zu tragen für ein zügiges Voranschreiten der Edition.

Die auf dem Feld der Zeitgeschichte arbeitenden deutschen Historiker hatten bislang der Außenpolitik der Bundesrepublik wenig Beachtung geschenkt. Da ich mir durch meine Arbeiten über die Außenpolitik seit 1945 einige Reputation erworben hatte, war es naheliegend, daß das Auswärtige Amt an mich herantrat. Nachdem die Vorgespräche gut verliefen, berief Bundesaußenminister Genscher im September 1985[168] ein Gutachtergremium ein, dem neben mir die Kollegen Walter Bußmann, Peter Krüger, der an der »alten« Edition mitgewirkt hatte, die Botschafter Dirk Oncken (ein Sohn des nationalliberalen Historikers Hermann Oncken), Ekkehard Eickhoff (ein habilitierter Historiker mit hervorragenden Kenntnissen des frühen Mittelalters zur Zeit der Ottonen und des Mittelmeerraums vom 16. bis 18. Jahrhundert) und Hans Jochen Pretsch vom Politischen Archiv angehörten. Später stieß noch Andreas Hillgruber dazu.

Das auf Grundlage eines ministeriellen Fragenkatalogs im Juli 1986 erstellte Gutachten ließ aber vieles offen und war auch unpraktisch. Vier Arbeitsgruppen mit jeweils einem wissenschaftlich unabhängigen Herausgeber an der Spitze sollten im Verlauf von zehn Jahren die aufgestauten Akten ab 1949 edieren, von da an würden nur noch zwei Arbeitsgruppen für die Edition der nach Ablauf der 30-jährigen Sperrfrist frei werdenden Archivalien erforderlich. Zur Koordination zwischen den vier Arbeitsgruppen sollte während der Aufbauphase eventuell ein fünfter Herausgeber tätig sein. Für die Jahre 1987–1996 wären allein 16 BAT-IIa/Ia-Stellen erforderlich gewesen, dazu sieben Stellen niedrigerer Vergütungsstufen. Es war evident, daß das Projekt mit Blick auf den Aktenbestand im Bereich des Auswärtigen Amts durchgeführt werden mußte. Für die Deklassifizierung sollte im Auswärtigen Amt eine Prüfungsgruppe geschaffen werden. Vorgesehen war damals noch eine dienstrechtliche Anbindung der Bearbeiter an das Auswärtige Amt. Ich hatte meine Zweifel an der Praktikabilität, aber auch an der Finanzierbarkeit eines so komplizierten Systems, stellte diese aber um des lieben Friedens willen vorerst zurück.

Nach Lage der Dinge war ich der einzige aus dem Gutachterkreis, der in enger Abstimmung mit dem Politischen Archiv das Vorhaben voranbringen konnte. Andreas Hillgruber, mit dem zusammen ich die Planungen gerne durchgeführt hätte, wurde durch eine heimtückische Krebserkrankung immobilisiert, der er im Frühjahr 1989 erlag. Kurz davor hatte er noch die Freude, mit dem Konrad-Adenauer-Preis ausgezeichnet zu werden. Ich selbst habe bei der Festveranstaltung im Herkulessaal der Münchener Residenz gern die Laudatio auf diesen tüchtigen Kollegen gehalten.

So lief also alles auf mich zu. Natürlich hatten mich die Herren aus dem Auswärtigen Amt zusammen mit Walter Bußmann, der mich aus dem Beirat im Institut für Zeitgeschichte kannte und meine *Ära Adenauer* schätzte, bei den entsprechenden Sitzungen freundlichst unter die Lupe genommen. Das Amt entschied sich dafür, das Projekt mit mir als potentiellem Hauptherausgeber voranzubringen.

Neben vielen komplizierten Problemen mußten zwei Hauptfragen geklärt werden: Gibt es – erstens – eine Möglichkeit, das Projekt zu beginnen, ohne mit dem völlig utopischen Plan von vier Arbeitsgruppen mit 16 Wissenschaftlern bereits amtsintern, genauso aber im Haushaltsausschuß des Deutschen Bundestags aufzulaufen? Und zweitens: Welche Institution kommt für die Trägerschaft in Frage, nachdem deutlich wurde, daß das Politische Archiv aus einer Reihe von Gründen zum Outsourcen der Aufgabe entschlossen war?

Mein Vorschlag fand offene Ohren, schon im Vorfeld des Ablaufs der 30-jährigen Sperrfrist mit den Arbeiten an dem jeweiligen Jahr zu beginnen, so daß die Jahresbände präzise zum 1. Januar erscheinen würden. Dadurch ließ sich die Zahl der erforderlichen Bearbeiter auf acht Wissenschaftler begrenzen (letzten Endes schmolz die Zahl auf sechs Stellen zusammen). Zugleich wären alle Beteiligten einem starken, vertraglich festgelegten Produktionsdruck ausgesetzt, so daß eine vertretbare Arbeitsgeschwindigkeit gewährleistet wäre. Außerdem konnten dann auch die für eine Herabstufung von VS-Sachen jeweils zuständigen Referenten zur speditiven Erledigung veranlaßt werden. Die in dem Gutachten angedachte Bildung einer besonderen Prüfungsgruppe aus pensionierten Botschaftern für die Deklassifizierung, der den Betrieb aufgehalten und zu unerquicklichen Diskussionen geführt hätte, wurde zum Glück vermieden.

Um Erfahrung zu sammeln und bereits einen Kernbestand potentieller Bearbeiter zu testen, war ich bereit, an meinem Bonner Lehrstuhl ein Pilotprojekt auf Drittmittelbasis *Adenauer und die Hohen Kommissare* durchzuführen. Für eine leitende Funktion bei diesem Projekt, für das ich letztlich verantwortlich war und das mich hinlänglich beschäftigte, gewann ich den habilitierten Hillgruber-Schüler Reiner Pommerin, dazu Frank-Lothar Kroll und Manfred Nebelin.

Die Arbeiten gingen zügig voran. Ein schlimmer Fehler ist mir noch rechtzeitig aufgefallen. Die kleine Gruppe unter dem Teamleiter Pommerin hatte alle im Auswärtigen Amt vorliegenden Sitzungsprotokolle erhalten und mit der Kommentierung begonnen, ohne zu prüfen, ob nicht noch weitere Sitzungen zwischen Adenauer und den Hohen Kommissaren stattgefunden hatten, die aus irgendwelchen Gründen in der AA-Überlieferung fehlten. Die Arbeiten befanden sich 1988/89 in vollem Gang, als während des Umbruchs im Ostblock die Frage der Westgrenze Polens einmal mehr aktuell wurde. Aufgrund einer Fehlinformation trat mein ansonsten geschätzter Kollege Karl Kaiser mit der Behauptung an die Öffentlichkeit, Adenauer habe im Herbst 1950 gegenüber den Hohen Kommissaren bei den damals streng vertraulichen Verhandlungen intern einen faktischen Verzicht auf die Ostgebiete ausgesprochen.

Das war für mich der Anlaß, die überlieferten Protokolle im Licht der in den *Foreign Relations of the United States* (FRUS) überlieferten amerikanischen Berichte nochmals gründlich in Augenschein zu nehmen. Dabei stellten sich einige Lücken in der Überlieferung des AA heraus. Erneute Recherchen im Politischen Archiv führten nicht weiter. In meiner Verlegenheit wandte ich mich an Botschafter Grewe, der seinerzeit von Adenauer zum Leiter der deutschen Delegation zur Ablösung des Besatzungsstatuts gemacht worden war, und fuhr nach kurzer telefonischer Vereinbarung zu ihm ins Siebengebirge hoch. Als ich ihm das Problem auseinandergesetzt hatte, bat er mich in das Sousparterre, wo er einen Stahlschrank voller Dokumente stehen hatte, und siehe – mit sicherem Griff holte er die Leitz-Ordner mit den vier oder fünf fehlenden Sitzungen heraus. Anschließend ließ er dem Politischen Archiv diese Archivalien zugehen.

Am 21. September 1989 konnte ich in einer Feierstunde in Gegenwart Genschers Band 1 dieses Pilotprojekts präsentieren. Gensehers Vorwort stellte auch schon klar, daß dies der Startschuß für die *Akten zur Auswärtigen Politik der Bundesrepublik Deutschland* (AAPD) sei, deren erster Band für das Jahr 1963 bereits im Jahr 1993 erscheinen werde.

Ausgesprochen schwierig hatte sich die Frage erwiesen, an welcher Institution das Gesamtprojekt der AAPD aufgehängt werden sollte. Ich sah damals drei Möglichkeiten: die DGAP, das IfZ in München und die Universität Bonn. Das Politische Archiv war für jede dieser Lösungen offen, wollte sich aber in jedem Fall die arbeitsrechtliche Problematik vom Hals schaffen. Angesichts der hochschulpolitischen Umbruchsituation, in der sich die Bonner Universität damals befand, mochte ich eine universitäre Lösung nicht riskieren. So wandte ich mich zuerst an die DGAP, die mir aus vielen Gründen gut geeignet erschien. Ich konnte auch eine wohlwollende Prüfung des Vorhabens erwarten. Doch der Plan scheiterte an der eisernen Entschlossenheit des Präsidiums, den Anteil der öffentlichen Mittel am Budget der DGAP auf jeden Fall unterhalb der Fünfzig-Prozent-Marke zu halten. Die beträchtliche finanzielle Dimension der Aktenedition hätte den privaten Charakter der Gesellschaft umkippen lassen.

Wohl oder übel mußte ich nun dem Politischen Archiv empfehlen, an das Institut für Zeitgeschichte heranzutreten. Dessen komplizierte Gremienstruktur war mir inzwischen hinlänglich geläufig: ein Stiftungsrat, ein Direktor mit weitreichenden Befugnissen, ein Wissenschaftlicher Beirat, dessen Vorsitz ich momentan zufällig innehatte, was mich jedoch eher zur Zurückhaltung zwang. Kaum hatte der Direktor Manfred Broszat von dem heranschwimmenden fetten Fang erfahren, begab er sich – ohne mich zu informieren – ins Auswärtige Amt, um sich auf das Projekt breit draufzusetzen. Die Herren im Politischen Archiv ließen ihn aber wie vorweg besprochen eiskalt abfahren. Jetzt mußte ich mir eine komplizierte Konstruktion ausdenken, um mir künftigen Ärger zu ersparen.

In einem Brief an Sohn Benno, der damals in Bayern das zweite juristische Staatsexamen und die Promotion vorbereitete, findet sich skizziert, welche Strategie ich dabei verfolgte: »Ich werde die ganze Verhandlungsrunde zwischen den Beteiligten so nutzen, daß ich mir scheinbar diese oder jene Konzession abringen lasse, die sicherstellt, daß das IfZ in München *aus eigenem Drängen* die Verantwortung für Administration, Personal etc. übernehmen, ein fundamentales Commitment eingehen muß, ich selbst aber das Ganze ohne allzu großen Zeitaufwand, aber – so hoffe ich – effektiv und im Interesse einer absolut objektiven Edition steuern kann. Der Stein ist nun in den Teich geworfen und die Sache allseits in Gang ...«[169]

So lief das denn auch. Letztlich zuständig für die Weisung an die Bearbeiter und für die Beziehungen der AAPD zum Auswärtigen Amt war allein der Hauptherausgeber. Bei der Einstellung der dienstrechtlich dem IfZ zugeordneten, aber im Auswärtigen Amt unterzubringenden Bearbeiter mußte ein Einvernehmen zwischen dem Hauptherausgeber und dem Auswärtigen Amt erzielt werden. Die Beschlüsse dann in den Gremien des IfZ durchzusetzen war meine Sache. Der Direktor durfte an den Sitzungen der Herausgeberschaft teilnehmen, aber ohne Stimmrecht. Um im IfZ keinen Ärger zu bekommen, war ich damit einverstanden, einige der Letztentscheidungen dem AA zu überlassen. Diese Konstruktion funktionierte lange Zeit reibungslos. Aus der AAPD wurde ein allseits gerühmtes Flaggschiff des Instituts für Zeitgeschichte, bis sich die Amtsleitung des Auswärtigen Amts unter Joschka Fischer im Jahr 2003 entschloß, den Kapitän nach Ablauf des jeweils auf fünf Jahre geschlossenen Vertrags zusammen mit drei Mitherausgebern über Bord gehen zu lassen.

Damit bin ich den Ereignissen aber weit vorangeeilt. 1989 waren die komplizierten Verhandlungen so weit gediehen, daß die Mitherausgeber berufen werden konnten. Noch heute beglückwünsche ich mich, dieses Team zusammengebracht zu haben. Wie erwartet, erwies sich Helga Haftendorn als unübertrefflich in allen Fragen der NATO, Rüstungskontrolle und Abrüstungspolitik, der UN sowie der deutsch-amerikanischen Beziehungen. Das besondere Interesse von Werner Link, der inzwischen in Köln verankert war, galt einerseits den deutsch-sowjetischen Beziehungen, andererseits Frankreich. Klaus Hildebrand achtete ganz besonders darauf, daß in der AAPD genügend Dokumente aufgenommen wurden, in denen die langfristigen historischen Bezüge der deutschen Außenpolitik hervortraten. Beide waren auch deshalb besonders kompetent, weil sie in den Bänden der *Geschichte der Bundesrepublik* die Jahre 1963 bis 1969 und 1969 bis 1982 behandelt hatten. Rudolf Morsey brachte in das Unternehmen seine lebenslange editorische Erfahrung ein und erzog die Bearbeiter sozusagen permanent, indem er jeden einzelnen Tippfehler und jeden verquirlten Satz in der Kommentierung aufspießte. Ich selbst überwachte und steuerte den Auswahlvorgang und die Kommentierung, sorgte für den zügigen Verlauf jeder Sitzung, trug Sorge, daß Differenzen, wie sie unter Experten unvermeidlich sind, ausdiskutiert, zugleich aber ohne Verstimmung beigelegt wurden, und achtete nicht zuletzt darauf, daß genügend Dokumente über die immer wichtiger werdende EG- alias EWG-Politik, die internationalen Wirtschaftsbeziehungen und Organisationen, besonders die Energiepolitik und die Beziehungen zur sogenannten Dritten Welt einbezogen wurden.

Auch bei den ersten Personalentscheidungen für die Bearbeiter stand das Projekt unter einem guten Stern. Zum Wissenschaftlichen Leiter bestimmten wir Rainer Blasius. Er hatte bei Hillgruber promoviert, dann längere Zeit im Gesamtdeutschen Institut bei den *Dokumenten zur Deutschlandpolitik* editorische Erfahrungen gesammelt, war zudem ein gewiefter Kenner des Besoldungsrechts und aller bürokratischen Schliche, was beim Verkehr mit der Riesenbürokratie im Auswärtigen Amt unschätzbar war, hatte weiterhin eigenen wissenschaftlichen Ehrgeiz und erwies sich somit als große Hilfe beim Aufbau der AAPD, die auf dem Gelände des Auswärtigen Amts untergebracht wurde. Ich habe es auch immer geschätzt, wenn meine Mitarbeiter in einem gewissen Rahmen selbständig agierten und nicht ganz pflegeleicht waren. So war er der richtige Mann für diese Anfänge. Wenn aus der AAPD auf Anhieb ein Erfolg geworden ist, hatte er daran einen maßgeblichen Anteil. Schon bei der ersten Einstellungsrunde entschieden wir uns auch für die tüchtige Dorothee Pautsch, die das Editionsprojekt nach dem Weggang von Blasius zur *FAZ* bis heute unaufgeregt und mit sicherer Hand dirigiert.

Das vergleichsweise gut honorierte Herausgebergremium hat in die Edition viel Arbeit investiert. Mein Konzept kollektiver Beschlußfassung in allen Phasen der Auswahl und der Kommentierung hat sich bewährt. Auf Grundlage einer Vorauswahl durch die Bearbeiter, ergänzt durch Vorschläge der Herausgeber, wurde Jahr für Jahr bei zahlreichen ganztägigen Sitzungen eine provisorische Auswahl von Dokumenten getroffen. Glücklicherweise unterhielt ich auch gute Beziehungen ins Bundeskanzleramt, so daß sich dank der Einsicht der dortigen Geheimbeauftragten ein Verfahren einspielte, auch alle außenpolitischen Gespräche der Bundeskanzler in die AAPD aufzunehmen. Da die Editorengruppe im AA untergebracht war und vom Politischen Archiv unterstützt wurde, sind fast alle der von uns ausgewählten Dokumente ziemlich zügig deklassifiziert worden. Wenn der eine oder andere Referatsleiter die Freigabe eines Dokuments verweigerte, ließ sich der Vorgang zumeist durch ein manchmal etwas schwächeres Dokument aus einem anderen Referat darstellen. Bei jedem Band konnten wir davon überzeugt sein, bei der Auswahl mit größtmöglicher Objektivität vorgegangen zu sein. Kein Angehöriger des Auswärtigen Amts war bei der Auswahl zugegen, und zu keinem Zeitpunkt hat das AA versucht, auf die Publikation irgendeinen Einfluß zu nehmen. Die kommentierte Auswahl wurde dann vor Drucklegung Dokument für Dokument durchgesprochen. Dank der schnellen Schlagzahl der Editionsgruppe und auch, weil der Oldenbourg Verlag tadellos mitspielte, ereignete sich tatsächlich Jahr für Jahr das Wunder, daß die zwei oder drei Jahrgangsbände im Dezember fix und fertig zur Auslieferung bereit lagen.

Gleich zu Beginn hat mich übrigens das kompetente Team der Mitherausgeber vor einem fast irreparablen Fehler bewahrt. Als häufiger Benutzer der FRUS hatte ich deren systematische Binnengliederung nach Bereichen für ganz nützlich betrachtet. Könnte und müßte man das nicht auch für die Binnengliederung der AAPD ins Auge fassen, um der Aktenmassen einigermaßen Herr zu werden? Die Kollegen plädierten aber mit guten Gründen unisono für eine streng chronologische Reihenfolge der Dokumente. Ich habe mich überzeugen lassen und das nie bereut.

Von allen Projekten aus den Bonner Anfängen haben sich die *Akten zur Auswärtigen Politik* als das dauerhafteste erwiesen. Noch heute wundere ich mich gelegentlich über die nachtwandlerische Unbeschwertheit, mit der ich dieses komplizierte Vorhaben neben so vielem anderem sozusagen mit links angepackt, aufgebaut und danach ohne die kleinste Panne durchgezogen habe. Als ich Ende 2003 ausschied, lag bereits ein Mammutwerk von 36 Bänden zu den Jahren 1949 bis 1953 und 1963 bis 1973 mit vielen Tausenden von Dokumenten vor, von denen ich im Kreis der Mitherausgeber die Aufnahme jedes einzelnen sowie die Kommentierung geprüft und gebilligt hatte. Wenn ich gelegentlich nach Indizien für meine Vermutung suche, daß ich vielleicht doch ein veritables Glückskind bin, fällt mir auch der Aufbau und Fortgang der AAPD ein, die den Vergleich mit den vorhergegangenen deutschen Akteneditionen und mit entsprechenden Editionen anderer Länder nicht zu scheuen braucht.

Die ausgebliebene Katastrophe: Verleihung des Historikerpreises der Stadt Münster

Beim Ringen um den Aufbau dieses Projekts hat sicherlich auch der Umstand geholfen, daß ich im November 1988 durch Verleihung des Historikerpreises der Stadt Münster gewissermaßen auf dem Areopag der Historikerzunft Platz nehmen durfte. Im Jahr 1978 hatte die Stadt Münster erstmals einen Historikerpreis ausgelobt, den eine kompetent zusammengesetzte Jury alle fünf Jahre zu verleihen hatte. Der erste Preisträger war der von mir sehr geschätzte Gordon A. Craig. Der zweite Preisträger 1983 war Thomas Nipperdey, der eben den bewundernswerten ersten Band seines Werkes *Deutsche Geschichte 1800–1866* herausgebracht hatte und mit dem ich seit meiner Tätigkeit im Beirat des Instituts für Zeitgeschichte in rundum guter näherer Verbindung stand. Der dritte Preisträger war ich selbst.

Die Preisverleihung im Festsaal des Rathauses von Münster erfolgte mit großem Zeremoniell. Bundespräsident von Weizsäcker, eine größere Zahl von Ministern, Abgeordnete aus Bonn und zahlreiche angesehene Historiker waren zugegen, darunter auch der Wirtschaftshistoriker Hanns Jürgen Teuteberg aus alten Hamburger Zeiten, der inzwischen einen Lehrstuhl in Münster wahrnahm und in der Jury mitgewirkt hatte. Rudolf Morsey hielt die Laudatio. Niemand hat zuvor und danach meinen Lebensweg und mein wissenschaftliches Wollen so profund, so sympathisch und so witzig gewürdigt wie er. Zum Schluß verpaßte er mir die Bezeichnung »Mr. Bundesrepublik-Forschung«[170].

Meinem eigenen Vortrag hatte ich den Titel gegeben: »Die ausgebliebene Katastrophe«[171], und skizzierte darin ein Psychogramm der Bundesrepublik, die aus der Katastrophe entstanden war. »Katastrophenerinnerung, Katastrophenangst und objektive Bedingungen möglicher Katastrophen«, so skizzierte ich, »das ist durchaus ein Leitmotiv in dem so kräftig klingenden *concerto grosso* bundesdeutscher Geschichte, nicht das einzige gewiß, aber doch ein immer wieder vernehmbares«. Von dieser Beobachtung ausgehend, umschrieb ich dann die Faktoren, die zu dem nichtkatastrophalen Verlauf beigetragen hatten. Meine pauschale These war: Die Katastrophe wurde vermieden, weil die Bundesrepublik zur Stabilität fand: »Geschichte der Bundesrepublik als Stabilitätsgeschichte«. Daher sollte auch die Geschichtsforschung der Bundesrepublik als Stabilitätsforschung angelegt werden, zugleich aber als Geschichte geglückter Modernisierung. Ich ging zum Schluß auch auf die Teilung ein und artikulierte Zweifel, ob die deutsche Frage wirklich dauerhaft im Status quo der Teilung gelöst sei: »Die Lebenserwartung der Bundesrepublik, doch auch das spätere Urteil über ihre Geschichte, ist so oder so von der Fortentwicklung der deutschen Frage abhängig.«

Als sich die Festversammlung zum Umtrunk versammelte, steckten die Angehörigen der Politprominenz (einer von ihnen der Münsteraner Platzhirsch Jürgen Möllemann) die Köpfe zusammen. Mein Stichwort »die ausgebliebene Katastrophe« galt nicht für den Bundestagspräsidenten Philipp Jenninger. Er hatte zum 9. November eine rhetorisch verunglückte Rede gehalten, an der man bei ruhiger Betrachtung außer dem schlechten Vortrag nichts Unrechtes entdecken konnte. Doch schon in Münster war zu erkennen, wie sich die Freunde aus der Koalition abwandten, und als auch der große Cäsar Helmut Kohl in einem Akt unbegreiflicher Undankbarkeit gleichfalls sofort den Daumen senkte, war es um Jenninger geschehen. Die Münsteraner Preisverleihung ist mir selbst und Annemie als einer der letzten Höhepunkte in der alten Bundesrepublik in Erinnerung geblieben, die sich, ohne das zu ahnen, auf ihr Ende zubewegte, aber auch als Exemplum der psychologischen Unsicherheit ihrer politischen Klasse, der Bundeskanzler mit inbegriffen.

Ausflüge zu unterminierten Regimen: Impressionen in Polen, Moskau und Kiew, Jugoslawien, Namibia, Südafrika, Südkorea, Israel

Seit den frühen sechziger Jahren war der Wissenschaftsbetrieb in den Fachdisziplinen Politische Wissenschaft und Zeitgeschichte stark internationalisiert. Wie der Alltagstourismus war auch der Wissenschaftstourismus eine Wachstumsindustrie. Anfangs, als die Atlantikflüge noch teuer waren, war die »Icelandic« von Luxemburg über Reykjavik bis New York das beliebteste Transportmittel für sparsame Professoren. Doch rasch stellten sich die Stiftungen, von denen die Drittmittel kamen, auf die neuen Gegebenheiten ein. Ein *swing* über den Atlantik war bald so selbstverständlich wie früher eine Eisenbahnfahrt von Freiburg nach München. Der transatlantische Tagungsbetrieb und die transatlantischen Archivreisen florierten. Aber auch im westlichen Europa war die Zusammenarbeit bei grenzüberschreitenden Projekten selbstverständlich geworden.

Bei kritischen älteren Kollegen aus den Geisteswissenschaften haftete jedoch dem Begriff des Jet-Professors immer noch ein gewisses »Gschmäckle« an, und das nicht immer zu Unrecht. In der Tat konnte auch ich selbst bei manchen meiner lieben Fachkollegen studieren, wie sie den Verlockungen eines unproduktiven Flugentendaseins vergnügt und hemmungslos zum Opfer fielen. Ich habe mich von ihnen abgesetzt, indem ich in den beiden letzten Jahrzehnten des vergangenen Jahrhunderts alle Forschungsfreisemester, fast alle vorlesungsfreien Wochen, auch die Wochenenden, zu ernsthafter Arbeit an gründlich recherchierten Monographien verwandte. Doch wer in seinem Fach etwas zu sagen hat, kann sich den Einladungen zu Tagungen und Workshops überhaupt nicht entziehen, und das schon gar nicht in der Politischen Wissenschaft. Er will das auch gar nicht. Schließlich gibt es nichts Anregenderes als den regelmäßigen Austausch mit ausländischen Kollegen.

Wie bisher reiste ich jährlich zweimal oder dreimal in die USA zu Tagungen, Vorträgen, Sitzungen oder Archivarbeiten, am häufigsten nach Washington. Dort traf ich einen Kreis von Kollegen unterschiedlicher Orientierungen – Linksliberale und Konservative, Theoretiker und Praktiker, Institutionalisten und Politökonomen. Die amerikanischen Freunde und Kollegen kamen auch regelmäßig nach Bonn – als Gäste der DGAP, der politischen Stiftungen oder der SWP. So war eine Pflege des Austauschs bei reduziertem Reiseaufwand möglich.

Die eben erwähnten zeitgeschichtlichen Arbeiten über die Anfänge der europäischen Integration zusammen mit den Freunden von der »Groupe de liaison«, Vorträge auf Einladung der DGAP, der Konrad-Adenauer-Stiftung oder von Europaabgeordneten führten mich auch häufiger nach Brüssel, Straßburg, Paris, Rom oder zum Europäischen Hochschulinstitut in Florenz, wo jetzt Werner Maihofer als Präsident amtierte und wo sich die lieben, doch leider von widersprüchlichen Europavorstellungen bewegten Kollegen Walter Lipgens und Alan Milward das Leben schwer machten.

Das alles sei nur angedeutet. Als ich neulich aber meine Kalender aus den achtziger Jahren durchblätterte, bin ich doch leicht erschrocken, wie viele Flugreisen Jahr für Jahr eingetragen waren. Ich hatte mich rückblickend für viel seßhafter gehalten. Natürlich begab ich mich auch ins östliche Europa und in andere Konfliktzonen, die mich interessierten. Ein paar Impressionen bei solchen Reisen seien doch erwähnt.

Gleich wird darauf einzugehen sein, wie in den Wendejahren 1989 bis 1991 im Ostblock und in Jugoslawien die Decke heruntergekommen ist. Die von Samuel P. Huntington so genannte »dritte Welle der Demokratisierung« hat damals auch Korea und das südliche Afrika erfaßt. So frage ich mich heute: Welche Anzeichen kommender Dinge habe ich erkannt, als ich mich bei einigen meiner Ausflüge in den scheinbar so sturmfesten Zitadellen des Spättotalitarismus oder anderer unfreier Systeme umgeschaut habe, die ein paar Jahre danach fast allesamt rettungslos in sich zusammensinken sollten?

Eine Konferenz im polnisch gewordenen Allenstein Ende der siebziger Jahre steht mir besonders lebhaft in Erinnerung. Inzwischen sind die illusionären Hoffnungen völlig vergessen, die Bundeskanzler Helmut Schmidt damals auf die ineffektive und auch recht korrupte kommunistische Regierung Edward Giereks gesetzt hat. In den späten siebziger Jahren war das aber ein wichtiges Thema. In diesem Zusammenhang hatte die Deutsche Gesellschaft für Auswärtige Politik in Zusammenarbeit mit ihrem Warschauer Schwesterinstitut ein Deutsch-Polnisches Forum ins Leben gerufen, das sich im Oktober 1978 zu seinem zweiten Treffen aufmachte.

Die Dialogforen der DGAP waren zumeist nach demselben Muster gestrickt. Die drei Bundestagsfraktionen entsandten jeweils zwei oder drei einschlägig kundige Abgeordnete. Dazu kamen Experten für Ost-West-Fragen und spezialisierte Landeskenner von Forschungsinstituten oder Universitäten, einige Kenner des Osthandels und meist auch die jeweiligen Hauptstadtjournalisten. Bei ihren Berichten über die Diskussionen hatten sich letztere an die Chatham-House-Regeln zu halten: keine namentlichen Zitate. Für Vorbereitung und Durchführung war ein bilateraler Lenkungsausschuß zuständig, in dem die Direktoren der Schwesterinstitute die Hauptrolle spielten. Im Fall des Deutsch-Polnischen Forums war das deutscherseits Karl Kaiser, polnischerseits der in Bonn bestens bekannte, im Rahmen des Möglichen fortschrittliche Journalist Mieczysław Rakowski, der grundsätzliche Parteitreue mit opportunistischer Flexibilität und geistiger Unabhängigkeit zu verbinden verstand und 1990 als letzter kommunistischer Ministerpräsident in die Geschichtsbücher eingehen sollte.

Daß sich Polen damals wieder einmal in schwieriger Wirtschaftslage befand, pfiffen die Vögel von allen Bäumen. Man hörte, daß die Unruhe unter den Intellektuellen den normalen Pegelstand bereits weit überstieg. Ich hatte mich vor Antritt der Reise durch den Polenkenner Alexander Uschakow aus dem Umfeld von Boris Meissner unterrichten lassen. Er berichtete von einer in den Betrieben und an den Universitäten bereits gut organisierten Opposition mit Untergrundpresse, aus der 1980 dann tatsächlich die Bewegung Solidarność ans Tageslicht getreten ist. Mit der Vermutung, daß wohl kein einziger Repräsentant dieser bereits starken Bürgerrechtsbewegung der polnischen Delegation angehören würde, lag er richtig.

Mittags, am 16. Oktober 1978, flog die etwa zwei Dutzend Mitglieder umfassende Delegation nach Warschau ab. Wie üblich bei solchen Gelegenheiten, statteten wir zuerst unserem Botschafter einen Besuch ab. Er schilderte die Lage und machte besonders auf die Ernährungsschwierigkeiten aufmerksam. Sein Sohn habe im vergangenen Sommer eine Fahrradtour zu den Masurischen Seen unternommen und sei halbverhungert zurückgekehrt. Uns zu Ehren würden sich zwar die Tische unter Speis und Trank biegen, doch sollten wir uns darüber klar sein, daß deshalb in den folgenden Wochen in der Woiwodschaft Olsztyn wahrscheinlich kein Fleisch mehr aufzutreiben sein werde.

So gebrieft, begaben wir uns in den Bus, der uns nach mehr als zweistündiger Fahrt vor dem nagelneuen Hotel »Novotel« in Allenstein absetzte. Draußen, auf dem Hof, erwarteten uns schon die polnischen Teilnehmer am Forum. Ein paar gute Bekannte waren dabei, so auch ein angesehener polnischer Kollege, den ich in Amerika kennengelernt und später öfters in der Bundesrepublik getroffen hatte. Diese »Reisekader« waren meist gut beschlagene und zugleich nette Leute. Ich ging aber stets davon aus, daß sie irgendwelchen Diensten über ihre Gespräche berichten würden. Sonst hätte man sie nicht dauernd auf freier westlicher Wildbahn laufen lassen. Was ich von ihm als erstes zu hören bekam, war allerdings kaum glaublich: »Vor einer Stunde ist Kardinal Wojtyła, der Erzbischof von Krakau, in Rom zum Papst gewählt worden.« Ich faßte mich aber und sagte: »Sie freuen sich sicher sehr. Da kann man dem polnischen Volk zu dieser Wahl nur von ganzem Herzen gratulieren, vor allem aber der Vereinigten Polnischen Arbeiterpartei.« Der letzte Satz wurde nicht ganz freudig aufgenommen.

Tagungsort war die im Krieg zerstörte, von den geschichtsbewußten Polen aber in Originalform wiederaufgebaute Ordensburg Allenstein, in der Nikolaus Kopernikus zeitweise als Amtmann tätig gewesen war und dort seine astronomischen Forschungen betrieben hatte. Korridore, Böden und Wände strahlten, als seien die Arbeiten erst gestern fertig geworden. Auf die Säle vor dem eigentlichen Tagungsraum verteilt standen bei allen Sitzungen drei oder vier Grüppchen strammer junger Männer mit Bürstenhaarschnitt, alle mit den damals noch recht großen mobilen Fernsprechapparaten ausgerüstet. Es waren also wohl verschiedene Dienste, die an dem Gedankenaustausch Anteil nahmen. Auffällig war nur, daß sie sich vor allen Augen aufbauten.

Bei der Vormittagssitzung äußerte sich die politische Prominenz. Rakowski und Bruno Friedrich, stellvertretender Fraktionsvorsitzender der SPD-Bundestagsfraktion, eigentlich ein recht vernünftiger Mann, erwähnten mit keinem Wort die Sensationsmeldung! Auch bei den anderen Sprechern von seiten der Sozialliberalen kein Wort dazu. Allem Anschein nach hatten die Polen darum gebeten, dem Politbüro in Warschau erst einmal Zeit zur Meinungsbildung zu geben. Beim Mittagessen kam ich neben den CDU-Bundestagsabgeordneten Philipp von Bismarck zu sitzen, Sprecher der verständigungsbereiten Pommerschen Landsmannschaft, und mokierte mich über das dröhnende Schweigen. Er vertröstete mich auf den Nachmittag, wenn er an der Reihe sei. Es war mittags um drei Uhr, fast schon einen ganzen Tag nach der Papstwahl, als der, wie sich bald zeigen sollte, welthistorische Vorgang endlich zur Sprache kam. Er sei zwar Protestant, meinte von Bismarck, und es sei auch bekannt, wo er geboren sei, aber ebendeshalb wolle er dem polnischen Volk zu dieser ehrenvollen Wahl eines seiner Landsleute herzlich gratulieren. Das war das Stichwort für Rakowski. Feierlich verlas er ein Telegramm, in dem das Politbüro dem Heiligen Vater seine Glückwünsche entbot.

Außer diesem kennzeichnenden Vorgang ist mir von den Konferenzbeiträgen nur noch ein Satz Rakowskis im Gedächtnis geblieben. Frech, wie er auch als Chefredakteur von *Polityka* war, empfahl er, sich doch einmal von Olsztyn aus fünfzig Kilometer nach Norden in die Wälder an der Grenze zu begeben und auf einer Aussichtsplattform den Rundblick zu genießen – das schärfe ungemein das Realitätsbewußtsein.

Allenstein selbst war so wie erwartet. Die Kriegswalze und die schlimmen Monate nach der Besetzung hatten von der Altstadt kaum etwas übriggelassen. Überall gesichtslose Plattenbauten. Immerhin hatten sich die Polen bezüglich der Burg und den übriggebliebenen Traditionsbauten als begabte Restaurateure erwiesen. Für westliche Besucher war die Frömmigkeit nach wie vor unglaublich. Bei der Abendmesse an einem Werktag war die St.-Jakobus-Kirche bis auf den letzten Platz gefüllt.

Auch eine Komödienszene hat sich in der Erinnerung gehalten. An einem der Abende waren die Delegationen bei dem kommunistischen Woiwodschaftssekretär zum Abendessen eingeladen. Er residierte auf einem sorgfältig restaurierten Schloß. Es war schon Nacht. Beiderseits der Allee, die zu einer hohen Eingangstreppe führte, Dutzende von Fackeln, dann auf den Treppenstufen ein Flor aparter Mädchen in stilvollen Trachten und ganz oben der strahlende Hausherr mit mehr als stattlichem Embonpoint, der jeden Gast in seinem Schloß herzlich begrüßte. Nie zuvor und danach habe ich eine so eindrucksvolle Inszenierung des Zigeunerbarons gesehen. Das Diner war so, wie vom Botschafter in Warschau vorausgesagt: Die Tische bogen sich unter den Speisen, und der Wodka floß in Strömen. Mein Appetit hielt sich jedoch in Grenzen. Mit großer Befriedigung las ich zwei Jahre später in den Zeitungen, daß in den Monaten, als Solidarność vor Verhängung des Kriegsrechts dominierte, der Erste, dem wegen Korruption der Prozeß gemacht wurde, der Woiwodschaftssekretär von Olsztyn war.

Ich schied mit gemischten Empfindungen. Wäre ich nicht vorweg schon von einem Landeskenner informiert gewesen, hätte die aufwendige Tagung keinen einzigen Hinweis gegeben, daß die Machtposition der polnischen Kommunisten bereits unterminiert war. Wir bewegten uns in Potemkinschen Dörfern. Auch das beflissene Beschweigen der spektakulären Papstwahl durch die Sprecher unserer sozialliberalen Abgeordneten war charakteristisch für die Verdruckstheit der damaligen Beziehungen zum kommunistischen Polen. Daß die Regierung von Helmut Schmidt die rasch danach aufgeflammte Solidarnoćś-Bewegung mit demonstrativer Kälte behandelte, paßte ins Bild.

Mit dem Institut für Weltwirtschaft und internationale Beziehungen (IMEMO) in Moskau, das damals in den Ost-West-Fragen als fortschrittlich galt, aber sich noch voll unter der Kontrolle der Partei befand, bestand gleichfalls eine Diskussionsplattform. Das eben in bezug auf Warschau skizzierte Modell hat sich auch hier bewährt. Jahr für Jahr traf man abwechselnd in Bonn oder Moskau zusammen. Besonders denkwürdig war ein Besuch in Moskau im April 1984. Zwei Monate zuvor war der gefährliche Generalsekretär Juri Andropow seinem Krebsleiden erlegen. Konstantin Tschernenko war als sein Nachfolger installiert, »ein unheilbar kranker Mann«, hat Alexander Jakowlew später geschrieben, und »politisch ein halber Analphabet«.[172] Die Nachrüstung der NATO war im Herbst 1983 durchgezogen worden. Im Verhältnis zwischen Bonn und Moskau war eine zeitweilige Eiszeit eingekehrt.

Man befand sich wieder mitten im Kalten Krieg. Nacht für Nacht, so war etwa von unserem Militärattaché zu vernehmen, fuhren Soldaten seiner Dienststelle an den sicherheitsrelevanten Ministerien in Moskau vorbei, um zu erspähen, ob auf den oberen Etagen auffällig lange noch Lichter brannten, was auf überraschende Aktivitäten hindeuten könnte. Die Sorge vor KGB-Überwachung war groß. Alle vertraulichen Gespräche, die die Delegation in der deutschen Botschaft in Moskau führte, mußten in der gegen elektronische Überwachung besonders gesicherten »Laube« abgehalten werden. Da das Haus- und Reinigungspersonal der deutschen Botschaftsangehörigen sichtlich vom KGB gestellt wurde, fühlte sich jedermann vom Botschaftspersonal auf dem Präsentierteller und wußte komödienreife oder auch makabre Anekdoten zu berichten. Als wir darauf hinwiesen, daß beim Personenschutz für uns schlichte Delegierte beim deutsch-sowjetischen Forum vielleicht doch zuviel des Guten getan würde, erinnerte man an noch nicht lange zurückliegende Attentate.

Direktor des IMEMO war Alexander Jakowlew, wenig später einer der führenden Reformer. Unserer Delegation war aber nur bekannt, er sei in seiner Botschafterzeit in Kanada durch KGB-Nähe auffällig geworden. Daß er über gute Verbindungen zu dem bereits mächtigen Politbüromitglied Gorbatschow verfügte, in dem einige der Diplomaten und Journalisten den kommenden Mann sahen, war unbekannt. Tatsächlich hielt Jakowlew eine Begrüßungsansprache ganz im Geist des Kalten Krieges. Ich war nicht der einzige unter den Zuhörern, der danach sagte: »Was für ein unangenehmer Bursche!« So kann man sich täuschen.

Das große Wort auf deutscher Seite führte der von Helmut Schmidt den Wölfen vorgeworfene ehemalige Verteidigungsminister Georg Leber, ein vortrefflicher Mann. Er hatte zwei Botschaften. Mit großer Beharrlichkeit redete er den sowjetischen Teilnehmern ins Gewissen: Die Rote Armee müsse unter ihren Soldaten eine Erziehungskampagne gegen den Haß starten, so wie er es in der Bundeswehr getan hatte. Doch sowjetische Generale waren überhaupt nicht zugegen. Es war ein Schuß in den Ofen. Die zweite Botschaft lautete: Die Sowjetunion solle das große Potential der Magnetschwebebahn erkennen, die in der Lüneburger Heide erprobt werde. Welche Vision einer hochmodernen eurasiatischen Verbindungslinie über die ideologischen Lager hinweg vom französischen Brest bis nach Wladiwostok! Nicht einmal alle deutschen Teilnehmer waren davon überzeugt.

Einige von uns suchten ihn mit einem gewissen Erfolg zu einer dritten Botschaft zu veranlassen. Die Konferenz fand in dem altertümlichen Hotel »Ukrainia« statt. In den Schlafzimmern strömten riesige dunkle Schreibtische und verstaubte Vorhänge noch den Charme der stalinistischen Ära aus. Dort traf man sich aber doch lieber zum ruhigen Gedankenaustausch als in der düsteren Lobby und in den Speisesälen, wo mafiose Geschäftsleute und Damen aus dem horizontalen Gewerbe lautstark dinierten und pokulierten. In der Botschaft und beim Militärattaché hatte man uns dringend ans Herz gelegt: Jeder Raum, auch die Couchgarnituren in der Lobby, die dunklen Ecken in der Bar und natürlich die Schlafzimmer seien elektronisch verwanzt.

Wäre es deshalb, so gaben wir Leber zu bedenken, nicht ein Dienst an der atomaren Abschreckungsstrategie, wenn wir in kleiner deutscher Runde auf dieses Thema zu sprechen kämen und er mit ruhiger Glaubwürdigkeit feststellen würde, jede

Offensive des Warschauer Pakts werde nach kurzem, bloß konventionellem Widerstand von der NATO in die atomare Phase überführt. Ihm leuchtete das ein, und er hat seine Rolle gut gespielt. Ob und wie die Botschaft angekommen ist, entzieht sich meiner Kenntnis.

Mich selbst haben bei solchen Diskussionen mit Delegationen des Ostblocks die diplomatisch verklausulierten Plenumsdiskussionen und die gleichfalls wenig offenen Unterredungen mit Spitzenchargen stets wenig interessiert. Viel spannender fand ich Gespräche unter vier Augen mit jungen Institutsmitarbeitern, die stumm wie die Fische dabeisaßen, ohne je ein Wort äußern zu dürfen. Dabei kamen recht spannende Informationen zutage. Allgemeines Klagen bei diesen empirisch versierten Sozialwissenschaftlern, daß ihre Warnungen vor einem Scheitern der großen Propagandaoffensive gegen die westliche Nachrüstung nicht zur Kenntnis genommen worden seien. Die älteren Reisekader (manche waren mir aus Diskussionsrunden oder Gesprächen in den politischen Stiftungen gut bekannt) seien nach ihren Auftritten vor den Massen der Friedensbewegung ganz berauscht mit der Botschaft zurückgekommen: Der Aufstand von Hunderttausenden gegen die Stationierung von Pershing II und Cruise-Missiles sei unwiderstehlich. Tatsächlich hätten aber sie, die mit unseren Meinungsbefragungen vertrauten Sozialwissenschaftler, klar erkannt, daß sich die Regierung Kohl bei der Nachrüstung auf eine breite, schweigende Mehrheit stützen könne.

Am ergiebigsten war eine Exkursion in die Ukraine. Nach dem Ende der Konferenz konnten die deutschen Gäste zwischen einem Besuch des touristisch hinlänglich bekannten Leningrads und Kiew wählen. Zusammen mit Karl Kaiser entschied ich mich für das in jenen Jahren selten besuchte Kiew. Das beste Hotel am Ort erinnerte an die Absteigen in den Nachkriegsjahren. Eines der Fenster des Zimmers, in dem ich nächtigte, war mit einem Lattenverschlag verkleidet. Glas war offenbar Mangelware. Die Geschäfte leer, die Nebenstraßen unsauber, die Fassaden grau mit bröckelndem Putz. Nur einige der berühmten Basiliken waren für das dünne Rinnsal von Touristen zurechtgemacht. Auffällig war aber, daß sich zum Abendgottesdienst in einer der von mir besuchten Kirchen nicht nur einige der berühmten alten Mütterchen einfanden, sondern immerhin ein gutes Dutzend junger Leute. Kein Vergleich allerdings mit dem Kirchenbesuch in Polen. Die KGB-Überwachung war von großer Plumpheit. Ich hatte von der großen Terrasse mit weitem Blick über den Dnjepr ein paar Photos gemacht. Als ich tags darauf ins Hotelzimmer zurückkam, stellte ich fest, daß der Photoapparat geöffnet und der Film zerrissen war. Klaus Ritter hat mir ein ähnliches Stückchen erzählt. Ein hoher pensionierter NATO-General, Mitglied der Delegation, hatte im Jahr zuvor ein mit einer Zahlenkombination gesichertes Attaché-Case im Hotelzimmer zurückgelassen. Abends fand er das Schloß aufgebrochen. In der Erwartung, daß sich überall Abhörwanzen befanden, spottete er am kommenden Morgen beim Frühstück mit seinen deutschen Kollegen, zu denen auch Ritter gehörte, über die ganz unsagbar täppische Arbeitsweise des KGB. Als er abends wieder zurückkehrte, war ein neues Schloß fachmännisch eingesetzt. Die Anekdote klingt ganz unglaubhaft. Sie ist mir aber von zwei Zeugen bestätigt worden.

Wir hatten natürlich vor allem den Wunsch geäußert, mit ukrainischen Sozialwissenschaftlern Gespräche zu führen. Dabei machten wir eine überraschende Entdeckung. In Kiew befand sich ein vergleichsweise großes Forschungsinstitut mit einzelnen Abteilungen und Referaten für Arbeiten über die Bundesrepublik Deutschland, Frankreich, England, die EWG und die UN. Die Zahl der Wissenschaftler war größer als die in der DGAP, der SWP und Chatham House zusammengenommen. Alle, mit denen wir uns unterhielten, verfügten über vorzügliche Sprachkenntnisse und differenzierte Landeskenntnisse, soweit das die spärliche Ausstattung mit Zeitungen und Fachzeitschriften zuließ. Das Institut, so erklärte man uns, sei auf Betreiben des Politbüromitglieds Wladimir Schtscherbitzki, dem mächtigen kommunistischen Parteiboß der Ukraine, errichtet worden. Seinem Argument, die Ukraine sei Mitglied der Vereinten Nationen und brauche deshalb ein Forschungsinstitut für die internationalen Beziehungen, war im Politbüro der KPdSU wenig entgegenzusetzen. Die Moskowiter im IMEMO und an dem von Georgi Arbatow gegründeten Institut für amerikanische und kanadische Studien wußten sich aber zu helfen. Wie bisher monopolisierten sie die internationalen Kontakte, stellten ganz allein die Reisekader und wurden bevorzugt mit Devisen für den Kauf wissenschaftlicher und publizistischer Literatur bedacht. Die Kollegen in Kiew erzählten das verbittert. Sie seien völlig abgehängt. Wir versprachen, im Austausch gegen die Kiewer Institutspublikationen die Veröffentlichungen der DGAP zur Verfügung zu stellen, mußten aber nach einiger Zeit erfahren, daß sie nie in Kiew angekommen waren.

Die Gastfreundschaft der ukrainischen Kollegen war bemerkenswert herzlich. Stolz – durfte man sagen: national-stolz? – haben sie uns zu einer prächtigen ukrainisch-folkloristischen Aufführung mit Tänzen und Chören eingeladen. Hier in Kiew, so sollten wir bemerken, gab es nur die Ukraine und nichts anderes als die Ukraine. Aus vielen Gesprächen im BIOst oder mit dem Team von Boris Meissner war ich mir verschwiegener Lockerungsübungen selbst in der ukrainischen Partei gegenüber Moskau wohl bewußt. Das bestätigte sich jetzt sozusagen stündlich.

Was blieb von dieser Reise im Frühjahr 1984 an Erkenntnisgewinn über die künftige Entwicklung der Sowjetunion? Aus dem Rückblick muß ich sagen: für das kurzfristige Verständnis nur wenig. Das Sowjetsystem machte einen unattraktiven, doch stabilen Eindruck. Jakowlew, künftig die rechte Hand Gorbatschows, wirkte wie ein mürrischer, angepaßter Apparatschik. Ich trete auch wohl keinem Botschaftsangehörigen in Moskau mit der Feststellung zu nahe, daß sich niemand dort von den unmittelbar bevorstehenden Reformen irgendwelche Vorstellungen machte. Auf längere Sicht am wichtigsten waren wohl die Beobachtungen in Kiew. Als Ende 1991 die ukrainische Parteiführung unter Präsident Krawtschuk sich vom Gesamtstaat lossagte, war ich nicht besonders erstaunt.

Drei, vier Jahre später glaubte man schon in einem neuen Zeitalter zu leben. Zwei große Themen bestimmten jetzt die Agenda: die stürmisch in Gang gekommene ost-westliche Rüstungskontrollpolitik und der von Gorbatschow in der Sowjetunion selbst und im Ostblock angestoßene Umbruch. Die Dauerthemen bei den internationalen Konferenzen im Westen oder bei den vielen Diskussionen, an denen ich in Bonn oder in Köln oder bei der SWP in Ebenhausen teilnahm, lauteten nun: Ist Gorbatschow ein Reformer, der Vertrauen verdient, oder ein besonders gefährlicher, taktisch geschickter Kremlführer? Soll der Westen ihn stützen oder ihn zum Offenbarungseid zwingen? Wie weit wird sich der nichtsowjetische Ostblock von Moskau emanzipieren? Wo verlaufen die roten Linien? Und wieweit wollen sich die Reformkommunisten und die Bürgerrechtler aufs glatte Eis wagen? Temperamentsmäßig gehörte ich eher zu den Vorsichtigen. Zunehmend bestimmte aber das Prinzip Hoffnung doch die Diskurse.

Eine meiner diesbezüglich denkwürdigsten Erinnerungen ist eine Konferenz, die in den Pfingstferien 1988 in Dubrovnik stattgefunden hat. Veranstaltet wurde sie von den European Alumni des Woodrow Wilson Center in Washington. Seit meinem dortigen Aufenthalt Mitte der siebziger Jahre hatten sich bemerkenswert viele Forscher aus den kommunistischen Regimen im östlichen Europa für kürzere oder längere Zeit dort aufgehalten. Manche von ihnen spielten schon eine Rolle in den Bürgerrechtsbewegungen ihrer Länder. Selten zuvor und danach habe ich eine Tagung erlebt, in der so hoffnungsvoll diskutiert wurde. Es herrschte eine Stimmung wie in dem Lied aus den Jahren der Befreiungskriege gegen die napoleonische Unterdrückung zu Beginn des 19. Jahrhunderts: »Der Freiheit Hauch weht mächtig durch die Welt ...«

Einer der jüngeren Kollegen kam von einer der Universitäten im Baltikum, aus dem damals noch kaum Informationen ins Ausland drangen. Er berichtete von der Existenz bereits dicht vernetzter Nationalbewegungen in Estland und in Lettland. Die fortschrittlichste Gruppe von Bürgerrechtlern kam aus Belgrad. Sie sahen Jugoslawien auf dem Weg zu einem parlamentarisch strukturierten Bundesstaat nach westlichem Muster und entwickelten ihre Konzepte der Zivilgesellschaft. Niemand von ihnen gab mehr etwas auf einen Reformkommunismus, wie er – lang, lang war das her – in der Praxisgruppe zu Zagreb verfochten worden war. Nach dieser Begegnung konnte ich es kaum glauben, daß kurze Zeit später ausgerechnet in Serbien eine autoritär-nationalistische Clique unter Slobodan Milošević und der Armeeführung Jugoslawien ins Unglück stürzte. Die Freunde aus Polen – einer von ihnen war, wenn mich die Erinnerung nicht täuscht, Bronisław Geremek – bestätigten mit vielen Beispielen, daß Solidarność nicht tot sei. Das wußte man zwar schon aus der Presse, doch dem lebendigen Zeugnis von Teilnehmern glaubt man viel mehr als klugen westlichen Auslandskorrespondenten. Aus Prag war niemand gekommen. Dort funktionierte noch die Isolation von den westlichen Ansteckungen. Leider hatte ich selbst und auch Arnulf Baring, der dabei war, zu berichten, daß die DDR vorerst ein ähnlich hoffnungsloser Fall sei. Beeindruckend war bei der gesamten Konferenz, wie die Alumni aus den kommunistischen Regimen ziemlich ausnahmslos ganz selbstverständlich die demokratische Freiheitsidee mit dem Gedanken nationaler Selbstbestimmung verbanden, so als sei das die größte Selbstverständlichkeit. Die öffentliche Meinung in der Bundesrepublik mit ihrem ängstlichen Affekt gegen alles Nationale, sagte ich mir damals schon, befindet sich wohl wieder einmal auf einem deutschen Sonderweg.

Auch atmosphärisch blieb ein starker Eindruck zurück: Dubrovnik im Frühsommer, tagsüber staubig und leicht vergammelt, die Tagungsstätte eng, unbequem und schwül, obschon hier sozusagen mit Starkstrom der Hoffnung gearbeitet wurde, und die erfrischenden Abende in den Restaurants hoch über den Dächern der Altstadt stimmungsvoll und freundschaftlich. Es war bereits ein Vorgefühl des *annus mirabilis* 1989, obschon auch jetzt, ein Jahr nur bevor alles losging, doch kaum einer der hoffnungsfrohen Teilnehmer voraussah, daß die kommunistischen Regime bereits kurz vor dem Aus standen, die Sowjetunion mit inbegriffen. Keiner konnte sich aber auch vorstellen, daß etwas mehr als drei Jahre später Dubrovnik zur Kampfzone werden würde.

Soll ich auch ein paar Beobachtungen erwähnen, die sich bei Besichtigung der letzten Hochburgen autoritär-rassistischer Herrschaft im südlichen Afrika machen ließen, kurz bevor auch sie in sich zusammensanken? Seit den Jahren im Bergstraesser-Seminar und danach im Dauergespräch mit den landeskundigen Freunden im Freiburger Arnold-Bergstraesser-Institut hatte ich auch die Vorgänge in Afrika verfolgt, allerdings als Buchgelehrter. Natürlich war ich mir über die zur Staatsbildung wenig geeignete ethnische Vielfalt, über die Realitäten des Neokolonialismus, über die Kleptokratie der einheimischen Herrschaftscliquen und auch über die geostrategischen Aktivitäten der Großmächte im klaren – der Amerikaner, der Sowjets und der Chinesen. Wer hier glaubhaft mitsprechen wollte, das wußte ich aber, mußte ein durch jahrelange Feldarbeit ausgewiesener Landeskenner sein. Das war nicht mein Ding, ich war durch andere Aufgaben voll ausgelastet. Aber der Neugier, die Verhältnisse in Augenschein zu nehmen, ließ sich nicht widerstehen.

Ein erster Ausflug führte nach Namibia. Seltsamerweise haben sich in den Jahren der Kanzlerschaft Helmut Schmidts manche CDU/CSU-Parlamentarier so intensiv um die Zukunft des nun wirklich wenig wichtigen Namibia gekümmert wie bestimmte SPD-Parlamentarier um Nicaragua oder Kuba, wo für die deutschen Interessen gleichfalls nichts zu holen war – postkolonialistische Nostalgie auf seiten der Konservativen, Revolutionsromantik auf der anderen Seite! Da sich aber meine eigenen politischen Freunde, vielleicht aus einer Mischung von polittouristischen und nostalgischen Motiven, auf Namibia kaprizierten, wollte ich mir die Gegebenheiten einmal vor Ort ansehen und habe dort im Frühjahr 1979 eine Rundreise unternommen.

Der internationale Status Namibias war denkbar kompliziert, ein Festessen für Völkerrechtler und UN-Diplomaten,[173] die innenpolitische Lage nicht minder. Das einstige Deutsch-Südwest war bekanntlich 1919 als Völkerbundsmandat an Südafrika gegangen. Die architektonischen Überreste der wilhelminischen Jahrzehnte waren in Windhoek und Swakopmund noch allgegenwärtig, und im Land lebten noch rund an die 18 000 Deutschbürtige, meist Familien stämmiger Farmer. Ich bin nie den Verdacht losgeworden, daß bei unseren Politikern, die sich so ganz über Gebühr für Namibia interessierten, subkutane Nostalgien ein starkes Motiv waren. Natürlich war die UN seit den sechziger Jahren durch Ausübung ständigen Drucks bemüht, auch dieses von Südafrika sozusagen kolonisierte Land in die Unabhängigkeit zu führen. Umgekehrt betrachtete Südafrika Namibia als Sicherheitsglacis und betrieb dort eine zähe, auch einfallsreiche, aber letztlich perspektivlose Defensivstrategie. Längst war das riesige und fast menschenleere Namibia – mehr als doppelt so groß wie die Bundesrepublik, doch mit nur knapp 900 000 Einwohnern, davon rund 80 000 Weißen – zum Spielball des Kalten Krieges geworden. Der Ostblock unterstützte den schwarzafrikanischen Caucus in der UN, ganz besonders die von den Nachbarländern aus operierende militante SWAPO unter Sam Nujoma. Die westlichen Großmächte waren zwar gleichfalls geneigt, möglichst bald eine irgendwie legitimierte schwarzafrikanische Regierung in Windhoek zu installieren, sahen sich aber aus geostrategischen Gründen zum behutsamen Vorgehen genötigt. Südafrika mit seinen immensen Bodenschätzen und seiner wichtigen globalstrategischen Lage wurde als westliches Bollwerk gegen den in den siebziger und achtziger Jahren sichtlich expansiven Ostblock betrachtet, auch wenn das rassistische Apartheidregime stark mißfiel.

Dies alles ließ sich schon aus der Ferne deutlich erkennen. Ich bin illusionslos nach Windhoek geflogen und kam genauso illusionslos zurück. Immerhin war das Vorwissen nun mit Anschauung unterfüttert. Stolz wurden der kleinen Reisegruppe im »Tintenpalast« zu Windhoek von den Beamten des Generaladministrators Marthinus T. Steyn auf großen Karten und Diagrammen die geradezu sagenhaft hypertrophierten Verwaltungsstrukturen der heterogenen ethnischen Volksgruppen vor Augen geführt. Eine jede der sprachlich und kulturell sehr verschiedenen, zudem in unterschiedlichen Regionen siedelnden Ethnien, so die Ideologie, mit der die Südafrikaner dem Machtwillen der SWAPO zu begegnen suchten, habe das Menschenrecht auf eine möglichst weitreichende Autonomie. Das galt für die in die Hunderttausende gehenden großen Volksgruppen (Ovambo, Kavango, Herero) ebenso wie für die in die Zehntausende gehenden Nama, die Buschmänner, die Rehoboth Bastards und wie sie alle hießen, sowie die 78 000 Weißen, die meisten von ihnen

Buren. Somit waren für jede der Ethnien eigene Repräsentationsorgane mit einem kostspieligen Verwaltungsapparat geschaffen worden, in dem die wenig Sympathie ausstrahlenden Buren die Sippschaft der Stammeshäuptlinge und viele Hunderte schlecht ausgebildeter Angestellter untergebracht hatten. Über allem thronte natürlich der südafrikanische Generaladministrator, der dieses auf Dauer unhaltbare System zu finanzieren und am Leben zu erhalten hatte. Die politische und administrative Binnenstruktur war ein Potemkinsches Dorf inmitten der durchaus ansehnlichen Wüsten, Savannen und Berglandschaften Namibias und entlang dem Südatlantik mit seinen reichen Fischgründen.

Interessanter als die Besichtigung der Verwaltungszentrale dieser Fassadendemokratie, die früher oder später liquidiert werden würde, war ein Ausflug in die Nähe der Kampfzone an der Grenze zu Angola im Ovamboland. Die kleine Reisegruppe flog in einer Piper zu einem Feldflugplatz in der Savanne, nicht weit von dem Grenzfluß Kunene. Der Flug in einer kleinen Maschine übers Land ist immer erregend, ganz besonders in Afrika. Meine Laufbahn hätte dort jedoch beinahe ein jähes Ende gefunden. Der ohnehin ziemlich unkundig wirkende südafrikanische Pilot war zu spät weggeflogen, die Nacht brach bereits herein. Endlich tauchte der unbeleuchtete Feldflughafen auf, doch als die Maschine zur Landung ansetzte, trieb sich auf dem Rollfeld eine größere Rinderherde herum. Der Pilot mußte durchstarten und die Flughafenbesatzung über Funk anflehen, die Viecher unverzüglich wegzutreiben. Das geschah, und es war schon fast finstere Nacht, als die Maschine auf dem kaum mehr sichtbaren Rollfeld zum Stehen kam.

Tags drauf erfolgten in stickigen Militärzelten die üblichen Briefings durch PR-Offiziere und Fahrten im Jeep durch den Busch zu einer administrativen Metropole, wo uns die Lage der Landwirtschaft und die Entwicklungsprojekte geschildert wurden. Ich erinnere mich auch an einen Besuch auf einer Missionsstation bei finnischen Schwestern und Schulklassen voller neugieriger junger Ovambos. Die tapferen Frauen berichteten über ihre bescheidenen humanitären Erfolge, verschwiegen aber nicht, daß sie ein sorgenvolles und gefährdetes Leben führten. In der Nachbarschaft hätte ein durchgebrochenes SWAPO-Kommando schlimme Massaker angerichtet. Während uns die Offiziere bei den Briefings versichert hatten, die Grenze zu Angola sei sicher, werde aber auch strikt respektiert, meinten die Missionarinnen, ohne das Sicherheitsnetz der Regierungstruppen könnten sie nicht bleiben. Die Lage an der Front am Kunene war wohl ähnlich labil wie die an der diplomatischen Front. Namibia war eingekreist, und Südafrika hielt sich unter hohen Kosten im Zusammenspiel mit den antikommunistischen Kämpfern der UNITA in dem vom Bürgerkrieg zerrissenen Angola die gleichfalls wenig zimperlichen SWAPO-Kämpfer vom Hals.

Bei solchen Exkursionen ließ sich auch verspüren, weshalb Afrika auf Entwicklungshelfer, Ethnologen, Philanthropen, Dokumentarfilmer, auf meine Freunde im

Arnold-Bergstraesser-Institut und auf alle Peter Scholl-Latours dieser Welt einen so unwiderstehlichen Sog ausübt: Es ist ein Nebeneinander von Schönheit und Gefahr, von farbiger Vielfalt der indigenen Kulturen, Krieg, Mord, humanitärem Idealismus und völliger Andersartigkeit zum langweilig gewordenen Europa, das abenteuerliche Typen in Bann schlägt.

Die Besichtigung des Glacis der Festung Südafrika war für mich aber doch ein Anlaß, nun auch einmal die wahrscheinlich auch schon unterminierte Zitadelle in Augenschein zu nehmen. Für Professoren der Politischen Wissenschaft meiner Statur lag das Geld für politische Studienexkursionen in alle Welt auf der Straße. Meist habe ich mit Blick auf meine vielen laufenden Aufgaben dankend abgelehnt. Doch als von der südafrikanischen Oppenheim-Stiftung das Angebot zu einer Studienreise kam, konnte ich nicht widerstehen. Allerdings wollte ich mich nicht kostenlos als Polittourist durchs Land kutschieren lassen und habe deshalb darauf bestanden, an einer Reihe von Universitäten unbezahlte Vorträge zu halten. Diese Termine wurden in dem Standardprogramm eingebaut, und so bin ich mit dem sympathischen Kieler Kollegen Werner Kaltefleiter von Campus zu Campus gereist und sprach – meist vor einem Massenpublikum schwarzer Studenten – über das politökonomische System der EWG, über Ost-West-Probleme und über die im Frühjahr 1982 besonders interessante politische Lage in der Bundesrepublik, während sich Kaltefleiter auf NATO-Fragen und die Probleme des geteilten Deutschland konzentrierte. Im Anschluß fanden die wie üblich lebhaften Diskussionen im Kreis von Fachkollegen und älteren Studenten statt. Dabei konnten wir die Meinung der Gastgeber über die Lage in Südafrika erörtern. Stil und Protokoll waren weitgehend dieselben wie bei vergleichbaren Vorträgen an amerikanischen oder britischen Universitäten.

Die Oppenheim Foundation galt als liberal. Verständlicherweise hatten die großen Konzerne in Südafrika größtes Interesse an der Überwindung des atavistischen Apartheidregimes, in welchen Formen auch immer. Den für die Besichtigungsprogramme verantwortlichen PR-Experten lag vor allem daran, Multiplikatoren aus der bekanntermaßen kritischen Bundesrepublik die Möglichkeiten für eine friedliche Evolution vor Augen zu führen. Die Elendsviertel und die Realität der immer noch bestehenden Apartheid durften jedoch nicht ausgeblendet werden, sonst wäre das vermittelte Bild überhaupt nicht glaubhaft gewesen. Ebenso mußte auf den Wunsch der nach wie vor fest im Sattel sitzenden National Party Rücksicht genommen werden, sozusagen die Macht und Herrlichkeit des weißen Südafrika sichtbar vor Augen zu führen. Daß dabei auch die landschaftlichen Schönheiten Landes nicht versteckt werden durften, verstand sich von selbst.

Die vielerorts herrschende Misere wurde bei einer Fahrt in die Slums von Alexandria nicht weit von Kapstadt vor Augen geführt, wo Zehntausende schwarzer Familien unter Wellblechdächern vegetierten. Viel Zeit wurde auf die Besichtigung Sowetos verwendet, Schauplatz des Massakers vom 16. Juni 1976 und des folgenden

Aufruhrs. Ich habe in meinen Reisenotizen vermerkt, daß die Regierung zugegeben hatte, die Polizei habe 172 Schwarze getötet und 1439 verwundet. Die Unruhen hatten damals in viele der schwarzen Zentren übergegriffen. Seither war das Apartheidregime ein für allemal weltweit diskreditiert.

In der Großstadt Soweto war inzwischen Ruhe eingekehrt. Allem Anschein nach hatte die Regierung seither viel für den Wohnungsbau und für die Verbesserung des Schulwesens getan. Der schwarze Bürgermeister und die Gemeinderäte, die für Informationen zur Verfügung standen, zeigten sich weiterhin regierungskritisch, vermieden aber aufrührerische Stellungnahmen. Wir waren nicht die einzige Besuchsgruppe, der dort die Botschaft des weißen Südafrika vermittelt wurde: »Wir sind nachdenklich geworden, auch gebührend schuldbewußt, haben praktische Verbesserungen durchgeführt, und ein vernünftiges Maß von schwarzer Selbstverwaltung funktioniert inzwischen!« Doch auch diese Besichtigung hat meine Skepsis nicht zerstreut, daß das inzwischen zu einer schwarzen Mustersiedlung umgestaltete Soweto ein Potemkinsches Dorf war.

In Johannesburg sollte eine Anzahl von Begegnungen mit Managern und schwarzen Betriebsräten den Eindruck vermitteln, daß die Entwicklung in dem riesigen industriellen Sektor auf gutem Wege sei. Nur weiß man eben, daß bei derartigen Besichtigungen meist Gesprächspartner aus Unternehmungen ausgesucht werden, in denen vorzeigbare Verhältnisse herrschen.

Recht aufschlußreich war ein Abendessen mit Kadern des weiterhin verbotenen ANC. Die jungen Herren bewegten sich in dem sündhaft teuren Speiserestaurant so ungezwungen, als seien sie hier ständig zu Gast. Ich unterhielt mich den ganzen Abend lang mit einem gescheiten schwarzen Chemiker, der bei der BASF tätig war. Er ließ keinen Zweifel daran, daß seiner Meinung nach die National Party der »Afrikaner«, sei es mittelfristig, sei es langfristig, die Macht an den ANC abgeben müßte – am besten friedlich. Ich selbst konnte mir diesen geschliffenen, emotionslos argumentierenden Mann durchaus auf der Topetage eines Konzerns vorstellen. Er war genau der Typ, den uns die PR-Leute der Oppenheim Foundation präsentieren wollten, um zu zeigen, daß selbst in den Reihen der revolutionären Untergrundorganisation des ANC qualifiziertes nichtweißes Personal für eine gewaltfreie, friedliche Evolution bereitstand.

Bei den Universitätsbesuchen haben mich die Fachkollegen der Universität Stellenbosch am stärksten beeindruckt: moderne Ethnologen, die jede der ethischen Großgruppen nach allen Regeln der Kunst analysiert hatten und über deren Potential für eine friedliche oder unfriedliche Entwicklung bestens Bescheid wußten … phantasievolle Verfassungsrechtler, die für jede denkbare institutionelle Reform einen Plan A, B und C in der Kiste hatten … Internationalisten, Völkerrechtler und Ökonomen, die auf jede Frage zu den machtpolitischen Überlebenschancen der Republik Südafrika gescheite, skeptische, aber letztlich doch selbstbewußte Antworten bereit hatten … Ab und zu ließen sie durchblicken, daß sie zu den Ministerien in Pretoria über einen guten Draht verfügten. Wer die taktischen Schliche, Wendungen, Vorstöße und kontrollierten Rückzugsbewegungen der südafrikanischen Innen- und Außenpolitik studierte, konnte sich vorstellen, daß sich in dieser auch landschaftlich reizvollen Universität einer der *Braintrusts* der burischen Oberschicht befand.

Hingegen ließ ein Ausflug in die sogenannte autonome Republik Bophuthatswana erkennen, wie perspektivlos sich die »Afrikaner« mit dem Konzept schwarzer Homelands verrannt hatten, in denen sprachlich und kulturell homogene schwarze Ethnien, ferngesteuert aus Pretoria, sich mit Scheinselbständigkeit zufriedengeben sollten. Was mich bereits in Namibia befremdet hatte, war auch hier zu betrachten: ein riesiges Parlamentsgebäude, Ministerien, in denen die Studiengruppe auf sichtlich beschäftigungslose Minister traf, eine Universität, die man in Deutschland als Gymnasium bezeichnet hätte. Wovon das Land neben den Subsidien aus Pretoria lebte, hatte sich schon am Flughafen erkennen lassen, wo es von Südafrikanern wimmelte, die nach dem großen Spielkasino unterwegs waren.

Schließlich konnten wir Interviews mit einigen Führungspersönlichkeiten führen, die zehn Jahre später beim friedlichen Übergang eine maßgebliche Rolle gespielt haben. Nur Nelson Mandela, niemand erwähnte seinen Namen, war noch auf Robben Island inhaftiert, und was sich in den Nachbarländern beim militärischen Arm des ANC vorbereitete, blieb noch lange der große unbekannte Faktor, nicht nur bei dieser Exkursion. Aber Chief Mangosuthu Buthelezi von den kriegerischen Zulus, damals die große Hoffnung der Hanns-Seidel-Stiftung und der Konrad-Adenauer-Stiftung, war schon auf dem Turf. Er beeindruckte durch ruhige Würde, ließ sich aber beim Interview kein falsches Wort entlocken, allem Anschein nach ein routinierter Politiker. Auch der bei allen Fortschrittlichen hochangesehene Bischof Desmond Tutu gab sich so, wie erwartet: unversöhnlich kritisch gegen das Apartheidregime, anklägerisch gegen die Verbrechen der Geheimpolizei, skeptisch bezüglich grundlegender Reformbereitschaft der National Party, aber sehr nachdrücklich bei seinem Bekenntnis zur Gewaltfreiheit, wobei er auf Nachfragen zur Rolle des militärischen ANC an den Grenzen zu Südafrika natürlich recht vage blieb. Persönlich wirkte dieser zierliche Mann fröhlich, in sich selbst ruhend, doch auch schlau und sehr beweglich, ganz offensichtlich einer der gefährlichsten Gegenspieler der »Afrikaner«.

Nicht zuletzt ist mir William de Klerk in Erinnerung geblieben. Daß er 1989 zum Präsidenten gewählt würde und den friedlichen Übergang, faktisch die Kapitulation, aushandeln würde, war noch nicht vorhersehbar. Der damalige Erziehungsminister stand zwar auf dem *verlighten*, also dem prinzipiell aufgeklärten, für gewisse Reformen bereiten Flügel der Mehrheitspartei, hatte aber doch den Ruf eines Hardliners und war das wohl auch. Als die Reisegruppe in sein weiträumiges Büro eintrat, saß er vor einem Aktenberg, links hinter dem Schreibtisch eine große südafrikanische

Fahne – es war ein Setting wie bei einem US-Senator auf dem Kapitol zu Washington. Das Gespräch, bei dem wir ihm mit kritischen Fragen zusetzten, führte er verbindlich, professionell argumentierend, völlig emotionslos, gelegentlich humorvoll, aber ganz kompromißlos bezüglich der damaligen Streitfragen. So wie wenig später bei Jakowlew habe ich mich auch in ihm getäuscht. Als wir uns nach den vom Protokoll vorgesehenen 30 Minuten verabschiedeten, konnte ich nicht wissen, daß wir eben dem Strategen des künftigen friedlichen Übergangs begegnet waren. Er selbst wußte es wahrscheinlich auch noch nicht.

Zu meinen gelegentlichen Ausflügen in bereits unterminierte autoritäre Regime gehörte auch eine weitere Reise nach Südkorea. Mehr als zehn Jahre waren seit der ersten Begegnung mit diesem faszinierenden Land vergangen. Die Alexander-von-Humboldt-Stiftung war zur Auffassung gelangt, es sei an der Zeit, sich um die zahlreichen Post-Docs, die in Deutschland tätig gewesen waren, einmal vor Ort zu kümmern und zugleich die Qualitätsstandards der zahlreichen älteren und neueren Universitäten in Augenschein zu nehmen. So bereiste ich in einer Gruppe von vier oder fünf Fachgutachtern, geführt von dem Generalsekretär Heinrich Pfeifer, einem wahren Dynamo von Wissenschaftsmanager, nochmals das Land. Es war nicht mehr wiederzuerkennen. Seoul – eine protzige, aus allen Nähten berstende Zehn-Millionen-Stadt, überall Hochhäuser, die Geschäfte in dem vom Verkehr ständig verstopften Zentrum luxuriös, die Preise inflationär hoch und die großen Universitäten Seouls durchaus schon mit guten Universitäten in den USA vergleichbar, wo auch viele der dortigen Professoren studiert und ihren Ph. D. gemacht hatten. Für die in Deutschland ausgebildeten Wissenschaftler war das übrigens ein existentielles Problem. Auch sie waren durchweg erstklassig, aber eine Minorität auf einem akademischen Stellenmarkt, den ihre aus Amerika kommenden Kollegen beherrschten.

Besonders imponierend war die Hyundai-Werft in Pusan. Eine einzige der damals an die sechs Werfthallen war so riesengroß, daß – ich übertreibe etwas – ganz Blohm & Voss darin Platz gefunden hätte. Das Hyundai-Areal war eine eigene Stadt in der Millionenstadt Pusan mit Werftanlagen, Wohnvierteln für Arbeiter, Angestellte und Ingenieure, Betriebskindergärten, Schulen, eigener technischer Universität, eigenem Krankenhaus, nicht zu vergessen ein Altersheim. Stolz erzählte man uns, wenn irgendwo am Persischen Golf oder in Indien auf einem der hier erbauten Supertanker oder in einer der Hyundai gehörenden Anlagen Probleme aufkämen, könne ein Montagetrupp in Kompaniestärke innerhalb weniger Stunden dorthin per Flugzeug in Marsch gesetzt werden.

Von Sicherheitsfragen oder gar von Wiedervereinigung war kaum mehr die Rede. Alles drehte sich um die Wirtschaft mit ihren zweistelligen Wachstumsraten. Die früheren Humboldt-Stipendiaten wußten im einzelnen zu berichten, wie sich gerade in den Jahren, als wir zum ersten Mal in Korea waren, die von dem autoritären Regime

Präsident Parks umfassend geplante Modernisierung der Wirtschaft nach japanischem Vorbild und vielfach auch mit japanischem Kapital in der *Take-off period* befunden und seither das gesamte Land von Grund auf verwandelt hatte.

Südkorea war immer noch ein Modell kapitalistischer Modernisierung unter autoritärem Regime. Der technokratisch regierende Präsident General Park Chunghee war zwar schon bei einem abendlichen Diner von seinem Geheimdienstchef erschossen worden, doch Südkorea war immer noch ein Polizeistaat. Ich hatte es eigentlich als Erholung betrachtet, daß es bei diesem Ausflug nur um unpolitischen Wissenschaftsaustausch ging. Doch wer zu autoritären Systemen reist, kann der Politik nicht entgehen. So erzählte mir einer meiner südkoreanischen Kollegen, der in Deutschland promoviert hatte, eine bezeichnende Anekdote. Er war ein Bewunderer der *Vierteljahrshefte für Zeitgeschichte* und hatte eine koreanische Replika gegründet, genau im gleichen Format, mit demselben hellbraunen Cover wie die Münchener Zeitschrift und, so war er überzeugt, von derselben kritischen Qualität. Doch auf dem Weg zur Vorstellung der ersten Nummer hörte er im Taxi, daß die Zeitschrift zusammen mit einigen anderen Publikationen verboten worden sei. In autoritären Regimen wirkt eine objektive, vor Tabus nicht zurückscheuende Zeitgeschichte vielfach subversiver als die Disziplinen Soziologie oder Politikwissenschaft, denen man vergleichsweise leicht systemstabilisierende Funktionen zudiktieren kann.

Immerhin ließ sich bereits erkennen, daß das autoritäre Regime zu Ende ging. Die Studienreise der Alexander-von-Humboldt-Stiftung fand im April während unserer vorlesungsfreien Zeit statt. In Korea hatte das Semester bereits begonnen. In den Universitäten wurde traditionellerweise die Woche um den Jahrestag des 27. April 1961 mit Großdemonstrationen gegen die repressive Regierung begangen. Damals war der Diktator Syngman Rhee von den Studenten zum Rücktritt gezwungen worden. An diesem Tag saßen wir gerade mit einigen Professoren der renommierten Yonsan-Universität zum Lunch im Universitätsclub, da wurde der Dekan herausgerufen. Wir gingen mit und konnten eine Studentendemo im koreanischen Stil beobachten.

Während der Mittagspause dieses strahlenden Frühlingstages war gut ein halbes Tausend Studenten, die Hälfte davon schick gekleidete, hübsche junge Damen, vor der Mensa zusammengeströmt, schwenkte Plakate in koreanischer Schrift, die wir nicht lesen konnten, und stimmten ein Pfeifkonzert an. Sie wurden von 200 oder 300 Ordnungskräften in schwarzen Monturen eingekreist, die mit Schlagstöcken und Tränengaspistolen bewaffnet waren und sich mit großen Plastikschildern und Helmen mit heruntergeklapptem Visier schützten, eine Truppe wie aus dem *Krieg der Sterne*. Auffällig war jedoch der fast spielerische Charakter dieser Auftritte: Die Studierenden wirkten unverkrampft, fröhlich, die jungen Damen lachten, doch auch die Ordnungskräfte vermieden es, den Aufmarsch zur Prügelei werden zu lassen, und setzten auch kein Tränengas ein.

Am nächsten Morgen berichteten aber die Kollegen, nachdem sich die Studierenden wieder an ihre Arbeit begeben hätten, sei es doch zum Zugriff gekommen. Die Regierung verfolgte seit Jahren schon die Taktik, die ja durchweg wehrpflichtigen Rädelsführer herauszugreifen, in Uniform zu stecken und noch in der folgenden Nacht auf entlegene Militärstützpunkte zu verfrachten. Es sollte noch Jahre dauern bis zur Herstellung demokratischer Verhältnisse.

Die ausgesprochen fröhlichen, allerdings unerfreulich endenden studentischen Demonstrationen bewiesen aber auch, daß Diktaturen im amerikanischen Hegemonialsystem nicht zu Terrorregimen entarten durften. Die Machthaber mußten der Opposition einen gewissen Spielraum zugestehen. So konnten die liberalen Kräfte in der amerikanischen Öffentlichkeit gegenüber Südkorea auf Reformen hoffen, während sie zugleich unwillig, aber in realpolitischer Einsicht, die antikommunistische Diktatur tolerierten.

Reisen bildet, sagte ich mir auch bei der Rückkehr aus Südkorea. Zumeist bestätigten sich dabei die Lagebeurteilungen, die ich mir zumeist beim Studium der Gegebenheiten am eigenen Schreibtisch oder nach Gesprächen mit den Besuchern aus den jeweiligen Ländern gebildet habe, die ständig bei der DGAP, der SWP oder den politischen Stiftungen im Raumschiff Bonn aufkreuzten oder die man abends in den Botschaften traf. Es geht eben doch nichts über die Anschauung vor Ort. Sollte man es vergessen haben, bestätigt sich dabei die Grundtatsache aller Politik, daß die Gegebenheiten noch sehr viel komplizierter und schwerer durchschaubar sind als zuvor angenommen.

So verhielt es sich auch bei einem Ausflug nach Israel im Frühsommer 1987. Anlaß für die Reise war eine Konferenz an der Jewish University in Jerusalem, zu der Gabriel Sheffer eingeladen hatte, ein Kollege, der Sinn für den Faktor Persönlichkeit in der zeitgenössischen Politik hatte und zugleich ein hervorragender Kenner der ambivalenten Beziehungen zwischen Israel und den USA war. Mein Thema war, wie sich denken läßt, der in Israel hochangesehene Konrad Adenauer, den ich der Abwechslung halber als Reformer analysierte,[174] während sich Lewis Edinger an Kurt Schumacher und Stanley Hoffmann an de Gaulle versuchten. Ich fuhr dann noch im Mietwagen, von Benno begleitet, kreuz und quer im Heiligen Land herum, erspare mir aber die Details. Jedermann kennt Israel und bringt von dort seine eigenen Erinnerungen mit nach Hause. Auf der Rückfahrt von den Golanhöhen, in Bethlehem und Ramallah, schaute es kritisch aus: Straßensperren, viel israelisches Militär, ein oder zwei brennende Häuser und verbrannte Autos, herabgelassene eiserne Rolläden an den Geschäften und Straßen, auf denen noch die Pflastersteine herumlagen. Die rebellierenden jungen Araber waren in die Häuser zurückgetrieben. Wir verzichteten auf den Besuch der Grabeskirche und fuhren auf nächtlicher Straße nach Jerusalem empor. Da waren die Anfänge der Ersten Intifada.

Auch Ausflüge nach Israel konnten keine grundlegend neuen Einsichten erbringen. In gewisser Weise, so sagte ich mir schon damals, gleicht dieser Staat ähnlich wie das Regime in Südafrika einer eingekreisten und schon unterminierten Festung. In den siebziger und in den achtziger Jahren war meine persönliche Sympathie für den imponierenden Judenstaat noch groß. Doch wann immer ich mich seit dem Yom-Kippur-Krieg von 1967 in einem Seminar oder Kolleg ernsthaft mit dem Palästinakonflikt beschäftigte, konnte ich dort keinen Friedensprozeß erkennen, sondern bloß einen nie enden wollenden Konflikt.

Heute ist meine Skepsis noch gewachsen. Wer im Geschichtsverlauf keinen Sinn zu erkennen versteht und schon gar nicht den Triumph höherer Moralität, muß befürchten, daß den ins Heilige Land zurückgekehrten Juden wohl früher oder später Schlimmes beschieden sein könnte: atomare Vernichtung, Zerstörung dieser einzigartigen Demokratie durch die in Nahost vagabundierenden Fundamentalismen, erneute Zerstreuung in alle Welt ...! Unüberlegte Sprüche von der Art, daß Israel zur deutschen Staatsräson gehöre, vernebeln wohl nur das tragische Schicksal, das den Verteidigern der belagerten Burg bevorsteht.

Die Ausflüge in den achtziger Jahren, von denen ich hier ein paar Erinnerungen aufgerufen habe, waren jedenfalls nicht dazu angetan, meinen zunehmenden Geschichtspessimismus zu zerstreuen. Doch gab die Erosion des Ostblocks unversehens Anlaß zur Hoffnung.

Die improvisierte Wiedervereinigung

»Europa am Silvestertag 1999« – widersprüchliche Szenarien im Frühjahr 1988

Längst wissen wir, daß sich gegen Ende der achtziger Jahre der große Umbruch vorbereitet hat, ohne daß die Zeitgenossen das schon erkannt hätten: Kollaps des Ostblocks und der DDR, Wiedervereinigung Deutschlands, Quantensprung der Europäischen Gemeinschaft auf dem Weg zu einem Quasibundesstaat, Globalisierung der Finanzmärkte, Vorbereitung des heutigen Euro-Systems. Ich habe mich immer für einen realistischen Beobachter gehalten. Aber was habe ich tatsächlich erwartet? Was vorhergesehen? Und was ist mir entgangen?

In meinen Papieren findet sich eine handschriftliche Ausarbeitung, datiert »Mai 1988«, über »Deutschland an Silvester 1999«. Ich blende hier eine Aufzeichnung ein, die erkennen läßt, welche Entwicklungsmöglichkeiten mir 1988 präsent waren, was ich günstigenfalls erhofft und schlimmstenfalls befürchtet habe. Das Stück zeigt, daß ich schon längst vor dem Mauerfall der öffentlichen Meinung voraus war, erklärt aber auch mein vorsichtiges Zögern im Jahr 1989, in der deutschen Frage unüberlegt voranzupreschen. Erst Ende Januar 1990, so wird zu zeigen sein, sah ich klarer. Da die Wiedervereinigung eines der Erlebnisse meiner politischen Generation war, ist mehr als eine kursorische Erwähnung am Platz.

Wie so oft schon hatte mich Schwager Oskar im Mai 1988 großzügig eingeladen, während der Pfingstferien einige Tage an seinem Schreibtisch auf dem Lörracher Salzert mit dem schönen Blick aufs benachbarte Basel zu verbringen. Ich wollte dort einigen Klütterkram von Schreibverpflichtungen erledigen. Unter anderem hatte ich einem meiner früheren Studenten, der jetzt für den Kalender des Gesamtdeutschen Instituts zuständig war, einen prognostischen Essay versprochen mit dem Thema: »Perspektive 2000: Europäischer Frieden und ›Deutsche Frage‹«. Wie es so meine Art ist, brachte ich mit Bleistift rasch eine erste Fassung zu Papier, fand aber dann, mich doch viel gedämpfter äußern zu sollen, und schrieb eine kastrierte Fassung, die ans Gesamtdeutsche Institut abging und dort Ende 1988 veröffentlicht wurde.[175] Von Interesse für mein damaliges Denken ist aber die Erstfassung. Wie ich das gern tue, habe ich dort unterschiedliche Szenarien durchgespielt. Hier der unveränderte Wortlaut:

»Deutschland an Silvester 1999

1. Eine überraschungsfreie Projektion
Im Jahr 1999 hat sich die Erfahrungsregel bestätigt, daß in der Deutschlandfrage nichts so definitiv ist wie das Provisorium. Immer noch sind die Grundentscheidungen der Jahre 1945, 1949, 1961 und 1972 in Kraft.

Die DDR ist weiterhin Teil des sowjetischen Imperiums, das die Rote Armee 1945 erobert hat und das von den Völkern westlich des Bugs als Fremdherrschaft ressentiert wird, ohne daß sie aber die Kraft hätten, sich zu befreien. Auch die freien Staaten des Westens hüten sich höchst vorsichtig, den Bären zu reizen.

Die 1961 errichtete Mauer steht noch. 1998 sind die beiden deutschen Regierungen übereingekommen, daß jeder Schußwaffengebrauch unterbleiben wird. Die Bundesregierung hat das als großen Erfolg ihrer Dialogpolitik gefeiert, bis durchgesickert ist, daß die DDR nunmehr von Lübeck bis Hof Todesstrahlen installiert hat, von denen man schon gerüchteweise vernommen hatte. Wie immer seit 38 Jahren lassen sich ausländische Staatsgäste am Brandenburger Tor an die Mauer führen, legen pflichtschuldigst Betroffenheit an den Tag und spotten abends im kleinsten Kreis über die Schafsgeduld der Deutschen, mit der diese das hinnehmen.

Die prekären Vereinbarungen von 1972 haben sich als recht haltbar erwiesen. Es ist längst wieder Ruhe eingekehrt seit dem schon wieder neun Jahre zurückliegenden großen Aufbegehren der Bevölkerung in der DDR, zu deren Charakteristik die bundesdeutschen Entspannungspublizisten vorzugsweise den in Ost-Berlin geprägten Begriff »Jugendrevolte« verwenden. Die darauffolgende mehrjährige »Eiszeit« wurde durch eine Entspannungsperiode abgelöst, mit der sich für das 3. Jahrtausend viele Hoffnungen verbinden.

Die Besuche aus gewichtigen Familiengründen haben schon wieder die Rekordmarke des Jahres 1988 erreicht. Die Bundesregierung trägt dazu bei, indem sie der DDR für jeden Besucher eine Pauschale von 200 DM direkt entrichtet. Die CDU, die nach achtjähriger Oppositionszeit wieder an der Regierung beteiligt ist, gründet ihre Deutschlandpolitik nunmehr auf zwei Prinzipien: Zum einen gilt für sie das Prinzip des Offenhaltens der deutschen Frage, wobei sie gern an das Wort des ehemaligen Bundespräsidenten von Weizsäcker Bezug nimmt, der schon Ende der siebziger Jahre daran erinnert hat, daß die deutsche Geschichte weitergeht. Zum anderen gilt für die Christlichen Demokraten eine gleichfalls schon vor zwanzig Jahren getroffene Feststellung des seinerzeitigen Bundeskanzlers, wonach die deutsche Frage derzeit nicht auf der Tagesordnung der Weltgeschichte steht. (Gestrichen: Um ein Kommissionspapier der Partei, in dem regelmäßige vertrauensbildende Treffen mit den Staatsparteien der DDR empfohlen wird, ist eine heftige Diskussion entbrannt.)

Bei der SPD hat ein Parteitag schon 1995 beschlossen, in die Präambel des Grundgesetzes die Einschränkung aufzunehmen, wonach das deutsche Volk bei Wahrnehmung seines Selbstbestimmungsrechts die bestehenden Grenzen nicht antasten darf. Die Grünen hatten schon 1993 einen Gesetzentwurf eingebracht, wonach von deutschem Boden kein Krieg mehr ausgehen dürfe. Deshalb sei jede öffentlich erhobene Forderung nach Wiederherstellung der deutschen Einheit als friedensgefährdend unter Strafe zu stellen. Für beide Forderungen gibt es aber noch keine verfassungsändernde Mehrheit.

Der DDR-Führung ist es endlich wieder gelungen, die neue Kremlführung davon zu überzeugen, daß eine Intensivierung der innerdeutschen Kontakte die wirtschaftliche Lage der DDR nachhaltig verbessert, damit aber auch im Interesse der Sowjetunion ist. Bundesdeutsche Spitzenpolitiker hören immer wieder im Vertrauen, man sei auch deshalb für eine Intensivierung der deutsch-deutschen Zusammenarbeit, weil man durchaus – ohne dies offen bekennen zu können – für die Formel von der Einheit der Nation Verständnis habe.

Bonn und Ost-Berlin feiern es als Durchbruch, daß die Neujahrsansprachen des Bundespräsidenten und des Staatspräsidenten der DDR am 31.12.1999, 23:30 Uhr, über alle deutschen Sender gehalten werden, gefolgt von den Hymnen der beiden deutschen Staaten. Der von optimistischer Rhetorik verdeckte Immobilismus wird also auch dem neuen Jahrhundert das Gepräge geben.

2. Eine unerwartete Abweichung von der überraschungsfreien Projektion

Publizisten und Historiker sind sich schon seit langem darüber einig, daß die neuere europäische Geschichte vier Phasen revolutionärer Umgestaltung des europäischen Staatensystems kennt: die Jahre 1866–1871, die Jahre 1917–1920, die Phase von 1938 bis 1949, und das letzte, nun zu Ende gehende Jahrzehnt des 20. Jahrhunderts.

Auslöser der neuen europäischen Friedensordnung war die Oktoberrevolution von 1992. Auf ihrem Höhepunkt hatte der neue Generalsekretär inmitten von Nationalitätenaufruhr und Meutereien der Wehrpflichtigen in der Roten Armee nach einem siebenwöchigen Generalstreik der sowjetischen Arbeiter und Intellektuellen den Friedensnobelpreisträger Sacharow zum Ministerpräsidenten berufen.

Die neue Regierung brachte das Land zur Ruhe, indem sie unverzüglich ein Reformprogramm mit drei Hauptpunkten verkündete: erstens, Vernichtung aller Kernwaffenvorräte und weitgehende Abrüstung der konventionellen Streitkräfte aller Großmächte unter konsequenter Kontrolle (gestrichen: um die freigesetzten Mittel und Arbeitskräfte allein der Hebung des zivilen Lebensstandards zuzuführen); zweitens, Auflösung des europäischen Imperiums der Sowjetunion bei gleichzeitigem Rückzug der USA; drittens, Umwandlung des sowjetischen Machtstaats in eine Union autonomer eurasiatischer Republiken.

Die Staaten der Europäischen Gemeinschaft, wo im Jahr der zweiten Oktoberrevolution der Binnenmarkt vollendet worden war, trugen durch Festigkeit, durch weitgehendes wirtschaftliches Entgegenkommen und durch einfallsreiche Diplomatie ebenso zum Erfolg dieses Reformprogramms bei wie die amerikanische Regierung, in der Henry Kissinger, nunmehr schon in den Siebzigern, nochmals Außenminister geworden war.

Entgegen den Befürchtungen aller konservativen Russen haben die Sacharowschen Reformen eine beispiellose Dynamisierung der östlichen Volkswirtschaften zur Folge gehabt. Es zeigte sich einmal mehr, daß große Imperien unproduktiv sind. Gleich wie nach dem Zusammenbruch des deutschen und des japanischen Imperiums im Jahr 1945 die Konzentration auf die Friedenswirtschaft und auf das eigene Land zu zwei Wirtschaftswundern geführt hat, kam jetzt auch in der ehemaligen Sowjetunion ein Wirtschaftswunder in Gang, das bis heute anhält.

Armenien und die Ukraine sind kapitalistische Republiken mit zweistelligen Wachstumsraten. Die baltischen Staaten haben bereits einen Aufnahmeantrag an die EG gerichtet. Die gesamte eurasische Landmasse wird derzeit mit Hilfe westlicher Konsortien nach einem umfassenden Infrastrukturkonzept durch Magnetbahnen, neue Autobahnen und Pipelines erschlossen.

Die Behauptung von der russischen Unfähigkeit zur Demokratie und zum kapitalistischen Wirtschaften erweist sich als falsches Stereotyp.

Der europäische Kontinent ist unter Führung der EG-Staaten zu einer kulturellen, wirtschaftlichen und zunehmend auch politischen Einheit geworden. Die Grenzen sind durchlässig und werden zunehmend irrelevant.

Die verrotteten kommunistischen Diktaturen zwischen Bug und Elbe haben sich zusammen mit der sowjetischen aufgelöst. Im Februar 1995, 40 Jahre nachdem die Großmächte in Jalta die berühmte »Declaration on Liberated Europe« verabschiedet hatten, die nie verwirklicht wurde, sind in allen Staaten des ehemaligen Ostblocks freie Wahlen durchgeführt worden.

In dieser von Grund auf veränderten Konstellation hat auch die deutsche Frage ihre natürliche Lösung gefunden. Berlin ist wieder die Hauptstadt eines wiedervereinigten Deutschlands, das wie zuvor die Bundesrepublik unauflöslich in die Europäische Gemeinschaft eingebunden ist.

Die Berliner Mauer ist größtenteils niedergelegt. Nur einige Stücke blieben ebenso wie wenige Überreste der Grenzbefestigungen. Sie bilden eine Touristenattraktion. Bonn ist immer noch dasselbe feucht-schwüle rheinische Residenzstädtchen. Als Ersatz für die verlorene Hauptstadtfunktion wird es als Europäisches Wissenschaftszentrum ausgebaut.

Sowohl in der früheren Bundesrepublik wie in der DDR hat der Vorgang Energien ausgelöst, die nur mit den Jahrzehnten nach der Währungsreform vereinbar sind. Statt auf Krötenpfade und Biotope richtet sich die gestaltende Phantasie der Deutschen wieder auf die schwierigen Aufgaben politischer Homogenisierung und wirtschaftlicher Modernisierung eines Landes, das 40 Jahre lang geteilt war.

Auf den verkrusteten deutschen Wohlfahrtsstaat hatte die Wiedervereinigung mit der DDR einen paradoxen, so von niemand vorausgesehenen Effekt. Die Deutschen in der (ehemaligen) DDR und in Ost-Berlin empfinden die Befreiung von sozialistischer Diktatur vor allem auch als wirtschaftliche Befreiung. Man spricht von einem Wiedervereinigungsliberalismus, der auch auf die frühere Bundesrepublik ausstrahlt.

Das Investitionsfieber in der seinerzeitigen DDR und der von dort ausgehende liberale Affekt gegen kollektivistische Gängelung hat im gesamten Deutschland den Arbeitsmarkt in Bewegung gebracht. Im ganzen Land herrscht Aufbruchstimmung und Veränderungsbereitschaft. Nur wenige christliche und sozialistische Kulturkritiker klagen über eine zweite Amerikanisierung.

Eine zentrale Rolle bei dem Vorgang spielte die 1997 – allerdings nur unter vorsichtigen Übergangsbestimmungen – vollzogene Aufnahme Polens in die Europäische Gemeinschaft. Sie führt gegenwärtig zu einem großen Zustrom zupackender polnischer Arbeiter und Akademiker im Ruhrgebiet, das seine Stagnation langsam überwindet. Umgekehrt begrüßt es Polen, daß deutsche Facharbeiter, Ingenieure, Kaufleute, Manager und Landwirte in Schlesien, Pommern und Ostpreußen die Modernisierung des Landes voranbringen helfen.

Das nördliche Ostpreußen, das 1995 an Deutschland zurückgegeben wurde, wird von der europäischen Tourismusindustrie wieder zum Blühen erweckt. Königsberg wird neben Stockholm, Helsinki und Leningrad, das wieder den alten Namen Sankt Petersburg trägt, zum Zentralplatz des Osthandels ausgebaut.

Es hat den Anschein, als sei die deutsche Frage auf Dauer friedlich gelöst. Alle deutschen Parteien behaupten natürlich, diese günstige Entwicklung durch jahrzehntelange verantwortungsvolle Politik vorbereitet zu haben.

In Ost und West ist man jedenfalls der Meinung, daß das 21. Jahrhundert so wie das 19. erneut ein europäisches Jahrhundert wird.

3. Eine katastrophale Abweichung von der überraschungsfreien Projektion

Wie von den Katstrophenpropheten seit dem Jahr 1948 unablässig vorausgesagt, ist Deutschland im 20. Jahrhundert noch ein drittes Mal von einem Krieg heimgesucht worden. Im Jahr 2000 liegt er allerdings schon fünf Jahre zurück. Er hat auf deutscher Seite nicht mehr Menschenopfer gekostet als der Frankreichfeldzug vom Mai und Juni 1940.

Die meisten Historiker und Publizisten, die sich in den noch frei gebliebenen Teilen Europas nachträglich über diesen Krieg Gedanken machen, sind sich über dessen Ursachen weitgehend im klaren.

Als sich die Bundesregierung im Jahr 1992 immer noch weigerte, eine Modernisierung der atomaren Gefechtsfeldwaffen durchzuführen und einen verstärkten Verteidigungsbeitrag zu leisten, wurde die amerikanische 7. Armee von einem kurzsichtigen Präsidenten bis auf eine symbolische Division zurückgenommen. Die Verstärkung der sowjetischen Offensivarmeen ging aber weiter. Bonn verfolgte jetzt noch entschiedener die Linie »Frieden schaffen mit immer weniger Waffen!«

Doch dieselbe CDU, die seit Anfang der neunziger Jahre im Verein mit der FDP – und von der SPD dafür mit Lob bedacht – das Abschreckungspotential verfallen ließ, betrieb zugleich gegenüber der Sowjetunion eine Menschenrechtspolitik der Nadelstiche. Als es gleichzeitig zu Unruhen in der DDR und in Polen kam, deren Niederschlagung zu einer tiefen Ost-West-Krise führte, entschloß sich die Sowjetregierung, an den Deutschen ein Exempel zu statuieren.

Der Zusammenbruch der saudischen Monarchie, der rasch zur bewaffneten Konfrontation amerikanischer und sowjetischer Luftlandetruppen führte, wurde zum Anlaß einer primär gegen die US-Truppen in der Bundesrepublik gerichteten Offensive genommen. Trotz heftiger Gegenwehr standen die in großem Stil von Fallschirmlandungen und brutal zuschlagenden Speznaz-Einheiten unterstützten Panzerverbände der Sowjetunion und der DDR schon am 14. Kriegstag in Frankfurt und Düsseldorf. Zwei begrenzte sowjetische Kernwaffenschläge gegen die Bundeshauptstadt Bonn und gegen München erschütterten den Widerstandswillen der Bundesregierung wie den der Amerikaner und Briten.

Ein rasch vereinbarter Waffenstillstand sah den unbehinderten Rückzug der NATO-Streitkräfte auf die Rheinlinie und einen unbefristeten Waffenstillstand vor. Die Bundeshauptstadt wurde nach Trier verlegt. Daß der Regierungssitz dieses wenig geachteten Rumpfstaates ausgerechnet in die alte römische Metropole und in die Geburtsstadt von Karl Marx gelegt wurde, ist seither ein Dauerthema der Kabarette. Sechs linksrheinisch stationierte amerikanische Divisionen, dazu französische und britische Einheiten demonstrieren der Sowjetunion wieder, daß die Eroberung von Deutschland nicht die Kontrolle über Westeuropa beinhalten muß.

Unmittelbar nach dem Zusammenbruch der Bundesrepublik hat die siegreiche DDR-Führung mit sowjetischer Unterstützung die »nationale Wiedervereinigung« vollzogen. Die Lage ist so weit stabilisiert, daß von den 1,2 Millionen Bundesbürgern, die nach der Besetzung in Konzentrationslagern interniert worden waren, mehr als eine Million nach ein- bis zweijähriger Haft mit der Auflage des Wohlverhaltens wieder entlassen werden konnte.

Wirtschaftlich hat sich die Einverleibung eines Großteils der Bundesrepublik für den Osten nicht ausgezahlt. Die Kriegszerstörungen sind erst teilweise wieder beseitigt. Die Westmächte belegen die DDR immer noch mit einem Handelsembargo, obschon sich bereits Tendenzen zeigen, die auf eine Normalisierung drängen. Der Schwung der westdeutschen Wirtschaft ist in der östlichen Planwirtschaft weitgehend erlahmt. So sind die Deutschen zwar zu einem Großteil wiedervereinigt, aber zugleich unfrei und verarmt.

Im westlichen Rumpfdeutschland, das gleichfalls verarmt ist, ist seit Jahren eine politische Hexenjagd auf die Schuldigen an dem Desaster im Gang. Die Führungsgruppen aller Parteien wurden weitgehend in die Wüste geschickt, und im Verhältnis zur DDR herrscht heute, wie in den fünfziger Jahren, die Stimmung des Kalten Krieges. Die meisten westdeutschen Kommentare zum Beginn des 3. Jahrtausends sind durch Katzenjammer gekennzeichnet. Die Medien der DDR – Deutschlands, wie sie sich nun stolz nennt – begrüßen hingegen triumphierend den Anbruch des kommunistischen Jahrtausends. Doch nüchterne Analytiker sind sich dessen nicht sicher. Die Schadenfreude gegenüber der Bundesrepublik ist aber allgemein, auch wenn alle westlichen Regierungen das schwer gebeugte und schwer getroffene deutsche Volk zum Neujahrstag des 3. Jahrtausends ihrer Hochschätzung versichern.«

Soweit diese prognostische Skizze. Wie man sieht, hatte ich genug Phantasie, mir so einiges vorzustellen. Stärker als die meisten, die sich damals auf dem Bonner Parkett herumtrieben, verspürte ich, daß die bleiernen, wenngleich recht gemütlichen Jahre eines ziemlich perspektivlosen Status quo bald der Vergangenheit angehören würden. Schon längst war ich der Meinung, der Osten und der Westen befänden sich in einem Zustand der »kompetitiven Dekadenz«. Aber immer noch nicht ließ sich erkennen, wer den Anfang machen würde und wann und in welchem Tempo.

Eine Perpetuierung der Entspannungspolitik und der Teilung hielt ich jedenfalls immer noch für möglich. Der Ton, in dem ich das in diesem sarkastischen Stück glossierte, zeigt jedoch deutlich, wie sehr ich dieses Treiben verachtete. Der Tanz, den die deutsche politische Klasse mit nur wenigen Ausnahmen damals um die Repräsentanten der zweiten deutschen Diktatur veranstaltete, hat mich in jenen Jahren angewidert, aber auch besorgt gemacht. Doch inzwischen war ich selbst Teil des Bonner Establishments geworden und hielt es für töricht, durch allzu ungeschützte Formulierungen aus der Reihe zu tanzen.

Oder könnten die Reformen Gorbatschows nicht doch zu unabsehbaren Verbesserungen führen: Beendigung der Ost-West-Spannungen, Auflösung des repressiven kommunistischen Imperiums, Wiedervereinigung Europas, Wiedervereinigung Deutschlands und ein kapitalistisches Wirtschaftswunder in den postkommunistischen Gesellschaften von der Elbe bis zum Ural?

Der weitere Verfall der westlichen Abschreckungskapazität ließ aber auch einen begrenzten, von der Sowjetunion offensiv durchgezogenen Krieg in Deutschland nicht ganz ausschließen, gefolgt von einer Zertrümmerung und weitgehenden Besetzung der Bundesrepublik. (Man stelle sich nur vor, der Putsch im August 1991 wäre erfolgreich verlaufen und hätte in Moskau eine militante Clique an die Macht gebracht.)

Beim Wiederlesen dieses Stückes fällt mir auch auf, wie stark ich mich in manchem geirrt habe. Zu meinen Selbsttäuschungen kurz vor dem Umbruch gehörte der

Glaube an die Allheilkraft der Marktwirtschaft. Die eben erwähnte Skizze vom Mai 1988 ist ein sprechender Beleg dafür. Wie sich zeigen sollte, waren Russen und Ukrainer, die man in den Kapitalismus entließ, keine Chinesen. Aber auch die Erwartung, in der DDR würde die Marktwirtschaft zu einem Aufbruch führen wie die Währungsreform und die Wirtschaftspolitik Erhards 1948/49, war blanke Illusion. Die eigentlich naheliegende Möglichkeit, daß die Industrie der DDR, doch auch Polens und der ČSSR bei Einführung der Marktwirtschaft weitgehend kollabieren würde mit einem Millionenheer von Arbeitslosen, blieb unberücksichtigt. Diese Vorstellung ging übrigens, das zeigte sich 1990 sehr rasch, auch über den Horizont der meisten Bonner Entscheidungsträger hinaus. Ebendeshalb mag es von Nutzen sein, an solche Irrtümer zu erinnern. Sie waren offenbar weiter verbreitet, als ich damals vermutet habe.

Honecker in Bonn: Mehr Sorge als Hoffnung

Im Herbst 1987 hatte Honecker seinen großen Auftritt in Bonn gegeben. Für die Entspannungspolitiker und die Entspannungspublizistik ging ein Wunschtraum in Erfüllung. Weshalb aber auch der Bundeskanzler selbst nach vollzogener Nachrüstung großen Wert darauf legte, diesen fragwürdigen Staatsgast zu empfangen und damit die Zweistaatentheorie weiter zu verfestigen, erschien mir zwar nachvollziehbar, aber nicht billigenswert. Als der Quasistaatsbesuch heranrückte, schien es Helmut Kohl plötzlich aufzugehen, was er sich mit dem Festhalten an der einstmals von Helmut Schmidt ausgesprochenen Einladung eingebrockt hatte. Nun war wenigstens ein Minimum an Distanzierung geboten. So erreichte auch mich die Bitte, einen Entwurf für die nachmals berühmte Tischrede Kohls in der Bad Godesberger Redoute zu verfassen. Wohl wissend, daß die behutsamen Herren der Schreibstube und der große Meister alle Kanten abschleifen würden, sandte ich eine scharfe Fassung an Kohl.

In Würdigung dieses Beitrags erhielt ich eine Einladung zu dem Staatsessen. Meine Vorfreude auf dieses Ereignis geht aus einem Brief an Ulrich Frank-Planitz hervor: »Heute abend werde ich mir den Auftritt des Pimpfs von Wiebelskirchen in der Redoute ansehen. Ich hatte mir zwei Tage überlegt, ob ich die Einladung wirklich annehmen sollte. Aber da mich manche den Zeitgeschichtler der Bundesrepublik nennen, fand ich, die Chronistenpflicht verlange es doch, mit prüfendem Blick dabeizusitzen und die deutsch-deutsche Speisekarte als Souvenir für einen kommenden Fortsetzungsband der *Geschichte der Bundesrepublik Deutschland* mitzunehmen. Hoffen wir darauf, im Spielchen der ›competitive decadence‹ früher oder später doch zu überleben: Wer zuletzt lacht, lacht am besten. Für die Gegenwart freilich: Pfui Teufel!«[176]

Als die Gäste eintrafen, war ein schlaffer Händedruck mit Honecker, der schußsicher auf einem Podest die Gäste begrüßte, in der Tat nicht zu vermeiden. Ein freundliches Protokoll hatte mich günstig plaziert, und so konnte ich genau beobachten, wie ein leicht aufgeregter Kohl seine Abgrenzungsrede verlas, bei der Honecker keine Miene verzog. Anders als üblich nach Beendigung der Diners bei Staatsbesuchen stand die DDR-Delegation nicht mehr lange herum und war schon nach einer knappen Stunde verschwunden.

Nachdem zuvor durch Ausrollung des roten Teppichs gegen alle Feinheiten der völkerrechtlichen Vorbehalte verstoßen worden war, hatte sich Kohl jedenfalls in den Augen seiner Anhänger und auch bei vielen Deutschen in der DDR mit der Tischrede einigermaßen aus der Affäre gezogen. Die Medien schilderten aber die Rundreise Honeckers in der Bundesrepublik durchaus zutreffend als eine Art Triumphzug. Vor allem die am Osthandel interessierten Manager aus der Wirtschaft schlugen Kobolz. Vom Bundespräsidenten wurde berichtet, er habe sich bei einem ausgedehnten Spaziergang im Park der Villa Hammerschmidt sehr gründlich mit Honecker unterhalten und danach in bewegten Worten die fast geniale Weitsicht dieses Mannes gerühmt. Verschiedene Gesprächspartner haben mir damals berichtet, von Weizsäcker betrachte die Stabilisierung der DDR als eine der wichtigsten Voraussetzungen für eine stabile Fortentwicklung der Ost-West-Beziehungen. Unübersehbar manifestierte sich in der gegenüber der DDR so dick aufgetragenen Entspannungspolitik bundesdeutsche Willensschwäche, gepaart mit Bequemlichkeit und der Neigung, um des lieben Friedens willen alle Grundsätze beiseite zu schieben, von deutschem Patriotismus ganz zu schweigen. Wenn ich mir die vergilbten Manuskripte ansehe, hat sich bei mir damals die Kritik an der lässigen Nachgiebigkeit gegenüber dem zusehends frechen Auftreten der östlichen Supermacht und ihrer deutschen Anhänger durch manche meiner damaligen Vorträge und Aufsätze gezogen.

Die öffentliche Meinung in der Bundesrepublik war im Rutschen begriffen, und dies nicht nur bei den Sozialdemokraten und den Grünen, von den Linksparteien in West-Berlin ganz zu schweigen. Bei einem sicherheitspolitischen Round table, der im Herbst 1987 in Washington stattfand, konstatierte ich, gestützt auf neueste Umfragen: Tendenz zur Äquidistanz, Neigung zur Hinnahme unilateraler Abrüstung, Faszination des Neutralismus. Es baue sich, meinte ich zu erkennen, »ein neues Entspannungshoch auf«, vergleichbar den Jahren 1970 bis 1974, und ich resümierte: »Im Unterschied zu jener Epoche fehlt aber in der Bundesrepublik eine starke, besorgte Opposition, die unablässig auf die Risiken dieser Politik aufmerksam macht und die Regierung zur Vorsicht nötigt. Heute steht es umgekehrt: Die Oppositionsparteien peitschen eine ohnehin gutgläubige Öffentlichkeit zu schnellerer Gangart, die FDP wirkt innerhalb der Regierung nicht wie in jenen Jahren als Bremser, sondern verstärkt ihrerseits die Entspannungsthematik. Die Union leistet dem halb Widerstand, halb paßt sie sich an.«[177]

In den Jahren vor dem Umbruch war in großen Teilen der Öffentlichkeit ein Verfall des Selbstbehauptungswillens offenkundig. »Auf bundesdeutscher Seite ergibt sich der Unsicherheitsfaktor«, so konstatierte ich im Herbst 1988, »aus Neutralismus und Pazifismus, von denen die Öffentlichkeit nach dem unbestechlichen Zeugnis der Demoskopie seit 1982 zunehmend erfaßt wird. Das geht gewiß nicht allein auf Einwirkungen aus der DDR zurück. Aber gesamtdeutsche Sentiments und Argumente spielen bei der Legitimierung dieser Einstellung eine zunehmend wichtige Rolle. Muß man sich denn noch, argumentieren viele, vor einem System schützen, mit dem unablässig zu dialogisieren von allen Parteien zur nobelsten Pflicht jedes bundesdeutschen Bürgers und Politikers erklärt wird? Indem so das Bewußtsein von der moralischen Überlegenheit der eigenen Staats- und Gesellschaftsform erodiert, verfällt zugleich auch der Wille zur Selbstbehauptung.«[178]

Doch das war nur die eine Seite. Zur gleichen Zeit ließ sich auch eine Bestandskrise des Ostens erkennen. Es sei eine Lage vorstellbar, prognostizierte ich im Herbst 1988 in der gereinigten Druckfassung meiner eben erwähnten Prognose auf das Jahr 2000, »in der sich die Struktur des europäischen Systems fundamental verändert, weil das ohnehin schon morsche Sowjetsystem in den Strudel der Systemkrise gerät in Verbindung mit der immer wieder zurückgedrängten Krise des Imperiums in Osteuropa und Mitteleuropa. ... Schon heute läßt sich feststellen, daß die unterdrückten Völker einschließlich großer Teile der vorsichtig finassierenden Parteieliten eine politische, wirtschaftliche und kulturelle Wiedervereinigung mit den frei gebliebenen Gesellschaften Europas anstreben. Die kommunistische Ideologie ist geistig tot und nicht mehr in der Lage, die Herrschaft der Parteicliquen zu legitimieren. Die sowjetische Hegemonie wird weithin als geschichtlich überholte Fremdherrschaft betrachtet. Die sozialistischen Wirtschaftssysteme erscheinen ebenso atavistisch wie die politischen Systeme. Also allenthalben eine Stimmung wie in den Zeiten des deutschen Vormärz vor dem großen Jahr 1848. Alle Indizien sprechen dafür, daß die inneren Erschütterungen der kleineren Ostblockstaaten nicht allzu lange auf sich warten lassen.«[179]

Dabei dachte ich auch an die DDR. Dort könnte »aus der schleichenden Schwindsucht des dekadenten Totalitarismus eine galoppierende Schwindsucht werden. Der Respekt vor den kommunistischen Autoritäten ist schon heute auf einem Tiefstand. Längst ist eine Generation herangewachsen oder wächst heran, die es nicht mehr am eigenen Leib erfahren hat, wie es sich auswirkt, wenn das Imperium hart zurückschlägt ... So ist nicht auszuschließen, daß das psychologisch schon längst erodierte System des DDR-Kommunismus noch vor dem Jahr 2000 ins Rutschen kommen könnte – eher früher als später.« Doch war ich damals noch der Meinung, daß das sowjetische Interesse an dem unbedingten Festhalten an der DDR so zwingend sei, daß mir die Niederschlagung eines neuen Volksaufstandes viel wahrscheinlicher schien als die Kapitulation Moskaus.

Aufgrund der beiderseitigen Schwäche – Bundesrepublik einerseits, der Ostblock andererseits – machte mir die ganz eindeutige Überlegenheit der sowjetischen Streitkräfte in der DDR bis weit ins Jahr 1989 hinein große Sorgen. Den Abzug der gegen stärksten Widerstand aufgestellten Pershing II und Cruise-Missiles sowie die zweite Null-Lösung hatte ich als strategische Torheit betrachtet. Jetzt wurde sogar die Lance-Modernisierung in Frage gestellt. Im Moment einer Systemkrise des Ostblocks, so schrieb ich, könnte sich die militärische Überlegenheit der Sowjetunion fatal auswirken: »Die Strukturen des europäischen Systems sind seit langem nicht so labil gewesen wie heute, da die Sowjetunion einerseits eine beispiellose militärische Offensivkapazität besitzt, während andererseits ihr Nachkriegsimperium inzwischen weder durch Ideologie noch durch wirtschaftliche Effizienz, noch durch kulturelle Ausstrahlung legitimiert wird. So könnte sich ... eine Lage ergeben, in der sich die sowjetische Führung zur Vorwärtsstrategie versucht sähe.« Aus heutiger Sicht, beruhigte ich mich selbst und die Leser, sei das zwar nicht zu erwarten. »Was aber, wenn eine reaktionäre Führung in Moskau einen aggressiven Ausweg aus der inneren Misere sucht? Ultimativer Druck oder Krieg würde natürlich nicht allein das europäische System als Ganzes revolutionieren, sondern auch der ›deutschen Frage‹ wieder einmal eine völlig neue Perspektive eröffnen, die nach Lage der Dinge irgendwo zwischen gesamtdeutschem Massengrab und gesamtdeutschem GULAG liegen würde.«[180]

Derartige Überlegungen waren der Grund, weshalb ich fast das ganze Jahr 1989 hindurch die Entwicklungen im Ostblock mit großer Zurückhaltung kommentierte. Gewiß, früher als die große Mehrzahl der Publizisten habe ich auf die bevorstehenden Veränderungen öffentlich aufmerksam gemacht. Von den Regierungen, die liebend gerne zurückblicken, ohne groß über die Zukunft nachzudenken, war 1989 als ein Jahr feierlicher Gedenktage konzipiert worden: 200 Jahre Französische Revolution, 40 Jahre Bundesrepublik Deutschland, 40 Jahre DDR, 50 Jahre Auslösung des Zweiten Weltkriegs ... Der Gedenkjahresrummel widerstrebte mir zwar schon lange. Doch ein Professor der Zeitgeschichte kann sich dem nicht ganz entziehen. Wie hat sich nun meine eigene Einschätzung im Verlauf des *annus mirabilis* 1989 verändert? Das läßt sich beim Blick auf einige Vorträge rekonstruieren.

Im Jahr 1989

Das Bonner politische Jahr begann mit einem Besuch Jakowlews beim Bundeskanzler. Er war damals Gorbatschows rechte Hand, und wie üblich, gab ihm die DGAP im Hotel »Dreesen« eine Plattform zur Darlegung seiner Vorstellungen. Seine Ansprache und die folgende Diskussion festigten meine Beobachtung, daß die kommunistische Ideologie selbst im engsten Umfeld des Generalsekretärs der KPdSU passé sei. Jakowlew servierte eine wirre Mixtur von verblasenen linksliberalen Vorstellungen zur internationalen Ordnung, ökologischen Trivialitäten, wie sie seit langem schon im Westen im Schwange waren, zusammen mit den seit Jahrzehnten bekannten Koexistenzphrasen und Gorbatschows Slogan vom »gemeinsamen Haus Europa«. Freilich war sich jedermann unter den Zuhörern darüber im klaren, daß zwischen den Reformern um Gorbatschow und der alten Kremlgarde der Imperialisten ein erbittertes Tauziehen herrschte. Wohin die Reise gehen würde, wußte niemand. Jakowlews Auftritt bestätigte aber meine Vermutung, daß große Veränderungen bevorstünden, zugleich aber große Gefahren.

Am 18. Januar 1989 setzte die CDU mit einem im Bonner Konrad-Adenauer-Haus veranstalteten Kongreß »40 Jahre Bundesrepublik« den ersten Akzent. Ein paar hundert CDU-Aktivisten nebst Abgeordneten und Funktionären aus Bonn waren zusammengerufen worden, um zu Beginn des Gedenkjahrs 1989 die parteioffiziell gewünschten Akzente zu setzen. Der Bundeskanzler und Parteivorsitzende hielt eine Rede, in deren Mittelpunkt er die Westbindung und die europäische Integration rückte. Die Veränderungen im Osten wurden völlig ausgespart.

Ich selbst war anschließend gebeten, meine Sicht der Dinge in einem längeren Vortrag beizusteuern (»Perspektiven der Wissenschaft«). Ob die Veranstalter wirklich wußten, was sie sich mit mir eingehandelt hatten, weiß ich nicht. Auch heute finde ich, daß ich damit in den Anfängen des Schicksalsjahrs 1989 die richtigen Akzente gesetzt habe. Zuerst nützte ich die Gelegenheit, da und dort recht spöttisch, wie es nun einmal meine Art ist, an die 40-Jahr-Feiern im wilhelminischen Deutschland zu erinnern, in denen selbstgefällig der Reichsgründung gedacht wurde, und vergaß dabei nicht zu erwähnen, daß der heutige Kongreß zufällig auf den Jahrestag der Reichsgründung am 18. Januar 1871 gelegt worden war. Ich versagte mir auch nicht, Lothar Gall zu zitieren, der in seiner Bismarck-Biographie aus dem Jahr 1980 das damals errichtete Deutsche Reich als »ein extrem unstabiles und kurzlebiges Gebilde« bezeichnet hatte, und meinte: »Immerhin hat es bei zunehmend katastrophalerem verfassungspolitischem Wandel im Innern doch 74 Jahre gehalten. Die Bundesrepublik, die uns heute ganz zu Recht als ein vergleichsweise erfreulicher, stabiler, auf Dauer angelegter Staat erscheint, wird also doppelt so alt werden müssen, will sie die Dauerhaftigkeit des Deutschen Reiches erleben, und sollte sich zwischenzeitlich oder danach tiefgreifender Wandel ereignen, mögen künftige Historiker formulieren: ›ein extrem unstabiles und kurzlebiges politisches Gebilde‹.«[181]

Davon ausgehend, suchte ich bei den Zuhörern – Helmut Kohl in erster Linie, der mich immer wieder mit Beifall unterbrach – ein Gefühl für die Unvermeidlichkeit periodischen Wandels auch in Deutschland zu wecken. Seit den fünfziger Jahren, so meine These, befände sich Europa und Deutschland zwar wieder in einer neuen, wohltuenden Konsolidierungsphase, die jedoch ihre Spannungen, ihre Risiken und ihre Frustrationen kenne: »Daß die Hauptquelle dieser Frustrationen die Teilung des

Landes und der Schmerz darüber ist, daß die Sowjetunion den Deutschen in der DDR ihr unmodernes, den Geboten europäischer Zivilisiertheit widersprechendes System aufzwingt, braucht nicht weiter ausgeführt zu werden.« Und ich fuhr fort, es gebe Grund zur Vermutung, »daß die Konsolidierung nicht von Dauer sein kann. Die erzwungene Teilung Deutschlands ist unnatürlich. Der kulturelle, wirtschaftliche, politische Sog, den Westeuropa und die Bundesrepublik auf die östlichen Regionen ausüben, ist stark. Die Kraft des sowjetischen Kommunismus zur Systemgestaltung ist erschöpft ... Die Voreiligkeit, mit der manche Politiker, Publizisten oder auch Wissenschaftler die Existenz eines kommunistischen Staates in Deutschland gewissermaßen als letztes Wort der deutschen Geschichte zu akzeptieren empfehlen, ist ähnlich kurzsichtig und unhistorisch wie die pausbäckige Selbstsicherheit, in der die seinerzeitige wilhelminische Generation von der unhistorischen Überzeugung ausging, mit der Reichsgründung könnten die tektonischen Beben in der deutschen Geschichtslandschaft ein für allemal zum Stillstand gekommen sein.«[182]

In den folgenden Partien rühmte ich mit gelegentlichen ironischen Seitenhieben die neuen, positiven Traditionen der Westbindung, entwarf ein Bild der mit dem Ziel des »Binnenmarkts 1992« zusammenwachsenden Europäischen Gemeinschaft, bezeichnete sie als »Organisationskern des freien Europa« und formulierte das Ziel, »aus dem freien Europa eine Handlungseinheit zu schmieden, die sich im globalen Wettbewerb des 21. Jahrhunderts behaupten kann«. Die Wandlungsprozesse in der Sowjetunion und in Ostmitteleuropa, fuhr ich fort, könnten »ganz neue Bedingungen für eine Wiedervereinigung Europas ergeben«, und lenkte dann, ohne zu sehr ins Detail zu gehen, zur deutschen Frage zurück: »Bei der Neuorganisation des freien Europa muß auch dessen Verhältnis zu Ostmitteleuropa neu definiert und umsichtig organisiert werden. In diesem Rahmen – und allein in diesem – kann sich dann auch eine befriedigende Antwort auf die nationale Frage der Deutschen ergeben.« Ich hielt es für richtig, auch auf die Gefahren des Umbruchs hinzuweisen. Einerseits sei Umsicht geboten; die westliche Verteidigung dürfe nicht vernachlässigt werden: »Seit es Imperien gibt, ist es nur selten vorgekommen, daß eine Vormacht das Zerbröckeln ihres Imperiums ohne den Versuch gewaltsamer Gegenmaßnahmen tatenlos hingenommen hat. Das Containment muß also weiter funktionieren.« Dann griff ich doch etwas stärker in die Harfe und postulierte: »Andererseits würden wir auch eine klägliche Figur abgeben, wollten wir uns in einem Europa, durch das die kräftigen Winde der Freiheit blasen, zu Komplizen der diskreditierten kommunistischen Führungscliquen machen und somit als die letzten Metterniche dastehen.«

Die Versammlung applaudierte, Kohl selbst gab sich begeistert, nicht wenige zeigten sich aber doch etwas verwirrt. Einer meiner früheren Studenten vom Geißler-Flügel der CDU fragte mich leicht vorwurfsvoll: »Wollen Sie die CDU wieder in eine nationale Richtung dirigieren? Ist das Ihr Beitrag zur Entspannungspolitik?«

Wenige Wochen später, Anfang April, war ich zu einer Tagung auf das Hambacher Schloß eingeladen. Hans Filbinger, den ich aus uralten Freiburger Zeiten kannte und schätzte, hatte mich schon verschiedentlich zu einem Vortrag in sein konservatives Studienzentrum Weikersheim eingeladen. Ich gestehe, daß ich um CDU-Leute, die demonstrativ das konservative Banner schwenken, unbeschadet der Sympathie für bestimmte ihrer Positionen, zumeist einen Bogen gemacht habe. Doch einmal wollte ich mich doch zeigen, und so hatte ich mir das Thema »Das deutsche Selbstbewußtsein« aufdrängen lassen.

In dem schönen Saal des wiederaufgebauten Hambacher Schlosses, von dem aus man weit über die Pfälzer Lande sieht, kam eine bunt gemischte Runde von Referenten zusammen. Karl Carstens pries die Stabilität der bundesdeutschen Demokratie. Zu meinem Erstaunen war auch die Bundestagspräsidentin Rita Süssmuth vom linken Flügel der CDU gekommen. Sie war damals zusammen mit Geißler und Späth auf dem Trip, Helmut Kohl abzulösen. Bei einem solchen Vorhaben schien es wohl nützlich, auch die Konservativen in der CDU freundlich zu stimmen. Sie hat sich hier ganz im Stil der offiziellen Entspannungspolitik nur ganz zaghaft zur Unterdrückung in der DDR geäußert. (»Freiheit für alle Deutschen bleibt eine zentrale Forderung an die zukünftige deutsche Politik auch im europäischen Rahmen.«[183]) Nachdrücklich fügte sie aber hinzu: »Das Wort zur deutschen Zukunft darf aber auch nicht denen gehören, die sich auf gefährliche historische Irrwege begeben …«, und warnte vor einem »übersteigerten nationalen und antieuropäischen Denken«.

Nach Süssmuth, Filbinger und Carstens kam ich an die Reihe. In der zuvor ausformulierten Ansprache griff ich alle außenpolitischen Themen auf, die damals die Republik erregten: die auf längere Sicht wohl rückläufige amerikanische Militärpräsenz, das Stichwort Selbstbehauptung Europas und den Binnenmarkt 1992, den Umbruch im Ostblock und die Zukunft der deutschen Frage.

Seit Januar war die Demokratisierung in Polen und Ungarn rasant weitergegangen. Hier knüpfte ich an. Erstens rief ich zur Fortführung des europäischen Zusammenschlusses auf, wobei die Europäische Gemeinschaft in der Neugestaltung ihrer Beziehungen zu Ostmitteleuropa – »Polen, Ungarn, vielleicht bald auch ČSSR, DDR« – eine ihrer wichtigsten Aufgaben sehen und Wirtschaftshilfe »in größtem Stil« vorsehen solle.

Zweitens müsse die volle Autonomie der inneren Entwicklung und der Außenpolitik (man könne auch von Selbstbestimmung sprechen) leitendes Prinzip bei der Neugestaltung Ostmitteleuropas sein. Nur postkommunistische Systeme könnten bei der Wirtschaftsreform überzeugende Fortschritte machen und in privilegierte Beziehungen zum EG-Raum treten. »Das würde auch«, fuhr ich wörtlich fort, »für die DDR gelten. Die innerdeutschen Beziehungen könnten sich hier einfügen. Aber zuvor müsste sich auch die DDR wandeln. Daß unter diesen neuen Bedingungen Mauer und Grenzbefestigungen fallen müßten, versteht sich von selbst. Über hundert Jahre lang war es für Deutsche natürlich, ohne Grenzpfähle von Baden nach Sachsen, von Thüringen nach Bayern oder von Hamburg nach Mecklenburg zu reisen. Wir Deutsche geruhen, am Ende des 20. Jahrhunderts dieses gute alte Recht wieder einzufordern, und erlauben uns, jeden einen sehr unzeitgemäßen Reaktionär zu nennen, der das als Störung des europäischen Friedens bezeichnet. Wir wollen das endlich geändert sehen, und wir wollen es bald. Diese Forderung jetzt zu stellen, da sich ganz Europa neu formiert, hat auch mit Selbstachtung und mit Selbstbewußtsein zu tun.« (Großer Beifall der Zuhörer!)

Aber wie wäre das gegen den Willen der sowjetischen Hegemonialmacht erreichbar? Ich beschränkte mich auf den im Frühjahr 1989 recht luftigen Hinweis, eine Autonomie Osteuropas könne »vom wirtschaftlichen Eigeninteresse der Sowjetunion unterstützt werden«. Genauso unverbindlich blieb ich bezüglich der sowjetischen Militärpräsenz in Europa. »Eine nukleare Supermacht«, so mein Argument, brauche schließlich keinen Angriff zu befürchten. Somit bestünde auch »kein zwingender Grund mehr, die kommunistische Nomenklatura durch Garnisonstruppen zu schützen und zugleich an der Macht zu halten«. Die Frage, wer denn eigentlich Moskau zu diesem Umdenken veranlassen solle, stellte ich nicht, denn wie hätte ich sie im April 1989 beantworten können, fügte aber fröhlich hinzu: »Wir wissen, daß das Zukunftsmusik ist. Doch russische Divisionen in Sachsen und Thüringen, in Polen, Ungarn und in der Tschechoslowakei – das ist keine Perspektive für das 21. Jahrhundert.« Daß sich das Denken in Moskau binnen kurzem genau in diese Richtung bewegen würde, war Anfang April auf dem Hambacher Schloß kaum vorhersehbar. Immerhin erwähnte ich das Denkmodell, auch die autonom gewordenen ostmitteleuropäischen Länder könnten vielleicht weiter dem Warschauer Pakt angehören, ohne daß dort sowjetische Truppen stationiert wären. Ich verwies in diesem Zusammenhang auf die Rolle Frankreichs in der NATO.

Ziemlich ungeklärt, auch unausgereift und recht vorsichtig waren meine Überlegungen zur Zukunft der DDR, somit auch zur Wiedervereinigungsfrage: »Ein Neuordnungskonzept, in dem sich Ostmitteleuropa einschließlich der DDR in einer Zwischenlage zwischen der Sowjetunion und dem Gravitationsfeld der Europäischen Gemeinschaft befinden würde, ist mittelfristig vorstellbar. Die deutsche Frage würde auch in einem neuen System vorerst offenbleiben (gestrichen hatte ich beim Vortrag die im Manuskript stehende Formulierung »scheint praktikabler als alle Versuche einer baldigen fundamentalen Neuordnung der deutschen Frage durch staatliche Wiedervereinigung«). Man könnte – wie dies in der deutschen Öffentlichkeit seit 1960 diskutiert wird – für die Entwicklung so etwas wie das Modell Österreich ins Auge fassen. Das würde in der DDR aber einen politischen Pluralismus und eine funktionierende, nach Westen offene Marktwirtschaft voraussetzen, deren Entwicklung lange Zeit brauchen würde, sollte der Entwicklungsstand der Bundesrepublik erreicht werden, selbst wenn sich das Land auf den Weg pluralistischer Umgestaltung begeben würde. Wäre aber eine solche Gleichartigkeit und Gleichwertigkeit mit offenen Grenzen erreichbar, dann erst würde man sehen, ob die Wiederherstellung eines deutschen Nationalstaats noch ein modernes Konzept ist. Und darüber müßten dann eines Tages die Deutschen selbst in Freiheit entscheiden können.« (Enttäuschtes Schweigen in den Reihen der Konservativen!)

In der Diskussion unter Leitung von Freund Thomas Kielinger, damals Chefredakteur des *Rheinischen Merkur*, präzisierte ich meine Skepsis gegen eine Neuauflage von Verhandlungen über einen deutschen Friedensvertrag wie letztmals 1959 in Genf, gab vielmehr der Hoffnung Ausdruck, daß die Dinge, wenn sie erst einmal innenpolitisch in Bewegung gekommen sind, »dann auch mit den wirtschaftlichen Interessen verbunden werden und nach allen Seiten sich auszuwirken beginnen«. Auch in der DDR bestehe formell ein Vielparteiensystem, allerdings völlig dominiert von der SED. Vielleicht ließen sich diese, deutete ich an und lag damit nicht ganz falsch, »unter günstigen Verhältnissen durchaus zu eigenständiger Politik aktivieren«. Entscheidend schien mir damals das Bestehen auf einer Beseitigung der Grenzanlagen und der Mauer. In Sachen Wiedervereinigung blieb ich vorsichtig. Allzu früh artikulierte Forderungen würden nur die Entwicklung im gesamten Ostblock gefährden.

Als große Torheit bezeichnete ich es jedoch, »wenn wir jetzt nach den Sternen greifen und die staatliche Zusammenführung beider Teile Deutschlands oder gar die Wiederherstellung des Deutschen Reiches in den Grenzen von 1937 fordern ... Wenn aber die Veränderungsprozesse tatsächlich in Gang gekommen sind, und zwar über einen längeren Zeitraum hinweg, und wenn sich die Dinge in der Sowjetunion zum Positiven verändern sollten, dann stellt sich natürlich die Frage nach der Errichtung eines neuen deutschen Staates aufs neue, falls in Mittel- und Westdeutschland der Wunsch danach steht. Aber diese Fragen stellen sich erst übermorgen. Deshalb sollte man sie jetzt nicht aufwerfen, weshalb ich diese Diskussion hier für etwas theoretisch halte und an der Wirklichkeit vorbei.« Auf Nachfrage hin erklärte ich es für verkehrt, »Alleingänge in der nationalen Frage zu versuchen, anstatt sich mit den Verbündeten abzustimmen und die angebotenen Lösungen gemeinsam mit ihnen zu gestalten«.[184]

Daß ich mit meinen Vorstellungen aus dem April 1989 viel weiter war als die offizielle Politik oder auch die Publizistik in der Bundesrepublik, ist evident. Genauso evident aber ist, daß ich mir eine sofortige Wiedervereinigung nicht vorstellen konnte. Sichtlich haben die Jasperschen Vorstellungen von 1960 von einer sogenannten Österreich-Lösung bei mir noch im Frühjahr 1989 zu Denkblockaden geführt. Habe ich vorhergesehen, daß die DDR bei offenen Grenzen, wie es dann tatsächlich einzutreten drohte, innerhalb weniger Monate einen Großteil ihrer wanderfreudigsten jüngeren Leute durch Westabwanderung verlieren würde und »auszubluten« drohte? Habe ich die Aufnahmeprobleme in der Bundesrepublik vorhergesehen?

Habe ich den ruinösen, kurz vor dem Kollaps stehenden Zustand der DDR-Wirtschaft richtig eingeschätzt? Oder den Widerstand der alten SED-Kader, aber auch der Bürgerrechtler gegen einen Beitritt der DDR zur Bundesrepublik? Meine eigenen Denkblockaden waren auch diejenigen der CDU-Führung, von den Sozialdemokraten oder den Grünen ganz zu schweigen! Wer über Jahrzehnte hinweg die Getrenntentwicklung für machtpolitisch unvermeidlich und die DDR-Wirtschaft doch für stärker gehalten hat, als sie war, konnte sich doch wohl keine klare Vorstellung davon machen, was sich ereignen würde und was dann offenkundig wäre, wenn die Mauer gefallen war.

Im April 1989 deutete nichts, aber auch gar nichts darauf hin, daß die Führung der konventionell und nuklear überlegenen Sowjetunion bereit sein würde, die DDR und die ČSSR, also den oft apostrophierten »eisernen Ring« um die ins Rutschen gekommenen Satellitenregime in Polen und Ungarn, zu räumen. Und wie ängstlich die politische Klasse in Bonn, Paris und London selbst vor ersten Ansätzen in Richtung einer Wiedervereinigungspolitik zurückschreckte, war mir bestens bekannt.

Das Private wurde in diesem bewegten Frühjahr 1989 nicht völlig vergessen. Zwischen einer Unmasse anderer Termine – die Unitätigkeit und der ruhelose Umtrieb in allen Gremien und Projekten ging ja weiter – findet sich unter dem 13. Mai, 15.30 Uhr, im Kalender der Eintrag »Party«. Ich war jetzt schon 55 Jahre, und Annemie hatte Nicole und Benno, die in der Welt herumschwirrten, zusammen mit den Mitarbeitern, Kollegen und Freunden zu einem Fest in der Welfenstraße eingeladen.

In der Pfingstpause 1989 stand vom 6. bis 8. Juni eine weitere Tagung zur Entwicklung im Ostblock ins Haus, diesmal in Chatham Hause in London. An die vierzig oder fünfzig Außenpolitik-Experten besonders aus England und Deutschland, aber auch einige Teilnehmer aus Amerika und Frankreich, diskutierten in dem bekannten düsteren Seminarraum im Basement auf wackligen Blechstühlen, die vielleicht schon den »Blitz« der Jahre 1940/41 erlebt hatten, unter dem Thema »Coming to terms with a changing world« die Zukunft Europas.

Ich selbst trug auch dort meine Thesen vor. Das europäische Staatensystem, so die grundlegende Prämisse, sei inzwischen in eine fluide Konstellation eingetreten. Selbst auf kurze Sicht, sicherte ich mich ab, könnte sich jede Prognose als verfehlt herausstellen. Die maßgeblichen Tendenzen waren nach meiner Auffassung schon zu erkennen, noch nicht aber die Struktur des neuen europäischen Staatensystems nach dem Kalten Krieg. Tempo und Reichweite der Veränderungen schienen von Land zu Land recht verschieden. Trotz Gorbatschow war es schwer vorstellbar, daß sich in der Sowjetunion ein gefestigter politischer Pluralismus und eine effiziente Marktwirtschaft durchsetzen würden. Hingegen schien mir das in einem Großraum denkbar, der Polen, die Tschechoslowakei, Ungarn, die DDR, vielleicht auch Jugoslawien umfasse – alles Völker, die seit dem 19. Jahrhundert viel stärker als Rußland mit dem politischen Pluralismus des europäischen Westens verbunden waren. Man könne auch erwarten, daß die Volkswirtschaften dieser Länder bestrebt sein würden, aus dem Morast der Planwirtschaft herauszukommen.

Dieser Großraum, so gab ich zu bedenken, sei allerdings tief zerklüftet. Die Völker seien sich zwar im Haß auf die Sowjetunion einig und wahrscheinlich auch voll Ressentiment gegen die reichen, mächtigen und selbstsüchtigen kapitalistischen Demokratien des Westens. Doch die Polen und die Ostdeutschen, die Ungarn und die Tschechen oder Slowaken, die Kroaten und die Serben hätten noch nie gelernt, sich gegenseitig zu lieben, so daß die vom Kommunismus überlagerten nationalen Konflikte wiederaufflammen könnten. Daraus könne sich ein Hauptproblem der neunziger Jahre ergeben. (Wie richtig die Sorge vor einem Wiederaufflammen des ethnischen Nationalismus war, hat sich tatsächlich bald im Fall Jugoslawien gezeigt und in abgemilderter Form beim Auseinanderbrechen der Tschechoslowakei, vor allem aber beim Auseinanderbrechen der UdSSR.)

Als Teil eines solchen Zwischeneuropa in den neunziger Jahren auf dem Weg zu einer noch unbekannten Zukunft betrachtete ich auch die DDR. Die Sowjetunion, so meine Annahme, werde auf das Sicherheitsglacis des Ostblocks nicht verzichten, vielleicht komme es dort sogar wieder zu einer Restauration der totalitären Ordnung. In einer derartig im Fluß befindlichen, unstabilen und gefährlichen Situation, schlußfolgerte ich, wäre »jeder deutsche Versuch einer isolierten Lösung für das deutsche Problem zum Scheitern verurteilt«. Doch fügte ich hinzu: »Man kann nicht und darf nicht ausschließen, daß eine moderne Form eines deutschen Nationalstaats in einem modernen System europäischer Nationalstaaten weiterhin eine Möglichkeit ist, die irgendwann in den ersten Jahrzehnten des 21. Jahrhunderts Wirklichkeit werden könnte. Schließlich haben auch alle Deutschen das Recht auf Selbstbestimmung. Das aber in der nahen Zukunft anzustreben, wäre reiner Unfug. Anzustreben sei in der DDR somit: erstens politischer Pluralismus und zweitens Fortschritte zur Marktwirtschaft, dazu Öffnung der Grenzen, so daß die Deutschen wählen könnten, wo sie leben möchten.«[185]

Ich sei keiner von denen, rief ich in Erinnerung, die behaupteten, ein wiedervereinigtes Deutschland werde ganz unvermeidlich wieder eine Gefahr für die Stabilität in Europe werden. Aber man sollte doch zu erproben suchen, ob die Nachbarschaft zweier pluralistischer deutscher Staaten mit offenen Grenzen vielleicht doch ein praktischeres Konzept für die neunziger Jahre wäre. In diesem Zusammenhang erwähnte ich wieder die sogenannte »Österreich-Lösung«, die seit bald dreißig Jahren diskutiert werde.

Vergleichsweise breit beleuchtete ich auch die Entwicklungen auf westlicher Seite. Die USA befanden sich noch in den Anfängen der Präsidentschaft George Bushs senior. Eine tiefgreifende Umstrukturierung der NATO schien unvermeidlich, wobei ich darauf insistierte – niemand von den Teilnehmern, die mich kannten, wurde dadurch überrascht –, daß gerade in der vor uns liegenden Phase die NATO ganz unverzichtbar sei, selbst wenn man sie auf längere Sicht der neuen Lage anpassen müsse. Desgleichen hielt ich die Vertiefung der Europäischen Gemeinschaft für geboten, um auf die Reformen in Ostmitteleuropa unterstützend einzuwirken, aber auch mit Blick auf die möglichen Rückzugsgelüste der amerikanischen Schutzmacht.

Aufschlußreich war die Diskussion, die sich an meinen Vortrag anschloß. Nur wenige hielten es für möglich, daß der Ostblock binnen kurzem in sich zusammensinken könnte. Die Sowjetunion, so die Mehrheitsmeinung, werde sich nicht verdrängen lassen. Wenn ich es zutreffend in Erinnerung habe, hat nur ein einziger, aus Amerika kommender Kollege – war es Freund Bob Pfaltzgraf oder David Gress? – meine Einschätzung geteilt, daß sich auch die DDR nicht aus dem Sog der Reformen im Ostblock heraushalten könne. Besonders pessimistisch war Arnulf Baring. Eine ganze Woche lang, so ließ er uns wissen, sei er in den Osterferien mit Frau und Kind in der DDR herumgefahren. Hinter jedem Busch sei sozusagen ein Stasi-Spitzel gesessen. Kein Gedanke daran, daß sich dort ein Umschwung vollziehen könnte! Die denkwürdige Londoner Tagung wurde durch einen fulminanten Auftritt Lothar Späths abgeschlossen. Damals pfiffen es schon alle Spatzen von den Dächern, der quirlige Ministerpräsident von Baden-Württemberg bereite sich auf den Showdown mit Helmut Kohl vor, dessen Rating in den Umfragen damals wieder einmal in den Keller ging. Offenbar fügte sich der Auftritt in London in die Gesamtanlage seiner Nachfolgestrategie.

Ich war inzwischen meiner Sache so sicher, daß ich zeitgleich zur Londoner Tagung die Essenz des Londoner Vortrags im *Europa-Archiv* unter dem Titel »Auf dem Weg zum post-kommunistischen Europa«[186] veröffentlichte. Das brachte mir einige anerkennende Anrufe ein. Viel häufiger aber beobachtete ich hochgezogene Augenbrauen, wenn ich mich in den Wochen danach bei einer der abendlichen Politpartys zeigte. Im offiziellen Bonn war die Prognose, auch die DDR werde demnächst in den Strudel des Wandels geraten mit weitreichenden Konsequenzen für die deutsche Frage, ganz und gar unerwünscht, dies übrigens bei allen Parteien. Das SED-Regime stand sozusagen unter Naturschutz, die Bonner Metterniche hatten weiterhin das Sagen.

Mitte Juni zog Gorbatschow durch die Bundesrepublik und verkündete seine frohe Botschaft vom gemeinsamen europäischen Haus, in dem Ost und West friedlich vereint koexistieren würden. Ich sehe noch heute die begeisterten Massen auf dem in schönstem Sommerwetter prangenden Bonner Marktplatz vor mir. Nicht viel mehr als hundert Meter von der Bonner Uni entfernt, von wo ich hinübergeschlendert war, stand Gorbatschow auf der Treppe des Bonner Rathauses und wurde wie ein Heilsbringer bejubelt.

Ende Juli hielt die DGAP im Rheinhotel »Dreesen« ihre Jahresversammlung ab, wo Jahr für Jahr im Wechsel ein Minister der staatstragenden Parteien eine außenpolitische Grundsatzrede hielt. Diesmal war die Reihe an dem frisch ins Amt gekommenen Bundesinnenminister Wolfgang Schäuble. Als Karl Kaiser in der Diskussion die Frage aufwarf, wie wir uns verhalten sollten, wenn der Reformvirus im Ostblock auch auf die DDR übergreifen würde, sang Schäuble das Hohelied der innerdeutschen Stabilitätsgemeinschaft, die wir um des lieben Friedens in Europa willen nicht antasten dürften. So war die Stimmung beschaffen, bevor in der zweiten Jahreshälfte die Lawine herunterkam.

Den ganzen Sommer hindurch war die Öffentlichkeit weiter auf steriles Jahreszahlgedenken abonniert. So leistete auch ich unverdrossen meinen Beitrag bei einer Konferenz des Instituts für Zeitgeschichte. Der mit einer Auswahl wirtschaftsgeschichtlicher Daten angereicherte Vortrag war betitelt: »Segmentäre Zäsuren. 1949–1989: eine Außenpolitik der gleitenden Übergänge«[187]. Ohne es zu wissen, habe ich dabei eine Art historiographische Gedenkrede auf die »alte Bundesrepublik« gehalten. Meine These lautete: »Vielleicht stellen die Zäsuren in der Geschichte der Bundesrepublik gar nicht das interessanteste Thema dar. Vielmehr müsste man formulieren: Die Geschichte der Bundesrepublik Deutschland ist vor allem deshalb ein so reizvolles Thema historischer Forschung, weil und insoweit sie selbst eine tiefe Zäsur in der neueren deutschen und europäischen Geschichte darstellt.«[188] Der eigentliche Wendepunkt liege in den frühen fünfziger Jahren: »Seither vollziehen sich auf dem Feld der Außenpolitik Modifikationen, leichte Umakzentuierungen, Variationen, Fortentwicklungen – aber eben keine Zäsuren, die mit der ersten Jahrhunderthälfte vergleichbar sind.«[189] Immerhin hatte ich bei dieser wohl immer noch zutreffenden Makroanalyse hinzugefügt: »Ob und inwieweit wir heute im Zeichen der Entwicklung postkommunistischer Systeme in den Anfängen einer neuen Phase stehen, kann der Historiker noch nicht voll beurteilen.«[190]

Einen guten Monat später war ich in Berlin. Auf Bitten des Bundeskanzlers hatte ich eine vom Deutschen Bundestag finanzierte und vom Institut für Zeitgeschichte organisierte internationale Tagung zur Auslösung des Zweiten Weltkriegs Anfang September 1939 initiiert. Auch dieses Datum gehörte zu der Fülle von Jahrestagen, deren Begehung 1989 anstand. Die Bundestagspräsidentin Rita Süssmuth hatte dafür den beim Wiederaufbau in den sechziger Jahren architektonisch ziemlich verhunzten Reichstag zur Verfügung gestellt, der damals noch unmittelbar neben der Mauer lag. Annemie war mitgereist. Sie erinnert sich, daß ich bei einem frühmorgendlichen Spaziergang zum Brandenburger Tor hin geäußert habe: »Diese Mauer wird nicht mehr lange stehen.«

Die Tagung war von weltweit ausgewiesenen Spezialisten gut besucht. Erstaunlicherweise durften auch zwei oder drei Historiker aus Ost-Berlin teilnehmen. Sie waren mit dem Fahrrad herübergekommen und spielten die Rolle der letzten Mohikaner des Kalten Krieges. Anders als die damals schon aus dem revisionistischen Lager kommenden sowjetischen und polnischen Kollegen zogen sie immer noch die vor Kriegsbeginn vereinbarte Aufteilung Polens im Hitler-Stalin-Pakt in Zweifel. Für mich am spannendsten war aber ein langes nächtliches Gespräch im Vorgarten des Hotels »Hamburg« mit dem sympathischen sowjetischen Akademiemitglied Wladimir Daschitschew. Er hatte dem frühen Beraterkreis Gorbatschows angehört und berichtete, dieser habe unter anderem das koreanische Modell genau studieren lassen, wo in den Jahren des Präsidenten Park unter autoritärerer Führung ein zentral geplantes, eminent erfolgreiches kapitalistisches System eingerichtet wurde. Konkrete Hinweise auf ein fundamentales Umdenken in der deutschen Frage hat er nicht gegeben. Doch bestätigte er die Beobachtung, daß der Kreml Gorbatschows ein Laboratorium war, in dem mit denkbar unkonventionellen Ideen gespielt wurde. Erst später wurde bekannt, daß Daschitschew zu den Befürwortern einer Wiedervereinigung unter Führung der Bundesrepublik gehörte.

In Erinnerung geblieben ist mir auch Helmut Kohl. Er hatte sich bei sehr schwülem Sommerwetter zu einem abendlichen Empfang der Konferenzteilnehmer im Charlottenburger Schloß angesagt. Wenige Stunden vorher, so war über die Newsticker zu erfahren, hatte er in Bonn auf einer Pressekonferenz bekanntgegeben, er werde Heiner Geißler nicht mehr zur Wiederwahl als Generalsekretär vorschlagen – eine Entscheidung, die ich schon längst als überfällig betrachtete. Ich wartete am Eingang zum Schloß auf ihn, um ihn in den Kreis der Konferenzteilnehmer zu führen. Schwitzend und schwer atmend entstieg er seinem Mercedes. Mir kam er vor wie eine Shakespeare-Figur: die politische Hinrichtung vollzogen, das Blut des Rivalen noch an den Händen ... Als ich ihn auf die Sache ansprach, brummte er, die Trennung sei notwendig gewesen, und er erwarte jetzt einen guten Neuanfang mit Volker Rühe. Aber kaum hatte er den überhitzten Saal betreten, wo der Empfang stattfand, war alles wie weggeblasen: jovial und irgendwie souverän spielte er nun den historisch kundigen Kanzler, machte zu jedem Kollegen, den ich ihm vorstellte, eine gescheite Bemerkung, zeigte sich besonders an den Russen interessiert und hielt eine improvisierte, durchaus eindrucksvolle Ansprache.

Ungeachtet aller bereits hochgezogenen weltpolitischen Warnsignale war ich im Sommer 1989 jedoch im Begriff, mich wieder einmal in Klausur zu begeben. Keiner sollte mir nachsagen, ich hätte wie so mancher vor mir nur den ersten Teil einer großen Adenauer-Biographie fertiggestellt! Nach Abschluß der Bonner Aufbauarbeiten war es vertretbar, für das Wintersemester 1989/90 ein Forschungsfreisemester zu beantragen, gefolgt von einem Akademiejahr, das nochmals von der Fritz-Thyssen-Stiftung unterstützt wurde. Beginnend mit dem Frühherbst 1989 lagen somit gute einundeinhalb Jahre vor mir, um die Adenauer-Biographie abzuschließen. Nachdem ich es geschafft hatte, den schwierigen Band 1 in 15 Monaten zu schreiben und zum Druck zu bringen, sollte das auch mit Band 2 erneut gelingen. Der von Bracher herkommende Ludger Kühnhardt, ein aufsteigender Stern in der Politischen Wissenschaft, erwies sich bereit, die Lehrstuhlvertretung zu übernehmen. Ich hätte keinen besseren Lehrstuhlvertreter finden können.

Nicht alles ließ sich jedoch wegschieben. Die Prüfungsverpflichtungen und die Arbeit mit Doktoranden und Magistranden liefen weiter. Auch die Beteiligung an den Fakultätsberatungen konnte nicht völlig auf Sparflamme gesetzt werden, zumal sich bereits der Erbfolgekrieg um das Ordinariat von Jacobsen vorbereitete. Tatsächlich zeigte es sich, daß drei Semester ohne Vorlesungen und Hauptseminare zu lang sind. Wenigstens was den Lehrbetrieb und den Seminaralltag anging, hatte ich nach Ablauf des Akademiejahrs im Sommersemester 1991 den Eindruck: »Du mußt noch einmal ganz neu anfangen!«

Vorerst war ich vom Unibetrieb aber weitgehend entlastet und auch fest entschlossen, die Tätigkeit in politischen Gremien und die Publizistik auf das Allernotwendigste zu beschränken. Zeitraubend war allerdings in den Jahren 1989 und 1990 die Ingangsetzung der großen Aktenedition für das Auswärtige Amt, für die im Herbst 1989 der Startschuß fiel. Auch das »Nuclear History Program« und der Beiratsvorsitz im Institut für Zeitgeschichte machten weiterhin Arbeit. So wurde das zweite Halbjahr 1989 dafür verwandt, die losen Enden zusammenzubinden und die Archivarbeiten für Band 2 der Adenauer-Biographie abzuschließen.

Doch der Mensch denkt, und Gott lenkt. Kaum hatte ich mich, umgeben von zahllosen Leitz-Ordnern, Exzerpten, Büchern und Dokumentationen an den Schreibtisch zurückgezogen, begannen die erregendsten Monate der deutschen Geschichte im letzten Drittel des 20. Jahrhunderts. Trotz aller meiner klugen Voraussagen tektonischer Beben im Ostblock hatte auch ich Anfang August 1989 noch nicht vorhergesehen, daß sie unmittelbar bevorstanden. Nie zuvor und danach habe ich ein so spannendes Forschungsfreijahr erlebt. Nie mußte ich aber auch so viel Selbstdisziplin aufbringen wie damals, als sich jedermann ins publizistische Getümmel stürzte oder in die moribunde DDR ausschwärmte. Als ich im Frühjahr 1991 meinen Lehrbetrieb wiederaufnahm, war Europa bereits ins postkommunistische Zeitalter eingetreten und Deutschland wiedervereinigt. Alles mußte damals mit heißer Nadel genäht werden, auch meine Adenauer-Biographie.

1990: Policy-Studien in Sachen Wiedervereinigung

Wahrheitsgemäß habe ich bisher geschildert, wie das Ziel der Wiedervereinigung bei mir seit den fünfziger Jahren zu einem Traumbild verblaßte. Defensive, realpolitische Vorstellungen dominierten. Damit unterschied ich mich nicht vom politischen Mainstream. Wie ich beim Erwachen reagiert habe, will ich im folgenden skizzieren. Heute mache ich mir klar, daß sich auch bei mir in den Monaten nach dem Mauerfall dasselbe leicht beschämte Erweckungserlebnis vollzogen hat wie bei CDU und CSU, der FDP und bei der älteren Generation der Sozialdemokraten, die allesamt nun in Sachen Wiedervereinigung wieder richtig zu ticken begannen.

Soweit das meine Arbeiten an der Adenauer-Biographie erlaubten, war ich das ganze Jahr 1990 hindurch mit entsprechenden Policy-Studien beschäftigt. Die Anfänge der Unruhe in der DDR hatte ich nicht so recht zur Kenntnis genommen. Dafür gab es einen guten Grund. Im September 1989 bin ich, wie schon erwähnt, endgültig abgetaucht, um in 18 Monaten Band 2 der Adenauer-Biographie zu schreiben und satzfertig zu machen. Bedient werden sollten nur noch die ganz unvermeidlichen Verpflichtungen.

Auf die Öffnung der ungarischen Grenze für DDR-Flüchtlinge und auf das Drama in Prag, so muß ich gestehen, habe ich – voll in meine Arbeit vertieft – wenig geachtet. Auch die Berichte von den ersten Großdemonstrationen in Leipzig haben mich ziemlich kaltgelassen. Zu den politisch weit links aufgestellten Dissidenten in der DDR, von denen manche seit Jahren schon periodisch in die Bundesrepublik überwechselten, mitsamt den Friedenspfarrern von dort, hatte ich ein distanziertes Verhältnis. Natürlich wußte ich, daß Zwangsregime meist nur von links erschüttert und überwältigt werden. Doch die Mischung aus antiautoritären Sängern, Literaten und Schauspielern, denen die Medien Beachtung schenkten, oder DDR-Grüne vom Typ Rudolf Bahro, auch die meist linken Pfarrer in der DDR, die irgendwelchen antimilitaristischen Bürgerrechtlern in den Kirchen Obdach gaben, waren aus meiner Sicht keine Sympathieträger. Sie glichen zu sehr den buntscheckigen Grünen in der Bundesrepublik, die ich seit gut einem Jahrzehnt als Landplage betrachtete.

Vielleicht war diese Grundeinstellung mit ein Grund dafür, weshalb ich den Anfängen der Leipziger Demonstrationen keine große Beachtung geschenkt habe. Selbst als die ersten heimlich aufgenommenen Fernsehbilder von der Großdemonstration in Leipzig gezeigt wurden, hat mich das noch nicht mit großen Hoffnungen auf einen radikalen Umbruch in der DDR erfüllt.

In meiner Korrespondenz habe ich einen längeren Brief vom 8. Oktober 1989 gefunden, also einen Tag vor der entscheidenden Leipziger Großdemonstration am Montag, den 9. Oktober. Karl Dietrich Erdmann hatte mir unter dem Datum des 29. August eine lange Gesamtwürdigung der sechsbändigen *Geschichte der Bundesrepublik* für die *Historische Zeitschrift* im vorweg zugesandt. Dort hatte er neben vielen anerkennenden Worten eigentlich völlig zu Recht kritisiert, »das ganze Deutschland« hätte doch wenigstens in den Gestaltungshorizont des Werkes einbezogen werden müssen. Auch Österreich sei »fast gänzlich dem Wahrnehmungsbereich dieser bundesrepublikanischen Historie« entrückt. Einerseits erwartete er nicht, »daß das Bild und die Deutung der Zeit, wie sie in dieser Geschichte der Bundesrepublik vorgeführt werden, durch spätere Entdeckungen in den Archiven wesentlich andere Konturen erhalten könnte«. Andererseits aber, so seine wahrlich zutreffende Feststellung, »ist diese Darstellung nicht endgültig, und vielleicht ist sie nicht einmal von langer Dauer, aber dies weniger auf Grund der zu erwartenden Korrekturen von einzelnen Sachfehlern und Ergänzungen im Faktischen als wegen der möglicherweise sich schnell verändernden Zuordnungen und Perspektiven der Beurteilung«.[191]

Meine Antwort, wie gesagt, vom 8. Oktober, dokumentiert, was ich damals auf längere Sicht erwartet habe: »Das Konzept selbst ist ja nicht von mir zu verantworten, auch nicht die in Band 1 programmatisch vorangestellten Betrachtungen von Herrn Jäckel, der ein schätzenswerter Mann ist, dessen Vorstellungen von einer Finalität der Teilung aber recht unhistorisch sind, stellt man die heutige Lage, wie das doch wohl unerläßlich ist, in eine weitere Perspektive beständiger Gestaltung und Umgestaltung der deutschen Staatenwelt. Zwar ist es noch viel zu früh, sich darüber zu freuen, daß die europäische Nachkriegsordnung in Ostmitteleuropa zerbröselt. Aber ich hatte schon Anfang der achtziger Jahre meine Zweifel an der Begeisterung, in der gerade die sozialdemokratischen Kollegen die kleinstdeutsche Lösung mit ähnlicher Zukunftsblindheit als letztes Wort der deutschen Geschichte zu feiern sich anschickten, wie dies zwei Generationen zuvor die kleindeutschen Historiker mit dem Deutschen Reich getan hatten. Die Idee, daß die Bundesrepublik der deutsche Kernstaat ist und die Zonenrepublik ein recht künstliches Gebilde, in ihrer Lebensfähigkeit abhängig von einer recht ephemeren Konstellation im Staatensystem, kam mir immer plausibler vor als die Vorstellungen der Finalisten. Sie selbst haben ja während der ganzen Jahre auch immer zu bedenken gegeben, daß es zu allem hin auch noch den Staat Österreich gibt – nur daß dieser eben im Unterschied zur DDR, da auf freiem Grund von einem freien Volk gegründet, verfassungsstaatliche Legitimität besitzt, während die DDR doch eher zu den vorübergehenden Staatenbildungen der deutschen Geschichte gehören dürfte.« Wie rasch sie von der Bildfläche verschwinden würde, ahnte ich immer noch nicht.[192]

In der Woche vom 6. zum 10. November hatte ich dauernd in München zu tun: Besprechungen zur Vorbereitung der Gremiensitzungen des IfZ, Verhandlungen über die Aktenedition des Auswärtigen Amts, am Nachmittag und Abend des 9. November Zusammenkunft der Lenkungsgruppe des Nuclear History Program in der SWP in Ebenhausen. Der ganze Umtrieb in der Sitzungswoche hatte mich so müde gemacht, daß ich mich – für meine Verhältnisse früh – so um 10 oder 11 Uhr abends zurückzog, um wenigstens ein paar Stunden zu schlafen. So verpaßte ich eine der folgenreichsten Stunden in der deutschen Geschichte des 20. Jahrhunderts. Als ich frühmorgens am 10. November zum Frühstück kam, erfuhr ich, die Mauer sei gefallen. Ein Teilnehmer der Fernsehnacht erzählte, wie einige der eigentlich hartgesottenen früheren NATO-Generale, die beim NHP mitwirkten, ungläubig, mit Tränen in den Augen, die Fernsehbilder betrachteten. Mir selbst war nicht nach Tränen zumute. In Bonn und während der folgenden Woche standen weitere Termine ins Haus, bevor ich mich wieder in die Schreibklausur begeben konnte.

Als ich zurückkam, stand Annemie noch ganz unter dem Eindruck der Fernsehbilder. Anders als der von vielen skeptischen Zweifeln angefressene Politikprofessor, der ich nun einmal war, hatte sie sich von Anfang an einen unverfälschten Patriotismus bewahrt. Wie sie das mit ihrer gleichfalls ausgeprägten gut süddeutschen Aversion gegen alles Preußische zusammenbrachte, weiß ich nicht. Tatsache ist jedenfalls, daß sie tief bewegt war und mir vorgeschlagen hat, sofort nach Berlin zu fliegen, um mir alles an Ort und Stelle anzusehen. Doch fand ich: Eine ganze Woche fern von der Familie, das reicht. Noch heute bedaure ich, ihrer Anregung nicht Folge geleistet zu haben.

Dann strömten die Ostdeutschen in die Bundesrepublik. Wochenlang waren die Autobahnen und die Landstraßen geradezu von Trabis überschwemmt, auch im Rheinland. Allgemein wurden die Landsleute aus der DDR mit großer Herzlichkeit aufgenommen. Die Hilfsbereitschaft war überwältigend. Auch ich selbst war nun emotional berührt. Unsere Freunde in England, Amerika und Frankreich äußerten sich tief bewegt. Nado Burrus beispielsweise, die künftige Schwiegermama von Nicole, eine waschechte Pariserin, teilte uns mit, sie habe in jeder freien Stunde die Vorgänge in Berlin begeistert und fast zu Tränen gerührt am Fernseher miterlebt. Als die deutsche Frage mit dem Mauerfall in Gang kam, war die Stimmung bei der Bevölkerung im westlichen Ausland viel positiver als bei den meisten Regierungen.

Daß sich aus dem Tohuwabohu des Novembers und Dezembers jedoch blitzschnell die Wiedervereinigung ergeben könnte, konnte ich mir immer noch nicht vorstellen. Es muß wohl gegen Ende November gewesen sein, als der Althistoriker Wolfgang Schuller im Feuilleton der *Frankfurter Allgemeinen* einen Artikel veröffentlichte, jetzt sei es an der Zeit, die deutsche Frage durch Wiedervereinigung zu lösen. Wenn ich es recht sehe, war dies das erste Mal, daß ein allseits geachteter Kollege sich nicht mehr an die Tabuisierung der Wiedervereinigung hielt. Ich selbst aber, in die Ära Adenauer ab 1952 bis zum Tod des alten Herrn im Jahr 1967 vertieft, mußte mir publizistische Abstinenz auferlegen und konnte auch in allen Gremien, in denen ich tätig war, sozusagen nur mit der rechten Hand herumrühren. Was ich damals alles überlegt, spekuliert, befürchtet und gehofft habe, weiß ich nicht mehr. Jeder Tag brachte eine unerwartete Perspektive. Manche in der Bundesrepublik hatten die Wiedervereinigung schon im Dezember gedanklich vollzogen, andere, das zeigte sich nun auch, ängstigten sich davor wie der Teufel vor dem Weihwasser, wieder andere sahen nach angenehmen Entspannungsträumen erneut düstere Kriegswolken am Horizont emporsteigen, und wie der Mensch so beschaffen ist, spielte auch das persönliche Interessenkalkül in alle Überlegungen hinein.

An Benno, Adressat meiner meist spöttischen Briefe ins ferne München, wußte ich von einem vorweihnachtlichen Bummel Mitte Dezember das Folgende zu berichten, wir hätten bei sommerlichen Temperaturen und bei einer Tasse Kaffee auf dem Römerplatz einen lieben Kollegen getroffen, der sich sorgte, »daß die Hauptstadt wieder nach Berlin kommen könnte. Davon ist seit 14 Tagen bei hoch und tief in Bonn unablässig die Rede. Hauseigentümer sorgen sich um den Wertverfall ihrer

Wigwams, Einzelhändler und Zahnärzte um ihre von Bundesbeamten in Schwung gehaltenen Betriebe, die Wirte um großzügig zulangende Diplomaten. Schnell mußte also Kohl im Rathaus eine neue, für zehn Jahre bestimmte Tranche des Bonn-Vertrags unterzeichnen, die 1,6 Mrd. DM von Bund und Land in die Stadtkasse bringen wird. Ohnehin finden die Süddeutschen, daß die proletenhaften Berliner überhaupt nicht beanspruchen dürfen, wieder zur Hauptstadt zu werden. Wer mehrheitlich einen rot-grünen Senat wählt, hat sein Hauptstadt-Erstgeburtsrecht verloren, meinen die Konservativeren. Und die linken ›Zweistaatler‹, wie man diese Tierart nun nennt, sind aus anderen Gründen dagegen.«[193] Aber obwohl die Welt um mich herum in heftiger Bewegung war, kettete ich mich sozusagen an meinen Schreibtisch an. Die Monate im Herbst und der Dezember wurden noch von den Recherchen und Literaturstudien für Adenauer 2 über die Jahre 1952–1967 in Anspruch genommen. »Über die Tage zwischen Weihnachten und Neujahr kommt das Ordnen«, so ist der Sachstand aus diesem Brief rekonstruierbar, »dann beginnt das Schreiben.«

Auch in den ersten Monaten im Jahr 1990 tauchte ich nur ab und zu auf, wenn Teltschik seinen Beraterkreis zu den jetzt natürlich besonders wichtigen abendlichen Runden ins Bundeskanzleramt einlud oder wenn der Vorstand der Konrad-Adenauer-Stiftung tagte. Lästig waren allerdings weiterhin die Bemühungen um den Aufbau der Aktenedition für das Auswärtige Amt, die zeitraubende Tätigkeit als Beiratsvorsitzender des IfZ in München und das Nuklearprojekt. Im Februar und März schob ich jedoch häufiger die Arbeiten an Adenauer 2 beiseite. Die aktuelle Politik war zu wichtig.

Seit der ersten Februarwoche lag das Angebot einer Wirtschafts- und Währungsunion mit der DDR auf dem Tisch, eben hatte Kohl von Gorbatschow in Moskau sozusagen gelbes Licht für die Einheit erhalten, in der DDR kam der Wahlkampf für die Volkskammerwahl am 18. März mit massiver Beteiligung der bundesdeutschen Parteien in die Gänge, und man rechnete weithin mit einer Mehrheit der dortigen Sozialdemokraten. In einigen der meinungsbildenden Zeitungen der Bundesrepublik führten noch »Zweistaatler« mit schrillen Warnungen vor der Wiederherstellung eines deutschen Machtstaates das große Wort und plädierten, genauso wie damals der DDR-Ministerpräsident Hans Modrow, für eine Konföderation zweier vorerst weiterhin getrennter deutscher Staaten.

Ich selbst habe jetzt erst meine jahrzehntelang resignative Lagebeurteilung verabschiedet! Nun glaubte ich an das *window of opportunity*, von dem jetzt die Rede war. Erstmals zeigte sich nun eine realpolitische Möglichkeit zur Befreiung der Deutschen in der DDR, und so verwandelte sich der realpolitische Skeptiker in einen Patrioten, dem es bei der Wiederherstellung der deutschen Einheit gar nicht schnell genug gehen konnte. Jetzt sah ich in der Konföderation ein überholtes Konzept und hatte mich davon überzeugt, daß nur ein rascher Beitritt der DDR zur Bundesrepublik die einzig sinnvolle Lösung sei, natürlich mit beruhigenden sozialpolitischen Zusicherungen für die Bevölkerung der DDR. Ging man aber von der Prämisse aus, daß jetzt die Möglichkeit zur Wiederherstellung der deutschen Einheit in Frieden und Freiheit bestand, dann war es höchste Zeit dafür, die Verfassungsprobleme einer Lösung der deutschen Frage durch Beitritt zur Bundesrepublik und die Verfahrensfragen zur Diskussion zu stellen.

Einer derer, mit denen ich diese Fragen nach dem Besuch Kohls in Moskau erörterte, war Manfred Schell, seit 1985 Chefredakteur der *Welt*, die damals an der Bonner Adenauer-Allee ihren Sitz hatte. Am 28. Februar, 14 Tage vor der Volkskammerwahl, wollte *Die Welt* eine Sondernummer herausbringen. Der Springer-Vorstand hatte eine Auflage von einer Million Exemplaren zur Verteilung in der DDR genehmigt,[194] um die dortigen Wähler über die in der Bundesrepublik maßgeblichen Überlegungen zu informieren. Ich versprach ihm einen umfassenden Beitrag von 800 Druckzeilen zum Thema »Eine Verfassung für Deutschland«.

Das Manuskript ging am 13. Februar an *Die Welt*[195]. Das war der Tag, an dem eine große DDR-Delegation unter Modrow nach Bonn kam, namens des »Runden Tisches« einen »Solidarbeitrag« der Bundesrepublik in Höhe von rund 15 Mrd. DM erbat und ohne eine Zusage nach Hause reisen mußte. Am gleichen Tag wurde auch bekannt, daß Genscher in Ottawa den Beginn von 2+4-Gesprächen über die äußeren Aspekte der deutschen Einheit vereinbart hatte.

Mit den Überlegungen, die ich in der zweiten Februarwoche zu Papier brachte, stand ich ziemlich allein auf weiter Flur. Engagierte »Zweistaatler« wie Günter Gaus, Günter Grass, Jürgen Habermas, die SPD-Linke und die meisten Grünen begannen gerade eben gegen den »D-Mark-Nationalismus« zu polemisieren und schossen weiterhin Sperrfeuer gegen jeden Gedanken einer Wiederherstellung eines deutschen Nationalstaats. Moderate Intellektuelle waren immerhin schon im Begriff, sich mit der Idee einer Konföderation abzufinden, doch auch das nur zögernd. So sprach sich beispielsweise der jetzt auf das Fernziel einer Wiederherstellung des Nationalstaats einschwenkende sozialdemokratische Historikerkollege Heinrich August Winkler in diesen Tagen in der *Süddeutschen* erst für das Durchgangsstadium einer »deutschen Konföderation« aus und bezeichnete es im Brustton der Überzeugung als »illusionär«, »das Gebiet der NATO bis zur polnischen Westgrenze auszudehnen«.[196] Auch Bracher, der alles in allem schon etwas kühner war, hatte wenige Tage zuvor in einem Interview mit der *Basler Zeitung* auf die Frage, ob der »Einheitsstaat« ein Imperativ der deutschen Geschichte sei, geantwortet: »Der Einheitsstaat ist nicht die einzige Möglichkeit. Denkbar wäre etwa ein deutscher Bund oder ein Staatenbund.«[197] Eine gründliche Diskussion über die Verfassungs- und Verfahrensfragen der Wiedervereinigung hatte in der deutschen Publizistik noch nicht begonnen.

Wie lautete meine eigene Argumentation? Für die öffentlichkeitswirksame Darlegung von Verfassungs- und Verfahrensfragen sind Punktationen erfahrungsgemäß

Als Nachfolger von Karl Dietrich Bracher an der Universität Bonn

am besten geeignet. »Deutschland«, so führte ich unter Nummer 1 der in 13 Punkte gegliederten Überlegungen aus, »ist in voller Fahrt auf eine Währungsunion. Damit sollen sich auch in der DDR jene tiefgreifenden marktwirtschaftlichen Reformen verbinden, mit denen im Westen zwischen 1948 und 1953 das Wirtschaftswunder begann. Exit Karl Marx, Ludwig Erhard steht vor den Toren.«

»Man kann jedoch,« fuhr ich fort, »die Währungssysteme zweier großer Industriestaaten nicht vereinigen und die Wirtschaftspolitik harmonisieren, gleichzeitig aber die politischen Entscheidungsprozesse getrennt halten. Somit wird die rasende Entwicklung mit innerer Logik die Phase der ›konföderativen Strukturen‹ wahrscheinlich rasch durchschreiten und eher früher als später in einen vereinigten Bundesstaat einmünden. Die große Verfassungsdiskussion dürfte also unmittelbar nach den Volkskammerwahlen vom 18. März einsetzen. Man ist kein Prophet mehr mit der Feststellung, daß das Thema ›Eine Verfassung für Deutschland‹ die Planungen, Beratungen und politischen Kontroversen des Jahres 1990 wesentlich bestimmen wird.« (Daß bereits im August des Jahres alles schon in trockenen Tüchern sein würde, konnte ich mir Mitte Februar noch nicht vorstellen.)

Drei Kernfragen würden im Mittelpunkt der Diskussionen stehen. »Erstens, die Frage, welche Verfassung ist denn eigentlich erstrebenswert, praktikabel und für alle Deutschen akzeptabel? Zweitens, die Frage nach dem Procedere auf dem Weg zu einer möglichen Bundesverfassung des vereinigten Deutschland. Drittens, die Frage nach der internationalen Akzeptanz eines vereinigten deutschen Bundesstaates.« Die Idee eines Bundesstaates werde sowohl vom Bundeskanzler wie vom Ministerpräsidenten der DDR befürwortet: »Absage also von vornherein an die Idee des Einheitsstaates«. Dem folgten einige Ausführungen über die grundsätzlichen Vorzüge eines Bundesstaates, übrigens auch für die Bürger der DDR.

Alsdann erörterte ich die vorstellbaren Alternativen einer bundestaatlichen Verfassung: Rückgriff auf die Verfassung der DDR vom 7. Oktober 1949 oder Ausarbeitung einer neuen Bundesverfassung durch eine verfassunggebende Versammlung gemäß Artikel 146 GG oder »Ausdehnung« des Grundgesetzes (so der in der Punktation verwandte Terminus) auf die DDR mit deren Zustimmung. Das ausführliche Räsonnement zum Für und Wider unter gebührender Berücksichtigung der Interessenlage der Deutschen in der DDR führte zu der These: »Umständehalber ist die vernünftigste Lösung eine Einbeziehung der DDR in den Geltungsbereich des Grundgesetzes, dies am besten nach vorheriger Binnengliederung der DDR in die traditionellen fünf Länder (Brandenburg, Mecklenburg, Sachsen, Sachsen-Anhalt, Thüringen, dazu käme ein vereinigtes Land Berlin).«[198]

Prozedural diskutierte ich das denkbare, aber mit eindeutigen politischen und verfassungsrechtlichen Nachteilen verbundene Vorgehen über den Artikel 146 GG durch eine verfassunggebende Nationalversammlung, und die Alternative eines Beitritts über Artikel 23 GG nach dem Vorbild des Saarlandes am 1. Januar 1957. Der Weg über den Artikel 23 GG, vorbereitet durch Regierungsverhandlungen, die beiderseits eng zu den parlamentarischen Körperschaften rückgekoppelt wären, schien mir einfacher und weniger riskant. Nicht ausschließen wollte ich in diesem Zusammenhang, »daß sich im Hinblick auf die großen Schwierigkeiten der Aufgabe von einem bestimmten Zeitpunkt an in beiden deutschen Staaten zeitlich befristete große Koalitionen bilden«.

Auch unter dem Aspekt der internationalen Akzeptanz schien mir die Vereinigung durch Beitritt der DDR zum Geltungsbereich des Grundgesetzes nach Artikel 23 die beste Lösung: »Eine erprobte Bundesverfassung, die so viele eingebaute Hemmungen besitzt wie das Grundgesetz, könnte alle Nachbarn ruhiger schlafen lassen, die sich sonst durch einen unter verfassungspolitischen Instabilitäten einhertaumelnden 77-Millionen-Giganten um den Schlaf gebracht sähen.«

Natürlich war mir wie so jedem nachdenklichen Beobachter auch das beständige Auf und Ab der Emotionen bewußt, die seit dem Spätsommer 1989 die beiden noch getrennten deutschen Staaten erregten – bankrott und zur Freiheit erwachend der eine, wohlhabend, ängstlich, über die jäh eingetretene Aussicht auf Wiedervereinigung erfreut und erschrocken zugleich der andere. Sollte nicht alles entgleisen, dann mußten große Mehrheiten in beiden Ländern die Vereinigung als legitim empfinden. Diese Grundauffassung durchzieht die gesamte Policy-Studie, die ich in zwei oder drei Tagen zu Papier gebracht habe.

Den wirtschaftlichen Sorgen der Ostdeutschen könnte, so führte ich aus, mit differenzierten, im vorweg auszuhandelnden Überleitungsgesetzen vorgebaut werden. Besser, so argumentierte ich, Gesetze, die nach Bedarf rasch nachgebessert werden können, als schwer zu ändernde Verfassungsbestimmungen. Im übrigen aber sollten die Ostdeutschen auf den Parteiegoismus parlamentarischer Systeme vertrauen: »Einen der stärksten Mechanismen zur Durchsetzung ihrer berechtigten Interessen hätten die Deutschen in der DDR nicht so sehr im Verfassungssystem als solchem, sondern im Parteiensystem. Erfahrungsgemäß beruhen die Mehrheiten sowohl im Bund wie in einer Reihe von Bundesländern auf wenigen Prozenten der

Wählerschaft. Die Wähler in der DDR könnten also davon ausgehen, daß die Parteien schon aus purem Eigennutz ihren Erwartungen einen hohen Stellenwert beimessen würden.« Durchaus zutreffend ging ich damals davon aus, »daß das Parteiensystem der DDR in ähnlicher Weise ins Kraftfeld der Bundesrepublik gerät wie das ganze Land auf vielen anderen Gebieten auch. Doch zu welchen Mehrheiten und zu welchen Koalitionen das führen könnte, ist nicht abzusehen. Immerhin sprechen alle Erfahrungen mit dem Regierungssystem der Bundesrepublik dafür, daß keine größere Bevölkerungsgruppe und keine Region spürbar marginalisiert werden kann – selbst wenn eine Regierung dies wollte. Die Mehrheiten in parlamentarischen Systemen sind eben doch so fließend, daß unsensible Ausgrenzung größerer Wählergruppen politischer Selbstmord wäre.«

Aber kam es denn nur auf die Zustimmung der DDR-Bürger an? Eigentlich verstand es sich von selbst, daß die Akzeptanz durch die westdeutschen Wähler genauso wichtig war. Schließlich würde die Bundesrepublik in einen vereinigten Bundesstaat fast das Vierfache an Menschen einbringen. »Zu den Asymmetrien gehört auch«, fuhr ich fort, »daß das politische System der Bundesrepublik eine unbeschränkt lebensfähige Robustheit aufweist. Von den Asymmetrien der beiderseitigen Wirtschafts- und Sozialsysteme braucht gar nicht länger gesprochen zu werden. … Wie die vergangenen Monate gezeigt haben, bringen die Deutschen in der Bundesrepublik der Befreiung ihrer Landsleute in der DDR ein überwältigend großes Maß an Mitfreude, an gutem Willen, auch an Opferbereitschaft entgegen. Die so oft locker hingesagte Redewendung von der ›kalten Gesellschaft‹ in der Bundesrepublik hat sich als das dekuvriert, was sie immer war: bloßes Gerede.«

Dennoch sei die Gefühlslage der Westdeutschen ambivalent. Jede Umfrage und fast jedes Gespräch lasse das erkennen: »Sie fühlen sich zwar in die Pflicht genommen und sind mehrheitlich bereit, den Schritt in ein größeres Ganzes zu tun – allerdings nur um der Landsleute in der DDR willen und nicht etwa aus Nationalismus oder gar aus machtstaatlichen Überlegungen heraus. Sie sind sich aber auch der Risiken bewußt – außenpolitische Risiken, wirtschaftliche Risiken, Belastungen des Sozialsystems, Erschütterungen des Parteiensystems … Sie wissen, daß die Bundesrepublik auch ohne Vereinigung in Sicherheit und in relativer Wohlfahrt weiterleben könnte. Daher der Wunsch, die Risiken möglichst zu minimieren.« Das alles dürfe bei der Verfassungsdiskussion nicht unberücksichtigt bleiben und spreche für Beibehaltung des bewährten Grundgesetzes.

Die Akzeptanzfrage durch die beiderseitige Bevölkerung schien mir so wichtig, daß ich an den Schluß meines Räsonnements einen 13. Punkt setzte. Bei einem so einschneidenden, weitreichenden Vorgang sollte doch überlegt werden, durch eine Grundgesetzänderung die Möglichkeit zu schaffen, die Vereinigung durch ein Referendum zu legitimieren: »Die wirtschaftlichen, sozialen, außenpolitischen Implikationen wären von größter Tragweite … Aus Sicht der westdeutschen Wähler könnte eine mögliche Vereinigung sonst als Vorgang verstanden werden, der von den Deutschen in der DDR vorangetrieben und von den Parteien in der Bundesrepublik verantwortet wird, vom westdeutschen Bürger aber hingenommen werden muß, ohne direkten Einfluß nehmen zu können. Gerade da zu erwarten ist, daß die Vereinigung allen Beteiligten anfänglich Schwierigkeiten und Unsicherheiten zumutet, stünde der ganze Vereinigungsprozeß wohl auf politisch festerem Boden, wenn sich alle Bundesbürger aufgerufen sehen würden, zu der Vereinigung auf dem Boden des Grundgesetzes ihr Ja zu sagen und damit auch die Verantwortung dafür zu übernehmen. Es ist nicht daran zu zweifeln«, so der Schlußsatz, »daß sich dafür eine klare Mehrheit finden würde – nicht hellauf begeistert, nicht übermäßig optimistisch, schon gar nicht nationalistisch, aber von der ruhigen Entschlossenheit beseelt, in einer einmaligen Sternstunde, da es um die langfristige Zukunft des Vaterlandes und um das Schicksal unsäglich geschundener deutscher Landsleute geht, ›die Einheit und Freiheit Deutschlands zu vollenden‹.«[199]

Unter den zahlreichen Policy-Papieren, die ich im Lauf der Jahre verfaßt habe, gefällt mir dieses immer noch am besten. Alles in allem (mit Ausnahme des Referendums) hat sich der Wiedervereinigungsprozeß so abgespielt wie hier skizziert. Im ganzen Monat Februar 1990 ist keine andere derart umfassende Argumentation für den Weg über Artikel 23 erschienen. Eine knappe Woche nach Absendung meines Beitrags an die Chefredaktion der *Welt*, am 19. Februar, 15 Uhr, fand eine reguläre Vorstandssitzung der Konrad-Adenauer-Stiftung im Kleinen Kabinettssaal des Bundeskanzleramts statt. Seitdem die Grenzen der DDR offenstanden, waren zahlreiche Mitarbeiter der Stiftung zusammen mit Teams der CDU-Bundesgeschäftsstelle ausgeschwärmt, um den Demokratisierungsprozeß zu unterstützen. An Diskussionspunkten und Beschlußvorlagen war somit kein Mangel.

Auch diesmal begann die Sitzung beim Warten auf den Bundeskanzler mit einiger Verspätung. So war einige Zeit gegeben zum Meinungsaustausch mit den Vorstandsmitgliedern von der »politischen Bank« – mit dem Vorstandsvorsitzenden Bernhard Vogel, dem CDU-Generalsekretär Volker Rühe, der Ministerin für innerdeutsche Beziehungen, Dorothee Wilms, dem Staatsminister Toni Pfeifer und weiteren Abgeordneten. Zu meiner Überraschung stellte ich fest, daß die CDU-Spitze bereits fest entschlossen war, so wie ich dies eben formuliert und an *Die Welt* expediert hatte, die politische Wiedervereinigung rasch über den Artikel 23 GG zu erreichen. Am 7. Februar war der Kabinettausschuß »Deutsche Einheit« gebildet worden. Eine der Arbeitsgruppen unter Schäuble, so wurde mir nun bestätigt, befaßte sich mit den Staatsstrukturen und den Fragen der öffentlichen Ordnung. Bei der dortigen Erörterung der verschiedenen Ansätze – konföderative Strukturen, Weg über den Artikel 146 GG, alsbaldige Vereinigung über Artikel 23 GG – drängten die Unionsparteien auf eine Wiedervereinigung nach dem Modell des Saarlandes, Genschers FDP zögerte noch.

Meine Überlegung, die Legitimität der Vereinigung durch ein Referendum mit »Ja« oder »Nein« zu legitimieren und so auch die SPD zu einer eindeutig positiven Stellungnahme zu zwingen, stieß nur auf Kopfschütteln. Hinweise auf die Erfordernisse direkter Demokratie in verfassungspolitisch entscheidenden Fragen fallen in der CDU generell auf unfruchtbaren Boden. Das Argument, die Diskussion über ein Referendum könnte den ohnehin hochkomplizierten Wiedervereinigungsprozeß zusätzlich komplizieren, war jedoch nicht von der Hand zu weisen.

Als der Bundeskanzler schließlich eintraf, zeigte er sich in Hochform. Die Sitzung wurde zwar von Bernhard Vogel geleitet, tatsächlich aber von Helmut Kohl dominiert, der es sich auch in diesen von rasantem Betrieb erfüllten Monaten nie nehmen ließ, im Stiftungsvorstand seine Sicht der Dinge ausführlich darzulegen, einigen Rat einzuholen, außerhalb des Raums fünf oder zehn Minuten lang mit dem oder jenem Besprechungen zu führen und Aufgaben zu verteilen. In Erinnerung geblieben ist mir, daß Elisabeth Noelle-Neumann den in der Öffentlichkeit weithin erwarteten Wahlsieg der SPD in den Volkskammerwahlen bei dieser Zusammenkunft keinesfalls für gesichert hielt. Anders als die Konkurrenz, die mit Telefoninterviews arbeite, berichtete sie, führe Allensbach auch in der DDR *Face-to-face*-Interviews durch. Wer besitze in der DDR überhaupt ein Telefon, doch weitgehend nur Funktionäre und Angehörige der Intelligenzberufe?

Genauso wie die Politiker, mit denen ich vor Beginn der Sitzung gesprochen hatte, ließ auch Helmut Kohl deutlich erkennen, daß er zum Durchmarsch auf dem Weg des Artikels 23 GG fest entschlossen war. Daß sich die Politiker, mit denen ich vor Beginn der Sitzung gesprochen hatte, unisono für diese Lösung ausgesprochen hatten, ging allem Anschein nach auf den Bundeskanzler zurück. Wenn mich meine Erinnerung nicht täuscht, habe ich bei der Diskussion darauf aufmerksam gemacht, daß Lothar de Maizière bei seiner Rückkehr aus Moskau kurz zuvor Sympathie für den Gedanken einer verfassunggebenden Nationalversammlung geäußert hatte, somit über den Artikel 146 GG gehen wolle. Kohl nahm dies gelassen zur Kenntnis. Das werde er umgehend mit de Maizière regeln. Jedenfalls zeichnete sich schon deutlich ab, daß Kohl bereits jetzt – am 19. Februar – entschlossen war, den Wahlkampf für die Volkskammerwahl nicht allein mit dem Vorschlag der Wirtschafts- und Währungsunion zu bestreiten, sondern auf bestem Weg war, noch rechtzeitig vor dem 18. März das Konzept einer alsbaldigen Vereinigung nach Artikel 23 GG nachzuschieben.

Einigermaßen erfreut konnte ich also registrieren, daß meine eigene Einschätzung der Lage von den Schwergewichten in der CDU geteilt wurde. Als aber kurz danach *Die Welt* darum bat, meinen Beitrag aus Platzgründen etwas zu kürzen, habe ich bei dieser Gelegenheit Punkt 13 in meiner schönen Ausarbeitung eliminiert.[200] Auch ein Professor der Politikwissenschaft soll nicht gegen Windmühlenflügel anrennen. Später, als die voraussehbaren Probleme der Wiedervereinigung das innenpolitische Klima jahrelang vergifteten, habe ich mich doch manchmal gefragt, ob ein zügig vorangetriebenes fakultatives Referendum später nicht doch manches erleichtert hätte.

Jedenfalls erschien am 28. Februar wie geplant mein Beitrag unter dem Titel »Bestandsaufnahme in Deutschland«. Selten habe ich einen so punktgenau erscheinenden Aufsatz veröffentlicht. Das war auch die Meinung bei der *Welt*, mit der sich in der Folge eine langfristige Zusammenarbeit ergab. »Ihre Untersuchung ist eine wichtige Wegweisung für Leser in beiden Teilen Deutschlands – und sie kam keinen Tag zu früh«, schrieb mir der zuständige Chef vom Dienst.[201] Fast zeitgleich damit erfolgte nämlich die offizielle Proklamation des Wiedervereinigungskonzepts über Artikel 23 GG. Am 1. März bezeichnete Kohl bei Vorstellung des Sofortprogramms der »Allianz für Deutschland« die Vereinigung nach Artikel 23 GG als das geeignete Verfahren zur Vereinigung. Am 7. März kam es zu einer entsprechenden Einigung mit der FDP, deren Minister jetzt erklärten, sie hätten nie an etwas anderes als an den Weg über den Artikel 23 GG gedacht.

In diesen für die Zukunft Deutschlands und Europas entscheidenden Wochen Februar, März und April rotierte ich zwischen der Schreibtischarbeit an der Adenauer-Biographie, der Skizze von Aufsätzen oder Policy-Papieren und Besprechungen in unterschiedlichen Gremien. Unerwartet viel Arbeit machte gerade damals auch das Institut für Zeitgeschichte, wo bei ständigen Reisen nach München eine Übergangsregelung und dann die Nachfolge des verstorbenen Direktors Broszat zu regeln war. Horst Möller, damals Direktor des Deutschen Historischen Instituts in Paris, war dort mein Kandidat. Mit ihm wurde ein tüchtiger Direktor gewonnen, der nach Überwindung einiger hausinterner Widerstände das Institut länger als zwei Jahrzehnte hindurch stabilisiert und ausgebaut hat.

Nach den arbeitsreichen Monaten in der Tretmühle wollte ich mir zusammen mit Annemie auch einmal einen Wunsch erfüllen. Es gab damals kaum jemanden unter den Politikern, Journalisten und guten Freunden aus der Konrad-Adenauer-Stiftung in Bonn, der nicht schon kreuz und quer durch die aufgewühlte DDR gereist war. Ich selbst hatte nur ein- oder zweimal Berlin besucht und habe noch den Basar von Kalaschnikows, Uniformen und Orden vor Augen, der damals vor dem Brandenburger Tor für nicht allzu hohe DM-Beträge angeboten wurde. Schon lange hatte es uns gereizt, einmal nach Weimar zu fahren. Was für ein Tag war dafür besser geeignet als der 18. März, an dem sich der künftige Gang der Ereignisse bei der Volkskammerwahl entschied?

Zufällig war Isabelle Carey, das Schweizer Patenkind Annemies, damals eine Medizinstudentin, bei uns zu Gast. Für Deutsche, so wußte man, genügte es jetzt, wenn man die Pässe an den Grenzkontrollpunkten vorwies. Aber wie würden sich die Grenzer bei Vorlage eines Schweizer Passes verhalten? Als sich Annemie deswegen zu der düsteren Ständigen Vertretung in der Godesberger Allee begab, herrschte dort völliges Chaos. Niemand konnte oder wollte klare Auskünfte geben. Wir fuhren also frühmorgens zusammen mit Isabelle am 18. März einfach los, wobei ich erstmals erkannte, wie schlecht ausgebaut die West-Ost-Verbindung von Siegen nach Bad Hersfeld ist. Von fern sah man schon die Grenzkontrollanlagen, vor denen man früher schon weit im Vorfeld gestoppt worden war. Jetzt war die Autobahn völlig offen. Vor den Baracken standen ein paar Grenzer herum. Doch niemand rührte sich. Wir konnten völlig unkontrolliert ohne Halt durchfahren – ein ganz unglaubliches Erlebnis. Die angeblich noch souveräne DDR hatte hier schon aufgehört zu existieren.

In Weimar fuhren wir erst einmal kreuz und quer durch die Stadt. In den breiten Straßen zum Zentrum mit den meist im wilhelminischen Stil erbauten Villen kaum ein Anzeichen von Leben, schließlich war es Sonntagmorgen, und hier wohnten wohl überwiegend die SED-Funktionsträger. Dann kurvte ich in den Seitenstraßen mit ärmlichen Reihenhäusern herum, offenbar ein Arbeiterviertel. Dort gab es kein einziges Haus, an dem nicht an der Tür oder im Fenster eine schwarz-weiß-goldenes Fähnchen hing. Selten im Leben hat mich etwas so bewegt. Wenn es drauf ankommt, so dachte ich, sind die deutschen Arbeiter die besten Patrioten – nicht die Bourgeoisie und die Intellektuellen schon gar nicht. In Weimar war der Arbeiter- und Bauernstaat anscheinend gekippt. Es waren anscheinend die Arbeiter, die eine sofortige Wiedervereinigung wollten.

Auf dem Marktplatz *high life*. Viele junge Leute, die miteinander diskutierten. Kein einziger Polizist war zu sehen, erst recht kein russischer Soldat. Wir spazierten dann zu Goethes Gartenhaus an der Ilm und kamen mit ein paar Leuten ins Gespräch, die zu erkennen gaben, sie hätten – so drückten sie sich aus – »für die Regierung« gestimmt, gemeint war: für Kohl und die CDU. Aber völlige Unsicherheit, wie die Wahl ausgehen würde, ganz zu schweigen von der künftigen Entwicklung. Erst nach 19 Uhr, schon bei der Rückfahrt unweit von Erfurt, vernahmen wir im Autoradio die Freudenbotschaft von dem Erdrutschsieg der »Allianz für Deutschland«. »Bis zum Bekanntwerden des Wahlergebnisses«, resümierte ich meine Eindrücke ein paar Tage später in einem Brief an den Kollegen Hans Ritschl in Hamburg, »war die Stimmung der Leute wie die eines Fallschirmspringers, der sich im freien Fall befindet und gewisse Zweifel hat, ob sich der Fallschirm öffnet. Die Stadt selbst war in einem Zustand ganz unglaublichen Verfalls. Ganze Straßenzüge, in denen die Häuser zerbröckeln. Vorherrschend war eine Stimmung der Betäubung und der Ungläubigkeit – wie ein zu ›lebenslänglich‹ Verurteilter, dem man nach 40 Jahren eröffnet, er könne seine Häftlingsklamotten einpacken und gehen. Auf welche Welt wird er treffen, wenn er aus dem Gefängnistor tritt? Ältere Leute, die auf ein vielfach zerstörtes Leben zurückblicken, sehen das natürlich anders als die mittleren Jahrgänge oder die Jungen. Alles in allem wirtschaftspolitisch, sozial, doch auch psychologisch eine ungeheure Aufgabe, die aber lösbar ist. Ich bin überzeugt, daß Thüringen oder Sachsen in vier bis fünf Jahren nicht mehr wiederzuerkennen sein werden. Aber die Übergangsphase ist schwer.«[202]

Bei der Rückfahrt von diesem denkwürdigen Sonntagsausflug durch die letzten Zipfel Thüringens war auch erstmals Zeit, die Anhöhen rechts von der Autobahn genauer zu betrachten. Ich hatte den Eindruck, der sich dann bald bestätigte: Dort liegt Bunker an Bunker. Probevorstöße auf der Autobahn, von denen 1948/49, aber auch bei den *Contingency*-Planungen 1959 bis 1962 so viel geredet wurde, wären der reine Irrsinn gewesen.

Im Sommer 1990 sind wir übrigens nochmals für ein paar Tage nach Thüringen gefahren. Das Ziel war die Wartburg und, diesmal etwas ausführlicher, Weimar. Die Verhandlungen in Moskau und im Kaukasus waren schon gelaufen, die Wiedervereinigung so gut wie sicher. Wir hatten die Route über Vacha und Merkers-Kieselbach gewählt, in der Ferne die berghohen Kalisalzhalden. Kurz hinter dem nun ganz geräumten Grenzübergang die ersten Bauernhöfe: schadhafte Dächer, große, verrostete Mähdrescher, altertümliche Traktoren – ein absolut deprimierender Anblick. Einmal mehr war ich im Innern genauso überwältigt wie in der Arbeitervorstadt in Weimar und dachte, sagte es vielleicht auch mit belegter Stimme zu Annemie: »Dieses Land war schon fast ganz abgeschwommen und ist buchstäblich im letzten Moment ans sichere Ufer gezogen worden.« Die nächste Generation in beiden Teilen Deutschlands, so glaube ich immer noch, hätte sich mit der Teilung abgefunden. Überall in Thüringen dasselbe Bild: ganze Stadtviertel in vollem Verfall, daneben scheußliche Plattenbauten. Nur die Wartburg, wo wir übernachteten, war touristisch in Schuß, wahrscheinlich funktionierten auch noch die Abhöreinrichtungen.

Überlegungen im Teltschik-Kreis zum 2+4-Vertrag

Anfang März war auch Gelegenheit, mich vom Stand der allianzinternen Überlegungen über die äußeren Aspekte der Vereinigung zu informieren. Das Ehepaar Wörner hatte mich zusammen mit Annemie zu einem *grand dîner* in Brüssel eingeladen. Zufall oder Fügung – es war ein einzigartiger Vorteil für die deutsche Sache, daß Manfred Wörner in dieser Umbruchphase Generalsekretär der NATO war. Zu den Gästen gehörte auch Prinz Louis Ferdinand, der sympathische Chef des Hauses Hohenzollern. »Die Hohenzollern im März 1990 …«[203]

In diesen Wochen, als ich gerade eben mit der Niederschrift über die Jahre 1953 bis 1955 in der Ära Adenauer befaßt war, hatte ich auch ein eigenartiges *Déjà-vu*-Erlebnis. Schon damals war innerhalb der Bundesregierung gründlich überlegt worden, ob, wie und mit welchen Konzessionen bei Verhandlungen über die Wiedervereinigung ein Rückzug der Roten Armee aus der DDR erreicht werden könnte. Seit Mitte Februar 1990 fand teils hinter, teils vor den Kulissen ein heftiges Tauziehen zwischen Genscher, Stoltenberg, Kohl und auf amerikanischer Seite Baker und Bush senior über genau diese Frage statt. Genscher und mit ihm das Auswärtige Amt hat anfangs eine Einbeziehung des DDR-Territoriums unter das Dach der NATO für »illusionär« gehalten.

Ich habe mich damals in verschiedenen internen Gremien dazu geäußert, besonders in dem Beraterkreis von Teltschik. Dort entstand dann, zuerst von Boris Meissner angeregt, der Gedanke eines auf lange Dauer konzipierten, mit viel Wirtschaftsmaterie angereicherten »großen Vertrags« zwischen der Bundesrepublik und der Sowjetunion. Es mag von Interesse sein, auch meine eigenen Anregungen einzublenden. Sie geben Überlegungen wieder, die seinerzeit im Bundeskanzleramt zur Ablehnung der vorsichtigen Kompromißvorschläge Genschers geführt haben. Meist hat mir die Zeit nur für handschriftliche Aufzeichnungen gereicht.

Eines dieser Brouillons ist überschrieben: »Kann der Genscher-Plan eine für die Sowjetunion akzeptable Lösung herbeiführen?« Ich begann mit einem Hinweis, wie aktuell Zeitgeschichte sein kann. »Die Idee läßt sich zeitlich genau lokalisieren: 7. Juli 1953. Ort Bonn, Erfinder der Idee Herbert Blankenhorn, engster außenpolitischer Berater Adenauers, in einem Gespräch mit Staatssekretär Hallstein …«[204]

Ich skizzierte, daß während der ganzen fünfziger Jahre die NATO-Mitgliedschaft Deutschlands die Prämisse aller Planungen in Bonn und in Washington gewesen sei. Davon müsse man auch heute ausgehen: »Der einzig sinnvolle Ansatz ist in der Tat der, die bestehenden Paktsysteme mit neuen Kooperationsinstrumenten im KSZE-Rahmen zu verknüpfen, dabei aber zu erkennen, daß eine Umstrukturierung mittelfristig leichter und wohl auch weniger riskant ist als der Sprung in ein neues System.«

Die Denkschule Gorbatschows scheine sich an drei Leitgedanken zu orientieren: Erstens – ein Fortgang der ökonomischen Reformen ist nur möglich, wenn außen- und sicherheitspolitischer Ballast abgeworfen wird (Überrüstung, aber auch: Truppenpräsenz außerhalb der sowjetischen Grenzen); zweitens – die kommunistischen Regime in Mitteleuropa und auf dem Balkan haben sich aufgelöst und wären nur um den Preis eines neuen Kalten Krieges wiederherstellbar, der mit dem Ziel der ökonomischen und politischen Reform in der DDR absolut unvereinbar wäre; drittens – die Sowjetunion braucht für die eigene Wirtschaft die Impulse ostmitteleuropäischer Partner, die sich marktwirtschaftlich organisieren: »Sie braucht aber vor allem einen westlichen Partner, der in einer freundschaftlichen und verläßlichen Weise westliches *Know-how* und Kapital zur Verfügung stellt, der als Markt in Frage kommen könnte und eine Drehscheibe in den EG-Bereich darstellt. Das ist heute schon die Bundesrepublik Deutschland, und das wäre ein wiedervereinigtes Deutschland.

Sieht man die Lage so, dann spricht alles für einen friedlichen Abzug aus der DDR, sofern einigermaßen das Gesicht gewahrt wird …« Schließlich sei aus Sicht der sowjetischen Supermacht selbst das nur konventionell gerüstete Deutschland »eine militärisch vernachlässigungswerte Größe. 1941 kann sich nicht wiederholen. Hinzu kommt, daß der gesamte Block erodiert ist. Der Truppenrückzug aus der ČSSR ist beschlossene Sache, Ungarn wird nachfolgen, in absehbarer Zeit auch Polen. Die Sicherheitspolitik der UdSSR auch in der DDR muß also auf alle Fälle neu definiert werden. Aus dieser Sicht kann auch die Idee einer NATO-Mitgliedschaft eines wiedervereinigten Deutschlands erträglicher erscheinen.«

Danach beschrieb ich die Position der Vertreter des »alten Denkens« in Moskau – Festhalten am Sicherheitsglacis, Beibehaltung der Option eines raschen Vorstoßes nach Westeuropa im Kriegsfall, faktische Überlegenheit der Roten Armee gegenüber der NATO in fast allen Dimensionen, NATO-Phobie und tiefes Mißtrauen gegen die USA, Unwille, sich aus der vertrauten alten Welt in eine neue Zukunft zu begeben, »die auch mit sozioökonomischen Privilegien der Militärs und der Parteibürokratie aufräumen wird«.

»Beide Denkschulen«, fuhr ich fort, »sind da. Die erste bestimmt nach wie vor das Tempo der Veränderungen. Die zweite wartet ab, hat zwar kein operatives Konzept außer dem der internationalen Isolierung und einer dann nicht unwahrscheinlichen Katastrophe. Doch Reaktionäre zögern selten, einen Scherbenhaufen anzurichten, wenn sie die Gelegenheit dazu erhalten.«

In dieser Lage solle der in der Tutzinger Rede und in anderen Äußerungen vorgelegte Genscher-Plan als Ei des Kolumbus dienen. Kann er das? Und unter welchen Bedingungen kann er das? Wo liegen die Probleme für die Sicherheit des wiedervereinigten Deutschland? »Er ist erstens«, meinte ich, »geeignet, das Problem des sowjetischen Rückzugs aus der DDR kurzfristig zu lösen. Auf längere Sicht schafft er eine künstliche Situation. Die Fragen sind schon gestellt oder werden innerhalb kurzer Frist gestellt werden. Wird sich der Schutz der NATO auf das gesamte Territorium Deutschlands erstrecken (Modell Nordnorwegen), während überhaupt keine ausländischen Truppen auf früherem DDR-Territorium stationiert sind? Oder auch keine deutschen Truppen? Oder nur BGS-Einheiten? Und was geschieht in Krisenzeiten?

Damit verbindet sich – zweitens – die prinzipielle Frage der außenpolitischen Souveränität des wiedervereinigten Deutschland. Gewiß wäre eine solche Demilitarisierung der früheren DDR nur aufgrund einseitiger Willenserklärung der Bundesrepublik vertretbar. Es müsste Sorge getragen werden, daß keine Interventionsrechte daraus abgeleitet werden. Jede Großmachtgarantie würde die Souveränität des Landes erneut einschränken. Doch mit welcher Berechtigung könnte eigentlich die Sowjetunion gegen einen souveränen europäischen Staat diese Forderung erheben, zumal die Bundesrepublik gemäß NPT-Vertrag keine Kernwaffenmacht ist – die UdSSR also gar nicht bedrohen könnte?«

Eine andere Frage sei die Übergangsphase. »Man kann«, so hatte ich wörtlich formuliert, »nur dringend raten, die Präsenz sowjetischer Truppen so sehr wie möglich abzukürzen. Denn eine längere Übergangsphase birgt viele Risiken:

- Niemand weiß, wie sich die Dinge in der UdSSR entwickeln, welche Rolle dabei die Rote Armee spielen wird.
- Gegen 350 000 Soldaten und deren Familienangehörige sind auch Provokationen aus verschiedensten politischen Lagern denkbar, die zu schweren Belastungen des deutsch-sowjetischen Verhältnisses führen können.
- Niemand weiß auch, ob sich die innere Situation in der DDR weiterhin so gewaltfrei entwickeln wird. Und was würde dann die Rolle der Roten Armee sein?
- Auch die Kostenfrage wird eine Rolle spielen.«

Nach Erörterung der Optionen kam ich zum Schluß: »Die Alternative für die sowjetische Führung lautet eben doch: Räumung des Glacis, das ihr politisch entglitten ist und das wirtschaftlich keinen rechten Ertrag mehr bringt, zugunsten freundschaftlicher Kooperation mit dem Westen, speziell mit Deutschland. Mit 45 Jahren Verspätung gegenüber Deutschland und Japan würde die Sowjetunion dann feststellen, wie heilsam der Zusammenbruch von Imperien bei gleichzeitiger Eingliederung in ein Weltsystem liberaler Staaten und Volkswirtschaften ist. Die Alternative wäre Chaos, Labilität und Kriegsgefahr.« Weniger abgewogen formulierte ich in einem Brief aus diesen Wochen: »Es kommt eben doch so, wie Gottfried Benn, seinerzeit mit Blick auf das britische Empire, formuliert hat: ›Die Räuberwelten versinken / Von Capetown bis Shanghai.‹ Nun ist also auch das letzte der noch verbliebenen Imperien vom Dekolonisierungsprozeß eingeholt worden, in dem man doch wohl einen der ganz großen Vorgänge der zweiten Jahrhunderthälfte erkennen muß.«[205]

Ein anderes Brouillon, das ich in meinen Papieren finde, ist überschrieben: »Wann und wie können die Viermächterechte abgelöst werden?«[206] An die Spitze setzte ich die Feststellung: »Alle Überlegungen dazu müssen von der Tatsache ausgehen, daß – so hat es Christian Tomuschat formuliert – ›die alliierten Rechte nicht als ein Dauerregiment über Deutschland begriffen werden können‹.« Davon ausgehend, diskutierte ich die Vertragslage zwischen den Westmächten und der Bundesrepublik, zwischen der Sowjetunion und der DDR, auch zwischen den Vier Mächten untereinander und im Licht des UN-Rechts. Die Lösung, zu der es dann gekommen ist, findet sich in diesen Überlegungen aus dem März 1990 mit folgenden Worten umschrieben: »Sollte es zu einer Wiedervereinigung nach Artikel 23 kommen, würden der Truppenstationierungsvertrag und andere Verträge erst einmal weiter Bestand haben, doch nur als Ausfluß zweiseitigen Vertragsrechts. Eine formelle Anpassung wäre wahrscheinlich.

Die entsprechenden Verträge der Sowjetunion mit der DDR würden hinfällig, es sei denn, die Bundesrepublik, der sich die DDR anschließt, räumt aus freien Stücken Übergangsregelungen, Fortgeltung bestimmter Rechte usw. ein.«

Auch für Berlin wären zeitlich befristete Übergangsregelungen zu treffen. Beim

Abzug der sowjetischen Truppen aus der DDR könnten auch die westalliierten Kontingente aus West-Berlin zurückgezogen werden.

Ganz entschieden warnte ich davor, im Interesse einer einvernehmlichen Lösung die Fortdauer eines Kernbestands der Viermächterechte zu akzeptieren: »Sie würden der UdSSR unter heute noch nicht absehbaren Bedingungen Interventionsargumente liefern, ihr aber auch erlauben, ihre Truppen teilweise in der DDR zu belassen – man hätte dann eine Situation in manchem vergleichbar der Lage Österreichs 1945 bis 1955 vor Abschluß des Staatsvertrags.«

An der damals laufenden Diskussion über die völkerrechtliche Anerkennung der Westgrenze Polens habe ich mich nicht beteiligt. Meine einstmals von realpolitischer, aber auch typisch westdeutscher Hartherzigkeit gekennzeichnete Akzeptanz der Oder-Neiße-Linie hatte seit längerem schon einer traurigen universalgeschichtlichen Skepsis Platz gemacht. Mich befremdete die Selbstgerechtigkeit, mit der alle polnischen Regierungen die Annexion mittels Austreibung der jahrhundertelang dort siedelnden Einwohner rechtfertigten, während in der Bundesrepublik ein tiefes Schuldbewußtsein wegen der deutschen Untaten gegen Polen in den Jahren 1939 bis 1944 vorherrschte. Aber dazu mochten sich andere äußern. Wie ich damals das Problem beurteilte, geht aus dem oder jenem meiner Briefe an einen lieben Kollegen hervor, der mir Mitte März 1990 schrieb, man könnte doch wenigstens die in der Tat gesondert zu betrachtende Frage der Zugehörigkeit Stettins und Swinemündes nochmals aufrollen. Ich blende das hier ein, weil es meine Bewertung der Sachlage umschreibt, die ich auch heute noch teile: »Wenn man Ende der vierziger und in den fünfziger Jahren an eine Verhandlungslösung mit Polen gedacht hat, so hat in der Tat die Idee, wenigstens Stettin zurückzubekommen, verschiedentlich eine Rolle gespielt. Aus östlicher Sicht sprach natürlich alles dafür, an keinen Zipfel der Gebiete rühren zu lassen, und diese Erwartung, daß die normative Macht des Faktischen schließlich akzeptiert wird, hat sich nun eben voll durchgesetzt.«

Diese realpolitische Position, die ich damals auch in den Diskussionen in der Expertengruppe vertrat, verband ich mit der grundsätzlichen Betrachtung: »Völker und Regierungen sollten eine derartige Sicherung von Annexionen durch Austreibung der bisherigen Bevölkerung niemals praktizieren. Es ist nicht nur unmenschlich, sondern auch nach Jahrhunderten kann sich die dort siedelnde neue Bevölkerung nie ganz sicher fühlen. Kriege wird es auch im 3. Jahrtausend immer wieder einmal geben, größere und kleinere. Und der Verweis darauf, daß vor ein paar hundert Jahren auch schon einmal ein Volk vertrieben wurde, das jahrhundertelang in dem geraubten Gebiet siedelte, mag dann da und dort eine Rolle spielen, wenn sich wieder eine entsprechend fanatisierte und rachelüsterne Regierung findet, die das durchführt. Annexionen dürfen so nicht gesichert werden, und der Verweis auf das Heimatrecht der dort geborenen Neusiedler ist natürlich ein Zynismus von hohen Graden. Aber das ist zum Glück das Problem der Polen und nicht unseres. Denn in der Bundesrepublik findet sich kein vernünftiger Mensch, der an die Oder-Neiße-Linie rühren möchte. Für die kommenden 50 bis 100 Jahre sind die Polen in den Gebieten wohl sicher. Welche Narren auch in Deutschland in 50 oder 100, gar in 100 oder 200 Jahren regieren, welche Narren dann in Rußland oder Polen an der Macht sind, weiß kein Mensch. Wir werden uns darüber nicht mehr grämen müssen. Doch die Austreibung der Deutschen gehört zweifellos zu den Jahrhundertverbrechen und den Jahrhundert-Dummheiten. Es wäre aber ebenso eine Jahrhundert-Dummheit, nunmehr nicht, so rasch das völkerrechtlich möglich ist, die derzeitige polnische Westgrenze anzuerkennen.«[207]

In ähnlichem Sinn hatte ich übrigens im Herbst zuvor schon an den Vertriebenenpolitiker Herbert Czaja geschrieben.[208] Czaja war mir seit langem aus den Arbeiten in dem Fachausschuß Außenpolitik der CDU bestens bekannt. Ich mochte eigentlich den historisch und juristisch gut beschlagenen Mann. Unbeugsame Kämpfer für eine verlorene Sache hatten und haben immer meine Sympathie. Aber in der Sache war und blieb er ein Querkopf, der mich selbst und viele seiner Fraktionskollegen permanent nervte. Daß sich Kohl in der Grenzfrage nicht beirren ließ, die endgültige Beschlußfassung aber bis nach dem 3. Oktober 1990 hinauszögerte, zugleich Verbesserungen für die deutschbürtige Minderheit in Schlesien anmahnte und völlig überzogene polnische Forderungen zurückwies, fand ich ganz und gar in Ordnung.

Vergangenheitsbewältigung des DDR-Regimes

Die moribunde DDR quälte sich noch ihrem Ende entgegen, da wurde sie bereits als Objekt historiographischer Ausschlachtung entdeckt. In meinen Papieren findet sich ein Vortrag zum Thema »Vergangenheitsbewältigung der DDR«, den ich neben anderen Kollegen auf Bitte des Staatssekretärs im Bundesministerium für innerdeutsche Beziehungen auf einer Berliner Tagung des »Arbeitskreises Deutschlandpolitik« am 26. Juni gehalten habe. Soll ich die dort vorgetragenen Überlegungen in diesem Lebensbericht einblenden? Ich glaube schon. Wer so wie ich lange Jahre seiner wissenschaftlichen Arbeit auf das Studium der deutschen Geschichte im 20. Jahrhundert verwandt und sich in der Lehre immer wieder mit dem Thema der totalitären Systeme herumgeschlagen hat, mußte sich nun, da der Kollaps der DDR eingetreten war, über die Gründe dafür und über die künftigen Forschungsperspektiven Gedanken machen. Im übrigen war mir klar, daß derartige Vorträge anerkannter Wissenschaftler beim hausinternen Streit über die anstehende Gesetzgebung gern von der einen oder anderen Seite als Argumentationsmaterial Verwendung finden.

In den Bonner Ministerien und Parteizentralen war seit Wochen ein verschwiegenes Tauziehen im Gange. Nun, da die gesamten Archivalien der DDR binnen kurzem in den Zugriffsbereich der Bundesrepublik geraten würden, fürchteten manche der Toppolitiker schlecht auszusehen, wenn alles bekannt würde, was sie direkt oder über Dritte mit den Funktionären des DDR-Regimes besprochen und angeregt hatten. Das Personenschutzrecht, Unternehmensinteressen und manche anderen Argumente wurden nun zur Begründung der Forderung bemüht, um eine Sekretierung großer Archivbestände zu begründen. Andererseits argumentierten viele für maximale Offenlegung aller politisch relevanten Bestände.

Unnötig zu betonen, daß ich mit den entsprechenden Kautelen in Sachen Personenschutz dafür plädierte, die katastrophale DDR-Vergangenheit genauso intensiv und genauso multiperspektivisch aufzuarbeiten wie seit 1945 die des Dritten Reiches. Die Parallelen waren offenkundig. Auch diesmal verstand es sich von selbst, »daß ein Gelingen des demokratischen, wirtschaftlichen und gesellschaftlichen Wiederaufbaus in der ehemaligen DDR ein Höchstmaß an Kenntnissen über die jüngste Vergangenheit voraussetzt …«.

»Der Zustand, in den das Land von der SED im Verein mit den Blockparteien gebracht wurde«, so mein Hauptargument für eine historische Aufarbeitung der DDR-Vergangenheit, »ist doch in hohem Maß eine Konsequenz von Geheimhaltung, Fehlen öffentlicher Diskussion, Abwesenheit von Kritik. Das alles wird künftig möglich sein. Doch die Kritik und die öffentliche Diskussion muß – fußend auf den verfügbaren Materialien – nachgeholt werden, sonst sind die ja heute noch bestehenden persönlichen und institutionellen Interessenverflechtungen nicht nachweisbar mit bedenklichen Konsequenzen für die Neugestaltung. Was in einem funktionierenden westlichen Gemeinwesen von kritischer Opposition, kritischer Presse, kritischen Bürgerbewegungen geleistet wird, die gnadenlose Beleuchtung von Egoismen, Kunstfehlern, Denkfehlern, Planungsfehlern von Regierung und Verwaltung, das muß nun wohl oder übel die Geschichtsforschung leisten.«

Bei den bisherigen Staatsparteien war bereits zu diesem frühen Zeitpunkt – der Vortrag wurde, wie gesagt, am 26. Juni 1990 gehalten, die DDR existierte also noch – eine nachvollziehbare, aber so nicht hinnehmbare Scheu vor Durchleuchtung ihrer Vergangenheit zu konstatieren: »Ohnehin begegnet man bei den Verursachern der Katastrophe, die in der PDS ihr organisatorisches Auffangbecken gefunden haben und auch künftig finden werden, schon jetzt der Tendenz, nur über die ganz unvermeidlichen Schwierigkeiten beim Neubau zu sprechen, die vierzigjährige Mißwirtschaft und die vier Jahrzehnte hindurch verübten Verbrechen, Schikanen und Fehler aber unerörtert zu lassen oder durch Geschichtsmythen zu überdecken … Ich füge hinzu, daß wahrscheinlich auch die heutige CDU in der DDR ebenso wie die Rechtsnachfolger der anderen früheren Blockparteien und Blockorganisationen wohl allesamt ein gewisses Interesse daran haben, daß die Forschung um ihre Archive einen großen Bogen macht.«

Wir brauchen, so meine Forderung, nicht nur für die staatlichen Akten, sondern auch für die Parteiakten der SED sowie die FDGB-Akten sehr rasch ein Archivgesetz:

»So wie es seit Mitte der fünfziger Jahre im Fall des Dritten Reiches nicht zur historischen Vergangenheitsbewältigung in großem Stil hätte kommen können, wären die deutschen Archive aus den Jahren 1933 bis 1945 sowie die NS-Akten und Nachlässe nicht zugänglich gewesen, genauso wird die im Interesse der politischen Hygiene, aber auch aus ganz praktischen Gründen zwingende Vergangenheitsbewältigung des SED-Regimes erfordern, daß man sich nicht an die Dreißig-Jahres-Grenze hält. Wo die zeitliche Grenze zu ziehen ist, muß genau überlegt werden. Sehr viel spricht dafür, sehr nahe an die Gegenwart heranzugehen.«[209] Mit einer gewissen Befriedigung konnte ich feststellen, daß diese Überlegungen – ich war gewiß nicht der einzige, der entsprechend plädierte – im zuständigen Bundesinnenministerium unter Schäuble auf fruchtbaren Boden fielen.

Hingegen war meinem Plädoyer für die Ermöglichung einer kritischen Untersuchung der DDR-Außenpolitik auf Basis der amtlichen Akten kein Erfolg beschieden. Bundesaußenminister Genscher ließ das Archiv des Ministeriums für Auswärtige Angelegenheiten nach dem 3. Oktober 1990 unverzüglich sperren, so daß dort die Öffnung nur nach Maßgabe der 30-jährigen Sperrfrist für amtliches Archivgut erfolgt ist.

Mit leichter Hand entwarf ich dann ein weitgespanntes Forschungsprogramm, schließlich ist die Herstellung derart umfassender Entwürfe stets schöner und leichter als die entsagungsvolle Durchführung. Doch in dieser Phase war die Präzisierung des Forschungsbedarfs dringend nötig, um für entsprechende Forschungsinstitute sofort eine größere Zahl von Forschungsstellen zu mobilisieren. Das IfZ beispielsweise, wo ich einigen Einfluß hatte, erhielt so binnen kurzem sechs Stellen für die Errichtung einer Berliner Filiale zur Erforschung der DDR-Geschichte. Wenn ich heute die Tausende von Dissertationen, Monographien, Dokumentationen und die Hunderttausende von Aufsätzen überblicke, die nun seit fast einem Vierteljahrhundert auf Basis der alsbald geöffneten Archive zur Geschichte der DDR veröffentlicht worden sind, läßt sich doch feststellen, daß die deutsche Geschichtswissenschaft diese Bonanza mit deutscher Gründlichkeit ausgebeutet hat.

Die zweifellos wichtigste Frage schien mir damals, das Nebeneinander von Bundesrepublik und DDR kritisch zu untersuchen. So ganz wollte ich mir zum Schluß meiner Ausführungen das Vergnügen nicht nehmen lassen, gegen die zahlreichen »Zweistaatler« unter meinen Zuhörern freundschaftlich zu polemisieren. Auch ich selbst hatte ja dazugehört, so deutete ich ganz leise an, wenngleich mit Skrupeln, allein den Geboten der Realpolitik folgend und ohne hochmoralische Begründung. Mit Blick auf die anwesenden bundesdeutschen DDR-Forscher, die – zumeist aus ideologischen Gründen – größtenteils die Zukunftsfähigkeit der DDR katastrophal falsch eingeschätzt hatten, meinte ich: »In Wirklichkeit haben sich die meisten von uns von einem Potemkinschen Dorf täuschen lassen. Die DDR, so hat sich durch den Ablauf der Geschichte gezeigt, war vom Anfang bis zum Schluß ein ganz und gar künstliches Gebilde. Was von vielen DDR-Forschern als langsam wachsendes Identitätsgefühl der Bevölkerung diagnostiziert wurde, war – ich überspitze etwas – nicht mehr als das Identitätsgefühl von Gefangenen, die in einem Gefängnis eingeschlossen sind und ihrer auf diese Eingeschlossenen sowie auf die fernen Zwingherren fixierten Wächter.

Gewiß, wir wissen, daß die Dinge komplizierter lagen. Aber ganz zweifellos wurde das, was sich 40 Jahre lang als zweiter deutscher Staat mit einer eigenständig geprägten Gesellschaft und angeblich leistungsfähiger Wirtschaft geriert hat, maßlos überschätzt. Die Wirklichkeit: ein vergleichsweise kleines, isoliertes, ökologisch ruiniertes, nicht lebensfähiges Land, das buchstäblich im ersten Moment, da sich ein Loch zum Entfliehen öffnet, in sich zusammensackt und von dem großen, vollauf modernen deutschen Kernstaat aufgefangen wird. Die DDR in dieser Sicht – eine Sackgasse auf dem Weg zur Modernität. Die Bundesrepublik – ein geglücktes Experiment, stark genug, die ausgesogenen Provinzen der DDR zu sanieren. Ist dies aber die leitende Perspektive der historischen Makroanalyse, so muß vieles nicht allein in der DDR-Geschichte anders gesehen werden, sondern auch in der Geschichte der Bundesrepublik.«

»Das führt«, so schlußfolgerte ich, »zu völlig anderen Forschungsperspektiven. Während in der überwundenen Perspektive der ›Zweistaatler‹ zu analysieren und darzustellen war, wie, warum, in welchen Formen und mit welchen Folgen für das Bewußtsein der Deutschen aus dem einigermaßen homogenen Reich zwei völlig inhomogene Staaten und Gesellschaften wurden, ist nun zu prüfen, wie und warum der Zerfallsprozeß der DDR begonnen hat. Wir wissen, daß dafür verschiedene Paradigmen angeboten werden: die wohltätigen Auswirkungen der Entspannungspolitik … eine weitschauende sowjetische Führung … Evolutionärer Wandel in Polen, Ungarn, schließlich der UdSSR, der auf die DDR ausstrahlt … Dagegen die anderen Paradigmen: Dekadenz der totalitären kommunistischen Ideologie … Unfähigkeit, beim wirtschaftlichen und zivilisatorischen Wettbewerb mit den freien Gesellschaften mitzuhalten … Eine vergleichsweise perspektivlos gewordene Führungsclique … Auch: die Attraktivität der Modelle bürgerschaftlichen Protests in der Bundesrepublik, woraus sich dank vieler tapferer Leute in Leipzig und Dresden, weniger allerdings in dem mit SED-Funktionären und allerlei Nutznießern des Regimes vollbepackten Ost-Berlin, jener Vorgang ergeben hat, den wir mangels einer zutreffenden Terminologie Revolution nennen …

Allem Anschein nach läuft also die Geschichte von 40 Jahren DDR auf dieses Ende zu, so daß eine Geschichtsforschung, die nach angemessenen Perspektiven sucht, die Faktoren aufarbeiten muß, die zu diesem Ende in Kläglichkeit geführt haben. Was wird man finden? Eine endgültig überforderte, fehlkonzipierte Wirtschaft; eine ungemütliche, eingesperrte, durch Freiheitsentzug, Mangel und obrigkeitliche Gängelung neurotisierte Gesellschaft; unlustige, korrupte, weitgehend ungläubige Funktionäre; mit unglücklichem Bewußtsein geschlagene Intellektuelle, die sich weder mit dem real existierenden Sozialismus identifizieren wollten noch mit den freien Gesellschaften – der Ausweg war zumeist gedämpfte, kontrollierte Nörgelei, die sich wie ein Mehltau über alles legte. So könnte man fortfahren – eine Vielzahl negativer Faktoren also, wenig zur Zukunftsgestaltung Geeignetes, und dies alles wie auf dem Präsentierteller im Angesicht der Bundesrepublik, von der ein unaufhörlich spürbarer Sog ausging.«

Ein paar Jahre später, als sich der Staub etwas gelegt hatte, habe ich mir zur historiographischen Einordnung der Überwindung der Teilung nochmals einige Gedanken gemacht und damit die Festschrift für Hans Maier bereichert. Ich war und bin davon überzeugt, daß der Vorgang nur mit verschiedensten Perspektiven verständlich wird, wie schon in der Überschrift angedeutet: »Wiedervereinigung, Vereinigung, Eingliederung, Restauration, Systemwechsel – einige Paradigmen zur Interpretation des Umbruchs 1989/90«[210]. Die Schwierigkeit der Deutung, so mein dortiges Argument, zeige sich bereits bei der Terminologie. Für ein wissenschaftliches Verständnis gebe es eben »je nach der besonderen Natur des zu deutenden Vorgangs günstigere und weniger günstige Standorte, dementsprechend angemessenere oder weniger angemessene Perspektiven. Angemessenheit des Standorts und der Perspektive – das ist letztlich ein Hauptthema aller Historikerstreite.«[211] Mir selbst sei der Begriff »Wiedervereinigung« immer noch am liebsten, weil er die Kontinuität des Nationalstaats, des Nationalbewußtseins und den Umstand scharf ins Blickfeld rücke, daß die DDR durchgehend das Ergebnis von Fremdbestimmung war.

Soviel an der gegebenen Stelle zu meiner eigenen historiographischen Deutung der ungeheuren Vorgänge, mit denen ich 1989/90 als eine Art *participant observer* zu tun hatte. Heute, nachdem Hunderte von Historikern, Ökonomen, Politikwissenschaftlern und Soziologen die Schuttberge der DDR-Geschichte nach allen Richtungen hin archäologisch umgegraben, gesiebt, vermessen und kartographiert haben, sehe ich die Gegebenheiten, aber auch die noch nicht voll bewältigten Forschungsaufgaben, nicht viel anders.

Doch mein Leben im Forschungsfreijahr 1990 bestand nicht ausschließlich aus Arbeit. An einem vom Wetter nicht besonders begünstigten Abend fand das Kanzlerfest im Park des Palais Schaumburg statt, bei dem die Granden des bereits in die Zielgerade einlaufenden Wiedervereinigungsprozesses hofhielten. Hier standen auch verschiedenste *homines novi* aus den in der DDR restaurierten Ländern etwas verlegen herum, die größtenteils wie Sternschnuppen aufgetaucht waren, um dann, rasch verglühend, wieder in der Nacht der Vergessenheit zu verschwinden.

Endlich konnte ich mich wieder an die Adenauer-Biographie machen. »Das Buch geht voran«, bekam Ende August dieses prallvollen Jahres Benno zu hören: »Ich muß nur immer darauf achten, nicht durch irgendwelchen unaufschiebbaren Kram aus dem Schreibrhythmus herausgerissen zu werden. Doch stehe ich nun eindeutig in der zweiten Hälfte. Hier in Bonn ist es im Augenblick wunderschön. Zarter Frühnebel über Bäumen und Dächern, milde Luft, Mamas wunderschöne Geranienhecke auf meinem Balkon – die Blumen sind längst ineinander gewachsen und bilden einen kleinen Wald, der immer noch in rosa oder hellroten Farben blüht. Der Schreibtisch ist wieder einmal leer – Zeichen dafür, daß ein neues, langes Kapitel beginnt.«

Inzwischen trieben die Probleme der kommenden Wiedervereinigung bereits flußab, bis zur Bundestagswahl im Dezember 1990 hatte es noch gute Weile, aber über dem Golf braute sich ein Gewitter zusammen. »An einem Golfkrieg«, schrieb ich an Benno in München, »führt wohl kein Weg vorbei ...« Saddam Husseins Mittelstreckenraketen, die unterirdischen Giftgas- und Kernwaffenfabriken ... Doch ist das«, fügte ich hinzu, »was wir eben in Sachen DDR erleben, auch nicht eben ermutigend. Alles spricht dafür, daß wir das Land erst einmal zwei bis drei Jahre lang durchschleppen müssen. Ich würde dem etwas getroster entgegensehen, wären bei uns die Verwaltung und die Politik nicht so durchgehend auf schonende Lösungen programmiert. Der 77 Millionen schwere Riese wird also auf einige Zeit kräftige Verdauungsbeschwerden haben.«[212]

Das Jahr der schönen Täuschungen

Wie erwartet, konnte ich mich in den folgenden Wochen weiterhin nicht ganz dem »unaufschiebbaren Kram« entziehen. Freund Thomas Kielinger vom *Rheinischen Merkur* bat mich, mit Blick auf die herannahende Vereinigung am 3. Oktober in die Harfe zu greifen. Der Artikel erhielt die Überschrift »Das Ende der Identitätsneurose«[213]. Ich habe einen schönen, in vielem zutreffenden Artikel geschrieben. Aber selten habe ich auch mit meinen Erwartungen so falsch gelegen. »Die deutsche Geschichte geht weiter als Geschichte der Bundesrepublik Deutschland«, triumphierte ich: »Perfekte Kontinuität, wohin man blickt! Es bleibt das bewährte Grundgesetz, die elastische Wirtschafts- und Sozialordnung, es bleibt die Westbindung in die Europäische Gemeinschaft und die NATO.« Uneingeschränkt optimistisch war ich aber nicht. »Die DDR selbst mitsamt ihrer KZ-Identität fährt in den Orkus«, formulierte ich, »doch die materiellen und geistigen Folgen dieses Experiments, das Millionen ihr Leben gestohlen hat, können in der Tat nur in einem langen Übergangsprozeß beseitigt werden, der viel politischen Einsatz, viel Verständnis und auch viel Geld kosten wird.«

In bezug auf die bevorstehenden Schwierigkeiten der inneren Wiedervereinigung blieb ich also auf dem Teppich. Dennoch ließ mich in dieser Stunde meine naturgegebene Skepsis im Stich. Ich glaubte, daß das sichtliche Ende der Teilung die seit

Jahrzehnten ebenso nervöse wie fade Diskussion darüber, was denn eigentlich die Identität der Bundesrepublik sei, gleichfalls beenden würde.

»Die bundesdeutschen Intellektuellen und Bildungsbürger«, so schrieb ich, »kamen nämlich bisher mit ihrer deutschen Identität nicht zurecht, weil das Volk und der Staat in einem Zustand kollektiver Anomalie lebten: Dem Lande fehlte in der Tat so vieles, was einen normalen Staat ausmacht. Der Raum hatte keine Tiefe und keine richtige Grenze. Die Linie Lübeck–Helmstedt–Hof, von der DDR wie die Umwallung eines Riesen-KZs befestigt, durfte keine Staatsgrenze sein. Mit der deutschen Ostgrenze hatte man juristische Probleme, und nicht nur juristische. Staat und Staatsvolk der Bundesrepublik kamen gleichfalls nicht zur Deckung. Man behalf sich also mit dem Begriff »deutsche Nation«, war aber sorgsam bestrebt, darin nicht die Staatsnation zu begreifen, sondern bloß eine schemenhafte Kulturnation. Doch auch die deutsche Geschichte in ihren weiten Dimensionen war vielfach vergessen oder bloß auf die Lemurenwelt von SS-Schergen des Dritten Reiches verkürzt, vor denen Europa erzitterte. Geschichtssinn aber lebt von der Anschauung. Wie aber hätte er sich ausbilden oder tradieren lassen, wenn Länder wie Thüringen, Sachsen oder die Mark Brandenburg, ohne die deutsche Geschichte nicht denkbar ist, in greifbarer Nähe lagen, doch zugleich umständlicher erreichbar waren als England, Spanien oder Amerika?« Dazu habe auch noch der äußere Druck mit nie auszuschließender Kriegsgefahr permanent auf der Bundesrepublik gelastet.

Das alles, so glaubte ich im schönen September 1990, werde nun bald zu Ende sein. Nach langen Jahrzehnten könne wieder ein normales Nationalgefühl in einem normalen Land entstehen ... Welch ein Irrtum! Tatsächlich sind die Mentalitäten in beiden Teilen des wiedervereinigten Deutschland auf lange Zeit eher neurotischer geworden.

Aus heutiger Sicht waren dafür drei Hauptgründe maßgeblich. Deren erster war die Erkenntnis, wie dramatisch verschieden die Lebensbedingen und die Mentalitäten in Ost und West waren. Statt einer Angleichung der getrennten Teile erfolgte eine verschärfte Identitätsspaltung in »Ossis« und »Wessis«. Wie zu erwarten, taten viele Wortführer der einstigen »Zweistaatler« ihr Bestes, die Gegensätze, Ungerechtigkeiten, Mißmut und Beschwerden Woche für Woche in den Feuilletons, Talk-Shows, auf Evangelischen und Katholischen Akademien und im naturgegebenen Dauerstreit zwischen Opposition und Regierung zu verstärken. Ein Jahrzehnt und mehr hat das angedauert. Die Malaise in den neuen Bundesländern war berechtigt. Wenn Millionen von Arbeitern und Angestellten die Arbeitsplätze wegbrechen, während sie im Wesen erhalten bleiben, leidet das ohnehin unterentwickelte nationale Identitätsgefühl. Um so notwendiger wäre ein starker, uneingeschränkter, mit allen Mitteln der Regierungspropaganda verstärkter Appell an die nationale Solidarität gewesen.

Doch genau in diesem Moment kam der zweite Faktor ins Spiel. Der Bundeskanzler und seine CDU verkündeten landauf landab die Botschaft: »Deutsche Einheit und europäische Einheit sind zwei Seiten einer Medaille.« Man könnte im einzelnen zeigen, mit wieviel Kurzsichtigkeit damals jede Regung abgeschwächt wurde, der inneren Wiedervereinigung der immer noch traumatisierten Nation unbedingte Priorität zu geben. Stattdessen waren große Teile des Bonner Parteien-Establishments, unterstützt von den Medien, unablässig bemüht, neben dem unterentwickelten, durch die Not im Osten strapazierten Nationalgefühl die Entwicklung einer künstlichen europäischen Identität für den »unvollendeten Bundesstaat« der Europäischen Union zu postulieren.

Vielfach waren es die bisher besonders stark auf die Zweistaatlichkeit festgezogenen Politiker, die sich jetzt als hundertfünfzigprozentige Europäer gaben – Joschka Fischer und sein Anhang bei den Grünen, der Lafontaine-Flügel in der SPD, auch die Gruppen um Geißler, Blüm oder Süssmuth in der CDU und zuvörderst Helmut Kohl und Hans-Dietrich Genscher. Guten Willens trommelten sie dafür, die deutsche Identität in einer Europäischen Union aufzulösen. Doch der erstrebte Bundesstaat konnte daraus nicht werden, da die europäischen Partner größtenteils nicht gewillt waren, die eigene nationale Identität in einer großen Brüsseler Bouillabaisse aufzukochen. Aber in der Bundesrepublik ist so in den kritischen neunziger Jahren das zähe Bemühen unterblieben, mit vielen Mitteln auf die Festigung des Nationalbewußtseins hinzuwirken. Kohl, Genscher und ihre Helfer glaubten zwar gute Gründe für ihre visionäre Forderung nach alsbaldiger Errichtung eines europäischen Quasibundesstaates zu haben. Aber es hätte noch mehr und bessere Gründe dafür gegeben, dem wiedervereinigten Deutschland die Überzeugung einzupflanzen, daß die Demokratie des Nationalstaats bedarf und der Nationalstaat der Demokratie.

Der dritte Grund für die Fortdauer, ja die Verstärkung der Identitätsneurose war die Fixierung des historischen Bewußtseins auf die sehr dunkle Vergangenheit des Dritten Reiches. In demokratischen Staaten wie Frankreich, den Niederlanden, England, der Schweiz oder Italien, von den USA ganz zu schweigen, besaß das nationale Identitätsbewußtsein damals noch kräftige historische Wurzeln. Im wiedervereinigten Deutschland sind diese Wurzeln in die reiche, Anlaß zu Stolz gebende deutsche Vergangenheit recht dünn und vielfach kupiert. Das Geschichtsbewußtsein in der zweiten Jahrhunderthälfte stößt sozusagen auf den Betonboden des Dritten Reiches. Die Antifa-Ideologie der DDR und der von den 68ern angestoßene, bald von allen Parteien übernommene quasireligiöse Kollektivschuldkult mit Auschwitz im Zentrum flossen bei der Vereinigung zusammen und gehören zum Kern der neudeutschen Zivilreligion. Das und manches andere hat aus meiner Hoffnung auf das Ende der Identitätsneurose eine Lachnummer gemacht.

Es kam der 3. Oktober 1990. Ich hatte eine Einladung zum großen Festakt in Berlin. Doch meine Lust war immer gering, mir irgendwo auf den hinteren Plätzen die Verlesung von Festreden anzuhören, die in den Bonner Redenschreiberbüros verfertigt worden waren. Meine eigenen Ansprachen habe ich stets selber verfaßt. In Bonn hatte mich der Sparkassen- und Giroverband zu einem vom 1. bis 3. Oktober tagenden Fachkongreß im »Maritim« als Festredner eingeladen. Das große Auditorium war sichtlich bewegt. Ich begann mit den Worten: »Deutschland feiert heute den Tag seiner Wiedervereinigung. Keiner von uns, die wir hier versammelt sind, wird je mehr einen Tag wie diesen erleben. Und wenn wir aufrichtig sind, hat wohl bis vor kurzem auch keiner von uns ernsthaft zu denken oder auch nur zu hoffen gewagt, daß Deutschland und Europa einen derart unerhörten Vorgang überhaupt noch erleben würde.« In diesem Stil fuhr ich fort. Zeitlebens habe ich manche Festrede vor unterschiedlichstem Publikum gehalten. Aber nie zuvor und danach hatte ich eine Zuhörerschaft, die so emotional zuhörte und immer wieder applaudierte. Nie mehr seit den Tagen des Zweiten Weltkriegs waren große Teile des deutschen Bürgertums, mich selbst und Annemie inbegriffen, so stark emotionalisiert wie in diesen Wochen und Monaten.

Der Vortrag war genau auf 45 Minuten getimt. Schlag 12 Uhr war ich fertig. Die Tagungsregie hatte eine Bandaufnahme mit den Klängen der Berliner Freiheitsglocke vorbereitet, und so endete der Vortrag mit dem schönen, dunklen Baß dieser Glocke, gefolgt von der Nationalhymne »Einigkeit und Recht und Freiheit für das deutsche Vaterland ...«.

Die Feiern im Jahr 1990 waren damit noch nicht zu Ende. Vom 19. bis 24. November hatte das Institut Charles de Gaulle ins Palais Chaillot, damals das UNESCO-Gebäude, zu einem internationalen Kongreß zu Ehren des 100. Geburtstags von Charles de Gaulle eingeladen. Je länger ich mich mit der ganz einzigartigen Gestalt de Gaulles befaßt hatte, um so mehr bewunderte ich ihn. Wenn ich vor mir selbst ehrlich bin, ist sein Verständnis von Staat und Nation auch das meine. Wäre er nicht so monoman auf den ersten Platz Frankreichs fixiert und gegen die USA so auf Krawall frisiert gewesen, hätte ich auch seinem Konzept *Europe des patries* oder *l'Europe des États* vieles abgewinnen können. Doch selbst seine Fehler und Narrheiten hatten Größe.

Ich unterhielt schon seit längerem Beziehungen zum Institut Charles de Gaulle. Der Generalsekretär Bernard Tricot, der die riesige Veranstaltung meisterhaft vorbereitet hatte, war für mich das Musterbild eines Staatsdieners. Es war eine eigenartige Erfahrung, zusammen mit Annemie an diesem Kongreß teilnehmen zu können, wo ich das Präsidium der Arbeitsgruppe »De Gaulle et l'histoire« wahrnahm, an der neben anderen auch Pierre Nora, Stanley Hoffmann und Odile Rudelle Vorträge hielten.[214] Mein eigenes Paper »Le Président de Gaulle, le chancelier fédéral Adenauer et la génèse du traîté de l'Élysée«[215] kam in der Arbeitsgruppe »Le couple franco-allemand« zum Vortrag.

In der stilvollen Ehrung seiner großen Staatsmänner läßt sich Frankreich ohnehin von niemandem übertreffen. Doch die Gaullisten mit dem Institut Charles de

Gaulle waren bemüht, das noch zu toppen. Ihre Anstrengungen waren besonders groß, weil inzwischen Mitterrand im Élysée residierte, den sie haßten und verachteten. Hunderte von Historikern und Zeitzeugen aus aller Herren Länder waren zusammengerufen. Bevor die wissenschaftlichen Erörterungen begannen, ertönte ein vielstimmiger Lobpreis aus politischen Mündern von Karl Carstens und König Hassan II. bis Shimon Peres. Alsdann wurden in unterschiedlichsten Arbeitsgruppen alle denkbaren Aspekte der Persönlichkeit und Politik de Gaulles fundiert, vielfach auch kritisch dargestellt und diskutiert. Die Berichtsbände unter dem Titel *De Gaulle et son siècle* umfassen sieben stattliche Bände.

Ein Höhepunkt der Tagung war die Fahrt nach Colombey-les-Deux-Églises. Der ehemalige Sonderzug de Gaulles stand bereit, alle Teilnehmer in das alles andere als ansehnliche Dorf zu transportieren, in dem der große, einsame General Wohnung genommen hatte und begraben war. Allein die Besichtigung der Boisserie, des schlichten Grabs und die anschließende Fahrt zum riesigen Lothringer Kreuz lohnte die Reise. Ein paar Jahre später habe ich im *Gesicht des 20. Jahrhunderts* versucht, mit dem Essay »Der pathetische Gigant: General de Gaulle« diesem ganz unglaublichen Mann gerecht zu werden, den Präsident Roosevelt 1943 auf der Konferenz von Casablanca spöttisch gefragt hatte: »Herr General, gestern haben Sie mir gesagt, Sie seien Jeanne d'Arc. Heute bezeichnen Sie sich als Clemenceau. Wer sind Sie nun wirklich?«, worauf de Gaulle hoheitsvoll zur Antwort gab: »Ich bin beides.«

Parallel zu dieser Centenar-Konferenz ging übrigens in Paris der KSZE-Gipfel über die Bühne, auf der George Bush senior, Margaret Thatcher, Michail Gorbatschow, François Mitterrand, Helmut Kohl, Václav Havel, József Antall und weitere Granden den Kalten Krieg formell für beendet erklärten und zugleich die weitgehend vom State Department verfaßte »Charta von Paris« verabschiedeten, deren erstes Kapitel mit dem Satz begann: »Wir verpflichten uns, die Demokratie als einzige Regierungsform unserer Nationen aufzubauen, zu festigen und zu stärken.« Auch heute wundert man sich darüber, wie optimistisch und zugleich wie konkret damals alle Beteiligten sozusagen einen Bauplan für das neue Europa vereinbarten – unser heutiges Europa. »Es gibt kein aufschlußreicheres Dokument«, schrieb ich zwanzig Jahre später, »in dem die Erwartungshorizonte und die Programmatik so umfassend beschrieben worden sind.«[216] Auch das war eine Illusion. Das Jahr 1990 war eben vieles: Beginn des neuen Europa, zugleich aber – mit dem Memoirentitel von Hans Carossa zu sprechen – »Das Jahr der schönen Täuschungen«.

In der Nacht, da die Konferenz zu Ende ging, flanierten wir über die Boulevards, wo die Wagenkolonnen der Delegationen kreuz und quer zu ihren Hotels rasten. Es war eine wahre Blaulichtnacht, Ende eines unvergeßlichen Jahres, der Beginn, so hofften wir, einer langen Friedensperiode in Europa, während sich am Golf bereits die Divisionen, Geschwader und Seestreitkräfte zum Angriff auf den Irak versammelten.

Publizistische Zwischenrufe

1991: Ein Jahr der Weichenstellungen

1991 war für mich ein Jahr der Weichenstellungen. Mit der Fertigstellung der Adenauer-Biographie war das große Thema, das mich seit 1987 nicht ruhen ließ, endgültig vom Schreibtisch gewälzt. Rückblickend erstaunt mich die zeitgeschichtliche Koinzidenz. Das Werk wurde fertig, als mit dem Ende des Kalten Krieges und der deutschen Teilung die Bundesrepublik aus den von Adenauer geschaffenen Strukturen unwiderruflich in ein neues Zeitalter glitt. In meiner Eigenschaft als Hauptherausgeber der *Akten zur Auswärtigen Politik der Bundesrepublik Deutschland* beschäftigte mich die »alte Bundesrepublik« zwar weiter. Dennoch war es jetzt höchste Zeit, sich mit dem neuen Europa zu beschäftigen, das nun aus den Nebeln der Zukunft heraustrat.

Jetzt begann das Jahrzehnt, in dem das neue Europa, unser heutiges Europa, im guten und im weniger guten auf jene Schienen gesetzt wurde, auf denen es dahinrollt. Für einen Hauptstadtprofessor der Politischen Wissenschaft war es eine Lust zu leben. Genau in diesem Moment gab mir *Die Welt* eine publizistische Plattform, von der aus ich die Entwicklungen kommentieren und kritisieren konnte. Gleichzeitig brachte Karl Kaiser in der DGAP einen Expertenkreis zusammen, in dem konstruktiv und natürlich kontrovers über die neue deutsche Außenpolitik diskutiert wurde. Nachdem es 1991 gelang, ihn als Ordinarius mit dem Bonner Seminar zu verbinden, begann auch hier ein Jahrzehnt produktiver Arbeit. Dazu nur ein paar Stichworte.

Wieder einmal schrieb ich gegen die Uhr. Autoren im allgemeinen und Historiker im besonderen sind oft schreibfaule Leute. Sie finden immer gute Gründe, weshalb ihre Werke nur langsam vorangehen. Auch deshalb veranstalten die Verleger seit Jahrzehnten den Buchmessezirkus, um die trägen Gesellen anzutreiben. Ich selbst bin zwar stets insofern atypisch gewesen, als ich mein eigener Antreiber war. Doch nun hat sich mein ganzes Sinnen und Trachten auf den Buchmessetermin vom 9. bis 14. Oktober 1991 ausgerichtet.

Im Winter 1990/91 ließ sich nochmals erproben, wieviel man tatsächlich in einem halben Jahr zu leisten in der Lage ist. Nach dem emotionalen Auf und Ab der legendären 329 Tage bis zur Wiedervereinigung nahm ich die Bundestagswahl nur so ganz am Rande zur Kenntnis. Mit der schwierigen Etablierung des vierten Kabinetts von Helmut Kohl verbanden sich weder eigene Interessen noch große Hoffnungen. Einen Einschnitt brachte nur das Ausscheiden Horst Teltschiks, der seinem langjährigen

Boß die Brocken hinwarf, weil dieser ihm den verdienten Lohn der Staatssekretärswürde vorenthielt, um Genscher nicht zu erzürnen. Wenn mich jemand trotz mancher Vorbehalte in Regierungsnähe gehalten hatte, so war dies Teltschik. An meinen Schreibtisch gebannt, habe ich mich in diesen Wochen auch um den Aufmarsch der Armeen und Geschwader am Golf und die hektische Krisendiplomatie wenig gekümmert. Den Krieg gegen Saddam Hussein hielt ich für unabwendbar. Unvorstellbar, daß Amerika und seine Verbündeten einen gewaltigen Aufmarsch vollzogen, um sich mit einem faulen Kompromiß zufriedenzugeben!

Die Sondermeldungen der öffentlich-rechtlichen Fernsehanstalten im Januar 1991, als die alliierten Luftschläge einsetzten, gefolgt von ökologischen Katastrophenmeldungen im Verlauf der Bodenoffensive, erinnerten mich, fünfzig Jahre war das jetzt her, an die von Goebbels mit größtem Aufwand orchestrierte Rundfunkpropaganda zu Beginn des Rußlandfeldzugs im Sommer 1941. Nur die Vorzeichen waren verschieden: damals hysterischer Militarismus, jetzt ein genauso hysterischer Pazifismus. Die nun wieder fälligen Massenkundgebungen im Bonner Hofgarten ließen mich genauso kalt wie acht Jahre zuvor die Manifestationen gegen die Nachrüstung. In Erinnerung ist mir, daß die Aktivisten in unserem Seminar aus einem der Gebäude am Hofgarten weiße Bettlaken heraushängten – dies zum zornigen Entsetzen des Lehrstuhlvertreters Ludger Kühnhardt, der sich für die Aufgeregtheit im Kreis der Bonner Politologen von Herzen schämte. Für mich war das ein *Déjà-vu*-Erlebnis. Viel mehr befremdeten mich Helmut Kohl und Hans-Dietrich Genscher, die tagelang schwiegen, um erst wiederaufzutauchen, als die Kanzlerwahl vollzogen war und als irakische Raketen auf Tel Aviv niedergingen.

Realpolitisch gesehen, gab es gewiß gute Gründe, weshalb sich die Bundesrepublik anders als Frankreich oder Großbritannien an der Golfkriegskoalition nicht beteiligte. Die Sowjetunion war weiterhin eine Weltmacht, ihre Divisionen standen wie bisher in der einstigen DDR, jetzt »neue Länder« genannt, und Gorbatschow hatte monatelang versucht, die Wiedereroberung Kuwaits hinauszuzögern. Dennoch machten die landauf, landab aufgeführten Psychodramen in der Bundesrepublik auf die jahrzehntelangen Verbündeten Amerika und England einen denkbar schlechten Eindruck. Auch ich selbst war von verächtlicher Stimmung erfüllt und machte daraus kein Hehl. Mit der Chefredaktion der *Welt* hatte ich vereinbart, nach Abschluß von Adenauer 2 als freier Kolumnist regelmäßig in dem Blatt zu schreiben. Im Februar 1991 war es soweit, und so gab ich einer dieser Kolumnen die Überschrift: »Wo wart Ihr am Crispianus-Tag?« Unter Anspielung auf die berühmte Rede König Heinrichs V. vor der Schlacht von Agincourt am Vorabend des Sankt-Crispianus-Tags zitierte ich die Verse Shakespeares über die damaligen Drückeberger: »Und Edelleut' in England, jetzt im Bett', / Verfluchen einst, daß sie nicht hier gewesen, / Und werden kleinlaut, wenn nur jemand spricht, / Der mit uns focht am Sankt-Crispianus-Tag.« Enno von Loewenstern, damals als Stellvertretender Chefredakteur zuständig für die Meinungsseite, ein erfreulich konservativer Mann und zugleich von bemerkenswerter Sprachkultur, erstaunte mich, indem er beim ersten Überfliegen des Textes die gesamte Rede des Königs in schönstem elisabethanischem Englisch wortwörtlich deklamierte.

Jetzt begann wieder einmal ein Semester, das es in sich hatte. Das Forschungsjahr war im Februar 1991 definitiv zu Ende, und schon begann der übliche Trubel: Ausgabe und Vorbesprechungen der Seminarthemen fürs Sommersemester, Vorbereitung der Vorlesung, Fakultätsbetrieb, Umsetzung der Bestimmungen des Hochschulgesetzes von NRW im Seminar und vieles andere mehr.

Doch jetzt war das umfangreiche Manuskript von Adenauer 2 in der Tat fertig. Die erneute Durchsicht des Texts, die Überprüfung der Zitate, die Freigabe von VS-Dokumenten, die Photoauswahl – das alles mußte im Sommersemester über die Bühne gehen. Während ich jede Zeile des Buchs selbst verfaßt hatte, konnte ich nunmehr die verfügbaren Hilfskräfte unter Aufsicht des Research-Assistenten Stefan Fröhlich dransetzen, Vorgang für Vorgang, Zitat für Zitat, Datum für Datum, Namen für Namen nochmals an den Quellen zu überprüfen. Einmal mehr war Gelegenheit zum Erschrecken darüber, wie viele Flüchtigkeitsfehler in dieser Schlußphase entdeckt wurden.

Meine Hauptsorge war die Genehmigung der Verweise und der wörtlichen Zitate aus den zahlreichen VS-Dokumenten, die ich in Rhöndorf eingesehen und ausführlich ausgewertet hatte. Wäre 1990 die Wiedervereinigung nicht erfolgt und somit auch die Berlin-Frage noch nicht gelöst gewesen, hätten sich die schrecklichsten Probleme ergeben. Nun stellte sich alles einfacher dar. Der an und für sich vorgeschriebene Weg über den Stiftungsvorstand zum Bundeskanzleramt und zum AA hätte lange Monate in Anspruch genommen. So suchte ich den Ministerialdirektor Uwe Kaestner in der Abteilung 2 des Bundeskanzleramts, der für Geheimsachen zuständig war, mit der Bitte auf, das umfangreiche Manuskript kritisch durchzusehen. Er arbeitete bemerkenswert schnell. Schon vier oder fünf Wochen später folgte ein weiteres Gespräch, in dem er zwei Punkte ansprach. Als erstes machte er darauf aufmerksam, daß es im Auswärtigen Amt nicht üblich sei, persönliche Unwerturteile über ausländische Staatspersonen wiederzugeben. Ich wies ihn daraufhin auf die Macmillan-Memoiren hin, in denen sich zahlreiche höchst kritische persönliche Bemerkungen zu Adenauer und zu Brentano fanden. Davon ließ er sich überzeugen. Der zweite, wichtigere Punkt betraf verschiedene Dokumente zur Nuklearplanung. Ich trug keine Bedenken, die wörtlichen Zitate zu paraphrasieren. Auf dieser Basis erfolgte die Zitiergenehmigung.

Welche Schwierigkeiten mir dank der Forschungsfreundlichkeit des Bundeskanzleramts erspart geblieben sind, zeigte sich, als ich das Bundespräsidialamt um Zitiergenehmigung aus den Gesprächsaufzeichnungen der Unterredungen zwischen Heuss und Adenauer bat. Wie ich wußte, waren diese Aufzeichnungen seit Jahren sozusagen auf dem Markt und bereits von verschiedenen Forschern eingesehen worden. Die Mühlen des Bundespräsidialamtes mahlten lange und gründlich, so daß ich das Manuskript wohl oder übel in Satz geben mußte, ohne daß die Genehmigung schon vorlag. Später erst erfuhr ich, daß Heuss diese Gesprächsaufzeichnungen bei seinem Ausscheiden aus dem Präsidentenamt in einer Kiste mit der Aufschrift »Akten aus Bonn« nach Stuttgart verbracht hatte, wo sie in einem Keller neben der Heizung gelagert wurden, nach dem Tod von Heuss ans Theodor-Heuss-Archiv gelangt waren und vom Bundespräsidialamt mühsam gesichert und archiviert werden mußten. Bei dieser Vorgeschichte war es kein Wunder, aber sehr lästig, daß mir wörtliche Zitate verweigert wurden. Der Buchdruck befand sich damals noch in der vordigitalen Phase und die Paraphrasierung in den bereits gesetzten Umbruchfahnen hat in den Tagen kurz vor dem Druck meine ganzen redaktionellen Talente in Anspruch genommen. Sechs Jahre später waren die Bedenken des Bundespräsidialamtes wie Butter vor der Sonne dahingeschmolzen, so daß wir diese wertvollen Dokumente aus der Frühgeschichte der Bundesrepublik vollständig in der *Rhöndorfer Ausgabe* veröffentlichen konnten.[217]

Daneben lief wieder der volle Lehrbetrieb. Dank der Initiative des Anglisten Hönnighausen war ein interfakultativer Studiengang »Amerika-Studien« zustande gekommen, damals noch eine Novität, an dem sich auch das Fach Politische Wissenschaft beteiligte. So sah ich mich aufgerufen, eine Reihe neuer Vorlesungen zur amerikanischen Politik- und Ideengeschichte zu erarbeiten. Ich begann mit einem vierstündigen Kolleg »Politische Ideen in den USA vom 18. bis zum 20. Jahrhundert«. Das machte zwar Spaß, aber doch auch Arbeit.

Angeregt von Ludger Kühnhardt, der aus seiner Zeit im Bundespräsidialamt viele Konnexionen mitbrachte, kam jetzt auch eine Vortragsreihe von Bonner Botschaftern in Gang, die ein Gespür für die hochgespannten Erwartungen an das wiedervereinigte Deutschland vermittelte. Woche für Woche artikulierten im Sommersemester zwölf Botschafter unter dem Thema »Zwölf Nachbarn – ein Europa« ihre Hoffnungen, während die Zuhörer in der anschließenden Diskussion auch die unterschwelligen Befürchtungen herauszukitzeln suchten. Die Reihe wurde im Wintersemester fortgesetzt. Nicht nur die Studierenden und manche Kollegen, auch die Gäste betrachteten diese Veranstaltungen als eine Art Premiere. Ein energischer Förderer dieser Aktivitäten war der damalige Rektor Max G. Huber, weltläufiger Ordinarius für Kernphysik, ein Kollege mit politischen Antennen, zugleich auch ein badischer Landsmann aus Überlingen. Erst bei dieser Gelegenheit ist mir und wohl auch manchem Professor voll aufgegangen, wie nachlässig die behäbige Bonner Friedrich-Wilhelms-Universität über Jahrzehnte hinweg das große Potential der hier tätigen Diplomaten behandelt hatte.

Besonders spannend war es, zwei Typen von Botschaftern studieren zu können. Da waren einerseits die Karrierediplomaten. Angesichts der großen Bedeutung der damaligen Bundesrepublik war durchweg nur die erste Garnitur vertreten: Serge Boidevaix aus Frankreich, Christopher Mallaby aus dem Vereinigten Königreich, Onur Başaran Öymen aus der Türkei oder Marcello Guidi aus Italien, der auf den glänzenden Luigi Graf Ferraris nachgefolgt war, und der Doyen des diplomatischen Corps, Adrien Meisch, aus Luxemburg. Genauso interessant, ja eigentlich noch interessanter aber waren die Botschafter aus den ostmitteleuropäischen Reformdemokratien. Sie kamen durchweg aus dem Lager der Dissidenten, meist jüngere Leute wie Janusz Reiter aus Polen, Gábor Erdödy von der damals noch liberalen Fidesz-Partei in Ungarn, Stojan Stalev aus Bulgarien und der bedeutende Lyriker Jiří Gruša, der als Unterzeichner der Charta 77 jahrelang eingekerkert wurde, dann nach der Entlassung in die Bundesrepublik nach Bonn gekommen war und hier eine temperamentvolle Rheinländerin geheiratet hatte. Jetzt empfing er in der Residenz zu Ippendorf, wo sich zuvor die Botschafter seiner Quälgeister gespreizt hatten. Diese frischgebackenen Diplomaten haben in den Umbruchjahren eine hervorragende Rolle gespielt und den neuen Geist in ihren Republiken glaubhaft verkörpert. Nicht nur im Bundeskanzleramt und im Auswärtigen Amt, auch in den näheren oder ferneren Nachbarländern Deutschlands wurde 1991 und 1992 sozusagen mit Starkströmen der Hoffnung gearbeitet. Die Lektüre der beiden Bände, in denen wir die Vorträge zusammengefaßt haben, vermittelt auch heute noch einen lebendigen Eindruck vom damaligen Zeitklima, über das sich noch nicht der Mehltau enttäuschter Erwartungen gelegt hatte.[218]

Aus den Vorträgen ergaben sich auch zahlreiche gesellschaftliche Verbindungen, die zu unseren angenehmsten Erinnerungen an die Bonner Jahre gehören. Schon zuvor waren wir besonders in der italienischen Botschaft bei dem befreundeten Luigi Graf Ferraris sozusagen ein und aus gegangen. Graf Ferraris war vieles gleichzeitig: ein spitzzüngiger *Écrivain* und großer Freund Deutschlands, ein politikwissenschaftlicher Fachkollege, ein Promoter der italienischen Wirtschaft, stilvoller Gastgeber und ein fröhlicher Lebensgenießer, der neben seiner würdigen Gattin ein stadtbekanntes Verhältnis zu einer Bonner Schönen unterhielt, unter deren Einfluß er sich im Hauptstadtstreit als beredter Bonnbefürworter profilierte. Jetzt öffneten sich die Tore zu vielen anderen Botschaften. Diplomaten sind sehr soziabile Leute, die einander ständig einladen und bei denen es meist recht familiär zugeht. Wir gehörten nun irgendwie dazu. Einige der Botschafter trafen wir später auf anderen Posten wieder, so etwa Stalev bei einem aus vielen Gründen denkwürdigen Besuch in Ankara oder Sir Mallaby im St Antony's College in Oxford. Nichts ist so lehrreich wie der regelmäßige Austausch mit Diplomaten, die das Gewebe der internationalen Politik von ihren jeweiligen Beobachtungsposten aus analysieren.

Der Glanz, den die Botschafter in die in Sachen Politik-Kontakt bisher etwas verschlafene Universität brachten, half wohl auch mit, eine lästige Phase im Verhältnis zur Universitätsspitze gut hinter mich zu bringen. Bereits 1990, während ich mich eigentlich zur Arbeit an Adenauer 2 aus den Fakultätsgeschäften zurückziehen wollte, war es bei der Nachfolgeregelung für Jacobsen zu einer Abfolge von Unerfreulichkeiten gekommen. Unterstützt durch vier rundum positive auswärtige Vergleichsgutachten hatte die Fakultät den inzwischen auf dem Höhepunkt seines internationalen Ansehens stehenden Karl Kaiser *primo loco* vorgeschlagen. Die Verbindung zum Forschungsinstitut der DGAP versprach Synergieeffekte für das Seminar. Da ich selbst ungeachtet aller Eigenständigkeit als CDU-Mann abgestempelt war, hielt ich es zudem mit Blick auf die Studenten, auf unsere Lehrbeauftragten und auf eine breitere Öffentlichkeit für zwingend geboten, daß das zweite Ordinariat für Politische Wissenschaft in der Bundeshauptstadt mit einem gleichfalls eigenständigen Sozialdemokraten besetzt würde. Die guten Kölner Erfahrungen ließen eine produktive Zusammenarbeit erwarten.

Es gab aber auch Gegner. Den Motiven, die Liste im Senat und mittels einer Pressekampagne zu kippen, lagen wohl auch seminarinterne Rivalitäten zugrunde. Die verschlungenen, durch Einsprüche, Dienstaufsichtsbeschwerden und kontroverse Abstimmungen angereicherten Auseinandersetzungen hatten das ganze Jahr 1990 angedauert. Jetzt, Anfang 1991, lag immer noch keine ordentlich verabschiedete Liste vor. In dieser Lage beantragte ich in einem längeren Schreiben bei der damaligen Ministerin für Wissenschaft und Forschung in aller Form einen Oktroi gemäß dem Wissenschaftsgesetz von Nordrhein-Westfalen. Es war der einzige Ministeroktroi, den ich je beantragt habe. Damit erwirbt man sich in akademischen Gremien keine Sympathie. Aber seit meinen Hamburger Erfahrungen wußte ich, daß die staatlichen Instanzen bei inneruniversitären Blockaden manchmal unverzichtbar sind. Von politisierten Wissenschaftsministerien gehen sicherlich Gefahren für die Freiheit der Wissenschaft aus. Andererseits brauchen akademische Amtsträger und eine Professorenschaft, unter der sich häufig Streithammel finden, notfalls doch eine Aufsichtsinstanz, die ihnen auf die Finger klopft. Karl Kaiser erhielt schließlich den Ruf und hat weder die Studierenden enttäuscht noch mich selbst.

Zu den Vorgängen des Jahres mit starker Fernwirkung gehörte auch die Bonn-Berlin-Entscheidung vom Juni 1991. Im Kontext der Wiedervereinigung hatte ich das Hauptstadtproblem als eine zweitrangige Frage betrachtet. Auf meine einstmalige Sympathie für Berlin war seit den späten sechziger Jahren eine gewisse Entfremdung gefolgt. Oft hörte man mich sagen, Berlin habe von allen Parteien die schlechteste SPD, die schlechteste CDU, die schlechteste FDP und auch die schlechtesten Grünen. West-Berlin erschien mir als Eldorado von Geschäftsleuten, die dort ihre im Westen gefertigten Produkte steuerlich veredelten. Immer wieder, wenn ich in den siebziger und achtziger Jahren zu Sitzungen nach West-Berlin kam, hat mich der schmuddelige Zustand der dortigen Büros sowie das wurstige Verhalten der Angestellten irritiert und die vielen in der Presse zu lesenden negativen Beobachtungen bestätigt. Offenbar war über die Jahrzehnte hinweg aus der Frontstadt im Kalten

Krieg ein Freizeitzoo der ÖTV geworden. Auch das Berliner Schulwesen hatte schon seit langem aufgrund der besonders leistungsfeindlichen GEW einen schlechten Ruf. Durch den Beitritt des SED-geprägten Ost-Berlin konnte das eigentlich nur noch schlimmer werden.

Ein ganz überzeugter Pro-Bonner war ich allerdings auch nicht. Wir fühlten uns zwar in Bad Godesberg wohl, und ich konnte mir nicht vorstellen, das Städtchen zu verlassen. Uns gefiel auch der reich assortierte Zoo von Politgranden, Bonner Korrespondenten, hohen Beamten, Botschaftern und Abgeordneten, welch letztere sich allermeist am Freitagmorgen nach rascher Eintragung in die Präsenzlisten in die heimischen Wahlkreise verfügten. Doch die Bonner Lokalpolitik war genauso selbstbezogen und träge wie die Berlins. Behäbige Parteien und Bürokraten waren auch hier tonangebend. Daß die Hauptstadtfunktion für die Studierenden der Bonner Politischen Wissenschaft und für die Hauptstadtprofessoren von großem Vorteil war, brauchte mir aber niemand zu sagen. Eigeninteresse spielte somit auch bei meinen eigenen Präferenzen eine gewisse Rolle.

Je weiter es ins Jahr 1991 hineinging, um so heftiger wurde der Streit zwischen den Befürwortern von Bonn und Berlin. Zunehmend störte mich die Vehemenz, mit der die Berlin-Lobby trommelte, der Bundespräsident und Wolfgang Schäuble an der Spitze, dies ausgerechnet mit dem Argument, die Glaubwürdigkeit gebiete es, Berlin seine Hauptstadtwürde zurückzugeben. Bei der Anerkennung der DDR als zweiter deutscher Staat entgegen den jahrzehntelang vorangegangenen Beteuerungen hatten manche der Betreffenden die Glaubwürdigkeit sehr viel lockerer interpretiert.

Am meisten irritierte mich Kohl selbst, der angeblich lange Zeit schwankte, seit März 1991 aber intern seine Präferenzen für Berlin immer deutlicher erkennen ließ. Unter meinen Papieren hat sich ein langer Brief vom 2. April erhalten, den ich ihm damals zugehen ließ. Darin war unter anderem zu lesen: »Wenn Sie also nicht entschlossen sein sollten, mehr oder weniger deutlich zugunsten von Berlin herauszukommen, womit die Entscheidung für Berlin praktisch gefallen wäre, müssen Sie wohl jetzt eine Stellungnahme abgeben, die Ihr erstes und letztes Wort in der Frage darstellen würde.

Für mich und viele andere sind Sie der Kanzler des Westens. In späteren Jahrhunderten mag man Vergleiche mit den Saliern und Staufern anstellen, die Deutschland von dem politisch, wirtschaftlich und zivilisatorisch überlegenen Westen aus organisiert hatten.

Besser als viele andere haben Sie auch die Bedeutung symbolischer Politik erkannt. Die große Leistung, die Wiedervereinigung Deutschlands ganz im Rahmen der westlichen Gemeinschaften und auf dem Boden des vom westlichen politischen Denken geprägten Grundgesetzes durchzusetzen, stünde aber in Gefahr, konterkariert zu werden, wenn man alles zu guter Letzt doch noch in die ungute Berliner Traditionslinie einmünden ließe.

Ich selbst bin auch der festen und, so glaube ich, begründbaren Meinung, daß Berlin noch auf Jahrzehnte hinaus für die CDU ein negatives Umfeld sein wird. Das politische Umfeld eines Regierungssitzes strahlt aber aus und hat sich 40 Jahre lang im Falle Bonns als segensreich erwiesen, so bieder sich dieses Städtchen gelegentlich auch darstellt. Doch die Bonner Philister sind immer noch bekömmlicher als der linke Berliner Straßenpöbel und die Hunderttausende altkommunistischer und sozialistischer Bediensteter.«[219]

Mein operativer Vorschlag: Teilung zwischen Hauptstadt und Regierungssitz durch Funktionsaufteilung – der *efficient part* der politischen Organe (Bundestag, Bundesrat, Bundesregierung) solle in Bonn bleiben, der *dignified part* (sprich: der Bundespräsident, von dessen Funktionen ich ohnehin nie viel gehalten habe) könne gebeten werden, seine Aufgaben künftig vor allem in Berlin wahrzunehmen.

Vernünftigerweise hat Kohl, der wohl längst seine Entscheidung für Berlin getroffen hatte, auf diesen unerbetenen Rat nie geantwortet und ließ mir nur durch den Kanzleramtsminister Rudolf Seiters eine freundlich-wollig formulierte Bestätigung zugehen, mein Votum werde in die Überlegungen Eingang finden. In den folgenden Wochen kam es zu jenen hektischen Beratungen in der CDU/CSU-Bundestagsfraktion über eine Aufteilung der Ministerien, die ich ganz unsinnig fand. Vor der Abstimmung im Deutschen Bundestag habe ich mich dann nochmals in der *Welt* zu dem Thema recht sarkastisch geäußert und empfohlen, angesichts des übereilten und unseriösen parlamentarischen Entscheidungsprozesses darüber ein Referendum abhalten zu lassen.[220] Die Springersche *Welt* gehörte damals zu den besonders leidenschaftlichen Berlin-Befürwortern. Es bezeugte die Liberalität der Redaktion, daß sie nach einiger Diskussion meine freie Kolumne respektierte, diese jedoch nicht, wie sonst üblich, auf Seite 2, sondern auf Seite 6 brachte. Daß ich dabei einen Vorschlag des sozialdemokratischen Ministerpräsidenten von Schleswig-Holstein, Björn Engholm, aufgriff, hat aber meinem Plädoyer bei den CDU/CSU-Abgeordneten keine besondere Stoßkraft verliehen.

Inzwischen hatte sich Kohl »persönlich« für Berlin ausgesprochen, wobei die Fraktionsführung angesichts der unüberbrückbaren Zerstrittenheit die Abstimmung freigeben mußte. Ich hörte aber, daß er die Parlamentarischen Staatssekretäre der Reihe nach anrief, um sie auf ein Berlin-Votum zu verpflichten. Es war wohl nicht in erster Linie Schäubles berühmtes Plädoyer, das in der CDU den Umschwung bewirkte, sondern die hinter den Kulissen wirksame Einwirkung des Bundeskanzlers, vor allem aber eine intensive Überzeugungskampagne des Berliner Senats, orchestriert von Peter Radunski, dem sympathischen, mit allen Gaben der Überredungskunst ausgestatteten langjährigen Bundesgeschäftsführer der CDU, der jetzt als Berliner Senator für Bundesangelegenheiten die Fäden zog.

Der Abend des 20. Juni, als der Bundestag mit 338 zu 320 Stimmen für die Verlagerung des Regierungssitzes nach Berlin plädierte, ist mir noch in lebhafter Erinnerung, Bei der Rückkehr von einer Sitzung in Darmstadt war ich von der Uni-Garage aus wie üblich durchs diesmal völlig menschenleere Regierungsviertel am Bundeshaus und am Wasserwerk vorbeigefahren. Dabei hatte ich urplötzlich eine sehr lebhafte Empfindung. Beim Nachhausekommen informierte mich Annemie in der Tat, daß das Abstimmungsresultat genau in den Minuten verkündet worden war, als ich vorbeikurvte. Trotz aller Verzögerungsmanöver der Bonnlobby stand das letzte Bonner Jahrzehnt von da an im Zeichen des irgendwann fälligen Regierungsumzugs nach Berlin.

Zwei Wochen später, am 8. Juli, erreichte das ereignisreiche Jahr mit der Hochzeit von Nicole und Régis seinen Höhepunkt: Trauung in der barocken Hofkirche Sankt Leodgar in Luzern, Dampferfahrt der Hochzeitsgesellschaft auf dem Vierwaldstätter See, Diner und Hochzeitsball im Hotel »National«. Es war der heißeste Tag im Jahr 1991 und nicht einmal am Bums Day in Oxford habe ich so viele schöne Damen im Schmuck extravaganter Sommerhüte gesehen. Die beiden waren außer Rand und Band, und so wurde bis in die Morgenstunden gefeiert.

Noch war das Semester nicht zu Ende. Wieder herrschte ein Betrieb wie stets am Ende eines Sommersemesters, nur diesmal noch schlimmer als üblich: Sitzungen über Sitzungen – in Bonn, in München, auch in Darmstadt und Thüringen, wo ich am Aufbau des Fachs Politische Wissenschaft mitwirkte, Abnahme von Prüfungen, Zweitgutachten für Doktorarbeiten, Lektüre von Manuskripten, die uns für die *Vierteljahrshefte* angeboten wurden, Personalentscheidungen und Durchsicht Hunderter von Dokumenten für die AAPD. Das kommende Wintersemester war anständig vorzubereiten, das Rad der Jacobsen-Nachfolge weiterzudrehen.

Vor allem aber galt es, Adenauer 2 in Gestalt der Umbruchfahnen den letzten Schliff zu geben. In dem diesmal kurzgefaßten Nachwort dankte ich allen gehörig, die sich um das Buch verdient gemacht hatten, nicht zuletzt dem vortrefflichen Lektor Ulrich Volz, der seit 1979 alle meine Bücher bei der DVA geduldig und absolut zuverlässig lektoriert hatte, verwies zugleich auf das Nachwort zu Band 1 vom 1. Juli 1986, das mir weiterhin gut gefiel, und formulierte nochmals knapp meine These zur umstrittenen Deutschlandpolitik des alten Herrn mit den Worten: »Wir betrachten heute die Wiedervereinigungspolitik der fünfziger Jahre mit ganz anderen Augen, und mancher hat am 3. Oktober 1990 gefragt und geschrieben: Hatte Adenauer doch recht?« »Ich habe seinerzeit« (also im Nachwort von 1986), fuhr ich fort, »in Aussicht gestellt, ›ein endgültiges Fazit über Adenauers Wiedervereinigungspolitik‹ am Ende des zweiten Bandes vorzulegen. Die Geschichte hat mir diese Arbeit abgenommen. Das Buch ist im Jahr 1990 geschrieben worden, das die Befreiung der Deutschen in der DDR und gleichzeitig die staatliche Wiedervereinigung Deutschlands als Teil der westlichen Gemeinschaft gebracht hat. Dies wurde möglich in einer Konstellation westlicher Einigkeit und Stärke, doch auch sowjetischer Schwäche und vernünftiger Neubewertung der eigenen Interessen im Zeichen der Ost-West-Entspannung.

Genau dies war nach dem Zeugnis zahlreicher Quellen, die hier vielfach erstmals ausgewertet werden können, Adenauers langfristiger Kalkül seit 1952.«[221]

Wie es sich für eine Biographie über Adenauers Kanzlerjahre gehört, ist das Buch im Palais Schaumburg vorgestellt worden. Es war der 8. Oktober 1991, ein Tag vor Beginn der Frankfurter Buchmesse. Mit der charmanten Überredungsgabe des Sachsen hatte Frank-Planitz den Bundeskanzler als Laudator gewonnen. Kohl rühmte natürlich vor allem den großen Europäer Adenauer. Oktober 1991 – das waren die Wochen der Weichenstellung hin auf den Vertrag von Maastricht. Was der Bundeskanzler im einzelnen ausgeführt hat, weiß ich nicht mehr, nur eines ist mir geblieben. Als Motto hatte ich dem Buch eine Ermahnung Adenauers vorangestellt, mit der dieser Hans von der Groeben, neben Hallstein das zweite deutsche Kommissionsmitglied bei der EWG, am 28. Januar 1958 nach Brüssel entsandt hatte: »Helfen Sie, schnell zu Resultaten zu kommen. Nach dreißig Jahren fängt alles wieder an.« Das wurde jetzt dick unterstrichen, und so gehörte ich ungewollt zu denen, die den Kanzler bei seinem europäischen Hyperaktionismus ermutigt haben.

Erfreulicherweise war die Aufnahme der nunmehr abgeschlossenen Biographie fast uneingeschränkt positiv und ist es geblieben. Das Urteil der Rezensenten aus der Journalistenzunft ließ natürlich die zeitgenössischen Positionen erkennen. Fred Luchsinger, zu Adenauers Zeiten langjähriger Bonner Korrespondent und jetzt Chefredaktor der *NZZ*, hatte schon Adenauer 1 gemessenes Lob gespendet (»ein bedeutender Wurf«[222]) und griff nach Erscheinen von Band 2 voll in die Saiten.[223] Rudolf Augstein, der Band 1 mit Gift und Galle bespuckt hatte, fand zur Sachlichkeit zurück, sah sich aber doch herausgefordert, Punkt für Punkt den Nachweis zu führen, daß nur ein einziger Intellektueller im Land existierte, der Adenauer richtig eingeschätzt hatte, nämlich er selbst.[224] Der inzwischen alt und lebenssatt gewordene Gerd Bucerius, der mich bei Erscheinen von Band 1 mit einer ausführlichen Rezension erfreut hatte, äußerte sich nicht mehr, doch nun brachte *Die Zeit* eine temperamentvolle Würdigung durch Christian Hacke[225]. Jürgen Busche hat in der *Süddeutschen Zeitung* meine eigene Einschätzung Adenauers mit den Worten auf den Punkt gebracht: »Adenauer war der beste Politiker, den die Deutschen in diesem Jahrhundert hatten. Aber gerade deshalb mögen die meisten Deutschen die Politik nicht. Das erstere stellt Schwarz mit seiner monumentalen Biographie ganz eindeutig heraus. Das zweite versteht jeder, der sie gelesen hat.«[226] »Ein gigantisches Werk«, meinte auch Joseph Rovan, »bewundernswürdig und fast die Kräfte eines einzelnen übersteigend ist die Masse der Informationen … Auf absehbare Zeit ist es kaum denkbar, daß Historiker wesentliche Neuheiten zur Biographie und zur politischen Leistung Adenauers hinzufügen.«[227] Gestrenger Professor, der er war, fügte er jedoch hinzu, »die wenig akademische Sprache und der an bekannte politische Wochenblätter erinnernde flüssige Stil erleichtert die Lektüre«, aber »die Sprache der Geschichtsschreibung hat sich seit Ranke doch stark verändert …«. Zu guter Letzt arbeitete Bernhard Wördehoff im NDR einen Punkt heraus, was mir wichtig war, aber für mein Dafürhalten viel zu oft verschwiegen wurde: »reines Lesevergnügen«, »stilistisch brillante Prosa …«.[228]

Jedenfalls war das Echo auf Adenauer 2 gut, ja sehr gut, so daß ich mir psychologische Entwarnung geben konnte, denn tatsächlich habe ich jedes meiner zeitgeschichtlichen Bücher als ein Risiko betrachtet. Selbstverständlich habe ich stets die Nase hochgehalten, so als ob ich die entsprechenden Rezensionen mit Jüngerscher Desinvolture überhaupt nicht zur Kenntnis nähme. In Wirklichkeit aber hat die Frühstückslektüre der großen Blätter in den Tagen nach dem Erscheinen, in denen ich jeweils auf die ersten großen Rezensionen wartete, immer zu den sorgenvollsten Momenten in meinem ganzen akademischen Leben gehört. Die Angst des Torwarts beim Elfmeter … Wenn sich in den Tausenden von Tatsachenfeststellungen, Bewertungen, Formulierungen und Daten nur zwei Dutzend schwerere oder mittelschwere Fehler, Irrtümer oder persönlich kränkende Ausrutscher finden, verliert man nicht nur öffentlich viel Gesicht, sondern wird, was noch schlimmer ist, dem eigenen Anspruch an sich selbst nicht gerecht. Etwas entspannter kann man sich nur bei mehr oder weniger kurzen Politbüchern zurücklehnen, wie ich sie öfters produziert habe. Dort geht es um Meinungen, die stets kontrovers sind, und je heftiger die Angriffe, um so besser für das Buch, das ja eine öffentliche Debatte anregen soll.

Mit ihren Büchern ergeht es den Autoren bekanntlich ähnlich wie mit Kindern. Wenn alles gutgeht, werden sie bei Geburt freudig willkommen geheißen. Im niedlichen Taufkleid lassen sich selbst durchschnittliche Babys schön herausputzen. Doch die Kleinkindersterblichkeit ist im Buchgewerbe groß. Die beiden zeitversetzt zur Welt gekommenen Adenauer-Babys haben ihrem Vater jedoch Freude gemacht. 1994 nahm Heinz Friedrich das Werk in die *dtv-Taschenbuchreihe* auf[229] und erfüllte meinen Wunsch, den Umschlag beider Bände mit zwei Gemälden von Oskar Kokoschka zu schmücken: Band 1 mit der »Ansicht Kölns vom Messeturm«, einem der Wahrzeichen aus der Adenauerschen Oberbürgermeisterzeit, und Band 2 mit dem berühmten Porträt Adenauers aus dem Jahr 1966, das etwas »vergraten« war, aber dem greisen Kanzler einige sehr vergnügliche Sitzungen beschert hatte. Meine Unterschrift zu dem entsprechenden Photo der beiden lautet: »Die Giganten hatten gigantischen Spaß …«[230] 1995 und 1997 erschien eine ungekürzte englische Ausgabe,[231] die mir selbst allerdings nochmals viel Arbeit machte. 2003, aus den Babys waren schon junge Leute im Alter von 17 und 12 Jahren geworden, kam dank der unablässigen Bemühungen von Josef Thesing auch eine schöne, gleichfalls ungekürzte spanischsprachige Ausgabe zustande.[232] Hingegen scheiterten alle meine eigenen Versuche, dann auch die von Bettina Adenauer und ihres Ehemannes, eine französische Ausgabe zustande zu bringen.

Ich gehöre zwar – manche sagen, »Respekt!«, Bequemere meinen »weshalb eigentlich?« – zu den Professoren, die sich, kaum haben sie einen großen Stoff hinlänglich erschöpft, einem anderen Themenkreis zuwenden. Aber die Persönlichkeit Adenauer hat mich nie ruhen lassen. Wie man bezüglich der vergleichbaren Goethe-Literatur gelegentlich festgestellt hat, unterteilen sich die entsprechenden Aufsätze in die beiden Gruppen »Goethe und …« sowie »Goethe als …«. Mit meinen Adenauer-Aufsätzen der folgenden beiden Jahrzehnte verhält es sich ähnlich.

Spät erst – ich näherte mich schon langsam dem doppelten Schwabenalter – sind mir die großen Vorzüge einer knappen Würdigung Adenauers aufgegangen, nach der offensichtlich Bedarf herrscht. *Anmerkungen zu Adenauer* lautet das leichtgeschürzte Büchlein,[233] das auch einen guten englischen Übersetzer gefunden hat.[234] Meine vielen Publikationen zum Thema Adenauer sind gute Beispiele dafür, daß bei mir der große Stoffmassen bewältigende Gelehrte unablässig mit dem leichtgeschürzten Essayisten im Krieg liegt.

Diese Beobachtung bringt mich zu einer letzten Aktivität in dem politisch und lebensgeschichtlich bewegten Jahr 1991: meiner Lieblingsbeschäftigung an müßigen Wochenenden – der politischen Publizistik. Ich hatte sie schon immer gepflegt. Doch 1991 begann jene Phase, in der ich regelmäßige Gastkolumnen für *Die Welt* schrieb.

Wohin geht die Reise?

Wohin geht die Reise? Das haben sich viele gefragt, als das wiedervereinigte Deutschland im aufgewühlten Europa der neunziger Jahre seinen Platz suchte. Seit Jahrzehnten schon war in meiner intellektuellen Biographie kein Jahr vergangen, in dem ich nicht hoffnungsvoll, sorgenvoll und sarkastisch den Weg der Bundesrepublik analysiert und kritisiert hatte. Das intensivierte sich jetzt.

Ich kann auch heute noch sagen: Ich bin dabei gewesen und habe wenigstens zu erkennen versucht, was sich europaweit und weltweit zusammengebraut hat. Wenige Tätigkeiten haben mir so viel Befriedigung bereitet, wie das Schreiben pointierter Kolumnen und Aufsätze. Rückblickend ist es ein Vergnügen, aber auch ein Grund zur Melancholie, diese Stücke sowie parallele Vorträge selbstkritisch zu überprüfen, das wiederum mit der Frage: Was habe ich damals genau vorhergesehen, was nicht? Wieviel Schlimmes habe ich befürchtet, das nicht eingetreten ist? Und weshalb ist die Politik voller Ungestüm in Fallgruben getapst, die damals schon gut zu erkennen waren?

Eigentlich halten sich Journalisten für allwissende Leute und verspüren keinen Bedarf nach Leitartiklern aus dem Professorenstand. Wie es dazu kam, daß mir Manfred Schell eine regelmäßige, freie Kolumne auf der prominenten Seite 2 der *Welt* angeboten hat, weiß ich nicht. Das Angebot war verlockend: ich hatte das Recht, nach Vorweginformation der Redaktion, wie sich das gehört, zu jedem mir wichtig scheinenden Thema zu schreiben. Regte die Redaktion ihrerseits ein Thema an, mochte ich das aufgreifen oder auch nicht. Erwartet wurden zwei Artikel monatlich. Eine exklusive Bindung an *Die Welt* war nicht vorgesehen. Wie bisher behielt ich mir vor, auch anderswo zu publizieren, besonders beim *Rheinischen Merkur/Christ und Welt*, wo Thomas Kielinger und Alois Rummel vor allem längere Aufsätze wünschten. Springer zahlte gut. Um aber völlige Freiheit zu eröffnen, die Beziehung beiderseits zu beenden, verzichtete ich auf jede schriftliche Fixierung der Vereinbarung. Sechs Jahre hindurch habe ich diese Aufgabe unter den Chefredakteuren Manfred Schell, Peter Gillies und Thomas Löffelholz wahrgenommen. Als ich zu Beginn des Jahres 1997 alle Kräfte auf das Mammutwerk *Das Gesicht des 20. Jahrhunderts* konzentrieren mußte, um den Buchmessetermin 1998 zu erreichen, habe ich die regelmäßige Kolumne aufgegeben.

Politikwissenschaftler und zeitgeschichtlich arbeitende Historiker, die etwas zu sagen haben, sollten publizistisch über den Kreis der Universitäten hinauswirken. Der Meinung war ich damals, und so denke ich auch heute. In den USA vor allem, in England, in Frankreich, auch in Italien waren damals regelmäßige Gastkolumnen von Politologen gängige Praxis. In Deutschland war Theodor Eschenburg bei der *Zeit* von Mitte der fünfziger bis Mitte der siebziger Jahre das unerreichte Vorbild. Michael Freund und Dolf Sternberger, danach Michael Stürmer, fanden bei der *Frankfurter Allgemeinen Zeitung* eine vergleichbare Plattform, letzterer danach für lange Zeit bei der *Welt*. Eugen Kogon und Thomas Ellwein haben in der Frühzeit des öffentlich-rechtlichen Fernsehens die Medien der ARD entsprechend genutzt, nach ihnen Heinrich Oberreuter und Werner Weidenfeld den Bayerischen Rundfunk oder neuerdings Rudolf Korte das ZDF und den Sender Phoenix.

Von regelmäßigen Kolumnen oder Fernsehauftritten geht auf entsprechend tätige Professoren ein heilsamer Zwang aus. Es gilt, auf knappem Raum, ohne allzu weitgehende Komplexitätsreduktion, Analyse und Urteil miteinander zu verbinden. Dem Professor wird die seiner Zunft eigene Tendenz zur Weitschweifigkeit ausgetrieben. Spätestens als Kolumnist erkennt er, falls er das nicht schon wußte, daß sich komplexe Zusammenhänge in der Tat einfach darstellen lassen. Der Neigung zur Unverbindlichkeit wird durch die Verpflichtung zum entschiedenen Urteil entgegengewirkt.

Ich war zudem immer der Meinung, daß zwischen wissenschaftlich arbeitenden Journalisten und auf aktuelle Fragen ausgerichteten Universitätslehrern kein wesensmäßiger Unterschied besteht. Beide müssen gründlich recherchieren, diffuse Zusammenhänge begrifflich erfassen, die Hintergründe und Untergründe der Vorgänge kritisch ausleuchten. Gelegentliche Polemik ist erlaubt, ja geboten, denn politische Publizistik ist ein Teil des politischen Ringens, und wer nicht – dosiert, aber doch bewußt – polemisiert, wird weder gelesen noch gehört. Meinem eigenen Temperament kam das entgegen. Heute, beim Rückblick auf diese Zeit besonders intensiver publizistischer Artikulation, läßt sich genau erkennen, wie ich sozusagen von Monat zu Monat die Entwicklung der Außen-, Europa- und Innenpolitik beurteilt habe.

Ein Thema, auf das ich periodisch zurückkam, war die tiefe Malaise, in der Deutschland seit Jahresbeginn 1991 steckte, die sogenannten »neuen Länder« ebenso wie die »alte Bundesrepublik«. Die pazifistischen Aufwallungen im Golfkrieg waren nur der Anfang. Viel schlimmer war die Befürchtung, daß die innere Wiedervereinigung schrecklich danebengehen könnte – ökonomisch und psychologisch. Anfangs diagnostizierte ich darin die wohlbekannte Stimmungsdemokratie, von der Eschenburg bereits Ende der siebziger Jahre gesprochen hatte.[235] Im Grunde wiederholte ich damit nur die ziemlich ratlosen Analysen des Regierungslagers. Es sei, meinte ich, die schwierigste Herausforderung seit den frühen fünfziger Jahren, und man müsse sich die dafür ursächlichen Grundbedingungen realistisch vor Augen führen: Erstens die Tatsache, daß die kommunistische DDR in Staatsbankrott gegangen sei; zweitens, daß die Deutschen aus der »Einst-DDR«, anders als die Polen oder die Ungarn, auf den Einkommens-, Investitions-, Know-how- und Leistungstransfer aus der Bundesrepublik vertrauen könnten mit der Fernperspektive selbsttragenden Wachstums; drittens befinde man sich mitten in einem *Trial-and-Error*-Prozeß (wann sei eine Verschmelzung derart heterogener Systeme und recht unterschiedlich geprägter Menschen schon einmal versucht worden (!?), und viertens müsse man es als natürlichen Vorgang in einer freien Gesellschaft betrachten, daß eine Opposition nichts unversucht lasse, die Bundesregierung madig zu machen: »Was im Parteienstreit begonnen hat, wird auch im Parteienstreit weitergehen.« Doch schließlich verfüge die Bonner Regierung über ein frisches Wählermandat, »das Sanierungsprojekt nach ihren Vorstellungen durchzuführen«.

Über vertiefte Kenntnisse der Bedingungen in den neuen Ländern verfügte ich anfangs nicht. Ich kannte nur die Außenseite: die trostlosen Dörfer und Landstädte, Kopfsteinpflaster aus der Kaiserzeit einerseits, andererseits verstopfte, unfallträchtige Landstraßen sowie die seltsamen Ostblock-Datschen an der Küste in Mecklenburg-Vorpommern, an der wir von Travemünde aus herumfuhren, die in sich zusammensinkenden Straßenzüge und Kirchen in Stralsund oder häßlich heruntergekommene, weiterhin von abgehalfterten Funktionären bevölkerte Gutshöfe auf Rügen.

In Thüringen sah es nicht viel besser aus. Dort war ich in einer Gruppe von Geistes- und Sozialwissenschaftlern damit beschäftigt, die Friedrich-Schiller-Universität in Jena und die anderen Hochschulen dieses schönen, armen Ländchens mit westdeutschen Professoren zu bestücken. Regelmäßig kamen wir in einem großen Sitzungssaal der TH Darmstadt unter Leitung des dortigen Präsidenten Helmut Böhme zusammen, den ich noch aus alten Hamburger Zeiten kannte, um von da aus nach Jena auszuschwärmen, wo die Fabrikhallen von Zeiss größtenteils leer standen und die Geisteswissenschaften in dem schrecklichen runden Turm untergebracht waren, der sich über der ziemlich kaputten Innenstadt erhob, die von gesichtslosen Plattenbauten umsäumt war.

Bürokratische Landnahme konnte man diese Berufungsprozesse nennen, bei denen ich mich nicht besonders wohlfühlte, dies auch deshalb, weil sich in diesen externen Berufungskommissionen das wohlvertraute ideologische Lagerdenken der alten Bundesrepublik fortsetzte. Immerhin beteiligten sich genügend fachlich ausgewiesene Kollegen an dieser Aufgabe, so daß sich die neuen Fakultäten letztlich doch sehen lassen konnten. Aber schön war das alles nicht, genausowenig wie der triumphale Bundesparteitag der CDU in dem gleichfalls noch recht trostlosen Dresden im Dezember 1991.

Da sich meine mikroökonomischen Kenntnisse in Grenzen hielten und da ich alles war, nur kein Verwaltungsfachmann, konnte ich nur hoffen, daß die Neugestaltung und die Milliardentransfers irgendwann greifen würden. Klar war mir jedoch von Anbeginn an eines: Der Wiederaufbau in den neuen Ländern mußte »für eine Reihe von Jahren absolute Priorität vor allen anderen innenpolitischen Vorhaben und Wünschbarkeiten haben«. Mitte April formulierte ich auf einer Tagung in Cadenabbia: »Es gibt nur ein überragendes innenpolitisches Hauptthema der neunziger Jahre – die innere Wiedervereinigung. Einfallsreichtum, Energien, Propagandakünste und guter Wille – alles muß sich in den kommenden Jahren darauf konzentrieren, dieses Thema als das schlechthin überragende ins allgemeine Bewußtsein zu heben und es dann mit langem Atem über vier bis sechs Jahre auf Platz 1 zu halten. Daß dies mit einer Neu-, nämlich Höherbewertung der deutschen Nation und der deutschen Nationalgeschichte verbunden werden muß, daß dabei auch wieder alte deutsche Tugenden wiederzubeleben sind, sei nur am Rande erwähnt. Ein bloß ökonomisches, funktionales Herangehen an die Probleme genügt nicht.«

Ich erwähne solche Ausführungen nicht wegen ihrer besonderen Originalität oder gar ihrer operativen Praktikabilität, sondern nur zur Verdeutlichung meiner damaligen Grundeinstellung. Selbstverständlich lassen sich Millionen weggebrochener Arbeitsplätze nicht mit nationalen Sprüchen wiederherstellen. Doch ein Hauptproblem jener kritischen ersten Jahre nach der Wiedervereinigung lag auch in der Psychologie der westdeutschen politischen und wirtschaftlichen Eliten. Die Interessengruppen waren größtenteils entschlossen, unter völlig veränderten Rahmenbedingungen so weiterzumachen wie bisher und an die Besitzstände nicht rühren zu lassen. Die FDP, ihre Wählerklientel fest im Blick, widerstrebte den unvermeidlichen Steuererhöhungen viel zu lange. Die CDU sträubte sich gegen die überfällige Rentenreform, verteidigte mit Zähnen und Klauen auch obsolete Auswüchse des Wohlfahrtsstaats und setzte die umlagefinanzierte Pflegeversicherung mit der Brechstange durch. Alle Parteien scheuten auch davor zurück, die Milliardentransfers und das Schlachten heiliger Kühe mit der Zielvorstellung zu legitimieren, es gelte, die lange geteilte Nation wieder in einen einigen demokratischen Nationalstaat mit erneuertem Nationalbewußtsein zusammenzuführen. So wünschenswert die europäische Integration auch war, unter diesen Bedingungen wäre es doch geboten gewesen, die bereits stark in Gang gekommene Europäisierung der Entscheidungssysteme zu entschleunigen.

Dieser Hauptpunkt hat mich von Helmut Kohl zunehmend entfremdet, der mit der Adenauer zugeschriebenen, doch auch als Bild sehr platten Parole durch die Lande zog: »Deutsche Einheit und Einheit Europas sind zwei Seiten der gleichen Medaille.« 1998, als alles gelaufen war, habe ich leicht spöttisch formuliert: Helmut Kohl habe bei Wiederherstellung des deutschen Nationalstaats »das spärliche, noch verbliebene Brennholz des deutschen Patriotismus zeitweilig angefacht, den großen Waldbrand aber umsichtig verhindert. Nach den vielgerühmten 329 Tagen wurde das Feuerchen rasch gelöscht.«[236] Ein Bundeskanzler, der so lange wie Kohl bei jeder Bundestagswahl wieder und wieder Wählermehrheiten hinter sich gebracht hat, muß allerdings als Repräsentant tiefliegender Grundeinstellungen seiner Wähler und noch mehr seiner Partei begriffen werden. Hans-Dietrich Genscher und Helmut Schmidt dachten bezüglich der Gleichwertigkeit von Deutschland und Europa übrigens genauso. Wenn ich in meinen Kolumnen und Aufsätzen auf diese Problematik einging, arbeitete ich denn auch deutlich heraus, daß es große Teile der westdeutschen Gesellschaft waren, denen vor dem wiederhergestellten Nationalstaat offen oder doch insgeheim graute. Sie wollten lieber irgendwie in Europa ganz aufgehen oder wenigstens halb aufgehen.

Doch ich gebe zu, daß ich die Melodie »Nation« und »Nationalstaat« in meiner Publizistik jener Jahre nicht mit der Posaune gespielt habe, sondern nur mit der Pikkoloflöte. Mochten sich die konservativen Posaunisten der CDU in Schloß Weikersheim oder der SPD in Gestalt von Brigitte Seebacher-Brandt dieser Themen annehmen. Heute, so muß ich gestehen, betrachte ich diese Zurückhaltung als Fehler, erklärlich wohl deshalb, weil ich mir stets darüber im klaren war, daß nationale Töne im europäischen Ausland wenig erwünscht waren. Aber vielleicht war es doch auch Scheu vor dem antinationalen Zeitgeist, der damals in der Bundesrepublik grassierte.

Kritik an der Bonner Jugoslawienpolitik

Durchgehend entschieden war ich indessen bei einem anderen strittigen Thema in jener ersten Hälfte der neunziger Jahre: Sollte, konnte, durfte die Bundeswehr in sogenannte *Out-of-area*-Einsätze entsandt werden? Diese Fragen stellten sich erstmals im Golfkrieg und dann erneut, als seit Juni 1991 Jugoslawien in einer Abfolge von Kriegen und Bürgerkriegen auseinanderbrach. Allein im Jahr 1991 habe ich gut ein halbes Dutzend scharf formulierte Kolumnen und Aufsätze dazu verfaßt. Wie die meisten Deutschen, die sich damals zur Jugoslawienfrage geäußert haben, war ich kein durch entsprechende Sprachkompetenz ausgewiesener Landeskenner. Auch für mich war Jugoslawien wie für Millionen meiner Landsleute ein Ferienparadies. In der Sonnenglut träumende staubige Feldwege, gesäumt von Lavendelbüschen, bei denen sich Bienen und Hummeln bedienten, auf Krk, unserer ersten adriatischen Urlaubsinsel, oder der weit über Land und Meer emporragende weiße Hotelpalast in Cavtat, wo die Kleinfamilie zweimal Urlaub gemacht hatte, gelegentlich unterbrochen von Ausflügen zu Schiff, so nach dem pittoresken Korčula …

Als sich im Juli 1991 die serbischen Streitkräfte erst auf Slowenien stürzten, dann auf Kroatien, plädierte ich von Anfang an für die völkerrechtliche Anerkennung der Republiken, die aus dem Zentralstaat hinausstrebten. Zwei Gründe schienen mir das zu legitimieren: erstens, das Selbstbestimmungsrecht, und zweitens, die offenkundige Tatsache, daß die serbische Regierung die Kampfhandlungen ausgelöst hatte.[237] Beim Blick auf die weltweit bestehenden Minderheitenprobleme war ich mir natürlich der Problematik des Selbstbestimmungsrechts bewußt und listete – man schrieb den 15. Juli 1991 – fünf Kriterien für eine völkerrechtliche Respektierung des Unabhängigkeitsverlangens auf, die mir auch heute noch einleuchten: erstens müßten die nach Unabhängigkeit strebenden Volksgruppen bereits innerhalb des bestehenden Staates über eine eigene Rechtspersönlichkeit verfügen; zweitens müßte bei diesen Völkern eine vergleichsweise hochentwickelte Rechtskultur und die Bereitschaft zu rechtlichem Vorgehen bestehen, also Unabhängigkeitsstreben ohne Gewaltanwendung und mit Mäßigung. Das müsse – drittens – mit der Bereitschaft zum Aufbau eines pluralistischen Verfassungsstaats und pluralistischer Gesellschaften verbunden sein, wozu – viertens – auch ein wirksamer Minderheitenschutz in dem neuzuerrichtenden Staat gehöre. Wenn aber »herrschende Cliquen im Zentralstaat« zur nackten Gewalt greifen, »um kleinere, schwächere, jedenfalls kaum bewaffnete Völker und Republiken brutal zu unterwerfen«, dann werde – fünftens – aus dem Thema Selbstbestimmung auch eine Frage der Friedenssicherung.[238]

Die Jugoslawienpolitik der EG-Länder erwies sich sehr rasch als schwächlich (»Hilflose Riesen«[239]). Die Vermittlungsbemühungen der EG, der WEU und der KSZE, so konstatierte ich im Oktober, hätten einen Scherbenhaufen hinterlassen.[240] Jetzt gehörte ich zu denen, die eine Anerkennung der bedrängten, von den Serben angegriffenen kroatischen Republik verlangten und damit verbunden die Aufhebung des Waffenembargos. Das Debakel in Jugoslawien verstärkte meine ohnehin schon vorhandene Skepsis gegenüber den ehrgeizigen Versuchen gemeinsamer oder gar gemeinschaftlicher europäischer Außen- und Sicherheitspolitik. »Man muß sogar froh sein«, schrieb ich in der erwähnten Kolumne, »daß die verunglückte Jugoslawienpolitik die Augen dafür geöffnet hat, was in einer Politischen Union möglich ist und was nicht.«

Die Bürgerkriege in Jugoslawien wurden zu einer unendlichen, unendlich fürchterlichen Geschichte. Nach der Anerkennung Kroatiens begab sich die Bundesregierung erneut auf einen Kurs des schwächlichen Finassierens. Der Bundeskanzler, so hörte ich ihn selbst sagen, mißtraute allen Führungsfiguren auf dem jugoslawischen Kriegs- und Diplomatie-Schauplatz, Slobodan Milošević, Franjo Tuđman und Alija Izetbegović. Er war entschlossen, sich seine Frankreich-, England-, Amerika- und Rußlandpolitik nicht durch die Balkanwirren kaputtmachen zu lassen. Ich selbst betrachtete die legalistisch verbrämte deutsche Zurückhaltung zunehmend als kläglich, plädierte für strenge Maßnahmen gegen Serbien und später für die Unterstützung der Bosniaken (»Partei ergreifen!«[241]), sah zwar die Grenzen deutscher Möglichkeiten, beklagte gelegentlich, daß die NATO nicht im Herbst 1991 bei der Belagerung von Dubrovnik mit Luftschlägen gegen serbische Anlagen eingegriffen hatte,[242] kritisierte die Serben, die in Bosnien politische Leichenfledderei betreibenden Kroaten, vor allem aber die westlichen Kabinette, die Bundesregierung mit inbegriffen, beklagte die Uneinigkeit in der NATO und formulierte gelegentlich sarkastisch, die ehrgeizige Europäische Gemeinschaft mit ihren 340 Millionen Einwohnern hätte »als Ordnungsmacht kläglich versagt: Das bankrotte Rumpf-Jugoslawien tanzt der EG auf der Nase herum.« »Deutschland«, konstatierte ich unwillig, »wird zur Kenntnis nehmen müssen, daß es für die Gestaltung multilateraler Außen- und Sicherheitspolitik in Ausnahmesituationen leider überhaupt keine Patentrezepte gibt, weder das einer vorrangigen Befassung der EG und der WEU noch der NATO oder der UN.« Man müsse sich durch die *interblocking institutions* wohl oder übel durchwursteln.

Meine Bedenken gegen eine Europäische Wirtschafts- und Währungsunion

Vom Jahr 1991 an datiert aber auch meine zunehmende Skepsis gegen die Pläne einer Europäischen Wirtschafts- und Währungsunion. Während der Arbeiten an Adenauer 2 und in den Anfängen des Sommersemesters 1991 hatte ich mir die Zeit genommen, für *Die Welt* eine kritische Bewertung der hochfliegenden Europapläne der Bundesregierung vorzunehmen.[243] Der Ausarbeitung gab ich den Titel »Europa 1991« und stellte fest: »Das offizielle Bonn hat sich auf ein Konzept eingelassen, das seit längerem eine Eigendynamik entfaltet und kein kurzfristiges Umsteuern mehr gestattet. Je weiter es jedoch in den Verhandlungen dieses Jahres geht, um so deutlicher treten auch bestimmte innere Widersprüche und gedankliche Unschärfen der bisher ziemlich konsequent verfolgten Ansätze zutage …

In der Bilderwelt der politischen Rhetorik nimmt sich alles recht schön aus. Das Dach der neuen Europäischen Gemeinschaft soll gewissermaßen auf drei Säulen ruhen, deren jede die schwere Last stützt und im Gleichgewicht erhält. Eine erste dieser Säulen ist die Wirtschafts- und Währungsunion, über die seit dem 15. Dezember 1990 intensiv verhandelt wird. Ihre zweite Stufe soll bereits am 1. Januar 1994 erreicht sein. Und wenn die Vorschläge der Luxemburger Präsidentschaft vom 22. April 1991 angenommen werden sollten, könnte die Entscheidung über die Errichtung einer Europäischen Zentralbank bereits im Jahr 1996 erfolgen.

Als zweite Säule des Konzepts ist die Politische Union gedacht. Sie versteht sich als eine fundamentale Umgestaltung zwischen den Organen der Gemeinschaft, auch das mit dem Ziel, das einzelstaatliche Handeln unausweichlich in integrative Entscheidungsstrukturen einzubinden …

Als eine Art dritte Säule des deutschen Konzepts liegt nun noch der gemeinsam von Bundeskanzler Kohl und Präsident Mitterrand am 6. Dezember 1990 formulierte Vorschlag auf dem Tisch, die Politische Union solle auch neben gemeinsamer Außenpolitik ›eine echte gemeinsame Sicherheitspolitik‹ umfassen …«

»Das hätte«, fuhr ich fort, »tiefgreifende Rückwirkungen auf die Gesamtheit der Innenpolitik und der Außenpolitik aller Mitgliedstaaten, in erster Linie aber auf den stärksten unter ihnen: das wiedervereinigte Deutschland.« Um so erstaunlicher sei, daß diese Priorität ganz anders als die Probleme der inneren Wiedervereinigung »weitgehend nur unter Experten und den Sachwaltern der beteiligten Institutionen diskutiert werden. Eine fast revolutionäre Innovation sowohl der politischen Systeme wie der gesamten Europäischen Gemeinschaft soll im Lauf der nächsten Wochen und Monate auf den Weg gebracht werden, doch die Wähler mitsamt der politischen Klasse nehmen das gar nicht richtig zur Kenntnis …

Jede der drei tragenden Säulen des deutschen Konzepts läßt zwar gute Absichten erkennen, die den Beifall aller Wohlmeinenden verdienen. Prüft man sie aber genauer, so lassen sich gewisse Zweifel an der Machbarkeit, doch auch an der Wünschbarkeit des Vorhabens nicht völlig verdrängen …«

Der Reihe nach diskutierte ich nun jede der drei Säulen. Die Verhandlungen über eine Wirtschafts- und Währungsunion waren noch im Fluß, aber was ich an Bedenken formulierte, hat sich aus heutiger Sicht voll bestätigt: »Sie ergeben sich vorwiegend aus der Überlegung, daß die nationalen Legislativen und die Gebietskörperschaften auch nach Errichtung einer Wirtschafts- und Währungsunion weiterhin über rund die Hälfte des Bruttosozialprodukts ihrer Länder verfügen würden, sei es in Form von Steuern, sei es durch gesetzlich verfügte sozialpolitische Umverteilungsmaßnahmen. Von hier aus ginge also wie bisher ein ungeheurer Druck auf die Regierungen aus, unter bestimmten Bedingungen für eine Politik des leichten Geldes einzutreten oder zumindest eine mehr oder weniger exzessive Verschuldung hinzunehmen.

Kann man sich wirklich vorstellen, daß ein unpolitisches Gremium von Bankfachleuten mit engen Bindungen an die jeweiligen Herkunftsländer, das (nach damaligem Stand) ohnehin nur auf fünf Jahre gewählt ist, starkem Druck widerstehen könnte, selbst wenn es dies mehrheitlich wollte?

Hinzu kommt, daß die bisherigen Verhandlungen noch nicht widerspruchsfrei klären konnten, wieweit die Leitlinien und Empfehlungen des Europäischen Rats greifen würden, selbst wenn die Europäische Notenbank formal völlig unabhängig wäre.

Solange eben nicht eine entscheidende Verlagerung der gesetzgeberischen Zuständigkeiten, des Rechts zur direkten Steuererhebung und der haushaltspolitischen Zuständigkeiten auf die Europäische Gemeinschaft vollzogen ist, sind Divergenzen der Wirtschaftspolitik und der nationalen Haushaltspolitiken so gut wie unvermeidlich. Käme es aber tatsächlich zu einer Zuständigkeitsverlagerung in größtem Stil, dann hätte man bereits den Europäischen Bundesstaat und nicht mehr eine viel unverbindlichere Politische Union. Doch im Bundesstaat sehen alle Beteiligten allenfalls ein Fernziel, wenn sie ihn nicht wie etwa Großbritannien überhaupt ausschließen.«

Angesichts des nur allzu deutlichen französischen Drängens auf frühzeitige Festlegung gemeinsamer Geldpolitik hielt ich es fürs Klügste, auf Zeit zu spielen, und schloß diesen Teil der Überlegungen mit der Feststellung ab: »Vorerst ist eine entschiedene Koordination der Geldpolitik durch die Notenbankgouverneure in Verbindung mit nachhaltigen nationalen Bemühungen um Angleichung der wirtschaftspolitischen Konvergenz das unriskantere Konzept. Es entspräche auch mittelfristig den wohlverstandenen Interessen Deutschlands viel besser als die großartige Maximallösung einer Währungsunion, mit der sich nach Lage der Dinge eben doch noch keine echte Wirtschaftsunion verbinden würde.«

Auch der Blick auf die zweite Säule ließ eher Widersprüche erkennen. Was konnte das nach wie vor ziemlich machtlose Europäische Parlament zum Gelingen der Wirtschafts- und Währungsunion beitragen? Überhaupt: Wünschten eigentlich die großen und manche der kleineren Partnerländer jene integrierten Entscheidungsprozesse, wie sie der Bonner Regierung vorschwebten? Mein Fazit, das die entsprechenden Ergebnisse des Maastrichter Gipfels voraussagte: »Mehr als eine komplizierte Verstärkung der Entscheidungsstrukturen von Rat und Kommission mit einigen mehr dekorativen Verbesserungen für das Europäische Parlament dürfte vorerst nicht zu erreichen sein.«

Unnötig zu sagen, warum ich das Herumwerkeln an einer dritten Säule – gemeinsame Sicherheitspolitik – für ziemlich unergiebig hielt, aber auch für riskant. Amerika und die NATO würden für die Neuordnung im labilen Ostmitteleuropa genauso dringend gebraucht wie zuvor im Kalten Krieg. Und an den sozusagen klassischen strategischen Auffassungsunterschieden zwischen England, Frankreich, Deutschland, Italien hatte sich wenig geändert. »Wie soll man im EG-Rahmen eine gemeinschaftliche Verteidigungspolitik mit Mitgliedern entwickeln, die dabei von diametral verschiedenen Sicherheitskonzepten ausgehen?« Das und manches andere Kritische zur dritten Säule hatte ich übrigens im Mai 1991 geschrieben – also ein paar Monate bevor sich die EG-Regierungen in der Jugoslawienfrage völlig auseinanderdividierten.

Alles in allem leuchtete mir weder das deutsche Konzept für »Europa 91« ein noch das Hauptmotiv dafür, die Angst vor der eigenen Größe: »Auch im Ausland begreift man inzwischen, daß sich Deutschland mit der Wiedervereinigung eine ungeheure Last aufgeladen hat. Kein Gedanke daran, in den neunziger Jahren könnte ein gewaltiger Koloß heranwachsen, der Bäume ausreißt! ... Wir werden viel eher zu einem Land, das künftig mit sich selbst sehr viel zu tun hat und sich bei seinen europapolitischen Vorhaben etwas bescheidener gerieren sollte. Ein solches Land läßt sich aber durchaus in ein nur mäßig verbessertes EG-System einbinden ...«

Ich beschloß diese Überlegungen mit einem schönen Zitat, das ich bei dem alten Samuel von Pufendorf gefunden hatte: »Staaten nämlich, die leichtfertig, spontan und ohne vorher die zukünftige Verfassung sorgfältig bedacht und geordnet zu haben, in einen Bund schlittern, können ebenso wenig einen harmonischen Körper bilden, wie ein Schneider ein vornehmes Kleid verfertigen kann, wenn er den Stoff zugeschnitten hat, bevor feststand, ob es ein Kleid für einen Mann oder eine Frau werden sollte.«[244] Der ursprünglichen Fassung hatte ich deshalb die Überschrift gegeben: »Die Europa-Schneider«.[245]

Daraus ergab sich als Resümee: »Mit ihren derzeitigen europapolitischen Vorstellungen erinnert die Bundesregierung doch etwas an einen solchen Schneider. Ohne es sich selbst und den Beteiligten voll einzugestehen, ist sie drauf und dran, einen Quasibundesstaat zurechtzuschneiden, während doch alles dafür spricht, daß Europa noch auf längere Zeit ein Verbundsystem halbautonomer Demokratien bleiben wird, von denen zumindest die Großen unter ihnen weiterhin an ihren eigenen Steuern, an ihrer nationalen Haushaltsautonomie, an ihrer autonomen Sozialpolitik und letztlich auch an ihrer im Prinzip doch individuellen Außen- und Verteidigungspolitik festhalten möchten. Der europäische Bundesstaat bleibt leider eine Aufgabe für das 21. Jahrhundert.« Aus Sicht des zweiten Jahrzehnts dieses Jahrhunderts füge ich hinzu: Hat sich an der grundlegenden Problematik bis zum heutigen Tag viel geändert?

Wie sich zeigte und wie ich befürchtet hatte, ließ sich die Bundesregierung von ihrer maximalistischen Europapolitik, die zum Vertrag von Maastricht führte, nicht abbringen, weder durch den Widerstand Englands noch der Niederlande. Wohl aber ließen die Hauptakteure auf der Bonner Bühne – Kohl, Genscher und Waigel – deutlich erkennen, daß sie unbekümmert von allen Einwänden entschlossen waren, die von Frankreich initiierte Europäisierung der D-Mark zu akzeptieren.

Vier Tage vor der Konferenz von Maastricht faßte ich meine Bedenken nochmals in einer *Welt*-Kolumne zusammen.[246] Pragmatisch, wie ich in den Fragen des europäischen Zusammenschlusses immer gewesen bin, plädierte ich dort für eine Politik der kleinen Schritte, »die schließlich doch weit führen«, warnte aber vor einer überstürzten Zustimmung zu einer Wirtschafts- und Währungsunion. Angesichts der weitreichenden Bedeutung von Maastricht und im Licht der heutigen Erfahrungen verdient es diese Kolumne, in einiger Ausführlichkeit zitiert zu werden.

Zwar werde seit Monaten mit steigender Heftigkeit über die sogenannte Politische Union der EG-Staaten diskutiert, kritisierte ich, »erstaunlich ist es aber, wie vergleichsweise wenig im Vorfeld von Maastricht von der Wirtschafts- und Währungsunion gesprochen wird. Die Idee einer Währungsunion ist bekanntlich französischen Ursprungs. Der Kommissionspräsident Jacques Delors arbeitet seit 1988 darauf hin. Als der Wiedervereinigungsprozeß in Gang kam, verstärkte sich das Drängen aus Paris, die künftige deutsche Großmacht durch Vergemeinschaftung ihres stärksten Einflußinstruments – der D-Mark – europäisch zu domestizieren. Es fiel nicht schwer, Italien, die Benelux-Staaten und Dänemark für diese Absicht zu gewinnen. Und in den Nöten ihrer Wiedervereinigungspolitik ist die Bundesregierung ein entsprechendes Commitment eingegangen, das nun honoriert werden soll.

Zudem beschleicht die deutschen Politiker beim Gedanken an die Kraft des wiedervereinigten Deutschland ein spürbares Unbehagen. Sollte man, so fragen sie tief in ihrem Herzen oder posaunen dies gar offen heraus, nicht allen denkbaren Komplikationen deutscher Großmachtlage in der Mitte Europas entgehen, indem man Deutschland flugs in der EG aufgehen läßt? Und so macht es sich günstig, daß die Nachbarn die Anregung gerne aufgreifen, indem sie rasch nach der einerseits begehrten, andererseits aber oft auch lästig starken D-Mark schnappen.

Nun mag ja alles, was sich das politische Establishment Bonns in wohlbekannter Mischung von Idealismus, wirtschaftlicher Kosten-Nutzen-Analyse, Schlauheit und Unsicherheit von einer einzigen europäischen Währung erhofft, erwägenswert sein. Gründlich und kritisch diskutiert worden ist die Frage jedenfalls noch nicht so, wie dies ihrer Bedeutung entsprochen hätte. Man müsste schließlich fragen, ob den wohlverstandenen Interessen der Bundesrepublik, aber auch Europas, mit einem verbesserten Europäischen Währungssystem nicht besser gedient wäre als mit dem sehr riskanten Experiment einer einheitlichen Währung für zwölf sehr verschiedenartige Staaten.

So, wie die Dinge liegen, ist die Erwartung auf Konvergenz der Wirtschaftspolitik nach Einführung einer einzigen europäischen Währung bestenfalls eine schöne Hoffnung. Und selbst wenn alle Regierungen zur Haushaltsdisziplin und zu sonstiger Stabilitätspolitik bereit sein sollten – leider sind sie es nicht –, so wären sie dennoch nicht in der Lage, die Sozialpartner ihrer Länder zur Disziplin anzuhalten.

Doch ist die Stabilitätsfrage nicht der einzige Aspekt, der Beachtung verdient. Weltweit gibt es derzeit faktisch drei Leitwährungen – den Dollar, den Yen und die D-Mark. Wenn die Bundesrepublik Deutschland internationales Gewicht und

Ansehen hat, dann vor allem auch dank ihrer Währung. Seit der Senkung des Richtzinssatzes durch die amerikanische Zentralbank am 6. November 1991 läßt sich wieder einmal studieren, welche Bedeutung die D-Mark hat. Alles flieht aus dem Dollar in die D-Mark, um von den derzeit hohen Zinsen zu profitieren. Nicht einmal das in den vergangenen Jahren stabilitätspolitisch so tugendhafte Frankreich findet Interesse, von England und Italien ganz zu schweigen …

Kann das alles wirklich im deutschen Interesse sein? Haben die Verantwortlichen tatsächlich hinlänglich skeptische und eigenständige Überlegungen angestellt, welche Zusammenhänge zwischen deutscher wirtschaftlicher Leistungskraft und der gesunden eigenen Währung bestehen? Ist die Stellung unseres Landes in einer durch scharfe Konkurrenz gekennzeichneten Staatengesellschaft wirklich so bärenstark und so ungefährdet, daß man dieses Einflußmittel frohgemut aus der Hand geben darf?

Und was wird überhaupt aus der stabilitätsorientierten Wirtschaftspolitik in Europa, wenn der jahrzehntelange Stabilitätsanker der Frankfurter Bundesbank losreißt? Wäre das wirklich im wohlverstandenen europäischen Interesse?

Man mag auf derartige Fragen unterschiedliche Antworten geben. Die lässige Großzügigkeit, mit der die deutsche Politik in allen Parteilagern die monetäre Unabhängigkeit, damit aber den innersten Kern der Wirtschaftsgesellschaft des Landes, zur Disposition stellt, wird aber spätestens dann einen politischen Sturm heraufbeschwören, wenn sich die unschwer prognostizierbaren Nachteile zeigen. Bonn wäre also gut beraten, auch in der Währungsfrage auf Zeit zu spielen und definitive Entscheidungen in die zweite Hälfte des Jahrzehnts zu verschieben.« Goldene Worte, die natürlich in den Wind geschrieben waren!

Bekanntlich hat sich der Bundeskanzler, Konvergenzkriterien hin oder her, in Maastricht unter dem Druck François Mitterrands und Giulio Andreottis auf einen festen Termin für den Eintritt in die dritte Phase eingelassen.

Ich bin in den folgenden Jahren noch gelegentlich auf die Pläne der Währungsunion kritisch zurückgekommen,[247] habe diese Streitfrage aber doch nicht zum vorrangigen Thema meiner publizistischen Zwischenrufe gemacht. Dafür gab es eine Reihe guter Gründe. Ich war und bin kein Fachmann in internationalen Währungsfragen. Der Schuster soll bei seinen Leisten bleiben. Zudem hatte es nach den großen Währungskrisen der Jahre 1992 und 1993 ohnehin zeitweilig den Anschein, als würde das riskante Projekt ganz von selbst an den Realfaktoren der Finanzmärkte und der überschuldeten Staatshaushalte scheitern wie schon einmal der Werner-Plan in den frühen siebziger Jahren. Ich gestehe auch offen, daß ich selbst dann, als das Projekt in den Jahren 1995 und 1996 wieder an Tempo gewann, trotz angeborener Skepsis in die Vernunft der deutschen Verantwortlichen damals noch größeres Zutrauen hatte, als sie das verdient haben.

Diskussionen in der Deutschen Gesellschaft für Auswärtige Politik über »Deutschlands neue Außenpolitik«

Die Fragen »Wo steht das wiedervereinigte Deutschland? Wohin geht die Reise? Wohin soll es gehen?« ließ mich nicht los. Karl Kaiser und Hanns W. Maull hatten 1992 im Forschungsinstitut der DGAP ein schließlich auf vier Bände anwachsendes Forschungsprojekt mit dem Thema »Deutschlands neue Außenpolitik« in Gang gebracht. Das Vorhaben begann mit einem Symposion, auf dem, wieder einmal, »die üblichen Verdächtigen« aufeinanderstießen wie einstmals, ein Vierteljahrhundert war das nun schon her, in der zweiten Hälfte der sechziger Jahre in der Studiengruppe »Internationale Politik« der Deutschen Vereinigung für Politische Wissenschaft: Karl Kaiser, Dieter Senghaas, Hanns Maull und, damals war er noch nicht dabei gewesen, Lothar Rühl.

Bei dem Symposion vom Dezember 1992, das als eine Art Startschuß für das erst 1998 beendete Projekt gedacht war, drehte Karl Kaiser am großen Rad der Interdependenz von Europa bis zu den Vereinten Nationen und stellte, wie konnte es auch anders sein, die USA als »Ordnungsmacht« heraus, freilich nur noch mit eingeschränkter Handlungsfähigkeit und Gestaltungsbereitschaft. Rühl, inzwischen Staatssekretär a. D. und Privatdozent an meiner alten Kölner Universität, wo er bald die hochverdiente Professur erhielt, definierte vier auch für Deutschland geeignete Fähigkeiten zur Bestimmung der nationalen Interessen: internationale Kooperationsfähigkeit, internationale Koalitionsfähigkeit, Allianzfähigkeit und Partnerschaftsfähigkeit in der Europäischen Gemeinschaft.

Dieter Senghaas, der inzwischen seine Theorien von innengeleiteten Rüstungswettläufen und autarker Modernisierung von »Dritte-Welt-Staaten« in die Mottenkiste verbannt hatte, wo sie hingehörten, arbeitete überzeugend heraus, daß die Befürchtungen einer Ostorientierung schon aufgrund der wirtschaftlichen Verflechtungen »bar jedes Fundaments in der Wirklichkeit« seien, stimmte die altbekannten Melodien des »Handelsstaats« und des Multilateralismus an, desgleichen die der »Selbstbindung« Deutschlands in EG-Europa qua Souveränitätsabbau, äußerte aber Zweifel an dem Ziel einer »Staatswerdung Europas«. Maull ritt bereits das Rößlein der »Zivilmacht«, das von den Grünen und nicht nur von ihnen freudig aufgegriffen wurde, wobei er jedoch – die Brände in Jugoslawien waren noch nicht gelöscht – die Beteiligung deutscher Streitkräfte an einer »gemeinsamen Feuerwehrtruppe« nicht ausschloß. Dieses Konzept war historisch und politisch unvorsichtig zugleich. Die hochgerüstete Bundesrepublik mit ihrer kampfstarken Bundeswehr war die ganzen sechziger, siebziger und achtziger Jahre hindurch alles gewesen, nur keine Zivilmacht. Und wie sollte die EU in unvoraussehbaren sicherheitspolitischen Stürmen bestehen, wenn sich die stärkste Macht zur Zivilmacht erklärt!

Ich selbst polemisierte bei dieser Gelegenheit gegen ein programmatisches Rollenverständnis zu Orientierungszwecken: Es werde nur in die Irre führen. Genauso spöttisch verfuhr ich mit dem Identitätsbegriff (»deutsche Identität«, »europäische Identität«: »Das Hohlgefäß gibt einen schön dumpfen, erwünscht unklaren Ton«[248]). Dann ging ich zu einem meiner Lieblingsthemen über: Wie eng man auch immer den Integrationsverbund in der EG knüpfe und wie eng die wirtschaftlichen Verflechtungen seien, Europa bleibe ein Staatensystem. Der Begriff »postnationale Staaten« treffe auf die Demokratien im EG- und EFTA-Bereich durchaus zu. Anders als auf dem Balkan oder in den souverän gewordenen Republiken der UdSSR trete die Nation nicht mehr als politisch verfaßte »Ethnie« auf, sondern als demokratisch verfaßte Wirtschaftsgesellschaft mit recht unterschiedlicher Binnenstruktur: »Arbeitsgesellschaften also mit unterschiedlicher Arbeitsorganisation, Produktivität und Wohlhabenheit, Wohlfahrtsstaaten mit höchst unterschiedlichen Gestaltungsweisen der Alters- und Arbeitslosenversicherung, des Erziehungswesens, der Armenfürsorge, des Gesundheitswesens, Umverteilung-, Geldaufbringungs- und Geldverteilungsgesellschaften mit höchst unterschiedlicher Kapitalausstattung, mit unterschiedlichem Sparverhalten, mit unterschiedlicher Besteuerung und unterschiedlicher Steuermoral«.

Fazit dieser Beobachtungen: Es sei recht abwegig zu erwarten, »diese demokratisch verfaßten und recht unterschiedlich orientierten, auch recht unterschiedlich großen und erfolgreichen Staatsvölker könnten sich bereitfinden, ihre Zukunft etwa vorbehaltlos in einen Bundesstaat oder auch nur in eine klar zum Bundesstaat hin gravitierende Europäische Union einzubringen«.

Den Plan einer Währungsunion bezeichnete ich als »ähnlich hybride Konstruktion wie seinerzeit die Europaarmee der Jahre 1952–1954 im Rahmen der EVG – gut gemeint, aber methodisch fehlkonzipiert, mehr Widerstände provozierend als einheitsstiftend, als alternativlos dargestellt und doch wahrscheinlich zum Versanden bestimmt. Jedenfalls ist davon auszugehen, daß die Staatsvölker auch im Westen ein hohes Maß an Autonomie festhalten wollen, doch bei gleichzeitiger Fortentwicklung der Vernetzung, sofern man ihre Integrationsbereitschaft nicht überstrapaziert.«

Etwas vorschnell meinte ich: »Ob diese Völker mehrheitlich einen demokratischen Bundesstaat wollen, darf man bezweifeln. Daß sie aber keine demokratisch unkontrollierbare Kombination von sehr mächtigem Europäischem Rat mit einer technokratischen Zentralbank wollen, dürfte sich herauskristallisieren.« Für die deutsche Außenpolitik bedeute dies, »daß die Überführung des wiedervereinigten Deutschland in eine Europäische Union oder gar einen Bundesstaat objektiv nicht möglich ist. Ob die Errichtung eines Europäischen Bundesstaates überhaupt klug wäre, mag dahingestellt bleiben, denn die Partner sind zu seiner Errichtung nicht bereit.«

In diesem Stil fuhr ich fort und schloß: das *ens realissimum* zeitgenössischer Außenpolitik seien »die industriellen Demokratien des Westens, deren Selbstsucht und Selbstbezogenheit den jeweiligen Völkern ebendeshalb so berechtigt erscheinen, weil sie demokratisch legitimiert sind. Eine solche Demokratie ist auch das wiedervereinigte Deutschland. Sie wird sich deshalb genauso wenig auflösen wollen und können wie die europäischen Partner. Davon ist auszugehen.«

An den folgenden Grundsatzdiskussionen von Band 1 habe ich mich weiter beteiligt und bin dabei auch auf die historischen Ängste eingegangen, die im Argumentationsarsenal der CDU, der SPD und besonders auch der Grünen als Allzweckwaffe zur Begründung engster »Einbindung« in Europa ständige Verwendung fanden.[249] Mit Blick auf die deutsche Geschichte habe ich in einem weiteren Aufsatz vier Herausforderungen der deutschen Außenpolitik herauspräpariert, zu umschreiben mit den Stichworten Großmacht, Nationalstaat, Mittellage und verfassungspolitischer Sonderweg.

Den verfassungspolitischen Sonderweg betrachtete ich als eine überholte Besorgnis. Der demokratische Verfassungsstaat in der Bundesrepublik sei seit langem konsolidiert. Außerdem habe sich 1990 keine autonome Großmacht durch Wiedervereinigung vergrößert, »sondern ein postmoderner Staat, der sich öffnet und zur rechtlich geregelten Einwirkung auf die eigenen Angelegenheiten geradezu einlädt«.

Sehr viel zurückhaltender beantwortete ich die Frage, ob sich »die deutsche Großmacht diesmal besser als Europa-kompatibel erweisen wird als das gescheiterte Deutsche Reich«. Alle Anzeichen sprächen dafür, daß sich der deutsche Staat nicht, wie das ein CDU-Parteitag noch 1992 gefordert habe, in einem europäischen Bundesstaat auflösen werde: »Der Hauptgrund für die Fortdauer der deutschen Staatlichkeit ist in der mangelnden Bereitschaft der EU-Staaten, größerer wie kleinerer, zu sehen, einen europäischen Bundesstaat zu schaffen. Selbst wenn sich in Deutschland klare Mehrheiten dafür finden würden, fehlen die Partner.«[250] Altverwurzelte nationalistische Neigungen seien gar nicht mehr das Hauptproblem, vielmehr die Tatsache, daß die Länder der EU Demokratien sind. In kürzerer oder längerer nationalstaatlicher Geschichte hätten sich die konstitutiven Elemente moderner Demokratien herausgebildet: »komplexe Verfassungsordnungen und Verwaltungssysteme, Parteiensysteme, nationale Gewerkschaften, binnenstaatlich organisierte Mediensysteme, politische, administrative und erzieherische Eliten, die jeweils mehr oder weniger ausschließlich auf den bestehenden Staat bezogen sind«. Diese Wirtschaftsgesellschaften hätten seit den fünfziger Jahren gelernt, sich systematisch und multilateral zu verbinden. Doch enge Verflechtungen konstituierten noch keine europäische Nation. Die unvermeidliche Folge: »In diesem komplizierten System wird die Bundesrepublik Deutschland auch künftig den Part der stärksten Wirtschaftsmacht spielen. … Deutschland kann seiner Größe und Leistungsfähigkeit nicht entkommen.«

Konfliktfrei werde es deshalb auch in Zukunft nicht abgehen: »Wenn eine große, offene Demokratie mit vielen anderen Partnern in komplizierten Regelsystemen

(EU, WEU, NATO) kooperiert und zu allem hin noch die Gegensätze zu den Nichtmitgliedern der Regelsysteme auszugleichen hat, sind Spannungen ganz unvermeidlich. Sie werden bei jenen Staaten auftreten, die aus welchen Gründen und mit welcher Berechtigung auch immer das sehr starke Deutschland als bedrückend empfinden und bestimmte politische Entscheidungen oder Nichtentscheidungen dieses stärksten Partners ressentieren. Dabei ist die Herstellung antideutscher Koalitionen innerhalb der Regelsysteme nicht auszuschließen.« Schlußfolgerung: »Wenig spricht also dafür, daß Deutschland dem Dilemma seiner Größe auf dem langen Weg nach Europa wird entkommen können.«[251]

Eine günstigere Lage habe ich hinsichtlich der Überwindung des Nationalismus konstatiert: »In der Bundesrepublik ... dominieren individualistische, universalistische, utilitaristische und durchweg säkulare Einstellungen – kein Gedanke mehr an die Quasireligiosität eines aufs deutsche Volk oder auf das Deutsche Reich fixierten Nationalismus jener Jahrzehnte, in denen die Deutschen dumpfer, hochmütiger, ängstlicher, provinzieller und viel weniger klug gewesen sind.« Deutschland habe, anders als manche Völker auf dem Balkan oder der Kaukasusregion, »die romantische Narrenphase des völkischen Nationalismus hinter sich«.[252]

Auch für die damals unendlich viel bequatschte »Mittellage« Deutschlands diagnostizierte ich ein Dilemma. Deutschland befand sich damals »am Rande zweier Welten« – einerseits der weitgehend konsolidierte, prosperierende Westen (die OECD-Welt nannten das Kollegen wie Senghaas), andererseits der Großraum in Ostmitteleuropa, Osteuropa und auf dem Balkan mit labilen Demokratien und Volkswirtschaften in sehr prekärer Übergangslage. Manche befürchteten damals, in dieser Region könne es zu einer Art »Lateinamerikanisierung« kommen mit periodischen Regimewechseln und Wirtschaftskrisen. Das mächtige Deutschland befände sich dann in einer Lage wie die USA gegenüber Lateinamerika. Das müsse nicht eintreten, formulierte ich, könne aber eintreten. Nicht die Größe Deutschlands sei hier das Problem, sondern die Größe der Probleme. (Tatsächlich ist dann die Entwicklung sehr viel günstiger verlaufen, woran die deutsche Hilfe einen maßgeblichen Anteil hatte.) Für das deutsche Dilemma, so mein Fazit, gebe es jedenfalls keine Endlösung.

Diese Beiträge gehörten, wie erwähnt, in den Gesamtkontext einer vergleichsweise intensiven innerdeutschen und internationalen Diskussion über die Zukunft des größer gewordenen Deutschland. 1991, 1992 und 1993 kamen in den USA, Frankreich, Italien und in Deutschland selbst ständig neue Monographien oder Sammelbände auf den Markt, in denen Deutschland-Experten oder irgendwelche besorgte Publizisten in dem Themenbrei herumrührten. Konnte und durfte ich mich absentieren? Natürlich nicht, und so nahm ich mir vor, aus meinen wenigen bereits vorliegenden Beiträgen und aus entsprechenden neu zu schreibenden Essays ein Buch zu machen, das vielschichtig, historisch tiefschürfend und provozierend sein sollte.

»Die Zentralmacht Europas«

Wie läßt sich die Lage Deutschlands auf den Begriff bringen? So fragte ich damals wie so viele meiner Kollegen. Schließlich fand ich bei dem längst vergessenen Göttinger Diplomatiehistoriker Arnold Heeren die Antwort. Er hatte während der Napoleonischen Ära und in den Anfängen der Restaurationszeit für das nach langem Todeskampf inzwischen verschiedene Heilige Römische Reich Deutscher Nation, aber auch für einen potentiellen künftigen Nationalstaat, das Stichwort gefunden: der »Centralstaat« Europas. Ich machte daraus *Die Zentralmacht Europas* und arbeitete so wie Heeren die Ambivalenz dieser Großmacht heraus.

In den Monaten des Sommers und im Frühherbst 1993 war ich sichtlich in produktiver Stimmung. Das regelmäßige Kolumnenschreiben für *Die Welt* war meiner essayistischen Begabung gut bekommen. Wie schon einmal, als 1985 *Die gezähmten Deutschen* entstanden waren, sind damals die tragenden Teile dieses Buches in wenigen Wochen entstanden.

Irritiert hatte ich beobachtet, welche Faszination die Geschichtsbilder unlängst vergangener oder schon weit zurückliegender Epochen auf die zeitgenössische Lagebeurteilung ausübten. Die modernen Entscheidungsprozesse sind zwar durch ein Höchstmaß technokratischer Kompliziertheit gekennzeichnet. Doch jene Spitzenpolitiker, die an den Schalthebeln hantierten, lassen sich weiterhin, so wie die Mächtigen aller Zeiten, in starkem Maß von historischen Obsessionen leiten, dabei ermutigt, verführt und verunsichert durch Herden von Intellektuellen, die in analytischen Aufsätzen, in Leitartikeln, in feuilletonistischen Beiträgen, in rasch herausgeschleuderten, leichtgewichtigen Büchern oder in teigigen Sammelbänden gleichfalls die Gespenster der Vergangenheit wiederbeleben. Selbstverständlich war mir nur allzu gut bewußt, daß auch ich selbst zu diesen Intellektuellen gehörte, die in dem großen Staatszirkus herumturnten, doch das war nun eben wohl oder übel meine selbstgewählte Aufgabe.

Dekonstruktion war damals die große Mode, und so dekonstruierte ich am Schreibtisch in der Welfenstraße mit Blick auf die üppig blühenden Geranien, über die Bäume und Dächer bis hin zum Petersberg ganz in der Ferne erst in der Sommerschwüle und dann in den erfrischenderen Tagen des Septembers und Anfang Oktober Kapitel für Kapitel mit weichem Bleistift, wie ich das in den Jahren kurz vor Einführung des Computers gewohnt war, gab die handgeschriebenen Manuskripte an die Damen im Sekretariat zum Abschreiben, korrigierte, fügte Neues hinzu, baute die Texte um und würzte alles mit spöttischen und kundigen Fußnoten. Als das Wintersemester begann, waren jene Stücke fertig, die im fertigen Buch unter der Überschrift »Gespenster der Vergangenheit« figurierten und in denen ich die Phobien, Erwartungen und schiefen Geschichtsbilder zerlegte: »Einkreisung«, »deutsch-französische Alpträume«, »das Vierte Reich«, »Mitteleuropa«. Ein paar der Stücke schied ich schließlich aus oder schmolz sie in die für publikationswürdig erachteten Kapitel ein. Es waren dies die in jenen Jahren nie ganz gebannten und seit 2014 reaktivierten Szenarien eines Wiederauflebens des Kalten Krieges und ein Vergleich des Bismarck-Reichs mit dem Dritten Reich.

Auch die über 80 und mehr Buchseiten mäandernde, analytische Studie »Zentralmacht Europas im europäischen Staatenverbund« ist im Frühherbst 1993 weitgehend fertig geworden, als das EWS-System von den Finanzmärkten erschüttert wurde und ganz Europa auf das Maastricht-Urteil des Bundesverfassungsgerichts vom 12. Oktober 1993 wartete. In der ursprünglichen Fassung hatte sie die Überschrift: »Die Zukunft, die wir nicht erwartet hatten: postmoderner Nationalstaat und europäische Großmacht«. Die Urfassung des Buches erhielt im November[253] den vorläufigen Titel »Die entfesselten Deutschen. Vom geteilten Land zur Zentralmacht Europas« und war in drei Teile gegliedert: »Gespenster der Vergangenheit«, »Bewußtseinswandel im wiedervereinigten Deutschland« (später machte ich daraus: »Deutsche Gleichgewichtsstörungen«[254]) und »Deutschland, wohin?«.

Viel zu lange verfolgte ich die Idee, das Buch mit verschiedensten Aufsätzen oder Kolumnen aus den letzten Jahren anzureichern (»Das deutsche Dilemma«) oder auch mit Studien, die parallel dazu entstanden, so eine längere Untersuchung zum Thema »Deutsche Interessen – europäische Interessen«, die ich Stephen Graubard für *Daedalus* versprochen hatte.[255]

Dabei hatte ich dreierlei nicht genau genug bedacht: erstens, daß Aufsätze zu aktuellen Problemen schnell verderbliche Ware sind, weil sich die Perspektiven unablässig verändern (aktualitätsbezogene Studien sollten grundsätzlich in der Zeitebene des Erscheinens, das heißt: sehr schnell verfaßt werden); zweitens, daß nur knapp formulierte Bücher mit vier oder fünf provozierenden Gedanken (so hat mich Siedler später einmal belehrt) Aufmerksamkeit erregen, und drittens, daß Verleger keine abgehangenen Schinken lieben. Zu Recht verlangen sie und mit ihnen die Leser nach frischem Fleisch.

Das bringt mich zum Verleger. Der geduldige Wolf Jobst Siedler hat mich damals doch an Land gezogen. Er war weiterhin Besitzer eines eigenen Verlags, der mit seiner Persönlichkeit stand und fiel. Über die Jahre hinweg war ich durch die *Rhöndorfer Ausgabe* mit ihm stets in Verbindung geblieben. Doch auch das Verhältnis zu Frank-Planitz bei der DVA war weiterhin freundschaftlich. Dieser hatte mich eben erst verpflichtet, indem er einen mit leichter Hand geschriebenen Essay *Begegnungen an der Seine. Deutsche Kanzler in Paris* in die *Manesse Bücherei* aufnahm.[256] Ich hatte dieses Büchlein, das von Dalberg über Bismarck und Hitler bis Adenauer und Kohl reichte, dem Bundeskanzler mit einem netten Briefchen übersandt, welcher vergnügt mit dem Angebot zurückgeschrieben hatte, für die nächste Auflage könne er mit einigen Anekdoten dazu dienen. Ich hatte seine Rolle freundlich beleuchtet, verzichtete aber doch darauf, ihn deswegen zu befragen, denn ich wußte nur zu gut, daß er sich in Sachen D-Mark gegenüber Mitterrand ähnlich nachgiebig erwiesen hatte wie der Fürstprimas und »Reichspatriot« Karl Theodor von Dalberg im Winter 1804/05 gegenüber Napoleon.

Weshalb ich mich ausgerechnet jetzt zu einem Seitensprung zu Siedler einließ, aus dem dann eine längere Affäre wurde, weiß ich nicht mehr. Dem Kenner der Literaturgeschichte ist hinlänglich bekannt, daß das Verhältnis von Autor und Verleger in den Tiefenschichten zumeist durch Ungenügen gekennzeichnet ist. Der Autor wirft dem Verleger vor, für seine unsterblichen Werke bei der Werbung und auf den Auslandsmärkten allzu lässig zu sein, während der Verleger sich eine Fehleinschätzung vorwirft, weil das von ihm mit so viel Kosten produzierte Buch des geschätzten Autors nicht alsbald auf der *Spiegel*-Bestsellerliste gelandet ist. Möglicherweise habe ich Frank-Planitz auch für das geplante Politbuch gesprächsweise zu erwärmen versucht, und er hat abgewinkt. Ich weiß es nicht mehr, bin jedenfalls mit der *Zentralmacht Europas* zu Siedler gegangen, woraufhin die Verbindung mit der DVA erst einmal für mehr als zehn Jahre gekappt war.

Man tritt der seinerzeitigen DVA mit der Feststellung jedoch nicht zu nahe, daß Siedler als zeitgeschichtlicher Publikumsverlag und mit Büchern zur politischen Neuorientierung damals die Nase vorn hatte. Zusammen mit der *Zentralmacht Europas* kam die Studie des Diplomaten Jürgen von Alten *Die ganz normale Anarchie*[257] heraus, in der dieser konstatierte, nach dem Ende der Blockkonfrontation des Kalten Krieges trete nun auch Europa wieder in jenen Normalzustand rivalisierender Staaten ein, wie er für die Jahrhunderte der Neuzeit vom 16. bis Mitte des 20. Jahrhunderts kennzeichnend gewesen sei. Auch der bei Siedler angedockte, trotz seiner aus der Zeit gefallenen gaullistischen Neigungen von mir geschätzte Peter Scholl-Latour beleuchtete gleichfalls die klaffenden Risse in der sogenannten »neuen Weltordnung«: *Eine Welt in Auflösung. Vor den Trümmern der Neuen Friedensordnung*[258], während Hermann Lübbe mit einer an Jaspers erinnernden philosophischen Selbstsicherheit konstatierte: *Abschied vom Superstaat. Vereinigte Staaten von Europa wird es nicht geben*[259].

Siedler hatte in jenem Bücherherbst auch die Schwergewichte Henry Kissinger mit dessen Parforcetour durch drei Jahrhunderte abendländischer Geschichte *Die Vernunft der Nationen*[260] im Programm und Alan Bullocks forcierten, im Grunde auf hohem Niveau verunglückten Vergleich *Hitler und Stalin. Parallele Leben*[261]. Mit Wolfgang Schäubles zwischen Unterstützung und Distanzierung gegenüber Kohl meisterlich balancierendem Buch *Und der Zukunft zugewandt*[262] war auch das politische Bonn vertreten. Dazu kamen Boris Jelzin, Juli Kwizinskij, Schimon Peres sowie Christian Meiers *Athen*[263], Joachim Fest, Karl Schiller – kein Wunder, daß auch ich mit dabeisein wollte.

Im ersten Halbjahr 1994 wurde aus der bisher entstandenen Essaysammlung durch Kürzungen, Umstellungen, Zuspitzungen einerseits, Differenzierungen anderseits ein in sich einigermaßen geschlossenes Buch. Auch ich war davon überzeugt, daß die Welt und Europa von einem mächtigen Sog erfaßt waren, ohne daß sich der Fortgang schon klar erkennen ließ. Vor zehn Jahren noch, 1985, so kam es mir jetzt vor, hatten sich *Die domestizierten Deutschen* in einer gewiß kritischen, aber doch vergleichsweise überschaubaren Lage befunden. Nun war alles unübersichtlich: die Präsenz der USA in Europa, die Zukunft der NATO, die Fortentwicklung der zur EU mutierten EG, die Zukunft der neuen Demokratien, der gärende Nahe und Mittlere Osten. Eines hatte sich allerdings von der »alten Bundesrepublik« zum wiedervereinigten Deutschland fortgepflanzt und eher verstärkt: eine übergroße Ängstlichkeit der Deutschen, die auf gebrochenes Selbstbewußtsein hindeutete. Das manifestierte sich besonders in zwei Bereichen, an denen ich mich über 310 Seiten hinweg abarbeitete: erstens in der bereits quasipazifistisch grundierten Außen- und Sicherheitspolitik (Golfkrieg 1990/91, Jugoslawienkriege, generelles Zögern bei *Out-of area*-Einsätzen) und in der Europapolitik.

Für das Kapitel »Der traumatisierte Riese« hatte ich bei Goethe im *Faust 2* ein schönes Motto gefunden: »Soll er gehen, soll er kommen? / Der Entschluß ist ihm genommen; / Auf gebahnten Weges Mitte / Wankt er tastend halbe Schritte.« Frisch-fromm-freie Teilnahme an *Peace-keeping*-Einsätzen der UN oder der WEU schienen mir allerdings nicht besonders ratsam. Die quasipazifistische deutsche Öffentlichkeit würde das überhaupt nicht durchhalten. Ohnehin ist Militärpolitik nur *ein* außenpolitisches Instrument unter manchen anderen. Die Gestaltungspolitik in Ostmitteleuropa und auf dem Balkan, so führte ich aus, würde einen weiten Bereich von Maßnahmen erfordern: »rein diplomatisch, friedlich, wirtschaftlich, kulturell die meisten von ihnen«[264]. Aber ein entscheidender Bereich dabei war doch die Militärpolitik im Bündnis. Hier gab sich das »größer gewordene Deutschland« nicht »entfesselter«, ganz im Gegenteil: In zentralen Fragen der NATO- und der UN-Politik bestehe »die Neigung, sich zu singularisieren«. Kleinstaatstugenden stünden in Deutschland in hohem Ansehen.

Übergroße Ängstlichkeit, so sah ich es, hatte auch zu der überzogenen Europapolitik geführt. Meiner dort ausgeführten differenzierten Analyse der Möglichkeiten und der Grenzen eines europäischen Zusammenschlusses habe ich auch aus heutiger Sicht nichts hinzuzufügen, auch nicht meiner kritischen Einschätzung des Projekts einer Währungsunion: »Da die großen ökonomischen Ungleichheiten auch unter einer Ecu-Währung weiterbestehen würden – trotz allen vielleicht vorhandenen guten Willens, die Konvergenz der Volkswirtschaften herbeizuführen – wären die Spannungen leicht vorhersehbar. Entweder erfolgt, sofern das Ziel der Geldwertstabilität ernst genommen wird, schärfste Disziplinierung (mit entsprechend hoher Arbeitslosigkeit) gegenüber den ineffizienteren Volkswirtschaften, oder es treten inflationäre Tendenzen auf (mit entsprechendem Vermögensverlust bei den leistungsfähigeren), oder man muß wie auch immer zu firmierende Ausgleichszahlen von den effektiven zu den weniger effektiven Volkswirtschaften vorsehen (mit entsprechendem politischem Unfrieden bei gleichzeitiger Fehlallokation knapper Ressourcen).«[265] Kann man die Problematik der Euro-Zone, die seit 2010 offen zutage liegt, deutlicher formulieren?

Allerdings – das Buch erschien 1994 – meinte ich damals noch, der Maastricht-Vertrag sei auf Sand gebaut:[266] »Die wirtschaftliche Realität ist stärker als der ungeduldige politische Wille.«[267] Daß die beteiligten Regierungen trotz der objektiven Schwierigkeiten und der divergierenden Interessen das Projekt 1997/98 doch durchziehen würden, konnte ich mir im Sommer 1994 nicht recht vorstellen.

Deutschland, so die Hauptthese des Buches, sei zwar genauso wie Frankreich oder Großbritannien eine europäische Großmacht – nicht mehr, aber auch nicht weniger. Die deutsche Politik müsse das wissen, ohne diesen evidenten Sachverhalt provozierend hinauszuposaunen: »Erneut zu verkünden, daß Deutschland eine europäische Großmacht sein will oder daraus sogar bestimmte Ansprüche ableitet, wäre gewiß eine Dummheit. Indessen ist es auch nicht sehr klug, die Augen davor zu verschließen, daß das Land – ob es dies will oder nicht – größtes Gewicht besitzt.«[268] Deutschland sei sogar aufgrund wirtschaftlicher Potenz und geographischer Position die Zentralmacht Europas. »Völlig kontraproduktiv«, formulierte ich realistisch, »wäre die Proklamation einer deutschen Führungsrolle. Dies würde in Europa allseits ressentiert und wäre die beste Methode, innerhalb und außerhalb der Europäischen Union antideutsche Koalitionen zu provozieren.«[269]

Welche Möglichkeiten verblieben also? »Klarere und präzisere Definition der deutschen Interessen«, »eine andere Sprache, eine nüchterne Programmatik«, »größere Härte und Wachsamkeit beim Verhandeln«. Von einer Wiederherstellung der Position einer autonomen Großmacht könne im Ernst gar nicht die Rede sein. »Erforderlich ist«, habe ich damals postuliert, »vielmehr eine umsichtige Prüfung der Frage, wieviel Autonomie Deutschland den multilateralen Entscheidungsmechanismen definitiv übertragen möchte und worin es künftig weiterhin den unverzichtbaren Kern eigenstaatlichen Handelns zu erkennen hat.«[270] Welcher Teufel mich dann doch geritten hat, bei der letzten Fassung, die ich dem Verlag zusandte, als Obertitel vorzuschlagen »Zur Großmacht verdammt«, weiß ich auch nicht.

Wollte ich durch die provozierende Verwendung des odiosen Großmachtbegriffs Aufmerksamkeit erwecken? Ein derartiger Obertitel wäre ein Kapitalfehler gewesen. Die Kritiker wären über mich hergefallen und hätten das Buch in den Boden gestampft. Kein Mensch hätte dann noch auf mein sorgfältig ausbalanciertes »Einerseits-Andererseits« geachtet. Wer hat mich vor diesem Leichtsinnsfehler gerettet? Helmut Kohl und Wolfgang Schäuble höchstpersönlich. Bei der Vorstellung von Schäubles Buch *Und der Zukunft zugewandt* hatten sie sich nach der Herbstproduktion erkundigt, von Siedler meinen schönen Titel gehört und diesem die aus ihrer Sicht gebührenden Unwerturteile auf den Weg gegeben. Am Montag darauf rief Siedler etwas bedripst in der Uni an, und jetzt sagte ich ihm, ohne groß weiter nachzudenken: »Dann geben wir dem Buch doch einfach den Titel ›Die Zentralmacht Europas‹.« So geschah's denn auch.

Die Aufnahme war alles in allem respektvoll, aber nicht enthusiastisch. Als erster stellte der mir durchaus gewogene Fred Luchsinger das Buch in der *NZZ* unter der guten Überschrift vor: »Wieviel Deutschland erträgt Europa?«[271], hob aber dann doch leicht warnend den Finger. Am erfrischendsten war Peter Glotz von den Sozialdemokraten, den ich immer für einen tüchtigen Kerl hielt und in dem Buch verschiedentlich abgebürstet hatte. Er spielte mich, wie man das so macht, gegen die von mir deutlich kritisierten Parteifreunde aus und urteilte im *Spiegel*: »Eine interessante Provokation: kein taktisches Getänzel wie Wolfgang Schäubles ›Und der Zukunft zugewandt‹, sondern ein Prankenhieb. An Schwarz kann man sehen, daß es in Deutschland wieder einen reputierlichen demokratischen Nationalismus gibt: scharfsinnig, realistisch und – von falschen Voraussetzungen ausgehend – erfrischend konsequent. Wie lange die europäischen Nachbarn diese Art von Erfrischung allerdings aushalten werden, weiß der Himmel.«[272]

Christoph Bertram, der mich weder zuvor noch danach durch originelle eigene Gedanken erschreckt hat, nahm in der *Zeit* einen durchaus gekonnten Verriß vor: »›Die Zentralmacht Europas‹ ist weder stringente Analyse noch erregende Vision, weder zündende Polemik noch weise Einordnung, weder knallharte Kritik noch überzeugender Wegweiser.«[273] Damit hatte er nicht einmal so ganz unrecht. Der größte Fehler, den er mir ankreidete, war meine Skepsis gegenüber der geplanten Europäischen Wirtschafts- und Währungsunion: »Für Schwarz kommt dies der Selbstaufgabe des Staates gleich, die anzustreben nicht nur illusorisch, sondern schlicht töricht sei.« Sollte ich ihn wieder einmal treffen, will ich ihn auf diesen Punkt ansprechen.

Rundum amüsant rezensierte der Marburger Kollege Wilfried von Bredow, mit dem ich erst dadurch persönlich in Kontakt kam, mein Buch in der *Frankfurter Allgemeinen*: »Die sanftmütige Zentralmacht«.[274] Er resümierte: »Wie geschichtliche Erfahrung und deren Analyse für die klarsinnige Behandlung außenpolitischer Orientierungsfragen nutzbar gemacht werden kann, dafür liefert dieses Buch ein Beispiel erster Güte.« So wollte ich mich in der Tat verstanden sehen.

Eine große öffentliche Debatte konnte sich schon deshalb nicht entwickeln, weil Siedler und ich selbst, die Buchmesse fest im Blick, den Erscheinungstermin fast haarscharf auf den Wahltag am 16. Oktober gelegt hatten. Davor und danach interessierten andere Themen wahrlich mehr.

Im übrigen galt für die deutsche Europapolitik nach den von Helmut Kohl ein letztes Mal gewonnenen Bundestagswahlen: »Die Karawane zieht weiter.« Mein eigener Bedarf an Orientierungsliteratur war immerhin vorerst gedeckt, und so beließ ich es wieder bei den regelmäßigen Kolumnen in der *Welt*, in dem *highbrow periodical Merkur*[275] oder in ausländischen Fachzeitschriften[276]. Daß der europäische Föderalismus im deutschen Bewußtsein inzwischen den Nationalismus abgelöst hatte, brachte ich in der *Politique étrangère* auf den Punkt: »La nouvelle idéologie allemande: l'Europe«[277].

Reisen und Festivitäten

Im Seminar für Politische Wissenschaft lag das Schlimmste hinter mir. Mit dem Kommen von Karl Kaiser war hier Ruhe eingekehrt, die einen gut abgestimmten Lehr- und Forschungsbetrieb ermöglichte. Ein Kreis begabter, vielseitig interessierter und sympathischer Magisterstudenten und Doktoranden war herangewachsen. Die letzte Garde meiner Assistenten nahm ihre Tätigkeit auf – Sven Berggötz, Daniel Eisermann, Karsten Giersch, Georg Schild. Nie zuvor hatte ich auch ein so erstklassiges Sekretariat wie in diesen Jahren. Ohne die präzise Hilfe der Damen Klemke und Cammin wäre die Wahrnehmung meiner nach wie vor vielfältigen Aufgaben schlechthin undenkbar gewesen. Regelmäßig hatten wir Politiker, Journalisten und auswärtige Kollegen im Seminar zu Gast.

Acht oder zehn Honorarprofessoren und Lehrbeauftragte aus allen politischen Lagern bereicherten das Lehrangebot. Personell und materiell gut ausgestattete Parallelprojekte – die AAPD im Auswärtigen Amt, die *Dokumente zur Deutschlandpolitik* unter Leitung von Hanns Jürgen Küsters – sorgten ebenso für Synergieeffekte, desgleichen die Verbindungen zur Konrad-Adenauer-Stiftung, zur Friedrich-Ebert-Stiftung, zum Forschungsinstitut der DGAP und zum Institut für Europäische Politik. An der Universitätsspitze standen jetzt mit den Rektoren Max Huber, Klaus Borchard und mit dem Kanzler Reinhardt Lutz Persönlichkeiten, die für das Fach Politische Wissenschaft aufgeschlossen waren. Auch in der Fakultät folgte auf die Turbulenzen eine lange Phase erfreulicher Arbeit, obschon die Stellenkürzungen des schon deutlich in finanzielle Schieflage geratenen Landes NRW periodisch für Unruhe sorgten. Es war gewissermaßen das letzte Atemholen der Bonner Geistes- und Sozialwissenschaften vor der faktischen Degradierung zur einer Art Fachhochschule à la Bolognese.

Auch die Aufbauphase der Aktenedition war abgeschlossen und das halbe Dutzend von Gremien in Bonn oder München und anderswo, deren Leitung mir oblag oder in denen ich als schlichtes Mitglied mitwirkte, ließ sich routiniert bewältigen, desgleichen die politische Publizistik bei der *Welt* und in anderen Blättern. Der Arbeitstag war zwar wie bisher vierzehn oder fünfzehn Stunden lang und am Wochenende gehörte der Sonntagmorgen plus Mittagessen der Familie, doch der Ärger hielt sich in Grenzen, und ich erwies mich drei Jahre lang vernünftig genug, mir große Buchprojekte vom Leibe zu halten. Kurz: Es waren meine besten Bonner Jahre.

Dann und wann blättern wir in den Photoalben, in denen Annemie unseren Lebensweg festgehalten hat. Ihre Sorgen und Mühen haben in einigen Koffern voller Briefe nach Lörrach ihren Niederschlag gefunden, die wir irgendwann einmal öffnen und lesen wollen, und noch mehr in ein paar Dutzend Leitz-Ordnern voller Steuerakten (»10 Jahre aufzubewahren«!), aus welchen, so sie nicht wie zu erwarten zusammen mit vielem anderem im Müllcontainer landen, Sozialhistoriker des 22. oder 23. Jahrhunderts entnehmen könnten, wie sich eine tüchtige Familie aus dem oberen Mittelstand durchgeschlagen hat und vom Staat geschröpft worden ist. Doch einer unserer kostbaren Schätze sind, wie gesagt, die unvergleichlich schön gestalteten Photoalben. Dort hat Annemie unsere glücklichen Tage dokumentiert – Ostern, die stets feierlich begangenen Geburtstagsfeste, Weihnachten, wenn die Kinder nach Haus kamen, Einladungen, Festivitäten, lauter Events, allerdings genau besehen, die bei ihr mit ständigem Streß verbunden waren, von dem die Photodokumente und Einladungskarten nichts bekunden. Beim Durchmustern dieser Nostalgie weckenden Erinnerungsstücke wird eines deutlich. Besonders glücklich, oder besser gesagt: sehr häufig glücklich, waren wir allem Anschein in den neunziger Jahren.

Einmal im Jahr wurde vierzehn Tage Urlaub gemacht. Nach wie vor war die Schweiz das Haupturlaubsziel: Gunten am Thunersee, Heiden und Lugano, später Eichenberg in Vorarlberg hoch über dem Bodensee waren die Stützpunkte, von denen wir ausschwärmten. Im Frühling ging's gelegentlich für drei oder vier Tage ins Markgräflerland. Am internationalen Tagungsbetrieb habe ich mich weiterhin beteiligt, aber doch zurückhaltend. Wenn immer möglich, reiste ich jetzt zusammen mit Annemie. Nur erlaubten das enge Zeitkorsett im Semester und die ständige Arbeit an irgendwelchen Publikationen in der vorlesungsfreien Zeit selten mehr als drei oder vier Tage Abwesenheit von Bonn.

Denn immer wieder fand sich doch eine Gelegenheit, den beiden Schreibtischen in der Uni und in der Welfenstraße zu entfliehen, telefonisch oder über Fax nur schwer oder überhaupt nicht erreichbar zu sein (das Zeitalter der Mobiltelefone hatte noch nicht begonnen) und mich zu vergewissern, daß es neben Bonn, Düsseldorf, München oder Berlin, wo die domestizierten Deutschen im eigenen Saft kochten, noch andere Länder und Städte gab mit ganz anderen Perspektiven und entspannteren Mentalitäten. Wie bisher gehörten London, Cambridge, Oxford, Brüssel, Florenz, Paris, wo Nicole mit Régis im Business tätig waren, und natürlich die Schweiz zu den beim Konferenzzirkus, bei Vortragsverpflichtungen oder auch privat regelmäßig angesteuerten Zielen. Doch in einem politischen und zeitgeschichtlichen Lebensbericht, wie ich ihn hier versuche, sind nur jene Reisen erwähnenswert, die meinen historischen und geostrategischen Horizont erweitert haben.

1995 stand endlich wieder einmal eine Reise nach Moskau an. Benno hatte sich 1991, kurz nach zweitem Staatsexamen und Promotion, in der Rolle eines

Wirtschaftsanwalts dorthin aufgemacht und sich allem Anschein nach in einem Alter befunden, in dem man Wild-West-Zustände, wie sie damals im Reiche Jelzins herrschten, nicht als Bedrohung registriert, sondern als Abenteuer, das die Lebensgeister weckt und beflügelt. Er hielt jetzt die Lage vor Ort für so weit konsolidiert, daß er seine gutbürgerlichen Eltern einladen und gefahrlos herumführen konnte.

Seine Büroetage befand sich in einem Gebäude der Altstadt, wo im Sommer 1918 der deutsche Botschafter Graf von Mirbach-Harff residiert hatte und vor dem Eingang ermordet worden war. Auch jetzt war die Stadt wieder einmal unsicher. Oben an der steilen Treppe, die zum Eingang führte, stand ein Schreibtisch, hinter dem ein russischer Afghanistan-Veteran Wache hielt, geschmückt mit einem pittoresken roten Stirnband und neben sich, griffbereit, eine Kalaschnikow. Die Räume waren im Jahr zuvor widerrechtlich (doch was war damals schon rechtens?) von einem mafiosen Clan einige Tage lang besetzt worden und bedurften sichtlich eines abschreckenden Schutzes.

Der Verkehr auf den Moskauer Boulevards war bereits stark, auf allen Straßen und Plätzen hasteten dick vermummte, unelegant gekleidete Männer und Frauen zu irgendwelchen Zielen. Die Stadt wirkte irgendwie unaufgeräumt. Eigentlich war es erst Ende Januar, doch die Schneeschmelze hatte schon begonnen, überall stapfte man durch riesige Wasserlachen. Von dem protzig zur Schau gestellten Wohlstand und der Fülle westlicher Marken, denen man wenige Jahre später auf Schritt und Tritt begegnen sollte, war erst wenig zu sehen – Moskau im Übergang. In dem schön renovierten, vor kurzem wiedereröffneten Bolschoi-Theater wurde Verdis *Troubadour* gegeben – eine ganz traditionalistische Opernaufführung vom Feinsten. Ich war zehn Jahre zuvor in einer vergleichbaren Aufführung gewesen und konnte keine Unterschiede erkennen.

Benno selbst hauste wohlgemut in einem riesigen, mit Möbeln vollgestopften und überheizten Zimmer, das allem Anschein nach in den sechziger Jahren zum letzten Mal dekoriert worden war. Das zentral gelegene Apartment, auf das er ganz stolz war, besaß eine Pantry und eine große weiße Tiefkühltruhe. In einer Ecke standen zwei Dutzend Kanister mit Plastikflaschen voller Mineralwasser, denn bei Entnahme von Trinkwasser aus der normalen Wasserleitung bestand Typhusgefahr. Die Türen waren mit dicken Eisenschienen gegen Einbrecher gesichert. Es war also eine Wohnung, die allen Belagerungen gewachsen war. Nach der Besetzung im Vorjahr hatte er zusammen mit seiner Mannschaft aus dem Büro einige Zeit von hier aus den Betrieb aufrechterhalten.

Erfreulich waren die Anwälte in der Kanzlei – lauter westlich orientierte junge Leute. Einige von ihnen hatten schon kürzere Zeit in England oder Amerika studiert. Herzlich und sehr informativ war ein Abend in der Familie von Bennos Kollegen Sergej, einem jungen russischen Anwalt (typische Akademikerfamilie, die Mutter Chemieprofessorin an der Akademie der Wissenschaften). Gemischte Stimmung:

stark artikulierter Grimm auf das wirtschaftliche Chaos der frühen Jelzin-Jahre, in dem nicht zuletzt die Akademiker verarmten, aber doch Hoffnung. Die Großfamilie war auch hier die eigentliche Zuflucht, mit deren Hilfe man sich halbwegs über die Runden brachte. Allem Anschein nach liefen die Geschäfte der Anwälte gut. Einerseits investierten viele westliche Firmen in dem frühkapitalistischen Imperium Jelzins, andererseits herrschte Ausverkaufsstimmung. Für zahlungskräftige und risikofreudige Käufer waren Immobilien mit unklaren Eigentumsverhältnissen und kaputte Fabriken günstig zu erwerben.

Die folgende Exkursion ging nach Budapest. Dort fand im März 1995 ein *Round table* der Friedrich-Naumann-Stiftung statt. Da in Bonn stets allerhand Arbeit anstand, habe ich die häufigen Einladungen zur Teilnahme an Tagungen im Ausland stets nur recht selektiv aufgegriffen. Die Aufführungen des Konferenzzirkus finden erfahrungsgemäß in den sechs vorlesungsfreien Wochen von März bis Anfang April oder – der August wird meist ausgespart – im September und Anfang Oktober statt. Meist ließ ich mich nur locken, wenn ich das jeweilige Land noch nicht kannte, wenn es um reizvolle Themen ging oder wenn interessante Reisegefährten dabeiwaren. Im Fall von Budapest waren es wohl vor allem die Reisegefährten Ludger Kühnhardt und seine Frau Enikö, eine gebürtige Ungarin, von denen wir uns vertiefte Einblicke in die dortigen Verhältnisse versprachen. Star der Tagung war Otto Graf Lambsdorff, der hier seine wirtschaftsliberale Botschaft verkündete.

Aufschlußreich waren die Vorträge der ungarischen Soziologen. Ein Drittel der erwachsenen Bevölkerung, führte einer von ihnen aus, sei neurotisch. Ungarn führe die Weltstatistik bei den Alkoholikern und Verhaltensgestörten an. Ich fragte mich allerdings, ob in derartigen Zahlen nicht die altbekannte Neigung der Ungarn zum Ausdruck kam, sich unbedingt an der Spitze des zivilisatorischen Fortschritts in den Donauländern zu halten. Neunzig Prozent, so vernahmen wir weiter, glaubten nicht daran, daß die Umgestaltung erfolgreich sein werde. Immerhin gehe die Zahl der Selbstmörder etwas zurück. Die Vorgänge im politischen System nach dem Tod von József Antall gäben jedenfalls kaum Anlaß zu großen Hoffnungen, klagten die damals noch liberalen Fidesz-Leute, die zahlreich bei der Konferenz zugegen waren. Die erbarmungslosen innenpolitischen Grabenkämpfe deuteten sich schon an, aber die tiefe Feindschaft gegenüber den tief eingegrabenen Cliquen der Reformkommunisten wurde nicht ganz offen zur Sprache gebracht, weil sich die deutschen Teilnehmer an die Wendekommunisten um Gyula Horn und Imre András Pozsgay noch gerne erinnerten. Heftig war die Kritik an dem langen Zögern Amerikas, das Land in die NATO aufzunehmen. Immerhin fürchtete niemand mehr so recht die Rückkehr des Bären, obschon Rußland sich weiterhin als Schutzmacht der Serben aufspielte. Deutlich war auch in Ungarn die Sogkraft des Nationalismus zu verspüren: tiefe Abneigung gegen Serben, Slowaken, Tschechen und Rumänen, traditionelle Sympathie für die Polen.

Die Konferenz fand im »Hilton« hoch über Budapest statt, tief unten die Donau und das Parlamentsgebäude. Es fehlte an nichts. Deutsche und österreichische Firmen, auch die Banken, so hatte es den Anschein, spielten in der ungarischen Wirtschaft eine ausschlaggebende Rolle. Von der Europäischen Union versprach man sich anscheinend noch nicht viel. Alle Hoffnungen richteten sich auf Amerika und auf das Deutschland Helmut Kohls. Ich kam noch stärker als zuvor mit der Überzeugung zurück, das labile, aber ganz eindeutig westlich orientierte Ungarn sollte möglichst bald in die NATO aufgenommen werden, auch um die Ungarn vor Dummheiten gegenüber Rumänien, Serbien oder der Slowakei zu bewahren.

Nachdem ich wegen Zeitmangels, aber auch aus prinzipiellen Gründen, ich weiß nicht, wie viele Vortrags- und Konferenzeinladungen von Außenstellen der Konrad-Adenauer-Stiftung abschlägig beschieden hatte, reizte es mich doch, einmal nach den Philippinen zu reisen. Das exotisch angehauchte Thema »Sicherheitspolitische Ordnung in der ASEAN-Region und die Rolle externer Mächte« unter Beteiligung guter Experten aus der Region und kundiger deutscher Kollegen, beigemischt die ganz unvermeidlichen Regierungsbonzen vor Ort, Präsident Fidel Ramos an der Spitze, ließ spannende Einblicke erwarten.

Es war die erste Reise nach Südostasien. Der Erkenntnisgewinn war in der Tat beträchtlich. Ich selbst steuerte eine Fallstudie zu dem verunglückten Konfliktmanagement Europas im ehemaligen Jugoslawien 1991–1996 bei.[278] (Gefragte und geplagte Professoren verdienen sich solche Konferenzreisen zu exotischen Orten stets mit einem Vortrag, für dessen Ausarbeitung eine gute Woche der kostbaren Lebenszeit zu veranschlagen ist.) Manila selbst zählt freilich nicht zu den Perlen unter den Weltstädten. Der Altstadt war es wie den armen deutschen Städten ergangen. Sie war bei der Rückeroberung durch den General MacArthur weitgehend zerstört worden, alsdann im fragwürdigen Stil der fünfziger und sechziger Jahre wiederaufgebaut – prunkvolle Regierungssitze, Botschaften und Hotelpaläste, viel Armut und anscheinend chronische Überschwemmungen.

Da meine Gedanken damals schon um die Studie *Das Gesicht des 20. Jahrhunderts* kreisten, in dem auch General MacArthur figurieren würde, achtete ich hier besonders auf die von ihm hinterlassenen Spuren. Wenige Wochen nach der Rückkehr, als ich schon wie ein Tier an dem neuen Buch arbeitete, schrieb ich an Siedler: »MacArthur war ein grandioses Großmaul. Attitüde wie de Gaulle, doch ohne einen Funken politischen Verstand, jedoch mit einer großen Ausnahme: seine Rolle in Japan. Offenbar kannte er aus der Zeit auf den Philippinen die Mentalität der Ostasiaten. Ob er ein großer Stratege war? Es gab seinerzeit manche, die seine Konzentration auf die Wiedereroberung der Philippinen als reine Prestigeangelegenheit aufgefaßt haben. Wie die Entwicklung auf Java, Sumatra, Borneo, in Indochina und in Burma zeigte, war die von MacArthur bekämpfte Strategie der amerikanischen Admirale und auch des Generalstabschefs Marshall richtig, direkt, und zwar vorwiegend mit Flugzeugträgern, U-Booten und Marines auf die japanischen Inseln loszugehen. Nachdem diese zerschmettert waren, mußte die ganze Peripherie nachfolgen. Im übrigen habe ich mir neulich in Manila angesehen und angehört, wie MacArthur diese einstmals schöne, spanisch geprägte Metropole ›befreit‹, sprich: dem Erdboden gleichgemacht hat. Er hat alles zusammenschießen lassen.«[279]

Durch von Nationalstolz gefärbte Berichte wurde ich vor Ort auf die philippinische Guerillabewegung zu Beginn des 20. Jahrhunderts unter dem legendären Emilia Aguinaldo aufmerksam gemacht, die nach Vertreibung der Spanier von den Marines und von erbarmungslosen Hilfstruppen abscheulich massakriert wurde. Die amerikanischen Kriegsverbrechen im 20. Jahrhundert reichen durchaus an die der Deutschen im Zweiten Weltkrieg in Polen oder auf dem Balkan heran.

Da wir nun bereits auf den Philippinen waren, hatten wir beschlossen, die Reise diesmal rein touristisch nach Australien fortzusetzen. Nicole, deren Wilde-Hummel-Phase sich in diesen Jahren ihrem Ende zuneigte, hatte versprochen, in ihrer Firma ein paar Tage freizunehmen und mit uns in Sydney zusammenzutreffen. So geschah's, und so habe ich in Gesellschaft der beiden schönen, reisefreudigen Damen das moderne, sehr ansehnliche Sydney und die Blue Mountains erlebt, nicht zu vergessen die Känguruhs und Koalas in dem berühmten Zoologischen Garten der Stadt. Dieser älteste Kontinent hat mich so beeindruckt, daß ich mich ein paar Jahre später nochmals zu den Antipoden locken ließ. Die Vereinigung der »Editors of Diplomatic Documents« hielt in dem schönen, aber einsamen Canberra, wo man statt der urtümlichen australischen Tierwelt nur sportliche Politiker, Regierungsbeamte, Professoren und Studenten antrifft, ihre siebte Konferenz ab, die ich mit einem meiner unsterblichen Vorträge zum Thema »The Impact of the Cold War in Asia and Germany's New Ostpolitik«[280] bereichert habe. Im Gespräch mit Diplomaten und Kollegen ließen sich damals schon zwei Sorgen verspüren, die dem Land bis heute zu schaffen machen: die Sorge vor China, der kommenden Weltmacht des 21. Jahrhunderts, und die Sorge vor überstarker, irregulärer Einwanderung aus Asien.

Daß auch in Kanada die Sorgen vor dem überstarken Nachbarn immer noch bestanden, ließ sich einmal mehr studieren. In meiner Eigenschaft als Hauptherausgeber der AAPD nahm ich regelmäßig an der »Conference of Editors of Diplomatic Documents« teil, zu deren Mitgründern ich gehörte. Im Frühjahr 1994 fungierten die kanadischen Kollegen als Gastgeber. Die Tagung fiel ausgerechnet auf meinen 60. Geburtstag. Doch warum den nicht in Kanada verbringen? Erst ging es nach Ottawa, wo die Konferenz stattfand. Die Regierungsgebäude und der ganze Stil der Tagung wirkten noch recht englisch. Im übrigen ließ sich zugleich feststellen, zu welchen Verrenkungen die Sprachpolitik zwang. Alle Ansprachen der Offiziellen mussten erst in Englisch dann in Französisch gehalten werden. Kanada war ein doppelter Beispielfall: zum einen für die Problematik der Zweisprachigkeit, zum anderen für die Belastungen der Nachbarschaft zu den USA.

Im übrigen aber ist und bleibt es ein herrliches Reiseland. Von Ottawa ging's nach Toronto, wo ich anläßlich einer Tagung der »American Political Science Association« zufällig das traditionsschwere »Fairmont Royal York«-Hotel kennengelernt hatte. Es erwies sich auch jetzt so erfreulich, wie ich es in Erinnerung hatte, und lag außerdem ganz in der Nähe der Haltestelle der berühmten transkanadischen Eisenbahn, die von Toronto durch die Rockies bis Vancouver fährt. Es geht nichts über eine Reise in derartigen Nostalgiezügen! Die Ausblicke in der Abenddämmerung oder frühmorgens auf den Urwald und die Seen waren höchst stimmungsvoll: Elchrudel, die im Morgennebel einherzogen, weite, einsame Prärien, die grandiose Bergwelt der kanadischen Rocky Mountains. Die kanadischen Mitreisenden waren nette Leute. Dann und wann wurde die Fahrt von längeren Halts in pittoresken Städtchen unterbrochen.

Das von Chinesen wimmelnde Vancouver, wo wir bis zum Rückflug drei Tage blieben und das soziale Klima erschnupperten, hat uns stark beeindruckt. Noch stärker als in Australien sorgte auch hier das demographisch überstarke China für Aufmerksamkeit. Dabei ließ sich beides verspüren: die sozioökonomische Bereicherung einer Gesellschaft durch intelligente, strebsame Einwanderer, aber ebenso die Ressentiments, die das bei sozial zurückgebliebenen Autochthonen erweckt. Leider blieb keine Zeit, im Mietwagen in die Berge zu fahren. Doch der Geburtstagsmorgen im Hotel am Hafen bleibt eine meiner schönsten Erinnerungen. Wem ist es schon beschieden, zusammen mit der Gefährtin von rund 35 Jahren gesund, glücklich und einigermaßen erfolgreich den Sechzigsten in einer der schönsten Städte am Pazifischen Ozean zu feiern?

In jenen Jahren, als die Europäische Union zu einem Giganten emporwuchs, hat mich vor allem auch die Stimmung in den kleineren Ländern Europas interessiert. Schon des öfteren hatte ich komparatistische Seminare zur Thematik Großmächte und Kleinstaaten abgehalten. Auf den meisten der Reisen in den neunziger Jahren ließ sich dieses Spannungsverhältnis erneut wieder studieren. Bei meinen regelmäßigen Besuchen in der Schweiz war das ein Dauerthema. Einerseits gab es überhaupt keine sinnvolle Alternative zur Mitgliedschaft im Europäischen Wirtschaftsraum und auch im Schengen-Raum, andererseits war das Mißtrauen gegen die machtvollen Brüsseler Bürokratien groß und auch begründet. Dieselbe Beobachtung machte ich in Norwegen. Das dortige Institut für ausländische Angelegenheiten hatte mich zu einem Vortrag eingeladen, als die norwegischen Wähler, dabei etwas weitsichtiger als ihre Regierungsparteien, die Mitgliedschaft in der EU abgelehnt hatten. Um so mehr waren die norwegischen Internationalisten daran interessiert, über die Meinungen und Einschätzungen aus Deutschland zu diskutieren. Die sympathischen Gastgeber zeigten sich erfreut, zur Abwechslung einmal die Argumente eines deutschen Euro-Skeptikers zu vernehmen – seltenes Vergnügen.

Genauso spannend wie die Diskussionen war das Begleitprogramm. Der von mir bisher nur aus dem anregenden Sammelband *The Fall of Great Powers*[281] bekannte

Politologe Geir Lundestad, damals Sekretär des norwegischen Nobelpreiskomitees, führte uns durchs Institut und gab vorsichtige Hinweise auf die verschlungenen Kriterien, nach denen die Friedensnobelpreisträger ausgesucht werden. In dem zentral gelegenen, gemütlichen »Grand Hotel«, wo wir nächtigten, wurde einem noch der Tisch gezeigt, an dem Henrik Ibsen regelmäßig sein Mahl eingenommen hatte. Von hier aus ließ sich der eindrucksvolle »Storting« besichtigen, eines der stilvollsten Parlamentsgebäude, das Europa sein Eigen nennt. Eindrucksvoll auch der weitläufige Hafen. Ein abendliches Diner im Traditionshotel auf dem Holmenkollen mit Blick auf das in nächtlichem Lichterglanz liegende Oslo erweckte den Eindruck, man bewege sich in einem Film mit einem Plot im späten 19. Jahrhundert. Daran schloß sich eine Fahrt mit der romantischen Flam-Bahn und eine Fjordlandtour an, unvergeßlich alles, doch auch das viel zu kurz.

Die Finnen, so konnte ich zur gleichen Zeit bei den Diskussionen mit finnischen Politologen auf dem schon erwähnen Ernst-Jünger-Symposion erfahren, sahen die Europäische Union in anderem Licht. Das ganze kurze 20. Jahrhundert hindurch hatte ihnen die Großmacht Sowjetunion im Nacken gesessen. Jetzt ergriffen sie gern die Gelegenheit, unters Dach der EU zu schlüpfen. Anders als die Schweden waren sie sogar selbstbewußt genug, der Euro-Zone beizutreten.

Die neuen Länder sind bei unseren Kurzreisen nicht vernachlässigt worden. Jahr für Jahr ließen sich die Fortschritte studieren, doch genauso die riesigen Probleme. Am eindrucksvollsten wirkte Rügen, als wir dort Mitte der neunziger Jahre einen zweiten Besuch machten. Wie stets war Annemie der Reisemarschall. Sie hatte, ich weiß nicht, wie, das Schloßhotel »Spyker« entdeckt. Der alte, inzwischen mit einigen D-Mark-Spritzen wieder aufgemöbelte, aus rotem Sandstein gemauerte Kasten hatte dem Feldmarschall Carl Gustav Wrangel gehört. Von hier aus durchquerten wir die Insel, die ihren urtümlichen Charme noch nicht ganz verloren hatte: kleine, von Eichen oder Buchen gesäumte Sträßchen mit Kopfsteinpflaster oder sandige Feldwege, kilometerweit sich dehnende Weizenfelder oder Rapsfelder unter gewaltigen, sonnendurchfluteten Wolkenungetümen, dazwischen Baumgruppen, da und dort zwei oder drei braunrote und weiße Pferde, schilfumsäumte Seen, das leider heruntergewirtschaftete Liebnitz, die gemütlichen Fähren über die Meeresarme … Hiddensee, wo man nur auf Mietfahrrädern mühsam vorankam, romantische Sonnenuntergänge in Schaabe, der Leuchtturm von Kap Arkana mit roter Kapuze, die Pfade und Aussichtsplattformen hoch über den Kreidefelsen, der gräßliche Fährhafen Sassnitz, über den die Rote Armee abgezogen war, die touristisch herausgeputzten, aber ziemlich verpöbelten Schloßanlagen des enteigneten Fürsten zu Putbus. … Auf der Rückfahrt machten wir in Stralsund Station, wo ganze Stadtviertel weiterhin zerbröselten. Immerhin: Einiges war schon restauriert oder wenigstens mit Baugerüsten versehen – das Rathaus, Sankt Nikolai, Sankt Marien – Trostlosigkeit nicht mehr der Wende wie vor vier Jahren, sondern Trostlosigkeit des

Wiederaufbaus, der noch lange Zeit dauern würde. Die Möblierung der renovierten Hotels war überall mehr oder weniger dieselbe – aufgesetzt bürgerlicher Stil der neunziger Jahre, traditionslos, aber wenigstens sauber und ordentlich riechend. Wir sind mit gemischten Gefühlen nach Hause gefahren.

Genug der Reisen! Auch die runden Geburtstage dürfen nicht ganz unerwähnt bleiben. Ein Professor ist ja nun einmal eine öffentliche Figur. Wir haben die Geburtstage zwar lange nur *en famille* gefeiert, d. h. mit den Kindern, den Assistenten, den Doktoranden, Stipendiaten und meistens auch mit bei uns angedockten verbundenen Gastprofessoren. Sind aber die Sechzig erreicht, sind größere Festivitäten angesagt. Beim Sechzigsten ließ sich das noch in Grenzen halten. Es gab zwei schöne Geschenke. Annemie hat in dem dank der Sponsorenkünste des Bankiers Hermann Josef Abs neugestalteten Konzertsaal des Beethoven-Hauses für das bunte Assortiment unserer guten Bonner Freunde, Bekannten, Mitarbeiter Studenten usw. ein abendliches Konzert mit anschließendem kleinem Imbiß veranstaltet. Küsters hat eine originell konzipierte, komplette Sammlung meiner Aufsätze, Kolumnen und Rezensionen zusammengestellt, fünf mächtige, ledergebundene, jeweils 600–700 Seiten umfassende Bände, echt Schwarzsche Dickschiffe, betitelt: »Auf der Suche nach den Fundamenten des gegenwärtigen Geschehens«.

Zum 65sten konnte ich den öffentlichen Ehrungen nicht mehr entgehen. Wenn man mitsamt der Familie von Krankheiten, Bankrotten, politischer Verfolgung, Rufmord oder anderen schlimmen Schicksalsschlägen verschont bleibt und die Schaffenskraft weiter anhält, ist das ein Höhepunkt der Lebenskurve.

Einige Wochen vor dem Geburtstag am 13. Mai machte mir der Verleger Thomas Grundmann die überraschende Mitteilung, eine hochmögende Jury habe mir für 1999 den Ernst-Robert-Curtius-Preis für Essayistik verliehen. Ich war seit langem schon der Meinung gewesen, die literarische Qualität meiner Bücher werde zu wenig gewürdigt. So fand ich diesen Preis ebenso verdient wie erfreulich. Der Ernst-Robert-Curtius-Förderpreis wurde übrigens gleichzeitig an den vergnüglichen Florian Illies verliehen, den Erfinder der »Generation Golf«, dem neuerdings der Bestseller *1913* geglückt ist, ein spritziges Divertimento, das die makabren Gedenkbücher zur »Urkatastrophe« 1914 einleitet.

Die Preisverleihung erfolgte am Vormittag des 14. Mai im schönen Festsaal der Bonner Universität, gefolgt von einer akademischen Feier am Nachmittag und einer privaten Schiffahrt auf dem Rhein, die Annemie organisiert hatte. Ich pflege derart öffentlichen Ehrungen nie ganz ohne Bedenken entgegenzusehen. Jacob Burckhardts Warnung: »Es isch e besi Welt«, gilt auch für solche Festivitäten. Aber diesmal lief alles gut.

Mit dem Ernst-Robert-Curtius-Preis war eine zweite Überraschung verbunden. Hans-Dietrich Genscher hatte sich bereit erklärt, die Laudatio zu halten. Große Ehre. In der Nach-Adenauerschen Bundesrepublik gibt es nur fünf Topakteure, in denen wohl auch künftige Historiker so etwas wie Leitfiguren der siebziger und der achtziger Jahre erkennen werden: Willy Brandt, Helmut Schmidt, Helmut Kohl, Franz Josef Strauß und Hans-Dietrich Genscher – jeder von ihnen mit grundverschiedenem Temperament ausgestattet, jeder auf seine Weise ein Könner und von weitreichender Wirkung, jeder auch mit dem politischen Schicksal der vier anderen untrennbar verhakt und verwickelt. Daß ich selbst kein Genscherianer war und über die Jahrzehnte hinweg in meinen Kolumnen und Büchern manche Ketzereien artikuliert habe, die ihn nicht erfreuen konnten, wußte er nur zu genau. Ich habe ihn immer als einen klugen, eigenwilligen und mit größter Vorsicht ausgestatteten Elefanten betrachtet, dessen großen Ohren und dessen scharfen Blicken nichts entgeht: kein Geräusch, kein fernher wehender Geruch, keine beunruhigende Bewegung in der Savanne. Und als elefantös galt bei allen Bonnbeobachtern auch sein Gedächtnis für Kränkungen oder auch nur für Äußerungen, die ihm mißfielen. Offensichtlich hat ihm aber auch manches gefallen, was er von mir gehört und gelesen hat. Seine Laudatio, in der er sich natürlich auch von der oder jener meiner Positionen gebührend distanzierte, die aber tatsächlich ein dickes, gerade von ihm nicht erwartetes und nicht ganz verdientes Loblied war, ist mir gerecht geworden und gehört zu meinen besonders angenehmen Erinnerungen.

In meiner Antwort, die ich natürlich genauso humorvoll hielt wie Genscher seine Laudatio, formulierte ich zuerst eine Feststellung, die nicht nur dem aktuellen Anlaß entsprach: »Bei mir ist das Professorale und das Essayistische zeitlebens eher parallel verlaufen.«[282] Dann wollte ich aber doch einige Gesichtspunkte erwähnen, die mir für ein modernes Verständnis von Zeitgeschichte generell wichtig erscheinen. Unter Berufung auf Henry Adams erwähnte ich drei Perspektiven zum Verständnis des 20. Jahrhunderts: erstens die ganz unglaubliche, revolutionäre, auch durchgehend ambivalente Kraft der technisch-naturwissenschaftlichen Erfindungen und Entwicklungen (»ein Jahrhundert globalisierter Beschleunigung mußte notwendigerweise ein Jahrhundert globaler Bedrohung werden, ganz unabhängig von der Moralität der Staatsmänner«); zweitens die Kollisionsgefahr großer und kleinerer Mächte, ebendeshalb aber auch die Aufgabe des diplomatischen Ausgleichs; drittens das 20. Jahrhundert als eine Arena großer Persönlichkeiten – Monster und Retter gleicherweise. Die entsprechende Zukunft sah ich eher skeptisch: »Daß an politischen Ungeheuern auch künftig kein Mangel herrschen dürfte, ist evident. Doch immer wieder einmal in einer Sternstunde mag auch ein tüchtiger Reformer auftreten, vielleicht sogar in Deutschland.«

Die Preisverleihung war ein schöner Auftakt für die Akademische Feierstunde am Nachmittag, die gemeinsam von der Universität und der Konrad-Adenauer-Stiftung ausgerichtet wurde. Der dem Fach und mir selbst stets gewogene Rektor, Klaus Borchard, der Dekan, Karl Kaiser für das Seminar und Horst Möller für das IfZ salbten, wie es in der Heiligen Schrift heißt, »mein Haupt mit Öl und schenkten mir voll ein«. Dann kam eine weitere Überraschung: Peter Weilemann, Hanns Jürgen Küsters und Günter Buchstab, Leiter der ACDP der Konrad-Adenauer-Stiftung, ohne deren Engagement das Werk nicht zustande gekommen wäre, überreichten mir eine gewichtige Festschrift, betitelt *Macht und Zeitkritik*. Insgeheim erhoffen Professoren meines Schlags eine solche Ehrung. Aber man ist stets unsicher, ob jemand zum 65. oder erst zum 70. die Initiative ergreift oder überhaupt nicht. Alles war an mir vorbeigesteuert worden, nur Annemie war von Anfang an informiert und hatte bei den Planungen Regie geführt. Unterstützt wurde sie im Seminar von Sven Berggötz, der jetzt mit der ihm eigenen Mischung von badischem Charme und der nur leicht angedeuteten Arroganz des Studienstiftlers die Rolle des Oberassistenten spielte. Im Hintergrund, so erfuhr ich später, war sie auch mit Peter Weilemann und Hanns Jürgen Küsters im Komplott.

Wie es bei mir so Brauch ist, leitete ich meine Antwort mit einer freundlichen Betrachtung aus der Goethe-Zitatenkiste ein: »Man ist eigentlich nur lebendig, wenn man sich des Wohlwollens anderer erfreut.« Am Ende der Bonner Jahre, zu dem sich eine sehr erfreuliche Schar von Kollegen, Studierenden, Mitarbeitern und Persönlichkeiten des öffentlichen Lebens im Festsaal versammelt hatte, war dieses Bekenntnis am Platze. So ganz wollte ich aber doch nicht verschweigen, was mich im Lauf der Jahre oft verdrossen hatte, und fügte deshalb in viel Lob verpackt ein zweites Goethe-Zitat mit ein: »Warum man doch ewige Mißreden hört? Sie glauben sich alle etwas zu vergeben, wenn sie das kleinste Verdienst anerkennen.«

Weder Annemie noch ich selbst reden in der Öffentlichkeit gern über das Pianissimo unserer Ehe. Diesmal aber wollte ich das einmal ansprechen. Diese Feststellung war und ist mir so wichtig, daß ein wörtliches Zitat auch in diese Erinnerungen gehört: »Jetzt aber ist spezifischer Dank abzustatten. Lassen Sie mich dabei ein klein wenig anders beginnen, als dies üblicherweise dem bei derartigen Akademischen Feierstunden zu beachtenden Ritual entspricht. Während es dieses klassische Ritual will, daß erst ganz zum Schluß, gewissermaßen zwischen dem akademischen Teil und dem stärkenden Umtrunk im Senatssaal, auch der lieben Gattin gedacht wird, ohne deren stille, nimmermüde und selbstlose Hilfe ganz im Hintergrund die Lebensarbeit eines Wissenschaftlers zumeist undenkbar wäre, möchte ich dies gerne voranstellen.

Die Leute wundern sich manchmal, weshalb ich, obwohl ich mir in der Lehre durchaus Mühe gebe und ansonsten als wissenschaftlicher Multifunktionsträger gelte, doch immer wieder den langen Atem für umfangreiche Monographien oder den kurzen Atem für Aufsätze gefunden habe. Ich gestehe es also hier gewissermaßen *urbi et orbi*: Ohne die ständige Ermunterung, ohne das nimmermüde Interesse dieser besten aller Frauen an jeder Seite meiner Bücher oder Vorlesungsmanuskripte, hätte mir die Arbeit nicht einmal den halben Spaß gemacht, und ohne den Verzicht auf längere Urlaube oder ausgedehnte gemeinsame Reisen hätte die Zeit zur ruhigen, produktiven Arbeit gefehlt. Ich hätte dann zum 65sten nicht allzuviel vorzuweisen.

Außerdem bist du, liebe Annemie, vielleicht im Unterschied zu meinem zwischen diplomatisch unverbindlicher Sachlichkeit, ironischem Spott und gelegentlicher Härte schwankendem Alemannentum, ein von Grund auf gütiger Mensch, daß man wahrscheinlich hinter meinem Rücken sagt: ›Das Beste an dem ganzen Schwarz ist doch seine Frau!‹ Ich selbst sehe das jedenfalls so, und das mußte einmal gesagt werden.« (Großer, nicht enden wollender Beifall des Auditoriums.)

Angesichts der Fülle des zuvor über mich selbst und meine Arbeit Gesagten, beschränkte ich mich auf zwei Anmerkungen. Seit ich lesen gelernt habe, sei mir Friedrich Schiller von allen deutschen Dichtern der liebste, und das den *Räubern* vorangestellte Motto »In Tyrannos« sei einer der Leitsprüche meines politischen Wollens: »In Tyrannos ... In dieser Gesinnung habe ich auch die langen Jahrzehnte des Kalten Krieges gedacht und geschrieben. Damals habe ich die Beschimpfung, ein Kalter Krieger zu sein, stets als Auszeichnung empfunden und tue dies noch heute. Die Bundeswehr, das Atlantische Bündnis und eine realistische Diplomatie waren mir stets wichtiger gewesen als etwa der Wohlfahrtsstaat oder die Vergangenheitsbewältigung oder die politische Pädagogik, so wesentlich auch diese Felder politologischen und zeitgeschichtlichen Bemühens sein mögen.«

In bezug auf die deutsche Geschichte, auch die Zeitgeschichte der Bundesrepublik, fügte ich als zweiten Punkt hinzu, »bin ich in zunehmendem Maß von der Richtigkeit dessen überzeugt, was angeblich Napoleon zu unserem Land bemerkt hat: ›Deutschland ist nicht ein Sein, sondern ein Werden.‹ Unsere Geschichte verändert sich unaufhörlich, und deshalb sollten sich die stolzen Feiern, die derzeit zum 50. Verfassungstag stattfinden, von Selbstgefälligkeit und von dümmlicher Zukunftsgewißheit freihalten. Wir leben weiter riskant wie eh und je in der deutschen Geschichte. Nichts ist auf Dauer gesichert.«[283]

Da schon von den Festivitäten die Rede ist, sei auch schon auf den 70sten vorgegriffen. Im Jahr 2004 waren wir zwar schon längst von Bonn weitergezogen, es gab aber offenbar Freunde, die sich gerne an uns erinnerten. Die Bonner Kollegen und meine früheren Studierenden allüberall im Land hatten mich noch nicht vergessen und versammelten sich im gewohnten Festsaal der Bonner Universität zwischen den Büsten von August Wilhelm Schlegel und Berthold Niebuhr zu einem Symposion.[284] Auch die Zeitungen würdigten mich gnädig, sogar die politisch nicht immer mit mir einverstandene *Süddeutsche* schrieb: »Ein klarer Kopf«.

Der 70. Geburtstag war schon vorbeigerauscht, da fielen zwei weitere Kränze vom Lorbeerbaum. Der Bundespräsident zeichnete mich mit dem Großen Verdienstkreuz aus, im Beamtenjargon unehrfürchtig das GVK genannt. Daß die Ehrung von dem Sozialdemokraten Johannes Rau kam, befriedigte mich. Ich habe mein öffentliches Wirken immer als parteiübergreifenden Dienst am Staat verstanden.

Den zweiten Lorbeerkranz zum 70. Geburtstag hat mir die Friedrich-Schiller-Universität Jena gewunden. Die Fakultät für Sozial- und Verhaltenswissenschaften, an deren Wiederaufbau ich einigen Anteil hatte, machte mir Mitteilung von dem einstimmigen Beschluß, mich mit der Ehrendoktorwürde auszuzeichnen. Die feierliche Zeremonie fand im November 2004 in der schönen Aula des Hauptgebäudes am Fürstengraben statt, wo das von Ferdinand Hodler im Jahr 1913 gemalte Wandgemälde *Auszug deutscher Studenten in den Freiheitskrieg 1913* alle schlimmen Jahrzehnte des 20. Jahrhunderts überstanden hatte. Die Grundsatzdiskussion um die Neuorientierung der deutschen Außenpolitik war noch in vollem Gang, und es war eine besondere Freude, daß Georges-Henri Soutou, eine Art Counterpart aus Frankreich und zugleich ein Geistesverwandter, beredt und humorvoll die Laudatio übernommen hatte. Zugegen waren einige besonders geschätzte Weggefährten der Politischen Wissenschaft: Karl Schmitt, jetzt in Jena, und der Rector Magnificus Klaus Dicke. Helga Haftendorn war von Hamburg angereist und Karl Dietrich Bracher aus Bonn.

Ich hatte die Frage »Republik ohne Kompaß« als Thema für meine Ansprache gewählt, plädierte – wen von den Kollegen konnte das erstaunen? – für eine Außenpolitik allseitigen Ausgleichs und warb trotz der schlechten Stimmung, die landesweit gegen die Bush-Administration herrschte, für die Fortsetzung pfleglicher Behandlung der USA (»kühle Rationalität, gemischt mit den Resten der Sympathie, die noch vorhanden sind«), setzte einige Fragezeichen hinter die Fortentwicklung der EU, wo der Verfassungsvertrag auf der Kippe stand, plädierte auch für ein behutsames Brückenbauen nach Osten und beschrieb die Lage Deutschlands mit den Worten: »Wahrscheinlich ist nur eines: Das deutsche Staatsschiff mit seinen recht naßforschen Offizieren auf der Kommandobrücke wird künftig auf Sicht fahren müssen, und die See wird von Treibminen gefährdet sein.«

Nachdem ich mit einer Verbeugung vor dem *Genius loci* mit einem schönen Goethe-Zitat aus *Wilhelm Meisters Wanderjahren* eingesetzt hatte, pickte ich zum Schluß eine passende Betrachtung heraus, die Schiller im Jahr 1788 – ein Jahr vor dem Ausbruch der Französischen Revolution – in der *Geschichte des Abfalls der Niederlande von der spanischen Regierung* formuliert hatte: »Der Mensch verarbeitet, glättet und bildet den rohen Stein, den die Zeiten herbeitragen; ihm gehört der Augenblick und der Punkt, aber die Weltgeschichte rollt der Zufall.« Daran knüpfte ich meine eigene Betrachtung: »Wenn es Deutschland gelingt, mühsam zu verarbeiten, zu glätten, zu bilden und an dem, was die Zeiten herbeitragen, punktuelle Verbesserungen vorzunehmen, ist schon viel erreicht. Das ist schwierig genug. Den Gang der Weltgeschichte im großen aber werden wir nicht steuern können. Manche werden dazu bemerken: ›Leider!‹, viele werden sagen: ›Gott sei Dank!‹«

Fin de siècle

»Unser großes Buchprojekt ...«: Das Gesicht des 20. Jahrhunderts

Wie sich zeigte, dauerte die Verschnaufpause nach der Arbeit an den großen Büchern nicht lange. Möglicherweise enthält mein Gencode einige Chromosomen, die mich veranlassen, periodisch große Dickschiffe aufs Trockendock zu legen. Aus der Literaturgeschichte ist hinlänglich bekannt, daß berühmte und weniger berühmte Autoren unter vergleichbarem Produktionsdrang leiden. Anders als viele unter diesen, gehöre ich aber zu den eher seltenen Exemplaren, die das Schiff nach zwei oder drei Jahren fix und fertig haben und es zu einem ungewissen Schicksal auf die Meere entsenden. Dazu kam nun jedoch noch ein weiteres: Wolf Jobst Siedler hatte mich an der Angel. Die Adenauer-Biographie war ihm entgangen, aber um so zäher war er entschlossen, mich nach Erscheinen der *Zentralmacht Europas*, die er sozusagen als Anzahlung betrachtete, seinem Verlag mit einer ansehnlichen Biographie aus meiner Feder Glanz zu verleihen. Leider wußte aber weder ich selbst noch er, welches Sujet dem berühmten Adenauer adäquat und somit biographiewürdig wäre. Denn wer einmal den Mount Everest oder den K2 bezwungen hat, will sich nicht mehr mit weniger ansehnlichen Gipfeln zufriedengeben.

Wenn ich nach Berlin kam, schaute ich dann und wann in Siedlers schöner Bleibe am Falkenstein hinein. Er führte ein gastliches Haus. Schon um 10 oder 11 Uhr morgens wurde das berühmte Champagnerfrühstück aufgefahren, und dann sprach man über Gott und die Welt, am meisten natürlich über Siedlers berühmte Autoren, die alle auf der Couch gesessen hatten, auf der auch ich es mir jetzt gemütlich machte, bald den Blick auf den beredten Verleger richtend, bald auf die ausgesuchten Berliner Spätimpressionisten, die dem Wohnraum ein großbürgerliches Ambiente verliehen. Bei einer dieser Unterredungen, die zumeist von Telefonaten der PR-Dame Gisela Nicklaus unterbrochen wurden, welche die jeweils neuesten, stets imponierenden Absatzzahlen durchtelefonierte (die Anrufe waren, nahm ich an, vorbestellt, um den jeweils anwesenden Autor gebührend zu beeindrucken), stimmte Siedler wieder einmal sein Lieblingsklagelied an über das Fehlen großer Figuren in der politischen Arena der zweiten Jahrhunderthälfte, seien diese so brillant wie Churchill oder so politkriminell, aber doch gewaltig wie Mussolini, Stalin oder Hitler. Adenauer, de Gaulle und Kissinger ließ er noch gelten, aber dann – gähnende Leere. Wie so stets, wenn einer steile Thesen entwickelt, reizte das meinen mephistophelischen

Widerspruchsgeist, ich verwies ihn auf Relativität und eurozentrische Provinzialität seiner Blickweise und machte mich anheischig, meine Sicht der Dinge in einer Art Porträtgalerie vor Augen zu führen. Da hatte er mich wohl, wo er wollte, wir wendeten uns anderen Themen zu, aber von da an begann er, mich zu umgarnen, kam bald leichthin, bald unter Verweis auf Vorschüsse und Garantiehonorare auf die Möglichkeit eines Panoramas der Gipfellandschaften zu sprechen, »unser großes Buchprojekt«, hieß es bald wieder, und auch mich begann nun ein solches Vorhaben zu reizen.

Aufgrund meiner Buchpublikationen klebte mir die Umwelt zwar penetrant das Etikett des Adenauer-Forschers und des Historikers der Bundesrepublik an, womit mir ganz gewiß kein Unrecht widerfuhr. In meinen Kollegs und Seminaren hatte ich aber seit der Hamburger Zeit unablässig die globale Szenerie behandelt. Großbritannien seit den Zeiten Benjamin Disraelis und William Ewart Gladstones, Frankreich, Italien, die USA, über deren Präsidenten von George Washington bis Bill Clinton ich eben wieder eine Vorlesungsreihe erarbeitete, China und Japan beschäftigten mich ständig. Schon längst bevor jeder Azubi bei den Feuilletons von der Globalisierung redete, war mir die weltweite Interdependenz präsent. 1985 hatte ich zusammen mit Karl Kaiser ein analytisches Sammelwerk herausgegeben, betitelt *Weltpolitik. Strukturen - Akteure - Perspektiven*[285], und gerade eben waren wir dabei, die Veränderungen des vergangenen Jahrzehnts mit denselben oder mit neuen Autoren unter dem Titel *Die neue Weltpolitik* erneut zu behandeln.[286] Wann immer in diesem Kontext von Akteuren die Rede war, waren Staaten, international tätige Konzerne oder andere Großorganisationen gemeint. Es wäre aber an der Zeit, so dachte ich, auch einmal den Faktor der Persönlichkeit in der Weltpolitik gebührend zu beleuchten. Kurz: Seit längerem stach mich schon der Hafer, wieder einmal mit einem historischen *chef d'œuvre* zu brillieren.

So faßte ich an einem ruhigen Fronleichnams-Feiertag im Juni 1995 meine entsprechenden Überlegungen in einem längeren Brief zusammen. Ich blende diesen Aufriß hier wörtlich ein. Er verdeutlicht am besten das Konzept des Buchs, das mich in den kommenden drei Jahren beschäftigen sollte und dem wir schließlich den Titel gaben: *Das Gesicht des Jahrhunderts*. (Wir hätten diesem Rückblick besser den präziseren Titel *Das Gesicht des 20. Jahrhunderts* verpaßt! Wie entscheidend wichtig solche genauen Bezeichnungen sind, ist mir erst klargeworden, als ich mit dem Internet besser vertraut wurde.)

Siedler hatte mir einen seiner nostalgischen, kaum von Hoffnungsgedanken aufgehellten Aufsätze über die Berliner Zukunft zugesandt[287], und so schrieb ich ihm[288]: »Ihre Schelte in der FAZ über die Zwergenbrut - konstruktiv, ohne Hoffnung - habe ich gelesen und wie alles aus Ihrer Feder aufgehoben.

Gäbe es in der neuen Reichshauptstadt nur 60 oder 80 Männer gleich Ihnen (früher waren es eben noch sehr viel mehr), würde ich noch heute einen Fanclub gründen mit dem Ziel, den Umzug zu beschleunigen. Aber nicht allein in Berlin hat sich der Durchschnitt, gefolgt von dem Gesindel, eben schon längst auf allen Etagen des Staatsschiffs breitgemacht – vom Maschinenraum über die Fahrgastkajüten und die Speisesäle bis zur Brücke und hoch zu den Masten. Das ändert sich auch nicht mehr.

Bittere Nostalgiker wissen, daß das Vergangene, das ja so glänzend auch nicht immer war, letztlich nur im Bewußtsein des historiographisch Kultivierten aufgehoben ist und dort noch strahlt, so wie Schiller von den Göttern Griechenlands schreibt: ›Aus dem Zeitfluß weggerissen schweben / Sie gerettet auf des Pindus Höhn, / Was unsterblich im Gesang soll leben / Muß im Leben untergehn.‹ Die Erde wird eben zusehends zur großen Deponie.

Aber der Grund für den Brief ist natürlich Ihr letzter Satz: ›Was macht‹, schreiben Sie dort, ›Ihr Nachdenken über unser großes Buchprojekt?‹

Wie ich Ihnen schon sagte und schrieb, bin ich fest entschlossen, mit Ihnen und bei Ihnen das zu machen, was Sie ›unser großes Buchprojekt‹ nennen. Ich sammle seit bald einem Jahr unablässig, und zwar nicht nur über die großen Retter, die großen Schurken und die großen Durchschnittlichen aus den demokratischen Republiken der zweiten Jahrhunderthälfte, sondern auch aus den Anfängen seit der Ur-Katastrophe 1914–1919.

Der *Typ des antikolonialistischen Revolutionärs* muß darin behandelt werden: Sun Yat-sen, Nehru, Mao Tse-tung und Tschou En-lai, Ho Tschi-Minh, Nasser, Sukarno bis hin zu den großmäuligen Hanswursten von der Art des Erlösers Kwame Nkrumah und Fidel Castro. Der Typ läuft derzeit aus, ist aber in gewissem Maß ewig, da die Wirrungen und die Abspaltungs- und Aufruhrbewegungen in der aus dem Leim gegangenen Welt andauern werden.

Ein anderer Typ, der schon zeitgeschichtlich ausgelaufen ist, aber wohl gleichfalls wiederkommen wird, ist der im Kern konservative, doch in der politischen Praxis innovative *Offizier als Retter*: Musterbeispiel einer meiner Lieblinge, der große Atatürk, Mannerheim in Finnland, natürlich de Gaulle. Auch eine vom ganzen Naturell und Stil so unerfreuliche Erscheinung wie Franco muß doch wohl so verstanden werden; er war in den fünfziger Jahren nicht nur restaurativ.

Interessant und im 20. Jahrhundert gleichfalls neuartig (sieht man einmal von Bolivar ab) sind jene eigenartigen, letztlich nur kultursoziologisch faßbaren und verständlichen Gestalten, die neue Nationen ins Leben rufen, »nation building« nennt das die Politologenzunft – *die Staatsgründer*. Der sehr bedeutende Éamon de Valera war wohl die erste Gestalt, an der sich das dartun ließe. Auch die besonders komplizierte Entstehung Israels, beginnend mit Persönlichkeiten wie Herzl, zweifellos aber als Zentralfigur Ben Gurion, gehört in diesen Kontext, eigentlich auch Gandhi und Nehru. Beim Blick auf die letzteren zeigt sich die Schwierigkeit einer Typologie, denn je nach der leitenden Perspektive muß diese oder jene ganz sicher bedeutende Figur in unterschiedlichen Verständniskontexten beleuchtet werden.

Einen wichtigen Typ bilden die *europäischen und lateinamerikanischen Caudillos*. Ungeachtet aller Totalitarismus-Theorien neige ich dazu, den ja nicht ganz niveaulosen Gockel Mussolini mit Gestalten des Typs Getúlio Vargas (er ist in Lateinamerika sehr musterbildend gewesen) oder Perón in Verbindung zu bringen. Diese und andere versuchen es, zeitweilig mit populistischer Massendemokratie, zeitweilig mit der Diktatur von Bewegungsparteien. Jedenfalls gibt es heute in der Politikwissenschaft doch eine ausgeprägte Tendenz, den italienischen Faschismus mehr als nationalen Sozialismus im Dritte-Welt-Stil zu begreifen denn im Kontext des europäischen Faschismus, wie dies auch der gute Ernst Nolte sehen möchte.

Ungeheuer attraktiv dann die überhaupt nicht genug zu rühmenden *Retter* ihrer Länder, die die Größe und das Geschick aufbringen, dies in den Regierungsformen des demokratischen Verfassungsstaates zu leisten: Winston Churchill, geistig sowohl eine Figur des 19. wie des 20. Jahrhunderts (neben der unbestreitbaren Größe freilich viele dunkle Seiten aufweisend), F. D. Roosevelt, der in den dreißiger Jahren einen großen Gegenentwurf zu den europäischen diktatorischen Regimen gestaltet, Yoshida in Japan, Adenauer in Deutschland wären hier zu nennen. De Gaulle gehört auch in diesen Zusammenhang, desgleichen der außerhalb Italiens unterschätzte de Gasperi. Es gibt auch die Miniretter, demokratische Reformer also, die kürzere oder längere Zeit obsiegen, ohne aber einer echten Bestandskrise begegnen zu müssen. Pierre Mendès France hat sich so verstanden, Frau Thatcher genauso. Aber ich meine, daß man diesen Typ doch am besten in einer Sammelkategorie ›große Reformer‹ diskutiert. Sie haben schließlich das 20. Jahrhundert maßgeblich gestaltet, gehören neben den Revolutionären und großen Unmenschen des Typs Lenin, Hitler und Mao Tse-tung zu den ›großen Bewegern‹.

Der Typ des *Reformers* tritt zuerst mit Stolypin auf, ohne dessen Ermordung im Jahr 1911 vielleicht die ganze russische Geschichte und damit die Weltgeschichte anders verlaufen wäre. Gorbatschow, dem im Unterschied zu diesem frühen russischen Reformer weltgeschichtliche Wirkung beschieden war, der aber als Reformer sein Reich zugleich ruiniert hat, ist wohl die interessanteste Gestalt in dieser Galerie. Die großen Reformer sind eben manchmal auch die großen Ruinierer. Jedenfalls ist ihr Hauptmotiv darin zu sehen, Phasen tödlicher Erstarrung oder des soziopolitischen Krampfs zu überwinden. So gesehen wären in dieser Hinsicht die wenigen Reformer der fünfziger Jahre (Mendès France), der sechziger und der siebziger Jahre (Willy Brandt), der achtziger Jahre (Thatcher, Reagan und eben Gorbatschow), in Lateinamerika Paz Estenssoro zu nennen ... Solche Große in kleinen Ländern würden doch auch verdienen, daß man sie einmal exemplarisch anstrahlt.

Und dann natürlich die *Großtyrannen*: Lenin (ein Tyrann, wenn es je einen gegeben hat), Stalin, Hitler, Mao Tse-tung und – hier muß man wirklich sehr selektiv sein – die *massa perditionis* kleiner und liederlicher Gewaltmenschen. Bei ihnen allen ist weniger von Interesse, wie sie regieren, das ist schon tausendmal beschrieben worden, sondern warum sie über eine kürzere oder längere Zeit hinweg weltweit höchstes Ansehen besitzen.

Manche weiteren Typen ließen sich noch nennen: die *Generale der großen Kriege* etwa, welche von ihren Völkern (oft auch international) als Inkarnation des Selbstbehauptungswillens im Kriege begriffen werden, oft aber rasch vergessen sind oder sich später selbst diskreditieren. Zweifellos gehört der, wie wir wissen, weit überschätzte Hindenburg dazu (weitgehend eine PR-Gestalt der Obersten Heeresleitung, medienmäßig bereits höchst gekonnt vermarktet, wie mir neulich Winfried Scharlau einmal sehr im einzelnen erzählt hat), aber ebenso Ludendorff, Joffre, Pétain (er wäre auch in bezug auf 1939–1944 nochmals unter den ›Rettern‹ zu analysieren; Frankreich hatte ja damals zwei Retter).

Einsetzen müsste ein derart analytisches Porträtierungsbuch großer Beweger im 20. Jahrhundert mit einer Betrachtung über Große des zu Ende gehenden 19. Jahrhunderts mit dem geschichtlich auslaufenden Legitimismus und Feudalismus. Da ist Kaiser Franz Joseph, als Person gräßlich wie die meisten Habsburger, ganz verholzte, angestaubte Würde, »Welt von gestern«, die sich physisch anschaulich überlebt hat. Dagegen die Kontrastfigur Wilhelm II., hinsichtlich der Legitimierung seiner politischen Übergröße aus dem Königsgnadentum borussischer Tradition gleichfalls schon von der Zeit überholt, ohne daß er es weiß, aber ansonsten ganz ein Mann des 20. Jahrhundert, darin durchaus bedeutsam: histrionisch, mediengeil, militärisch pompös, wie so viele nach ihm (was aber im Innern und nach außen ungeheuer imponiert), Zukunftstechnologie – begeistert wie nach ihm nur noch Hitler, von sehr traditionalistischem Kunstgeschmack (auch das verbindet ihn mit vielen Autokraten), imperialistisch mit einer für das 20. Jahrhundert gleichfalls charakteristischen Mischung von auftrumpfender Machtpolitik und verborgener Ängstlichkeit.

Dann neben der verholzten Autokratie in Österreich-Ungarn und der modernistisch-theatralischen Autokratie in Deutschland die verfaulende Autokratie am Zarenhof vor dem Ersten Weltkrieg. Der legitimistische Typ, aus der zerbröckelnden Feudalwelt von gestern kommend, läuft übrigens rasch aus. Admiral Horthy, bezeichnenderweise mit dem Titel des Reichsverwesers, in dem der Feudalismus der Madjaren eine Spätblüte erlebt, ist als Figur doch noch eindrucksvoll. Der schlauklägliche Zwerg Viktor Emanuel III. markiert den Endpunkt, gefolgt von eigenartiger Spätblüte in dem doch wohl bedeutenden derzeitigen spanischen König.

Und dann müsste noch von den *großen Durchschnittlichen* unserer Jahrzehnte gesprochen werden, bei denen unsere Überlegungen in jenem Gespräch in Ihrem Berliner Studio eigentlich begonnen hatten – mit Sulzbergers Buchtitel zu sprechen, ›The Age of Mediocrities‹. Denn Ihre Frage war ja: Warum regiert heute nur noch der Durchschnitt, allenfalls mal etwas drunter oder drüber?

Wie Sie sehen, meine ich, man müsste diese Frage in umfassender, fast würde ich meinen: panoramischer Blickweise behandeln. Es sind dies in den Demokratien die jeweiligen Größen des Tages: Balfour, Chamberlain, Wilson, Heath, Major in England; Poincaré, Briand, Daladier, vor allem Mitterrand in Frankreich; in Italien die Andreotti; in Amerika – typischster Durchschnitt – die Harding, Coolidge, Eisenhower, Nixon und Clinton. Von Deutschland braucht in diesem Zusammenhang hier nicht gesprochen zu werden. In einem Buch würde allerdings manches Sarkastische zu bemerken sein. Die große Leistung der Bundesrepublik besteht ja in der Überwindung der Klassengesellschaft. Kein Wunder, daß die Regierenden keine Klasse mehr haben. Von den Ostblockgrößen des Tages in den fünfziger bis zu den späten achtziger Jahren gilt dasselbe.

Zwei Merkposten dürften nicht vergessen werden. Das ist einmal der Typ des *weitausgreifenden Imperialisten* (›die Legionen Cäsars stehen wieder auf‹), der sich aber in der ersten Jahrhunderthälfte erschöpft und in dessen zweiter Jahrhunderthälfte durch die Massenvernichtungsmittel der Kernwaffen gestoppt wird, sich also nur noch in kleinräumigen Regionen austoben kann. Ich vermute, der Typus wird im 21. Jahrhundert wieder schrecklich auferstehen, vielleicht im Fernen Osten, vielleicht in Rußland, so gut wie sicher allerdings nicht in den vor sich hin alternden, dekadenten Gesellschaften Europas.

Der zweite Merkposten: *große religiöse Führer* von stärkster Ausstrahlung in die Dimension der Politik. Hier zeigen sich die großen Unterschiede zu früheren Epochen. Die phylogenetisch wohl dauerhafte Religiosität politisiert sich in Gestalt säkularer Religionen, anders ist weder der Kommunismus noch der Nationalsozialismus zu erklären. Hitler war, so gesehen, der größte säkularreligiöse Führer des 20. Jahrhunderts, auch deshalb entsprechend fürchterlich, wie das dieser Typ des fundamentalistischen politischen Erlösers menschheitsgeschichtlich nun einmal so an sich hat. Mag sein, daß in Khomeini eine Renaissance großen religiösen Führertums sich ankündigt; doch Khomeini war eben nur Typ, nicht Individuum. Von solchen Größen Individualität zu erwarten, mag ein westlich-abendländisches Vorurteil sein. So gesehen, ist Johannes Paul II. der einzige Papst, wenn ich es recht sehe, den man im 21. Jahrhundert (wahrscheinlich neben Pius XII., der ganz vieux jeu ist) als bedeutendsten politischen Papst unseres Säkulums begreifen dürfte, eben eine ganz und gar westliche Erscheinung.

Aber ich breche die Skizze hier erst einmal ab. Wie Sie sehen, schiene es mir von großem Reiz, am Ende des Jahrhunderts ein Buch zu schreiben, das die Frage aufwirft, welche großen politischen Figuren die Welt im 20. Jahrhundert vorangebracht, durcheinandergebracht, stabilisiert oder in einen Metzgerladen verwandelt haben.

Das müsste unter anderem wirkungsgeschichtlich angegangen werden: Wirkungsgeschichte in der jeweiligen Gegenwart, Wirkungsgeschichte aber ebenso über die Jahrzehnte hinweg. Beginnen müßte man wahrscheinlich mit einer Reihe theoretischer Betrachtungen zum Thema geschichtlicher Größe, anknüpfend bei Jacob Burckhardt, bei Nietzsche, bei Carlyle bis hin zu Stefan George und den Georgianern.

Das 20. Jahrhundert beginnt ja durchaus in vielen Ländern, nicht zuletzt in Deutschland, mit dem Kult der großen Männer. Dieser ist übrigens teilweise ein typisches Phänomen der bürgerlichen Gesellschaft, auch wenn Bürger von der Art Nietzsches dies als aristokratisch verstehen wollen. Jedenfalls ließe sich an einer Reihe von Beispielen das Thema Größe und Führerschaft deklinieren, Schlüsseltext etwa die unselige Rektoratsrede des politisch vollendet törichten Heidegger.

Daneben findet sich gleichfalls jene andere große Strömung, welche die Bedeutung großer Persönlichkeiten konsequent herunterspielt – die politischen Soziologen, die Marxisten und Paramarxisten, alle auf Prozesse, Strukturen, Mentalitäten und Lebensformen achtenden Historiker.

Beide Perspektiven haben selbstverständlich ihre Berechtigung. Doch überwiegt in der deutschen Historikerzunft seit langem die Verliebtheit in den anonymen Determinismus und der Aberglaube, daß die Geschichte, wenn schon nicht eine Geschichte von Klassenkämpfen, so doch eine Geschichte mahlender und alles Große zerkleinernder kollektiver Prozesse ist. Nur zeigt sich verblüffenderweise, daß ausgerechnet die so ausschließlich von politökonomischen Theorien beflügelten kommunistischen Bewegungen und Regime große Figuren unablässig hervorgebracht haben und ohne deren Wirkung überhaupt nicht vorstellbar sind: Lenin, Trotzki, Stalin, Gorbatschow, Tschou En-lai, Deng. Selbst Mussolini war ein entlaufener Marxist.

Zu erörtern wäre vor allem auch, daß die Größe (oder der Anschein politischer Größe) im 20. Jahrhundert in ganz besonderer Weise medienvermittelt ist und vielfach, auch bei den demokratischen Politikern, auf Propaganda und Täuschung beruht. (Paradebeispiel: der lange Zeit ganz grotesk überschätzte Kennedy; als Politiker ähnlich überschätzt, da ein unreines Kunstprodukt der Madison Avenue, wie Marilyn Monroe als Schauspielerin überschätzt war. Beiden wird aber in der Medienwelt ewiges Leben beschieden sein.)

Meine Idee also jedenfalls: knapper, essayistisch-theoretischer Auftakt, auch, um von vornherein dem Vorwurf zu entgehen, hier erfolge eine Rückkehr in die Spuren Carlyles. Zum spezifisch Modernen der Großen im 20. Jahrhundert gehört eben auch, daß der traditionalistische, monarchische Legitimismus zu Beginn des Jahrhunderts in der Katastrophe des Ersten Weltkriegs untergeht oder doch fast untergeht. In der europäischen Staatenwelt ist Größe im 20. Jahrhundert indessen viel häufiger als früher mit sozialem Aufsteigertum verbunden, forciert, künstlich, auf der Suche nach Legitimität, vielfach auch plebejisch – wir leben ja in post-legitimistischen Zeiten (blendet man einmal die noch legitimen Verfassungen der USA und Großbritanniens aus). So ist es kein Zufall, daß sich der Kult des großen Mannes im

20. Jahrhundert gern auf Napoleon bezieht. Dieser Typ, aus miesesten Anfängen in Korsika kommend, er hatte Zukunft, und das hat man gerade in den Jahrzehnten des Fin de siècle gespürt.

Also jedenfalls: Eine theoretische Basis unter den Bedingungen unseres kollektivistischen Jahrhunderts wäre erforderlich.

Dann erschiene mir in der Tat eine teils locker geführte, aber doch begrifflich klar systematisierte Typologie das attraktivste Verfahren. Ich denke an acht oder zehn, vielleicht auch mehr, systematisch angelegte Kapitel, zumindest im ersten Drittel des Buches die Zeitebene und Zeitenabfolge einhaltend, also erörternd, wie sich jene Grundtypen herausformen, die sich dann im 20. Jahrhundert bis heute als geschichtsmächtig erweisen. In dessen ersten dreißig bis vierzig Jahren zeichnet sich ja doch das meiste ab, was dann bis heute weiterentwickelt wird. Aber meine Absicht wäre es schon, das gesamte Jahrhundert mit einigermaßen gleichmäßiger Berücksichtigung des gesamten Verlaufs zu behandeln. Dabei müßten dann eben jeweils bestimmte typische Linien durchgezogen werden mit Bevorzugung exemplarischer Detaillierung im einen oder im anderen Fall.

Eine analytisch-essayistische Behandlung des Sujets bedürfte meines Erachtens einer *konsequenten Bebilderung* mit entsprechenden Untertiteln nach Art Ihres vorbildlichen und so erfolgreichen Werkes *Die Deutschen und ihre Nation*. Ein derartiges Buch würde einerseits von der Prägnanz, vom Perspektivenreichtum, auch von der sarkastischen Bosheit meines Textes leben, andererseits von den eingestreuten Bildern – das Ganze eine Einheit, ›unser Buchprojekt‹, wie Sie das formuliert haben.

Bei der Größe denke ich allerdings nicht an mehr als 500 oder 600 Seiten, sonst liest das kein Mensch, und das Buch würde zu teuer.

Ich bin, wie gesagt, am Plänemachen und am Materialsammeln – die besten neueren oder älteren Gesamtdarstellungen türmen sich bei mir in der Welfenstraße, auch über Figuren, mit denen ich mich zuvor weniger befaßt hatte, desgleichen die maßgeblichen neuesten Aufsätze, von denen sich weitergehen läßt. Auch die theoretische Literatur mit den entsprechenden Quellentexten ist schon weitgehend zusammen. Die Sache muß gut vorbereitet werden, so daß alles griffbereit liegt, wenn ich dann für ein halbes oder ein dreiviertel Jahr die Telefonschnur herausreiße und mich irgendwo dem Rausch erst des Nachdenkens und des Konzipierens überlasse (doch das geht rasch, wenn ich erst Ruhe und das Material alles zusammenhabe), und dann kommt der Rausch des Schreibens. Denn so ein Buch, wenn es gut geplant ist, müsste in einem Zug heruntergeschrieben werden, damit der Spannungsbogen nicht abreißt.

Was mir an dem Plan reizvoll scheint, wäre die globale Perspektive, auch mit Blick auf die internationale Wirkung eines solchen Buches. Wenn ich mich dann auf bisher unbetretenes Gelände begeben wollte, fänden sich sicher genügend spezialisierte, mir zugetane Kollegen, denen ich nach dem ersten *Draft* die Abschnitte über fernere und etwas exotischere Figuren zur kritischen Durchsicht anvertrauen könnte, bevor alles in Druck geht.

Soviel zum derzeitigen Stand meiner Überlegungen. Ich schreibe dies an Fronleichnam, da ein paar ruhige Stunden gegeben sind, bis ich mich jetzt gleich um 16.10 Uhr wieder in ein Flugzeug setzen muß. Sowohl die relativ kurze Zeit nach dem Wintersemester, wo sehr viel Liegengebliebenes abzuarbeiten war, als auch und vor allem das jetzige Sommersemester waren über die Maßen vollgepackt. Das ist auch der Grund, weshalb ich nicht – wie vorgesehen – im März oder April auf Sie zugekommen bin.

Beim Nachdenken über das Gesamtprojekt ist mir allerdings klargeworden, daß der Gesamtplan eben doch erst gemacht werden darf, wenn ich ab Sommer 1996 am Anfang einer etwa dreivierteljährigen ruhigen Arbeitsperiode stehe und mein Material nicht zuletzt über etwas entlegenere, aber wichtige Figuren zusammenhabe.

Ab Mitte *dieses* Jahres, also etwa in vier Wochen, hätte ich selbst uneingeschränkt Zeit, so daß der Besuch in Berlin, zu dem Sie mich schon verschiedentlich mit der Ihnen eigenen Freundlichkeit und Beharrlichkeit eingeladen haben, unter guten Sternen erfolgen kann. Dann könnten wir endlich Nägel mit Köpfen machen.«

Ich habe diesen Brief zur Gänze hier eingeschaltet. Er zeigt das Konzept des Parforcerittes, auf den ich mich voller Übermut mit dem *Gesicht des 20. Jahrhunderts* eingelassen habe. Er läßt auch meine Arbeitsweise erkennen, die sich auch diesmal bewähren sollte – gründliche Bereitstellung aller Quellen und Materialien, alsdann Niederschrift des Buches in einem Zug, ohne jede Unterbrechung.

Nachdem ich ihn lang auf meinen Entwurf hatte warten lassen, antwortete Siedler nur knapp, winkte aber mit einem Vertragsentwurf und übersandte mir gleichzeitig ein bitteres Interview über sein gebrochenes Verhältnis zu Berlin mit der Überschrift: »Die Stadt ist wie eine gealterte Kokotte«[289].

Mir selbst kamen in der Zwischenzeit doch wieder Bedenken, ob ich mir die Riesenarbeit einer Gipfelwanderung wirklich antun sollte. Hinzu kam, daß sich in den vergangenen Semestern um mich eine Gruppe von Studenten gesammelt hatte, die sich daran interessieren ließen, die Tragödie, die sich seit Sommer 1991 im zerbrochenen Jugoslawien abspielte, als umfassenderen Vorgang einer Neuorientierung der großen Länder Europas und als Experimentierfeld für multilaterale Konfliktregulierung zu begreifen. Verschiedenste Magisterarbeiten zur entsprechenden Politik der beteiligten Regierungen (Frankreich[290], Großbritannien[291], Rußland[292], Italien, Österreich, Deutschland[293]) sowie zu weiteren wichtigen Aspekten des Konflikts waren entstanden oder im Entstehen[294] und die Assistenten Daniel Eisermann[295] und Karsten Giersch[296] erarbeiteten die geplanten umfassenden Darstellungen. Als großer Herr und Meister, der das Projekt initiiert und mit Mitteln der Fritz-Thyssen-Stiftung belebt hatte, fühlte ich mich eigentlich verpflichtet, die entsprechenden Fragestellungen und Befunde in einer eigenen analytischen Studie zu komprimieren.

So schrieb ich am 15. August an Siedler, nachdem zehn Urlaubstage im vorarlbergischen Eichenberg hoch über dem Bodensee Gelegenheit zum weiteren Nachdenken gegeben hatten: »Sie haben wahrscheinlich schon lange gemerkt, daß in meinem Kopf der schwungvolle Schriftsteller und der umsichtig, auch zögernd prüfende Gelehrte unablässig im Krieg miteinander liegen. Wenn es bisher halbwegs gelungen ist, zwischen den beiden immer wieder einen mehr oder weniger tragbaren (und lesbaren) Waffenstillstand zu schließen, so nur nach gründlichster Lektüre aller Quellen und Studien, die dann zur Seite geschoben wurden, damit die eigene Sicht der Dinge frisch, als würde der Stoff zum ersten Mal behandelt, zu Papier gebracht werden.«

Dies gesagt, vollzog ich einen halben Rückzieher und formulierte: »Gegenwärtig ist meine Stimmung eher so, daß ich sagen möchte: Wollen wir nicht zuerst etwas ganz Handfestes, Sicheres und politisch Vordringliches machen? Vielleicht habe ich Ihnen erzählt, daß ich im Sommer 1991, als es in Jugoslawien losging, das Gespür hatte, an dem Beispielfall dieses Konflikts könnte sich geradezu modellhaft dartun lassen, was unter normalen Bedingungen heute möglich ist und was nicht.«

Unter Verweis auf das seither in verschiedenen Seminaren Ausprobierte blätterte ich alsdann die Skizze einer Monographie hin, die ich wie folgt skizzierte: »Es ist freilich nicht in erster Linie Jugoslawien, das mich interessiert, vielmehr die Frage, welche theoretischen und praktischen Schlußfolgerungen aus den Beobachtungen und Erfahrungen für die internationale Politik am Ende des 20. Jahrhunderts zu ziehen sind.

Als Titel schwebt mir vor: *Das europäische Konzert der gelähmten Leviathane.*

Bisher schälen sich fünf Schwerpunktthemen heraus:

- Die gelähmten Leviathane (große Mächte, die aus vielen Gründen eben nicht mehr Großmächte im klassischen Sinn sind, das Mausen, Mitschwatzen und Mitmischen aber doch nicht lassen können oder wollen);
- interlocking and interblocking institutions‹ (die Ambivalenz der Konfliktregulierung durch multilaterale Organisationen, also: EG/EU, UN, OSZE, NATO, WEU; sie verhindern Großmächtekonfrontationen, sind aber zur rationalen, nachhaltigen Konfliktregulierung unfähig);
- Anatomie einer Chaosregion (die balkanesischen Konflikte, in die ethnische, religiöse, machtpolitische u. a. Motive eingehen, als Anatomie jener Anarchie, die im 21. Jahrhundert erhebliche Teile des Globus unwirtlich machen wird);
- Präsenz ohne Konsequenz (die Einwirkung der Medienberichterstattung auf Politik, Weltgefühl und Moral nicht direkt betroffener Gesellschaften);
- Europa ohne amerikanische Hegemonie (wie die großen und kleineren europäischen Mächte mit den Enkeln serbischer Hammeldiebe zu Pale nicht fertigwerden, weil Amerika nicht mehr wie zwischen 1947 und 1991 zur Führung entschlossen ist).
- Zu thematisieren wäre also die organisatorische, konzeptuelle und moralische Verfassung, in der die Demokratien ins 21. Jahrhundert hineinstolpern.«

Das hier mit leichter Hand skizzierte Konzept einer Studie zum Thema »Das europäische Konzert der gelähmten Leviathane« gefällt mir noch immer und wäre weiterhin aktuell – der Kosovo 1999/2000, Libyen 2011 und Syrien 2013 lassen grüßen! Doch aus dem Plan ist bisher nichts geworden außer einem Vortrag, den ich im Dezember 1996 auf einer politologischen Tagung im fernen Manila im Kreis von Fernostexperten gehalten habe, die sich in den Regionen Südostasiens mit ähnlichen Konflikten konfrontiert sahen.[297]

»Eine solche Monographie – ca. 300 Seiten«, lockte ich Siedler, »könnte auf Grundlage der gesammelten Dokumente und Analysen in den sechs bis acht Monaten, die mir im Winter 1996/97 zur Verfügung stehen werden, geschrieben und druckfertig gemacht werden.« Hingegen würde ich das Thema »Die großen Beweger des 20. Jahrhunderts« (Ruinierer, Retter, Reformer, Staatsschauspieler und große Scharlatane) vorerst auf eine gemeinsam zu temperierende Vorwärmplatte stellen, ohne das alsbald anzurichten ...[298]

Siedler blieb geduldig, zeigte auch an dem »Konzert der gelähmten Leviathane« Interesse, ersparte mir aber doch nicht den Hinweis, »wenn man bald vierzig Jahre Verleger ist ..., macht man so seine Erfahrungen und die meinen laufen darauf hinaus, daß viele Bücher an der Flut der Einfälle zugrunde gegangen sind, weniger an Gedankenleere«.[299] Natürlich galt diese Feststellung noch viel mehr für das Riesenopus einer Porträtgalerie von Jahrhundertgrößen.

Ich selbst hing jedenfalls an der Angel und ließ mich nicht mehr von dem Plan abbringen. Auf einen Vertrag mit Siedler wollte ich mich jedoch erst dann einlassen, wenn ein gewichtiger Teil dieses Buchs geschrieben wäre, das dann verlagsintern unter dem Spitznamen das »Monsterbuch« laufen sollte. Im ganzen Jahr 1996 herrschte beiderseits Funkstille, während ich bereits die ersten Kapitel zu Papier brachte. In der Weihnachtspause 1996/97 ging ich von meinem Prinzip ab, Verlegern nur das Manuskript eines fix und fertigen Buches zu übersenden. Siedler reagierte enthusiastisch (»das ist ein grandioser Auftakt, womit ich sowohl den gedanklichen Duktus als die sprachliche Form meine«[300]) und bot eine stolze Garantiesumme an, der ich nicht mehr widerstehen konnte. Leider mußte ich dafür, um zügig voranzukommen, vorerst die regelmäßige Kolumne für *Die Welt* drangeben,[301] wie sich zeigen sollte, auf Dauer. Das Jahr 1997 und große Teile von 1998 würden nun ganz von dem »Monsterbuch« aufgefressen. Den Brief vom 6. Februar 1997, mit dem ich mich endgültig an die Kette legte, schloß ich mit den Worten: »Morgen früh geht es aber erst für drei Tage an den Bodensee. Ich habe in den vergangenen Wochen wie ein Tier gearbeitet und verspreche mir jetzt von Spaziergängen auf den Höhen über Überlingen und fern vom rheinischen Karnevalstreiben frische Luft, weite Fernblicke und einen klaren Kopf, der schließlich weiter gebraucht wird ...«

Bonner Endzeitstimmung

Hat mich die Politik gegen Ende der neunziger Jahre so irritiert, daß ich mich brüsk abgewandt und mich wieder in ferneren Landschaften der Zeitgeschichte ergangen habe? Tiefenpsychologen mögen das so sehen. Tatsächlich jedoch habe ich die Innenpolitik, die Sicherheitspolitik und nicht zuletzt die Europapolitik in der Endphase der Ära Kohls weiterhin regelmäßig kommentiert, doch dies zunehmend kritisch gestimmt.

Wie bisher spielte ich weiter in dem großen Bonner Streichorchester mit – als Klarinettist oder Saxophonist, was weiß ich. Längst gehörte ich auch zum eisernen Bestand der Festredner, auf den die Politik je nach Bedarf zurückgriff. Anfang Januar 1995 hielt ich auf Bitte des mir bis heute sympathischen schwäbischen Außenministers Klaus Kinkel im Weltsaal des AA den Festvortrag zum 125. Bestehen des Auswärtigen Amts. »Wandel und Kontinuität der deutschen Außenpolitik« lautete das Thema.[302] Ebenso durfte ich nicht fehlen, als die CDU den 50. Geburtstag feierte.[303]

Was ich tatsächlich von dem ewigen Gedenktagrummel hielt, konnten die Leser meiner *Welt*-Kolumnen bei einer Betrachtung zum D-Day erfahren, der 1994 – 50 Jahre danach, eine halbe Ewigkeit lag das schon zurück – mit ungebremster Inbrunst gefeiert wurde. Heldengedenktage in postheroischen Zeiten sind seltsame Veranstaltungen: »In ihrer Bedeutung überhaupt nicht zu überschätzen ist dabei die Rolle der E-Medien mit ihren einzigartigen Möglichkeiten, große Vergangenheit in einer schalen Gegenwart elektronisch nochmals lebendig werden zu lassen, dabei durch zusätzliche Fernsehdiskussionen zwischen Zeitzeugen und Nachgeborenen auch gleich die politische Bewertung vorgebend. Es versteht sich von selbst, weshalb zeitgenössische Präsidenten und Premierminister, wie beim D-Day zu studieren, die Gelegenheit beim Schopf ergreifen, ihre eigene Durchschnittlichkeit durch mediales Eintauchen ins Heroenzeitalter wenigstens für einen Moment vergessen zu machen.«[304]

Gelegentlich wurde ich selbst das Objekt von Ehrungen. 1996 verlieh mir die Deutschland-Stiftung den Konrad-Adenauer-Preis für Wissenschaft. 1988 war der bereits todkranke Andreas Hillgruber damit ausgezeichnet worden und ich hatte diesem verdienten, leider schon vom Tod gezeichneten Mann die Laudatio halten dürfen. Jetzt war die Reihe an mir. Kohl und sein Gefolge ließen es sich auch diesmal nicht nehmen, in den Herkulessaal der Münchener Residenz zu kommen, um so demonstrativ ihrer Sympathie für das konservative Lager in der CDU zu bekunden, um das sie sich ansonsten herzlich wenig kümmerten. Wolfgang Schäuble hielt eine freundliche Laudatio. Mir selbst war dabei nicht besonders wohl. Ich bin nicht der Typ für öffentliche Ehrungen. Kurt Zwiesel, der Stiftungsvorstand, ein gewendeter NS-Funktionär, war auch nicht so ganz mein Fall, und ich hatte mich damals innerlich auch von Helmut Kohl doch ziemlich entfernt, der jetzt raumgreifend und Beifall klatschend in der ersten Reihe thronte. Wie so vielen, ging seine unüberbietbare Selbstgefälligkeit auch mir zusehends auf die Nerven.

Zweierlei war es, was ich ihm in jenen Jahren ankreidete: seine Reformunfähigkeit und die für mich weiterhin unbegreifliche Entschlossenheit, das sichtlich verfehlte Euro-Projekt durchzusetzen. Mit meinen wirtschaftsliberalen Überzeugungen fühlte ich mich in der CDU zunehmend weniger heimisch. Meine Stimmung läßt sich an einem Brief ablesen, den ich Ende 1995 an den Bankmanager Peter von der Heydt beim Kölner Bankhaus Delbrück schrieb. Ich hatte diesen typischen Mittelständler von stark atlantischer Orientierung (er war mit einer Amerikanerin verheiratet) vor langen Jahren in der Oppositionszeit als CDU-Bundestagsabgeordneten kennengelernt. Von Zeit zu Zeit trafen wir uns und lästerten über den Gang der Dinge. Er hatte mir eben sein bitteres Buch *Schuldenmacher und Verschwender*[305] übersandt, und ich dankte ihm mit den Worten: »Leider stimmt besonders, was Sie über die Parteien und Parteiführer schreiben: Ankündigungsathleten sind sie fast allesamt; wahrscheinlich auch Schäuble, den ich bisher von allen CDU-Freunden am meisten geschätzt habe, nachdem Stoltenberg resigniert hat, Hansjörg Häfele ausgeschieden und Manfred Wörner von uns gegangen ist. Doch was Schäuble vor Jahresfrist angekündigt hat, kommt nicht zustande. Am verheerendsten: Da sich die CDU konsequent im Sinn dessen, was Sie ausführen, verweigert, da die FDP nur noch ein Schatten ihrer selbst ist ..., sehe ich nirgends politische Kräfte von Gewicht, die eine Reformpolitik nach Grundsätzen liberalen Ordnungsdenkens und mit Sinn für die wirtschaftlichen Notwendigkeiten zu führen willens und in der Lage sind ... ›Der Markt ist unter die Räder des Staates geraten‹, wie wahr, und die Partei Erhards in die Hände der Blüm und Konsorten. Wäre ich 40 oder hätte ich viel Geld, würde ich mit Gleichgesinnten eine Partei der Leistungslustigen und Verschwendungsgegner gründen ...[306] Zweifel kamen mir am gesunden Menschenverstand meiner eigenen Partei, seit sie sich entschlossen zeigte, trotz dramatischen Anstiegs der Verschuldung zur Finanzierung der neuen Länder und des Rentensystems auch noch die umlagefinanzierte Pflegeversicherung auf Biegen und Brechen durchzusetzen. Allüberall Reformstau und Unwahrhaftigkeit: Blüms Behauptung, die Rente sei sicher, der Unwille zu einer durchgreifenden Gesundheitsreform, die seit langem schon von Ungeeigneten überschwemmten Gymnasien und Universitäten, was zur Schwerfinanzierbarkeit im Bildungswesen geführt hatte ...«[307]

Gelegentlich machte ich meinem Zorn Luft, etwa in einer Kolumne mit der Überschrift »Modell Uruguay«[308]. Dort schilderte ich, wie Uruguay, solange es dank seinem Rindfleischexport nach Europa florierte, ein in ganz Lateinamerika vorbildliches soziales Sicherungsnetz und eine breitgefächerte Verwaltung aufgebaut hatte, die bereits 1961 ein volles Drittel des Staatshaushalts verschlang: »Die Parteien predigten freilich weiter den Konsensus, was aber nur eine Tarnformel für

Reformunfähigkeit und Schlendrian war.« Das Ende vom Lied: terroristische Stadtguerilla, getragen von ohne jede Zukunftsperspektive ausgebildeten sozial- und geisteswissenschaftlichen Studenten, gefolgt von Militärdiktatur.

Uruguay sei somit ein warnendes Beispiel dafür, »daß ein lange Zeit funktionierendes demokratisches und sozialstaatliches Modell zur erdrückenden Last werden kann, sobald ein ganz und gar exportabhängiges Land aus welchen Gründen auch immer seine Märkte zu verlieren beginnt. Wenn dann noch die menschlich nur zu gut verständliche Reformunwilligkeit der das gute alte Leben gewohnten Bürger und der Großorganisationen, vor allem der Parteien und Gewerkschaften, hinzutritt, so wird aus Vernunft Unsinn und aus Wohltat Plage. Vielleicht geruhen also einmal einige unserer Verantwortlichen in einer stillen Stunde das Modell Uruguay zu studieren. Vor allem jene sollten ihm Beachtung schenken, die zwar ahnen, daß die Bundesrepublik einen ähnlichen Weg gehen könnte, aber doch zurückschrecken, wenn ihnen bei der Diskussion über den ›Standort Deutschland‹ von den kurzsichtigen Verteidigern des Status quo die Denkfaulheitsargumente ›soziale Schieflage‹ oder ›Gefährdung des Konsensus‹ oder ›Zerbrechen des inneren Friedens‹ um die Ohren geschlagen werden. Uruguay läßt grüßen!«

Wer gemeint war, lag auf der Hand. In dem »Fragebogen« des *FAZ-Magazins* antwortete ich auf die Frage: »Welche Reformen bewundern Sie am meisten?«: »Die marktwirtschaftlichen Reformen Ludwig Erhards und Margaret Thatchers.« Meine Antwort auf die Frage: »Was verabscheuen Sie am meisten?« lautete dementsprechend: »Reformunfähige bürgerliche Regierungen.«[309] Auf Bitten der *FAZ* schrieb ich auch eine längere Betrachtung zum 100. Geburtstag Ludwigs Erhards am 2. Februar 1997, die ich mit der Feststellung abschloß: »Aus heutiger Sicht ist Ludwig Erhard – Wohlfahrtsstaatskritiker, Antietatist, Verteidiger einer starken D-Mark, Globalist, Frankophober, Anglophiler und Euroskeptiker – ein großer Unzeitgemäßer. Er dürfte dies noch längere Zeit bleiben.«[310]

Der zweite Hauptpunkt meiner Kritik am Bundeskanzler war dessen sichtliche Entschlossenheit, alle Widerstände gegen die Einführung des Euro wie ein überschwerer Panzer zu überrollen. Bis ins Jahr 1996 hinein habe ich gehofft, das verfehlte Projekt werde inmitten widriger Umstände steckenbleiben, gleich dem Werner-Plan Anfang der siebziger Jahre.

Doch bald gab es viele Hinweise, daß sich Bonn von dem Vorhaben nicht abschrecken ließ. Eine meiner letzten Kolumnen in der *Welt* schrieb ich zum Titel »Identität, D-Mark, Euro«[311]. Dort gab ich dem im Zusammenhang mit dem Euro oft ins Spiel gebrachten Identitätsbegriff einen individualpsychologischen Dreh: »Erstaunlicherweise wird häufig vergessen, daß nicht allein die Großkollektive Identität haben, sondern genauso das Individuum. Im Seelenhaushalt des einzelnen Bürgers verhält es sich dabei ähnlich wie in den schwankenden Bewußtseinslagen der Nation. Auch das Individuum braucht, um mit sich selbst im reinen, sprich: der eigenen

Identität gewiß zu sein, Daseinssicherheit, Stolz, Lebenszufriedenheit und Zukunftshoffnung. Von ganz entscheidender Bedeutung ist dabei auch, daß die Lebensplanung stimmt.

Ebendiese ist es jedoch, die bei Ablösung der D-Mark auf sehr schwankenden Boden zu geraten droht. Freiberufler, Rentner, Pensionäre oder Sparer, deren Alterssicherung bisher auf der Erwartung einer ziemlich stabilen D-Mark beruhte, sind von der Sorge geplagt, mit dem Euro ein leicht moussierendes Inflationsgeld zu erhalten. Man braucht sich dabei gar keine Inflation und Währungsschnitte wie die der Jahre 1923 und 1948 vorzustellen, deren traumatische Erinnerung noch unvergessen ist. Es würde schon genügen, wenn die durchschnittliche Inflationsrate nur 1,5 Prozent oder 2 Prozent über der gegenwärtigen läge, um diese Großgruppen zu Euro-Verlierern zu machen ... Die Leute sind nicht von irrationalen Ängsten bewegt, sondern sie machen sich Sorgen, weil sie rechnen können, zugleich allerdings den Rechenkünsten der großen Politiker mißtrauen.«

Auch die nun bereits deutlich erkennbare Globalisierung spreche gegen das Vorhaben: »In den letzten Jahren erst«, fuhr ich fort, »wird der Öffentlichkeit voll bewußt, wie die Globalisierung der Märkte zu ganz dramatischen Erosionen der Solidaritätsgesinnung in den bisher national verfaßten Volkswirtschaften führt. Arbeitsminister Blüm schilt deshalb heute schon jene Unternehmer, die – national pflichtvergessen – außerhalb der deutschen Grenzen investieren. Das Entsetzen dürfte aber erst recht groß sein, wenn die manchmal doch recht blinden Verantwortlichen urplötzlich erkennen, daß die Solidaritätssysteme in den nationalen Währungen eine entscheidende Klammer besaßen. Dem Wehklagen über den ›Turbokapitalismus‹ könnte dann, freilich zu spät, das Wutgeheul über den ›Eurokapitalismus‹ der technokratischen Europäischen Zentralbank folgen.«

Natürlich waren solche Kolumnen und Artikel so wirkungsvoll, »wie wenn mr«, so sagt man auf gut Alemannisch, »en Ochs ins Horn pfezt«. Die Fronten zwischen Euro-Befürwortern und Euro-Kritikern waren bald völlig festgezogen bei starkem Überwiegen der ersteren. Im Juni 1997 kamen in Baden-Baden unter dem Patronat des Verlegers Volker Schwarz vom Nomos-Verlag ein paar Dutzend erstklassige Europaexperten zusammen, begleitet von ihren Damen, um Hans von der Groeben zum 90. Geburtstag ihre Glückwünsche und ihren Respekt zu bekunden. Mir fiel die nicht ganz leichte Aufgabe zu, im Schlußwort zu diesem Symposion die weit auseinanderlaufenden Auffassungen zusammenzubinden. In bezug auf den Euro konstatierte ich: »Natürlich sind wir in dieser Frage alle polarisiert. Jeder in unserer Runde ist schon seit längerem zum Schluß gekommen, dieses Integrationskonzept entweder für eine einmalige Chance zur Vertiefung der Integration oder für ein völlig verrücktes Integrationskonzept zu halten, wodurch vieles von dem in vierzig Jahren Erreichten voller Unverstand zerstört wird, und das nicht nur in Deutschland. Ich selbst gehöre bekanntlich zu letzteren, möchte aber hier nicht auf das substantielle Für und Wider eingehen. Selbstsichere Prognosen, ob 1998 die dritte Stufe erreicht wird und wie das dann weitergehen wird, wagen heute fast nur noch die Spitzenpolitiker und die von ihnen Abhängigen.

Auch in dieser Hinsicht will ich bloß eine einzige Frage stellen. Sie bezieht sich auf das, was eben bezüglich des von der Groebenschen Geistes ausgeführt wurde. Gehört die Währungsunion wirklich noch in die Kategorie der evolutionären, im Verlauf kontrollierbaren Konzepte? Und wenn man zum Schluß kommt, daß dieses Konzept viele Elemente der Unkontrollierbarkeit enthält, darf man es dann wagen?«[312]

Es wurde bekanntlich gewagt. Im Frühjahr 1998 war alles gelaufen. Nun ging es auf die Bundestagswahlen zu. Daß die sogenannte bürgerliche Koalition, die mich bitter enttäuscht hatte, einer SPD-geführten Regierung mit starkem Einfluß des SPD-Vorsitzenden Lafontaine und mit den Grünen trotz allem vorzuziehen war, brauchte mir niemand zu sagen. So hielt ich mich mit öffentlicher Kritik zurück, wollte jedoch nicht darauf verzichten, in meiner Porträtskizze Helmut Kohls im *Gesicht des 20. Jahrhunderts*, die ich im Frühsommer 1998 formulierte, neben dessen europapolitischen Verdiensten auch die Irrtümer zu erwähnen. Auf dem Feld Europa, schrieb ich, sei er »ein beharrlicher, kraftvoller, unbedenklicher Riese, wenngleich in den Fragen des Scheckbuchs bisweilen zu nachgiebig und bei der Währungsunion wie Hans im Glück agierend«. Und ich fügte hinzu: »Sollte sich allerdings das Konzept der Währungsunion auf längere Sicht als desaströs erweisen, was zu befürchten ist, wird man ihn als eine eher verhängnisvolle Gestalt bewerten. Doch alles ist noch offen, und vorerst läßt sich nur Ambivalenz konstatieren.«[313]

Sucht man nach einem Stichwort, das mein Urteil über die Bonner Politik in den letzten vier Jahren der Ära Kohl auf den Punkt bringt, so lautet es schlicht und ergreifend: Malaise.

Auch der bisherigen Bundeshauptstadt Bonn bemächtigte sich nun eine gewisse Endzeitstimmung. Der im Juni 1991 beschlossene Regierungsumzug nach Berlin war jahrelang abgebremst worden. Vieles hatte dabei zusammengewirkt: die planerische Unfähigkeit des Berliner Senats, das Widerstreben der rheinischen Fraktion in der CDU/CSU-Fraktion, auch die Unlustgefühle der Sozialdemokraten in Nordrhein-Westfalen. Seit 1997 mehrten sich die Anzeichen, daß Helmut Kohl in Erwartung eines erneuten Wahlsiegs im Herbst 1998 jetzt das Jahr 2000 scharf in den Blick genommen hatte. Zu Beginn des neuen Millenniums, so haben damals viele vermutet, wolle er sich in der Pracht und Herrlichkeit des Berliner Kanzleramts installieren.

Der Sog Berlins wurde zusehends spürbar. Zugleich machten sich in Bonn alarmierende Anzeichen der Vernachlässigung bemerkbar. Die Drogenszene an dem ohnehin stets schmutzigen Bonner Hauptbahnhof breitete sich aus, ohne daß die Stadt oder das Land energisch dagegen vorgingen. Es wurde auch bekannt, daß künftig die Strecke für die ICE-Züge der Bundesbahn über Siegburg führen würde, weil eine träge Allianz von Grünen, CDU-Stadträten und einer untätigen Stadtverwaltung den linksrheinischen Ausbau verhindert hatte. Als eines der üblichen Frühjahrshochwasser eine ausgedehnte Baugrube neben dem Bundeshaus überschwemmte, wo die Deutsche Welle ihren Sitz erhalten sollte, ließen die zuständigen Instanzen die säuische Baustelle inmitten des Regierungsviertels demonstrativ nicht aufräumen, von Weiterbau gar nicht zu reden. Überall vermittelten Dutzende von aufgerissenen Baustellen und Schmutzecken das Bild einer Stadt, die sich zeitweilig aufgegeben hatte. Auch die Universität wurde baulich vernachlässigt.

Alle weiter schauenden Institutionen sahen sich in dieser Lage nach Filetstücken in dem damals noch preiswerten Berlin um. Vor allem dank der Tatkraft Karl Kaisers hatte die DGAP bereits Mitte der neunziger Jahre ein passendes Domizil in der Rauchstraße erworben, nicht weit vom Zoo und vom Tiergarten. Das Gebäude sah auf eine bewegte Geschichte zurück. 1940 war es als Residenz des Königsreichs Jugoslawien errichtet worden, das damals noch zum Großdeutschen Reich gute Beziehungen unterhielt. Danach war das höchst fragwürdige Amt Rosenberg in das sequestrierte Gebäude eingezogen, ein zwei Stockwerke umfassender, tief ins Erdreich ausgeschachteter Luftschutzkeller erinnerte noch an die Angst der NS-Funktionäre um ihr Leben, während sie zur gleichen Zeit Osteuropa ausplünderten und »slawische Untermenschen« umbringen ließen. 1945 hatten sich erst die russischen Besatzer dort breitgemacht, alsdann die Amerikaner, und schließlich war darin das internationale Gericht untergebracht, wo in Hunderten von komplizierten Verfahren über geraubtes jüdisches Vermögen entschieden wurde. Jetzt kaufte die DGAP dem Berliner Senat das heruntergekommene Anwesen ab, investierte zusätzlich große Summen in die Renovierung und wurde dadurch beinahe selbst zum Sanierungsfall. In meiner Eigenschaft als Präsidiumsmitglied verfolgte ich jahrelang diesen Kraftakt, kam dabei auch häufig nach Berlin, das sich mit der Hauptstadtrolle bemerkenswert schwertat, und hatte auch von Anfang an zu denen gehört, die für einen rechtzeitigen Umzug nach Berlin plädierten, getreu meiner nach dem Bonn-Berlin-Beschluß vom Juni 1991 stets vertretenen Devise: »Wer A gesagt hat, muß auch B sagen.« Als sich 1999 die Möbelwagen zum allgemeinen Umzug der Regierungsorgane und der Verwaltung definitiv in Bewegung setzten, besaß die DGAP ein funktionsfähiges Operationszentrum. Auch der Umzug des Politischen Archivs des Auswärtigen Amts stand im Jahr 1999 bevor. Beim Berlin-Umzug erhielt es in den Büroräumen der früheren SED-Bezirksleitung Berlin-Mitte eine ziemlich miese Unterkunft in einer Reihe von Räumen zugewiesen, deren Fensterfronten im Sommer eine afrikanische Bruthitze erzeugten, während auf der gegenüberliegenden Straßenseite die Bagger und andere Baumaschinen jahrelang einen Höllenlärm verursachten.

Bad Godesberg blieb von der Unruhe, die sich weithin ausbreitete, nicht verschont. Durch das Zentrum zog sich eine kilometerlange Baustelle. Jetzt erst, Mitte und Ende der neunziger Jahre, als kein Bedarf mehr dafür bestand, wurden die auf die sechziger Jahre zurückgehenden Planungen durchgeführt, für die Durchgangsstraßen in Bad Godesberg große Tunnels zu bauen, die im Kriegsfall für die Botschaften auch als kompliziert verriegelte Atombunker dienen konnten. An allen Ecken und Enden tobte sich die Bauwut aus. Nicht weit von unserem Viertel entstand ein riesiges, schwarz angestrichenes Kino mit Zufahrt im Brutalostil, das sich wie ein breiter Sperriegel durch einen Teil des Städtchens zog. Aus der einstmals trotz des Verkehrsstroms immer noch ansehnlichen Bonner Straße wurde über viele Monate hinweg dank der Brauerei eine Art *No-go-area*. Während man in allen Großstädten der Welt inzwischen erkannt hatte, daß unterirdische Haltestellen der Straßenbahn in den nächtlichen Stunden der Sicherheit von Verkehrsteilnehmern nicht eben dienlich sind, hatten es die Verkehrsplaner für richtig gehalten, die S-Bahn mit den entsprechenden Zugängen tief in die Erde zu verlegen. Der hübsche Bad Godesberger Bahnhof, wo einstmals alle ausländischen Zeitungen ausgelegen hatten, wurde entkernt und unwohnlich gemacht. Auch das von Familien aus aller Herren Länder bewohnte *Slum area* entlang der Bahn rückte Jahr für Jahr sichtlich näher an die Plittersdorfer Straße und die Welfenstraße heran. In Erwartung des Abzugs der Botschaften sowie der ausländischen Journalisten begannen die bisher zahlreich vertretenen ansehnlichen Geschäfte ihre Tore zu schließen und Frittenbuden oder Dritte-Welt-Shops Platz zu machen.

Zuvor hatten wir nie daran gedacht, das gemütliche Haus und den traumhaften Garten in der Welfenstraße je zu verlassen. Jetzt aber beschäftigten uns erst gedanklich, dann praktisch Abwanderungspläne für die Zeit nach der Emeritierung im Jahr 1999. Mehr und mehr erschien es uns eine reizvolle Idee, nach einem Vierteljahrhundert im vertrauten rheinischen Umfeld nochmals ein völlig neues Leben zu beginnen. Gut zwei oder drei Jahre lang haben wir von nun an jede Gelegenheit genutzt, in lebenswerten, für meine Arbeiten geeigneten Städten nach einer adäquaten Alternative zu suchen. Denkbare Optionen waren Berlin, Freiburg, auch das gute alte Lörrach. Zeitweilig sahen wir uns in Basel selbst und in Riehen nach einem passenden Haus um. Doch auch München, wo ich seit langem viel zu tun hatte und das auch Annemie gefiel, kam als Wohnsitz nach der Emeritierung in Frage.

In diese Phase der inneren Loslösung fiel auch Bennos Hochzeit mit Sandra Bogdanovic. Die beiden paßten zueinander – beide im Business, beide in ständiger Bewegung, beide sportlich und beide stets auf Flughäfen anzutreffen. Sie hatten nach Bennos Rückkehr aus Moskau erst in Frankfurt ihr berufliches Zentrum, dann in Berlin. Immerhin wurde im Sommer 1997 die Hochzeit in guten bürgerlichen Formen in Bonn gefeiert, für mich eine erwünschte Ablenkung von der Sklavenarbeit am *Gesicht des Jahrhunderts*, für Annemie, in deren Hand die gesamte Organisation lag – Empfang auf dem Petersberg, Schiffahrt auf dem Rhein – ein großer, kaum zu bewältigender Streß. Daß Nicole und Régis gleichfalls nie ins Rheinland kommen würden, war ebenfalls absehbar. Sie waren auf Paris und die Schweiz fixiert.

So ganz leicht fiel die seelische Loslösung von Bonn aber nicht. Tatsächlich haben mir die Seminare und Kollegs selten so viel Spaß gemacht wie in diesen letzten Bonner Jahren. Eine rundum erfreuliche Gruppe von Doktoranden und kundige, gut motivierte Magistranden hatten sich zusammengefunden. Besonders die Oberseminare, in denen die jeweiligen Arbeiten vorgetragen oder interessante neueste theoretische und paradigmatische Literatur zur Politikwissenschaft analysiert wurde, waren ein Vergnügen. Ich gab allerdings allen Studierenden den guten Rat, sich möglichst rasch nach Berlin zu verfügen. Dort würde im kommenden Jahrhundert die politische Musik spielen. Da ich selbst in der DGAP und mit der AAPD hinlänglich oft in Berlin sein würde, warf die Betreuung der dort tätigen Doktoranden nach der Emeritierung in der Tat keine Probleme auf.

Im übrigen konzentrierte ich mich in den Jahren 1997 und 1998 auf *Das Gesicht des 20. Jahrhunderts.* Perfektionistisch, wie ich nun einmal bin, habe ich die wichtigeren Porträts zwei- oder dreimal umgeschrieben. Besonders viel Mühe machten mir die großen Politkriminellen von Lenin über Stalin bis zu Mao Tse-tung, selbstverständlich auch Hitler. In bezug auf diesen schrieb ich beispielsweise an Siedler: »Am meisten Mühe hat mir der Hitler gemacht – ein Typ, der bei mir seit Jahrzehnten geradezu physischen Widerwillen erweckt. Vierzehn Tage lang habe ich nun nochmals Dutzende von Bänden mit Primärquellen und einen wahren Ozean von Sekundärliteratur in mich aufgenommen und dann vier oder fünf Fassungen zu Papier gebracht. Jetzt finden Sie mein letztes Wort zu dieser unglaublichen Gestalt, die mich mehr und mehr doch an einen Fantasyfilm erinnert ... Auch Lenin und Stalin habe ich völlig neu geschrieben ... Alles ist nun visualisiert, und ich denke, die Botschaft wird deutlich: ganz starke, ganz böse und vielfach immer noch rätselhafte Individualitäten.«[314] Dutzende von vergleichbaren kürzeren oder längeren Briefen gingen so zwischen mir und Siedler hin und her. Unsere Korrespondenz aus der Entstehungsphase des Buchs füllt einen ganzen Leitz-Ordner. Keiner meiner Verleger hatte sich bisher so intensiv wie er um den Fortgang und auch um die Details eines Buchprojekts gekümmert, die Bebilderung inbegriffen.

Eines der rund siebzig in dem Buch versammelten Porträts war das von Helmut Kohl. Unnötig zu sagen, daß es genauso viel Mühe gemacht hat wie das der monströsen Diktatoren. In vielem war er geradezu der Idealtyp eines parlamentarischen Führers im Sinn von Max Weber. Ich hatte ihn unter die Reformer subsumiert und als Riesen bezeichnet. Daß auch politische Riesen ambivalente Gestalten sind, verstand sich von selbst und mußte auch im Fall Kohls zur Sprache gebracht werden. Jetzt zeigte sich, daß das Erscheinen des *Gesichts des Jahrhunderts* im Herbst 1998 mit dem Bundestagswahlkampf zusammenfiel, bei dem es für ihn wieder einmal um die Wurst ging. Richard von Weizsäcker hatte im September 1998 die Freundlichkeit, das Buch in Berlin vorzustellen. Exposition und Methodik gefielen ihm. Zu meinem Porträt Helmut Kohls hat er sich nicht geäußert.

Kurz danach ging die Ära Kohl zu Ende. Im *Gesicht des 20. Jahrhunderts* hatte ich ihn mit einer gewissen Schonung dargestellt, war aber bei der Wahrheit geblieben. Mein Mitleid hielt sich in Grenzen. Die normale Lebenszeit von Regierungen ist im Schnitt so an die acht Jahre, bald etwas mehr, bald auch viel weniger. Nach zwei Legislaturperioden ist der Berg von aufgehäuften Fehlern und von Schlimmerem meist so hochgetürmt, daß die desillusionierten Wähler die Opposition dranlassen, so fragwürdig diese auch sein mag. Die Prolongierung der Ära Kohl war nur durch die Wiedervereinigung zustande gekommen, aber auch deshalb, weil die im großen und ganzen immer noch mit guten Instinkten ausgestatteten deutschen Wähler den Grünen lange Zeit jenes Mißtrauen entgegenbracht hatten, das sie verdienten. Nun nahm eine Mehrheit in der Wählerschaft sogar Rot-Grün in Kauf, nur um Kohl loszuwerden.

Mein eigener Nachruf auf die Kanzlerschaft Kohls, um den mich Helmut Herles vom Bonner *General-Anzeiger* gebeten hatte, enthielt die verdiente Anerkennung, doch fehlte es wie im *Gesicht des 20. Jahrhunderts* nicht an kritischen Tönen. »Daß er wie vor ihm Adenauer als guter und großer Europäer in die Geschichtsbücher eingehen wird«, schrieb ich dort, »steht außer Zweifel«, fügte jedoch in puncto Euro hinzu: »Das Bild des Europapolitikers Helmut Kohl wird jedenfalls in stärkstem Maß vom Schicksal der Europawährung abhängen, das er nicht mehr zu beeinflussen vermag. Er hat den Geist aus der Flasche entlassen, und ob sich dieser als riesiger Dämon erweist oder als großer Wohltäter, ist noch nicht absehbar.« Geboten kritisch äußerte ich mich auch zum Innenpolitiker Helmut Kohl: »Vielleicht wird man einmal feststellen, daß die stolze deutsche Wirtschaftsgesellschaft unter ihm eine Spätblüte erlebt hat wie seinerzeit Großbritannien unter Premierminister Macmillan – die Anfänge eines fatalen Sinkflugs. Auf den hier wesentlichen Feldern, etwa Ordnungspolitik, Industriepolitik, Sozialpolitik, Gesundheitspolitik, Rechtspolitik, Schulpolitik war er geradezu die Inkarnation der inneren Widersprüche der deutschen Gesellschaft. Es ist dies eine Gesellschaft, die sich reformieren muß und das teilweise auch will, aber dann doch immer wieder vor reformerischem Tiefpflügen zurückscheut, eine Gesellschaft, die auf irritierende Weise Tüchtigkeit und Veränderungsscheu, Modernität und schwarz-grünen Provinzialismus, tatkräftigen Individualismus und ein zur linken Sozialideologie degeneriertes Christentum, partielles Aufflackern großzügiger Solidarität und läßlichen Hedonismus miteinander verbindet …«

Mein Urteil über den CDU-Vorsitzenden konnte getreue Kohl-Fans nicht besonders erfreuen: »In ambivalenter Erinnerung wird auch seine eigene Partei ihren gewaltigen Vorsitzenden bewahren. Helmut Kohl hat sie erst erneuert, dann auf triumphale Höhen geführt und länger an der Macht gehalten als je ein Bundeskanzler vor ihm ... Die Folgen der zu langen Machtausübung waren jedoch für die CDU zunehmend verheerend. Am Ende fand sich keiner, der den großen Vorsitzenden rechtzeitig davon abhielt, nochmals voller Hybris für vier weitere Jahre bis ins nächste Millennium hinein zu kandidieren. Daß die Wahl vom 27. September nicht nur ein Votum für Gerhard Schröder, sondern auch eine Abwahl Helmut Kohls war, ist evident. Viele waren ihn einfach leid. Ganz offenkundig hat er diese zunehmende Aversion, die bei jedem Gespräch im Bekanntenkreis zu verspüren war, nicht rechtzeitig erkannt, was wieder einmal die Erfahrungstatsache beweist, daß ein zu langer Besitz der Macht an der Spitze einer handzahm dressierten Partei das Urteilsvermögen nicht eben verbessert. Helmut Kohl hat das Auto mit 180 Sachen an den Baum gefahren, und das bürgerliche Deutschland muß nun die üble Suppe auslöffeln.«

Endzeitstimmung also allenthalben. Der Entschluß zum Abschied aus der Bundeshauptstadt fiel nicht mehr allzu schwer.

Millenniumsgedanken

Es waren Jahre des Übergangs – für mich selbst und Annemie, die wir uns im Großraum München einrichteten, für die deutsche politische Klasse, die sich in Berlin installierte, für die Nationen Europas, die in Brüssel ihren babylonischen Turm der Europäischen Union hochzogen, und für die zusehends unsteuerbare Staatengesellschaft, die seit dem Anschlag von 9/11 Schock auf Schock zu verarbeiten hat und die Summe ihrer großen Besorgnisse und unklaren Hoffnungen unter die Formel »Globalisierung« subsumiert.

Weshalb unsere Uhr in Bonn abgelaufen ist, wurde eben schon skizziert. Doch warum sind wir nach München gezogen? Die verschlungenen Motive sind nicht von öffentlichem Interesse. Ich selbst und Annemie sind Südmenschen. Wollten wir nach mehr als einem Vierteljahrhundert im Rheinland einen Neuanfang wagen, dann im Süden. Lörrach, Freiburg, auch der geliebte Bodensee waren verkehrsgeographisch zu weit von Berlin, Bonn und München entfernt, wo die Gremien und die Archive lagen, die ich weiterhin zu bespielen gedachte. Als im Frühjahr 2000 ein schönes und geräumiges Anwesen in Gauting auftauchte, bloß eine halbe Stunde per Auto oder S-Bahn vom Münchener Marienplatz entfernt, haben wir zugegriffen und hier unser neues *buen retiro* gefunden.

München war seit langem schon ein bekanntes Terrain. Ich selbst hatte hier Jahr für Jahr ein halbes dutzendmal zu tun, gelegentlich auch noch mehr: die *Vierteljahrshefte*, der Beiratsvorsitz im Institut für Zeitgeschichte, früher auch Konferenzen in der Stiftung Wissenschaft und Politik, die jetzt allerdings auf dem Weg nach Berlin war. Gelegentlich war auch Annemie nach München mitgekommen und hatte die Stadt attraktiv gefunden – abendliche Besuche in der Staatsoper, die schönen, damals meist noch von alteingesessenen Eigentümern geführten Geschäfte in der Theatinerstraße, der Hofgarten, die Prinzregentenstraße und Nymphenburg … Auch das Münchener Umland gefiel. Es gab also gute Argumente, nach dem eigentlich viel zu langen Verweilen im Rheinland den deutschen Südosten von einem Münchener Wohnsitz aus automobilistisch zu »erfahren«. Österreich lockte, an das wir nicht allzu viele, aber gute Erinnerungen hatten, der Bodensee mit Lindau und Überlingen lag sozusagen vor der Haustür, und in die uns gut vertraute Ostschweiz mit Bad Ragaz, dem Appenzeller Land und Sankt Gallen war es gleichfalls nicht weit. Dazu kam eine hinlänglich breite Humusschicht guter Fachkollegen.

Jetzt bewahrheitete sich allerdings wieder einmal die Lebensweisheit meiner lieben Mutter: »Lieber dreimal abgebrannt als einmal umgezogen.« Noch einmal mußte Annemie ihr Organisationstalent einsetzen, und der Umtrieb hätte sie fast umgebracht, doch auch ich selbst fand die Umzugsmonate nicht spaßig. Aber auch das ist nicht von öffentlichem Interesse. Genug, wir haben es durchgezogen.

Das Jahr am Bologna Center war eine Art *Aprèslude* meiner akademischen Lehrtätigkeit. Ich möchte diese Erfahrung nicht missen, muß aber zugeben, daß das *Timing* nicht optimal war. Gewiß wäre es vernünftiger gewesen, das Millenniumsjahr allein für den Umzug einzuplanen, um nach erfolgter Verwurzelung im Fünfseenland und in München nach zwei oder drei Jahren nochmals auszuschwärmen. Doch als ich 1999 die Einladung aufgriff, war der Umzug im Sommer 2000 noch nicht vorherzusehen.

Unter den deutschen Politologen besaß das Bologna Center ein beträchtliches Prestige. Ursprünglich war es ein intellektuelles Projekt des Kalten Krieges. Der Gründer und erste Direktor war der Diplomatiehistoriker an der Washingtoner SAIS C. Grove Haines. Er war das, was man einen amerikanischen »Abendländer« nennen könnte – entschlossener Antikommunist, Antikolonialist mit durchaus globaler Perspektive und, wie so mancher aus der amerikanischen Kriegsgeneration, ein großer Sympathisant einer Europäischen Föderation. Haines verabscheute die Existenz im akademischen Elfenbeinturm und war der Meinung: »Es muß etwas getan werden!« – um Westeuropa im allgemeinen, und Italien im besonderen, das er liebte, vor dem Kommunismus zu retten. So brachte er die Geldmittel und eine Gruppe von Italien-Enthusiasten zusammen, die ausgerechnet im »roten Bologna« mit seiner kommunistischen Stadtverwaltung ein amerikanisches Zentrum gründeten, von dem er sich europaweite Ausstrahlung versprach. Junge Amerikaner sollten Westeuropa kennenlernen, mit europäischen Kommilitonen zusammenleben und hier auch ihre Sprachkompetenz erweitern. Andererseits war das Zentrum dazu bestimmt, junge Europäer mit *Leadership*-Potential mit dem *American way of life* bekannt zu machen.

1961 wurde in der Via Belmeloro ein nicht allzu großes, damals modernes, zu meiner Zeit schon etwas altertümlich wirkendes, aber immer noch praktisches Gebäude errichtet. Es bot den zu Zeiten der größten Blüte etwa 200 Studierenden und den vergleichsweise wenigen Lehrkräften genügend Platz und war, wie gesagt, Jahrzehnte hindurch ein Vorzeigeobjekt amerikanischer Kulturpolitik.

Als ich dort eincheckte, war das Bologna Center über ein Masterprogramm fest mit der SAIS verbunden, das seinerseits Teil der Johns Hopkins University war. Grundsätzlich wurden in dieses angesehene, aber auch teure Post-Graduate-Programm (damals rund 25 000 US-Dollar jährlich, dazu die Kosten für Wohnung und Verpflegung) nur Studierende aufgenommen, die nach dem Abschluß bereits mindestens zwei Jahre beruflich tätig gewesen waren. Man hatte es also mit vergleichsweise reifen jungen Männern und Frauen zu tun. Das erste Jahr war vollständig für die Ausbildung in Bologna vorgesehen, das zweite Jahr in Washington. Die am Masterprogramm teilnehmenden amerikanischen und noch vorwiegend aus Europa kommenden Studierenden konnten erwarten, in Washington in der Politik, im Geschäftsleben oder bei einer internationalen Organisation eine gute Stelle zu finden. Die Zweiteilung des Studiums bedeutete faktisch jedoch, daß die Lehrkräfte und die Studierenden am Bologna Center von dem viel spannenderen Lehr- und Forschungsbetrieb in Washington doch ziemlich abgehängt waren.

Das Geschäftsmodell des Centers, das sich seit seinem Bestehen periodisch mit existenzgefährdenden Finanzierungsproblemen herumschlagen mußte, wurde mir rasch klar: Die Betriebskosten des Masterprogramms wurden vor allem dadurch gesenkt, daß neben dem vergleichsweise kleinen, vorwiegend amerikanischen Lehrstab auch europäische Lehrbeauftragte, eine größere Schar von Ökonomen der renommierten Universität Bologna und wenige nichtitalienische Gastprofessoren oder Gastdozenten das Lehrangebot sicherstellten. Italienische Kollegen aus Bologna und erstklassige Experten, die jeweils aus Paris oder aus Deutschland eingeflogen wurden, verdienten sich ein schönes Zubrot. Doch arbeiteten sie aus Sicht der SAIS wohl immer noch kostengünstiger, als wenn beide Jahre des Masterprogramms in Washington absolviert worden wären. Der ursprüngliche Idealismus aus der Ära Haines war aber durchaus noch zu verspüren, zumal das Center in ganz Westeuropa ein Netzwerk früherer Alumni besaß, das sorgfältig gepflegt wurde.

Die Gastprofessoren wurden generell aus Stiftungsmitteln finanziert, so in Deutschland von der Alfried-Krupp-Stiftung, die Wert darauf legte, daß grundsätzlich nur deutsche Politologen oder Ökonomen berufen wurden. Die wenigen am Center tätigen amerikanischen Kollegen waren qualifizierte Wissenschaftler. Doch fühlte man sich akademisch doch etwas vereinsamt. Eine Gastprofessur an einer der Ostküste-Universitäten oder in Bloomington oder in Austin oder im kalifornischen UCLA-System, der University of California in Los Angeles, wäre interessanter gewesen. In trüben Stunden fühlte ich mich wie einstmals an der Pädagogischen Hochschule Osnabrück. An ein eigenes Forschungsprojekt war hier nicht zu denken, es sei denn, ich hätte über ein Thema zur italienischen Politik gearbeitet. Immerhin sorgte ein Vortragsprogramm mit interessanten Gästen aus den USA und den Ländern Europas für Anregung.

Freude machten die klugen, durchweg auch sympathischen Studenten. Ich hatte pro Semester an die zwanzig im Seminar, teilweise Amerikanerinnen und Amerikaner, teilweise Studierende aus verschiedenen Ländern Europas. Vom Kenntnisstand her waren die Europäer, die in der Regel mit einer Diplomprüfung abgeschlossen hatten, den Amerikanern leicht überlegen.

Entsprechend den Erwartungen des Centers und der Stiftung bot ich im ersten Semester einen Kurs zum Thema »German Politics and Society« an, in dem durchweg die neuesten Entwicklungen von Mitte und Ende der neunziger Jahre im Mittelpunkt standen. Allerdings mußte ich rasch feststellen, daß fast kein Seminarteilnehmer in der Lage war, deutsche Texte zu lesen. Die Hausarbeiten, auf die großer Wert gelegt wurde, beruhten somit ausschließlich auf Dokumenten in englischer Sprache und auf entsprechenden Büchern oder Aufsätzen aus Zeitschriften. Deutlicher als je zuvor wurde ich mir bei dieser Gelegenheit der überragenden kulturpolitischen Bedeutung bewußt, die englischsprachige Textbücher zum deutschen politischen System und Deutschland-bezogene Beiträge in politologischen oder ökonomischen Fachzeitschriften haben. Immerhin gab es seit den frühen neunziger Jahren Zeitschriften wie *Western European Politics* oder *Public Choice*, die relativ viele Aufsätze zu aktuellen oder langfristigen deutschen Problemen enthielten. Für die Analyse spezieller Vorgänge blieben nur der *Economist* oder die europäische Ausgabe der *New York Herald Tribune*. Im englischsprachigen Bereich, so wurde überdeutlich, nährten sich selbst die an Deutschland interessierten Studierenden mangels Sprachkenntnissen weltweit nur mit Texten aus zweiter Hand, in denen zudem der zumeist linksliberale politische Bias der Autoren nur allzu deutlich durchschimmert.

Deshalb entschloß ich mich, im zweiten Semester eine thematische Ausweitung vorzunehmen. Das Seminar sollte sich mit der Frage beschäftigen, wie die drei großen Länder Westeuropas – Deutschland, Großbritannien und Frankreich – zwischen 1945 und 2000 mit ihrem Machtverlust fertiggeworden sind – globalstrategisch, wirtschaftspolitisch und kulturell. Den Studenten hat diese komparatistische, auch unkonventionelle Sicht der Vorgänge Spaß gemacht. Sehe ich mir heute den schönen Plan an, so muß ich bedauern, daraus nicht alsbald ein Buch gemacht zu haben.

Im übrigen aber genossen wir es, ein Jahr lang in einer noch unverfälschten Stadt Italiens zu verbringen. Anders als in Florenz oder Rom begegnet man in Bologna auch kaum den üblichen Touristenhorden. Nur unerschrockene Japaner und Japanerinnen verirrten sich hierher. Überall verstreut finden sich Restaurants, in denen sich schön tafeln läßt. – »Bologna la grassa« wurde die Stadt früher genannt. Die kilometerlangen Arkaden der Altstadt sind hinreißend vormodern, außerdem dringend geboten, denn die Wolken bleiben am Apennin hängen und regnen gern über Bologna ab. Im Herbst und Winter ist Bologna ein Nebelloch. Sobald es wärmer wurde, sind wir an den Wochenenden in die Marken und nach Umbrien ausgeschwärmt.

Bedauerlicherweise ist jedoch während der ganzen Dauer unseres Aufenthalts die rechte Ruhe nicht eingetreten. Fast jede zweite Woche, manchmal auch häufiger, mußte ich meine jetzt über ganz Deutschland verteilten »Latifundien«, so nannte ich das, aufsuchen, um irgendwelchen Vorstands- oder Herausgeberfunktionen zu genügen: das IfZ und die *Vierteljahrshefte* in München, die AAPD und die DGAP in Berlin, das Haus der Geschichte, die Konrad-Adenauer-Stiftung in Sankt Augustin, die gleichfalls dort untergebrachten *Dokumente zur Deutschlandpolitik* und die Universität, wo immer wieder Prüfungen anstanden, das Adenauer-Haus in Rhöndorf, dazu alle jene Städte und Einrichtungen, wo ich mich von langer Hand zu Vorträgen verpflichtet hatte: Neben Bonn und München sind Rostock, Hamburg, Düsseldorf, Weimar, Mainz, Freiburg in den Kalendern der Jahre 2000 und 2001 vermerkt, als ich eigentlich nach der Hektik der Bonner Jahre in Bologna bei erträglichem Lehrbetrieb etwas ausruhen wollte.

Ausgerechnet jetzt waren die AAPD in Berlin, doch auch die DGAP und das Münchener Institut für Zeitgeschichte, wo ich in unterschiedlichen Funktionen mehr oder weniger maßgeblich tätig war, in eine bewegte Phase gerutscht. Der Umzug der AAPD aus Bonn an den Werderschen Markt in Berlin mit allem, was ein Umzug in ein neues Umfeld organisatorisch so mit sich bringt, erforderte dort eine verstärkte Präsenz. In der DGAP sorgte der Bankmanager Ulrich Cartellieri, neuer Präsident der DGAP, der das Haus wie ein allmächtiger *Chief Executive Officer* zu führen gedachte, für ständige Unruhe, bis es gelang, ihn mit Hilfe der politischen Bank im Präsidium zum Rückzug zu bewegen. Zum Glück gelang es, Genscher für eine Übergangszeit als Präsidenten zu gewinnen. Mit Botschafter Fritjof von Nordenskjöld installierte er einen tüchtigen Geschäftsführenden Präsidenten, und so kam das Forschungsinstitut wieder zu gedeihlichem Arbeiten.

Auch im IfZ tanzten die Äffchen auf dem Tisch. In den nun schon langen Jahren, in denen ich bisher den Beiratsvorsitz wahrnahm, hatte sich die Politik in die Arbeiten des Instituts nicht eingemischt. Die Herren im Stiftungsrat wollten genau informiert werden, hatten vielfach sachkundige Anregungen gegeben, anerkannten aber auch die vorzeigbare Publikationsleistung des Instituts. Das änderte sich seit Ende der neunziger Jahre. Bereits in den letzten Jahren der Regierung Kohl ließen sich deutliche Bestrebungen erkennen, auf die sogenannten »Blaue Liste«-Institute zentralisierend Einfluß zu nehmen. Nach dem Machtwechsel verstärkte sich das unter der forschen, politisch festgezogenen Sozialdemokratin Edelgard Bulmahn.

Ein Vorgang im Jahr 2000 illustrierte deutlich, wie illiberal und rundum parteiisch sich Rot-Grün aufzuführen gedachte. Als der Historiker Ernst Nolte den Adenauer-Preis erhielt und der Institutsdirektor Horst Möller zur Laudatio bereit war, wurde ein gewaltiger Sturm im Wasserglas erzeugt. Seit dem sogenannten Historikerstreit war Nolte ein Lieblingsprügelknabe meiner lieben linken Kollegen, die auf politischer Korrektheit historischer Forschung insistierten. Jetzt veranstalteten die Wissenschaftsministerin Edelgard Bulmahn und ihr publizistischer Anhang ein großes Theater, weil Möller die Verwegenheit aufbrachte, für seinen einstmaligen Berliner Kollegen die Laudatio zu sprechen. Ernsthaft gefährdet war Möller natürlich nie. Ein Stiftungsrat, der auf Drängen einer Bundesministerin aus nichtigem Anlaß den Direktor eines »Blaue Liste«-Instituts in den einstweiligen Ruhestand drängen möchte, wäre vor jedem Verwaltungsgericht kläglich gescheitert. Ohnehin lag der Vorsitz des Stiftungsrats bei einem bayerischen Ministerialdirektor, der sich die Butter nicht vom Brot nehmen ließ. Für alle Beteiligten war diese künstlich aufgebauschte Affäre jedoch ein Anlaß zu ausgiebiger Schwatzerei, Telefoniererei, zu Zeitungspolemiken und zu schriftlichen Erklärungen. Ich selbst hielt mich aus der öffentlichen Händelei heraus, wirkte hinter den Kulissen darauf hin, den Münchener Laden wieder zur Ruhe zu bringen und zu verhindern, daß sich der Beirat politisch zerlegte wie zuvor schon einmal in den siebziger Jahren. Meiner eigenen Ruhe in Bologna bekam das jedoch nicht.

Im Sommer 2001 kamen wir aus Bologna zurück. Da wir einen Teil unserer Habe eingelagert hatten, um alles in Ruhe aufstellen und versorgen zu können, dauerte es noch länger als ein gutes halbes Jahr, bis das Gautinger Haus wunschgemäß eingerichtet und der Garten zur Blüte gebracht war.

Es wäre jedoch ungerecht, würde ich hier allein von den Schwierigkeiten reden, die jeder Neuanfang mit sich bringt, und nicht ein paar Sätze des Lobpreises einschieben. Ich kann mir nicht vorstellen, daß unsere Existenz einschließlich meiner schriftstellerischen Neigungen in einer anderen Region so aufgeblüht wäre. Hier vor den Toren Münchens, so haben wir bald entdeckt, befanden wir uns in der besten aller Welten, einerseits im Einzugsgebiet einer recht vorzeigbaren Stadt, andererseits aber auf dem Land, wo die Luft köstlich ist, wo das Wetter dank der Nähe zu den Alpen ständig wechselt, wo man, anders als im Rheinland, plötzlich erfährt, daß das Jahr in der Tat vier deutlich voneinander abgesetzte Jahreszeiten hat: einen echten Winter mit Schnee, Eis und allem, was dazugehört, winterliche Unlustgefühle nicht zu vergessen, einen Frühling, der Jahr für Jahr Erstaunen, auch Glücksgefühle hervorruft, weil die dürren Zweige des Gingko-Biloba, der Sträucher und schließlich der Eiche ihre Blätter hervortreiben, während am Boden Schneeglöckchen, Krokusse, Veilchenkolonien und Tulpen herauswachen, dann der Bade- und Wandersommer, der Spätsommer, der Frühherbst, in dem das Voralpenland morgens von leichten Nebeln bedeckt ist und tagsüber ganz klar, ganz warm und durchsichtig wird, meist kann man dann im unübertrefflichen Gautinger Schwimmbad noch baden, dies gefolgt vom melancholischen Spätherbst mit den Herbststürmen, dann kommt der erste Schnee, und schon geht's auf Weihnachten zu, und der Frühling ist wieder in Reichweite.

Zu den neuen Erfahrungen, die sich in Gauting einstellten, gehörten die Enkel. Nicole und Régis hatten 1999 mit Alexandre den Anfang gemacht. Plötzlich gewann man den Eindruck, als herrsche zwischen den Familien von Nicole und von Benno eine Art schnellgeburtlicher Wettstreit. Im Jahr 2005 waren es bereits sieben Enkel. Jahr für Jahr wurden wir nun zu fröhlichen und in ihrer Art unvergeßlichen Tauffesten eingeladen – nach Boncourt, nach Berlin, nach Paris oder nur ins benachbarte Gräfelfing, wo Benno mit seiner Familie vor Anker gegangen ist. Als die junge Mannschaft heranwuchs, hat mich das Wissen, sieben muntere, gescheite, auch sportliche Enkel zu haben, zusehends mit Stolz erfüllt und mir eine ganz eigentümliche Daseinssicherheit vermittelt.

Vom Münchener Wohnsitz aus ging natürlich der gewohnte Sitzungsbetrieb überall im Land und im Ausland in vollem Umfang weiter. Die bisherigen außeruniversitären Aktivitäten wurden nun sozusagen zum Hauptamt. In den unterschiedlichsten Gremien, in denen ich als Vorsitzender fungierte, fanden es die Kollegen ganz natürlich, daß ich weiter so tätig war wie in den vorhergehenden Jahrzehnten. Vielleicht hatte man sich auch einfach an die routinierte Freundlichkeit gewöhnt, mit der ich die jeweiligen Tagesordnungen vorbereitete und abwickelte. Längst schon spielten die Entfernungen im Zeitalter des Flugverkehrs keine Rolle mehr. Allerdings war Bad Godesberg zum Flughafen Köln/Bonn viel günstiger gelegen als Gauting, das in Reichweite des Starnberger Sees liegt, während der Münchener Flughafen fünfzig Kilometer nördlich im nebligen Erdinger Moos erbaut wurde. »Ich selbst muß nach wie vor viel reisen«, schrieb ich an einen guten alten Bekannten, »habe jedoch zumeist Erfolg bei dem Bemühen, die nicht enden wollenden Sitzungen möglichst auf einen Tag zusammenzudrängen, denn mir bekommt es am besten, zu Hause zu schlafen. Das hat dann allerdings nicht selten zur Folge, daß es um ¼ 4 Uhr nachts aufstehen heißt, um die erste Maschine um 7 Uhr zu kriegen, und zurück komme ich in der Regel so um 11 Uhr nachts.«[315] Besonders in den Wintermonaten war das gewöhnungsbedürftig.

Der Aufgabenkreis in Berlin, wo ich monatlich oder wenigstens alle sechs Wochen zu tun hatte, erforderte in der Regel zwei oder drei Tage. Alles brauchte seine Zeit: die regelmäßigen, langen Sitzungen der Herausgeber der *Akten zur Auswärtigen Politik*, die jeweils intern gründlich vorbereitet und nachbereitet werden mußten, ebenso wie die Gremiensitzungen des Forschungsinstituts der DGAP, wo die Nachfolge für Karl Kaiser zu regeln war, bei der ich mich wieder einmal davon überzeugen konnte, daß sich hochgeschätzte Professorenkollegen bei Berufungsverhandlungen oft als unsteuerbare Raketen erweisen. Am Rande der regulären Berliner Termine ließen sich auch die Verlagsangelegenheiten erledigen. *Die Welt*, der *Rheinische Merkur* und die *Internationale Politik*, in denen ich weiterhin publizierte, hatten ihre Redaktionen gleichfalls in Berlin. Und als ich mich wieder ans Schreiben großer Biographien oder kleinerer archivgestützter Studien machte, befanden sich die Archive gleichfalls in Berlin.

Besonders gern erinnere ich mich an die regelmäßigen Oberseminare, die ich mit den Berlin-Aufenthalten verbunden habe. In den letzten Bonner Jahren hatte ich meinen Doktoranden dringend geraten, sich möglichst frühzeitig nach Berlin zu verfügen. Die meisten hatten sich entsprechend orientiert und arbeiteten über Themen, die sich mit ihren bereits laufenden oder den in Berlin aufgenommenen Aufgaben verbinden ließen. Gut ein Dutzend Doktoranden mit meist weit fortgeschrittenen Arbeiten fand sich jetzt regelmäßig zu einer Art Oberseminar zusammen. Vor den Zusammenkünften habe ich mit diesen durchweg erfreulichen Damen und Herren erst individuell die Fortschritte und Schwierigkeiten ihrer Dissertationen besprochen. Abends wurden dann in größerer Runde die einzelnen Arbeiten kritisch vorgestellt und diskutiert. Zumeist luden die jungen Herrschaften in die Büros oder Sitzungszimmer der Institution ein, bei der sie tätig waren, manchmal fanden die Zusammenkünfte auch in meinem Büro im Auswärtigen Amt statt, und anschließend beschloß man das Seminar in einer nahegelegenen Pizzeria oder einem der momentan angesagten Restaurants. Ich bin stolz, daß fast alle aus diesem Kreis sowie die wenigen weiter in Bonn verbliebenen Doktoranden ihre Dissertationsprojekte (mit nur zwei betrüblichen Ausnahmen) tadellos durchgezogen haben. Nicht wenige der in Bonn herangewachsenen Früchte sind in Berlin gereift und abschließend in Bonn, wo auch die Rigorosa stattfanden, sozusagen gepflückt worden. Die Mehrzahl dieser Arbeiten hat in angesehenen Reihen Aufnahme gefunden.

Die Berliner Netzwerke vermittelten somit hinlänglich viele Informationen und Stimmungseindrücke jener Jahre des Übergangs. Gremiensitzungen, Teilnahme an Tagungen und Vortragseinladungen führten wie bisher in die vertrauten Hauptstädte der westlichen Welt: Washington, Ottawa, Paris, London, Brüssel, auch nach Moskau (einerseits prächtig aufgeblüht, andererseits bereits unter dem Semiautoritarismus der gelenkten Demokratie Putins) und in die bisher unbekannten Hauptstädte Ankara und Canberra.

In den Gautinger Anfängen habe ich im Jahr 2002 noch eine neue Aufgabe übernommen: den Beiratsvorsitz der Stiftung Ettersberg in Weimar. Wenn Politiker in hohen Ämtern vernehmen, daß ein für seine Umtriebigkeit bekannter Professor emeritiert ist, denken sie sich gerne neue Ehrenämter aus, mit denen der, so vermuten sie, arbeitslos gewordene Gelehrte weiter beschäftigt werden kann. So ist es mir mit Bernhard Vogel ergangen, damals Ministerpräsident in Thüringen. Von allen CDU-Politikern kannte ich ihn am längsten, nämlich seit der Osnabrücker Zeit, und er ist mir bis heute einer der liebsten. Im Vorstand der Konrad-Adenauer-Stiftung waren wir in engere Verbindung gekommen, und wie es der Zufall so will, hatte ihn

Jorge Semprún bei einem gemeinsamen Besuch im KZ-Buchenwald, wo Semprún von 1943 bis 1945 gefangengehalten war, auf die Idee gebracht, eine Stiftung zur wissenschaftlichen Untersuchung der beiden Totalitarismen des 20. Jahrhunderts zu gründen. Die Stiftung sollte sich ganz besonders mit der Überwindung der NS-Diktatur und der kommunistischen Diktaturen befassen und natürlich im Land Thüringen einen volkserzieherischen Beitrag zur Befestigung der neuen Demokratie leisten. Ich selbst fühlte mich Thüringen besonders verbunden. Weimar hatte bei mir seit der Jugendzeit einen hohen Klang. In den ersten Jahren nach der Wende war ich auch als Mitglied einer Berufungskommission häufig nach Jena und Erfurt gekommen, um beim Aufbau der Politikwissenschaft zu helfen.

In Sachen Stiftung Ettersberg wollte ich dem Ministerpräsidenten keine Absage geben. So hatte ich meine Bereitschaft zugesagt, beim Aufbau zu helfen. Die Schlüsselperson war Freund Hans-Joachim Veen, lange Zeit Leiter der Abteilung für Sozialwissenschaften bei der Konrad-Adenauer-Stiftung. Er zeigte sich bereit, seine Zelte in Thüringen aufzuschlagen und den Vorsitz der Stiftung wahrzunehmen. Ich selbst übernahm den Beiratsvorsitz. Der Beirat war breit aufgestellt. Er enthielt drei ausländische Mitglieder, Maria Schmidt, die einfallsreiche und temperamentvolle Direktorin des Museums »Haus des Terrors« in Budapest, den sehr kundigen Historiker Włodzimierz Borodziej aus Warschau und Gilbert Merlio von der Sorbonne, einen hervorragenden Kenner der deutschen Geistesgeschichte. Dazu kamen die fachlich und politisch gut ausgemendelten deutschen Kollegen Eckhard Jesse aus Chemnitz, Lutz Niethammer und Karl Schmitt aus Jena. Das Ossi-Element wurde durch den mit Thüringen bestens vertrauten Bürgerrechtler Ehrhart Neubert und den jungen Soziologen Detlef Pollack aus Frankfurt an der Oder vertreten. Auch der Vorstand war multicolor zusammengesetzt. Neben Veen als Vorsitzendem gehörten ihm Volkhard Knigge, der Leiter der Gedenkstätte Buchenwald, und Renate Müller-Krumbach an, eine Bürgerrechtlerin und zugleich geachtete Persönlichkeit des Weimarer Kulturlebens. Ich selbst brachte bezüglich der Leitung temperamentmäßig und politisch heterogen zusammengesetzter Gremien einige Erfahrungen mit, Veen war ein einfallsreicher, präziser, politisch flexibler Administrator, und so gelang es binnen kurzem, aus diesem Beirat von an und für sich schwer steuerbaren Intellektuellen ein effektives Gremium zu machen, in dem alle positiv Engagierten Sitzung für Sitzung ein produktives *Brainstorming* durchführten und sich respektvoll und zunehmend sympathieerfüllt vertrugen, jedenfalls weitgehend.

Unser Konzept bestand darin, grundsätzlich komparatistisch zu arbeiten, um die übliche deutsche Nabelschau zu vermeiden und mit großer Intensität vor allem den Totalitarismus und dessen Überwindung in Ostmitteleuropa und Osteuropa zu untersuchen, bei ständigem Blick auf die deutschen Verhältnisse und bei Rückblenden auf die europäischen Diktaturen vor 1945. Neben zahlreichen Aktivitäten in Thüringen gipfelte die Jahresarbeit in einer internationalen Konferenz, die stets im

Herbst im traditionsreichen Reithaus an der Ilm abgehalten und deren Ergebnisse in einer Schriftenreihe veröffentlicht wurden. Zwei- oder dreimal im Jahr reiste ich so zu mehrtägigen Konferenzen und Sitzungen nach Weimar. Die völlig ehrenamtliche Aufgabe hat viel Arbeit gemacht und war intellektuell bereichernd. Bald konnte ich mir das Jahr nicht mehr vorstellen ohne die Reisen nach Weimar. Über diese Funktion gewann ich ein gewisses Gespür für die Vorgänge und Stimmungen in den neuen Ländern und im östlichen Europa.

Es gab somit genügend Beobachtungsstationen, die Jahre des Übergangs mit Zwischenrufen zu begleiten.

Kritische Kommentare in den Jahren von Rot-Grün

Neben den Buchpublikationen ist und bleibt die politische Publizistik nun einmal die Plattform, auf der ich mich am öffentlichen Leben beteilige. Sokrates hat sich gelegentlich mit einer Stechfliege verglichen, welche die lieben Athener beunruhigt. Das ist auch eine der Aufgaben des Politikwissenschaftlers. Sie ist genauso wichtig wie die politische Pädagogik oder die Herstellung von Zufriedenheit mit dem System der Demokratie. Nicht ganz zu Unrecht hatten die Herausgeber meiner Festschrift zum 65sten, die mich genau kannten, dem Buch den Titel *Macht und Zeitkritik* gegeben. Dieser Kennzeichnung wollte ich mich auch im sogenannten Ruhestand würdig erweisen. In einer auf Konsens getrimmten, von Sentimentalität durchzogenen Gesellschaft sehe ich eine meiner Aufgaben in der Tat darin, auf die vielfach unerfreuliche, lästige, zugleich jedoch notwendige Tatsache der Macht aufmerksam zu machen. Das reicht jedoch nicht. Es ist ein Gebot der öffentlichen Hygiene, den verantwortlichen Machthabern, wann immer sich Gelegenheit ergibt, den Unfug vorzuhalten, den sie unaufhörlich anrichten. In Gesellschaften, die so ganz offensichtlich aus dem Leim gehen wie die des Westens, ist auch Zeitkritik sozusagen eine Bürgerpflicht, jedenfalls eine Professorenpflicht.

Deshalb sehe ich doch mit einiger Befriedigung auf die vielen kritischen Kolumnen, Essays und Rezensionen der Jahre seit 2000 zurück. Gewiß, ich hätte vielleicht noch mehr, noch eindringlicher und noch verletzender schreiben sollen und können. Aber wenn ich das Schweigen der Lämmer bei vielen Fachkollegen registriere und ihre Folgsamkeit gegenüber den Autoritäten ins Auge fasse, kann ich mich doch ruhig im Spiegel betrachten.

Von welchen Positionen aus habe ich mich mit erkennbaren Fehlentwicklungen in den Jahren von Rot-Grün auseinandergesetzt? Der gescheite Genfer Kollege Curt Gasteyger hatte mir im Juni 2000 in einer Rezension meiner eben erwähnten Festschrift in der *NZZ* eine »konsequent nationalliberale Haltung« attestiert. Ich bedankte mich bei ihm mit den Worten: »In der Tat haben Sie wohl recht: Wollte man versuchen, mein politisches Wollen (gespeist auch aus politischen Abneigungen) auf einen Nenner zu bringen, so ist die Bezeichnung ›konsequent nationalliberale Haltung‹ zutreffend. Man kann seinen Ursprüngen – ich stamme aus dem Markgräflerland, also aus dem protestantischen Teil Badens – eben nur schwer entfliehen. Solange das spätabsolutistische DDR-Regime bestand, war die nationale Komponente meiner Überzeugungen wahrscheinlich noch stärker als die liberale. Je reformunlustiger die Kohlsche CDU wurde, um so mehr spürte ich, daß es vom Nationalliberalismus zum Radikalliberalismus nicht weit ist.

Was allerdings aus den Nationen (multikulturellen Staatsnationen wie die Ihre, kulturell immer noch eher monocolore bei zunehmend multikulturellen Beimischungen wie die deutsche) auf längere Sicht werden wird, da der Staat der Neuzeit sichtlich in andere Formen auswuchert, ist schwer zu erkennen, wird aber zu den wichtigsten Arbeiten institutionenkritischer und institutionengestaltender Politologie gehören.

Bisher gleicht vieles, was man heute unter Bezugnahme auf die EU von »deliberativem Supranationalismus« liest, dem Pfeifen des Kindes im Walde. (Ich nehme an, auch Sie verfolgen die entsprechenden theoretischen Diskussionen in der Zeitschrift für Internationale Beziehungen.) Wir befinden uns inmitten moderner, global und europaweit vernetzter Oligarchien. Nun ist jede Politik mehr oder weniger stark oligarchisch, sobald sie die überschaubaren Verhältnisse verläßt oder verlassen muß. Doch vernetzte Großgebilde, in denen es den Bürgern *nicht* mehr möglich ist, Regierungen oder Machthaber, die aus welchen Gründen auch immer bei der Mehrheit keine Legitimität mehr haben, in Wahlen zu stürzen – solchen Systemen wird in Europa wohl die Zukunft gehören, und das ist ein bedrückender Gedanke.

Zur nationalstaatlichen Demokratie, mit der wir beide groß geworden sind und die im westlichen Europa bis in die frühen achtziger Jahre unbeschadet aller Integration und Kooperation doch einigermaßen mit den Problemen der verflochtenen Welt fertig wurde, die zumindest den Bürgern die Empfindung vermittelte, der Politik und der Wirtschaft nicht hilflos ausgeliefert zu sein – zu dieser Demokratie führt vorerst kein Weg zurück, jedenfalls nicht mehr in der EU. Und wenn es in diesem oder jenem Land doch wieder dorthin zurückgehen sollte, dann wahrscheinlich nur unter üblen Konversionen und auf Irrwegen, vor denen jedem echten Liberalen graut.«[316]

Liberalismus, dies besonders in der inneren Politik, und Überzeugung, daß der demokratisch verfaßte Nationalstaat die beste Formel für ein gedeihliches Zusammenleben in Europa ist – dies waren auch künftig Überzeugungen, von denen ich mich bei den kritischen politischen Zwischenrufen leiten ließ. Nennt man mich einen Euro-Skeptiker, so habe ich das immer als Kompliment betrachtet. Skeptizismus ist die Neigung, an dem zu zweifeln, was andere für sicher oder feststehend halten.[317] Von genau dieser Grundeinstellung sollten sich Politikwissenschaftler und unabhängige Journalisten, wie eben vermerkt, generell lenken lassen.

Damit waren weitere Überzeugungen verbunden, von denen ich unter den Bedingungen des frühen 21. Jahrhunderts nicht lassen wollte. Die Atlantische Gemeinschaft betrachtete ich weiterhin als den wünschenswerten Rahmen deutscher und europäischer Sicherheitspolitik. »Amerika ist unentbehrlich: Plädoyer für ein atlantisches Deutschland« brachte ich das in einem meiner damaligen Artikel auf den Punkt.[318] Daß auch die Interessengemeinschaft mit Amerika nie »uneingeschränkt« sein darf, vielmehr stets von Skepsis begleitet werden muß, habe ich von Adenauer gelernt. Trotz zunehmenden Vorbehalten gegen die Irakpolitik von George W. Bush und Tony Blair gehörte ich jedoch zu den Kritikern der Regierungen Schröder und Chirac, die im Jahr 2003 die Errichtung einer kontinentaleuropäischen Sicherheitsgemeinschaft erstrebten, das zeitweilig ohne Rücksicht auf die Kohäsion der EU und der NATO.

Auch der Massenandrang zu den Altären, vor denen die universalistischen Werte verehrt werden, ist mir immer verdächtiger geworden. Im frühen 21. Jahrhundert hat der Universalismus mit moralischem Anspruch und technokratischem Machbarkeitsglauben in der deutschen außenpolitischen Vorstellungswelt die Züge einer erstaunlich intoleranten Zivilreligion angenommen. Entsprechend bissig wurde jetzt meine eigene Kritik. Bereits an Weihnachten 1999 hatte ich an unsere Freunde den folgenden Neujahrswunsch übersandt: »Gott der Herr, so er sich noch nicht ganz von der Erde abgewandt hat, bewahre uns vor allen Visionären – vor den marxistischen, den christlichen und muslimischen, den nationalistischen und den grünen, auch von den europäischen Visionären. Wie bisher braucht die Welt vernünftige Realpolitiker mit vernünftigen Grundsätzen des Typs Adenauer, der 1953, als er ganz obenauf war, seiner CDU zu bedenken gab: ›Das ist eine der Hauptsachen in der Politik, daß man nicht Phantasien oder Utopien nachläuft, sondern genauso wie der Handwerker, der Kaufmann, der Landwirt in seinem Beruf tun muß, klar die realen Gegebenheiten und Möglichkeiten erkennt.‹«[319] An dieser politischen Philosophie hat sich auch meine einschlägige Publizistik des folgenden Jahrzehnts orientiert. Bei der großen Kontroverse um den Irakkrieg und solange Rot-Grün an der Macht war, hat mir wenig so viel Spaß gemacht wie die Formulierung kürzerer oder ausführlicher Artikel in der regierungskritischen Presse. Besonders *Die Welt* hat mir damals weiter eine Plattform geboten.

In der Geschichte der Bundesrepublik ist ein periodischer Wechsel von Phasen heftiger Bewegung zu »bleiernen Jahren« zu beobachten. Als »bleierne Jahre« habe ich die Zeit von 1974 bis 1980 unter Helmut Schmidt empfunden, gefolgt von den bleiernen Jahren der Ära Kohl zwischen 1986 und 1989 und erneut 1994 bis 1998. Anders die Regierungszeit von Rot-Grün. Das waren vom Anfang bis zum Schluß turbulente Jahre, die sich auch aus heutiger Sicht schwer auf den Begriff bringen lassen.

Wie schon geschildert, hat mir die Reformunfähigkeit des Wohlfahrtsstaats seit der Ära Schmidt zunehmend zu denken gegeben. Das war ein Hauptgrund für meine Entfremdung von der Regierung Kohl, die mir jedoch zuletzt alternativlos erschien, weil die SPD unter Lafontaine und die antikapitalistischen Grünen die CDU an reaktionärem Beharren auf den Mißständen der Arbeitsmarktpolitik, der Gesundheitspolitik, der Rentenpolitik und im Bildungswesen noch zu übertrumpfen versuchten. Im Grunde war Rot-Grün eine Regierung, die der philiströsen Spaßgesellschaft durchaus gemäß war. Meinem Beitrag zur Geburtstaggabe für den unbeirrbaren Arnulf Baring, die verblüffenderweise die beiden liberalen Sachsen Hans-Dietrich Genscher und Ulrich Frank-Planitz zu Herausgebern hatte, gab ich die Überschrift »Aus dem Bordbuch des Traumschiffs« und begann den Rückblick auf die ersten vier Jahre von Rot-Grün mit den Worten: »In uralten Zeiten, als die Welt noch überschaubarer erschien und die Politik steuerbarer, fand im öffentlichen Diskurs die Metapher ›Staatsschiff‹ häufig Verwendung … Darin kam die zutreffende Beobachtung zum Ausdruck, daß staatlich verfaßte Großgesellschaften niemals sicher sein können. Wie ein von Wind und Wellen umtostes Segelschiff auf den tückischen Ozeanen ist auch das Staatsschiff unablässig von Katastrophen bedroht. Gefahren allerorten: Untiefen, tückische Klippen, plötzlich losbrechende Stürme, doch auch wochenlange Flauten, Piraten und feindliche Flotten …«

»In den Spaßgesellschaften der wohlfahrtsstaatlichen und gefahrenvergessenen Demokratien«, fuhr ich fort, »ist der Ernst dieser Metapher in Vergessenheit geraten … Was einstmals als stets gefährdetes, doch zugleich gegen Überfälle und Stürme gerüstetes Staatsschiff galt, hat sich in ein friedlich einherkreuzendes Traumschiff verwandelt, welches den an Bord befindlichen Pensionären Behaglichkeit verspricht und den mitreisenden Singles erlesene Lüste … Die Bürger wiegen sich in der Illusion, maritime Katastrophen der Staatsschiffe seien im Zeitalter turbinengetriebener Schiffsriesen, der Satellitenkommunikation und einer lückenlosen Kartographierung weitgehend vermeidbar.«[320] Die Folge dieser Einstellungen: Verkümmerung des Gefahreninstinkts. Weder die aus dem überzogenen Wohlfahrtsstaat resultierenden Gefahren schienen zu interessieren noch die einer alles erfassenden und durchdringenden Globalisierung.

Nachdem sich Schröder von Lafontaine emanzipiert hatte, gestehe ich, daß ich mir trotz angeborener Skepsis von ihm mehr erwartet hatte als von dem ausgebrannten Helmut Kohl oder dem mehr und mehr undurchsichtigen Taktierer Wolfgang Schäuble. So beschränkte ich mich erst einmal aufs Zuschauen. Als mich *Die Welt* im Juli 2002, es ging wieder einmal auf eine Bundestagswahl zu, um einen bilanzierenden Beitrag bat, schrieb ich: »Viele derer, die sich für Gerhard Schröder, den seinerzeitigen Champion der Neuen Mitte, als Hoffnungsträger entschieden, verbanden damit die Erwartung, ein damals noch strahlender, unverbrauchter, unkonventioneller Sozialdemokrat könne den Reformstau durchbrechen, der sich auf Grund von Ängstlichkeit der bürgerlichen Parteien über lange Jahre hinweg aufgebaut hatte.«[321]

Seit langem hatte ich erstaunt beobachtet, wie ausgerechnet Ministerpräsidenten aus der Labour Party zu Reformern wurden: Tony Blair in England, David Lange und sein Finanzminister Roger Douglas in Neuseeland, Robert Hawke und Paul Keating in Australien. Die Kölner Kollegen Erich Weede und Erwin Scheuch hatten schon früh das Loblied der neuseeländischen Reformer gesungen, und von zwei Reisen nach Australien hatte ich mir einen ganzen Koffer voller einschlägiger Monographien und Dokumentationen mitgebracht. Jetzt, am Ende der ersten Amtszeit von Schröder, habe ich von diesem anscheinend reformunlustigen Mann nicht mehr viel gehalten und schrieb etwas voreilig: »Im Nachhinein ist man immer klüger. Wer beauftragt schon den Hauptgeschäftsführer der Tabakwarenindustrie mit einer Antiraucherkampagne?« »Gab es nicht Grund zur Hoffnung«, schrieb ich zur gleichen Zeit an anderer Stelle, »daß sich auch ein deutscher Sozialdemokrat als weitsichtig, grundsatzlos und grob genug erweisen würde, den Traditionskompanien im eigenen Lager ›Rechts-schwenkt-marsch!‹ zu kommandieren, sie eisern in dieser Richtung weiterziehen zu lassen und die Grünen an die Wand zu spielen? Doch Schröder hat enttäuscht.«[322]

Nachdem aber der wiedergewählte Bundeskanzler unerwartet die Agenda 2010 angepackt hatte, leistete ich Abbitte und erinnerte nun daran, daß seit den siebziger Jahren häufig Sozialdemokraten zu den Reformern ihrer Länder gehörten. Damals war noch nicht klar, ob er sich im Amt halten oder scheitern würde, aber ich vermutete bereits: »Da die notwendigen Reformen in Deutschland gut zehn oder fünfzehn Jahre Zeit brauchen werden, ist realistischerweise anzunehmen, daß mehr als ein Kanzler oder eine Kanzlerin dabei verschlissen werden. Schröder macht nur den Anfang. Doch das eigentliche historische Gütesigel kann dann erst erteilt werden, wenn Deutschland in zehn oder fünfzehn Jahren eindeutig besser dasteht als heute. Ist das der Fall, so wird man in Schröder den ersten Reformkanzler ehren, der die Bundesrepublik herumgerissen hat, als es bereits steil bergab ging.«[323]

Wie zuvor schon galt meine Aufmerksamkeit aber in erster Linie der Außen- und Europapolitik. Der 11. September 2001 hatte auch bei mir einen Solidarisierungsimpuls ausgelöst. Jeder hat an diesen Tag so seine Erinnerungen. Ich selbst saß am Laptop, als unsere liebe Nachbarin Elke Sonnabend anrief: »Schalten Sie rasch den Fernseher ein, die Twin Towers in New York und das Pentagon in Washington werden angegriffen!« Den ungeheuren Schock in Amerika konnte ich nachvollziehen. Seit englische Seesoldaten im August 1814 das Weiße Haus und das Kapitol niedergebrannt hatten, waren die Vereinigten Staaten keinem feindlichen Angriff auf das eigene Territorium ausgesetzt gewesen. Meine moralische Empörung über den Luftangriff gegen New York hielt sich allerdings in Grenzen. Ich schrieb es nicht so kraß, dachte bei mir aber doch: Wo ist eigentlich der moralische Unterschied zu Hiroshima und Nagasaki? Wo zu den völkerrechtswidrigen Flächenbombardements, mit denen die deutschen Städte vernichtet und zahllose unschuldige Frauen und Kinder ermordet worden sind?

Zum Jahresanfang 2002, als ich immer noch die läppischen Bekundungen »Wir sind alle Amerikaner!« lesen konnte, aber auch schon die Kritik am überzogenen Vorgehen Amerikas vernahm, schrieb ich einen recht kühlen Essay in der *Diplomatischen Welt*: »Wieder einmal erlebt eine erschrockene Welt den zornigen Giganten. In manchem erinnert das durchaus an die Reaktion der USA in den Kriegsjahren von 1941 bis 1945: In Gang gesetzt und mit langem Atem erbarmungslos durchgezogen wird ein planmäßiger Vernichtungsfeldzug gegen diejenigen, die sich als Feinde der Zivilisation dekuvriert haben.«[324] Statt der vielfach besonders im Lager der CDU zu vernehmenden Beschwörung der sogenannten »Wertegemeinschaft« habe ich auch bei dieser Gelegenheit ein realpolitisches Hauptmotiv für das deutsch-amerikanische Bündnis dick unterstrichen: »Wenigstens die Älteren in Deutschland, welche an der Front die Bombenteppiche der Amerikaner und in den deutschen Städten den Bombenterror der U.S. Air Force am eigenen Leib erfahren hatten, zogen daraus für den Rest ihres weiteren Lebens eine eindeutige Lehre: Wer auch nur etwas Verstand hat, darf sich mit dieser gefährlichen Großmacht nicht anlegen, sollte vielmehr alles tun, sie zum Verbündeten zu gewinnen und als Verbündeten zu behalten.«

Damals, zu Beginn des Jahres 2002, nach Vertreibung der Taliban aus Afghanistan, bestand bei den Deutschen schon wieder die Neigung, zur Tagesordnung überzugehen. Der Angriff auf den Irak wurde von verschiedenen Experten als denkbare Option betrachtet, war aber noch nicht wahrscheinlich, von sicher bevorstehend ganz zu schweigen. Ich selbst traute dem Frieden überhaupt nicht. Amerika schien entschlossen, den »Krieg gegen den Terror« auszuweiten, und so schrieb ich: »Die eigentliche Prüfung europäischer Solidarität dürfte ohnehin erst erfolgen, wenn sich die amerikanische Führungsmacht mit den Terrornestern in weiteren Regionen beschäftigen würde« und nannte dabei auch schon den »Gangsterpräsidenten Saddam Hussein«. Mein Hauptargument: Solange Europa, ganz besonders aber Deutschland, die Verteidigung gegen offenkundige Gefahren nicht ernst nimmt und die eigenen Streitkräfte als Sparschwein betrachtet, habe man dem zornigen Giganten gegenüber schlechte Karten. Wer kein gewichtiges Militärpotential einbringen könne oder wolle, sei auch nicht in der Lage, »durch Nichtgewährung von Beistand Washington erforderlichenfalls von vielleicht übereiltem Eingreifen abzubringen«. Habe ich also zum militärischen Vorgehen gegen den Irak getrommelt? Ein wenig schon, wenngleich vorsichtig.

Mit gemischten Gefühlen lese ich meinen Artikel, den *Die Welt* unter der Überschrift »Phase II: Der Irak«[325] am 1. Juni 2002 veröffentlichte. Ich möchte ihn aber erwähnen, weil er zeigt, wie ein außenstehender Analytiker vieles richtig voraussehen kann, vieles aber auch nicht. Zutreffend habe ich prognostiziert, daß Amerika zum Eingreifen bereit sei. Ich erinnerte auch daran, ein wie künstliches Gebilde der Irak sei, zusammengehalten nur durch Großbritannien, das dort über 40 Jahre hinweg ein Quasiprotektorat errichtet hatte, oder durch harte Diktatoren. Im Jahr 1922 hatte Winston Churchill, damals Kolonialminister und die riesigen Erdölschätze der Region fest im Blick, den Irak aus religiös und ethnisch völlig heterogenen Elementen zusammengebacken: Sunniten und Schiiten, Kurden und Araber. Jetzt, so sah ich es damals, schien Amerika offensichtlich bereit, die Nachfolge des inzwischen abgedankten Großbritannien anzutreten. Ich zitierte Churchill: »Der Nahe Osten ist eine der herzlosesten Regionen. Er war stets umkämpft, und Friede ist immer nur dann eingekehrt, wenn eine Großmacht ihren festen Einfluß etabliert und ihre Entschlossenheit demonstriert hat ... Stärke, genauer gesagt, Stärke und Bestechung, sind die einzigen Faktoren, die in diesem Teil der Welt respektiert werden.« Das alles war richtig gesehen. Und mit der Strategie von Stärke und Bestechung hat sich die Bush-Administration jahrelang durchzusetzen versucht. Wie es sich gehört, wies ich auf eine ganze Reihe anderer Probleme hin, die eher gegen das bewaffnete Eingreifen sprächen, und schrieb unter anderem wörtlich: »Man zündelt nicht ohne Not in der Nähe von Ölfässern.« Desgleichen formulierte ich, wie sich zeigte, durchaus vorausschauend: »Ohnehin zweifelt so mancher daran, ob eine von wechselnden Winden der öffentlichen Meinung so stark bewegte Demokratie wie die amerikanische die Fähigkeit besitzt, in einem sehr schwierigen Raum mit unvermeidlicherweise partiell häßlichen Methoden als Ordnungsmacht zu agieren.«

Nach Aufzählung der Risiken meinte ich aber dennoch: »Wie immer, wenn ein labiler, aber bekannter Status quo erschüttert werden könnte, läßt die menschliche Vorstellungskraft die Risiken zupackenden Handelns viel klarer erkennen als die Gefahren des Nichthandelns.« Bezüglich der Gefährlichkeit Saddam Husseins nannte ich nur die B-Waffen und C-Waffen und dessen Mittelstreckenraketen, nicht, wie später zu ihrem Schaden die Bush-Administration, die A-Waffen. Bereitschaft, letzten Endes den neoimperialistischen Krieg zu befürworten also auch bei mir!

Hinsichtlich der voraussichtlichen Haltung der Europäer war schon damals zu erkennen, daß sich die Briten als loyale Verbündete Amerikas erweisen würden, während Frankreich, seit Jahren ein Waffenlieferant und Helfer beim Aufbau einer Nuklearkapazität des Irak, »als eine Art Offizialverteidiger des Irak« auftreten und versuchen würde, »die EU gegen die amerikanische Hegemonie in Stellung zu bringen«. In bezug auf die Reaktion der Regierung Schröder lag ich – am 1. Juni 2002! – völlig daneben. Verächtlich schrieb ich, Deutschland würde wohl »wie üblich herumwieseln«. Tatsächlich hat aber der unbedenkliche Bundeskanzler Schröder die Gelegenheit beim Schopf ergriffen, die tiefsitzenden pazifistischen Instinkte der deutschen Wähler hochzukitzeln und so im letzten Moment die bereits verloren geglaubte Bundestagswahl für sich zu entscheiden. Wieweit bei ihm auch grundlegende Überzeugungen eine Rolle gespielt haben, wird ein künftiger Schröder-Biograph zu prüfen haben.

Tatsache ist jedenfalls, daß ich in der großen Irakkontroverse für die USA Partei ergriff, wenngleich nicht vorbehaltlos. Eine Mehrheit der deutschen Politologen artikulierte damals eine für mein Dafürhalten überzogene Amerikakritik, so etwa der liebe linksliberale Kollege Ernst-Otto Czempiel, der in einem rasch herausgeschleuderten Buch die These entwickelte, Amerika bewege sich langsam auf das Stadium zu, »in dem eine expansionistische, gewaltgestützte Außenpolitik eng verbunden einhergeht mit der Ausbildung autoritärer Regierungsstrukturen«. In einer mit einigen Freundlichkeiten verzuckerten Kritik wies ich ein paar seiner zu schrill artikulierten Warnungen zurück und schloß mit der Feststellung: »Wenn die Kriegstrompeten erschallen, verfallen bekanntlich auch Professoren leider nur allzu häufig der Radikalisierung, sei es nach links oder nach rechts – dies übrigens nicht nur in Deutschland.«[326] Natürlich traf das auch auf mich selbst zu.

Als Bush und Blair den Krieg schließlich auslösten, war die öffentliche Meinung in der EU und auch in Deutschland völlig polarisiert. Doch überwogen hierzulande ganz eindeutig die Stimmen, die vor einer neuen Phase des US-Imperialismus warnten. Zwei Jahre nach dem 11. September nahm ich das zum Anlaß, die Frage zu erörtern: »Ist die atlantische Idee bereits mausetot, oder hat sie noch Zukunft?«[327] Ich blende auch diese Analyse ein. Sie ist bis heute aktuell, markiert für mich aber zugleich so etwas wie einen bekümmerten Abschied von einem außenpolitischen Konzept, das ich ein halbes Jahrhundert lang für richtig gehalten und für das ich mich eingesetzt habe.

Weiträumige Einheiten nach Art des Heiligen Römischen Reiches Deutscher Nation oder des britischen Empire, stellte ich dort fest, seien nicht allein durch Institutionen und Interessen zusammengehalten worden, sondern auch durch eine konstitutive Idee: »Löst sich diese auf, dann ist bald auch die Gemeinschaft am Ende.« Erfahrungsgemäß würden die konstitutiven Ideen von den Eliten der Führungsmacht definiert, »um alsdann von den mittleren und kleineren Ländern des Hegemonialsystems übernommen zu werden«.

In der amerikanischen Weltpolitik seien im 19. und vor allem im 20. Jahrhundert zwei Traditionen eine spannungsvolle Verbindung eingegangen. Die eine dieser Traditionen sei eine missionarische Idee, die den Weltfrieden nur bei einer globalen Ausbreitung der Demokratie und durch den Aufbau einer globalen Organisation zur Friedenssicherung gewährleistet sieht, die andere das altvertraute Konzept machtgestützter Interessen- und Gleichgewichtspolitik. Bei Woodrow Wilson, bei F. D. Roosevelt und bei den meisten Präsidenten des späteren 20. Jahrhunderts, auch im Kongreß, hätten sich die linksliberalen Ideen zumeist mit den Zielen nationalistischer Macht- und Interessenpolitik verbunden. Periodische Pendelausschläge hin zum machtgestützten utopischen Wilsonianismus oder zum naßforschen Imperialismus seien in der amerikanischen Außenpolitik nicht die Ausnahme, sondern eher die

Regel: »Daher hat sich Amerika stets nicht bloß im Recht und in der Pflicht gesehen, das eigene Gesellschaftmodell weltweit zu exportieren. Es fühlte sich zugleich dazu aufgerufen, nahe und ferne Monster unsentimental zu erlegen oder wenigstens abzuschrecken.« Der letzte in dieser Abfolge von Schurkenstaaten mit Bösewichten an deren Spitze sei Saddam Hussein. Diese meine Sicht der Dinge war nicht besonders neuartig. Sie war sozusagen Henry Kissinger pur, dessen Analysen in einer jüngst erschienenen Studie von Detlef Junker auf den Punkt gebracht worden waren. Wie eine Ellipse, so hatte Junker dort herausgearbeitet, weise die amerikanische Weltpolitik zwei getrennte, aber aufeinander bezogene Pole auf: »Power and Mission«.

Etwas origineller war jedoch die Verbindung, die ich zwischen diesem weltpolitischen Doppelkonzept und der überwölbenden Idee der Atlantischen Gemeinschaft herstellte. Die europäischen Demokratien an der Gegenküste des Atlantik hätten seit den Anfängen des Kalten Krieges dieses weltpolitische Konzept der Führungsmacht bewußt oder unbewußt, mit Vorbehalten oder vorbehaltlos übernommen. Aus dem widersprüchlichen amerikanischen Doppelkonzept sei so etwas wie die Orthodoxie der atlantischen Gemeinschaft geworden.

Während der Jahrzehnte des Kalten Krieges, fuhr ich fort, hätte dieses zwiespältige Konzept gute Dienste geleistet. Doch als die kommunistische Gefahr gebannt war, wurde in Kontinentaleuropa die Neigung überstark, sich von der atlantischen Orthodoxie mit ihrer immer prekären Kombination von Mission und Machtpolitik zu verabschieden. In Amerika sei sie immer noch in Kraft. In den postheroischen Gesellschaften Europas habe aber nur noch der linksliberale Utopismus Hochkonjunktur, während die militärisch unterpolsterte Machtpolitik angstvoll und moralisch entrüstet abgelehnt werde. Ich bezeichnete dies als einen der Hauptgründe für die so offenkundige transatlantische Entfremdung.

Als die gelehrigsten Schüler des linksliberalen Utopismus betrachtete ich die Deutschen. Sie bekunden, so formulierte ich, »eine stark wirklichkeitsresistente Neigung, nur noch die linksliberal-idealistische Komponente der einstigen atlantischen Idee für legitim zu erachten und diese den USA mit geradezu kindlicher Penetranz aufzudrängen. Gewaltmonopol der UNO, utopisch-normative Fortentwicklung des Völkerrechts, Soft Power, Dialogpolitik selbst mit den Haifischen, humanitäre Sozialtechnologie statt des Ineinander von Macht und Moral auf einen derartigen Atlantizismus der Schwäche schwören viele im heutigen Europa.« Konklusion aus dieser Analyse: Die atlantische Gemeinschaft »krankt nicht in erster Linie an den übermütigen Amerikanern (dies zwar auch, doch das wird sich erfahrungsgemäß eher früher als später wieder legen), sondern an den Europäern«.

Ein Besuch in Washington einige Monate nach dem Einmarsch im Irak hatte mir ein Amerika vor Augen geführt, wie es sich wohl auch im Zweiten Weltkrieg präsentiert hat: an allen öffentlichen Gebäuden ein Meer von überdimensionierten Fahnen, die Mehrheit der Kolumnisten in den großen Blättern patriotisch diszipliniert, meine eher den amerikanischen Demokraten zuneigenden Freunde nicht ganz ohne Vorbehalte, aber doch noch auf Linie, immerhin waren bei den Diskussionen rund um die Dinner Table bereits Stimmen zu vernehmen gewesen, die den Krieg grundsätzlich ablehnten und George W. Bush sowie Donald Rumsfeld als Kriegsverbrecher bezeichneten. Ich kam mit der Meinung zurück, daß der Wind eher früher als später umschlagen würde und zu einer neuen Traumatisierung führen könnte wie einstmals nach dem Vietnamkrieg. Tatsächlich hat es sich rasch gezeigt, wie überdreht die Warnungen vor einem unwiderstehlichen »Amerikanischen Imperium« waren.

Als George W. Bush und Tony Blair zur Besetzung des Irak schritten, während Jacques Chirac und Gerhard Schröder das Lager der Kritiker anführten, fielen die EU und die NATO in zwei verfeindete Lager auseinander. Auch im Innern der einzelnen Länder war die öffentliche Meinung heftig polarisiert. Es war die schlimmste Krise der Atlantischen Gemeinschaft seit ihrer Gründung.

In Privatbriefen äußert man sich bekanntlich oft schärfer als in abgewogenen Veröffentlichungen. So resümierte ich meine Eindrücke von diesem turbulenten transatlantischen Kräftemessen in einem Silvesterbrief an Herbert Kremp, der die Vorgänge gelassen wie ein fernöstlicher Weise in geostrategischer Langzeitperspektive zu bewerten pflegt: »Ich habe einen beleuchteten Globus vor mir auf dem Schreibtisch stehen, um unter anderem auch daran erinnert zu werden, daß sich diese kontinentale Großinsel zwischen der Hudson Bay und dem Golf von Mexiko einerseits und dem Pazifik, den südwestlichen Wüsten und den Rockies anderseits erstreckt. Extreme Schwankungen der Großwetterlage sind somit in Amerika nicht die Ausnahme, sondern die Regel. Für die Außenpolitik gilt dasselbe, weshalb ich derzeit nicht die weitere Ausbreitung des seit dem Spanisch-Amerikanischen Krieg periodisch gefeierten oder verteufelten Empire befürchte, sondern auf mittlere Sicht eher eine neue Phase amerikanischer Mutlosigkeit und des partiellen Rückzugs.

Lediglich im Blick auf eine solche Möglichkeit ist es sinnvoll, eine genuin europäische Verteidigungsoption wenigstens gedanklich in petto zu halten. Wäre doch nur das französische Establishment nicht so unverständig, seit de Gaulle mehr oder minder frech eine schimärische Außenpolitik- und Verteidigungsidentität Europas zu propagieren (wobei gewissermaßen der Schwanz vom Élysée aus mit dem europäischen Hund wackeln möchte), dann könnte man diese Option etwas gelassener verfolgen! Doch die penetrant antiamerikanischen Obertöne der europäischen Verteidigungsoption sind eine Dauerdummheit. Gerade wer dem Verstand und dem guten Willen der Amerikaner misstraut, sollte alles tun, sie in fester Allianzumarmung zu halten! …

Das maritim orientierte England legt in der Tat viel mehr Vernunft an den Tag als wir selbst oder die Franzosen: Kluge Nutzung der amerikanischen Legionäre, die Europa bisher aus freien Stücken gesichert haben; gelegentliche Hilfe durch anständig starke Kontingente bei Kriegszügen der atlantischen Führungsmacht, selbst wenn diese so wenig durchdacht sind wie die Expedition nach dem Irak (aber Freunde wollen gepflegt sein, selbst wenn sie irren); partnerschaftliche, aber nicht integrierte Bündelung der europäischen Potentiale, um wenigstens auf dem Balkan für Ordnung zu sorgen und Amerika einigermaßen handlungsfähig zur Seite zu stehen …

Bezüglich des ›europäischen Projekts‹ werde ich selbst immer kritischer. In der unlösbar widersprüchlichen Kombination von Erweiterung und Vertiefung stellt sich die Idee einer Quasiföderation zunehmend als eine der größeren Dummheiten heraus, auf die sich die Deutschen – tumb und schwerbeweglich, wie sie nun einmal sind – zum eigenen Schaden verbissen haben.

Doch vielleicht sehen Sie es mit dem leicht von Ihnen Angedeuteten ja richtig: Die Erosion des Staates im oligarchisch verfassten, unsteuerbaren politisch-bürokratischen Monstrum Europa ist die uns gemäße politische Form, in der sich die dekadenten Fellachen mit großem Gerede, aber handlungsarm von der Geschichte verabschieden. Und es könnte in der Tat sein, daß uns der Zustand der ›Schnellfäule‹, von dem der alte Jacob Burckhardt einstmals geunkt hat, nunmehr doch endlich erreicht hat. Skeptische Silvestergedanken? ›Europa‹ wäre dann nicht einfach eine undurchdachte Option, sondern ein Symptom protoletaler Zustände.«[328]

Wider alles Erwarten war George W. Bush im November 2003 wiedergewählt worden und im folgenden Frühjahr vergnügt nach Europa gereist, wo ihn die Staatsmänner des Kontinents freundlich anlächelten, »ihn aber«, so kommentierte ich den Vorgang »am liebsten als Pensionär auf seiner texanischen Ranch gesehen hätten«.[329] Bei dieser Gelegenheit skizzierte ich verschiedene Überlegungen, die ich danach in der *Republik ohne Kompaß* nach allen Seiten entfaltet habe. In Mainz, wo man singt und lacht, war der Präsident auch mit Schröder und Fischer zusammengetroffen: »Allem Anschein nach«, glossierte ich das, »hat Washington erkannt, daß Deutschland, so schwächlich es sich auch wirtschaftlich und militärisch präsentiert, innerhalb der EU doch ein erhebliches Schadenspotential besitzt. Will Amerika die Mehrheiten in Europa wieder einigermaßen dauerhaft auf seine Seite bringen, muß die Bundesregierung, so gut es geht, neutralisiert werden.«[330]

Sosehr ich Schröder jetzt für seinen Mut in Sachen Agenda 2010 bewunderte, so unüberlegt fand ich seine Europa- und Frankreichpolitik. »Die Bundeskanzler vor Gerhard Schröder«, kommentierte ich das, »haben früher ihr Bestes getan, das in Paris immer wieder durchbrechende machtpolitische Hochstaplertum gütigst zu übersehen und die jeweiligen Herren im Élysée-Palast auf den Boden der Tatsachen zurückzuführen. Gerhard Schröder ist anders. Er kopiert nicht nur lerneifrig die etatistische, zunehmend antiliberale neogaullistische Innen- und Europapolitik seines ziemlich linksgewirkten Partners Chirac, der alles ist, nur kein Konservativer. Auch die außenpolitische Hochstapelei liegt ihm. Natürlich stemmt sich Bundesaußenminister Joschka Fischer genauso mit aller Kraft gegen den GAU seines großen Projekts. Er war einer der Hauptbetreiber und hat lange Zeit gehofft, persönlich dessen Nutznießer zu sein ... Nun droht auch die Entzauberung des Weltpolitikers Fischer. Das Scheitern in Paris würde ihn als redeflinken, ständig hakenschlagenden Hansdampf in allen Gassen dekuvrieren, der jedoch des Augenmaßes ermangelt. Doch eben aufs rechte Augenmaß kommt es in der Europapolitik mehr denn je an.« Und ich hatte diesen *Welt*-Essay in die Frage ausklingen lassen: »Wann wird endlich bei CDU und FDP das Nachdenken einsetzen? Vielleicht ist das sogar die wichtigste aller Fragen, die das drohende Nein zum maßlosen Europa in Frankreich aufwirft.«

Die Kritik an der Außenpolitik von Rot-Grün hatte ein Nachspiel, das nicht ganz unerwähnt bleiben darf. In der Mai-Nummer 2003 der *Internationalen Politik* hatte ich eine kühle »Schadensbesichtigung« der unprofessionellen deutschen Außenpolitik der Jahre 2002/2003 vorgenommen. Die Zeitschrift wird im Auswärtigen Amt genau gelesen, und daß der kritische Artikel in der Transatlantic Edition unter der schönen Überschrift »Beavers and Bulls in a China Shop«[331] erschien, hat auf der höchsten Etage die Sympathie mir gegenüber wohl nicht verstärkt.

Joschka Fischer selbst fühlte sich offenbar persönlich angegriffen, als die *Frankfurter Allgemeine Sonntagszeitung* im Juni 2003 meine sarkastische Bewertung der seinerzeitigen globalen Bundeswehreinsätze brachte, in dem ich mir den »global vagabundierenden Humanitarismus im Schutz militärischer Sozialhelfer« der Grünen und der »humanitär bewegten Männer und Frauen in der CDU« vorgeknöpft hatte. Die Überschrift erfaßte ganz zutreffend die Stoßrichtung des Artikels: »Finger weg von Afrika! Deutschland betreibt improvisierte Weltpolitik, die hochmoralisch daherkommt, viel kostet – aber wenig bewirkt. Damit sollte Schluß sein.«[332] Ein großes Bild einer Askarikompagnie, die, geführt von deutschen Offizieren unter wehender Reichskriegsflagge, in einem afrikanischen Dorf inmitten schwarzer Zuschauer paradierte, sorgte für Aufmerksamkeit. Auch in anderen Artikeln hatte ich kein Hehl daraus gemacht, daß die auftrumpfende Außenpolitik von Rot-Grün in manchem an die Großsprecherei des letzten Kaisers aus dem Haus Hohenzollern erinnerte. Dennoch war nicht nur ich selbst leicht erstaunt, als Fischer in seiner Eigenschaft als Außenminister bei der feierlichen Verabschiedung Karl Kaisers im Oberlehrerton gegen meinen Aufsatz polemisierte, um alsdann sofort zum nächsten Termin zu eilen, damit ja keine Gelegenheit zur Replik gegeben war.

Eigentlich hätte ich mir denken können, daß man an der Amtsspitze über Repressalien nachdachte. Die Gelegenheit kam, als in der Presse aus Anlaß meines 70. Geburtstags am 13. Mai 2004 verschiedene schöne Würdigungen erschienen, die mir durchaus nicht mißfielen, aber ungewollt darauf aufmerksam machten, daß man mich jetzt mit dem Argument des Lebensalters als Hauptherausgeber der AAPD abservieren konnte.

Im Jahr 2004 stand eine Verlängerung der Herausgeberverträge an. Staatssekretär Scharioth übernahm das Amt des Scharfrichters und übermittelte dem Politischen Archiv und über dieses dem IfZ eine Reihe von personellen Vorgaben, zu denen das AA vertraglich überhaupt nicht berechtigt war. Doch in solchen Fällen tritt das Prinzip in Kraft: Wer zahlt, schafft an! Der Vorgang war kein Ruhmesblatt fürs AA, auch nicht für das IfZ, dessen Gremien widerstandslos einknickten. Es lohnt nicht, ins Detail dieses Vorgangs zu gehen, bei dem, wie könnte es anders sein, auch die üblichen kollegialen Intrigen ins Spiel kamen. Von allen Seiten wurden meine Verdienste um die Aktenedition freundlichst gerühmt, dies wohl zu Recht, doch die Kollegen signalisierten zugleich, man habe eben »Schlimmeres verhüten müssen«. Das klang bekannt. Ich selbst jedenfalls war nun auf die harte Tour darüber belehrt worden, daß politische Granden selten zögern, ein Exempel an jenen Kritikern zu statuieren, die sie irgendwie packen können. Im Grunde war es ein Wunder, daß ich mich so viele Jahre einerseits publizistisch recht schonungslos äußern konnte, andererseits bei der rein wissenschaftlichen Arbeit für die Aktenedition des Auswärtigen Amts so vergleichsweise lange völlig unbehelligt geblieben war.

Die zwangsweise Beendigung der Aufgabe, die ich gern weitergeführt hätte, hatte jedoch ihr Gutes. Mein Zeitbudget wurde fühlbar entlastet. Nun konnte ich nochmals eine Reihe von Monographien angehen, die wohl kaum gelungen wären, hätte ich mich weiter in der Editionsarbeit verschlissen.

Freier Schriftsteller

»Anmerkungen zu Adenauer«

Beim Bonner Symposion zum 70sten hatte der langjährige Rektor Klaus Borchard rühmend hervorgehoben: »Sie haben das Motto beherzigt, daß ein guter Wissenschaftler auch ein guter Schriftsteller sein muß.«[333] »Ein guter Schriftsteller sein …«, das war anerkennend gemeint, bohrte aber tatsächlich einen Stachel in mein Gewissen. »Was hast du eigentlich«, fragte ich mich insgeheim, »in den vergangenen fünf Jahren seit der Emeritierung hervorgebracht? Zeitungsartikel, fußnotenbewehrte Beiträge, gedruckte Vorträge, die im Winde verweht sind … Allerhöchste Zeit, dein siebzigstes Lebensjahr nochmals auf nachhaltige Bücher zu verwenden!« So geschah's. Mein achtes Lebensjahrzehnt ist eines meiner produktivsten geworden.

Drei Bücher mit recht heterogener Thematik haben mich wieder so recht in Schwung gebracht: die *Anmerkungen zu Adenauer*, *Republik ohne Kompaß* und *Das 20. Jahrhundert im Spiegel des Politthrillers*.

Auf Anraten der besten aller Frauen, die stets eine Befürworterin der Verlagsbindung zur DVA war, hatte ich bei der Buchmesse 2003 wieder einen Flirt mit dem mutwillig verlassenen langjährigen Verlag begonnen. Mein getreuer Lektor Ulrich Volz war nach wie vor auf Deck und machte mich mit dem Verlagschef Jürgen Horbach bekannt. Wir vereinbarten einen neuen Termin Ende November, und wie der Zufall es will, war damals ein vom ZDF nach britischem Vorbild seit August groß inszeniertes Medienereignis in seine heiße Phase eingetreten. Die ZDF-Redaktion hatte 100 Deutsche – *Unsere Besten* – zur Zuschauerauswahl gestellt. Zu hundert historischen und zeitgenössischen Gestalten von Martin Luther und Johann Sebastian Bach über Bismarck und Adenauer bis Steffi Graf, Thomas Gottschalk und Dieter Bohlen sollten die Zuschauer deren Ranking bestimmen – für mich wieder einmal ein schlagendes Beispiel für die Maßstablosigkeit gewisser Redaktionen beim öffentlich-rechtlichen Fernsehen.

Zum allgemeinen Erstaunen wurde Anfang November bekanntgegeben, daß zehn Persönlichkeiten aus dem Politik- und Kulturbereich in die engere Wahl gelangt seien, einer von diesen auch Konrad Adenauer. Den ganzen November hindurch wurden nun mit hohen Einschaltquoten unter Heranziehung ausgewählter »Paten« Auswahlmatchs inszeniert. Kein Wunder, daß Horbach nach längerem Hin und Her auf den Gedanken verfiel, ich möge doch einen pointierten Essay zu Adenauer überlegen.

Das war leichter gedacht als getan. In solchen Fällen sehe ich mir immer an, wie andere Autoren mit der Aufgabe einer Kurzbiographie fertigwerden. Schließlich nahm ich Sebastian Haffners *Anmerkungen zu Hitler* zur Hand und dachte: Wenn überhaupt, dann wäre dieser überzogene, aber offenbar attraktive Großessay auch ein Vorbild für ein Kurzporträt Adenauers. Als Gliederung bot sich an: Leben – Leistungen – Außenpolitik – Verrat? – Modernisierung – Nachtseiten – Was bleibt?

Dann die Sensation: Am 1. Dezember 2003 setzen 778 984 Zuschauer Adenauer auf Platz 1. Auf den Plätzen 2 und 3 folgten Martin Luther und Karl Marx. Frühmorgens am nächsten Tag rief ich Horbach an und sagte ihm das Manuskript einer Kurzbiographie für den Herbst 2004 zu. Die genannte Gliederung war offenbar praktisch, ich selbst geriet in einen Schaffensrausch und habe die *Anmerkungen zu Adenauer*[334] innerhalb weniger Wochen in den Laptop eingegeben. Die leichtgeschürzte Studie erschien zur Buchmesse 2004. Es wurde eines der Bücher, die mir nur Freude gemacht haben. Wo Tauben sitzen, fliegen Tauben zu. Zwei Jahre später brachte die DVA auch meine Politthriller-Monographie unter dem Titel *Phantastische Wirklichkeit* heraus und bereitete damit den Boden für den Vertrag über die Kohl-Monographie.

So eng war die Verbindung im Bücherjahr 2004 aber noch nicht. Ich selbst wünschte einen Verlag, der in Berlin seinen Sitz hatte, wo jetzt die Musik spielte, und so kam ich dank der Vermittlung von Michael Stürmer zu Ullstein. Schon das erste Gespräch mit dem sympathischen Programmleiter Christian Seeger ließ erkennen, daß ich bei der richtigen Adresse war. Ullstein gehörte inzwischen dem schwedischen Haus Bonnier, und die Verlagsleitung lag bei einer jener gepflegten und kühlen Damen, mit denen man sich bestens unterhält, ohne aber beim Abschied zu wissen, wie sie entscheiden würden und warum. Seeger leuchtete der Gedanke eines kritischen Politbuchs von realistischer Observanz jedenfalls ein, und wir vereinbarten eine Monographie mit dem Titel »Deutsche Interessen« woraus dann die *Republik ohne Kompaß* wurde.

»Republik ohne Kompaß«

Bücher haben ihre Schicksale, ganz besonders meine Politbücher. Jedesmal, wenn unerwünschte äußere Vorgänge in Deutschland eine außenpolitische Debatte erzeugen, beginnt es in mir zu kribbeln. Manchmal wird dann ein kritisches Politbuch daraus. So war es bei der aufgeregten Nachrüstungskampagne 1982/83, so Anfang der neunziger Jahre, als Deutschland wiedervereinigt wurde und viele die Spitzweg-Figur des bundesdeutschen Spießers urplötzlich zum Giganten emporwachsen gesehen hatten, so jetzt wieder 2001, 2002 und 2003, als Amerika auf dem Kriegspfad war und die Regierung Schröder wegen zu engen Kontakts mit Chirac von einem neogaullistischen Virus befallen wurden. Stets ist jedoch die künstlich von Politik und Medien geschürte Aufregung rasch wieder in sich zusammengesunken, mit der Folge, daß meine dagegen gerichteten Streitschriften das Licht der Welt erblickten, als bereits wieder die Entwarnungssirenen ertönten. *Die gezähmten Deutschen* kamen 1985 heraus, *Die Zentralmacht Europas* 1995 und *Republik ohne Kompaß* 2005, als Angela Merkel und ihr SPD-Außenminister Steinmeier mit einigen Übertreibungen aus der Ära Schröder und Fischer stillschweigend Schluß gemacht hatten. Freilich ist es nicht unbedingt ein Schade, wenn Bücher ausreifen.

In den Jahren 2003 und 2004 war ich emsig dabei gewesen, den kritischen Zustand der deutschen Außenpolitik zu diagnostizieren. Der Befund schien mir eindeutig, und er ist leider wohl auch heute noch zutreffend: »Der Westen löst sich auf und mit ihm jene festgefügten Strukturen, die der Bundesrepublik über ein halbes Jahrhundert hinweg Stabilität gaben. Das Vertrauen in Amerika ist erschüttert, die alte NATO nur noch eine historische Reminiszenz. Aber auch die hybrid erweiterte Europäische Union mit nunmehr fünfundzwanzig Mitgliedern, in der sich Deutschland dauerhafte Sicherheit versprochen hatte, ist aus dem Gleichgewicht geraten.«[335]

Wie es meine Art ist, wenn ein neues Buch entsteht, hatte ich alles in mich hineingefressen, was im Inland und Ausland zu dem Thema erschienen war, Gliederungsentwurf auf Gliederungsentwurf verfaßt, jedes Kapitel zwei- oder dreimal umgeschrieben, manches ausgeschieden und Erweiterungen vorgenommen. Schließlich, im Winter 2004/2005, war das Manuskript druckreif.

Die Vorstellungswelt der politischen Eliten war schon damals durch Zumutungen der politischen Korrektheit tabuisiert. Diplomaten und Publizisten scheuten vielfach davor zurück, unkonventionelle, aber plausible Optionen überhaupt zu diskutieren. Am ehesten, so dachte ich mir, läßt sich Nachdenklichkeit in Gang bringen, wenn man die eigenen Ketzereien in Frageform formuliert. »Lauter unkorrekte Fragen« überschrieb ich deshalb einen der drei tragenden Teile der Untersuchung und listete dort unter anderem auf: Wie gefährlich ist Amerika? Wie unentbehrlich? – Europäische Verteidigungsautonomie – eine Chimäre? – Warum immer mit Frankreich? – Warum nicht wie England? – Modell Europa – der Stoff, aus dem die Träume sind? – Die UN – zentral oder bloß funktional? – Wird Deutschland wirklich am Hindukusch verteidigt?

Die Formulierung der Überlegungen in Frageform ist jedoch auch deshalb ratsam, weil die Korrektur doktrinärer Außen- und Europapolitik von vornherein verfehlt wäre, würde sie von eigenen doktrinären Positionen ausgehen. Nur aus umsichtigem, selbstkritischem Fragen lassen sich Leitlinien strategischer Neuorientierung erkennen, die dann in behutsamen, gelegentlich aber auch abrupten operativen Schritten zu erproben sind.

Bei Fertigstellung des Buches *Republik ohne Kompaß* hatte sich der Umschwung des Jahres 2005 noch nicht erwarten lassen. Was als Attacke gegen Rot-Grün gedacht war, wurde zum Nekrolog. Jetzt ging Angela Merkel, die sich in eine schwarz-rote Koalition mit der SPD gerettet hatte, mit dem großen Schwamm über alle deutsch-amerikanischen Differenzen. Ob sie bei mir das einschlägige Kapitel »Wie gefährlich ist Amerika? Wie unentbehrlich?« gelesen hat, weiß ich nicht und bezweifle es eher. Jedenfalls verhielt sie sich so. Daß man sich mit Washington besser nicht anlegen sollte, scheint zu den wenigen Maximen dieser ansonsten durchaus flexiblen Kanzlerin zu gehören.

Auch die Planungen einer europäischen Verteidigungsunion waren beim Erscheinen meiner Streitschrift *Republik ohne Kompaß* bereits in die Vorablage gegeben worden. Schröder und Fischer hatten das Gefummel nicht aus Einsicht aufgegeben, sondern nur deshalb, weil außer Chirac und der belgischen Regierung niemand daran interessiert war. Außerdem fehlte das Geld. Meiner Sorge, nach dem Euro könne sich die EU mit dem Europäischen Verfassungsvertrag in ein weiteres Abenteuer stürzen, wurde von den Wählern in den Niederlanden und in Frankreich ausgeräumt, bedauerlicherweise nur vorläufig. Kurz vor Abhaltung des Referendums hatte ich festgestellt: »Die Architekten der europäischen Verfassung dachten an alles – nur nicht an die Wähler.«[336]

Die *Republik ohne Kompaß* erschien, wie gesagt, im Jahr des Regierungswechsels, als auf vielen Feldern Korrekturen möglich gewesen wären. Gewiß war es mir bestens bekannt, daß es vermessen wäre, von Politbüchern irgendwelche Wirkungen zu erwarten, selbst wenn die Analysen hundertprozentig zutreffend wären. Josef Schumpeters Charakteristik galt offenbar auch noch im 21. Jahrhundert: »Die Menschen überlegen nicht auf der Grundlage von Tatsachen, sondern von Produkten ihrer Phantasie.«[337] Doch die Hoffnung stirbt zuletzt, und so hatte ich wieder einmal Wasser in das Danaidenfaß geschöpft. Als die Karawane nach dem Ende von Rot-Grün unter Schwarz-Rot in denselben ausgefahrenen europapolitischen Geleisen weiterzog und nur die Amerikapolitik korrigierte, habe ich mir leise gesagt: »Ein großer Aufwand, schmählich ist's vertan.« Stillschweigend nahm ich mir vor, so es der liebe Gott gut mit mir meine (und er hat es gut mit mir gemeint), vorerst nur noch zeitgeschichtliche Bücher zu schreiben.

»Das 20. Jahrhundert im Spiegel des Polit-Thrillers«

Seit langem schon hatte es mich gereizt, einmal eine ganz unkonventionelle Monographie zum Thema Politthriller zu versuchen. Wenn mich früher meine Kinder beim Aufbau einer Hunderte von Taschenbüchern umfassenden Thrillerbibliothek leicht verspottet hatten, pflegte ich zu antworten, eines Tages würde ich daraus ein ganz neuartiges zeitgeschichtliches Buch machen. So hatte ich mir diese beim durchschnittlichen Historiker oder Literaturwissenschaftler eher verdächtige Trivialliteratur im Winter 2001/2002 vorgenommen, wenn gerade eben keine wissenschaftlichen Aufsätze oder keine Zeitungsartikel zu schreiben, keine Sitzungen vorzubereiten und keine Vorträge zu halten waren. Graue Wintermonate im Voralpenland eignen sich gut für die Schriftstellerei. Bei der Arbeit an diesem Thema erwies sich erstmals auch der große Vorteil des Standorts München. In Bonn wäre es unmöglich gewesen, die Fachliteratur zu der entlegenen Thrillerthematik aufzutreiben. In der stattlichen Staatsbibliothek an der Ludwigstraße fand sich alles. Als im Jahr 2002 der erste Frühling ins Land kam, den wir im Fünfseenland verlebten, hatte ich den *Draft* des ersten Buches zu drei Vierteln fertig, das in München komponiert worden war. Wie es so geht, schob sich manches Dringendere dazwischen. Auch die Verlagsfrage mußte geklärt werden.

Ich hatte das Genre des Politthrillers schon lange entdeckt. Gewiß, ich habe diese Literatur auch zur Entspannung konsumiert – auf nächtlichen Flugreisen über den Atlantik oder als leichtgeschürzte Urlaubslektüre. Bald ging mir jedoch auf, was mich daran besonders faszinierte. »Das tiefere Bewegungsgesetz des Genres«, habe ich meine Beobachtungen später resümiert, »ist die Zeitgeschichte selbst. Es sind die schrecklichen Gefahren der Gegenwart, welche die Handlung untergründig vorantreiben – die Weltkriege zwischen den Großmächten oder auch zwischen den Regierungen kleiner, aber grausamer Länder, der vierzigjährige Kalte Krieg, ethnisch und religiös bedingte Schlächtereien auf dem Balkan und in Dritte-Welt-Ländern«, der Krieg im Dunkel zwischen den mörderischen Geheimdiensten KGB, CIA und MI6, die Labilität der Finanzmärkte, die rasant galoppierende Waffentechnologie mit allen von den ABC-Waffen und den riesigen Raketenarsenalen ausgehenden Gefahren, überhaupt das irrsinnige Entwicklungstempo des technisch-naturwissenschaftlichen Zeitalters, das zunehmend fürchterliche Anschläge ermöglicht.[338] Angst, so verspürte ich, war die vorherrschende Grundstimmung dieser Romane, Angst, dies verbunden mit einem Klima des Verrats im Zeitalter der Weltbürgerkriege.

Was von der Moralität der politischen Größen zu halten ist, hatte ich bereits im *Gesicht des 20. Jahrhunderts* veranschaulicht. Auch die meisten Politthriller gehen von der Prämisse aus, daß nicht nur die großen und kleineren Diktatoren mitsamt ihren Helfershelfern gründliches Mißtrauen verdienen, sondern auch die demokratisch gewählten Potentaten. In vielen dieser Romane stehen den Strippenziehern in den fast allmächtigen Staatsapparaten Individuen gegenüber, die den Mächtigen zufällig auf die Schliche gekommen sind. Sie werden ausgespäht, durch die Lande gejagt und laden sich zusehends mit Zorn auf: Aus dem Opfer kafkaesker Alpträume, die höchst real sind, wird *l'homme révolté*. »Die hohe Politik«, schrieb ich in der Einleitung zu dem Buch leicht untertreibend, »ist zwar nicht im Regelfall so gemeingefährlich, wie sie im Politthriller erscheint, aber doch viel häufiger, als es die stets hochmoralisch daherredenden Staatsmänner zugeben möchten. So gesehen, steckt in vielen dieser Romane ein zeitkritischer Kern.«[339]

Unschwer erkannte ich auch, daß viele der begabteren und die durchschnittlichen Thrillerautoren für die eine oder die andere Seite im Ost-West-Konflikt oder in anderen ideologischen und machtpolitischen Auseinandersetzungen Partei ergriffen, Vorurteile verstärkten, Haß zu schüren suchten und auf die Verbreitung politischer Mythen bedacht waren. Der Polit-Thriller ist auch ein Propagandainstrument.

Als ich erst einmal auf den Subtext dieser modernen Abenteuerromane aufmerksam geworden war, hatte ich das Netz weit ausgeworfen, jahrzehntelang gesammelt und entdeckt, daß die wirre, blutige, von Ängsten geplagte Welt des gesamten 20. Jahrhunderts im Politthriller ihren Niederschlag gefunden hat. Der Politthriller war bereits in den Jahrzehnten des Hochimperialismus vor dem Ersten Weltkrieg erfunden worden. Die berühmten Klassiker des Genres, Erskine Childers und John Buchan, sind damals persönlich tief in die Geheimdienstszene verwickelt gewesen. So ging es weiter. Jahrzehnt für Jahrzehnt ist das jeweilige Epochenklima des 20. Jahrhunderts von den Thrillerautoren verlebendigt worden. Graham Greene und Eric Ambler hatten anfänglich die Ängste und Obsessionen der Zwischenkriegszeit artikuliert, Ian Fleming hat in den Figuren der James-Bond-Romane die Schlußphase des imperialen Großbritannien und seiner snobistischen Oberschicht illuminiert, John Le Carré und Frederick Forsyth schilderten die ziemlich trostlose Lage nach dem schon vollzogenen Abstieg. (Ich hatte den witzigen, germanophilen David Cromwell seit einem Abend in der britischen Botschaft in bester Erinnerung, Frederick Forsyth hatte ich vor langen Jahren in Hamburg erlebt.) Auf der Gegenküste des Atlantiks hatte das mit allen Möglichkeiten modernster Technik ausgestattete, mächtige, sich ständig bedroht fühlende, als Verbündeter und als Gegner unentrinnbare amerikanische Imperium die politisch so gegensätzlichen Thrillerkönige Clive Cussler, Robert Ludlum oder Tom Clancy hervorgebracht.

Im Jahr 2006 kam die Arbeit bei der DVA heraus. Die typograpische Gestaltung und der Satz waren tadellos, das Cover zeigte auf giftgelbem Grund ein schwarzes Schattenbild mit großer Pistole, und auf dem Rücken in Weiß mein Name. Das Buch erhielt den Titel *Phantastische Wirklichkeit. Das 20. Jahrhundert im Spiegel des Polit-Thrillers*. Ich möchte es in der Reihe meiner ernsthaften Bücher nicht missen. In gewisser Hinsicht ist es mein illusionslosestes Buch, ganz sicher aber mein vergnüglichstes. »Wer will«, hatte ich geschrieben, »mag somit die folgenden Studien auch als eine Art Service zum informierteren Genuß dieser Spannungsromane verstehen.«[340] Leider warte ich jedoch immer noch drauf, daß sich die Millionenschar von Politthrillerlesern darauf stürzt. Ich bin aber zuversichtlich, daß auch dieser Tag kommen wird, denn meine Prognose hat sich bisher ganz glorios erfüllt: »Schon heute läßt sich erkennen, daß es im 21. Jahrhundert wie bisher politkriminell weitergehen wird.«[341]

Kleinvieh macht auch Arbeit

Parallel zur Arbeit an den Büchern, die mich immer am meisten angestrengt, doch auch am meisten befriedigt haben, lief zeitlebens das nervige Ringen mit Aufsätzen, Vorträgen, Vorworten, Würdigungen, Festansprachen, Gedenkreden. Oft wird man genötigt, Vorträge zu Aufsätzen auszuwalzen und mit Fußnoten zu spicken. Seit ich denken kann, verströme ich einen Teil meiner Kraft in solchen nie enden wollenden Arbeiten an Beiträgen für Fachzeitschriften und Sammelbände. Sie sind der Fluch eines Professorenlebens, freilich zugleich mit Lustgewinn verbunden, denn man hat ja etwas zu sagen. In dem jüngst erschienenen, gewichtigen Handbuch *Deutsche Politikwissenschaftler – Werk und Wirkung* wurde mir jedenfalls von Eckart Jesse neben vielem Lobendem ins Stammbuch geschrieben: »Ein Manko: Schwarz hat es im Gegensatz zu seinem Bonner Vorgänger Bracher bisher versäumt, die vielfältigen Aufsätze, wahrlich nicht für den Tag geschrieben, in Sammelwerken zu bündeln. Darunter sind meisterhafte Abhandlungen auf den unterschiedlichsten Feldern der Politikwissenschaft und der Zeitgeschichte.«[342] (Sehr schmeichelhaft, dachte ich beim Lesen, doch das würde einen Dreibänder ergeben und meine Produktivität ein Jahr lang lahmlegen!)

Wie in den Jahrzehnten zuvor war auch jetzt viel von dem, was ich in langen Tages- und Nachtstunden in meinen Laptop eingegeben habe, im Grunde nicht frei gewählt, sondern das Ergebnis von Zwangslagen. Wenn man als Professor eine größere Zahl hinlänglich beachteter Monographien verfaßt hat, kann man sich der Verhaftung zu diesbezüglichen Vorträgen oder Aufsätzen nicht immer entziehen. Vielfach sind es gute Kollegen oder befreundete Journalisten, manchmal auch die Häuptlinge von Institutionen, denen man ihre Bitte nicht abschlagen darf. Daß ich inzwischen ein Alter erreicht hatte, in dem fast Jahr für Jahr ein gewichtiger Festschriftbeitrag erwartet wird, versteht sich von selbst. In den Jahren 2000 bis 2010 wurde ich also zu gut fünf Dutzend und mehr Aufsätzen nicht eben zwangsverpflichtet, aber doch freundlichst veranlaßt.

Doch wozu meine Leser damit behelligen? Genug damit. Es ist leider wahr: Ich bin dem buntscheckigen Völkchen geistiger Zufallskinder, denen ich zum Leben verholfen habe, ein schlechter Vater gewesen.

Nochmals auf Reisen: Peking, Schanghai, Moskau, Kansas

Wie bisher schon waren meine Reisen fast durchweg mit Kongressen, Vorträgen und Projekten verbunden, so auch im Jahr 2005, als ich mich hintereinander nach China, nach Moskau und nach Kansas im Mittleren Westen begab.

Zur chinesischen Botschaft stand ich seit den Kölner Jahren in lockerem Kontakt. Ein- oder zweimal im Jahr hatten mich in Bonn stationierte Diplomaten in unserem Forschungsinstitut zu einem Gespräch über außenpolitische Fragen aufgesucht, gefolgt von gelegentlichen Einladungen zu Empfängen oder Abendessen in der Botschaft, erst in dem seltsamen Botschaftsgebäude in Wachtberg-Liessem, das so schäbig wirkte oder wirken sollte wie eine echte Dritte-Welt-Botschaft, dann in der entschieden vornehmeren Residenz in Bad Godesberg. Die Chinesen waren naturgemäß an meiner Einschätzung der Vorgänge im westlichen Lager interessiert, ich selbst an der Entwicklung des chinesisch-sowjetischen Konflikts.

Bisweilen hatten sich ergötzliche Beobachtungen machen lassen, besonders in den Übergangsjahren, als China den Maoismus abschüttelte. In Köln waren es in der Regel dieselben beiden Diplomaten, die mich besucht hatten und auf meine Fragen zu bestimmten Aspekten der Innenpolitik ihres Landes nur unoriginelle Schlagworte zu Gehör brachten. Als wir uns nach dem Sturz der Viererbande wie üblich erst eine Dreiviertelstunde über die aktuellen Probleme der Ost-West-Beziehungen ausgetauscht hatten, brachte ich das Thema Viererbande aufs Tapet. Dieselben Herren konnten sich nun nicht genug tun, sich im Ton größter Entrüstung über Mao Tsetungs Witwe und deren Clique zu äußern, so, als seien deren Untaten seit Jahren bestens bekannt gewesen und als ob auch sie selbst deren Treiben stets kritisch verfolgt hätten. In den Jahrzehnten des Maoismus waren auch kluge Diplomaten gegenüber ausländischen Gesprächspartnern zu einhundertfünfzigprozentiger Linientreue verurteilt. Das sollte sich dann rasch und durchgreifend ändern.

Besonders amüsant war einige Jahre später eine lange abendliche Diskussion in dem gastfreundlichen Haus von Günter Wagenlehner auf dem Heiderhof mit drei oder vier chinesischen Experten, die nach dem Umschwung auf eine Studienreise nach Europa entsandt worden waren. Auch Wolfgang Leonhard war zugegen, der damals ein altes Burggemäuer in der Eifel bewohnte, mit der SPD-Bundestagsabgeordneten Elke Leonhard verheiratet war und häufig bei Veranstaltungen in Bonn auftauchte. Alte Liebe rostet nicht, und so zog Leonhard an diesem Abend alle Register, um die Chinesen von den Vorzügen des jugoslawischen Modells zu überzeugen. Diese hingegen ließen durchblicken, daß sie am Nationalbolschewismus des rumänischen Diktators Nicolae Ceaușescu größeres Gefallen fanden. Bekanntlich hat sich Deng Xiaoping aber dann dafür entschieden, das kapitalistische Modell der USA für China mundgerecht zu machen und das unter Mao Tse-tung heruntergewirtschaftete Land so wieder hochzubringen.

Als die Parteiführung mit Deng an der Spitze die Demokratiebewegung auf dem Tienanmen-Platz massakrieren ließ, hatte auch ich wie die meisten in Bonn die Verbindungen mit der Botschaft erst einmal unterbrochen. Nach einiger Zeit wurde die Quarantäne wie in solchen Fällen üblich wieder aufgehoben, und so nahm auch ich wieder Verbindung auf, die sich nach dem Berlin-Umzug der Botschaft fortsetzte.

Seit Mitte der neunziger Jahre war ich ziemlich sicher, daß China die USA im 21. Jahrhundert als führende Supermacht ablösen würde. Genetisch sind die Han-Chinesen allem Anschein nach mit einem höheren IQ ausgestattet als andere Rassen. Kindermann, für mich eine der Autoritäten zum Fernen Osten, hat mir verschiedentlich versichert, er halte die Chinesen für entschieden begabter als die Japaner oder andere fernöstliche Völker.

Daß ich aus welchen Gründen auch immer nie die Zeit und die Muße zu einer Reise ins moderne China hatte, saß mir schon lange wie ein Stachel im Fleisch. 1977 waren wir nur bis Macau gekommen. Keine Möglichkeit, ohne große Umstände nach Kanton weiterzureisen. Zwar verfolgte ich alle wichtigen Publikationen über die Entwicklung des Landes mit großem Interesse, aber irgendwie hatte ich, meist mit einem Buchmanuskript beschäftigt, den Anschluß an die Reisekarawanen von Politikwissenschaftlern, Politikern und Hunderttausenden von Touristen verpaßt, die sich über China ergossen und Jahr für Jahr mit größeren Augen zurückkamen.

Die Einladung zu einem Besuch chinesischer *Think tanks* und Universitäten verdanke ich Professor Xuewu Gu, der bei mir promoviert hatte und inzwischen in Bochum ein Ordinariat für zeitgenössische Chinaforschung bekleidete. Gu, Jahrgang 1957, gehörte einer der ersten Studentengruppen aus den Geistes- und Sozialwissenschaften an, die Ende der siebziger Jahre nach Deutschland entsandt worden waren, ursprünglich zum Studium der in Köln domizilierten Bibliothekswissenschaft. Als Nebenfachstudent war er zur Politikwissenschaft gestoßen, wo er sich hervorragend machte. Er war ein lebendiger Beweis für Kindermanns These von der überlegenen Begabung der Han-Rasse, außerdem ein sehr fröhlicher Student, beliebt bei den Kommilitonen. Es war ihm gelungen, die Genehmigung zur Promotion zu bekommen. Er hatte sich für das Thema »Die Genfer Verhandlungen über das Abkommen zum Verbot von Chemiewaffen« entschieden und promovierte damit bei mir im Jahr 1990. Ludger Kühnhardt hat ihn dann in Freiburg mit der brillanten Arbeit *Ausspielung der Barbaren: China zwischen den Supermächten in der Zeit des Ost-West-Konflikts*[343] zur Habilitation gebracht, und in Bochum hatte er sich zum Experten für chinesische Energiepolitik in Zentralasien und Afrika entwickelt. Mich selbst hatte Xuewu Gu bei dem Colloquium zu meinem 70. Geburtstag mit einem originellen Beitrag zum Thema »Personenbezogene Politikforschung« überrascht und sehr erfreut, in dem er mit Blick auf die verschiedenartigen Methoden zur Politikanalyse die Vorzüge des von mir praktizierten biographischen Ansatzes herausarbeitete.[344] Damals war noch nicht erkennbar, daß er 2009 nach der Pensionierung von Christian Hacke als zweitnächster Nachfolger auf meinen einstmaligen Lehrstuhl berufen würde. Zu einem Landsmann, der so offensichtlich Erfolg hatte, unterhielten auch die chinesischen Instanzen gerne Verbindung. Als Gu dort völlig ohne mein Zutun eine entsprechende Anregung machte, haben sich wohl die verschiedensten inzwischen weit vorangekommenen Herren in Berlin und in Peking an ihre Verbindungen mit mir erinnert.

Die Gastgeber veranstalteten eine veritable VIP-Reise, zu der dankenswerterweise auch Annemie eingeladen war. Ich hatte den Wunsch geäußert, vor allem die Institute und Universitäten in Peking und Schanghai zu besuchen. Den tiefen Süden und den wilden Westen Chinas wollten wir später einmal bei einer rein touristischen Exkursion erkunden, zu der es leider bis heute nicht gekommen ist. Doch schon die Besuche in diesen beiden Zentren waren eindrucksvoll genug. Wir kamen zur besten Reisezeit, Mitte September, in Peking an. Die Stadt zeigte sich von ihrer schönsten Seite und erinnerte an Washington im Frühherbst: im Zentrum großzügige, von Botschaften oder Bürohäusern gesäumte und von Bäumen im gelb-roten Herbstlaub bestandene Boulevards.

Das zentral gelegene »Peking Hotel«, in dem wir untergebracht waren, war eine solide Karawanserei im Stil amerikanischer Hotels der achtziger Jahre. Von der Bar hoch über den Dächern hatte man nachts einen grandiosen Blick auf das Lichtermeer. Der Tienanmen-Platz und der Kaiserpalast in der »Verbotenen Stadt« waren so riesig und von Touristenherden bevölkert, wie wir es nach Betrachtung vieler Dokumentarfilme im Fernsehen erwartet hatten. Ich kann mit solchen Anlagen nicht viel anfangen. Wenig inspirierend war auch das vergleichsweise kleine Stadtviertel nicht weit von unserem Hotel, in dem einige stehengebliebene Straßenzüge mit geduckten Wohnhäusern und mit altertümlichen Utensilien vollgestopfte Geschäfte oder Handwerkerhöhlen zu besichtigen waren sowie der oder jener berühmte altchinesische Teich mit den obligatorischen Seerosen, Pavillons und Drachenviechern. Von dem später vielbeklagten Smog war, vielleicht jahreszeitlich bedingt, noch nichts zu verspüren.

Auf der Festplatte meines Erinnerungsvermögens sind auch von der Fahrt zur Chinesischen Mauer und vom herbstlichen Panorama des umliegenden Berglands starke Bilder gespeichert. Solche Weltwunder lassen niemanden ganz kalt. Annemie hat die glückliche Gabe, diese viel ursprünglicher zu erleben, als das mir gegeben ist. Doch leider war hier eben alles genau so wie erwartet. Grandiose Bauwerke und Landschaften, so dachte ich wieder einmal, verlieren durch millionenfaches Ablichten ihre ursprüngliche Aura. … Die in Zweier- oder Dreierreihen hinter den Wimpeln ihrer jeweiligen Reiseleiterinnen umhertrottenden, unermüdlich filmenden und knipsenden Touristen verstärkten noch das Gefühl der Trivialisierung.

Ganz stark habe ich jedoch die Begegnung mit den Wissenschaftlern des modernen China empfunden. Wie zumeist bei solchen Programmen wird man mit präzisem Zeitplan von morgens bis abends zu drei oder vier Forschungsinstituten, Universitätsseminaren und Diskussionsessen gefahren, gibt ein einführendes Statement von 20 oder 25 Minuten Dauer ab (auf englisch oder, wenn man in ein Seminar von Germanisten geführt wird, auf deutsch), gefolgt von einer einstündigen Diskussion, dann nochmals Erörterungen in kleiner Runde bei Drinks oder einem kleinen Imbiß, und fort geht's zum nächsten Termin. Zumeist besuchte ich Europainstitute, wo sich auch der eine oder andere Experte für die deutsche Außen- und Europapolitik fand, oder ich traf mit Sicherheitsexperten zusammen. Die Europaexperten suchten einen deutschen Besucher natürlich mit besonderer Aufmerksamkeit zu befragen, weil die Bundestagswahl am 19. September kurz bevorstand. Mein Haupteindruck schon in Peking: Der Diskussionsstil, auch die offene Sachlichkeit an diesen chinesischen Instituten unterscheidet sich überhaupt nicht von den westlichen *Think tanks*. Manche der in der Regel um die fünfunddreißig bis fünfzig Jahre alten Experten hatten in Amerika studiert, einige auch in Deutschland. Keine Spur mehr von marxistischen Schablonen. Nur in einer Runde alter Herren an der Akademie in Schanghai, die sich auch meine in Englisch formulierten Darlegungen ins Chinesische übersetzen ließen, hatte ich den Eindruck: »Du befindest dich in einem Museum voller Maoisten!« Doch kaum war dort die offizielle Sitzung zu Ende, wurde ich von einem Dutzend der bisher schweigend dabeisitzenden jüngeren Teilnehmer in die Cafeteria gebeten, die sich mit ein paar hingetupften Bemerkungen über die alten Herrschaften mokierten und nun eine echte Fachsimpelei begannen. Mein Haupteindruck in den Instituten und Akademien: »Die denken wie westliche Politologen, doch dies in den Kategorien der realistischen Schule!«

Daß die Studierenden in den germanistischen Seminaren der Hauptstadt Peking, es waren überwiegend muntere Studentinnen, vorzüglich Deutsch sprechen würden, hatte ich erwartet. Offenbar las man dort vor allem die klassischen deutschen Autoren des 19. und frühen und mittleren 20. Jahrhunderts bis Thomas Mann und Max Frisch. Auf gute zeitgeschichtliche und institutionelle Kenntnisse über Deutschland wurde sichtlich Wert gelegt.

Bei einer ganzen Reihe individueller Begegnungen traf ich Diplomaten aus den Bonner Jahren, die inzwischen als mächtige Herren in dem architektonisch imponierenden Außenministerium oder als Exbotschafter ein großes Rad schlugen. Hier ließ sich studieren, wie sich die Umwelt aus chinesischer Sicht darstellte. In der Peking University mit ihrem landschaftlich reizvoll gestalteten Campus empfing mich eine Kollegin, die mich als Humboldt-Stipendiatin in Bonn verschiedentlich zu Interviews aufgesucht hatte. Sie war inzwischen zur Professorin avanciert und arbeitete daran, die voraussichtliche Kanzlerin Angela Merkel zu einem Vortrag in der Peking University zu veranlassen, was ihr im Jahr drauf auch gelang.

Den stärksten Eindruck machte Schanghai. Wir waren im Stadtzentrum in einer perfekten Hotelsuite auf den obersten Etagen eines Wolkenkratzers untergebracht, hoch über einer Wolkenkratzerlandschaft mit Straßenschluchten, die an New York erinnerten. Die Skyline war atemberaubend – avantgardistisch, ultramodern und raffiniert, wie wir das weder aus New York noch San Francisco oder Vancouver kannten. Hier war man im chinesischen 21. Jahrhundert angekommen. Die Straßen waren genauso von Autos verstopft wie in den amerikanischen Großstädten. Was in den deutschen Zeitungen oft zu lesen war, entsprach offenbar den Tatsachen: Die deutschen Marken erfreuten sich großer Beliebtheit. Einmal, als ich – vielleicht wegen Jetlag – früh aufwachte, konnte ich zwischen sechs und sieben aber auch von hoch oben beobachten, wie die arbeitenden Stände zur Arbeit fuhren: dicht an dicht, durch die Verkehrsampeln periodisch unterbrochen, wie ein Ameisenzug Tausende von helmgeschützten Fahrern auf kleinen Motorrädern.

Das Programm setzte sich in demselben Tempo fort: Vorträge, Diskussionen, Treffen beim Lunch und vergnügliche abendliche Diners. Besonders eindrucksvoll war die Fudan-Universität in Schanghai. Am Eingang steht ein riesiges Standbild Mao Tse-tungs, doch damit ist der Tradition auch Genüge getan. Das brandneue Gebäude der sozialwissenschaftlichen Fakultät, wo ich einen Vortrag hielt mit anschließender Lunch-Diskussion im Faculty Club, war von einem reichen amerikanischen Stifter errichtet worden. Die meisten der Professoren, viele nicht viel älter als dreißig, hatten in Amerika studiert mit stark ausgeprägter Spezialisierung: Gesundheitspolitik, Rentensysteme, quantitative Sozialforschung und politikwissenschaftliche Komparatistik.

Nach Abschluß dieser kurzen Reise mußte ich die Meinung nicht revidieren, mit der ich schon hergereist war: Wenn die Führung keine großen Dummheiten machen würde, vergleichbar denen des kaiserlichen Deutschland, war China auf bestem Weg, zur Führungsmacht des 21. Jahrhunderts zu werden. Wenigstens in den *Think Tanks* und den erstklassigen Universitäten war ich einer von Offenheit und Neugier gekennzeichneten Weltkenntnis begegnet, damals noch ohne Anzeichen von nationalistischer Überheblichkeit oder Xenophobie. Die Lebenserfahrung und eine Menge von Informationen aus westlichen Forschungsinstituten ließen allerdings annehmen, daß beides in China existiert. Jedenfalls hatten es die freundlichen Gastgeber verstanden, mir die eindrucksvolle intellektuelle Schokoladenseite vor Augen zu führen. Und häufig bekam ich zu hören: Hier im Osten, in den Küstenregionen, befinde sich der entwickelte Teil des Landes. Tatsächlich aber sei China nach wie vor ein Entwicklungsland mit ungeheuren Problemen. Die innere Labilität einer kapitalistischen Zweiklassengesellschaft, in dem ein politisch folgsamer, aber potentiell kritischer Mittelstand heranwächst, wird, so hat es den Anschein, wohl genau erkannt.

Von dem 1989 urplötzlich aufgeflammten Verlangen nach Demokratisierung war nach der brutalen Repression und dem folgenden Langzeitboom mit seinen stolzen Wachstumsraten bei den unter vier Augen an und für sich ganz offenen Gesprächspartnern nichts mehr zu verspüren. Soweit diese sich länger in Deutschland aufgehalten hatten, sind wohl angenehme Erinnerungen verblieben, aber nicht mehr. Von einem »Modell Deutschland« war nicht die Rede, nicht einmal bei den einstmaligen Stipendiaten der Friedrich-Ebert-Stiftung, die Willy Brandt verehrten und Helmut

Schmidt als tüchtigen Staatsmann bezeichneten. Die Gastgeber waren natürlich höflich genug, mit keinem Wort offen zu erwähnen, daß sie unsere westlichen Demokratien als dekadente Gesellschaften betrachten. Sie verblieben bei Andeutungen. Von der Korruption und den Umweltschäden in China, heute ein Hauptthema in jedem Gespräch über die chinesische Zukunft, war 2005 gleichfalls noch nicht die Rede. Ich hatte somit das zeitgenössische China in einem besonders glücklichen Moment kennengelernt.

Einen Monat später wurde mir in Moskau eine Art Kontrastprogramm geboten. Dort war eben ein Deutsches Historisches Institut eröffnet worden, das zu einer deutsch-russischen Konferenz mit dem Thema »Nachkriegsgeschichte Deutschlands« eingeladen hatte. Ich selbst hielt einen Vortrag über »Außenpolitische Grundsatzentscheidungen des wiedervereinigten Deutschland«.

Beim Vergleich mit den Verhältnissen Mitte der neunziger Jahre war Moskau nicht wiederzuerkennen: eine Menge luxuriöser Einkaufsstraßen im Zentrum, viele neue Hotelpaläste, ein ununterbrochener Verkehrsstrom auf den Magistralen, geschmackvoll im westlichen Stil eingerichtete Clubs, die unglaublich prächtig wiederaufgebaute Christ-Erlöser-Kathedrale, überhaupt die zahllosen Kirchen ... Zugleich begegnete ich jedoch dem alten Rußland. Historiker, die sich zu den Tagungen ihrer Zunft zusammenfinden, werden gemeinhin nicht in Fünf-Sterne-Hotels untergebracht. Die Gäste hausten in einem verwinkelten, lausigen Hotel, das den Charme der fünfziger und der sechziger Jahre des 20. Jahrhunderts versprühte. Das hatte jedoch den Vorteil, daß ich mit den hier gleichfalls domizilierten russischen Kollegen aus allen Teilen des Landes abends lange zusammensaß und ihre bitteren Klagen über die Putinsche Restauration zu hören bekam, aber auch darüber, in den Universitäten fern von Moskau von Büchern und Dokumentationen abgeschnitten zu sein. Das Internet eröffnet zwar ein Fenster zum Westen, doch systematische zeitgeschichtliche Forschung, gestützt auf Archive mit verläßlichen Findbüchern, blieb weiterhin schwierig. In kleinerem Kreis haben diese Russen politische Mißstände offen erörtert, ohne wie in den dunklen Jahren des Kommunismus Verfolgung befürchten zu müssen. Bei den Plenardiskussionen der Tagung in der Akademie der Wissenschaften haben sich aber fast alle russischen Teilnehmer, wenn sensitive Fragen der jüngsten Vergangenheit zur Diskussion standen, nur noch mit großer Vorsicht geäußert.

Zumindest die Geisteswissenschaften, so schien es mir, hatten es wieder schwer, auch materiell. Das mir aus der kommunistischen Spätzeit bekannte IMEMO befand sich weiterhin in einem schäbigen Zustand: schlecht klimatisierte Räume, triste Vorhänge, altertümliche Aufzüge, Dritte-Welt-Toiletten. Trat man ins Freie, lag vor einem dasselbe leere, mit Betonmauern eingefaßte Bassin, darin offenliegende, verrostete Rohre und Bauschutt drumherum, dessen ich 1985 erstmals ansichtig geworden war. Manches hatte sich in den vergangenen zwanzig Jahren eben überhaupt nicht geändert, auch nicht das unglückliche Bewußtsein der jüngeren und älteren

Kollegen, deren größter Wunsch weiterhin darin bestand, einen Monat, ein Vierteljahr oder ein Jahr in Deutschland frei forschen zu dürfen. Ich kam mit dem Empfinden zurück, daß sich das neue China an der Spitze des Fortschritts ins 21. Jahrhundert bewegte, während Rußland trotz des restaurierten Prunks und des schamlos zur Schau gestellten Reichtums seiner Oberschicht in vielem doch immer noch tief im 20. Jahrhundert steckte – geistig, aber auch in puncto Lebensstil und Lebensqualität.

Schließlich die Reise nach Kansas. Gern hatte ich eine Einladung zu einer Konferenz in der Harry S. Truman Library in Independence angenommen, um in einem Kreis einschlägig kundiger Experten die Beiträge zur *Cambridge History of the Cold War*[345] zu diskutieren. Die Tagung war ergiebig. Sie brachte eine Wiederbegegnung mit Kollegen, die ich seit langem kannte und schätzte, oder mit solchen, die mir bisher nur aus dem Schrifttum ein Begriff waren und die sich nun auch als angenehme Zeitgenossen präsentierten, wenigstens die meisten von ihnen.

Doch ganz unabhängig von dem wissenschaftlichen Ertrag war es die Reise als solche, die zu unseren besonders eindrucksvollen Erinnerungen gehört. Ich selbst kannte den Mittleren Westen nur von einer Reise, die mich Anfang der achtziger Jahre zusammen mit amerikanischen und britischen Kollegen ins Ohiotal, nach Kentucky und nach Indiana geführt hatte. Das wohlhabende Kansas City, wo wir jetzt in einem gemütlichen Hotel im Stil der zwanziger Jahre untergebracht waren, kannte ich genausowenig wie die berühmte Truman Library in Independence, Missouri, in deren Räumen der knorrige Retter des westlichen Europa und Gründer der Atlantischen Gemeinschaft, so sah ich Truman stets und sehe ihn noch immer, ein schönes Büro erhalten hatte, wo er seine Korrespondenz erledigte, in seinen geliebten Büchern las und seine letzten Jahre verbrachte.

Es war die Hurricane Season, und so wurden wir bereits auf dem Hinflug kräftig durchgeschüttelt. Kansas City ist eine ausgesprochen schöne, wohlhabende, geradezu gemütliche Stadt, nicht so übel von Highways zerteilt wie viele andere amerikanische Großstädte. Sie könnte in England liegen. Vom »Raphael Hotel« aus ging man zu Fuß zum River Kansas, und von dort aus sind es nur fünf oder zehn Minuten bis zum Zentrum mit gemütlichen Geschäften, Wirtshäusern und Wohnhäusern. Alles hat humane Dimensionen, und die Leute sind nett und hilfsbereit. Statt zur Kirche begaben wir uns an einem tagungsfreien Sonntagmorgen auf einen Stadtbummel und fanden unter anderem eine ganz erstaunliche Buchhandlung. Nirgendwo in Deutschland, auch nicht im KulturKaufhaus Dussmann in Berlin, bin ich auf ein qualitativ so einmaliges Angebot getroffen: Hunderte von wissenschaftlich erstklassigen Hardcover-Bänden zur Geschichte, von der Urgeschichte bis zur Zeitgeschichte, Hunderte von Bänden, ich konnte es kaum glauben, zur Kirchengeschichte, zur Theologie und zur Philosophie, daneben Abteilungen mit Kunstbüchern, mit Photobänden, mit amerikanischer Literatur und einem reichen Angebot entzückender Kinderbücher. In Amerika findet man derlei Schatzkammern sonst nur auf dem Campus von Princeton, Yale oder Harvard und in England nur bei Blackwell's in Oxford oder bei Grant & Cutler at Fowles in London. Es erstaunt nicht, daß der lesefreudige Expräsident Truman sich in diesem Weltwinkel sehr wohlgefühlt hat.

Auch die Truman Library selbst war unvergeßlich. Die Photos und Gerätschaften der vierziger und fünfziger Jahre erweckten den Eindruck, als sei das Haus völlig aus der Zeit gefallen. Die Truman-Jahre, graue Vorvergangenheit, und doch hatten wir sie auf der anderen Seite des Atlantiks erlebt. Einige der älteren Damen in der Library wußten noch von dem Präsidenten zu erzählen, den sie als junge Angestellte erlebt hatten. Er war damals offensichtlich altersmilde geworden, und sein Stab hat ihn verehrt. Diese Stunden waren ein Anlaß zum Nachdenken über historische Größe: Truman, ein gradliniger, unstudierter, doch historisch gebildeter Mann, dem die politischen Schliche und Schurkereien gewiß nicht fremd waren. Sein Förderer, der effektive und anrüchige Boß der Demokraten in Kansas, Tom Pendergast, paßt gut in das Narrativ korrupter amerikanischer Parteimaschinen. Im Zweiten Weltkrieg wird Truman dann zu einem der wichtigeren Senatoren, die die amerikanische Kriegsmaschine entfesseln. Die verschlungenen Motive, weshalb der todkranke Roosevelt diesen ganz und gar durchschnittlichen Politiker zum Vizepräsidenten gemacht hat, werden sich nie ganz entschlüsseln lassen, und dann wird Truman Präsident, leistet sich erst Fehler auf Fehler, begeht eines der schlimmsten Kriegsverbrechen des 20. Jahrhunderts, indem er die Zivilbevölkerung in Hiroshima und Nagasaki atomar vernichten und verseuchen läßt, löst erst die amerikanischen Armeen auf, um dann unerwartet zum Vater der Containment-Politik in Europa zu werden, improvisiert nach dem Angriff der Kommunisten das amerikanische Eingreifen in Korea, das die U.S. Air Force sozusagen in die Steinzeit zurückbombt, vermeidet nur um Haaresbreite die Auslösung des Dritten Weltkriegs, ist außen- und innenpolitisch so heftig umstritten wie nur wenige vor ihm und nach ihm und zieht sich dann, ziemlich mittellos, wie ein echter Bürgerpräsident, nach dem ländlichen Independence nahe Kansas zurück, woher er aufgebrochen ist. Was für eine Gestalt! »The Creator« hat ihn Stephen Graubard in seiner Galerie der Präsidenten des 20. Jahrhunderts genannt, Schöpfer der Institutionen dessen, was man bald das »Amerikanische Imperium« genannt hat: des Department of Defense, des CIA, des National Security Council, der amerikanischen Nuklearmacht, Schöpfer auch der GI-Bill, die den Beginn eines nicht mehr zu bremsenden Ausbaus des höheren Bildungssystems in den USA markieren sollte, Gründer der NATO und auch der Atlantischen Gemeinschaft – dies alles improvisierend und dabei von einem Geschichtsbild ausgehend, das ebenso vom Vorbild der Römischen Republik, auf die er gern zu sprechen kam, wie von den Erfahrungen des Ersten Weltkriegs, der Depression in der Zwischenkriegszeit und des Zweiten Weltkriegs bestimmt war. An dem stilvoll eingerichteten letzten Aufenthaltsort dieses Mannes traf ich mich nun in Gesellschaft von Amerikanern, Briten, Franzosen, Tschechen, Japanern, die im amerikanischen Empire groß geworden waren, aber auch von Russen und Chinesen, die auf der Gegenseite aufgewachsen waren, um gemeinsam das von Land zu Land recht stark changierende Bild des Kalten Krieges zu zeichnen.

Auch der Rückflug war stimmungsvoll. Die Hurrikans waren näher gerückt. Wir saßen stundenlang auf dem kleinen Flughafen von Kansas fest, was Gelegenheit gab, die in größerer Zahl im Museumsshop und in der eben erwähnten Buchhandlung gekauften Bücher anzulesen und uns gegenseitig zu versichern, was für ein Glück wir hatten, auch dank diesem Präsidenten das alles rückblickend erleben zu dürfen, ohne in einem Dritten Weltkrieg oder in einem sowjetischen Straflager umgekommen zu sein.

Auf Spurensuche: Axel Springer

Bei der Idee zu einer Springer-Biographie spielte wieder einmal der Faktor Zufall eine Rolle. Wie schon erwähnt, hatte ich mit dem Propyläen-Verlag wegen einer Studie »Die deutschen Interessen« angebandelt, aus der dann die *Republik ohne Kompaß* werden sollte. Für einen zweiten Besuch im Juli 2003 hatte Christian Seeger den mir wohlbekannten, gepflegten Journalistenclub vorgeschlagen, zu dem nur Angehörige des Hauses Springer und deren Gäste Zugang haben. Hier ergab sich ein *Brainstorming* über weitere Anschlußvorhaben. Seeger schätzte mich als Biographen, und so sprachen wir verschiedene Möglichkeiten durch. Maßgeblich war dabei einerseits das öffentliche Interesse an dieser oder jener Gestalt, andererseits der Zugang zu bisher unzugänglichen Quellen. Dabei kamen wir auch auf interessante Persönlichkeiten aus der schreibenden Zunft … Es war wohl die Aura des schönen Raums, in dem wir unseren Lunch einnahmen, der mich sagen ließ, aus meiner Sicht gebe es nur zwei Publizisten, die mich interessieren würden, Augstein sei der eine, doch sicher würde mir sein Nachlaß verschlossen bleiben, der andere sei Springer. Seeger, der naturgemäß gute Verbindungen zum Haus Springer hatte, sprang sofort auf das Thema an und wollte deswegen mit den zuständigen Leuten beim Verlag reden, besonders mit Ernst Cramer, der *éminence grise* im Hause Springer. Noch unverbindlich, aber schon an der Angel, schrieb ich an Seeger: »Zwar habe ich mir nach der Adenauer-Biographie geschworen, mich nicht noch einmal auf ein so vergleichsweise langwieriges Unternehmen wie eine ausgewachsene Politikerbiographie einzulassen. Aber eine bedeutende, politisch profilierte, sicherlich vielschichtige und weithin wirksame Unternehmerpersönlichkeit wie Springer wäre eine Herausforderung ganz eigener Art. Über das alles wollen wir im Gespräch bleiben.«[346] So kam es zu einem Projekt, auf das ich bisher keinen Gedanken verschwendet hatte. Bis es aber in Gang kam, dauerte es jedoch noch eine ganze Weile.

Im Fall Axel Springers bestanden offenbar günstige Bedingungen für eine fundierte Biographie. Viel spricht dafür, sich etwa zwei Jahrzehnte nach dem Tod des Helden einer Biographie an die Arbeit zu machen. Manche der Aufregungen und Kontroversen, die ein großer Mann hervorrief, haben sich dann gelegt. Der Zeitablauf läßt genauer erkennen, was von seinem Werk Bestand hatte, wo er mit seinen Auffassungen richtiglag und wo nicht. Noch leben genügend Nahestehende oder Mitarbeiter oder auch Gegner, die man befragen kann, so daß sich ein lebendiges Bild rekonstruieren läßt. Hat man Glück, so haben die Hüterinnen und Hüter des Nachlasses inzwischen so viel historische Distanz zu dem Verstorbenen gewonnen, daß sie Zugang zu den persönlichen Papieren eröffnen. Hilfreich ist auch, daß sich für den Zugang zu den amtlichen Archiven die 30-jährige Sperrfrist eingebürgert hat. Bei den relevanten DDR-Archivalien ist der Quellenzugang noch günstiger.

Da ich inzwischen zu einer Art biographischem Einzelkämpfer ohne Apparat geworden war, wußte ich es auch zu schätzen, daß ein großer Teil der Quellen in dem gut geordneten Unternehmensarchiv der Axel Springer AG gesammelt war. So ließ sich die Spurensuche eingrenzen. Dennoch waren Reisen zu anderen Archiven natürlich zwingend.

Vielleicht hätte ich mir die Arbeit aber doch nicht aufgeladen, wären nicht weitere günstige Bedingungen hinzugetreten. Deren erste bestand darin, daß sich ein beträchtlicher Teil von Springers Leben in Hamburg abgespielt hat. Gewiß war er eine Generation älter als ich und im alten Hamburg vor der Operation »Gomorrha« groß geworden. Doch vieles war geblieben. Die Wohnviertel in Altona und Blankenese, die renommierten Fünf-Sterne-Hotels, der Flakbunker auf dem Heiligengeistfeld, die Konzernzentralen, das Hamburger Rathaus, der Flughafen Fuhlsbüttel, die Dörfer in der Heide, wo sich Springer getummelt hatte – alles war für mich faßbare Wirklichkeit. Ich hatte auch noch lebhafte Erinnerungen an die Jahre 1967 und 1968, als Tausende aufgeregter Studenten gegen das Verlagsgebäude am Speersort anrannten, nachdem aus dem strahlenden König Midas die nachtschwarze Haßfigur der APO geworden war. Auch Sylt, die malerischen Landschaften Schleswig-Holsteins, nicht zuletzt auch die Ferienregionen der Schweiz, zu denen es Springer stets hingezogen hat, waren mir vertraut. Weshalb die »Frontstadt« Berlin in den fünfziger Jahren, nach der Blockade und vor dem Mauerbau, auf Springer eine so unwiderstehliche Anziehungskraft ausgeübt hatte, konnte ich aus eigenem Erleben nachvollziehen.

Hinzu kam, daß mich viel mit den Zeitungen Springers verband. In den acht Hamburger Jahren war das *Hamburger Abendblatt* neben der *FAZ* unsere Frühstückszeitung. In der *Welt* und der *Welt am Sonntag* hatte ich, allerdings nach Springers Tod erst, viel geschrieben und über den bereits mythenumrankten »Grövaz« (den »größten Verleger aller Zeiten«, wie er sich selbst nannte) viel gehört, Rühmliches und Despektierliches gleicherweise. Daß dies bei einer Biographie manchen Zugang öffnen würde, war zu erhoffen. Während meiner Arbeiten über die Ära

Adenauer und im Verlauf meiner eigenen Entwicklung war die Springer-Presse ein wichtiger Faktor des seinerzeitigen politischen Systems gewesen, das man durchaus schon als Mediendemokratie bezeichnen mochte. Die homerischen Schlachten zwischen Springer, Augstein, Bucerius und deren Blättern waren mir ebenso präsent wie Springers gewundener Pfad durch die Nachkriegsgeschichte, bis er schließlich zu seiner wahren Bestimmung fand, dem Kreuzzug gegen die Mauer und gegen die stets nur in Gänsefüßchen gesetzte »DDR« mitsamt den sowjetischen Bossen in Moskau.

Wahrscheinlich hätte ich aber der Verlockung zu einer neuen, schwierigen Biographie nicht nachgegeben ohne Ernst Cramer und Friede Springer. Christian Seeger von Ullstein hatte, wie schon erwähnt, gut vorgearbeitet, aber ich war dennoch überrascht, wie problemlos ich uneingeschränkten Zugang zu den bisher sorgsam hinter dicken Panzertüren verschlossenen Geheimnissen der Familie und des Konzerns erhalten habe. Weder hatte ich Springer selbst persönlich gekannt noch seine engste Umgebung oder die derzeitige Leitung. Ein paar Monate nach der Unterredung mit Seeger, kurz vor Weihnachten 2003, rief Ernst Cramer an. Mitte Januar 2004 folgten in Berlin Unterredungen mit ihm selbst, mit Friede Springer und mit dem Vorstandsvorsitzenden der Axel Springer AG, Mathias Döpfner.

Ernst Cramer war ein unzeremonieller Journalist von altem Schrot und Korn, der, wie ich selbst, Small talk verabscheute. An seinem Schreibtisch ergab sich schon nach fünf Minuten eine präzise und intensive Sachdiskussion über das Projekt. Anschließend suchte ich Friede Springer auf, auch sie offen, natürlich und alles, nur nicht ängstlich darauf bedacht, an einem Heroenbild Springers zu zimmern. Ich nannte beiden meine Bedingungen: uneingeschränkter Zugang sowohl zum Privatarchiv als auch zum Firmenarchiv ohne jegliche Verpflichtung, das allein von mir zu verantwortende Manuskript vor Erscheinen vorzulegen. Beides wurde als völlig selbstverständlich akzeptiert. Im Verlauf dieser Unterredungen machte ich auch deutlich, daß ich bestimmt keine Firmengeschichte schreiben wolle, aber doch nicht nur den Menschen oder den Medienpolitiker Springer darstellen wolle, sondern zugleich den Unternehmer und Konzernstrategen. Genau das, so zeigte sich, erwarteten die Gesprächspartner. Friede Springer sagte zu, im Gespräch mit den anderen zuständigen Erben die Zugangsrechte zum Privatnachlaß zu erwirken. Das ist auch innerhalb weniger Wochen erfolgt. Alle Beteiligten, so wurde deutlich, legten großen Wert auf eine nichtautorisierte Biographie, die völlig unabhängig vom Konzern oder der Familie verfaßt wurde. Ich erhielt keinerlei Vergütung, konnte aber Photokopien in unbeschränkter Zahl anfertigen lassen, die nach Abschluß der Arbeiten an das Archiv zurückgegangen sind.

Das Ergebnis der Besprechungen ist dann zügig in eine Vereinbarung umgesetzt worden. Sehr hilfreich war, daß die Alfried Krupp von Bohlen und Halbach-Stiftung ein nicht üppiges, aber ausreichendes Reise- und Sachmittelstipendium zur Verfügung stellte. Berthold Beitz, auch er schon eine Legende, nahm sich der Sache persönlich an und stand in seinem Essener Büro mit Blick auf die Villa Hügel für ein aufschlußreiches Interview zur Verfügung.

Im Archiv fand ich beste Arbeitsbedingungen. Erik Lindner und Rainer Laabs waren ebenso kundige wie hilfreiche Archivare. In der Regel reiste ich für drei oder vier Tage nach Berlin, um jeweils von morgens acht bis abends sechs die einschlägigen Archivalien durchzugehen und wunschgemäß photokopieren zu lassen. Abends im Hotel erfolgte eine erste Durchsicht der photokopierten Materialien und die Vorbereitung der Arbeiten am folgenden Tag. Wie stets wurde auch aus den Recherchen für dieses Buch eine Materialschlacht. Zu guter Letzt waren an die hundert Leitz-Ordner mit Photokopien zusammen, die mir in Gauting bei der Niederschrift des Manuskripts zur Verfügung standen.

Das Springer-Archiv war ab Mitte der fünfziger Jahre erfreulich komplett. Auch zum Verlag Hammerich & Lesser, zu den Eltern und zur Frühgeschichte Springers vor 1945 fand sich viel, ebenso zu den Anfängen des Imperiums in der Besatzungszeit und in der frühen Bundesrepublik. Lücken waren jedoch vorhanden, die mit unterschiedlichsten Quellen geschlossen werden mußten. Ich sehe mich beispielsweise noch in der unterfinanzierten Altonaer Stadtbücherei, wo große Zeitungsbände der *Altonaer Nachrichten* alle Katastrophen überstanden hatten, oder in den hochgetürmten Regalen des Zeitungsarchivs in der Kochstraße, um die Texte, das Layout, die Photos und die Anzeigen von *Hör zu!* oder der ersten Jahre des *Hamburger Abendblatts* oder von *Bild* auf mich wirken zu lassen und umständlich zu photokopieren.

Wichtig war, daß ich auch zum *Zeit*-Archiv Zugang erhielt, wo der Nachlaß von Gert Bucerius verwahrt wird. Ohne die dortigen Materialien wäre eine Darstellung des großen Orlogs zwischen den Hamburger Presselords unmöglich gewesen. Während die Studenten der APO auf den Straßen und in den Universitäten Rabatz machten, hatte in den Kulissen der großen Pressehäuser, so fand ich heraus, ein gnadenloses Ringen um Marktanteile stattgefunden.

Um mich selbst und die Leser auf die Springer-Story einzustimmen, habe ich mich auf die Suche nach zeitgenössischen Büchern über Altona und Alt-Hamburg begeben. In einem der altertümlichen Antiquariate hinter dem in den sechziger Jahren grausam abrasierten und unter die Erde verlegten Altonaer Bahnhof bin ich fündig geworden, habe dort zwei voluminöse, informationsgesättigte Bände *Neues Altona 1919–1929*[347] erstanden (das war Axels Springers Schulzeit), einen Bildband über die Palmaille aus dem Jahr 1940[348], kurz vor der Zerstörung, eine nostalgische Bilderchronik über Alt-Altona, ein Dutzend und mehr Bildbände sowie Darstellungen aus den Nachkriegsjahren[349] und natürlich jede Menge einschlägiger Beschreibungen und sozialgeschichtlicher Darstellungen, doch auch Schilderungen der Literaten im alten Hamburg von Detlef von Liliencron bis Hans Leip, nicht zu vergessen die Jubiläumsbände zur Geschichte des Springer-Verlags und seiner Zeitungen. So wie ich mir bei den Arbeiten über die Jugend und die ersten Jahrzehnte Adenauers das alte Köln systematisch vergegenwärtigt habe, ließ ich meine Phantasie nun in dem längst versunkenen Hamburg spazierengehen. Erst als mir die Straßen, Plätze, Parks, Schulhäuser, Werkhallen, Restaurants und Freizeitpaläste, in denen der Held meiner Story groß geworden ist, bildhaft vor Augen standen, konnte ich auch die Selbstzeugnisse oder die Berichte Dritter richtig interpretieren.

Obwohl ich selbst die Sozial- und Lokalgeschichte zeitlebens vernachlässigt habe, haben mich die entsprechenden Studien stets in Bann geschlagen, jetzt auch im Fall Axel Springers und seiner Familie. Voll Neugier und dankbar zugleich partizipierte ich an dem Forschungsinteresse, das die Hamburger Historiker der neueren Sozialgeschichte ihrer Stadt, der Architekturgeschichte, der Wirtschaftsgeschichte, der Parteiengeschichte und nicht zuletzt der Entwicklung in den Besatzungsjahren zuteil werden ließen, als die Autoritäten der britischen Besatzung das zerbombte Hamburg ganz unerwartet zu einem der Medienzentren ihrer Zone und damit zugleich der späteren Bundesrepublik gemacht haben. Und während ich gelegentlich der Meinung bin, daß bei der lokalgeschichtlichen Beschäftigung mit den deutschen Juden – ihrer Kulturgeschichte und ihrer Verfolgungsgeschichte – manchmal etwas zu viel des Guten getan wird, ist die schuldbewußte Fixierung der heutigen Historiker-Generation auf das jüdische Schicksal meiner Springer-Biographie sehr zugute gekommen. Ohne ihre sehr detaillierten Untersuchungen wären mir bei meiner Spurensuche viele wichtige Aspekte unverständlich geblieben. Die Recherchen führten somit von der Lokalgeschichte Altonas und Hamburgs über die Pressegeschichte der frühen Jahrzehnte des 20. Jahrhunderts in die Hamburger NS-Geschichte, in die Geschichte der britischen Besatzung in Nordwestdeutschland und von dort in die Jahre des beginnenden Wirtschaftswunders.

Axel Springer selbst bin ich nie begegnet. Mag sein, daß er in den Anfängen ein witziger Journalist und Beobachter gewesen ist. Die langatmigen Ausführungen des in die Jahre gekommenen Verlegers, welche die *Welt am Sonntag* abdruckte, haben meinem verwöhnten Gaumen nie so recht munden können. In großen Linien stimmte ich zwar mit der Tendenz dieses kämpferischen Kalten Kriegers der sechziger und der siebziger Jahre überein, auch seine Sympathie für Israel habe ich damals noch geteilt, aber aufs Ganze gesehen, schien er mir doch zu sehr festgezogen. Auf Bemühungen von Publizisten oder Journalisten, aus den Feuilletons oder auch aus dem politischen Teil ihrer Blätter Kanzeln zur moralisierenden Verkündung ihrer Heilsbotschaft und ihrer Bußpredigten zu machen, habe ich ohnehin stets nur mit Spott reagiert, vor allem dann, wenn die Predigt zu lang geraten ist.

Doch der »Mammutverleger« Axel Springer, der in den siebziger und frühen achtziger Jahren mit unbestreitbarer Ernsthaftigkeit heftig angefochten, durchaus tapfer und gegen die herrschende Meinung anschreibend als politischer Erweckungsprediger unterwegs war, hatte zuvor einen langen, gewundenen Weg zurückgelegt. So reizte es mich, der intellektuellen Entwicklungsgeschichte eines Mannes nachzuspüren, der 1945 als Antifaschist begonnen hatte und bei dem auch zehn und 15 Jahre später noch nicht vorhersehbar war, daß er in den sechziger, siebziger und frühen achtziger Jahren beim knapp und mit viel Glück erfolgreichen Verteidigungskampf der Bundesrepublik gegen die Propaganda des Ostblocks einer der wichtigsten westlichen Propagandisten sein würde.

Von seinem sagenhaften Reichtum, von der bunten Abfolge seiner Ehegattinnen und Gespielinnen, auch von seinen esoterischen Obsessionen hatten mir die Springer-Journalisten, die ich kannte, schon manches erzählt. Der *Stern*-Redakteur Michael Jürgs hatte das auf seine Weise in einem vergnüglichen Buch *Der Fall Axel Springer*[350] zusammengebraut. Es beruhte auf Interviews, Hamburger Journalistentratsch sowie den für ihn erreichbaren Aufzeichnungen. Daß somit die Lebensgeschichte eines bunten Vogels auf mich warten würde, war mir von Anfang an klar, und es reizte mich schon, nach dem ordentlichen Adenauer nun einmal eine Figur darzustellen, die in allem groß war: als Konzernchef, als Kämpfer gegen den Kommunismus und für die Wiedervereinigung Deutschlands, als Casanova, als Mäzen und Kunstsammler und nicht zuletzt als ein deutscher König Midas. Daß er in seinen letzten Jahrzehnten auch ein erstaunlich frommer lutherischer Christ mit apokalyptischen Visionen war, auch darin aus der Zeit fallend, ist mir erst im Verlauf meiner Recherchen deutlich geworden.

Dank des Zugangs zu dem ganz erstklassigen, bisher nicht umfassend ausgewerteten Archiv bestand die Möglichkeit, meine Recherchen in zwei Phasen durchzuführen. Zuerst konnte ich mir ein gesichertes Bild von Springers Entwicklung machen, auch von seinem Hofstaat, um das dann durch Interviews zu überprüfen oder zu komplettieren.

Üblicherweise sind Historiker und Literaturwissenschaftler geneigt, bei ihren Bemühungen um den Nachlaß einer verstorbenen Größe den indischen Brauch der Witwenverbrennung für ein weises, im Abendland leider nicht zulässiges Brauchtum zu halten. Nach den Interviews mit Friede Springer in dem Büro ihres verstorbenen Mannes hoch oben im Berliner Springer-Hochhaus, wo alles so belassen war wie zu Springers Lebzeiten, habe ich diese Auffassung revidieren müssen. Kenntnisreich, humorvoll, auch liebevoll, auch ohne Bemäntelung der Springerschen Schwächen und mit kritischen Hinweisen auf die Rolle der Topakteure hat sie meine vielen Fragen beantwortet. Da ich mich aus den verfügbaren schriftlichen Quellen und Interviews mit Dritten zuvor schlau gemacht hatte, habe ich sie bei keiner Unwahrheit oder Übertreibung ertappt. Offenbar war es ihr auch gelungen, zu den geschiedenen Ehegattinnen ein freundschaftliches Verhältnis aufzubauen.

Sie hat mir den Weg zu Rosemarie Springer geebnet, mit der Springer von 1953 bis 1962 in dritter Ehe verheiratet war, einer seinerzeit renommierten Springreiterin, die jetzt auf dem Reiterhof Halloh in Schleswig-Holstein lebte. Springer pflegte bekanntlich nicht nur entmachtete Chefredakteure oder Topmanager, sondern auch die Gattinnen, von denen er sich trennte, anständig abzufinden. Mein Gespräch mit Rosemarie Springer in ihrem gepflegten Ambiente war vor allem deshalb von Interesse, weil sie Springer in den entscheidenden Jahren seines Aufstiegs zum fast allmächtigen Tycoon begleitet und seine psychische Krise der Jahre 1955 bis 1957 erlebt hatte, die ihn fast um den Verstand brachte, desgleichen seine Reise nach Moskau, um dort mit Chruschtschow – so hatte er sich eingebildet – über die deutsche Wiedervereinigung zu verhandeln. Sie war auch deshalb denkwürdig, weil der streng antinazistische Springer sich mit ihr in eine Frau verliebt hatte, deren Vater ein von den Briten zu langjähriger Haft verurteilter hochrangiger SS-Offizier war. Ich kann nicht entscheiden, ob sich Rosemarie Springer oder Friede Springer mit größerer Intensität an ihren verstorbenen Ehemann erinnert haben, dies in einer erfrischenden Mischung aus nostalgischer Sympathie, zugleich vermischt mit humorvoller Ironie. Springer muß eine Persönlichkeit von hinreißendem Charme, von ganz bemerkenswerter erotischer Anziehungskraft, doch auch manchmal von beängstigender Verrücktheit gewesen sein – ein Borderline-Typ.

Von den Topmanagern Springers hat mich Christian Kracht am stärksten beeindruckt. Er hatte Springer von 1947 bis 1970 und dann nochmals von 1980 bis 1983 erlebt und war lange Jahre hindurch so etwas wie die rechte Hand des Konzernchefs. Nichts war ihm verborgen geblieben, und er hat mir an einem langen Sommertag viel erzählt, manches wenigstens angedeutet und mir danach via Unternehmensarchiv aufschlußreiche Materialien zugänglich gemacht. Als er im August 2011 verstarb, habe ich in meinem Nachruf in der *Welt* zu dieser Begegnung geschrieben: »Wenn man ihn in dem schönen Anwesen am Genfer See auf sein großes Lebensthema Axel Springer ansprach, wußte er in pointierter Diktion und mit glasklarem Erinnerungsvermögen viel zu berichten, Unternehmensstrategien und Anekdoten ohne Zahl, hatte aber ein sicheres Gefühl für jene Aspekte, bei denen Diskretion geboten ist, und meinte dann: ›Springers komplizierte Psychologie konnte man kaum erfassen.‹ Doch von Hamburg, Berlin, Sylt und der alten Bundesrepublik, wo er ein großer Herr gewesen war, sprach er nur noch wie von einem längst versunkenen, anderen Leben.«[351] Wie sein einstiger Herr und Meister war auch Kracht ein Kunstsammler. In seinem gut gesicherten Privatmuseum zeigte er mir die vielleicht reichhaltigste Sammlung expressionistischer Gemälde von Max Beckmann.

Jeder der großen Manager Axel Springers war wieder anders. Der massige Peter Tamm, mit dem ich an einem Nachmittag in seinem Seefahrt-Museum an der Elbchaussee zwei oder drei Flaschen Riesling geleert habe, sprach so schwergewichtig und selbstbewußt über den verstorbenen König wie ein Jahrzehnt hindurch in ständigem Schlachtgetümmel siegreich gebliebener altdeutscher Herzog. Auch er hatte mit seiner Vergangenheit bei Springer längst abgeschlossen, thronte nun gewissermaßen auf eigenem Grund und Boden, der Herr über bunt zusammengestelltes Kriegsgerät (eine Kanone aus dem Flaggschiff Admiral Nelsons, eine deutsche Vierlings-Flak aus dem Zweiten Weltkrieg, ein Schnellboot der einstigen DDR-Marine) und eine faszinierende Sammlung von Schiffsmodellen und Admiralsuniformen. In seinem geräumigen Büro hoch über der Elbe, dessen kostbarster Schmuck das aus Gold gefertigte Modell einer spanischen Galeone war, entwickelte er mir in längerer Rede seine durchaus plausible maritime Theorie der Universalgeschichte und zeigte voller Stolz seine originellen, in unserem antiheroischen Zeitalter nicht besonders politisch korrekten Sammlungen maritimer Militaria. Sein ganzes Sinnen und Trachten galt damals schon dem Internationalen Maritimen Museum in der Speicherstadt, in das er die bei Springer erwirtschafteten Millionen gesteckt hat. Das Museum wird künftig eine der größten Attraktionen Hamburgs sein und seinen Gründer wahrscheinlich unsterblich machen.

Wieder anders war Claus Dieter Nagel, auch er einstmals eine wichtige Gestalt am einstigen Hofstaat. Ich hatte mich mit ihm telefonisch verabredet und habe ihn bei einer der Interviewfahrten in den Norden zusammen mit Annemie aufgesucht. Jetzt saß dieser begeisterte Reiter auf einem entlegenen, an einem Waldrand versteckten Pferdehof in der Lüneburger Heide. Wir mußten stundenlang suchen, wurden aber dann mit einer Unmenge vergnüglicher Anekdoten über Springer belohnt, für den Nagel die absonderlichsten Aufträge erledigen mußte.

Wenn es mir gelungen sein sollte, jene komplizierten Schlußphasen des Unternehmens einigermaßen zutreffend darzustellen, in denen Springer verworrene Anläufe zum partiellen oder vollständigen Verkauf des Konzerns unternommen hat, so verdanke ich dies neben Kracht in erster Linie der Hilfe von Bernhard Servatius. Dieser Hamburger Wirtschaftsanwalt hat an der Elbe sein Geld verdient, doch sein Urlaubsparadies war seit Jahrzehnten das Voralpenland am Fuße des Wallbergs. Ich habe ihn in seinem rustikalen Landhaus am Tegernsee verschiedentlich aufgesucht – ein ganz klarer Kopf, zugleich ein kultivierter, sympathischer Mann, der eine Schlüsselrolle bei den kaum mehr überschaubaren Verkaufsstrategien und Beteiligungsverhältnissen des Hauses Springer gespielt hatte und mir Einblick in wertvolle Materialien gegeben hat. Ich konnte ihm auch die letzten Kapitel des Buches vor der Veröffentlichung zu lesen geben, und er hat bis in die letzten Wochen vor der Drucklegung die Darstellung durch zusätzliche Dokumente bereichert und mich durch taktvoll formulierte Hinweise vor Fehlern bewahrt.

Die wichtigsten Informationen über das Verhältnis Springers zu seinen getreuen Redakteuren erhielt ich von Herbert Kremp. Schon vor meiner Entscheidung, eine Springer-Biographie zu schreiben, hatte ich von ihm manches über den allerhöchsten Kriegsherrn gehört gehabt, dem er loyal diente, dessen psychische Labilität er aber auch deutlich erkannt hatte. Während der Arbeit an dem Buch stand er zu verschiedenen intensiven Interviews zur Verfügung. Ich konnte ihn anrufen, wenn eine

Frage aufkam, und seine brieflichen Mitteilungen waren eine Fundgrube. »Diese Figur«, schrieb er mir beispielsweise, »die von ihrer Umwelt stets moralisch gestützt werden mußte, um sich nicht in die ›Tauber‹-Existenz wegzuträumen.« Und zum letzten Jahrzehnt des Konzernchefs Springer formulierte er kurz und knapp: »Zehn Jahre war Verfallszeit, und dann starb er.« Zu dieser Verfallszeit gehörte übrigens auch die Absicht Springers, *Die Welt* an die *FAZ* zu verkaufen, ohne Kremp, der damals Chefredakteur war, darüber zu informieren.

Die Archiv- und Interviewreisen haben den größten Teil des Jahres 2006 in Anspruch genommen, erst dann begann ich zu schreiben. Offenbar habe ich es ruhig angehen lassen. Das entnehme ich einem Weihnachtsbrief an Niklas Reinke, einen meiner begabten und sympathischen Bonner Doktoranden, der inzwischen bei den Weltraumforschern des Deutschen Zentrums für Luft- und Raumfahrt (DLR) tätig war: »Das Jahr war gut. Im Frühjahr Start der ›Phantastischen Wirklichkeit‹ bei der DVA. Gleichzeitig eine Reise nach Kansas City, wo ich noch nie gewesen bin, zu einer ergiebigen Tagung. Eine internationale Gruppe arbeitet an einer dreibändigen ›History of the Cold War‹. Über Pfingsten Wiedersehen mit dem Bodensee, speziell der Reichenau. Zwischendurch Paris, wo die Enkel herumkrabbeln, und immer wieder Berlin, Hamburg, Freiburg und Weimar. Immer wieder auch einmal übers Wochenende ein Sprung nach Österreich, das wir seit Jahren entdecken. Zuvor war der Schwerpunkt ja stets im Norden, Westen oder Süden. Selten nur Köln und Bonn. Neben den üblichen Vorträgen und Aufsätzen haben mich im nun vergangenen Jahr vor allem die Archivarbeiten für die Springer-Biographie beschäftigt. Gegenwärtig bin ich am Schreiben. Das läuft ganz gut … Weihnachten werden wir hier feiern, dann auf einen Tag nach Bad Reichenhall zu einem Geburtstag, und alsdann werden wir vor und über Silvester ein sehr langes Wochenende zusammen mit dem Pariser Teil der Familie in Badenweiler verbringen, der Perle des Markgräflerlands, so sagt man nicht zu Unrecht. Dann geht's wieder in die Schreibklausur.«[352]

Sieben Monate später war ich mit dem Manuskript durch. Dem hilfreichen, am Fortschreiten des Werkes interessierten Herbert Kremp schrieb ich Mitte August: »Zwei Tage bevor wir uns zum Sommerurlaub zusammen mit der Pariser Familie an den Gardasee aufgemacht haben, ist die Springer-Biographie fertig geworden. Mir selbst gefällt sie ganz gut. Ob sie auch all den Akteuren aus dem Springerschen Umfeld gefallen wird, von denen jeder/jede ein eigenes Springer-Bild und zugleich ein noch klareres Bild von der überragenden Bedeutung der eigenen Person hat – wer weiß? Doch muß ich gestehen, daß ich fast durchweg auf ein recht abgeklärtes, auch distanziertes Springer-Bild gestoßen bin. Auch bei den Nahestehenden, die vielfach ja auch Springer-Opfer waren, hat offenbar schon seit längerem ein erfreulicher Historisierungsprozeß eingesetzt.«[353]

Friede Springer hatte die Arbeit mit einer Mischung von Energie und Zurückhaltung verfolgt, ohne den leisesten Versuch zu machen, auf das Endprodukt Einfluß zu nehmen, auch ohne lästige Neugier. »Zu den Spielregeln eines solchen Unternehmens gehört es«, hatte ich ihr geschrieben, »den Akteuren, die einem manches erzählt haben und im Buch eine Rolle spielen, erst das fertige Werk zu überreichen. Sie müssen jedermann sagen können, daß ihnen die Darstellung bei Erscheinen genauso neu ist wie der breiten Öffentlichkeit. Die volle Verantwortung für Präsentation des Materials und die Interpretation liegt beim Autor ...«[354]

Der Verlag Ullstein hat dann zusammen mit dem Haus Springer im Februar 2008 das Buch schön vorgestellt: keine ungute Übertreibung, die bei dem Sujet Springer tödlich gewesen wäre, aber bei Präsenz jener Spitzenfiguren, auf die es in einem solchen Fall ankommt. Hermann Rudolph, der Herausgeber des *Tagesspiegels* erwies sich als Moderator für meine Vorstellung des Buchs und bei der anschließenden Fragerunde wieder einmal so souverän und so freundlich, wie ich ihn seit langem schon kannte. Auch der Sektempfang des Hauses Springer ein paar Tage später in der Ullstein-Bar für mich und Annemie auf der Vorstandsetage war anständig.

Die Topakteure, die über Springer bestens Bescheid wußten und an deren Urteil einem kritischen Historiker mehr gelegen ist als an Rezensionen der Nachgeborenen, haben rundum freudig reagiert. Zusammen mit einem eher konventionell formulierten Brief hat der stets erfreulich nüchterne Ernst Cramer den Abdruck eines Briefes an Berthold Beitz beigefügt: »Kein Buch kann Axel Springer wirklich beschreiben und erklären; das weiß niemand besser als jemand, der, wie Du, über Jahrzehnte mit ihm bekannt und befreundet war. Aber die Arbeit von Hans-Peter Schwarz ist eine hervorragende Annäherung an Axel, und ich bin dankbar, daß diese Biographie jetzt dem neugierigen Bürger zur Verfügung steht.«[355]

Friede Springers Reaktion war so direkt, knapp und erfrischend, wie sie sich stets gezeigt hatte: »Vielen Dank, lieber Professor Schwarz, Sie haben meinen Mann erfaßt in allen seinen Facetten.«[356] Auch Rosemarie Springer, eben von einer Reise nach Namibia zurückgekehrt, schrieb herzerfrischend: »Dieses Werk ist lesenswert, und schlicht gesagt: einfach wundervoll! Keine Beweihräucherung, kein Seelenschmalz, keine verletzenden Seitenhiebe – endlich sachlich, nachweisbar!«

Genauso positiv Christian Kracht: »Ich habe mit angehaltenem Atem mich durch das Buch ›durchgefressen‹. Meine Hochachtung gehört Ihnen. Sie haben mit sicherer Hand auch die vorhandenen Klippen umschifft und einen Mann dargestellt, wie ich ihn glaube zu kennen und auch verehrt habe. Er hat mein Leben gefördert und war in vielen Dingen mein Vorbild. Ich danke Ihnen.«[357] Bernhard Servatius nahm die Biographie zum Skifahren nach dem Engadin mit und schrieb aus dem »Suvretta House« in Sankt Moritz: »Ein ganz großes Kompliment! ... Nach meinem Gefühl wird Ihre gründliche, umfassende und ehrliche Aufarbeitung von Persönlichkeit und Leben, von Werk und Wirken Axel Springers seine einzige authentische Abbildung bleiben.«[358]

Das Profil der Bundesrepublik an ihrem 60. Geburtstag

Ist ein Buch glücklich erschienen, hat die Präsentation ein gutes Echo gefunden, haben mich die Rezensenten der großen Blätter in ein Wellness-Bad getaucht, dann möchte ich gern alle viere von mir strecken und kein neues Buch mehr in Angriff nehmen. Durch eigenes Verschulden oder weil hohe Mächte das so wollten, ist das bei mir jedoch anscheinend nicht möglich. Als ich die Springer-Biographie endlich vom Schreibtisch gewälzt habe, gerate ich erneut in einen Schaffensrhythmus, der an die besten oder schlimmsten Bonner Jahre erinnert und erst vier Jahre später mit dem Erscheinen der Kohl-Biographie in ein ruhigeres Tempo übergeht. Bald ist der Politologe gefragt, bald der Zeitgeschichtsschreiber, bald der Zeitkritiker. Fast jede Stunde ist wieder mit Buchprojekten, Archivreisen oder Aufsätzen verplant, dies unterbrochen durch die regelmäßigen Gremiensitzungen und durch Vorträge auf Tagungen, denen ich mich nicht entziehen kann. Nur dann und wann gelingt es, in kurze, köstliche Familienurlaube abzutauchen. Oft seufze ich über die Fülle der Verpflichtungen. Aber noch öfter genieße ich diese Explosion von Schaffenskraft. Gott sei Dank weiß die beste aller Frauen, daß ich anders nicht leben kann, sichert die materielle Basis und erfreut sich an den literarischen Produkten.

Die Fülle der Aufgaben wäre überhaupt nicht zu bewältigen ohne den Schreibcomputer, die Internetrecherchen und den E-Mail-Verkehr, die das einstige Sekretariat ersetzen. Unverzichtbar ist auch die eigene umfangreiche Fachbibliothek und die Bereitschaft von Projektpartnern, mir mit Bergen von Photokopien auszuhelfen. Letztlich fließt alles am heimischen Schreibtisch zusammen, um durch mehrfaches Umschreiben in vorzeigbare Texte verwandelt zu werden.

Zu den intellektuell besonders erfreulichen Begegnungen nach der Übersiedlung in die bayerische Kapitale gehörte Peter März, der Direktor der Bayerischen Landeszentrale für politische Bildungsarbeit, mit seiner kleinen, stark motivierten Truppe. Die Landeszentrale hauste damals auf zwei Etagen eines verwinkelten Mietshauses an der Brienner Straße, kurz vor dem Königsplatz. Man mußte sich durch eine schmale Toreinfahrt quälen und fand selten einen halbwegs bequemen Parkplatz. Der Aufzug war altmodisch und die Einrichtung der Büros mehr als einfach. In diesem Intellektuellenschuppen haben wir stundenlang über mögliche Themen und Referenten von Tagungen diskutiert, die sich zu Aufsätzen in der Zeitschrift der Landeszentrale auswachsen oder in Sammelbänden komprimiert werden sollten. Ich mochte dieses *Brainstorming* mit dem originellen Historiker, der auch ein sicheres Sensorium für sozialwissenschaftliche Themen hatte. Die Folgen waren natürlich leicht absehbar: Verpflichtung zur Erarbeitung eigener Vorträge auf den Tagungen der Landeszentrale, zu Beiträgen für die eben erwähnten Sammelbände, zu Buchvorstellungen und anderem mehr.

Bekanntlich hangeln sich die Einrichtungen zur politischen Bildung an der periodischen Wiederkehr von Gedenkjahren entlang. Ein solches Gedenkjahr war 2009 wieder fällig: 60 Jahre Bundesrepublik Deutschland. Diesmal verspürte ich nicht die üblichen Vorbehalte gegen die Jahreszahl-Historiographie. Schließlich hatte ich – lang, lang war's her – vor nunmehr schon 35 Jahren mit Richard Löwenthal als Kompagnon (er weilte schon längst in den ewigen Jagdgründen) den erfreulich gelungenen Sammelband *Die zweite Republik* herausgegeben. Ausführlich diskutierten wir die Grundsatzfragen, also: Welche zeitgeschichtlichen Entwicklungen galt es nunmehr zu beleuchten? Wie hatten sich die Institutionen verändert, und welche altbekannten oder neu aufgetauchten Themenfelder verdienten eine kritische Erörterung? Wir einigten uns auf ein Konzept, aktivierten unsere jeweiligen Netzwerke, die Bearbeiter haben sich fast durchweg Mühe gegeben, und so hat die Bayerische Landeszentrale rechtzeitig vor dem Jubiläumsjahr schon 2008 einen gelungenen Sammelband herausgebracht.[359] Da aus verwaltungsrechtlich zwingenden Gründen der Direktor der Bayerischen Landeszentrale als Herausgeber der Buchausgabe nicht figurieren durfte, ist das schöne Buch unter meiner Herausgeberschaft erschienen.[360] Ein Politikwissenschaftler, der auf der Stufenleiter allgemach bis zum 75. Lebensjahr emporgeklettert ist, empfindet doch ein Gefühl der Befriedigung, wenn ihm zweimal im Abstand von 35 Jahren Hebammendienste an einer sozialwissenschaftlichen Staats- und Gesellschaftsbiographie vergönnt sind. Nur ist das auch mit Arbeit verbunden.

Für 2008 hatte ich mir aber noch ein weiteres Vorhaben aufgehalst, auch diesmal ein Ergebnis der Freude, die hierzulande an Jubiläumsfeiern herrscht. »Das Bedürfnis nach bilanzierender Selbstvergewisserung«, hatte ich in dem eben erwähnten Sammelband geschrieben, »kommt in vielfältigen Formen zum Ausdruck. Kulturkritiker und Zeitdiagnostiker haben seit den Jahren des Wilhelminismus bis heute entsprechende Betrachtungen publiziert.«[361] Nun verspürte auch die CDU/CSU-Bundestagsfraktion, eine einmalige, doch an und für sich nicht eben durch historiographischen Eifer ausgezeichnete Institution, das Bedürfnis nach einer Jubiläumsfestschrift. Eines Morgens rief Norbert Röttgen, damals Parlamentarischer Fraktionsgeschäftsführer und, so schien es, ein kommender Mann in der CDU, zugleich im Namen des Fraktionsvorsitzenden Volker Kauder frohgemut bei mir an und äußerte den Wunsch nach einem Jubiläumsband. Im Fall der CDU/CSU-Fraktion war mir in der Tat aufgefallen, daß dieses Unikat unter den Fraktionen im Deutschen Bundestag in den letzten Jahren noch nie zusammenhängend dargestellt und gewürdigt worden war. Außerdem tastete ich mich damals zögerlich, wie gleich zu schildern sein wird, an das Projekt einer Biographie über Helmut Kohl heran. So lag es nahe, als Vorarbeit für eine Biographie des großen Zampanos aus der Pfalz mir die Sicht der CDU/CSU-Fraktion vor Augen zu führen. »Wer sich wie ich meist primär mit den Personen ganz an der Spitze befaßt«, habe ich dieses Motiv einsichtsvoll umschrieben, »neigt dazu, bei der gebotenen intensiven Beschäftigung mit den

Parteipräsidien und den Parteivorständen, mit den Kabinettsministern, mit dem Kanzlerumfeld, mit den Medien oder den Granden in den Ländern die Fraktionsmaschinerie und die Parlamentarier unterzubewerten.«[362]

Ich sagte also zu, stellte sehr erfreut fest, daß sich verschiedene kundige Kollegen aus meinem Netzwerk aktivieren ließen, mußte bei dieser Gelegenheit aber auch wohl oder übel selbst »in die Bütt« steigen. Zu guter Letzt hatte ich von den 60 Jahren Fraktionsgeschichte immerhin 32 Jahre bis 2009 in eigener Person kritisch aufzuarbeiten, dazu kam der übergreifende Aufsatz, der dem Buch auch den Titel gab: *Die Fraktion als Machtfaktor*[363]. Die Schreibtischarbeiten in Verbindung mit zahlreichen Reisen, Besprechungen, Korrespondenzen und Telefonaten hatten bereits einige Wochen Ende 2008, ganz besonders aber die Monate danach aufgefressen und sind erst im Frühsommer 2009 an ihr Ende gelangt. Ende August kehrten die Damen und Herren der CDU/CSU-Fraktion, die Kanzlerin an der Spitze, frohgemut aus dem Urlaub zurück. Angela Merkel hielt im einstigen Bonner Bundestag die Festrede und bestätigte damit meine These, »der jeweilige Bundeskanzler ist der Obervorsitzende seiner Kanzlerfraktion. So erging es der CDU/CSU-Fraktion unter Adenauer, Kiesinger und Helmut Kohl, nun erneut unter Angela Merkel ...«[364]

Im übrigen konnte ich auch bei den Arbeiten über die Fraktion wieder einmal die Wahrheit des klarblickenden Fraktionsvorsitzenden Karl Carstens feststellen, der mir im Jahr 1973 seufzend anvertraut hatte: »Lieber Herr Schwarz, diese Abgeordneten, das sind alles Raubtiere!« Doch war es gelungen, die Darstellung von politischen Einflüssen frei zu halten. Mir grauste aber schon bei dem Gedanken, wie »die Raubtiere« auf eine mögliche Kohl-Biographie reagieren würden, die sich bereits in der Recherchephase befand. Immerhin würde es sich diesbezüglich vermeiden lassen, daß irgendeiner der Beteiligten das Buch vor Erscheinen zu Gesicht bekam.

Helmut Kohl im Visier

Vorarbeiten für eine Kohl-Biographie

Damit bin ich bei dem wichtigsten Projekt, das in diesem Jahr auf den Weg kam: der Kohl-Biographie. Wie kam es, daß ich mich nach dem vielen Seufzen und Stöhnen über die unendlichen biographischen Arbeiten über Adenauer, über die *Retter, Monster und Mediokritäten* im Politzoo des 20. Jahrhunderts und neuerdings über Springer bereits im biblischen Alter nochmals auf eine schwierige Biographie eingelassen habe? Es war in erster Linie Bernhard Vogel, der beharrlich gedrängt hat. Von allen Spitzenpolitikern der CDU, so schrieb ich schon, kannte ich ihn am längsten. Mancher, in den ich anfangs meine Hoffnungen setzte, hatte enttäuscht, Vogel nicht. Über die Jahre hinweg war er sich gleichgeblieben: wesensmäßig freundlich und ausgleichend, volksnah, ein Feind pompöser Auftritte, verläßlich in seinen Zusagen, zäh und fleißig, bedachtsam im Urteil. Natürlich habe ich auch ein Faible für bürgerliche Politiker wie ihn oder Hans Maier, weil sie etwas von der Wissenschaft, von den Universitäten und von den Gymnasien verstehen. Ich habe auch immer Politiker bewundert, die man in Amerika als *comeback kids* bezeichnet. Mich hat es stark beeindruckt, wie sich Vogel nach dem wohl auch selbstverschuldeten Scheitern in Rheinland-Pfalz gefangen und schließlich elf schwierige Jahre lang als Ministerpräsident von Thüringen dieses Land vorangebracht hat, darin nur noch mit Kurt Biedenkopf in Sachsen vergleichbar.

Im Vorstand der Konrad-Adenauer-Stiftung sind wir uns regelmäßig begegnet. Dort war auch Gelegenheit, Vogels Behandlung Helmut Kohls zu studieren, der sich in diesem wie in allen anderen Gremien wie der Herr aller Reußen in Szene gesetzt hat. Vielleicht hatte er im Umgang mit seinem älteren Bruder gelernt, wie man Respektspersonen, die einem an Alter und Größe überlegen sind, mit listiger Freundlichkeit halbwegs zähmt. Unter den CDU-Granden wurde er als loyaler »Kohlianer« betrachtet, hielt die Grundanlage der Kohlschen Politik im großen und ganzen für richtig und hat es auch nie an öffentlich bekundetem Respekt fehlen lassen. Aber schon in der Rheinland-Pfälzer Zeit hatte er von Kohl hinlänglich viele unverdiente, gelegentlich rüpelhafte Kränkungen erfahren, so daß er innerlich eine gewisse Distanz behalten hatte. Natürlich kannte er auch meine eigenen Vorbehalte, aus denen ich in meiner Publizistik und auch im *Gesicht des 20. Jahrhunderts* kein Hehl gemacht hatte.

2005 hatte mich Bernhard Vogel gebeten, bei einem Festakt zum 75. Geburtstag von Helmut Kohl im Deutschen Historischen Museum die Laudatio zu halten.[365]

Dort gab auch Maike Kohl-Richter erstmals einen öffentlichen Auftritt. Sie saß, so machte mich Annemie darauf aufmerksam, in der zweiten Reihe zwischen Kohls Söhnen Walter und Peter. Für Kohl, der fünf Jahre zuvor den Ehrenvorsitz der CDU hatte aufgeben müssen, war als Träger der Feierlichkeiten nur die Konrad-Adenauer-Stiftung in Frage gekommen. Mir gefiel es zwar nicht ganz, als im Fortgang der Planungen so *peu à peu* neben mir immer neue Granden ins Programm mit einbezogen wurden, zwölf waren es schließlich, um ein vielstimmiges Lob auf Kohl anzustimmen. Doch habe auch ich damals auf meine Weise mitgesungen. Schließlich war Kohl eine Persönlichkeit, die europäische Geschichte gemacht hatte, wie immer man auch seine einzelnen Entscheidungen einschätzte. Zudem hatte ich die rundum heuchlerische Eilfertigkeit, mit der sich die CDU bei der Parteispendenaffäre ihres bedrängten Vorsitzenden entledigte, für rundum verächtlich gehalten. Wer die Parteiendemokratie von ihren Anfängen an beobachtet hat oder gar mit beteiligt war, mußte doch wahrlich wissen, wie trickreich und ganz am Rande der Legalität sich alle Parteiführer in Sachen Parteifinanzierung zu verhalten pflegen! Eine gewisse Wiedergutmachung war also geboten, zumal sich die im Jahr 2002 nochmals kräftig gebeutelte Oppositionspartei jetzt erneut aufmachte, Rot-Grün abzulösen. Von der *Welt* hatte ich mich auch zu einem Geburtstagsartikel verlocken lassen unter der Überschrift »Die Inkarnation der Bundesrepublik«[366], und im Jahr zuvor war ich bereit gewesen, Kohls für die Verhältnisse dieses Nichtliteraten ganz ordentlich gewordenen ersten Memoirenband in der *FAZ* launig zu rezensieren – »Der Aufstieg zum Leitwolf«[367].

So kam eines zum anderen, daß es mich nicht besonders erstaunte, als Vogel mich nun mit Nachdruck ins Gebet nahm, ich solle jetzt ernsthaft daran denken, die längst fällige, wissenschaftlich fundierte Biographie über Helmut Kohl zu schreiben. Dabei hatte er sich ein Argument überlegt, das nicht übel war: Für jemanden wie mich müsse es doch ein Reiz und eine große Herausforderung sein, die Biographien der beiden bedeutendsten Bundeskanzler zu schreiben. Dem Gegenargument, ich sei träge geworden und wolle mir in vorgerückten Jahren nicht noch eine weitere, kräftezehrende Biographie aufladen, suchte er mit dem Hinweis zu begegnen, Ranke habe seine besten Bücher im hohen Alter geschrieben. Das traf zwar zu, konnte mich aber nicht stark animieren. Der hochkonservative Ranke war nie so recht mein Vorbild gewesen, außerdem fühlte ich mich überhaupt noch nicht alt. Aber die Idee, sowohl über Adenauer als auch über Kohl eine gewichtige Biographie zu verfassen, blieb wie ein Angelhaken stecken.

Tatsächlich kam Vogel im Jahr 2005 aber erst einmal zu spät, denn ich hatte wenige Monate zuvor mit Ullstein die Biographie über Axel Springer vereinbart. Mir kam das gut zupaß. So konnte ich den ersten Anlauf elegant abwehren und mir selbst Klarheit verschaffen, ob ich der Anregung wirklich folgen wollte. Dagegen sprach nämlich neben meinem Ruhebedürfnis auch der Umstand, daß Helmut Kohl, offen-

Mit Bernhard Vogel im Gespräch

bar auch darin dem bewunderten Adenauer nacheifernd, sich offensichtlich vorgenommen hatte, vier ausgewachsene Memoirenbände zu veröffentlichen. Es wäre doch verrückt, dachte ich mir und habe das Vogel auch gesagt, eine Kohl-Biographie zu publizieren, wenn das Sujet der Biographie zur gleichen Zeit mit eigenen Bücherbergen den Markt verstopft.

Meinem Zögern, bereits jetzt eine umfassende Biographie in Angriff zu nehmen, lag auch eine grundsätzliche Überlegung zugrunde. Die Lebensbahn eines Menschen vollzieht sich nun einmal zwischen Wiege und Sarg. Sollte ein weiser Biograph also nicht das physische Ende abwarten? Beim Blick auf die Biographen im angelsächsischen Raum hatte ich allerdings festgestellt, daß diese ungebremst loslegen, wenn am politischen Tod, sprich: am Ausscheiden aus höchsten Ämtern, kein Zweifel mehr sein kann. Meist sind es historiographisch versierte Journalisten oder professionelle Biographen, die sich der Aufgabe gewachsen zeigen. So hat Lou Cannon einen reich dokumentierten, übrigens ziemlich vernichtenden Zweibänder noch zu Lebzeiten des bereits umdämmerten Präsidenten Reagan geschrieben.[368] John Campbells Biographie über Edward Heath[369] läßt ebenfalls wenig zu wünschen übrig. Die gut recherchierte Blair-Biographie von Anthony Seldon, der nicht einmal das Ende der Jahre in Downing Street 10 abgewartet hatte, machte gleichfalls Mut. Auch in Deutschland hatte Hartmut Soell mit seiner Schmidt-Biographie bewiesen, daß zeitgeschichtlich arbeitende Historiker nicht allzu ängstlich sein sollten.[370] Schmidt hatte zwar nach seiner Abwahl aus dem Amt des Bundeskanzlers hinlänglich unter Beweis gestellt, daß damit nicht notwendigerweise der politische Tod verbunden sein muß. Dennoch war, so dachte ich, die Biographie über einen Altkanzler, der noch mit Interviews auf dem Turf ist und einen letzten Memoirenband in der Mache hat, kein unproblematisches Unterfangen. Wie sich zeigen sollte, hatte ich damit auch recht.

Doch Vogel ließ nicht locker. Als ich ihm im Herbst 2007 gestehen mußte, daß die Springer-Biographie abgeschlossen sei, gab ich meinen Widerstand auf, doch zu Bedingungen, die mir Zeit lassen würden, alles in Ruhe anzugehen. Ich bot an, für das Archiv der Konrad-Adenauer-Stiftung unentgeltlich ein Zeitzeugen-Interview-Projekt durchzuführen. Das war nach der Abwahl Kohls versäumt worden und würde ganz unabhängig von meinen Plänen einer Kohl-Biographie für das Archiv von einigem Wert sein. Die Stiftung sicherte mir zu, ich dürfe die Ergebnisse als erster für eine geplante Biographie auswerten. Daß ich Wert darauf legte, in den Werkvertrag die Formulierung einzubauen, ich würde die Biographie »in voller wissenschaftlicher Unabhängigkeit« verfassen, versteht sich. Das Projekt, so wurde vereinbart, solle »in großen Teilen« im Jahr 2008 durchgeführt werden.[371]

Ich habe mein ursprüngliches Zögern auch deshalb aufgegeben, weil Kohls Leben jetzt sichtlich zu Ende zu gehen schien. Am 23. Februar 2008 hatte er in seinem Haus in Ludwigshafen einen schlimmen Sturz erlitten und lag länger, so hörte man, im Koma. In Bonn machten Gerüchte die Runde, er komme wohl nicht mehr mit dem Leben davon. Für eine große Tageszeitung habe ich damals – streng vertraulich, natürlich! – bereits einen Nachruf geschrieben. Dank einer kräftigen Physis in Verbindung mit bewundernswerter Willenskraft hat Kohl sich dann wieder regeneriert. Nun kam jedoch auch bei mir ein neuer Faktor ins Spiel: Mitleid mit einem Riesen, den ein grausames Schicksal in den Rollstuhl geschleudert und mit quälenden Artikulationsproblemen geschlagen hat. Über einen gefährlichen, weiterhin kampfesfreudigen Helmut Kohl hätte ich viel härter schreiben können, selbst wenn auch in diesem Fall der Respekt vor einem verdienten *Elder Statesman* eine gewisse Zurückhaltung gebietet.

Jetzt galt es, erst einmal Berge von Material zusammenzutragen. So wurde aus einem Jahr, das ich mir eigentlich zum Verschnaufen gedacht hatte, wohl oder übel ein Reisejahr. Zusammen mit Günter Buchstab, dem Leiter des ACDP der Konrad-Adenauer-Stiftung, führte ich in Sankt Augustin, in Berlin oder an den jeweiligen Wohnorten zahlreiche Interviews mit Akteuren durch, die auf dem Lebensweg Kohls von Bedeutung gewesen waren. Von diesen zu einem Teil im Jahr 2008 durchgeführten Interviews ging ein starker Impuls aus, das Projekt einer Biographie nun zügig voranzutreiben. Vielfach waren es pensionierte Politiker, die ich mehr oder weniger gut kannte und die sich jetzt zu detaillierten Gesprächen bereit fanden, die auf Band aufgezeichnet und abgeschrieben wurden. Die operativen Schwierigkeiten solcher Vorhaben waren mir hinlänglich bekannt, und so hatte es vielfach gute Weile, bis mir das autorisierte Interview in Reinschrift vorlag. Doch als es an die Niederschrift der Biographie ging, waren die Interviews endlich zur Hand.

Alles in allem sind diese Gespräche mit den Zeitzeugen sehr ergiebig gewesen. Manche der Interviewten hatten bald vergessen, daß ein Tonband lief, und offenherzig ausgepackt. Andere allerdings legten jene Vorsicht an den Tag, die dem politischen Profi zur zweiten Natur geworden ist. Bernhard Vogel war einer der ersten, der sich zur Verfügung gestellt hat. Ihm verdanke ich einen aufschlußreichen Bericht über die Heidelberger Jahre und die Anfänge mit Kohl in Rheinland-Pfalz. Ein anderer in der Wolle gefärbter CDU-Mann, Peter Molt, der Kohl im Heidelberger Seminar von Dolf Sternberger erlebt und ihn dort gefördert hatte, war gleichfalls hilfreich und verfügte sogar noch über ein Seminarreferat des Nebenfachpolitologen Kohl. Am wichtigsten war Vogels Hinweis, daß Kohl durchgehend in der Traditionslinie der sozial engagierten Zentrumspolitiker stand, also etwas links von der Mitte. Das hat sich bei den weiteren Recherchen durchgehend bestätigt. Vogel sagte mir auch klipp und klar: Erst sei für Kohl die Partei gekommen, dann erst der Staat. Das habe ich in der Biographie etwas unterspielt. Überhaupt habe ich später in meiner Schlußbilanz die Frage ausgespart, wie und in welchen Punkten Kohl die CDU verändert hat. Meine Antwort wäre gewesen: vielleicht zu ihrem kurzfristigen Vorteil, auf lange Sicht aber nicht eben zum Besseren.

Im Durchdruck meines *Follow-up*-Briefs an Vogel finde ich zugleich eine Betrachtung über den Wert entsprechender Zeitzeugen-Interviews, die Erwähnung verdient: »Meine Erfahrung bei verschiedenen Biographien ist die, daß es von Wert ist, wenn man *vor* dem Schwimmfest im Meer der schriftlichen Quellen eine Reihe langer Interviews mit Persönlichkeiten führt, die dem Helden der Biographie sehr nahestanden. Im Fall Adenauers waren dies beispielsweise Blankenhorn, Osterheld, Krone, die Söhne und Töchter, natürlich auch die prächtige Anneliese Poppinga. Später kamen dann die Nachlässe und Deponate, die Sitzungsprotokolle der Gremien, wertvolle, atmosphärisch dichte Briefe der Akteure usw. usw. Bei Springer waren es vor allem Friede Springer und Christian Kracht, mit denen ich begonnen hatte. Für die schwierigen Jahre seit 1970 kam Servatius hinzu mit seinem vorzüglichen Gedächtnis und seinen Dossiers.

Solche Unterredungen, wenn man sich genaue Notizen macht oder, noch viel besser, wenn man sie transkribiert, so daß alles schwarz auf weiß nachzulesen ist, vermitteln wertvolle Fingerzeige, worauf man später beim Durchpflügen der schriftlichen Zeugnisse achten muß. Sie machen selbstverständlich auch Angst. So hat beispielsweise das gestrige Interview, in dem Sie sich so präzis erinnert und das zudem druckreif formuliert haben, wieder einmal mein altes Mißtrauen gegenüber allen Berichten in Memoiren, in Biographien oder in den Berichten von Journalisten geweckt. Jeder Entscheidungsprozeß – doch wem sage ich das! – ist von größter Komplexität. Was wird da alles noch aufzudröseln sein. Zum Glück hat man einige professionelle Routine.«[372]

Einer der erfreulichsten und wichtigsten Interviewpartner war Walther Leisler

Kiep. Wir kannten uns schon bald vierzig Jahre. Wenn auf einen Politiker der Jüngersche Begriff »Desinvolture« zutrifft, dann auf ihn. Kohl hatte ihm von Zeit zu Zeit ziemlich übel mitgespielt, nicht zuletzt bei seinen Prozessen, die er als CDU-Schatzmeister zu bestehen hatte. Doch Leisler Kiep pflegte das sportlich, ohne sichtbares Ressentiment wegzustecken. Zu den Parteispendenaffären hat er allerdings auch mir nur das berichtet, was er vor Staatsanwälten, Richtern und in den Untersuchungsausschüssen ausgesagt hatte. Entscheidend war aber etwas anderes: Er hatte seit den sechziger Jahren Tagebuch geführt (Auszüge waren von ihm bereits veröffentlicht worden), und so stellte er mir nun 44 handgeschriebene, also völlig unverfälschte Kladden zur Verfügung, aus denen sich das Gewirr innerparteilicher Machtkämpfe, die Rolle der wichtigen Akteure und auch die schwankenden Sympathien und Antipathien Kohls seit Mitte der sechziger Jahre schön rekonstruieren ließen.

Zum Europapolitiker Helmut Kohl haben mir Carl Otto Lenz, erst langjähriger MdB, dann Generalanwalt beim EuGH, und Günter Rinsche interessante Details und charakteristische Anekdoten berichtet. Viel Einschlägiges war mir bereits aus früheren Gesprächen mit Karl-Heinz Narjes und mit Europapolitikern im Umfeld von Hans von der Groeben bekannt geworden.

Wie aufschlußreich Interviews mit erklärten innerparteilichen Gegnern sind, hat sich wieder einmal bei Heiner Geißler gezeigt. Das Gespräch dauerte an die 3½ Stunden. Bei drückender Bonner Hitze hat Geißler, auch er nicht mehr der Allerjüngste, sozusagen taufrisch, nur ab und zu einen Schluck Wasser zu sich nehmend, Rede und Antwort gestanden – ein völlig offener Intimgegner Kohls mit gut funktionierendem Gedächtnis, ein Überzeugungstäter auch und zugleich ein Mann von hinreißendem Unterhaltungstalent. Mit meinen eigenen Vorurteilen war er natürlich bestens vertraut und hat listig versucht, mich an diesem oder jenem Punkt in die Ecke zu drängen. In meinem Dankeschön-Brief für das lange Interview, zu dem er sich eigens nach Bonn bemüht hatte, habe ich ihm geschrieben: »Bei meiner Entdeckungsreise durch den Archipel Helmut Kohl haben Sie mir mit dem langen, guten und offenen Gespräch viel geholfen. Bekanntes wurde bestätigt, Unsicheres geklärt, viel Unbekanntes zutage gefördert, Unschönes nicht verschwiegen, Dunkles ausgeleuchtet, Zusammenhänge angedeutet, denen weiter nachzugehen ist: kurz, es war ein Zeitzeugengespräch wie es einem Historiker nicht allzu häufig zuteil wird. Natürlich gilt Nietzsches Feststellung, daß bei Menschen, die letztlich unergründlich sind, alle Wahrheit perspektivisch ist. Aber ich habe gespürt, wie Sie sine ira zu berichten und zu analysieren wußten, zugleich voller Humor, denn ohne souveränen, selbstbewußten Humor wäre weder das Leben erträglich noch die großen Männer.«[373]

Besonders interessiert hat mich das Verhältnis von Kohl zu seinen Kabinettsministern. Volker Rühe kannte ich ganz gut. Er wußte besonders zu der von ihm stark betriebenen Osterweiterung der NATO viel zu berichten. Klaus Kinkel, Nachfolger Genschers im Amt des Außenministers, hat sich temperamentvoll und sehr informativ geäußert, ganz besonders zum Verhältnis Kohls mit Jelzin. Aus ihm war im Lauf der Jahre ganz offensichtlich eine Art Kohl-Fan geworden. Christian Schwarz-Schilling und Heinz Riesenhuber befragte ich vor allem zu Kohls Verständnis von moderner Technologiepolitik, und die beiden konnten auch detailliert darüber berichten, wie unzeremoniell es meist zugegangen ist, wenn Kohl Knall auf Fall entschied, daß sich die Nützlichkeit eines Ministers für ihn erschöpft hatte. Einer der interessantesten Gesprächspartner war Rupert Scholz. Ich kannte ihn schon lange und hatte zwar die Gründe verstehen können, weshalb sich Kohl abrupt von ihm getrennt hatte, ohne sie jedoch zu billigen. Scholz war von völliger Offenheit. Manche seiner Informationen habe ich aus der Darstellung ausgespart, hingegen auf seine Verdienste bei der Entstehung des Zehn-Punkte-Programms aufmerksam gemacht.

In der ersten Interviewrunde des Jahres 2008 hat sich auch Hans Tietmeyer zu einem langen Interview in seinem Haus zu Kronberg im Taunus bereit gefunden. Mit dem Euro hatte er inzwischen, allerdings immer noch etwas skeptisch, seinen Frieden gemacht, wußte aber über Kohls und Waigels diesbezügliche Entscheidungen viel zu berichten. Als Sherpa hat er die G7- bzw. G8-Gipfel vorbereitet und dort den Verhandlungsstil Kohls im Kreis der Großen genau studiert. In Erinnerung daran war er des Lobes voll über Kohls Kunst der Menschenbehandlung. In diesem etwa dreistündigen Gespräch, das noch vor der Euro-Krise stattfand, hat er auf viele der kritischen Punkte aufmerksam gemacht, die dann seit 2010 alle Welt erkennen ließen, welche gravierenden Fehler Kohl bei Akzeptanz und Durchsetzung des Euro zu verantworten hat.

An den Tagen, die in Bonn für Interviews reserviert waren, habe ich mit Hochdruck die im ACDP liegenden Archivalien durchpflügt: die Akten des Kreisverbands Ludwigshafen, die Vorstandsakten der Jungen Union und des Landesverbands Rheinland-Pfalz, die verfügbaren Fraktionsakten der CDU Rheinland-Pfalz und die entsprechende Parteikorrespondenz Helmut Kohls. Auf die Schwerpunkte bezogen, habe ich die Präsidiumsarchivalien und teilweise auch die operativen Bestände der Jahre 1973 bis 1989 durchgesehen: Parteireform, das Ringen mit Franz Josef Strauß, Wahlkämpfe, Umfragen. Im Jahr 2010 habe ich mir dann die archivalischen Quellen für das folgende Jahrzehnt vorgenommen. Erfahrungsgemäß ist es bis in die letzten Wochen vor Druckfreigabe immer wieder erforderlich, einen oder zwei Tage ins Archiv und zur Pressedokumentation zu fahren, um neu aufgetauchte Informationen zu überprüfen.

In den Anfängen der Recherche hat mir Nino Galetti geholfen, einer meiner begabtesten Doktoranden, der längere Zeit im Büro von Brigitte Baumeister, danach im Vorstandsbüro der KAS tätig war. Dieser bestens informierte Beobachter der zeitgeschichtlichen Entwicklungen in der Ära Kohl, Verfasser einer aufschlußreichen Dissertation zur Planungs- und Baugeschichte des Bundestags erst in Bonn, dann in

Berlin, die später vom Deutschen Bundestag preisgekrönt wurde,[374] hat mir sechs oder sieben Leitz-Ordner voll umfassender Darstellungen und kritischer Würdigungen Helmut Kohls in der Presse zusammengestellt, beginnend in den frühen Pfälzer Jahren bis zur Gegenwart, dazu Korrespondentenberichte über Kohls zahllose Auslandsreisen.

Niemand weiß so genau Bescheid über die Entwicklung eines Spitzenpolitikers wie die Hauptstadtkorrespondenten oder die Chefredakteure, die einen Parteivorsitzenden und Kanzler sozusagen Tag für Tag mit überscharfen Ferngläsern observieren. Je nach politischer Präferenz sind die Objektive getönt. Doch trotz eines unvermeidlichen Bias der Bewertung tut der Historiker gut daran, diese Beobachtungen vergleichend und über einen langen Zeitraum hinweg gründlich zu studieren. Ich selbst bin periodisch ins Zeitungsarchiv der KAS gestiegen, um unterschiedlichste Vorgänge gezielt zu recherchieren, oder habe die von kundigen Archivaren digitalisierten Jahrgänge des Archivs durchgesehen. Jede Biographie, die nicht auch die überreichlich vorhandenen Pressequellen auswertet, ist defizitär.

Besuch bei Helmut Kohl

Zu meinem Erstaunen hat sich jetzt unerwartet Helmut Kohl am Telefon gemeldet, ausgesprochen freundlich annonciert durch seine Frau. Er hatte die Monate im Krankenhaus und in der Reha offensichtlich überstanden. Bernhard Vogel hatte ihn wissen lassen, ich wolle mich nun ernsthaft an seine Biographie machen, und so lud er mich ein, ihn in Ludwigshafen zu besuchen. Ich nahm den Zug, wurde in Mannheim von der Fahrbereitschaft abgeholt und über die Hochbrücken, Autobahnkreuze und zuletzt durch die etwas piefig wirkenden Sträßchen von Oggersheim zu dem massigen, wie eine Festung daliegenden Bungalow in der Marbacher Straße 11 gefahren.

Die Begrüßung war freundlich, Anblick und Artikulation Kohls jedoch gewöhnungsbedürftig – der Riese im Rollstuhl war nur mühevoll in der Lage, seine Gedanken in gut vernehmliche Sätze zu bringen. Auf der Kaffeetafel im Eßzimmer mit Blick auf den Garten stand ein selbstgemachter Kuchen. Die Räume waren düster. Die Sessel und eine Couch des im Dunkeln liegenden Salons im Hintergrund waren mit Tüchern abgedeckt. Nach dem ersten Small talk sagte Frau Kohl-Richter, ich wisse ja wohl, daß auch der Berliner Historiker Henning Köhler an einer Biographie arbeite. Davon hatte ich auch schon gehört und sagte nur, jeder Biograph nähere sich schließlich mit anderen Vorstellungen und Begabungen seinem Sujet. Ich sei mir sicher, daß über Helmut Kohl noch manche Biographie verfaßt werde. Offenbar diente die Zusammenkunft in erster Linie dem Beschnuppern. Ein Teil der Unterredung drehte sich um die Erkrankung, den Reha-Aufenthalt und die logopädischen Übungen, denen sich Kohl dem Vernehmen nach mit großer Energie unterzog. Er stellte in Aussicht, im kommenden Frühjahr so weit hergestellt zu sein, daß er mir bei einer Autofahrt die Pfalz zeigen könne. War das eine Bekundung von Sympathie oder ein versteckter Hinweis auf meine bislang vorhandene Unkenntnis der Region, ohne die Kohl nicht zu verstehen ist? Ich selbst erzählte den beiden von den laufenden Zeitzeugen-Interviews sowie den sonst vorgesehenen Recherchen. Als ich antippte, er habe nach Ausweis seiner Erinnerungen die Dolmetscherprotokolle aus der Kanzlerzeit eingesehen, stellte er fest, die habe er nach der Auswertung wieder ans Bundeskanzleramt zurückgegeben. Ich sagte dann, mir liege vor allem an weiteren Informationen über die Jugend und die frühen Jahre bis zum Eintritt in den Mainzer Landtag. Darauf wurde mir zur Antwort gegeben, ich möge doch meine entsprechenden Fragen zuvor skizzieren. Gegenwärtig, so erfuhr ich von Frau Kohl-Richter, sei das Archiv im Kellergeschoß noch ungeordnet. Vordringlich waren allem Anschein nach umfassende Umbauten: Einbau eines Aufzugs von den Kellerräumen bis zum 1. Stock, Neudekoration des Parterres und Herrichtung eines bequemen Arbeitszimmers für Helmut Kohl. Nach etwas mehr als einer Stunde Gespräch registrierte ich bei Kohl deutliche Anzeichen von Ermüdung.

Der Eindruck, den ich auf der Rückreise resümierte: Helmut Kohl würde mir in seinem Gesundheitszustand keine aktive Unterstützung bei der Klärung noch offener Fragen leisten können. Die ganze Last der Außenkontakte zusammen mit der Organisation der Pflege lag auf den Schultern seiner Frau, Maike Kohl-Richter.

Für meine Arbeit an der Biographie hieß das wohl: Kohl registriert zwar meine Interviews bei Persönlichkeiten aus dem einstigen Hofstaat mit Wohlwollen, so daß momentan keine Querschüsse zu erwarten sind. Zu der Biographie kann er selbst aber kaum mehr viel beitragen. Was im Privatarchiv liegt, ist unklar. Umständehalber wird auf absehbare Zeit nicht damit zu rechnen sein, daß es geordnet und systematisch ausgewertet werden kann. Möglicherweise wird seine Frau nach Durchführung der schwierigen Umbauten im Haus und nach Ordnung des Archivs dieses oder jenes Dokument auffinden und vielleicht zur Verfügung stellen. Auf systematische, intensive Befragungen oder auf intensive Diskussionen über Vorgänge oder Personen ist jedoch nicht mehr zu hoffen.

Wohl oder übel mußte somit meine Biographie aus dem Parteiarchiv der CDU, aus amtlichen Archiven, aus Privatarchiven im Eigentum Dritter und aus dem bereits verfügbaren Meer offener Quellen geschöpft werden. Soviel zu den Beobachtungen und Schlußfolgerungen bei diesem denkwürdigen Besuch.

Im Krisenherbst 2008

Ich war am 28. Oktober 2008 nach Ludwigshafen gefahren. Denkwürdig war, daß bei dem Altkanzler von der Finanzkrise überhaupt keine Rede war, die damals die westlichen Industriegesellschaften an den Rand des Abgrunds gestoßen hatte. Seit Mitte September taumelten die Großbanken in der Wall Street, am 6. Oktober hatten Merkel und Steinbrück bei dem nachmals berühmten Fernsehauftritt eine Garantieerklärung für die Spareinlagen gegeben. Krisensitzung folgte auf Krisensitzung. Doch Helmut Kohl, um den sich in solchen Fällen einst alles gedreht hatte, saß immobilisiert im Rollstuhl und war nunmehr wohl oder übel ausschließlich auf die Organisation seiner Rekonvaleszenz fixiert. Wieweit er überhaupt die Details des Krisengeschehens genau zu verfolgen in der Lage war, weiß ich nicht.

Anders als in den Krisenjahren 2002 bis 2005 hatte auch ich es aufgegeben, die laufenden Vorgänge publizistisch zu analysieren. Ich wäre dafür fachlich nicht qualifiziert gewesen, hatte mich aber auch entschieden, vorerst ausschließlich als Historiker zu arbeiten. Dem Politologen in mir machte es zwar weiterhin Spaß, die Manöver der angeschlagenen Staatsschiffe und das Treiben auf den Kommandobrücken zu beobachten (gelernt ist gelernt, sagte ich mir manchmal). Beim Blick auf meine politischen Freunde in Berlin fiel mir die Zustimmung schwer, von Begeisterung ganz zu schweigen.

Wohin das Krisenmanagement der Regierung Merkel in den Stürmen der Finanzkrise im Frühherbst und Spätherbst führen würde, war nicht absehbar. Darin unterschied ich mich aber wahrscheinlich nicht von den großen Staatsschauspielern, die von der Entwicklung völlig überrascht worden sind. Es wäre zuviel gesagt, ich hätte die Bankenkrise kommen sehen. Gespürt hatte ich aber schon, was sich in den USA zusammenbraute, und das auch deutlich artikuliert. Das Amerika-Kapitel meiner Studie *Republik ohne Kompaß* aus dem Jahr 2005 war betitelt: »Wie gefährlich ist Amerika?«, und dort hatte ich geschrieben: »Eine der Hauptgefahren der machtpolitischen Asymmetrie zwischen der Supermacht USA und dem Rest der Welt liegt gegenwärtig viel eher in der wirtschaftlichen Dimension als in der militärischen. Überblickt man das kritische Schrifttum zur jüngsten Phase amerikanischer Weltmachtillusion, so geben jene Warner am meisten zu denken, die die ökonomische Labilität Amerikas thematisieren.«[375] In diesem Zusammenhang wies ich auf die beispiellose Verschuldung der USA hin, auch auf das strukturelle Leistungsbilanzdefizit. Überrascht war ich deshalb nicht, als in der Wall Street die Decke herunterkam.

In manchem erinnerte mich die urplötzlich hereinbrechende Krise an den Ölschock der Jahre 1973/74, und ich erwartete eine vergleichbare Krisenstrategie. »Wie wird es weitergehen?«, habe ich in einem Brief von Anfang November formuliert. Meine Prognose war durchaus zutreffend: »Das wahrscheinlichste Szenario ist eine Entwicklung wie in den siebziger und frühen achtziger Jahren seit der Ölkrise:

ein längerer Wirtschaftsabschwung. Schmidt hat die damals noch wenig verschuldete Bundesrepublik mit deficit spending über die Runden gebracht. Kohl hat das in Zeiten des Aufschwungs leider nicht hinlänglich abgebremst, genauso wenig die Regierung Schröder, so daß der Spielraum, den Abschwung durch Verschuldung abzufedern, begrenzt ist. Versuchen wird man's wieder mit deficit spending, doch kein europäisches Land kann dabei große Sprünge machen. Eine Hoffnung besteht darin, daß inzwischen im Fernen Osten (China, Indien) Wachstumsregionen erwachsen sind. Vielleicht werden wir nicht mehr so ausschließlich wie früher von der amerikanischen Konjunktur abhängen.«

Allzu aufgeregt war ich jedoch nicht. Die globale Unübersichtlichkeit dieser Krisenmonate wurde von den Freuden der Privatheit aufgehellt: »Wir selbst haben«, wußte ich zu berichten, »in diesem ansonsten ziemlich arbeitsreichen Jahr nur zweimal die berühmten Schwarzsehen Kurzurlaube gemacht. Einmal fünf sonnige Tage (der hiesige Sommer war nur so lala, immer wieder verregnet) am Vierwaldstätter See – eine alte Liebe. Von einem hübschen Fischlokal in Küßnacht ging's in alle Richtungen: hoch zum Rigi, nach Vitznau, nach Luzern, Hohle Gasse, Zuger See (auf seiner Ostseite einer der unberührtesten Schweizer Seen). Und dann haben wir es vor drei Wochen nochmals acht Tage gepackt, nach Südtirol, auf den Ritten, 1200 Meter hoch über Bozen. Von Schwindel nicht ganz frei, wie ich nun einmal bin, waren zwar die steilen Bergkehren rauf und runter etwas schweißtreibend. Doch das Hochplateau bzw. der Ritten selbst mit weitem Blick, zahllosen Spazierrouten, artigen Dörfchen und zumeist gepflegten Gasthäusern war ein echtes Erlebnis. An Leib und Seele gestärkt sind wir zurückgekommen und seither läuft wieder der Betrieb …« Wie ersichtlich, hat mich die globale Finanzkrise nicht in tiefste Depressionen gestürzt.

Ein Jahr drauf habe ich den lieben Kollegen von der Deutschen Gesellschaft für Politikwissenschaft (DGfP) bei der herbstlichen Jahrestagung in Tutzing die politökonomischen Aspekte des Vorgangs vor Augen geführt. Die globale Finanzkrise hatte eine stürmische Diskussion über die Regulierung des Turbokapitalismus durch den Staat ausgelöst. Das Gesamtthema »Renaissance des Staates?« war somit richtig gewählt. Der Fragenkomplex »Erosion des Staates« beschäftigte mich schon lange,[376] und so war dies ein erwünschter Anlaß, über die Rolle der modernen Demokratie in der globalisierten Welt nachzudenken. Ich wählte den Titel »Der Staat im Notfall«. Meine Conclusio für die Bundesrepublik lautete: Der Staat wurstle sich durch, erlebe zwar keine Renaissance, bleibe aber im Notfall alternativlos. »Wer sonst, wenn nicht ihr demokratischer Staat, kann den besorgten Staatsbürgern Zutrauen und Zukunftsoptimismus einflößen? Es wäre somit geboten, seine recht eingeschränkte Handlungsfähigkeit und das angeknackste Selbstbewußtsein seiner politischen Klasse eher zu stärken, als ihn durch periodische Souveränitätsabgabe zu schwächen.«[377]

Große Illusionen habe ich mir nicht gemacht. Thomas Kielinger, der weiter für *Die Welt* in London auf Posten war, bekam Anfang Dezember zu hören: »Würde ich einmal eine Geschichte Deutschlands von Bismarck bis Merkel zu schreiben haben, dann auch als eine Studie zum Abstieg eines stolzen, kulturell und wissenschaftlich, militärisch und zivilisatorisch führenden, wenngleich politisch recht unklugen, auch unglücklichen Volkes in ein postheroisches, nachbürgerliches und sozialdemokratisches Zeitalter.«[378]

Fünfundsiebzig und kein bißchen weise

Schon war der Zeiger der Lebensuhr wiederum ein halbes Jahrzehnt vorgerückt. Am 13. Mai 2009 war mein 75. Geburtstag. Wer gescheit ist, lehnt sich freudig zurück und feiert im Kreis der Familie. Letzteres taten wir auch, und es war unvergeßlich. Doch kein Gedanke an »sich freudig zurücklehnen«. 2009 wurde zu einem der schlimmeren Jahre: zerrissen zwischen den *Deadlines* für die Abgabe von Manuskripten, zerstückt durch Verpflichtungen zu Vorträgen und Auftritten, und über allem der drohende Schatten einer Kanzlerbiographie, für die ich ruhelos recherchierte und sogar mit dem Verlag einen halsbrecherischen Erscheinungstermin vereinbarte. Über ein derartiges Jahr kann man nur die Überschrift setzen: 75 und kein bißchen weise. Ich erspare es mir, den Beweis für diese betrübliche Beobachtung detailliert zu erbringen, und skizziere nur die Anfänge und den Abschluß dieser ziemlich verrückten Monate.

Das Jahr beginnt wie im Märchen. Zwischen Weihnacht und Neujahr sind wir wieder einmal nach Paris gefahren. Kaum angekommen, war ich – ein langgehegter Wunsch – mit Régis, Alexandre und Bianca in die Normandie gefahren, nach dem berühmten Étretat. Diese drei Tage würden ein eigenes Kapitel verdienen: mildes, sonniges Klima wie im Spätherbst … Allüberall Fischlokale, in denen wir uns an Fischsuppen, Austern, Krebsen und Krabben laben … Lange Spaziergänge auf die von vielen Dichtern besungenen Klippen und die Strände entlang, Shopping in niedlichen Geschäften, alle vollgestopft mit maritimen Preziosen … Wissender Blick auf die in die hohen Klippen eingebauten, titanischen deutschen Geschützstellungen, mit denen die Invasion abgewehrt werden sollte und die nach dem Krieg nicht gesprengt werden konnten, sonst wäre auch das Städtchen zerstört worden … Beschauliche Abende und erquickender Schlaf im »Hôtel d'Angleterre«, das noch den Charme der »Welt von gestern« bewahrt hatte … Lange Fahrten entlang der Steilhänge, in den Apfelplantagen, durch die normannischen Dörfchen und über die großartige Brücke der Normandie … Bei der Rückkehr ist schon alles für Silvester vorbereitet, und so stoßen wir hoch in der Rue Cimarosa 14, den in allen Farben sprühenden Eifelturm vor uns, auf ein glückliches 2009 an.

Neben vielem anderem war in diesen Wochen Bonn angesagt. Die Bundesrepublik befand sich 2009 wieder einmal in einem Jahr der Geburtstagsfeiern, auch mein einstiges Seminar für Politische Wissenschaft. Karl Dietrich Bracher hatte am 1. Januar 1959 den dortigen Lehrstuhl eingeweiht, Grund genug, dieses fünfzigjährige Jubiläum kräftig zu feiern. Zum Glück blieb mir ein eigener Festvortrag erspart, und so konnte ich mich zusammen mit Annemie entspannt am Zusammensein mit den Kollegen und einstigen Studenten erfreuen. Der ertragreichen Festschrift[379] steuerte ich meinen Aufsatz »Bestandsaufnahme in Deutschland« in der *Welt* vom 28. Februar 1990 bei.[380]

Zu den erwähnenswerten Anfängen gehört auch ein Termin vom 13. Februar. Wie schon kurz erwähnt, hatten sich die Beziehungen mit meinem langjährigen Verlag DVA nach längerer Unterbrechung wieder günstig entwickelt. Mittelfristig hatte sich die Fusion von DVA/Siedler unter dem Dach von Bertelsmann doch als Glücksfall erwiesen. Mit Thomas Rathnow, dem Leiter der Verlagsgruppe Random House, und Tobias Winstel, dem Programmleiter für Siedler, bald auch für Pantheon, war frischer Wind in den Laden gekommen. Besonders glücklich war die Entscheidung, das zeitgeschichtliche und politische Programm von DVA und Siedler durch Pantheon zu verstärken. Technisch war Pantheon eine qualitativ hochwertige Fortentwicklung des inzwischen veralteten Konzepts der Taschenbuchreihen – formschön und dauerhaft, aber doch wesentlich preiswerter als Hardcoverbände.

DVA hatte im Jahr 2004 meine *Anmerkungen zu Adenauer* herausgebracht, 2006 das Politthriller-Buch *Phantastische Wirklichkeit* und im Frühjahr 2007 eine Neuauflage der *Anmerkungen zu Adenauer* bei Pantheon. Mein Angebot, den Sammelband *Die Fraktion als Machtfaktor* als Erstauflage bei Pantheon erscheinen zu lassen, war gleichfalls auf fruchtbaren Boden gefallen. Das neue Management hatte sich auch zu einem Relaunch des *Gesichts des Jahrhunderts* bereit gefunden. Wir hatten uns auf den Titel *Das Gesicht des 20. Jahrhunderts* geeinigt, und ich versprach, das Buch mit einem *Aprèslude*[381] über einige der seither aufgetretenen politischen Größen zu bereichern (das Monster Bin Laden, tüchtige oder weniger tüchtige Mediokritäten, leider keine Retter). Der Neudruck erschien im September 2010.

Nachdem ich mich zögernd für die Arbeit an einer Kohl-Biographie erwärmt hatte, sprach auch viel dafür, dies nochmals beim bewährten Verlag zu versuchen. Die DVA war sozusagen der Kanzlerverlag. Meine eigene Adenauer-Biographie, gefolgt von anspruchsvollen Biographien anderer Autoren über Ludwig Erhard, Kurt Georg Kiesinger, Willy Brandt und Helmut Schmidt waren dort erschienen. Zudem hatte die Verlagsgruppe ihren Sitz in München, was die Arbeiten erleichtern würde.

So gelangten wir rasch zu einer Verständigung. Abergläubisch, wie ich manchmal bin, unterschrieb ich den Vertrag an meinem Geburtstag, dem 13. Mai 2009. Als Erscheinungstermin war der Buchmesseherbst 2012 vorgesehen. Dringend hatte ich darum gebeten, das Vorhaben bis zur offiziellen Ankündigung im Verlagsprospekt streng vertraulich zu behandeln. Ich wollte keine schlafenden Hunde wecken, war mir aber auch noch nicht sicher, ob die schwere Aufgabe wirklich in so vergleichsweise kurzer Zeit bewältigt werden konnte.

Auch vom 75. Geburtstag, den wir rein familiär begangen haben, nur soviel. »In leicht vorgerückten Jahren«, schrieb ich an einen der vielen Gratulanten, »soll man ja kein großes Aufheben mehr vom Wachstum der Jahresringe machen. So haben wir das Fest im engsten Familienkreis gefeiert: Annemie, die Kinder und Enkel, die in guter Haltung in einem anständigen Restaurant hoch über dem Starnberger See angetreten waren, um den Patriarchen zu ehren. Das war fast noch schöner als die bisher üblichen Rheinfahrten. Wir fühlen uns hier im Fünfseenland mit Salzburg, Zürich und dem Bodensee in Reichweite und 25 Minuten vom Marienplatz entfernt doch sehr zu Hause, was man bei solchen Gelegenheiten erfreut registriert.«[382]

Für alle, die Glückwünsche übersandt hatten, draftete ich ein kleines Gedicht, das noch Raum ließ für persönlich abgestimmte Zusätze:

1 000 Dank

Von allen schönen Geburtstagen
Will mir der letzte besonders behagen.
Mit 75 ist doch manches vollbracht
Und auch Neues schon auf den Weg gebracht.

Der Politzirkus macht weiter Vergnügen:
Artisten, die durch die Manege fliegen,
Die Saltos der großen Herren und Damen,
Die gut einstudierten Psychodramen …

Momentan aber ist meine größte Freude,
Daß so viele hochgeschätzte Leute
Mir postalisch oder via E-Mail verkünden,
Daß sie den Schwarz ganz prima finden.

Das hat mir ganz über die Maßen gefallen.
Ich danke herzlichst Ihnen allen,
Grüße schönstens zurück und versichere Sie
Meiner immerwährenden Sympathie.

Der Geburtstag fiel bereits in die Vorwahlkampfzeit. Mit öffentlichen Äußerungen hielt ich mich zurück. Erst etwas zögerlich, dann aber doch vergnügt, hatte ich mich von der guten Hildegard Hamm-Brücher und ihrem getreuen Schildknappen Norbert Schreiber, einem erfreulich klarblickenden hessischen Hörfunkjournalisten, für ein gutes Honorar breitschlagen lassen, einem der vielen Bände zum 60. Staatsjubiläum einen Essay beizusteuern mit dem Titel »Gruppenbild mit Dame, oder: Die Kanzler der Republik«[383]. Es ist mein bislang einziges vergleichendes Kanzlerporträt geworden. Ich habe in diesem schön gestalteten Buch, wie sich das gehört, mit Pfeffer und Salz gearbeitet, hätte es aber für ungerecht gehalten, Angela Merkel groß zu kritisieren. Sie hatte die vier Jahre der Großen Koalition besser als erwartet über die Bühne gebracht, ihre großen Fehler in der zweiten und dritten Amtszeit lagen noch vor ihr. Fairerweise ließ sich nur sagen: »wait and see«.

Es folgte Vortragsverpflichtung auf Vortragsverpflichtung. Alle größeren Tagungen, zu denen von mir Vorträge erwartet wurden, fielen in den November. Der Martinstag ließ grüßen. Es war wieder einmal ein sehr reichhaltiges Jubiläumsjahr gewesen, vollgestopft wie eine Mastgans.

Inzwischen hatte ich auch Helmut Kohl wiedergesehen. Ende Oktober wurde in Berlin erneut an der Gedenkjahrstrommel gedreht: 20 Jahre Mauerfall. George Bush senior und Gorbatschow wurden eingeflogen. Der Altbundeskanzler war nun soweit wiederhergestellt, daß er sich zusammen mit den beiden einstigen Chefs der Weltmächte den Schwärmen von Pressephotographen zeigen konnte, wenngleich immer im Rollstuhl. Die hohe Politik in Gestalt der Kanzlerin spielte mit, das Haus Springer in Gestalt des getreuen Kanzlerfreunds Kai Dieckmann war involviert, und die Konrad-Adenauer-Stiftung veranstaltete im Friedrichspalast ein Symposion, bei dem Kohl kurz das Wort nahm. Ich bewunderte die ungeheure Willenskraft, mit der er seinen Beitrag formulierte, doch für alle, die ihn früher erlebt hatten, war es eine ungewohnte Veranstaltung.

Was ich empfand, habe ich kurz danach in einem Brief formuliert: »Dieser Mann, der zuvor alle mit seiner physischen und psychischen Vitalität erdrückte«, hat immer noch ein Elefantengedächtnis – um so quälender für ihn, daß er Mühe hat, sich mitzuteilen. »Seine neue Frau, so mein Eindruck, bewährt sich bewundernswert. … Ich habe ihn unlängst bei den Berliner Festivitäten wieder getroffen, als das Haus Springer auf der 18. Etage abends für Kohl, Bush und Gorbatschow ein auch für einen Historiker wie mich denkwürdiges Diner gab. Kohl war viel besser drauf als ein Jahr zuvor, hat sogar einen spontanen Toast ziemlich gut über die Rampe gekriegt, und seine Frau hat den Abend mit einer gewissen Desinvolture gemeistert. Auch der Sohn Peter war dabei.«[384]

So glitt ich im Jahr 2009 sozusagen von Gedenktag zu Gedenktag auf die Arbeiten an der Kohl-Biographie zu. Thomas Kielinger teilte ich in dem eben erwähnten Brief vom Nikolaustag mit: »In ein paar Wochen müsste ich die Quellen für die Kohl-Biographie zusammenhaben, dann mal sehen, wie ich das Leben dieses zwischen Unruhe und einer gewissen Behäbigkeit hin- und hergerissenen Schwergewichtsathleten erfasse und verständlich mache, der in einer fast unsteuerbaren Gesellschaft auf der Kommandobrücke der CDU 16 Jahre lang die Führerdemokratie praktiziert hat und der heute immer noch tapfer, mit der ihm eigenen Zähigkeit gegen den naufrage de l'âge ankämpft.«[385] Das klang ganz fröhlich. Doch dem geschätzten Mitarbeiter aus den Bonner Tagen Christoph Rothkegel, jetzt in Bad

Reichenhall, der mich für Januar 2010 zu einer Veranstaltung verpflichten wollte, schrieb ich ab und fügte etwas besorgt hinzu: »Ohnehin haben verschiedenste Leute, so auch der Verlag, mich in den vergangenen Tagen kräftig am Ohr gezogen, die Biographie über H. K. möglichst bald vorzulegen. Ich muß also im kommenden Jahr völlig abstinent leben und wie stets, wenn ich an einem Buch arbeite, Tag für Tag ohne Ablenkung im Januar noch in den Archiven und dann von morgens acht bis abends zehn wieder am Schreibtisch sitzen … 2010 wird ein schlimmes Jahr!«[386]

Die Kohl-Biographie nimmt Gestalt an

In den Ländern Europas sind die Frondienste in Gestalt von Fuhren, harter Arbeit oder Nachtwachen zwar längst abgeschafft. Doch wer in den Dokumentengebirgen, in den ausgedehnten Urwäldern von Zeitungsberichten und Fernsehmitschnitten oder durchs Gestrüpp zahlloser Interviews über ein nicht enden wollendes Kanzlerleben sozusagen feste Wege, Saumpfade oder Knüppeldämme bauen und Brücken sowie Aussichtsplattformen errichten möchte, fühlt sich wie ein geschundener Bauer in den Jahrhunderten des Feudalismus. Zum Paradox einer schriftstellerischen Tätigkeit gehört es freilich auch, daß Täter und Opfer, der Feudalherr und der fronende Bauer, dieselbe Person sind.

Wie eine Oper nach einer Ouvertüre verlangt, bedarf eine Biographie des Prologs, in dem die Leitmotive erklingen. Die erste Fassung des Prologs zur Kohl-Biographie habe ich schon an zwei ruhigen Herbsttagen inmitten des Umtriebs von Aufsätzen, Vortragsreisen und Interviewreisen im Jahr 2009 verfaßt, genauer gesagt: am 15. Oktober 2009.

Lange schon hatte ich darüber nachgedacht, wie bestimmte Leitmotive eines langen Lebenslaufs visualisiert werden könnten, der sich über mehr als acht Jahrzehnte erstreckt. Plötzlich kam die Idee: Beleuchte im Prolog den Abschied Kohls vor dem Speyrer Dom am 17. Oktober 1998 und porträtiere ihn zugleich als Riesen! Versuche deutlich zu machen, wie diese gewaltige, eben abgewählte Gestalt im Schatten des Kaiserdoms zu Speyer seine Laufbahn begonnen hat und wie sie vor diesem Monument genau in dem Moment zu Ende geht, als der Riese fest daran glaubt, seine innerste Idee eines europäischen Deutschland »unumkehrbar« verwirklicht zu haben! Deute somit zugleich an, daß der Speyrer Kaiserdom ein Denkmal der Größe, doch auch eine Grabstätte ist, hochgetürmte Geste des Ruhms, zugleich jedoch restaurierte Illusionsarchitektur im Stil des 19. Jahrhunderts, die eine deutliche Sprache von der Vergänglichkeit aller geschichtlichen Leistung spricht! Erinnere in diesem majestätischen Prolog auch mit ein paar Sätzen daran, welche Prüfungen nach Verlust der höchsten Ämter auf diesen Riesen warten: das Requiem für seine in den Freitod geflüchtete Frau dort im Speyrer Dom und nur wenige Meilen entfernt im heimischen Ludwigshafen der Schiffbruch des eigenen Alters! Und vergiß nicht, schon hier ein Psychogramm dieser Gestalt zu skizzieren! »Auch Riesen verschont das Schicksal nicht«, habe ich hier noch vor Beginn der Niederschrift angemerkt, »sie gelten ohnehin nicht als Gestalten, die das fröhliche Glücklichsein verkörpern. Wer den Riesen beim Großen Zapfenstreich in Speyer genau betrachtet, sieht in eine Gesichtslandschaft, in der Sorgen, Zweifel, Anstrengung und Argwohn tiefe Spuren hinterlassen haben, und keineswegs in das friedliche Antlitz eines Menschen, der mit sich und der Welt im reinen ist.«[387]

Es ist nie verkehrt, wenn man die Karriere einer politischen Größe als ein fast unendliches Drama komponiert. Dabei dürfen jedoch die komödiantischen Aspekte nicht übersehen werden. Wer wollte bestreiten, daß die Theateraufführungen, mit denen uns die höchsten Amtsträger erheitern, gelegentlich oder durchgehend auch als Komödie aufgefaßt werden können, selbst wenn die großen Herren und Damen darin eine Majestätsbeleidigung verstehen. In vielen Fällen jedoch, und Helmut Kohl ist ein Paradebeispiel dafür, endet eine stolze Laufbahn auch als Tragödie. Dramatisches Auf und Ab, Komödienstoff und Tragik sind in seiner Biographie untrennbar zusammengemischt. Die Komposition und der Sprachstil müssen dem Rechnung tragen.

So meine Überlegungen zur Gesamtanlage der Biographie. Anfänglich wollte ich die DVA überreden, dem Buch den Haupttitel »Der Riese« zu geben, bin dabei aber auf den Widerstand der Verlagsprofis gestoßen. Ich habe mich dem gebeugt, denn es war in der Tat ausreichend, dies auf dem Cover und dann nochmals im Prolog zu visualisieren. Jedenfalls war die Porträtskizze des Prologs schon fertig, bevor ich mich daranmachte, den Aufstieg, die Triumphe und den Absturz dieser politischen Zentralgestalt vor dem breit entrollten Panorama einer ganzen Epoche zu schildern.

Noch waren die Recherchen nicht zum Ende gelangt, da entschied ich mich Anfang 2010 dafür, endlich ernsthaft zu beginnen. Soll aus einer riesigen Stoffmasse eine lesbare Darstellung werden, dann muß ich in eine Art Schreibrausch geraten, um die nagende Angst vor dem riesigen Berg von Quellen zu überwinden. Liegt die erste Fassung erst einmal vor, dann erlaubt es der Computer, Lücken rasch zu schließen, neue Funde einzubauen und fehlerhafte, schiefe, überzogene oder überflüssige Darstellungen zu eliminieren. Zwingend ist es allerdings, jedes Zitat, jede Zahl, überhaupt alles, was später nochmals überprüft werden muß, schon in der Erstfassung mit einer präzisen Fußnote zu belegen. Auch in dieser Hinsicht hat der Computer gegenüber dem Schreibmaschinenzeitalter eine große Erleichterung gebracht.

So habe ich am 16. Januar das Kapitel »Der Pfälzer« angepackt. Das schwierige Städteporträt über Ludwigshafen, das den Auftakt bilden sollte, mußte noch reifen. Am 2. Februar war ich bereits bis zum Kapitel »Der Kurfürst von Mainz« gediehen. Mitte März waren die frühen siebziger Jahre erreicht, am 1. April das »Fingerhakeln mit Franz Josef Strauß«. Mitte August konnte ich zum ersten Mal aufatmen: Das Jahr 1982 mit der Abwahl Helmut Schmidts und der Wahl Helmut Kohls zum Bundeskanzler war erreicht. Als ich seinerzeit die Adenauer-Biographie zu Papier brachte, hatte ich für die Niederschrift eines einzelnen Bandes an die zehn Monate gebraucht. Für die fast genauso umfangreiche Kohl-Biographie mußten also wohl 20 Monate veranschlagt werden. Im Verlagsvertrag war für das Erscheinen der Biographie die Buchmesse 2012 vorgesehen. Dies erforderte die Fertigstellung des Manuskripts im Herbst 2011. Wie sich zeigte, ist diese Berechnung aufgegangen.

Anders als bei der Adenauer-Biographie schien es mir aber diesmal geboten, die globalen, die wirtschaftlichen und die sozialgeschichtlichen Rahmenbedingungen gesondert zu behandeln. Der bewunderte Golo Mann hatte einstmals in seine *Deutsche Geschichte im 19. und 20. Jahrhundert* zusammenfassende »Betrachtungen« eingestreut, mit denen er den Fluß der Darstellung unterbrach, um die Vorgänge reflektierend zu verarbeiten. Joachim Fest hatte das in seiner Hitler-Biographie aufgegriffen. Um auszuprobieren, ob diese Idee tragfähig war, habe ich im Juli 2010, als die Arbeiten zu den späten siebziger Jahren in vollem Gang waren, zwei Wochen pausiert, um eine erste Betrachtung mit der Überschrift »Die kurzen achtziger Jahre« zu formulieren. Das Ergebnis dieses Experiments gefiel mir so gut, daß ich beschloß, die einzelnen Teile der Biographie jeweils in eine »Betrachtung« einmünden zu lassen, obschon das die Arbeitslast und auch den Umfang des Manuskripts vergrößern würde.

Inzwischen war ich mir auch über die Gliederung endlich klargeworden. Diese bot sich beim Blick auf den Verlauf der Kohlschen Karriere geradezu an: I. Aufbruch (1930–1959), II. Der Herausforderer (1959–1982), III. Ein mittelmäßiger Bundeskanzler? (1982–1989), IV. Kanzler der Einheit (1989–1990), V. Der Architekt des neuen Europa (1991–1998), VI. Das Ende des Glückskindes (1999 bis zur Gegenwart im Jahr 2011 oder 2012). Am Ende jedes Teils sollte eine Betrachtung stehen, deren Funktion im Gesamtwerk ich schließlich im Nachwort wie folgt skizziert habe: »Um den Blick nicht übermäßig biographisch zu verengen, habe ich deshalb zum Abschluß jedes Teils dieser Biographie eine Betrachtung eingeblendet, in der wesentliche Gegebenheiten der Konstellation umrissen werden. Das Sujet der Biographie wird so relativiert, sein Stellenwert in der jeweiligen Entwicklungsphase mag deutlicher hervortreten.«[388]

Die erste dieser Betrachtungen war bereits ausgeführt, auch die Schwerpunkte der anderen schwebten mir schon vor: »Die Generation von 1945 und die Parteien«; »Nach dem Wirtschaftswunder« (also die wirtschafts- und sozialgeschichtliche Übergangsphase zwischen 1964 und 1982, in der Kohl seinen Aufstieg auf die höchste Etage der Bundesrepublik vollzog und dabei beinahe abstürzte); dann »Die kurzen achtziger Jahre« (hier mit eindeutigem Schwerpunkt auf den weltpolitischen Entwicklungen); anschließend – darüber habe ich lange nachgedacht – »Der unerwartet siegreiche Kernstaat« (ein Rückblick auf die inkohärente Bonner Deutschlandpolitik und auch auf die Einstellung Helmut Kohls zur Wiedervereinigung Deutschlands); dies gefolgt von »Helmut Kohl und das dritte europäische Nachkriegssystem« (eine kritische Würdigung der Leistung des Bundeskanzlers bei der Neuordnung Europas in den neunziger Jahren); ganz zum Schluß schließlich der Versuch einer Gesamtbewertung aus heutiger Sicht, betitelt »Am Ende des Tages«. Nachträglich mache ich mir klar, daß das Konzept der Gliederung noch gar nicht feststand, als ich mit der Niederschrift begann. Ich habe es erst ein halbes Jahr später, in den Sommerwochen 2010, festgelegt. Inzwischen hatte ich schon sozusagen die ersten 1500 Höhenmeter erklommen, von denen aus sich das Panorama viel besser überblicken ließ. Doch haben mich die »Betrachtungen« bis zur Druckfreigabe im Frühsommer 2012 unablässig beschäftigt. Von jeder liegen drei oder vier Fassungen vor.

Zwar habe ich jetzt nur noch für jeweils drei oder vier Tage den Schreibtisch verlassen, um Fehlendem in den Archiven nachzuspüren sowie für wichtige Interviews. Eine klaffende Lücke in dem verfügbaren Quellenbestand waren die Akten des Bundeskanzleramts. Die sogenannten offenen, also nicht eingestuften Akten würden im Jahresrhythmus, erstmals 2013 für das Jahr 1982, nur in langsamem Tempo offengelegt werden. Kein Gedanke daran, diesen ungeheuren Quellenbestand einzubeziehen! Aber sollte es nicht doch möglich sein, zu den Protokollen der Spitzengespräche Kohls mit ausländischen Staatsmännern Zugang zu erhalten, so wie seinerzeit bei der Adenauer-Biographie? Die Ausgangslage war jedoch viel ungünstiger als im Fall des Rhöndorfer Archivs, wo große Teile dieser Protokolle bereits gesammelt vorlagen. Wollte ich Zugang zu diesen VS-Sachen erlangen, führte an einer Sondergenehmigung kein Weg vorbei.

Lange habe ich den Antrag hinausgezögert. Doch schließlich sagte ich mir: »Wer ist durch frühere Arbeiten qualifizierter als du für eine Sondergenehmigung!« So schrieb ich in den letzten Tagen des Jahres 2009 an den Kanzleramtsminister Roland Pofalla, skizzierte das Projekt meiner Biographie und ersuchte um ein klärendes Gespräch.[389] Pofalla hat wohl ohne lange zu zögern entsprechende Weisungen erteilt. Als einstmaliger Hauptherausgeber der AAPD wußte ich, wie zähflüssig sich solche Entscheidungsprozesse manchmal hinziehen. Deshalb war ich angenehm erstaunt und erfreut, wie speditiv und forschungsfreundlich auch diesmal die Beamten im Bundeskanzleramt reagierten. Eine gute Rolle bei dem entsprechenden Entscheidungsprozeß hat sicher auch Hartmut Weber, der Präsident des Bundesarchivs, gespielt. Große Teile der fraglichen Archivalien, so unter anderem die gesamten Akten der Abteilung 2 für die Jahre 1982 bis 1998, waren bereits an das Bundesarchiv in Koblenz abgegeben worden. Eine ziemlich komplette Sammlung der entsprechenden Gesprächsprotokolle des Bundeskanzlers lag jedoch weiterhin im VS-Archiv des Bundeskanzleramts in Berlin. Zuallererst war meine Geheimermächtigung zu erneuern mit den entsprechenden Verpflichtungserklärungen meinerseits. Wohl oder übel mußte ich mich bereit erklären, Kapitel meines Manuskripts, in dem ich auf VS-Archivalien aus dem Bundeskanzleramt Bezug nehmen würde, zur Zitiergenehmigung vorzulegen – das unvermeidliche Berufsrisiko, wenn man Zugang zu derartigen Materialien erhält. Mitte Juni 2010 war die Sicherheitsüberprüfung für VS-Sachen der Stufe »streng geheim« erteilt.

Bei verschiedenen Archivreisen ins Koblenzer Bundesarchiv habe ich alsdann Hunderte von Leitz-Ordnern der Abteilung 2 durchgesehen, in denen sich die ausführlichen, durchaus aufschlußreichen Dossiers der Reisen des Bundeskanzlers oder der Unterredungen mit ausländischen Gästen im Bundeskanzleramt befanden. Ich durfte Notizen machen, aber keine Photokopien. Zudem zeigte sich, daß die meisten Protokolle noch in der Geheimregistratur des Berliner Bundeskanzleramts lagen. Diese konnte ich im August dort durchsehen und prinzipiell um Freigabe bitten.

Nun aber stand mir die Gesamtheit aller Spitzenunterredungen und auch vieler Telefonaufzeichnungen zur Verfügung: mit den Spitzenchargen der Großmächte, mit dem EG- bzw. EU-Kommissionspräsidenten Delors, mit seinem Nachfolger Jacques Santer, mit den Ministerpräsidenten der EU und den Außenministern aus dem Nahen Osten, den Balkanländern oder dem Fernen Osten. Die Jugoslawienkriege, der Golfkrieg, Kohls Fernostreisen, der Austausch mit den UN-Generalsekretären – alles ließ sich nun mit Schlüsseldokumenten abdecken. Ich wählte rund 220 Dokumente aus, viele von ihnen 10, 15 oder 20 Seiten stark, mit der Maßgabe, sie nach erfolgter Freigabe erneut einzusehen. Zusammen mit den in Koblenz gemachten Notizen verfügte ich nun für die Außen- und Europapolitik in den Kanzlerjahren über eine hinlänglich breite Quellenbasis. Die Außen- und Europapolitik Kohls in den achtziger und den neunziger Jahren ließ sich so auf gesicherter Basis von Originaldokumenten darstellen.

Die künftige Forschung wird gewiß umfassender und nuancierter ansetzen können. Auch die britischen, amerikanischen und französischen Überlieferungen müssen dann herangezogen werden, nicht zuletzt die Sitzungsprotokolle des Europäischen Rats. Dann wird ein unendliches Edieren und Interpretieren beginnen. Die kommenden Historikergenerationen werden zu tun haben. Deshalb habe ich auch in dem Nachwort den Hinweis eingebaut, daß meine Biographie »nur ein gut informierter Zwischenbericht sein kann«.[390] Immerhin standen mir jedoch neben den Schlüsseldokumenten aus dem Bundeskanzleramt gleichzeitig sehr aufschlußreiche Archivalien aus den CDU-Archiven zu Gebot nebst den verfügbaren offenen Quellen. So war ich im Herbst des Biographie-Fronjahrs 2010 doch ganz zuversichtlich, erstmalig ein Straßensystem in den Urwald schlagen zu können.

Trotz aller guten Vorsätze hatten sich auch in diesem Jahr ein halbes Dutzend Bremsklötze dem zügigen Fortschreiten des Manuskripts in den Weg gestellt. Immerhin war es gelungen, die meisten davon thematisch auf die Kohl-Biographie zu beziehen. Doch es hilft alles nichts: Auch solche Vorstudien müssen ausformuliert werden und lassen sich dann doch nicht so, wie erhofft, in die Spannungsbögen einer Biographie einfügen.

Einer der größten Brocken mußte schon im Herbst 2009 aus dem Weg geräumt werden. Damals hatte ich es nicht abweisen können, auf den jährlichen Tagungen zur Ära Kohl des ACDP einen ausgesprochen schwierigen Beitrag zum Thema »Reformimpulse in den neunziger Jahren oder Der Reformer Helmut Kohl«[391] fertigzustellen. Das Jahr 2010 hatte mit einer Reise nach Mainz begonnen. Der geschätzte Kollege Andreas Rödder hat mir dort im schönen, aber akustisch nicht leicht zu beschallenden Sitzungssaal des Rathauses den roten Teppich ausgerollt, und ich war darauf fast ausgerutscht, weil sich das Thema »Maastricht 1992 – Deutschland und Europa« kaum in die vorgesehenen 60 Minuten hineinpressen ließ.

Ähnlich gut hat es der gleichfalls geschätzte Bonner Kollege Tilman Mayer mit mir gemeint. Er hatte zu einer historischen Tagung im Berliner Roten Rathaus eingeladen und mir einen Vortrag zum Thema »Reichsgründung und Wiedervereinigung: Variationen zum Thema »Vergleichbarkeit und Unvergleichbarkeit von Bismarck und Helmut Kohl«[392] entlockt. Ich habe dort meine Befunde gemäß der Deklination »Einerseits-Andererseits« diskutiert und nicht ganz so pointiert wie später Herbert Kremp, der mir nach Lektüre der Kohl-Biographie geschrieben hat: »In vielem war er eben doch ein Anti-Bismarck. Wo wäre er in der Paulskirche gesessen? Bei den Großdeutschen, die den Einschluß des zum Deutschen Bund gehörenden Österreichs vertraten? Zweifellos klar ist mir dies nie geworden.«[393]

Kaum war ich von Berlin zurück, war das »Nachwort« zum Band 5 seiner Gesammelten Schriften[394] fällig, um das mich der liebe Kollege Hans Maier gebeten hatte – eine Ehre, die mich erfreut hat, aber leider wiederum von der Hauptarbeit abhielt. Ich charakterisierte Hans Maier als typischen Angehörigen der »Generation 1945« (was ihm nicht ganz behagte; er tat mir in seiner unnachahmlich freundlichen Art kund, er wolle lieber als Angehöriger einer »Generation 1949« in Erinnerung bleiben). Immerhin kam mir danach die Idee, eine der in die Biographie eingebauten Betrachtungen auf »die Generation von 1945« zu fokussieren.

Auch dem Bonner Haus der Geschichte, dem ich seit den ersten Anfängen stark verbunden war, konnte ich die Bitte nicht abschlagen, wiederum im März 2010 über das Thema »Die CDU und Helmut Kohl«[395] zu sprechen. Zur gleichen Zeit mußte das *Aprèslude* zum *Gesicht des 20. Jahrhunderts* den letzten Schliff erhalten. Dann wurde es zum Glück ruhiger, unterbrochen nur von dem heiteren Treiben der Pariser Enkel, die zusammen mit Nicole und Régis wie jedes Jahr auch diesmal die Casa Hans-Peter und Annemie Schwarz in der Vogelsangstraße 10a mit Leben erfüllten. Zum Glück haben sich in der zweiten Jahreshälfte 2010 die guten Vorsätze einer Vortrags- und Reiseaskese besser durchhalten lassen. Aber selbst jetzt galt: *peccatur intra et extra muros.*

Trotz aller Bremsklötze ging es nun ganz munter voran. Im Januar und Februar

2011 schrieb ich in einem Zug die Story des »Kanzlers der Einheit« zusammen. Viele Quelleneditoren, Biographen, Journalisten und Analytiker waren schon über diesen Boden geschritten. Ich selbst hatte 1995 und 1996 die Sonderedition *Deutsche Einheit* mit auf den Weg gebracht. In langen Sitzungen, die wir meist auf den Samstagmorgen legten, war damals zusammen mit Klaus Hildebrand und Friedrich Kahlenberg, dem Präsidenten des Bundesarchivs, aus den von Hanns Jürgen Küsters aus dem Archiv des Bundeskanzleramts zusammengesuchten Dokumenten ein stattliches dokumentarisches Dickschiff auf Kiel gelegt worden.[396] Jahr für Jahr waren seither neue Darstellungen oder Quelleneditionen erschienen. Bei der biographischen Darstellung sah ich meine Aufgabe jetzt darin, gestützt auf die neuen, von mir für die Biographie erschlossenen Quellen aus dem Bundeskanzleramt, aus den Präsidiumsakten der CDU und aus den Interviews die Rolle Kohls so wahrheitsgetreu wie möglich herauszupräparieren.

Im Verlauf des Frühjahrs wurden die neunziger Jahre durchschritten. Zwischendurch waren tausendundeins Einschübe und Korrekturen vorzunehmen und die »Betrachtungen« fertigzustellen. Im Mai wurde ich jäh aus der literarischen Arbeit herausgerissen und mit den existentiellen Realitäten des Daseins konfrontiert. Charles Burrus, der lange gekämpft, gehofft und gelitten hatte, verstarb in Boncourt. Seine Familie hatte sich um ihn versammelt, und er wollte noch seinen 50. Hochzeitstag erleben, was ihm auch gelungen ist. Am 13. Mai, meinem Geburtstag, wurde dieser großartige Mann an einem strahlenden Frühlingstag von einer großen *cortège funèbre* zu seiner letzten Ruhestätte im Familiengrab zu Boncourt geleitet. Auch ich selbst empfand einen großen Verlust. Es ist selten, daß man sich in vorgerückten Jahren mit einem Gleichaltrigen anfreundet.

2011 war bereits das zweite Trauerjahr. Im Herbst zuvor schon war Sandras Vater, der liebe Boris Bogdanovic, in Mülheim zu Grabe getragen worden. Auch dieser Forscher aus dem dortigen Max-Planck-Institut, der bis zuletzt an seiner Vision einer Revolutionierung des Automobilbaus durch eine ingeniöse Wasserstoffsynthese arbeitete, hatte einem tückischen Krebs mannhaft widerstanden und war ihm schließlich erlegen. Beide Male war die Großfamilie fast vollständig vertreten, ein gutes Zeichen, aber man fragt sich an solchen Tagen doch: »Who's next?«

Das Leben ging weiter. Am 11. Juni, kurz vor Annemies Geburtstag, war Kohls »Endspiel« erreicht, der Wahlkampf im Sommer und Herbst 1998 mit dem Finale der Abwahl. In den folgenden Wochen wühlte ich mich bereits in den letzten Teil hinein, den ich »Das Ende des Glückskindes« benennen wollte. Zuvor kam nochmals eine Ruhepause, eine der schönsten, die man sich vorstellen kann.

Am 17. August 2011 war unsere Goldene Hochzeit – 50 lange, erfüllte, arbeitsreiche und glückliche Jahre. Seit Jahrzehnten war bei uns das Verlangen aufgetaucht, endlich wieder einmal auf der Insel Elba Ferien zu machen, die wir seit der Hochzeitsreise nicht mehr gesehen hatten. Aber stets war die Fata Morgana aus irgendwelchen zwingenden Gründen wieder zerstoben. Jetzt aber ging es zur Sache. Das Hotel »Darsena« am Yachthafen von Portoferraio existierte zwar nicht mehr, doch an der Nordküste von Elba entdeckte ich im Internet das Hotel »Désirée« in Procchio. Es war schön in einer Bucht gelegen, besaß – anders als die meisten Hotels auf der Insel – einen feinen Sandstrand, verfügte über genügend Tennisplätze und einen großen Swimmingpool, dazu drei oder vier Restaurants. Die Familien von Nicole und Benno legten großen Wert darauf, die Goldene Hochzeit mit uns zusammen zu feiern. Das Hotel wurde für gut befunden, und tatsächlich gelang es, die wie so üblich komplizierten Urlaubspläne aller Beteiligten zu koordinieren.

Während wir vor fünfzig Jahren mit Zug und Schiff das alte etruskische Eiland angesteuert hatten, war die Insel nun in einem Direktflug in anderthalb Stunden zu erreichen. Die Pariser und die Bennos setzten sich mit ihren riesigen Familientransportern in Bewegung und sind via Piombino pünktlich eingetroffen. Es war eine einzige vierzehntägige Festivität und ein Traumurlaub, bei dem wir in den Vans der Kinder noch viel mehr von der Insel gesehen haben als ein halbes Jahrhundert zuvor. Tiefdunkel gebräunt und an Leib und Seele gestärkt, sind wir zurückgeflogen. Jetzt konnte der Endspurt beginnen.

Vom Schwung des Urlaubs auf Elba beflügelt, war es nicht schwergefallen, auch den letzten Teil der Biographie abzuschließen. Für die durchweg heiklen Kapitel des Schlußteils »Das Ende des Glückskinds« fanden sich befriedigende Lösungen. Mitte September 2011, so habe ich auf den Ausdrucken vermerkt, war das letzte Kapitel der Darstellung fertig. Ich gab ihm erst die Überschrift »Schiffbruch des Alters«, fand das aber doch zu brutal formuliert und machte daraus: »Die letzten Jahre«. Es folgten die Puzzlearbeiten der Ergänzung, des Streichens von Überschneidungen, des stilistischen Feinschliffs, der Überprüfung von Zitaten und Fußnoten und der technischen Verknüpfung der Kapitel. Vor allem war erst jetzt auch ein Überblick zu gewinnen, ob es tatsächlich gelungen war, den Stoff so zu kondensieren, daß nicht wieder ein gefürchteter Zweibänder wie bei Adenauer draus würde, sondern ein vom Markt gerade eben noch verkraftbarer Einbänder.

Im Oktober war das Manuskript programmgemäß fertiggestellt. In den Verlagen hält man es eigentlich mit der Lebenserfahrung, daß Autoren, Professoren zumal, säumige Gesellen sind, die mit ihren Manuskripten meist ein Jahr oder zwei Jahre länger brauchen, als vertraglich verabredet ist. Doch es gibt die berühmten Ausnahmen.

Ich war aber noch etwas im ungewissen, ob sich die DVA technisch in der Lage sehen würde, das umfangreiche Manuskript (»viel Holz«, meinte Tobias Winstel) in einem einzigen Band herauszubringen. Doch hatte ich keinerlei Lust, mit der Kürzungsschere zu arbeiten. Eher war zu erwarten, daß in den kommenden Monaten von daher oder dorther noch neues Material aufschwamm, so daß vielleicht 20 oder 30 Seiten mehr gebraucht würden.

Bei der DVA lief aber alles nach Wunsch: Begeisterung über das Manuskript, keine Bitte um Kürzungen, großer Eifer, den Erscheinungstermin September 2013 zu erreichen. Von nun an lief der Countdown. Wie sich zeigen sollte, kam die Arbeit am Manuskript jedoch erst im Frühjahr 2012 zu Ende. Die Gründe dafür lagen einerseits darin, daß die Euro-Krise Kohls europäisches Lebenswerk urplötzlich in eine fahle Beleuchtung rückte, zum anderen war der zuvor weitgehend von der Bildfläche verschwundene Altkanzler durch eine Publikation seines ziemlich von der Rolle geratenen Sohnes Walter heftig und peinlich ins Gerede gekommen. Beides hat sich direkt oder indirekt auf die Kohl-Biographie ausgewirkt, wenngleich nur in einzelnen Kapiteln.

Unerwartete Turbulenzen: Euro-Krise und familiäre Psychodramen im Hause Kohl

Von Anbeginn an war ich entschlossen gewesen, die Europapolitik Helmut Kohls ins Zentrum der Darstellung zu rücken. Als das Euro-System im Jahr 2010 durch den drohenden Staatsbankrott Griechenlands völlig unerwartet erschüttert wurde, geriet natürlich die Verantwortung des deutschen Bundeskanzlers für die evidenten Systemmängel erst recht in den Fokus. In den Jahren 2007, 2008 und 2009 hatte es den Anschein, als könne ich Kohls Anteil an der Gestaltung des heutigen Europa recht entspannt als eine rein historische Frage erörtern – auf längere Sicht vielleicht ein gravierendes Problem, auf kurze und mittlere Sicht jedoch beherrschbar. 2010 aber ist der Euro zum vorrangigen Politikum geworden.

Ich selbst hatte durchgängig und nachweislich zu den Skeptikern gehört. »Wie Sie wissen«, schrieb ich kurz vor Weihnachten 2010 an Herbert Kremp, »hielt ich den Euro immer für einen verkehrten Ansatz zur Festigung Europas und habe das auch geschrieben. Eigentlich sollte man Biographien ja immer erst anpacken, wenn der historische Abstand so groß ist, daß sich einigermaßen absehen läßt, was aus den großen Projekten der großen Männer im Zeitablauf herauskommt. Bei Bismarck hätte man allerdings lange warten müssen, bei Hitler überhaupt nicht, und bei Kohl zeigt sich nun doch auch schon vieles.

Die Schwierigkeiten, die er mit der Einschmelzung der einstigen DDR hatte und die dabei begangenen Fehler kann man aus dem jetzigen Abstand doch gelassener beurteilen. In diesem Fall konnte man überhaupt nur Fehler machen. Über die versäumten Reformen in den achtziger Jahren war ich damals entsetzt, und ich glaube nach wie vor, ein charismatischer Kanzler, der allerdings etwas von Makro- und Mikroökonomie hätte verstehen müssen, würde sich trotz SPD, Grünen, IG Metall und der linken Journaille durchgesetzt haben. Aber eben kein Kohl, der im Mainstream der CDU lag, aber sich viel lieber nach links zu Blüm hin statt zu den Ordoliberalen orientierte. Auch da bin ich eher milder, nachdem ich nochmals den Berg von Akten, Medienanalysen etc. durchschwommen habe.

Der Euro war aber ein echter Sündenfall. Der gesunde Menschenverstand muß auch einem Nichtökonomen sagen, daß die Fernwirkungen eines derart ungeheuren technokratischen Projekts völlig unkalkulierbar sind. Da aber das Schicksal vieler Millionen dran hängt, von denen jeder einzelne mit Geld kalkuliert und seine Zukunftsplanungen darauf ausrichtet, ist ein solches Großexperiment schlechthin unverantwortlich. Denn niemand weiß, wie man aus dem Schlamassel herauskommen kann. Die Quellen zeigen es ganz eindeutig: Er hat sich von Mitterrand und Delors über den Tisch ziehen lassen, dies schon bevor am 9. November 1989 die Decke herunterkam. Auch bei Genscher liegt ein Teil der Verantwortung für die Anfänge des Projekts. Er hat, von Dumas gebrieft, vor allem im Jahr 1988 Kohl vor sich hergetrieben. Das alles wird schön herauskommen.«[397]

»Es ist schon traurig«, schrieb ich am gleichen Tag auch an Bracher, »daß Euro-Skeptiker meiner Art, die in den ganzen neunziger Jahren vor Kummer über soviel Unverstand still in die Kissen weinten, nun den ganzen Schlamassel anschauen müssen.«[398] Tatsächlich hatte ich aber damals nicht bloß in die Kissen geweint, sondern meine Ablehnung auch öffentlich kundgetan.

Meine ökonomische Hauptsorge hatte lange Zeit einer möglichen inflationären Geldpolitik der EZB gegolten, zu der es wahrscheinlich auch kommen wird. An Systemkatastrophen, die von Staatsbankrotten ausgehen können, hatte ich genauso wenig gedacht wie die meisten Ökonomen, die sich damals kritisch geäußert haben. Aufgefallen war mir allerdings schon in den neunziger Jahren, wie die beteiligten Regierungen alle Aufmerksamkeit nur auf das Drei-Prozent-Kriterium der jährlichen Staatsverschuldung richteten, während des Kriterium der Staatsschuld von höchstens 60 Prozent möglichst aus der Diskussion herausgehalten worden war.

Bei Darstellung der Kohlschen Europapolitik, so war mir jedoch stets klar bewußt, mußte der Anteil, den seine utopischen Erwartungen und seine Nachgiebigkeit gegenüber Delors und Frankreich an der heutigen Krise hatten, doch deutlich angesprochen werden. Ich habe es deshalb als Vorzug betrachtet, im Jahr 2010 den gesamten Komplex der Währungs- und Finanzpolitik in zwei gründlichen Gesprächen mit Theo Waigel erörtern zu können. Von diesem selbstbewußten, mit gutem Gedächtnis ausgestatteten, auch menschlich höchst erfreulichen einstigen CSU-Chef habe ich aufschlußreiche Hintergrundinformationen zur deutschen Währungsunion, zur Vorgeschichte von Maastricht und zur Entwicklung des Euro-Konzepts bis zum Ende seiner Amtszeit im Oktober 1998 erhalten. Waigel vertrat und vertritt allerdings unerschütterlich die Meinung, daß auch die Einführung des Euro im Prinzip eine richtige, für Deutschland und Europa segensreiche Entscheidung war und daß die Hauptverantwortung für die gegenwärtigen Schwierigkeiten Rot-Grün anzulasten sind.

Meine Versuche, auch mit Helmut Kohl selbst ein informatives Gespräch über die Genese des Euro zu führen, waren nicht von Erfolg gekrönt. Wie gleich zu berichten sein wird, stand ich in den Jahren 2011 bis Mitte 2012 mit ihm in vergleichsweise reger Verbindung, dies in erster Linie über Frau Maike Kohl-Richter. Aber sein Sprachvermögen reichte nicht mehr aus, eine differenzierte Sicht der Vorgänge zu geben.

Im Herbst und Winter 2011/12 wurde noch ein weiterer Zeitzeuge für meine Darstellung der Euro-Problematik wichtig: Kurt Biedenkopf. Ich hatte mir vorgenommen, im Verlauf der Niederschrift möglichst noch die maßgeblichen Ministerpräsidenten der Unionsparteien in den achtziger und neunziger Jahre zu befragen: Lothar Späth und Erwin Teufel, Edmund Stoiber und Kurt Biedenkopf. Im Streß der Niederschrift bei dem unerbittlich schrumpfenden Zeitraum bis zum anvisierten Erscheinungstermin September 2012 verzichtete ich aber darauf, Späth und Teufel um ein Interview zu bitten. Auch Stoiber, so dachte ich, mag nun erst einmal seine Memoiren schreiben. Biedenkopf aber, der im Jahr zuvor schon einmal angefragt worden war, war jedoch in vielerlei Hinsicht ein ganz unverzichtbarer Zeitzeuge.

Als das Manuskript beim Verlag war und ich wieder Luft hatte, bat ich ihn um ein Gespräch und konnte dann mit ihm Anfang Februar 2012 auf seinem schönen Wohnsitz auf dem Buchberg hoch über der Landschaft am Chiemsee ein gründliches Gespräch über Helmut Kohl und ihr gegenseitiges Verhältnis führen. An meiner bereits abgeschlossenen Darstellung seiner Jahre als CDU-Generalsekretär und an meiner gerafften Darstellung der gespannten Beziehungen zwischen den beiden in den achtziger Jahren mußte ich nichts Grundlegendes ändern. Nur Details waren zu ergänzen. Biedenkopfs sehr offener Bericht über diese Phase bestätigte, was ich schon aus anderen Quellen wußte. Sehr interessant aber waren viele Informationen, die er über die beiderseitigen Beziehungen in den neunziger Jahren mitteilte, nicht zuletzt über die Differenzen der Jahre 1996 bis 1998, als es um den Eintritt in die dritte Phase des Euro und die Teilnehmer in der ersten Runde ging.

Stärker als bei irgendeinem anderen der Granden jener Jahre wurde mir beim Gespräch mit Biedenkopf erneut bewußt, daß er in der CDU der einzige Mann von Format war, der als Alternative zu Kohl hätte auftreten und Erfolg haben können. Weshalb er in der kritischen Lage 1992 und 1993 seinen Hut nicht in den Ring geworfen hat, ist nachvollziehbar. Aber er hätte Deutschland und Europa wahrscheinlich das verhängnisvolle Währungsexperiment des Euro erspart. Es war ein gutes Gespräch. Dabei zeigte er mir auch seine schön gebundenen Tagebücher, die er seit 1974 regelmäßig geführt hat, wobei aber erst die Aufzeichnungen seit 1991 elektronisch erfaßt waren.

Biedenkopf hat wohl verspürt, wie viel mir daran lag, die Kapitel über Kohl in den neunziger Jahren, die Parteispendenkrise von 1999/2000 mit inbegriffen, nochmals kritisch zu überprüfen. So hat er mir kurzerhand Ende Februar das gesamte auf Datenträgern installierte Tagebuch zugemailt – ein großer Vertrauensbeweis, vergleichbar nur der Großzügigkeit, mit der mir Leisler Kiep Zugang zu seinen privaten Tagebuchaufzeichnungen eröffnet hatte.

Einmal mehr zeigte sich: Es war nicht nötig, in dem bereits vom Verlag gründlich lektorierten Manuskript grundsätzliche Änderungen vorzunehmen. Schon das Gespräch mit Biedenkopf auf dem Buchberg hatte gezeigt, daß wir bei unserer Einschätzung der Europapolitik Kohls und dem Urteil über den Euro auf derselben Wellenlänge lagen. Doch an vielen Stellen konnte die entsprechende Darstellung ergänzt, vertieft und mit bislang unbekannten Informationen angereichert werden. Nachdem ich mich bei Darstellung der Diskussionen im Präsidium der CDU in den siebziger und achtziger Jahren neben den CDU-Materialien vor allem auf die Tagebuchaufzeichnungen Leisler Kieps stützen konnte, stand nun für die neunziger Jahre das gründlich und auch selbstkritisch geführte Tagebuch Biedenkopfs zur Verfügung.[399] Wieder einmal segnete ich die modernen EDV-Systeme, die es erlauben, große Datenmengen sekundenschnell zu übermitteln und ein bereits beim Verlag befindliches Manuskript nach dem Auftauchen einer neuen Quelle in wenigen Tagen zu ergänzen. Schon vor Erscheinen der Kohl-Biographie hatte ich keinen Zweifel daran, daß ich im Begriff war, einen Beitrag zur Vergangenheitsbewältigung der Euro-Krise zu liefern, der weder Kohl selbst noch der CDU besonders angenehm sein würde. Doch ein Historiker muß bei der Wahrheit bleiben.

Als ich 2011 die Kohl-Biographie in den Laptop eintippte, veränderte sich auch auf einem ganz anderen Feld die Einschätzung des einstigen CDU-Vorsitzenden und Bundeskanzlers. Zwischen seinen Söhnen und der fast gleichaltrigen Stiefmutter war es zu Spannungen gekommen, die zur Entladung drängten. Aus zahllosen Texten der abendländischen Literatur und aus der Alltagserfahrung von jedermann ist diese fatale Konstellation hinlänglich bekannt. Die entsprechenden Psychodramen sind nun auch in der Familie Kohl aufgeführt worden.

Dem verquälten, im Februar 2011 veröffentlichen Buch Walter Kohls *Leben oder gelebt werden*[400] widmete die *FAZ* schon bei Erscheinen eine empathische Rezension: »Beklemmend und fair: Walter Kohl, der Sohn Helmut Kohls, hat mit sehr viel Takt seine Leidens- und Befreiungsgeschichte geschrieben ...«[401] Dieser Mann, dessen Traumatisierung nur deshalb öffentliches Interesse erweckte, weil er ein Prominentensohn war, wurde jetzt von Talkshow zu Talkshow weitergereicht, wo er seinen Frust über den dominierenden Vater und seiner Abneigung gegen dessen zweite Frau Ausdruck geben durfte.

Ich hatte diesbezüglich schon viel erlebt, aber wenig dermaßen Degoutantes: ein Mann, der inzwischen schon auf die 50 zugeht und dem nichts Besseres einfällt, als unter dem Deckmantel humaner Versöhnlichkeit das Privatleben seines alten und kranken Vaters, der immerhin ein großer Staatsmann war, auseinanderzunehmen! Genauso abscheulich fand ich die Fernsehjournalisten und die Feuilletons, die gierig und völlig maßstablos darauf einstiegen. Die Privatisierung der Politik in

Verbindung mit Infotainment und Psychodramen entspricht jedoch durchaus dem Zeitstil. Plötzlich war Kohl wieder im Gespräch, doch nicht als politische Größe, sondern als Haustyrann. Im Mai 2011 erschien wieder einmal ein *Spiegel* mit der Titelgeschichte »Die Familie Kohl. Ein deutsches Drama«. »Das Publikum«, war dort zu lesen, »schwankt zwischen Faszination und Entsetzen. Das Interesse an der Familientragödie ist gewaltig. Seit 22 Wochen steht ›Leben oder gelebt werden‹ auf den vorderen Plätzen der Bestsellerlisten …«[402]

Eigentlich hatte ich mir vorgenommen, die privaten Aspekte im Lebenslauf Kohls nur in ein paar Absätzen zu streifen, soweit diese in den Medien ihren Niederschlag gefunden hatten. Bis sich aus den privat durchaus vorhandenen, aber unzugänglichen Quellen ein wahrheitsgetreues Bild vom Privatleben dieses Kanzlers darstellen läßt, wird es noch viele Jahre dauern, und erst dann wird sich erkennen lassen, ob, auf welchen Feldern und in welcher Intensität Hannelore Kohl auch auf Kohls Politik eingewirkt hat. Immerhin mußte jetzt auf die ins helle Tageslicht gezerrten privaten Lebensumstände eingegangen werden, und so schrieb ich sehr zurückhaltend, allein auf die öffentlich gemachten Quellen gestützt und ohne alle mir vorliegenden Informationen zu verwenden, die Kapitel »Fragen an eine Ehe«, »Goldener Herbst des Patriarchen« und »Die letzten Jahre«. Daß die privaten Lebensumstände Kohls und die in dieser Art einmaligen Inszenierungen seiner Söhne, ganz besonders von Walter Kohl, an der historischen Leistung (wie immer man diese auch bewerten mochte) nichts ändern würden, habe ich dick unterstrichen. Doch sie haben ebenso wie die Euro-Krise dem langen Ausklang dieses Lebens einen tragischen Akzent verliehen, der nicht unerwähnt bleiben durfte.

Vielleicht war der über lange Monate des Jahres 2011 hindurch andauernde Aufruhr um Kohl und seine in den Medien gnadenlos verteufelte Frau Maike mit ein Grund dafür, weshalb sich die Beziehungen zu mir spürbar erwärmten. Daß die besonderen Umstände der Erkrankung Kohls und die schwierigen Lebensumstände eine Auswertung der tief in den Kellerräumen der Marbacher Straße 11 gelagerten Materialien nicht zulassen würde, war mir, wie erwähnt, schon bei dem ersten Besuch klargeworden.

Im Archiv der Konrad-Adenauer-Stiftung hatte Kohl, so sagte mir Günter Buchstab, ein Deponat von Materialien, Reden, bearbeiteten Dokumenten, Korrespondenzen eingelagert, das aufgrund seiner Verfügung nicht zugänglich sei. Ich hatte mich vorerst mit dieser Auskunft begnügt, konnte nie Einblick nehmen, wollte Kohl jedoch bei einem weiteren Gespräch irgendwann im Jahr 2011 bitten, mir den Zugang zu eröffnen, und die Benutzungsbedingungen mit ihm erörtern. Wie ich dann von Küsters, dem neuen Leiter des ACDP, erfuhr, hat Frau Kohl-Richter im Auftrag ihres Mannes Ende November 2010 den gesamten Bestand nach Ludwigshafen transportieren lassen, wo er natürlich nicht mehr durchgesehen und ausgewertet werden konnte. Entgegenkommende Unterstützung bei einer schwierigen Biographie, so sagte ich mir, sieht anders aus. Doch das Ehepaar mochte seine Gründe dafür haben, diesen Quellenbestand zurückzuholen. Inzwischen verfügte ich jedoch über so viele wertvolle Quellen, daß das wohl zu verschmerzen war. Nach wie vor hatte ich aber die Hoffnung nicht ganz aufgegeben, über die frühen Jahre Kohls in der Kriegszeit und während seiner langen Studienjahre vielleicht doch einige neue Materialien zu erhalten, die über das hinausgingen, was im ersten Band der *Erinnerungen* oder in zuvor schon veröffentlichten Berichten mitgeteilt war.

Im März 2011, die Niederschrift war inzwischen weit gediehen, lud mich Maike Kohl-Richter in einem sehr freundlichen Telefonat zu einem weiteren Besuch in Ludwigshafen ein, den ich mit einem Fragenkatalog zu Kohls frühen Jahren vorbereitete. Die Aufnahme war freundlich, ja herzlich. Kohl befand sich sichtlich in besserer gesundheitlicher Verfassung, und die Arbeiten an den Umbauten im Haus waren weiter fortgeschritten. Ich gewann auch diesmal den Eindruck, daß sich seine Frau mit großem Einsatz bemühte, ihrem Mann gute Lebens- und Arbeitsbedingungen zu schaffen. Wie die von Walter Kohl losgetretenen Angriffe und die von den Söhnen veranstaltete Gedenkfeier zum 10. Todestag Hannelore Kohls auf sie wirkten, hat sie nur in einem kurzen Gespräch beim Abschied signalisiert. In Kohls Gegenwart war von dem öffentlichen Aufruhr überhaupt nicht die Rede.

Sie hat danach verschiedentlich angerufen oder längere Mails übersandt, bei denen es um Materialien ging, um Bewertungen der politischen Lage und der Politik von Angela Merkel, auch um die weiterhin heftigen Diskussionen in der Öffentlichkeit um die familiären Probleme und das feste Vorhaben Kohls, den vierten Band der *Erinnerungen* zu verfassen. Gelegentlich hat sie am Ende eines Telefonats ihrem Mann den Hörer übergeben für einen kurzen, freundlichen Austausch über sein gesundheitliches Ergehen.

In einer meiner Mails vom Juli 2011 ging ich auf den letzten Teil der Biographie ein, den ich im Spätsommer und Frühherbst anpacken wollte: »Noch etwas unschlüssig bin ich mir, wie ich den Zeitraum 1998 bis zur Gegenwart sinnvoll und verantwortbar behandeln will und kann. Zur Parteispendenaffäre liegt ja ›Mein Tagebuch‹ vor und eine Überfülle von Bundestagsdokumenten und Presseberichten. Alles Spätere geht für mein Gefühl sehr stark in den persönlichen Intimbereich, kann zwar wegen des voyeuristischen Interesses, den das alles findet, nicht ausgespart werden, aber ich neige dazu, das mit ein paar kräftigen Strichen und Feststellungen abzuhandeln. Denkbar wäre natürlich, damit das Persönliche nicht überwiegt, dazu mit Ihrem Mann ein politisches Interview zu führen, das dann auch in die Darstellung eingehen könnte – zum Kosovokrieg, zur Europa-, Amerika-, Frankreichpolitik Fischers und Schröders, zur Entwicklung der CDU, zu Edmund Stoibers verunglücktem Wahlkampf, zur Großen Koalition nach 2005, zur Finanzkrise, zum Kernkraftausstieg der CDU und zur Euro-Krise. Hierzu klare Aussagen zu bekommen wäre für intelligente Leser wahrscheinlich lehrreicher als die Schmonzetten im Stil der Yellow Press und der Betroffenheits-Fernsehsendungen, die eines Kulturvolks unwürdig sind. Doch sind die Deutschen heute noch ein Kulturvolk? Jedenfalls möchte ich die Arbeit bis Jahresende zum Abschluß bringen. Bücher werden erfahrungsgemäß nicht besser, wenn man unablässig daran herumfummelt, bessert, ergänzt oder streicht …«[403]

Ende August, ich war eben von Elba zurückgekommen, fand ein längeres Telefonat mit Frau Kohl-Richter statt. Sie ist eine promovierte Ökonomin, hat einige Zeit auch beim Münchener IfO-Institut unter der Leitung von Hans-Werner Sinn gearbeitet und war natürlich über die Euro-Problematik bestens im Bilde. Ich mailte ihr im Anschluß meinen Vortrag »Der Staat im Notfall« zu, den ich im November 2009 im Kollegenkreis der Deutschen Gesellschaft für Politikwissenschaft gehalten hatte. Ihrerseits teilte sie mir im vorweg den Text des Interviews Helmut Kohls in der *Internationalen Politik* mit.[404] Kohl führte dort einen vielbeachteten Rundumschlag gegen die aktuelle Berliner Außenpolitik. Meine Anregung, irgendwann im Herbst ein eigenes Interview mit Kohl zu führen, war damit hinfällig. Ich gab den Rat, sich nun auf keine weitere »uferlose Diskussion« einzulassen, und warnte: »Man mag es bedauern, daß nun eine neue Generation an den großen Rädern der Welt dreht und ihren eigenen Beitrag zum chaotischen Geschichtsverlauf leisten möchte: Aber: such is life.«[405]

Mitte September fand ein weiterer Besuch in Ludwigshafen statt. Kohls Gesundheitszustand hatte wieder Fortschritte gemacht. Er war nun in der Lage, an die drei Stunden ein Gespräch zu führen. Am Ende der Unterredung stellte sich einer seiner einstigen Schulfreunde ein und brachte zur Freude Kohls eine Pfälzer Wurst vorbei. Das Ehepaar machte sich jetzt anheischig, mir die Adresse einiger der guten, alten Freunde zu geben, um meine Informationen über die Schulzeit zu komplettieren. Da mir aber die Zeit davonlief, habe ich keinen Gebrauch mehr davon machen können. Am Schluß des Besuchs führte mich Frau Kohl-Richter in die großen Kellerräume, die inzwischen aufgeräumt waren, zeigte mir lange Reihen von Leitz-Ordnern, griff die eine oder andere Rede mit handschriftlichen Korrekturen Kohls heraus und ließ mich wissen, der Umbau sei jetzt so weit, daß ich mich, wann immer ich Zeit habe, einfinden und im Kellerarchiv arbeiten könne. Ich bedankte mich etwas zögernd, denn nach Lage der Dinge hätte der Countdown das nicht mehr erlaubt.

Ganz wohl war mir ohnehin nicht bei so viel freundlicher Intimität. Mir war nur zu gut bewußt, daß die Biographie neben viel Anerkennendem doch auch viel Kritisches beinhaltete. Allzu große Nähe, wie sie sich nun eröffnete, konnte nur zu Enttäuschungen führen. Ich hatte Kohl bei diesen zunehmend langen Sitzungen genau beobachtet. Eine alters- und krankheitsbedingte Milde war zwar unverkennbar. Doch der gefürchtete, mißtrauische, zu jähem emotionalem Wetterumschlag disponierte Altkanzler, von dem mir Mitarbeiter und Minister hinlänglich viel erzählt hatten, war auch noch da.

Inzwischen ließ er wieder keine Gelegenheit zum Reisen, für öffentliche Auftritte, für Gespräche in kleinem Kreis oder unter vier Augen (genauer gesagt: sechs Augen) aus, denn seine Frau mußte ihren schwerbehinderten Mann wohl oder übel überallhin begleiten. Als Papst Benedikt XVI. Deutschland einen letzten Besuch abstattete, ließ Kohl sich zu einer Privataudienz fahren. Ende November 2011, das Manuskript der Biographie war schon beim Lektorat, kam er auch nach München und nächtigte, getreulich von seinem Begleitkommando bewacht, in einer Suite im »Bayerischen Hof«. Dort habe ich ihn Ende November an einem Spätnachmittag getroffen. Man hatte ihn in einigen altmodischen und ungemütlichen Räumen einquartiert. Seine Frau war zusammen mit der Leiterin des Berliner Büros beim Shopping unterwegs. Kohl war jetzt wieder in der Lage, eine längere einfache Unterredung zu führen, und wir haben uns gut unterhalten, bis die Damen wieder zurück waren. An ein lebhaftes Interview war aber nicht mehr zu denken. Beim anschließenden Abendessen in Gesellschaft der Damen machte ich darauf aufmerksam, die Biographie sei jetzt abgeschlossen, in beschränktem Umfang könnten aber noch neue Informationen da und dort eingebaut werden.

Bei dem folgenden Austausch per Brief oder Mail sprach ich auch nochmals die Geschäftsgrundlagen an, die für mich bisher bei jeder meiner Biographien galten. Unter Verweis darauf, daß Helmut Kohl die Freundlichkeit hatte, Band 2 meiner Adenauer-Biographie 1991 im Bundeskanzleramt vorzustellen, zitierte ich wörtlich aus dem Nachwort zu Band 1: »Dabei möchte der Leser einer Biographie kein idealisiertes Standbild betrachten, sondern einen lebendigen Menschen sehen, der sich entwickelt, lernt, Fehler macht, der seine gewinnenden und seine weniger anziehenden Seiten hat, der eine innere Konsistenz des Denkens und Wollens aufweist, aber zugleich in Widersprüchen lebt.« Und ich hatte weiter zitiert: »Eine verstehend-kritische Biographie steht ihrem Sujet mit jener Sympathie gegenüber, die ein bedeutender und kraftvoller Mensch zu erwecken pflegt, wenn man sich nur eingehend genug mit ihm und mit den Bedingungen seines Schaffens beschäftigt. Aber sie hält zugleich Distanz – respektvoll, wo man respektvoll zu sein hat, ironisch, wo Ironie am Platz ist, offen kritisch, wo evidente politische Fehler und Mißgriffe des Porträtierten zu erwähnen sind, fragend, wo sie die Motive und Ziele nicht schlüssig erkennen lassen ... Jeder, der mich und meine Bücher kennt, weiß«, so schloß ich diese warnende Feststellung, »daß dies die intellektuelle Geschäftsgrundlage ist, von der ich nie abgehen möchte ...«[406]

Der entspannte Austausch mit Maike Kohl-Richter setzte sich fort. Meine Bitte, wenigstens die Anfänge Helmut Kohls durch bislang unbekannte Materialien anzureichern, förderte unerwartet das Abiturzeugnis Kohls und den Abituraufsatz zutage. Das kam zwar erst auf den letzten Drücker Mitte April 2012 herein, als die Druckfahnen mit der Bebilderung zwischen mir und der DVA bereits hin- und hergingen. Zusammen mit meinem eigenen Interview mit Kohl, dessen autorisierte Endfassung mir im April zuging, war für die Frühzeit nun doch genügend neues, interessantes Material beisammen. Übrigens festigte sich in diesen Wochen bei mir der Verdacht, daß Helmut Kohl es bei der Arbeit am ersten Band seiner *Erinnerungen* versäumt hatte, das eigene Privatarchiv gründlich zu durchforsten. Bei der Durchsicht der Publikationen zu seiner Frühzeit waren mir bemerkenswerte Parallelen aufgefallen zwischen seinen *Erinnerungen 1930–1982* und den recht ergiebigen Beiträgen von Zeitgenossen in dem 1985 von Werner Filmer und Heribert Schwan herausgegebenen Berichten von Weggefährten Kohls.[407] Es ging schon länger das Gerücht, Schwan sei der Ghostwriter der bisher erschienenen dreibändigen Kohlschen *Erinnerungen* gewesen. Wahrscheinlich, so dachte ich, hatte er oder ein anderer Beteiligter ohne weitere Recherchen in den Privatpapieren Kohls fröhlich auf die 1985 publizierten Berichte zurückgegriffen, denen Kohl dann aus eigenem Erinnerungsvermögen noch dieses oder jenes Detail hinzugefügt hat.

Tatsächlich bestätigte mir jetzt Frau Kohl-Richter bei einem unserer langen Telefonate, daß Schwan die Schlüsselperson beim Memoirenschreiben gewesen war. Details der tiefen Differenzen, die dann während der Arbeit am vierten Band zur Trennung von dem Ghostwriter führten, hat sie mir nicht erzählt. Das ist erst kurz nach Erscheinen meiner Kohl-Biographie von dem überraschten und erzürnten Heribert Schwan in die Öffentlichkeit gebracht worden.

Die in den ersten fünf Monaten 2012 eintreffenden neuen Materialien von Biedenkopf, ergänzt durch ein erneutes Gespräch mit Theo Waigel und die hübschen Trouvaillen aus dem Hause Kohl haben mich auch diesmal davon überzeugt, daß dann, wenn man Biographien schreibt, sehr interessante Quellen erst im letzten Augenblick auftauchen. Besonders erfreulich in dieser Schlußphase war die zügige Durchsicht durch das Bundeskanzleramt. Mitte November 2011 hatte ich alle Kapitel übersandt, in denen sich Zitate, Paraphrasierungen oder auch nur Quellenverweise auf VS-Sachen aus dem Bundeskanzleramt oder im Besitz des Bundesarchivs fanden. Wie schon bei der Adenauer-Biographie erwies sich das Bundeskanzleramt auch diesmal als liberale, forschungsfreundliche Behörde. Anfang Februar erhielt ich die uneingeschränkte Publikationsfreigabe.

Anders als einstmals in Köln oder Bonn, wo ich zur Überprüfung der Sachaussagen, Namen, Zitate von Hilfskräften unterstützt wurde, mußte ich diesmal alles allein bewältigen. Es ist schon eine Prüfung, wenn man beim Wieder- und Wiederlesen Tag für Tag bestimmte Textstellen glättet oder verschärft, falsche Angaben entdeckt, auf vertippte Zahlen und Namen stößt, umständliches Deutsch zu korrigieren hat, daneben ständig neue Informationen einspeist, Photos überprüft, die bekanntlich oft falsch beschriftet sind, und an den Überschriften, den Eingangsabsätzen und dem Schluß der einzelnen Kapitel herumbosselt. Bis in die letzten Tage vor Druckfreigabe des Manuskripts Ende Juni habe ich zu meinem Entsetzen immer wieder kleinere oder größere Fehler entdeckt, die durch alle bisherigen Überprüfungen durchgerutscht waren, so daß ich zum ersten Mal im Nachwort eines meiner Bücher doch im vorweg um gütige Nachsicht der Leser gebeten habe: »Ich war zwar durchgehend um ein hohes Maß an Genauigkeit bemüht, kann aber nicht ganz ausschließen, daß der eine oder andere Fehler in dem umfangreichen Manuskript unaufgedeckt geblieben ist.«[408] In der Tat haben mich aufmerksame Leser auf ein Dutzend und mehr kleinerer oder größerer Patzer aufmerksam gemacht. Die meisten dieser Fehler konnte ich in der 3. Auflage, die wenige Wochen nach Erscheinen fällig war, unter der Hand korrigieren.

Auch die Bebilderung hat die umsichtige Lektorin Ditta Ahmadi, doch auch mich selbst, bis in die letzten Tage vor der Druckfreigabe beschäftigt. Hier zeigte sich, welche Veränderungen sich beim Copyright für Pressephotos vollzogen hatten, seit ich 1998 bei Siedler die entsprechende Auswahl vorgenommen hatte. Damals war es noch möglich, die gewünschten Photos völlig kostenfrei aus irgendwelchen Büchern zu photokopieren. Jetzt herrschte eine grundlegend neue Praxis. Die Technik ist jetzt so weit, daß man zu bestimmten Vorgängen oder Personen eine reiche Auswahl an Photos im Internet aufrufen und das jeweils beste auswählen kann, zugleich jedoch legten die jeweiligen Verlage großen Wert darauf, für diese ikonographischen Dokumente üppige Gebühren zu erheben, und untersagten jede Wiederverwendung bereits veröffentlichter Photos.

Ganz zuletzt mußte das Manuskript durch die Rechtsabteilung von Random House. Mit Blick auf die zahlreichen Persönlichkeiten der Zeitgeschichte, von denen in der Biographie mehr oder weniger ausführlich und natürlich auch kritisch die Rede war, legte ich größten Wert auf eine verlagsinterne Überprüfung, um das Werk und mich selbst gegen presserechtliche Einsprüche oder Verleumdungsklagen abzusichern. Weil es bis in den Monat Juli hinein ständig geboten war, da oder dort Retuschen oder Ergänzungen in den bereits formatierten Text einzugeben, haben die zuständigen Juristen erst auf den letzten Drücker grünes Licht gegeben.

Diese vielschichtigen Aufgaben, von denen sich der normale Leser kaum eine Vorstellung macht, haben mich fast ein halbes Jahr lang bis Mitte Juli hinein beschäftigt. Aber zwischendurch wurde ich schon wieder leichtsinniger. Die lange zurückgestauten Festschriftenbeiträge für Udo Wengst[409] und für Eckhard Jesse[410] wurden fällig. Dann nahte der 100. Geburtstag des »Mammutverlegers« Axel Springer. Auch er war auf die Schiene der Jahreszahlhistoriographie geraten. So sah ich mich zu einem Intensivinterview für einen Doku-Film gedrängt, den die TV-Firma Broadview für die Ausstrahlung durch ARTE vorbereitete. Das Interview in der vollgestopften Suite eines Münchener Hotels nahm mich fast einen ganzen Tag in Anspruch, doch der Doku-Film über Springer ist ausgezeichnet geworden – ein Beispiel dafür, was selbst in dem problematischen Medium des Fernsehens mit gut präparierten Interviewern, einem fähigen Regisseur und gewieften Kameramännern alles machbar ist. Ein paar Wochen später mußte ich mit einem Vortrag, zu dem die Konrad-Adenauer-Stiftung geladen hatte, nochmals mein Scherflein zu Axel Springer entrichten.[411] Wer sich einmal auf die Biographie eines Großen eingelassen hat, kommt nicht mehr von ihm los. Er hat fest damit zu rechnen, daß Fernsehen und Zeitungen sein Wissen periodisch anzapfen, dies zumeist in Wochen, wo man alles im Kopf hat, nur nicht die komplizierte Vita eines früher einmal behandelten Helden, die man inzwischen längst abgeheftet hat.

Inzwischen ging die Produktion der Kohl-Biographie mit Riesenschritten voran. Der Verlag hat sich mit der Ausstattung große Mühe gegeben und ist auf fast alle meine Wünsche eingegangen. Der Bau des Schlachtschiffes »Helmut Kohl« ist in Rekordzeit erfolgt, und für den Spätsommer 2012 stand der Stapellauf bevor. Ich hatte dieses letzte große Buch, so wie zuvor schon die Adenauer-Biographie, Annemie gewidmet. Ohne ihren ständigen Zuspruch und ihr Vergnügen an jedem neuen Kapitel wäre mir die Arbeit schon nach dem ersten Drittel verleidet gewesen.

Die Kohl-Festspiele

Wenn Neuerscheinungen im Bücherherbst reüssieren sollen, gibt es für die Verlage eine einfache Faustregel: Präsentiere das Buch möglichst vier oder sechs Wochen vor Eröffnung der Frankfurter Buchmesse, am besten in Berlin, wo Politik und Journaille konzentriert sind! Die Berliner Schulferien im Jahr 2012 lagen früh im Jahr und endeten bereits am 3. August. Man konnte davon ausgehen, daß alle Multiplikatoren, auf die es ankam, Ende August wieder gutgelaunt auf Posten sein würden. Ohnehin würden die Bände der Kohl-Biographie nicht früher verfügbar sein. So entschieden wir uns im April bei einer Strategiesitzung der DVA für die Buchvorstellung am Freitag, den 30. August. Auf Montag, den 2. September wollte die tüchtige PR-Chefin Meike von Boehn bei den Leitmedien erste Rezensionen anregen.

Die Präsentation sollte in der Alfred-Herrhausen-Stiftung erfolgen. Die Verlagsleitung hatte in letzter Zeit mit ihr gute Erfahrungen gemacht. Die Stiftung war in der Berliner Filiale der Deutschen Bank untergebracht, an der Ecke zu der Straße Unter den Linden, die jedoch wie schon seit Jahren von Baustellen, riesigen Rohren zum Absaugen des Grundwassers und allen möglichen Sperrgitter fast unpassierbar war. Doch die in gediegenem Luxus gestalteten Räume würden die wenig schöne Umgebung vergessen lassen.

Das Konzept einer Laudatio, gefolgt von einer Diskussion zwischen dem Autor und Laudator, moderiert von einem Dritten, hat sich bestens bewährt. Zum Glück hörte die Verlagsmannschaft auf mich, als die Persönlichkeit des Laudators erörtert wurde. Ich empfahl, Bernhard Vogel für die Laudatio zu gewinnen. Er würde sich der Aufgabe nicht entziehen wollen, sei ein guter, witziger Redner, habe bei allen, auf die es ankomme, einen guten Namen und sei ein gewissenhafter Mann, der das umfangreiche Buch tatsächlich lesen und pointiert vorstellen würde.

Ich wies jedoch darauf hin, der Eindruck sei unbedingt zu vermeiden, hier werde das Buch eines Oldies über einen Oldie durch einen weiteren Oldie vorgestellt. Ein jüngeres, bei der Journaille bekanntes Gesicht, meinte ich, muß her, am besten ein anerkannter Journalist. Dieser könne im Anschluß an die Laudatio mit präziser Gesprächsführung eine Diskussion zwischen mir und Bernhard Vogel dirigieren. Mein Vorschlag fand Zustimmung, Ulrich Reitz, Chefredakteur der *Westdeutschen Allgemeinen Zeitung* in Essen, eine weithin gehörte publizistische Stimme im deutschen Westen, um die Moderation zu bitten. Als scharfer, kundiger Debatter war Reitz regelmäßig im sonntäglichen »Presseclub« der ARD zu Gast – kein Oldie, vielmehr ein jugendlich wirkender Mann in den besten Jahren. Ich kannte ihn aus der Bonner Zeit. Reitz hatte auch eine gut recherchierte Biographie über Schäuble verfaßt, in der Zwischenzeit war die Verbindung zwar eingeschlafen, doch war ich zuversichtlich, sie zu reaktivieren.

Vogel in der Rolle des Laudators hatte in der Tat einen besonders guten Tag. Als ich merkte, wie gut seine ausführliche, humorvolle und rundum anerkennende Laudatio ankam, wollte ich mich nicht auch noch selbst über das eigene Buch verbreitern und vertraute darauf, daß Reitz die richtigen Fragen aufgreifen würde. Das tat er auch, zeigte sich bestens präpariert, und so waren wir eine muntere Runde.

Vor der Buchpräsentation hatte ich mir gründlich überlegt gehabt, welche Botschaft ich den hier versammelten Multiplikatoren mit auf den Weg geben wollte. Doch in solchen Fällen muß man an Ort und Stelle entscheiden, wie lange man spricht und was am wirkungsvollsten ist. Jetzt aber, in diesem Lebensbericht, will ich doch die Gedankenskizze wiedergeben, die ich damals unter den Tisch fallen ließ. Bei den zahlreichen Interviews und Lesungen, die sich anschlossen, habe ich diese Hauptgedanken meiner Biographie wieder und wieder variiert. Darin ist auch meine darstellerische Philosophie zum Thema politische Biographie verpackt.

Erste Frage, so hatte ich skizziert: »Wie bewerte ich Helmut Kohl insgesamt?« Die Antwort: »Der Renaissance-Architekt Vasari hat einmal in bezug auf das klassische Altertum formuliert: ›Wir stehen auf den Schultern von Riesen.‹ Blickt man auf das heutige Deutschland oder die Europäische Union, könnte man in bezug auf Helmut Kohl, der sechzehn lange Jahre als Bundeskanzler unterwegs war, dasselbe sagen. Die Brüsseler Größen José Manuel Barroso, Herman Van Rompuy, Catherine Ashton, Baronin und für die EU-Außenpolitik zuständig, Jean-Claude Juncker und wie sie alle heißen, auch unsere heutigen Größen in der Bundesrepublik, stehen im Guten und im weniger Guten auf den Schultern dieses Riesen.

In seiner eigenen Partei, in der Bundesrepublik und in ganz Europa hat dieser Parteichef und Bundeskanzler eine Gestaltungskraft entwickelt, die man durchaus gigantisch nennen darf. Er war subtil, kalkulierend, aber auch ungestüm. Er war bald umsichtig und vieles aussitzend, gelegentlich aber auch von abenteuerlichem Risikomut. Er konnte großzügig sein und manchmal rachsüchtig, jovial, wütend, war idealistisch und realistisch zugleich und so weiter. Wie wir alle wissen, kann man in Bezug auf Helmut Kohl die widersprüchlichsten Eigenschaften benennen, und für eine jede lassen sich Beispiele bringen. Er war und ist ein Mensch in seinem Widerspruch. Das gilt auch für die historische Bewertung seiner Leistung. Wer über ihn arbeitet, wird manche seiner Entscheidungen als weitsichtig und produktiv, andere als – sagen wir – eher problematisch beurteilen. Aber er war alles in allem eine riesige Gestalt, die neben Adenauer die breitesten Spuren in der Geschichte Deutschlands und Europas hinterlassen hat.«

Zur Frage Nummer zwei, »Was bringt diese Biographie Neues?«, hatte ich mir notiert: »Ein Biograph Helmut Kohls sieht sich einem Berg von offenen zeitgenössischen Quellen und von zeitgenössischen Urteilen gegenüber. Diese müssen aus größerem Abstand herangezogen und kritisch bewertet werden. Zugleich ist der Historiker von Neugier getrieben, neue, bisher unausgeschöpfte Quellen zu erschließen. Einer meiner französischen Kollegen hat den Historiker einmal einen ›ogre‹, einen Menschenfresser, genannt, der unablässig hinter frischem Fleisch her ist – also hinter bislang unbekannten Sitzungsprotokollen von Entscheidungsgremien, Besprechungsprotokollen des Bundeskanzlers mit ausländischen Staatsmännern und Staatsfrauen, Tagebüchern, Interviews mit Zeitzeugen oder internen Berichten von Journalisten …

Eine Biographie, zumal die Biographie eines derartigen Vollblutpolitikers, darf aber, dies mein dritter Punkt, nicht zu einem langweilig gewebten Fleckenteppich aus Tausenden von Quellen degenerieren. Der Biograph muß deshalb auch etwas von einem Künstler haben, der nicht vergißt, daß er keinen Politikautomaten, keinen bloßen Funktionsträger, keinen allein auf Machtbesessenheit und Moralvergessenheit programmierten Kanzler zu beschreiben hat, doch erst recht keinen bloß aufs Ideale abonnierten Gemeinwohlbeförderer, sondern einen lebendigen, schwer kalkulierbaren Menschen mit seinen großen Stärken, mit seinen Schwächen, die von den Stärken oft nicht zu trennen sind, mit fast unglaublichen Erfolgen, aber auch kritikbedürftigen Fehlgriffen. Der geneigte Leser mag also selbst beurteilen, ob aus dieser Zusammenschau ein originelles, neues Bild dieses politischen Riesen entstanden ist. Ich selbst bin so unbescheiden, das zu glauben.«

Das Wörtchen »Fehlgriffe« führte zu einer letzten Frage: »Wie politisch darf oder soll ein Kanzlerbiograph sein? Wie politisch ist meine Biographie Helmut Kohls?« Ich habe sie mit der Feststellung beantwortet: »Wahrhaftige Zeitgeschichtsschreibung, richtig verstanden, ist eine aufklärerische Disziplin.

Was ist damit gemeint? Wir alle, die Welt der Politiker und Politikerinnen mit inbegriffen, arbeiten beim Blick auf die jüngste und fernere Vergangenheit nur zu gerne mit Clichés, mit geschönten Bildern historischer Gestalten oder historischer

Vorgänge, oder aber wir servieren die einstmals Mächtigen und das, was sie wollten oder taten, wiederum auf Clichés gestützt, als falsch und irrelevant ab.

Diesen geschönten Geschichtsbildern oder den geschickt fabrizierten Zerrbildern gegenüber ist die Zeitgeschichtsforschung, fast könnte man sagen, subversiv. Sie stellt manches in Frage, indem sie ins Detail geht … Sie erschüttert Gewißheiten. Ohne Respekt vor der jeweils vorherrschenden Meinung beleuchtet sie vielfach Verdrängtes, Totgeschwiegenes, Geschöntes oder Verteufeltes und macht ein großes Leben in seinen einmaligen Leistungen, aber auch in seinen Bedingtheiten verständlich. Dabei hat sich der echte Zeithistoriker um die Wirkung seiner Forschungen nicht zu kümmern. Seine Aufgabe besteht darin, wie das einstmals der große Leopold von Ranke gefordert hat, die Vorgänge und Personen so zu beschreiben, ›wie sie gewesen sind‹. Andere – Parteien, Journalisten, die Personen an der Spitze der heutigen Machtpyramide – mögen dann über die so ermittelten Befunde neu nachdenken und politische Schlußfolgerungen daraus ziehen oder auch nicht.«[412] Soweit meine Botschaft.

Am Montag drauf stiegen sowohl der Münchener *Focus* als auch der Hamburger *Spiegel* voll ein. Beide waren diesmal genauso wichtig: der *Spiegel* als Leitmedium für die bekanntlich größtenteils irgendwie links gestrickten Buchhändler der Republik und der *Focus* für das mehr liberal-konservative Milieu. Einen Monat zuvor hatte ich mit zwei mir zuvor unbekannten *Focus*-Journalisten an einem schönen Sommertag einige Stunden lang diskutiert, wobei natürlich auch ausführlich die kritischen Befunde zu Kohls Verantwortung für die Einführung des Euro zur Sprache kamen. Die Euro-Krise war im Sommer 2012 ein Topthema. Die Redaktion fand das brennend interessant, und so wurde meine Biographie am Montag, 3. September, zum Aufmacher für die Titelgeschichte des *Focus*. Über einer großen Porträtaufnahme Kohls war auf dem Umschlag zu lesen: »Enthüllung: Brisantes Buch über den Exkanzler: Ist Helmut Kohl schuld an der Euro-Krise?«[413]

Erstaunlicherweise kam *Der Spiegel* am gleichen Tag mit einer ausführlichen Rezension heraus. Gerhard Spörl, dort seit langem schon zuständig für »Meinung«, hatte mich in der Woche der Buchpräsentation angerufen, es ergab sich ein gutes Gespräch. Die Besprechung wurde meinem Buch gerecht: »eine klassische Biographie, die Person und Werk einordnet und deutet«[414]. Spörl arbeitete meinen mentalitätsgeschichtlichen Ansatz heraus, machte aber auch seinerseits auf meinen ausführlich recherchierten Bericht über den Euro-Fighter Helmut Kohl aufmerksam. Die Gratwanderung, deren ich mir während der Arbeit an dem Buch bewußt gewesen war, zeigt bereits die Aufnahme durch diese ersten Leser, die von ihrer Lektüre kundtaten: einerseits, bei Bernhard Vogel, Respekt für das emphatische Porträt dieses Riesen aus der jüngsten CDU-Geschichte (bei behutsamem Aussparen meiner alles in allem kritischen Darstellung von Kohls überdrehter Europapolitik), andererseits im *Focus* (doch ebenso bei Spörl) Hochziehen des Euro-Themas. Erfreulich war, daß alle meine völlige Unabhängigkeit von parteipolitischen Überlegungen hervorhoben.

Nach diesem Auftakt stiegen auch die überregionalen Blätter, das Fernsehen, der Hörfunk und die vielfach genauso wichtigen großen Regionalzeitungen mit ausführlichen Rezensionen ein. In der Buchkampagne zeigte sich, wie man bei amerikanischen Wahlkämpfen sagt, *momentum*. Keines meiner Bücher, auch nicht die Adenauer-Biographie, hatte zuvor eine so rasche, breite und fast durchgehend anerkennende Aufnahme gefunden. Auf die Schreibklausur folgte nun eine heftige Reise- und Fernsehtätigkeit, die Spaß machte, und erst im Dezember auslief.

Im Verlauf der Interviews, Reisen und Lesungen habe ich eine interessante Erfahrung gemacht. Es waren nicht nur die an Jahren schon älteren Jahrgänge der Generation Helmut Kohls oder die an Lebensjahren zehn oder fünfzehn Jahre Jüngeren, die an meiner panoramisch angelegten Kohl-Biographie Interesse hatten. Zahlreich und für mich aufschlußreicher waren jene Dutzende von Fernseh- und Hörfunkjournalisten, die Journalistinnen nicht zu vergessen, die so um die dreißig, fünfunddreißig oder vierzig Jahre alt waren, also nur noch ein Cliché-Bild Kohls mit sich führten, in dem natürlich die wenig erfreulichen Züge des bräsigen Kanzlers überwogen, der sich an der Macht festklammerte und zu guter Letzt auch noch im Parteispendenskandal erwischt worden war. Sie hatten meine Darstellung mehr oder weniger gründlich gelesen und sehr überrascht festgestellt: Was für eine spannende, ja aufregende Gestalt, die sich als Kriegskind, als Student, als parteipolitischer Aufsteiger, als Parteireformer, als Täter und Opfer innerparteilicher Schlammschlachten, schließlich als Kanzler durchs 20. Jahrhundert durchgeschlagen hat! Und manchen ist dabei auch aufgegangen, wie stark unsere Gegenwart von den Fernwirkungen dieser scheinbar längst zur Ruhe gesetzten Größe bestimmt wird. Nicht ohne ein gewisses Glücksgefühl habe ich bei solchen Unterredungen registriert, wie gut gemachte Bücher das Geschichtsbild nachwachsender Generationen erschüttern und verändern können. Was kann ein Historiker mehr erreichen? Bei soviel Aufmerksamkeit war es kein Wunder, daß sich das an und für sich recht teure Buch rasch auf der *Spiegel*-Bestsellerliste fand.

Ohne daß ich mir das anfangs klargemacht hatte, profitierte meine Biographie auch von einer Parallelaktion, auf die weder der Verlag noch ich selbst Einfluß hatten. Die CDU war wieder einmal auf dem Jahreszahltrip, wollte den 30. Jahrestag des Machtwechsels im Herbst 1982 in Erinnerung rufen und dabei Helmut Kohl zugleich Dankbarkeit und Ehrerbietung erweisen. Nach dem in solchen Fällen üblichen Hin und Her hatte es schließlich die Konrad-Adenauer-Stiftung übernommen, am Abend des 27. Oktober im Lichthof des Deutschen Museums eine groß aufgezogene Veranstaltung zu Ehren Helmut Kohls auf die Beine zu stellen, mit allem, was in der CDU gut und teuer ist, die Bundeskanzlerin zuvörderst. Einfallsreiche Journalisten brachten dafür alsbald die Bezeichnung »Kohl-Festspiele« in Umlauf. Kohl selbst brannte darauf, wieder einmal vielstimmig gewürdigt zu werden. Bei unseren Telefonaten war Maike Kohl-Richter verschiedentlich auf die Bemühungen um eine Sondermarke für Helmut Kohl zu sprechen gekommen. (Dieses Postwertzeichen ist dann, stark vergrößert, in einer etwas ridikülen Zeremonie bei den Feierlichkeiten am Abend des 4. Oktober vor den Augen des im Rollstuhl davor geschobenen Helmut Kohl feierlich enthüllt worden.) Der Erscheinungstermin für meine Kohl-Biographie war festgelegt worden, bevor in der CDU schon entschieden war, ob sie Kohl im Herbst des Jahres gewissermaßen zur Ehre der Altäre erheben wolle. Jetzt aber, als es auf die Feierlichkeiten zuging, richtete sich die Aufmerksamkeit der Medien natürlich auf diese Kohl-Biographie. Sie war sozusagen das Buch zum Film.

Zur Ehre der Konrad-Adenauer-Stiftung sei erwähnt, daß deren maßgebliche Persönlichkeiten und die Mitarbeiter meine differenziert, naturgemäß in manchen Punkten auch kritische Darstellung mit gelassener Liberalität aufgenommen haben. Bei den Spitzenpolitikern der CDU, die sich in dem Buch kurz oder intensiver beschrieben sahen, war die Reaktion erwartungsgemäß gemischt. Einige haben mich beglückwünscht, was möglicherweise aufrichtig gemeint war, andere haben die darstellerische Leistung anerkannt, waren aber mit der Behandlung der Euro-Problematik nicht einverstanden und haben respektvoll widersprochen, einige haben mich in dem einen oder anderen Punkt korrigiert, der sie persönlich betroffen hat. Ganz gleichgültig hat die Biographie wohl keinen oder keine gelassen, wie bemerkenswert viele Rückmeldungen gezeigt haben.

Und Helmut Kohl selbst? Mitte August hatte er mich, auch im Namen von seiner Frau Maike, zusammen mit Annemie auf den 1. Oktober zur Erinnerung an den 30. Jahrestag seiner Wahl zum Bundeskanzler in den »Deidesheimer Hof« zu einem Abendessen »mit alten und neuen Weggefährten« in kleinem Kreis eingeladen.[415] Ende August war eines der ersten Exemplare der Biographie an ihn abgegangen. In dem Begleitbrief an ihn und seine Frau schrieb ich: »Die Leser – jüngere und ältere – sollen daran erinnert werden, daß die Welt des frühen 21. Jahrhunderts maßgeblich von Ihnen mit geprägt worden ist. Verstehen Sie also mein Buch, das mich doch einige Mühe gekostet hat, auch als empathische und – wie es sich für Historiker und Politologen gehört – kritische Hommage an diesen Riesen. Nach meiner festen Überzeugung sind bei der jetzigen Quellenlage nur biographische Annäherungen möglich. Ohnehin kann und soll niemand trotz der Bemühung um Objektivität der eigenen Subjektivität entgehen, das gilt – Sie mögen das selbst verspürt haben – für die Arbeit an der eigenen Biographie, es gilt genauso für Biographen ... Sicherlich werden Sie im Detail oder in der Gesamtanlage Feststellungen, Akzentuierungen und Bewertungen finden, die Sie als unvollständig oder falsch erachten ... Mehr als einen Zwischenbericht konnte und wollte ich somit bei der gegenwärtigen Quellenlage nicht geben. Ich habe auch mit Bedacht den Untertitel ›Eine politische Biographie‹ gewählt. Das rein Private wurde weitgehend beiseite geschoben, zum einen, weil die Quellen dazu wohl noch lange nicht zugänglich sein werden, vor allem aber deshalb, weil ich den Blick der Öffentlichkeit von den unlängst viel zu stark hochgezogenen Aspekten des Privatlebens auf das dramatische politische Leben und die politische Leistung lenken wollte.«[416]

Vier Wochen lang hörte ich dann nichts mehr aus dem Hause Kohl. Daß die Biographie dort allerhöchsten Unmut erregt hatte, ist mir erst während der Uraufführung der Kohl-Festspiele am Abend des 27. September von verschiedenen Vertrauten des Altkanzlers mitgeteilt worden. Auf dem Programm stand auch Kardinal Karl Lehmann von Mainz, der aber aus gesundheitlichen Gründen nicht zugegen sein konnte. Dem ziemlich jugendlichen Prälaten Karl Jüsten, Leiter des Kommissariats der deutschen Bischöfe in Berlin, oblag es, bei zunehmender Unruhe des Auditoriums die peinlich lange Ansprache – gut eine halbe Stunde – des mit Kohl befreundeten Mainzer Kirchenfürsten vorzutragen. Dabei ließ Lehmann unter Namensnennung nicht besonders überzeugend gegen mich polemisieren, weil ich in differenzierter Analyse die sogenannte Wende von 1982 nur als »halbe Wende« bezeichnet hatte. Einer der CDU-Granden bemerkte danach zu mir: »Seien Sie stolz, Sie sind der einzige aus der großen Gästeschar, der mit Namen genannt worden ist!«

Vor meinem inneren Auge sah ich jetzt den gewaltigen schwarzen Rauchpilz eines Vulkanausbruchs über der Marbacher Straße 11 in Oggersheim stehen, ausgelöst höchstwahrscheinlich durch die Lektüre meiner Biographie. Ob sich Kohl selbst in die Darstellung vertieft hatte, ob der Kardinal und andere Freunde ihn alarmiert hatten, weiß ich nicht. So sandte ich rasch eine Mail an den zürnenden Patriarchen und seine Gattin, ich hätte gehört, meine Biographie habe stark mißfallen. Es verstehe sich von selbst, daß wir unter diesen Umständen unsere Zusage nach Deidesheim zurückzögen.

Bei der Rückkehr an den heimischen Schreibtisch fand ich einen denkwürdigen Brief Helmut Kohls vor, in dem er mir vorwarf, in meiner Biographie hätte ich durch die ausgedehnte Beschreibung und beurteilende Betrachtung seines Privatlebens und die Darlegung seiner, nur in meiner Vorstellung existierenden Überlegungen und Empfindungen ein nicht richtiges und unwahres Bild von seiner verstorbenen Ehefrau Hannelore, der Beziehung zu ihr und der Familie gezeichnet, was ihn sehr verletze. Gleiches treffe für meine Ausführungen über die Verbindung und Ehe zu seiner jetzigen Frau zu. Angesichts unserer jahrelangen gegenseitigen Wertschätzung hätte er das nicht erwartet, schrieb er und konstatierte darüber seine schwere Enttäuschung.

Bei den Gesprächen mit ihm nach seinem Sturz hatte ich nicht herausfinden können, ob er überhaupt noch in der Lage war, schwierige Texte gründlich zu prüfen, ohne rasch zu ermüden. Wahrscheinlich waren wohl verschiedenste Ohrenbläser am Werk. Aufgrund des ganzen Aufruhrs um Hannelore Kohl und auch um seine zweite Frau wäre es völlig undenkbar gewesen, auf die entsprechenden Vorgänge und

Fragen nicht einzugehen. Gerade das Überschatten des Politischen durch das Privatleben war schließlich ein Teil der Tragik, die er am Ende seiner Tage empfinden mußte, als sein Sohn Walter und der Ghostwriter Heribert Schwan viel zu viel aus seiner Intimsphäre in die Öffentlichkeit zerrten. Aber er hat offenbar nicht begriffen, daß ich mit voller Überlegung den Politiker herausgearbeitet und es als irrelevant beiseite gewischt habe, ob er ein guter oder nachlässiger Ehemann, ein sorgsamer oder nachlässiger Vater gewesen ist.

Nachdem er sich mit einem groben Brief Entlastung verschafft hatte, ist Funkstille eingetreten. Ich selbst habe seitdem auch nicht in Erfahrung zu bringen versucht, was im Hause Kohl und im Kreis seiner Anhänger so alles über meine Biographie gesprochen worden ist. Vermutlich war die nach Lage der Dinge ziemlich absurde Entrüstung über das, was ich zu seiner Privatheit geschrieben hatte, nur vorgeschoben. Für ihn selbst und seine Umgebung war mein Blick auf seine Politik doch wohl zu kritisch, zu ironisch, zu distanziert und zu wenig verehrend. Ebendas aber macht nach Meinung vieler Rezensenten den Wert dieser Biographie aus.

Anfang Dezember verabschiedete ich mich von dem Jahr der Kohl-Festspiele mit zwei Vorträgen. Hildegard Stausberg, die engagiert konservative, kompromißlose Freundin aus Kölner und Bonner Zeiten hatte zum Weihnachtstreffen des Kölner Journalistenclubs ins Hotel »Ernst« eingeladen, und ich servierte dort einen zeitkritischen Vortrag zum Thema »Was bleibt von der ›alten‹ Bundesrepublik?«[417] Dann ging's nach München ins Institut für Zeitgeschichte. Dort verabschiedete ich mich mit dem Vortrag »Rückblicke, Ausblicke« nicht nur vom Jahr 2012, sondern auch vom Amt der Herausgeberschaft der *Vierteljahrshefte für Zeitgeschichte*, die ich 35 Jahre hindurch freudig wahrgenommen hatte.[418] Andreas Wirsching, der Direktor des IfZ, stellte mich in einer witzigen Abschiedsadresse mit den Worten aufs Postament: »Er ist quasi zur Institution geworden, an der sich andere orientieren können und orientieren werden.«[419] Ich hatte zuvor die Jahresringe gezählt und fand, daß das Drittel eines Jahrhunderts im Jahr der Veröffentlichung einer großen Biographie der rechte Moment sei, sich vergnügt der Last zu entledigen, um nach so vielen Studien über die Biographien verblichener Größen oder solcher, die ihr Ende noch vor sich hatten, endlich die Zeit für ein längst fälliges Vorhaben zu finden: die Schilderung meiner eigenen Lebensreise durchs 20. Jahrhundert und schon ganz schön weit ins 21. Jahrhundert hinein.

Gedanken beim Recycling des eigenen Lebensgangs

Vorbilder, inspirierend oder bedenklich: die Autobiographien der verehrten Kollegen

Die Arbeit an der Kohl-Biographie hat mich offenbar in Fahrt gebracht. Kaum waren die Kohl-Festspiele vorbeigerauscht, ließ mich der Gedanke nicht mehr los, es nach verschiedenen Biographien über Dritte nun mit einer Autobiographie zu versuchen – so wie ein Maler, der schon zahlreiche Porträts verfertigt hat und sich nun an ein Selbstporträt macht.

Was hat mich wohl dazu verführt? Seit Olims Zeiten existiert das Genre der Autobiographie. Ich gestehe, daß ich mein ganzes Leben lang ein süchtiger Leser und Sammler solcher Werke gewesen bin. Sie transportieren subjektive Wahrheiten, sind aber zugleich authentisch, falls der Autor das Œuvre wirklich selbst geschrieben oder diktiert hat. Dabei greife ich nicht nur nach den Lebenserinnerungen von Politikern, Diplomaten, Publizisten oder Künstlern, sondern auch nach denen meiner verehrten Fachkollegen. Für den »politischen Professor«, wie man diese Intellektuellengattung schon im 19. Jahrhundert nannte, war und ist das Schreiben seiner Memoiren eine fast unwiderstehliche Versuchung. Längst bevor heute die Historiker die Gestalt des *public intellectual* entdeckten, habe ich gerne und oft mit Gewinn die Autobiographien der noch quicklebendigen oder der bereits verstorbenen Kollegen studiert, die mit literarischem Ehrgeiz und mit politischer Leidenschaft nicht allein ihre Erfahrungen an den Universitäten und das Abenteuer ihrer wissenschaftlichen Arbeiten geschildert haben, sondern zugleich damit ein ganzes Zeitalter.

Wenn ich im folgenden einige Namen nenne, dann als eine Art Dank an alle jene, die mich mit ihren höchst heterogenen Texten inspiriert haben.

Da ist beispielsweise Alexander von Müller mit seinen dreibändigen Erinnerungen. Ihm ist zugleich eine Professoren-Autobiographie geglückt und ein hinreißendes Panorama Münchens und Oberbayerns von den Jahren der Regentschaft bis an die Schwelle der nationalsozialistischen Diktatur, während der er sich leider stark kompromittiert hat.[420] Diese Autobiographie fasziniert auch deshalb, weil darin der Gottseibeiuns Adolf Hitler persönlich auftritt, damals noch als grotesk wirkender Sonderling im revolutionären München des Jahres 1919, der »mit einer seltsam gutturalen Stimme unaufhaltsam und mit wachsender Leidenschaft« nach einem Vortrag Müllers auf eine Gruppe von Teilnehmen einredet.[421] Diese Biographie fasziniert, weil sie ein ganzes, längst vergangenes Zeitalter wieder zum Leben erweckt.

Durchaus vergleichbar sind die *Grenzüberschreitungen* von Rudolf von Salis. Bei von Müller schildert ein deutschnationaler, monarchistisch orientierter Professor das inzwischen im tiefen Brunnen der Vergangenheit versunkene Bayern, bei von Salis berichtet ein linksliberaler Schweizer von der Zeitgeschichte der Schweiz, von den Studien an den Universitäten der großen Nachbarländer und von dem erst ins Schleudern geratenen, dann halbwegs stabilisierten Europa vom Ersten Weltkrieg bis zum Umbruch 1989/90.[422]

Aus der großen Zahl zeitgenössischer Erinnerungen amerikanischer, britischer oder französischer Professoren haben mich die Memoiren von Arthur Schlesinger am stärksten beeindruckt. Der erste Band der Autobiographie dieses Sohns aus einer Historikerfamilie ist vieles gleichzeitig: Bericht, wie ein junger Historiker zu den großen Themen seiner Geschichtsschreibung findet, Darstellung des Milieus und maßgeblicher Figuren der amerikanischen Linksintellektuellen in den Jahren des *New Deal*, während der Kriegszeit und bis in die Anfänge des Kalten Krieges, Zeitgeschichtsschreibung eines politisch engagierten Professors und in jedem Kapitel auch Reflexion zur historischen Methodik aus Anlaß einer Selbstdarstellung der eigenen Lebensgeschichte.[423] Leider hat ihm der Tod die Feder aus der Hand genommen. Schlesingers auszugsweise veröffentlichte Tagbuchaufzeichnungen lassen erahnen, was uns dadurch entging, daß ihm für die Fortsetzung seiner Memoiren keine Zeit mehr geblieben ist.[424] Wahrscheinlich gefällt mir auch die unlängst erschienene Autobiographie des Orientalisten Bernard Lewis deshalb so gut, weil er wie Müller, Salis und Schlesinger das 20. Jahrhundert einerseits mit Professorenaugen beobachtet hat, andererseits aber periodisch in das Milieu der Politik und der Publizistik eingetaucht ist.[425] Da ich manche Bücher von Raymond Aron und dem Sowjetologen Richard Pipes mit Gewinn studiert habe, fand ich auch die Lebenserinnerungen dieser unangepaßten, liberal-konservativen Kollegen besonders packend.[426] Genauso erging es mir natürlich mit den in hohem Alter diktierten Erinnerungen Theodor Eschenburgs, deren sich Hermann Rudolph mit kundiger Hand angenommen hat.[427] Die hier Genannten waren durchweg Publizisten und zugleich eigenwillige *Grenzüberschreiter*, wie von Salis diesen Typ genannt hat. Das macht sie für mich natürlich besonders interessant. Ich gestehe, daß ich auch die dreibändigen Memoiren von Hans Küng[428] mit größtem Interesse verschlungen habe. Er versteht sich als Reformator, und diese Bücher sind zugleich Kampfschriften. Aber sie gehören gleichfalls zum Genre der politischen Autobiographien und bestätigen wieder einmal die Erfahrungstatsache, daß die gottesgelehrten Professoren die größten Streithammel sind.

Mit einer gewissen Melancholie greife ich auch bisweilen zu den Lebenserinnerungen deutsch-jüdischer Emigranten, die untereinander eine große Spannweite aufweisen, wie die der Politologen John H. Herz[429], Reinhard Bendix[430], Walter Laqueur[431] oder der Historiker George Hallgarten[432], Fritz Stern[433] oder Joseph

Rovan[434]. Wieviel ist Deutschland mit ihnen und ihresgleichen verlorengegangen! Melancholie empfinde ich ebenso beim Lesen der Autobiographie meines verstorbenen Kollegen Christian Graf von Krockow. Was für ein Mann: Als wohlbestallter Ordinarius wirft er seine Verbeamtung hin, wird zum Schriftsteller, schreibt fast Jahr für Jahr gut recherchierte politische oder zeitgeschichtliche Bücher, die sich auf dem Markt durchsetzen, erschließt sich wie ein echter freier Schriftsteller Zusatzeinkommen durch Rundfunkvorträge oder Lesungen und ringt seinem kranken Körper dann noch eine tapfere Professorenautobiographie ab unter dem schönen Titel *Zu Gast in drei Welten*[435]!

Von Krockow war und ist aber nicht der einzige Fachkollege aus der Politischen Wissenschaft, der eine spannende und bewegende Autobiographie hinterlassen hat. Wenn die Jahre kürzer werden, fühlen sich offenbar manche von denen, die sich lebenslang in analytischen Werken oder historischen Darstellungen und als Publizisten mit den großen Fragen ihrer Zeit befaßt haben, einem starken Sog ausgesetzt, jetzt auch einmal selbstkritisch zu fragen, wie sich der eigene Lebensgang in die umfassenden Zusammenhänge einfügt. Häufig sind es die partiell oder dauerhaft Unangepaßten, die nun vom hohen Turm der Erinnerung aus Rechenschaft über ihr – zumeist vergebliches – Wollen ablegen und die bei dieser Gelegenheit nochmals austeilen.

Unnötig zu begründen, weshalb ich den inzwischen hohen Berg von Erinnerungen meiner gegenwärtigen deutschen Kollegen mit besonderem Interesse studiert habe. Eine erste Welle von Lebenserinnerungen von Politologen der ersten und der zweiten Generation ist fast zeitgleich im letzten Jahrfünft des vergangenen Jahrhunderts erschienen. Theodor Eschenburg (Jahrgang 1904) hat, wie schon erwähnt, im Jahr 1995 den ersten Band seiner Memoiren erscheinen lassen.[436] Kein Wunder, daß auch er sich, inzwischen eine von schmalbrüstigen Figuren aus der Enkelgeneration attackierte Säule des Establishments, in diesem Buch als jungen, unangepaßten Frechdachs in Erinnerung brachte. Zeitgleich im Jahr 1995 sind auch die Erinnerungen von Iring Fetscher (Jahrgang 1922) erschienen. Keiner zuvor und danach hat so wie dieser exemplarische Angehörige der Frontgeneration des Zweiten Weltkriegs über die Brüche in der eigenen Lebensgeschichte kritisch reflektierend berichtet: *Versuch, mein Leben zu verstehen.*[437] Wer erfahren will, wie völlig unterschiedlich maßgebliche deutsche Politikwissenschaftler der ersten und der zweiten Generation sich selbst und die Katastrophen des 20. Jahrhunderts erfahren haben, vergleiche die Lebensberichte dieser beiden: selbstbewußt, von Selbstzweifeln oder gar Schuldgefühlen unangefochten, gleichsam bei einem guten Glas Roten plaudernd *(Geschichte und Geschichten)* Theodor Eschenburg, fragend, nach Gewißheiten tastend, selbstkritisch und von Schuldgefühlen nicht ganz frei Iring Fetscher. Auch der fleißige und besonders sympathische Christian von Krockow (Jahrgang 1927) gehörte dieser Generation der Politischen Wissenschaft an. Sie alle verbanden mit dem 1945 untergegangenen Deutschen Reich prägende Erinnerungen, waren aber bei aller Unterschiedlichkeit darin einig, die Politische Wissenschaft als historisch fundierte, nach allen Seiten kritische Demokratiewissenschaft zu lehren.

Jetzt, im zweiten Jahrzehnt unseres Jahrhunderts, kommt eine weitere Welle von Politologen-Autobiographien auf den Buchmarkt. Die Phase der Nachdenklichkeit hat auch jene Jahrgänge erreicht, deren Geburtsjahre in die Anfänge des Dritten Reichs fielen und die man mit gutem Recht als »Generation der Bundesrepublik« bezeichnen kann. Den Anfang machte 2011 Hans Maier (Jahrgang 1931). Er gehört zu den Kriegskindern und ist der einzige Politologe von Rang, der den Wechsel zwischen langjähriger ministerieller Tätigkeit und dem Professorenamt ohne Schaden für seinen Stil, seine Intellektualität und seine geistige Unabhängigkeit überstanden hat. Auch die Kultur des einstmals christlichen Abendlandes ist für ihn selbstverständlicher Besitz – ein sozial fortschrittlicher Konservativer, wie er im Buch steht.[438] Wieder ganz anders Arnulf Baring (Jahrgang 1932)[439] und Ekkehart Krippendorff (Jahrgang 1934)[440]. Ideologisch verbindet die beiden nicht eben viel – ein für unsere seit längerem schon recht träge politische Klasse recht unbequemer Konservativer der eine, eine Antiestablishment-Ikone aus den fernen 68er Jahren der andere. Beide sind sie auf ihre Art zeitkritisch, beide haben sie politisches Temperament, beide sind sie kulturell, wie man so sagt, breit aufgestellt. Der in den Talkshows gefürchtete Baring outet sich als Intellektueller, der periodisch in Klöstern zur Ruhe kommt, und aus dem Stoßtruppführer der Berliner APO Ekkehart Krippendorff ist neben vielem anderem ein kundiger Goethe-Verehrer geworden, der die im guten Sinn konservativen Botschaften des zeitkritischen Altmeisters sympathisch entfaltet.

Neuerdings hat auch Klaus von Beyme an seine Beiträge zum Fach Politische Wissenschaft erinnert,[441] alles zeitgemäß gewürzt mit einem Touch Exhibitionismus. Er ist ein Primustyp wie Hans Maier, dem Selbstironie nicht fremd ist, anders als dieser linksgewirkt, lebenslang produktiv auch er, ein nimmermüder Umsetzer global herumschwirrender Forschungsparadigmen, Erkenntnisse und Irrtümer.

Wie stark diese Politikwissenschaftler meiner Generation vom Lebensgefühl der folgenden Generation entfernt sind, zeigen die Memoiren von Claus Leggewie (Jahrgang 1950)[442]. Üblicherweise schreibt man mit 65 keine Memoiren, es sei denn, man kommt aus der Unterhaltungsbranche. Doch auch Leggewie, der sich als »Spätachtundsechziger« bezeichnet, hat etwas zu sagen. Nicht daß er in Gießen, an der New York University und an vielen ökologischen Instituten gelehrt hat, macht ihn lesenswert, sondern daß er zu jenen unruhigen Geistern gehört, die sich dort in der Welt herumtreiben, wo der deutsche Professor eher nicht zu finden ist: in Algerien, in den finsteren Winkeln Asiens, Schwarzafrikas oder Lateinamerikas, in der Kriegshölle des belagerten Sarajewo, überhaupt überall dort, wo immer es in den linken Milieus bunt, anarchisch und manchmal kreativ zugeht.

Vergleichen möchte ich mich mit keinem der Genannten. Jeder Jeck ist eben anders, diese Kölner Lebensweisheit gilt offenbar auch für die neueren Autobiographen unter den deutschen Politologen. Ich bekenne also mit Goethe: »Man wird nicht müde, Biographien zu lesen, so wenig wie Reisebeschreibungen: denn man lebt mit Lebendigen.«[443]

Wie dieser Exkurs zum Thema Professoren-Autobiographien und Professoren-Biographien erahnen läßt, bin ich mir jedenfalls über den Reiz, aber auch die Problematik dieses Genres im klaren. Und da ich die Autobiographien anderer durchweg kritisch studiere, kann ich meine naturgegebene Skepsis auch dem eigenen Lebensweg gegenüber nicht völlig abschalten. Der stärkste Widerstand gegen die Publikation der eigenen Lebenserinnerungen ging von dem Gedanken aus: Habe ich wirklich so viel Schlimmes erlebt wie, sagen wir, die fünf, zehn oder zwanzig Jahre Älteren, die als Soldaten den Krieg oder die Emigrationsjahre zu bestehen hatten? Ist mein Leben nicht viel zu undramatisch verlaufen, als daß ich groß darüber berichten sollte? Doch dann habe ich mir gesagt: Ich schreibe nicht in erster Linie als Privatperson, sondern als Zeitzeuge, als Zeitdiagnostiker und auch als Zeitkritiker. Mein Haus ist zwar nicht im Bombenhagel verbrannt, und ich habe auch keine Gefängnisse als politischer Häftling von innen gesehen. Doch dennoch waren die Kontroversen und die Umbrüche, die ich selbst erlebt habe, weiterhin heftig. Es ist eine völlig neue, zutiefst veränderte Welt, die ich erst als Kriegskind, dann in der Besatzungszeit, danach in der zweiten Jahrhunderthälfte sowie jetzt im frühen 21. Jahrhundert beobachtet und erlebt habe, und ich kann zusammen mit den Angehörigen meiner Generation so wie Goethe nach der Kanonade von Valmy sagen: »Wir sind dabeigewesen.«

Methodisch sollte man wohl bei der Aufzeichnung des eigenen Lebensgangs genauso vorgehen wie bei klassischen Biographien. Das Sujet, diesmal das eigene Ich, muß erfaßt werden, wie es halbträumend aus seiner Keimzelle erwächst: Eltern, Geschwister, Schulfreunde, das soziale Milieu, die zeitgeschichtlichen Erschütterungen. Von da an sind die Studien, die prägenden Professoren und Freunde, die Berufswahl, die Ehe, die akademische Laufbahn, die inneren und die äußeren Entwicklungen Jahr für Jahr und Jahrzehnt um Jahrzehnt zu schildern. So wie der Historiker dann, wenn er sich eine Persönlichkeit der Zeitgeschichte vornimmt, deren Umwelt mitsamt den wichtigen auch die eigenen Entscheidungen, Einstellungen, Urteile und Fehlurteile selbstkritisch und sarkastisch darstellen. Methodisch gesehen, ist es wünschenswert, das persönliche Erinnerungsvermögen auch bei der Autobiographie durch Bezugnahme auf den Berg von Büchern, Aufsätzen, Vorträgen zu befestigen, das ergänzt durch die eigenen zeitgenössischen Aufzeichnungen und Briefe. An zahllosen öffentlichen Äußerungen zu Politik, Wirtschaft und Gesellschaft herrscht bei einem Professor der Politikwissenschaft kein Mangel. Und ein Professor der Geistes- und Sozialwissenschaften darf aber auch die Entstehungsgeschichte seiner Bücher nicht vernachlässigen. Im übrigen könnten die Sozialhistoriker späterer Generationen vielleicht einiges Interesse dafür aufbringen, wie einer ihrer längst dahingeschiedenen Vorgänger den Universitätsbetrieb seiner Jahrzehnte erlebt und organisiert hat. Im Grund muß jedoch eine solche Autobiographie mit denselben Fragestellungen und Methoden angepackt werden wie eine normale Biographie über einen Fremden. Soviel zu den Impulsen und Überlegungen, die von den Lebenserinnerungen der Kollegen ausgingen.

Meist liegt allerdings ein längerer Weg zwischen der Versuchung, es vielleicht einmal mit diesem Genre zu versuchen, und dem Anstoß, konkret mit dem Schreiben zu beginnen. Deshalb bleiben viele Autobiographien ungeschrieben. So wußte auch ich nicht, ob, wann und wie ich den Einstieg finden sollte, da brachte mich der Zufall auf einen Gedanken. Unerwartet fand ich mich in meine Anfänge im Markgräflerland zurückversetzt.

Zusammen mit Annemie hatte ich in den Wochen vor dem Weihnachtsfest 2012, als wir uns von dem Kraftakt der Kohl-Biographie erholten, die Essays, Gedichte, Radiofeatures und Erinnerungsstücke der Dichterin Kaschnitz wiederentdeckt. Dabei haben wir uns auch an ihrer *Beschreibung eines Dorfes* erfreut, das sie an einundzwanzig »Arbeitstagen« abgeschritten ist. Da kam die Idee: das uns wohlbekannte Dörfchen Bollschweil im Hexental – liegt das nicht nur ein paar Dutzend Kilometer von meinem Jugendparadies Gresgen entfernt? Und sind nicht auch die Kapitel, in denen ich meine eigene Vergangenheit aufrufen könnte, lauter »Arbeitstage« gewesen?

Natürlich kenne ich meine Grenzen. Die Schriftstellerei ist auch mir nicht ganz fremd, doch ein Sachbuchautor ist ein schlichter Prosaiker, ganz unkundig des Harfenspiels zur Beschwörung zarter, glücklicher, manchmal auch peinlicher Impressionen einer längst vergangenen Kindheit. Immerhin ließ sich bei der Kaschnitz studieren, wie man ein Dorf und das Dorfleben aus vielen Perspektiven zu betrachten hat: Vogelperspektive, Gang durch die Feldwege und Dorfgassen, Aufspüren historischer Reminiszenzen, Schnuppern in Höfen, Schuppen und Kellern, Enthüllung privater Traumatisierungen, Friedhofsperspektive und immer: das Dritte Reich und der Zweite Weltkrieg.

Anfangs dachte ich nur daran, die Empfindungen meiner Kinder- und Jugendjahre zu erhaschen, und habe mich am ersten Weihnachtstag ans Werk gemacht, den Sound der Kaschnitz noch im Ohr. Ein Dorfkind in quasi vorindustrieller Umgebung, ein Kriegskind, ein Gymnasiast, der in die Jahre der Besatzung und der frühen Bundesrepublik hineinwächst … Doch dann kam eines zum andern, aus der Kaschnitzschen Lyrik wurde rasch mein eigener Sound, der realistisch ist, kritisch, auch selbstkritisch und wenig gemütvoll. Die Arbeitstage habe ich unter der Hand zu Arbeitsjahren gemacht. Wie von selbst ergab sich bald eine Stoffverteilung auf 80 Kapitel über meine 80 Jahre, die 2014 erreicht sein würden.

Ich habe ohne Aufenthalt weitergeschrieben, weil jeder der glücklich abgeschlossenen »Arbeitstage« soviel Spaß gemacht hat und Gelegenheit zu gemeinsamen Rückblicken bot. Es war ein reines Vergnügen, bei dieser Gelegenheit die altvertrauten, leider sehr fern gerückten Heimatorte zu besichtigen, die Gestalten wiederzubeleben, die mich ins Leben eingeführt haben, und im tiefen Brunnen der Zeit nach Erinnerungen zu fischen. Auch die Skizzen des weiteren Lebenswegs waren ein reines Vergnügen. Jetzt kam mir zugute, daß ich doch ein Profi beim Recherchieren und Schreiben von Biographien Dritter bin; deshalb ist mir auch die Autobiographie leicht von der Hand gegangen. Der Schreibrausch hielt an.

Wie bei derlei Exerzitien üblich, war dieser Bericht nur für die engste Familie bestimmt. Vielleicht könnte es sogar, dachte ich, auch ein Buch für die Enkel oder für ferne Urenkel sein. Selbst wenn künftig die Geschichtsvergessenheit weiter so grassiert wie seit zwanzig und dreißig Jahren, gibt man die Hoffnung nicht auf, daß jemand aus dem eigenen Nachwuchs auf das Leben, das Daseinsgefühl und die Zeiten der Ahnen neugierig ist und sich freuen wird, wenn das auftaucht.

Die engste Familie hat aber anders entschieden. Aus meinem Doktoranden Xuewu Gu war inzwischen mein Nach-Nachfolger auf dem Bonner Lehrstuhl und ein brillanter Internationalist geworden. Zu meinem 80. Geburtstag hatte er nochmals Weggefährten, Freunde, Bonner Kollegen und erfreulich aufgeschlossene Studierende zu einem Symposion im altvertrauten Festsaal der Uni Bonn geladen. Das war einer der Tage, die man gerne festhalten würde. Mai 2014 … Die Diskussion über »Die Rolle Deutschlands in der globalisierten Welt« waren bei den meisten Panelisten auf die wohlbekannte Adenauersche Melodie gestimmt: »Die Lage war noch nie so ernst …« Es folgte eine abendliche Rheinfahrt, die Annemie nimmermüde organisiert hatte. Dort überraschten mich meine Kinder Benno und Nicole mit einem stattlichen Privatdruck der »Arbeitstage«.

Das Buch gefiel mir jetzt so gut, daß der Rat, es doch zu überarbeiten und zu veröffentlichen, nicht auf steinigen Boden fiel. Ich habe nochmals einige Zeit darauf verwendet, vieles Private zu eliminieren, den Stoff neu zu organisieren und den Lebensgang noch stärker als bisher mit den zeitgeschichtlichen Entwicklungen zu verknüpfen. So sind aus dem Werk einiger beschwingter Monate die vorliegenden »Beobachtungen eines Zeitzeugen« geworden.

Das Gesetz der Beschleunigung, die Unsteuerbarkeit und der Geschichtspessimismus

Beim letztmaligen Durchlesen frage ich mich: Was ist mir bei der Reflexion über den eigenen Lebensgang über den epochalen Wandel in dem langen Zeitraum von Hitler zu Merkel klargeworden? Und wie hat der Geschichtsverlauf meine eigenen

Perzeptionen verändert? Der Leser mag das selbst herausfinden. Doch zwei Hauptpunkte seien hier erwähnt.

So getrost und zupackend ich bei meiner Tätigkeit von Tag zu Tag auch bin, gehöre ich beim Blick aufs große Ganze doch eher zu den Pessimisten. In der Tat hat mich unablässig die Sorge gequält, die seit den fünfziger Jahren wieder hochgekommene Bundesrepublik könne zusammen mit den westeuropäischen Demokratien vom Feuersturm eines Dritten Weltkriegs ausgelöscht werden. Wer sich ständig mit Fragen der Sicherheitspolitik befaßt, kann dem Frieden nicht trauen, auch wenn er seine Sorgen nicht so ungehemmt herausschreit wie das Heer der Atompazifisten. Zwar habe ich unverdrossen beschrieben und analysiert, wie die aus dem Hitler-Regime und dem Krieg entkommenen Deutschen im Westen eine funktionierende Demokratie und einen milden Wohlfahrtsstaat aufgebaut haben, Reste des einstmaligen bürgerlichen Deutschland mit inbegriffen. Aber in schlaflosen Nächten habe ich nur allzuoft das Menetekel erneuter Vernichtung und erneuter totalitärer Unterjochung an der Wand gesehen.

Doch siehe: Große Kriege und Bürgerkriege, Mangel am Notwendigsten, galoppierende Geldentwertung und Verfassungskrisen sind Deutschland bisher erspart geblieben. Ferne Nachkommen werden das vielleicht lesen wie ein Märchen aus unglaublichen Zeiten. Wahrscheinlich wird man künftig auf die zweite Hälfte des 20. Jahrhunderts in der Bundesrepublik und das frühe 21. Jahrhundert einmal zurückschauen wie unsere Eltern und Großeltern auf die sicherlich auch labilen, periodisch von Kriegen, Bürgerkriegen, Seuchen, Wirtschaftskrisen, Terrorismus und Zukunftsängsten erfüllten, insgesamt aber doch erträglichen Jahrzehnte zwischen 1815 und 1914 Rückschau gehalten haben: die gute alte »Welt von gestern«. In dieser Hinsicht – dies der erste Hauptpunkt – hat der Geschichtsverlauf in der Bundesrepublik und im westlichen Europa meine mittelfristig düsteren Erwartungen widerlegt.

Dieser Feststellung ist aber im gleichen Atemzug der zweite Hauptpunkt hinzuzufügen: Nie waren die Entwicklungsbedingungen in Europa stationär, bombenfest gesichert und gegen äußere Bedrohung geschützt – ganz im Gegenteil. Wie falsch es wäre, etwa die Geschichte der Bundesrepublik im Kalten Krieg und danach mit der platten Bezeichnung »gute alte Zeit« zu etikettieren, mag den Lesern dieser Erinnerungen bewußt geworden sein, so sie es nicht schon wußten. Es war eine Welt in rasender Bewegung, oft im Begriff, wieder ins Chaos der *époque de malaise* von 1914 bis 1950 zu versinken. Was ich gelegentlich beim Blick auf die frühen und mittleren Jahre der Bundesrepublik formulierte, trifft auch auf die Jahrzehnte bis heute zu: »Die ausgebliebene Katastrophe«. Wir können so wie Mr. Antrobus in Thornton Wilders Bühnenstück sagen: »Wir sind noch einmal davongekommen.«

Seit längeren bin ich mir ziemlich sicher, daß wir uns in einer unsteuerbaren Welt befinden – *a runaway world*. Eigentlich hatte ich schon früh die pessimistische

Analyse der Globalisierung von Henry Adams entdeckt. Wenig war seiner Beobachtung entgegenzusetzen, die technisch-naturwissenschaftliche Entwicklung führe zu einem Zustrom unwiderstehlicher neuer Kräfte. Auf allen Feldern war schon in den letzten Jahrzehnten des 19. Jahrhunderts das Gesetz der Beschleunigung ganz offensichtlich in Kraft und hat die Steuerung der Innen- und der Außenpolitik von Jahrzehnt zu Jahrzehnt unerbittlicher behindert. Die menschliche Intelligenz schien dem rasanten Tempo der Veränderung nicht gewachsen, von der Moralität ganz zu schweigen. Adams sah deshalb in der Denkträgheit »die Leitidee der modernen Geschichte«[444] und hatte für das außenpolitische Führungspersonal der Großmächte des seinerzeitigen *Fin de siècle* nur Hohn und Spott übrig – »Herumtappen in den Korridoren des Chaos ...«[445] – Kollisionen der Großmächte schienen unvermeidlich, und sie sind wie vorhergesagt eingetreten. Auf seine Weise verkündete übrigens auch Ernst Jünger, dessen Blickweise mich stark beeinflußt hat, dieselbe Botschaft. Meinem Kapitel über sein Technikverständnis hatte ich seinerzeit ein Motto aus *Heliopolis* vorangestellt: »Wir können nicht abspringen. Man hat uns abgefeuert wie ein Geschoß ... Was ist der Sinn, wo ist das Ziel der fürchterlichen Bahn?«[446]

Wie so viele aus meiner sozialwissenschaftlichen Generation habe ich aber in den Studienjahren und danach die Lehren Karl Poppers inhaliert, habe alle Utopismen verachtet, habe alle Unheilsprophetien beiseite gewischt, habe auch auf alle konservativen und linken Technikkritiker hochmütig herabgesehen, habe meinen Studenten die Reformstrategie der Stückwerkstechnologie vermittelt und mich selbst als skeptischen Rationalisten verstanden. Sicher hat sich mein Vertrauen auf die Steuerbarkeit der Entwicklungen nicht allein aus theoretischen Überlegungen gespeist. Das Comeback der Bundesrepublik aus den Ruinen, das auch dank tradierter, überlegener Technologie und Expertise gelingende Wirtschaftswunder, das Funktionieren der politischen Demokratie, das Ineinander von Tradition und Reform in den fünfziger Jahren, die unbestreitbar geglückte Westbindung – das hat mir selbst und wohl vielen aus meiner Generation lange Zeit einen genuinen Optimismus eingepflanzt. Den bösen Gesellen Pessimismus habe ich vom Tisch verwiesen und mit ihm allenfalls, wie eben vermerkt, nur in schlaflosen Nachtstunden Zwiesprache gehalten.

An den Fortschritt gemäß den Illusionen des 19. Jahrhunderts habe ich zwar nie geglaubt, wohl aber daran, daß mit viel Umsicht, mit viel Härte und auch mit viel Glück eine Stabilisierung des in den Jahren Adenauers und Erhards Erreichten doch möglich sein könnte. Immer etwas skeptisch, aber letztlich zuversichtlich, war ich doch von der vernünftigen Steuerbarkeit der Entwicklungen überzeugt. Und so plädierte ich für Steuerungskonzepte, die mir empirisch bewährt schienen: die neuartige Zusammenarbeit des Westens unter Führung der USA, den demokratischen Verfassungsstaat, die soziale Marktwirtschaft bei der das Soziale klein und die Marktwirtschaft großgeschrieben war, und nicht zuletzt an die weltweite Containment-Politik der Demokratien gegenüber den totalitären Imperien der Sowjetunion und Chinas.

Nun, in den vergangenen Monaten der Arbeit an den eigenen Lebenserinnerungen, war nochmals Gelegenheit zur Durchsicht der vielen Kolumnen, Aufsätze und Monographien, mit denen ich die Entwicklung begleitet habe. Der Befund ist offenkundig: Mein Vertrauen in die Beherrschbarkeit der Entwicklungen hat sich offensichtlich stark abgeschwächt. Der Umbruch in den Jahren 1989/91 schien zwar die ordnungspolitischen Konzepte, von denen ich überzeugt war, nochmals zu bestätigen. Auch die ganzen neunziger Jahre hindurch habe ich die Hoffnung auf die Zukunftsfähigkeit der von Washington geführten Atlantischen Gemeinschaft unter Einschluß der EU nicht aufgegeben. Beim Blick nach Ostmitteleuropa und nach dem Balkan war ich zuversichtlich, daß die Doppelstrategie von Demokratisierung und Marktwirtschaft durchs Tal der Tränen einer chaotischen Transformationsperiode zur Stabilisierung führen würde, vielleicht sogar in Rußland. Ich habe auch darauf vertraut, das aufgeklärte Eigeninteresse würde seitens der entwickelten Industriestaaten von Europa über die USA bis Japan und China katastrophale Erschütterungen vermeiden.

Im ersten Jahrzehnt des 21. Jahrhunderts begannen meine Hoffnungen zu verblassen. Die schon Mitte der neunziger Jahre von dem Diplomaten Jürgen von Alten vorausgesagte »ganz normale Anarchie«[447] ist im Nahen und Mittleren Osten, in Afrika und in Teilen Lateinamerikas eingetreten – kein Wunder bei an die 200 unabhängigen Staaten. Das internationale Währungssystem im allgemeinen und das unheilvolle Euro-System im besonderen weisen die Stabilität einer Zeitbombe auf. Die USA versagen als Ordnungsmacht und werden auch in Europa als bösartiger, zeitweise betrunkener Gigant betrachtet, von dem nicht viel Gutes zu erwarten ist. Eine Reihe von Fehlentscheidungen hat die Erwartungen zunichte gemacht, aus der Europäischen Union könne eine mit Steuerungskapazität ausgestattete, integrierte Staatengemeinschaft werden. Wie sich zeigt, vermag sie nicht einmal ihre Außengrenzen zu schützen. Zugleich läßt die übereilte Souveränitätsabgabe an Brüssel die Demokratie in den Mitgliedstaaten der EU erodieren.

Bringen solche Beobachtungen nur den wohlbekannten Alterspessimismus zum Ausdruck? Ich will das nicht ganz ausschließen. Jedenfalls habe ich mich in den beiden letzten Jahrzehnten dem Gedanken voll geöffnet, daß Henry Adams vor mehr als hundert Jahren die Lage vielleicht doch richtig eingeschätzt hat. Von Hayeks liberale Ordnungsvorstellungen haben an Strahlkraft eingebüßt. Natürlich müssen die Regierungen bei sich selbst und den Wählern weiterhin die Illusion nähren, die weltweite Unruhe sei mit gutem Willen beherrschbar. Aber tut der Professor der Politikwissenschaft wirklich gut daran, seine Skepsis für sich zu behalten, um denen, die von ihm verantwortbare Orientierung erwarten, nicht allen Mut zu nehmen? Der Historiker jedenfalls, der weite Zeiträume überblickt, sollte doch gelegentlich auf Henry Adams hören. »Jeder Geschichtsschreiber muß sich«, so hat dieser angeregt, »manchmal unbewußt, aber immer und unweigerlich die Frage vorgelegt haben: Wie lange könnte dieses oder jenes veraltete System noch dauern? Es braucht immer mindestens *eine* Generation, um die volle Wirkung geänderter Zustände aufzuzeigen.«[448] Leider wird das wohl auch für das wiedervereinigte Deutschland zutreffen, das sich vor mehr als zwanzig Jahren in dem EU-System nicht besonders intelligent eingerichtet hat und gegenwärtig beklommen »die volle Wirkung geänderter Zustände« zu spüren bekommt. Bezüglich der Zukunft hat Adams seinerzeit argumentiert: Ein Historiker, der sich mit der Zukunft ins Einvernehmen setzen möchte, müsse sich den Zustand einer Welt vorstellen, »die seiner eigenen um fünfzig Jahre voraus ist«. Wie wird also die Welt im Jahr 2065 wohl aussehen?

In einem meiner letzten Aufsätze habe ich einige Risiken aufgelistet, auf die künftig zu achten sein wird, wenn man sich ein halbwegs zutreffendes Bild der künftigen Welt machen will. Dort sind die folgenden Risikofaktoren aufgelistet:

»1. die kaum mehr steuerbare Globalisierung der Kapitalmärkte;
2. die Verlagerung der weltwirtschaftlichen Dynamik aus Europa in die zu geschätzten Handelspartnern, doch genauso zu scharfen Konkurrenten aufgewachsenen Schwellenländer – China, die Tigerstaaten in Asien, Indien, einige im Ölreichtum schwimmende Zwergstaaten am Persischen Golf, Brasilien;
3. die atomare Proliferation in Hochrisikostaaten (Nordkorea, Iran, Pakistan);
4. die wohl permanente Störanfälligkeit der durch Handel und Kapitalverflechtung miteinander verbundenen Industriestaaten durch lokale oder regionale Kriege und Bürgerkriege, besonders durch *failed states*;
5. die Unruhe in zwei großen Krisenzonen (arabisches Nordafrika, Naher und Mittlerer Osten; Mittelamerika, dort besonders Mexiko und Venezuela);
6. die Belastung des alternden Westeuropa durch bereits angesiedelte, schwer integrierbare Migranten und durch dauernden äußeren Migrationsdruck;
7. die zunehmend bedrohliche Tatsache, daß die Vereinigten Staaten aus einer Schutzmacht der Demokratien und aus einer Zone wirtschaftlicher Stabilität zu einer unkalkulierbaren Supermacht geworden sind, die sich Europa zusehends entfremdet hat;
8. die Euro-Krise, der die EU möglicherweise nicht gewachsen ist und die den Großen Binnenmarkt in Mitleidenschaft ziehen könnte mit entsprechendem Kollateralschaden;
9. die Bewußtseinsmanipulation der Einwohnerschaft vieler Länder durch Fernsehen und Internet, die den Realitätssinn beschädigt;
10. das Risiko einer Wiederkehr der Pandemien aufgrund von Massentourismus und unkontrollierbarem Flugverkehr;
11. der Alptraum, daß den kaum faßbaren Selbstmordattentätern früher oder später doch der Einsatz atomarer Massenvernichtungswaffen oder toxischer Kampfmit-

tel gelingt mit Hundertausenden von Opfern und partieller Lähmung der technisch, doch auch psychologisch sehr störanfälligen Industriegesellschaften;

12. Klimaveränderung mit weilreichenden Folgen, was immer auch deren Ursache sein mögen.«[449]

Ob allein die Fortschreibung der heute bereits sichtbaren kritischen Faktoren ausreicht, sich den Zustand der Welt in fünfzig Jahren vorzustellen, ist jedoch zu bezweifeln. Wahrscheinlich werden in den kommenden Jahrzehnten noch ein weiteres Dutzend und mehr kritischer Bedingungen eintreten. Es ist deshalb so gut wie unmöglich, wie Henry Adams das angeregt hat, sich etwa ein Bild von den globalen Zuständen in fünfzig Jahren, also im Jahr 2068 zu machen. Und das 21. Jahrhundert wird dann noch nicht zu Ende sein.

Von den Strukturen, Erwartungen, Sorgen und Hoffnungen in der zweiten Hälfte des 20. Jahrhunderts, die das Bewußtsein der heutigen politischen Klassen in Deutschland, in der Europäischen Union, auch in den USA, immer noch bestimmen, wird jedoch in dieser Bouillabaisse künftiger Risiken nicht mehr viel zu erkennen sein. Das Tempo der Veränderungen wird immer unwiderstehlicher zunehmen und entzieht sich dem Steuerungspotential der politischen und bürokratischen Eliten. Es ist alles andere als sicher, ob die rasch zunehmende Unsteuerbarkeit die parlamentarische Demokratie in den Nationalstaaten, den Wohlfahrtsstaat und den Rechtsstaat verschonen wird. Weshalb der bürgerferne, eminent künstliche, unreformierbare, von Widersprüchen durchzogene und entsprechend verwundbare Quasistaat Europäische Union besonders gefährdet ist, bedarf keiner ausführlichen Begründung.

Die Phantasie, was künftig alles so eintreten könnte, geht mir somit durchaus nicht ab. Ich gestehe aber freimütig, daß ich kein großes Verlangen habe, »die volle Wirkung geänderter Zustände« irgendwann in den Jahren 2065 oder 2070 noch mitzuerleben.

Selbstporträt eines nicht mehr ganz jungen Mannes

Die letzte der Fragen, die eine Autobiographie mir aufgibt, ist die schwierigste: Was habe ich bei der Arbeit an meinen Erinnerungen über mich selbst gelernt – über meine Maximen, meine Zuneigungen und Abneigungen, meine Hoffnungen und meine Überzeugungen von dem, was bleibt?

In meiner Eigenschaft als Professor und Publizist habe ich mich zeitlebens vor allem an objektiv erkennbare Tatsachen gehalten, ohne groß darüber zu spekulieren, wie konkrete Erfahrungen, die Umwelt, der Zeitgeist und der stets präsente Faktor Zufall sich auf meine seelische Befindlichkeit ausgewirkt und mich verändert haben. In dieser Grundeinstellung, in erster Linie die jeweiligen Erfahrungen, die Bedingungen, den vorherrschenden Zeitgeist und die Macht des Zufalls objektiv zu beschreiben, sind auch die vorliegenden Erinnerungen verfaßt worden. Daß die Schilderung meiner Erfahrungen auf der jeweiligen Zeitebene vielfach mit mehr oder weniger knappen Reflexionen aus heutiger Sicht gewürzt wird, gehört nun einmal zum Genre der Autobiographie, das seinen Reiz aus der Montage zweier Zeitebenen bezieht.

So ganz will ich allerdings nicht verkennen, daß erfahrene Psychologen oder Historiker eine Autobiographie so lesen, wie ein Mediävist eine uralte Handschrift auf Papyrus oder Pergament studiert. Da ist einerseits der meist schön verzierte, klar und lesbar geschriebene Text. Doch der Fachmann vermutet, daß es sich vielleicht um einen Palimpsest handeln könnte, ein Dokument also, bei dem der ursprüngliche Text abgewischt oder mit Bimsstein ausradiert sein könnte. Natürlich interessiert auch der Urtext, der heute mittels Fluoreszenzphotographie wieder lesbar gemacht werden kann.

Mag sein, daß also auch mein eigener Lebensbericht einem Palimpsest gleicht. Welche verborgenen seelischen Antriebe einen Lebensgang tatsächlich bewegt haben, wie ein Mensch in bestimmten Phasen tatsächlich bestimmbar ist und wie stark er sich über die Jahrzehnte hinweg verändert hat, gehört zu den schwierigsten Fragen jeder Biographie und erst recht jeder Autobiographie. Sollte es sich bei mir anders verhalten? Somit wollte ich der Versuchung widerstehen, zur objektivierbaren Skizze des Lebensgangs auch noch die verwischte, nur teilweise noch leserliche Schrift auf dem Urtext meines Palimpsests zu entziffern oder gar den Leser damit zu behelligen. Über den vorliegenden Text sind jedoch zahlreiche Hinweise verstreut. Ein geneigter Leser mag die Frage nach meiner inneren Entwicklung selbst beantworten.

Bei Schilderung meines Absprungs aus Freiburg habe ich schon einen ersten Versuch zu einem Selbstbildnis gemacht, betitelt: »Selbstporträt eines jungen Mannes mit dreißig«. Die Jahresringe sind inzwischen zahlreicher geworden, und so lautet das letzte Kapitel: »Selbstporträt eines nicht mehr ganz jungen Mannes«.

Glücklicherweise ist eine Checklist zur Hand. In den neunziger Jahren, als die überregionalen Tageszeitungen noch über genügend Kapital verfügten und nicht um ihre Existenz bangen mußten, besaß die *Frankfurter Allgemeine*, wie schon erwähnt, ein wöchentlich erscheinendes, gut gemachtes Magazin. Dort wurden mehr oder weniger prominente Zeitgenossen mit einem altehrwürdigen, aber gescheiten Fragebogen konfrontiert. Bei der Antwort konnten sie ihr Inneres mit witzigen Antworten dekuvrieren oder elegant verhüllen. Ich selbst habe mich vor knapp zwanzig Jahren entsprechend geoutet, so daß ich mich heute selbst fragen kann: Bin ich noch derselbe wie damals? Wie stark hat sich nicht nur die Welt, sondern auch mein eigenes Denken verändert?

Vieles, eigentlich das meiste, ist gleichgeblieben, so meine literarischen Vorlieben. Auf die Frage nach meinen Lieblingsschriftstellern würde ich immer noch antworten: Lauter Alemannen, Johann Peter Hebel (mein Namenspatron), Gottfried Keller, René Schickele …, dann jedoch die Nichtalemannen stärker hervorheben, also Schiller, Goethe, Eichendorff, Fontane und Thomas Mann, mit dem wir seit dem Wechsel nach München häufig Zwiesprache pflegen, von den Lyrikern, die zugleich eine Prosa schreiben, die nachdenklich macht, Heinrich Heine, Gottfried Benn, die Kaschnitz und den Tausendsassa Enzensberger. Sehr viel mehr noch halte ich aber weiterhin von Ernst Jünger. Seine Tagebücher habe ich erst in den *Sämtlichen Werken* und den Supplementbänden so recht schätzen gelernt. Wer gleich ihm gut siebzig Jahre lang den Globus durchstreift, dabei häufig dieselben Orte aufsucht und seine Beobachtungen registriert, ist zuverlässiger als die globalen Klimamodelle. Doch die Befunde sind eher noch beunruhigender. Vorbildlich ist, daß dieser Autor nie die Gelassenheit verloren hat. Wie man sieht, ist das eine ausgesprochen konventionelle Liste, aber bekömmlich.

Ähnlich konventionell ist mein Geschmack bezüglich der Franzosen und Amerikaner. Immer wieder vertiefe ich mich in Stendhal und Honoré de Balzac oder erfreue mich an den Naturschilderungen und der Zeitkritik James Fenimore Coopers. Soviel zu den Fragebogen-Antworten. Wollte ich ausführlicher werden, dann müsste ich gestehen, daß in unserer Bibliothek viele Hunderte von Romanen, Essays, Biographien, Gedichtsammlungen in Hardcover oder im Taschenbuchformat aus dem 20. Jahrhundert stehen (die Politthriller-Sammlung nicht zu vergessen), mit denen ich mir nach Lust und Laune die Zeit vertreibe. Neugierig habe ich mir früher auch immer Bücher gekauft, die von den literarischen Autoritäten als neuartig, bahnbrechend oder skandalös gepriesen worden sind. Viel davon steht noch, meistenteils unbeachtet, auf den Regalen. Doch seit längerem schon kann ich für die jährlich auf den Markt kommenden Neuerscheinungen kein echtes Interesse mehr aufbringen. Mein Geschmack für experimentelle, skatologische, emanzipatorische, revolutionäre, exotische, haßerfüllte oder selbst- und fremdquälerische Literatur ist und bleibt unterentwickelt.

Hätte ich die Frage nach meinen Lieblingsmalern nochmals zu beantworten, so würde mir auch diesmal nichts anderes einfallen als »Die Landschaftsmaler des 18. und 19. Jahrhunderts«. Daß wir in regelmäßigen Abständen durch die entsprechenden Münchener Sammlungen streifen können, ist ein besonderer Vorzug des Umzugs in die bayerische Metropole. Mitte der neunziger Jahre hatte ich auf die Frage »Wo möchten Sie leben?« zur Antwort gegeben: »In Bonn oder einer anderen Hauptstadt.« Dabei hatte ich insgeheim an Washington oder Paris gedacht, bezüglich Berlins waren wir noch unentschieden. Für Washington war es aber zu spät, Berlin erschien uns letztlich doch unbekömmlich, in Paris, für uns die prächtigste Kapitale in Europa, verbringen wir am liebsten die Osterwoche und den Jahreswechsel mit Nicoles Familie, und so haben wir uns für die Hauptstadt des Freistaats entschieden. Bonn ist nicht abgeschrieben, aber nur noch ein historischer Ort.

Auch eine Reihe anderer Vorlieben, zu denen ich mich im seinerzeitigen Fragebogen geäußert habe, sind bis zum heutigen Tag gleichgeblieben. Unmusikalisch bin ich leider noch immer. Tulpen sind nach wie vor meine Lieblingsblumen. »Amsel, Drossel, Fink und Star ...« machen sich im üppigen Baumbestand und in den Hecken hier in Gauting durchgehend noch freudiger bemerkbar als im Bad Godesberger Zaubergarten. Auch unser Urlaubsparadies ist immer noch die Schweiz, neuerdings der Genfer See, dicht gefolgt von Österreich. Daß nun auch Salzburg und Südtirol vor der Haustür liegen, bereichert die Lebensqualität. Auf die Frage »Ihre Lieblingsbeschäftigung?« könnte ich somit weiterhin antworten: »Tief durchatmen, wenn möglich in den Bergen«, würde aber hinzufügen: »Am Schreibtisch sitzen und Texte in den Laptop eingeben.« Ob ich dabei den »Workaholismus« wirklich noch als meinen größten Fehler bezeichnen würde, glaube ich nicht. Mein schönstes Vergnügen neben »tief durchatmen« sind doch wohl die Arbeiten am häuslichen Schreibtisch, die mich bis heute werktags und sonntags in Atem halten.

Im Fragebogen von Marcel Proust habe ich auf die verfängliche Frage nach meinem Hauptcharakterzug seinerzeit zur Antwort gegeben: »Ordnungsliebe.« Das deckte sich auch mit meinem Hinweis auf meinen Traum vom Glück: »lebenslänglich auf der Insel Felsenburg«, also in einem nach rationalen Prinzipien angelegten Gemeinwesen in ländlicher Umgebung mitten im Atlantik, fern vom Umtrieb in Europa. Man könnte in dem Verweis auf die Freude an der Ordnung ein Indiz für Pedanterie sehen. Doch die Schilderung des Alltags eines Hauptstadtprofessors mag hinlänglich verdeutlich haben, daß meine Aufgaben ohne ein hohes Maß an Ordnungsliebe überhaupt nicht zu bewältigen gewesen wären – es sei denn, ich hätte auf die kontinuierliche eigene Forschung verzichtet. Aber natürlich deutet das alles auf ein konservatives Naturell.

Zur Keimzelle humaner Ordnung gehört für mich auch die Familie. Im Klima eines bereits während der neunziger Jahre moussierenden Feminismus antwortete ich deshalb auf die Frage nach meinen Heldinnen in der Geschichte: »Selbstlose Mütter, keiner kennt ihre Namen.« Als meine Lieblingsheldin in der Dichtung nannte ich Penelope, die Verkörperung der Treue, und als meine Lieblingsheldin in der Wirklichkeit »Königin Elisabeth II.«. Ihren Namen würde ich heute dreimal dick unterstreichen und mit Ausrufezeichen versehen. Auch mein Hinweis auf meine Lieblingsnamen war für den Kundigen ein Indiz dafür, daß ich ein »Familientier« bin.

Bin ich also ein waschechter Konservativer? So haben mich zeitlebens manche derer gesehen, denen es Freude machte, mir am Zeug zu flicken. Ich habe dem nicht widersprochen, allenfalls mit der Präzisierung, ich sei ein liberaler Konservativer – wirtschaftsliberal, aber auch tolerant bei begründetem Widerspruch, nur intolerant und voller Spott gegenüber den Narren, und ihrer sind viele. Gehe ich allerdings meine seinerzeitigen Antworten auf den schon genannten Fragebogen durch, so ent-

Während des letzten Vortrags bei der Konrad-Adenauer-Stiftung am 17. Oktober 2016 in Berlin

decke ich doch deutliche Indizien des Nonkonformismus. Auf die Frage »Was verabscheuen Sie am meisten?« habe ich geantwortet: »Reformunfähige bürgerliche Regierungen.« Als meine Helden in der Wirklichkeit benannte ich: »Alle kühnen Reformer der zweiten Jahrhunderthälfte, weltweit.« Und damit auch der Dümmste mitbekam, welche Typen mir mißfielen, gab ich auf die Frage nach der Reform, die ich am meisten bewundere, zur Antwort: »Die marktwirtschaftlichen Reformen Ludwig Erhards und Margaret Thatchers.« Selbstverständlich bezeichnete ich auch als meine Lieblingsgestalt in der Geschichte »Adenauer und seinesgleichen«.

Nonkonformistisch war ich auch auf anderen Feldern. Zu meiner Lieblingstugend erklärte ich »Tapferkeit«. Die meisten meiner Kollegen hätten wahrscheinlich für »Gerechtigkeit« optiert. Wer mich kannte, wunderte sich nicht, daß ich auf die Frage »Welche geschichtlichen Gestalten verachten sie am meisten« nicht die Hitler, Stalin, Mao Tse-tung nannte, auf denen damals jedermann zu Recht zwar, aber auch risikolos herumtrampelte, sondern alle Appeasementpolitiker – »die von heute, von gestern und von vorgestern«. Meine Antwort auf die Frage nach den militärischen Leistungen, die ich am meisten bewundere – »Die der Deutschen und der Israelis« – war schon damals ein Verstoß gegen die politische Korrektheit. Warum die Leistungen und Leiden der deutschen Soldaten ambivalent bewertet werden müssen, ist allbekannt. Heute wissen wir, daß auch die Soldaten der Israelis die Ambivalenz soldatischer Einsätze erfahren haben. Dennoch: Jedes Kulturvolk blickt mit einem gewissen Stolz auf längst vergangene militärische Leistungen zurück und ehrt die fürs Vaterland Gefallenen. Doch nur bei den Deutschen hat sich die verächtliche Mode eingebürgert, diese unerbittlich zu kriminalisieren.

Wie vor dem seinerzeitigen Fragebogen habe ich auch keine Lust, meine innersten Gedanken und Befürchtungen zu enthüllen. Die Frage nach dem »für Sie größten Unglück« habe ich unbeantwortet gelassen, und auf die indiskrete Frage »Wie möchten Sie sterben?« habe ich nur wegwerfend, aber wahrheitsgemäß geantwortet: »In guter Gesellschaft.« Nach erneuter Prüfung meines Lebensgangs würde ich wie einstmals mit Goethe antworten: »So mußt du sein, dir kannst du nicht entfliehen.« Wer künftig einmal diese Zeilen lesen wird, mag hoffentlich feststellen, daß ich auch meinem Motto treu geblieben bin: »Ich halte es mit Voltaire: ›Jede Art zu schreiben, ist erlaubt, nur nicht die langweilige.‹«

Mein intellektuelles Profil hat sich also in den letzten beiden Jahrzehnten nicht grundlegend verändert. Die Frage nach meiner »gegenwärtigen Geistesverfassung« würde ich genauso beantworten wie damals: »Zwischen Gelassenheit und Ungeduld hin- und herwogend.« Niemand, der zu kritischer Prüfung fähig ist, kann mit den deutschen Verhältnissen zufrieden sein, und mit dem bürgerlichen Lager schon gar nicht. Europa ist weiterhin eine Baustelle, die an den Berliner Großflughafen Schönefeld erinnert und nicht an das Leitbild eines subsidiär organisierten »Europa der Vaterländer«, das mir seit einem halben Jahrhundert vorschwebt.

»Ja, das möcht' ich noch erleben ...«

Es war noch nicht an der Zeit, sich bequem zurückzulehnen. Wie ich das politische Krisenjahr 2014 empfunden habe, zeigt mein letzter Brief an Karl Dietrich Bracher, der hoch über Bonn am Stationsweg illusionslos sein Ende erwartete: »Der Rückblick auf 2014«, schrieb ich Anfang November, »versetzt mich und wahrscheinlich auch Sie in ein Wechselbad der Stimmungen. Doch man muß das Beste daraus machen. Ein gutes Mittel, die müden Lebensgeister wachzuhalten, ist nicht zuletzt die Fähigkeit, über die Narreteien der Staatsmänner und Staatsfrauen in Zorn zu geraten. Putin – was für ein Narr. Um seine geostrategischen Phantomschmerzen zu lindern, greift er nach der Krim, wo ihm ohnehin niemand seine Flottenbasis streitig gemacht hat, und nach verrosteten Stahlwerken und ausgekratzten Bergwerken im Donbas. Die Folge: der Rubel in freiem Fall, Stagnation der westlichen Investitionen im heiligen Rußland und die Rückwendung der USA zur NATO und zu Europa. Tolle Staatskunst!

Unsere europäischen und amerikanischen Menschenrechtsaktivisten sowie die Außenpolitik-Technokraten in Brüssel sind leider kein bißchen klüger. Ich wundere mich seit langem darüber, mit welchem Gleichmut die Moskowiter die Ausdehnung der NATO bis vor Sankt Petersburg hingenommen haben. Nachdem das aber gutgegangen ist (wie lange, weiß kein Mensch), müssen unsere großartigen Staatsmänner und Staatsfrauen auch noch in der Ukraine frisch-fröhlich herumtrampeln, als wäre dies das Vorgärtchen der EU – welche Verblendung!«[450]

Noch war die Euro-Krise nicht ausgestanden, da erinnerte Putins Ukraine-Politik daran, daß das EU-Imperium des guten Willens mit einer europäischen Großmacht konfrontiert war, die sich nicht an die völkerrechtlichen Spielregeln hielt. Viel zu lange hatte sich in Brüssel eine naive Selbstgefälligkeit ausgebreitet, die in manchem an die Illusionen im Genf des Völkerbunds Anfang der dreißiger Jahre des vorigen Jahrhunderts erinnerte, als sich erst Japan, dann Italien und Deutschland dazu entschlossen, das Spiel nach den Prinzipien der Machtpolitik zu spielen.

Öffentlich wenig diskutiert, aber wenn man nur Augen hatte, durchaus schon erkennbar, begann sich auch schon die Flüchtlingsfrage zum Problem Nummer 1 aufzubauen. Von unserem bayerischen Standort aus war das gut zu beobachten. Nacht für Nacht brachten Schleuser Dutzende von Flüchtlingen, die Belgrad oder Budapest erreicht hatten, in Taxis oder VW-Bussen über die österreichische Autobahn an die deutsche Grenze bei Bad Reichenhall und bugsierten sie dort auf die Straße, wo sie von der bayerischen Polizei oder vom BGS aufgesammelt und in Notunterkünfte verbracht wurden. Viele der Schleuser wurden verhaftet, jeweils am Freitag in Schnellverfahren zu Haftstrafen auf Bewährung verurteilt, abgeschoben und kehrten in der folgenden Woche mit einer neuen Flüchtlingsladung zurück. Zur gleichen Zeit kamen über Kufstein täglich Züge mit gleichfalls Dutzenden von Schwarzen an, die zumeist unregistriert von Italien nach Norden entlassen wurden. Weder Berlin thematisierte diese unmöglichen Zustände groß noch die bayerische Staatsregierung unter Horst Seehofer. Offenbar hat die hohe Politik schon damals die offenen Seegrenzen auf dem Mittelmeer und die Verletzung der Dublin-Vereinbarungen gottergeben hingenommen.

Bei Durchsicht meiner Korrespondenz finde ich einen bezeichnenden Brief vom 14. August 2014, also ein ganzes Jahr bevor aus täglich Dutzenden von Flüchtlingen deren Tausende wurden. Ich zitiere einige der Passagen wörtlich: »Zu den Pfeilern der EU, die momentan zerbröckeln, gehört auch das unüberlegte Schengen-System. Jeder Schiffsingenieur weiß, wie wichtig es ist, die verletzliche Außenhaut größerer Pötte mit einem System von Schotten zu sichern. Als die Aufhebung der Grenzkontrollen von EU-Bürokraten und Politikern ohne großes Aufheben beschlossen wurde, wußte jeder nur halbwegs Informierte, daß die globale Elendsmigration und kriegsbedingten Fluchtbewegungen zu den großen Themen des 21. Jahrhunderts gehören würden. Wie große und kleinere Staaten (nur die Briten behielten einen kühlen Kopf) die Torheit aufbringen konnten, die Sicherung ihrer Grenzen preiszugeben, erinnert doch sehr an die Schildbürger.

Auffällig ist momentan jedoch, wie bei uns die Öffentlichkeit das unkontrollierte und unkontrollierbare Einströmen armer, doch leider unintegrierbarer Menschen, die man aber auch nicht abschieben kann, so gleichmütig hinnimmt wie das Regenwetter. In einer ähnlichen Lage Anfang der neunziger Jahre, als die Zahlen der Asylbewerber vergleichbar anschwollen, war ein erheblicher Teil der CDU noch wach, von der CSU ganz zu schweigen, desgleichen die Zeitungen und die Sender. Inzwischen ist ein Vierteljahrhundert grüner Propaganda übers Land gegangen, auch die CSU ist unter dem Blümianer Seehofer gleichfalls zu einer sozialdemokratisierten Partei geworden (so meine Beobachtungen aus dem Sommer 2014!). Keine einzige Partei wagt die Thematik aufzugreifen ... Die Politik weiß nicht, was sie mit den Massen anfangen soll. Daß wir es mit einem Problem von moralischer Ambivalenz, aber auch von schon absehbaren bedenklichen Folgen zu tun haben (die armen, süßen Kinder, die hilflosen Frauen, die man zeitweilig durchschleppen, aber nicht zu Deutschen machen kann ...). Das alles ist evident, doch überall herrscht nur das Schweigen der Lämmer.

Für mich sind solche Beobachtungen viel beunruhigender als das, was sich derzeit in der Levante oder im Irak abspielt ... Die widerstandslose Kapitulation vor der Einwanderung ist ein viel kritischeres Phänomen, dies auch deshalb, weil die Residuen christlicher Barmherzigkeit im Widerspruch zur praktischen Vernunft stehen. Jedenfalls finden die deutschen Bürger und Arbeiter, die nach einer nüchternen Politik der Selbstbehauptung verlangen, keine respektablen Organisationen mehr, die das eigentlich Selbstverständliche artikulieren. Unser Land ist auch in dieser Hinsicht auf dem besten Weg, sich aufzugeben, und die EU-Integration gibt dafür eine schönklingende Entschuldigung ab.«[451]

Einige der Beobachtungen, die ich schließlich im Frühjahr 2017 unter dem Titel *Die neue Völkerwanderung nach Europa*[452] zur Diskussion gestellt habe, sind also schon hier deutlich angesprochen. »Ich habe mir vorgenommen«, schrieb ich damals, »ein überfälliges, kleines, doch nicht allzu feines Politbuch zu verfertigen ... An Stoff fehlt's wahrlich nicht.« Dabei sollte die Flüchtlingsthematik nur *ein* brennendes Thema unter anderen sein. Euro-Krise, Ukraine-Krise, der unerfreuliche Zustand der EU, der Niedergang der Bundeswehr und die Entmachtung der Parlamente in Bund und Ländern zugunsten der Exekutive und der EU-Institutionen sollten weitere Themen sein. Als Arbeitstitel war vorgesehen: »Unwillkommene Wahrheiten«. Doch fügte ich realistisch hinzu: »Aber man schöpft doch Wasser in ein Danaidenfaß.«

Verschiedene Fassungen eines ersten Kapitels meiner Analyse zur Flüchtlingsfrage, betitelt: »Europa ohne Grenzen«, habe ich schon im November 2014 eingetippt. Eines dieser Stücke beginnt mit den Worten: »Ungläubig und voll düsterer Zukunftserwartungen registrieren die Wohlstandsgesellschaften der Europäischen Union die seit 2013 urplötzlich anschwellende Masseneinwanderung in den EU-Raum ... Das Schengen-System mit den Vereinbarungen von Dublin I–III, das von den Befürwortern ungebremster Armutseinwanderung jahrelang als ›Festung Europa‹ bezeichnet wurde, erweist sich nun als offenes Scheunentor, durch das die Flut über das zur Grenzsicherung weder willige noch fähige Italien hereinströmt.«

Die Wintermonate wurden aber vor allem für die Neufassung meiner »Arbeitstage« verwandt. Erst im Frühjahr 2015 begann ich mit den Tiefbohrungen zum Thema Flüchtlinge. Dabei wurde mir erst voll bewußt, daß das Schengen-System der offenen Binnengrenzen nur ein Teilaspekt der neuen Herausforderung war. Weitere fatale Bedingungen kamen hinzu: die Auflösungstendenzen der nach dem Ersten Weltkrieg errichteten Staaten im Nahen und Mittleren Osten sowie der in den sechziger und siebziger Jahren in Afrika errichteten Staaten, die demographische Asymmetrie zwischen den jungen, menschenreichen Gesellschaften dieser von Kriegen und Bürgerkriegen zerrissenen Gesellschaften und dem selbstgefällig vor sich hin alternden Europa, nicht zuletzt auch das absurde Asylrecht der Europäischen Union, das zur Masseneinwanderung geradezu einlud.

Erst im Frühherbst 2015, als die Flüchtlingskolonnen über den Balkan nach Bayern hereinströmten, fokussierte ich das geplante Politbuch auf dieses Thema. Am Münchener Hauptbahnhof waren die berühmten Psychodramen zu studieren: einerseits viele Tausende buntscheckig drapierter Flüchtlinge, darunter eine erstaunlich große Zahl kräftiger, durchaus nicht bedrückt wirkender junger Männer, andererseits die deutschen Offiziellen und Hunderte von Flüchtlingshelfern, die sie jubelnd bewillkommneten. Ich fühlte mich an das mythische Troja erinnert, von dem Homer berichtete, als naive Massen, angeführt von den Prinzlingen des Königs Priamos, das hölzerne Pferd in die Stadt schleppten.

Die Dokumentation der erstaunlichen Vorgänge ließ sich über das Internet hochladen. Für die Darstellung galt es eine Form zu finden, die drei Fragen beantwortete: Was sind – erstens – die demographischen, politischen, rechtlichen, administrativen und psychologischen Bedingungsfaktoren? Mit welchen Improvisationen suchten die EU und die nationalen Regierungen – zweitens – den Ansturm zu bewältigen? Und – drittens – welche mittel- und langfristigen Reformen wären geboten, um die säkulare Völkerwanderung wenigstens einigermaßen zu kanalisieren?

Das Manuskript ging am 29. Februar 2016 an die DVA, wenige Tage bevor die Balkanroute geschlossen wurde, gefolgt von dem Deal mit der Türkei. Als Titel schlug ich vor: »Die neue Völkerwanderung«. Doch beim Verlag war schon bekannt, daß der kluge und sympathische Asfa-Wossen Asserate seine Analyse der afrikanischen Migration unter demselben Titel bei Propyläen herausbringen würde. So erhielt das Buch den Titel *Die neue Völkerwanderung nach Europa*. Da der Flüchtlingszustrom im Lauf des Jahres 2016 zurückging, war Gelegenheit, den Text auf die zeitweilig entspannte Lage und die Anfang 2017 aktuellen Daten einzustellen.

Über die Bereitschaft der Politik zu nachhaltigen Reformen von Schengen und des europäischen Asylrechts machte ich mir allerdings keine Illusionen. Bei der Arbeit an der Studie hatte ich meine lieben Freunde von der CDU im Auge gehabt, die sich in der Flüchtlingskrise wie eine verängstigte Herde hinter die fehlprogrammierte Bundeskanzlerin scharte. Selbstverständlich würden die Regierungen im kritischen Wahljahr 2017 ihr Bestes tun, das säkulare Migrationsproblem in die hintersten Winkel zu fegen, um die darauf abonnierten rechtsradikalen Parteien auszumanövrieren. So war es denn auch. Außer Fanpost war keine politische Wirkung zu erkennen. Die Vorschläge würden bei den klügeren Lesern einsickern und vielleicht bei der nächsten Krise, die sicher zu erwarten ist, teilweise aufgegriffen werden.

Wie ich die Lage und meine eigene Position einschätzte, geht aus einem Brief hervor, den ich Ende September 2016 an einen vernünftig gebliebenen Kollegen der CDU geschrieben habe: »Ich gehöre nun wahrlich zum liberal-konservativen Altbestand der CDU. Doch bei den verehrten Kollegen der Politikwissenschaft herrscht ausnahmslos Schweigen im Walde. Auch niemand in der CDU erhebt seine Stimme angesichts der großen Fehler der Parteiführung. Und auch in der CSU ist die schwierige Thematik noch nicht gründlich durchdacht worden. Stattdessen überläßt man der AfD mit ihrem unerprobten, auch fragwürdigen Führungspersonal das Feld.

So begebe ich mich auf meine alten Tage nochmals ins Schlachtgetümmel, wünschend, ich wäre ein Vierteljahrhundert jünger. Aber jemand muß doch die heißen Eisen anpacken. Auf seine Weise war schließlich auch Bracher (er war wenige Wochen zuvor verstorben) der Meinung, daß Professoren der Politikwissenschaft – hochgestochen formuliert – so etwas wie ein öffentliches Wächteramt haben. Die Turmwächter sind zwar seit dem frühen 19. Jahrhundert funktionslos geworden. Man sollte unser Tätigkeitsprofil also eher mit dem der Stadtreinigung vergleichen, die auf den öffentlichen Plätzen den schlimmsten Unrat beseitigt oder das doch sollte. Kritische Beobachtung und Beschreibung der Fehlsteuerung von Gesellschaften mit Orientierungsproblemen, das ist wohl unsere Aufgabe.«[453] Meine Rolle ließ sich auch etwas freundlicher formulieren: »Unverdrossen bossle ich an meinen eigenen Sachen, um meine lieben Deutschen in ihren Traumwelten etwas zu beunruhigen.«[454]

Dann kam 2017. Viele Pundits sahen dem Jahr in alarmierter Stimmung entgegen. Würde der rechtsradikale Holzkopf, den verwirrte Wähler der großen Republik ins Weiße Haus entsandt hatten, die freie Welt nicht definitiv ruinieren – Rückzug aus der NATO, Protektionismus, verächtliche Feindschaft gegen die EU, eine Rußlandpolitik à la Roosevelt im Zweiten Weltkrieg, militärische Konfrontation mit der aufsteigenden Weltmacht China so wie einstmals jene Lloyd George, Churchill und Sir Edward Grey, die sich von Deutschland bedroht fühlten? Daß dieser unsympathische Mann seine nationalegoistische Außenpolitik unter die Devise »America first« stellte, war für Beobachter mit historischem Erinnerungsvermögen gleichfalls kein Grund zur Beruhigung. Und wie würde dieser unkalkulierbare Präsident in gefährlichsten Krisen reagieren, an denen kein Mangel sein wird?

In allen Ländern Europas, wo Wahlen ins Haus standen – Österreich, die Niederlande, Frankreich, Deutschland, Italien – wurden nun Triumphe der Rechtsradikalen an die Wand gemalt. Ich selbst hielt einen unerfahrenen amerikanischen Präsidenten für die größte Gefahr, während mich die Warnungen vor den Populisten Europas weniger beeindrucken konnten. Ein kühler Blick auf die Umfragen ließ doch erkennen, daß die nationalistische Rechte nach wie vor nur eine Minderheit in der Wählerschaft fasziniert. Immerhin war es in Frankreich und Italien in den Jahrzehnten des Kalten Krieges gelungen, die nun wirklich gefährlichen kommunistischen Parteien von der Macht fernzuhalten. Die Demokratien tanzen eben immer wieder einmal am Abgrund. Anders als in den dreißiger Jahren fangen sie sich aber auch. Schon im Mai nach dem Wahlsieg Emmanuel Macrons wurde Entwarnung gegeben.

Am meisten Anlaß zur Sorge gibt Deutschland. Wohlmeinend und wohlhabend, moralisierend und ängstlich, aber weiterhin das stärkste Land im Kreis der Demokratien Europas, erinnert es doch stark an Großbritannien während der dreißiger Jahren, dessen gefahrenblinde Regierungen erst im Jahr 1940 die Zeichen der Zeit erkannten, als es fast schon zu spät war. Die Europäische Union muß sich nicht vor einem halbhegemonialen Deutschland fürchten, sondern vor Naivität und Schlappheit der deutschen Eliten, wo in der CDU weder ein Churchill bereitsteht noch bei den Sozialdemokraten entschlossene Arbeiterführer wie Attlee oder Bevin.

Den Brexit betrachtete ich natürlich als Tragödie. Freund Thomas Kielinger hatte im Vorfeld der Abstimmung geschrieben, »von Deutschland aus betrachtet, wäre der Verlust Großbritanniens für die EU eine Katastrophe«. »So ist es«, antwortete ich, »doch Mephisto sagt: ›Denn alles, was besteht, ist wert, daß es zugrunde geht.‹ Die EU ist heute in einem Zustand wie das Alte Reich zu Zeiten Goethes kurz vor der Französischen Revolution. Momentan fürchte ich, daß die britischen Buchmacher und alle jene recht haben, die darauf hinweisen, daß die Wähler in Europa schon oft Nein gesagt haben, wenn sie die Möglichkeit hatten, über die EU zu befinden. Das Projekt Europa ist von der Politik, den Juristen und der Wirtschaft hoffnungslos übersteigert worden – Modell babylonischer Turm. Doch die an und für sich fällige partielle Abwicklung würde ein Chaos produzieren, denn die Eliten, die heute dran sind, ermangeln der Härte und der historischen Erfahrung. Angela Merkel ist geradezu die Inkarnation des Nanny State. Doch Boris Johnson, Marine Le Pen, Wilders, Gauland, Beppe Grillo sind gleichfalls auf ihre Art närrisch und erwecken so wenig Zutrauen wie das Establishment.«[455]

Zugegeben, beim Blick auf die vielen Gefahren, mit denen die Europäische Union heute konfrontiert ist, frage auch ich mich manchmal, ob die von den atlantischen Demokratien errichtete Weltordnung, mit inbegriffen das integrierte Europa, bei deren Installierung ich herangewachsen bin und deren Triumphe und Krisen meinen Lebensgang begleitet haben, nicht ihrem Ende entgegengeht, während den großen Mächten Asiens die Zukunft gehört. Doch zu oft schon haben die Defätisten den Kollaps vorhergesagt, und bisher immer zu unrecht. Die streitbare Rita Süssmuth hat einem ihrer Bücher den Titel *Wer nicht kämpft, hat schon verloren* gegeben. Nicht jede ihrer Maximen stimmt, wohl aber diese: Man muß sich wehren! Die Hauptgefahr ist der fehlende Wille Europas und vor allem Deutschlands zur unsentimentalen Selbstbehauptung, auch in der neuen Völkerwanderung. Dabei trägt Deutschland leider die Hauptverantwortung für die Willensschwäche.

Wenn manche Angehörige meiner Generation für Deutschland und Europa keine Zukunft mehr sehen, so natürlich auch aus biologischen Gründen. Sie haben beim schönen und langen Festessen des Lebens jene Phase erreicht, da man Mocca und Cognac bestellt, während der Ober das Taxi herbeitelefoniert. Doch größer als meine Sorge, die mich nie verlassen hat, ist und bleibt meine Neugier.

Eines meiner liebsten Fontane-Gedichte beginnt mit den Versen:

Eigentlich ist mir alles gleich,
Der eine wird arm, der andre wird reich,
Aber mit Bismarck – was wird das noch geben?
Das mit Bismarck, das möcht' ich noch erleben.

Das Gedicht erschien 1891, kurz nach dem Sturz Bismarcks.[456] Fontane war damals 72 – jene Generation verstarb im Durchschnitt zehn Jahre früher als die unsere. Es liegt mir fern, mich mit Fontane zu vergleichen. Aber auch er hat einen Teil seines Talents in breit angelegten zeitgeschichtlichen Darstellungen verströmt und war zeitlebens ein genauer Beobachter der politischen Szenerie, engagiert, eigenwillig, flexibel und spitzzüngig. Ungeachtet eines nie ganz erlöschenden Patriotismus wurde aus ihm ein historischer Pessimist, der in Deutschland eine neue Welt heraufziehen sah und das Treiben der herrschenden Eliten nur noch mit großer Skepsis konstatierte. Er wußte, daß ein Zeitalter, sein Zeitalter, zu Ende ging – wenn nicht früher, dann später. Doch noch stärker war seine Neugier auf das Kommende. In diesem Punkt fühle ich mich ihm verbunden:

Doch wie tief herabgestimmt,
Auch das Wünschen Abschied nimmt,
Immer klingt es noch daneben:
Ja, das möcht' ich noch erleben.

Anhang

Anmerkungen

Vorwort

1 »In the entire period of 10 or 12 years from our birth«, so hat er geschrieben, »our pains and pleasures, our actions and design, are remotely connected with our existence; and according to a just computation we should begin to reckon our life from the age of puberty.« Miscellaneous Works of Edward Gibbon (Hrsg.), Memoirs of his Life and Writings. Composed by himself, illustrated from his Letters, with occasional notes and narrative by John Lord Sheffield, Complete in one volume, London 1937, S. 2.

2 Zit. nach Johannes Urzidil, Goethe in Böhmen, Zürich 1981, S. 183. Dazu Johann Wolfgang von Goethe, Geschichte meines botanischen Studiums, in: Goethe's Werke, Vollständige Ausgabe letzter Hand, 58. Bd., Stuttgart–Tübingen 1842, S. 83–115, hier S. 83; Bildung und Umbildung organischer Naturen [Zur Morphologie] und Darlegung seiner Vorgehensweise: Zur Kenntnis der böhmischen Gebirge. Karlsbad. 1817, in: Propyläen Goethes Sämtliche Werke, 19. Bd., München 1918, S. 360–365, 369–384.

3 Iring Fetscher, Neugier und Furcht. Versuch, mein Leben zu verstehen, Hamburg 1995.

4 Hans-Peter Schwarz, Die ausgebliebene Katastrophe, in: Hermann Rudolph (Hrsg.), Den Staat denken. Theodor Eschenburg zum Fünfundachtzigsten, Berlin 1990, S. 151–174.

5 Machiavelli, Discorsi. Gedanken über Politik und Staatsführung, Vorwort zu Buch 2, Stuttgart 1966, S. 161. Da niemand die Wahrheit hören will, erspare ich es mir, Machiavellis Befund im einzelnen auszubreiten. Doch das erwähne Vorwort zu Buch 2 der *Discorsi* ist eine aktuelle Lektüre.

Studium in den fünfziger Jahren

6 Walter Muschg, Tragische Literaturgeschichte, Mit einem Nachwort von Urs Widmer und einer Vorbemerkung von Walter Muschg, Zürich 2006 (1948).

7 Walter Muschg: Die Zerstörung der deutschen Literatur, 3., erweiterte Aufl., Bern 1958 (1956).

8 Karl Jaspers, Die großen Philosophen, 3. Aufl., München 1981 (1. Aufl. 1957).

9 Karl Jaspers, Die großen Philosophen. Nachlaß 1. Darstellungen und Fragmente; Nachlaß 2. Fragmente, Anmerkungen, Inventar, hrsg. von Hans Saner unter Mitarbeit von Raphael Bielander, München 1981.

10 Jaspers, Die großen Philosophen. Nachlaß 1, S. 641.

11 Karl Jaspers, Die Atombombe und die Zukunft der Menschheit. Politisches Bewußtsein in unserer Zeit, München 1958.

12 Karl Jaspers an Hannah Arendt, 1.5.1958, in: Hannah Arendt/Karl Jaspers, Briefwechsel 1926–1969, hrsg. von Lotte Köhler, Hans Saner, 2. Aufl., München 1987, S. 386.

13 Karl Jaspers, Freiheit und Wiedervereinigung, München 1960.

14 Karl Jaspers, Wohin treibt die Bundesrepublik?, München 1966.

15 Hannah Arendt an Karl Jaspers, 11.6.1965, in: Arendt/Jaspers, Briefwechsel 1926–1969, S. 637.
16 Karl Jaspers an Hannah Arendt, 3.1.1967, ibd., S. 699.
17 Ulrich Raulff, Kreis ohne Meister. Stefan Georges Nachleben, München 2009, S. 417.
18 Klaus Harpprecht, Die Gräfin. Marion Dönhoff. Eine Biographie, Reinbek bei Hamburg 2009.
19 Winfried Martini, Das Ende aller Sicherheit. Eine Kritik des Westens, Stuttgart 1954.
20 Walter Rehm, Griechentum und Goethezeit. Geschichte eines Glaubens, 3. Aufl., München 1952 (1. Aufl. 1936).
21 Walter Rehm, Götterstille und Göttertrauer. Aufsätze zur deutsch-antiken Begegnung, München 1951.
22 Hugo Friedrich, Die Struktur der modernen Lyrik. Von Baudelaire bis zur Gegenwart (Rowohlts Deutsche Enzyklopädie, Bd. 25), Hamburg 1956.
23 Gerhard Ritter, Die Dämonie der Macht, München 1947.
24 Gerhard Ritter, Die Neugestaltung Deutschlands und Europas im 16. Jahrhundert, München 1950.
25 Gerhard Ritter, Carl Goerdeler und die deutsche Widerstandsbewegung, Stuttgart 1954.
26 Gerhard Ritter, Staatskunst und Kriegshandwerk, 4 Bde., München 1954–1968.
27 Gerhard Ritter, Der Schlieffenplan. Kritik eines Mythos, München 1956.
28 Arnold Bergstraesser, Staat und Dichtung, Freiburg/Breisgau 1967.
29 Arnold Bergstraesser, Politik in Wissenschaft und Bildung. Schriften und Reden (Freiburger Studien zu Politik und Soziologie), Freiburg/Breisgau 1961.
30 Ekkehart Krippendorff, Lebensfäden. Zehn autobiographische Versuche, Heidelberg 2012, S. 128–132.
31 Arnold Bergstraesser, Die Aufgabe der Universität in Gesellschaft und Staat, in: Die Albert-Ludwigs-Universität Freiburg. 1457–1957. Die Festvorträge bei der Jubiläumsfeier, Freiburg/Breisgau 1957.
32 Ralf Dahrendorf, Die zweite Stufe der Währungsreform oder die normative Ohnmacht des Faktischen, in: Hans Oswald (Hrsg.), Macht und Recht. Festschrift für Heinrich Popitz zum 65. Geburtstag, Opladen 1990, S. 60.
33 Hans-Peter Schwarz, Probleme der Kooperation von Politikwissenschaft und Soziologie in Westdeutschland, in: Dieter Oberndörfer (Hrsg.), Wissenschaftliche Politik. Eine Einführung in Grundfragen ihrer Tradition und Theorie, Freiburg/Breisgau 1962, S. 297–333.
34 Gutachten Bergstraessers für die Pädagogische Hochschule Osnabrück, 6.8.1962.
35 Dieter Oberndörfer, Von der Einsamkeit des Menschen in der modernen amerikanischen Gesellschaft (Freiburger Studien zu Politik und Soziologie, hrsg. von Arnold Bergstraesser, Heinrich Popitz), Freiburg/Breisgau 1958.
36 Dieter Oberndörfer (Hrsg.), Wissenschaftliche Politik. Eine Einführung in Grundfragen ihrer Tradition und Theorie (Freiburger Studien zu Politik und Soziologie, hrsg. von Arnold Bergstraesser, Heinrich Popitz), Freiburg/Breisgau 1962.
37 Ernst Jünger. Politische Publizistik. 1919 bis 1933, hrsg., kommentiert und mit einem Nachwort versehen von Sven Olaf Berggötz, Stuttgart 2001.
38 Kurt Sontheimer, Die wilde Politik eines Unpolitischen, in: Frankfurter Allgemeine, 22.3.1963.
39 Wilhelm Hennis an Hans-Peter Schwarz, 12.10.1962.
40 Hans Maier an Hans-Peter Schwarz, 29.9.1962.

41 Liselotte Jünger an Hans-Peter Schwarz, 18.10.1962.
42 Ernst Klett an Hans-Peter Schwarz, 17.10.1962.
43 Hans-Peter Schwarz, Treffer und offene Fragen: Ernst Jüngers Prognosen, in: Günter Figal, Heimo Schwilk (Hrsg.), Magie der Heiterkeit. Ernst Jünger zum Hundertsten, Stuttgart 1995, S. 94–108.
44 Hans-Peter Schwarz, Das planetarische Zeitalter. Zeitkritik und Zeitfremdheit bei Ernst Jünger, in: Jahrbuch für finnisch-deutsche Literaturbeziehungen, Nr. 28 (1996), S. 169–180.
45 Liselotte Jünger an Hans-Peter Schwarz, 1.3.1997.
46 Hans-Peter Schwarz, Wie sollen sich die neu zu gründenden Universitäten von den bisherigen unterscheiden?, in: Zur Gestalt der neuen deutschen Universität, hrsg. vom Gesprächskreis Wissenschaft und Wirtschaft BDI/DIHT/SV in Verbindung mit der Wochenzeitschrift »Christ und Welt«, Essen-Bredeney 1963, S. 7–14.

Der jüngste Professor

47 Carlo Schmid an Hans-Peter Schwarz, 2.8.1966.
48 Hans-Peter Schwarz, Konrad Adenauer, Erinnerungen 1945–1953, in: Politische Vierteljahresschrift, Jg. 6 (1965) Heft 4, S. 497–518.
49 Hans-Peter Schwarz, Die Weimarer Republik und ihre Akteure, in: Christ und Welt, 8.11.1963, S. 24 (Rezension von Theodor Eschenburg, Die improvisierte Demokratie. Gesammelte Aufsätze zur Weimarer Republik, München 1963).
50 Theodor Eschenburg, Letzten Endes meine ich doch. Erinnerungen 1933–1999, Berlin 2000, S. 195.
51 Theodor Eschenburg an Hans-Peter Schwarz, 7.5.1965.
52 Hans-Peter Schwarz an Dieter Oberndörfer, 30.10.1965.
53 Wilhelm Hennis an Hans-Peter Schwarz, 17.12.1965.
54 E. W. Zeeden an Hans-Peter Schwarz, 20.1.1966.
55 Klaus Epstein, The German Problem, in: World Politics, Vol. 20 (1968) Nr. 2, S. 279–300.
56 Hans Maier an Hans-Peter Schwarz, 4.8.1966.
57 Helga Haftendorn, Abrüstungs- und Entspannungspolitik zwischen Sicherheitsbefriedigung und Friedenssicherung. Zur Außenpolitik der BRD 1955–1973 (Krieg und Frieden. Beiträge zu Grundproblemen der internationalen Politik, hrsg. in Verbindung mit Ernst-Otto Czempiel, Karl Kaiser, Hans-Peter Schwarz, Gilbert Ziebura, Uwe Nerlich), Düsseldorf 1974.
58 Beispielsweise Walter La Feber, America, Russia and the Cold War, Hoboken (New Jersey) 1967; Paul Seabury, The Rise and decline of the Cold War, New York 1967, oder Jan F. Triska, David D. Finley, Soviet Foreign Policy, New York–London 1968.
59 Hans-Peter Schwarz, Alternativen zur Demokratisierung, 18.1.1974 (unveröffentlichtes Vortragsmanuskript).

Die turbulenten siebziger Jahre

60 John W. Wheeler-Bennett, The Semblance of Peace. The Political Settlement After the Second World War, London 1972.
61 A. J. Nicholls, Freedom with Responsibility. The Social Market Economy in Germany. 1918–1963, Oxford 1994, und The Bonn Republic. West German Democracy 1945–1990, London 1997.
62 Hans Peter Ipsen, Europäisches Gemeinschaftsrecht, Tübingen 1972.

63 Hans-Peter Schwarz, Europa föderieren – aber wie? Eine Methodenkritik der europäischen Integration, in: Gerhard Lehmbruch, Klaus von Beyme, Iring Fetscher (Hrsg.), Demokratisches System und politische Praxis in der Bundesrepublik. Für Theodor Eschenburg, München 1971, S. 377–443.
64 Walter Hallstein. Europäische Reden, hrsg. von Thomas Oppermann unter Mitarbeit von Joachim Kahler, Stuttgart 1979.
65 Hans-Peter Schwarz, Federating Europe – but how? A Critical Essay on the Methods of European Integration, in: P. D. Dagtoglou (Hrsg.), Basic Problems of the European Community, Oxford 1975, S. 1–65.
66 Alastair Buchan, Europe's Futures, Europe's Choices. Models of Western Europe in the 1970s (An IISS Paperback), London 1969.
67 Hans-Peter Schwarz, Die maritime Interessenlage der Bundesrepublik Deutschland, in: Dieter Mahncke, Hans-Peter Schwarz (Hrsg.), Seemacht und Außenpolitik (Rüstungsbeschränkung und Sicherheit, Schriften des Forschungsinstituts der Deutschen Gesellschaft für Auswärtige Politik e.V., Bonn, Bd. 11), S. 519–553.
68 Hans-Peter Schwarz, Zur Selbstverständnisdiskussion des Faches Internationale Politik (Rezension von Roger Morgan (Hrsg.), The Study of International Affairs. Essays in Honour of Kenneth Younger, London 1973), in: Politische Vierteljahresschrift, 15. Jg. (1974) Heft 1, S. 125–127.
69 Henning von Löwis of Menar, Bilateralismus und Multilateralismus in der Außenpolitik Portugals seit 1945, Diss. phil., Hamburg 1979.
70 Ralf Dahrendorf, Plädoyer für die Europäische Union, München 1973.
71 Hans-Peter Schwarz, Die neueste Zeitgeschichte, in: Vierteljahrshefte für Zeitgeschichte, 51. Jg. (2003) Heft 1, S. 5.
72 Hans-Peter Schwarz, Zur Außenpolitik der Bundesrepublik Deutschland, in: Politische Vierteljahresschrift, 9. Jg. (1968) Heft 1, S. 82–98; Das Berlin-Problem, in: Neue Politische Literatur, XIV. Jg. (1969) Heft 1, S. 117–121.
73 Arnulf Baring, Außenpolitik in Adenauers Kanzlerdemokratie. Bonns Beitrag zur Europäischen Verteidigungsgemeinschaft, München 1969.
74 Wolfram Hanrieder, West German Foreign Policy 1949–1963. International Pressure and Domestic Response, Stanford 1967 (deutsche Ausgabe: Die stabile Krise. Zwei Jahrzehnte bundesrepublikanischer Außenpolitik, Düsseldorf 1971).
75 Wolfram Hanrieder, Vorwort. Der Zugang zum Thema, in: ders., Deutschland, Europa, Amerika. Die Außenpolitik der Bundesrepublik Deutschland 1949–1989, vom Autor aus dem Amerikanischen übertragen und überarbeitet, Paderborn–München–Wien–Zürich 1991, S. IX–XX, hier S. X f.
76 Ernst Czempiel (Hrsg.), Die anachronistische Souveränität. 1949–1989, Paderborn 1991, S. XI, 461.
77 Daniel Eisermann, Außenpolitik und Strategiediskussion. Die Deutsche Gesellschaft für Auswärtige Politik 1955 bis 1972, München 1999.
78 Hans-Peter Schwarz, Das Problem der europäischen Sicherheit in historischer Perspektive, in: Europäische Sicherheit in den 70er Jahren, 5. Kolloquium der Deutschen Gesellschaft für Auswärtige Politik e.V., Bonn 1968, S. 5–49.
79 Hans-Peter Schwarz, Die Rolle der Bundesrepublik in der Staatengesellschaft, in: Karl Kaiser, Roger Morgan (Hrsg.), Strukturwandlungen der Außenpolitik in Großbritannien und der Bundesrepublik (Schriften des Forschungsinstituts der Deutschen Gesellschaft für Auswärtige Politik e.V., Bd. 29), München 1970, S. 225–256 (englische Fassung: The Roles of the Federal Republic in the Community of States, in: Karl Kaiser, Roger

Morgan (Hrsg.), Britain and West Germany. Changing Societies and the Future of Foreign Policy, published by the Royal Institute of International Affairs, London 1971, S. 219–259).

80 Quick. 27.9.1973. Walter F. Hahn, West Germany's Ostpolitik. The Grand Design of Egon Bahr, in: Orbis, Vol. 16 (1973), S. 854–880.

81 Hans-Peter Schwarz an Dieter Schwarz (Lagos), 26.2.1972.

82 Hans-Peter Schwarz an Dieter Schwarz (Lagos), 18.5.1972.

83 Hans-Peter Schwarz an Dieter Schwarz (Lagos), 18.5.1972.

84 Hans-Peter Schwarz an Roger Louis (Austin), 26.6.1972.

85 Hans-Peter Schwarz, Außenpolitik mit lauter netten Völkern. Die Anziehungskraft der Europäischen Sicherheitskonferenz auf gemäßigt Progressive, in: Frankfurter Allgemeine, 26.1.1972, S. 10.

86 Hans-Peter Schwarz, Absichten und Aussichten für Europa, in: Die Politische Meinung, 16. Jg. (1971) Heft 134, S. 15–25.

87 Hans-Peter Schwarz, Die Politik der Westbindung oder Die Staatsräson der Bundesrepublik, in: Zeitschrift für Politik, Jg. 22 (1975) Heft 4, S. 307–337.

88 Hans-Peter Schwarz, Die nationale Frage – morgen. 6 Thesen zur Positionsbestimmung nach 25 Jahren, in: Die Politische Meinung, 19. Jg. (1974) Heft 154, S. 9–33. Dem lag ein Vortrag zugrunde, den ich am 4.4.1974 auf einer Tagung des Göttinger Arbeitskreises in Mainz gehalten hatte (Einheit der Nation? Sechs Thesen zur Positionsbestimmung nach 25 Jahren, in: Jahrbuch der Albertus-Universität zu Königsberg/Preußen 1975, Bd. XXV, hrsg. vom Göttinger Arbeitskreis, Berlin 1977, S. 41–68).

89 Hans-Peter Schwarz, Das außenpolitische Konzept Konrad Adenauers, in: Rudolf Morsey, Konrad Repgen (Hrsg.), Adenauer-Studien I (Veröffentlichungen der Kommission für Zeitgeschichte, Reihe B: Forschungen, Bd. 10), Mainz 1971, S. 71–108.

90 Politik – die Kunst des geringsten Risikos. Eine zeitgeschichtliche Analyse der Außenpolitik Konrad Adenauers (I): Kalkulierte Dynamik, in: Die Welt, 16.10.1971, S. 7–11. Nationalismus – Krebsschaden bei der Verteidigung der Freiheit. Eine zeitgeschichtliche Analyse der Außenpolitik Konrad Adenauers (II), ibd., 18.10.1971, S. 7–11. Politik der Stärke war seine Strategie gegenüber Rußland. Eine zeitgeschichtliche Analyse der Außenpolitik Adenauers (III), ibd., 1.10.1971, S. 7. Antikommunismus – für den Kanzler ein wirksames Gegengewicht. Eine zeitgeschichtliche Analyse der Außenpolitik Konrad Adenauers (IV), ibd., 20.10.1971, S. 10–11. Mit dem Kreml leben – aber wie? Zeitgeschichtliche Analyse der Außenpolitik Konrad Adenauers (Schluß), ibd., 21.10.1971, S. 43.

91 Vorwort der Herausgeber, in: Richard Löwenthal, Hans-Peter Schwarz (Hrsg.), Die zweite Republik. 25 Jahre Bundesrepublik Deutschland – Eine Bilanz, Stuttgart 1974, S. 7.

92 Hans-Peter Schwarz an Vati und Mutti, 5.10.1972.

93 Hans-Christian Watrin, Der Bezugsrahmen der Weltwirtschaftsordnung: Strukturen, Ordnungskonzepte und Funktionsprobleme, in: Hans-Peter Schwarz (Hrsg.), Handbuch der deutschen Außenpolitik, München 1975, S. 369–383.

94 Hans-Peter Schwarz, Boris Meissner (Hrsg.), Entspannungspolitik in Ost und West (Studien zur Politik, Bd. 4), Köln 1979.

95 Hans von der Groeben, Aufbaujahre der Europäischen Gemeinschaft. Das Ringen um den Gemeinsamen Markt und die Politische Union (1958–1966), Baden-Baden 1982. Hanns Jürgen Küsters, Die Gründung der Europäischen Wirtschaftsgemeinschaft, Baden-Baden 1982. Peter Weilemann, Die Anfänge der Europäischen Atomgemeinschaft. Zur Gründungsgeschichte von EURATOM 1955–1957, Baden-Baden 1982.

96 Hans-Peter Schwarz, Ein eigenes Boot nur für die Starken? Nur das Zusammengehen der wirtschaftlich und politisch Gesunden wahrt auch den schwachen Staaten ihre Chance«, in: Deutsche Zeitung, 29.11.1974, S. 3. Siehe dazu auch Hans-Peter Schwarz, Das europäische Konzert der gelähmten Leviathane. Variationen zum Thema Unregierbarkeit und Außenpolitik, in: Wilhelm Hennis, Peter Graf Kielmansegg, Ulrich Matz (Hrsg.), Regierbarkeit. Studien zu ihrer Problematisierung, Bd. 1, Stuttgart 1977, S. 296–312.

97 Wilhelm G. Grewe, Spiel der Kräfte in der Weltpolitik. Theorie und Praxis der internationalen Beziehungen, Frankfurt/Main 1970.

98 Gottfried-Karl Kindermann, Grundelemente der Weltpolitik. Eine Einführung, München 1977.

99 Georg Schwarzenberger, Power Politics. A Study of International Society, 2. Aufl., London 1951.

100 Besonders anregend finde ich seinen Aufriß einer nicht-marxistischen Politökonomie, der Mitte der siebziger Jahre erscheint: Klaus Knorr: The Power of Nations. The Political Economy of International Relations, New York 1975.

101 Jean-Baptiste Duroselle, Histoire diplomatique de 1919 à nos jours, Paris 1966. Am stärksten beindruckt mich sein Entwurf: Tout empire périra. Une vision théorique des relations internationales, Paris 1981.

102 Raymond Aron, Paix et guerre entre les nations, Paris 1962.

103 Johann Wolfgang von Goethe, Vorwort, in: Dichtung und Wahrheit. Goethes Werke, Hamburger Ausgabe, Bd. IX, Hamburg 1957, S. 9.

104 J. B. Duroselle, Tout empire périra. Une vision théorique des relations internationales, Paris 1981.

105 Hans-Peter Schwarz, Die Westdeutschen, die westliche Demokratie und die Westbindung, in: James A. Cooney, Gordon A. Craig, Hans-Peter Schwarz, Fritz Stern (Hrsg.), Die Bundesrepublik Deutschland und die Vereinigten Staaten von Amerika, Stuttgart 1985, S. 87–141, hier S. 140. (The Federal Republic of Germany and the United States. Changing Political, Social, and Economic Relations, Boulder–London 1984).

106 David Calleo, The German Problem Reconsidered. Germany and the World Order. 1870 to the Present, Cambridge 1978 (deutsche Ausgabe: Legende und Wirklichkeit der deutschen Gefahr. Neue Aspekte zur Rolle Deutschlands in der Weltgeschichte von Bismarck bis heute, Bonn 1980).

107 Hans-Peter Schwarz, What is wrong with U.S.-West German Relations?, in: SAIS Review (Summer 1982) Nr. 4, S. 53–71.

108 Hans-Peter Schwarz, Das atlantische Sicherheitssystem in einer Ära ohne große Alternativen, in: Karl Kaiser, Hans-Peter Schwarz (Hrsg.), Amerika und Westeuropa. Gegenwarts- und Zukunftsprobleme, Stuttgart 1977, S. 165–203 (englische Fassung: America and Western Europe. Problems and Prospects, Lexington 1977, S. 189–234).

109 Hans-Peter Schwarz, Zukunftsaufgaben amerikanisch-europäischer Politik, ibd., S. 361–275, hier S. 375.

110 Peter Weilemann, Weltmacht in der Krise. Isolationistische Impulse in der amerikanischen Außenpolitik der siebziger Jahre (Studien zur Zeitgeschichte, hrsg. vom Institut für Zeitgeschichte, Bd. 20), Stuttgart 1982.

111 Hans-Peter Schwarz, Outlook: America, Germany, and the Atlantic Community after the Cold War, in: Detlef Junker (Hrsg.), The United States and Germany in the Era of the Cold War. 1968–1990. A Handbook, Vol. 2, Cambridge 2003, S. 535–565, hier S. 65 (Die USA und Deutschland im Zeitalter des Kalten Krieges 1945–1990. Ein Handbuch, Bd. II 1968–1990, S. 801–826, ohne Nachwort vom 20.3.2003).

112 Hans-Peter Schwarz, USA – Wie unentrinnbar? Wie gefährlich? Wie unentbehrlich?, in: Marianne Kneuer (Hrsg.), Standortbestimmung Deutschlands. Innere Verfaßtheit und internationale Verantwortung (Veröffentlichungen der Deutschen Gesellschaft für Politikwissenschaft, Bd. 32), Baden-Baden 2015, S. 53–83.
113 Hans-Peter Schwarz, Das atlantische Sicherheitssystem in einer Ära ohne große Alternativen, S. 165–203.
114 Hermann Heller, Die politischen Ideenkreise der Gegenwart, Breslau 1926.
115 Hans-Peter Schwarz, Ein eigenes Boot nur für die Starken?, in: Deutsche Zeitung, 29.11.1974, S. 3.
116 Ibd.
117 Hans-Peter Schwarz, Die Politik der Westbindung oder Die Staatsräson der Bundesrepublik, in: Zeitschrift für Politik, Jg. 22 (1975) Heft 4, S. 307–337.
118 Hans-Peter Schwarz, Das europäische Konzert der gelähmten Leviathane, S. 296–312.
119 David Rees, Korea. The Limited War, London 1964, S. 70 f.
120 Hans-Peter Schwarz an Hans Maier, 13.10.1976.

Auf Adenauers Spuren

121 Hans-Peter Schwarz, Zwischenbilanz der KSZE, Stuttgart 1977.
122 Deutschlandpolitik. Öffentliche Anhörungen des Ausschusses für innerdeutsche Beziehungen des Deutschen Bundestages 1977 (Zur Sache 4/77. Themen parlamentarischer Beratung), 26.9.1977, S. 33–46 und 70–76; Hans-Peter Schwarz, Brauchen wir ein neues deutschlandpolitisches Konzept?, in: Europa-Archiv, 32. Jg. (1977) Folge 11, S. 327–338.
123 Arnulf Baring, Ein Handbuch deutscher Außenpolitik. Lange vermißt. Teuer, aber rundum gelungen, in: Die Zeit, 3.10.1975.
124 Gerhard Schröder, Geschichte als Erfolgskontrolle. Exaußenminister Schröder über das »Handbuch der deutschen Außenpolitik«, in: Die Welt, 19.7.1975.
125 Anneliese Poppinga, Meine Erinnerungen an Konrad Adenauer, Stuttgart 1970.
126 Konrad Adenauer. Reden 1917–1967. Eine Auswahl, hrsg. von Hans-Peter Schwarz, Stuttgart 1975.
127 Konrad Adenauer 1876/1976, hrsg. von Helmut Kohl, Stuttgart 1976.
128 Konrad Adenauer und seine Zeit. Politik und Persönlichkeit des ersten Bundeskanzlers. [Bd. I:] Beiträge von Weg- und Zeitgenossen, Bd. II: Beiträge der Wissenschaft, im Auftrag und in Zusammenarbeit mit der Konrad-Adenauer-Stiftung hrsg. von Dieter Blumenwitz, Klaus Gotto, Hans Maier, Konrad Repgen, Hans Peter Schwarz, Stuttgart 1976.
129 Hans-Peter Schwarz, Der unbekannte Adenauer. Einige Aufgaben künftiger Forschung, in: Konrad Adenauer und seine Zeit, Bd. II, S. 589–609.
130 Konrad Repgen (Hrsg.), Die Dynamische Rente in der Ära Adenauer und heute (Rhöndorfer Gespräche, Bd. 1), Stuttgart 1978.
131 Hans-Peter Schwarz, Die deutschlandpolitischen Vorstellungen Konrad Adenauers 1955–1958, in: ders. (Hrsg.), Entspannung und Wiedervereinigung. Deutschlandpolitische Vorstellungen Konrad Adenauers 1955–1958 (Rhöndorfer Gespräche, Bd. 2), Stuttgart 1979, S. 7.
132 Eberhard Böckel, Geschäftsführer der DVA, an Hans-Peter Schwarz, 11.7.1977.
133 Hans-Peter Schwarz an DVA, 17.7.1977.
134 Hans-Peter Schwarz, Hundert Jahre deutscher Jubiläumsbilanzen, in: Hans-Peter Schwarz (Hrsg.), Die Bundesrepublik Deutschland. Eine Bilanz nach 60 Jahren, Köln 2008, S. 9–32.

135 Welche widersprüchlichen Paradigmen sich Mitte der neunziger Jahre beim Nachdenken über die Vorgänge mir aufgedrängt haben, habe ich in meinem Beitrag zur Festschrift für Hans Maier mit den Stichworten wie folgt umschrieben: Wiedervereinigung, Vereinigung, Eingliederung, Restauration, Systemwechsel – einige Paradigmen zur Interpretation des Umbruchs 1989/90, in: Paul Mikat, Heinrich Oberreuter, Theo Stammen (Hrsg.), Politik – Bildung – Religion. Hans Maier zum 65. Geburtstag, Paderborn 1996, S. 377–387.

136 Hans-Peter Schwarz, Die Ära Adenauer. Gründerjahre der Republik 1949–1957 (Geschichte der Bundesrepublik, Bd. 2), Stuttgart 1981, S. 375–464.

137 Axel Schildt, Arnold Sywottek (Hrsg.), Modernisierung im Wiederaufbau. Die westdeutsche Gesellschaft der 50er Jahre (Politik und Gesellschaftsgeschichte, hrsg. für das Forschungsinstitut der Friedrich-Ebert-Stiftung, Bonn, Bd. 33), Bonn 1993. Eine durchgesehene und in den Literaturhinweisen aktualisierte Studienausgabe ist 1998 erschienen.

138 Hans-Peter Schwarz an Ulrich Frank-Planitz, 15.10.1979.

139 Hans-Peter Schwarz, Conclusion, in: Raymond Poidevin (Hrsg.), Historie des debuts de la construction européenne. Mars 1948–Mai 1959, Baden-Baden 1986, S. 448.

140 Hans-Peter Schwarz, Die Ära Adenauer. Epochenwechsel 1957–1963 (Geschichte der Bundesrepublik Deutschland, Bd. 3), Stuttgart 1983, S. 356–382.

141 Raymond Aron, Plädoyer für das dekadente Europa, Berlin 1978 (französische Ausgabe: Plaidoyer pour l'Europe décadente, Paris 1977).

142 Hans-Peter Schwarz, Die gezähmten Deutschen. Von der Machtbesessenheit zur Machtvergessenheit, Stuttgart 1985, S. 7.

143 Hans-Peter Schwarz an Dieter Oberndörfer, 27.8.1986.

144 Hanrieder, Deutschland, Europa, Amerika, S. 445.

145 Schwarz, Der unbekannte Adenauer, in: Konrad Adenauer und seine Zeit, Bd. II, S. 589–609.

146 Hans-Peter Schwarz, Dannie N. Heinemann und Konrad Adenauer im Dialog (1907–1962), in: Karl Dietrich Bracher, Paul Mikat, Konrad Repgen, Martin Schumacher, Hans-Peter Schwarz (Hrsg.), Staat und Parteien. Festschrift für Rudolf Morsey zum 65. Geburtstag, Berlin 1992, S. 803–825.

147 Herbert Blankenhorn, Verständnis und Verständigung. Blätter eines politischen Tagebuchs 1949–1975, Berlin 1980.

148 Herbert Blankenhorn an Hans-Peter Schwarz, 30.12.1985.

149 Max Rychner an Carl Jacob Burckhardt. 27.2.1948, in: Carl J. Burckhardt, Max Rychner. Briefe 1926–1965, hrsg. von Claudia Mertz-Rychner, Frankfurt/Main 1970, S. 122. Kriegsende und Neuanfang am Rhein. Konrad Adenauer in den Berichten des Schweizer Generalkonsuls Franz Rudolph von Weiss 1944–1945, hrsg. von Hanns Jürgen Küsters, Hans Peter Mensing (Biographische Quellen zur deutschen Geschichte nach 1945, hrsg. im Auftrag des Instituts für Zeitgeschichte und in Verbindung mit dem Bundesarchiv von Wolfgang Benz, Bd. 4.), München 1986.

150 Hans-Peter Schwarz, Adenauer. Der Aufstieg 1876–1952, Stuttgart 1986.

151 Hans-Peter Schwarz an Andreas Hillgruber, 6.9.1986.

152 Andreas Hillgruber, Zweierlei Untergang. Die Zerschlagung des Deutschen Reiches und das Ende des Europäischen Judentums (Corso bei Siedler), Berlin 1986.

153 Rüdiger Altmann, »Ein neuer Kanzler. Ein neues Kabinett«. Plädoyer für einen Amtsverzicht Helmut Kohls, in: Der Spiegel, Nr. 20, 12.5.1986, S. 57, 60 f.

154 Hans-Peter Schwarz, In den Etablissements des Palais Royal. Eine Antwort auf die Vorwürfe des konservativen Publizisten Rüdiger Altmann an Bundeskanzler Helmut Kohl, in: Rheinischer Merkur/Christ und Welt, 24.5.1986, S. 2.

155 Hans-Peter Schwarz an Rüdiger Altmann, 21.5.1986.

156 Rüdiger Altmann an Hans-Peter Schwarz, 23.5.1986.

Hauptstadtprofessor

157 Hans-Peter Schwarz an Susi Lier, 19.12.1987.

158 Trägerverein des Arnold Bergstraesser-Instituts (ABI) Freiburg (1969–2013), davon Vorstandsmitglied 1974–2011; Mitglied des Wissenschaftlichen Direktoriums des Forschungsinstituts der Deutschen Gesellschaft für Auswärtige Politik e.V. (DGAP) (1974–2013, 1982–2006 Vorsitzender); Herausgeber der Edition »Adenauer Rhöndorfer Ausgabe« und Mitglied des Wissenschaftlichen Beirats der Stiftung Bundeskanzler-Adenauer-Haus (1974–2013), Fachgutachter für Politische Wissenschaft der Alexander-von-Humboldt-Stiftung (1977–1997); Herausgeber der »Vierteljahrshefte für Zeitgeschichte« (1978–2012); Mitglied des Wissenschaftlichen Beirats des Instituts für Zeitgeschichte, München (1978–2006, 1987–2006 Vorsitzender); Mitglied des Wissenschaftlichen Direktoriums des Instituts für Europäische Politik. Bonn (1978–1999); Mitglied des Review Panels des Woodrow Wilson International Center for Scholars. Washington (1980–1991); Mitglied der Kommission für Geschichte des Parlamentarismus und der politischen Parteien. Bonn–Berlin (1980–2013); Wissenschaftlicher Beirat der Stiftung Haus der Geschichte der Bundesrepublik Deutschland (1985–2013; 1985–1989 Vorsitzender); Vorstandsmitglied der Konrad-Adenauer-Stiftung (1985–2013); Mitglied des Forschungsbeirats des innerdeutschen Ministeriums (1985–1990); Edition »Akten zur Auswärtigen Politik der Bundesrepublik Deutschland« des Instituts für Zeitgeschichte, seit 1990 erstellt im Auftrag des Auswärtigen Amts (Vorbereitung seit 1987; 1989–2005 Hauptherausgeber); Mitglied der Wissenschaftlichen Leitung der vom Bundesministerium für innerdeutsche Beziehungen/Bundesministerium des Innern und später vom Bundesarchiv herausgegebenen Edition »Dokumente zur Deutschlandpolitik« (1988–2003).

159 Helmut Kohl. Berichte zur Lage 1989–1998. Der Kanzler und Parteivorsitzende im Bundesvorstand der CDU Deutschlands, Düsseldorf 2012; Helmut Kohl. Berichte zur Lage 1982–1989. Der Kanzler und Parteivorsitzende im Bundesvorstand der CDU Deutschlands, bearb. von Günter Buchstab, Hans-Otto Kleinmann (Forschungen und Quellen zur Zeitgeschichte, Bde. 64 und 65), Düsseldorf 2012–2014.

160 Adenauer: »Es mußte alles neu gemacht werden«. Die Protokolle des CDU-Bundesvorstands 1950–1953, bearb. von Günter Buchstab (Forschungen und Quellen zur Zeitgeschichte, Bd. 8), Stuttgart 1986.

161 Lothar Rühl, Mittelstreckenwaffen in Europa. Ihre Bedeutung in Strategie, Rüstungskontrolle und Bündnispolitik (Stiftung Wissenschaft und Politik, Internationale Politik und Sicherheit, Bd. 24), Baden-Baden 1987.

162 Hans-Peter Schwarz, Adenauer und die Kernwaffen, in: Vierteljahrshefte für Zeitgeschichte, 37. Jg. (1989) Heft 4, S. 567–593.

163 Hans-Peter Schwarz, Friedenssicherung im Kalten Krieg von 1948 bis 1959, in: Hans Oswald (Hrsg.), Macht und Recht. Festschrift für Heinrich Popitz zum 65. Geburtstag, Opladen 1990, S. 237–256.

164 Ibd., S. 249.

165 Maurice Vaïsse (Hrsg.), La France et l'Atome. Études d'histoire nucléaire, Bruxelles 1994, und Maurice Vaïsse (Hrsg.), L'Europe et la crise de Cuba, Paris 1993 (darin auch mein Aufsatz »Adenauer et la crise de Cuba«, S. 83–88).

166 Johannes Steinhoff, Reiner Pommerin, Strategiewechsel: Bundesrepublik und Nuklearstrategie in der Ära Adenauer–Kennedy (Nuclear History Program [NHP], Internationale Politik und Sicherheit, hrsg. von der Stiftung Wissenschaft und Politik, Bd. 30/1), Baden-Baden 1992. Harald Nielsen, Die DDR und die Kernwaffen – Die nukleare Rolle der Nationalen Volksarmee im Warschauer Pakt (Nuclear History Program [NHP], Internationale Politik und Sicherheit, hrsg. von der Stiftung Wissenschaft und Politik, Bd. 30/6), Baden-Baden 1998. Christian Tuschhoff, Deutschland, Kernwaffen und die NATO 1949–1967 (Nuclear History Program [NHP], hrsg. von der Stiftung Wissenschaft und Politik, Bd. 30/7), Baden-Baden 2002.

167 Klaus Hildebrand, Deutsche Außenpolitik 1871–1918 (Enzyklopädie deutscher Geschichte, Bd. 2), München 1989, S. 53–58.

168 Der Bundesminister des Auswärtigen (Hans-Dietrich Genscher) an Hans-Peter Schwarz, 9.9.1985.

169 Hans-Peter Schwarz an Benno Schwarz, 5.5.1989.

170 Dritter Träger des Historikerpreises der Stadt Münster: Hans-Peter Schwarz. Dokumentation der Feierstunde zur Verleihung am 10. November 1988 im Festsaal des Rathauses zu Münster, hrsg. vom Oberbürgermeister der Stadt Münster, 1988, S. 17–32.

171 Hans-Peter Schwarz, Die ausgebliebene Katastrophe. Eine Problemskizze zur Geschichte der Bundesrepublik, ibd., S. 33–60; Abdruck in: Hermann Rudolph (Hrsg.), Den Staat denken. Theodor Eschenburg zum Fünfundachtzigsten, Berlin 1990, S. 151–174.

172 Alexander Jakowlew, Die Abgründe des 20. Jahrhunderts. Eine Autobiographie, Leipzig 2003, S. 440 f.

173 Eine meiner Kölner Doktorandinnen hat die Geduld aufgebracht, die verwickelte Entwicklungsgeschichte allein der deutschen Namibiapolitik bis Mitte der achtziger Jahre aufzudröseln: Gabriele Brenke, Die Bundesrepublik Deutschland und der Namibia-Konflikt (Schriften des Forschungsinstituts der Deutschen Gesellschaft für Auswärtige Politik e.V., Bd. 56), München 1989.

174 Hans-Peter Schwarz, Adenauer as Political Innovator, in: Gabriel Sheffer (Hrsg.), Innovative Leaders in International Politics (SUNY Series in Leadership Studies), New York 1993, S. 109–140.

Die improvisierte Wiedervereinigung

175 Hans-Peter Schwarz, Perspektive 2000: Europäischer Frieden und »Deutsche Frage«, in: Deutschland 1949–1989. Sonderdruck der Texte zum Kalender 1989 des Gesamtdeutschen Instituts, hrsg. vom Gesamtdeutschen Institut, Bundesanstalt für Gesamtdeutsche Aufgaben, Bonn 1989, S. 161–165.

176 Hans-Peter Schwarz an Ulrich Frank-Planitz, 6.9.1987.

177 Sicherheitspolitisch relevante Einstellungen der westdeutschen Bevölkerung im Licht der Meinungsforschung (Vortrag beim Round table für Sicherheitspolitik in Washington, 20.10.1987).

178 Schwarz, Perspektive 2000: Europäischer Frieden und »Deutsche Frage«, in: Deutschland 1949–1989, S. 162–164.

179 Ibd., S. 164 f.

180 Ibd., S. 164.

181 Hans-Peter Schwarz, Die Geschichte der Bundesrepublik zwischen Tradition und Wandel, in: Reden auf dem Kongreß »40 Jahre Bundesrepublik Deutschland« am 18. Januar 1989 im Konrad-Adenauer-Haus, Bonn, CDU-Bundesgeschäftsstelle, Bonn 1989, S. 31.
182 Ibd., S. 33.
183 Das Wort zur deutschen Zukunft. Vorträge des Studienzentrums Weikersheim auf dem Hambacher Schloß. 8./9. April 1989, Dokumentation XVIII des Studienzentrums Weikersheim, Stuttgart 1989, S. 28.
184 Ibd., S. 126 f.
185 Handschriftliche Notizen des Vortrags in Chatham House, Anfang Juni 1989.
186 Hans-Peter Schwarz, Auf dem Weg zum post-kommunistischen Europa, in: Europa-Archiv, 44. Jg. (1989) Folge 11, S. 319–330.
187 Hans-Peter Schwarz, Segmentäre Zäsuren. 1949–1989: eine Außenpolitik der gleitenden Übergänge, in: Zäsuren nach 1945. Essays zur Periodisierung der deutschen Nachkriegsgeschichte, hrsg. von Martin Broszat (Schriftenreihe der Vierteljahrshefte für Zeitgeschichte, Bd. 61), München 1990, S. 11–19.
188 Ibd., S. 11.
189 Ibd., S. 14.
190 Ibd., S. 18.
191 »Geschichte der Bundesrepublik – folgerichtig und ohne Bruch«, Anlage zu Karl Dietrich Erdmann an Hans-Peter Schwarz, 29.8.1989.
192 Hans-Peter Schwarz an Karl Dietrich Erdmann, 8.10.1989.
193 Hans-Peter Schwarz an Benno Schwarz, 17.(im Brief vertippt 15.)12.1989.
194 Klaus Jürgen Fritzsche an Hans-Peter Schwarz, 20.2.1990.
195 Hans-Peter Schwarz, »Eine Verfassung für Deutschland« (Kurzfassung an Herrn Schell, 13.2.1990), veröffentlicht in: Welt Report als Sonderveröffentlichung der Welt unter dem Titel »Bestandsaufnahme in Deutschland«, 28.2.1990, S. 1, 4; Abdruck in: Udo Wengst (Hrsg.), Historiker betrachten Deutschland. Beiträge zum Vereinigungsprozeß und zur Hauptstadtdiskussion, Bonn 1992, S. 45–57.
196 Heinrich August Winkler, Der Staatenbund als Bewährungsprobe, in: Süddeutsche Zeitung, 16.2.1990.
197 Karl Dietrich Bracher, Der deutsche Einheitsstaat ein Imperativ der Geschichte, in: Basler Zeitung, 17.2.1990.
198 Hans-Peter Schwarz, »Eine Verfassung für Deutschland« (Kurzfassung an Herrn Schell, 13.2.1990, in der veröffentlichten Fassung vom 28.3.1990 aus Umfanggründen weggefallen).
199 Ibd.
200 »Eine Verfassung für Deutschland«, 20.2.1990 (tel. erledigt).
201 Klaus Jürgen Fritzsche an Hans-Peter Schwarz, 28.2.1990.
202 Hans-Peter Schwarz an Hans Ritschl, 22.3.1990.
203 Hans-Peter Schwarz an Manfred Wörner, 11.3.1990.
204 Undatiertes Brouillon, wohl im März 1990.
205 Hans-Peter Schwarz an Hans Ritschl, 22.3.1990.
206 Hans-Peter Schwarz, Wann und wie können die Viermächterechte abgelöst werden? (Entwurf, März 1990).
207 Hans-Peter Schwarz an Hans Ritschl, 22.3.1990.
208 Hans-Peter Schwarz an Herbert Czaja (persönlich), 25.9.1989.

209 Hans-Peter Schwarz, Vergangenheitsbewältigung des DDR-Regimes. Vortrag im Arbeitskreis Deutschlandpolitik, 26.6.1990 (nach der an den Bundesminister für innerdeutsche Beziehungen übersandten Reinschrift vom 6.8.1990).

210 Schwarz, Wiedervereinigung, Vereinigung, Eingliederung, Restauration, Systemwechsel, in: Mikat, Oberreuter, Stammen (Hrsg.), Politik – Bildung – Religion, S. 377–387.

211 Ibd., S. 377.

212 Hans-Peter Schwarz an Benno Schwarz, 26.8.1990.

213 Hans-Peter Schwarz, Das Ende der Identitätsneurose, in: Rheinischer Merkur/Christ und Welt. 7.9.1990, S. 3 f.; Abdruck in: Wengst (Hrsg.), Historiker betrachten Deutschland, S. 152–161.

214 De Gaulle et l'histoire, in: De Gaulle en son siècle. 1. Dans la mémoire des hommes et des peuples. Actes des Journées internationales tenue à l'UNESCO, Paris, 19–24 novembre 1990 (Institut Charles de Gaulle), Paris 1991, S. 141–146.

215 Hans-Peter Schwarz, Le Président de Gaulle, le chancelier fédéral Adenauer et la génèse du Traîté de l'Élysée, in: De Gaulle en son siècle, Tome V Europe, Paris 1992, S. 364–373.

216 Hans-Peter Schwarz, Von der »Charta von Paris« (1990) bis zur Gegenwart. 20 Jahre Umgestaltung in Ostmitteleuropa und Osteuropa, in: Hans-Joachim Veen (Hrsg.), Die Folgen der Revolution. 20 Jahre nach dem Kommunismus (Schriften der Stiftung Ettersberg, Bd. 15), Köln 2010, S. 13–29.

Publizistische Zwischenrufe

217 Adenauer–Heuss. Unter vier Augen. Gespräche aus den Gründerjahren 1949–1959, bearb. von Hans Peter Mensing (Adenauer Rhöndorfer Ausgabe), Berlin 1997.

218 Ludger Kühnhardt, Hans-Peter Schwarz (Hrsg.), Zwölf Nachbarn – ein Europa. Bonn 1991; Europa im Umbruch, Bonn 1992 (Studium Universale, Schriftenreihe der Universität Bonn, Bde. 15 und 18).

219 Hans-Peter Schwarz an Bundeskanzler Helmut Kohl, 2.4.1991.

220 Hans-Peter Schwarz, Das Volk muß direkt über den Regierungssitz entscheiden, in: Die Welt, 31.5.1991, S. 6.

221 Hans-Peter Schwarz, Adenauer. Der Staatsmann 1952–1967, Stuttgart 1991, S. 991.

222 Fred Luchsinger, Adenauers Weg zur Macht. Betrachtungen zur Biographie von Hans-Peter Schwarz, in: Neue Zürcher Zeitung, 30.11./1.12.1986, S. 5; Fred Luchsinger, Adenauers politischer Kampf, ibd., 1./2.1.1992.

223 Gerd Bucerius, Als die Bomben-Angst noch nachwirkte … Aufgrund neuer Quellen die erste wissenschaftliche Darstellung vom Aufstieg Konrad Adenauers und den Anfängen der Bundesrepublik, in: Die Zeit, 3.10.1986.

224 »Powerplay« im rheinischen Bonn. Rudolf Augstein über den zweiten Band der Adenauer-Biographie von Hans-Peter Schwarz, in: Der Spiegel, Nr. 41, 7.10.1991, S. 84 f., 87, 90, 92, 95, 97, 99, 102 f.

225 Christian Hacke, Revolutionär deutscher Außenpolitik. Zum zweiten Band der großen Adenauer-Biographie von Hans-Peter Schwarz, in: Die Zeit, 8.11.1991.

226 Jürgen Busche, Der beste Politiker dieses Jahrhunderts. Zum zweiten Band der monumentalen Adenauer-Biographie von Hans-Peter Schwarz, in: Süddeutsche Zeitung, 8.10.1991, S. 25.

227 Joseph Rovan, Ein Patriot in Gottes Hand. Adenauer-Biographie: Hans-Peter Schwarz schreibt im 2. Band über die Jahre 1952–1967, in: Die Welt, 30.1.1992.

228 Bernhard Wördehoff, NDR 4. Lesezeichen – neue Sachbücher vorgestellt, 24.5.1992, 17.30–18.00 (Uhr).

229 Hans-Peter Schwarz, Adenauer. Der Staatsmann 1952–1967 (dtv Taschenbuchausgabe 4616), Stuttgart 1994. Hans-Peter Schwarz, Adenauer. Der Aufstieg 1876–1952 (dtv Taschenbuchausgabe 4617), Stuttgart 1994.
230 Schwarz, Adenauer. Der Staatsmann 1952–1967, S. 963.
231 Hans-Peter Schwarz, Konrad Adenauer. A German Politician and Statesman in a Period of War. Revolution and Reconstruction, Vol. I From the German Empire to the Federal Republic 1876–1952, Vol. II The Statesman 1952–1967, Providence–Oxford 1995 und 1997.
232 Hans-Peter Schwarz, Adenauer (1876-1952). Del Imperio Aleman a la Republica Federal, Tomo 1; Adenauer (1952–1967). El estadista, Tomo II, Aguilar–Santiago de Chile 2003.
233 Hans-Peter Schwarz, Anmerkungen zu Adenauer, München 2004.
234 Hans-Peter Schwarz, The Meaning of Adenauer, Freiburg/Breisgau 2011.
235 Hans-Peter Schwarz, Stimmungsdemokratie 91, in: Die Welt, 28./29.3.1991, S. 2.
236 Hans-Peter Schwarz, Das Gesicht des 20. Jahrhunderts. Monster, Retter, Mediokritäten, Berlin 1998, S. 733.
237 Hans-Peter Schwarz, Umdenken über Jugoslawien, in: Die Welt, 10.5.1991, S. 2.
238 Hans-Peter Schwarz, Heikle Selbstbestimmung, ibd., 15.7.1991, S. 2.
239 Hans-Peter Schwarz, Hilflose Riesen, ibd., 6.8.1991, S. 2.
240 Hans-Peter Schwarz, Der Scherbenhaufen, ibd., 24.10.1991, S. 2.
241 Hans-Peter Schwarz, Partei ergreifen!, ibd., 28.7.1992, S. 2.
242 Hans-Peter Schwarz, Außenpolitik ohne Konzept. Zwischen Balkan und UN-Sicherheitsrat: Wo liegen die deutschen Interessen?, in: Rheinischer Merkur, 1.10.1993, S. 3 f.
243 Hans-Peter Schwarz, Europa 1991. Anmerkungen zur gegenwärtigen deutschen Europapolitik, 23.5.1991 (Manuskript, 36 Seiten, mit Begleitbrief vom 23.5.1991 an Manfred Schell abgegangen).
244 Samuel von Pufendorf, Die Verfassung des Deutschen Reiches (1667), 7. Kapitel § 7.
245 Hans-Peter Schwarz, Die Europa-Schneider (Manuskript, 31 Seiten, 11.5.1991).
246 Hans-Peter Schwarz, Großer Sprung, kleiner Schritt, in: Die Welt, 5.12.1991, S. 2.
247 Hans-Peter Schwarz, Maastricht und die Historie, ibd., 17.9.1992, S. 2; Manuskript »Identität, D-Mark, Euro«, erschienen unter dem Titel »Identität und Sicherheit«, ibd., 15.5.1997, S. 4.
248 Hans-Peter Schwarz, Rolle und Identität der zukünftigen deutschen Außenpolitik, in: Karl Kaiser, Hanns W. Maull (Hrsg.), Die Zukunft der deutschen Außenpolitik (Arbeitspapiere zur Internationalen Politik, Nr. 72), Bonn (Dezember 1992), S. 79.
249 Hans-Peter Schwarz, Das deutsche Dilemma, in: Karl Kaiser, Hanns W. Maull (Hrsg.), Deutschlands neue Außenpolitik, Bd. 1: Grundlagen (Schriften des Forschungsinstituts der Deutschen Gesellschaft für Auswärtige Politik e.V., Reihe: Internationale Politik und Wirtschaft, Bd. 59), München 1994, S. 81–90.
250 Ibd., S. 91.
251 Ibd., S. 93.
252 Ibd., S. 94.
253 Manuskript vom 24.11.1993 (Verlagsfassung).
254 Manuskript vom 24.1.1994.
255 Hans-Peter Schwarz, Germany's National and European Interests, in: Daedalus, Vol. 123 (Spring 1994) Nr. 2: Europe Through a Dark Glass Darkly, S. 81–105.
256 Hans-Peter Schwarz, Begegnungen an der Seine. Deutsche Kanzler in Paris (Manesse Bücherei, 53), Zürich 1993.
257 Jürgen von Alten, Die ganz normale Anarchie. Jetzt erst beginnt die Nachkriegszeit, Berlin 1994.

258 Peter Scholl-Latour, Eine Welt in Auflösung. Vor den Trümmern der Neuen Friedensordnung, Berlin 1994.
259 Hermann Lübbe, Abschied vom Superstaat. Vereinigte Staaten von Europa wird es nicht geben, Berlin 1994.
260 Henry Kissinger, Die Vernunft der Nationen. Über das Wesen der Außenpolitik, Berlin 1994.
261 Alan Bullock, Hitler und Stalin. Parallele Leben, Berlin 1994.
262 Wolfgang Schäuble, Und der Zukunft zugewandt, Berlin 1994.
263 Christian Meier, Athen. Ein Neubeginn der Weltgeschichte, Berlin 1994.
264 Hans-Peter Schwarz, Die Zentralmacht Europas. Deutschlands Rückkehr auf die Weltbühne, Berlin 1994, S. 178.
265 Ibd., S. 45.
266 Ibd., S. 15.
267 Ibd., S. 45.
268 Ibd., S. 75.
269 Ibd., S. 93.
270 Ibd., S. 93 f.
271 Fred Luchsinger, Wieviel Deutschland erträgt Europa? Eine Publikation von Hans-Peter Schwarz, in: Neue Zürcher Zeitung, 29.9.1994, S. 87.
272 Der traumatisierte Riese. Peter Glotz über das neue Buch von Hans-Peter Schwarz: »Die Zentralmacht Europas«, in: Der Spiegel, Nr. 42, 18.10.1994, S. 41, 44.
273 Christoph Bertram, Alles ist im Fluß, in: Die Zeit, 9.12.1994.
274 Wilfried von Bredow, Die sanftmütige Zentralmacht. Hans-Peter Schwarz über deutsche Außenpolitik in Europa«, in: Frankfurter Allgemeine, 19.1.1995, S. 11.
275 Hans-Peter Schwarz, Außenpolitische Agenda für das Fin de siècle, in: Merkur, 48. Jg. (1994), Heft 9/10, S. 771–789.
276 Hans-Peter Schwarz, United Germany and European Integration, in: SAIS Review, Vol. XV (Fall 1995), Special Issue: The New Germany in The New Europe, S. 83–101.
277 Hans-Peter Schwarz, La nouvelle idéologie allemande: l'Europe, in: Politique étrangère, 61ième année 3/96 (Automne 1996), S. 537–552.
278 Hans-Peter Schwarz, Krisen- und Konfliktmanagement aus europäischer Sicht. Eine Fallstudie: Reaktionen auf die Kriege im ehemaligen Jugoslawien 1991–1996, in: Konrad-Adenauer-Stiftung (KAS), Auslandsinformationen, 06/97, S. 20–37 (englische Fassung: Crisis and Conflict Management from the European Perspective, in: Security and Regional Order in ASEAN and the Role of External Powers, hrsg. von der Konrad-Adenauer-Stiftung und dem Institute for Strategic and Development Studies, Manila 1997, S. 35–48).
279 Hans-Peter Schwarz an Wolf Jobst Siedler, 6.2.1997.
280 Hans-Peter Schwarz, The Impact of the Cold War in Asia on Germany's new Ostpolitik, in: Proceedings of the 7th International Conference of Editors of Diplomatic Documents, Canberra, September 2003, S. 152–166.
281 Geir Lundestad (Hrsg.), The Fall of Great Powers. Peace, Stability, and Legitimacy, Oxford 1994.
282 Hans-Peter Schwarz. Ernst-Robert-Curtius-Preis für Essayistik 1999. Dokumente und Ansprachen, Bonn 1999, S. 49.
283 Hans-Peter Schwarz, Akademische Feierstunde am Freitag, 14. Mai 1999, Festsaal der Universität, Ansprache.
284 Hans-Peter Schwarz zum 70. Geburtstag. Beiträge des Symposions am 13. Mai 2004 an der Universität Bonn (Bonner Akademische Reden, 89), Bonn 2004.

Fin de siècle

285 Karl Kaiser, Hans-Peter Schwarz (Hrsg.), Weltpolitik. Strukturen – Akteure – Perspektiven (Schriften des Forschungsinstituts der Deutschen Gesellschaft für Auswärtige Politik e.V., Bonn), Stuttgart 1985.

286 Karl Kaiser, Hans-Peter Schwarz (Hrsg.), Die neue Weltpolitik (Schriften des Forschungsinstituts der Deutschen Gesellschaft für Auswärtige Politik e.V.), Baden-Baden 1995.

287 Wolf Jobst Siedler, Die Stadt ist wie eine gealterte Kokotte, in: Der Tagesspiegel, 25.6.1995, S.13.

288 Hans-Peter Schwarz an Wolf Jobst Siedler, 19.6.1995.

289 Siedler, Die Stadt ist wie eine gealterte Kokotte, in: Der Tagesspiegel, 25.6.1995, S.13.

290 Beate Häsel, Die französische Haltung gegenüber dem Konflikt im ehemaligen Jugoslawien (Mai 1991 bis Ende 1994) (Magisterarbeit, Bonn, 12.2.1995).

291 Sabine Koischwitz, Die Politik Großbritanniens gegenüber den Konflikten im früheren Jugoslawien, 1990 bis 1995 (Magisterarbeit, Bonn, 5.6.1996).

292 Kristina Mirbach, Rußland und der Krieg im ehemaligen Jugoslawien (1991–1993) (Magisterarbeit, Bonn, August 1995). Claudia Lorenz, Rußland und der Krieg im ehemaligen Jugoslawien (1993–1995) (Magisterarbeit, Bonn 1996).

293 Roman Fratz, Die Politik Deutschlands und der Krieg im ehemaligen Jugoslawien (Magisterarbeit, Bonn 1996).

294 Klaus Piet, Der Westen und die Desintegration Jugoslawiens. Möglichkeiten und Versäumnisse der Außenpolitik angesichts der Krisensignale bis zum Scheitern der Transformation des Vielvölkerstaates (Magisterarbeit, Bonn). Sascha Nissen, Humanitäre Hilfe durch UNHCR während der Kriege im ehemaligen Jugoslawien (Magisterarbeit, Bonn, 12.3.1997). Martina Hildebrandt, Der Einfluß der Medienberichterstattung auf die deutsche Außenpolitik im Jugoslawienkonflikt unter besonderer Berücksichtigung des Fernsehens, 1991–1994 (Magisterarbeit, Bonn, 29.1.1996).

295 Daniel Eisermann, Der lange Weg nach Dayton. Die westliche Politik und der Krieg im ehemaligen Jugoslawien 1991 bis 1995 (Bonner Studien zum Jugoslawienkrieg), Baden-Baden 2000.

296 Karsten Giersch, Konfliktregulierung in Jugoslawien, 1991–1998. Die Rolle von OSZE, EU, UNO und NATO, Baden-Baden 1998.

297 Schwarz, Krisen- und Konfliktmanagement aus europäischer Sicht, in: KAS, Auslandsinformationen, 06/97, S.20–37.

298 Hans-Peter Schwarz an Wolf Jobst Siedler, 15.8.1995.

299 Wolf Jobst Siedler an Hans-Peter Schwarz, 18.8.1995.

300 Wolf Jobst Siedler an Hans-Peter Schwarz, 13. 1.1997.

301 Hans-Peter Schwarz an Jobst Wolf Siedler, 6.2.1997.

302 Hans-Peter Schwarz, Wandel und Kontinuität der deutschen Außenpolitik, in: 125 Jahre Auswärtiges Amt, Bonn (Juni 1995), S.17–32.

303 Hans-Peter Schwarz, Die CDU und die deutsche Einheit, in: Gerd Langguth (Hrsg.), In Verantwortung für Deutschland. 50 Jahre CDU, Köln 1996, S.38–68.

304 Hans-Peter Schwarz, Nach den Gedenktagen, in: Die Welt, 25.7.1994.

305 Peter von der Heydt, Schuldenmacher und Verschwender. Gutes Geld in öffentlichen Händen, Berlin 1995.

306 Hans-Peter Schwarz an Peter von der Heydt, 15.12.1995.

307 Hans-Peter Schwarz, Unheilbare Mängel im staatlichen Bildungsbetrieb. Die Misere der Universitäten nährt sich aus den Strukturdefiziten im höheren Schulwesen, in: Die Welt, 20.8.1996, S.4.

308 Hans-Peter Schwarz, Modell Uruguay, ibd., 28.9.1993, S. 6.
309 Hans-Peter Schwarz im Fragenbogen, in: Frankfurter Allgemeine Magazin, Heft 798, 16.6.1995.
310 Hans-Peter Schwarz, Ludwig Erhard – ein großer Unzeitgemäßer, in: Frankfurter Allgemeine, 1.2.1997, S. 13 f.
311 Hans-Peter Schwarz, Identität und Sicherheit, in: Die Welt, 15.5.1997, S. 4.
312 Hans-Peter Schwarz, Die Zukunft der Europäischen Union, in: Rudolf Hrbek, Volker Schwarz (Hrsg.), 40 Jahre Römische Verträge: Der deutsche Beitrag. Dokumentation der Konferenz anläßlich des 90. Geburtstages von Dr. h. c. Hans von der Groeben, Baden-Baden 1998, S. 339.
313 Schwarz, Das Gesicht des 20. Jahrhunderts, S. 737 f.
314 Hans-Peter Schwarz an Wolf Jobst Siedler, 19.1.1998.
315 Hans-Peter Schwarz an Otto Schumacher-Hellmold, Mai 2002.
316 Hans-Peter Schwarz an Curt Gasteyger, 21.8.2000.
317 Siehe das Stichwort »Skeptizismus«, in: Meyers Großes Konversationslexikon, Bd. 18, 6. Aufl., Leipzig 1906, S. 522 – eine unerschöpfliche Fundgrube.
318 Hans-Peter Schwarz, Amerika ist unentbehrlich: Plädoyer für ein atlantisches Deutschland, in: Thomas Jäger, Alexander Höse, Kai Oppermann (Hrsg.), Deutsche Außenpolitik. Sicherheit, Wohlfahrt, Institutionen und Normen, Wiesbaden 2007, S. 569–584.
319 Neujahrswunsch von Hans-Peter und Annemie Schwarz zum 1.1.2000.
320 Ibd., S. 126.
321 Hans-Peter Schwarz, »Deutscher Weg« ins Nirgendwo, in: Die Welt, 12.9.2002, S. 10.
322 Hans-Peter Schwarz, Aus dem Bordbuch des Traumschiffs, 1995–2002, in: Hans-Dietrich Genscher, Ulrich Frank-Planitz (Hrsg.), Nur ein Ortswechsel? Eine Zwischenbilanz der Berliner Republik. Zum 70. Geburtstag von Arnulf Baring, Stuttgart 2002, S. 139.
323 Hans-Peter Schwarz, Durchweg tragische Gestalten. Ein Bundeskanzler, der auf sich hält, darf sich von der Aussicht auf einen Ko nicht schrecken lassen. Er ist die Regel, in: Die Welt, 9.7.2004, S. 42.
324 Hans-Peter Schwarz, Ach Europa. Seit dem 11. September beschwören die Europäer ihre Solidarität mit dem amerikanischen Verbündeten, wesentlichen Einfluß auf Washington haben sie nicht nehmen können – weil sie nicht wollten, in: Die Welt (Diplomatische Welt), 5.1.2002, S. 1.
325 Hans-Peter Schwarz, Phase II: Der Irak, ibd., 1.6.2002, S. 1.
326 Hans-Peter Schwarz, Wer hat die Bouillabaisse versalzen? Ernst-Otto Czempiels Kritik an den Vereinigten Staaten spießt manches Zutreffende auf (Rezension von Ernst-Otto Czempiel, Weltpolitik im Umbruch. Die Pax Americana, der Terrorismus und die Zukunft der internationalen Beziehungen, München 2003), in: Frankfurter Allgemeine, 13.1.2003.
327 Hans-Peter Schwarz, Die atlantische Gemeinschaft krankt an den Europäern?, in: Die Welt, 11.9.2003, S. 6.
328 Hans-Peter Schwarz an Herbert Kremp, 27.12.2004.
329 Hans-Peter Schwarz, Nur eine Fußnote der Geschichte. Bush-Besuch. Amerika und Europa gehen wieder freundlich miteinander um, halten in der Sache aber an ihren Positionen fest, in: Rheinischer Merkur, 18.2.2004.
330 Ibd.

331 Hans-Peter Schwarz, Von Elefanten und Bibern. Die Gleichgewichtsstörungen deutscher Außenpolitik, in: Internationale Politik, 58. Jg. (2003) Nr. 3, S. 21–30 (Beavers and Bulls in a China Shop, ibd., Transatlantic Edition, Vol. 14 [2003] 2, Summer Issue, S. 25–30).
332 Hans-Peter Schwarz, Finger weg von Afrika! Deutschland betreibt improvisierte Weltpolitik, die hochmoralisch daherkommt, viel kostet – aber wenig bewirkt. Damit sollte Schluß sein, in: Frankfurter Allgemeine Sonntagszeitung, 15.6.2003, S. 11.

Freier Schriftsteller

333 Hans-Peter Schwarz zum 70. Geburtstag. Beiträge des Symposions am 13. Mai 2004 an der Universität Bonn, S. 22.
334 Hans-Peter Schwarz, Anmerkungen zu Adenauer, München 2004.
335 Hans-Peter Schwarz, Republik ohne Kompaß. Anmerkungen zur deutschen Außenpolitik, Berlin 2005, S. 7.
336 Hans-Peter Schwarz, Machtpolitische Hochstapelei. Die Architekten der Europäischen Verfassung dachten an alles – nur nicht an die Wähler, in: Die Welt, 28.4.2005, S. 9.
337 Richard Swedberg, Joseph A. Schumpeter. Eine Biographie, Stuttgart 1994, S. 271.
338 Hans-Peter Schwarz, Phantastische Wirklichkeit. Das 20. Jahrhundert im Spiegel des Polit-Thrillers, München 2006, S. 8 f.
339 Ibd., S. 8.
340 Ibd., S. 16.
341 Ibd., S. 8.
342 Eckhard Jesse, Hans-Peter Schwarz (geboren 1934), in: ders., Sebastian Liebold (Hrsg.), Deutsche Politikwissenschaftler – Werk und Wirkung. Von Abendroth bis Zellentin, Baden-Baden 2014, S. 694.
343 Xuewu Gu, Ausspielung der Barbaren. China zwischen den Supermächten in der Zeit des Ost-West-Konfliktes, Baden-Baden 1998.
344 Xuewu Gu, Die Bedeutung der personenbezogenen Politikforschung für die Politikwissenschaft, in: Tilman Mayer, Volker Kronenberg (Hrsg.), Streitbar für die Demokratie. »Bonner Perspektiven« der Politischen Wissenschaft und Zeitgeschichte 1959–2009, Bonn 2008, S. 185–192.
345 Hans-Peter Schwarz, The Division of Germany, 1945–1949, in: The Cambridge History of the Cold War. Vol. 1: Origins, hrsg. von Melvyn P. Leffler, Odd Arne Westad, London 2010, S. 133–153.
346 Hans-Peter Schwarz an Christian Seeger, 27.7.2003.
347 Paul Th. Hoffmann, Neues Altona 1919–1929. Zehn Jahre Aufbau einer deutschen Großstadt, 2 Bde., Jena 1929.
348 Werner Jackstein, Die Palmaille in Altona. Ein Kulturdokument des Klassizismus, Hamburg 1940.
349 Fritz Lachmund, Alt-Altona. Eine Bilderchronik in zeitgenössischen Photos, Hamburg-Altona 1964.
350 Michael Jürgs, Der Fall Axel Springer. Eine deutsche Biographie, München 1995.
351 Hans-Peter Schwarz, Die Ballade vom Zar und Zimmermann, in: Die Welt, 26.8.2011, S. 22.
352 Hans-Peter Schwarz an Niklas Reinke, 19.12.2006.
353 Hans-Peter Schwarz an Herbert Kremp, 13.8.2007.
354 Hans-Peter Schwarz an Friede Springer, 5.10.2007.
355 Ernst Cramer an Berthold Beitz, 3.3.2008.

356 Friede Springer an Hans-Peter Schwarz, 28.2.2008.
357 Christian Kracht an Hans-Peter Schwarz, 7.3.2008.
358 Bernhard Servatius an Hans-Peter Schwarz, 16.3.2008.
359 Hans-Peter Schwarz (Koord.), Die Bundesrepublik Deutschland. Eine Bilanz nach 60 Jahren (Bayerische Landeszentrale für politische Bildungsarbeit. D/70), München 2008.
360 Hans-Peter Schwarz (Hrsg.), Die Bundesrepublik Deutschland. Eine Bilanz nach 60 Jahren, Köln 2008.
361 Hans-Peter Schwarz, 100 Jahre deutscher Jubiläumsbilanzen, ibd., S. 9.
362 Hans-Peter Schwarz an Herbert Kremp, 23.11.2009.
363 Hans-Peter Schwarz' Beiträge: Die CDU/CSU-Fraktion in der Ära Adenauer, 1949–1963; Kanzlerfraktion unter Wolfgang Schäuble, 1991–1998; Turbulenzen: die zweite Oppositionszeit, 1998–2005; In der zweiten Großen Koalition, 2005–2009; Die Fraktion als Machtfaktor, in: ders. (Hrsg.), Die Fraktion als Machtfaktor. CDU/CSU im Deutschen Bundestag 1949 bis heute, München 2009, S. 9–37, 181–252, 277–314.
364 Ibd., S. 283.

Helmut Kohl im Visier

365 Hans-Peter Schwarz, Mühe und Arbeit. Laudatio auf Helmut Kohl zum 75. Geburtstag beim Symposion in Berlin, 12. April 2005, in: Bernhard Vogel (Hrsg.), Ein Leben für Deutschland und Europa. Helmut Kohl – Stationen eines politischen Weges, Düsseldorf 2005, S. 63–72.
366 Hans-Peter Schwarz, Die Inkarnation der Bundesrepublik. Zum 75. Geburtstag Helmut Kohls, in: Die Welt, 2.4.2005.
367 Hans-Peter Schwarz, Der Aufstieg zum Leitwolf. Von der Wiege bis zur Bundeskanzlerwahl: Helmut Kohl legt den ersten Band seiner Erinnerungen vor, in: Frankfurter Allgemeine, 24.3.2004.
368 Lou Cannon, President Reagan. The Role of a Lifetime, New York 2000, und Governor Reagan. His Rise to Power, New York 2003.
369 John Campbell, Edward Heath. A Biography, London 1993.
370 Hartmut Soell, Helmut Schmidt. Macht und Verantwortung. 1969 bis heute, Stuttgart 2008.
371 Vertrag zwischen der Konrad-Adenauer-Stiftung und Professor Dr. Hans-Peter Schwarz, 31.3.2008.
372 Hans-Peter Schwarz an Bernhard Vogel, 28.6.2008.
373 Hans-Peter Schwarz an Heiner Geißler, 6.7.2010.
374 Nino Galetti, Der Bundestag als Bauherr in Berlin. Ideen, Konzepte, Entscheidungen zur politischen Architektur (1991–1998) (Beiträge zur Geschichte des Parlamentarismus und der politischen Parteien, Bd. 152), Düsseldorf 2008.
375 Hans-Peter Schwarz, Republik ohne Kompaß. Anmerkungen zur deutschen Außenpolitik, Berlin 2005, S. 95.
376 Siehe z. B. meinen Aufsatz: Die Erosion des Staates und die Zukunft des Krieges, in: Eckart Conze, Ulrich Schlie, Harald Seubert (Hrsg.), Geschichte zwischen Wissenschaft und Politik. Festschrift für Michael Stürmer zum 65. Geburtstag, Baden-Baden 2003, S. 422–442.
377 Hans-Peter Schwarz, Der Staat im Notfall, in: Eckard Jesse (Hrsg.), Renaissance des Staates? (Veröffentlichungen der Deutschen Gesellschaft für Politikwissenschaft, Bd. 29), Baden-Baden 2011, S. 39.

378 Hans-Peter Schwarz an Thomas Kielinger, 6.12.2009.

379 Tilman Mayer, Volker Kronenberg (Hrsg.), Streitbar für die Demokratie. »Bonner Perspektiven« der Politischen Wissenschaft und Zeitgeschichte 1959–2009, Bonn 2009.

380 Hans-Peter Schwarz, Bestandsaufnahme in Deutschland, in: Die Welt, 28.2.1990.

381 Schwarz, Das Gesicht des 20. Jahrhunderts, S. 791–930.

382 Hans-Peter Schwarz an Herbert Kremp, 28.5.2009.

383 Hans-Peter Schwarz, Gruppenbild mit Dame, oder: Die Kanzler der Republik, in: Hildegard Hamm-Brücher, Norbert Schreiber (Hrsg.), Demokratie, das sind wir alle, ZS Sachbuch, Gütersloh 2009, S. 198–218.

384 Hans-Peter Schwarz an Herbert Kremp, 23.11.2009.

385 Hans-Peter Schwarz an Thomas Kielinger, 6.12.2009.

386 Hans-Peter Schwarz an Christoph Rothkegel, 28.11.2009.

387 Hans-Peter Schwarz, Helmut Kohl. Eine politische Biographie, München 2012, S. 12.

388 Ibd., S. 942.

389 Hans-Peter Schwarz an Roland Pofalla, 27.12.2009.

390 Schwarz, Helmut Kohl, S. 940.

391 Hans-Peter Schwarz, Reformimpulse in den neunziger Jahren oder: Der Reformer Helmut Kohl. Beobachtungen und Fragen, in: Günter Buchstab, Hans-Otto Kleinmann, Hanns Jürgen Küsters (Hrsg.), Die Ära Kohl im Gespräch. Eine Zwischenbilanz, Köln 2010, S. 557–578.

392 Hans-Peter Schwarz, Reichsgründung und Wiedervereinigung: Variationen zum Thema »Vergleichbarkeit und Unvergleichbarkeit« von Otto von Bismarck und Helmut Kohl, in: Tilman Mayer (Hrsg.), 20 Jahre deutsche Einheit. Erfolge, Ambivalenzen, Probleme (Schriftenreihe der Gesellschaft für Deutschlandforschung, Bd. 97), S. 27–45.

393 Herbert Kremp an Hans-Peter Schwarz, 23.10.2012.

394 Hans-Peter Schwarz, Nachwort, in: Hans Maier, Die Deutschen und ihre Geschichte (Gesammelte Schriften, Bd. V), München 2010, S. 334–347.

395 Hans-Peter Schwarz, Die CDU und Helmut Kohl. 16.3.2010. Vortrag; Abdruck in: Helmut Kohl. Realist und Visionär. Meilensteine eines politischen Lebens, hrsg. von der Konrad-Adenauer-Stiftung, Sankt Augustin–Berlin 2010, S. 14–19.

396 Deutsche Einheit. Sonderedition aus den Akten des Bundeskanzleramts 1989/90, bearb. von Hanns Jürgen Küsters, Daniel Hofmann (Dokumente zur Deutschlandpolitik. Wissenschaftliche Leitung: Klaus Hildebrand, Hans-Peter Schwarz; Bundesarchiv: Friedrich P. Kahlenberg), München 1998.

397 Hans-Peter Schwarz an Herbert Kremp, 22.12.2010.

398 Hans-Peter Schwarz an Karl Dietrich Bracher, 22.12.2010.

399 Nach Erscheinen der Kohl-Biographie habe ich Biedenkopf zu einer integralen Edition ermutigt und bei der Arbeit an den Bänden für die Jahre 1990–1994 einige Hilfestellung geleistet (Kurt Biedenkopf, Ein neues Land entsteht. Aus meinem Tagebuch November 1990 bis August 1992; Ringen um die innere Einheit. Aus meinem Tagebuch, August 1992 bis September 1994, München 2015).

400 Walter Kohl, Leben oder gelebt werden. Schritte auf dem Weg zur Versöhnung, München 2011.

401 Christian Geyer, Ausstieg aus dem Phantomleben, in: Frankfurter Allgemeine, 3.2.2011, S. 36.

402 In der Kältekammer: Söhne gegen den Vater, Stiefmutter gegen die Söhne – in der Familie Kohl wird nur noch gestritten, in: Der Spiegel, Nr. 28, 11.7.2011, S. 34.
403 Hans-Peter Schwarz an Maike Kohl-Richter, 26.7.2011 (E-Mail).
404 »Wir müssen wieder Zuversicht geben«. Helmut Kohl über eine Außenpolitik, der es an Verlässlichkeit mangelt, in: Internationale Politik, Jg. 2011/5 (September/Oktober), S. 10-17
405 Hans-Peter Schwarz an Maike Kohl-Richter, 26.8.2011.
406 Hans-Peter Schwarz an Maike Kohl-Richter, 6.2.2012.
407 Werner Filmer, Heribert Schwan, Helmut Kohl, Düsseldorf 1985.
408 Schwarz, Helmut Kohl, München 2012, S. 946.
409 Hans-Peter Schwarz, Ein Leitfossil der alten Bundesrepublik – Theodor Eschenburg (1904–1999), in: Bastian Hein, Manfred Kittel, Horst Möller (Hrsg.), Gesichter der Demokratie. Porträts zur deutschen Zeitgeschichte. Udo Wengst zum 65. Geburtstag, München 2012, S. 175–192.
410 Hans-Peter Schwarz, Paradigmen zur Geschichte der Bundesrepublik. Eine Skizze, in: Alexander Gallus, Thomas Schubert, Tom Thieme (Hrsg.), Deutsche Kontroversen. Festschrift für Eckhard Jesse, Baden-Baden 2013, S. 113–126.
411 Hans-Peter Schwarz, Axel Springer – erinnerungswürdige Größe der »alten« Bundesrepublik. Vortrag in der Akademie der Konrad-Adenauer-Stiftung, Berlin, 24.4.1012.
412 Ansprache bei Präsentation der Kohl-Biographie in der Alfred-Herrhausen-Stiftung, Berlin, 30.8.2012 (nicht vorgetragener Entwurf).
413 Er machte sich Illusionen. Für den Historiker und Kohl-Biographen Hans-Peter Schwarz ist klar, daß der Kanzler der Einheit eine maßgebliche Mitverantwortung für die schweren Fehler der europäischen Währung trägt, in: Focus, Nr. 36, 3.9.2012, S. 34–36.
414 Gerhard Spörl, Alpträume eines Riesen. Es war einmal ein imposantes Talent, aus dem der machtversessene und machtvergessene Kanzler Helmut Kohl wurde. Aber wie kam es dazu? Davon erzählt eine voluminöse Biographie, die nun auf den Markt kommt, in: Der Spiegel, Nr. 36, 3.9.2012, S. 46–49.
415 Helmut Kohl an Hans-Peter Schwarz, 13.8.2012.
416 Hans-Peter Schwarz an Helmut und Maike Kohl, im August 2012.
417 Hans-Peter Schwarz, Was bleibt von der »alten« Bundesrepublik? (Manuskript).
418 Hans-Peter Schwarz, Rückblicke, Ausblicke, Abschiedsvortrag (Manuskript).
419 Andreas Wirsching, Eine Institution – Zu Hans-Peter Schwarz' Abschied von den Vierteljahrsheften für Zeitgeschichte, in: Vierteljahrshefte für Zeitgeschichte, 61. Jg. (2013) Heft 1, S. 121–126.

Gedanken beim Recycling des eigenen Lebensgangs

420 Alexander von Müller, Aus Gärten der Vergangenheit. Erinnerungen 1982–1914, Stuttgart 1951; Mars und Venus. Erinnerungen 1914–1918, Stuttgart 1954; Im Wandel der Welt. Erinnerungen 1919–1966, München 1966.
421 Ibd., Mars und Venus, S. 338.
422 Rudolf von Salis, Grenzüberschreitungen. Ein Lebensbericht: Erster Teil 1901–1939; Zweiter Teil 1939–1978, Zürich 1975 und 1978; Notizen eines Müßiggängers, Zürich 1983; Innen und außen. Notizen 1984–1986, Zürich 1987; Letzte Aufzeichnungen, Zürich 1994.
423 Arthur M. Schlesinger jr., A Life in the Twentieth Century. Innocent Beginnings. 1917–1950, New York 2000.

424 Arthur M. Schlesinger, Journals 1952–2000, hrsg. von Andrew Schlesinger, Stephan Schlesinger, New York 2007.
425 Bernard Lewis, Notes on a Century. Reflections of a Middle East Historian, New York 2012.
426 Raymond Aron, Erkenntnis und Verantwortung. Lebenserinnerungen, München 1995. Richard Pipes, Vixi. Memoirs of a Non-Belonger, New Haven 2003.
427 Theodor Eschenburg, Also hören Sie mal zu. Geschichte und Geschichten 1904–1933, Berlin 1995; Letzten Endes meine ich doch. Erinnerungen 1933–1999, Berlin 2000. Zur Genese der Eschenburg-Memoiren siehe Udo Wengst, Biographie einer politischen Leitfigur 1904–1999, Berlin 2015, S. 245–250.
428 Hans Küng, Erkämpfte Freiheit. Erinnerungen; Umstrittene Wahrheit. Erinnerungen; Erlebte Menschlichkeit. Erinnerungen, München 2002, 2007, 2013.
429 John H. Herz, Vom Überleben. Wie ein Weltbild wurde. Autobiographie, Düsseldorf 1984.
430 Reinhard Bendix, Von Berlin nach Berkeley. Deutsch-jüdische Identitäten, Frankfurt/Main 1985.
431 Walter Laqueur, Mein 20. Jahrhundert. Stationen eines politischen Lebens, Berlin 2009.
432 George Hallgarten, Als die Schatten fielen. Erinnerungen vom Jahrhundertbeginn bis zur Jahrtausendwende, Frankfurt/Main 1969.
433 Fritz Stern, Fünf Deutschland und ein Leben. Erinnerungen, München 2007.
434 Joseph Rovan, Erinnerungen eines Franzosen, der einmal Deutscher war, München 2000.
435 Christian Graf von Krockow, Zu Gast in drei Welten. Erinnerungen, Stuttgart 2000.
436 Eschenburg, Also hören Sie mal zu.
437 Iring Fetscher, Neugier und Furcht. Versuch, mein Leben zu verstehen, Hamburg 1995.
438 Hans Maier, Böse Jahre, gute Jahre. Ein Leben 1931 ff., München 2011.
439 Arnulf Baring, Der Unbequeme. Autobiographische Notizen, Berlin 2013.
440 Ekkehart Krippendorff, Lebensfäden. Zehn autobiographische Versuche, Heidelberg 2012.
441 Klaus von Beyme, Bruchstücke der Erinnerungen eines Sozialwissenschaftlers, Wiesbaden 2016.
442 Claus Leggewie, Politische Zeiten. Beobachtungen von der Seitenlinie, München 2015.
443 Johann Wolfgang von Goethe, Dichtung und Wahrheit III. Früheres Vorwort, in: Goethes Werke. Bd. IX, Autobiographische Schriften I, Textkritisch durchgesehen von Lieselotte Blumenthal, kommentiert von Erich Trunz, 14. Aufl., München 2002 (1. Aufl., 1981), S. 843.
444 Henry Adams, Die Erziehung des Henry Adams. Von ihm selbst erzählt, Zürich 1953, S. 758.
445 Ibd., S. 624.
446 Hans-Peter Schwarz, Der konservative Anarchist. Politik und Zeitkritik Ernst Jüngers, Freiburg/Breisgau 1963, S. 189.
447 Jürgen von Altern, Die ganz normale Anarchie. Jetzt erst beginnt die Nachkriegszeit, Berlin 1994.
448 Ibd., S. 612.
449 Schwarz, Paradigmen zur Geschichte der Bundesrepublik, S. 125 f.
450 Hans-Peter Schwarz an Karl Dietrich Bracher, 8.11.2014.
451 Hans-Peter Schwarz an Herbert Kremp, 14.8.2014.

452 Hans-Peter Schwarz, Die neue Völkerwanderung nach Europa. Über den Verlust politischer Kontrolle und moralischer Gewißheiten, München 2017. Das Buch wurde am 13.3.2017 ausgeliefert.
453 Hans-Peter Schwarz an Ludger Kühnhardt, 27.9.2016.
454 Hans-Peter Schwarz an Dieter Oberndörfer, 27.12.2016.
455 Hans-Peter Schwarz an Thomas Kielinger, 8.6.2016.
456 Theodor Fontane. Gedichte I, Berlin 1989, S. 437.

Verzeichnis der Publikationen

Monographien

Der konservative Anarchist. Politik und Zeitkritik Ernst Jüngers (Freiburger Studien zur Politik und Soziologie). Freiburg/Breisgau 1962.

Vom Reich zur Bundesrepublik. Deutschland im Widerstreit der außenpolitischen Konzeptionen in den Jahren der Besatzungsherrschaft 1945–1949 (Reihe Politica. Band 38). Neuwied–Berlin 1966. Erweiterte 2. Auflage. Stuttgart 1980.

Zwischenbilanz der KSZE. Stuttgart 1977.

Die Ära Adenauer 1949–1957. Gründerjahre der Republik (Geschichte der Bundesrepublik Deutschland. Hrsg. von Karl Dietrich Bracher, Theodor Eschenburg, Joachim C. Fest, Eberhard Jäckel. Band 2). 2. Auflage. Stuttgart–Wiesbaden 1982.

Die Ära Adenauer 1957–1963. Epochenwechsel (Geschichte der Bundesrepublik Deutschland. Hrsg. von Karl Dietrich Bracher, Theodor Eschenburg, Joachim C. Fest, Eberhard Jäckel. Band 3). Stuttgart–Wiesbaden 1983.

Die gezähmten Deutschen. Von der Machtbesessenheit zur Machtvergessenheit. Stuttgart 1985.

Adenauer. Der Aufstieg: 1876–1952. Stuttgart 1986 (Taschenbuchausgabe: Stuttgart 1994).

Adenauer. Der Staatsmann: 1952–1967. Stuttgart 1991 (Taschenbuchausgabe: Stuttgart 1994).

Erbfreundschaft. Adenauer und Frankreich (Reflexionen über Deutschland im 20. Jahrhundert. Hrsg. für das Deutsche Historische Institut Paris von Horst Möller). Bonn–Berlin 1992.

Begegnungen an der Seine. Deutsche Kanzler in Paris (Manesse Bücherei. 53). Zürich 1993.

Adenauer (1876–1952. Del Imperio Alemán a la República Federal. Tomo I. Santiago de Chile 2003 (vollständige durchgesehene spanische Übersetzung: Adenauer. Der Aufstieg. 1876–1952. Stuttgart 1986).

Adenauer (1952–1967). El estadista. Tomo II. Santiago di Chile 2003 (vollständige durchgesehene spanische Übersetzung: Adenauer. Der Staatsmann. 1952–1967. Stuttgart 1991).

Anmerkungen zu Adenauer. München 2004 (überarbeitete und bebilderte Neuauflage in der Reihe »Pantheon«. München 2006).

Republik ohne Kompaß. Anmerkungen zur deutschen Außenpolitik. Berlin 2005.

Phantastische Wirklichkeit. Das 20. Jahrhundert im Spiegel des Polit-Thrillers. München 2006.

Axel Springer. Die Biographie. Berlin 2008.

Das Gesicht des 20. Jahrhunderts. Monster, Retter, Mediokritäten (erweiterte und durchgesehene Neuauflage. München 2010).

The Meaning of Adenauer. Freiburg/Breisgau 2011 (aktualisierte englischsprachige Fassung: Anmerkungen zu Adenauer. München 2004).

Helmut Kohl. Eine politische Biographie. München 2012 (unveränderte 2. Auflage. München 2014).

Arbeitstage. Meine Lebenserinnerungen. München 2014 (unveröffentlichter Privatdruck).
Die neue Völkerwanderung nach Europa. Über den Verlust politischer Kontrolle und moralischer Gewissheiten. München 2017.

Einzelveröffentlichungen

Vor- und Nachteile einer Konferenz für Sicherheit und Zusammenarbeit in Europa. Argumente, Dokumente, Materialien. Hrsg. von der CDU-Bundesgeschäftsstelle. Bonn [1972].
Politische Generationen im 20. Jahrhundert. Ansprache zum 100. Geburtstag des Hebel-Gymnasiums. Lörrach. 8. Oktober 1983.
Jurist und Politiker. Ansprachen anläßlich des Goldenen Doktorjubiläums von Gerhard Schröder. Gehalten am 12. November 1984 in der Rheinischen-Friedrich-Wilhelms-Universität Bonn. Herausgegeben mit Rolf Knütel, Gerhard Schröder [Politeia]). Bonn 1985. S. 15–30.
Adenauer und Europa (Straßburger Gespräche. Heft 1. Hrsg. von der Konrad-Adenauer-Stiftung in Verbindung mit der Deutschen Gruppe in der Fraktion der Europäischen Volkspartei des Europäischen Parlaments). Melle 1985.
Eine Entente Élémentaire. Das deutsch-französische Verhältnis im 25. Jahr des Élysée-Vertrages. Mit einer Dokumentation von Ingo Kolboom (Arbeitspapiere zur Internationalen Politik. Nr. 47. Forschungsinstitut der Deutschen Gesellschaft für Auswärtige Politik e.V.). Bonn 1988. S. 6–32.
Die Geschichte der Bundesrepublik Deutschland zwischen Tradition und Wandel – Perspektiven der Wissenschaft. 18. Januar 1989. Bonn.
Gedenkrede zum 90. Geburtstag von Staatssekretär Professor Dr. Walter Hallstein (17. November 1901–29. März 1982). Hrsg. vom Auswärtigen Amt. Bonn. 25. November 1991. S. 9–36.
Dritter Träger des Historikerpreises der Stadt Münster. Hans-Peter Schwarz. Dokumentation. Münster [1988].
Eine andere Republik. Festvortrag am 8. Mai 1993 in Ludwigsburg, in: Verleihung der Verdienstmedaille des Landes Baden-Württemberg. Hrsg. vom Staatsministerium Baden-Württemberg [Stuttgart 1993].
Europas Aufgabe. Neuordnung nach dem Ende der Sowjetunion. Vortrag, in: Forum für Deutschland. Eine neue Weltordnung – Vor welchen Herausforderungen stehen Deutschland und die Atlantische Allianz? Eine Dokumentation der Tageszeitung »Die Welt«. Bonn 1993. S. 87–94.
Bismarck in Bonn? Die Außenpolitik Adenauers in historischer Perspektive (Friedrichsruher Beiträge. Band 17). Friedrichsruh 2002 (Abdruck in überarbeiteter Form in: Republik ohne Kompaß. Berlin 2005).
Weichenstellungen für Europa in den letzten 20 Jahren (Festrede zum Tag der Politikwissenschaft und dem damit verbundenen zwanzigjährigen Institutsjubiläum des Instituts für Politikwissenschaft der Friedrich-Schiller-Universität Jena), in: Forum Politicum Jenense. FPJ-Nr. 20/13.

Aufsätze und Essays

Probleme der Kooperation von Politikwissenschaft und Soziologie in Westdeutschland, in: Dieter Oberndörfer (Hrsg.): Wissenschaftliche Politik. Eine Einführung in Grundfragen ihrer Tradition und Theorie. Freiburg/Breisgau 1962. S. 297–333.

Wie sollen sich die neu zu gründenden Universitäten von den bisherigen unterscheiden? In: Zur Gestalt der neuen deutschen Universität. Hrsg. vom Gesprächskreis Wissenschaft und Wirtschaft BDI/DIHT/SV in Verbindung mit der Wochenzeitung »Christ und Welt«. Essen-Bredeney 1963. S. 7–14.

Die deutsche Frage im Zweiten Weltkrieg und nach 1945. Amerikanische Literatur über die alliierte Deutschlandpolitik und die deutsche Nachkriegsgeschichte, in: Neue Politische Literatur. 9. Jg. (1964) Heft 3/4. Sp. 189–220.

Das Problem der europäischen Sicherheit in historischer Perspektive, in: Europäische Sicherheit in den 70er Jahren. 5. Kolloquium der Deutschen Gesellschaft für Auswärtige Politik über Probleme der internationalen Sicherheit. 7.–9. Oktober 1968 in der Theodor-Heuss-Akademie. Gummersbach. Hrsg. vom Forschungsinstitut der Deutschen Gesellschaft für Auswärtige Politik e.V. Bonn 1968. S. 5–49.

Bergstraesser, in: Staatslexikon. Recht Wirtschaft Gesellschaft. Hrsg. von der Görres-Gesellschaft. Ergänzungsbände zur sechsten, völlig neu bearbeiteten und erweiterten Auflage. Freiburg/Breisgau 1969. S. 221–223.

Die Rollen der Bundesrepublik in der Staatengesellschaft, in: Karl Kaiser und Roger Morgan (Hrsg.): Strukturwandlungen der Außenpolitik in Großbritannien und der Bundesrepublik (Schriften des Forschungsinstituts der Deutschen Gesellschaft für Auswärtige Politik e.V. Bonn. Band 29). München–Wien 1970. S. 225–256.

(Englische Fassung: The Roles of the Federal Republic in the Community of States, in: Karl Kaiser and Roger Morgan [Hrsg.]: Britain and West Germany. Changing Societies and the Future of Foreign Policy. Published for The Royal Institute of International Affairs. London 1971. S. 219–259.)

Europäische Sicherheitskonferenz: Ein nützliches Konzept der Entspannungspolitik? In: Helga Haftendorn und Hans-Peter Schwarz (Hrsg.): Europäische Sicherheitskonferenz. Opladen 1970. S. 119–155.

Absichten und Aussichten für Europa. Zwei Konzepte einer europäischen Sicherheitskonferenz, in: Die Politische Meinung. 16. Jg. (1971) Heft 134. S. 15–28.

Das außenpolitische Konzept Konrad Adenauers, in: Rudolf Morsey, Konrad Repgen (Hrsg.): Adenauer-Studien I (Veröffentlichungen der Kommission für Zeitgeschichte. Reihe B: Forschungen. Band 10). Mainz 1971. S. 71–108.

Vorwort zur deutschen Ausgabe, in: William Roger Louis: Das Ende des deutschen Kolonialreiches. Britischer Imperialismus und die deutschen Kolonien 1914–1919 (Studien zur modernen Geschichte. Hrsg. von Fritz Fischer, Klaus-Detlev Grothusen, Günter Moltmann. Universität Hamburg. Band 6). Düsseldorf 1971. S. 7–11.

Sicherheitskonferenz und westliche Sicherheitsgemeinschaft, in: Europa-Archiv. 27. Jg. (1972) Folge 24. S. 823–834.

Ein Platz für Rebellen. Zur Legitimationskrise des freien Mandats, in: Die Politische Meinung. 17. Jg. (1972) Heft 143. S. 77–86.

Europa föderieren, aber wie? Eine Methodenkritik der europäischen Integration, in: Gerhard Lehmbruch, Klaus von Beyme, Iring Fetscher (Hrsg.): Demokratisches System und politische Praxis der Bundesrepublik. München 1972. S. 377–443.

(Englische Fassung: Federating Europe But How? A Critical Essay on the Methods of European Integration, in: P. D. Dagtoglou [Hrsg.]: Basic Problems of the European Community. Oxford 1975. S. 1–65.)

Entspannungs-Ideologie und europäische Realitäten. Die gemäßigt Progressiven und ihre Sicherheitskonferenz, in: Die Politische Meinung. 17. Jg. (1972) Heft 140. S. 5–23.

Die nationale Frage morgen. Sechs Thesen zur Positionsbestimmung nach 25 Jahren, in: Die Politische Meinung. 19. Jg. (1974) Heft 154. S. 9–33.
(Abdruck: Einheit der Nation?! Sechs Thesen zur Positionsbestimmung nach 25 Jahren, in: Jahrbuch der Albertus-Universität zu Königsberg/Preußen 1975. Band XXV. S. 41–68.)

Die maritime Interessenlage der Bundesrepublik Deutschland, in: Hans-Peter Schwarz und Dieter Mahncke (Hrsg.): Seemacht und Außenpolitik. Rüstungsbeschränkung und Sicherheit (Schriften des Forschungsinstituts der Deutschen Gesellschaft für Auswärtige Politik e.V. Bonn. Band 11). Frankfurt am Main 1974. S. 519–553.
(Abdruck: Marine Rundschau. 73. Jg. [1974] Heft 10. S. 581–604.)

Die außenpolitischen Grundlagen des westdeutschen Staates, in: Richard Löwenthal und Hans-Peter Schwarz (Hrsg.): Die zweite Republik. 25 Jahre Bundesrepublik Deutschland – eine Bilanz. Stuttgart 1974. S. 27–63.

Ausblick. Wie wird es weitergehen?, in: Richard Löwenthal und Hans-Peter Schwarz (Hrsg.): Die zweite Republik. 25 Jahre Bundesrepublik Deutschland – eine Bilanz. Stuttgart 1974. S. 927–959.

Die Politik der Westbindung oder: Die Staatsraison der Bundesrepublik, in: Zeitschrift für Politik. 22. Jg. (1975) Heft 4. S. 307–337.

Adenauers Wiedervereinigungspolitik. Zwischen nationalem Wollen und realpolitischem Zwang, in: Die Politische Meinung. 20. Jg. (1975) Heft 163. S. 33–54.

Die Bundesregierung und die auswärtigen Beziehungen, in: Hans-Peter Schwarz (Hrsg.): Handbuch der deutschen Außenpolitik. München 1975. S. 43–112.

Die Ost-West-Spannungen als Orientierungsrahmen westdeutscher Außenpolitik, in: Hans-Peter Schwarz (Hrsg.): Handbuch der deutschen Außenpolitik. München 1975. S. 465–479.

Grundgegebenheiten und Konzepte westdeutscher Sicherheitspolitik, in: Hans-Peter Schwarz (Hrsg.): Handbuch der deutschen Außenpolitik. München 1975. S. 479–497.

Die westdeutsche Entwicklungshilfe, in: Hans-Peter Schwarz (Hrsg.): Handbuch der deutschen Außenpolitik. München 1975. S. 723–739.

Der unbekannte Adenauer. Einige Aufgaben künftiger Forschung, in: Konrad Adenauer und seine Zeit. Politik und Persönlichkeit des ersten Bundeskanzlers. Band II: Beiträge der Wissenschaft. Im Auftrag und in Zusammenarbeit mit der Konrad-Adenauer-Stiftung hrsg. von Dieter Blumenwitz, Klaus Gotto, Hans Maier, Konrad Repgen, Hans-Peter Schwarz. Stuttgart 1976. S. 589–609.

Das Spiel ist aus und alle Fragen offen, oder: Vermutungen zu Adenauers Wiedervereinigungspolitik, in: Helmut Kohl (Hrsg.): Konrad Adenauer 1876–1976. Stuttgart–Zürich 1976. S. 140–156.

Zwischen Helsinki und Belgrad. Chancen und Gefahren für Gesamteuropa, in: Die Politische Meinung. 22. Jg. (1977) Heft 172. S. 5–22.

Was können wir von der Überprüfungskonferenz in Belgrad erwarten? In: Die KSZE und die Menschenrechte. Politische und rechtliche Überlegungen zur zweiten Etappe. Hrsg. vom Göttinger Arbeitskreis. Berlin 1977. S. 7–23.

Das europäische Konzert der gelähmten Leviathane. Variationen zum Thema Unregierbarkeit und Außenpolitik, in: Ulrich Matz, Peter Graf Kielmansegg, Wilhelm Hennis (Hrsg.): Regierbarkeit. Studien zu ihrer Problematisierung. Band 1. Stuttgart 1977. S. 296–312.

Ist die Basisdemokratie eine ethische Forderung? In: Walter Leisner (Hrsg.): Staatsethik. Köln 1977. S. 167–170.

Die Erben Adenauers und ihre Außenpolitik, in: Sonde. 10. Jg. (1977) Heft 2/3. S. 100–111.

Deutschlandpolitik im europäischen Kräfteverhältnis, in: Deutschlandpolitik. Öffentliche Anhörungen des Ausschusses für innerdeutsche Beziehungen (Schriftenreihe Zur Sache. Heft 4/1977). Hrsg. vom Presse und Informationszentrum des Deutschen Bundestages. Bonn 1977. S. 22–31.

Détente and Containment as National and International Determinants of Inter System Relations. The Case of Germany, in: Korea & World Affairs. A Quarterly Review. Volume 1 (1977) No. 3. S. 285–320.

Brauchen wir ein neues deutschlandpolitisches Konzept? In: Europa-Archiv. 32. Jg. (1977) Folge 11. S. 327–338.

Bilanz der bisherigen Entspannung, in: Alfred Domes (Hrsg.): Entspannung. Krise und Hoffnung. Bonn–Brüssel–New York 1977. S. 45–68.

Das atlantische Sicherheitssystem in einer Ära ohne große Alternativen, in: Karl Kaiser und Hans-Peter Schwarz (Hrsg.): Amerika und Westeuropa. Gegenwarts- und Zukunftsprobleme. Stuttgart–Zürich 1977. S. 165–203.
(Abdruck: Atlantic Security Policy in an Era without Alternatives, in: Forum on Europe and Asia. Volume 2 [1979] [The Asia and World Forum. Monograph Series. 11]. S. 1–57.)

Zukunftsaufgaben atlantischer Politik, in: Karl Kaiser und Hans-Peter Schwarz (Hrsg.): Amerika und Westeuropa. Gegenwarts- und Zukunftsprobleme. Stuttgart–Zürich 1977. S. 361–375.
(Englische Fassung: America and Western Europe. Problems and Prospects. Lexington [Massachusetts]–Toronto 1977. S. 189–234.)

Finnlandisierung? Ein Reizwort. Wirklichkeit und Aktualität, in: Die Politische Meinung. 23. Jg. (1978) Heft 181. S. 5–23.

Die westdeutsche Außenpolitik Historische Lektionen und politische Generationen, in: Walter Scheel (Hrsg.): Nach dreißig Jahren. Die Bundesrepublik Deutschland. Vergangenheit, Gegenwart, Zukunft. Stuttgart 1979. S. 145–173.

Die Entspannungspolitik der westlichen Staaten, in: Studien zur Deutschlandfrage. Band 3: Entspannungsbegriff und Entspannungspolitik in Ost und West. Hrsg. vom Göttinger Arbeitskreis. Berlin 1979. S. 45–60.

Die deutschlandpolitischen Vorstellungen Konrad Adenauers 1955–1958, in: Hans-Peter Schwarz (Hrsg.): Entspannung und Wiedervereinigung. Deutschlandpolitische Vorstellungen Konrad Adenauers 1955–1958 (Rhöndorfer Gespräche. Band 2). Stuttgart–Zürich 1979. S. 7–40.

Supermacht und Juniorpartner: Ansätze amerikanischer und westdeutscher Ostpolitik, in: Hans-Peter Schwarz und Boris Meissner (Hrsg.): Entspannungspolitik in Ost und West. Köln 1979. S. 147–191.

Die Alternative zum Kalten Krieg? Bilanz der bisherigen Entspannung, in: Hans-Peter Schwarz und Boris Meissner (Hrsg.): Entspannungspolitik in Ost und West. Köln 1979. S. 275–303.

Adenauer und Europa, in: Vierteljahrshefte für Zeitgeschichte. 27. Jg. (1979) Heft 4. S. 471–523.

Die neuen außenpolitischen Denkschulen der fünfziger Jahre, in: Hermann Kunst, Helmut Kohl, Peter Egen (Hrsg.): Dem Staate verpflichtet. Festgabe für Gerhard Schröder. Stuttgart–Berlin 1980. S. 91–105.

Adenauer's Ostpolitik, in: Wolfram F. Hanrieder (Hrsg.): West German Foreign Policy. 1949–1979. Boulder (Colorado) 1980. S. 127–143.
(Deutsche Fassung: Adenauers Ostpolitik, in: Wolfram F. Hanrieder und Hans Rühle [Hrsg.]: Im Spannungsfeld der Weltpolitik. 30 Jahre deutsche Außenpolitik 1949–1979. Stuttgart 1981. S. 207–232.

Das Ende aller Sicherheit. Die Weltpolitik nach dem Überfall auf Afghanistan, in: Die Politische Meinung. 25. Jg. (1980) Heft 188. S. 7–15.
(Auszug: Eine Lage wie im Jahr 1939. Die Krise an allen Fronten – und was sie erfordert, in: Rheinischer Merkur/Christ und Welt. 18. Januar 1980. S. 3.)
Archive Sources for the Development of European Unification Policies in West Germany (1945–1955), in: Walter Lipgens (Hrsg.): Sources for the History of European Integration (1945–1955). A Guide to Archives in the Countries of the Community. Leyden–Bruxelles–Stuttgart 1980. S. 37–50.
Adenauer und Rußland, in: Im Dienste Deutschlands und des Rechts. Festschrift für Wilhelm W. Grewe zum 70. Geburtstag. Hrsg. von Friedrich J. Kroneck und Thomas Oppermann. Baden-Baden 1981. S. 365–389.
(Englische Fassung: Adenauer and Russia, in: Adenauer at Oxford. The Konrad Adenauer Memorial Lectures 1978–1982. Karl-Günther von Hase, Hans-Peter Schwarz, Christian Watrin. Hrsg. vom St Antony's College Oxford und der Konrad-Adenauer-Stiftung. Oxford [1983]. S. 15–37.)
La Recherche sur l'histoire contemporaine appliquée à l'intégration, in: Étude du début de la construction européenne. Apport des sources et archives 1946–1952. Compte-rendu et Rapports. Colloque multinational des professeurs d'histoire contemporaine. Luxembourg 28–29 janvier 1982. Hrsg. von der Commission des Communautés Européennes. Bruxelles 1982. S. 73–109.
What is Wrong with U.S.–West German Relations? In: SAIS Review (School of Advanced International Studies. The Johns Hopkins University) Summer 1982. No. 4. S. 53–71.
Die Rückkehr der Schwärmer. Fragen an die Christen in der sogenannten Friedensbewegung, in: Die Politische Meinung. 27. Jg. (1982). Heft 205. S. 14–22.
Geschichtsschreibung und politisches Selbstverständnis. Die Geschichte der Bundesrepublik Deutschland. Herausforderung für die Forschung, in: Aus Politik und Zeitgeschichte. Beilage zur Wochenzeitung »Das Parlament«. B 36/82. 11. September 1982. S. 3–16.
Europäische Interessen im Ost-West-Verhältnis. Ein Scheinproblem, in: Beiträge zur Konfliktforschung. 12. Jg. (1982) Heft 1. S. 5–26.
Entspannungspause, in: Aus Politik und Zeitgeschichte. Beilage zur Wochenzeitung »Das Parlament«. B 50/82. 18. Dezember 1982. S. 27–38.
Internationale Politik in globaler und partikulärer Sicht. Nutzen und Nachteile der vorherrschenden universalistischen Perspektive, in: Europa-Archiv. 38. Jg. (1983) Folge 15. S. 433–444.
Die europäische Integration als Aufgabe der Zeitgeschichtsforschung. Forschungsstand und Perspektiven, in: Vierteljahrshefte für Zeitgeschichte. 31. Jg. (1983) Heft 4. S. 555–572.
Demoskopische Trends und Wandlungen der politischen Kultur in den USA und der Bundesrepublik Deutschland, in: Hans Joachim Veen (Hrsg.): Die Zukunft der deutsch-amerikanischen Beziehungen. Zweite Deutsch-Amerikanische Konferenz des Sozialwissenschaftlichen Forschungsinstituts der Konrad-Adenauer-Stiftung. Melle 1983. S. 39–51.
The West Germans, Western Democracy, and Western Ties in the Light of Public Opinion Research, in: The Federal Republic of Germany and the United States. Changing Political, Social, and Economic Relations. Hrsg. von Hans-Peter Schwarz zusammen mit James A. Cooney, Gordon A. Craig, Fritz Stern (veröffentlicht für das Woodrow Wilson International Center for Scholars. Washington). Boulder–London 1984. S. 56–97.
(Deutsche Fassung: Die Westdeutschen, die westliche Demokratie und die Westbindung im Licht von Meinungsumfragen, in: Hans-Peter Schwarz zusammen mit James A. Cooney, Gordon A. Craig, Fritz Stern [Hrsg.]: Die Bundesrepublik Deutschland und die Ver-

einigten Staaten von Amerika. Politische, soziale und wirtschaftliche Beziehungen im Wandel. Stuttgart 1985. S. 87–144.)

Die Bedeutung der Persönlichkeit in der Entwicklung der Bundesrepublik Deutschland, in: Rudolf Hrbek (Hrsg.): Personen und Institutionen in der Entwicklung der Bundesrepublik Deutschland. Symposion aus Anlaß des 80. Geburtstages von Theodor Eschenburg. Kehl–Straßburg–Arlington 1985. S. 7–19.

Die Bundesrepublik Deutschland in den verschärften Ost-West-Beziehungen, in: Werner Link (Hrsg.): Die neueren Entwicklungen des Ost-West-Konflikts. Konstanten und Veränderungen (Veröffentlichungen der Deutschen Gesellschaft für Politikwissenschaft. Heft 1). Köln 1984. S. 85–93.

Der vergessene Staat. Entlegitimierung der Machtpolitik, in: Die Politische Meinung. 30. Jg. (1985) Heft 218. S. 24–32.
(Englische Fassung: The Forgotten State. The Delegitimation of Power Politics, in: German Comments. Review of Politics and Culture. Nr. 6. September 1985. S. 32–40.)

Die domestizierten Deutschen. Betrachtungen zum außenpolitischen Stil der Bundesrepublik Deutschland, in: Deutsche Frage und europäisches Gleichgewicht. Festschrift für Andreas Hillgruber zum 60. Geburtstag. Hrsg. von Klaus Hildebrand und Reiner Pommerin. Köln 1985. S. 287–324.

Die Westdeutschen der unangenehmen Tatsache der Machtpolitik, in: Sowjetsystem und Ostrecht. Festschrift für Boris Meissner zum 70. Geburtstag. Hrsg. von Georg Brunner. Berlin 1985. S. 701–721.

Konrad Adenauer 1876–1967, in: Lothar Gall (Hrsg.): Die großen Deutschen. Berlin 1985. S. 156–173.

Der Faktor Macht im heutigen Staatensystem, in: Hans-Peter Schwarz und Karl Kaiser (Hrsg.): Weltpolitik. Strukturen – Akteure – Perspektiven. Stuttgart 1985. S. 50–73.

Berlinkrise und Mauerbau, in: Hans-Peter Schwarz (Hrsg.): Berlinkrise und Mauerbau (Rhöndorfer Gespräche. Band 6). Bonn 1985. S. 11–34.

La normalisation des institutions, in: Bernard Brigouleix und Joseph Rovan (Hrsg.): Que devient l'Allemagne? Paris 1986. S. 65–80.

Die Straßburger Anfänge multilateraler Integrationshistoriographie, in: Raymond Poidevin (Hrsg.): Histoire des Débuts de la Construction Européenne. Origins of the European Integration. Actes du Colloque de Strasbourg 28–30 Novembre 1984. Bruxelles–Milano–Paris–Baden-Baden 1986. S. 447–457.

Ansätze zur Parlamentarisierung des europäischen Zusammenschlusses. Eine entwicklungsgeschichtliche Skizze, in: Eine Ordnungspolitik für Europa. Festschrift für Hans von der Groeben zum 80. Geburtstag. Hrsg. von Ernst Joachim Mestmäcker, Hans Möller, Hans-Peter Schwarz. Baden-Baden 1987. S. 369–389.
(Abdruck: Ansätze zur Parlamentarisierung des europäischen Zusammenschlusses. Eine entwicklungsgeschichtliche Skizze, in: Gesine Schwan [Hrsg.]: Internationale Politik und der Wandel von Regimen (Veröffentlichungen der Deutschen Gesellschaft für Politikwissenschaft. Heft 4). Köln–Berlin–Bonn–München 1987. S. 29–53.)

Die Zukunft der Demokratie im 20. Jahrhundert, in: Demokratie und Diktatur. Geist und Gestalt politischer Herrschaft in Deutschland und Europa. Festschrift für Karl Dietrich Bracher zum 65. Geburtstag. Hrsg. von Manfred Funke, Hans Adolf Jacobsen, Hans-Helmuth Knütter, Hans-Peter Schwarz. Düsseldorf 1987. S. 598–613.
(Abdruck: Almanach. Ein Lesebuch. Hrsg. vom Deutschen Hochschul-Verband 1988. S. 163–178.)

Patriotismus. Ein ruhiges deutsches Selbstbewußtsein würde Europa stärken, in: Die Politische Meinung. 32. Jg. (1987) Heft 232. S. 35–46.

Patriotismus in Europa aus der Sicht der Zeitgeschichte, in: Patriotismus in Europa. Festgabe für Professor Dr. Bruno Heck zum 70. Geburtstag. Hrsg. von Klaus Weigelt. Bonn 1988. S. 21–43.

Die Entente. Perspektiven der deutsch-französischen Zusammenarbeit, in: Die Politische Meinung. 33. Jg. (1988) Heft 236. S. 10–17.

Entscheidung für den Westen. Sicherheit, Souveränität, Freiheit und Wiedervereinigung als Strukturelement westdeutscher Außenpolitik 1949–1955, in: Entscheidung für den Westen. Vom Besatzungsstaat zur Souveränität der Bundesrepublik 1949–1955. Hrsg. von Manfred Funke (Studium Universale. Schriftenreihe der Universität Bonn. Band 10). Bonn 1988. S. 9–37.

Die Weiterentwicklung der Ost-West-Beziehungen. Ein wissenschaftliches Symposium am 19. April 1988 aus Anlaß des 80. Geburtstages von Richard Löwenthal (Arbeitspapiere zur Internationalen Politik. Nr. 48. Forschungsinstitut der Deutschen Gesellschaft für Auswärtige Politik e.V.). Bonn 1988. S. 20–24.

Das deutsche Selbstbewußtsein, in: Das Wort zur deutschen Zukunft. Vorträge des Studienzentrums Weikersheim auf dem Hambacher Schloß. 8./9. April 1989. Dokumentation XVIII des Studienzentrums Weikersheim. Stuttgart 1989. S. 59–82 und S. 108–130.

Wiedervereinigung auf europäisch. Bewegung im Osten wie im Westen – Gemeinsame Zukunft?, in: Die Politische Meinung. 34. Jg. (1989) Heft 243. S. 13–17.

Auf dem Weg zum post-kommunistischen Europa, in: Europa-Archiv. 44. Jg. (1989) Folge 11. S. 319–330.

Adenauers Kanzlerdemokratie und Regierungstechnik. Beobachtungen bei der Wiederbegegnung mit alten Bekannten, in: Aus Politik und Zeitgeschichte. Beilage zur Wochenzeitung »Das Parlament«. B 1 2/89. 6. Januar 1989. S. 15–27.

Die fünfziger Jahre als Epochenzäsur, in: Wege in die Zeitgeschichte. Festschrift für Gerhard Schulz. Hrsg. von Jürgen Heideking, Gerhard Hufnagel, Franz Knipping. Berlin–New York 1989. S. 473–496.

Adenauer und die Kernwaffen, in: Vierteljahrshefte für Zeitgeschichte. 37. Jg. (1989) Heft 4. S. 567–593.
(Abdruck: Alessandro Migliazza, Enrico Decleva [Hrsg.]: Diplomazia e Storia delle Relazioni Internazionali. Studi in onore di Enrico Serra. Mailand 1991. S. 563–596.)

Friedenssicherung im Kalten Krieg von 1948 bis 1969, in: Manfred Spiecker (Hrsg.): Friedenssicherung. Band 3. Historische, politikwissenschaftliche und militärische Perspektiven. Münster 1989. S. 73–93.
(Abdruck: Macht und Recht. Festschrift für Heinrich Popitz zum 65. Geburtstag. Hrsg. von Hans Oswald. Opladen 1990. S. 237–256.)

Zwischen Tradition und Wandel. Gedanken zur Geschichte der Bundesrepublik Deutschland, in: Information für die Truppe. Heft 5 (1989). S. 5–39.
(Abdruck: Beiträge zur politischen Bildung. 10 [1989] 2. S. 3–37.)

Die drei Prinzipien des Regierens. Kanzler und Koalition, in: Das deutsche Modell. Freiheitlicher Rechtsstaat und soziale Marktwirtschaft. Hrsg. von Fritz Ulrich Fack, Friedrich Karl Fromme, Günther Nonnenmacher. München 1990. S. 129–135.
(Abdruck: Frankfurter Allgemeine. 23. April 1990. S. 11 B.)

Segmentäre Zäsuren. 1949–1989: eine Außenpolitik der gleitenden Übergänge, in: Martin Broszat (Hrsg.): Zäsuren nach 1945. Essays zur Periodisierung der deutschen Nachkriegsgeschichte. München 1990. S. 11–19.

Die ausgebliebene Katastrophe. Eine Problemskizze zur Geschichte der Bundesrepublik (Ansprache bei Verleihung des Historikerpreises der Stadt Münster am 10. November 1988), in: Den Staat denken. Theodor Eschenburg zum Fünfundachtzigsten. Hrsg. von Hermann Rudolph. Berlin 1990. S. 151–174.

Deutschland: die Zukunft, in: Auf der Suche nach der Gestalt Europas. Festschrift für Wolfgang Wagner zum 65. Geburtstag am 23. August 1990. Bonn 1990. S. 17–39.

Die Eingliederung der Bundesrepublik in die westliche Welt, in: Ludolf Herbst, Werner Bührer, Hanno Sowade (Hrsg.): Vom Marshallplan zur EWG. Die Eingliederung der Bundesrepublik in die westliche Welt (Quellen und Darstellungen zur Zeitgeschichte. Hrsg. vom Institut für Zeitgeschichte. Band 30). München 1990. S. 593–612.

Les institutions des communautés européennes, in: De Gaulle en son siècle. Actes des Journées internationales tenues à l'UNESCO. Paris. 19–24 novembre 1990. Tome V. Paris 1991. S. 113–115.

La politique allemande du général de Gaulle: ruptures ou continuité? In: De Gaulle en son siècle. Actes des Journées internationales tenues à l'UNESCO. Paris. 19–24 novembre 1990. Tome V. Paris 1991. S. 407–410.

Präsident de Gaulle, Bundeskanzler Adenauer und die Entstehung des Élysée-Vertrages, in: Deutschland zwischen Krieg und Frieden. Beiträge zur Politik und Kultur im 20. Jahrhundert. Festschrift für Hans-Adolf Jacobsen. Hrsg. von Karl Dietrich Bracher, Manfred Funke, Hans-Peter Schwarz. Düsseldorf 1991. S. 212–220.
(Abdruck: Wilfried Loth und Robert Picht [Hrsg.]: De Gaulle, Deutschland und Europa. Opladen 1991. S. 169–179.)
(französische Fassung: Le Président de Gaulle, le chancelier fédéral Adenauer et la génèse du Traîte de l'Élysée, in: De Gaulle en son siècle. Tome V. Europe. Paris 1992. S. 364–373.)

Die Bedeutung Adenauers für die deutsche und europäische Geschichte, in: Josef Becker (Hrsg.): Wiedervereinigung in Mitteleuropa. Außen- und Innenansichten zur staatlichen Einheit Deutschlands. München 1992. S. 177–184.

Deutsches Selbstgespräch 1992. Variationen zu einer Melodie von Johannes Gross, in: Deutschland, ein Land in Europa. Eine Bestandsaufnahme vor der Jahrtausendwende. Freundesgabe für Johannes Gross zum 6. Mai 1992. Köln 1992. S. 355–385.

Rolle und Identität der zukünftigen deutschen Außenpolitik, in: Karl Kaiser und Hanns W. Maull (Hrsg.): Die Zukunft der deutschen Außenpolitik (Arbeitspapiere zur Internationalen Politik. Forschungsinstitut der Deutschen Gesellschaft für Auswärtige Politik e.V. Nr. 72). Bonn 1992. S. 73–88.

Dannie N. Heineman und Konrad Adenauer im Dialog (1907–1962), in: Staat und Parteien. Festschrift für Rudolf Morsey zum 65. Geburtstag. Hrsg. von Karl Dietrich Bracher, Paul Mikat, Konrad Repgen, Martin Schumacher, Hans-Peter Schwarz. Berlin 1992. S. 803–825.

Deutsche Außenpolitik nach der Vereinigung, in: Civitas. Widmungen für Bernhard Vogel zum 60. Geburtstag. Hrsg. von Peter Haungs, Karl Martin Graß, Hans Maier, Hans Joachim Veen. Paderborn 1992. S. 483–506.

Adenauer, le nucléaire et la France, in: Revue d'histoire diplomatique. 106. Jg. (1992) 4. S. 297–311.

Adenauer as Political Innovator, in: Gabriel Sheffer (Hrsg.): Innovative Leaders in International Politics. State University of New York Press 1993. S. 109–140.

Adenauer et la crise de Cuba, in: Maurice Vaïsse (Hrsg.): L'Europe et la Crise de Cuba. Paris 1993. S. 83–88.

Mit gestopften Trompeten. Die Wiedervereinigung Deutschlands aus der Sicht westdeutscher Historiker, in: Geschichte in Wissenschaft und Unterricht. 44. Jg. (1993) Heft 11. S. 683–704.
(Französische Fassung: Les historiens de la République Fédérale d'Allemagne et la réunification, in: Relations Internationales. No 70 [1992]. S. 109–138.)

Germany's National and European Interests. A Country without National Interests? In: Daedalus. Volume 123 (1994) 2. S. 81–105.

Wandel und Kontinuität der deutschen Außenpolitik, in: 125 Jahre Auswärtiges Amt. Bonn (Juni 1995). S. 17–32.

Wiedervereinigung, Vereinigung, Eingliederung, Restauration, Systemwechsel – einige Paradigmen zur Interpretation des Umbruchs 1989/90, in: Paul Mikat, Heinrich Oberreuter, Theo Stammen (Hrsg.): Politik – Bildung – Religion. Hans Maier zum 65. Geburtstag. Paderborn 1996. S. 377–387.

Krisen- und Konfliktmanagement aus europäischer Sicht. Eine Fallstudie: Reaktionen auf die Kriege im ehemaligen Jugoslawien 1991–1996, in: Konrad-Adenauer-Stiftung (KAS): Auslandsinformationen. 06/97. S. 20–37.
(Englische Fassung: Crisis and Conflict Management from the European Perspective, in: Security and Regional Order in ASEAN and the Role of External Powers. Hrsg. von der Konrad-Adenauer-Stiftung und dem Institute for Strategic and Development Studies. Manila 1997. S. 35–48.)

Wiedervereinigung und Bahnreform 1989–1994, in: Lothar Gall, Manfred Pohl (Hrsg.): Die Eisenbahn in Deutschland. Von den Anfängen bis zur Gegenwart. München 1999. S. 377–418.

Von Heuss bis Herzog, in: Eberhard Jäckel, Horst Möller, Hermann Rudolph (Hrsg.): Von Heuss bis Herzog. Die Bundespräsidenten im politischen System der Bundesrepublik Deutschland (Stiftung Bundespräsident-Theodor-Heuss-Haus. Wissenschaftliche Reihe. Band 2). Stuttgart 1999. S. 17–41.

La République Fédérale Allemande et la crise de mai à septembre 1958 en France, in: L'avènement de la Ve République (Fondation Charles de Gaulle). Paris 1999. S. 245–264.

Konrad Adenauer – Abendländer oder Europäer? Zur Bedeutung des Christlichen in seiner auswärtigen Politik, in: Ulrich von Hehl (Hrsg.): Adenauer und die Kirchen (Rhöndorfer Gespräche. Band 17). Bonn 1999. S. 95–115.

Wilhelm Röpkes Neuordnungsideen für Deutschland (1942–1948), in: Ordo. Jahrbuch für die Ordnung von Wirtschaft und Gesellschaft. Band 50. Stuttgart 1999. S. 37–46.

Die Zentralmacht auf Kontinuitätskurs. Deutschland stabilisiert den Kontinent, in: Internationale Politik. 54. Jg. (1999) Nr. 11. S. 1–10.

Fragen an das 20. Jahrhundert, in: Vierteljahrshefte für Zeitgeschichte. 48. Jg. (2000) Heft 1. S. 1–36.

Weltpolitik im 20. Jahrhundert: Drei Perspektiven – 1900, 1995, 1999, in: Karl Kaiser, Hans-Peter Schwarz (Hrsg.): Weltpolitik im neuen Jahrtausend. Baden-Baden 2000. S. 13–39.

Meister der Nuancen. Vom umstrittenen zum unumstrittenen Adenauer? Einige Fußnoten zu einem Vierteljahrhundert Adenauer-Forschung, in: Die Politische Meinung. 45. Jg. (2000) Heft 373. S. 111–126.

Verantwortliche Einwanderungspolitik, in: Ingeborg Villinger, Gisela Riecher, Jürgen Rüland (Hrsg.): Politik und Verantwortung. Festgabe für Wolfgang Jäger zum 60. Geburtstag. Freiburg/Breisgau 2000. S. 216–219.

Die Wähler reagieren wie im Lehrbuch, in: Günter Nonnenmacher (Hrsg.): Die gespendete Macht. Parteiendemokratie in der Krise. Berlin 2000. S. 95–106.

La vieille Europe face aux défis de l'avenir. In : La vocation de l'Europe face au bien commun mondial. Actes du 2ème Colloque International de la Fondation Guilé. 16 septembre 2000. Guilé Foundation Press 2001. S. 77–81.

Ausblick: Amerika, Deutschland und die atlantische Gemeinschaft nach dem Kalten Krieg, in: Detlef Junker (Hrsg.): Die USA und Deutschland im Zeitalter des Kalten Krieges. Ein Handbuch. Band 2: 1968–1990. Stuttgart 2001. S. 799–826.

Der demokratische Verfassungsstaat im Deutschland des 20. Jahrhunderts – Gründung und Niedergang, Bewährung und Herausforderung, in: Klaus Dicke (Hrsg.): Der demokratische Verfassungsstaat in Deutschland. 80 Jahre Weimarer Reichsverfassung, 50 Jahre Grundgesetz, 10 Jahre Fall der Mauer (Veröffentlichungen der Deutschen Gesellschaft für Politikwissenschaft. Band 18. Baden-Baden 2001. S. 11–26.

Die Bundesrepublik Deutschland. Selbstverständnis und internationale Einbindung, in: Die zweite gesamtdeutsche Demokratie. Ereignisse und Entwicklungslinien. Bilanzierungen und Perspektiven. Fragen und Fundamente. Band I (Bayerische Landeszentrale für politische Bildungsarbeit. Koordination: Peter März). München 2001. S. 27–39.

Adenauers Stellung zum deutschen Nationalstaat und zu Europa. Kommentar, in: Anselm Doering-Manteuffel, Hans-Peter Schwarz (Hrsg.): Adenauer und die deutsche Geschichte (Rhöndorfer Gespräche. Band 19). Bonn 2001. S. 44–52.

Adenauer im Zeitalter der Ideologien. Kommentar, in: Anselm Doering-Manteuffel, Hans-Peter Schwarz (Hrsg.): Adenauer und die deutsche Geschichte (Rhöndorfer Gespräche. Band 19). Bonn 2001. S. 154–161.

Konrad Adenauer, in: Petersberger Perspektiven: Konrad Adenauer und Kurt Schumacher. Politiker als Repräsentanten ihrer Zeit. Symposion vom 15. Oktober 2002 (Rhöndorfer Hefte. Publikationen zur Zeitgeschichte. Heft 9). S. 11–21.

Adenauer. 1949–1967, in: Winfried Becker, Günter Buchstab, Anselm Doering-Manteuffel, Rudolf Morsey (Hrsg.): Lexikon der Christlichen Demokratie in Deutschland. Paderborn 2002. S. 170–176.

Aus dem Bordbuch des Traumschiffs. 1995–2002, in: Hans-Dietrich Genscher, Ulrich Frank Planitz (Hrsg.): Nur ein Ortswechsel? Eine Zwischenbilanz der Berliner Republik. Zum 70. Geburtstag von Arnulf Baring. Stuttgart 2002. S. 126–142.

Die neueste Zeitgeschichte, in: Vierteljahrshefte für Zeitgeschichte. 51. Jg. (2003) Heft 1. S. 5–28.

Von Elefanten und Bibern. Die Gleichgewichtsstörungen deutscher Außenpolitik, in: Internationale Politik. 58. Jg. (2003) Nr. 5. S. 21–30.
(englische Fassung: Beavers and Bulls in a China Shop, in: Internationale Politik. Transatlantic Edition. Volume 14 [2003] 2. Summer Issue. S. 25–30.

Die deutsche Demokratie und die internationalen Rahmenbedingungen nach 12 Jahren: 1931, 1957 und 2002, in: Hans-Joachim Veen (Hrsg.): Nach der Diktatur. Demokratische Umbrüche in Europa – zwölf Jahre später (Schriften der Stiftung Ettersberg. Band 1). Weimar 2003. S. 155–195.

Die Erosion des Staates und die Zukunft des Krieges, in: Eckart Conze, Ulrich Schlie, Harald Seubert (Hrsg.): Geschichte zwischen Wissenschaft und Politik. Festschrift für Michael Stürmer zum 65. Geburtstag. Baden-Baden 2003. S. 422–442.

The Impact of the Cold War in Asia on Germany's New Ostpolitik, in: Proceedings of the 7th International Conference of Editors of Diplomatic Documents. Canberra. September 2003. S. 152–166.

Konrad Adenauer und Amerika. Das Plädoyer für ein atlantisches Europa hat Tradition, in: Die Politische Meinung. 49. Jg. (2004) Heft 412. S. 25–30.
Charismatische (Ver)-Führer, in: Totalitarismus und Demokratie. 1. Jg. (2004) Heft 1. S. 15–33.
Die geteilte Welt: Deutschland und die Freiheit in Europa (Die Konstellation des Jahres 1953), in: Hans-Joachim Veen (Hrsg.): Die abgeschnittene Revolution. Der 17. Juni in der deutschen Geschichte (Schriften der Stiftung Ettersberg. Band 2). Köln 2004. S. 15–39.
Ost–West. Nord–Süd. Weltpolitische Betrachtungen zur deutschen Teilungsepoche, in: Hans Günter Hockerts (Hrsg.): Koordinaten deutscher Geschichte in der Epoche des Ost-West-Konflikts (Schriften des Historischen Kollegs. Kolloquien 55). München 2004. S. 1–29.
Outlook: America, Germany, and the Atlantic Community After the Cold War, in: Detlef Junker (Hrsg.): The United States and Germany in the Era of the Cold War. 1945–1990. A Handbook. Volume 2: 1968–1990. Cambridge 2004. S. 535–565.
Die deutsche Außenpolitik nach dem Irak-Krieg. Die Beziehungskrise Deutschland-Amerika. Der Zustand der europäischen Union, in: Politische Studien. 55. Jg. (Januar/Februar 2004) Heft 333. S. 78–91.
Republik ohne Kompaß. Berlins Außenpolitik ist orientierungslos. Die deutschen Interessen müssen endlich neu bestimmt werden. Allen politischen Lagern fehlen schlüssige Konzepte, in: Internationale Politik. 60. Jg. (2005) Nr. 1. S. 46–53 (Vorabdruck aus: Republik ohne Kompaß. Berlin 2005).
Das Ende der Übertreibungen. Nach maßvollem Beginn ist der rot-grünen Regierung der Blick für das Machbare verlorengegangen. Deutschland braucht eine Außenpolitik des Ausgleichs, in: Internationale Politik. 60. Jg. (2005) Nr. 8. S. 8–15.
Außenpolitik mit Kompaß. Zur internationalen Rolle der Bundesrepublik. Deutschland hat eine Außen- und Europapolitik allseitigen Ausgleichs aufgegeben. Es sollte aber künftig jede polarisierende Einseitigkeit hinter sich lassen, in: Die Politische Meinung. 50. Jg. (2005) Heft 430. S. 5–10.
Adenauers Europapolitik und ihr Erbe, in: Renato Cristin (Hrsg.): Vie parallele/Parallele Wege. Italia e Germania 1944–2004/Italien und Deutschland 1944–2004. Frankfurt/ Main 2005. S. 75–79.
Le chemin allemand vers le traîté de l'Élysée. In: Corine Defrance, Ulrich Pfeil (Hrsg.): Le traîté de l'Élysée et les relations franco-allemandes. 1945–2003 (CNRS Histoire). Paris 2005. S. 45–55.
(Deutsche Fassung: Der Élysée-Vertrag und die deutsch-französischen Beziehungen 1945–1963–2003. München 2005. S. 49–60).
Willy Brandt, Georges Pompidou und die Ostpolitik, in: Horst Möller, Maurice Vaïsse (Hrsg.): Willy Brandt und Frankreich (Schriftenreihe der Vierteljahrshefte für Zeitgeschichte. Sondernummer). München 2005. S. 155–165.
Eine Reise ins Unbekannte, in: Historisch-Politische Mitteilungen. 12. Jg. (2005). S. 172–192.
Berlin als Zentrum dramatischer Ereignisse in der undramatischen Geschichte der Bundesrepublik Deutschland, in: Wolfgang Krieger (Hrsg.): Und keine Schlacht bei Marathon. Große Ereignisse und Mythen der europäischen Geschichte. Stuttgart 2005. S. 292–320.
Das Ende der Übertreibungen, in: Internationale Politik. 60. Jg. (2005) Nr. 8. S. 8–15.
Außenpolitik mit Kompaß. Zur internationalen Rolle der Bundesrepublik, in: Die Politische Meinung. 50. Jg. (2005) Heft 430. S. 5–10.
Der demokratische Reformer. Prolegomena zu einem vernachlässigten Feld der Demokratietheorie, in: Hans Vorländer (Hrsg.): Politische Reform in der Demokratie (Veröffent-

lichungen der Deutschen Gesellschaft für Politikwissenschaft. Band 22). Baden-Baden 2005. S. 14–44.

Wo steht die Geschichtsschreibung über die Bundesrepublik? Ist ein Paradigmenwechsel angezeigt? In: Historisch-Politische Mitteilungen. 13. Jg. (2006). S. 1–23.

Allemagne (De Gaulle und Deutschland), in: Claire Andrieu, Philippe Braud, Guillaume Piketty, Sophie Masse-Quief (Hrsg.): Dictionnaire de Gaulle. Paris 2006. S. 19–23.

Katastrophe und Renaissance der deutschen Eigentumsgesellschaft, in: Schwäbisch-Hall-Stiftung (Hrsg.): Kultur des Eigentums. Zusammengestellt von Michael Stürmer, Roland Vogelmann. Berlin 2006. S. 109–116.

Faszination Amerika: Leitkultur einer Einwanderungsgesellschaft, in: Leitkultur: Vom Schlagwort zur Sache (Stiftung Haus der Geschichte der Bundesrepublik Deutschland. Zeit-Fragen. Symposion Leitkultur am 3. Mai 2006) Bonn 2006. S. 66–79.
(Druck unter dem Titel: Faszination Amerika. Beobachtungen zur »Leitkultur« einer Einwanderungsgesellschaft, in: Die Politische Meinung. 51. Jg. (Juli 2006) Heft 440. S. 21–29.

Adenauer und Europa. Was bleibt? In: Ulrich Schlie (Hrsg.): Horst Osterheld und seine Zeit (1919–1998). Köln 2006. S. 81–97.

Konrad Adenauer, in: Die Bundeskanzler und ihre Ämter. Hrsg. vom Bundeskanzleramt und der Stiftung Haus der Geschichte der Bundesrepublik Deutschland. Bonn und Bundeskanzleramt Berlin. Heidelberg 2006. S. 29–33.

Ich habe ja keine politische Ehrjeiz mehr. Wie es der frühere Kölner Oberbürgermeister Konrad Adenauer trickreich und voll Koketterie zum Bundeskanzler brachte – von all seinen vielen Gegnern unterschätzt, in: Joachim Käppner, Robert Probst (Hrsg.): Befreit. Besetzt. Geteilt. Deutschland 1945–1949 (Süddeutsche Zeitung. Edition). München 2006. S. 216–221.

Los pronósticos de Ernst Jünger: Aciertos y cuestiones pendientes (spanische Fassung: Treffer und offene Fragen, in: Magie der Heiterkeit. 1995), in: Henning Wegener (Hrsg.): Ernst Jünger y sus pronósticos des Tercer Milenio. Madrid 2006. S. 213–231.

Auf dem Weg zu einem aufgeklärten Patriotismus? In: Politische Studien. 57. Jg. (Mai/Juni 2006). S. 26–31.

Adenauers mentale Landkarten, in: Peter Molt, Helga Dickow (Hrsg.): Kulturen und Konflikte im Vergleich. Comparing Cultures and Conflicts. Festschrift für Theodor Hanf. Baden-Baden 2007. S. 203–211.

Amerika ist unentbehrlich: Plädoyer für ein atlantisches Deutschland, in: Thomas Jäger, Alexander Höse, Kai Oppermann (Hrsg.): Deutsche Außenpolitik. Sicherheit, Wohlfahrt, Institutionen und Normen. Wiesbaden 2007. S. 569–584 (überarbeiteter Nachdruck aus: Republik ohne Kompaß. Berlin 2005).

Einführung (Die transatlantischen Beziehungen in der Ära Kohl), in: Historisch-Politische Mitteilungen. 14. Jg. (2007). S. 230–234.

Reformrhetorik auf dem Wohlstandsarchivel? Westdeutsche Koordinaten nach Adenauer, in: Einsichten und Perspektiven. Bayerische Zeitschrift für Politik und Geschichte 04/07 (Beitrag zum Symposion der Bayerischen Landeszentrale für politische Bildungsarbeit »68 und die Konstellation in der zweiten Hälfte der sechziger Jahre«. Nürnberg. 9. November 2007). S. 228–245.

Zeitgenössische politische Größen im Fokus der Biographen, in: Klaus Hildebrand, Udo Wengst, Andreas Wirsching (Hrsg.): Geschichtswissenschaft und Zeiterkenntnis. Von der Aufklärung bis zur Gegenwart. Festschrift zum 65. Geburtstag von Horst Möller. München 2008. S. 609–625.

Warum gibt es in Deutschland keine EU-Referenden, in: Außenpolitik und Staatsräson. Festschrift für Christian Hacke zum 65. Geburtstag. Baden-Baden 2008. S. 102–111.
Werthorizonte des europäischen Nationalstaates. 1958 und 2008 im Vergleich, in: Andreas Rödder, Wolfgang Elz (Hrsg.): Alte Werte – Neue Werte. Schlaglichter des Wertewandels. Göttingen 2008. S. 126–136.
Dimensionen der Bedrohung. Die offenen Demokratien und der internationale Terrorismus, in: Die Politische Meinung. 53. Jg. (2008) Heft 463. S. 12–18.
100 Jahre deutscher Jubiläumsbilanzen, in: Hans-Peter Schwarz (Hrsg.): Die Bundesrepublik Deutschland. Eine Bilanz nach 60 Jahren. Köln 2008. S. 9–32.
Memoirenfron und Memoirenlust, oder: Warum und wie schreiben unsere Spitzenpolitiker ihre Erinnerungen? Beobachtungen eines geneigten Lesers, in: Matthias Herdegen, Hans Hugo Klein, Hans-Jürgen Papier, Rupert Scholz (Hrsg.): Festschrift für Roman Herzog zum 75. Geburtstag. München 2009. S. 485–505.
Zeitgeschichtsschreibung durch Zeitgenossen. Beobachtungen zu den Entwicklungsphasen neuerer und neuester deutscher Zeitgeschichte, in: Historisch-Politische Mitteilungen. 16. Jg. (2009). S. 217–232.
Gruppenbild mit Dame, oder: Die Kanzler der Republik, in: Hildegard Hamm-Brücher, Norbert Schreiber (Hrsg.): Demokratie, das sind wir alle. Gütersloh 2009. S. 198–218.
Woran scheitern deutsche Bundeskanzler? In: Antonius Liedhegener, Torsten Oppelland (Hrsg.): Parteiendemokratie in der Bewährung. Festschrift für Karl Schmitt. Baden-Baden 2009. S. 73–90.
Konrad Adenauer und Axel Springer, in: Tilman Mayer (Hrsg.): Medienmacht und Öffentlichkeit in der Ära Adenauer (Rhöndorfer Gespräche. Band 23). S. 21–38.
»Für mich ist das Fegefeuer, wenn ich in die Fraktion muß.« Die CDU-CSU-Fraktion in der Ära Adenauer. 1949–1963, in: Hans-Peter Schwarz (Hrsg.): Die Fraktion als Machtfaktor. CDU/CSU im Deutschen Bundestag 1949 bis heute. München 2009. S. 7–37.
Kanzlerfraktion unter Wolfgang Schäuble. 1991–1998, in: Hans-Peter Schwarz (Hrsg.): Die Fraktion als Machtfaktor. CDU/CSU im Deutschen Bundestag 1949 bis heute. München 2009. S. 181–199.
Turbulenzen. Die zweite Oppositionszeit. 1998–2005, in: Hans-Peter Schwarz (Hrsg.): Die Fraktion als Machtfaktor. CDU/CSU im Deutschen Bundestag 1949 bis heute. München 2009. S. 200–226.
In der zweiten Großen Koalition. 2005–2009, in: Hans-Peter Schwarz (Hrsg.): Die Fraktion als Machtfaktor. CDU/CSU im Deutschen Bundestag 1949 bis heute. München 2009. S. 227–252.
Die Fraktion als Machtfaktor, in: Hans-Peter Schwarz (Hrsg.): Die Fraktion als Machtfaktor. CDU/CSU im Deutschen Bundestag 1949 bis heute. München 2009. S. 277–314.
Reformimpulse in den neunziger Jahren, oder: Der Reformer Helmut Kohl. Beobachtungen und Fragen, in: Günter Buchstab, Hans-Otto Kleinmann, Hanns Jürgen Küsters (Hrsg.): Die Ära Kohl im Gespräch. Eine Zwischenbilanz. Köln 2010. S. 557–578.
The Division of Germany. 1945–1949, in: The Cambridge History of the Cold War. Volume Origins. Hrsg. von Melvyn P. Leffler, Odd Arne Westad. London 2010. S. 133–153.
Die Welt des Bundeskanzlers. Weltwahrnehmung und globale Ordnungsvorstellungen Konrad Adenauers, in: Eckart Conze (Hrsg.): Die Herausforderung des Globalen in der Ära Adenauer (Rhöndorfer Gespräche. Band 24). Bonn 2010. S. 16–34.
Von der Charta von Paris (1990) bis zur Gegenwart. 20 Jahre Umgestaltung in Ostmitteleuropa und Osteuropa, in: Hans-Joachim Veen, Peter März, Franz-Josef Schlichting (Hrsg.): Die Folgen der Revolution. 20 Jahre nach dem Kommunismus (Schriften der Stiftung Ettersberg. Band 15). Köln 2010. S. 13–29.

Woran scheitern deutsche Bundeskanzler? In: Christian Hillgruber, Christian Waldhoff (Hrsg.): 60 Jahre Bonner Grundgesetz – eine geglückte Verfassung? (Bonner Rechtswissenschaftliche Abhandlungen. Neue Folge. Band 7). Bonn 2010. S. 29–52.

Reichsgründung und Wiedervereinigung. Variationen zum Thema »Vergleichbarkeit und Unvergleichbarkeit« von Otto von Bismarck und Helmut Kohl, in: Tilman Mayer (Hrsg.): 20 Jahre Deutsche Einheit. Erfolge, Ambivalenzen, Probleme (Schriftenreihe der Gesellschaft für Deutschlandforschung. Band 97). Berlin 2010. S. 27–45.

The Killer Artist – ein israelischer Thriller-Held in den Anfängen des 21. Jahrhunderts. Die Gabriel-Allon-Romane Daniel Silvas, in: Johannes Hürter, Jürgen Zarusky (Hrsg.): Epos Zeitgeschichte. Romane des 20. Jahrhunderts in zeithistorischer Sicht. 10 Essays für den 100. Band (Schriftenreihe der Vierteljahrshefte für Zeitgeschichte. Band 100). München 2010. S. 153–169.

Der Staat im Notfall, in: Eckhard Jesse (Hrsg.): Renaissance des Staates (Veröffentlichungen der Deutschen Gesellschaft für Politikwissenschaft. Band 29). Baden-Baden 2011. S. 21–39.

Konrad Adenauer (1876–1967). Rheinischer Gründungskanzler der Bundesrepublik, in: Karlheinz Gierden (Hrsg.): Das Rheinland – Wiege Europas? Eine Spurensuche von Agrippina bis Adenauer. Köln 2011. S. 259–281.

Von Heus bis Köhler. Die Entwicklung des Amtes im Vergleich der Amtsinhaber, in: Robert Chr. van Ooyen, Martin H. W. Möllers (Hrsg.): Der Bundespräsident im politischen System. Wiesbaden 2012. S. 285–306 (Neudruck des Essays »Von Heuss bis Herzog« mit einem Nachwort vom 22. Januar 2011).

Unser neuer Größenwahn. Rettung des Erdklimas, in: Mainhardt Graf Nayhauß (Hrsg.): Größenwahn und Politik. Köln 2012. S. 100–105.

Ein Leitfossil der frühen Bundesrepublik – Theodor Eschenburg (1904–1999), in: Bastian Hein, Manfred Kittel, Horst Möller (Hrsg.): Gesichter der Demokratie. Porträts zur deutschen Zeitgeschichte. Udo Wengst zum 65. Geburtstag. München 2012. S. 175–192.

Langzeitwirkungen der Wende von 1982/83, in: Historisch-Politische Mitteilungen. 19. Jg. (2012). S. 237–251.

Paradigmen zur Geschichte der Bundesrepublik. Eine Skizze, in: Alexander Gallus, Thomas Schubert, Tom Thieme (Hrsg.): Deutsche Kontroversen. Festschrift für Eckhard Jesse. Baden-Baden 2013. S. 113–126.

Die Rolle der Parteistiftungen für die deutsche und europäische Zeitgeschichtsforschung, in: Historisch-Politische Mitteilungen. 23. Jg. (2016). S. 1–15.

Herausgeber von Editionen und Quellenpublikationen

Konrad Adenauer. Reden 1917–1967. Eine Auswahl (Veröffentlichung der Stiftung Bundeskanzler-Adenauer-Haus). Stuttgart 1975.

Forschungen und Quellen zur Zeitgeschichte. Im Auftrag der Konrad-Adenauer-Stiftung (zusammen mit Günter Buchstab, Klaus Gotto, Hans Günter Hockerts, Rudolf Morsey). Stuttgart und Paderborn (seit 1980).

Adenauer Rhöndorfer Ausgabe (zusammen mit Rudolf Morsey). Adenauer Briefe 1945–1953. 4 Bände. Berlin 1983–1987. Heuss–Adenauer. Unserem Vaterland zugute. Der Briefwechsel 1948–1963. Berlin 1989. Adenauer im Dritten Reich. Berlin 1991. Adenauer Teegespräche 1961–1963. Berlin 1992. Adenauer Die letzten Lebensjahre 1963–1967. 2 Bände. Paderborn–München–Wien–Zürich 2009. Bearb. von Hans Peter Mensing. Adenauer Teegespräche 1950–1961. 3 Bände. Bearb. von Hanns Jürgen Küsters. Berlin 1984–1988. Adenauer und die FDP. Bearb. von Holger Löttel. Paderborn–München–Wien–Zürich 2013.

Quellen zur Geschichte des Parlamentarismus und der politischen Parteien (zusammen mit Karl Dietrich Bracher, Klaus Hildebrand, Rudolf Morsey). Vierte Reihe. Deutschland seit 1945. Kommission für Geschichte des Parlamentarismus und der politischen Parteien (seit 1984).

Dokumente zur Deutschlandpolitik (seit 1989, bis 1992 zusammen mit Hans-Adolf Jacobsen, seit 1992 zusammen mit Alexander Fischer).

Akten zur Auswärtigen Politik der Bundesrepublik Deutschland (seit 1989 Hauptherausgeber) (zusammen mit Helga Haftendorn, Klaus Hildebrand, Werner Link, Rudolf Morsey als Mitherausgeber). Adenauer und die Hohen Kommissare 1949–1951. München 1989. Adenauer und die Hohen Kommissare 1952. München 1990. Akten zur Auswärtigen Politik der Bundesrepublik Deutschland 1963. München 1994.

Herausgeber von Festschriften, Sammelwerken, Symposien, Vortragsreihen

Europäische Sicherheitskonferenz (zusammen mit Helga Haftendorn) (Aktuelle Außenpolitik. Schriftenreihe des Forschungsinstituts der Deutschen Gesellschaft für Auswärtige Politik e.V.). Opladen 1970.

Seemacht und Außenpolitik (zusammen mit Dieter Mahncke) (Schriften des Forschungsinstituts der Deutschen Gesellschaft für Auswärtige Politik e.V. Rüstungsbeschränkung und Sicherheit. Band 11). Frankfurt am Main 1974.

Die zweite Republik. 25 Jahre Bundesrepublik Deutschland – eine Bilanz (zusammen mit Richard Löwenthal). Stuttgart 1974.

Handbuch der deutschen Außenpolitik. München 1975.

Konrad Adenauer und seine Zeit. Politik und Persönlichkeit des ersten Bundeskanzlers. Band I: Beiträge von Weg- und Zeitgenossen. Band II: Beiträge der Wissenschaft. Im Auftrag und in Zusammenarbeit mit der Konrad-Adenauer-Stiftung hrsg. von Hans-Peter Schwarz (zusammen mit Dieter Blumenwitz, Klaus Gotto, Hans Maier, Konrad Repgen). Stuttgart 1976.

America and Western Europe. Problems and Prospects (zusammen mit Karl Kaiser) (Studies of the Research Institute of the German Society for Foreign Affairs. Bonn). Lexington (Massachusetts) 1977.
(Deutsche Ausgabe: Amerika und Westeuropa. Gegenwarts- und Zukunftsprobleme. Stuttgart–Zürich 1977.)

Vierteljahrshefte für Zeitgeschichte (zusammen mit Karl Dietrich Bracher, Horst Möller), seit 1978, und der Schriftenreihe der Vierteljahrshefte für Zeitgeschichte (seit 1999).

Entspannungspolitik in Ost und West (zusammen mit Boris Meissner) (Studien zur Politik. Band 4). Köln 1979.

Entspannung und Wiedervereinigung. Deutschlandpolitische Vorstellungen Konrad Adenauers 1955–1958 (Rhöndorfer Gespräche. Band 2). Stuttgart–Zürich 1979.

Die Wiederherstellung des deutschen Kredits. Das Londoner Schuldenabkommen (Rhöndorfer Gespräche. Band 4). Stuttgart–Zürich 1982.

Die Legende von der verpaßten Gelegenheit. Die Stalin-Note vom 10. März 1952 (Rhöndorfer Gespräche. Band 5). Stuttgart–Zürich 1982.

The Federal Republic of Germany and the United States. Changing Political, Social, and Economic Relations (zusammen mit James A. Cooney, Gordon A. Craig, Fritz Stern veröffentlicht für das Woodrow Wilson International Center for Scholars. Washington). Boulder–London 1984.
(Deutsche Ausgabe: Die Bundesrepublik Deutschland und die Vereinigten Staaten von Amerika. Politische, soziale und wirtschaftliche Beziehungen im Wandel [zusammen mit James A. Cooney, Gordon A. Craig, Fritz Stern]. Stuttgart 1985.)

Weltpolitik. Strukturen – Akteure – Perspektiven (zusammen mit Karl Kaiser) (Schriften des Forschungsinstituts der Deutschen Gesellschaft für Auswärtige Politik e.V.). Stuttgart 1985.
(Auch: Schriftenreihe der Bundeszentrale für politische Bildung. Band 217. Bonn 1985.)
Berlinkrise und Mauerbau (Rhöndorfer Gespräche. Band 6). Bonn 1985.
Adenauer und Frankreich. Die deutsch-französischen Beziehungen 1958 bis 1969 (Rhöndorfer Gespräche. Band 7). Bonn 1987.
Eine Ordnungspolitik für Europa. Festschrift für Hans von der Groeben (zusammen mit Ernst Joachim Mestmäcker und Hans Möller). Baden-Baden 1987.
Demokratie und Diktatur. Geist und Gestalt politischer Herrschaft in Europa. Festschrift für Karl Dietrich Bracher (zusammen mit Manfred Funke, Hans-Helmuth Knütter, Hans-Adolf Jacobsen). Düsseldorf 1987.
Deutschland zwischen Krieg und Frieden. Beiträge zur Politik und Kultur im 20. Jahrhundert. Festschrift für Hans-Adolf Jacobsen (zusammen mit Karl Dietrich Bracher, Manfred Funke, Hans-Helmuth Knütter). Düsseldorf 1991.
Zwölf Nachbarn ein Europa. Deutschland und die europäische Zukunft aus Sicht der Diplomaten umliegender Länder (zusammen mit Ludger Kühnhardt) (Studium Universale. Schriftenreihe der Universität Bonn. Band 15). Bonn–Berlin 1991.
Konrad Adenauers Regierungsstil (Rhöndorfer Gespräche. Band 11). Bonn 1991.
Staat und Parteien. Festschrift für Rudolf Morsey (zusammen mit Karl Dietrich Bracher, Paul Mikat, Konrad Repgen, Martin Schumacher). Berlin 1992.
Europa im Umbruch. Elf Botschafter über die innen- und außenpolitischen Perspektiven ihrer Länder (Studium Universale. Schriftenreihe der Universität Bonn. Band 19). Bonn–Berlin 1992.
Weltpolitik im neuen Jahrhundert (zusammen mit Karl Kaiser). Baden-Baden 2000.
Die Bundesrepublik Deutschland. Eine Bilanz nach 60 Jahren. Köln 2008 (auch: Bayerische Landeszentrale für politische Bildungsarbeit. D/70. München 2008).
Die Fraktion als Machtfaktor. CDU/CSU im Deutschen Bundestag 1949 bis heute. München 2009.

Vorworte und Nachworte

Warum eine Festschrift? Einführende Überlegungen des Beiratsvorsitzenden, in: Horst Möller, Udo Wengst (Hrsg.): 50 Jahre Institut für Zeitgeschichte. Eine Bilanz. München 1999. S. XV–XXV.
Préface, in: Corine Defrance: Les Alliés occidentaux et les universités allemandes. 1945–1949 (CNRS Histoire). Paris 2000. S. 9–12.
Prefacio, in: Adenauer (1876–1952). Del Imperio Alemán a la República Federal. Tomo I. Santiago di Chile 2003. S. I–IV.
Nachwort, in: Antoine Fleury, Horst Möller, Hans-Peter Schwarz (Hrsg.): Die Schweiz und Deutschland 1945–1961 (Sondernummer der Schriftenreihe der Vierteljahrshefte für Zeitgeschichte). München 2004. S. 277–285.
Nachwort, in: Hans Maier: Die Deutschen und ihre Geschichte (Gesammelte Schriften. Band V). München 2010. S. 334–347.

Zeitungs- und Zeitschriftenbeiträge

Wie sollen sich die neu zu gründenden Universitäten von den bisherigen unterscheiden? In: »Christ und Welt«. 5. April 1963. S. 3.

Ein fragwürdiges Instrument zur Friedenssicherung. Die Konzeption der Europäischen Sicherheitskonferenz von nahem betrachtet, in: »Frankfurter Allgemeine«. 13. Oktober 1970. S. 10 f.

Politik – die Kunst des geringsten Risikos. Eine zeitgeschichtliche Analyse der Außenpolitik Konrad Adenauers (I): Kalkulierte Dynamik, in: »Die Welt«. 16. Oktober 1971. S. 7.

Nationalismus – Krebsschaden bei der Verteidigung der Freiheit. Eine zeitgeschichtliche Analyse der Außenpolitik Adenauers (II), in: »Die Welt«. 18. Oktober 1971. S. 7.

Politik der Stärke war seine Strategie gegenüber Rußland. Eine zeitgeschichtliche Analyse der Außenpolitik Konrad Adenauers (III), in: »Die Welt«. 19. Oktober 1971. S. 7.

Antikommunismus – für den Kanzler ein wirksames Gegengewicht. Eine zeitgeschichtliche Analyse der Außenpolitik Konrad Adenauers (IV), in: »Die Welt«. 20. Oktober 1971. S. 10.

Mit dem Kreml leben – aber wie? Zeitgeschichtliche Analyse der Außenpolitik Konrad Adenauers (Schluß), in: »Die Welt«. 21. Oktober 1971. S. 43.

Außenpolitik mit lauter netten Völkern. Die Anziehungskraft der Europäischen Sicherheitskonferenz auf gemäßigt Progressive, in: »Frankfurter Allgemeine«. 26. Januar 1972. S. 10.

Die Wähler sollen über die Landeslisten mitbestimmen können. Ein Vorschlag zur Stärkung des freien Mandats, in: »Frankfurter Allgemeine«. 10. Juni 1972. S. 2.

Prolog zu einem Trauerspiel? Der Westen kann bei der Sicherheitskonferenz in Helsinki Erfolge erzielen, in: »Deutsche Zeitung/Christ und Welt«. 24. November 1972. S. 5.

Mit gestopften Trompeten. Anmerkungen zur Regierungserklärung, in: »Hannoversche Allgemeine Zeitung«. 5. Januar 1973. S. 12.

Die Proteste haben wenig bewirkt. Lehren aus dem Vietnamkrieg, in: »Hannoversche Allgemeine Zeitung«. 2. Februar 1973. S. 11.

Die Willy-Wähler müssen jetzt aufwachen. Der SPD-Führung rutscht in der Partei die Basis unter den Füßen weg, in: »Hannoversche Allgemeine Zeitung«. 2. März 1973. S. 10.

Die Fehlbelegung von Sozialwohnungen ist skandalös. Bundesregierung und Bundestag müssen diesen Mißstand beseitigen, in: »Hannoversche Allgemeine Zeitung«. 30. März 1973. S. 11.

Die neuen Männer an der Spitze der Union. Für die CDU geht es jetzt um Aktivitäten an der gesellschaftlichen Basis, in: »Hannoversche Allgemeine Zeitung«. 25. Mai 1973. S. 11.

Konsequenzen aus dem Bonner Skandal. Wahlbestechung ist kein Kavalierdelikt, in: »Hannoversche Allgemeine Zeitung«. 22. Juni 1973. S. 11.

Die zweite Belle Époque – eine Glücksinsel. Einige unpolitische Urlaubsgedanken über die Zeit, in der wir leben, in: »Hannoversche Allgemeine Zeitung«. 20. Juli 1973. S. 9.

Computerlotterie oder Wettbewerb? Zur Problematik der Zentralvergabe von Studienplätzen, in: »Hannoversche Allgemeine Zeitung«. 17. August 1973. S. 11.

Vom Sozialismus zur Militärdiktatur. Alle politischen Gruppen sollen aus den Vorgängen in Chile lernen, in: »Hannoversche Allgemeine Zeitung«. 14. September 1973. S. 10.

Die veränderte nahöstliche Krisenlandschaft. Auch Gefahren für Westeuropa durch einen Krieg, in: »Hannoversche Allgemeine Zeitung«. 12. Oktober 1973. S. 10.

Warum wird die DKP nicht verboten? Über Ungereimtheiten im Umgang mit Kommunisten, in: »Hannoversche Allgemeine Zeitung«. 9. November 1973. S. 10.

Stehen wir vor dem Ende aller Sicherheit? Selbstverständlichkeiten der Politik kommen ins Schwimmen, in: »Hannoversche Allgemeine Zeitung«. 7. Dezember 1973. S. 11.

Ein eigenes Boot nur für die Starken? Nur das Zusammengehen der wirtschaftlich und politisch Gesunden wahrt auch den schwachen Staaten ihre Chance, in: »Deutsche Zeitung«. 29. November 1974. S. 3.

Konflikte sind erwünscht. Die Länderkammer als Integrationsorgan, in: »Deutsche Zeitung«. 7. Februar 1975. S. 4.
Historische Lektionen. Leitbilder der Bonner Außenpolitik, in: »Deutsche Zeitung«. 18. Mai 1979. S. 20.
Eine Lage wie im Jahr 1939. Die Krise an allen Fronten – und was sie erfordert, in: »Rheinischer Merkur/Christ und Welt«. 18. Januar 1980. S. 3.
In den Grenzzonen des gelobten Landes. Die Sozialdemokraten haben das bürgerliche Deutschland umgekrempelt, in: »Die Zeit«. 22. Oktober 1982. S. 9f.
Asien steht an der Elbe. Konrad Adenauers Briefe zwischen 1945 und 1949, in: »Frankfurter Allgemeine«. 15. Oktober 1983. Beilage Nr. 240. S. 1.
Abschied von einer Illusion. Warum der Rüstungskontrollteil des Nato-Doppelbeschlusses eine Fehlkalkulation ist, in: »Rheinischer Merkur/Christ und Welt«. 4. November 1983. S. 3.
Auf Spitz und Knopf: Was 1948 alles begann, in: »Rheinischer Merkur/Christ und Welt«. 7. Dezember 1984. S. 22.
Prinzip Toleranz, in: Trend. Zeitschrift für soziale Marktwirtschaft. Nr. 29. Dezember 1986. S. 80–85.
Wenn der Status quo an den Nerven zehrt, in: »Rheinischer Merkur/Christ und Welt«. 15. März 1986. S. 3.
In den Etablissements des Palais Royal, in: »Rheinischer Merkur/Christ und Welt«. 24. Mai 1986. S. 2.
Europas frustriertes Scheinparlament, in: »Rheinischer Merkur/Christ und Welt«. 28. November 1986. S. 3 f.
Vor düsteren Kulissen fühlen sich nur wenige Wähler wohl, in: »Rheinischer Merkur/Christ und Welt«. 23. Januar 1987. S. 31.
Immunisierung gegen die modischen Viren, in: »Die Welt«. 21. Mai 1988. S. 19.
Tradition der Westbindung, in: »Die Welt«. 16. Februar 1989. S. IV.
Perspektive 2000: Europäischer Friede und Deutsche Frage, in: Deutschland 1949–1989. Deutschland 1949–1989. Sonderdruck der Texte zum Kalender 1989 des Gesamtdeutschen Instituts. Hrsg. vom Gesamtdeutschen Institut. Bundesanstalt für Gesamtdeutsche Aufgaben. Bonn 1989. S. 161–165.
Bestandsaufnahme in Deutschland, in: »Welt Report«. Sonderveröffentlichung der Tageszeitung »Die Welt«. 28. Februar 1990. S. 1, 4.
(Abdruck: Udo Wengst [Hrsg.]: Historiker betrachten Deutschland. Beiträge zum Vereinigungsprozeß und zur Hauptstadtdiskussion. Bonn–Berlin 1992. S. 45–57.)
Die drei Prinzipien des Regierens. Kanzler und Koalition, in: »Frankfurter Allgemeine«. 23. April 1990. S. 11B.
Das Ende der Identitätsneurose, in: »Rheinischer Merkur/Christ und Welt«. 7. September 1990. S. 3 f.
(Abdruck: Udo Wengst [Hrsg.]: Historiker betrachten Deutschland. Beiträge zum Vereinigungsprozeß und zur Hauptstadtdiskussion. Bonn–Berlin 1992. S. 152–161.)
Deutscher Isolationismus, in: »Die Welt«. 12. März 1991. S. 2.
Handlungsunfähig in Übersee, in: »Die Welt«. 22. März 1991. S. 2.
Stimmungsdemokratie 91, in: »Die Welt«. 28./29. März 1991. S. 2.
Sie treffen die Besten, in: »Die Welt«. 3. April 1991. S. 2.
Vom Umgang mit Monstern, in: »Die Welt«. 13./14. April 1991. S. 2.
Vor den Türen Europas, in: »Die Welt«. 25. April 1991. S. 2.
Umdenken über Jugoslawien, in: »Die Welt«. 10. Mai 1991. S. 2.
Außen-Defizite der Union, in: »Die Welt«. 21. Mai 1991. S. 2.

Das Volk muß direkt über den Regierungssitz entscheiden, in: »Die Welt«. 31. Mai 1991. S.6.
Die neue Zeitgeschichte, in: »Die Welt«. 11. Juni 1991. S. 2.
Ende der Gedenktage? In: »Die Welt«. 29./30. Juni 1991. S. 2.
Warum sie zögern, in: »Die Welt«. 3. Juli 1991. S. 2.
Heikle Selbstbestimmung, in: »Die Welt«. 15. Juli 1991. S. 2.
Hilflose Riesen, in: »Die Welt«. 6. August 1991. S. 2.
Markt der Atombomben, in: »Die Welt«. 15. August 1991. S. 2.
Kostbares Gut der politischen Folklore aus totem Land, in: »Die Welt«. 16. August 1991. S.6.
Wider das Intellektuellengerede, in: »Die Welt«. 2./3. Oktober 1991. S. 10.
Was kann die CDU tun? In: »Die Welt«. 18. Oktober 1991. S. 2.
Der Scherbenhaufen, in: »Die Welt«. 24. Oktober 1991. S. 2.
Großer Sprung, kleiner Schritt, in: »Die Welt«. 5. Dezember 1991. S. 2.
Tod eines Imperiums, in: »Die Welt«. 19. Dezember 1991. S. 2.
Ostpolitische Agenda 1992, in: »Die Welt«. 4./5. Januar 1992. S. 2.
Die Wacht am Amur, in: »Die Welt«. 14. Januar 1992. S. 2.
(Abdruck: Problematik einer Erweiterung der NATO nach Eurasien. Die Wacht am Amur, in: »Deutsche Tribüne«. 17. Januar 1992. S. 1.)
Affektierte Bescheidenheit, in: »Die Welt«. 12. Februar 1992. S. 2.
Der Reiz des Septennats, in: »Die Welt«. 20. Februar 1992. S. 2.
Abschreckend, in: »Die Welt«. 22./23. Februar 1992. S. 18.
Nur drei Wörter, in: »Die Welt«. 2. März 1992. S. 2.
Fünfzehn Panzer als Waffen im innenpolitischen Kampf. Wie man Porzellan im Umgang mit Verbündeten zerschlägt, in: »Die Welt«. 2. April 1992. S. 2.
Rutschende Standpunkte, in: »Die Welt«. 8. April 1992. S. 2.
Ein Kalter Krieger für den Frieden, in: »General-Anzeiger« (Bonn). 18./19. April 1992. S. XIII.
Der Kanzler der Freiheit, in: »Hamburger Abendblatt«. 19. April 1992. S. 3.
Die Kirche im Sozialismus, in: »Die Welt«. 25. April 1992. S. 2.
Nach dem Beben, in: »Die Welt«. 6. Mai 1992. S. 2.
Dieser Kanzler hat die Westdeutschen zu ihrem Glück gezwungen, in: »Das Parlament«. 1. Mai 1992. S. 21.
Was Weizsäcker alarmierte, in: »Die Welt«. 20. Juni 1992. S. 2.
Heiligenlegende 1992, in: »Die Welt«. 4./5. Juli 1992. S. 2.
Licht in die Grauzone, in: »Die Welt«. 23. Juli 1992. S. 2.
Partei ergreifen! In: »Die Welt«. 28. Juli 1992. S. 2.
Das Ende der Tyrannen, in: »Die Welt«. 7. August 1992. S. 2.
Welche neue Rolle? In: »Die Welt«. 17. August 1992. S. 2.
Neue Nachdenklichkeit, in: »Die Welt«. 28. August 1992. S. 2.
Maastricht und die Historie, in: »Die Welt«. 17. September 1992. S. 2.
Dem Geßlerhut wird Reverenz verweigert, in: »Die Welt«. 26. September 1992. S. III.
Willy Brandt – er war eine deutsche Jahrhundertgestalt, in: »Die Welt«. 10. Oktober 1992. S. 4 f.
Gesäuerte Historie, in: »Die Welt«. 31. Oktober 1992. S. 6.
Ein notwendiger Streit, in: »Die Welt«. 4. November 1992. S. 6.
Wo bleibt die FDP? In: »Die Welt«. 4. Dezember 1992. S. 6.
Der letzte Unternehmer, in: »Die Welt«. 29. Dezember 1992. S. 4.
Da sind noch einige Risiken, in: »Die Welt«. 6. Januar 1993. S. 4.
Stillosigkeiten und mehr, in: »Die Welt«. 19. Januar 1993. S. 4.

Nach sechzig Jahren, in: »Die Welt«. 30./31. Januar 1993. S. 6.
Wer legitimiert die Gewalt? In: »Die Welt«. 19. Februar 1993. S. 6.
Nein sagen können, in: »Die Welt«. 25. Februar 1993. S. 6.
Der denkende Nichtwähler, in: »Die Welt«. 12. März 1993. S. 6.
Politischer Frühjahrsputz, in: »Die Welt«. 25. März 1993. S. 6.
Alles nur Affentheater? In: »Die Welt«. 5. April 1993. S. 4.
Mickymaus im Dschungel, in: »Die Welt«. 14. Mai 1993. S. 4.
Bürger oder Mitbürger, in: »Die Welt«. 10. Juni 1993. S. 4.
Der Preis der Reform, in: »Die Welt«. 22. Juli 1993. S. 4.
Wo Adenauer einst Zuflucht fand. Kohl und Scharping kommen heute zum 900jährigen Jubiläum des Klosters Maria Laach, in: »Die Welt«. 24. August 1993. S. 2.
Balkan-Gespenster, in: »Die Welt«. 25. August 1993. S. 4.
Die neue Kontinentaldrift, in: »Die Welt«. 31. August 1993. S. 4.
Befreiungsschläge, in: »Die Welt«. 16. September 1993. S. 6.
Modell Uruguay, in: »Die Welt«. 28. September 1993. S. 6.
Außenpolitik ohne Konzept, in: »Rheinischer Merkur«. 1. Oktober 1993. S. 3 f.
Erzkonservative unter sich, in: »Die Welt«. 7. Oktober 1993. S. 6.
Flügelschlagen, in: »Die Welt«. 26. Oktober 1993. S. 6.
Der letzte Akt, in: »Die Welt«. 2. November 1993. S. 6.
Pragmatismus als Tugend, in: »Die Welt«. 23. November 1993. S. 6.
Weimar in Italien, in: »Die Welt«. 1. Dezember 1993. S. 6.
Adenauers Schreibtische, in: »Damals«. 25. Jg. (1993) Nr. 1. S. 32–36.
Wenn der Löwe grummelt, in: »Die Welt«. 13. Januar 1994. S. 4.
Etwas mehr Stil, bitte! In: »Die Welt«. 2. Februar 1994. S. 6.
War die Bundesrepublik ein penetriertes System? In: »Rheinischer Merkur«. 4. Februar 1994. S. 3 f.
Aus historischen Gründen, in: »Die Welt«. 1. März 1994. S. 4.
Raison d'État, in: »Die Welt«. 18. April 1994. S. 6.
In Bosnien nichts Neues, in: »Die Welt«. 25. April 1994. S. 4.
Mitsprache des Bundestages, in: »Die Welt«. 3. Mai 1994. S. 2.
Richtungsentscheidung, in: »Die Welt«. 15. Mai 1994.
Nach den Gedenktagen, in: »Die Welt«. 25. Juli 1994.
Auf der Agenda vergessen, in: »Die Welt«. 17. August 1994.
Zugnummer im Polit-Zirkus, in: »Die Welt«. 1. September 1994.
Ein Dreigespann als Luxus. Die Troika Scharping–Lafontaine–Schröder und mögliche Analogien, in: »Die Welt«. 3. September 1994.
Wenn es knapp wird, in: »Die Welt«. 26. September 1994.
Wahlkampf ohne Außenpolitik, in: »Die Welt«. 13. Oktober 1994.
Alles schon mal dagewesen, in: »Die Welt«. 24. Oktober 1994.
Alte Wahl-Zöpfe, in: »Die Welt«. 7. November 1994.
Erstaunlich ist, wie wenig Erfolg die PDS hat. Nietzsche und Machiavelli helfen bei der Ergründung politischer Umstände in den neuen Ländern, in: »Welt am Sonntag«. 20. November 1994.
Frauenquote in der CDU, in: »Die Welt«. 21. November 1994.
Amt und Mandat, in: »Die Welt«. 14. Dezember 1994.
Landschaft des Verrats, in: »Die Welt«. 3. Februar 1995. S. 6.
Hoffnung auf den Plenarsaal, in: »Die Welt«. 18. Februar 1995. S. 4.
Zeit der kleinen Schritte, in: »Die Welt«. 22. Februar 1995. S. 6.

Streitfall Bundestag, in: »Die Welt«. 7. März 1995. S. 6.
Mehr als Menschenrecht, in: »Die Welt«. 20. März 1995. S. 4.
Zuviel des Guten, in: »Die Welt«. 3. April 1995. S. 6.
Trauriger Frühling, in: »Die Welt«. 7. April 1995. S. 6.
Ungarn und die Nato, in: »Die Welt«. 19. April 1995. S. 6.
Der Dschungel wächst, in: »Die Welt«. 26. April 1995. S. 6.
Kohl und Chirac, in: »Die Welt«. 17. Mai 1995. S. 6.
Über den Baumwipfeln, in: »Die Welt«. 3. Juni 1995. S. 6.
Vor dem Scherbenhaufen, in: »Die Welt«. 20. Juni 1995. S. 6.
Die UN in der Midlife-Krise: Abschied von hohen Zielen, in: »Die Welt«. 6. Juli 1995. S. 6.
Der Bär auf dem Balkan, in: »Die Welt«. 27. Juli 1995. S. 4.
Vom Winde verweht, in: »Die Welt«. 12. August.1995. S. 8.
Das Schweigen der Lämmer, in: »Die Welt«. 24. August 1995. S. 6.
Partei contra Parlament, in: »Die Welt«. 6. September 1995. S. 6.
Fünf Grad kühler, in: »Die Welt«. 23. September 1995. S. 6.
Europa braucht die Rückkehr zu solider Integrationspolitik. Sonst könnten die unschätzbar wertvollen Erfolge von mehr als 30 Jahren aufs Spiel gesetzt werden, in: »Die Welt«. 26. September 1995. S. 6.
Vor einem Irrweg, in: »Die Welt«. 14. Oktober 1995. S. 6.
Rußland ist berechenbarer geworden, aber wohin geht es? Alter Widerstreit zwischen Öffnung nach Westen und dumpfer Abschottung, in: »Die Welt«. 6. November 1995. S. 6.
Der Bürger toleriert provozierende Privilegien nicht. Die Abgeordneten des Deutschen Bundestages sitzen bei der Diäten-Debatte im Glashaus, in: »Die Welt«. 2. Dezember 1995. S. 4.
Nicht nur Ministerwechsel, in: »Die Welt«. 22. Dezember 1995. S. 4.
Jahr des Erwachsens, in: »Die Welt«. 2. Januar 1996. S. 2.
Jongleure mit schwerer Last. Im Jahr fünf der neuen Zeit: Kritische Ortsbestimmung für gedankenvolle Europäer, in: »Rheinischer Merkur«, 5. Januar 1996. S. 3.
(Abdruck: Im Jahr 5 der neuen Zeitrechnung, in: »Mut«. Nr. 343. März 1996. S. 34–48.)
Knirschen im Gebälk, in: »Die Welt«. 6. Januar 1996. S. 4.
Krokodil und Skorpion, in: »Die Welt«. 13. Februar 1996. S. 4.
Nicht nur eine Komödie, in: »Die Welt«. 27. Februar 1996. S. 4.
1945 und 1946 – die Gründerjahre der deutschen Presse: Westalliierte konzipierten Medien als vierte Gewalt – Tiefgreifende Veränderungen nach Gründung der Bundesrepublik, in: »Die Welt«. 2. April 1996. S. G 6 (Beitrag zur Sondernummer 50 Jahre »Die Welt«).
Mythische Gewerkschaftsnebel über der Lohnfortzahlung. Sie wird nachträglich als Ergebnis eines gewaltigen Arbeitskampfes gefeiert und tabuisiert, in: »Die Welt«. 8. Mai 1996. S. 4.
Entschieden regieren, in: »Die Welt«. 17. Mai 1996. S. 4.
Wenn Jelzin fällt, in: »Die Welt«. 11. Juni 1996. S. 4.
Manchesterkapitalismus, in: »Die Welt«. 10. Juli 1996.
Unheilbare Mängel im staatlichen Bildungsbetrieb. Die Misere der Universitäten nährt sich aus den Strukturdefiziten im höheren Schulwesen, in: »Die Welt«. 20. August 1996. S. 4.
Die eigentlichen Helden, in: »Die Welt«. 6. September 1996. S. 4.
Fähig zur Zukunft? In: »Die Welt«. 21. Oktober 1996. S. 4.
Frankreich einbinden, in: »Die Welt«. 11. November 1996. S. 4.
Die Flüchtlinge von Zaire waren tatsächlich Gefangene. Die Herren der Lager zweigen Teile der internationalen Hilfe für ihre Guerilla-Einheiten ab, in: »Die Welt«. 21. November 1996. S. 4.

Der Überlebenskünstler. Krawalleur und Konsens-Kanzler, in: »Focus«. Nr. 43. 21. Oktober 1996.
Folgen des Fliegens, in: »Die Welt«. 2. Januar 1997. S. 4.
Hoffnung für den Balkan, in: »Die Welt«. 14. Januar 1997. S. 4.
Ludwig Erhard – ein großer Unzeitgemäßer, in: »Frankfurter Allgemeine«. 1. Februar 1997. S. 13 f.
Schiefe Analogien, in: »Die Welt«. 20. Februar 1997. S. 4.
Drei-Prozent-Garotte? In: »Die Welt«. 15. April 1997. S. 4.
Identität und Sicherheit, in: »Die Welt«. 15. Mai 1997. S. 4.
Das Prinzip des faktischen Minimalismus. Deutsche Projekte blieben in Amsterdam auf der Strecke, in: »Focus«. Nr. 26. 23. Juni 1997.
Die Iden des Oktober, in: »Die Welt«. 20. September 1997. S. 4.
Denkfabriken schließen Vernunftehe, in: »Die Welt«. 4. Oktober 1997. S. 11.
Die Analyse: Das war die Ära Adenauer, in: 100 Jahre »Berliner Morgenpost«. Sondernummer. 16. August 1998. S. 35.
Ein in vielerlei Hinsicht riesiger Mann, in: »General-Anzeiger« (Bonn). 24./25. Oktober 1998.
Gegen das Böse. Der erste Bundeskanzler betrieb seine Westpolitik deshalb, weil er an die Realität der christlich-abendländischen Gemeinschaft glaubte, in: »Rheinischer Merkur«. 18. Dezember 1998. S. 8.
Unterwegs zu einem unneurotischen Staatsbewußtsein, in: »General-Anzeiger« (Bonn). Sondernummer zum 50. Jahrestag der Bundesrepublik Deutschland. Mai 1999. S. III.
Eine Republik mit wenig Selbstbewußtsein. Das »Provisorium« wird zur Richtschnur, in: »Berliner Morgenpost«. 20. September 1999. S. 25 und 26 (Beitrag zur Jubiläums-Ausgabe »100 Jahre Berliner Morgenpost«).
Das rote Imperium, in: »Rheinischer Merkur«. 31. Dezember 1999. S. 19.
Das Jahrhundert der Beschleunigung, in: »Die Welt«. 31. Dezember 1999. S. 8.
Die Wähler reagieren wie im Lehrbuch, in: »Frankfurter Allgemeine«. 13. März 2000. S. 3.
Einwanderung gestalten, in: »Rheinischer Merkur«. 22. März 2000.
Merkels schwerer Gang. Das Ende der Nachkriegstradition? Die neue Parteivorsitzende der CDU, in: »Süddeutsche Zeitung«. 8./9. April 2000. S. 17.
Die »Zäsur«-Legende. Bedrohung war für Deutschland im Kalten Krieg viel größer als heute, in: »Rheinische Post«. 20. November 2001. S. 2.
Ach Europa. Seit dem 11. September beschwören die Europäer ihre Solidarität mit dem amerikanischen Verbündeten, wesentlichen Einfluß auf Washington haben sie nicht nehmen können – weil sie nicht wollten, in: »Die Welt« (Diplomatische Welt). 5. Januar 2002. S. 1.
Phase II: Der Irak, in: »Die Welt« (Diplomatische Welt). 1. Juni 2002. S. 1.
»Deutscher Weg« ins Nirgendwo. Rot-Grün hat den Niedergang nicht verursacht, aber die Chance zur Wende verspielt, in: »Die Welt«. 12. September 2002. S. 10.
Die Ära Kohl, in: »Frankfurter Allgemeine«. 18. Oktober 2002. S. 6.
Eine neue deutsche Außenpolitik. Mit Pathos verhüllt, betreibt die Koalition die Preisgabe früherer Stärken, in: »Die Welt«. 19. Oktober 2002. S. 9.
»Die deutsche Ohnmacht«. Eine Streitschrift, in: »Die Welt« (Diplomatische Welt). 11. Januar 2003. S. 1.
Schöne Bescherung. Deutschland hat mit seinem diplomatisch ungeschickten Irak-Kurs die beiden Grundfesten der deutschen Außenpolitik, Nato und Europa, schwer erschüttert, in: »Financial Times Deutschland«. 17. Februar 2003.

Am Ende triumphierten die Atlantiker. Streitereien, Enttäuschungen und Fehldiplomatie begleiteten die Unterzeichnung – ein Wunder, daß der Vertrag überhaupt zustande kam, in: »Süddeutsche Zeitung« (Beilage). 22. März 2003. S. 1.

Finger weg von Afrika! Deutschland betreibt improvisierte Weltpolitik, die hochmoralisch daherkommt, viel kostet – aber wenig bewirkt. Damit sollte Schluß sein, in: »Frankfurter Allgemeine Sonntagszeitung«. 15. Juni 2003. S. 11.

Die atlantische Gemeinschaft krankt an den Europäern, in: »Die Welt«. 11. September 2003. S. 6.

Das Roosevelt-Syndrom. Über das Schicksal von Völkern entscheiden auch ihre Leitfiguren. Die Geschichte lehrt: Es gibt Wettermacher und Luftnummern. Alle reformbedürftigen Demokratien haben zwei Vorbilder: Roosevelt und Thatcher, in: »Cicero«. Erstausgabe April 2004. S. 76–79.

Durchweg tragische Gestalten. Ein Bundeskanzler, der auf sich hält, darf sich von der Aussicht auf einen Ko nicht schrecken lassen. Er ist die Regel, in: »Die Welt«. 9. Juli 2004. S. 42.

Nur eine Fußnote der Geschichte. Bush-Besuch. Amerika und Europa gehen wieder freundlich miteinander um, halten in der Sache aber an ihren Positionen fest, in: »Rheinischer Merkur«. 18. Februar 2004.

Die Inkarnation der Bundesrepublik. Zum 75. Geburtstag von Helmut Kohl, in: »Die Welt«. 2. April 2005. S. 9.

Machtpolitische Hochstapelei. Die Architekten der europäischen Verfassung dachten an alles – nur nicht an die Wähler, in: »Die Welt«. 28. April 2005. S. 9.

Auf gleicher Wellenlänge. Anfangszeit: Der erste Kanzler ging mit unserer Zeitung eine Symbiose besonderer Art ein. 60 Jahre »Rheinischer Merkur«, in: »Rheinischer Merkur«. 15. März 2006. S. 25.

Axel Springer und die Osterunruhen 1968, in: »Die Welt«. 22. Februar 2008.

»Es mußte alles neu gemacht werden.« Konrad Adenauer verankerte die Bundesrepublik kompromißlos im Lager der westlichen Demokratien, in: »Bayernkurier«. 16. Mai 2009.

Geburt des neuen Bösen, in: »Die Welt«. 11. September 2010 (Manuskript: Die erste Schreckensgestalt des 21. Jahrhunderts, gekürzte Fassung vom 22. August 2010).

Das moderne Gesicht des Liberalismus, in: »Handelsblatt«. 28. März/1. April 2013. S. 54–57.

Ein Leben für die Einheit. Helmut Kohl ermöglichte die deutsche Einigung und baute ein neues Europa. Sein Biograph würdigt die historische Lebensleistung des »schwarzen Riesen«, in: »Focus«. Nr. 25. 17. Juni 2017. S. 18–24.

Laudationes

Die Höflichkeit des Geistes. Nüchternheit, besorgter Optimismus: Der Historiker Karl Dietrich Bracher, in: »Die Welt«. 12. März 1987. S. 21.

Ein Preuße vom alten Schrot und Korn … Aus der Laudatio auf Andreas Hillgruber, in: Deutschlandmagazin. 20. Jg. (1988) Nr. 7/8. S. 12.

Ausführungen auf dem wissenschaftlichen Symposium am 19. April 1988 aus Anlaß des 80. Geburtstages von Richard Löwenthal, in: Die Weiterentwicklung der Ost-West-Beziehungen (Arbeitspapiere zur Internationalen Politik. Nr. 48. Forschungsinstitut der Deutschen Gesellschaft für Auswärtige Politik e.V.). Bonn 1988. S. 20–24.

Brief an Karl Dietrich Bracher zum 70. Geburtstag, in: Vierteljahrshefte für Zeitgeschichte. 40. Jg. (1992) Heft 4. S. 163–168.

Laudatio, in: Stiftung F.V.S. zu Hamburg. Verleihung des Robert-Schuman-Preises 1993 an Ernst Jünger. Saulgau. 23. März 1993. S. 11–20.

Von Krisen und Fakten fasziniert. Wackerer Streiter für eine Neuordnung: Der Historiker Konrad Repgen wird 70, in: »Die Welt«. 5. Mai 1993. S. 8.

Ernst Jünger. Eine Jahrhundertgestalt, in: Mut. Forum für Politik und Geschichte. Nr. 310. 30. Juni 1993. S. 24–32.

Theodor Eschenburg und die Zeitgeschichte, in: Eberhard-Karls-Universität Tübingen, Symposion zu Ehren von Prof. Dr. Theodor Eschenburg (1904–1999). 27. Oktober 2000. S. 13–24.

Politikwissenschaft als Demokratiewissenschaft – Werk und Wirkung von Karl Dietrich Bracher, in: Karl Dietrich Bracher zum 80. Geburtstag. 8. Mai 2002 (Bonner Akademische Reden. 86). Bonn 2002. S. 25–42.

Der Platz Gerhard Stoltenbergs in der Geschichte der Bundesrepublik Deutschland, in: Bernhard Vogel (Hrsg.): Gerhard Stoltenberg – ein großer Politiker und sein Vermächtnis (Eine Veröffentlichung der Konrad-Adenauer-Stiftung). Sankt Augustin 2002. S. 35–50.

Der Politiker und sein Biograph. Zur Geschichte der politischen Biographik, in: Zeit-Punkte 1/04. Helmut Schmidt. Ein Symposion zum 85. Geburtstag des Altbundeskanzlers. Hamburg, 26. März 2004. S. 74–81.

Mühe und Arbeit. Laudatio auf Helmut Kohl zum 75. Geburtstag beim Symposion in Berlin. 12. April 2005, in: Bernhard Vogel (Hrsg.): Ein Leben für Deutschland und Europa. Helmut Kohl – Stationen eines politischen Weges. Düsseldorf 2005. S. 63–72.

Der Historiker als Biograph – oder: Was können wir von Lothar Gall lernen? In: Dieter Klein, Klaus Hildebrand, Andreas Schulz (Hrsg.): Historie und Leben. Der Historiker als Wissenschaftler und Zeitgenosse. Festschrift für Lothar Gall zum 70. Geburtstag. München 2006. S. 249–256.

Michael Stürmer zum 70. Geburtstag, in: »Die Welt«. 29. September 2008. S. 29.

Der große Mahner, der die Republik liebt. Gelehrt, wortgewaltig und polemisch. Es lohnt sich, Wilhelm Hennis wieder zu entdecken, in: »Die Welt«. 26. April 2008.

»Der Kluge überlebt sie alle«. Helmut Schmidt wird 90 Jahre alt. Er hat sich vom Staatsmann zum bissigen Hecht im Karpfenteich gewandelt, in: »Die Welt«. 9. Dezember 2008.

Die CDU und Helmut Kohl, in: Helmut Kohl. Realist und Visionär. Meilensteine eines politischen Lebens. Hrsg. von der Konrad-Adenauer-Stiftung. Sankt Augustin–Berlin 2010. S. 14–19.

Die Ballade vom Zar und Zimmermann [Nachruf auf Christian Kracht], in: »Die Welt«. 26. August 2011. S. 22.

Hommage für Bernhard Vogel, in: Politik ist Dienst. Festschrift für Bernhard Vogel. Hrsg. von Hans-Gert Pöttering. Köln 2012. S. 149–152.

Rezensionen

Die Weimarer Republik und ihre Akteure, in: »Christ und Welt«. 8. November 1963. S. 24 (Theodor Eschenburg: Die improvisierte Demokratie. Gesammelte Aufsätze zur Weimarer Republik. München 1963).

Politik des Kulturpessimismus. Drei Vorläufer des Dritten Reiches: Paul de Lagarde, Julius Langbehn, Moeller van den Bruck, in: »Christ und Welt«. 3. Januar 1964. S. 17 (Fritz Stern: Kulturpessimismus als politische Gefahr. Eine Analyse nationaler Ideologie in Deutschland. Bern–Stuttgart 1963).

Der Faschismus und seine Führer. Eine Typologie der faschistischen Bewegung und ihrer Doktrin, in: »Christ und Welt«. 13. März 1964. S. 26 f. (Ernst Nolte: Der Faschismus in seiner Epoche. Die Action Française. Der italienische Faschismus. Der Nationalsozialismus. München 1964).

Eine weltpolitische Konstellationsanalyse, in: Neue Politische Literatur. Berichte über das internationale Schrifttum. Jg. 9 (1964) Heft 5. Sp. 353–356 (Willy Brandt: Koexistenz. Zwang zum Wagnis. Stuttgart 1963).

Konrad Adenauer. Erinnerungen 1945–1953, in: Politische Vierteljahresschrift. Jg. 6 (1965) Heft 4. S. 497–518.

Zur Außenpolitik der Bundesrepublik Deutschland, in: Politische Vierteljahresschrift. 9. Jg. (1968) Heft 1. S. 82– 98 (u. a. Konrad Adenauer: Erinnerungen 1953–1955. Stuttgart 1966. Karl Dietrich Erdmann: Adenauer in der Rheinlandpolitik nach dem Ersten Weltkrieg. Stuttgart 1966. Robert Strobel: Adenauer und der Weg nach Deutschland. Frankfurt/Main 1965. Konrad Adenauer. Würdigung und Abschied. 19. April 1967. Stuttgart 1967).

Zwischen Bismarck und de Gaulle. Waldemar Besson über die Außenpolitik der Bundesrepublik, in: »Frankfurter Allgemeine«. 18. September 1970. S. 13 (Waldemar Besson: Die Außenpolitik der Bundesrepublik. Erfahrungen und Maßstäbe. München 1970).

Wie Gulliver bei den Zwergen. Strategien gesamteuropäischer Entspannungspolitik, in: »Frankfurter Allgemeine«. 3. Juni 1971. S. 17 (Gerda Zellentin: Intersystemare Beziehungen in Europa. Bedingungen der Friedenssicherung. Leiden 1970).

Jenseits des Rheins. Die deutsch-französischen Beziehungen seit 1945, in: »Frankfurter Allgemeine«. 11. Juni 1971. S. 23 (Gilbert Ziebura: Die deutsch-französischen Beziehungen seit 1945. Mythen und Realitäten. Pfullingen 1971).

Kaleidoskop der Nachkriegszeit. Raymond Cartiers Weltgeschichte der Gegenwart, in: »Frankfurter Allgemeine«. 4. Dezember 1971. S. 9 (Raymond Cartier: Männer und Mächte unserer Zeit. München 1971).

Politisches Handeln geprägt vom Geist der Konfession. Gustav Heinemann und die Deutschlandpolitik 1945–1958. Die innerkirchliche Komponente seiner politischen Biographie, in: »Frankfurter Allgemeine«. 12. Dezember 1972. S. 8 (Diether Koch: Heinemann und die Deutschlandfrage. München 1972).

Otto Vossler. Alexis de Tocqueville. Freiheit und Gleichheit. Frankfurt/Main 1973, in: Romanistisches Jahrbuch. Band 24 (1973). S. 215–222.

Ein Lehrbuch der Realpolitik, in: Politische Vierteljahresschrift. 14. Jg. (1973) Heft 1. S. 122–127 (Wilhelm G. Grewe: Spiel der Kräfte in der Weltpolitik. Theorie und Praxis der internationalen Beziehungen. Düsseldorf 1970).

Ein klassischer Staatstheoretiker. Gesammelte Abhandlungen von Themistokles Tsatsos, in: »Frankfurter Allgemeine«. 27. November 1973. S. 12 (Themistokles Tsatsos: Peri Politeias. Staatstheoretische Studien. Mit einer Einführung von Hans-Georg Gadamer. Hrsg. von Hermann Mosler, Hans Schneider, Helmut Strebel. Frankfurt/Main 1972).

Auch Malta darf nicht übersehen werden. Zwei ehrgeizige Dokumentationsbände zur Sicherheitskonferenz, in: »Frankfurter Allgemeine«. 14. Dezember 1973. S. 12 (Hans-Adolf Jacobsen, Wolfgang Mallmann, Christian Meier [Hrsg.]: Sicherheit und Zusammenarbeit in Europa [KSZE]. Analyse und Dokumentation. Dokumente zur Außenpolitik. Band II. Hrsg. von Fritz T. Epstein, Walther Hofer, Hans-Adolf Jacobsen, Boris Meissner, Eberhard Menzel, Georg von Rauch, Gotthold Rhode. Köln 1973. Friedrich-Karl Schramm, Wolfram-Georg Riggert, Alois Friedel [Hrsg.]: Sicherheitskonferenz in Europa. Dokumentation 1954 bis 1972. Die Bemühungen um Entspannung und Annäherung im politischen, militärischen, wirtschaftlichen, wissenschaftlich-technologischen und kulturellen Bereich. Frankfurt/Main 1972).

Politikwissenschaft für interessierte Nichtpolitiker. Eine Einführung ohne Jargon und Fußnoten-Gerangel, in: »Frankfurter Allgemeine«. 27. September 1974. S. 11 (Paul Noack: Was ist Politik? Eine Einführung in ihre Wissenschaft. Mit einem Geleitwort von Alfred Grosser. München–Zürich 1973).

Die Zeit der Ministerpräsidenten. Föderalistische Politik und nationale Repräsentation 1945–1947, in: »Süddeutsche Zeitung«. 5./6. Oktober 1974. S. 9 (Marie-Elise Foelz-Schroeter: Föderalistische Politik und nationale Repräsentation 1945–1947. Westdeutsche Länderregierungen, zonale Bürokratien und politische Parteien im Widerstreit [Studien zur Zeitgeschichte. Hrsg. vom Institut für Zeitgeschichte]. Stuttgart 1974).

Im Umgang oft peinlich penibel. Politik unter Adenauer – eingefangen im Briefwechsel mit Brentano, in: »Süddeutsche Zeitung«. 7./8. Dezember 1974. S. 81 (Arnulf Baring: Sehr verehrter Herr Bundeskanzler! Heinrich von Brentano im Briefwechsel mit Konrad Adenauer 1949–1964. Hamburg 1974).

Der kalte Krieg als Epochenproblem und Weltanschauungskonflikt. Ernst Noltes Werk über den Ost-West-Konflikt. Ein Stück Zeitgeschichtsschreibung großen Stils, in: »Frankfurter Allgemeine«. 13. Dezember 1974. S. 11 (Ernst Nolte: Der kalte Krieg in Deutschland. München–Zürich 1974).

Zur Selbstverständnisdiskussion des Faches Internationale Politik, in: Politische Vierteljahresschrift. Jg. 15 (1974) Heft 1. S. 125–127 (Roger Morgan [Hrsg.]: The Study of International Affairs. Essays in Honour of Kenneth Younger. London–New York–Toronto 1972).

Ostpolitik ohne Zorn und Eifer. Eine Bilanz des ostpolitischen Alltags nach Abschluß der Verträge, in: »Frankfurter Allgemeine«. 28. Oktober 1976. S. 9 (Partnerschaft mit dem Osten. Zehn Beiträge zur Lage Deutschlands nach den Verträgen. Staat und Gesellschaft. Band 1. München 1976).

Die Zeugungsstunde der zweiten Republik. Die Vorgeschichte des Parlamentarischen Rates. Zwischen alliierten Interessen und Länderegoismen, in: »Frankfurter Allgemeine«. 15. November 1976. S. 9 (Der Parlamentarische Rat 1948–1949. Akten und Protokolle. Band 1. Vorgeschichte. Bearb. von Johannes Volker Wagner. Hrsg. für den Deutschen Bundestag von Kurt Georg Wernicke und für das Bundesarchiv von Hans Booms unter Mitwirkung von Walter Vogel. Boppard/Rhein 1975).

Ein Sieg der Deutschen in Paris. Ein faszinierendes Thema: die Europäische Verteidigungsgemeinschaft, in: »Frankfurter Allgemeine«. 26. August 1977. S. 9 (Paul Noack: Das Scheitern der Europäischen Verteidigungsgemeinschaft. Entscheidungsprozesse vor und nach dem 30. August 1954 [Bonner Schriften zur Politik und Zeitgeschichte. Band 4]. Düsseldorf 1977).

Ein Amt sucht eine Regierung. Das Deutsche Büro für Friedensfragen, in: »Frankfurter Allgemeine«. 15. November 1978. S. 11 (Manfred Overesch: Gesamtdeutsche Illusion und westdeutsche Realität. Von den Vorbereitungen für einen deutschen Friedensvertrag zur Gründung des Auswärtigen Amts der Bundesrepublik Deutschland 1946–1949/51. Düsseldorf 1978. Heribert Piontkowitz: Anfänge westdeutscher Außenpolitik 1946–1949. Das Deutsche Büro für Friedensfragen. Stuttgart 1978).

Die stabile Achse der westlichen Welt. Alfred Grossers Darstellung des atlantischen Bündnisses. Übergang in eine neue Staatenwelt? In: »Frankfurter Allgemeine«. 25. November 1978. S. 9 (Alfred Grosser: Das Bündnis. Die westeuropäischen Länder und die USA seit dem Krieg. München 1978).

Ulrich Borsdorf, Lutz Niethammer (Hrsg.): Zwischen Befreiung und Besatzung. Analysen des US-Geheimdienstes über Positionen und Strukturen deutscher Politik 1945. Wuppertal 1976, in: Historische Zeitschrift. Band 227 (1978). S. 226–228.

Eine Sandbank gescheiterter Hoffnungen? In: »Frankfurter Allgemeine«. 15. August 1979. S. 7 (Sicherheit und Zusammenarbeit in Europa [KSZE]. Analysen und Dokumentation 1973 bis 1978. Hrsg. von Hans-Adolf Jacobsen, Wolfgang Mallmann, Christian Meier. Köln 1978).

Entspannungspolitik und Wettrüsten. Zwischen positiver Erwartung und sorgenvollem Zweifel, in: »Frankfurter Allgemeine«. 15. Oktober 1980. S. 10 (Manfred Görtemaker: Die unheilige Allianz. Die Geschichte der Entspannungspolitik 1943–1979. München 1979. Manfred Görtemaker: Der gebändigte Kontinent. Verteidigung und Entspannung in Europa. Analyse und Dokumente. Bonn 1979).

Andreas Hillgruber: Europa in der Weltpolitik der Nachkriegszeit (1945–1963). Oldenbourg Grundriß der Geschichte. Band 18. München–Wien 1979, in: Historische Zeitschrift. Band 232 (1981). S. 743–745.

Versäumnisse der westlichen Sicherheitspolitik. In den siebziger Jahren ist die sowjetische Aufrüstung verharmlost oder verschwiegen worden, in: »Frankfurter Allgemeine«. 1. März 1983. S. 23 (Uwe Nerlich unter Mitwirkung von Falk Bomsdorf [Hrsg.]: Sowjetische Macht und westliche Verhandlungspolitik im Wandel militärischer Kräfteverhältnisse. Die Einhegung sowjetischer Macht. Kontrolliertes militärisches Gleichgewicht als Bedingung europäischer Sicherheit. Hrsg. von der Stiftung Wissenschaft und Politik. Band 13 und 14. Baden-Baden 1982).

Karl Dietrich Bracher: Geschichte und Gewalt. Zur Politik im 20. Jahrhundert. Berlin 1981, in: Historische Zeitschrift. Band 237 (1983). S. 199–202.

In Sondermission hinter den Kulissen. Wenn es Scherben gab, wurde gerne nach Kurt Birrenbach gerufen, in: »Frankfurter Allgemeine«. 18. Mai 1984. S. 12 (Kurt Birrenbach: Meine Sondermissionen. Rückschau auf zwei Jahrzehnte bundesdeutscher Außenpolitik – Vom Mauerbau bis heute. Düsseldorf 1984).

Epitaph auf das Entspannungszeitalter. Helga Haftendorns Werk zur deutschen Außenpolitik zwischen 1955 und 1982, in: »Frankfurter Allgemeine«. 18. September 1984. S. 27 (Helga Haftendorn: Sicherheit und Entspannung. Zur Außenpolitik der Bundesrepublik Deutschland 1955–1982. Baden-Baden 1983).

Und ich bin für Sie umgefallen. Der ehemalige FDP-Vorsitzende beschreibt nicht ohne Selbstironie seinen politischen Aufstieg, in: »Die Zeit«. 9. November 1984. S. 12 (Erich Mende: Die neue Freiheit. 1945–1961. München 1984).

Der Kalte Frieden. Das neue Jahrbuch für Ost-West-Fragen. Köln 1983, in: »Rheinischer Merkur/Christ und Welt«. 30. November 1984. S. 22.

John H. Backer: Die deutschen Jahre des General Clay. Der Weg zur Bundesrepublik 1945–1949. München 1983, in: Historische Zeitschrift. Band 238 (1984). S. 227–229.

Politische Ideenkreise des 20. Jahrhunderts, in: Historische Zeitschrift. Band 238 (1984). S. 353–359 (Karl Dietrich Bracher: Zeit der Ideologien. Eine Geschichte politischen Denkens im 20. Jahrhundert. Stuttgart 1982).

Die Kabinettsprotokolle der Bundesregierung. Band 1 1949. Hrsg. für das Bundesarchiv von Hans Booms. Bearbeitet von Ulrich Enders und Konrad Reiser. Boppard/Rhein 1982, in: Historische Zeitschrift. Band 238 (1984). S. 479–481.

Anselm Doering-Manteuffel: Die Bundesrepublik Deutschland in der Ära Adenauer. Außenpolitik und innere Entwicklung 1949–1963. Darmstadt 1983, in: Historische Zeitschrift. Band 240 (1985). S. 492 f.

Sichere Fahrt im Schatten der Katastrophe, in: »Rheinischer Merkur/Christ und Welt«. 5. Juni 1987. S. 27 (Rüdiger Altmann: Der wilde Frieden. Notizen zu einer politischen Theorie des Scheiterns. Stuttgart 1987).

Vom liberalen Sozialisten zum Reformer. Die Ära Erhard: Politik im Schatten Konrad Adenauers, in: »Rheinischer Merkur/Christ und Welt«. 4. Dezember 1987. S. 36 (Volkhard Laitenberger: Ludwig Erhard. Der Nationalökonom als Politiker. Mit einem Vorwort von Helmut Kohl. Göttingen–Zürich 1986. Daniel Koerfer: Der Kampf ums Kanzleramt. Erhard und Adenauer. Stuttgart 1987).

Der Lotse fürchtet den Schiffbruch des Alters, in: »Rheinischer Merkur/Christ und Welt«. 15. Mai 1987. S. 18 (Michael Stürmer: Bismarck. Die Grenzen der Politik. München–Zürich 1987).

Andreas Hillgruber: Zweierlei Untergang. Die Zerschlagung des Deutschen Reiches und das Ende des europäischen Judentums. Berlin 1986, in: Historische Zeitschrift. Band 246 (1988). S. 198–201.

Rudolf Morsey: Die Bundesrepublik Deutschland. Entstehung und Entwicklung bis 1969. München 1987, in: Historische Zeitschrift. Band 246 (1988). S. 739–741.

Vergnügen an vornehmer Polemik, in: Bild der Wissenschaft. 11. Jg. (1988). S. 512–514 (Ludger Kühnhardt: Die Universalität der Menschenrechte. München 1988).

Ein kompromißloser Kämpfer, in: »Rheinischer Merkur/Christ und Welt«. 23. September 1988. S. 29 (Günther Scholz: Kurt Schumacher. Düsseldorf–Wien–New York 1988).

Einen tiefen Blick in das Herz der Deutschen tun, in: »Die Weltwoche«. 24. August 1989. S. 13 (Johannes Steinhoff, Peter Pechel, Dennis Showalter [Hrsg.]: Deutsche im Zweiten Weltkrieg. Zeitzeugen sprechen. München 1989).

Stolzer Außenseiter im Kaiserreich, in: Politische Vierteljahresschrift. 16. Jg. (1989). S. 678–683 (Brigitte Seebacher-Brandt: Bebel, Künder und Kärner im Kaiserreich. Bonn 1988).

Der Zupacker und der Weitblicker. Nichts ist mehr so, wie es war – Die Memoiren des Jahres, geschrieben von Franz Josef Strauß und Willy Brandt, lesen sich nach der demokratischen Revolution in Osteuropa neu, in: »Rheinischer Merkur/Christ und Welt«. 29. Dezember 1989. S. 17.

Die Praxis als Maxime. Zum Start eines neuen kritischen Jahrbuchs für Politik, in: »Die Welt«. 18. Dezember 1991. S. 7 (Werner Link, Eberhard Schütt-Wetschky, Gesine Schwan [Hrsg.]: Jahrbuch für Politik. Baden-Baden 1991).

Ein Historiker läßt das Flunkern nicht. Paul Stauffers Biographie von Carl J. Burckhardt, in: »Die Welt«. 27. Februar 1992. S. 8 (Paul Stauffer: Carl J. Burckhardt. Zwischen Hofmannsthal und Hitler. Facetten einer außergewöhnlichen Existenz. Zürich 1992).

Die Grundlegung der Bundesrepublik. Kurt Sontheimers Porträt der Adenauer-Ära, in: »Frankfurter Allgemeine«. 22. April 1992. S. 9 (Kurt Sontheimer: Die Adenauer-Ära. Grundlegung der Bundesrepublik. München 1991).

Wenn Eulenspiegel das Wetter vorhersagt. Francis Fukuyama erwägt das Ende der Geschichte, in: »Die Welt«. 30. April 1992. S. 9 (Francis Fukuyama: Das Ende der Geschichte. Wo stehen wir? München 1992).

Meisterlich, in: »Die Welt«. 30. April 1992. S. 9 (Wilhelm G. Grewe: Machtprojektionen und Rechtsschranken. Baden-Baden 1992).

Eine Galerie der Blamierten, in: »Frankfurter Allgemeine«. 7. August 1992. S. 7 (Jens Hacker: Deutsche Irrtümer. Schönfärberei und Helfershelfer der SED-Diktatur im Westen. Berlin 1992).

Wie fortschrittlich war die Ära Adenauer? In: »Die Welt«. 11. September 1993. S. G 5 (Werner Bührer [Hrsg.]: Die Adenauer-Ära. München 1993).

Fisch ohne Wasser. Das Ungeheuer leibhaftig: Carl Schmitt in neuer Sicht, in: »Die Welt«. 5. Oktober 1993. S. 6 (Paul Noack: Carl Schmitt. Berlin 1993).

Maßvoll ist die nationale Sehnsucht, in: »Rheinischer Merkur«. 8. Oktober 1993. S. IX (Rainer Zitelmann, Karlheinz Weißmann, Michael Großheim [Hrsg.]: Westbindung. Chancen und Risiken für Deutschland. Frankfurt/Main–Berlin 1993).

Das Jahr 1954. Kabinettsprotokolle der Bundesregierung, in: »Frankfurter Allgemeine«. 22. Oktober 1993. S. 10 (Die Kabinettsprotokolle der Bundesregierung. Band 7. 1954. Hrsg. von Friedrich P. Kahlenberg. Bearb. von Ursula Hüllbüsch, Thomas Trumpp. Boppard/Rhein 1993).

In Bonn sind Mut und Wille Mangelware. Analyse der deutschen Außenpolitik, in: »Die Welt«. 20. November 1993. S. G 5 (Christian Hacke: Weltmacht wider Willen. Berlin 1993).
Kathrin Meier-Rust: Alexander Rüstow. Stuttgart 1993, in: »Die Welt«. 4. Dezember 1993. S. G 5.
Nachlese zum Historikerstreit, oder: Ein Hauptthema war nicht der tote Nationalismus, sondern der zeitgenössische Kommunismus, in: Uwe Backes, Eckhard Jesse (Hrsg.): Jahrbuch Extremismus und Demokratie. 5. Jg. (1993). S. 275–280 (Immanuel Geiss: Der Hysterikerstreit. Ein unpolemischer Essay. Bonn–Berlin 1992).
Herbert Wehner als Analystiker des Nationalismus. Er sah das Sozialistische an der Hitler-Bewegung und die verhängnisvolle Massenwirksamkeit der Volksgemeinschaft, in: »Die Welt«. 25. März 1994. S. G 4 (Herbert Wehner: Selbstbesinnung und Selbstkritik. Gedanken und Erfahrungen eines Deutschen. Hrsg. von August Hermann Leugers-Scherzberg. Köln 1994).
Grundmuster der Erschütterung, in: »Die Welt«. 4. Januar 1995. S. 8 (Ludger Kühnhardt: Revolutionszeiten. München 1994).
Der Reiz des gelehrten Subjektivismus, in: »Rheinischer Merkur«. 3. März 1995. S. 22 (Günter Barudio: Politik als Kultur. Ein Lexikon von Abendland bis Zukunft. Stuttgart 1994).
Stefan Breuer: Anatomie der konservativen Revolution. Darmstadt 1993, in: Historische Zeitschrift. Band 260 (1995). S. 267.
Eine sichere Insel in den gemäßigten Zonen. Staat und Gesellschaft in der Bundesrepublik, in: »Die Welt«. 6. April 1995. S. G 6 (Günther Rüther [Hrsg.]: Politik und Gesellschaft in Deutschland. Köln 1995).
Am Hofe eines vergreisten Potentaten. Dialog intim: Peinliche Aufzeichnungen von deutsch-deutschen Gesprächen aus den 80er Jahren, in: »Die Welt«. 5. August 1995. S. G 5 (Heinrich Potthoff: Die »Koalition der Vernunft«. München 1995).
Erstklassiger Sachkenner, in: »Die Welt«. 12. August 1995 (Detlef Junker: Von der Weltmacht zur Supermacht. Mannheim 1995).
Deutschland – fast eine Liebeserklärung, in: »Die Welt«. 14. September 1995. S. 10 (Angelo Bolaffi: Die schrecklichen Deutschen. Berlin 1995).
Vom Balkan übers Ballhaus bis zur Ballotage, in: »Die Welt«. 16. September 1995. S. G 5 (Rudolf Weber-Fas: Das kleine Staatslexikon. Stuttgart 1995).
Forsch gekämpft: Die Berlin-Krise, in: »Die Welt«. 11. Oktober 1995. S. 13 (Michael Lemke: Die Berlinkrise 1958 bis 1963. Berlin 1995).
Erlebnisse in Preußen und Europa, in: »Die Welt«. 11. Oktober 1995. S. G 10 (Hans von der Groeben: Deutschland und Europa in einem unruhigen Jahrhundert. Baden-Baden 1994).
Versuchsstation Berlin. Die Stadt zwischen Mächten und Parteien 1971–1981, in: »Die Welt«. 7. Dezember 1995. S. G 3 (Dirk Rotenberg: Berliner Demokratie zwischen Existenzsicherung und Machtwechsel. Berlin 1995).
Das Denkmal wackelte schon lange. Churchill oder wie die angelsächsische Geschichtsschreibung ihren Ruf verliert, in: »Die Welt«. 23. Dezember 1995. S. G 5 (John Charmley: Churchill. Berlin 1995).
Der überforderte Präsident. Rechtschaffen und ein Hauch von Tragik: Rudolf Morsey zeichnet ein einfühlsames Porträt des Politikers, in: »Rheinischer Merkur«. 6. Dezember 1996. S. 25.
Beharrliche Verhältnisse, unsichtbare Verhängnisse. Nervöser Gigant und Machtmensch mit gewaltigem Einfluß. Otto von Bismarck, dargestellt in der Biographie Pflanzes, in: »Frankfurter Allgemeine«. 24. März 1999. S. 9 (Otto Pflanze: Bismarck. Band 2. München 1998).

Im Kaukasus fiel die Entscheidung. Werner Weidenfeld über die Außenpolitik der Regierung Kohl nach dem Fall der Mauer, in: »Die Welt« (Die literarische »Welt«). 17. April 1999. S. 7 (Werner Weidenfeld, Peter M. Wagner, Elke Bruck [Hrsg.]: Außenpolitik für die deutsche Einheit. Band 4. Stuttgart 1999).

Nie war sie so wertvoll wie heute. Die Geschichte der Bundesrepublik in zwei Essaybänden, in: »Die Welt« (Die literarische »Welt«). 15. Mai 1999. S. 7 (Kurt Sontheimer: So war Deutschland nie. München 1999; Axel Schildt: Ankunft im Westen. Frankfurt/Main 1999).

Das Beste in einem Band. Die Geschichte der Bundesrepublik, in: »Rheinischer Merkur«. 20. November 1999.

Im Anfang war das Reich. Heinrich August Winkler beschreibt den langen deutschen Weg nach Westen, in: Die Welt (Die literarische »Welt«). 25. März 2000. S. 10.

Rudolf Morsey: Die Bundesrepublik Deutschland. Entstehung und Entwicklung bis 1969. Oldenbourg Grundriß der Geschichte. Band 19.4. Überarbeitete und erweiterte Auflage. Oldenbourg 2000, in: Historische Zeitschrift. April 2001. S. 157–160.

Nation im Niedergang? Hans-Peter Schwarz über Peter Graf Kielmanseggs monumentale Geschichte des geteilten Deutschland, in: »Transatlantik«. Nr. 2 (Mai 2001). S. 20 (Peter Graf Kielmansegg: Nach der Katastrophe. Eine Geschichte des geteilten Deutschland. Berlin 2000).

Der fünfzigjährige Krieg, in: »Frankfurter Allgemeine«. 13. Juni 2001. S. 12 (Georges-Henri Soutou: La guerre de Cinquante Ans. Les relations Est-Ouest 1943–1990. Paris 2001).

Ein rüstiger Großvater, in: »Rheinischer Merkur«, 7. Dezember 2001 (Richard von Weizsäcker: Drei Mal Stunde Null? 1949–1969–1989. Deutschlands europäische Zukunft. Berlin 2001).

Der Koloß muß seine Rolle finden. Joseph Nye empfiehlt der Bush-Regierung kooperatives Verhalten und den Verzicht auf Arroganz, in: »Frankfurter Allgemeine«. 6. August 2002. S. 7 (Joseph S. Nye: The Paradox of American Power. Why the World's Only Superpower Can't Go Alone. Oxford 2002).

Und die trägt er im Gesicht ... Washingtons Außenpolitik und das Plädoyer seiner Partner für eine Predigt an die Haifische, in: »Frankfurter Allgemeine«. 19. September 2002. S. 11 (Henry R. Nau: At Home Abroad. Identity and Power in American Foreign Policy. Ithaca–London 2002).

Wer hat die Bouillabaisse versalzen? Ernst-Otto Czempiels Kritik an den Vereinigten Staaten spießt manches Zutreffende auf, in: »Frankfurter Allgemeine«. 13. Januar 2003. S. 7 (Ernst-Otto Czempiel: Weltpolitik im Umbruch. Die Pax Americana, der Terrorismus und die Zukunft der internationalen Beziehungen. München 2002).

Gemeinsam mit Washington. Auf dem Weg in das 21. Jahrhundert bei Tony Blair angelangt, in: »Frankfurter Allgemeine«. 3. April 2003. S. 10 (Ralf Dahrendorf: Auf der Suche nach einer neuen Ordnung. Eine Politik der Freiheit für das 21. Jahrhundert. München 2003).

Ein selbstzufriedenes Land. Görtemakers ansprechende Geschichte der Bundesrepublik, in: »Das Parlament«. 7. April 2003. S. 14 (Manfred Görtemaker: Kleine Geschichte der Bundesrepublik Deutschland. München 2002).

Kleiner Mann ganz groß. Die weltgeschichtliche Leistung von Harry Truman und die neuesten historischen Nörgeleien, in: »Frankfurter Allgemeine«. 11. April 2003. S. 8 (Arnold A. Offner: Another Such Victory. President Truman and the Cold War. 1945–1953. Stanford [Kalifornien] 2002).

Grollender linker Löwe. Parforceritt durch die Zeit des demokratischen Sozialismus, in: »Frankfurter Allgemeine«. 8. Juli 2003. S. 8 (Norman Birnbaum: Nach dem Fortschritt. Vorletzte Anmerkungen zum Sozialismus. München 2003).

Mit trübem Wasser kochen. Gelungene Darstellung des rot-grünen Regierens bis Herbst 2002, in: »Frankfurter Allgemeine«. 9. September 2003. S. 9 (Hans Jörg Hennecke: Die dritte Republik. Aufbruch und Ernüchterung. Berlin 2003).

Der Unvollendete. Robert Dallek befolgt in seinem Kennedy-Buch die goldenen Regeln für Biographen, in: »Frankfurter Allgemeine«. 7. Oktober 2003. S. L 47 (Robert Dallek: John F. Kennedy. Ein unvollendetes Leben. München 2003).

Kalte Füße in warmen Stiefeln. Westliche und östliche Militärpolitik in den Jahren 1946–1956, in: »Frankfurter Allgemeine«. 13. November 2003. S. 8 (Voijtech Mastny, Gustav Schmidt: Konfrontationsmuster des Kalten Krieges 1946 bis 1956. München 2003).

Kein Betriebsunfall. Die Krise im Verhältnis zwischen den Vereinigten Staaten und Europa, in: »Frankfurter Allgemeine«. 3. Dezember 2003. S. 7 (Klaus Emmerich: Atlantische Scheidung. Driften Amerika und Europa auseinander? Wien 2003. Laurent Cohen-Tabugi: An Alliance at Risk. The United States and Europe since September 11. Baltimore–London 2003).

Der Kaiser und die Eliten blieben. Japan und General McArthur eignet sich nicht als Modellfall für den besetzten Irak, in: »Frankfurter Allgemeine«. 2. März 2004. S. 9 (Winfried Scharlau: Der General und der Kaiser. Die amerikanische Besatzungspolitik Japans. 1945 bis 1952. Bremen 2003).

Der Aufstieg zum Leitwolf. Von der Wiege bis zur Bundeskanzlerwahl: Helmut Kohl legt den ersten Band seiner Erinnerungen vor, in: »Frankfurter Allgemeine«. 24. März 2004. S. L 24 (Helmut Kohl: Erinnerungen 1930–1982. München 2004).

Die bunte Vielfalt. Ralf Dahrendorfs neueste Aufsatz- und Vortragsammlung, in: »Frankfurter Allgemeine«. 8. November 2004. S. 9 (Ralf Dahrendorf: Der Wiederbeginn der Geschichte. Vom Fall der Mauer zum Krieg im Irak. München 2004).

Gut katholisch, gut national. Peter Merseburger hat eine grandiose Augstein-Biographie geschrieben, in: »Die Welt«. 6. Oktober 2007. S. 12.

Der Unbeirrbare vertraute auf Gott. Helmut Kohls dritter Memoirenband über die Jahre 1990 bis 1994 erhellt viele Facetten seines Innenlebens, in: »Frankfurter Allgemeine«. 21. Dezember 2007. S. 9 (Helmut Kohl: Erinnerungen 1990–1994. München 2007).

Alles kam anders als gedacht, in: »Frankfurter Allgemeine«. 12. März 2009. S. L. 22. (Andreas Rödder: Deutschland einig Vaterland. Die Geschichte der Wiedervereinigung. München 2009).

Mann der Moderne, in: »Rheinischer Merkur«. 4. Februar 2009 (Lothar Gall: Walther Rathenau. Porträt einer Epoche. München 2009).

Einmal das Wort zum Sonntag, in: »Die Welt«. 18. September 2010 (Herfried Münkler: Mitte und Maß. Der Kampf um die richtige Ordnung. Berlin 2010).

Interviews

Die Saarländer haben den Weg geöffnet. Interview zum Saar-Referendum am 23. Oktober 1955 und seinen Auswirkungen auf Europa, in: »Saarbrücker Zeitung«. 24. Oktober 1985. S. 10.

Die Chancen eines Lebens. Gespräch über Adenauer mit Hans-Peter Schwarz, in: »Rheinischer Merkur/Christ und Welt«. 5. September 1986. S. 2.

Rau: In der SPD gibt es Vielfalt – das ist keine Zerrissenheit, in: »Die Welt«. 10. Januar 1987. S. 5.

Fragen zur Zeit: Konrad Adenauer – Kanzler einer verantwortlichen Machtpolitik, in: Politische Studien. 38. Jg. (1987) Heft 293. S. 228–239.
Über die Neigung der Historiker, ausgefochtene Schlachten noch einmal zu schlagen, in: »Börsenblatt«. Nr. 33. 24. April 1987. S. 1244–1249.
Warum sind Biographen schizophren, Herr Professor Schwarz? In: »Frankfurter Allgemeine Magazin«. Heft 427. 6. Mai 1988. S. 102 f.
Wer von mir was will, der hat auch schnell einen Termin. Ein Interview mit Professor Schwarz, in: Politicum. Nr. 2 (1991). S. 5–7.
Fragen zur Zeit: Die Ära Adenauer – Deutschlands Weg in die Demokratie, in: Politische Studien. 43. Jg. (1992) Heft 322. S. 5–16.
BUNTE fragt zwei Experten: Ist Bundespräsident Richard von Weizsäcker zu weit gegangen? In: »Bunte«. 2. Juli 1992. S. 32.
Doppelte Staatbürgerschaft. Das gäbe Mord und Totschlag, in: »Focus«. Nr. 24. 14. Juni 1993. S. 29.
Lockern der Fesseln. Internationale Experten raten Bonn: mehr Selbstbewußtsein, in: »Focus«. Nr. 37. 13. September 1993. S. 24 f.
Asyl im Bundestag: 3 Stunden Reden …, in: »Bild«. 16. Oktober 1993. S. 2.
Fragebogen: Hans-Peter Schwarz, Politologe, in: »Frankfurter Allgemeine Magazin«. Heft 798. 16. Juni 1995.
»Wir dürfen uns nicht verweigern.« Der Bonner Politikwissenschaftler über den Begriff der Macht, europäische Sicherheitspolitik und den deutschen Einsatz auf dem Balkan, in: »Das Sonntagsblatt«. Nr. 26. 30. Juni 1995. S. 11.
»In welch spezifischer Weise wird die Berliner Republik anders sein?« Gesprächsrunde mit Wolfgang Huber, Hans Maier, Wolfgang Schäuble, Hans-Peter Schwarz, Wolfgang Thierse, unter Leitung von Michael Rutz im »Haus der Geschichte«, in: »Rheinischer Merkur«. 8. März 1997.
Große Gefahr für die Union. Hans-Peter Schwarz über Roman Herzogs Politiker-Schelte, die Defizite des Kanzlers und die Chancen der SPD 1998, in: »Wirtschaftswoche«. Nr. 20. 8. Mai 1997.
Probleme einer Koalitionsregierung, in: »Asahi Shimbun« (Morgenausgabe). 29. September 1998.
L'Allemagne s'offre une alliance rouge et verte, in: »La Libre Belgique«. 29. September 1998. S. 2.
Fischers Spiel mit mehreren Bällen, in: »Handelsblatt«. 28. Januar 1999.
Lenin – Figur des Jahrhunderts, in: »aktuell. Zeitung für die Bundeswehr«. 22. Februar 1999. S. 6.
Die Welt ist voller Wunder: Deutschland ist reifer geworden, in: »Deutschland Magazin«. Mai 1999. S. 10–13.
Das Kosovo ist der Ernstfall. Ein Aus- und Rückblick auf Deutschland, in: »Rheinischer Merkur«. 50 Jahre Bundesrepublik Deutschland. 21. Mai 1999. S. 7.
Deutschland orientiert sich neu. Interview mit Adalbert Reif, in: Conturen zur Zeit für Wirtschaft, Gesellschaft und Kultur. Frankfurt/Main 2/99. S. 40–99.
Eine Portion Heuchelei ist mit im Spiel, in: »Welt am Sonntag«. 5. Dezember 1999. S. 2.
Millennium-Meinungen, in: »Welt am Sonntag«. 2. Januar 2000. S. 13.
Prof. Dr. Hans-Peter Schwarz, Politikwissenschaftler, im Gespräch mit Jochen Kölsch, in: Alpha-Forum. 5. Januar 2000.
Sonst droht der Generationen-GAU. Warum der Adenauer-Biograph Hans-Peter Schwarz empfiehlt, auch die wettergeprüften Granden der Partei bei der Erneuerung der CDU einzubinden, in: »Focus«. Nr. 15. 10. April 2000. S. 102–104.

Was für Politiker braucht das 21. Jahrhundert?" In: »Welt am Sonntag«. 4. Juni 2000. S. 13.
Republik ohne Kompaß. Interview mit Monika Franz, Werner Karg, Peter März, in: Einsichten und Perspektiven. Bayerische Zeitschrift für Politik und Geschichte. Bayerische Landeszentrale für politische Bildungsarbeit. 02/05. S. 4–13.
Das grausame Väterchen. Stalin in der Geschichte des 20. Jahrhunderts. Ein Gespräch mit Hans-Peter Schwarz, in: »Die Welt«. 5. März 2003. S. 29.
Vieles wird zu apathisch hingenommen. Interview mit Hildegard Stausberg zum 50. Jahrestag des Bonner Instituts für Politische Wissenschaft, in: »Die Welt«. 5. Februar 2009. S. 4.
»Das ist doch Platzpatronenschießen«. Der Historiker Hans-Peter Schwarz zum Streit über die Fraktionsgemeinschaft von CDU und CSU, in: »Die Welt«. 26. August 2009. S. 2.
Erfüllter Jugendtraum. Vor 50 Jahren übernahm Axel Springer den Ullstein-Verlag. Gespräch mit Sven Felix Kellerhoff, in: »Die Welt«. 29. Dezember 2009. S. 25.
Die Ära Adenauer, in: Heribert Schwan, Rolf Steininger (Hrsg.): Die Bonner Republik 1949–1998. Berlin 2009. S. 45–65.
Interview, in: Heribert Schwan, Rolf Steininger (Hrsg.): Besiegt. Besetzt. Geteilt. Erinnerungen an Deutschland 1945–1949. München 2010. S. 165–178.
Er machte sich Illusionen. Für den Historiker und Kohl-Biographen Hans-Peter Schwarz ist klar, daß der Kanzler der Einheit eine maßgebliche Mitverantwortung für die schweren Fehler der europäischen Währung trägt, in: »Focus«. Nr. 36. 3. September 2012. S. 34–36.
Licht und Schatten des Helmut Kohl. Adalbert Reif im Gespräch mit dem Helmut-Kohl-Biographen Hans-Peter Schwarz, in: Conturen der Zeit. 2013. S. 60–81.
Die Flüchtlingsbewegung 2015 war keine Ausnahme. Interview, in: »ZDF. Frontal 21«. 16. Mai 2017.

Wissenschaftliche Publikationen über Hans-Peter Schwarz

Peter Weilemann, Hanns Jürgen Küsters, Günter Buchstab (Hrsg.): Macht und Zeitkritik. Festschrift für Hans-Peter Schwarz zum 65. Geburtstag. Paderborn 1999.
Hans-Peter Schwarz zum 70. Geburtstag. Beiträge des Symposions am 13. Mai 2004 an der Universität Bonn (Bonner Akademische Reden. 89). Bonn 2004.
Eckhard Jesse: Hans-Peter Schwarz (geboren 1934), in: Eckard Jesse, Sebastian Liebold (Hrsg.): Deutsche Politikwissenschaftler – Werk und Wirkung. Von Abendroth bis Zellentin. Baden-Baden 2014. S. 683– 696.
Xuewu Gu, Hanns Jürgen Küsters (Hrsg.): Was Deutschland und die Welt im Innersten zusammenhält. Politik und Intellektuelle in der deutschen Zeitgeschichte und die Rolle Deutschlands in einer globalisierten Welt. Symposium zum 80. Geburtstag von Professor Dr. Hans-Peter Schwarz. Sankt Augustin–Berlin 2015.